太原年鉴 2020

TAIYUAN YEARBOOK

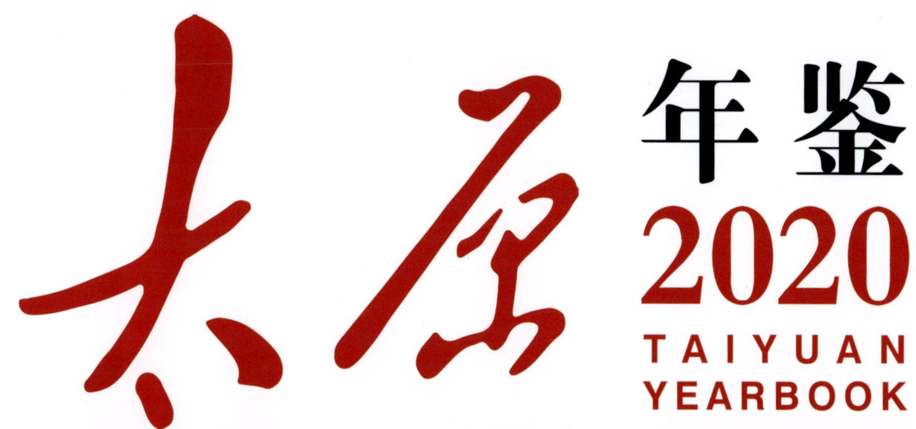

中共太原市委党史研究室（太原市地方志研究室）编

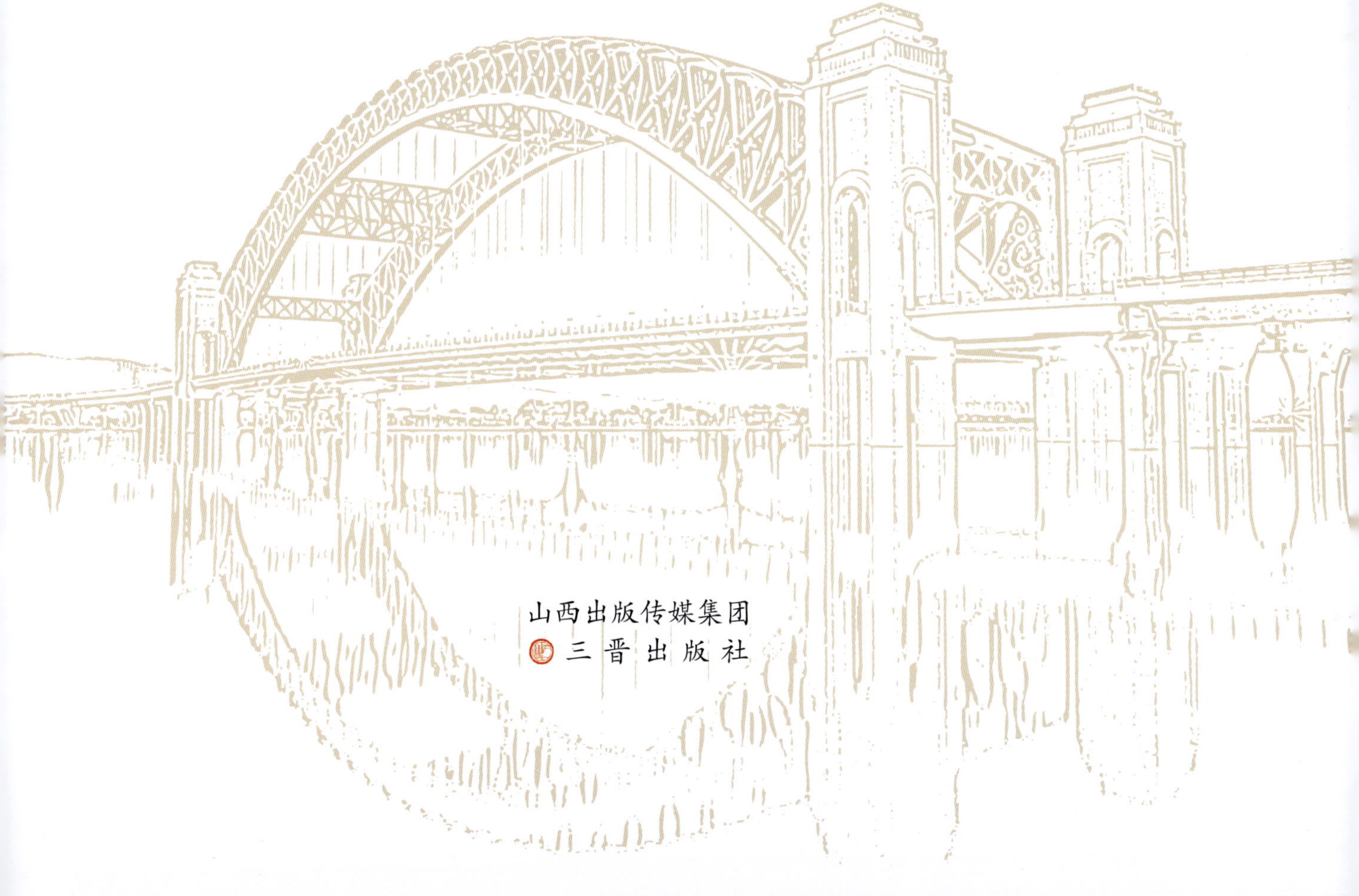

山西出版传媒集团
三晋出版社

图书在版编目（CIP）数据

太原年鉴．2020 / 中共太原市委党史研究室（太原市地方志研究室）编．-- 太原：三晋出版社，2020.12
ISBN 978-7-5457-2100-3

Ⅰ．①太… Ⅱ．①中… Ⅲ．①太原—2020—年鉴
Ⅳ．① Z522.51

中国版本图书馆 CIP 数据核字（2021）第 008565 号

太原年鉴（2020）

编　　者：中共太原市委党史研究室（太原市地方志研究室）
责任编辑：张仲伟

出 版 者：山西出版传媒集团
三晋出版社（山西古籍出版社有限责任公司）
地　　址：太原市建设南路 21 号
电　　话：0351-4956036（总编室）
0351-4922203（印制部）
网　　址：http://www.sjcbs.cn

经 销 者：新华书店
承 印 者：山西基因包装印刷科技股份有限公司

开　　本：880mm × 1230mm　1/16
印　　张：37.75
字　　数：1260 千字
印　　数：1-1500 册
版　　次：2020 年 12 月　第 1 版
印　　次：2020 年 12 月　第 1 次印刷
书　　号：ISBN 978-7-5457-2100-3
定　　价：380.00 元

ISBN 978-7-5457-2100-3
9 787545 721003 >

如有印装质量问题，请与本社发行部联系　电话：0351-4922268

太原市地方志编纂委员会

主　　任：刘　鹓　　市委常委、秘书长、统战部部长、市直工委书记

成员单位：市纪委监委　市委办公室（市档案局）　市政府办公室　市委组织部　市委宣传部　市委政研室　市直工委　市委老干部局　市委党校　市委党史研究室（市地方志研究室）　市教育局　市民政局　市财政局　市文旅局　太原社科院（市政府发展研究中心）

《太原年鉴》编纂人员

主　　编：杨云龙
常务副主编：陈向荣
副 主 编：宋忠庆　张彩丽　任文忠　薛红宣
执行副主编：张艳民
常务编辑：单　伟　刘　敏
编校人员：胡明强　王玉明　孙生杰　杨爱萍　武天杰　张　楠　贺正丽　张宇飞
图片提供：宿晓健　韩双喜　梁　琛　贾　鹏　牛晨阳　柴杰梁　赵世凯　米国伟　邓寅明　郭勇智　张世伟
办公地址：太原市杏花岭区府西街30号
办公电话：0351—4030228　4942581
邮　　编：030002
电子信箱：tynj4942581@163.com

审图号：晋S(2018)043号

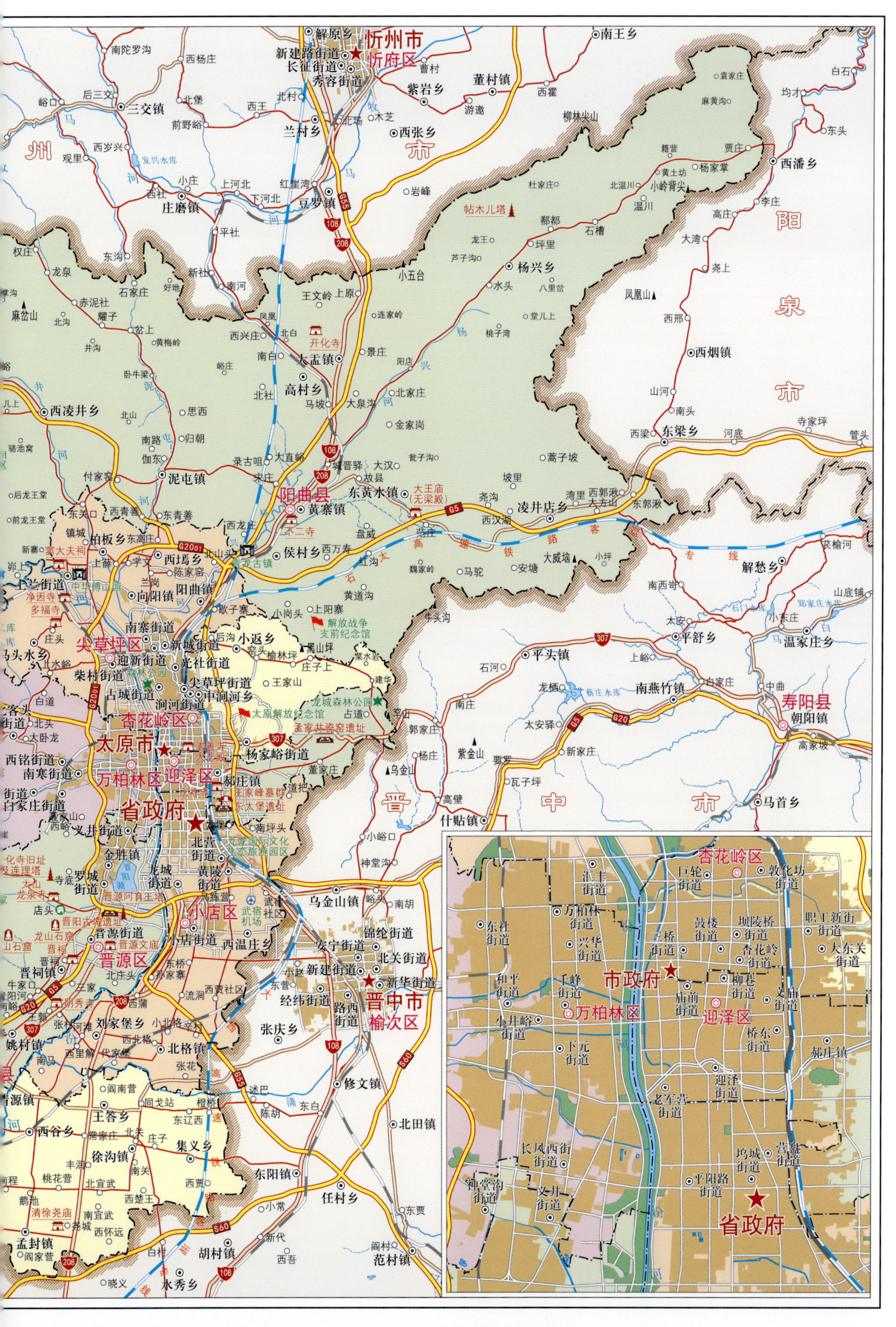
忻州市
忻府区
解原乡
新建路街道
长征街道
秀容街道
南王乡
紫岩乡
董村镇
三交镇
兰村乡
西张乡
庄磨镇
豆罗镇
西潘乡
帖木儿塔
杨兴乡
阳
泉
市
西烟镇
东梁乡
州
开化寺
大盂镇
高村乡
西凌井乡
泥屯镇
阳曲县
黄寨镇
东黄水镇
大王庙（无梁殿）
凌井店乡
不二寺
侯村乡
柏板乡
西墕乡
阳曲镇
向阳镇
解愁乡
平舒乡
温家庄乡
寿阳县
朝阳镇
平头镇
南燕竹镇
马首乡
解放战争支前纪念馆
龙城森林公园
小返乡
尖草坪区
尖草坪街道
新城街道
光社街道
迎新街道
柴村街道
古城街道
中涧河乡
涧河街道
太原解放纪念馆
孟家井瓷窑遗址
杏花岭区
太原市
杨家峪街道
万柏林区
迎泽区
郝庄镇
王家峰墓群
东太堡遗址
省政府
晋
中
市
什贴镇
乌金山镇
小店区
西温庄乡
晋源区
晋源街道
晋祠镇
刘家堡乡
北格镇
姚村镇
安宁街道
北关街道
新建街道
新华街道
锦纶街道
晋中市
榆次区
张庆乡
修文镇
北田镇
东阳镇
任村乡
范村镇
胡村镇
水秀乡
王答乡
西谷乡
徐沟镇
集义乡
清徐尧庙
孟封镇
石太高速铁路客运专线
杏花岭区
敦化坊街道
巨轮街道
汇丰街道
万柏林街道
东社街道
兴华街道
三桥街道
鼓楼街道
坝陵桥街道
杏花岭街道
职工新街街道
大东关街道
和平街道
千峰街道
市政府
万柏林区
庙前街道
柳巷街道
文庙街道
迎泽区
小井峪街道
下元街道
桥东街道
郝庄镇
迎泽街道
老军营街道
长风西街街道
坞城街道
营盘街道
神堂沟街道
文井街道
平阳路街道
省政府

2019 年 8 月 3 日，市领导参加 2019 太原市直机关全民健身“健步行”活动

2019 太原国际马拉松赛

2019 年 11 月 30 日，市领导观摩全市创建文明城市、生态环境保护、转型项目、民生保障等重点工作

长风商务区

明太原县城

北中环桥

太原市图书馆

南中环桥

通达桥夜景

迎泽大街夜景

南中环桥与跻汾桥夜景

阳曲阳兴公园

东篱公园全景

晋阳湖公园

迎泽公园夜景

双塔公园夜景

动物园

新建成的和谐公园

治理后的虎峪河

立交桥

西中环南延

新晋祠路

滨河体育场

山西体育中心

水上运动中心

2019 年 7 月 15 日，太原市人民政府与中国长城科技集团股份有限公司签署中国长城智能制造（山西）基地战略合作框架协议

2019 年 11 月 20 日，市领导赴北京参加共建国科大太原能源材料学院签约仪式

2019 年 10 月 11 日，尧城（太原）国际通用航空飞行大会开幕式

农贸综合市场

山西卫信医疗科技有限公司生产线

山西江铃重型汽车生产线

山西电机厂生产车间

山西综改示范区潇河产业园生产车间

2019 年 12 月 5 日，山西省第四届文化产业博览交易会在太原开幕

醋都葡乡清徐

六味斋工业园

第 36 届太原双塔牡丹文化节文艺展演

龙潭公园海棠文化节

晋祠花展

2019 年 2 月 19 日，市民观赏元宵节花灯

“激情广场”歌友团“七一”慰问老军人

太原解放七十周年主题纪念展在太原美术馆开展

青龙古镇

骑游青草坡

“奋进山西”国庆彩车

大型水上实景演艺《如梦晋阳》首秀

《无问》在太原公演

青运村

迎泽桥

汾河西岸

蒙山景区

晋阳湖

西山玉泉山

东山旅游公路

明太原县城

太原夜景

二青会开幕式

乒乓球比赛

田径比赛

射击比赛

小轮车比赛

游泳比赛

皮划艇比赛

国标舞比赛

女子沙滩排球比赛

二青会闭幕式

光伏产业

易地扶贫搬迁

扶贫产业升级

教育扶贫

喜庆丰收

粮食丰收

喜庆丰收

香菇种植基地

红色旅游

乡村美景

农家乐

2019 年 9 月 11 日，市领导参观“不忘初心、牢记使命、奋进新时代——庆祝中华人民共和国成立 70 周年展览”

2019 年 4 月 23 日，纪念太原解放 70 周年座谈会在并州饭店举行

2019 年 9 月 25 日，市领导参观国民革命军第八路驻晋办事处旧址

2019 年 9 月 20 日，庆祝中华人民共和国成立 70 周年知识竞赛决赛在太原电视台举行

2019 年 10 月 1 日，太原市在五一广场举行庆祝中华人民共和国成立 70 周年升国旗仪式

2019 年 9 月 30 日，国家烈士纪念日。太原市牛驼寨烈士陵园，省城社会各界代表向烈士纪念碑敬献花篮

2019 年 9 月 24 日，“我和我的祖国”太原市庆祝中华人民共和国成立 70 周年文艺晚会

2019 年 10 月 1 日，太原市举行庆祝中华人民共和国成立 70 周年焰火展演

数字太原 DIGITAL TAIYUAN

综合

地区生产总值	4016.19 亿元
第一产业	30.13 亿元
第二产业	1518.64 亿元
第三产业	2467.42 亿元
人均地区生产总值	90421 元

人口

常住人口	446.19 万人
男性	223.16 万人
女性	223.03 万人
出生人口	50664 人
死亡人口	21510 人
自然增长率	6.57‰

对外经济贸易

海关进出口总额	162.24 亿美元
出口总额	94.40 亿美元
进口总额	67.84 亿美元

能源

一次能源产量	2552.07 万吨标准煤
二次能源产量	4107.64 万吨标准煤
煤炭消费量	6847.37 万吨
全社会用电量	287.95 亿千瓦时
焦炭消费量	438.77 万吨

物价

城镇居民消费价格总指数	102.70
食品	105.80
衣着	101.40
居住类	101.90
城镇商品零售价格总指数	101.50

社会从业人员和劳动报酬

社会从业人员	250.49 万人
第一产业	23.29 万人
第二产业	63.29 万人
第三产业	163.91 万人
城镇非私营单位在岗职工年平均工资	82860 元

固定资产投资总额

固定资产投资额	1341.67 万元
第一产业	11.40 万元
第二产业	245.70 万元
第三产业	1084.57 万元
房屋竣工面积	484.97 万平方米
住宅面积	328.09 万平方米

人民生活

城镇居民家庭人均可支配收入	36362 元
城镇居民家庭人均消费性支出	21305 元
农村常住居民人均可支配收入	18377 元
农村住户人均生活消费支出	13228 元

农村经济

农作物播种面积	8.16 万公顷
粮食面积	6.29 万公顷

粮食产量	22.42 万吨
油料产量	0.24 万吨
肉类产量	2.22 万吨

工　业

规模以上工业企业单位	527 个
规模以上工业总产值	3274.96 亿元
原煤产量	3572.83 万吨
发电量	319.00 亿千瓦时
生铁产量	1032.35 万吨
粗钢产量	1307.56 万吨
不锈钢产量	417.60 万吨
水泥产量	608.29 万吨

建筑业

建筑企业单位	1532 个
建筑企业竣工产值	974.55 亿元
建筑企业总产值	3164.79 亿元
建筑企业房屋建筑竣工面积	2016 万平方米

住宿、餐饮业和旅游

住宿、餐饮业营业额	480955.50 万元
国内旅游人数	9629.59 万人次
海外旅游人数	25.80 万人次
旅游总收入	1171.83 亿元
旅游外汇收入	11929.26 万美元

财政　金融

公共财政预算收入	386.62 亿元
公共财政预算支出	610.55 亿元
住户储蓄存款余额	3886.61 亿元

交通运输邮电通信业

铁路通车里程	4948.31 公里
公路通车里程	7620.51 公里
市话年末数	75.05 万户
农话年末数	1.86 万户
移动电话户数	834.59 万户

批发和零售业

社会消费品零售总额	1952.81 亿元
城镇消费品零售额	1857.48 亿元
乡村消费品零售额	95.33 亿元

教育　科技

高等学校	45 所
高等学校在校学生数	56.21 万人
高等学校专任教师数	24862 人
中等职业学校	48 所
中等职业学校在校学生数	6.09 万人
中等职业学校专任教师数	4228 人
独立科学研究机构	112 个

文化　体育　卫生　环保

群艺文化馆数	12 个
公共图书馆数	12 个
广播电视台数	6 个
一级以上裁判员	1256 人
等级运动员	2929 人
医院数	158 个
医疗床位	39358 张
市区二级以上空气质量天数	200 天

（太原市统计局）

编纂说明

一、《太原年鉴》是中共太原市委、太原市人民政府主办，中共太原市委党史研究室（太原市地方志研究室）编纂的市级年度资料性文献。创刊于1989年，《太原年鉴（2020）》为第30部。《太原年鉴（2020）》全面、客观、系统地记载太原境内自然、政治、经济、文化、社会和生态建设等各个领域的基本情况，反映年度重要事项与发展变化。

二、《太原年鉴》坚持以马克思列宁主义、毛泽东思想、邓小平理论、“三个代表”重要思想、科学发展观、习近平新时代中国特色社会主义思想为指导，坚持辩证唯物主义和历史唯物主义的立场、观点、方法。

三、《太原年鉴（2020）》记述时限为2019年1月1日至12月31日，特载、彩版资料内容下延至2020年。

四、《太原年鉴（2020）》采用分类编排法，以类目、分目、条目组成主体部分，个别分目增加了次分目。全书共36个类目、194个分目、70个次分目和1992个条目，随文插图200余幅，统计报表28页。

五、《太原年鉴（2020）》框架在延续以往相对稳定的基础上，突出年度特点，新增三个专题：脱贫攻坚、庆祝中华人民共和国成立暨太原解放70周年、第二届全国青年运动会（简称二青会）。

六、《太原年鉴（2020）》涉及的数据由各行业、各部门提供，由于统计口径不同，如有数据不一致，当以太原市统计局公开发布的统计数据为准。凡计量单位，原则上采用法定单位，个别遵从习惯。

七、《太原年鉴（2020）》稿件由太原市各党、政、军机关和企事业单位撰写，并经撰稿单位领导审核。图片除署名外的由太原日报社、太原市扶贫开发办公室提供。

总目

General Catalogue

comprehensive table of contents

特 载

脱贫攻坚

庆祝中华人民共和国成立暨太原解放70周年

第二届全国青年运动会

2019年太原市大事记

市情概览

自然地理

历史文化

行政区划

人口发展

民族　宗教

国民经济和社会发展

中国共产党太原市委员会

综　述

重要政事

政府常务会议

政务工作

应急管理

外事侨务

信 访

行政审批

政务服务

群众团体

太原市慈善总会

太原市红十字会

太原市法学会

太原市关工委

法　治

人大立法

政法委及综治工作

法治政府建设

公　安

军　事

太原警备区

武警山西省总队太原支队

人民防空

经济管理

宏观经济管理

财　政

税　务

土地资源管理

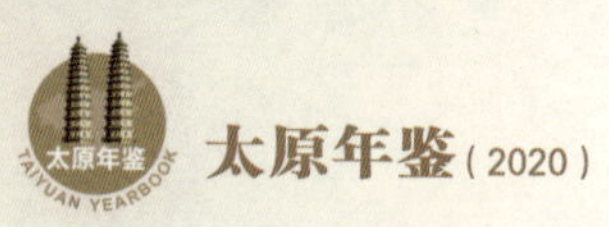

园区建设

农林水利

工　业

保险业

交通运输

交通运输管理

信息服务业

太原年鉴
TAIYUAN YEARBOOK

生态建设

文物　旅游

教　育

科学技术

科技管理

气象服务

地震监测

大数据

文　化

文　化

体 育

综 述

竞技体育

群众体育

体育设施

体育产业

社会生活

综 述

劳动就业

人　物

区县概览

小店区

迎泽区

杏花岭区

尖草坪区

万柏林区

晋源区

古交市

清徐县

阳曲县

附　录

在市委十一届九次全会第一次全体会议上的讲话

（2020年7月21日）

中共山西省委常委、太原市委书记　罗清宇

同志们：

今天，我们召开中共太原市委十一届九次全体会议。主要任务是：坚持以习近平新时代中国特色社会主义思想为指导，全面落实省委十一届十次全会精神，按照省委"四为四高两同步"总体思路和要求，进一步对全市学习贯彻习近平总书记视察山西重要讲话重要指示进行全面部署，动员全市上下统一思想认识、强化使命担当，加快推进高质量转型发展，努力为全省在转型发展上率先蹚出新路作出太原贡献。

今年5月11日到12日，习近平总书记时隔三年再次亲临山西视察、深入太原调研，这在我省我市发展史上具有重要里程碑意义。市委坚持把学习宣传贯彻习近平总书记视察山西重要讲话重要指示，作为当前和今后一个时期的首要政治任务，按照省委统一部署，顶层设计、整体推进。召开常委会（扩大）会议，第一时间传达学习，对全市兴起学习宣传热潮、抓好贯彻落实进行安排部署；组织中心组学习，深化学习研讨、把握精神实质，凝聚发展共识；省委十一届十次全会召开后，进一步找准学习切入点、落实着力点，紧跟省委工作节奏，制定《中共太原市委关于贯彻落实习近平总书记视察山西重要讲话重要指示在转型发展上率先蹚出一条新路来的行动计划》，确定了8个方面204条具体任务，常委会两次研究讨论、修改完善，并提交本次全会审议。总的看，全市上下对习近平总书记视察山西重要讲话重要指示真诚信仰、忠诚践行，学习宣传贯彻的浓厚氛围已经形成。当前和今后一个时期，要在省委的坚强领导下，深化和拓展学用工作，持续推动习近平总书记重要讲话重要指示在太原落地生根、开花结果。下面，我强调七个方面的意见。

一、牢记领袖嘱托，坚定不移沿着习近平总书记指引的金光大道奋勇前进

习近平总书记始终关心山西发展，每逢历史重要关头，都为我们导航定向。早在2009年5月来山西调研时就提出转型综改的重大课题，并亲自推动设立山西国家资源型经济转型综合配套改革试验区，赋予山西"先行先试"改革试验权。2017年6月，习近平总书记在全党全国喜迎党的十九大时视察山西，提出了总体要求和五项重大任务，要求我们真正走出一条产业优、质量高、效益好、可持续的发展新路。今年5月，在决胜全面建成小康社会、决战脱贫攻坚的关键时刻，在"十三五"冲刺收官、"十四五"谋篇布局的重要节点，习近平总书记再次亲临我省考察调研，勉励山西在转型发展上率先蹚出一条新路来，乘势而上书写山西践行新时代中国特色社会主义的新篇章。习近平总书记的重要讲话重要指示，高瞻远瞩、思想深邃、内涵丰富、语重心长，闪耀

着马克思主义真理光芒，是对山西转型发展和现代化道路的宏伟擘画，是指导我们做好当前和今后工作的根本遵循和纲领性文件，是激励我们蹚出转型发展新路、勇攀时代高峰的指路明灯和力量源泉。

省委十一届十次全会对深入学习贯彻习近平总书记视察山西重要讲话重要指示进行了全面部署。省委书记楼阳生的讲话站在“两个大局”的高度，纵观改革开放40多年来国家富强和山西发展实践，坚持“四为四高两同步”总体思路和要求，深刻回答了事关全省当前工作和长远发展的一系列重大问题，进一步明确了山西高质量转型发展的方向目标、路径要求和重大举措，描绘了“转型出雏型”的宏伟蓝图，完全符合习近平总书记重要讲话重要指示精神，充分体现了省委坚定践行“两个维护”、矢志不渝在转型发展上率先蹚出一条新路的高度政治自觉和强烈使命担当。全会审议通过的《实施方案》，明确了具体举措、标准要求、完成时限，具有很强的指导性、操作性和可考核性，是指导推动学习宣传贯彻工作条条落实、件件落地、事事见效的制度性工作安排。

回望走过的路，我们更能深切体悟转型对于太原发展的战略意义和历史使命。新中国成立后，国家156项重点工程有11项落户太原，我市逐步形成了以冶金、煤炭、机械、化工、电力产业为主的重工业体系；80年代，根据国家生产力布局，太原致力于能源重化工基地中心城市建设，诸多产业伴煤而生、因煤而成；进入新世纪后，我市发展不充分不平衡特别是不充分的问题逐渐显现，与先进省会城市的差距不断拉大、排名逐步后移，究其原因就是产业结构调整升级不够，长期积累的结构性、体制性、素质性矛盾没有得到有效解决。太原要打破发展瓶颈、拓展发展空间、实现振兴崛起，就必须把高质量转型发展作为根本出路、唯一出路，舍此别无他途。

2017年以来，市委牢记习近平总书记嘱托，自觉践行新发展理念，坚持稳中求进工作总基调，以战略眼光审视谋划太原发展的方位站位定位，提出了谱写文明开放富裕美丽太原新篇章的奋斗目标，确立实施了工业强市、人才兴市、环境立市、创新驱动、军民融合、城市“双修”、乡村振兴等重大发展战略，推动全面从严治党向纵深发展，各项事业在“两转”基础上全面拓展新局面。2017—2019年，GDP年均增长7.8%，2019年跃上4000亿元大关，首位度提升到23.7%，经济保持中高速增长；规上工业增加值年均增长8.1%，非传统产业增加值年均增长11.4%，装备制造业成为主引擎，产业结构得到优化；科技型中小企业数量增长10倍，高新技术企业达到1616家，增长158%，创新活力不断激发；固定资产投资年均增长14.1%，居中部省会城市首位，社会消费品零售总额年均增长7.3%，进出口总额年均增长8.4%，高新技术产品与机电产品出口额占全市出口额的比重分别达到80.7%、74.7%，“三驾马车”协同发力。太原发展正稳步迈向更高质量、更有效率、更可持续的新阶段，从一个区域充分印证了习近平总书记的思想伟力和战略远见。实践证明，只要我们牢牢把握转型发展的主题不动摇，久久为功，不反复、不折腾，高质量转型发展就是一条能够走下去、走出来的希望之路。

走好习近平总书记指明的金光大道，蹚出转型发展的新路，我们面临许多重大机遇和有利条件。山西肩负着国家资源型经济转型综合配套改革试验区和能源革命综合改革试点的双重历史使命，我们作为省会城市，省委寄予厚望，理应走在前、干在先，用好先行先试的“尚方宝剑”。同时，太原文化底蕴厚重、产业基础雄厚、创新资源积聚、区位交通便利，既是转型综改试验区主战场，又是国家可持续发展议程创新示范区，特别是有一支担当作为的党员干部队伍，形成了“爱省会、建太原、树形象”的社会氛围，这些都在为高质量转型发展夯基垒台、蓄能增势。我们一定要倍加珍惜当前来之不易的发展成绩和良好态势，增强“四个意识”、坚定“四个自信”、做到“两个维护”，坚定不移沿着习近平总书记指引的“金光大道”，全面贯彻省委十一届十次全会精神，坚持把供给侧结构性改革和转型综改试验区建设相结合，着力构建“一切为了转型、一切服务转型”的工作格局，以“功成不必在我”的胸怀境界和“功成必定有我”的责任担当，为实现省委“四为四高两同步”总体思路和要求、在转型发展上率先蹚出一条新路，作出省会城市应有贡献。

二、聚焦“六新”突破，努力在转型发展上率先蹚出一条新路来

贯彻习近平总书记“六新”的重大要求，落实省委率先突破的具体部署，必须放眼全国竞争态势，立足全省转型大局，把准自身主攻方向，进一步强化转型为纲、项目为王、改革为要、创新为上，做好“六稳”工作、落实“六保”任务，努力在“六新”攻坚战中实现直道冲刺、弯道超车、换道领跑。

一要在新基建上抢先机。与传统基建相比，新基建不仅是基础设施，更是数字技术、先进产业。我市在这方面起步良好，5G网络建设进入全国第一方阵，开通基站4000余座，终端用户近30万；全市工业互联网平台基本建立，“三化牵引”工业高质量发展态势逐步显现，等等。这些都得益于我们布局早、动作快。“十四五”期间，要紧紧抓住国家加大新基建力度的契机，不断提高直道冲刺的加速度。布局上要适度超前，高标准编制发展规划，对接国家及省重大战略，立足我市基础优势，争取重要节点布局，充分发挥好规模效

应、集聚效应和网络效应。建设上要加快步伐，大力推进城际高速铁路和城市轨道交通、新能源汽车充电桩、大数据中心等基础设施建设，年内实现中心城区、周边重点区域及景区5G网络覆盖和商用。应用上要深度融合，以城市管理、数字国土、安全应急、医疗卫生、金融服务、交通管理等领域为重点，积极推进上下游制造业和软件服务业的研发及产业化，形成完整产业链，不断拓展应用场景。

二要在新技术上攀高峰。从2017年开始，我市每年安排10亿元科技专项资金、10亿元人才专项资金支持融通创新，推动高端碳纤维、笔尖钢、动车组轮对国产化材料等关键技术取得重大突破。但总体上看，技术的应用性研究及成果转化还不够、产业化跟进得不快。要进一步建好创新平台，努力争取将我市列入国家科技创新、技术创新的重大规划布局，谋划建设国家信创技术创新中心，积极推动国家碳纤维及其复合材料技术创新中心等一批国家级、省级重点实验室落地建设。要进一步加大科技攻关，聚焦高端装备制造、新材料、新能源、信创产业等主攻方向，深化与省内外高校院所的交流合作，加强应用技术研究，集中攻克一批关键共性技术、前沿引领技术，努力实现从“0”到“1”的突破。要进一步加快成果转化，完善以企业为主体、市场为导向、政产学研用相结合的技术创新体系，全力推动中国科学院太原科技成果转移转化中心尽快落地，加快国家知识产权运营服务体系建设重点城市推进步伐，加强中试基地建设，打通产学研创新链、产业链、价值链，真正让技术优势成为产业优势和竞争优势。

三要在新材料上强优势。我市在这方面有基础、有优势、有前景。2019年，全市新材料产业产值900亿元，初步形成了特种金属材料、化工新材料、碳基新材料等特色集群，培育出一批龙头企业和标志性项目。进入“十四五”，我们要紧盯材料工业前沿，以重点产品开发应用为导向，力争在产业链高端环节和价值链高附加值环节取得明显突破。在特种金属材料方面，围绕“新特专高精尖”目标，依托资源优势，加快打造千亿级的多元化特种钢、新型镁铝合金、高性能磁性材料等产业集群，为国家重大工程重大装备提供关键基础材料支撑。在化工新材料方面，聚焦打造世界一流的千万吨级新型煤化产业基地，加快清徐精细化工循环产业园建设，构建“以化领焦”产业新模式，实现焦化、精细化工、化工新材料产业链式循环，部分项目年内要建成投产。在碳基新材料方面，加大产业化培育和拓展市场应用力度，支持山西煤化所、山西钢科等主体大力发展千吨级高性能碳纤维产业化制备技术，争取在高强度碳纤维、高模量碳纤维核心技术、第三代半导体材料等关键战略材料方面取得突破。在生物基新材料方面，加快培育发展生物基高分子新型材料、仿生材料等，着力打造国内重要的生物基新材料产业基地。

四要在新装备上求突破。目前，我市装备制造业已经形成以轨道交通装备、煤机成套设备为主的产业体系，年产值120多亿元。特别是近年来，我们把发展信创产业作为重中之重，山西长城“智能云”工厂项目克服疫情影响，用一年时间就全面建成投产，一期年产100万台、产值150亿元，远期年产200万台、产值300亿元。我们要保持“太原速度”，加快推动我市高端装备制造业成链成群。依托中国长城、龙芯中科、中科曙光、诚迈科技、紫晶存储等企业，形成从软硬件到系统集成一体化的全产业链，生态规模冲刺千亿，努力打造山西信创产业创新高地。依托天地煤机、山西煤科院、科达自控、太重煤机等企业，加快形成集研发、制造、检测、综试、技术交易及配套服务为一体的产业体系，努力建设世界一流的煤机装备产业基地。依托中车太原、太重轮对、晋西车轴、京丰电务等龙头企业，构建“轮轴—高速轮对—电传动系统—整车”产业链，打造全国重要的轨道交通装备制造基地。依托山西钢科、太航仪表、禧佑源等企业，在新材料研发生产、机载设备研发制造、飞机拆解等重点领域参与产业链分工，建设太原通用航空产业基地。依托富士康手机制造及维保扩能，以中电二所、33所等企业为支撑，拓展电子产品、机器人、仪器仪表等产品领域，打造千亿级电子信息制造产业集群。

五要在新产品上树品牌。主动适应消费需求变化，着眼科技含量高、品牌附加值高、产业关联度高、市场占有率高，推进产品研发、转化、制造。要注重研发升级。准确把握产品生命周期，加大研发投入力度，依托技术创新、先进设备投入，努力开发市场竞争力强、附加值高的拳头产品。比如，太原锅炉集团的传统锅炉融入“循环流化床”技术后就成为先进产品，企业也成功扭亏、发展壮大。要适应市场需求。聚焦消费者深层次和个性化需求，加大新产品开发推广，抢占滩头阵地。比如，醋产业在提档升级食用醋的同时，要丰富品种，延长价值链，更好地在开发醋饮品、醋日化品上做文章。要放大品牌效应。优化研发、设计、生产和销售能力，加快工艺流程再造，加强品牌推广和时代元素导入，努力实现由“太原产品”向“太原品牌”转变、由“地方品牌”向“全国品牌”“国际品牌”跃升。

六要在新业态上育动能。这次疫情对传统行业冲击巨大，但无接触配送、在线教育、远程问诊、远程办公等新业态新模式展现出强大的成长潜力。可以预见，在疫情防控常态化前提下，新业态将迎来重大发展机遇，加速发展壮大。要推进新融合。加快互联网与一二三产融合，积极开展先进制造业与现代服务业融合发展试点，大力推进“互联网+”“旅游+”“文化+”“现代农业+”发展，在“无心

插柳”或“有心栽花”中催生一批新业态，实现产业融合、跨界共赢。要引导新消费。顺应居民消费模式和消费习惯变化，利用社群营销、直播卖货、云逛街等消费新模式，鼓励线上线下消费融合，加快钟楼街等传统商业街区改造提质，建设高品质步行街，打造展示太原历史风貌的“会客厅”，进一步丰富业态、促进消费、繁荣经济。要培育新经济。加强与京东、字节跳动等行业头部企业的对接合作，大力发展以支点科技、圣点世纪科技等为代表的总部经济、楼宇经济，努力打造移动互联网和人工智能技术的新经济增长点。落实扶持中小微企业和民营经济发展的各项政策，推进大众创业、万众创新。

“六新”是一个有机系统，高度关联、互为支撑、互为促进，只要有一个环节实现突破，就可能带动整个系统发生连锁反应、产生裂变效果。省委提出的14个战略性新兴产业，我市确定的三大工业主攻方向，完全符合“六新”的时代内涵和本质要求。我们要以先行先试、敢为人先的胆识气魄，努力在换道抢滩、并跑领跑中赢得发展先机。要以转型项目支撑“六新”，坚持项目为王，把“六新”落到项目上，扎实开展“三个一批”活动，清单化管理、项目化推进，谋划引进一批全局性、基础性、战略性、牵引性强的大项目好项目，在建链强链补链上下功夫，从政策、资金、土地等方面大力扶持，努力在“六新”领域培育和形成更多产业集群。要以创新生态涵养“六新”，坚持创新为上，大力实施创新驱动、人才兴市战略，充分发挥企业和科研院所的主体作用，构建产学研用高效转化机制，出台更有吸引力的人才政策，鼓励大胆创新、勇于创新、包容创新，以一流的创新生态培育“六新”发展。要以一流服务保障“六新”。全面落实国家和省市各项援企惠企政策，深化“一枚印章管审批”，全面推广企业投资项目承诺制改革，在项目审批、要素保障、税费减免等方面进一步强化政策供给，提供全方位保姆式服务，着力构建亲清新型政商关系，以“六最”营商环境推进“六新”加快发展。

三、聚焦再现“锦绣太原城”盛景，一体推进治山、治水、治气、治城

2017年6月，习近平总书记在我省视察时，作出“让汾河水量丰起来、水质好起来、风光美起来”的重要指示。今年5月，习近平总书记再次来山西视察，专程到汾河太原城区晋阳桥段察看治理情况，对太原汾河沿岸生态环境的沧桑巨变表示欣慰，强调，要坚持治山、治水、治气、治城一体推进，持续用力，再现“锦绣太原城”的盛景，不断增强太原的吸引力、影响力，增强太原人民的获得感、幸福感、安全感。省委十一届十次全会明确要求太原全面推进省城生态环境和市域景观治理，再现“锦绣太原城”的盛景，再现古晋阳“汾河晚渡”的美景。我们要深刻学习领会，坚决贯彻落实。

太原三山环抱、一水中分，山形水胜、川容如画，自古便有“锦绣太原城”的美誉，这是大自然赐予我们的宝贵财富。但是，由于历史上几经战火摧残和近现代以来的高强度开发，太原的生态环境遭到了破坏。近年来，我们坚决贯彻落实习近平生态文明思想，扎实开展蓝天碧水净土保卫战，空气质量综合污染指数由2015年的7.13下降至2019年的6.39，建成区20条黑臭水体全部消除，蓝天白云成为省城的新常态，2019年荣获“全国绿化模范城市”“中国美丽城市”的称号。再现“锦绣太原城”的盛景，是习近平总书记对太原的殷切期望，是省委对我们的重大要求，更是我们的努力方向和奋斗目标。

一要全域治山。太原山地丘陵面积占到市域总面积的78.3%。这些年，我们紧紧围绕创建国家森林城市，实施生态新政，将市场机制引入生态建设，三年累计实施各类营造林92.59万亩，2018年全市森林覆盖率达到24.43%，初步形成30处城郊森林公园环城的景观格局。但是，生态保护修复还有短板，长期的矿业开采引发大量的地质破坏，全市共有采煤沉陷区102个，沉陷总面积4.89万公顷，地质环境保护与治理工作任务艰巨。要深入开展国土绿化，继续实施大规模国土绿化彩化财化行动，进一步加强东西山地区生态管控，力争到2022年完成各类营造林100万亩，筑牢百万亩森林围城的城市生态屏障，努力创建国家森林城市。要大力推进生态修复，分类分级实施山体破坏面生态修复，深入开展东西山采煤沉陷区综合治理，强化森林防火与地质灾害隐患治理，努力将现有生态破坏面打造成风景秀丽的观光旅游休闲地。要整合优化自然保护地，目前全市共有省级以上自然保护地12个，普遍存在边界不清、交叉重叠、区划不合理等问题，要加快推进自然保护地整合优化预案编制工作，构建科学合理的自然保护地体系，一体化保护山水林田湖草生命共同体，推动人与自然和谐共生。

二要系统治水。太原是典型的缺水城市，人均水资源拥有量仅为全省的三分之一、全国的十六分之一，水的问题已经成为制约我市经济社会发展的重要瓶颈。近年来，我们积极推进以汾河及其支流、晋阳湖等为重点的水生态建设，打造出全长33公里的汾河绿色景观生态长廊，投资278亿元深入开展“九河”综合治理，在全面消除黑臭水体的同时形成两岸250万平方米绿色景观带，晋阳湖一期工程全面完工，“一湖点睛、一水中分、九河环绕”的水韵龙城格局正在变成美好现实。面向未来，我们必须牢固树立“以水定城、以水定地、以水定人、以水定产”的理念，统筹推进“五水综

改”，不断深化水生态保护与修复，重现山如黛染、水似碧玉的旖旎风光。汾河生态治理要出精品。依托汾河四期等重点工程，高标准实施汾河太原城区段全流域生态治理，把汾河打造成岸绿水清、点线辉映、人水相亲的城市生态带、品质带、文化带、形象带。水源保护涵养要下气力。加快“九河”上游生态治理、地下水超采区综合治理、东西山调水等工程建设，强化娄烦水源地生态保护，加强湿地保护，全域化科学配置水资源，推进大泉复流、“九河”复流，全面提高水资源可持续供给能力。污水综合治理要提标准。加快推进城市雨污分流、截污纳管改造工程，雨污合流排水管网全面清零；扩容改造汾东、阳光、晋阳等污水处理厂，全面提升污水处理能力；认真落实河湖长制，加强对全市水体水系的常态化监管，以健全的体制机制巩固提升治理成果，坚决防止黑臭水体反弹。同时，积极推进中水利用，鼓励工业企业优先使用城市再生水，推行农业灌溉“总量控制、定额管理”，实行阶梯水价引导居民节约用水，推动建设节水型城市。

三要强力治气。打赢蓝天保卫战是全面建成小康社会的标志性战役。近年来，我市坚持空气质量改善优先原则，采取超常举措，保持高压态势，2019 年，全市空气质量优良率达到 54.8%，好于京津冀及周边地区平均水平。但也要清醒认识到，全市空气质量形势依然严峻、治理任务仍然繁重。2019 年，我市空气质量在全国 168 个重点城市中排名倒数第 7 位，今年上半年更是跌至倒数第 2 位，大气环境质量已成为影响全面小康成色的突出短板。今年是打赢蓝天保卫战三年行动计划的最后一年，必须以更大的决心、更高的标准、更实的举措，持续在“治污、控煤、管车、降尘”上下功夫，全方位、全链条、全天候、全流程开展大气环境治理。要强化机制提升管控水平。深化生态环保管理体制改革，完善生态环境监管体系建设，强化与周边城市联防联控，增强体制机制的系统性、协调性和完整性，规范有序推进环保工作，大幅提升生态环境治理能力。要压实责任层层抓好落实。严格落实“党政同责、一岗双责”，持续落实市级领导包县（市、区）督导环保自查自纠工作机制，认真落实部门“三管三必须”要求，紧盯目标、挂图作战，坚决做到守土有责、守土负责、守土尽责。要分类指导做好精准管理。进一步细化管控标准和环保要求，一天一天抓实，一个工地一个工地规范，一台车辆一台车辆检查，对环保措施不到位、不达标的坚决停工停产整改，同时要坚决杜绝“一刀切”，以精细的要求和过硬的管理，确保建设发展和环保工作双促进、双提升。要严格执法形成高压态势。环保、公安、住建、城管、交通等执法部门加强联合执法，对群众反映强烈、社会影响较大的重点环境违法案件挂牌督办，查处曝光一批典型案件，切实做到秉公执法、规范执法、严格执法。

四要综合治城。新中国成立后，太原城市建设步伐不断加快，建成区面积由 30 平方公里扩展到 2019 年的 374 平方公里，城市道路里程增长 40 余倍，常住人口增长 20 余倍。特别是近年来，我们深入实施城市“双修”战略，高起点编制城市规划，着力加强城市基础设施建设，地铁 2 号线即将通车，中环路、滨河东路南延、东西山旅游公路和通达桥、晋阳桥、迎宾桥等一批道桥建成投用，城中村、棚户区改造扎实推进，二青会成功举办，太原这座千年古城焕发出勃勃生机。我们要遵循城市发展规律，顺应城市工作新形势新要求，调整行政区划，拓展发展空间，完善城市功能，提升城市品质，提高治理能力，努力打造具有国际影响力的全国区域中心城市。城市规划要不断优化。把太原放在全国全省发展大格局中来审视，找准自身定位，统筹空间、规模、产业三大结构，规划、建设、管理三大环节，生产、生活、生态三大布局，拉大城市框架，推动城市空间向东、向北拓展，加强城市设计，清徐、阳曲要与城区一体规划控制，全面促进生产空间集约高效、生活空间宜居适度、生态空间山清水秀。城市建设要高水平推进。加快二环高速公路、地铁 1 号线等道路交通设施建设，不断优化城市交通网。高标准、高质量推进汾东新区、钟楼街、晋阳湖等重点片区建设。超前谋划、强力推进水、电、气、暖、网等基础设施建设，及时跟进超市、养老、文化服务、停车场、公厕等公用设施配套，打造十五分钟生活圈，着力提升城市承载能力和服务效能。老旧小区改造既是民生工程、也是发展工程，我市有各类老旧小区约 3600 个，近年来，我们结合旧城改造、文明城市创建等工作，已改造 2000 余个，下一步，要继续加大改造力度，一体推进党群服务、便民利民、居家养老等设施配建，争取用 2 年时间全部完成改造。城市管理要做精做细。关键是标准要高、眼里有活，要以决战冲刺创建全国文明城市为总抓手，下足“绣花”功夫，真正做到科学规范、精准高效。比如，违建治理要管住管好，坚持顶格依法严惩，坚决防止形成“破窗效应”；垃圾处理要强化全流程体系建设，建立分类投放、分类收集、分类运输、分类处理体系，真正做到资源化、减量化、无害化。

四、聚焦脱贫攻坚和乡村振兴有机衔接，着力夯实农业农村基础

习近平总书记始终高度重视“三农”工作，心系脱贫攻坚。这次视察山西首站就是进农田、访农户、问民生，考察脱贫攻坚情况，深刻指出山西农业的出路在于“特”和“优”。省委十一届十次全会深入贯彻习近平总书记重要讲话重要指示，对高质量完成脱贫攻坚任务、大力实施农业“特”“优”战略作出重要部署。我们必须充分认识做好“三农”工作的

极端重要性，坚持农业农村优先发展，充分发挥省城资源和市场优势，坚持以工补农、以城带乡，城乡一体、共同发展，加快推进农业农村现代化，加快推进乡村治理体系和治理能力现代化，在决战完胜脱贫攻坚的基础上，开启乡村振兴新征程。

一要决战决胜脱贫攻坚。近年来，市委坚持把打赢脱贫攻坚战作为重大政治任务和第一民生来抓，举全市之力推进脱贫攻坚。截至目前，累计脱贫160个村20021户55704人，贫困发生率从8.5%下降至0.08%，阳曲、娄烦先后摘帽，剩余贫困人口也已基本达到脱贫标准，脱贫攻坚取得了决定性进展。7月14日，我市召开决战完胜脱贫攻坚誓师大会，对如期完成脱贫攻坚任务、巩固拓展脱贫成果作出全面部署，娄烦县、阳曲县和市农业农村局作了表态发言，关键是要抓好落实。各级各部门要进一步强化“交总账”意识、“军令状”意识，严格落实“四个不摘”“四个不减”重大要求，慎终如始、全力攻坚、务求全胜，与全国全省同步全面建成小康社会。当前，要围绕全面做好迎检备战，着力抓好问题整改。认真梳理国考省考、专项巡视、检查督导、扶贫审计、“回头看”等反馈问题，对已经完成整改的，持续巩固提升，对正在整改的，按时序进度抓紧抓实，确保一次整改到位，坚决防止二次反弹。严格对照国考省考19项指标，逐项梳理排查，清单式管理、项目化推进，做到老问题清仓见底、新问题立改立销，力争在“三查一考”中取得好成绩，确保脱贫成效经得起历史和实践检验。

二要做优做精都市现代农业。目前，我市农产品供给还不能很好地满足市民多样化的需求，肉蛋奶等畜产品和水果近2/3需要从外地调入，蔬菜总量有余但季节性矛盾突出，冬春季自给率仅为30%左右。太原的区位条件、自然禀赋、市场需求，决定了农业的出路在于发展都市现代农业，在于做好“特”“优”两篇大文章。要树立新观念。我市农业虽然体量不大，但一头连着农村居民的“钱袋子”，一头连着城市居民的“菜篮子”，直接关系农村发展、农民增收和市民生活。省城广阔的市场需求和巨大的消费能力，完全可以支撑农业高质量发展，保障农民稳定增收，农业大有文章可做。我们要加强政策引导，完善服务体系，推动社会资本向农业集聚，吸引人才回乡创业，引导农民就近就业，充分调动各方面投身农业发展的积极性。要优化新布局。深入推进农业结构调整，南部城郊农业示范区重点发展以水果、蔬菜、花卉为支撑的休闲农业和乡村旅游，北部有机旱作特色农业示范区重点支持阳曲县“四个十万亩”有机旱作农业工程建设，推动“阳曲小米”“娄烦山药蛋”等区域特色产业发展。要打造新优势。把农产品精深加工作为主攻方向，把壮大龙头企业作为战略举措，拉长产业链，提高附加值，全力打造酿品、肉乳制品、干鲜果等产业集群，着力培育乡村旅游、休闲度假、农耕体验等农业新业态，加快发展农村电子商务，促进农业生产全环节升级、全链条增值。

三要全面推进乡村振兴。市委坚持把乡村振兴战略作为新时代“三农”工作总抓手，制定出台《太原市乡村振兴战略总体规划（2018—2022年）》等政策举措，着力推动农业全面升级、农村全面进步、农民全面发展。但也要看到，我市乡村普遍存在规划引领不足、建筑缺乏特色、管理粗放无序等问题。必须遵循乡村发展规律，坚持规划先行、分类指导，统筹做好基础设施建设和特色风貌保护，推动乡村振兴不断取得新成效。要加快美丽乡村建设。良好的生态环境是农村最大优势和宝贵财富。深入实施农村人居环境整治三年行动，持续推进农村清洁供暖改造，着力解决农村环境脏乱差问题，推动农村规划建设提档升级，努力建设一批美丽宜居示范村，真正使村庄成为望得见山、看得见水、记得住乡愁的幸福家园。要提升乡村治理水平。持续整顿软弱涣散村党组织，选优配强村党组织书记，开展“领头雁”培训，提升村“两委”主干整体素质，提高带领群众脱贫致富的能力。扎实推进“三零村庄”创建，巩固提升扫黑除恶专项斗争成果，加强信教群众聚居村基层组织建设，确保乡村社会充满活力、安定有序。7月下旬，全国农村集体产权制度改革现场会将在我市召开，要以此为契机，进一步深化农村集体产权制度改革和供销、林业、水利等各项改革，向改革要动力，以改革增活力。要促进农民增收致富。目前，我市农村居民人均收入只有城镇居民收入的一半，在中部省会城市排名靠后。我们要把提高农民收入、实现共同富裕作为乡村振兴的出发点和落脚点，按照“资源变资产、资金变股金、农民变股东、收益有分红”的理念，千方百计拓宽农民增收渠道，不断提高农民生活水平。

五、聚焦创造高品质生活，扎实做好保障和改善民生各项工作

习近平总书记视察我省时强调，要坚持以人民为中心的发展思想，多谋民生之利、多解民生之忧。我们要牢记习近平总书记嘱托，瞄准问题短板、锁定民生需求，千方百计做好保障和改善民生各项工作。

一要慎终如始抓好疫情防控。在党中央及省委的坚强领导下，经过全市上下的共同努力，我市疫情防控阻击战取得重大战略成果。当前，疫情防控形势依然复杂严峻，要坚持“面上放开、点上精准，关口内置、闭环管理”，全面落实既定责任机制和工作举措，毫不松懈抓好外防输入、内防反弹各项工作。突出抓好两件事。一件是中考组织工作。通过各有关方面的努力，我市高考平稳顺利举行，为我们在常态化

疫情防控条件下组织大型考试积累了有益经验。目前，全市中考正在进行，要切实把各项服务保障工作做深做细做实，让学生安心、家长放心、社会满意。另一件是国际航班经停。7月底前还将有2架航班在我市经停，各级各部门要按照职责分工切实做好各项工作，坚决守住太原阵地，当好首都“护城河”。

二要持续办好民生实事。“衣食住行教医保”是群众的心头事，也是创造高品质生活的基本点。近年来，财政支出的80%用于投入民生，公共服务标准和普惠水平大幅提升。要持续加大民生投入和工作力度，不断增进民生福祉。

全力促进就业增收。今年以来，受疫情和经济下行影响，就业压力进一步加大。各级各有关部门要把稳就业保就业作为做好“六稳”工作、落实“六保”任务的基础和核心，实施就业优先战略，按照产业发展引领、项目建设吸纳、外出务工输出、城市辐射新增的思路，认真落实我市关于加大企业减负稳岗力度、鼓励创业带动就业等11大类43项稳就业保就业政策措施，组织开展好下半年1000余场线上线下招聘活动，全力确保就业形势稳定。

办好人民满意教育。近年来，我市持续加大教育投入，全力保障教育优先发展，2017年以来，新改扩建学校项目32个，已投入使用18个。但是，一些深层次的问题还没有从根本上得到有效解决。存在学前教育普惠性资源不足，义务教育优质资源供给不足、发展不均衡，职业院校和高等院校数量较少、层次不高等问题。下一步，要按照全市教育高质量发展推进会部署要求，坚持以学校管理体制改革为牵引，全面深化教育体制改革，推动各阶段教育高质量发展。学前教育要更加“普惠”。加大对普惠性民办园扶持力度，稳妥推进无证幼儿园规范治理，加快公办幼儿园新改扩建，力争到2025年新建100所公办幼儿园、新增公办学位2万个。义务教育要实现“均衡”。坚持公办学校主体地位，健全民办学校监管机制，推广集团化办学、大学区制、委托管理等模式，扩大优质教育资源，缩小城乡校际差距。职业教育要突出“应用”。按照省委建设“人人持证、技能社会”要求，紧紧围绕我市先进装备制造、新材料、新能源、信息技术等产业主攻方向和现代农业、文化旅游、医疗康养等产业需求，进一步健全职业技能培训体系，加强校地融合、产教融合，为高质量转型发展培养和输送各类实用型技能人才。高等教育要办出“特色”。进一步优化学科设置，加强师资队伍，推动太原学院、太原城市职业技术学院、太原旅游职业学院、太原幼儿师范高等专科学校办成优秀应用型高等院校；加快国科大太原能源材料学院建设，打造独具特色、国内知名的高层次人才培养基地、人才聚集高地和科技创新基地。

完善医疗卫生体系。近年来，我市先后投入60亿元，启动实施了中心医院汾东院区、第四人民医院住院大楼等21个新改扩建项目，极大地提升了我市医疗卫生保障能力。下一步，要按照扩容提质、深化改革、人才强卫的思路和要求，加快实施市第三人民医院迁建、市第四人民医院改扩建项目，加强二级以上综合医院感染性疾病科建设，加强与省级医院联合共建，着力提升诊疗水平。持续深化爱国卫生季活动，构建更加完善的公共卫生体系。全面推广阳曲、清徐经验，稳步推进县乡医疗卫生一体化，规范医联体建设管理，深化公立医院改革，完善医疗服务价格管理机制。加大优秀医学人才引进和培养力度，进一步夯实卫生人才队伍，提升医疗服务能力和水平。

做好居家养老服务工作。发展居家养老服务是创造高品质生活的一项紧迫任务。近年来，我市在这方面做了积极探索并取得了明显成效，楼阳生书记专门就此项工作来我市进行调研，省委常委会专题听取太原养老服务业发展情况汇报。下一步，我们要按照法治引领、政策保障、科技支撑、市场运作的思路，加强养老服务设施建设，引进一批全国一流养老服务企业，大力扶持本土养老服务企业发展壮大，全力推动养老服务事业高质量发展。

三要增加文化服务供给。习近平总书记在我省视察时指出，要以丰富多彩的历史文化、红色资源为山西发展提供精神力量。省委十一届十次全会强调，要用璀璨文化之光照亮转型发展之路。我们要充分发挥文化资源优势，为转型发展提供强大的精神支撑。

加强文物资源保护。我市现存各类不可移动文物2237处，各级文物保护单位540处。这些都是老祖宗留下的宝贵遗产。要坚持在开发中保护、保护中开发，扎实推进晋阳古城遗址国家考古遗址公园建设，加快双塔景区改造提升步伐，启动建设北齐壁画博物馆，力争今年国庆节前开放晋商博物馆，让文物保护利用成果更多惠及人民群众。

大力弘扬优秀文化。充分挖掘太原解放纪念馆、太原支部、八路军办事处旧址和高君宇故居等红色文化资源，高标准打造一批红色教育基地，大力弘扬践行社会主义核心价值观，增强中国特色社会主义文化自信。充分发挥“名家、名作、名品”工作机制，引导文化文艺工作者深入转型发展、脱贫攻坚、文明城市创建一线，深入企业、农村、社区、学校，发掘先进典型，记录动人事迹，推出一批展现新时代并州儿女昂扬风貌的精品力作。同时，要健全公共文化服务体系，持续推动公共文化标准化、均等化建设，广泛开展文化“免费送下乡”活动，以文化涵养小康亮色，不断增强人民群众的文化获得感。

推动文旅产业融合。近日，全长229公里的太原东西山旅游公路全线贯通，串起了沿线68处人文、红色景点，呈现出“路在景中、景在路中、路景一体”的美丽画卷，这是我市贯彻省委建设“体育山西、健康山西、幸福山西”的重大举措，既打造了一条靓丽的文旅“黄金线”，又为广大市民开展健身休闲拓展了新空间。我们要把加快文旅融合作为推动高质量转型发展的重要着力点，深入挖掘东西山旅游公路沿线、汾河景区、府城等文旅资源，加快推进晋祠—天龙山国家5A级景区和太山、青龙古镇国家4A级景区创建及汾河公园自行车专用道建设，完善餐饮、住宿、停车和道路标识、通信基站等服务设施，努力把太原打造成国际知名文旅休闲目的地。

四要维护社会大局稳定。习近平总书记强调，要推动社会治理重心向基层下移，从基层单位和治理末端、矛盾源头抓起。各级各部门要以“三零”单位创建为抓手，加强源头管控，深化综合治理，妥善化解矛盾，确保省城政治社会大局持续稳定。全力防范化解风险。深入践行总体国家安全观，按照《太原市重点领域国家安全协调机制暨危机管控分工方案》和涉政治安全“四个敏感”清单，聚焦政治安全、意识形态、网络安全、科技金融、公共卫生等重点领域，加大排查化解力度，有效防范化解重大风险。抓实安全生产。按照“全覆盖、零容忍、严执法、重实效”的要求，持续强化煤矿、非煤矿山、建筑施工、道路交通、燃气等行业领域安全生产和消防安全工作。当前，要以高度的责任感，切实做好防汛各项工作，严格落实责任，做好监测预警，及时开展应急处置，确保人民群众生命财产安全。维护信访稳定。坚持关口前移、重心下移，紧盯城乡建设等重点领域和重点群体，及时妥善调处化解各类矛盾纠纷，健全社会心理服务体系和危机干预机制，确保省城信访秩序平稳有序。强化平安建设。今年是扫黑除恶专项斗争的最后一年，也是最关键的一年。上半年，全市共打掉黑恶势力犯罪团伙13个，抓获犯罪嫌疑人98人，刑事警情下降20.9%，治安形势持续向好。要围绕影响群众安全感的突出问题，坚持打防结合、综合施策，努力使人民群众安全感更加充实、更有保障、更可持续。

六、聚焦转型出雏型，高起点高标准高质量编制“十四五”规划

“十四五”时期，是“两个一百年”奋斗目标的历史交汇期，是我省“转型出雏型”的关键期，是我市建设文明开放富裕美丽太原的攻坚期。高标准编制好“十四五”规划，对于我市在新的起点上实现高质量转型发展意义重大。必须坚持把习近平总书记视察山西重要讲话重要指示作为规划编制的根和魂，按照省委“四为四高两同步”总体思路和要求，胸怀两个大局，把准方向、明确任务、细化举措，描绘好太原振兴崛起的宏伟蓝图。

一要找准战略定位。坚持以战略眼光、从全球全国全省视角审视和谋划太原发展的方位站位定位，重点从八个方面来考虑。

一是具有国际影响力的国家区域中心城市。这是省委立足全国经济版图和全省发展大局作出的重大决策部署。我们要坚决扛起省会担当，发挥好“头雁效应”，全力打造引领全省高质量转型发展的创新高地、产业高地、人才高地、开放高地，塑造国际化、现代化、智能化大都市新形象。

二是全国转型综合改革示范区。转型综改是习近平总书记为我们指明的金光大道。要始终坚持把转型综改作为经济工作的纲，谋划和推进一批配套性、协同性、系统性的改革举措，打造一批在全国叫得响有分量的产业集群，率先在转型发展上蹚出新路。

三是特色鲜明的国家创新型城市。坚持把创新作为太原转型发展的逻辑起点，聚焦“六新”打造一流创新生态，依靠科技创新、产业创新、管理创新推动经济高质量发展，打造国家级新兴产业未来产业智造基地、能源科技创新中心和煤基成果转化中心。

四是国家可持续发展议程创新示范区。这是国家赋予我们的重大使命，也是加快太原转型发展的重大契机，要在绿色经济、协同生态、创新发展、开放共享等领域开展创新试验，为全国和全球资源型地区转型发展提供典型示范。

五是国家综合交通枢纽。围绕我省打造“交通强国建设示范省”目标，以智慧交通建设为突破口，全方位推进铁路、公路、航空综合运输体系提级扩容，构筑布局合理、功能完善、无缝衔接的立体化综合运输枢纽体系，变交通优势为发展优势。

六是国际知名文旅休闲目的地。依托丰厚历史文化底蕴和山水资源禀赋，做优做深文旅融合发展大文章，打造一批在全国叫得响的文化旅游品牌，吸引更多的游客来并旅游、康养、休闲和消费。

七是全省开放新高地引领区。积极参与共建“一带一路”，主动融入京津冀等国家战略，申报创建自由贸易试验区，加快形成开放型经济新体制新格局，支撑引领全省高水平对外开放。

八是全国幸福城市样板区。顺应人民群众对美好生活的向往，着力构建优质均衡的公共服务体系、安全可靠的基础支撑体系、绿色高效的城市交通体系、和谐宜人的居住环境、智慧精细的城市管理，让人民在共建共享中获得更多幸福感安全感。

二要明确奋斗目标。对表党的十九大开启全面建设社会主义现代化国家新征程的战略部署，对标省委2025年“转型出雏形”、2035年与全国同步基本实现现代化的战略安排，

按照市委十一届三次全会确立的谱写文明开放富裕美丽太原新篇章的目标要求，强化敢胜、必胜、勇者胜的胆识和魄力，在“十四五”规划目标的确定上，既要对标一流、赶超争先，又要实事求是、切实可行，奋力实现直道冲刺、弯道超车、换道领跑。

一是坚定不移做大总量。地区生产总值持续保持中高速增长，经济总量在省会城市的排位稳步前移，在全省的首位度明显提高；人均地区生产总值、城乡居民收入达到中部省会城市中游水平。

二是坚定不移做强素质。“六新”发展实现突破，工业增加值占GDP的比重年均提高1个百分点，战略性新兴产业增加值占比接近全国平均水平，服务业新产业新业态加速成长。

三是坚定不移提升品质。城市更新步伐加快，特色风貌和文化特质不断彰显，立体化综合交通体系和市政基础设施更加完善，天蓝、山绿、水清目标基本实现，山美水美城美人美成为锦绣太原的新名片。

四是坚定不移保障民生。幼有所育、学有所教、劳有所得、病有所医、老有所养、住有所居、弱有所扶取得新进展，居民收入与经济增长同步，城乡差距明显缩小，人民群众获得感幸福感安全感普遍增强。

三要抓好重点环节。找准抓实制约太原发展的薄弱环节，以超常规的举措实现突破。

一是先手棋布局。超前谋划生产力布局。充分发挥各类开发区和创新载体的作用，积极布局新兴产业未来产业，加快推动信创、特种金属材料、碳基新材料、轨道交通装备等战略性优势产业集群化、高端化、智能化发展，着力打造国内一流的装备制造重镇、材料加工之都、智慧产业名城。超前谋划城镇化布局。以太原都市区一体化、交通大通道建设、行政区划调整为依托，拓展城市发展空间；以新区开发、老城更新、大县城和重点镇为依托，完善城镇功能，提升城镇品质，为太原实现“四高”拉好框架、留足空间。超前谋划生态空间布局。以提高环境治理水平和促进高质量发展为核心，统筹推进山水林田湖草系统治理，推动生态建设与文化提升、产业发展、城镇建设有机融合，以生态带产业、塑文化、美城市，让生态环境发挥出最大效益。

二是关键处突破。加速形成人才集聚高地。人才“领先一步”，发展“领跑一路”。要在推进现人才政策落实落地的同时，进一步创优体制、搞活机制，持续推出针对性更强、含金量更高的育才、引才、留才政策，以高质量多元化人才队伍支撑太原转型发展。全面夯实重大项目支撑。牢固树立“项目为王”的理念，高点站位，统筹布局产业转型、基础设施和重大民生项目，积极引进落地一批全局性、基础性、战略性、牵引性强的大项目、好项目。全力营造一流营商环境。主动对标先进城市，进一步从思想、理念上提升，从制度、体制上创新，从监管、服务上突破，不断推动太原营商环境进入全国前列。

三是制胜点赶超。全面对接国家战略。作为全省对外开放的龙头，太原要胸怀“两个大局”，积极融入国家区域发展战略，从观念、通道、制度等方面打通各类障碍阻隔，把区位优势转化为开放发展优势。实现重点领域改革突破。加速推进开发区改革创新，理顺管理体制，明晰主攻方向，完善要素保障，形成机制灵活、布局合理、功能协调的发展格局；持续深化国资国企改革，抓好市属国企混改、专业化重组，加快推进经营性国有资产统一监管，实现“根上改、制上破、治上立”。强化科技创新引领。目前区域竞争正在加速演变成为创新生态、创新战略的全方位、深层次竞争。我们必须面向国内外科技前沿和我市转型发展的战略需求，加强技术创新基础平台建设，在新兴产业未来产业上抢滩占先，在关键核心技术上攻关突破。

七、聚焦保障转型任务落地见效，持续营造风清气正的良好政治生态

习近平总书记在山西视察时强调，要坚持不懈抓好党内政治生态建设。6月29日，习近平总书记在主持中央政治局第二十一次集体学习时强调，要贯彻落实好新时代党的组织路线，不断把党建设得更加坚强有力。我们要以党建“第一责任”引领和保障发展“第一要务”，持续营造风清气正的政治生态。

一要突出政治建设引领转型。党的政治建设是党的根本性建设，必须坚持以党的政治建设为统领，把政治标准和政治要求贯穿党的建设全过程和各方面。持续强化理论武装。充分发挥各级党校、行政学院主渠道主阵地作用，持续办好读书班，组织全市党员干部认真学习《习近平谈治国理政》（第三卷）、习近平总书记“三篇光辉文献”和习近平总书记视察山西重要讲话重要指示，坚持读原著、学原文、悟原理，解决好入脑入心、真学真懂真信真用的问题。巩固主题教育成果。各级党组织要建立“不忘初心、牢记使命”主题教育制度落实机构，在全市开展“三重温、学四史”学习教育，持续抓好“8+2”专项整治，切实把主题教育成效转化为立得住、落得实、行得远的长效机制，推动党员干部做到一句誓言一生作答。加强政治文化建设。全面落实《关于加强党内政治文化建设的实施意见》，充分整合利用红色文化资源，深入挖掘弘扬山西德孝文化、忠义文化、廉政文化、诚信文化等中华优秀传统文化蕴含的思想观念、人文精神、道德规范，推动政治文化更加积极健康、政治生态更加风清气正。

二要锤炼过硬队伍支撑转型。政治路线确定以后，干部就是决定因素。各级党委（党组）要围绕转型发展，健全干部“选育管用”全链条机制，为转型发展提供有力的干部支撑。围绕转型“选”。落实好《2019—2023年全国党政领导班子建设规划纲要》，建立干部战略资源库，不断优化干部年龄、学历、专业、来源等结构，使各级领导班子更加符合各项事业发展需要。围绕转型“育”。引导广大干部紧紧围绕中央及省委重大部署和重点工作，不断在化解复杂矛盾、深化基层治理、推动转型发展中积累经验、增长才干、提升本领。目前，我市第一批45名省派、市派“墩苗”干部已经到岗。各级党委要按照省委统一部署，认真做好干部“墩苗”相关工作。围绕转型“管”。坚持严管厚爱结合、激励约束并重，认真落实省委《关于严肃查处诬告陷害行为、及时为受不实反映干部澄清正名的办法》，向诬告者亮剑、还好干部清白，努力让干部心无旁骛谋转型、一心一意抓发展。围绕转型“用”。坚持事业为上、以事择人，完善落实《市管领导班子和市管干部日常分类近距离考核考察办法》，在三大攻坚战最前沿、转型发展主战场、抗击疫情第一线，发现培养使用一批敢于担当作为、善于攻城拔寨的硬干部；改革考评办法，完善考核机制，分类分考、分别计奖，营造以结果论英雄的浓厚氛围。

三要加强基层党建推动转型。党的工作最坚实的力量在基层。各级党委（党组）要把抓基层打基础作为长远之计和固本之策，持续增强基层党组织的政治功能和组织力，推动基层党组织成为领导基层治理、团结动员群众、推动转型发展的坚强战斗堡垒。农村党建要强引领。充分发挥党建引领优势，深入推进农村党建与乡村振兴深度融合，推行村党组织书记通过法定程序实现“一肩三挑”，派强用好“第一书记”和驻村帮扶干部，持续巩固发展壮大村级集体经济，确保脱贫攻坚做足成色、交好总账。城市党建要促治理。持续深化街道管理体制改革，加快构建市、区、街道、社区四级联动体系，推动街道、社区与驻地单位“契约化”共建，加快推进社区物业党建联建，健全社区党组织领导下的群众自治、民主协商、群团带动、社会参与机制，促进基层治理和服务群众水平不断提升。两新组织要全覆盖。落实《关于全面提升非公经济组织和社会组织“两个覆盖”工作质量的十条措施》，深化园区、楼宇商圈、互联网企业等重点领域党的建设，依托街道、社区对“两新”组织党组织实行兜底管理，推动形成基层治理各领域全覆盖的有效组织网络。机关党建要作表率。“七一”前，市委出台了市直机关党组织争当“三个表率”创建“模范机关”活动实施方案，各级机关要抓好落实，建立“四级四岗”责任清单，配齐配强党务工作力量，切实解决“中梗阻”“灯下黑”问题，努力建设让党放心、让群众满意的模范机关。

四要凝聚各方力量服务转型。转型是根本出路，必须充分调动一切积极因素，凝聚起推动转型发展的强大正能量。人大及其常委会要围绕落实党中央及省委决策部署，紧密结合我市实际，创造性地做好立法、监督等工作，更好发挥人大代表作用，为转型发展提供有力法治保障。人民政协要充分发挥协商主渠道和专门协商机构作用，围绕转型发展谋划协商内容，丰富协商形式，开展民主监督，全面提升协商议政的质量和效能。统一战线要充分发挥人才荟萃、联系广泛、智力密集的优势，建真言、谋良策、出实招，为全市转型发展献智出力。宣传部门要把握正确舆论导向，全方位、多角度、立体化、融合式报道我市转型发展历程，传播“太原转型声音”，讲好“太原转型故事”，努力营造“一切为了转型、一切服务转型”的浓厚舆论氛围。

五要强化纪律作风保障转型。上半年，全市各级纪检监察机关共查处违反中央八项规定精神问题56个，形式主义、官僚主义问题37个；反腐败立案842件，查处群众身边腐败问题167个。各级党委和纪检监察机关要把“严”的主基调长期坚持下去，加大对习近平总书记视察山西重要讲话重要指示、省委十一届十次全会精神贯彻落实情况的监督检查力度，确保党中央及省委决策部署在我市落地见效。要认真落实《关于持续解决困扰基层的形式主义问题为决胜全面小康社会提供坚强作风保证的通知》，继续大力改进文风会风，从严控制督查检查考核，力戒形式主义、官僚主义，切实为基层减负，让基层干部有更多时间和精力抓好工作落实。要完善权力配置和运行制约机制，形成不断完备的制度体系，建立严格的监督体系，构建“不敢腐、不能腐、不想腐”一体推进的工作格局，持续巩固反腐败斗争压倒性胜利。

同志们，转型发展时不我待，振兴崛起重任在肩。让我们始终高举习近平新时代中国特色社会主义思想伟大旗帜，全面贯彻落实党中央各项决策部署，在省委的坚强领导下，按照市委确定的目标任务，不忘初心、牢记使命，乘势而上、笃定前行，努力为决胜全面小康、决战脱贫攻坚，书写山西践行新时代中国特色社会主义新篇章作出太原贡献！

政府工作报告

——在太原市第十四届人民代表大会第五次会议上

（2020 年 4 月 27 日）

太原市人民政府市长　李晓波

各位代表：

现在，我代表市人民政府向大会报告工作，请予审议，并请政协委员和其他列席人员提出意见。

一、2019 年工作回顾

2019 年是中华人民共和国成立 70 周年，是全面建成小康社会关键之年。一年来，在市委的坚强领导下，全市上下以习近平新时代中国特色社会主义思想为指导，全面贯彻党的十九大和十九届二中、三中、四中全会精神，深入学习贯彻习近平总书记“三篇光辉文献”精神，按照党中央、国务院和省委、省政府以及市委的决策部署，全力做好稳增长、促改革、调结构、惠民生、防风险、保稳定各项工作，推动谱写文明开放富裕美丽太原新篇章取得新成效。全市地区生产总值突破 4000 亿元，实现 4028.51 亿元，增长 6.6%，规模以上工业增加值增长 4.5%，一般公共预算收入增长 3.6%，固定资产投资增长 10.2%，社会消费品零售总额增长 7.8%，城乡常住居民人均可支配收入分别增长 8% 和 9%，城镇新增就业 9.93 万人，农村劳动力转移就业 1.37 万人，城镇登记失业率 3.17%，居民消费价格涨幅 2.7%。全市空气质量和汾河流域国考断面水质均取得明显改善，其他约束性指标都较好地完成了年度目标。

一年来，我们主要做了以下工作：

（一）聚力提质增效，经济高质量发展迈出新步伐。大力实施工业强市战略，长城智能制造基地、诚迈软件园、中电科碳化硅等一批重大转型项目落地开工，京丰电务、迈杰模具一期、百信自主安全计算机一期等项目建成投产，非传统产业对规模以上工业增加值贡献率达 75.7%。大力发展现代服务业，我市首批入选 2019 年国家物流枢纽建设名单，成功获批国家跨境电子商务综合试验区，连锁便利店发展指数位列全国第一，被评为年度“中国最具竞争力会展城市”。服务业增加值增长 7.1%，对经济增长的贡献率达 65.6%。积极推进农业供给侧结构性改革，“娄烦山药蛋”获全国十佳绿色地标蔬菜品牌，“阳曲小米”地理标志通过国家认定，以六味斋、水塔、紫林等为引领的农业龙头企业发展到 147 家，功能多样、产业融合、城乡一体化的城郊农业新格局正在形成。

（二）深化科技创新，转型发展注入新动力。积极推进国家可持续发展议程创新示范区建设，初步构建起可持续发展标准体系框架，高效节水和非常规水资源利用项目获科技部立项支持。龙芯安可基地一期完工，山西先进计算中心、清华大学山西清洁能源研究院、山西高等创新研究院等新型研发机构投入运营。太钢“手撕钢”获冶金科学技术特等奖，山西电机“YE4 系列电机”获中国机械工业科技一等奖。中国科学院大学太原能源材料学院正式奠基。科技型中小企业和高新技术企业分别增长 86.5% 和 68%。国家企业技术中心达 16 户，新建院士工作站 5 个，引进院士专家团队 44 人，迁入各类人才及家属 7 万余人，创新支撑引领作用不断增强。

（三）持续攻坚克难，三大攻坚战取得新进展。全力防范化解重大风险，严厉打击非法集资和互联网金融犯罪，严格实行政府债务限额管理，着力规范举债融资行为，完成年度隐性债务化解任务，各类风险总体稳定可控。巩固提升脱贫攻坚成果，贫困发生率从 2016 年初的 6.68% 下降至 0.08%，我市进入脱贫成效巩固与实施乡村振兴战略衔接的新阶段，荣获“2019 年度中国全面小康特别贡献城市奖”。全力打好污染防治攻坚战，开展扬尘污染大整治，连续 6 个月在“2+26”城市降尘下降幅度最大。太钢超低排放改造基本完成，二电厂“公改铁”投入使用。完成 3.48 万户“煤改电”“煤改气”，实现平原地区清洁供暖全覆盖。汾东、杨家堡、晋阳等污水处理厂完成建设或提标改造，汾河景区三期建成开放，小店桥断面水质退出劣Ⅴ类，建成区 20 处黑臭水体全部消除。完成营造林 19.18 万亩，晋阳湖公园一期、太原古县城护城河公园等建成开放，建成区绿化覆盖率、绿地率、人均公园绿地面积分别达 43.38%、38.3% 和 12.78 平方米，荣获“全国绿化模范城市”和“中国美丽城市”称号，“两山”理论在太原得到生动实践！

（四）用好关键一招，改革开放打开新局面。成功举办太原能源低碳发展论坛，习近平总书记亲致贺信。市县政府机构改革顺利完成。杏花岭区、晋源区农村集体产权制度改革经验在全国推广。组建国有资本投资运营公司，国有企业“三供一业”资产移交完成100%。认真落实减税降费政策，全年新增减税降费73亿元。清欠民营企业账款5.8亿元，超额完成国家和省下达目标任务。全年招商引资签约总额达2880亿元，外贸进出口总额超过1000亿元。与韩国顺天市正式结为友好城市，国际“朋友圈”越扩越大，全方位对外开放格局加速形成。

（五）完善功能品质，城市形象实现新提升。轨道交通2号线一期工程实现“轨通”“电通”，1号线一期工程正式开工建设，铁路枢纽西南环线开通运营，太原南站东广场建成投用、西广场改造完成，滨河东路南延、迎宾桥、通达桥、晋阳桥等27项110公里市政道桥工程全部完工，交通路网进一步优化。深入开展文明城市创建，大力推进“九乱”治理，整治背街小巷478条、老旧小区1776个、集贸市场26个。“两下两进两拆”扎实开展，生活垃圾分类收运体系初步建立。城市更加宜居宜业，城市品质进一步彰显。

（六）出新出彩出色，二青盛会亮出新名片。举全市之力，倾全城之情，成功举办精彩、惠民、难忘的二青盛会，赢得社会各界广泛赞誉。国际体育交流中心、水上运动中心、滨河体育中心造型别致、时尚大气，充满现代气息，成为城市新地标。开幕式集传统文化、未来元素、高新科技于一体，精彩绝伦、震撼人心，获得国务院孙春兰副总理高度评价。备战参赛硕果累累，金牌数和奖牌总数在全国参赛城市中均排名第一。太原新形象新面貌得到全面展示，全市人民自豪感荣誉感进一步增强。

（七）着力提升软实力，文化体育事业展现新面貌。开展庆祝新中国成立70周年群众文化系列活动2000余场，免费送戏下乡1200余场，惠及群众近300万人次。创作改编电影、歌舞、杂技等各类作品60余部，晋剧《起风街》获第十六届中国戏剧节优秀剧目奖。太原国际马拉松赛晋级国际田联金标赛事。环太原国际公路自行车赛吸引五大洲12个国家和地区40余支队伍同场竞技。首届中国·太原体育电影展为体育竞技与文化艺术融合发展注入新的活力。拜仁太原足球学校开工奠基。天龙山石窟数字复原国际巡展亮相法国，率先走出了“中华文化走出去”太原模式。

（八）践行为民宗旨，民生保障达到新水平。持续加大民生投入，全市财政民生支出占比保持80%左右。太原五中、成成中学新校区正式招生，新增优质学位7200个。市中心医院、市妇幼保健院新院区开诊，公立医院综合改革“阳曲样板”“清徐经验”在全国推广。城乡居民养老、医疗、失业等保险基本实现全覆盖，生育保险待遇水平实现“同城同待遇”。23个社区养老服务中心、29个城乡日间照料中心建成投用，高龄老人津贴标准位居中部六省省会城市前列。“爱心奶”工程覆盖全市2.7万特殊困难群体，平价商店惠民力度进一步加大。扎实开展标准化和质量强市工作，我市被评为“2019年度全国质量魅力城市”。新开工保障房1.38万套，基本建成4.72万套。强力推动解决不动产登记遗留问题，办理不动产登记5.1万套。加强国防动员建设，持续推进民兵调整改革和兵役制度改革。安全生产形势持续稳定向好，亡人事故起数和死亡人数分别下降26.25%、24.71%。深化扫黑除恶专项斗争，社会大局保持和谐稳定，以第一名的成绩获评2019年度全省平安建设先进市！

（九）推动职能转变，政府自身建设得到新加强。扎实开展“不忘初心、牢记使命”主题教育，进一步凝聚了党心民心，激发了广大党员干部担当作为、奋勇争先的干劲。依法接受人大及其常委会监督，自觉接受政协民主监督，办理人大代表建议335件、政协提案502件。加强法治政府建设，坚持用法治思维、法治方式深化改革、推动发展、化解矛盾，依法行政能力和水平进一步提高。积极推行相对集中行政许可权改革，“一枚印章管审批”全面推开。实现“3390”改革目标，营商环境便利度综合排名全省第一。

各位代表，回顾过去的一年，困难多于预想，结果好于预期。在这一年激情追梦、接续奋斗的历程中，我们用汗水浇灌收获，以实干笃定前行，成绩来之不易，经验弥足珍贵。

过去的一年，我们始终把深入学习贯彻习近平新时代中国特色社会主义思想作为首要政治任务，对标对表党中央决策部署，瞄准建设文明开放富裕美丽太原奋斗目标，求真务实，埋头苦干，变化有目共睹，成绩令人鼓舞。实践证明，只要我们始终坚持党的领导不动摇，方向不变、道路不偏，一步一个脚印走下去，就一定能战胜前进路上的一切艰难险阻！

过去的一年，我们坚持发展第一要务，紧紧围绕“示范区”“排头兵”“新高地”三大目标，坚定不移推进创新转型，三次产业协调性进一步增强，经济发展结构性、素质性矛盾逐步破解。实践证明，只要我们坚决贯彻新发展理念，实施好工业强市、人才兴市、环境立市、创新驱动等重大战略，持续推动质量变革、效率变革、动力变革，就一定能走出一条产业优、质量高、效益好、可持续的发展新路！

过去的一年，我们牢固树立“改革绝不能落后”的理念，推动全面深化改革向纵深发展，国资国企改革加快推进，农村集体产权制度改革全面铺开，一大批有力度、有温度、有质量，具有太原特色的改革事项取得明显成效。实践证明，只要我们坚持敢闯敢试、敢为人先的改革精神，以改革的思维谋划发展、用改革的办法破解难题，太原就一定能够焕发出新的生机与活力！

过去的一年，我们坚持把人民对美好生活的向往作为奋斗目标，着力保障和改善民生，财政投入和工作力量向民生倾斜，解决了一批老百姓的操心事、烦心事、揪心事，给全市人民带来实实在在的获得感、幸福感、安全感。实践证明，只要我们积极践行以人民为中心的发展思想，初心不改、使命不渝，做到民有所呼、我有所应，就一定能以新气象新作为决战决胜全面建成小康社会！

过去的一年，我们发扬越是艰险越向前的斗争精神，敢于迎难而上，经受多重考验，解决了安置难、办证难等历史遗留问题，打了一场扬尘治理翻身仗，整治了一批影响营商环境的突出顽疾，进一步提升了干事创业的精气神。实践证明，只要我们增强斗争意识、提高斗争本领，以永不懈怠的精神状态和敢打必胜的斗争意志，攻坚克难、砥砺奋进，就一定能在高质量转型发展的新征程中不断开创新业绩！

这一年取得的成绩，是习近平新时代中国特色社会主义思想科学指引、生动实践的结果，是省委、省政府和市委坚强领导、科学决策的结果，是市人大、市政协监督支持、群策群力的结果，也是446万太原人民齐心协力、拼搏奋斗的结果。在此，我代表市人民政府，向全市人民，向各民主党派、工商联和无党派人士，向各位人大代表、政协委员，向驻并部队、公安干警和中央、省驻并单位，向所有关心支持太原改革发展的各界朋友，特别是向奋战在抗击新冠肺炎疫情一线的广大医务工作者和基层工作人员，表示崇高的敬意和衷心的感谢！

各位代表，风雨多经志弥坚，关山初度路犹长。在肯定成绩的同时，我们也清醒地认识到，我市发展仍然面临着一些困难和挑战，主要表现为：支撑转型的大项目好项目不多，新旧动能接续转换不快；创新资源协同作用发挥不充分，深化改革开放力度还需加大；城市基础设施、教育、医疗卫生等领域还存在一些短板，基本公共服务均等化需要进一步推进；城市管理精细化水平有待提高，文明城市创建仍需加力；污染防治压力较大，环境质量改善依然任重道远；政府治理效能有待提升，营商环境还需进一步优化等。对此，我们一定高度重视，切实加以解决，决不辜负党和人民的重托！

二、2020年工作安排

今年是极不平凡的一年，脱贫攻坚、全面小康面临收官交验，第二个一百年的伟大梦想即将启航。面对突如其来的新冠肺炎疫情，我们在以习近平同志为核心的党中央坚强领导下，全面贯彻“坚定信心、同舟共济、科学防治、精准施策”要求，构筑联防联控、群防群治严密防线，持续保持确诊病例零病亡、医护人员零感染“双零”记录，守住了疫情防控的太原阵地。我们统筹推进疫情防控和经济社会发展，防疫物资和生活必需品供应充足，市场主体加速复工复产，社会秩序正在全面恢复，交出了合格的太原答卷。我们坚决扛起守护首都“护城河”的政治责任，扎实做好国际航班经停太原入境防控工作，未发生一例高风险人员离并进京，展现了新形势下的太原担当。我们全力以赴驰援湖北，6批医疗队147名医务人员逆行出征、平安凯旋，为打赢湖北保卫战、武汉保卫战作出了太原贡献。总体来看，我市新冠肺炎疫情防控已经度过最困难时期，取得阶段性重要成效。当前，国内外疫情防控和经济形势正在发生新的重大变化，世界经济贸易增长受到严重冲击，经济社会发展面临新的挑战。我们必须提振信心、科学应对，善于危中寻机、化危为机，充分释放经济高质量发展的创新能量和巨大潜力，奋力夺取疫情防控和经济社会发展双胜利。

今年政府工作的总体要求是：坚持以习近平新时代中国特色社会主义思想为指导，全面贯彻党的十九大和十九届二中、三中、四中全会精神，深入贯彻习近平总书记“三篇光辉文献”精神特别是关于疫情防控和经济社会发展系列重要讲话精神，增强“四个意识”、坚定“四个自信”、做到“两个维护”，认真落实中央和省委、市委经济工作会议部署，按照“四为四高两同步”总体思路和要求，紧扣全面建成小康社会目标任务，坚持稳中求进工作总基调，坚持新发展理念，坚持供给侧结构性改革，坚决打好三大攻坚战，做好“六稳”工作，落实“六保”任务，统筹推进稳增长、促改革、调结构、惠民生、防风险、保稳定各项工作，提高首位度，不断增强人民群众获得感、幸福感、安全感，努力打造具有国际影响力的全国区域中心城市，确保“十三五”规划圆满收官，确保我市与全国全省同步全面建成小康社会，奋力谱写文明开放富裕美丽太原新篇章。

主要预期指标是：地区生产总值增长7%左右，规模以上工业增加值增长7.5%，固定资产投资增长8%，社会消费品零售总额增长7.5%，一般公共预算收入增长3%，城乡居民人均可支配收入分别增长6.5%和6.5%以上，居民消费价格涨幅控制在3.5%左右，城镇新增就业8.3万人，城镇登记失业率控制在4.2%以内。约束性指标要不折不扣完成省下达任务。

各位代表，在决胜全面建成小康社会的关键时期，省委提出“四为四高两同步”总体思路和要求，全面奏响山西高质量转型发展的强劲主旋律，为我们做好全年工作提供了遵循。太原作为全省转型综改主战场，必须强化省会意识，扛起省会担当，发挥好省会城市“头雁效应”。要把转型作为太原发展的出路，坚持抓纲举目、战略引领，坚持重点突破、统筹集成，形成一切为了转型、一切服务转型的高度自觉和浓厚氛围，将转型综改进行到底。要把项目建设作为硬任务、硬指标、硬抓手，用一个个项目为高质量发展夯基垒台、架梁立柱、添砖加瓦，以项目建设促增长、提质量、增后劲，努力实现弯道超车、换道领跑、直道冲刺。要树立以结果论英雄的鲜明导向，以实干立身、用成绩说话，推动高质量发展，实现高水平崛起，坚持高标准保护，创造高品质生活，确保与全国全省同步全面建成小康社会，为2035年与全国全省同步基本实现社会主义现代化奠定坚实基础！

今年，要重点抓好以下工作：

（一）慎终如始抓好疫情防控，坚决打赢疫情防控人民战争、总体战、阻击战。疫情防控是一场持久战，要抓紧抓实抓细常态化疫情防控，持续巩固来之不易的防控成果，推动经济社会发展早日全面步入正常轨道。

持续发力筑牢严密防线。把外防输入摆在疫情防控工作第一位，提高口岸卫生检疫力度，严格执行入境人员隔离观察措施，强化无缝衔接和闭环管理，有效防范化解境外疫情输入风险。把内防反弹作为重点任务，抓好无症状感染者精准防控，进一步完善社区防控举措，坚决防止疫情出现新燃点。

加快恢复生产生活秩序。加强经济运行监测调度，精准开展包联帮扶，最大限度释放政策红利，有力有序推动复工复产提速扩面，加快建立同疫情防控相适应的经济社会运行秩序，努力把疫情造成的损失降到最低。

完善疫情防控长效机制。坚持战平结合、平战结合，加快建立集“防、控、治、研、学、产”为一体的公共卫生体系，健全重大疫情应急响应机制，加强公共卫生队伍建设，切实提高应对突发重大公共卫生事件的能力和水平。

（二）坚定不移实施工业强市战略，引领带动经济转型升级。工业是国民经济的主导，必须把工业高质量发展摆在全局战略位置，大力提升产业基础能力和产业链现代化水平，为转型发展提供硬支撑。

以集群化发展为路径，培育壮大新动能。坚持龙头引领、园区承载、集群发展，构建布局结构优、规模体量大、延伸配套好、支撑带动强的战略性新兴产业集群。高端装备制造产业要重点推进中车太原大养机械和城轨车辆造修、智奇轮轴智能工厂、威马新能源汽车、宝能新能源汽车、中煤科工智能制造基地等项目建设，打造轨道交通、新能源汽车、煤机智能制造等产业集群，实现“太原制造”向“太原智造”转变。新一代信息技术产业要重点推进中电科电子信息产业园、阿凡达机器人、长城计算机基地、百信电子信息产业园等项目建设，加快龙芯安可基地迁移适配平台建设，支持以中标麒麟、诚迈统信软件为代表的软件产业发展，形成从软硬件到系统集成一体化的自主可控产业基地，打造国内领先的自主可控产业生态。新材料产业要重点推进太钢高端碳纤维三期、阳煤太化己内酰胺、锦波Ⅲ型人源胶原蛋白等项目建设，打造煤基碳材料、化工新材料、生物新材料等产业集群，加快实现由“材料加工”向“加工材料”转型。绿色能源产业要依托中科院煤化所、美锦能源等优势科研单位和企业资源，加速布局氢能产业，加快推进焦炉煤气制氢、提纯、存储，逐步投放氢能源公交和物流货车。大力推进生物质热电联产、光伏风电项目，引导新能源项目有序开发建设。

以提质增效为抓手，推进传统产业迈向中高端。发挥技改资金杠杆效应，引导企业实施信息化为中心的技术改造，支持企业围绕产业链价值链供应链开发新项目，全面提升产品附加值和综合竞争力。钢铁产业要加快推进太钢棒线材生产线改造、年产70万吨中厚板生产线、高端冷轧取向硅钢等项目建设，延长不锈钢产业链，提高钢铁精深加工水平。煤焦化产业要坚持高端化、市场化、差异化、环境友好型的发展路径，依法依规推进清徐精细化工循环产业园建设，建成后与阳煤太化形成完整的“煤焦气化”循环产业链。加快推进三晋药业和孔雀油墨厂搬迁改造等项目建设。

（三）持续扩大有效需求，全面提升现代服务业水平。发挥省城服务业集聚优势，挖掘市场潜力，扩大服务供给，把疫情中抑制的消费需求释放出来，尽快让消费热起来、让经济活起来。

推动生活性服务业向高品质和多样化升级。支持企业加强与全国性大型电商、新兴社交电商等平台对接，进一步扩大网络消费。加快远大购物、苏宁广场、双塔商业中心等城市综合体项目建设，满足中高端、多层次消费需求。大力提升长风商务区、亲贤街、柳巷、万达广场、北美N1、中正天街等重点商圈和特色街区服务功能，加快实施钟楼街片区高品质步行街改造，培育发展晋阳湖观光夜经济，进一步拉动消费。扎实推进全民运动健身模范市创建工作，加大二青会比赛场馆开放力度，促进群众体育、竞技体育、体育产业协调发展。

推动生产性服务业向专业化和价值链高端延伸。加快推进汾东重点片区总部经济项目建设，充分发挥中海国际中心、信达国际金融中心等高端楼宇作用，大力发展金融科技、咨询中介等高价值服务业。推进国家火炬计划迎泽特色产业基地建设，打造高端生产性服务业集聚新地标。抓住我市成为首批陆港型（生产服务型）国家物流枢纽机遇，加快推进传化物流、太原粮食物流产业园等项目建设，整合市内及周边仓储、冷链、快递等分散存量资源，加快物流产业集聚发展。

推动文化旅游产业向融合化和品牌化发展。高标准推进晋祠—天龙山5A级景区、青龙古镇4A级景区申报创建工作，打造太原文化旅游景区龙头标杆。太原古县城、华夏历史文明传承园年内开放，启动晋阳古城遗址公园和北齐壁画博物馆建设。加大景区周边环境治理和旅游市场整治力度，营造“安顺诚特需愉”旅游发展环境，全面提升“唐风晋韵·锦绣太原”城市品牌形象。

（四）扎实做好新时代“三农”工作，推动乡村全面振兴。紧扣全面建成小康社会目标任务，坚决补上“三农”领域短板，切实发挥好“三农”压舱石作用。

加快产业振兴步伐。大力发展南部城郊型都市现代农业和北部有机旱作特色农业，推进晋源花卉小镇、万向农业科技园等重点项目建设，新发展设施蔬菜3000亩以上。做大做强清徐葡萄、阳曲小米、娄烦山药蛋、古交榛子等优势品牌，推动农产品加工业向规模化、品牌化、精深化迈进。全面推进中华老字号酿造特色小镇建设。加快发展乡村旅游、休闲度假、农耕体验等农业新业态，促进农业生产全环节升级、全链条增值。

推进美丽乡村建设。学习借鉴“千村示范、万村整治”经验，强化村庄规划设计和风貌管控，突出抓好拆违治乱、垃圾污水治理等专项行动，不断美化村容村貌。推动水电气网等基础设施城乡联网，年内新建农村“四好公路”574千米，剩余53个行政村全部通客车，完成户厕改造6.9万座，打造一批美丽宜居精品村。

深化农村各项改革。巩固和完善农村承包地三权分置改革，全面完成农村集体产权制度改革，统筹推进水权、林权改革，坚持以市场化方式全面深化农技推广体系改革。加快推进撤并行政村改革，进一步优化村庄布局。

（五）加快构建一流创新生态，为高质量转型提供有力支撑。坚持创新为上理念，围绕产业链布局创新链，全面构

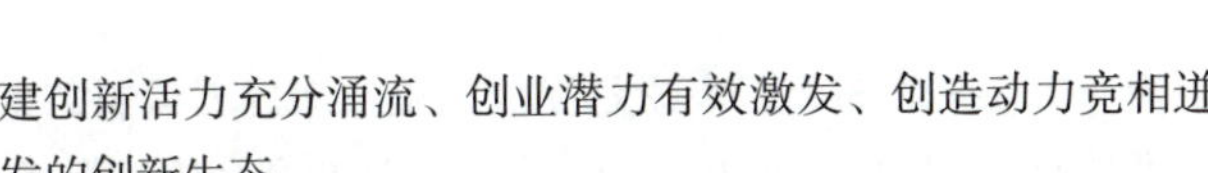

建创新活力充分涌流、创业潜力有效激发、创造动力竞相迸发的创新生态。

打造创新体系。加快建设国家可持续发展议程创新示范区，加强关键技术研发和工程示范，完善可持续发展标准体系，形成可操作、可复制、可推广的“太原模式”。落实企业技术创新发展三年行动计划，年底前全市高新技术企业达到1800家以上，科技型中小企业达到4000家以上，推动规模以上工业企业实现研发机构、研发活动全覆盖。建设一批高水平创新平台，支持太钢、山西电机等优势企业申报省级工程技术研究中心，力争年底前国家级、省级、市级企业技术中心、工程技术研究中心和产业技术创新联盟等创新平台达到260家以上。

完善创新制度。健全科技成果转化机制，引导社会资本采取股权投资方式支持科技成果转化及产业化。鼓励龙头企业牵头建立中试基地，为中小微企业开展中试熟化与产业化开发提供服务。试行项目经费“包干制”，充分激发科研人员创新创造活力。大力培育创新文化，弘扬科学精神、工匠精神和企业家精神，加强知识产权保护，营造宽松创新氛围，构建人人崇尚创新、人人渴望创新、人人皆可创新的创新型社会。

集聚创新要素。继续加强与中科院、C9高校等科研院所合作，进一步促进产学研深度融合。继续用好用足10亿元转型资金、10亿元科技创新资金和10亿元人才专项资金，最大限度释放政策红利。培育壮大天使、风投、创投机构，用好各类债务融资工具，为创新主体和产业主体提供多元化、差异化、定制化的融资服务。加强院士工作站建设，建立完善高层次人才联系服务制度，落实好住房、子女就学、家属随迁等政策，以感情留人、事业留人、待遇留人，让更多“千里马”在并州大地竞相奔腾。

（六）深入推进市场化改革和高水平开放，有效激发市场活力和内生动力。坚持改革为要、开放为先，“赶考”“补考”一起抓，打开高质量转型发展新局面。

推进重点领域改革。坚持依法依规依事业需要，积极稳妥推进事业单位重塑性改革。加快国资国企改革，推动东煤、田和、狮头等企业发展混合所有制经济，年内完成国有企业退休人员社会化管理和61户厂办大集体改革工作，力争完成“僵尸企业”出清，让企业轻装上阵。推动金融体制改革，完善政府性融资担保机制，培育优质企业挂牌上市，提升金融服务实体经济水平。深化财税体制改革，推动预算绩效管理全方位、全过程、全覆盖，切实提高财政资源配置和使用效率。

推动开发区提质增效。持续深化“三化三制”改革，鼓励社会资本参与开发区建设运营，支持开发区与国内外发达地区、优势企业、高等院校共建产业园区。加强土地集约利用，进一步提高投资强度、产出强度、税收强度。加大机制创新、要素投入和招商引资力度，集中上马一批具有示范引领作用、辐射带动力强的标志性项目，把开发区打造成为高质量转型发展主战场主引擎。

支持民营经济做大做强。全面落实支持民营企业发展意见，着力消除民营企业在准入许可、经营运行、要素供给等方面隐性障碍，为民营经济发展营造良好环境。大力培育“专精特新”企业，打造更多民企“小巨人”。落实各项减税降费政策，“真金白银”为企业减负。全力做好清理拖欠民营企业账款工作，确保年底前完成全部清欠任务。构建亲清政商关系，鼓励民营企业参与涉企政策制定，完善民营企业维权机制，让民营企业家安心谋发展。

提升对外开放质量水平。深度融入“一带一路”建设、京津冀协同发展、黄河流域生态保护和高质量发展等国家战略，承接好沿海发达地区及北京非首都功能产业转移。推进太原跨境电商综试区建设，支持国际邮件互换局扩容升级，年内建成进境水果指定口岸查验场及进境水产品指定口岸。举办2020尧城（太原）国际通用航空飞行大会暨国际通用航空博览会，规划建设航空博物馆。办好太原能源低碳发展论坛、中国（太原）国际能源产业博览会，不断提升太原在中部地区、全国经济版图中的战略地位。

构建招商引资新格局。紧盯前沿领域，明晰产业布局，通过以商招商、产业链招商等方式，开展网上招商、点对点招商、专业化招商，加强与国内外领军企业深度对接，做到内商外商并重、引资引智引技并举。推进“标准地”改革，加快标准厂房建设，实现“筑巢引凤”“拎包入住”，增强招商吸引力和产业集聚力。持续引进更多技术含量高、市场前景好、带动能力强的项目，推动宝能大食品产业园等项目签约落地。

（七）坚决打好三大攻坚战，夯实全面建成小康社会基础。三大攻坚战是决胜全面建成小康社会必须迈过的重大关口，要坚定战胜困难、应对挑战的意志决心，全力打好三大攻坚战。

巩固提升脱贫攻坚成效。脱贫摘帽不是终点，而是新生活、新奋斗的起点。要强化“军令状”和“交总账”意识，一体推进持续攻坚和防止返贫，坚持“四个不摘”，聚焦高水平的“两不愁三保障”，加大就业扶贫、产业带贫力度，扎实做好易地扶贫搬迁后续扶持工作，强化返贫监测预警和动态帮扶，建立解决相对贫困长效机制，深入开展问题排查整改“十个清零行动”，确保在脱贫攻坚奔小康路上不落下一个人。

持续改善生态环境质量。认真贯彻习近平生态文明思想，坚持铁腕治污，提升精准治污、科学治污、依法治污水平，推动省城环境质量改善取得更大成效。全力以赴打赢蓝天保卫战。持续推进“煤改电”“煤改气”，年内县城建成区基本实现清洁取暖全覆盖，农村地区力争达到85%以上。推进工业企业污染深度治理，9月底前完成美锦钢铁、华通水泥等企业超低排放改造和全市燃气锅炉低氮排放综合治理。全面淘汰国Ⅲ以下营运柴油货车，公交车、环卫车全部更换为新能源车。严格落实建筑工地“六个百分之百”，开展城乡结合部道路和裸露地面整治，严控渣土清运、拆迁和土方作业扬尘。全力以赴打赢碧水保卫战。严格落实河湖长制，统筹推进“五水同治”，完成汾东、城南、徐沟和孟封等污水厂新建改造工程，持续推进老城区管网雨污分流建设，加强农业农村生活污水治理，加快入汾口生态湿地建设，6月底前汾河断面水质全部退出劣Ⅴ类。全力以赴打赢净土保卫战。开展太化、煤气化等项目污染土壤治理与修复，加强危险废物规范化管理，提高工业固废综合利用率。强化自然生态保护修复，全力推进山水林田湖草生态保护修复工程试点工作。全面完成中央、省环保督察反馈意见整改任务，确保所有问题销号清零。

坚决防范化解重大风险。严控政府负债，积极稳妥化解隐性债务。加快农信社改制步伐，推进引资募股取得实质性进展。加强小贷公司、担保、典当等金融机构监管，持续开展互联网金融风险整治，保持打击非法集资高压态势，牢牢守住不发生系统性区域性金融风险底线。

各位代表，打好三大攻坚战，事关群众切身利益，事关全面小康成色，我们要全力攻坚、精准出击、不胜不休，向党和人民交上一份满意的答卷！

（八）全力提升城市能级和核心竞争力，打造具有国际影响力的全国区域中心城市。坚持走内涵式、集约型、绿色化的城市发展路子，提高城市规划建设管理能力，努力创造宜业、宜居、宜乐、宜游的良好环境。

加快一体化进程。推动太郑高铁年内通车，争取太原铁路枢纽和太原至延安高铁列入规划，构建铁路对外大通道。加快西北二环高速公路建设进度，东二环高速公路力争年内建成通车，进一步拉大城市框架。加快与晋中、忻州、吕梁实现城市基础设施互联互通，打通交界区域道路断点。大力支持武宿机场三期改扩建工程。加快行政区划调整，拓展城市发展空间。

完善基础设施建设。抓住国家扩大专项债券新机遇，聚焦市政、老旧小区改造、公共卫生服务、应急物资储备体系建设等中央新增投资领域，紧盯5G、数据中心等新基建项目，全力推动重大基础设施项目建设。推进解放路、龙城南北街、南中环东延等道路建设，增设过街天桥、下穿通道，开工建设滨河自行车专道，提升城市低碳出行能力。大力推进轨道交通建设，2号线一期工程年内通车试运行，加快1号线一期工程建设，尽快启动3号线前期工作。汽车客运东南站8月开通运营，太原南站东西广场地下连接通道年内投用，为旅客出行提供更多便利。加快太原北500千伏、晋安220千伏、西殿220千伏等输变电工程进度。建成投运东峰燃气调峰热源厂，规划新建阳曲大型热源厂，新增集中供热2000万平方米。推动呼延水厂二期、西山地表水厂等项目建设。加强城市防洪、排水、防涝设施建设，努力打造海绵城市。6月底前力争完成5G基站新建改建2900座以上，基本实现中心城区、周边重点区域及景区5G网络连续覆盖和商用。

塑造城市特色风貌。强化规划引领作用，统筹协调生产、生活、生态三大布局，高质量完成国土空间规划编制，分步推动汾东、府城、西山等22个重点片区规划高质量落实，让空间布局更加合理，要素配置更加高效，城市魅力更加彰显。推动综改示范区潇河产业园会展中心、会议中心、金融中心、商务中心、艺术中心建设。加快推进植物园、狄仁杰文化公园、动物园提质扩容等项目建设，年内对外开放。启动双塔公园、汾河四期湿地公园、晋阳湖公园二期、海洋公园等项目建设。年内栽植月季等各类花卉100万株，打造特色鲜明的“玫瑰之城、浪漫之都”。

争创全国文明城市。始终秉承全域创建、一体创建、为民创建理念，总结运用好过去两年创城经验做法，以持续深化整治、打造靓丽家园、提升街巷品质、建设温暖城市、建设诚信太原、倡导文明出行、创建美丽乡村、提升文明素养“八大行动”为牵引，强基础、补短板、抓治理、促提升，全面提高城市文明程度和市民生活品质。年内完成剩余147条背街小巷和521个老旧小区整治工作，引导“住有所居”向“住有宜居”转变。引入社会资本参与停车设施建设运营，全年新增停车泊位1万个以上，进一步解决“停车难”问题。扎实推进“两下两进两拆”，全面推行具有太原特色的生活垃圾分类“4+2”模式，不断提升城市精细化管理水平。以决战决胜的姿态，一鼓作气、奋力冲刺，争取迈入全国文明城市行列。

各位代表，城市是人民的城市，人民城市为人民。要充分调动各方面积极性、主动性、创造性，使政府有形之手、市场无形之手、市民勤劳之手同向发力，凝聚起建设美丽太原的磅礴力量！

（九）着力补齐民生短板，不断增进民生福祉。坚持以人民为中心的发展思想，让人民群众过上积极向上、富裕幸福、文明健康的高品质生活。

全力做好稳就业工作。开展网上就业服务，拓宽就业渠道，突出抓好高校毕业生、农民工、残疾人等重点群体就业工作，确保零就业家庭动态清零。鼓励以创业带动就业，积极推进创业孵化基地和创业园区建设，吸引更多人力资源服务机构和创业孵化企业入驻。扎实推进“人人持证、技能社会”建设，让广大劳动者一技在手、生活无忧。

办好人民满意教育。重视教育就是重视未来、重视教育才能赢得未来，必须坚持把教育摆在优先发展的战略位置，加大投入力度，不断提升人民群众的教育获得感。加快推进公办幼儿园、普惠性幼儿园建设，各城区每年新建公办园不少于3所，各县（市）不少于2所，年内实现公办幼儿园在园幼儿占比达到63%，普惠性幼儿园覆盖率达到90%。公办小学免费托管时间延长至18：00以后。完成2100间中小学校教室照明系统改造。一外、二外等新校9月投入使用。推动职业教育南部、西部校区建设，打造现代化职教高地。推进太原学院新校区二期工程建设，选址新建太原师范大学音乐学院，全力推动中国科学院大学太原能源材料学院建设。以学校管理体制改革为牵引，深化教育综合改革，推动市属

幼儿园和义务教育学校管理权限下放城区，实施“校长职级制”改革，全面推行“县管校聘”“局管校聘”管理改革。完善教师激励机制，在全社会营造尊师重教的浓厚氛围。

提升全民健康水平。继续加强医疗基础设施建设，市人民医院新院区一期工程年内投用、二期工程完成主体，市中医医院门诊楼、市血液中心业务综合楼10月完工，开工建设市第三人民医院迁建工程。开展重点人群健康行动，抓好医养结合、安宁疗护、失能老人健康评估和服务、老年人心理关爱等4个国家级试点工作，切实提高医疗服务能力。

健全住房保障体系。坚持“房住不炒”定位，加快推进公租房配建工作，不断增加住房供应渠道。扎实推进不动产登记遗留问题处置工作，力争年内完成不动产登记遗留问题发证任务10万套。继续推进城中村、棚户区改造，新开工保障房2533套，基本建成2.9万套，不断改善市民居住条件。

提高公共文化服务能力。持续开展免费送戏下乡、农村电影放映等活动，丰富群众文化生活。举办首届晋剧艺术节，推出《迎新街》等更多文艺精品。加快丁果仙大剧院项目建设，开工建设市民艺术中心。挖掘和保护太原红色资源，传承红色基因。推荐太原剪纸、清徐炼白葡萄酒酿制技艺申报国家级非遗保护项目。打造“太原府城游”升级版，讲好太原故事，擦亮文化名片，让人们记得住历史、记得住乡愁。

强化兜底民生保障。实施社区养老幸福工程、社区适老化改造、养老服务质量提升等工程，不断提升健康养老服务水平。市儿童福利院、康宁医院、救助管理站6月竣工，老年福利院、光荣院年内竣工。规划建设节地生态公墓。进一步提高低保和特困人员补助标准，保障困难群众基本生活。完善退役军人服务体系，做好退役军人就业安置、培训教育、权益维护等工作。争创全国双拥模范城“九连冠”。坚持和发展新时代“枫桥经验”，加大基层社会治理投入力度，推动治理重心下移、力量下沉，打通服务群众“最后一公里”。

抓好安全稳定工作。严格落实安全生产责任制，不断提升防灾减灾救灾能力。抓好煤矿、非煤矿山、道路交通、危化品、消防、建筑施工等领域安全生产工作，坚决遏制重特大安全事故。继续深入开展扫黑除恶专项斗争，严防群体性突发事件、重大食品药品安全事故等公共安全风险，确保人民群众生命财产安全和社会大局稳定。

各位代表，人民群众是我们最大的底气，也是最深厚的根基。要千方百计做好民生工作，用看得见的变化回应群众的关切和期盼，使改革发展成果更多更公平惠及全体人民！

三、建设人民满意的服务型政府

党的十九届四中全会对提高政府治理水平提出了新要求，要以政治建设为统领，不断创新治理方式，切实提高治理效能。

全面加强政治建设。落实新时代党的建设总要求，增强“四个意识”、坚定“四个自信”、做到“两个维护”，把党对一切工作的领导贯穿到政府工作各领域各方面各环节。坚持把不忘初心、牢记使命作为加强党的建设的永恒课题和全体党员干部的终身课题，强化“一句誓言、一生作答”的行动自觉，巩固深化主题教育成果，凝聚推动高质量发展的强劲动力。

深化“放管服效”改革。按照“三对”“六最”要求，巩固拓展“一枚印章管审批”改革成果，继续深化企业投资项目承诺制改革，进一步减事项、减要件、减环节、减时限。积极推行“一网通办”，年底前实现市级依申请事项100%网上办理。加快建立全市统一的“12345”政务服务热线平台，用好“13710”督办手段，推动营商环境持续走在全省前列、迈入全国第一方阵。

提升政府治理效能。开展法治政府建设示范创建活动，坚持科学、民主、依法决策，把政府各项工作纳入法治化轨道。全面推进政务公开，确保权力在阳光下运行。严格执行人大及其常委会决议决定，认真办理人大代表建议、政协提案，自觉接受人大、政协、社会、舆论监督。扎实开展“十四五”规划编制工作，加强与国家、省规划衔接对接，确保规划编制按期顺利进行。严控“三公”经费和一般性支出，以政府带头过“紧日子”让人民群众过上“好日子”！

全力打造廉洁政府。认真履行全面从严治党主体责任，严格落实中央八项规定精神，坚决反对“四风”，尤其是形式主义、官僚主义。持续深入推进基层减负工作，让基层干部轻装上阵。加强政府系统干部日常监督管理，严惩重点领域、关键环节及群众身边的腐败和作风问题，锤炼忠诚干净担当的政治品格，永葆为民务实清廉的政治本色。

各位代表，使命呼唤担当，实干成就辉煌。让我们更加紧密地团结在以习近平同志为核心的党中央周围，按照省委、省政府决策部署，在市委的坚强领导下，勠力同心、锐意进取，只争朝夕、不负韶华，为谱写新时代中国特色社会主义太原篇章作出新的更大贡献！

综　述

【概况】 2019年，太原市委、市政府学习贯彻习近平总书记关于扶贫工作的重要论述，全面落实党中央、国务院和省委、省政府关于打赢打好脱贫攻坚战的决策部署，立足省城实际、聚焦深度贫困、坚持精准方略，围绕解决“两不愁三保障”突出问题，突出党建引领，开展干部驻村帮扶，持续开展“城区包乡、单位包村”对口帮扶，始终把脱贫攻坚作为首要任务、第一民生和头号工程部署，举全市之力推进脱贫攻坚，取得首战首胜、再战再胜、决战决胜的优异成绩。阳曲县2017年、娄烦县2018年先后退出摘帽，全市累计脱贫155个村、15346户、42888人，贫困发生率从6.68%下降至0.18%，社会扶贫、精神扶贫、健康扶贫、对口帮扶四项工作得到国务院扶贫办的肯定和省扶贫办的推广，太原市总体告别绝对贫困，进入脱贫成效巩固提升与实施乡村振兴战略衔接新阶段。　（郭勇智）

【年度脱贫目标】 2019年，太原市脱贫2个村（静游镇井子村和杜交曲镇银洞咀村）355户814人，其中娄烦县2个村174户456人;阳曲县181户358人。（郭勇智）

【扶贫领域作风建设】 2019年，太原市深入开展扶贫领域腐败和作风问题专项治理。2016年以来，对阳曲县、娄烦县先后组织开展7次监督检查，发现扶贫领域问题51个，49个问题已整改，2个问题正在整改。2019年与省委第五巡视组上下联动，开展“回头看”。全市共受理涉及扶贫领域初次信访举报233件，涉及扶贫领域问题线索256个，初次举报量呈现逐年下降趋势。共查处扶贫领域腐败和作风问题162个，处理261人，其中：党纪政务处分210人，组织处理53人（含受到党纪政务处分2人），移送司法9人。

市委组织部、市脱贫办制定印发《关于全面打好脱贫攻坚战切实加强干部驻村帮扶工作的实施方案》。2019年6月举办太原市脱贫攻坚巩固提升专题培训班，对市县乡承担脱贫攻坚任务的140名党员干部进行专项培训，提高脱贫攻坚一线干部业务水平。8月2日和11月4日分别举办太原市巩固脱贫成效推动乡村振兴驻村帮扶工作队专题培训班和全市驻村帮扶工作专题培训班，对全市驻村帮扶干部进行全面系统的培训。　（郭勇智）

【扶贫干部提拔使用】 太原市坚持把脱贫攻坚一线作为选用干部的“主战场”，从2016年8月县（市、区）委换届以来，阳曲县、娄烦县在脱贫攻坚一线成绩突出、表现优异、得到提拔重要的干部共有205名；2019年市农业农村局扶贫开发科科长提拔担任娄烦县副县长。发现培养扶贫领域优秀年轻干部15人，8名实绩突出、群众公认的干部被推荐为担当作为表现突出干部，4名被选树为敢于担当、奋发有为先进典型。

（郭勇智）

组织领导

【脱贫攻坚决策部署】 太原市委、市政府坚持以习近平新时代中国特色社会主义思想为指导，坚决贯彻党中央、国务院和省委、省政府决策部署，坚持以脱贫攻坚统揽经济社会发展全局，始终把脱贫攻坚作为首要任务、第一民生和头号工程部署，举全市之力推进脱贫攻坚。

市委、市政府党政一把手率先垂范，带头履行一把手责任，市委书记罗清宇先后5次深入娄烦、阳曲县脱贫攻坚一线，遍访承担脱贫任务的17个乡镇，与乡村干部和贫困群众座谈交流，出主意、想办法、定项目、拿措施；市长李晓波对重要事项、重大举措，亲自部署、倾力支持，主动包扶娄烦西会和阳曲鄗都两个村；其他市领导和市“法检”两长主动签订脱贫攻坚帮扶责任书，经常深入各自帮扶点，落实“两包三到”帮扶机制，推进各项工作落到实处。市、县两级各牵头部门本着“当好主角、主动服务”的原则，按照各自的职责、任务、目标，定好举措，抓细抓常，推动各项惠民政策落地见效。（郭勇智）

【脱贫攻坚会议】 2019年，太原市委常委会、市政府常务会议、市脱贫攻坚领导小组会议33次专题研究脱贫攻坚工作，市委、市政府与娄烦、阳曲县签订个性化和差异化考核目标责任书，召开工作安排部署会、推进会、协调会、约谈会，全力推进脱贫攻坚各项工作，解决工作中遇到的困难和问题。（郭勇智）

【脱贫攻坚宣传】 在习近平总书记“6·23”重要讲话发表两周年之际，太原市于2019年6月21日至23日在太原工人文化宫举办“奋进新时代、脱贫奔小康”——太原市“贫困村到小康村变迁”摄影展暨消费扶贫特色农产品展销活动，掀起学习贯彻落实习近平总书记“6·23”重要讲话精神的热潮，集中展示脱贫攻坚的生动过程和实践成果，全面呈现贫困村到小康村变迁的巨大变化和崭新面貌，着力营造锐意进取、奋发有为的社会氛围。在10·17扶贫日期间，市脱贫办利用《山西日报》《太原日报》《太原晚报》等媒体，展示太原市开展精准扶贫精准脱贫以来取得的显著成效，《山西日报》以《娄烦水峪村：青山绿水的红色热土》为题，专题报道娄烦县庙湾乡水峪村在2016年摘掉“贫困村”帽子后，发展乡村旅游的探索和实践。《太原日报》以《对口帮扶添活力、融合发展谱新篇》为题整版专题报道深入贯彻落实习近平总书记在东西部扶贫协作座谈会上的重要讲话精神，创新开展“城区包乡、单位包村”对口帮扶取得的显著成效。《太原晚报》从10月10日起推出聚焦脱贫攻坚系列报道，先后以《产业扶贫绘就“五彩农村”》《“精准扶贫”让贫困户变了样》《从“一人脱贫”到“全村脱贫”》等内容为题，专题报道脱贫攻坚的显著成效和先进人物事迹。（郭勇智）

脱贫攻坚重点工作任务

【易地扶贫搬迁】 2017年6月23日，习近平总书记在山西太原主持召开深度贫困地区脱贫攻坚座谈会，并发表重要讲话，提出要统筹解决好“人钱地房树村稳”七个问题的重要指示要求。太原市聚焦攻坚深度贫困，锁定35个深度贫困自然村，至2019年完成7385人的易地扶贫搬迁任务，建成20个集中安置点，竣工率100%，入住率90%，旧房拆除率93.40%，土地复垦率78.10%。结合农村人居环境改善，对1042户危房和危险土窑洞进行改造，昔日凋敝落后的贫困村蜕变成美丽繁荣的小康村，扶贫产业蓬勃发展、村容村貌焕然一新、基础设施不断完善、文明乡风蔚然成风、民生改善成绩可喜、生活水平持续提高，贫困群众的获得感、幸福感、安全感不断增强。（郭勇智）

【产业扶贫】 2019年，太原市着力培育以“阳曲小米”“娄烦山药蛋”为主的绿色农产品品牌，推动健康养殖、设施蔬菜、脱毒种薯等特色产业快速发展。阳曲县重点发展6666.67公顷有机旱作谷子、6666.67公顷干鲜果经济林、6666.67公顷中药材花卉、6666.67公顷绿色蔬菜，开展回村踏青、回村采摘、回村避暑、回村过年乡村旅游系列活动，带动3800户贫困户户均增收4600元。娄烦县围绕中药材、优质食用菌、绿色蔬菜、油用牡丹、樱桃西梅沙棘、功能小杂粮、特色养殖七个特色产业，实施特色产业项目170个，覆盖贫困户7500户2万人，2019年“娄烦山药蛋”列入国家名特新优产品目录。围绕“一山一水一名人”，开发云顶山景区、汾河水库、高君宇故居等旅游景点，年接待游客超过9万人。全市共建成58座光伏扶贫电站，总规模106.78兆瓦，已全部并网运营，累计分配收益5904.2万元，覆盖157个贫困村和102个非贫困村，惠及1.65万名贫困人口。（郭勇智）

【健康扶贫】 2019年，太原市委、市政府推进健康扶贫工程，对2628户5340贫困人口进行健康扶贫“双签约”，贫困人口参加医疗保险率达100%，“先诊疗后付费”“一站式结算”“三保险三救助”等政策累计惠及26.80万人次，政策报销比例达到92%以上。阳曲县投资1700万元在全省首家挂牌成立县医疗集团，率先将县乡医疗资源向村一

粮食丰收　　（市扶贫办供图）

级延伸。（郭勇智）

【生态扶贫】 2019年，太原市委、市政府贯彻“绿水青山就是金山银山”的发展理念，出台《关于建立汾河水库库区生态补偿机制的意见》，联动实施造林务工、退耕奖补、管护就业、经济林提质增效和产业富民五大项目，成立脱贫攻坚造林专业合作社128个，完成造林绿化任务3.19万公顷，吸收贫困人口5134人次，人均增收9670元。完成新一轮退耕还林任务0.46万公顷，其中贫困户退耕面积0.20万公顷，涉及贫困人口14312人次，人均增收1266元。聘用贫困人口集体护林员1726人次，人均增收7219元。（郭勇智）

【教育扶贫】 2019年，太原市累计补助贫困大学生711名，发放资助金355.50万元；资助中职中技、高职贫困学生8432名，发放资助金1882.10万元，建成贫困子女免费入学的阳曲县首邑学校，招收贫困户子女入学284名。市委、市政府采取转移支付的方式，为娄烦县招聘教育、卫生、农技等专业技术人员186名。（郭勇智）

【金融扶贫】 2019年，太原市委、市政府把激发贫困户内生动力、实现脱贫致富作为创新发展扶贫小额信贷的根本任务，提高扶贫小额信贷的精准性和有效性。2016年至2019年，太原市金融扶贫小额信贷累计发放贷款31729.25万元，惠及贫困户6618户。其中，阳曲县13712.20万元，惠及2767户；娄烦县18017.05万元，惠及3851户。扶贫小额信贷覆盖建档立卡贫困户的比例和规模逐年增长，贷款满足率明显提高，确保贫困户贷得到、用得好、还得上、逐步富。（郭勇智）

【兜底保障】 2019年，太原市继续加大民生保障力度，第4次提高农村低保标准，从2016年的320元/月提高到530元/月，年均增幅18%，从2016年的3840元提高至2019年的6360元，始终高于当年贫困线标准。3次提高农村五保供养标准，建立护理补贴制度，供养标准全省第一、全国领先，远超娄烦、阳曲当地扶贫线标准。符合农村特困人员条件的贫困人口，全部入住敬老院，纳入五保供养，确保农村最困难、最脆弱的贫困群众基本生活得到有效保障。（郭勇智）

【社会扶贫】 2019年，太原市委、市政府全面推动“五进九销”消费扶贫，解决贫困地区农特产品销路窄、组织化程度低、增产不增收等突出问题。持续推进“爱心超市”“项目超市”“消费扶贫”为一体的“1+3”社会扶贫模式，打造出社会扶贫的“娄烦样板”。截至2019年10月底，中国社会扶贫网建档立卡贫困户注册21529人，爱心人士注册32772人，注册量位列全省前茅，网上发布需求412条，对接成功370条，成功率90%。累计销售农产品13575吨，销售额7602万元，认领扶贫农场66.67公顷，实施项目237个，投入资金1264万元，贫困群众通过积分兑换物品5.50万件，惠及7123户19928人。（郭勇智）

产业扶贫——光伏发电项目（市扶贫办供图）

【驻村帮扶】 2019年，太原市组织第29批驻村帮扶工作队1344名驻村队员扎根贫困乡村、服务贫困群众、奉献扶贫事业，赢得帮扶对象95%以上的满意率。以党建促攻坚，为贫困村选派157名第一书记、近7000名党员干部结对帮扶157个贫困村、1.58万户贫困户，实现党员干部结对帮扶全覆盖，确保帮扶单位与党员干部“人到、心到、责任到、支持到”，帮扶措施效果“到村、到户、到位”。（郭勇智）

【对口帮扶】 2019年，太原市委、市政府开展“城区包乡、单位包村”对口帮扶，采取以城带乡、城乡一体、良性互动的帮扶发展措施。城六区、综改示范区、不锈钢园区连续3年按照不低于本级财政一般预算收入的1%，累计投入帮扶资金5.60亿元，帮助销售农产品714万斤；帮助培训8913人，转移就业10697人；帮助进城务工贫困子女就近入学355名；实施惠民项目773个，带动3208户9789人脱贫，为脱贫攻坚注入强大活力。（郭勇智）

脱贫攻坚措施

【脱贫成果巩固】 2019年4月，太原市委、市政府、市脱贫攻坚领导小组相

对口扶贫——编织技能培训　（市扶贫办供图）

继出台《关于巩固提升脱贫成效推进乡村振兴的实施意见》和《关于防止返贫巩固提升脱贫成效的指导意见》，提出要大力实施“1551”工程，即“1个确保”：确保计划脱贫的2个村800名贫困人口如期脱贫；“5个衔接”：精神扶贫与人才振兴衔接，村庄面貌改善与生态宜居衔接，健康扶贫与医疗保障衔接，对口帮扶与城乡融合衔接，消费扶贫与社会扶贫衔接；“5个提升”：产业扶贫向产业兴旺提升，生态扶贫向增收生计提升，激发内生动力向乡风文明提升，夯实“三基”向治理有效提升，“两不愁三保障”向生活富裕提升；“1个目标”：太原市脱贫成效巩固提升保持在全省第一方阵，并将巩固脱贫成果推进乡村振兴的具体任务和指标细化分解到教育、卫健、医保、住建、水务和扶贫等部门，按照目标化管理要求加紧推进落实。（郭勇智）

【扶贫资金项目管理】2019年，太原市落实财政投入稳定增长机制，实现年度总量和增幅“双增长”，2016年以来累计投入市级扶贫资金5.14亿元。其中，2016年安排专项扶贫资金1.11亿元，比2015年增加634.60%，3年年均递增10%左右，2019年达到历年最高值1.49亿元，财政资金的大量投入为打赢脱贫攻坚战提供坚强保障。

财政涉农资金整合38117.18万元，其中娄烦县21431.98万元，阳曲县16685.20万元。2019年，全市项目库录入项目319个，投入扶贫专项资金25620万元，惠及贫困人口56369人次。其中，娄烦县录入项目186个，投入扶贫专项资金17464万元，惠及贫困人口37949人次；阳曲县录入项目133个，投入扶贫专项资金8156万元，惠及贫困人口18420人次。娄烦、阳曲两县2019年财政专项扶贫资金在政府网站上公示，公示公告资金总计32789.18万元，其中娄烦县17494.18万元，阳曲县15295万元。2019年市级申报省级扶贫周转金4000万元，省级安排娄烦县扶贫周转金1016万元，县级配套1016万元。省级安排阳曲县扶贫周转金264.50万元，县级配套264.50万元。完成土地增减挂交易38.13公顷，增减挂资金8585.82万元。

贯彻落实有关指示精神，关注脱贫攻坚巩固提升期间出现的苗头性、倾向性问题，研究制定出台《太原市脱贫攻坚领导小组办公室关于做好脱贫攻坚领域风险防范和管控工作的通知》和《关于注重解决收入水平略高于建档立卡贫困户群体低收入问题的指导意见》，做好各类风险防范预警工作，健全涉贫舆情管控处置机制，防止因个别风险事件影响全市脱贫攻坚大局，为巩固提升脱贫成效、推进乡村振兴营造良好的舆论环境和社会环境。（郭勇智）

脱贫攻坚问题解决整改

【义务教育】2019年，娄烦县共有义务教育阶段建档立卡贫困学生3123人，其中小学1837人、初中1286人。秋季开学全县大排查中，未发现因贫失学问题。建设第三实验学校，占地面积6万多平方米，建筑面积2.70万平方米，计划投资1.30亿元，2020年9月投入使用。阳曲县共有义务教育阶段建档立卡贫困学生911人，其中小学526人、中学385人。通过与公安、残联、计生等部门对接合作，对2019年需入学的适龄儿童少年进行摸底排查，共排查适龄儿童1303人，未发现失学现象。（郭勇智）

【基本医疗保障】2019年，太原市卫健委排查出“县级党委政府和卫生行政部门履行职责不到位、服务指导不及时、管理监督不到位、落实健康扶贫政策不扎实”“‘双签约’工作团队服务不扎实，对签约服务贫困群众健康状况和政策兑现掌握不准确，服务不到位”“贫困人口慢性病签约服务、‘先诊疗后付费’‘一站式’结算等政策落实不到位”等3个问题，制定出台《太原市健康扶贫领域问题整改实施方案》和《太原市医疗乱象专项整治行动实施方案》，并全部整改到位，惠及建档立卡贫困人口20286户56473人次。（郭勇智）

【住房安全】2019年，太原市排查解决6228户农村住房安全问题，其中2016年3660户（都为非贫困户），2017年1718户（其中建档立卡贫困户173户、非贫困户1545户），2018年662户（其中建档立卡贫困户487户、非贫困户175户），2019年188户（其中建档立卡贫困户2户、非贫困户186户）。

（郭勇智）

【饮水安全】 2019年，太原市水务局按照《山西省水利厅关于印发全省农村饮水问题排查工作方案的通知》要求，对全市农村饮水工程进行排查。经排查，全市有100个自然村存在问题，涉及13.19万人，全部为非贫困人口，解决59个村、9.64万人，剩余41个村，3.55万人正在整改。（郭勇智）

·阳曲县脱贫攻坚·

【概况】 2019年，阳曲县培育“首邑田园”公共品牌，2019年阳曲小米获农业农村部颁布的地理标志性产品，完成无公害认证9个品种1866.67公顷，绿色认证5个品种393.33公顷。利用电商大平台，做强做大阳曲小米品牌。县委书记裴耀军两次前往杭州阿里巴巴总部商谈对接、直播代言阳曲小米，“首邑田园”“阳曲小米”品牌线上销售成为新亮点，获得全省电商扶贫示范县称号。

（郭勇智）

【易地扶贫搬迁】 阳曲县易地扶贫搬迁总任务为1189户3225人，其中集中安置1175户3197人，分散安置14户28人；贫困搬迁人口2530人，脱贫2489人，累计脱贫率98.38%，涉及90个行政村148个自然村（其中，整村搬迁3个行政村10个自然村）。投入资金2.70亿元，建成11个易地搬迁集中安置点，住宅建筑面积8.60万平方米，入住率达85%。持续推动易地搬迁点基础设施和公共服务配套，建立全县《易地搬迁户脱贫增收台账》并定期动态分析，引导村委、企业、合作社等吸纳搬迁户就业或带动发展产业，为易地搬迁点配建中药材、猪场等种养殖基地。组织阳曲县工业园区企业，为搬迁群众提供200余个就业岗位，确保贫困户家庭成员至少有1人实现稳定就业。

（郭勇智）

【产业扶贫】 2019年，阳曲县坚持走“产业路”，打“绿色牌”，做“旱作农业文章”，狠抓特色产业扩容、提质、增效，实施产业扶贫项目166个，形成10万亩有机旱作谷子、10万亩干鲜果经济林、10万亩中药材花卉、10万亩绿色蔬菜“四个10万亩”脱贫产业布局。高标准建成黄寨镇万亩葡果园、泥屯镇万亩有机旱作谷子园、凌井店乡万亩蔬菜园、高村乡省级千亩谷子示范园以及万向田园综合体、北家庄田园综合体，在6个乡镇12个村新建蔬菜大棚32.67公顷，在吉家岗村等34个村新建53个标准化养殖场，打造马驼花海、西沟果岭等48个农旅融合示范点，辐射带动全县41个贫困村和其他非贫困村基本实现“五有”目标。扶持桦桂农业、七峰山农业等80余个新型经营主体，通过“订单收购+分红”“土地租金+工资+分红”“旅游+”等方式，带动4300多名贫困群众形成“种养+村企融合”“村建户租”“乡村旅游”等多种利益联结模式，建立阳曲小米、杂粮加工、核桃产业等扶贫产业，“会展经济”等产业脱贫模式广泛推广。阳曲县被评为全省特色产业精准脱贫范例县，六固村和郜都村被评为全省产业扶贫“五有”机制示范村。（郭勇智）

交通扶贫——乡村道路建设（市扶贫办供图）

【脱贫攻坚“两摸底一核查”】 2019年，太原市采取实际走访入户和“两委”认定的方式，确定脱贫监测户447户1157人，边缘户753户1976人，其中娄烦县脱贫监测户257户720人，边缘户486户1361人；阳曲县脱贫监测户190户437人，边缘户267户615人。截至10月，娄烦县确定贫困户240户618人，新识别贫困户16户35人，人口自然变更增加134户140人，减少173户180人；阳曲县确定脱贫户181户358人，新识别4户10人，认定返贫户1户4人，人口自然变更增加30户35人，减少201户222人。（郭勇智）

【脱贫攻坚问题整改】 2019年，太原市脱贫攻坚坚持问题导向和目标导向，聚焦中央巡视和脱贫成效考核反馈的责任落实不到位、目标标准把握不精准、“三保障”工作不扎实、政策落实有偏差、资金使用管理不规范、形式主义时有发生、摘帽后松劲懈怠、建档立卡户脱贫内生动力不足”等八大类问题，全面查摆，真抓实改，制定太原市《脱贫攻坚成效考核整改工作方案》和《脱贫攻坚成效考核问题整改工作清单》，细化整改措施，压实整改责任，确保所有问题整改到位。中央第十五巡视组巡视反馈意见涉及本市的问题，已全部整改。国考省考、扶贫审计和专项检查反

馈问题，除易地扶贫搬迁旧村复垦进展缓慢问题外，其余问题全部整改。

山西省委脱贫攻坚第六督导组、第七督导组和第一督导组进驻太原市，深入娄烦、阳曲两县，进村入户、实地督导，宣讲习近平总书记关于扶贫工作的重要论述和中央、省脱贫攻坚有关会议精神，坚持目标导向和问题导向，紧盯“两不愁三保障”，聚焦脱贫攻坚责任落实，强化结果管控、过程管控，对全市脱贫攻坚工作给予热情指导、有力帮助，对顺利推进脱贫攻坚起到不可替代的作用。对督导组反馈的问题，制订整改方案，建立工作台账，从严从实整改，把落实整改反馈意见作为提升工作标准和水平的重要契机和有效手段，推动工作全面进步。省委脱贫攻坚第六督导组反馈的产业支撑力度还需进一步加强、健康扶贫后续服务还需进一步跟进等五大类问题和省委脱贫攻坚第七督导组反馈的娄烦县住房安全保障不彻底、精准识别需进一步夯实等八个方面问题以及阳曲县易地搬迁后续工作、产业扶贫、健康扶贫等五个方面问题已按要求整改到位。按照省委脱贫攻坚第一督导组反馈问题整改意见建议，市脱贫办于10月23日专门印发《关于迅速整改落实省委脱贫攻坚第一督导组反馈问题的通知》，责成娄烦、阳曲县迅速整改落实，全部整改到位。（郭勇智）

·娄烦县脱贫攻坚·

【概况】2019年，娄烦县形成以社会扶贫网为依托，以爱心超市、项目超市、消费扶贫超市为重点的“1+3”社会扶贫模式。2018年11月23日全省“1+3”社会扶贫现场推进会在娄烦县召开，“娄烦样板”在全省推广。2019年1月13日，娄烦县社会扶贫管理服务中心被授予山西省脱贫组织创新奖。（郭勇智）

【易地扶贫搬迁】2019年，娄烦县“十三五”期间易地扶贫搬迁涉及6个乡镇25个自然村1706户4160人，其中建档立卡贫困户970户2596人，同步搬迁户736户1564人。主要采取回购存量房、统规自建和分散搬迁三种方式进行安置。其中，县城回购存量房590套，安置895户2456人；统规自建754套，安置400户857人；分散搬迁411户847人。9个易地扶贫搬迁集中安置点全部竣工，入住率95%，腾退拆除率93%。在搬出地发展光伏、中药材、油用牡丹、经济林等产业项目，县城集中安置点建设扶贫车间，吸纳贫困劳动力2081人，确保搬迁群众稳定脱贫。（郭勇智）

【消费扶贫超市】2019年，娄烦县按照山西省政府《关于开展消费扶贫促进精准脱贫若干措施》精神，开展“五进”“九销”活动，利用产品展示、优势群体、线上销售三个平台，累计销售农产品2415万斤，其中马铃薯1805万斤、小米217万斤、杂粮等393万斤，销售额达6468万元，吸引100名社会爱心人士和企业认领扶贫农场66.67公顷，贫困户亩均销售农产品达2000元，惠及74个贫困村6963户19563人。（郭勇智）

【帮扶网络平台建设】2019年，娄烦县利用网络资源优势，将中国社会扶贫网与娄烦社会扶贫网、娄烦社会扶贫微信公众号有机结合，搭建起立体互动帮扶网络平台。全县贫困户注册15402人，爱心人士注册18031人，驻村工作队注册538人，注册量位列全省前茅，贫困户网上发布需求356条，对接成功118条。（郭勇智）

【爱心超市建设】2019年，娄烦县设立26个村级服务点，辐射带动142个行政村；共收到221个单位、企业和个人捐赠物品101474件；群众通过积分卡兑换物品5万余件，惠及6827户18284人。爱心超市的设立，为政府与社会、行业部门与公益组织、捐助者和贫困户之间架起一座桥梁，实现济困帮扶有效对接和社会资源的精准配置。（郭勇智）

【项目超市建设】2019年，娄烦县编制帮扶需求项目共555个，对接完成237个，投入资金1264万元，惠及56个村5963户。通过实施与群众利益密切相关的小微项目，解决贫困群众最紧迫、最直接、最需要的生产生活问题。（郭勇智）

·市直单位帮扶·

【住建部门扶贫】2019年，太原市住房和城乡建设局抓党建促帮扶，完善村内47名党员的党员档案，组织全体党员到延安进行革命教育学习，开展脱贫学堂宣传政策法规。开展产业帮扶，帮扶村集体产业资金12万元；助力乡村教育，资助两名贫困学生每年6000元至大学毕业，为刚入学的3名大学生各资助1000元；筹资9万元解决全村村民新农合医保问题，帮扶村一般户医保款12.80万元；帮助贫困户销售农产品1万斤；筹集特困补助、节日慰问资金15.26万元。（雷宏伟）

【科技系统扶贫】2019年，太原市科学技术局推进乡村振兴。开展“星创天地”建设工作指导服务，全市国家级星创天地达到7个。在清徐县乡村学校、卫生院开展农村生活污（粪）水再生净水技术示范，实现污水全量99.80%净水转化，达到国家地表水环境治理Ⅱ类标准。落实农村科技特派员制度。选派1000名特派员和30名“三区”人才，深入10县（市、区）开展宣讲政策、技术咨询等服务，引进农业新品种23个，开展培训、咨询服务500余期（次），培训农民37967人次，发放各类宣传资料52300余份。开展驻村帮扶和党员干部结对帮扶工作。选派第一书记和2名工作队员脱产入驻定点帮扶贫困村，局主要领导及班子成员走访慰问贫困户，党员干部实施“一对一”帮扶，

开展社会扶贫“爱心捐”活动和“五进九销”消费扶贫活动，帮助贫困群众增收致富，巩固脱贫成效。（马　彪）

【气象系统帮扶】2019年，太原市气象局根据主要负责人变动实际，调整扶贫工作领导小组。选调精干力量担任驻村第一书记和扶贫队员长期驻村。开展“回头看”工作，全面排查脱贫户“两不愁三保障”存在的问题。协助扶贫村完成煤改电试点工作。开展消费扶贫，建立长效帮扶机制，挖掘、打造“雷家庄”小米、杂粮品牌，帮助销售农产品5万余元，增加贫困户收入。扶贫日当天开展“爱心捐赠、消费扶贫”活动，向爱心超市捐赠4000余元的小家电。开展扶贫政策宣讲，激发内生动力。

（赵　佳）

【交通单位扶贫】2019年，太原市“四好农村路”建设高质量推进。完成“四好农村路”建设里程994千米，完成投资11亿元，是市委下达453千米目标任务的220%。“3+1”旅游公路完成建设里程152千米，完成投资10.20亿元，是市委下达136千米目标任务的112%。6月25日，全省“四好农村路”暨三大板块旅游公路建设现场推进会在太原召开；晋源区被评为全省“四好农村路”建设示范区，阳曲县被交通运输部评为全国“四好农村路”示范县。“双通”工程推进，在全面完成建制村100%通硬化路的基础上，2019年新增通客车建制村32个，太原市通客车建制村达778个，通客车率达93.60%，超额完成市委下达的目标任务，为促进城乡一体化发展奠定坚实基础。精准扶贫工作成效凸显，注重扶志与扶智，选派优秀干部驻村帮扶，先后多次组织局系统党员领导干部进村入户宣讲十九大精神、讲授“不忘初心、牢记使命”党课，调动党员干部带领村民脱贫致富的内生动力。在“产业扶贫”上狠下功夫，建成首个村集体产业——光伏发电产业，桃树、白水杏等新品种经济农作物初具规模。投资3万余元帮助建立小米加工场，有效助力脱贫产业实现品牌化经营。组织帮助推销农副产品3.50万余斤，农民增收18万余元。投入90余万元，用于650余米的道路维修项目和3500余平方米的场地硬化项目，改善村容村貌和基础设施条件。南留南村贫困户人均收入由2015年的2850元增加到3600元，增幅超26%，在全省率先实现脱贫摘帽，并成为乡村振兴和美丽乡村建设的典范。（弓晋芳）

【文旅单位扶贫】2019年，太原市文化和旅游局落实领导干部下乡驻村制度，有针对性地制订帮扶方案，向阳曲县思西村拨付专项扶贫资金3万元，对困难户进行慰问，建立帮扶电子档案，开通阳曲县第一家村级微信公众号，发布有关扶贫的政策和信息，全年销售农产品近万斤，打通当地农副产品的信息和销售渠道。送戏下乡演出5场，旅行社组织游客近千人赴思西村进行采摘体验，为当地文旅产业发展提供有益尝试。（吴　鹏）

【农机精准扶贫】2019年，太原市农机局精准利用项目资金，在对贫困县娄烦县2016年、2017年、2018年连续每年投入200多万元的基础上，2019年继续在娄烦县投入资金总额包括农机购置补贴资金达203万元。市、县财政、农机专网上列有资金使用情况，补贴资金精准到每个购机农户，按一个农机户带动、帮扶周边5—10户农民群众、贫困户计算，产生可观的经济效益。

（马孙威）

美丽乡村全景　（市扶贫办供图）

庆祝中华人民共和国成立暨太原解放 70 周年

The 70th anniversary of the founding of the People's Republic of China（PRC）and the liberation of Taiyuan

【概况】 2019 年，是中华人民共和国成立 70 周年暨太原解放 70 周年，为向伟大祖国、英雄城市 70 华诞献礼，传承红色基因，凝聚城市灵魂，由太原市委、市政府主办、各企事业单位协办及社会各界人民群众广泛参与，成功举办各项纪念、庆祝系列活动。

（方志编研二室）

【太原解放战役】 太原解放战役是解放战争中历时最长，参战人员最多，战斗最激烈的城市攻坚战之一。

1948 年 10 月 17 日夜，解放军第 7 纵队独 7 旅 19 团在地下党员赵炳玉的带领下，行军 20 余里，从秘密小道楔入牛驼寨发动突袭，在次日拂晓前攻占除指挥部庙碉外的其他阵地。从第二天起，阎军连续组织反扑，一天冲锋十几次，4 架敌机轮番扫射轰炸三个多小时，阵地上落弹 1 万余发，发射毒气弹。第一兵团前委决定集中兵力与火力，强攻牛驼寨、小窑头、淖马、山头等东山四大要塞。10 月 26 日，四大要塞同时点燃战火，双方动用火炮 800 余门，将主力投入到 8 千米的阵地上，战争持续 17 个昼夜。

太原四大要塞攻防战，是国共战争史上最惨烈的战事之一。东山上的每一个据点、每一座碉堡都经过得而复失、失而复得的残酷过程。一块面积不大的阵地上，每天都要承受至少 800 门火炮的轮番轰击。战后，各主要阵地上焦土三尺，草木摧折，手榴弹木柄敷地一层，守军遗尸遍野，这一切都在昭示着战况之惨烈。

（方志编研二室）

【纪念太原解放 70 周年座谈会】 2019 年 4 月 23 日，纪念太原解放 70 周年座谈会举行。山西省委常委、太原市委书记罗清宇出席并讲话，省政协副主席、市委副书记、市长李晓波主持，市领导李新春、张明星、李吉山、魏民、王立刚、赵忠保、刘鹓、张璐、郭治明、雷学东，市级老领导谷文波，太原警备区政委杨文军；参加解放太原的老兵及革命先辈亲属代表、先进模范人物代表、青少年学生代表和驻并官兵代表等 110 人参加座谈会。

会上，徐小岩、赵富华、巨文辉、杨贵山、牛国栋、杨向东、戎燕以及暴金明等代表分别发言。大家忆往昔、话今朝、谋未来，重温太原解放和建设初期的峥嵘岁月，追忆为太原解放流血牺牲、建设发展作出贡献的革命先烈和革命前辈，畅谈太原解放 70 年来的沧桑巨变。

罗清宇指出，要永远铭记，以毛泽东同志为代表的老一辈无产阶级革命家对太原的亲切关怀；永远铭记，革命先烈、革命前辈为太原解放和发展作出的巨大贡献；永远铭记，2017 年 6 月习近平总书记亲临山西视察，带来党中央的亲切关怀和无限温暖。回顾太原解放 70 年来的光辉历程，不仅是重温历史、纪念先辈，更是要不忘初心、牢记使命，以历史的火炬照亮前进的道路。

罗清宇强调，发展是最好的继承，进步是最好的纪念，太原今天的良好局面来之不易，更加美好的未来需要接续

太原解放纪念馆　　（市委党史研究室方志编研二室供图）

奋斗。要高举旗帜、坚定信念，更加紧密地团结在以习近平同志为核心的党中央周围，深入学习贯彻习近平新时代中国特色社会主义思想，牢牢把握正确政治方向，树牢“四个意识”，坚定“四个自信”，做到“两个维护”，自觉做共产主义远大理想和中国特色社会主义共同理想的坚定信仰者、忠实实践者。要牢记宗旨、全心为民，继续发扬革命先辈的优良传统，把人民对美好生活的向往作为奋斗目标，把人民利益摆在至高无上的地位，统筹做好保障和改善民生各项工作，让发展成果更多惠及全市人民。要不屈不挠、勇往直前，坚持和发扬革命精神，不为任何风险所惧、不被地域思维所困，善于以新的眼光去发现问题、以新的思维去审视困难，千方百计谋对策、想办法，雷厉风行抓落实、求实效，真正以思想的大解放推动改革的大突破、事业的大发展。要改革创新、奋发有为，牢固树立争创一流的工作理念，自觉站在全国全省找坐标，自觉瞄准本系统本行业最高水平，一步一个脚印抓落实，全力推动太原市创新转型发展，以优异成绩庆祝中华人民共和国成立70周年。

李晓波指出，太原的解放凝结着无数革命先辈的鲜血和牺牲，要继承革命先烈的遗志，学习他们不畏艰险、敢于胜利的英雄气概，让英雄精神融入血脉，不断激发前行力量。太原的发展饱含着一代代广大干部群众的智慧和汗水，要倍加珍惜这来之不易的大好局面，攻坚克难、苦干实干，以时不我待、只争朝夕的精神投入工作。太原的未来靠大家创造和开拓，要以新时代奋斗者的姿态担当新使命、展现新作为，努力创造无愧于历史、无愧于人民、无愧于先辈的新业绩。（方志编研二室）

纪念太原解放70周年座谈会 （市委党史研究室方志编研二室供图）

【庆祝中华人民共和国成立70周年展览】 2019年，由太原市委办公室、市委宣传部、市委党史研究室主办的不忘初心、牢记使命、奋进新时代——庆祝中华人民共和国成立70周年展览在太原美术馆举行。展览共分为“民族独立人民解放的太原画卷”“社会主义革命和建设的太原记忆”“中国特色社会主义道路的太原实践”“谱写新时代中国特色社会主义太原篇章”四个部分。展览的500余张珍贵图片以及大量的文献实物，向人们讲述太原市近百年来波澜壮阔的发展历程。让人们回望历史，守初心、担使命，以更好地凝聚起建设文明开放富裕美丽太原的磅礴力量。

市领导参加太原市庆祝中华人民共和国成立70周年暨太原解放70周年展览 （市委党史研究室方志编研二室供图）

展览开幕后，预约参观的单位络绎不绝。平均每天接待5到6个团体，最多时候一天接待过8个团体。展览成为太原市庆祝中华人民共和国成立70周年系列活动中最热门、最受欢迎的活动之一。

9月10日，山西省省委常委、太原市委书记罗清宇，省政协副主席、市委副书记、市长李晓波带队参观展览。罗清宇指出，一部党史、新中国史就是一部守初心、担使命的奋斗史。建党98年来，中国共产党团结带领广大人民群众不懈奋斗，取得革命、建设和改革发展的伟大胜利；新中国成立70年来，太原市伴随着中华民族从站起来、富起来到强起来的壮阔历程，发生翻天覆地的历史巨变。历史已经证明，这些辉煌成就的取得，最根本的一条就是中国共

产党的领导。习近平总书记多次强调，无论我们走得多远，都不能忘记来时的路。参观展览，就是要回顾党的艰辛奋斗历程，从历史中汲取力量，在发展中坚定信心，按照“守初心、担使命，找差距、抓落实”的总要求，进一步凝聚广大党员干部不忘初心、牢记使命、永远奋斗的强大力量，确保主题教育取得实实在在的成效，扎实推动在“两转”基础上全面拓展新局面。

（方志编研二室）

【国民革命军第八路驻晋办事处旧址开放】 国民革命军第八路驻晋办事处旧址位于坝陵南街的北侧。从 1937 年 8 月起，正式公开为中共在山西开展抗日民族统一战线的基地，是党领导华北运筹华北救亡、实现全民族抗战的中心，为八路军开赴山西，实现国共合作抗战、开辟敌后抗日根据地作出不朽的贡献。

中华人民共和国成立 70 周年之际，在太原市委、市政府的高度重视下，旧址经修复于 2019 年 9 月 25 日正式开放，成为太原市又一处重要的红色教育基地。八路军驻晋办事处旧址内举办的胜利的支点——八路军办事处史实大型展览，向人们诉说那峥嵘岁月里的一段波澜壮阔、足以影响中华民族发展进程的难忘历史。

（方志编研二室）

2019 年 9 月 20 日，市委党史研究室和市委组织部、市直工委主办的太原市庆祝中华人民共和国成立 70 周年知识竞赛决赛在太原电视台举行

（市委党史研究室方志编研二室供图）

【知识竞赛活动】 2019 年，由太原市直机关工委、市委党史研究室（市地方志研究室）主办，太原日报社、太原广播电视台协办的庆祝中华人民共和国成立 70 周年暨太原解放 70 周年知识竞赛活动，在全市范围内展开。通过举办知识竞赛，太原各地掀起一股学习党的历史、了解太原市情的热潮，而且促使许多活动参与者，在坚定“四个自信”的同时，厚植爱国情、强国志、报国心。

在“纪念中华人民共和国成立 70 周年暨太原解放 70 周年”系列活动中，太原市组织形式多样的知识竞赛活动，其中，2019 年 6 月 6 日在《太原日报》整版刊登纪念中华人民共和国成立 70 周年暨太原解放 70 周年知识竞赛题。

太原市 10 个县（市、区）委、10 个工（党）委通过层层选拔，最终产生的小店区、迎泽区、杏花岭区、尖草坪区、万柏林区、晋源区、古交市、清徐县、阳曲县、娄烦县、市直工委、工信局、住建局、教育局、卫健委、公安局、国资委、城管局、综改示范区、不锈钢园区等 21 支代表队，于 8 月 23 日，举行的太原市庆祝中华人民共和国成立 70 周年知识竞赛复赛，在太原广播电视台演播厅开幕，本次复赛活动内容涵盖习近平新时代中国特色社会主义思想、中华人民共和国历史、太原地方史等多个方面，集知识性及趣味性于一体。清徐县、杏花岭区、公安局、娄烦县、古交市、市直工委等 6 支代表队成功晋级。9 月 20 日，在太原广播电视台举行决赛，杏花岭区代表队获得一等奖，娄烦县、清徐县获得二等奖，市直工委、公安局、古交市获得三等奖。评选出 18 个组织奖。

（方志编研二室）

2019 年 10 月 1 日，太原市在汾河景区通达桥至晋阳桥段举行庆祝中华人民共和国成立 70 周年焰火展演

（市委党史研究室方志编研二室供图）

【概况】 中华人民共和国第二届青年运动会（The 2nd Youth Games of the People's Republic of China），简称第二届全国青年运动会、二青会，是由中华人民共和国国家体育总局主办、山西省人民政府承办的国家综合性体育运动会。

全国青运会主要是通过竞技体育的平台检验和展现全国青少年体育训练成果，成为全国的青少年体育文化交流的纽带，发现和培养竞技体育后备人才，促进城市体育事业发展，为实施奥运争光计划服务，为全运会和奥运会检验和选拔人才的全国性大型综合运动会。

第二届全国青年运动会于2019年8月8日在山西省体育中心红灯笼体育场开幕，8月18日闭幕。二青会首次设立冰雪项目、跨界项目，共设49个大项，1868个小项，创造项目设置最多、比赛时间最长、项目布局最广、青运村开村时间最长等多项综合运动会的世界之最。太原市作为主赛区，承担22个大项、34个单（分）项、834个小项的竞赛组织工作，以及开闭幕式、火炬传递等重大活动和18000余名运动员、教练员、裁判员、媒体记者、全国各地来宾接待等重要任务。（刘潇涵）

【二青会太原市执委会】 2017年1月5日，第二届全国青年运动会太原市执委会第一次全体会议召开。太原市执委会是在省委、省政府和省筹委会（组委会）和市委市政府的领导下，负责本赛区的筹备工作。执委会下设综合协调部（牵头单位为市政府办公厅）、组织人事部（牵头单位为市委组织部）、新闻宣传部（牵头单位为市委宣传部）、城市和场馆建设部（牵头单位为市住建委）、市场开发部（牵头单位为市商务局）、竞赛部（牵头单位为市体育局）、财务部（牵头单位为市财政局）、审计部（牵头单位为市审计局）、大型活动部（牵头单位为市委宣传部）、安全保卫部（牵头单位为市公安局）、接待部（牵头单位为市接待办）、市容环境和城市保障部（牵头单位为市城乡管委）、志愿者服装部（牵头单位为团市委）、督查监察部（牵头单位为市委督查室）、信息技术部（牵头单位为市经信委）、医疗卫生部和食品药品安全部（牵头单位为市卫生计生委、市食药监管局）等16个工作部门。

6月，执委会下设工作部室由原设16个增至19个，新设交通运输部（牵头单位为市交通运输局），将原有医疗卫生和食品药品安全部分社为医疗卫生部和食品药品安全部（牵头单位分别为市卫计委和市食药监局）。新设运动员村村民委员会（简称青运村）。11月，二青会市执委会下设的志愿者服务部牵头单位由团市委变更为市民政局。市执委会增设全民健身部。明确青运村责任主体单位为晋源区委、区政府，牵头全面负责青运村运营管理工作。

2018年11月，明确青运村村民委员会牵头单位为并州饭店。12月，二青会市执委会印发《第二届全国青年运动会工作职责、内设机构和人员编制方案》，执委会下设19个工作部室，工作部室下设79个处。临时行政编制为221名。其中，办公室25名、组织人事部6名、新闻宣传部15名、城市和场馆建设部10名、市场开发部15名、竞赛部20名、财务部11名、审计部4名、大型活动部15名、安全保卫部25名、接待部10名、市容环境和城市保障部5名、志愿者服务部10名、督查监察部6名、信息技术部10名、医疗卫生部9名、食品药品安全部10名、交通运输部15名、青运村。

2019年3月，青运村村民委员会牵头单位调整为晋源区政府。5月，成立二青会市执委会全民健身活动部，牵头单位为市体育局。（刘潇涵）

【二青会比赛场馆和青运村建设】 太原市在二青会期间承担15个场馆项目的改扩建任务。其中改造提升7个，即：滨河体育中心、西山山地自行车场地、汾河小轮车场地、太原学院足球场、省综改示范区体育馆、煤炭交易中心攀岩

场、太原幼儿师范高等专科学校体育馆，新建8个，即：青运村、山西国际交流中心、网球中心、太原旅游职业学院排球馆、水上运动中心、沙滩排球场、西山奥申体育森林公园足球场、阳曲县极限运动场。

二青会青运村新建项目。位于太原市晋源区山西体育中心南门外健康南街南侧，总投资38.60亿，总建筑面积36万平方米，建设有抵离中心、运动员餐厅、志愿者服务中心、医疗中心、安保中心等机构13个。青运村是二青会期间各参赛代表团的驻地，承担着10000余名运动员、工作人员和志愿服务者的住宿接待任务。运动员公寓共有15栋楼，1900多套房，可以容纳9500多人入住。2019年7月14日，青运村举行开村启动仪式。17日，青运村迎接首批运动员入驻。到8月20日闭村为止，青运村连续开村运行35天，共接待运动队862支，运动员、教练员10344名。

山西国际体育交流中心新建项目。位于太原市晋源区山西体育中心东南角，健康南街北侧，投资约3亿元，建筑面积3.60万平方米。中心承担二青会新闻发布、电视直播、组委会接待等工作需要。该项目于2017年12月1日开工建设，2018年12月31日竣工。

太原市滨河体育中心改造扩建工程。位于太原市万柏林区漪汾街北侧，投资约8.30亿元，建筑面积7.30万平方米，承担二青会乒乓球、举重比赛。该项目于2017年6月23日开工建设，2019年1月3日竣工。

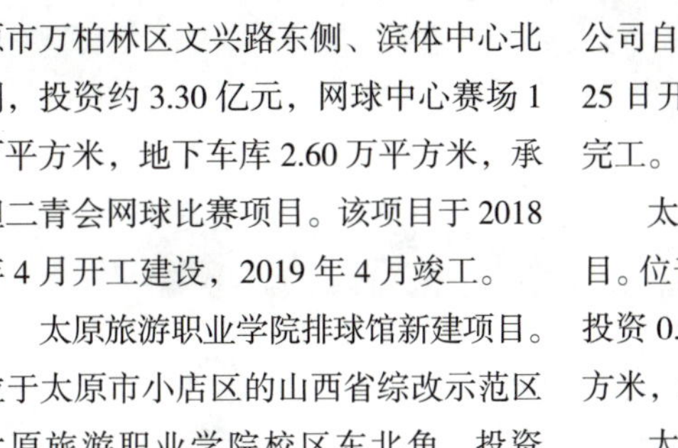

太原市网球中心新建项目。位于太原市万柏林区文兴路东侧、滨体中心北侧，投资约3.30亿元，网球中心赛场1万平方米，地下车库2.60万平方米，承担二青会网球比赛项目。该项目于2018年4月开工建设，2019年4月竣工。

太原旅游职业学院排球馆新建项目。位于太原市小店区的山西省综改示范区太原旅游职业学院校区东北角，投资1.69亿元，建筑面积1.80万平方米，承担二青会排球比赛。该项目于2017年9月1日开工建设,2018年12月30日竣工。

太原学院足球场改造项目。位于太原市小店区的山西省综改示范区太原学院校区南侧，投资0.58亿元，占地面积2.40万平方米，承担二青会足球比赛。该项目于2018年5月15日开工建设，2018年10月30日竣工。

太原市水上运动中心新建项目。位于太原市小店区汾河三期南延工程小店通达桥南侧，投资1.50亿元，占地面积60万平方米，承担二青会水上运动（赛艇、皮划艇）比赛。该项目于2018年3月9日开工建设,2019年1月20日竣工。

沙滩排球场新建项目。位于太原市晋源区山西体育中心东侧汾河公园西岸，投资0.37亿元，占地面积2.40万平方米，承担二青会沙滩排球比赛。该项目于2018年9月开工建设，2018年11月15日竣工。

太原西山奥申体育森林公园足球场新建项目。位于太原市万柏林区西山万亩生态园太原一电厂粉煤灰库区，投资约0.80亿元，占地面积6.50万平方米，承担二青会足球项目比赛，是太原奥申公司自建项目。该项目于2017年11月25日开工建设，2019年二青会开赛前完工。

太原西山山地自行车赛场改造项目。位于太原市尖草坪区崛岡山风景区，投资0.0517亿元，占地面积66.70万平方米，承担二青会山地自行车比赛。

太原汾河BMX小轮车赛场改造项目。位于太原市尖草坪区汾河公园东岸，使用原世锦赛小轮车基地，投资0.11亿元，占地面积2.20万平方米，承担二青会小轮车比赛。该项目于2018年4月启动改造，2019年4月前完成赛道施工。

山西省综改示范区综合体育馆改造项目。位于太原市小店区省综改示范区中心位置，投资0.90亿，占地面积1.40万平方米，承担二青会武术项目比赛。该项目于2018年2月开工建设，2018年8月改造工程完工并投入使用。

山西极限运动中心新建项目（自由式小轮车、滑板）。位于太原市阳曲县大盂镇，投资0.30亿元，占地面积1万平方米，承担二青会自由式小轮车、滑板两个项目比赛。该项目于2019年2月20日开工建设，2019年4月竣工。

太原幼儿师范高等专科学校体育馆改造项目。位于太原市清徐县徐沟镇徐沟产业园区太原幼儿高等师范学校内，投资2.40亿元，建筑面积1.80万平方米，承担二青会体育舞蹈比赛项目。2018年3月改造工程完工并投入使用。

太原煤炭交易中心攀岩场临时搭建项目。位于太原市长风商务区煤炭交易中心院内。投资0.04亿元，占地面积2000平方米，承担二青会攀岩项目比赛。该项目于2019年5月布置完成。

（刘潇涵）

【二青会标志】 2018年8月18日，国家体育总局和山西省人民政府在省政府新闻发布厅联合召开中华人民共和国第二届青年运动会新闻发布会。二青会筹委会副主任兼秘书长、山西省人民政府副省长张复明，国家体育总局青少司司

青运村全景　（市体育局供图）

2019年8月4日，十一届市委常委会第122次（扩大）会议在青运村村委会召开 （市体育局供图）

长王立伟，共同揭开红色绒布，二青会会徽“山河”、吉祥物褐马鸡“青青”、主题口号“青春的约会，拼搏的舞台”正式发布。

二青会会徽“山河”由汉字山西的书法形态构成，运用灵动的线条，将跑道与泳道的形象特点与汉字融为一体，表达运动拼搏的内涵。标志上下部分连绵起伏的造型显示出山峦的状态，分别代表太行山和吕梁山，两山中间的充满韵律的线条是穿流而过的汾河，代表举办地“两山夹一河”的特点；若将外围看作是黄河水，中间看作是山脉，则也体现山西“表里山河”的特点。水流般的线条象征着山西重要的景观——壶口瀑布，强烈舞动的势头则表现山西锣鼓的英姿。标志整体的线条组合成一位欢庆跳跃的人形，寓意着年轻的活力和激情，标志整体使用五环色彩，将奥林匹克体育精神融入其中。五彩缤纷的颜色与充满律动的线条相融合，象征着年轻人的青春与活力。

吉祥物是以褐马鸡为创意元素的“青青”。鸡，谐音为吉。鸡是光明的使者，引吭长啼，旭日东升。鸡能飞善跑，运动天赋出众。褐马鸡的繁衍栖息离不开良好的自然生态环境，而此次二青会早已被植入“绿色”理念，两者对生态文明建设都有着共同的诉求。褐马鸡作为山西省运动会永久吉祥物，长期以来激励见证山西体育健儿振翅高飞、一鸣惊人的英姿。

二青会主题口号为“青春的约会·拼搏的舞台”。 （刘潇涵）

【二青会火炬和奖牌】 2019年3月28日，第二届全国青年运动会火炬、采火棒、引火棒、火种灯、取火盆、圣火盆首次亮相，圣火传递用品均由太原日报报业集团国际创意设计中心主任阎旭晨设计。

二青会火炬名为“山河”，重1.2千克，采用蓝色金属电解铝材质，亚光效果，双层结构，绿色渐变。火炬设计将山西的历史、地理、文化等诸多元素融合一体，给人以庄重、高大、现代的时代感。视觉元素为体现主办地山西地域特征的山河造型，起伏的山峰傲立炬首，不仅代表着运动员拼搏奋进的体育精神，也预示着山西这座华夏文明的摇篮蕴藏着巨大的发展潜力，而喻示河流的线条环绕炬身象征着永久与和谐。在群山之巅的火炬头点缀红色的圆球状点火开关装置，象征红日初升，传递出红色江山和青年中国的概念，既预示二青会是一场青春的约会、拼搏的舞台，也象征着二青会将成为民族复兴，实现中国梦的时代新人大盛会。

二青会采火棒设计为柴火棒造型，源于远古时期人类钻木取火所用到的燧木干枝。柴面表现为切削过的切痕，强化层次，丰富空间关系，也赋予时代的造型风格。整体上看，采火棒的结构内露外藏，相依相生，是远古采火工具现代工业风格的意象与功能的完美组合，象征着人类文明的薪火传承是相互融合、相互依托的生命史，更是新时期创新发展的历史文脉。

二青会引火棒是采火棒的缩略版，将结构调整为内圆外方的造型，象征接

二青会会徽景观 （市体育局供图）

火源传四方的理念。

二青会火种灯表面是由柴火棒造型的枝条架构组合，形成内圆外方的空间格局，喻义火种薪火相传、燎原四方的气概与执着，象征百蚀不灭的坚毅与拼搏的体育精神。

二青会取火盆由火盆与支架二部分组成，火盆的盆面由喻示十六岁花季的16支引火棒向中心聚拢，在聚焦阳光的作用下引燃圣火，象征青春的纪元由此点燃，迈向充满蓬勃朝气的未来。

二青会圣火盆由火盆与支架两部分组成，支架采用采火棒为基础造型，组合成“山”字结构，在火盆四周环绕。从远处观之如柴火燃烧。以山支撑，象征在山西大地燃起的青春圣火，传遍祖国的壮丽山川，生生不息。

二青会主火炬塔设立于太原市滨河西路西侧、山西体育中心东北角。火炬塔高40米，点火口宽6.90米，主体为钢架结构，塔身外立面为700块呈叠垒状态的高亮度LED显示屏，远看如切割整齐的煤块叠垒而成，旺火点燃之后，红光耀眼，二青会主火炬塔灯光火光交相辉映、融为一体。

二青会奖牌挂钩由山西出土的战国玉龙佩演变而成。奖牌正面为二青会会徽和全称，上面是二青会会徽，中间是“SHANXI 2019”，下面是“中华人民共和国第二届青年运动会”字样。奖牌的造型为雄壮威武的鼓形，寓意鼓乡山西、鼓振山河，磅礴的鼓声响彻神州大地并欢迎远道而来的客人。奖牌背面由三部分组成，中心上方是取材于山西省石板岩镇的太行山风景，悬崖峭壁巍峨耸立，山顶茂密的植物依稀可见；右下方取材于黄河壶口瀑布，远山可望，黄河水顺势奔涌而来；左方则是取材于山西省的三晋古长城，蜿蜒的长城气势恢宏，活灵活现，望楼清晰可辨。这三部分由飘舞的绸带连接，而绸带又寓意欢迎远方的客人，欢迎参加二青会的青年运动员和全国各地的游客。绸带结合点上，和平鸽翩然飞舞，象征着和平、友谊、团结，也同样是青春激情的象征。太行山、黄河壶口瀑布、三晋古长城这些典型的文化元素，结合飘扬的绸带、飞舞的和平鸽，将中华文明、三晋文化与奥林匹克精神、中华体育精神和谐地融合在一起。奖牌分金、银、铜三种，材质都以金属铜为主料，外镀金或者银，直径70毫米，厚度6毫米。

二青会奖牌 （市体育局供图）

（刘潇涵）

【二青会圣火采集】 2018年3月28日，二青会圣火在运城市芮城县西侯度遗址圣火公园成功采集。圣火采集仪式主要包括升中华人民共和国国旗、领导致辞、圣火采集、点燃火炬、火炬传递和网络火炬传递启动仪式六个部分。

点燃圣火是整个二青会的点睛之笔，是举办二青会的重要标志。芮城县西侯度是已知世界最早人类用火遗址地，是人类文明之火的源头，是华夏文明的摇篮地，选择在这里点燃二青会圣火，充分体现开天辟地、薪火相传的深刻寓意。本次圣火采集仪式有诸多创新之举，和希腊火种采集仪式不同，全程融入中国特色。圣火采集现场，圣火少女、中国艺术体操运动员张豆豆随着古朴悠扬的音乐旋律缓步走上通往洞穴的阶梯，来到采火点前，拿着手中的采火棒对着凹面镜进行采火。采火器中火苗渐起，圣火少女手中的采火棒顺利点燃，随后，圣火少女用手中的采火棒引燃火种盆。不同以往赛事选择在开阔的平台点燃圣火，二青会圣火少女模拟古人类的生活方式在“一线天”洞内采集火种，取到圣火的时刻正是太阳光照射的角度与“一线天”重合的时刻，取火盆利用凹面镜原理，在阳光聚焦下引燃圣火。古老的文明之火与青春之火交相辉映，碰撞出新时代的火花，寓意中华民族上下齐心，凝心聚力，天下大同。

第一棒火炬手、国家蹦床队运动员董栋从火种盆内慢慢点燃手中的火炬，开始现场传递，仪式现场共有6棒火炬传递，从火种盆至现场观众区，共计约2.50千米。第二棒火炬手蓝天志愿救援队的发起人黄刚传递方式非常独特，他用滑索从60米高的瞭望台速降到地面，落点的地方，正是西侯度遗址第6053E号发掘现场。这样的设计，一方面凸显人类探索前行的过程中，寻找光明的信念和力量。另一方面也充分展现出山西对各类历史遗迹不竭余力的保护与珍存。最后，第六棒火炬手通过现场VR技术，点燃二青会吉祥物“青青”手中的网络火炬，正式开启二青会网络火炬传递。整个过程古朴大气，体现出传承与创新的完美结合。

二青会圣火采集直播采用5G传输、AR虚拟前景、VR全景拍摄等新技术手

二青会圣火采集（市体育局供图）

段。网络火炬传递小程序采用最前沿的AR技术，通过AR扫一扫或钻木取火，实现火炬点燃创意；通过AR合影，实现网络火炬手和精美站点背景图以及吉祥物的合影。（刘潇涵）

【火炬传递】 二青会火炬传递以“青春接力·时代领跑”为主题，包含全国网络火炬传递和山西省内实体火炬传递，历时130天。

2019年4月1日，网络火炬传递开始，在微信专属小程序进行，一直持续到2019年8月8日。从福建省会福州开始，按照顺时针方向，国内网络火炬传递依次途经33个省级行政区（山西省除外）各传递一天。5月4日，进入山西运城，在山西省内传递与实体火炬传递同步。

2019年5月4日，实体火炬传递开始，从山西省运城市芮城县永乐宫景区拉开帷幕，历时70天，先后途径运城、临汾、晋城、长治、晋中、阳泉、大同、朔州、忻州、吕梁、太原等11个地级市的108个站点，最终于2019年8月6日在山西体育中心收火，全省共有3462名火炬手共同完成传递任务。

7月30日，二青会实体火炬传递太原市起跑仪式在滨河体育中心举行，在历经10个地市传递之后，象征着梦想与希望的二青会圣火来到主赛区太原市。9时50分，火炬传递起跑仪式开始。省委常委、太原市委书记罗清宇点燃圣火火炬并交给第一棒火炬手，宣布全国第二届青年运动会太原站火炬传递正式开始。

火炬依次经过万柏林区、迎泽区、杏花岭区、太钢、尖草坪区、阳曲县、娄烦县、古交市、清徐县、小店区、山西转型综改示范区和晋源区，最终到达总收火地点——山西省体育中心。

8月6日，经过在太原市8天12站456名火炬手的传递，二青圣火在晋源区顺利收火。省市领导张复明、李晓波、李新春、张璐、王爱琴出席火炬传递收火仪式。（刘潇涵）

【二青会开幕式】 2019年8月8日20时，第二届全国青年运动会开幕式在山西体育中心红灯笼体育场举行，总时长90多分钟，由运动员入场、开幕仪式、文体表演和主火炬点燃仪式等四大版块构成，以“筑梦新时代”为主题，以青年人在新时代“集结、奋斗、向未来”为主线，将习近平总书记关于奋斗追梦的思想作为主旋律贯穿始终。入场仪式上，数万名观众肃然起立，齐声高唱《歌唱祖国》，共同迎接国旗入场。

开幕式首次在空中呈现视频影像，并且与地面影像互动融合；圣火点燃首次采用“火炬手与机器人”“实景与虚拟相结合的‘VR虚拟’”成像技术，尽显高科技与现代艺术的完美融合，向全国的观众呈现出一台精彩绝伦、震撼人心的视觉盛宴。开幕式由孟可担任总导演。中共中央政治局委员、国务院副总理孙春兰出席开幕式并宣布青运会开幕。开幕仪式上，山西省委书记骆惠宁致欢迎辞，国家体育总局局长苟仲文致开幕辞，省长楼阳生主持。

开幕式上，来自全国各地的34个代表团依次入场。

开幕式上，文体展演共分为序《时

二青会开幕式国旗入场式（市体育局供图）

代召唤》和《红日照东方》《水击三千里》《万里长空行》三个篇章。

二青会开幕式微博累计阅读量超过1.1亿人次。中央政治局委员、国务院副总理孙春兰对开幕式给予高度评价："二青会开幕式成功、精彩、简约，是一场生动的思政课。"（刘潇涵）

【二青会竞赛项目和参赛阵容】第二届全国青年运动会与奥运会全面接轨，竞赛项目涵盖夏季奥运会的全部项目和2022年北京冬季奥运会的绝大部分项目，增设中国传统体育项目和跨界跨项选材全能项目，共设49个大项，1868个小项。夏季项目按照2020年东京奥运会比赛项目设项，共设37个大项；冬季项目按照2018年平昌冬季奥运会比赛项目设项，兼顾国内场地条件，共设5个大项；同时设置7个跨界跨项选材全能项目。

夏季项目：射击、射箭、自行车、击剑、现代五项、铁人三项、马术、帆船、赛艇、皮划艇（静水、激流）、举重、国际式摔跤、柔道、拳击、跆拳道、田径、游泳（游泳、跳水、花样游泳、水球）、体操（体操、蹦床、艺术体操）、手球、曲棍球、足球（6—19岁）、篮球、排球（排球、沙滩排球）、乒乓球、羽毛球、网球、橄榄球、高尔夫球、冲浪、滑板、攀岩、棒垒球（棒球、垒球）、空手道、武术（套路、散打）、龙舟、中国式摔跤、体育舞蹈。

冬季项目：滑冰（短道速滑、速度滑冰、花样滑冰）、滑雪（越野滑雪、高山滑雪、跳台滑雪、北欧两项、自由式滑雪、单板滑雪）、冰壶、冰球、冬季两项。

全能项目：田径全能、球类与田径全能、轮滑与速度滑冰全能、滑轮与越野滑雪全能、冰球与轮滑冰球全能、冰壶与陆地冰壶全能、冰壶与地掷球全能。

根据组委会安排，太原市承担二青会乒乓球、网球、举重等14个大项，19个单（分）项，416个小项的办赛任务和田径、场地自行车等8个大项，15个单分项（省体育局、省高校办赛项目）的属地保障任务。太原赛区首项比赛冲浪（桨板）项目于6月23日开赛，至8月18日赛艇、网球比赛结束，共历时57天，赛事布局和保障工作跨越太原市6个城区和阳曲县、清徐县、省综改示范区等9个区域，共有4280名工作人员参与竞赛组织工作。

二青会武术散打比赛项目（市体育局供图）

第二届全国青年运动会参赛方式由"一青会"以城市为单位组团改为以省、自治区、直辖市、特别行政区、新疆生产建设兵团等34个单位组团，按照参赛人群设体校组、社会俱乐部组组织比赛，扩大人才来源和参与面，调动社会各界参与体育的积极性。各级体校可报名参加45个大项的比赛，注册登记的社会俱乐部可参加43个大项的比赛。

从2019年1月14日单板滑雪平行项目开始，到8月18日闭幕式结束，共有来自全国34个代表团的3.30万余名运动员参加比赛。在二青会期间，共有1.2万余名运动员汇聚山西、同场竞技。山西2800余名运动健儿参加摔跤、柔道、体操等45个大项比赛。（刘潇涵）

【太原运动员比赛成绩】太原市从"一青会"后就着手全面布局和精心组织参赛备战工作，通过内部选拔、联合培养、委托训练、以赛代练等模式，共组建60支体校代表队，37支俱乐部代表队，近1500名运动员参加二青会43个大项的比赛。山西省代表团共取得286金、218银、195铜，其中，太原市代表队获得220金、159银、145铜，所获金牌数和奖牌数均位列全国第一。（刘潇涵）

【破平各项纪录情况】第二届全国青年运动会在场地自行车、射击、举重、田径等项目上，有2人1队破2项全国纪录、平1项全国纪录；有3人1队破4项全国青年纪录；有2人3队破4项全国少年纪录。

破平全国纪录（6人）。场地自行车赛：浙江省杭州市陈经纶体育学校选手蒋雨露在2019年8月7日的场地自行车赛体校甲组女子250米原地起动计时赛上以19秒191的成绩破19秒228的全国原纪录，并获得金牌；个人B队的翟菲、罗静、姜雨彤在2019年8月7日的场地自行车赛体校乙组女子团体竞速赛上以33秒626的成绩破33秒856的全国原纪录，并获得团体第一名；吉林省松原市少年儿童业余体育学校苑丽颖在2019年8月8日的场地自行车赛体校乙组女子500米计时赛上，以34秒596的成绩破34秒655的全国原纪录，并获得银牌。

射击：黑龙江省体育运动学校选手王泽儒在2019年8月9日的射击比赛体校甲组女子50米步枪3种姿势个人项目中，以总分1182分平原有全国纪录，并获得铜牌。

破全国青年纪录（7人）。举重：山西省太原市体育运动学校选手罗诗芳在2019年8月7日的举重项目体校甲组女子59公斤级比赛中，以127公斤的成绩破126公斤原全国青年纪录，并获得金牌；广东省青少年竞技体育学校选手彭翠婷在2019年8月8日的举重项目体校甲组女子71公斤级比赛中，以111公斤的成绩破108公斤原全国青年纪录，并获得银牌。

田径：江苏省青淮安体育运动学校选手王琦在2019年8月14日的田径项目体校甲组男子链球比赛中，以76.3米的成绩破75.98米的原全国青年纪录，并获得金牌；广东省青少年竞技体育学校选手林钰姗、张烁、朱翠薇、朱翠妍在2019年8月16日的田径项目体校甲组女子4×100米接力比赛中，以44秒44的成绩破44.75的原全国青年纪录，并获得团体金牌。

破全国少年纪录（14人）。湖南省长沙领航者俱乐部选手夏思凝在2019年8月14日的田径项目社会俱乐部组女子100米栏比赛中，以13秒3的成绩破13秒53的原全国少年纪录，并获得金牌。

安徽省阜阳市临泉县新影青少年体育俱乐部选手杜志强在2019年8月15日的田径项目社会俱乐部组男子400米比赛中，以46秒91的成绩破47秒02的原全国少年纪录，并获得金牌。

湖北省武汉市体育运动学校青少年体育俱乐部的选手黄浩文、李泳聪、徐浩裕、李肖肖在2019年8月16日的田径项目社会俱乐部组男子4×100米接力比赛中，以40秒73的成绩破40秒94的原全国少年纪录，并获得团体金牌。

广东省深圳市宝安区阳光青少年体育俱乐部选手何雪莹、林佩静、严海玲、陈乐怡在2019年8月18日的田径项目社会俱乐部组女子4×400米接力比赛中，以3分44秒27的成绩破3分46秒27的原全国少年纪录，并获得团体金牌。

湖南省长沙领航者俱乐部选手周笑含、熊瑛琦、黄美霞、周思怡在2019年8月18日的田径项目社会俱乐部组女子4×400米接力比赛中，以3分45秒26的成绩破3分46秒27的原全国少年纪录，并获得团体银牌。（刘潇涵）

二青会闭幕式　（市体育局供图）

【二青会闭幕式】2019年8月18日20时，第二届全国青年运动会闭幕式在山西体育中心体育馆举行。闭幕仪式上，在二青会会歌的激扬旋律中，全国青年运动会会旗、第二届全国青年运动会会旗徐徐降下，第二届全国青年运动会主火炬缓缓熄灭。山西省把青运会会旗交还给国家体育总局，国家体育总局再将会旗传至“三青会”承办方广西壮族自治区。

闭幕式文艺表演以“奋进新青年”为主题，以三名优秀青年的感人事迹为主线，激情四射、活力飞扬，充分展现当代青年拼搏奋进的青春风采，上演出一台欢庆胜利、相约未来的青春嘉年华。表演分为《我们都是追梦人》《奋斗·青春》《相约·青春》《圆梦·青春》《青春中国梦》五个篇章，共有500多名演职人员参演。（刘潇涵）

【志愿者服务】2019年1月11日，二青会太原赛区志愿者招募启动仪式在太原理工大学举行，标志着二青会太原赛区志愿者招募工作启动。二青会赛前，太原市共建立百余个社区志愿者服务站。

5月28日，二青会志愿者徽、昵称、口号对外发布。7月1日，二青会太原赛区党员志愿者接力活动在全市展开，市委副书记李新春作为01号党员志愿者带头参加线上接力。7月5日，二青会志愿者出征仪式在太原理工大学举行。全省共招募二青会志愿者44835人。其中，赛会志愿者7559人，城市志愿者5081人，社会志愿者32195人，为二青会包括测试赛在内的60余个比赛项目进行累计740余天的志愿服务工作。

（刘潇涵）

【新闻宣传】2019年，太原市委、市政府重视二青会新闻宣传工作，《太原日报》、太原电视台等市属各媒体开设二青会宣传报道专栏专题11个；直播火炬传递、比赛项目10余场，点击量达500万人次；通过微博、公众号、短

U站志愿者服务　　（市体育局供图）

视频等融媒体全媒体方式，发布1万余条热点新闻，总计点击量达1亿次，跟帖讨论达1.50万条；通过太原手机台观看开幕式观众达54万人次；二青会期间共举行新闻发布会6次，组织集中报道活动60余次，参与报道的全国媒体达200余家，累计发稿4万多篇次。利用市内22个户外LED显示屏、400个楼宇灯箱、482个楼宇电视、600个智慧社区云窗、800余个灯杆道旗、1000余个城市道路铭牌、13000余个车载LED、移动电视及市域周边145个擎天柱广告位等宣传载体发布二青会标语口号；设置二青会倒计时牌5处、发放宣传海报10万张、《市民宣传手册》《媒体手册》13000余册，制作《二青会知识100问》、二青会太原城市宣传片，形成铺天盖地的宣传效果，营造浓厚的舆论氛围和办赛环境。（刘潇涵）

【综合保障】二青会筹备及竞赛期间的综合保障工作主要有建设二青会综合交通监控调度平台，实现交通运输保障网上指挥调度，征调各类车辆1585台，驾驶员1441名，共派出各类车辆8748辆，20459台次，为代表团团部、媒体记者等十类人员提供442683人次的精准交通服务保障。投入720辆公交车保障观众出行观赛；制订二青会医疗救治、突发公共卫生事件和紧急医学救援等方案40余个。对接待酒店进行全方位卫生监督检查，组建传染病疫情防控专家组和处置队，储备流行病学调查及防护用品13类4290件、应急检测试剂耗材529种。全市30所二级以上综合医院共派出医护人员4200余人次、救护车538辆次，共接诊各类人员8566人次，转运病人235人次。二青会期间，全市无重大传染病传播、无饮用水安全事件和重大公共卫生事件发生；抽调365人组成73个食品安全保障组，对青运村餐厅、食材总仓、接待酒店等重点区域进行驻点监督保障，实现食品从农田到餐桌全过程、全点位、全方位闭环监管。完成实验室抽检1388批，快速检测10288次，累计保障运动员、工作人员、志愿者及开闭幕演职人员用餐130余万餐次。对全市1168个零售药店开展药品安全专项整治，发布含兴奋剂药品慎用提示，严格规范处方药及含兴奋剂药品管理；严密监测青运村、接待酒店等重点区域水质，出具水质检测数据2000余个，对青运村、山西体育中心实施保水源、保水压、保水质专项行动；完成12个二青会重点燃气工程的设计、建设、调试及送气工作。组织人员、车辆驻守青运村开展燃气保障工作，每日安排6人24小时值守火炬塔管道气供气系统，保证点火仪式和火炬供气万无一失；对开闭幕式和5个赛事直播场馆启动特级保电，巡视10千伏及以上线路2723条次、11436千米，巡检供电设备6359台次，排查设备隐患1758条。出动供电保障人员11369人次，开展6轮次涉赛场馆及2轮次接待酒店用电安全检查，实现“六个零”保电目标；开展电梯、压力容器等特种设备隐患排查，对开幕式现场、青运村餐厅等重点部位实施日检测；成立青运气象台，为开幕式现场和各比赛场馆提供精细化天气预报预警信息，特别是开幕式前夕，面对持续强降水的不利天气影响，启用先进技术设备，对天气进行干预，确保开幕式圆满顺利举行；新改建27个场馆室内信息分布系统，部署489个5G通信基站和910个信息点布线，完成青运村通信网络全覆盖，开通火炬传递直播传输线路36条、赛事专网78条，配备数字集群指挥终端950部、App终端250个。组织2600余人的通信与无线电管控保障团队，调集732余辆应急通信和无线电监测车，为开闭幕式、火炬传递比赛项目提供无线电安全管理和通信保障服务。（刘潇涵）

1月

1日

第四次全国经济普查入户登记工作启动。

太原市发布《太原市焦化企业产能整合公告》，对全市行政区域范围内的焦化企业焦炭产能（含迎宪50万吨）进行淘汰整合，置换焦炭产能全部用于清徐精细化工循环产业园项目建设。

太原市启动营养师进社区活动。近百名公共营养师走进社区，进行健康宣讲，指导老年人一日三餐。

太原市启用第六版新生儿《出生医学证明》。

2日

太原市政协召开党组（扩大）会议。会议传达学习习近平总书记在全国政协新年茶话会上的重要讲话精神、习近平总书记在中央政治局民主生活会上的重要讲话精神、中央经济工作会议精神和省委传达中央经济工作会议有关精神以及省委十一届七次全会精神和市委传达省委十一届七次全会有关精神。

晋源区税务局受理全市第一笔城乡居民养老保险费申报，开出全市首张“居民养老保险缴款书”。

3日

省委常委、市委书记罗清宇调研二青会场馆建设和汾河治理美化三期工程。

省卫生健康委员会发布消息，省人民医院申报的“肾脏病山西省重点实验室”获批，省财政拨款100万元用于专项建设。这是医院有史以来第一个省级重点实验室，实现了省级重点实验室项目的零突破。

4日

太原市政府、人民银行太原中心支行联合举办2019年太原民营和小微企业融资洽谈会，36家市级金融机构和36家企业现场签订授信协议，授信金额超过38亿元。

全市首套智能信号灯亮相坞城北街，可根据车流量自己调整时长。

5日

“太行明珠号”高铁冠名太原—北京动车组专列首发仪式在太原南站举行，由此开启了山西小米品牌接轨高铁时代的全新之旅。山西太行明珠实业有限公司打造的明星产品“太行明珠速食小米粥”被评为山西省科技助力精准扶贫示范项目，成为山西农业供给侧结构性改革的范例。

7日

全国最美退役军人先进事迹报告团在太原举行报告会。

8日

副省长王一新到山西转型综改示范区太原武宿综合保税区、特玛茹电子科技有限公司等园区和企业调研跨境电商发展情况，并召开座谈会，就加快推进全省跨境电商业发展进行研究部署。

太原市政府与北京滴滴无限科技发展有限公司签署战略合作协议。省委常委、市委书记罗清宇，市委副书记、市长耿彦波出席签约仪式并与滴滴出行董事长兼CEO程维一行进行座谈，市领导王立刚、刘鹓、卢秋生参加。

9日

太原市召开2018年度院士工作站授牌会议。市委常委、秘书长、统战部部长、市院士工作站建设领导小组组长刘鹓出席会议。大会对山西寰烁、国科晋云等单位2018年度建立的14家院士工作站进行授牌。全市建立院士工作站达68家，引进院士团队专家352人，签订合作项目264个，联合培养各类专业人才1700多人。

中铁十一局集团承建的地铁207标长风街站—王村南街站区间右线盾构顺利贯通。标志着太原地铁2号线全长1366米的最长盾构区间实现双线贯通。

10日

太原“数字方志馆”《方志太原》微信公众号上线，在太原市政府网站的《太原方志》专栏和《太原市志（1978—2011）》手机版也同步开通。

11 日

《太原日报》报道，太原市离退休干部服务管理信息平台启用。市委常委、组织部部长赵忠保参加启动仪式。该平台可实时与民政、卫生计生委等部门对接，利用全市电子政务外网，建立全市统一的离退休干部大数据资源库，为离退休干部提供党建、医疗保健、志愿活动等多项服务。

《太原日报》报道，由《中国书画报》推出的“2018 中国书画十大年度人物”揭晓，山西省著名书法家赵望进位列其中。

太原市人民检察院在太原市第五中学校开展“法治进校园”活动。市人民检察院检察长宁建新为广大师生讲授法治课，并被学校聘为法治副校长。

12 日

中国上市公司产业升级高峰会暨 2019 年第二届山西资本市场转型发展年会在太原市召开。专家学者、企业高管围绕“优化资本发展聚焦产业升级”主题，共同讨论新时代下中国上市公司产业升级和山西资本市场转型发展的机遇。高峰会上举行晋粤上市公司产业升级基金筹备签约仪式，基金初步规模为 100 亿元。并为 2018 年表现优秀的山西上市公司、新三板挂牌公司、辖区机构颁发“金飞翼奖”。

《太原日报》报道，娄烦县 142 个行政村实现通硬化路通客运班车全覆盖，交通扶贫“双通”目标任务完成。

13 日

《太原日报》报道，山西医科大学第一医院万柏林分院揭牌成立。该院由山西医科大学第一医院和万柏林区中心医院合作共建，通过资源共享、优化配置，补齐万柏林区医疗短板，为推动该区医联体建设和全面提升医疗服务能力、管理能力，提供良好的经验借鉴。

14 日

二青会首日比赛体校组女子、男子组单板滑雪平行大回转项目在大同万龙白登山滑雪场开赛。太原市选手班学福以 48 秒 22 的总成绩摘得男子组金牌。

太原市新一代全国交通一卡通发售。全国交通一卡通能乘坐太原的所有公交车和北京、上海、广州、深圳等 220 多个城市乘坐总计 2.20 万余条公交线路、52 条轨道线路，实现一卡在手，走遍全国。

15 日

在二青会社会俱乐部组比赛中，太原运动员获单板滑雪大回转项目双金双银。其中，太原市龙翔青少年体育俱乐部的白欣卉以 52 秒 43 的成绩获得女子单板滑雪大回转项目金牌，丁雪东以 48 秒 78 的成绩获得男子单板滑雪大回转项目金牌；杨阳、李坪分获两个项目银牌。

16 日

太原市副市长王爱琴赴娄烦县尹家窑村慰问困难群众，并与驻村第一书记、村两委班子成员、老党员座谈。太原市红十字会为贫困户送上价值 5 万元的慰问品。

太原至柬埔寨暹粒航线正式运营，这是太原机场 2019 年新开通的一条国际航线。

17 日

太原机场开通巴厘岛—太原航线。

18 日

2019 年全市文明交通综合治理暨道路交通安全工作会召开。市政协主席张明星主持并讲话，市委常委、政法委书记魏民，市人大常委会副主任郭治明，副市长、市公安局局长马润生出席。

19 日

“三晋 119”消防专区在山西联通 IP-TV 电视平台上线。消防专区进驻网络电视，在全省尚属首次，填补网络电视没有消防内容的空白，是太原市消防宣传工作的创新。

太原市冰雪运动协会成立。

20 日

太原市专家协会成立，作曲家康湘坪当选为会长。协会会员主要来自市委、市政府命名的各类市级优秀人才和在各自专业领域做出突出贡献、受到市级以上表彰的各类专家。

21 日

太原南站首开太原南至上海方向的“红眼高铁”，即夜间运行的列车，以缓解去往上海方向旅客的出行需求。

22 日

太原警备区召开党委全体（扩大）会议，传达习近平总书记重要讲话和中央军委扩大会议精神，学习军委国防动员部、中部战区和省军区党委扩大会议精神，总结 2018 年工作，部署 2019 年任务。省委常委、市委书记、太原警备区党委第一书记罗清宇出席并讲话。

23 日

中共太原市委十一届六次全体会议暨经济工作会议召开。会议由市委常委会主持。省委常委、市委书记罗清宇讲话。省政协副主席、市委副书记、副市长、代市长李晓波作安排部署。

全国铁路隧道机械化（盾构）施工暨精品工程创建研讨会在太原市召开。来自全国铁路 16 个建设单位、设计部门及中国铁路总公司的专家参加。

《太原日报》报道，民生银行太原分行开通“互联网 + 不动产登记”服务。

24 日

全市机构改革动员大会召开。罗清宇出席并讲话，李晓波主持。

25 日

由太原市智慧社区发展基金会主办，太原市卫生计生委、市计生协会、市社区服务中心协办的“让爱循环，不忘初心——冬日暖阳公益联谊会”在并举行，旨在通过讲真实案例、优秀志愿者表彰等，宣传慈善事业，发动更多的爱心人士、企业为急需帮助的群体奉献爱心。

28 日

太原广播电视台融媒体中心落成启动仪式在太原广播电视台举行。市委常委、宣传部部长张璐出席启动仪式。市人大常委会副主任王爱萍、市政协副主席郝宝清出席。

30日

太原市民政局与中国建设银行太原分行在太原市为民服务中心举行合作协议签约暨“民政E线通”系统上线仪式。这是太原市政银合作，用于简化社会组织验资流程，节约社会组织验资成本的重要举措，在山西省尚属首例。

31日

山西省副省长张复明在太原调研二青会青运村建设及运行管理筹备情况。

全市引进高端医学人才、深圳市第六人民医院（南山医院）皮肤科主任陆原，分别与市人民医院、市中医医院签约，成立陆原名医工作室。

是月

市卫计委公布太原市医疗机构医学检验结果互认资格最新名单，确定市中心医院、市妇幼保健院等10所三级医院，市人民医院、市第二人民医院等32所二级医院医学检验结果实行“一单通”互认。

太原市在新华等24个社区投放首批生活垃圾分类亭，启动生活垃圾分类工作。《太原市生活垃圾分类管理条例》于2019年2月1日起施行。

2月

1日

第二届全国青年运动会资源开发新闻发布会暨签约仪式举行。第一批共7家企业，签约成为二青会“合作伙伴”“特许产品独家供应商”以及“赞助商”，总签约额度超过1亿元人民币。

2日

2019年新春音乐会在山西大剧院举行。省委书记、省人大常委会主任骆惠宁，省委副书记、省长楼阳生，省政协主席李佳等省领导与省城各界共同观看演出。

3日

“锦绣之旅”大型多媒体建筑光影秀在长风商务区长风广场上演。这是太原市首次举办大型多媒体建筑光影秀，共建造13个基站，由94台3万流明的投影机拼接而成，从技术到视觉都达到国内一流水平。

4日

省政协副主席、市委副书记、代市长李晓波调研全市城乡管理工作，副市长张齐山参加。

12日

市政府召开常务会议。会议研究讨论《政府工作报告（讨论稿）》，审议《关于太原市2018年国民经济和社会发展计划执行情况与2019年国民经济和社会发展计划（草案）的报告（送审稿）》《关于太原市2018年全市和市本级预算执行情况与2019年全市和市本级预算（草案）的报告（送审稿）》，传达学习中央、省委农村工作、扶贫开发等相关会议精神，并研究太原市贯彻落实意见。

山西玉兔新能源汽车有限公司与北京市工业设计研究院有限公司进行项目设计签约。该项目年产20万辆新能源汽车，总投资50亿元，落户省综改示范区。

13日

市委常委会召开会议。会议传达学习全国、全省宣传部长会议和全国、全省统战部长会议精神，研究太原市贯彻落实意见；听取2018年全市安全生产工作情况汇报，研究部署2019年工作。罗清宇主持。

党史党建文化展在省图书馆开展，剪纸、老报纸、版画、面塑等130余幅作品参展。

14日

市委召开2019年第一次党外代表人士双月座谈会。会议通报市委十一届六次全会暨经济工作会议精神，反馈市委2018年度党外代表人士双月座谈会意见建议采纳落实情况，就即将提请市十四届人大四次会议审议的《政府工作报告（征求意见稿）》征求党外代表人士的意见和建议。

全市扫黑除恶专项斗争视频会议暨市扫黑除恶专项斗争领导小组第一次全体（扩大）会议召开。市委常委、政法委书记魏民出席。副市长、市公安局局长马润生主持会议。

15日

罗清宇、李晓波在轨道交通2号线一期工程大南门站调研项目建设进展情况。市领导刘鹓、张齐山一同调研。

中国石化销售有限公司山西石油分公司与大昌集团在太原签署战略合作协议。双方在产品营销、项目开发、信息化建设、客户服务等各个方面扩大合作范围，全面实现资源共享和优势互补，引领成品油和汽车销售的新变革、新潮流。

17日

市委常委会召开会议。会议传达贯彻习近平总书记在中央政治局第十二次集体学习时的重要讲话精神，听取市“两会”筹备情况汇报。罗清宇主持。

《太原晚报》报道，极端光学省部共建协同创新中心在山西大学揭牌，实现山西省国家级协同创新中心零的突破。

山西非遗春晚·省城非遗元宵晚会在太原举行，各级代表性传承人300余人参与表演。

18日

全市“改革创新、奋发有为”大讨论动员部署会召开，罗清宇出席并讲话，李晓波主持。

18日至19日

中共中央政治局委员、全国人大常委会副委员长王晨在山西就人大代表工作进行调研。在小店区看望正在进行下水道养护作业的全国人大代表王润梅，考察杏花岭街道人大代表活动室，骆惠宁陪同有关活动并主持座谈会。

19日

省公安厅推出省内户口迁移一站式办理和临时身份证省内异地办理便民服务措施。

20 日

全省“改革创新、奋发有为”大讨论首场先进典型报告会在太原举行。

青岛邮轮旅游推介会在太原市举行。

22 日

全市召开创城指挥部工作例会，分析总结 2018 年全市的创城工作，安排部署 2019 年的创城任务。

山西省康复研究中心面向全省征集 240 名残疾儿童，实施免费康复训练和肢体矫治手术救助。

省儿童医院开通扫码缴费服务。

23 日

“2019 年山西省展览馆新春大型人才招聘会”举办，800 多家企业参会，推出 2 万余个岗位，现场为求职者免费提供面试形象礼仪指导。

24 日

《太原晚报》报道，清徐县东于镇上榜 2018—2020 年度中国民间文化艺术之乡名单。

《太原晚报》报道，晋源区吴艾祥创新工作室潜心研制，可有效防治蔬菜害虫的厌氧微生物菌制剂，获得由国家知识产权局颁发的发明专利。

26 日

核心价值观百场讲坛走进太原市，北京师范大学新兴市场研究院院长胡必亮以《改革开放 40 年：中国经验及其世界意义》为题进行主题宣讲。

3 月

1 日

第二届全国青年运动会冲浪项目比赛在海南万宁日月湾落幕。山西冲浪队共获得 12 枚金牌、7 枚银牌、3 枚铜牌。

纪念山西汾酒上市 25 周年改革发展论坛在太原举行。

2 日

中国科学院山西煤炭化学研究所研究员张寿春团队开发的聚丙烯腈基新型中空碳纤维通过中国科学院验收。该技术是航空航天、国防、民用领域的关键战略材料，打破了国际技术壁垒。

5 日

罗清宇、李晓波会见中国工程院院士、清华大学热能工程系研究员、博士生导师岳光溪。市领导王立刚、刘[illegible]、卢秋生参加。

太原市人民医院远程会诊系统与上海四家医院直连。

《太原晚报》报道，太原市急救中心被中宣部命名为第五批全国学雷锋活动示范点。

7 日

“影像太原”——“大美太原”系列摄影大赛优秀作品展在太原美术馆展出。

全市首个电子健康证管理系统在万柏林区政务大厅启用。

8 日

太原市政府与中化国际（控股）股份有限公司签署战略合作框架协议。

全市举办 2019 春风行动女性专场招聘会，3000 余名女性求职者参加，达成就业意向 260 余人。

9 日

山西省青年作家李禹东在山西图书大厦，携其历史小说《笔落三千年》与读者交流。

12 日

太原市消协信用消费教育基地成立。

太钢研制成功世界直径最大、质量最大的无焊缝整体不锈钢环形锻件，将用于制作中国首个第四代核电机组。

14 日

全市通报民营医院价格诚信评价结果，太原黄寨精神病医院、山西齿科医院、太原侯丽萍风湿病中医医院 3 家医院获评 A 级。

全市试行生态安葬奖补制度，逝者生态安葬可获 2000 元奖补资金。

15 日

山西国投中实股权投资管理有限公司揭牌暨山西新旧动能转换基金签约仪式在北京举行，这标志着大型全国性民营联合投资公司进军山西。

太原市航天科普与创新教育工程暨中国青少年科普卫星工程 03 星“太原号”启动仪式举行，这是面向全国及国际中小学校，开展卫星载荷任务创意设计的征集活动。

20 日

2018 年全国文明城市年度测评成绩发布，太原位列省会提名城市中第二名。

22 日

全省“三晋英才”支持计划启动大会在太原举行。

太原市发布《太原市事业单位引进高层次人才实施办法》。

23 日

北京金山办公软件股份有限公司就设立“未来办公”研发中心与应用推广基地等事项与太原市有关部门进行对接。

25 日

全市开展第二届“时代新人 · 晋阳工匠”选树活动。

山西大医院举行“中国麻醉周”宣传活动，为期 5 天。

26 日

人社部人社服务标兵宣讲团在太原宣讲先进事迹。

“经典永流传——百幅中堂精品展”在太原美术馆展出，为期 6 天。

27 日

“山西医保”微信公众号上线，个人医保参保信息查询、缴费以及异地就医备案等，均可在手机上完成。

全省有 17 家医院被列入首批国家分娩镇痛试点医院。其中，省城医院有山医大二医院、省妇幼保健院、市妇幼保健院、市太航医院、省煤炭中心医院。

28 日

第二届全国青年运动会圣火在运城市芮城县西侯度遗址圣火公园成功采集，二青会火炬传递序幕同时拉开。

29 日

太原公交乘车移动支付平台上线，

市民可通过太原公交App、支付宝、银联手机闪付等多种方式买票乘车。

30日

市委农村工作暨脱贫成效巩固、农村环境整治会议召开。罗清宇作批示，李晓波出席并讲话。

“富裕太原”论坛——当前经济形势与企业成长之道在晋祠举行。

31日

太原到芝加哥、大阪航班首飞。

太原—烟台—大阪航线首飞。

2019中美共建合作发展高峰研讨会在省人民医院举行。线下国际肿瘤诊所——麻省医疗国际首家山西诊疗中心落户太原。

市人社局在太原市人才交流服务中心举办以“促进转移就业，助力脱贫攻坚”为主题的2019年“春风行动”大型人才交流会。

4月

2日

太原市人民政府、山西转型综改示范区、中科曙光三方签订“山西先进计算中心暨计算科学产业基地二期高端通用整机智能制造基地项目”合作协议。

全国妇联书记处书记章冬梅一行对太原市基层妇女工作、巾帼家政服务工作开展调研。副市长王爱琴陪同调研。

团市委组织省城各界团员青年代表700人在太原黄坡烈士陵园开展“传承·2019清明祭英烈”缅怀先烈祭扫活动。

省城5家医院（山西医科大学第二医院、山西省妇幼保健院、太原市妇幼保健院、太原市太航医院、山西省煤炭中心医院）列入国家分娩镇痛试点医院。

3日

太原市统计局与山西财经大学创新统计成果转化沙龙行动启动。

全省首个5G医疗示范基地落户山西大医院。这是全省第一次应用5G网络在行进中实现远程会诊救护。

4日

李晓波在太原市公安局调研，听取信息化工作汇报。

6日

山医大二院成功实施省内首例可降解支架植入术。

8日

山西建投安装集团西南工程公司与四川中亚吉特能源科技有限公司签订EPC工程总承包合同，合同价款22.51亿元。

9日

第十三届全民阅读论坛在太原开幕，会议主题为“读经典、学新知、链接美好生活”。北京大学信息管理系教授王余光，央视“百家讲坛”嘉宾鲍鹏山，著名科幻作家刘慈欣，作了主旨报告。

第二届“太图读书节”活动在市图书馆启动。

太原市民政局首获全国民政系统先进集体称号。

11日

太原市政府与中国银行山西省分行签署战略合作协议。

太原市第一个非遗研究基地在杏花岭区小窑头村的非遗文旅小镇挂牌。

同济大学与创谷太原基地签约仪式在小店区政府举行，标志着小店区在创新转型发展中迈出坚实的一步。

省人民医院神经内科、神经外科和中医科、精神心理科等9个科室组，建起帕金森病及运动障碍多学科诊疗模式诊疗中心，开启山西省帕金森病多学科诊疗新模式。

12日

中国工业遗产保护名录（第二批）发布，太原机器局（太原兵工厂）、汾西机器厂、西北炼钢厂（太原钢铁公司）、太原重型机器厂榜上有名。

李晓波对全市城区老旧小区整治工作进行调研。

山西省人体器官捐献者纪念园建设启动仪式暨红十字博爱林建设活动在阳曲县举行，200余人参加活动。

12日至14日

第五届中国（山西）国际房车露营博览会在中国（太原）煤炭交易中心举行。

13日

全市召开脱贫攻坚暨干部驻村帮扶工作领导小组会议，审议市财政扶贫资金使用计划，研究部署2019年脱贫攻坚和驻村帮扶工作。市委副书记李新春主持会议，市委常委、组织部部长赵忠保，副市长车建华参加。

国务院妇儿工委办调研组张立一行对太原市实施妇女儿童发展纲要、规划情况展开调研。副市长王爱琴参加。

太原市红十字救援志愿服务队成立。

15日

全市召开二青会食品安全保障动员大会。

16日

山医大一院通过专家认证，成为全国首批、全省唯一一家“中国高血压中心”。

小店区成立“文明巡访团”，50名老人定期开展义务巡查，及时劝导、制止不文明行为。

17日

环太原国际公路自行车赛暨中国太原国际自行车周协调会在并举行。

2019年山西民营企业招聘周启动，活动主题为“就业政策惠民企，就业服务促发展”。

18日

太原日报客户端获得2018—2019中国媒体融合创新最佳品牌奖。

全市组团参加2019中国·天津投资贸易洽谈会暨PECC博览会。10余家企业的近百种产品参展。

19日

市委常委、政法委书记魏民一行调研二青会场馆安保工作。副市长、市公安局局长马润生参加。

山西转型综改区发布消息称，区内

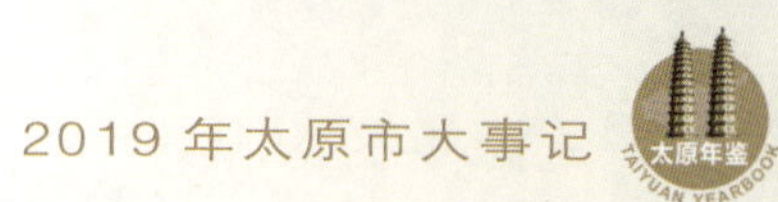

企业——嘉世达机器人公司获得“全球工业互联网 + 智能制造”总决赛一等奖。

20 日

太原解放七十周年主题纪念展在太原美术馆展出，庆祝新中国七十华诞。

21 日

太原市人民医院刘允怡院士工作站、程树群教授名医工作室启动。

22 日

《太原日报》报道，全省首个 2019 年中国儿童健康 1+N 工程项目落户太原市妇幼保健院。

23 日

纪念太原解放 70 周年座谈会举行。罗清宇出席并讲话，李晓波主持。

太原市 2019 “诗约春天” 朗诵音乐会举行。

24 日

新编现代晋剧《上马街》在并上演。

25 日

《太原日报》报道，由太原市住房公积金管理中心、太原市规划和自然资源局、交通银行山西省分行合作共同建设的太原市住房公积金贷款交行服务大厅正式启用。地址位于太原市万柏林区文兴路 63 号。

26 日

太原市纪念“五一”国际劳动节暨第二届“时代新人 · 晋阳工匠”命名大会召开。罗清宇出席并讲话，李晓波主持。

太原市佛教协会第四次代表会议召开。市委常委、秘书长、统战部部长刘鹓出席。

罗清宇在尖草坪区、不锈钢园区调研基层党建工作，强调要坚持党建引领，深化社会治理，加强文明创建，推动创新转型。

28 日

太原市第十二次妇女代表大会开幕。罗清宇、李晓波、李新春、张明星到会祝贺。

骆惠宁在太原科技大学参加“五四”主题团日活动，强调要坚定理想信念，勇于改革创新，脚踏实地奋斗，为中华民族伟大复兴贡献青春力量。

太原市人民医院健康教育基地在山西建投集团挂牌，来自山西建投集团 60 多名职工参加急救知识培训。

29 日

省政协副主席李思进一行对太原市进一步优化营商环境，树立山西对外开放新形象进行专题调研。

晋源区城乡居民保险业务率先在全省实现网上办理。

30 日

罗清宇会见德国驻华大使葛策一行。

山西省通用航空首飞成功。4 条短途运输航线和 3 个低空旅游项目同步开飞。

是月

市生态环境局制定出台《关于做好大件垃圾专项收集运输处置利用有关事项的通知》，推行大件垃圾预约收运。

市交通运输局对在新建路北沙河口东南角 5 辆破损的丢弃 ofo “小黄车”进行归集清理，并对东峡大通（北京）管理咨询有限公司（“小黄车” 公司总部）下达违法行为通知书。这是太原市针对共享单车违停开出的首张罚单。

5 月

1 日

李晓波在郝庄降尘监测点、太原动物园扩建工程和富力天禧公馆工地，对省城降尘工作进行现场督导。

面神经疾病诊疗救助启动。至 12 日，全省面瘫、三叉神经、面肌痉挛、梅杰综合征患者，均可申领 2000 元专项援助现金。

1 日至 6 月底

市城乡管理局对全市 193 座桥梁设施实施美化工程。

4 日

第二届全国青年运动会实体火炬传递首站在运城市芮城县举行。在山西省内传递活动中，网络火炬与实体火炬同步进行。

5 日

晋源区城乡居保业务率先在全省实现网上办理。

6 日

《太原晚报》报道，山西省抗癌协会造血干细胞移植专业委员会在太原成立，这是山西省首次成立的针对造血干细胞移植研究方向的专业委员会。

7 日

自然资源部副部长王广华一行在并调研第三次全国国土调查工作，李晓波陪同。

副省长张复明在并调研青运村和水上运动中心建设进展情况。王爱琴、张齐山一同调研。

太原市跨境电子商务协会成立大会暨 2019ebay 山西跨境电商峰会举行。全国及太原市电商领域相关人员就新电商时代下太原产业如何与国际 B2C 接轨、数据与未来的融合发展、跨境物流等进行探讨。

8 日

太原市工会第十五次代表大会开幕。

“时代新人说——我和祖国共成长”全国演讲大赛在太原启动。

9 日

太原市纪念五四运动 100 周年主题活动在山西国民师范旧址革命活动纪念馆举行。

10 日

全市生活垃圾分类工作推进会议举行。

罗清宇在潇河和太榆退水渠进行专题调研。

微信小程序“太原市民通”上线，市民可通过“太原市民通”随时随地咨询反映身边的城市管理问题。

11 日至 12 日

全省首届“美丽中国”夏令营暨研学博览会在并举行。

2019 年全国东西南北中羽毛球大赛山西省选拔赛在并举行，来自省内外的约400名羽毛球爱好者参加。

12日

省政府在延庆举办山西省招商引资暨“一带一路”晋商国际合作推介会，副省长贺天才出席并致辞，市委常委、常务副市长王立刚在会上做太原市招商引资推介。

13日

中国连锁经营协会发布“2019中国城市便利店发展指数”，太原市便利店发展指数名列全国第一。

14日

全省“改革创新、奋发有为”大讨论交流总结会议在太原召开。骆惠宁出席并讲话。

北京世园会“山西日”太原城市主题活动启动。

国家艺术基金资助项目《起凤街》在并演出。

15日

市委常委、组织部部长赵忠保就同济大学“同创谷”项目落地有关事项召开专题协调会，研究解决办公场地使用、项目配套设施和市级政策供给等6个方面问题。

2019首届平面房展季启动，读者扫描带有“AR”标志的图片即可视频看房、选房。

16日

市委常委会会议召开。会议传达贯彻全国公安工作会议、全国解决“两不愁三保障”突出问题和考核整改工作电视电话会议精神，传达贯彻省委常委会关于开展扫黑除恶专项斗争的会议精神和省扫黑除恶专项斗争领导小组第12次会议精神、全省教育大会精神。罗清宇主持。

山西大数据产业发展有限公司与晋源区工信局签订项目合作协议，标志着山西大数据产业基地落户晋源区。

18日

罗清宇在国电太原第一热电厂拆迁现场调研督导扬尘污染防治工作。

山西省体育博物馆举办接受捐赠借展暨证书颁发仪式。

太原市健康养生协会健康教育专家团成立，为全市居民的健康管理提供优质服务。

山西省首家社区博物馆——文庙·社区博物馆揭牌。

18日至20日

全市组团参加第十一届中博会。市委常委、常务副市长王立刚带队，市直相关部门、转型综改示范区、各县（市、区）、开发区（园区）及相关企业负责人参加。现场签约8个项目，投资总额达184亿元。

19日

李晓波在杏花岭区、万柏林区督导检查扬尘污染防治工作。副市长卢秋生参加。

20日

市委常委、纪委书记、监委主任李吉山在清徐县督导检查扬尘污染防治工作和环保整改落实情况。市领导张璐、张齐山带队到杏花岭区督导检查降尘污染防治工作和环保整改落实情况。

“六味斋”成为全市中小学生研学实践基地。

20日至22日

全国人大常委会副委员长、中国关工委主任顾秀莲在山西调研家庭教育工作，先后到太原市后小河小学、太原市关工委、太原解放纪念馆考察，出席太原市家长节暨“新时代、新家长”主题活动开幕式。

21日

山西云时代技术有限公司发布消息称，与中兴通讯股份有限公司签署战略合作框架协议，携手加快5G新应用的研发和商业化进程，共同打造5G行业应用示范。

22日

山西综改示范区“网络问政平台”上线。

23日

全市办公室系统“对标一流、提升标准”工作会议召开，市委常委、秘书长刘鹓出席会议并讲话。

24日

省地质博物馆“晋地宝藏”标本园开园，汇集11市矿石标本。

25日

国际体育产业博览会在太原开展。

2019环太原国际公路自行车赛暨中国太原国际自行车周开幕式在并举行。

26日

首届中国·太原体育电影展在并开幕。

27日

《太原日报》报道，全省2019年“免费送戏进景区”活动市级启动仪式在并举行。

太原市首次为12所民办学校派驻党组织书记。

山西大医院帕金森病测评中心成立。

28日

第二届全国青年运动会志愿者徽、昵称、口号发布。二青会志愿者徽选用太原市某公司梁婧设计的作品，昵称为“青圪蛋”，口号为“奉献二青，精彩三晋”。

山西极限运动中心建成并投入使用。中国太原国际自行车周暨中国BMX小轮车自由式联赛第一站，为此场地建成后的首次赛事。

29日

全市首支文明交通综合治理小分队在公安迎泽分局成立，担负小街巷交通违法治理、日常巡逻等职能。

太原市青年企业家协会第十次会员代表大会举行，160余名会员代表参会。

30日

市委常委会召开会议。会议审议通过《太原市推进农村“厕所革命”实施意见》《中共太原市委审计委员会办公室工作细则》。罗清宇主持。

古交市举办2019年全民技能提升工程品牌示范、技能展示及大型公益现场招聘会，60余家大中型企业现场参与并提供就业岗位2000余个。

31 日

全国共青团系统首家青年马克思主义学习基地在太原揭牌。

是月

太原市新增 4 条公交线路，分别为：83 路（火车南站—火车南站）、84 路（高新开发区—学府街西口）、910 路（富士康园区—尧城机场）、911 路（晋祠新镇—尧城机场）。其中，910、911 两条线路专门为服务保障全省通用航空中心机场尧城机场设立。至此，太原市市区运营的公交线路共计 208 条。

市交通运输局在全市范围内开展整治共享单车联合执法行动，对共享单车运营公司超量投放、违规停放行为进行行政执法。

市人民医院“童晓文名医工作室”成立。童晓文教授是国内顶尖妇产科专家。

市中级人民法院、太原铁路运输中级人民法院、市司法局联合印发《关于开展律师调解工作的实施意见》，太原市全面实施律师调解工作。

6 月

1 日

省委书记骆惠宁在太重集团风电智能化园区调研，了解风电智能化园区建设情况。省领导王一新、李晓波陪同。

太原同创谷共建协议签约仪式举行。标志着太原市与同济大学的战略合作跑出了加速度、开启了新篇章。罗清宇见证签约仪式，李晓波会见同济大学党委副书记徐建平一行。

省儿童医院晋源院区开诊。省儿童医院儿内、儿外、儿保等专业的 11 位顶级专家在现场为患者提供义诊咨询服务。

2 日

全省唯一集消防旅游于一体的市政隧道——天龙山隧道全线贯通。该隧道工程位于晋源区晋祠镇，全长约 2.28 千米。

4 日

《太原日报》报道，国网太原供电公司发布消息称，位于尖草坪区柏板乡柏板村的 500 千伏太原北输变电工程开工建设，项目占地面积约 5 公顷，建设规模为 4×1000 兆伏安主变，总投资 7.70 亿元，是省、市电力重点工程。

滨河体育公园建成。公园占地面积 10 万余平方米，内有 12 块网球场地。

国际田联授予太原国际马拉松赛“金标赛事”，意味着太原国际马拉松赛成为中国田径协会金牌赛事和国际田联金标赛事的“双金赛事”。

5 日

拜仁太原足球学校奠基暨拜仁太原校园足球青训营启动仪式举行。省委常委、市委书记罗清宇出席，省政协副主席、市委副书记、市长李晓波，拜仁慕尼黑俱乐部副主席瓦尔特·梅内克斯，中国驻德国前大使史明德分别致辞，市领导刘鹓、张齐山参加。

6 日

山西省太原生态环境监测中心揭牌。

晋源区赤桥村入选第五批中国传统村落名录。

7 日

文源讲坛·山西地方文化和旅游专题讲座开讲。首场讲座由山西省图书馆与朔州市图书馆策划，文化专家郝丽云主讲《金沙滩的前世今生》。

8 日

《山西考古那些事儿》首发式在晋阳古城遗址举行。作者李尚鸿以入选或入围全国十大考古新发现的山西考古项目为主，首次结集出版。书中涉及太原的有隋代虞弘墓、北齐徐显秀墓等考古故事。

9 日

太原市被列为全国首批古树名木抢救复壮试点城市。

10 日

太原市试点招聘六名聘任制公务员。

太原市红十字血液中心坞城南路机采献血屋投入使用。这是全市建成的第 20 个献血小屋，也是省城第一个街头机采献血屋。

11 日

太原市中心医院（皮肤性病）院士工作站揭牌成立。

13 日

2019 年全国大众创业万众创新活动周山西分会场活动在省展览馆开幕。省长楼阳生出席。

在晋全国人大代表调研太原轨道交通建设情况。省人大常委会副主任李悦娥带队，市人大常委会副主任刘斌一同调研。

14 日

太原市红十字血液中心开通微信血费直报服务，献血者不用跑腿便可完成血费报销。

太原数字城管亮相中国智慧城市博览会，开创全省城市管理行业“走出去”的先河。

15 日

交响组曲《山西好风光》在并首演。该音乐会由山西省交响乐团演奏，为国家艺术基金资助项目。

18 日

《太原日报》报道，太原北山生态园入选国家“互联网＋全民义务植树”基地。

太原市消协组织消费维权志愿者开展 5G 网络新体验活动。

19 日

全市 2019 年首批市级储备小麦轮换竞价采购交易会举行。省内外 23 家客户参加，12 个标的全部成交。

20 日

市委常委会会议召开。会议传达学习习近平总书记在“不忘初心、牢记使命”主题教育工作会议上的重要讲话精神，罗清宇主持。

21 日

罗清宇在并调研督导文明城市创建工作。市领导记李新春、刘鹓一同调研。

省政协副主席李思进一行调研太原市推进医养结合，发展康养事业工作情况。市领导张明星、王爱琴，冯霞一同调研。

太原市“贫困村到小康村变迁”摄影展暨消费扶贫特色农产品展销活动举行。市领导李新春、薛东晓等出席。

24日

纪念“6·26国际禁毒日”集中宣传活动在并举行。省、市领导刘新云、魏民、马润生出席。

第二届“曹强杯”太原莲花落大赛落幕。张璐出席决赛并为金奖获得者颁奖。

太原小学招生首次实行网上报名。

25日

罗清宇、李晓波与中国铁建党委书记、董事长陈奋健举行工作座谈。

28日

李晓波在娄烦县调研脱贫攻坚工作。市领导薛东晓、车建华一同调研。

2019中国（山西）国际清洁能源博览会在并开幕。

首届慈善扶贫西藏江西培训班开班仪式在中华慈善总会培训基地太原慈善职业技术学校举行。藏赣贫困学子在并免费接受为期6个月的烹饪技能培训。

29日

二青会足球项目社会俱乐部组十一人制女子U13冠军争夺战在苏州太湖足球运动中心进行，山西队勇夺桂冠，这也是山西省首次夺得全国综合性运动会足球冠军。

30日

二青会高尔夫球项目决赛在山东省烟台市落幕。山西省代表队在社会俱乐部乙组的争夺中，获男子个人赛冠亚军及团体冠军。

是月

家国滋味——山西老陈醋特展项目在并启动。

太原市不动产登记中心纸质档案实现全部数字化整理，标志着市不动产登记初步形成一个完整、专业、易扩展的综合智能化档案管理系统。

晋阳湖水秀景区对社会开放。

7月

1日

太原市被确定为全国第二批安宁疗护试点城市，7所医疗机构开展安宁疗护服务。

2日

中国邮政集团公司太原市分公司并州路支局获全国青年文明号称号。

全国妇联书记处书记蔡淑敏一行在并调研家家幸福安康工程实施情况，省妇联主席张葆、市委副书记李新春一同调研。

太原市“晋兴板”企业集中挂牌仪式举办，全市14家中小企业集体登陆山西股权交易中心“晋兴板”。

4日

市委常委、政法委书记魏民调研公安“放管服”改革工作推进情况。魏民一行先后前往公安尖草坪分局、市公安局出入境接待大厅、万国车管所、义井派出所和东山车管所，参观合成研判作战中心及执法管理中心，详细了解“一网通一次办”平台运行情况、新车注册、群众选号制证、汽车服务站代办业务及现场制牌等工作。

5日

省人大常委会调研组到太原调研街道人大工作。省人大常委会副主任李悦娥带队，市人大常委会副主任李增锁主持座谈会。

太原市园林局发布消息称，独具山西特色的“太原园”在第十二届中国（南宁）国际园林博览会上获最佳展园、优秀建筑小品展园等五个奖项。

8日

垃圾分类开启“太原模式”，至2020年实现生活垃圾“零填埋”。

9日

全省首家“红十字博爱超市”在娄烦县娄烦镇向阳村挂牌。

10日

太原市第65例、2019年首例造血干细胞捐献者赵希明成功捐献。

五台山—曼谷旅游包机国际航线开航。

11日

全国构建和谐劳动关系先进表彰会在北京召开。太原重工股份有限公司、山西太钢不锈钢股份有限公司、太原公共交通控股（集团）有限公司、太原六味斋食品有限公司、太原市慧源人力资源市场有限公司、山西美锦能源股份有限公司榜上有名。

12日

山西省公积金数据互联共享平台建成并投入运行，该平台通过“数据互通、业务互助、信用互认”，实现跨中心、跨区域业务协作。

《太原日报》报道，由太重矿山设备分公司研发生产的6400吨大型排土机顺利通过验收，并从天津港启程赴南美洲的厄瓜多尔。这是国内同类产品首次出口厄瓜多尔。

太原市肝胆胰疾病诊疗中心落户太原市人民医院。中心为患者开设直通上海东方肝胆外科医院的绿色就医通道，服务人群辐射山西全省乃至全国中部六省。

15日

太原市人民政府与中国长城科技集团股份有限公司签署中国长城智能制造（山西）基地战略合作框架协议。

15日至16日

二青会自由式小轮车比赛在位于阳曲县的山西极限运动中心开赛。来自陕西、四川、新疆、山西等地的15支代表队的75名运动员参赛。

16日

首家全市社区矫正心理矫治基地迎泽区成立。

五台山直飞曼谷国际航线正式开航。

17日

二青会橄榄球赛在位于阳曲县的山

西省足球训练基地收兵，山西省代表队夺得两金一银。

太原市人大常委会副主任、市总工会主席张磊一行到太原市地铁建设项目部 209 标段大南门站、小店区环卫局，慰问一线职工。

18 日

全国市长研修学院（住房和城乡建设部干部学院）2019 年第一期数字化城市管理监督指挥中心主任培训班在太原开班。来自全国 20 个省、市、自治区的 200 余名数字化城市管理监督指挥中心、网格化服务管理中心的负责人参加。

19 日

省委政协工作调研组在太原市调研新时代政协工作创新发展情况，并召开调研座谈会。李晓波带队调研，李新春、张明星等参加座谈。

太原市与同济大学深化校地合作座谈会在并举行。市委副书记李新春，同济大学党委副书记吴广明，市领导王立刚、赵忠保出席座谈会。

第三届国医论坛在并举行。20 多位中医名家齐聚一堂，探讨提高中医药临床疗效的方法与路径。

太原市第六批市级非物质文化遗产代表性项目授牌仪式在中华傅山园举行。“清和元头脑传统制作技艺”等 9 个类别 61 项非物质文化遗产代表性项目列入名录。

22 日

第二届全国青年运动会、全国青少年垒球锦标赛决赛在广东省中山市举行。太原市经济技术开发区九一学校垒球队力克众敌，夺得 13 岁以下组别男子组冠军。

24 日

第二届全国青年运动会组委会在北京举行新闻发布会，介绍二青会筹备和竞赛情况，发布二青会 49 个大项的吉祥物“青青”延展图形和“青青”表情包。

25 日

2019 山西全域旅游铁路行主题推介暨二青会铁路运输服务新闻发布会发布消息称，中国铁路太原局集团有限公司推出“坐火车、观二青”定制服务。

太原南站东广场开通运营。

27 日

中国规模最大的青铜专题博物馆——山西青铜博物馆开馆。该馆位于太原长风商务区，与太原市博物馆共用一个馆址，展览服务体系包括基本陈列、教育互动、数字青铜、临时展览和文创空间 5 个部分，展示面积 1.10 万平方米。

太原市糖尿病足多学科诊疗联盟成立。

29 日

山西省人民医院科研临床楼和全科医生临床培养基地一期项目启用。

阳曲县人民政府与太平洋建设集团战略合作协议暨阳曲县人民政府、阳曲现代农业产业示范区管委会与太平洋建设集团投资合作框架协议签约仪式举行。市领导李新春、车建华出席签约仪式。

30 日

罗清宇在北张退水渠整治工地现场办公并组织召开潇河（含太榆退水渠）水污染治理攻坚第二次省市联席会议。

首届山西省红十字应急救护大赛总决赛在并开赛。15 支代表队参赛，太原市代表队获三等奖。

是月

太原市农村土地承包经营权确权登记办证工作完成。该项工作于 2014 年开始试点，全市有 751 个村完成合同签订工作，完成土地确权实测面积 115260 公顷，确权面积 91686.67 公顷，完善土地承包合同 150365 份，确权地块 771781 块。

8 月

1 日

太原市园林植物研究中心打造出首个“垒土”立体绿化墙。

2 日

罗清宇、李晓波、芮晓武在不锈钢产业园区中国长城智能制造（山西）基地调研。

3 日

中国医药教育协会生殖内分泌专业委员会全国巡讲（太原站）在市妇幼保健院（长风院区）开讲。山西专家学者协会医学分会妇产科专业委员会成立，来自全国妇产科界的顶级专家及全省各医疗机构妇产科专业人员 400 余人参加会议。

5 日

“太原府城游”项目推介暨“太原府城游联盟”启动仪式在山西饭店举行。市领导李新春、王爱萍、王爱琴、郝宝清参加活动。

6 日

第二届全国青年运动会火炬传递历时 70 天，经 3462 名火炬手接力传递，在晋源区收火。

7 日

由太原市委宣传部和中国日报社共同建设的太原英文网上线。

山西省食醋工程技术研究中心建设方案通过以中国工程院院士、江南大学校长陈坚为组长的专家组论证。

太原南站东、西广场实现贯通。

8 日

第二届全国青年运动会在太原开幕。中共中央政治局委员、国务院副总理孙春兰出席开幕式并宣布青运会开幕。

5G 技术全面亮相二青会。观众可以通过手机客户端，360 度旋转、屏幕远近伸缩、不同机位自主看比赛。

二青会纪念邮资信封上市发行。

山西生物质新材料产业研究院启动仪式在山西转型综合改革示范区举行。该院在 2018 中国（太原）国际能源产业博览会上推出自主研发新材料秸秆生物塑料和生物碳纤维复合材料。

9 日

太原不锈钢集团发布消息，集团宽幅超薄精密不锈带钢工艺技术及系列产品开发项目获冶金科技唯一特等奖。

10 日

窦大夫祠首届书法展开展。展览由市文物局主办，崛嵋山文管所及市硬笔书法协会承办。

11 日至 24 日

丝路国家国际摄影优秀作品巡展（太原站）在太原美术馆展出。

12 日

全国人大社会建设委员会副主任委员、中华慈善总会会长宫蒲光一行到太原市慈善总会调研，并看望慈善学校西藏江西班学生。市级老领导、市慈善总会会长袁高锁参加。

16 日

市委召开全市副厅级以上领导干部警示教育会，罗清宇主持并讲话。

18 日

二青会闭幕新闻发布会举行。李建明、张复明对二青会相关情况进行发布。

21 日

山西省山地自行车冠军赛在娄烦县举行。

22 日

2018 年度全国“十佳”风景日戳评选活动揭晓，太原《汾河雁丘》风景日戳入选全国十佳。这是山西风景日戳首次获此殊荣。

全省农村改厕专题培训班在阳曲县举办，推广太原市农村改厕工作经验。

23 日

太重集团发布消息，由太重为湖北三宁化工年产 60 万吨乙二醇项目生产制造的 DMO 反应器在太重天津滨海重件码头发运。该设备刷新国内高端压力容器制造最大纪录。

青桔单车登陆太原。

23 日至 26 日

太原市组团参加 2019 广东 21 世纪海上丝绸之路国际博览会暨第 27 届广州博览会。太原钢铁（集团）、晋西车轴、紫林醋业等 14 家企业参展。

27 日

全国开展国家勋章和国家荣誉称号集中评选颁授，申纪兰成为共和国勋章建议人选。

28 日至 30 日

国家节水型城市建设工作复查组评定太原市节水指标步入全国先进行列，万元 GDP 水耗两年下降 26.50%。

30 日

《太原日报》报道，全市开展整治共享单车联合执法行动近 5 个月，共清理归集共享单车 7 万余辆。

迎泽区首届招商引资推介会举行。来自全国各地 430 余家企业参与，现场签约项目 20 个，签约总额达 317.54 亿元。

30 日

晋源区获得“四好农村路”省级示范县（区）称号。

是月

太原市首个网约公交车 D0001 路在太原公交 App 上线。该公交往返于小店区卷烟新厂与迎泽区卷烟厂宿舍之间，中途不设站，全程运行时间约为 45 分钟，票价为 5 元。

9 月

2 日

第十四届全国网络媒体山西行活动在太原启动。编辑记者及自媒体大 V 共 60 余人，赴太钢精密带钢公司、太钢博物园、太重展览馆、矿山设备分公司、轨道交通设备有限公司实地采访。

3 日

中共太原市委十一届七次全体会议召开。市委常委会主持会议，罗清宇讲话。

罗清宇、李晓波会见富士康科技集团总经理王城阳一行，就进一步深化双方合作进行交流。

4 日

山西省地下水超采区综合治理项目之一——晋祠泉域水源置换工程启动。

山西鲲鹏生态大会在太原召开。山西百信信息技术有限公司在大会上展示了基于华为鲲鹏技术的恒山服务器和太行 PC 整机，助推山西信息技术产业。

太原市总体城市设计方案亮相，总体风貌定位为唐风晋韵锦绣龙城。

5 日

2019 全国网上群众工作太原峰会暨人民网网民留言办理工作会议在太原开幕。

7 日

山西大医院（山西医学科学院）更名为山西白求恩医院（山西医学科学院）。

8 日

太原市组团参加 2019 厦门国际投资贸易洽谈会暨丝路投资大会，现场与 5 家企业签约，签约项目总投资为 147.50 亿元。

九牛牧业 · 2019 太原国际马拉松赛鸣枪开赛，3 万余名选手从中国（太原）煤炭交易中心出发。

9 日

山大附中、成成中学获得全国教育系统先进集体称号；刘晓瑜、安文珍获得全国模范教师称号；杨晋娟、张小龙、霍婷照、穆晓立获得全国优秀教师称号。

11 日

太原入选首批国家物流枢纽建设名单。

12 日

妙手神工守望文明——晋祠博物馆馆藏纸质文物保护成果展和文物数字化多彩新生活——太原市文物数字化保护成果展，在晋祠博物馆傅山纪念馆、胜瀛楼开展。

15 日

山西体育中心红灯笼体育馆南广场迎来太原市最盛大的无人机演出，中国铁建地产 666 架无人机进行表演。

16 日

全省首次举行电子税务局（体验师）座谈会，首次引入电子税务局“体验师”概念。

17 日

全市召开表彰会，对在全国职工职业技能大赛中获得全国技术能手称号的 6 名高技能人才进行表彰，每人奖励 30

万元。

18 日

市政府党组班子举行“践行初心和使命”主题党日活动。李晓波带队到太原解放纪念馆，缅怀革命先烈，重温入党誓词，汲取前进动力。

在 2019 全国大学生电子设计竞赛中，中北大学获全国一等奖 4 项、二等奖 10 项，获奖比例远高于全国平均水平。

19 日

山西中部盆地城市群一体化发展推进会在太原召开。

太原重工核电容器分公司与宝利苏迪焊接技术（上海）有限公司共同创办的联合创新工作室在太重揭牌。

20 日

市委常委会召开扩大会议，传达学习中央“不忘初心、牢记使命”主题教育第一批总结暨第二批部署会议精神。

全市庆祝新中国成立 70 周年知识竞赛在太原广播电视台演播大厅举行。

全国城市基层党建创新案例结果公布，太原市《以建强四级联动体系为牵引，拧紧城市基层党建动力主轴》入选最佳案例。

21 日

中国美术高峰论坛暨展览在综改示范区阳曲园区开幕。

第四届全国导游大赛在宁夏中卫市落幕。太原市推荐的导游张晓旭夺得大赛第一名，获金牌导游员称号。

22 日

《太原日报》报道，在第 21 届中国国际工业博览会开幕式暨颁奖典礼上，太钢“手撕钢”摘得“CIIF 大奖”。

24 日

2019 年全民义务植树系列宣传山西站活动仪式举行，太原市获全国绿化模范市称号。

26 日

李晓波赴小店区、尖草坪区、万柏林区督导检查大气污染防治工作进展情况。

30 日

太原成为首批 23 个国家物流枢纽之一，且是唯一上榜的陆港型 + 生产服务型国家物流枢纽。

10 月

1 日

太原市全面推广使用乙醇汽油，除军队特需、国家和特种储备用油除外，一律改售车用乙醇汽油。

3 日

太焦铁路长达 10153 米的襄垣隧道贯通，太原到郑州高铁由 4 小时缩短至 2 小时。

7 日

太原市龙山童子寺遗址、蒙山开化寺遗址、阳曲轩辕庙、高君宇故居、山西督军府旧址入选第八批全国重点文物保护单位。

9 日

晋源区义井街道办事处获全国民族团结进步模范集体称号。

10 日

由中国航空工业集团主办的 2019 全国“通航日”论坛暨山西省通航发展高峰论坛在太原举行，16 个通航产业项目签约。

11 日

2019 尧城（太原）国际通用航空飞行大会在清徐尧城机场开幕。

12 日

全市“不忘初心、牢记使命”主题教育党课暨学用习近平新时代中国特色社会主义思想交流会召开。罗清宇讲专题党课，李晓波主持。

13 日

2019 首届环太原最美赛道超级马拉松赛在西山旅游公路举行。

15 日

太原市残疾儿童教育中心被国务院残疾人工作委员会授予残疾人之家称号。

16 日

山西省癌症中心在省肿瘤医院成立。这是全国第 22 个省一级癌症中心。

17 日

第六个国家扶贫日 · 娄烦消费扶贫暨娄烦县第二届土豆文化节启动。市委副书记李新春，市领导薛东晓、车建华出席启动仪式。

22 日

2019 年太原能源低碳发展论坛开幕。中共中央政治局常委、国务院副总理韩正出席开幕式，宣读习近平主席贺信并发表主旨演讲。

全国双拥模范城创建调研组钱锋一行在太原调研。

23 日

2019 年太原能源低碳发展论坛第一分论坛——“煤炭能源的清洁高效利用”论坛举行。

24 日

市委第六轮巡察工作动员部署会召开。市委常委、市纪委书记、市监委主任、市委巡察工作领导小组组长李吉山出席会议并做动员讲话。

25 日

第二届全国青年运动会太原市总结大会举行。罗清宇出席并讲话，李晓波主持，李新春作总结报告。

28 日

太重诞生中国首台污泥气化装置。

太原开通直飞腾冲航线。

太原武宿机场停车场内的“滴滴车站”及配套设施投入使用。

是月

太原市开启城乡医疗救助“一站式”即时结算。

11 月

1 日

第 28 届全国粮布票收藏文化交流大会暨山西省第四届票证收藏文化展示交流大会在太原举行。

2 日

市委常委会召开扩大会议。会议传达学习《中国共产党第十九届中央委员会第四次全体会议公报》，传达学习习近平总书记致2019年太原能源低碳发展论坛贺信和韩正在2019年太原能源低碳发展论坛开幕式上的主旨演讲及在山西调研期间的讲话精神。

2019山西·太原人才智力交流大会在中国（太原）煤炭交易中心举行，提供招聘岗位2.50万余个，达成就业意向2864人次。

3日

太原卫星发射中心用长征四号乙运载火箭成功发射高分辨率对地观测系统重大专项高分七号卫星，并搭载发射了精致高分试验卫星、苏丹科学实验卫星一号、天仪十五号卫星等3颗卫星。

4日

《太原日报》报道，太原获评“中国美丽城市”。

5日

太原市探索传统体育项目进校园，传承中华传统文化。共建立了71所传统体育学校和44个青少年俱乐部，涵盖了棋类、太极拳、武术、摔跤等十多项传统体育项目。

7日

驻并的全国、省人大代表就太原市经济社会发展情况开展专题调研。

《太原日报》报道，工信部确定清控创新基地（太原）为2019年度国家小型微型企业创业创新示范基地。

山西醋产业首届国际食醋创新论坛在中国醋都——清徐县举行。来自西班牙、比利时、德国、瑞士、韩国等国的13位专家以及国内食醋、食品科研、食品安全领域的专家、学者参加会议并作学术交流。

2019中国绿色涂料涂装交流合作大会暨绿色涂料涂装成果展示会在并召开，共同探讨中国制造涂装新文明，展示绿色工业涂料的应用成果。

8日

太原市融资担保行业成立，精准服务中小企业“融资难”“融资贵”。

11日

学习贯彻党的十九届四中全会精神中央宣讲团在山西省太原市进行宣讲。中央宣讲团成员、山西省委副书记、省长楼阳生作宣讲报告和基层宣讲。

山医大一院与德国阿库尔巴登巴登医院签约，共建心身疾病专科，关注因心理因素导致身体异常疾病的治疗。

13日至15日

全国人大常委会委员、全国人大环资委副主任委员赵宪庚率调研组在山西省开展水污染防治法执法检查跟踪监督、土壤污染防治法实施情况专题调研。

14日

迎泽区在全省率先成立“一站式”矛盾纠纷解决平台——矛盾纠纷多元调解中心。

19日

“最美奋斗者”宣讲报告会在并举行。申纪兰、贺星龙、任红梅讲述了他们与祖国共成长、共奋斗的故事。罗清宇会见宣讲团成员。

20日

中国科学院大学、太原市人民政府、中国科学院山西煤炭化学研究所、中北大学共建中国科学院大学太原能源材料学院协议在中国科学院签署。

全国首批“枫桥式公安派出所”候选名单公布，太原市公安局万柏林分局和平南路派出所入围。

太原尧城—石家庄栾城航线开航，这是国内首条省会间短途航线。

晋源区古城公园开园。

22日

太原理工大学教授赵阳升当选为中国科学院院士，成为该校第四位全职院士。

26日

全市推进能源革命综合改革试点暨工业高质量发展会议召开。罗清宇出席并讲话，李晓波作安排部署。

28日

太原卫星发射中心成功发射高分十二号卫星。

29日

市委反腐败领导小组召开会议。会议传达学习省委反腐败领导小组第九次会议精神；传达学习中央纪委国家监委《纪检监察机关办理反腐败追逃追赃等涉外案件规定（试行）》精神；审议《关于开展能源领域反腐败专项行动工作方案》；听取《太原市人防系统腐败问题专项治理情况报告》，审议《太原市人防系统腐败问题专项治理调查整顿方案》。

30日

太原市妇幼保健院长风院区开诊。位于长风西街113号，净用地16.67公顷，总建筑面积19.30万平方米，设置床位1000张。

太原市中心医院汾东院区开诊。

是月

太原市出台《关于深化生育保险医疗费支付方式改革和调整生育医疗费待遇标准有关事宜的通知》，将生育医疗费支付标准调整为省级标准，实现“同城同待遇”。

太原市“禁煤区”范围达到1574平方千米，新增区域主要是阳曲县和娄烦县。

12月

2日

京东第二十三座“亚洲一号”太原潇河物流园项目落户太原。

3日

山西省住房公积金数据互联共享平台启用，太原市住房公积金管理中心率先融入共享平台。

4日

太原上榜2019中国最具竞争力会展城市（省会城市及地级市）。

5日

第四届山西文博会重点项目签约仪式在中国（太原）煤炭交易中心会议中心举行，近千人参加。签约项目96个，

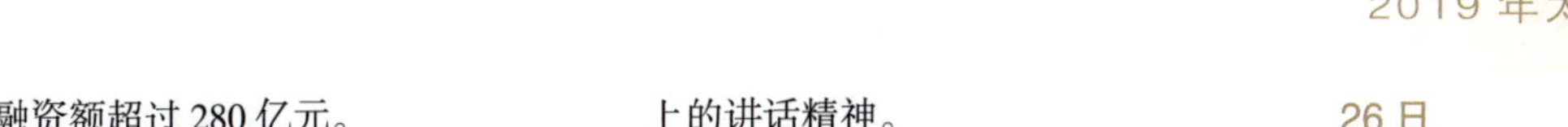

总融资额超过 280 亿元。

太原市医保智能监控子系统药品进销存管理系统和生物识别实名就医认证系统上线试运行。

6 日

太原“老鼠窟”入选全国生肖原地邮局。

7 日

太原理工大学航空航天学院（航空航天研究院）揭牌仪式在山西大学城举行。

太原卫星发射中心 6 小时内连续成功完成两次发射任务，相继将 7 颗卫星送入预定轨道。

8 日

太原一建集团承建的太原市育英中学新校建设项目、山西省心血管病医院门急诊综合楼项目两项工程获国家优质工程奖。

太原理工大学校友李卫国、张云霞夫妇向母校捐赠 1000 万元，助力母校发展。

9 日

太钢总医院获评《华北区医院专科声誉排行榜》烧伤专业第三名，这是山西省各专业中的最好排名。

10 日

太原市迎泽区董家庄村上榜中国美丽休闲乡村。

11 日

太原铁路枢纽西南环线开通运营。

12 日

市委常委会扩大会议召开。会议重温习近平总书记视察山西重要讲话、在推动中部地区崛起工作座谈会上的重要讲话、在推动黄河流域生态保护和高质量发展座谈会上的重要讲话，传达学习楼阳生书记在全省干部会议上的讲话精神。

装配式建筑产业园项目落户古交。

阳曲县青龙古镇获评中国特色创客小镇。

13 日

中北大学航空航天科技教育研究院成立。

18 日

全市首批 172 处出租车停靠站点启用。

省红十字会在太原火车站和太原南站捐赠安装 6 台救命神器——AED 自助体外除颤仪。

19 日

太钢上榜中国品牌发展指数 100 榜单。

20 日

太原机场的协同决策系统（A-CDM）获民航局评估最高等级 A 级评价。

22 日

《太原日报》报道，太古供热中继能源站项目获全国第一个供热项目鲁班奖。

2019 年度全国最美退役军人候选人出炉，玉泉山城郊森林公园负责人张俊平入围。

24 日

全省第一个综合客运枢纽太原汽车客运东南站完成主体工程建设。

太原市环保小河长项目获评第九届母亲河奖。

太原入选跨境电商综合试验区，名称为中国（太原）跨境电子商务综合试验区。

25 日

中华全国总工会副主席、书记处书记阎京华一行在太钢调研慰问。

26 日

太原市档案馆获全国档案系统先进集体称号。

27 日

楼阳生在太原调研社区和居家养老服务。

太原市消防救援支队挂牌成立。

28 日

迎泽区举行山西申威安全可信产业园建设项目签约仪式，副市长卢秋生出席。

30 日

《太原日报》报道，太原市市场监督管理局获全国市场监管系统先进集体称号。

大张客运专线开通运营、大西动车全线贯通启动活动在太原、大同、运城三地同步举行，标志着山西构建纵贯南北、连接北京的快速客运通道迈出重要步伐。

是月

市水务局举行退役军人服务站揭牌仪式。这是太原市党政机关第一家成立的“退役军人服务站”。

市人社局印发《关于开展证明事项告知承诺制试点工作的通知》，启动市机关事业单位养老保险证明事项告知承诺制试点工作。

太原市农村公路“1113”工程完成。完成农村公路建设里程 1146 千米、实施安防工程 114 千米、完成投资 21.28 亿元。

太原动物园网络购票上线，市民只要搜索太原动物园动向关注微信公众号，便可在手机上购票。

太原市发放住房公积金个人贷款破 100 亿元。

（赵志英）

市情概览

A General Introduction of Taiyuan

自然地理

【位置　面积】 太原市位于山西省中部、晋中盆地北部地区，地理坐标为北纬37° 27′ ~ 38° 25′，东经111° 30′ ~ 113° 09′。北、东、西三面群山巍峙，北靠系舟山、云中山，东据太行，西依吕梁，南接晋中平原，汾水自北向南纵贯全境。古昔有“襟四塞之要冲，控五原之都邑”之称誉。太原市东、东北与榆次区、寿阳县、盂县为邻，南与交城县、文水县、祁县、太谷县接壤，西、西北与岚县、方山县毗连，北与静乐县、忻府区、定襄县交界。

太原市轮廓呈簸箕形。最北端为阳曲县天翅垴，最南端为清徐县韩武堡，东端为阳曲县贾庄，西端为娄烦县大村沟。东西宽114.25千米，南北长107千米，周长约560千米。总面积6988平方千米，约占山西省总面积的4.50%。

（陈向荣）

【地质　地貌】 地质。太原地处山西断隆中部，位于吕梁断拱、大宁台陷、五台台拱、沁水台陷的交汇处，新生代晋中断陷盆地的北端，包括西山凹陷的大部。区内构造较为简单，构造线大体呈北东—南西向，盖层向东或东南缓倾斜。其中西山凹陷赋存有西山煤田，是山西省六大煤田之一。境内出露地层有中太古界前五台系，上太古界五台系，中元古界长城系，古生界寒武系、奥陶系、石炭系、二叠系，中生界三叠系，新生界第三系及第四系。岩浆岩有太古代、元古代及中生代三期。

地貌。太原市东、西、北三面群山合抱，中南部为汾河河谷平原，整个地势北高南低。地貌类型可分为山地、丘陵、平原、盆地、谷地五种。山地4528平方千米，占总面积的64.79%；丘陵904平方千米，占12.94%；平原1093平方千米，占15.64%；盆地279平方千米，占3.99%；谷地184平方千米，占2.63%。境内地势起伏较大，高低悬殊，位于境西北娄烦县的赫赫岩山主峰，海拔2708米，为全市最高峰；位于清徐县西青堆的汾河漫滩，海拔760米，为全市最低处，高差1948米。

（陈向荣）

【气候】 太原市地处大陆内部，属于暖温带大陆性季风气候，冬寒夏热、春秋短促、昼夜温差大、降水少且集中。冬季受西伯利亚冷气团控制，夏季受东南海洋湿热气团影响。随着季节的推移，两大气团在太原交互进退、此消彼长，发生着规律性的周期更替，形成冬季干冷漫长，夏季湿热多雨，春季升温急剧，秋季降温迅速，春秋两季短暂多风，干湿季节分明的气候特点。年平均太阳总辐射量为每平方米4927.90兆焦耳，全年日照总时数为2285 ~ 2587小时，年平均降水量390 ~ 423毫米，气温8.10℃ ~ 11℃，积温2375℃ ~ 3121℃，地面温度10.50℃ ~ 13.40℃，风速为每秒1.40 ~ 2.20米，地面气压887.10 ~ 927.80百帕，相对湿度为54% ~ 58.20%，蒸发量为1459 ~ 1991毫米。无霜期153 ~ 178天。（陈向荣）

【土地资源】 据调查，太原市土地利用总面积为691246公顷。其中耕地116598公顷，占利用土地总面积的16.90%；园地18101公顷，占2.60%；林地278073公顷，占40.20%；草地168062公顷，占24.30%；城镇村及工矿用地64659公顷，占9.40%；交通运输用地13779公顷，占2%；水域及水利设施用地16467公顷，占2.40%；其他土地15507公顷，占2.20%。

（陈向荣）

【矿产资源】 太原矿产资源丰富，主要有铁、锰、铜、铝、铅、锌等金属矿和煤、硫黄、石膏、钒、硝石、耐火黏土、石英、石灰石、白云石、石美砂等非金属矿。在矿物资源中以煤蕴藏最丰，铁矿次之，石膏居三。山西以盛产煤而有“煤海”之称。太原处在“煤海”中部，地质上称太原的煤藏为“太原系煤”，基础储量居全省第四位，是山西煤炭资源的主要组成部分。太原系煤不

仅储量丰富，而且煤种齐全，焦煤、肥煤、瘦煤、贫煤、气煤、无烟煤应有尽有。市域含煤面积1368平方千米，占全市土地总面积的19.58%。已探明储量主要分布在太原市东、西山及古交市、阳曲县、清徐县、娄烦县境内。分属沁水、西山、宁武三大煤田，东山、阳曲、西山、古交、清交、龙泉六大矿区。据2008年年底《山西省矿产资源储量简表》，太原市累计查明煤炭储量186.77亿吨，保有资源储量172.24亿吨，其中基础储量105.54亿吨，占全省的10.18%。太原煤炭资源具有含煤面积较广，储量丰富，煤种齐全，煤质优良；构造简单，倾角平缓；大部分地区瓦斯含量低，含煤地层及煤层稳定，埋藏较浅，利于开采等特点。（陈向荣）

【水资源】 汾河由北向南纵贯全市，其间有大小几十条支流汇入，流域面积6331平方千米，占全市流域总面积的90.60%；依阳曲县轿顶山、文昌山、水头岭、两岭山一线以北温川河、乌河和泥屯镇岔上北部及高村乡西北部区域属海河水系滹沱河流域。流域面积657平方千米，占全市流域总面积的9.40%。太原市的水资源总量包括河川径流量3.09亿立方米和地下水资源量5.66亿立方米，扣除地表水和地下水相互转化的重复计算水量2.15亿立方米，共计水资源总量6.60亿立方米/年。（陈向荣）

【植物资源】 据调查，太原市有维管束高等植物140科、658属、1347种。其中，蕨类植物13科、15属、25种，种子植物127科、643属、1322种，具有植物资源丰富、植物起源古老、单种属植物较多等特点。（陈向荣）

【动物资源】 据调查，太原野生动物资源，有鸟纲16目、37科、173种，其中国家一级保护鸟类4种，国家二级保护鸟类27种、中日保护候鸟80种、山西省重点保护鸟类8种；哺乳纲6目、17科、42种，其中国家一级保护兽类1种、国家二级保护兽类5种、山西省重点保护兽类3种；爬行纲动物3目、4科、8种；两栖纲1目、2科、5种；鱼纲2目、4科、21种；甲壳纲动物1目、2科、2种；昆虫纲13目、70科、177种；蛛形纲2目、3科、10种。（陈向荣）

历史文化

【建置沿革】 太原简称“并”，古称晋阳、并州。国家级历史文化名城，全国园林城市。古交遗址、东六度西遗址、石千峰遗址等证明，旧石器时代太原就有人类生息繁衍，义井遗址、思西遗址、都沟遗址等证实，新石器时代太原先民创造出辉煌灿烂的文化，东太堡文化遗址、“许坦型文化”遗址分别展现太原地区夏、商时期的文化。周景王四年（前541），晋国荀吴率兵北征，太原地区始入晋国版图。周敬王二十三年（前497）前，晋卿赵简子命董安于修筑晋阳城（今太原市晋源区古城营村一带），所以太原又称晋阳。周贞定王十六年（前453），晋卿智伯率韩、魏军队攻打并水灌晋阳城，反被赵襄子的谋士张孟谈以“唇亡齿寒”之喻，说服韩、魏与赵联合，大败智伯军，擒杀智伯，并三分其地，奠定“三家分晋”的基础。周威烈王二十三年（前403），周天子册封赵、韩、魏三家为侯，史称“三家分晋”，被认为是中国古代历史从春秋时代进入战国时代的重要标志之一。战国初期，晋阳为赵国都城，是赵国的政治、经济、文化、文化、军事中心。秦庄襄王三年（前247），秦国设立太原郡，为太原设郡之始。秦统一中国后，太原郡为全国36郡之一。西汉元封五年（前106），汉武帝分天下为13州刺史部治，并州刺史部为其中之一。这是太原简称“并”的渊源。东汉末年，匈奴南下，晋阳先后被太原地区称“五胡”的匈奴、羯、鲜卑、氐、羌等少数民族创建的后赵、前燕、前秦、西燕、后燕交替占领，太原虽然处于各种政权的争夺之中，却也为民族融合和文化交流作出积极贡献。故而太原历史上也有“并州杂胡”一说。南北朝时，北魏、北齐以晋阳为下都、别都，“军国政务，皆出高氏，精兵宿将，咸萃晋阳，士马精强，远胜邺都”，史称晋阳为“霸府”。隋末，李渊父子起兵太原，攻克长安，建立唐朝。唐代，修筑晋阳的东城和“跨水联堞”的中城，晋阳（太原）城形成东城、西城、中城3座城，“周四十二里，东西十二里，南北八里三十二步，门二十四”。规模之大，气势之壮，为晋阳城的鼎盛时期。唐代以太原为“北都”“北京”，与京都长安、东都洛阳并称“三京”。唐玄宗开元十一年（723），改并州大都督府为太原府，治所晋阳，领辖晋阳、阳

永祚寺　　（市委党史研究室方志编研二室供图）

曲等13县，为太原设府之始。五代十国时期，后唐、后晋、后汉、北汉等都以太原为国都或陪都，因此，在民间太原有“龙城”之称。宋太平兴国四年（979），赵光义率兵灭北汉，降太原府为并州，移州治所于榆次县。七年，又将治所迁至唐明镇，并在唐明镇新建太原城，“罗城周十里二百七十步”。嘉祐四年（1059），改并州为太原府。元代设太原路（后改为冀宁路），明代复称太原府，辖5州20县，并扩建太原城，城周二十四里。清时为太原府。宣统三年（1911）辛亥太原起义，推翻清王朝在太原的统治。明清时期太原为晋商都会。民国10年（1921）设太原市自治行政公所。民国16年，设省辖太原市。1949年4月24日太原解放后，为山西省省会，是山西省的政治、经济、文化中心。（陈向荣）

【人文太原】 古代传说。《左传·昭公元年》载“台骀宣汾、洮，障大泽，以处太原”，台骀降服汾河黑龙，洪水退去，露出平坦的土地，人们给这块沃野起名“太原”，很久以后，这块“龙”的土地上逐渐形成城市，于是太原又有了“龙城”的说法。相传大禹治水，“打开灵石口，空出晋阳湖”“三过家门而不入”，太原是大禹治水的主要活动区域，有禹在太原北部系舟山停泊的传说。

历史人物。在漫长的中国古代历史上，晋阳山水孕育出众多彪炳史册的千古风流人物。有晋国立国创业的始祖和三晋文化的开创者唐叔虞；有叱咤于春秋之际政治舞台的赵国奠基人赵鞅，战国之初赵国第一代国君赵毋恤，北魏末东魏初的丞相高欢，后汉的创建者刘知远，北汉的开国皇帝刘崇；有享誉文坛的隋代史学家王劭，唐代著名诗人王翰、王之涣、白居易，元代著名散曲、杂剧作家乔吉，元明之际杰出的古典小说家罗贯中，明末清初思想家、书画家、医学家、文学家傅山，清代著名学者、汉学家阎若璩，画家、小说家刘璋；有身系国家安危的大臣西汉外交家常惠，唐代名相狄仁杰，明朝中叶重臣王琼；有驰骋于战场的三国魏名将郭淮、王昶，西晋保卫晋阳的刘琨，家喻户晓的北宋杨家将；有春秋古晋阳城的创建者董安于，唐代天文学家李淳风，宋代著名绘画史论家郭若虚，书画家王诜、米芾……他们对国家的统一、社会的发展、民族的融合、边疆的开拓、生产水平的提高、科学技术的进步和思想文化的繁荣，都曾作出过重大贡献，或曾起过不同程度的积极作用。

民间信仰。太原民间信仰众多，有大自然信仰，人神、俗神、鬼神和方术巫祝信仰等，充分体现在人们的生产生活中，如太原民间的各行各业大都有各自的行业祖师或行业神。财神是太原民间极为普遍的祭祀偶像，各行各业的工匠尤其是大小商贾对财神爷都毕恭毕敬，生怕在行为和语言上有所冒犯。太原民间历史上曾经奉黑虎财神和比干、陶朱公、五路财神等诸多财神。但是，众财神中最受太原百姓欢迎而久祀不衰的要数关羽，民间称为“关公”“关老爷”或“关帝”。太上老君是太原境内铁匠、烧砖瓦匠、金银匠以及焊匠、锡匠、制陶匠等作坊工匠崇奉的行业神。染织手工作坊的祖师爷是梅、葛二仙。杜康历来是酿酒作坊祭祀的酒神。民间造纸作坊把蔡伦尊为行业祖师爷。太原过去的醋坊历来敬奉三类神祇，即醋仙翁、水神和财神。境内民间还流行多神信仰的风俗，许多作坊除崇奉自己行业特有的祖师神之外，还尊奉多个其他神祇。

饮食文化。太原人的传统饮食习俗以面食为主，副食是蔬菜和少量的肉类。长期重主食、轻副食。太原面食品种丰富，制作精美，尤以煮食类面食为代表，有“河捞”“拨鱼儿”“抿圪蚪”“揪片”“削面”“拉面”“剔尖”“溜尖”“擀面”“擦尖”“圪垛儿”“蘸片子”“擦圪蚪”“抿尖”“圪搓搓”“包皮面”“煮疙瘩”，等等。民间有“一面百样吃”和“七十二样家常饭”的说法。太原面食是山西饮食文化中的一枝奇葩，面食花样之多和制作之精，实令外地人称奇。

红色文化。1924年5月太原地方党组织成立。抗日战争时期，八路军开赴山西，多次实施战略展开，建立晋察冀、晋冀豫、晋西北（晋绥）抗日根据地，至解放战争时期，持续时间最长、战斗最激烈、伤亡最惨重的太原战役，太原都是党领导人民革命斗争的重要依托地，留下大量的革命史实，革命传统以及活动遗址与纪念建筑。太原市委市政府历来重视革命遗址的挖掘、保护、利用。20世纪50年代先后修建双塔革命烈士陵园、牛驼寨烈士陵园等一批烈士纪念建筑。之后，随着经济社会发展，高君宇故居纪念馆、太原解放纪念馆、彭真生平暨中共太原支部旧址纪念馆、国民师范旧址革命活动纪念馆等一批纪念馆先后布展开馆。全市红色景点中，2个被核定为全国重点文物保护单位、2个被命名为全国重点烈士纪念建筑物保护单位、3个列入全国红色旅游经典景区、4个入选全国爱国主义教育基地。依托丰富红色资源，大力发展以革命纪念地、标志物为载体，以革命历史、革命事迹和革命精神为内涵的红色旅游，在贴近历史和生活的大课堂开展革命传统教育和爱国主义教育。

方言。作为山西方言的典型代表，太原方言具有山西方言的一般特征。比如，在语音方面保留着古汉语的入声；在词汇中残存有中古时期的“切脚语”；在句法上选择疑问句使用频率很高。就整个太原地区的方言来看，内部也存在着较大的差异，城区及近郊与清徐、阳曲、古交、娄烦等远郊县市区区别明显。特别是娄烦方言，由于娄烦地处深山区，交通和经济开发较其他县区迟滞，因而其方言早期状态保存更好，是极珍贵的研究资料。20世纪中叶以后，随着普通话的推广和与省内外、国内外交流的日趋广泛和频繁，太原市城市居民的成分早已打破地域的局限。而城市居民所使用的语言，也逐渐地弱化方言特点而日益与普通话趋同。这方面表现最明显的一点是“入声”字的变化：年龄在50岁以下的人，语言中入声字已经没有“阴入”与“阳入”的区别而统统发声为“阴入”。

民俗。约公元前4500年，太原先民定居汾河流域，大力发展农耕业，并逐渐形成太原人相对稳定的生活习俗。太原一直是中国北方游牧民族与中原农耕民族冲突与交融的接壤地带，是中国北方游牧文化与中原农耕文化相互渗透的走廊与通道。太原民情风俗因此具有同于中原而异于中原、同于北陲而异于北陲的地方特色，这种地方特色又在不同的历史时期表现出质的传承和形的变异。周秦之际，太原受中原影响日增，农牧经济和商贸文化迅速发展，民风重义轻生、豪爽悲怆。汉至魏晋，太原人民经历一次次战火乃至民族大迁徙的洗礼，陶冶成刚劲不屈、吃苦尚俭的民情民风。北朝迄唐五代，太原人才辈出，群雄相继，民风尚武善战，尤重耕读，无战勤于耕牧，有战呼之即出。尤其是唐代，太原境内民间风习开始向多元化演进，既保留着浓厚深重的农耕文明印记，又逐渐融入都市商贸的文化基因；既保留着古朴纯粹的乡村民风，又逐渐具有城镇文化的色彩；既保留着以汉民族为主的文化传统，又兼容吸收北方游牧民族的文化元素。宋及金元，随着太原“龙城”辉煌的逝去，古城晋阳的毁灭，民风由开放张扬转向寡言内敛，虽然府南数县风气尚骛，但绝大部分地区“民不诪张，士不挟党，大夫不凌贱市公”构成太原当时的风尚特点。明清时期，在太原广大城乡中，重商善贾之风甚炽，弃仕从商，劝业者众。尤以晋中商人创立票号为标志，将晋商事业推向顶峰。此际，太原骛悍尚武之风一扫而光，民风“巧于思敏，寡于言语”，争而不讼，敦而不华，崇尚于节俭，轻仕途而重技艺。关公信仰由晋中商贾推崇而广及民间，成为忠义、诚信、护法、纳财以及保佑平安的多功能神祇。质朴节俭之习，礼让不讼之俗，在太原蔚然成风。清末、民国时期，太原省城房舍宅第虽壮，但饮食极简；家资富庶者颇多，使用多不浪奢。有钱之家尚且如此，而一般市民农家更是以节俭为美德，以勤劳为楷模，铢积寸累，俭朴持家，已成市风。中华人民共和国成立以后，尤其是改革开放以来，经济、文化交往和人口迁徙日益频繁，太原民俗受南北东西各地域文化的影响，变化十分显著，城市习俗呈现从未有过的变革移易，许多传统习俗渐渐被新的生活方式替代。

重点文物保护。太原是人类活动较早的地区之一，留存有大量人类文明的实物见证。全国最大的祠堂式古典园林晋祠，中国古代雕塑艺术的典范天龙山石窟，全国最大的道教石窟龙山石窟，中国乃至亚洲最古老的石质燃灯塔童子寺燃灯塔，以及太原文庙、纯阳宫、清真古寺、山西大学堂旧址、督军府旧址等，是太原不可移动文物的典型代表。太原馆藏文物也十分丰富，以出土文物及传世书画、瓷器和革命文物为大宗。出土文物中，以北齐文物最具特色，数量大，类别多，在全省北朝文物中占有重要地位。晋祠博物馆馆藏傅山书画作品为太原馆藏文物重要品类，也是全国重要的傅山作品保存地之一，“晋公千古一快”草书四条屏、东海乔松图等皆为珍品；馆藏元代龙泉窑瓜棱罐、明永乐梅瓶等为瓷器中的精品。

非物质文化遗产。太原文化底蕴丰厚，民风淳朴，独具三晋文化特色的非物质文化遗产极为丰富。国家级非物质文化遗产有：中医养生（药膳八珍汤）、清徐徐沟背铁棍、清徐彩门、风火流星、郭杜林晋式月饼制作技艺、晋祠庙会、晋剧、莲花落、琉璃烧制技艺、六味斋酱肉传统制作技艺、老陈醋酿造技艺（美和居）、传统面食制作技艺（龙须拉面和刀削面制作技艺、抿尖面和猫耳朵制作技艺）、清徐老陈醋酿制技艺、太原锣鼓、砖雕（山西民居砖雕）。此外，还有拔花花、狄仁杰传说、二鬼摔跤、傅山传说故事等省级非物质文化遗产和打呙、高村鼓坊、晋祠大米种植技艺、晋商诚信文化等市级非物质文化遗产。（方志编研二室）

行政区划

【概况】1972年，太原市辖南城区、北城区、河西区、南郊区、北郊区、古交工矿区（1988年改为古交市）、清徐县、阳曲县、娄烦县。1997年，撤销南城区、北城区、河西区、南郊区、北郊区，改设小店区、迎泽区、杏花岭区、尖草坪区、万柏林区、晋源区。2019年，

2019年太原市行政区划表

表1　　单位：个

类　别	街道	社区	乡	镇	行政村	自然村
总　计	53	712	31	21	794	1430
小店区	7	131	2	1	38	41
迎泽区	6	101		1	17	17
杏花岭区	10	120	2		28	36
尖草坪区	9	72	3	2	77	86
万柏林区	14	137	1		17	23
晋源区	3	46		3	67	94
清徐县		24	5	4	169	203
阳曲县		11	6	4	123	360
娄烦县		6	5	3	142	217
古交市	4	53	7	3	116	353
综改示范区		11				

太原市辖10个县（市区）、53个街道、52个乡镇、712个社区、794个行政村、1430个自然村。（陈向荣）

【界线与地名管理】 2019年，太原市民政局有序推进区划调整工作，为可持续发展拓展空间，提供助力。完成1条市界，4条县界行政区域界线联合检查工作，服务于平安省城建设；高标准完成普查成果转化工作，更好地为经济社会发展服务。补齐道路命名滞后、地名路牌不足的短板，筹措经费346.30万元，全年命名道路257条，设置地名标志2727个，维护地名标志1854个（次），清理整治不规范地名15个。

（许小杰 杨永亮等）

人口发展

【人口总量】 据2019年人口抽样调查，年末全市常住人口446.19万人，比上年末增加4.04万人。其中：城镇人口380.36万人，增加5.09万人；乡村人口65.83万人，减少1.05万人。城镇化率85.25%，比上年提高0.37个百分点。男性人口223.16万人，女性人口223.03万人，性别比为100.06 ∶ 100。全年出生人口5.07万人，人口出生率11.42‰。

（崔 晰）

民族 宗教

【民族】 太原市是一个多民族散杂而居的城市。据2010年人口普查统计，全市有46个民族，其中少数民族45个，2.40万人，占全市总人口的0.57%。在少数民族中，回族最多（11725人），其次是满族（5685人），蒙古族（1660人）。

（陈向荣）

【宗教】 太原市宗教历史悠久，有佛教、道教、伊斯兰教、天主教、基督教。东汉建安年间（196—220）兴建的普光寺，是太原市现存最早的佛寺。北魏时道教兴起，唐代道教、佛教达到鼎盛时期。唐朝中叶伊斯兰教传入太原，现存的清真古寺据说建于唐代。明崇祯七年（1634），比利时耶稣会金尼格来太原建堂，设立会口，传播天主教。清光绪三年（1877），英国传教士李提摩太在太原设立基督教浸礼会，传播基督教。

（陈向荣）

国民经济和社会发展

【经济总量及结构】 2019年，太原市实现地区生产总值（GDP）4016.19亿元，比上年增长6.10%。其中：第一产业增加值30.23亿元，增长2.30%；第二产业增加值1518.64亿元，增长5.90%；第三产业增加值2467.42亿元，增长7.10%。

人均地区生产总值90698元，比上年增长5.60%，按2019年平均汇率计算达到13147美元。（崔 晰）

【劳动就业状况】 2019年，太原市城镇新增就业9.93万人，其中创业带动就业2.60万人。4.23万名城镇失业人员实现再就业，其中就业困难人员再就业1.08万人。年末城镇登记失业率3.17%。

（崔 晰）

【农业与农村经济】 2019年，太原市农林牧渔业总产值84.45亿元，比上年增长1.80%。粮食总产量22.42万吨，下降1.30%。全年油料产量0.24万吨，下降28.40%；蔬菜及食用菌产量64.06万吨，增长4.10%；水果产量8.15万吨，增长18.50%。肉、蛋、奶产量分别为2.22万吨、3.04万吨、7.24万吨。

全年农作物种植面积81.55千公顷。粮食种植面积62.92千公顷。其中：夏粮种植面积0.06千公顷，秋粮种植面积62.86千公顷。蔬菜种植面积11.56千公顷。药材种植面积1.05千公顷。年末大牲畜存栏3.85万头，猪出栏25.12万头。肉类产量3.93万吨，禽蛋产量3.41万吨，牛奶产量8.97万吨。水产品养殖面积1.16千公顷，水产品产量2691吨。年末全市农业机械总动力49.10万千瓦。全年农用化肥施用量（折纯）23105吨。

（崔 晰）

【工业和建筑业】 2019年，太原市规模以上工业增加值总计792.13亿元，比上年增长4.50%。从隶属关系看，中央企业增加值增长4.30%，地方企业增加值增长4.50%，其他企业增加值增长7.40%；从经济类型看，国有企业增长0.50%，集体企业增长13.50%，股份制企业增长4.20%，股份合作企业下降22.10%，外商及港澳台商投资企业增长7.30%，其他经济类型企业下降38.40%；从生产性质看，轻工业增长5.40%，重工业增长4.40%。从前10大行业看：钢铁行业增长1.50%，通信及计算机设备制造业增长6%，煤炭开采和洗选业增长2.40%，炼焦行业下降8.80%，烟草制品业增长7.40%，电力、热力生产和供应业增长12.80%，燃气生产供应业增长3.30%，交通运输设备制造业下降5.70%，汽车制造业增长58.60%，金属制品业增长3.50%。

战略性新兴产业增加值增长4.10%，占全市规模以上工业增加值的比重为15.50%。高技术产业增加值增长5.30%，占全市规模以上工业增加值的比重为11.40%。非传统产业增加值增长7.10%，其中：装备制造业增加值增长8.60%，占全市规模以上工业增加值的比重为29.90%。传统产业增加值增长2.10%。

主要工业产品产量：原煤产量3572.83万吨，增长6.80%；洗煤产量2611.95万吨，下降0.50%；发电量319.00亿千瓦小时，增长17.70%；焦炭产量1123.38万吨，下降2.40%；生铁产量1032.35万吨，增长26.50%；粗钢产量1307.56万吨，增长4.60%；水泥产量608.29万吨，增长2.50%；饮用酒产量142595.36千升，增长6.20%；食醋产量39.11万吨，下降6.10%；卷烟产量153亿支，增长2.70%。

规模以上工业企业实现营业收入3247.83亿元，增长3.80%。利税总额182.68亿元，下降26.80%。利润总额

2019 年太原市分行业固定资产投资统计表

表 2

类 别	比 2018 年增长（%）
总 计	10.20
农、林、牧、渔业	26.10
采矿业	15.20
制造业	19.40
电力、热力、燃气及水的生产和供应业	21.20
建筑业	–86.90
批发和零售业	–0.20
交通运输、仓储和邮政业	73.90
住宿和餐饮业	542.80
信息传输、软件和信息技术服务业	–15.80
房地产业	29.60
房地产开发	31.30
租赁和商务服务业	10.70
科学研究和技术服务业	–42.30
水利、环境和公共设施管理业	–30.80
居民服务和其他服务业	–34.90
教育	–13
卫生和社会工作	–20.20
文化、体育和娱乐业	–38.90
公共管理和社会组织	–39

59.72 亿元，下降 40.10%。

具有建筑业资质等级的总承包和专业承包建筑业企业总产值 3164.79 亿元，增长 15.10%。建筑业企业房屋建筑施工面积 10839.86 万平方米，竣工面积 2016.09 万平方米。（崔 昕）

【固定资产投资】 2019 年，太原市固定资产投资比上年增长 10.20%。其中：中央投资增长 54.80%，地方投资下降 27.20%，其他投资增长 52.30%。

分产业看，第一产业投资增长 26.10%，第二产业投资增长 20%，第三产业投资增长 8%。工业投资增长 19.40%，其中：工业技改投资增长 82.50%。

分经济类型看，国有投资下降 3.10%；非国有投资增长 27.90%，其中：民间投资增长 20.20%。

全年在建固定资产投资项目 955 个。其中：5 亿元以上项目 171 个，完成投资增长 5.60%；10 亿元以上项目 93 个，完成投资增长 7.20%。

全年房地产开发投资 698.25 亿元，增长 31.30%。其中：住宅投资 538.17 亿元，增长 34.80%；商业营业用房投资 47.56 亿元，增长 22.50%。全年商品房竣工面积 459.66 万平方米，商品房销售额 829.45 亿元。（崔 昕）

【能源】 太原市一次能源生产折标准煤 2552.07 万吨，比上年增长 6.80%；二次能源生产折标准煤 4107.64 万吨，增长 1%。

全年全社会用电量 287.95 亿千瓦时，下降 1.20%。其中：农林牧渔业用电量 2.32 亿千瓦时，增长 3.10%；工业用电量（含电厂自用电）174.89 亿千瓦时，下降 6%，其中：占工业用电量 69.20% 的煤炭、炼焦、化工、建材、冶金、电力等高耗能行业用电量 121.03 亿千瓦时，下降 9.10%；建筑业用电量 6.22 亿千瓦时，增长 10.50%；第三产业用电量 58.23 亿千瓦时，增长 9.90%；城乡居民生活用电量 43.70 亿千瓦时，增长 8.40%。（崔 昕）

2019 年太原市社会消费品零售总额统计表

表 3

类 别	零售额（亿元）	比 2018 年增长（%）
社会消费品零售总额	1952.81	7.80
分地域：城镇	1857.48	7.10
其中：城区	1616.67	7.50
乡村	95.33	22.70
限额以上消费品零售额	865.20	0.10
限额以下消费品零售额	1087.61	13.60

【国内贸易】 2019 年，太原市实现社会消费品零售总额 1952.81 亿元，比上年增长 7.80%。其中：城镇社会消费品零售总额 1857.48 亿元，增长 7.10%；乡村社会消费品零售总额 95.33 亿元，增长 22.70%。（崔 昕）

【对外经济】 2019 年，太原市外贸进出口总额 1119.56 亿元，比上年增长 3.10%。其中：出口额 651.72 亿元，下降 1.70%；进口额 467.84 亿元，增长 10.60%。

出口商品中，不锈钢材、机电产品分别为 76.90 亿元、525.84 亿元，占出口额的 92.50%。煤炭、焦炭、金属镁分别为 0.87 亿元、2.50 亿元、4.01 亿元，占出口额的 1.10%。

有贸易往来的国家和地区 165 个。年进出口额在亿元以上的国家和地区 46 个，比上年增加 4 个。

全年新设立外商投资企业 20 家。实际利用外商直接投资额 0.97 亿美元。（崔 昕）

【交通、邮电和旅游】 2019 年，太原市公路线路里程累计达到 7621 千米，其中高速公路 287 千米。公路密

2019 年太原市外贸进出口总额一览表

表 4

类 别	绝对数（亿元）	比 2018 年增长（%）
进出口总额	1119.56	3.10
出口额	651.72	–1.70
其中：一般贸易	100.93	15.80
加工贸易	534.34	–5.60
其中：机电产品	525.84	3.10
高新技术产品	486.76	1.80
其中：国有企业	118.96	–12.40
外商投资企业	476.76	0
进口额	467.85	10.60
其中：一般贸易	146.27	105.60
加工贸易	318.89	–8
其中：机电产品	300.10	6.60
高新技术产品	263.19	6.90
其中：国有企业	158.74	17.20
外商投资企业	293.22	6

注：高新技术产品和机电产品分类有交叉。

度 109.10 千米 / 百平方千米。太原地区铁路客运量 3096.38 万人次，增长 5%；铁路货运量 3886.57 万吨，增长 8.10%。航空客运量 1400.26 万人次，增长 3%；航空货运量 5.76 万吨，增长 7.90%。

年末全市民用汽车保有量 168.37 万辆，比上年末增长 8.40%，其中私人汽车 149.04 万辆，增长 7.40%。年末轿车保有量 102.89 万辆，增长 6.60%，其中私人轿车 94.93 万辆，增长 5.80%。本年新注册汽车 14.65 万辆，增长 0.10%，其中新注册轿车 7.58 万辆，下降 1.70%。

全年邮政行业业务总量 42.50 亿元，比上年增长 15.20%；电信业务总量 467.74 亿元，增长 62.30%。年末市话到达 75.05 万户。农话到达 1.86 万户。移动电话用户 834.59 万户，其中 4G 移动电话用户为 687.94 万户。每百人拥有电话 204 部，其中移动电话普及率达到 187 部 / 百人。计算机互联网宽带用户 221.85 万户。

全市接待海内外游客 9655.39 万人次，比上年增长 18.80%。其中：国内游客 9629.59 万人次，增长 18.90%；海外游客 25.80 万人次，增长 8%。海外游客中：外国人 18.01 万人次，香港同胞 4.40 万人次，澳门同胞 1.02 万人次，台湾同胞 2.37 万人次。全年旅游总收入 1171.83 亿元，增长 17.70%。其中：国内旅游收入 1163.41 亿元，增长 18.10%；旅游外汇收入 1.19 亿美元，增长 11.40%。

（崔 晰）

【财政、金融和保险】 2019 年，太原市一般公共预算收入 386.62 亿元，比上年增长 3.60%，其中：税收收入 301.77 亿元，增长 1.60%。

全年一般公共预算支出 610.62 亿元，比上年增长 12.60%。其中教育、医疗卫生、社会保障和就业、住房保障、交通运输、节能环保、城乡社区事务等民生支出 486.27 亿元，增长 12.10%。

年末全市金融机构本外币各项存款余额 13117.20 亿元，比年初增长 6.50%；本外币各项贷款余额 14063.12 亿元，增长 10.60%。人民币各项存款余额 12663.72 亿元，增长 5.30%，其中：住户存款余额 5252.08 亿元，增长 10.10%；人民币各项贷款余额 13707.47 亿元，增长 9.50%。人民币贷款中，中长期贷款余额 9920.16 亿元，增长 8.80%；短期贷款余额 2880.22 亿元，增长 7.10%。

年末上市公司达到 18 家，其中：主板 15 家，中小板 2 家，创业板 1 家。“新三板”挂牌企业达到 54 家。

全年原保险保费收入 247.47 亿元，增长 10.90%。其中：寿险业务保费收入 137.30 亿元，增长 8.70%；健康险业务保费收入 33.76 亿元，增长 37%；意外伤害险业务保费收入 6.94 亿元，增长 7.50%；财产险业务保费收入 69.47 亿元，增长 5.80%。

支付各类赔款及给付 69.36 亿元，增长 9%。其中：寿险业务给付 24.38 亿元，下降 12%；健康险业务赔款及给付 9.25 亿元，增长 61.30%；意外伤害险业务赔款 1.82 亿元，增长 18.80%；财产险业务赔款 33.90 亿元，增长 18.30%。

（崔 晰）

【城市建设和绿化】 2019 年，太原市通达桥、晋阳桥、迎宾桥以及滨河东路南延工程、晋阳大道、天龙山旅游通道、火车站东广场及配套路网等 27 项工程建成通车，镇城大街、中北东街等 10 条新开工道路和 19 座人行天桥的建设竣工交付。“二青会” 11 个场馆建设、赛事期间的各项保障任务顺利完成，汾河三期建设工程按期完成并投入使用；5 个学校、医院代建项目相继交付；轨道交通 2 号线一期工程实现“轨通”“电通”，1 号线一期工程正式开工建设。按照节能标准设计施工民用建筑 569 个，共计 970.37 万平方米；完成海绵城市建设面积 52.80 平方千米，出台了国内首批关于海绵城市建设管理的地方性法规《太原市海绵城市建设管理条例》。

年末全市城镇燃气供应量 11.70 亿立方米。集中供热面积扩网 825 万平方米。城市公交运营车辆保有量 3533 辆。公交运营线路长度 3658 千米，年客运量 3.45 亿人次。公共自行车服务点 1285 个，累计投放自行车 4.10 万辆。

太原动物园提质扩容、晋阳湖景区一期、晋阳湖水上文旅项目、滨河体育公园、明太原县城护城河公园建成向社会开放。太山景区综合服务区、天龙山景区、牛驼寨烈士陵园景观工程基本完成，太原植物园、摄乐公园、狄仁杰文化公园等公园建设全力推进。完成天龙山山体修复128公顷，西山旅游、公路自行车赛道配套绿化136千米。全市共有综合性公园52个，专类公园11个，带状公园6个，街头游园269个，社区游园55个，街旁绿地214块。建成区绿化覆盖面积达到15617公顷，园林绿地13788公顷，公园绿地面积4601公顷，建成区绿化覆盖率43.38%，绿地率38.30%，人均公园绿地面积12.78平方米。（崔 晰）

【科学技术和教育】 2019年，太原市技术市场共登记技术合同2209项，成交金额252.72亿元。拥有国家级技术中心16家，省级技术中心107家。截至年末，累计建成省级及以上重点实验室80个、省级工程技术研究中心78个、省级及以上科技企业孵化器28个、省级及以上众创空间123家，拥有院士工作站54个。年末累计认定高新技术企业1616家。1项技术项目获得国家科技进步一等奖，3项技术项目获得国家科技进步二等奖。太钢“手撕钢”获冶金科学技术特等奖，山西电机“YE4系列超高效电机”获中国机械工业科技一等奖。全年发明专利申请量5293件、授权量1759件，有效发明专利拥有量9438件。

年末共有普通高等院校45所（其中高职院校22所），成人高等学校7所，中等职业教育学校48所，普通高中91所，普通初中136所，小学448所，幼儿园728所。

全市学前三年毛入园率95.90%；小学、初中巩固率均达到国家标准；高中阶段毛入学率97.80%。2019年高考一本、二本达线率和录取率在全省稳居前列。（崔 晰）

【文化、卫生和体育】 2019年，太原市举办庆祝中华人民共和国成立70周年、庆祝太原解放70周年等重大活动。年末全市共有各类专业院团及具备规模的民营艺术表演团体21个。群艺文化馆12个，博物馆17个。公共图书馆12个，馆藏图书811.2万册。广播人口覆盖率100%，电视人口覆盖率100%。新创排演青春版晋剧《起风街》、现实题材都市话剧《我们城里的年轻人》、儿童剧《疯狂的布鲁斯》、歌舞杂技剧《换了人间》等各类作品50余部。新创作晋剧电影《于成龙》、晋剧《圪梁梁上》、话剧《晋文公》及电影、小戏、小品等各类剧本16部，获得国家级荣誉19项、省级荣誉26项、市级荣誉97项。天龙山石窟数字复原国际巡展亮相法国，率先走出了“中华文化走出去”太原模式。年末列入国家级非物质文化遗产保护项目17项、省级保护项目83项、市级保护项目195项。

年末共有卫生机构2949个（不含村卫生室），医疗床位39358张。每千人拥有医疗床位8.8张。各类卫生技术人员62575人，其中：执业（包括执业助理）医师24178人，注册护士29968人。每千人拥有医生5.40人。城市公立医院综合改革进一步深化，现代医院管理制度加快建设，阳曲县人民医院、市中心医院分获国家和省级试点。

全年太原运动员在国内外大赛中，获得241枚金牌、171枚银牌、167枚铜牌，368个第四至第八名。完成第二届全国青年运动会参赛办赛任务，金牌数和奖牌数在全国参赛城市中均排名第一。成功举办2019环太原国际公路自行车赛暨中国太原国际自行车周；太原国际马拉松赛升级为田联金标赛事，迈入象征中国马拉松赛事最高等级的“双金俱乐部”；2019汾河龙舟公开赛暨二青会龙舟测试赛决赛在新建成的水上运动中心举行。全年销售中国体育彩票8.09亿元，居全省第一。

（崔 晰）

【环境保护和安全生产】 太原市区全年空气质量二级以上天数200天，全年PM2.5达标283天，空气质量综合指数6.39。集中式饮用水水源地水质达标率保持100%，地表水国家和省考核断面水质优良比例55.60%。市区区域环境噪声年均值55.10分贝、交通噪声年均值68.70分贝。

全年平均气温10.60℃，降水量386.10毫米。地下水水位平均上升0.04米。全社会用水量8.24亿立方米，其中：生活用水2.96亿立方米，农业灌溉用水1.70亿立方米，工业生产用水2.87亿立方米，生态用水0.71亿立方米。

全年共发生各类生产安全亡人事故起数比上年下降26.30%。（崔 晰）

2019年太原市各类教育学生统计表

表5

类 别	学校（所）	招生（人）	在校生（人）	毕业生（人）
高等教育	52	179712	562081	146376
研究生		11669	32059	8121
普通高等学校	45	139633	462324	118212
成人高等学校	7	28410	67698	20043
中等职业教育	48	20452	60937	21154
中等技术学校	32	13834	41002	15284
成人中等专业学校	2	3209	10379	2787
职业高中学校	14	3409	9556	3083
普通高中	91	26476	75848	27177
普通初中	136	42851	125225	40874
普通小学	448	60414	325286	46483
幼儿园	728	38303	113888	37968
特殊教育	9	397	1254	196

中国共产党太原市委员会

Taiyuan Municipal Committee of the Communist Party of China

综　述

【概况】 2019年，中共太原市委（简称太原市委）坚持以习近平新时代中国特色社会主义思想为指导，深入贯彻中共十九大和十九届二中、三中、四中全会精神，全面落实习近平总书记"三篇光辉文献"精神，统筹推进"五位一体"总体布局和协调推进"四个全面"战略布局，坚持稳中求进工作总基调，按照省委"四为四高两同步"总体思路和要求，全面做好稳增长、促改革、调结构、惠民生、防风险、保稳定各项工作，在"两转"基础上全面拓展中共建设和党的事业新局面。（崔建高）

【经济转型】 2019年，太原市委精准把握习近平总书记指明的"四条路径"，坚持转型为纲、项目为王，产业结构更加优化。党对经济工作的领导全面加强。召开一系列工作会、推进会、现场会，开展5次项目建设观摩活动，推动经济发展。2019年，全市地区生产总值增长6.60%，社会消费品零售总额增长7.80%，城镇、农村居民人均可支配收入分别增长8%、9%；规上工业增加值增长4.50%，固定资产投资增长10.20%，一般公共预算收入增长3.60%。工业强市步伐扎实迈进。出台《推进工业高质量发展实施方案》，推动产业链、创新链、价值链相互融合，不断增强实体经济活力和竞争力，全市规上工业企业增加48户，增长12.70%；完成工业投资246.13亿元，增长19.40%。深入推进军民融合发展，太原军民融合创新基地起步区建设进展顺利。项目建设力度持续加大。牢固树立"项目是转型的硬支撑"理念，试行重大项目专项管理机制，宝能、长城智能、诚迈科技软件园等项目成功引进，太钢冷轧取向硅钢、东山酿造小镇酒厂搬迁改造、中电科碳化硅等项目开工建设，京丰轨道交通电务装备制造基地3号厂房、明豪汽车模具一期、百信自主安全计算机一期等项目完工投产。农业和现代服务业质量不断提升。推进农业供给侧结构性改革，加快建设南部城郊农业示范区、北部有机旱作特色农业示范区，深入实施"一减五增"行动，以六味斋、水塔、紫林、蓝顿旭美等为引领的农业龙头企业发展到147家，年销售收入500万元以上规模企业达到56个。出台《关于加快现代服务业发展的政策意见》，扎实推动现代物流、会展经济、商业综合体等生产生活性服务业发展。第三产业增加值2467.39亿元，增长7.10%。国务院批复同意在太原市设立跨境电子商务综合试验区，太原作为陆港型（生产服务型）国家物流枢纽列入2019年国家物流枢纽建设名单。（崔建高）

【三大攻坚战】 2019年，太原市委把打好"三大攻坚战"作为决胜全面小康的重中之重，抓重点、补短板、强弱项，强化政策供给，全力推动落实。脱贫攻坚成果巩固提升。强化2020年交总账意识，制定出台《关于巩固提升脱贫成效推进乡村振兴的实施意见》，突出抓好产业扶贫、移民搬迁、生态扶贫、健康扶贫、教育扶贫等工作，"一网三超"社会扶贫模式受到国务院扶贫办表扬。在2017年、2018年阳曲县、娄烦县分别摘帽退出的基础上，持续巩固脱贫攻坚成果。2019年，全市累计脱贫157个村、15748户、43375人，全市贫困发生率从6.68%下降至0.08%，脱贫攻坚取得决定性进展，进入脱贫成效巩固提升与实施乡村振兴战略衔接的新阶段。生态环境持续改善。坚持空气质量改善优先原则，"控煤、治污、管车、降尘"多管齐下，完成22.31万户"煤改电""煤改气"，全力推动出租车、公交车新能源替换，扎实开展降尘污染防治攻坚行动，在"2+26"城市排名中连续5个月降幅排名第一。全市1162条河流全面推行河长制，建成区基本消除黑臭水体。完成营造林面积12786.17公顷，全市绿化覆盖率、绿地率分别达43.38%、38.30%，人均公共绿地面积达

12.78 平方米，太原市获得“全国绿化模范城市”称号。金融风险有效防控。规范地方金融机构运营，保持严厉打击非法集资犯罪高压态势，全市新发案件数量、涉案资金和集资参与人数等三大指标同比均有明显下降。（崔建高）

【改革创新】 2019 年，太原市委树立“改革决不能落后”的理念，坚持改革为要、创新为上，动力活力更加强劲。重点改革取得突破。市领导领办重大改革事项，全面完成国家、省 34 项改革试点任务和市 52 项改革任务。完成市县党政机构改革，国企改革“三供一业”资产全部移交，开发区“三化三制”改革基本完成，能源革命综合改革试点扎实推进。深化“放管服效”改革，积极推进相对集中行政许可权改革，全面实施“一枚印章管审批”。县乡医疗卫生机构一体化改革“阳曲样板”“清徐经验”在全国推广。街道管理体制、住房租赁试点、农村集体产权制度等改革全面推进。创新驱动成效显著。制定出台《关于科技创新推动转型升级的若干意见》等政策，市财政投入 10 亿元科技创新资金和 10 亿元人才发展资金，支持企业研发创新。科技型中小企业达 3478 家，同比增长 81%；高新技术企业达 1621 家，同比增长 68%。出台事业单位引进高层次人才实施办法，启动建设 1000 套人才公寓，累计迁入各类人才及家属 6.93 万人。对外交流合作全方位扩大。与中国科学院大学合作，开工建设国科大太原能源材料学院。巩固深化与同济大学全面战略合作成果，推动“同济大学—太原同创谷”成功落地，上海圭目机器人、滴滴出行等 10 余家知名高新技术企业首批入驻。参与各类推介会、对接会 30 余场，中博会、厦洽会、进博会平均签约 180 亿元。（崔建高）

【民生保障】 2019 年，太原市委坚持以人民为中心的发展思想，不断增进民生福祉。社会事业持续发展。深入实施就业优先战略和积极就业政策，城镇新增就业近 10 万人，城镇登记失业率控制在 3.18%。推动城乡义务教育一体化发展，新改扩建学校项目 49 个。全面提升医疗卫生服务能力，市中心医院、市妇幼保健院新院区投入使用，医疗、医保、医药联动改革协同推进，建成 25 个跨区域医联体、18 个专科联盟。城乡居民养老、医疗、失业等保险基本实现全覆盖，各项社会保险待遇稳步提高。民生实事落实落细。出台处理不动产登记遗留问题实施方案，有 4.59 万套进入办证流程。公办小学生放学后免费托管服务惠及 28 万户家庭。加大 150 个平价商店惠民力度，向 2.70 万名特殊困难人员发放“爱心奶”，提高 1.90 万名高龄老人津贴标准，城乡低保保障标准每人每月提高 50 元。二青会取得成功。举全市之力、倾全城之情，把二青会办成一届精彩难忘、节俭惠民、独具特色的体育盛会，太原市取得 220 金、159 银、145 铜的优异成绩，在全国参赛城市中名列第一，实现物质文明和精神文明双丰收、竞技体育和群众体育双跨越、城市功能和城市品质双提升。（崔建高）

【城市“双修”战略】 2019 年，太原市委树立“人民城市人民建、人民城市为人民”的理念，成立市委城市工作委员会，坚持规划、建设、管理并重，着力增强城市功能，提升城市品质。高起点编制城市规划。城市发展战略暨总体规划课题研究形成结论性成果，“五规合一”试点取得阶段性成效，科学编制双塔景区、晋阳湖等 26 个重点片区规划，编制完成生态修复、城市修补专项规划，探索形成全域规划、一张蓝图、多规共循的空间管控体系。高标准完善城市功能。地铁 2 号线实现电通轨通，1 号线建设全面启动。太原南站东广场建成投用、西广场改造完成，通达桥、晋阳桥、迎宾桥等竣工通车，太长高速退城、滨河东路南延以及一批主次干道路新建改造完成。汾河治理美化工程延展 35 千米，新建的国际体育交流中心、水上运动中心、滨河体育中心成为城市新地标。完成 565 千米供热管网、116 千米供水管网新改建任务，新增集中供热面积 1060 万平方米。全市 173 个城中村拆除 105 个，棚户区改造新开工 13824 套，基本建成 47166 套。高水平加强城市管理。加快智慧城市建设，着力推动现代信息技术与城市管理服务融合。以创建全国文明城市为抓手，加快推进背街小巷、老旧小区等“九乱”整治，整治背街小巷 1052 条，改造老旧小区 1840 个、集贸市场 81 个，新建公共厕所 135 座，生活垃圾分类全面实施，“两下两进两拆”向城乡接合部延伸，拥堵指数全面下降。创建省级、市级美丽乡村 87 个，“百村示范、千村整治”工程有序推进。（崔建高）

【民主政治建设】 2019 年，太原市委加强党对立法工作的领导，制定《海绵城市建设管理条例》《城乡环境卫生设施管理条例》，修订《养犬管理条例》《机动车和非道路移动机械排气污染防治办法》，立改废释地方性法规 8 件。支持市政协履行政治协商、民主监督、参政议政职能，高质量办理 502 件协商提案。把握大团结大联合主题，制定出台《太原市大型宗教活动管理办法》等 12 项宗教管理制度，大型露天宗教造像治理工作全面完成，全市 240 个宗教活动场所在“四进”全覆盖基础上逐步提档升级。推动工会、共青团、妇联等群团组织改革，群团组织的政治性、先进性、群众性不断增强。落实党管武装重大要求，支持驻并部队完成体制调整改革和部队停止有偿服务工作，建立驻并武警部队遂行任务兵力需求对接机制。“全国双拥模范城”八连冠成果继续巩固扩大，国防动员和后备力量建设加强。（崔建高）

【依法治市】 2019 年，太原市委树立总体国家安全观，全面落实依法治国基本方略。法治太原扎实推进。调整设置市委全面依法治市委员会，落实国家工作人员宪法宣誓制度，加快法官检察官正规化专业化职业化建设。完善公共法律服务体系，办事依法、遇事找法、解决问题用法、化解矛盾靠法的法治良序进一步构建。社会和谐不断深化。推广新时代“枫桥经验”，和平南路派出所被推荐为公安部首批命名的100个全国“枫桥式公安派出所”之一。持续推进“重点信访问题源头化解”，信访形势平稳可控，信访批次人次实现“双下降”。扫黑除恶深入开展。市委常委会6次专题研究扫黑除恶专项斗争工作，开展3轮督导检查，全年共打掉黑恶势力犯罪团伙44个，抓获犯罪嫌疑人355人，中央扫黑除恶专项斗争督导组转办的857件涉黑涉恶案件线索全部办结。安全稳定持续向好。深入推进社会治安防控体系建设，刑事警情、“两抢一盗”警情、群体性事件同比分别下降50%、13.90%、33.30%。全市各类生产安全亡人事故起数、人数分别下降35.90%和34.94%，未发生重大及以上生产安全事故。（崔建高）

【思想政治建设】 2019年，太原市委把“两个维护”作为最高政治原则和根本政治规矩，把握正确方向。学用工作不断引深。重温习近平总书记“三篇光辉文献”，原原本本学习《纲要》《选编》《摘编》，深刻领悟核心要求、精神实质、丰富内涵。市委常委会和全市各级党委（党组）会“第一议题”集中学习2198次，举办读书班19期，开展《纲要》宣讲117场，召开学用交流会109次。主题教育扎实开展。市委常委会率先示范，市人大常委会、市政府、市政协党组及时跟进，全市427个县处级以上单位、727个乡科级单位、9699个基层党组织、216420名党员积极参与，经受思想淬炼、政治历练、实践锻炼。开展“8+2”专项整治，解决问题3521个，建立机制2976个，“不忘初心、牢记使命”主题教育取得阶段性成果，中央主题办、人民日报、央视新闻等分别对太原市做法进行宣传报道。意识形态向上向好。深入学习宣传贯彻中共十九届四中全会精神，全市上下自觉尊崇制度、严格执行制度、维护制度权威的氛围更加浓厚。严格落实意识形态工作责任制，每半年向省委报告意识形态工作情况。成立市委网信办，及时处置有害类政治信息和突发舆情，连续八次获得中宣部舆情信息工作先进单位称号。

（崔建高）

【从严治党】 2019年，太原市委坚持刀刃向内、自我革命，坚定不移推动全面从严治党向纵深发展。主体责任全面履行。市委常委会每半年听取市人大、市政府、市政协、市法检“两院”党组和市纪委监委工作情况汇报。开展县（市、区）委书记和市直单位党委（党组）书记述职评议。完成第四轮、第五轮巡察，启动第六轮巡察，发现党的领导弱化等问题518个。全年问责党组织35个，党员领导干部97人，各级党组织管党治党的责任意识进一步增强。干部精气神有效提振。出台《市管领导班子和市管干部日常分类近距离考核考察办法（试行）》《太原市党员干部不作为慢作为问题监督问责办法》《严厉打击恶意举报诬告陷害的查处办法》，激励干部担当作为。全年共调整干部21批1024人次，选树263名担当作为先进典型。基层基础不断夯实。制定进一步加强基层工作的18条措施，284个软弱涣散基层党组织全部完成整治，564个集体经济“空壳村”全部破零。出台推进街道管理体制改革的8点意见，实施社区办公活动场所提档升级工程，社区工作人员待遇达到中部省会城市领先水平，被中组部列为城市基层党建示范市。非公经济组织和社会组织覆盖面进一步扩大，首次为12所民办学校选派党组织书记。正风反腐持续推进。全年全市各级纪检监察机关处置党员干部问题立案数、处分人数、移送司法机关人数同比分别增长40.30%、28.80%、72.30%，查处378起侵害群众利益的突出问题，处理党员干部488人。严防“四风”问题反弹回潮，全年共查处违反中央八项规定精神问题104个、处理党员干部127人。严格落实中央“基层减负年”要求，突出整治形式主义、官僚主义，市级层面文件、会议、督查数量同比下降40%、31%、50%，风清气正的良好态势进一步巩固。（崔建高）

重要会议

【市委全委会议】 2019年1月23日，中共太原市委十一届六次全体会议暨经济工作会议召开。出席会议的市委委员40人，候补委员6人。会议由市委常委会主持。省委常委、市委书记罗清宇讲话。省政协副主席、市委副书记、副市长、代市长李晓波作安排部署。会议听取和讨论罗清宇受市委常委会委托作的工作报告，审议讨论《关于开展“改革创新、奋发有为”大讨论的实施方案》。会议以习近平新时代中国特色社会主义思想为指导，认真贯彻落实中央经济工作会议和省委十一届七次全会、省委经济工作会议精神，总结2018年全市经济工作，安排2019年经济工作。

9月3日，中共太原市委十一届七次全体会议召开。全会由市委常委会主持。罗清宇代表市委常委会讲话。出席全会的市委委员39人，候补委员6人。有关方面负责人，党的十九大代表、部分省市第十一次党代会基层代表列席会议。这次市委全会，是在决胜全面建成小康社会的关键时期、庆祝中华人民共和国成立70周年的历史时刻、第二批“不忘初心、牢记使命”主题教育将要启动的重要节点召开的。全会高举习近平新时代中国特色社会主义思想伟大旗帜，深入贯彻新时代党的建设总要求，全面落实省委十一届八次全会精神，总结工作、分析形势，对坚持和加强党的全面领导，以政治建设为统领，

深入推进全面从严治党向纵深发展进行部署。（方志编研二室）

【常委会议】2019年1月8日，市委常委会召开会议，传达学习习近平总书记在中央政治局第十一次集体学习时的重要讲话精神，研究太原市贯彻落实意见。审议通过《关于推进防灾减灾救灾体制机制改革实施意见》。会议还研究了其他事项。罗清宇主持。

1月11日，市委常委会召开扩大会议，传达学习省委经济工作会议精神，研究部署太原市贯彻落实工作。罗清宇主持。

1月21日，市委常委会召开会议，传达学习十九届中央纪委三次全会和省纪委十一届四次全会精神，研究太原市贯彻落实意见；听取2018年度市纪委监委工作情况汇报；研究全市环境保护工作；研究2019年经济社会发展主要指标。会议还研究了其他事项。罗清宇主持。

1月31日，市委常委会召开会议，传达学习习近平总书记在省部级主要领导干部坚持底线思维着力防范化解重大风险专题研讨班上的重要讲话精神，研究太原市贯彻落实意见；传达省十三届人大二次会议、省政协十二届二次会议精神；传达全省扫黑除恶专项斗争视频会议精神；听取市人大常委会、市政府、市政协、市中院、市检察院党组2018年度工作汇报。罗清宇主持。会议审议通过《太原市深化国企国资改革实施意见》《太原市全民运动健身模范市创建工作规划》《太原市创建全民运动健身模范市实施方案》。会议还研究了其他事项。

2月12日，市委常委会召开扩大会议，按照市委十一届六次全会暨经济工作会议确定的目标任务，就当前需要把握和推进的重点工作进行再动员、再部署，改革创新、奋发有为，全力推动各项工作开好局、起好步。罗清宇主持并讲话。李晓波作具体部署。

2月13日，市委常委会召开会议，传达学习全国、全省宣传部长会议和全国、全省统战部长会议精神，研究太原市贯彻落实意见；听取2018年全市安全生产工作情况汇报，研究部署2019年工作。罗清宇主持。会议审议通过《太原市建立现代医院管理制度实施方案》。会议还研究了其他事项。

2月17日，市委常委会召开会议，传达学习习近平总书记在中央政治局第十二次集体学习时的重要讲话精神，研究太原市贯彻落实意见；听取市十四届人大四次会议、市政协十三届三次会议筹备情况汇报，讨论拟提请审议的各项工作报告（送审稿）；审议通过《2019年度政党协商计划》《市委常委会2019年工作要点》。罗清宇主持。

2月19日，市委常委会召开会议，传达学习省委书记骆惠宁在全省“改革创新、奋发有为”大讨论动员部署会上的重要讲话精神，进一步安排部署太原市大讨论工作。罗清宇主持。李晓波、李新春、张明星、李吉山、王立刚、赵忠保、刘鹓、张璐作讨论发言。

3月7日，市委常委会召开会议，传达学习习近平总书记在中央政治局第十三次集体学习时的重要讲话精神和对信访工作的重要批示精神；传达学习中央、省委政法工作会议精神；传达学习骆惠宁书记在省管主要领导干部坚持底线思维着力防范化解重大风险专题研讨班上的讲话精神；传达学习骆惠宁书记在省直部门对标一流述职评议会，市委书记对标一流述职评议会，市委书记、工（党）委书记抓基层党建述职评议会上的讲话精神和在参加指导太原市委常委班子民主生活会暨“改革创新、奋发有为”大讨论专题民主生活会时的讲话精神，研究太原市贯彻落实意见。罗清宇主持。会议还研究了其他事项。

3月20日，市委常委会召开扩大会议，传达贯彻习近平总书记在全国“两会”期间重要讲话精神、全国“两会”精神、中共中央政治局常委王沪宁参加山西代表团审议时的讲话精神和省委第108次常委会（扩大）会议部署要求。省委常委、市委书记罗清宇主持。省政协副主席、市委副书记、市长李晓波，市政协主席张明星，市人大常委会副主任张建刚，市中院院长侯晓东，市检察院检察长宁建新分别就有关工作提出贯彻落实意见。会议审议通过《关于加强新时代人民政协党的建设不断拓展全市政协事业新局面的实施意见》《政协太原市委员会2019年度协商工作计划》。研究部署推进“大棚房”问题专项清理整治行动有关工作，审议通过《市委中心组2019年理论学习计划》《关于巩固提升脱贫成效推进乡村振兴的实施意见》《太原市学习浙江“千万工程”经验扎实开展农村人居环境整治2019年行动计划》。

3月24日，市委常委会召开会议，研究谋划2019年全市重大项目。罗清宇主持。

4月2日，市委常委会召开会议，传达学习中央领导及省委领导关于安全生产工作的重要批示精神，安排部署太原市安全生产工作；听取关于文明城市创建、环境保护、“改革创新、奋发有为”大讨论的情况汇报；审议通过《中共太原市委全面深化改革委员会2019年工作要点及责任分工》等。罗清宇主持。

4月21日，市委常委会召开会议，传达中央、全省对台工作会议精神和全国、全省巡视巡察工作会议精神，研究太原市贯彻落实意见；传达贯彻全省深化国有企业改革大会精神，审议通过《太原市2019年深化国企国资改革行动方案》；审议通过《大讨论查摆问题、整改举措及责任的清单》《对标一流下一步打算清单》；听取关于市委议事协调机构调整及工作规则制定情况的汇报。会议审议通过《中共太原市委2018年落实意识形态工作责任制情况的报告》《太原市庆祝中华人民共和国成立70周年系列活动方案》《太原市乡村振兴战略总体规划（2018—2022年）》《太原市南部城郊农业示范区发展规划》《太原市北部有机旱作特色农业示范区发展规划》。会议还研究了其他事项。

4月24日，市委常委会召开扩大会议，分析一季度经济形势，研究部署下一步工作。罗清宇主持并讲话，李晓波作安排部署。市领导和市直有关部门、转型综改示范区主要负责人发言。会议原则同意市政府党组关于一季度经济运行情况的汇报。

4月29日，市委常委会召开会议，传达学习中央审计委员会第一次会议、全国审计工作会议、省委审计委员会第一次会议精神，研究太原市贯彻落实意见；专题学习《党政领导干部考核工作条例》；安排部署“五一”期间及近期重点工作。罗清宇主持。会议还研究了其他事项。

5月8日，市委常委会召开会议，传达贯彻中央第二生态环境保护督察组对山西省开展“回头看”情况反馈会精神和骆惠宁书记讲话精神，安排部署整改工作。罗清宇主持。

5月16日，市委常委会召开会议，传达学习全国公安工作会议、全国解决“两不愁三保障”突出问题和考核整改工作电视电话会议精神，传达学习省委常委会关于开展扫黑除恶专项斗争的会议精神和省扫黑除恶专项斗争领导小组第12次会议精神、全省教育大会精神，研究太原市贯彻落实意见；听取第二届全国青年运动会筹备、2019环太原国际公路自行车赛暨太原国际自行车周筹备、在建工程进展、扬尘污染防治等工作情况的汇报。罗清宇主持。

5月30日，市委常委会召开会议，审议通过《太原市推进农村“厕所革命”实施意见》《中共太原市委审计委员会办公室工作细则》。罗清宇主持。会议还研究了其他事项。

6月6日，市委常委会召开扩大会议，深入学习领会习近平总书记关于能源革命的重要论述，传达贯彻省委常委会关于坚决扛起开展能源革命综合改革试点主体责任的会议精神。罗清宇主持。李晓波、王立刚、卢秋生等结合工作谈学习体会。

6月20日，市委常委会召开会议，传达学习习近平总书记在“不忘初心、牢记使命”主题教育工作会议上的重要讲话精神，学习贯彻全省“不忘初心、牢记使命”主题教育工作会议精神；传达第十四次全国民政会议精神；传达全国农村人居环境整治暨“厕所革命”现场会、全省农村改革座谈会、全省农村集体产权制度改革座谈会精神；传达全国市县巡察工作推进会精神和省委常委会会议有关精神；传达省委常委会关于听取太原市总体规划和城市设计优化工作汇报的会议精神，研究太原市贯彻落实意见。传达全省《党政领导干部选拔任用工作条例》培训班精神，审议通过《太原市处理不动产登记遗留问题实施办法》，审议通过《中共太原市委全面依法治市委员会2019年工作要点》《中共太原市委全面依法治市委员会协调小组工作规则》《中共太原市委全面依法治市委员会办公室工作细则》《太原市网信工作重点任务及分工方案》和《中共太原市委网络安全和信息化委员会办公室工作细则》。罗清宇主持。李晓波、李新春做交流发言。会议还研究了其他事项。

6月30日，市委常委会召开会议，传达学习中央有关通报精神，安排部署全市“不忘初心、牢记使命”主题教育准备工作，审议通过《中共太原市委财经委员会办公室工作细则》。罗清宇主持。

7月13日，市委常委会召开会议，传达学习习近平总书记在中央政治局第十五次集体学习时的重要讲话精神、中央深化党和国家机构改革总结会议精神，研究太原市贯彻落实意见；传达学习《中央生态环境保护督察工作规定》，研究部署太原市环境保护相关工作；听取全市2019年上半年安全生产工作、第二届全国青年运动会相关筹备情况汇报。罗清宇主持。会议审议通过《太原市贯彻落实中央生态环境保护督察“回头看”及大气污染防治专项督察反馈问题整改任务清单》《太原市二青会期间环境质量保障工作方案》《太原市打赢蓝天保卫战2019年行动计划》和《关于第二届全国青年运动会期间强化履职尽责严肃纪律作风的通知》。会议还研究了其他事项。

7月18日，市委常委会召开会议，传达学习习近平总书记在中央和国家机关党的建设工作会议上的重要讲话精神，传达学习骆惠宁在全省“不忘初心、牢记使命”主题教育专题党课暨第三次学用习近平新时代中国特色社会主义思想经验交流会上的讲话精神，研究部署乡村振兴、脱贫攻坚工作，听取市纪委监委2019年上半年工作情况汇报。罗清宇主持。李晓波、李新春、赵忠保、刘鹓做交流发言。会议还研究了其他事项。

7月26日，市委常委会召开扩大会议，分析上半年经济形势，研究部署下半年经济工作。罗清宇主持并讲话，李晓波作安排部署。市委常委、副市长和市直有关部门、转型综改示范区主要负责人发言。

8月4日，市委常委会召开（扩大）会议，听取二青会筹备情况汇报，进行现场办公，对各项工作再动员、再检点、再落实。罗清宇主持，李晓波安排部署。

8月14日，市委常委会召开会议，传达学习第三次全国社会主义学院工作会议和全省社会主义学院工作会议精神，研究太原市贯彻落实意见；审议《太原市促进区域协调发展实施意见》《晋祠—天龙山景区创建国家AAAAA级旅游景区工作方案》《太原市推进县级融媒体中心建设工作方案》《中共太原市委全面深化改革委员会（太原市国家资源型经济转型综合配套改革试验区工作委员会）办公室工作细则》。罗清宇主

持。会议还研究了其他事项。

8月23日，市委常委会召开扩大会议，传达学习省委十一届八次全会和省纪委十一届五次全会精神。罗清宇主持。

8月30日，市委常委会召开会议，传达学习《中央办公厅、国务院办公厅关于做好当前财政收支预算管理支持落实减税降费政策的通知》，研究太原市贯彻落实意见；审议通过《太原市军民融合银行组建方案》《太原市军民融合企业（单位）认定管理暂行办法》；听取中共太原市委十一届七次全体会议筹备工作情况汇报。罗清宇主持。会议还研究了其他事项。

9月9日，市委常委会召开会议，审议通过《中共太原市委关于开展“不忘初心、牢记使命”主题教育实施方案》、太原市“不忘初心、牢记使命”主题教育“八个专项整治”工作方案、《太原市交通违法行为联合惩戒办法（试行）》；听取2019年上半年落实意识形态工作责任制情况汇报。罗清宇主持。会议还研究了其他事项。

9月20日，市委常委会召开扩大会议，传达学习中央“不忘初心、牢记使命”主题教育第一批总结暨第二批部署会议精神。罗清宇主持。

10月9日，市委常委会召开会议，传达学习习近平总书记在庆祝中华人民共和国成立70周年大会上的重要讲话精神。罗清宇主持。会议还研究了其他事项。

10月20日，市委常委会召开会议，传达学习陈希在第二批“不忘初心、牢记使命”主题教育推进会上的讲话精神，传达学习骆惠宁书记在全省深化党政机构改革总结会议上的讲话精神和全省推进工业高质量发展大会精神，研究太原市贯彻落实意见；审议《关于深化“三基建设”进一步加强基层工作十八条措施》《太原市海绵城市建设管理条例（草案修改稿）》；听取2019年冬季供热准备工作、中国科学院大学太原能源材料学院筹建工作情况汇报。罗清宇主持。会议听取关于第二届全国青年运动会太原市总结大会有关情况的汇报。会议还研究了其他事项。

10月25日，市委常委会召开扩大会议，传达省委常委会会议关于全省前三季度经济形势分析有关精神，听取前三季度全市经济运行情况汇报，研究部署下一步工作。罗清宇主持并讲话，李晓波作安排部署。市领导和市直有关部门、转型综改示范区主要负责人发言。

11月2日，市委常委会召开扩大会议，传达学习《中国共产党第十九届中央委员会第四次全体会议公报》；传达学习习近平总书记致2019年太原能源低碳发展论坛贺信和韩正在2019年太原能源低碳发展论坛开幕式上的主旨演讲及在山西调研期间的讲话精神；传达学习习近平总书记在全国民族团结进步表彰大会上的重要讲话精神和省委常委会会议有关精神，中央政协工作会议暨庆祝中国人民政治协商会议成立70周年大会精神，研究太原市贯彻落实意见；听取“不忘初心、牢记使命”主题教育8个专项整治工作进展情况汇报。罗清宇主持。李晓波和李新春、张明星、李吉山、魏民、薛东晓、王立刚、刘鹓、张齐山、卢秋生等市领导发言。

11月5日，市委常委会召开会议，传达学习习近平总书记在上海考察时的重要讲话精神；研究“不忘初心、牢记使命”主题教育相关工作。罗清宇主持。省委主题教育第1巡回指导组组长郭立受邀列席相关议题。会议还研究了其他事项。

11月9日，市委常委会召开扩大会议，传达学习习近平总书记在党的十九届四中全会上的重要讲话和关于中央政治局工作的报告、《中共中央关于坚持和完善中国特色社会主义制度推进国家治理体系和治理能力现代化若干重大问题的决定》及《决定》的说明，传达学习骆惠宁在省委十一届九次全会上的讲话和代表省委常委会所做的工作报告、《中共山西省委十一届九次全体会议决议》，研究太原市贯彻落实意见。罗清宇主持。

11月19日，市委常委会召开会议，传达全国扫黑除恶专项斗争第二次推进会和省扫黑除恶专项斗争领导小组第十五次会议精神，研究太原市贯彻落实意见；研究太原市推进落实能源革命综合改革试点和工业高质量发展工作相关事宜；听取1至10月全市安全生产和消防工作汇报，安排部署下一步相关工作；研究加大平价商店惠民力度、向特殊困难群体开展“爱心奶”工程、提高高龄津贴标准相关事宜。罗清宇主持。会议审议通过《关于完善国有金融资本管理的工作措施》。会议还研究了其他事项。

12月11日，全市能源领域反腐败专项行动动员部署会议召开。

12月12日，市委常委会召开扩大会议，重温习近平总书记视察山西重要讲话、在推动中部地区崛起工作座谈会上的重要讲话、在推动黄河流域生态保护和高质量发展座谈会上的重要讲话；传达学习楼阳生书记在全省干部会议上的讲话精神；传达全省干部监督工作会议精神，研究太原市贯彻落实意见；研究《太原市“不忘初心、牢记使命”主题教育总结报告》，安排部署下一步工作；审议通过《太原市市县两级相对集中行政许可权改革实施方案》《关于全面实施预算绩效管理的实施意见》《关于太原市食品安全工作情况的报告》《关于太原市标准化和质量强市工作情况的报告》。罗清宇主持。李晓波和李吉山、卢秋生等市领导发言。

12月17日，市委常委会召开会议，传达学习中央经济工作会议精神和12月13日省委常委会（扩大）会议有关精神，传达学习全国市域社会治理现代化工作会议精神，研究太原市贯彻落实意见；审议《太原市民营企业家参与涉企政策制定实施办法》《太原市民营企业发展问题投诉处理办法》《市级领导干部联系企业商会名单》《太原市机动车和非道路移动机械排气污染防治办法（草案修改稿）》《太原市城乡环境卫生设施管理条例（草案修改稿）》《太原市金融支持实体经济行动计划（2020—2025 年）》。罗清宇主持。李晓波发言。

12 月 26 日，市委常委会召开扩大会议，专题传达学习省委经济工作会议精神。罗清宇主持。市委、市人大常委会、市政府、市政协及市直有关经济工作部门负责人参加会议。李晓波等发言。

12 月 31 日，市委常委会召开会议，审议通过《推进法治政府建设工作情况的报告》《太原市生态环境保护工作责任规定》《关于推进市域社会治理现代化的实施意见》，研究全市 2020 年经济社会发展主要指标。罗清宇主持。会议审议通过《中共太原市委十一届八次全体会议暨经济工作会议筹备方案》及相关会议材料、《关于加强社区工作者职业薪酬建设的实施意见》《太原市文联深化改革方案》。会议还研究了其他事项。

（方志编研二室）

【全市机构改革动员大会】 2019 年 1 月 24 日，全市机构改革动员大会召开。省委常委、市委书记罗清宇出席会议并讲话。他强调，要认真落实中共十九大、十九届三中全会精神，深入贯彻习近平总书记关于深化党和国家机构改革的重要论述，按照中央和省委总体部署，准确把握全市机构改革的具体要求，确保高质量完成机构改革任务，为在“两转”基础上全面拓展新局面提供坚强保证。省政协副主席、市委副书记、副市长、代市长李晓波主持会议。

市委副书记李新春宣读《中共山西省委办公厅、山西省人民政府办公厅关于印发〈太原市机构改革方案〉的通知》。市委常委、市纪委书记、市监委主任李吉山宣读《关于认真履行纪检监察职责为全市深化机构改革顺利推进提供坚强保障的通知》，市委常委、组织部部长赵忠保作《太原市机构改革方案》说明。

会议以电视电话会议形式召开，市委常委，市人大常委会、市政府、市政协负责人；市中院、市检察院负责人；市直各部门、各县（市、区）、各开发区负责人；市委深化党政机构改革领导小组成员及办公室负责人在主会场参加。各县（市、区）设分会场。

（方志编研二室）

市委办公室

【概况】 2019 年，中共太原市委办公室（简称市委办公室）全体干部职工深入学习贯彻习近平新时代中国特色社会主义思想和中共十九届四中全会精神，认真落实习近平总书记视察山西重要讲话精神，以“五个坚持”为根本遵循，提高政治站位、服务中心大局，突出主责主业、强化担当作为，全力保障市委工作正常高效运转。（第天骄）

【参谋服务】 2019 年，市委办公室提高站位，履行好参谋助手职责。坚持第一时间响应、第一时间执行、第一时间跟进党中央和省委决策要求，为市委出谋划策。发挥以文辅政“智囊团”作用。紧紧围绕中央和省、市委工作重点，组织起草市委十一届六次、七次全会、市委常委会会议、全市干部大会等文稿 240 余篇，高标准服务市委科学决策。严格文稿审核工作和党内法规制度建设，制发各类文件 191 件、函件 40 件，向省委报备规范性文件 27 件。发挥信息服务“主渠道”作用。按照“第一手情况”“第一道研判”“第一时间报送”的工作目标，不断提高信息报送质量。全年共编发《太原信息》普刊、调研 216 期，上报中办及省委办公厅 600 余篇，其中被《山西信息・报中办刊》等省级信息刊物采用 200 余篇，获得“全省信息工作先进单位”称号。发挥社情民意“连心桥”作用。坚持群众利益无小事，认真走好网上群众路线，办理网民给省委书记、市委书记留言 2030 条，推动解决一批事关群众利益的民生问题，获得“2019 年人民网网民留言办理工作机制创新单位”称号，全国网上群众工作峰会暨人民网网民办理工作现场会在太原市召开。（第天骄）

【综合协调】 2019 年，市委办公室发挥运转中枢的职能作用，配置各方资源，调动各方力量，形成工作合力。统筹指导更科学。紧扣市委中心工作，坚持“年谋划、季统筹、月安排、周落实”，想在前、做在前，主动把握节奏、科学系统安排，切实增强工作的全局性、前瞻性，确保全市各项工作有条不紊、有序推进。对全市重点工作做出统筹安排。会务活动更高效。协助完成省城各界向烈士纪念碑敬献花篮仪式、省城庆祝中华人民共和国成立 70 周年升国旗仪式等重要会议活动的服务保障。组织完成市委全会、市委常委会、市委专题会议等各类会议 91 次，精心组织 5 次重点工作观摩督导活动，承办市委主要领导调研 97 次、会见 19 次。运转协调更快捷。承办中央、省委来文来电 490 余件，各类请示报告 610 余件，逐件提出拟办意见；办理市委领导批示件 9940 余件，收发各级各类文件 850 余件，办文的质量和效率得到进一步提高。圆满完成《中办通讯》《秘书工作》征订发行和学用工作，获得中办秘书局颁发的二等奖。健全完善应急值班机制，优化工作流程，妥善协调处置各类值班要情 547 件。事务保障更周密。认真贯彻落实罗清宇书记批示要求，组织全市办公室系统开展“对标一流、提升标准”活动，提高“三服务”能力。统筹全市安可替代工作，按照省委要求完成阶段性任务。严格落实机构改革要求，制发机构改革方案，及时推进市委议事协调机构的集中调整，为全市涉及党政机构改革的部门、市委议事协调机构刻制公章 200 余枚，确保机构改革后各项工作有效衔接、顺利进行。（第天骄）

【督查督办】 2019年，市委办公室将督查督办作为推动中央和省委、市委决策部署贯彻落实的重要手段。紧扣“两个维护”抓督查。组织开展2次习近平总书记视察山西重要讲话精神贯彻落实情况“回头看”专项督查，持续跟踪督办习近平总书记对太原市的2项重要批示，有力推动问题解决。认真落实中央“基层减负年”工作要求，制定《关于着力精文减会、规范督查考核的若干意见》《太原市2019年度市级督查检查考核计划》，制发文件下降40%，全市性会议下降12%，市级督查检查考核项目精简为36项。组织对中央第十五巡视组反馈意见和中央纪委国家监委第五监督检查室反馈问题整改情况“回头看”，整改率分别达到98%和100%。围绕大事要事抓督查。督办落实市委书记批示交办事项381件、市委常委会明确事项124项和党群系统政协提案35件，确保事事有着落，件件有回音。牵头组织对重大项目建设、生态环境保护、文明城市创建、二青会筹备、脱贫攻坚等重点工作进行专项督查，按月汇总报送县（市、区）委书记抓环保、创城、重大项目三项重点工作落实情况，推动市委各项重要部署落地见效。突出专项整治抓督查。认真落实市委主题教育安排部署，牵头推进贯彻落实习近平新时代中国特色社会主义思想和党中央决策部署、违反中央八项规定精神、形式主义官僚主义存在突出问题等三个专项整治工作，台账式梳理、清单式管理、项目化推进，督促全市100个县处级以上单位查摆问题759个，整改556个。全面组织开展清理规范填表报数工作，对92家市级单位和10县（市、区）摸排清理规范事项980项，及时组织各单位开展阶段总结和全面总结，推动专项整治取得实效。 （第天骄）

【运行保障】 2019年机构改革后，市委办公室对档案工作明确职能、规范流程、强化管理，组织完成档案统计调查和数据审核汇总工作，太原市被国家档案局确定为档案工作服务农村基层社会治理试点地区。加强信息化、机要和保密工作，强化保密宣传教育，对全市71家涉密重点单位开展督查，对未及时全部清退涉密文件的31家单位进行集体约谈，完成新中国成立70周年庆典、二青会等重大会议活动密码通信保障任务。严格执行财务管理制度、实现预算会计和财务会计并行，厉行勤俭节约，为市委各项工作提供资金保障。做好后勤服务保障，加强公务用车管理，维护市委大院秩序，机关食堂提档升级，新增餐厅面积约150平方米。认真落实离退休人员政治生活待遇，服务质量得到新提高。扎实推进关心下一代工作，成功举办“中国·太原首届家长节”。

（第天骄）

【思想政治建设】 2019年，市委办公室坚持把不忘初心、牢记使命作为永恒课题、终身课题。第二批主题教育开展以来，把握目标要求，坚持四个“贯穿始终”，做到抓思想认识到位、抓检视问题到位、抓整改落实到位、抓组织领导到位，完成规定的各项任务，实现主题教育全覆盖，取得预期成效。

在学深悟透中铸牢思想之魂。紧扣主题教育根本任务，坚持读原著、学原文、悟原理，通读精读《纲要》《摘编》《选编》等规定篇目，及时跟进学习习近平总书记最新重要讲话精神、中共十九届四中全会精神，重温习近平总书记的“三篇光辉文献”，入脑入心，学思践悟。坚持以上率下，充分发挥办公室中心组理论学习领学促学作用，组织召开中心组理论学习30次，各支部集中开展学习交流20余次。全体干部职工通过集体学、自主学、研讨学、辅导学、线上学等多种方式，常学常新、常悟常进，不断从中汲取强大的真理力量、思想力量和实践力量，增强运用新思想武装头脑、指导实践、推动“三服务”事业发展的思想自觉、政治自觉和行动自觉。

在党性锤炼中夯实信仰之基。围绕“四个对照”“四个找一找”在深刻检视中校准偏差，不断提升党性修养，坚定理想信念。认真学习党史、新中国史，印制《从创建共产党到成立新中国》等学习资料，切实做到知史爱党、知史爱国。组织观看庆祝中华人民共和国成立70周年庆祝大会暨国庆阅兵式，参观太原市“不忘初心、牢记使命、奋进新时代——中华人民共和国成立70周年展览”，赴八路军太原办事处遗址开展主题党日活动，传承红色基因，砥砺初心使命，以信仰锻造干部队伍。坚持把自己摆进去、把职责摆进去、把工作摆进去，带头讲专题党课、组织召开对照党章党规找差距专题会、专题民主生活会，增强党的意识、党员意识，擦亮初心底色、洗礼思想灵魂。

在对标对表中把准政治之关。坚持把对党绝对忠诚作为工作的首要政治原则，把“两个维护”贯穿到办文办会办事工作各个方面，严格把好政治关、政策关、文字关。坚持把开展好主题教育作为重大政治任务，协助市委及早安排部署，确保做好第二批主题教育的思想准备、组织准备和工作准备；按照习近平总书记“注重开门抓教育”“聚焦群众最急最忧最盼的紧迫问题”的重要指示，汇总主题教育期间向社会公布的民生领域重点整改事项，主动回应群众关切、接受群众评判，以解决问题的实际成效取信于民，收到良好社会效果。

（第天骄）

组 织

【概况】 2019年，中共太原市委组织部（简称市委组织部）以习近平新时代中国特色社会主义思想为指导，认真贯彻落实中共十九届四中全会精神、全国组织工作会议和全国全省组织部长会议精神，扎实推进党的组织体系建设，着力培养忠诚干净担当的高素质干部，着力集聚爱国奉献的各方面优秀人才，不忘初心、牢记使命，锐意进取、奋力拼搏，推动各项工作取得阶段性成效，为书写山西践行新时代中国特色社会主义太原篇章提供坚强组织保证。（王丝梦）

【“不忘初心、牢记使命”主题教育】 2019年，市委组织部紧扣主题主线和总要求，一体推进四项重点措施，推动全市主题教育取得扎实成效。

坚持读原著、学原文、悟原理，举办主题教育读书班19期，全市各级党委（党组）坚持“第一议题”集中学习2198次，县处级以上领导班子集中交流研讨1237次，召开学用交流会109次，领导干部讲专题党课2046人次。印发《关于在第二批“不忘初心、牢记使命”主题教育中确保全覆盖的通知》，集中轮训9699名基层党组织书记，组织党员干部每天自学1小时，组织18.20万人次参加革命传统教育、形势政策教育、先进典型教育、警示教育，开展《纲要》进基层宣讲117场，发放学习资料40余万册，组织开展主题教育学习效果测评584次。

坚持把开展调查研究、深入检视剖析、全面整改落实、开展专项整治作为增强“四个意识”、坚定“四个自信”、做到“两个维护”的具体行动。全市县处级以上领导干部围绕“18个是否”找差距，开展调研7870人次，收集意见建议14229条，形成调研报告1881份，召开调研成果交流会1185场，提出对策建议7440条。深入开展“8+2”专项整治并取得扎实成效。县处级以上领导班子查找问题4520个，通过清单式管理、项目化推进，整改落实1683个，建立机制2976个。

以开门抓教育倒逼任务落实，制定下发《关于开门抓教育的七条措施》，公开100个县处级单位固定电话、电子邮箱及监督举报电话，畅通民意反馈渠道。全市各级各部门主动邀请“两代表一委员”、服务对象等群众代表列席参加规定动作8798人次。聚焦解决群众最急最忧最盼的紧迫问题，组织10个县（市、区）、4个开发区以及38个市直单位向社会公布430个整改事项，并动态公示进度，全程接受群众监督。中央主题办、省委主题办和《人民日报》、央视新闻、《中国组织人事报》《山西日报》等对太原市开门抓教育的做法及成效进行宣传报道。

找准关键点和着力点，科学安排、精心组织。市委常委靠前指挥、直插基层、现场办公、精准指导，共督导主题教育126人次。市委派出15个巡回指导组全面指导100个县处级参加单位，延伸指导323个县处级单位，深入基层开展巡回指导1148次，纠偏各类问题501个，督促被指导单位“回炉”“补课”27次。各县（市、区）组建92个巡回指导组，对727个乡科级单位进行全程指导；全市8个市直工（党）委和市直有关单位党组成立169个工作指导组，强化对本行业本领域本系统的工作指导。（王丝梦）

2019年7月1日，市委组织部举行“迎七一、守初心、担使命”主题党日活动（市委组织部供图）

【思想政治建设】 2019年，市委组织部始终把学习贯彻习近平新时代中国特色社会主义思想作为首要政治任务，引导党员干部始终同以习近平总书记为核心的党中央保持高度一致。

办好学习贯彻习近平新时代中国特色社会主义思想读书班。坚持把学习贯彻习近平新时代中国特色社会主义思想作为主体班次和专题培训的核心教学内容，常态化引导全市广大党员干部从读原著、学原文、悟原理中汲取力量、推进工作。全年市级举办读书班3期、培训市管干部112人，指导各县（市、区）举办读书班12期、培训干部580余人。

启动学习贯彻中共十九届四中全会精神集中轮训。坚持把学习贯彻中共十九届四中全会精神作为当前和今后一个时期的重要政治任务，市委常委会带头学习传达并以此为专题开展集中学习研讨，组织县处级以上单位集中学习1542次。11月25日，全市学习贯彻中共十九届四中全会精神集中轮训工作启动，省委常委、市委书记罗清宇开班动员并作辅导讲话，省政协副主席、市委副书记、市长李晓波做专题辅导，市委常委部门常务副职、市直单位主要负责人、县（市、区）四大班子主要负责人等132人参训，为全市党员干部学习贯彻全会精神作出表率。

全面深化干部教育培训体系改革。出台《太原市干部教育培训规划

（2018—2022年）》，为今后五年工作明确任务表、路线图。制定《干部教育培训经费管理办法》《干部教育培训理论学习考核管理办法》等，干部教育培训工作规范化水平不断提升。在同济大学、浙江大学等“双一流”高校举办专题培训21期，培训干部1910人次。围绕提升中青年干部综合能力素养，举办2期中青班和2期青干班，培训干部173人。（王丝梦）

2019年10月11日，市委组织部领导班子成员赴中共太原支部旧址纪念馆重温入党誓词（市委组织部供图）

【干部队伍建设】2019年，市委组织部认真落实好干部标准，深入贯彻《党政领导干部选拔任用工作条例》，着力加强“五大体系”建设，打造高素质干部队伍。

精准识人科学用人。严格执行《干部任用条例》，市委常委会调整干部21批1024人次。坚持把政治标准放在首位，修改完善《太原市干部政治素质考察评价办法（试行）》，从严开展干部政治体检，准确甄别、果断清除“两面人”。坚持把综合分析研判作为干部选任前置程序，全面掌握班子运行情况和干部履职现状，为干部精准“画像”。大胆选用担当作为干部，提拔重用担当作为先进典型41人。

大力发现培养选拔优秀年轻干部。建立332人的优秀年轻干部名单、70人的优秀选调生名单、837人的优秀年轻村（社区）干部名单和100人的新社会阶层优秀人士名单。选派40名干部到市委主题教育工作组、20名干部到县乡两级党政班子挂任副职、17名定向选调生到街道（乡镇）党政班子挂任副职，从基层选派7名干部到省市机关挂职锻炼。全年录用选调生58名，达年度公务员招录比例21%。

加强干部管理监督。先后3次就从严做好选人用人工作印发提醒函，建立对即将到龄党组织书记提醒机制，压紧压实主体责任。制定《处置诬告陷害行为暂行办法》和《党员干部不作为慢作为问题监督问责办法》，建立被处理处分干部谈心谈话制度。严把选人用人关口，中止提名、推荐资格39人，抽查个人事项625人，函询诫勉146人。组织开展“一报告两评议”，对评议结果满意度较低的5个单位党组主要负责人进行谈话提醒。

充分发挥考核风向标、指挥棒作用。深入贯彻落实《党政领导干部考核工作条例》，制定出台《市管领导班子和市管干部日常分类近距离考核考察办法（试行）》《太原市年度综合考核责任单位管理办法（试行）》，大力实施个性化、差异化考核，在市考指标中设置对标一流重点工作和特色创新工作指标，选树担当作为先进典型284名。

（王丝梦）

【基层党组织建设】2019年，市委组织部牢固树立大抓基层鲜明导向，突出重点，创新举措，全面增强基层党组织政治功能和组织力。

全面加强组织体系建设。结合党政机构改革，及时调整组织设置，厘清组织隶属关系，设立市委工信工委、市委住建工委、市委教育工委、市委卫健委工委、市委城管工委、西山示范区党工委等6个工（党）委，设立18个市直单位党组，成立民办学校、科技、文旅、体育、工商联、科协、互联网、职业培训、税务师等9个行业党委，优化配强党组织书记21名，首次为12所民办学校选派党组织书记，确保组织设置更加科学规范，为加强党的全面领导打牢基础。

大力加强“三基建设”。着力补短板、强弱项、聚合力，推动解决制约基层发展的突出问题。认真落实“三基建设”联系点制度，压紧压实各级党委（党组）书记责任。将“三基建设”纳入2019年度目标责任考核体系，坚持“一卡两清单”工作法，推动13个方面42项重点工作落实落地。将村“两委”主干基本报酬列入重点任务清单予以保障，市级财政为每村安排3万元经费，重点解决其他在任村干部报酬补贴，达到人均每年不低于8000元。

深化街道管理体制改革。制定并实施《关于推进街道管理体制改革的8点意见》，推动“六项权力”下放，着力实现“三倾斜一下沉”。全市53个街道全部将内设机构统一调整优化为“五办两中心一站”，从市、区两级拿出546个编制下沉到街道，使每个街道编制平均数由40个增至50个。制定《关于加强社区工作者职业薪酬建设的实施意见》，着力解决社区工作者待遇问题。选派11名80后正科级干部到乡镇（街道）挂职副书记。市县两级财政每年投入10亿元，实现街道、社区运转经费分别达120万元、34.50万元。

统筹推进各领域基层党建。农村党建方面，制定《关于进一步加强信教群众聚居村基层党组织建设十条措施》；坚持抓党建促脱贫攻坚、促乡村振兴，发展壮大村级集体经济，市级以上财政投入2900万元对58个村进行扶持；压茬轮换“第一书记”和驻村帮扶工作队员490人；围绕扫黑除恶专项斗争，清理受过刑事处罚、存在“村霸”和涉黑涉恶等问题的村干部127人、社区干部50人。国企党建方面，结合国资国企改革，持续推进40项重点任务落实，指导做好45家市属国企改制企业党组织隶属关系下放县、区和约8万名中央属、省属国企退休党员组织关系接转工作。非公经济组织和社会组织党建方面，组织实施非公经济组织“两个覆盖”质量提升工程和社会组织“两个覆盖”清零行动，覆盖率分别达91.05%、80.70%；开展“双强六好”示范党组织创建活动，打造88个基层示范党组织。

从严加强党员教育管理。下发《关于进一步加强和规范党费工作的通知》，召开党费收缴使用管理工作研判分析会，举办党费工作人员培训班，推动党费工作更加严格规范。做好党员教育培训，下拨培训经费650万元，培训基层党组织书记8000余人次。组织开展“喜迎二青会、创建文明城”党员志愿服务活动，为办好二青会提供行动支持。做好关怀帮扶工作，春节、七一、中华人民共和国成立70周年之际集中走访慰问老党员、困难党员。（王丝梦）

【党政机构改革和职务职级并行】2019年，市委组织部认真贯彻落实省、市委统一部署，有力实现新老机构平稳过渡、人员有序转隶、工作无缝对接。高质量完成全市54个党政机构班子配备调整工作、公安机关执法勤务警员和警务技术职务序列改革工作，按时完成市级党政机关和第一批事业单位转隶。在全省最先启动、最快铺开、最大力度推进公务员职务与职级并行工作，全市4793名公务员套转或晋升职级。将“解决军转干部职务与职级并行问题”作为工作重点，用足用好中央政策，拿出针对性举措，低任的53名市管正团职军转干部全部晋升为二级调研员。

（王丝梦）

【公务员队伍建设】2019年，太原市公开招录公务员203名、选调公务员90名、遴选公务员68名。围绕全市转型发展大局，面向急需紧缺、高端专业职位招聘4名聘任制公务员，并出台《太原市聘任制公务员管理办法》，构建长效工作机制。做好第九届全国“人民满意的公务员”和“人民满意的公务员集体”推荐工作，市城乡管理行政执法局迎泽区分局局长闫俊力获得表彰。

（王丝梦）

【人才强市战略】2019年，市委组织部全面深化人才体制机制改革，创新模式、拓宽渠道、优化环境，大力引进高层次人才和紧缺急需人才，为全市实现高质量转型发展提供有力智力支撑。

聚焦转型崛起。坚持需求导向，紧扣山西打造“全国能源革命排头兵”战略定位，大胆创新、先行先试，出台《太原市事业单位引进高层次人才实施办法》，按照“政治把关、加强统筹、瞄准需求、精准调配”原则，使用全额事业编制一次性引进853名博士、硕士高层次人才，充实到各县（市、区）、市直部分事业单位。举办两届太原·长三角地区高校人才招聘会，引进人才800余名。

优化政策保障。按照“1+X”思路，制定出台11个配套文件，不断完善人才政策体系。协调宣传、教育、民政、农业、卫健等五个部门出台各领域名师名家工作室建设细则，大力激发本土领军人才积极性。出台《太原市高技能人才实训基地管理办法（暂行）》等，加大对高技能人才的培养、管理和激励力度。全年引进6289名博士、硕士高层次人才和其他各类人才及家属近6.90万人。

搭建创业平台。深化校地合作，推动“同济大学—太原同创谷”成功落地，全年入驻上海圭目机器人有限公司、滴滴出行、中建国际投资（山西）有限公司等13家知名高新技术企业。与中国科学院大学、中国科学院山西煤炭化学研究所、中北大学签署共建中国科学院大学太原能源材料学院协议，成为中科院第一个四方共建的科教融合学院。加大对各类平台的支持力度，为全市73个院士工作站、5个“千人计划”专家工作站、172个企业技术中心、3个博士后科研流动（工作）站、9个高技能人才实训基地、20个技能大师工作室、5个领域165个名师工作室发放补贴9514万元。

提升补助标准。市委投入10亿元人才专项资金，着力打造人才高地。组织实施“三晋英才”支持计划，全市760人入选，市财政发放补贴1357万元。开设13个人才服务窗口，为14433名高校毕业生、高技能人才发放补贴1.67亿元。组织申报入选国家级省级人才工程培养单位奖励、国家级国际性奖项获奖人员奖励、博士后科研工作（流动）站资助补助，奖励补助资金共905万元，对10个战略性新兴产业创新创业团队和10个产业领军人才奖励5290万元，对916名取得博士、硕士学历的在职人员和取得高级技师、技师资格证的高技能人才发放能力提升补助2246万元，对开展人才培训、进修和研修的用人单位发放人才培养补助。

强化服务保障。成立市人才公寓统建领导小组及人才发展中心，全力推进1000套人才公寓建设。按照“一园多区”功能布局，启动人力资源服务产业园建设。依托党外知识分子联谊会、欧美同学会等，开展中华人民共和国成立70周年主题征文、诗歌朗诵等纪念活动，不断增强党外知识分子的认同感和向心力。开展“弘扬爱国奋斗精神、建功立业新时代”活动等，着力激发人才干事激情。（王丝梦）

宣　传

【概况】2019年，太原市宣传思想战线以习近平新时代中国特色社会主义思想为指导，深入学习贯彻中共十九届二中、三中、四中全会精神，认真贯彻中央和省委、市委重大决策部署，自觉肩负“举旗帜、聚民心、育新人、兴文化、展形象”使命任务，围绕中心、服务大局，坚持守正创新，不断开拓进取，深入推动习近平新时代中国特色社会主义思想大众化，扎实开展庆祝中华人民共和国成立70周年系列活动，广泛开展二青会等重大主题性、战役性宣传，着力培养担当民族复兴大任的时代新人，着力营造创建全国文明城市浓厚氛围，为谱写文明开放富裕美丽太原新篇章提供强大舆论支持和精神力量。（李　强）

【宣传工作新模式】2019年，中共太原市委宣传部（简称市委宣传部）在全市教育系统推广精品思政课建设，推动习近平新时代中国特色社会主义思想进教材、进课堂、进头脑。中央教育工作领导小组秘书组专题调研太原时代新人思政课，并在《教育工作情况》刊发两期简报，专门介绍时代新人思政课的做法和经验。结合“不忘初心、牢记使命”主题教育，组织开展《习近平新时代中国特色社会主义思想学习纲要》基层宣讲共117场，覆盖基层党员、干部、职工等各类群体1.20万余人。制订下发《党的十九届四中全会精神宣讲方案》，组建市委宣讲团开展集中宣讲，开展“党的十九届四中全会精神进基层”主题宣讲，开展“时代新人说——制度·治理·自信”特色宣讲，推动习近平新时代中国特色社会主义思想进机关、进企业、进社区、进农村、进学校，打通党的创新理论飞入寻常百姓家最后一公里。开展互动式、分众化宣讲计70余场，受众万余人。省委宣传部确定马克思书房、晋源区委党校、迎泽区委宣传部为基层理论宣讲联系示范点，确定古交市委、市统计局党组为理论学习中心组联系示范点，确定阳曲县委宣传部为理论宣讲先进集体。中央纪委国家监委网站4月24日以“读书日打卡这间网红书房和史上最伟大思想家来场心灵对话”为题，对太原市马克思书房宣传马克思主义和党的创新理论做法进行专题报道。（李　强）

【庆祝中华人民共和国成立70周年系列活动】2019年，市委宣传部将做好庆祝新中国成立70周年系列活动作为重要政治任务，圆满完成庆祝新中国成立70周年的16项重大活动。在五一广场隆重举行省城庆祝中华人民共和国成立70周年升国旗仪式，举办“礼赞新中国　奋斗新时代”无人机展示和焰火展演，举办省城人民“庆国庆、展民俗、品美食”系列活动，联合人民网举办“我向祖国表白”城市灯光秀，与26个省区48个城市的84个地标性建筑同时点亮循环播放“我爱你中国”等字样深情祝福祖国，在全市主要街道、路段组织集中规范升挂国旗3万多面，举办“不忘初心，牢记使命，奋进新时代——庆祝中华人民共和国成立70周年展览”等。（李　强）

【文明创建宣传】2019年，市委宣传部组织市属媒体开辟“举全市之力　创文明城市”专栏以及“共创文明城市　争当新时代好少年”“双月攻坚　文明创城”“文明亮剑”等子栏目，《太原日报》《太原晚报》每天以整版或半版篇幅持续报道创城。市属媒体全年刊播创城新闻稿件960余条（篇）;《太原日报》刊登公益广告97.65个整版，《太原晚报》刊登99.75个整版，太原广播电台播发公益广告约410小时，太原电视台播发公益广告约394小时。组织研发并启动“丑拍App”，开展“文明亮剑·随手拍”活动，引导鼓励市民通过“丑拍App”积极参与监督不文明、不环保行为。组织开展创城卡通吉祥物征集活动，确定创建全国文明城市吉祥物“双双”“塔塔”，成为创城公益宣传统一标识。春节、元宵节、清明、端午期间和创城重要时间节点，全市2300余辆公交车车尾电子显示屏不间断全天滚动播放公益广告。在机场、车站等交通枢纽，旅游景点、出入境窗口、宾馆饭店、旅行社、商贸核心区等重点场所播放文明旅游公益广告视频，张贴宣传挂图，全市建筑围挡发布价值观公益广告4000多幅。（李　强）

【二青会宣传报道】2019年，太原市委成立以市委副书记为总指挥的二青会

2019年10月1日晚，太原市举行庆祝中华人民共和国成立70周年焰火展演
（市委宣传部供图）

开闭幕式指挥部，圆满完成开闭幕式文体展示的策划、组织、筹办等各项工作。市委宣传部作为承担二青会组委会与执委会大型活动部职责任务和执委会新闻宣传部职责任务的牵头单位，为成功举办第二届全国青年运动会做出重要贡献，获组委会授予的第二届全国青年运动会组织筹办工作先进集体称号。圆满完成运城西侯度二青会圣火采集仪式、网络火炬传递与全省实体火炬传递活动，首次使用AR技术现场启动网络火炬传递，首创微信小程序传递方式。网络火炬传递是运动史上时间最长的一次网络火炬传递，实体火炬传递是国内运动会历史上线路最长、范围最广、参与人数最多的一次活动。中央政治局委员、国务院副总理孙春兰对主题为“逐梦新时代”的开幕式给予高度评价：“二青会开幕式成功、精彩、简约，是一场生动的思政课”。组织开展“青春汇·文明城”为主题的8项系列文化宣传活动。在山西首次把5G+4K技术应用到电视直播中，首次实现大型活动手机端VR全景直播。圆满完成全国新闻媒体记者接待服务以及二青会新闻宣传，接待全国记者545人，举行新闻发布会6次，组织集中报道活动60余次，参与报道的全国媒体达200余家，累计发稿4万多篇次，二青会开幕式微博累计阅读量超过1.10亿人次，太原的知名度和美誉度进一步提升。（李　强）

【时代新人主题活动】“时代新人说”在推动习近平新时代中国特色社会主义思想大众化上做出有益探索，成为太原特色工作品牌并在全国产生较大影响。2019年，太原市委宣传部组织开展“时代新人说”第二季决赛。37个赛区经过600余场海选和初赛，5000多名一线劳动者走上舞台讲述奋斗故事，120人脱颖而出进入决赛，在全社会倡导“在奋斗、能奋斗、爱奋斗”的时代风尚。与人民网、山西广播电视台联合举办“时代新人说”微视频大赛。共征集微视频作品1096部，评选出70部获奖作品，向全社会宣传复兴路上追梦人典型，讲述新时代奋斗圆梦的故事。组织实施“时代新人榜”征集发布工作。全年发布时代新人榜10期，各行各业先进典型110人上榜，在全市营造人人不懈奋斗、人人争当时代新人的良好氛围。组织开展“时代新人说”进基层活动。组织开展“时代新人说——改革创新、奋发有为”先进典型“百人百场百万次”巡讲报告会，共举办报告会104场，现场观众1.90万余人，网络平台浏览量958.88万人次。组织时代新人196人次到基层一线与各行各业工作者进行互动交流。推出时代新人系列作品。制作时代新人诗音画《奋斗有我》并在8月首演，同时发布时代新人之歌《等你》，创作出版《时代新人说·讲演录》《时代新人绘本》，发行时代新人纪念章等，打造宣传太原市时代新人的靓丽名片。（李　强）

二青会开幕式　（市委宣传部供图）

【对外宣传】2019年，市委宣传部重点对庆祝中华人民共和国成立70周年系列活动、第二届全国青年运动会、文明城市创建、“不忘初心、牢记使命”主题教育、学习宣传贯彻中共十九届四中全会精神、“时代新人”主题活动、2019年太原能源低碳发展论坛等中心工作、重点工作进行新闻外宣。全年协调举办新闻发布会24次，新闻通气会4次，有效促进政策解读和政府信息公开。协调配合中新社山西分社组织的世界华文媒体高层代表走进山西，开展“行‘华夏古文明 转型新山西’2019年世界华文媒体高层感知山西”活动；组织配合CCTV发现之旅频道《美丽中华行》栏目组，拍摄反映太原经济社会发展成就的2集纪录片；组织服务人民网进行“一撇一捺看发展”大型主题调研采访活动，并在人民网总网刊发。组织开展赴县区大型主题采风活动3次。在中央主要新闻媒体刊（播）发报道1232条，省级媒体刊（播）发重点新闻报道3000余条，境外媒体刊（播）发报道100余条，位列全省各市前列，营造良好舆论氛围。推介参与《中国环境报》主办的“发现‘美丽城市’‘美丽乡镇’‘美丽景区’”活动，获“中国美丽城市”殊荣。

2019年10月，晋剧《关公》赴马来西亚参加国际关公文化节，“关公”化身变大使，全程参加演出及巡城活动，先后在马来西亚的5个州8个城市演出8场，展现山西太原形象，弘扬中国精神，展现爱国主义情怀，弘扬关公忠义文化，赢得与会各国及马来西亚各团体信众们的一致称道。国家艺术基金资助项目现代晋剧《起风街》参加福州第十六届中国戏剧节剧目展演，获“第十六届中国戏剧节优秀剧目奖”。在山

时代新人说活动现场　　（市委宣传部供图）

西大剧院举办“礼赞新中国　奋进新时代”2019“礼赞新中国”一带一路国际民歌邀请赛。根据省文化和旅游厅的安排，派遣非遗展演团春节前赴埃及举办第二届沙姆沙伊赫“欢乐春节大庙会”；太原市歌舞杂技团组成演出团赴美国奥兰多迪士尼乐园，进行为期一年的商业驻场演出。《如梦晋阳》在美国休斯敦举办的美中国际文化旅游艺术节暨美中国际电影节上获“最佳导演”和“最佳故事片”两项大奖。（李　强）

【思想理论建设】 2019年，市委宣传部加强党委（党组）中心组学习。抓住“关键少数”，为市委中心组成员每人配发《习近平新时代中国特色社会主义思想学习纲要》等资料20本（册），全年服务市委理论学习中心组集中学习38次。制定印发《关于2019年太原市党委（党组）理论学习中心组学习的安排意见》，持续引深学习贯彻习近平新时代中国特色社会主义思想。充分发挥新阵地新优势。马克思书房开放以来，共接待党员群众参观学习23.70万余人次，举办各类主题活动1000多场次。发挥山西省中国特色社会主义思想研究中心太原市委宣传部研究基地的作用和影响，《务实精神的当代价值》在《学习时报》刊发。组织撰写调研报告37篇，择优报送省委宣传部5篇，4篇获奖，获奖数和总分排名均为全省第一。大力推广“学习强国”。组织全市12.10万余名在职党员安装使用“学习强国”学习平台，注册人数占在职党员干部的76.63%，推动学习习近平新时代中国特色社会主义思想实现经常化、电子化、便捷化。推动马克思主义大众化精品课程开发。联合太原社科院评选出10节马克思主义大众化精品课程，并参与对课程进行深度打磨。引深“奋斗幸福观”学习宣传。编印《“奋斗幸福观”摘编》学习读物，为全市各级领导干部配发3000余册。（李　强）

【意识形态工作】 2019年，市委宣传部履行市委意识形态工作领导小组办公室职能，提请成立市委宣传思想工作领导小组。提请市委召开意识形态工作领导小组工作会议6次，研究部署全市意识形态工作。按季度召开意识形态领域形势分析研判会，定期向市委和省委宣传部报告研判情况。组织开展2019年党委（党组）落实意识形态工作责任制情况专项督查。将意识形态工作责任制落实情况纳入市委巡察。完成十一届市委第五轮、第六轮巡察46个部门（单位）党委（党组）的专项检查。落实网络安全和网络意识形态工作责任制。与各级党委（党组）签订网络安全工作责任书；建立健全网络安全检查机制、网络安全信息通报机制、网络安全远程巡查机制；在全省率先完成市直机关网络安全普查暨关键信息基础设施网络安全检查工作，并自主开展远程漏洞检测工作。严密开展“扫黄打非”工作。建立健全太原市“扫黄打非”工作五项基本制度、《太原市推进“扫黄打非”基层站点规范化标准化建设工作计划》《太原市“扫黄打非”工作九项措施》和《太原市“扫黄打非”工作举报奖励办法》。开展“绿书签行动”“扫黄打非”五大专项整治、庆祝新中国成立70周年专项整治等行动，组织承办全省侵权盗版及非法出版物集中销毁活动。指导南宫建立“扫黄打非”联络点，推动全市“扫黄打非”基层站点规范化标准化建设。举办全市“扫黄打非”骨干培训班。（李　强）

【舆论引导】 2019年，市委宣传部把握正确舆论导向。全年召集市属媒体负责人召开新闻宣传专题会议、新闻通气会19次，及时传达中央、省委和市委有关宣传要求，传达宣传口径213条。

重大主题宣传。开展“在习近平新时代中国特色社会主义思想指引下——新时代新作为新篇章”主题宣传报道160余篇，大篇幅多角度报道全市各地各部门学习贯彻中共十九大精神的新思路新举措新成效；开展“为了民族复兴·英雄烈士谱”主题宣传，及时转发中央稿件450余条，营造纪念、敬仰、学习民族英烈的社会氛围。

重大会议、重要活动宣传。圆满完成市委十一届七次全体会议、市十四届人大四次会议、市政协十三届三次会议宣传报道任务，做好全市重要会议、市委主要领导活动等时政类新闻宣传。深入开展“不忘初心、牢记使命”主题教育宣传报道，累计刊播各类报道共计1000余篇，人民日报、中央电视台、山西日报、山西电视台等中央、省级主要媒体对太原市主题教育的做法和成效进行报道，形成强大舆论声势。大力宣传“担复兴大任　做时代新人”主题活动，市属媒体共推出相关稿件1000余条。圆满完成二青会新闻宣传，市属媒体共刊播稿件4000余条。深入开展全市“改革创新、奋发有为”大讨论宣传报道。完成2019年全国网上群众工作太原峰会暨人民网网民留言办理工作会议、2019太原国际马拉松赛、2019年太原能源低碳发展论坛、2019年全民义务植树系列宣传山西站活动、第二届山西艺术节、第四届山西文博会等宣传。

重要工作宣传。继续做好“举全市之力　创文明城市”专栏，市属媒体共刊播相关稿件960余条。大力宣传文明交通综合治理。持续开展扫黑除恶专项斗争宣传。大力宣传铁腕治污环境整治工作。持续做好中央环保督察“回头看”工作宣传。制定《近期太原市生态文明建设七项重点宣传任务》，组织“生态文明建设媒体行”采访报道100个重点生态文明建设工程。

网评引导。持续加强全市网络传播能力建设，建立健全政务新媒体矩阵，聚焦第二届全国青年运动会、创建全国文明城市、扫黑除恶专项斗争、中国（太原）国际自行车赛、太原能源低碳发展论坛、能源革命看山西等主题，在新闻网站和新浪微博话题等平台，组织核心网络评论员在网上发帖和跟帖57000多篇（条），讲好太原故事、传播太原声音，树好太原形象。

舆情信息。及时发现报送优质舆情信息，向中宣部编写报送舆情信息7006篇、采用352篇，向省委宣传部编写报送舆情信息8111篇、采用79篇。撰写综合舆情信息20余篇，专题舆情分析报告6篇，为市委领导掌握情况提供参考。市委宣传部连续9年获中宣部舆情信息工作先进单位称号。（李　强）

【媒体融合发展】 2019年，市委宣传部起草《太原市推进县级融媒体中心建设工作方案》《太原市媒体融合发展规划》，并印发。阳曲县、清徐县列入全省首批39个县级融媒体中心建设试点，并基本完成县级融媒体中心建设，开始进入试运行阶段。古交市、娄烦县启动县级融媒体中心建设。太原日报报业集团全媒体指挥中心全面投入使用，太原广播电视台完成融媒体中心建设，市属主流媒体传播力引导力影响力公信力进一步扩大。（李　强）

【文化建设】 2019年，市委宣传部文艺精品创作生产不断加强。筹拍体现共产党人信仰的电影《一颗子弹》并已进入融资阶段，首部“时代新人”原型电影《幸福金刚里》基本完成后期制作，院线电影《如梦晋阳》计划在省内各大影院播出。扶持的纪录片电影《中国故事》被认定为2019—2020年度国家文化出口重点项目。晋剧数字电影《于成龙》进入剪辑合成阶段，晋剧《起风街》完成“国家艺术基金资助项目首演”，《关公》完成国家艺术基金演出任务，《高君宇与石评梅》组织重排并在石评梅故乡平定县演出，精准扶贫题材晋剧《使命》和改革开放题材现代戏《主题纪念日》正在创作。文化惠民活动深入开展。组织开展“相约二青盛会、喜迎祖国华诞”——“我们的节日”系列文化活动，“5·23”文艺系列惠民演出等，举办太原工人文化宫“周二剧场”惠民专场——太原莲花落专场演出，举行“融合·创新·发展——今日中国美术高峰论坛暨展览”峰会等。电影管理进一步规范。形成电影放映监管和电影专资使用的制度安排。发放2018年度奖励放映国产片资金，做好太原市2019年国家电影事业发展专项资金省级资助奖励影院项目发放具体工作。完成全市影院基本信息和先进设备统计工作并对全市影院放映许可证进行年检和换证。进一步做好乡镇（公社）老放映员工作。审核批准全省第一家乡镇影院——清徐县徐沟镇宏达数字影院的正式放映。推动文化产业稳步发展。有序完成文化产业单位整合。实地调研协调太原华夏文明传承园、千年府衙综合整治工程、山西建筑产业现代化园区、太原华侨城大型文旅综合开发项目、赛特奥特莱斯等重点产业项目。管好用好文化产业发展专项资金，向省文产办上报申报2020年度省级文化产业发展专项资金扶持项目44个，2019年度市级文产专项资金项目扶持产业项目32个。组织参加文化博览会。组织相关县区及企业参加参展第十五届深圳文博会。筛选确定17家参展文化企业和单位参加第四届山西省文博会，推荐招商项目8个、签约项目6个；开展宣传推介活动6场。（李　强）

【社会主义核心价值观培育】 2019年，市委宣传部加强爱国主义教育基地的建设和规范管理。太原市成成中学校史馆、太原平民中学校史馆、太原市迎泽区郑村烈士陵园、太原市档案馆、东湖醋园被命名为省级爱国主义教育基地，新命名店子底支前纪念馆等12家单位为市级爱国主义教育基地。开展学雷锋活动示范点和省级社会主义核心价值观示范点创建活动。继2018年太原广播电视台音乐广播小桔灯爱心联盟被中宣部命名第四批全国学雷锋活动示范点，2019年太原市急救中心被中宣部命名第五批全国学雷锋活动示范点，太原市成为全省唯一连续两年有单位被中宣部命名为学雷锋活动示范点的城市。市审计局、市妇幼保健院、成成中学、市第十二中学校、国网太原供电公司、小店区亲贤社区、古交市常安乡南头村被评为第一批省级社会主义核心价值观示范点。组织开展主题报告会、红色故事讲解、主题微电影征集、重大改革发展成果评选等活动。组织举办最美奋斗者宣讲报告会，申纪兰、贺星龙、任红梅等3位“最美奋斗者”为太原党员干部群众做宣讲报告，大力弘扬爱国奋斗奉献的崇高精神。组织举办“我和我的祖国——太原市红色故事讲解大赛”，太原市选送的3个作品分别获一、二、三等奖，3名讲解员获“红色故事金牌讲

解员”、1 名获“红色故事优秀讲解员”，市委宣传部获“优秀组织奖”。组织举办社会主义核心价值观主题微电影征集活动，共选送省委宣传部 30 部，2 部获第二届山西省社会主义核心价值观主题微电影征集展示活动一等奖，1 部获二等奖，1 部获三等奖，市委宣传部获“优秀组织奖”。组织开展“党的十八大以来山西深化改革、转型发展、改善民生重大举措及成果”评选活动，印制选票 130 余万张，广泛动员干部群众参与投票。（李　强）

【人才推荐】 2019 年，市委宣传部组织推荐“三晋英才”工作，共确定 81 名“三晋英才”人选为 2018 年度支持对象，其中高端领军人才 2 名，拔尖骨干人才 32 名，青年优秀人才 47 名。组织省宣传文化系统“四个一批”人才的推荐工作，推选的 6 名宣传文化系统专业人才成功入选第五批“四个一批”人才；推选的 1 人入选全国宣传思想文化青年英才。组织推荐山西省青年拔尖人才，向市委人才办推荐上报 15 名符合条件的青年优秀人才人选。组织基层宣传思想文化优秀人才推荐申报工作，向省委宣传部推荐报送优秀人才人选 25 名，其中 21 名人选。组织开展引进高层次人才，引进 3 名双一流院校硕士研究生到宣传部工作。宣传文化名家工作室建设扎实开展。严格履行程序，从各县（市、区）委宣传部和市直宣传文化系统各单位推荐的 87 名候选人中审定 12 名太原市宣传文化名家工作室领衔人人选，并在太原宣传网上进行公示，经市委人才工作领导小组审定，以市委人才工作领导小组名义为宣传文化名家工作室进行挂牌，并依规拨付资金补助。（李　强）

统　战

【概况】 2019 年，中共太原市委统战部（简称市委统战部）学习贯彻习近平新时代中国特色社会主义思想和中共十九大和十九届二中、三中、四中全会精神，坚持大团结大联合主题，围绕市委中心工作，充分发挥统一战线重要法宝作用，不忘初心、牢记使命，凝心聚力、促进和谐，全市统一战线呈现蓬勃发展、开拓进取良好局面。获全国统战信息工作二等奖，继续保持省级文明单位和市双拥工作模范单位等称号。（李慧慧）

【机构改革】 2019 年，市委统战部机构改革将原市民族宗教事务局、原市外侨办侨务工作职能划归，重新核定“三定方案”。根据中共太原市委办公室《关于印发中共太原市委办公室等 7 个单位职能配置、内设机构和人员编制规定的通知》文件精神，中共太原市委统一战线工作部（简称市委统战部），是市委主管统一战线工作的职能部门，为市委工作机关，正处级，对外加挂市民族宗教事务局、市政府侨务工作办公室牌子。市委统战部设内设机构：办公室、研究室、干部科、一科（民主党派工作科）、二科（民族宗教综合科）、三科（民族宗教业务科）、四科（港澳台统战和侨务工作科）、五科（非公有制经济工作科）、六科（党外知识分子和新的社会阶层工作科）、机关党委、离退休人员工作科。

根据中共太原市委深化党政机构改革领导小组办公室《关于党政机构改革中第一批转隶调整事业单位有关事宜的通知》文件精神，3 月机构改革前，隶属于太原市民族宗教事务局的事业单位太原市宗教团体管理处，改革后隶属于中共太原市委统战部（市民族宗教事务局、市政府侨务办公室）。8 月，根据中共太原市委机构编制委员会办公室《关于市直涉改正科级以下事业单位规范调整意见的通知》文件精神，隶属于中共太原市委统一战线工作部的事业单位太原市宗教团体管理处，规范后机构名称变更为太原市宗教事务服务中心。（李慧慧）

【政治建设】 2019 年，市委统战部坚持把政治建设放在首位，扎实开展“不忘初心、牢记使命”主题教育，把学懂弄通做实习近平新时代中国特色社会主义思想作为根本政治任务，读原著、学原文、悟原理，融会贯通、真信笃行，真正用党的科学理论武装头脑、指导实践、推动工作。聚焦新中国成立 70 周年这一重大历史节点，在全市统一战线开展一系列主题教育活动，有力推动习近平新时代中国特色社会主义思想入心入脑，全市统一战线“四个意识”更加牢固，“四个自信”更加坚定，“两个维护”更加坚决，与党同心同德、同心同向、同心同行的政治共识达到新高度。（李慧慧）

【多党合作】 2019 年，市委统战部制定《太原市 2019 年政党协商计划》，按照年度政党协商计划，组织召开 6 次党外代表人士双月座谈会，全年共提出 123 条意见建议，省委常委、市委书记罗清宇全部做出批示，相关部门进行采纳落实，形成一批有价值的调研成果，建立《太原市党外代表人士向市委、市政府建言直通车制度》，调整市政府相关部门与民主党派对口联系协商名单，编印《各民主党派调研文集》，政党协商更加务实高效。（李慧慧）

【民族宗教】 2019 年，市委统战部以铸牢中华民族共同体意识为主线，深入开展民族团结进步创建工作，确保二青会期间清真食品安全，对口接待宁夏、内蒙古、青海、新疆、西藏等代表团。晋源区义井街道办、杏花岭区胜利东街社区分别获得全国民族团结进步模范集体和示范单位。为确保宗教活动安全有序开展，出台《宗教团体负责人联席会议制度》《宗教团体重要事项报告制度》等 12 项管理制度，全面加强和规范重点宗教活动场所和宗教界代表人士的管理。加强信教群众聚居村党组织建设，坚持宗教中国化方向，依法管理宗教事务，在全市240个宗教活动场所“四进”活动全覆盖基础上，举办宗教界代表人士培训班暨“四进”经验交流会。在中央宗教工作督查整改“回头看”中，宗教工作得到中央宗教工作督查组充分肯定。（李慧慧）

【港澳台统战和侨务工作】2019年，市委统战部助力打造对外开放“新高地”，鼓励侨商深度参与“一带一路”国家战略，先后组织侨商代表参加“中法跨领域论坛”、第十五届“世界华商大会”等，在第二届“进博会”上，45家侨企成功签约1000多万美元。（李慧慧）

【民营经济发展】2019年，市委统战部以市委、市政府办公室文件印发《关于加强和改进服务民营企业工作十条措施》《民营企业家参与涉企政策制定实施办法》《民营企业发展问题投诉处理办法》，编撰有关政策汇编等，促进民营经济发展政策落地落实。建立领导干部联系企业、商会制度，市级领导共包联民营企业60家、商会30家，召开政企对话座谈会，帮助解决企业发展中存在的设施配套、人才引进、项目融资、创新平台等15个方面的相关问题，组建市工商联行业党委，指导31个商会建立党组织，为民营企业发展壮大提供坚强组织保障。（李慧慧）

【党外知识分子和新的社会阶层人士统战工作】2019年，市委统战部以太原市被确定为全国34个新的社会阶层人士统战工作实践创新推广城市为契机，制订《太原市新的社会阶层人士统战工作实践创新推广工作方案》，指导各县（市、区）成立新的社会阶层人士联谊会，设立80个活动站，开展主题鲜明、富有实效系列活动，有效将党外知识分子和新的社会阶层人士团结起来。（李慧慧）

巡　察

【概况】2019年，太原市县两级党委和巡察机构（简称市委巡察办）学习贯彻习近平新时代中国特色社会主义思想和中共十九大、十九届四中全会精神，坚决贯彻落实中央和省委关于巡视巡察的部署要求，认真履职尽责，扎实开展政治巡察，发现并推动解决一批管党治党中存在的问题，巡察利剑作用不断彰显，为全面加强党的建设、推动全面从严治党向纵深发展发挥积极作用。

2019年，按照市委安排部署，先后完成十一届市委第四轮巡察反馈和问题线索移交、市级机构改革专项督察、第五轮巡察，以及第六轮先期进行的脱贫攻坚专项巡察，开展第六轮常规巡察。市委完成的第四、第五轮和第六轮脱贫攻坚专项巡察，共巡察党组织61个，“回头看”党组织4个，接收信访举报932件，巡察谈话1936人次，发现党的领导弱化、党的建设缺失、全面从严治党不力“三大问题”518个，发现并移交问题线索171件，涉及72人，巡察组报送专题报告6个；10县（市、区）委开展2—3轮巡察，共巡察党组织1219个（含延伸巡察村级党组织609个），接收信访举报773件，巡察谈话5831人次，共发现“三大问题”2100个，移交问题线索211件，涉及161人，巡察组报送专题报告52个，充分发挥政治“显微镜”和“探照灯”作用。（郭丰远）

【巡察工作主体责任落实】2019年，太原市县两级党委认真落实巡察工作主体责任，党委书记主动担起首责、主责、全责，认真学习贯彻习近平总书记关于巡视巡察工作重要论述和中央、省委巡视巡察工作部署要求，领导和推动巡察工作有序开展。市委常委会4次专题研究巡察工作，市委书记专题会2次听取巡察情况汇报，主要领导7次做出批示，有力推动巡察工作深化发展。中央和省委召开巡视巡察有关会议后，罗书记均在第一时间主持召开市委常委会，学习贯彻会议精神，研究贯彻落实意见，审议《关于贯彻落实全国巡视和全省巡视巡察工作会议精神的意见》《关于贯彻落实全国市县巡察工作推进会精神和省委常委会会议有关精神的意见》等，对深化巡察工作做出规划和部署。重视巡察机构和队伍建设，市委巡察组增加3名正处级巡察专员编制和职数，并及时配备到位；提拔巡察办2名副主任为正处级巡察专员、2名副处级巡察专员为正处级领导干部，交流重用2名巡察干部到关键岗位任职。10县（市、区）委巡察机构共增加编制14名。市委巡察工作领导小组靠前指挥，一线推进，

市委统战部在马驼村开展主题党日活动（市委统战部供图）

组织召开全市巡察工作会议、第六轮巡察工作动员部署会、2次领导小组会议和省委巡察工作专项检查汇报会，主要领导作出近百次批示，研究部署工作，带头组织实施，推动工作落实。

（郭丰远）

【重点工作监督检查】 2019年，太原市每轮巡察都围绕党中央和省委、市委重点工作开展监督检查，着力推动党中央和省委、市委重大决策部署及时落实落地。围绕深化党和国家机构改革的部署要求，市委6个巡察组牵头，对全市73个涉改部门党组织开展机构改革专项督察，发现和督促解决职能编制划转不到位、转隶不到位、档案接收不及时等11类22个问题，为市一级党和国家机关机构改革提供坚强保证。5月上旬至8月下旬开展第五轮巡察，突出优化营商环境和脱贫攻坚，对市财政、行政审批服务管理等21个市管单位党组织开展巡察的同时，与省委脱贫攻坚专项巡视对口上下联动，对发改委、农业农村局等4个单位党组织进行“回头看”。第六轮巡察先期完成与省委第一巡视组上下联动对阳曲和娄烦脱贫任务重的部门和乡镇提级开展脱贫攻坚专项巡察，对17个企事业和群团单位党组织开展巡察，坚持做到党中央和省委、市委部署到哪里，巡察就跟进到哪里，保障党中央和省委、市委的决策部署落到实处。（郭丰远）

【从严从实监督】 2019年，市委巡察办坚持发现问题、形成震慑不动摇，紧扣被巡察党组织职责使命和政治责任，紧盯重要部位和关键岗位，突出问题导向，做深做细做实“政治体检”，着力发现突出问题，通过抓住“关键少数”和典型案例，让利剑高悬、震慑常在。市委完成的两轮巡察共移交“进一步了解关注类”问题线索16个，市纪委警示教育案例3/4来自巡察。每轮巡察均发现一些重大违纪违法问题线索，移交纪检监察机关快速处置。（郭丰远）

【巡察整改落实】 2019年，太原市委巡察工作领导小组组织召开巡察工作会议，对巡察反馈和整改工作进行安排部署。协调巡察工作领导小组成员和市纪委监委、市委组织部班子成员带队，向35个被巡察单位党组织反馈巡察意见，传导压力，明确责任；在太原电视台、《太原日报》公布反馈意见，推动巡察整改落实。注重把发现问题与解决问题相结合，坚持边巡察、边移交、边督办、边整改，使“巡”与“改”紧密衔接，边巡边改在被巡察单位取得立竿见影、实实在在的成效。在巡察期间共收回应退房屋30套，拆除违章建筑87平方米，查出违法和不合规房屋出租《合同》《协议》6个，收回地下车位1个，收回违规发放补助奖金104万余元、违法资金363万余元，修订完善党建、会务事务、资产监督等制度71个，边巡边改效果显著。市县两级纪检监察机关和组织部门优先处置巡察移交问题线索146条，立案44件，党纪政务处分47人，组织处理81人，移送司法机关3人。

（郭丰远）

【巡察队伍建设】 2019年，市委巡察办对“一长两员库”进行更新和补充，新的“一长两员库”人数达203人。每轮选派6名副处级优秀年轻干部担任巡察组副组长，抽调纪检监察、组织、政法、信访干部参加巡察，发挥熔炉作用。每轮巡察动员部署会后，组织市县两级巡察人员进行集中业务辅导，巡察干部全员纳入市纪检监察干部培训，编印《太原市委巡察工作指导手册》供巡察干部学习参考；选派市县巡察机构19名干部参加上级巡视巡察以干代训，提升能力素质。充分发挥党支部战斗堡垒作用，组织开展18次集中学习，扎实开展“改革创新、奋发有为”大讨论和“不忘初心、牢记使命”主题教育，加强人员教育管理，努力打造巡察铁军。

（郭丰远）

【巡察制度建设】 2019年，市委巡察办重新制定“一目录一流程三手册”，促进巡察基础工作建设全面提升。根据机构改革情况和省委巡视办通知要求，对十一届市委巡察全覆盖对象进行调整，进一步明确全覆盖范围，保证巡察监督不留死角。出台《市委巡察组工作规则（试行）》《市委巡察机构工作人员“十不准”纪律要求》，强化巡察工作规范。加快信息化建设。从市委第五轮巡察开始推广使用巡视巡察工作业务应用系统，为巡察工作提供技术支撑。

（郭丰远）

政策研究

【概况】 2019年，中共太原市委政策研究室（简称市委政研室）始终把服务市委工作大局，服务领导科学决策作为政研工作的出发点和落脚点，全年独立起草和参与起草各类文稿180余篇、100余万字，全力推动中央、省委、市委重大战略部署、重要工作举措和重点工作任务落地见效。先后起草太原市“改革创新、奋发有为”大讨论实施方案，罗清宇在全市机构改革动员部署大会、大讨论动员部署大会及总结大会、经济工作会上的讲话；参与起草市委主要领导在市委十一届六次、七次全会、全市主题教育工作部署会议、中央主题教育专题调研组座谈会等的讲话，参与起草罗清宇主题教育党课《牢记初心使命争取更大光荣》、中共十九届四中全会精神宣讲提纲、市委主题教育专报等，努力提高站位、把握大局、写实写准、精益求精，提升以文辅政水平。

（王　寻）

【调查研究】 2019年，市委政研室聚焦制约全市经济社会发展的突出问题，特别是群众最急最忧最盼的紧迫问题，深入开展调查研究，充分借鉴外地先进经验，广泛吸纳社会各界意见建议，形成高质量的调研成果，为市委提供有力的决策服务。全年共开展市区无产权房屋办证问题，行政区划优化调整，教育改革和发展，加快教育现代化、建设教育强市、办好人民满意的教育，蒙山景区改革创新管理体制和运营机制，加强城镇困难群众救助帮扶工作和落实全面深化改革省考指标情况重大专题调研7项。其中不动产遗留问题调研成果上升到政策层面，进入实质性操作阶段，2019年年底前办理首次登记38254套，征缴税费7335万元；教育改革和发展调研成果进入政策层面，落地见效，释放全市教育发展活力；优化行政区域布局调研报告有效推动清徐、阳曲撤县设区工作。（王　寻）

【深化改革】 2019年，市委政研室坚持强化统筹协调、积极探索创新、狠抓落地见效，有力推动重点领域改革持续深化。建立完善“6+1”改革工作推进体系，制定《2019年重大改革安排及责任分工》，按照“四个一批”谋划推进52项改革任务和国家、省级34项先行先试改革事项。建立三级改革台账，明确市委书记、市长亲自抓的13、14项重大改革，市委常委、副市长重点推进的27项改革任务，将305项具体任务分解至54个责任部门，明确年度改革任务的“时间表”“路线图”“任务书”，以项目化方式确保各项改革任务落实到位。年度改革任务全部按照时序积极推进，6项省考指标全面完成，转型项目建设体制机制改革、人才发展体制机制改革、城市基层党建制度改革等一批重点事项走在全国全省前列。与上海国信社会服务评估院合作对全市改革成效开展第三方评估。太原在2019年度省委全面深化改革考核中排名全省第一。

作为市委大讨论领导小组办公室，牵头组织完成全市“改革创新、奋发有为”大讨论，高质量起草工作方案，作为样板印发全省，形成“八个一批”的理论成果、制度成果、实践成果，在全省得到推广。（王　寻）

【决策信息服务】 2019年，市委政研室坚持把做好决策信息服务作为发挥参谋助手作用的重要抓手。全年刊发《决策研究与信息》12期，及时收集国内外改革发展形势和政策走向信息。编发《太原改革信息》36期，其中《积极处理不动产登记遗留问题　用改革的办法解决困扰百姓的“烦心事”》《太原市以务实举措加快推动民营经济发展》等12篇被《山西改革信息》采用。（王　寻）

网信工作

【概况】 中共太原市委网络安全和信息化委员会办公室（简称市委网信办）是中共太原市委网络安全和信息化委员会的办事机构，承担中共太原市委网络安全和信息化委员会日常工作，为市委工作机关，挂太原市互联网信息办公室牌子，具有政府行政管理职能，负责统筹协调网上意识形态管理、网络安全管理和信息化工作。内设综合科、网络传播科、网络应急科、安全和信息化科4个科室，下属事业单位1个：太原市互联网安全中心（太原市互联网宣传研究中心）。（马　婕）

【网信发展现状】 2019年，市委网信办以习近平新时代中国特色社会主义思想为指导，认真贯彻落实习近平总书记关于网络强国重要思想和全国、全省网信工作会议精神，对标市委部署要求，以“不忘初心、牢记使命”主题教育为牵引，以贯彻落实网络意识形态工作责任制为抓手，以服务保障中华人民共和国成立70周年为主线，做好网上正面宣传和舆论引导，加强属地网络空间治理，完善网络舆情管控机制，提升网络安全保障能力，全面加强网信系统党的建设，全市全年未发生网络舆情漩涡，未出现重大网络安全事件，为加快创新转型、实现高质量发展提供强大网上舆论支持、可靠网络安全保障和有力信息化支撑。（马　婕）

【网络综合治理】 2019年，市委网信办加强党委指导引领。市委始终高度重视发展网信事业，机构改革组建市委网络安全和信息化委员会，罗清宇亲自主持召开4次专题会议，市委理论学习中心组成员围绕网信内容进行专题学习，研究出台《中共太原市委网络安全和信息化委员会工作规则》《太原市网信工作重点任务及分工方案》《关于做好新中国成立70周年等重要时期网络安全保障工作的通知》等。

建立协调规范机制。陆续建立太原市网络意识形态领域形势研判、网络安全检查（远程巡查）、网络安全信息通报等工作机制。8月研究制定《关于建立太原市网络意识形态领域形势研判机制的通知》，每季度召开一次网络意识形态分析研判会，每年对网络意识形态工作进行一次专项督查。全年下发《太原网络安全信息通报》52期，涉及网络安全漏洞208个，其中转发上级网络安全信息通报27期，处置率100%。

汇集委员单位合力。工信、发改等成员单位发挥各自作用，加快推动安可替代工程，构建安全可控技术体系、工业互联网生态体系，培育行业区域互联网平台，大力推进“企业上云”。依托华北网安（33所）、中网信息、天地科技、科达自控、山西百信等网络信息安全龙头企业，建设“网络信息安全产业园”。面向具有行政审批职能的单位（部门）收集、梳理网上申报审批事项，建立、利用全市统一政务云平台开展“互联网＋政务服务”，推动市级各部门非涉密信息系统实现“政务上云”。

凝聚互联网企业共识。以“不断扩大党在互联网领域的号召力和凝聚力”为目标，稳步推进互联网企业党建工作，制定《贯彻落实〈关于加强互联网企业党的建设工作的意见〉重点任务清单》，稳步推进“两个覆盖”。市委副书记李新春出席全市互联网行业党委成立大会并做重要讲话，明确互联网行业党建工作方向与目标，为全市互联网企业健康发展提供组织保障。（马　婕）

【网络安全】2019年，市委网信办组织网络安全宣传教育培训。举办国家网络安全宣传周太原活动，市委网信办牵头统筹，联合教育、公安、金融等部门举办多场主题日活动，指导太原日报社、太原广播电视台制作刊发、播出网络安全宣传周专题，组织全市470个“两微一端”政务新媒体转发“聚焦习近平对国家网络安全宣传周做出重要指示”等新闻信息，累计阅读量10万+。邀请省委网信办综合处处长高劲松对全市105家单位（地区）开展网络安全培训。组织网络文明传播志愿者走上街头、走进网吧、互联网企业等，开展文明上网志愿宣传服务，推进网络安全知识进社区、进农村、进机关、进企业、进校园，提升全社会网络安全意识和防护能力。

落实网络安全主体责任。建立网络安全检查机制、网络安全信息通报机制、网络安全远程巡查机制，与各级党委（党组）签订网络安全工作责任书，确保责任落实到位、工作落实到位，措施落实到位。在全省率先完成市直机关网络安全普查暨关键信息基础设施网络安全检查工作，在全省首家自主开展远程漏洞检测工作，对75家全市党政机关及重点企事业单位定期开展漏洞扫描和渗透测试。截至11月，共发现漏洞166个，按网络安全信息通报制度向各单位予以通报，均整改完毕。（马　婕）

2019年5月，市委网信办举办太原市抖音政务号运营工作培训班

（市委网信办供图）

【网络宣传引领】2019年，市委网信办扩大正能量宣传阵地。加强全市网络传播能力建设和媒体融合深度发展，组织各县（市、区）和市直各部门，开通抖音官方账号480余个，建立全市政务新媒体矩阵，提高网上正面宣传的到达率、阅读率、点赞率。

全力做好网上重大主题宣传。组织市属新闻网站开展“庆祝中华人民共和国成立70周年”网上重大主题宣传，联合太原日报全媒体指挥中心策划推出庆祝新中国成立70周年微视频《出彩太原　礼赞祖国》，约500余个新媒体账号进行转发，阅读量超百万。组织开展“穿越古今太原”抖音线上线下宣传推广活动，播放量达5924.80万余次。

努力提高舆论引导能力。2019年，围绕省、市发展主线，聚焦“第二届全国青年运动会”“太原创建全国文明城市”“扫黑除恶进行时”等主题，开展“中国（太原）国际自行车赛”“2019中国（太原）能源低碳发展论坛”“能源革命看山西”等主题宣传和新浪微博话题推广，全年共组织核心网络评论员在网上发帖和跟帖57000多篇（条），讲好太原故事、传播太原声音，树好太原形象。（马　婕）

【信息化发展】2019年，市委网信办加快工业互联网发展，培育行业区域互联网平台，构建工业互联网生态体系，推进“企业上云”。根据《关于加强通信设施建设和保护工作的通知》要求，加强全市通信基础设施建设和保护。紧抓信息安全产业发展契机，依托华北网安（33所）、中网信息、天地科技、科达自控、山西百信等网络信息安全龙头企业，建设“网络信息安全产业园”。支持天地科技在虹膜认证、圣点科技在指静脉认证、平安谷在人脸识别等技术领先领域继续保持优势，将技术优势转化为产品优势。面向具有行政审批职能单位（部门）收集、梳理网上申报审批事项，建立、利用全市统一政务云平台开展“互联网+政务服务”，推动市级各部门非涉密信息系统实现“政务上云”。

（马　婕）

台港澳事务

【概况】中共太原市委台湾工作办公室（简称市委台办）是市委主管台湾工作、港澳工作的办事机构，是市委工作机关，为正处级，对外加挂太原市人民政府台港澳事务办公室牌子。（郝乐乐）

【机构改革】2019年，中共太原市委台湾工作办公室（市政府台湾事务办公室）由市委办公厅管理的机关调整为市委工作机关，将市政府外事侨务办公室的港澳事务职责划入市委台湾工作办公室，对外加挂市政府台港澳事务办公室牌子。（郝乐乐）

【对台宣传工作】2019年1月2日，习近平总书记在《告台湾同胞书》发表40周年纪念大会上发表题为《为实现民族伟大复兴推进祖国和平统一而共同奋斗》的重要讲话，太原市及时组织涉台干部和台胞台属代表收听收看纪念会实况，并由市委宣传部、市委台湾工作办公室联合发文，在全市认真学习、贯彻落实习总书记重要讲话精神。

10月21日，邀请全国对台干部培训中心主任王杰教授举办台海形势报告会，全市150余名涉台干部和党校学员参加，提升业务素养和理论知识，统一思想、凝聚共识。（郝乐乐）

【并台文化交流】2019年，市委台办从争取台湾民心的大局出发，秉持“两岸一家亲”理念，坚持以文化为纽带，重视基层民众、青少年和台湾“首来族”的交流交往，努力拉近两岸同胞心理距离，提升交流成效。全年共审批赴台交流项目6批63人次，接待来访台湾交流团组30批954人次，其中第一次来太原台胞占九成以上。

5月，中国国民党原主席吴伯雄参访团一行18人来并，省委常委、市委书记罗清宇，市委副书记李新春等领导会见吴伯雄一行，并进行座谈交流。

7月，举办万柏林区首届海峡两岸青少年文化交流活动，围绕“共筑中国梦、心系两岸情”主题，开展形式多样、内容丰富的系列交流活动，在太原市青年宫组织“海峡心 追梦人”舞蹈艺术交流展演。

8月，组织“两岸社区营造暨乡村治理”参访团，由市领导带队参加国台办培训中心培训并赴台参访交流，推动与台湾基层民众交流，促进两岸社区、乡村建设等方面相互学习合作。（郝乐乐）

【并台经济融合发展】2019年，市委台办围绕落实中央“惠台31条措施”“惠台26条措施”，不断深化扩大并台经济交流与合作，优化对台商台企服务，加大符合产业转型发展需要对台招商引资力度，促进并台经济融合发展。新增注册台商投资企业6家，注册资金超1亿元人民币，台商台企成为经济社会发展重要力量。推动“山西台港澳创业中心”“台湾经贸交流中心及配套住宅”等项目，10月，太原市中心医院与台企山西镛德海峡两岸医疗管理咨询有限公司签订“海峡两岸医疗服务质量提升培训协议”，并台医疗合作项目落地，实现并台医疗领域的新突破。

（郝乐乐）

【并港澳交流合作】2019年，市委台办机构改革后，港澳工作职能由市外办划转。全办人员认真学习港澳工作相关文件规定，提高对港澳工作重要性的认识，及时找准定位、主动谋划，为推动并港澳经济文化交流合作、打造交流品牌做出努力。

接待澳门工商界山西考察团。7月5日，以全国侨联副主席、澳门归侨总会会长刘艺良为荣誉团长的澳门工商界山西考察团一行27人参观考察，考察团考察晋源区“赤桥古村”项目和万柏林区“山西台港澳创业中心”项目，听取相关项目情况报告，对促进与澳门经贸文化交流有着积极意义。

2019年7月5日，澳门工商界人士山西考察团在晋祠考察（市委台办供图）

审核相关资料，承办因公赴港澳审批手续，全年共办理4批9人次。

做好二青会期间香港特别行政区政府代表团接待工作。接待香港特别行政区政府代表团和香港同胞是一项艰巨政治任务，领导高度重视，及时召开会议安排部署相关工作，重点做好代表团成员赛事观看、车辆保障、延伸服务等工作。10月23日，收到香港特别行政区代表团筹委会主席霍震霆先生签发感谢函，对热情服务给予高度评价。

（郝乐乐）

机构编制

【概况】2019年，中共太原市委机构编制委员会办公室（简称市委编办）以习近平新时代中国特色社会主义思想为指导，深入学习中共十九大和十九届二中、三中、四中全会精神，深入贯彻习近平总书记视察山西重要讲话精神，坚持“四为四高两同步”总体思路和要求，全面落实市委和市委编委重大决策部署，以及全市机构编制工作目标，为全市改革发展提供有力制度和组织保障。以践行社会主义核心价值观为统领，注重机关党的政治建设和精神文明建设，市委编办连续多年被评为“全市精神文明标兵单位”，获得市“双拥标兵单位”称号。

（马　翔）

【党政机构改革】2019年，党政机构改革中，全市机构编制部门严格遵照中央和省市委战略谋划和部署安排，全办动员、“挂图作战”，集中力量打赢这场攻坚战，实现“三定”规定的“四个全覆盖”。站在配置党的执政资源的高度，实现市级部门“三定”规定的全覆盖，对全市53个党政部门及涉改直属事业单位全部重新制定“三定”规定，规范机构管理，理顺各部门之间职责，强

化“三定”作为党内法规严肃性权威性。站在优化协同高效的高度，实现“大科（室）制”全覆盖。基本按4名编制核定部门内设机构，实现内设机构精干高效。站在全面履行安全监管责任高度，实现安全生产职责全覆盖。将承担安全生产职责体现在行业系统主管部门“三定”规定主要职责中，细化落实到与此相应内设科室职能。站在提升基层治理能力的高度，实现全市乡镇（街道）“三定”规定全覆盖。将科学制定“三定”规定经验做法，延伸至全市105个街道（乡镇），全市街道设置“五办两中心一站”组织机构框架（乡镇设置“五办一中心一站”），赋予乡镇（街道）“对市、区（市）职能部门派出机构负责人的人事考核权和任免征得同意权”等六项权力，科学构建基层管理体制“四梁八柱”。在全省机构改革总结会议上，作为典型发言，市委书记罗清宇进行经验交流。率先在全省指导县（市、区）制定乡镇（街道）“三定”规定做法，得到省委党政机构改革专题调研组高度肯定。（马　翔）

2019年6月28日，市委编办组织参观高君宇纪念馆　（市委编办供图）

【事业单位分类改革】 2018年12月市委办公厅、市政府办公厅印发《太原市从事生产经营活动事业单位改革实施方案》（以下简称《实施方案》）。根据《实施方案》，市委编办强化政治担当、明确改革重点、健全工作机制、统筹各方职能、形成工作合力，确保经营类事业单位改革如期完成。

2019年，市委编办经过对58个市直从事生产经营活动事业单位职能运行、资产负债等情况进行全面调查和分析，根据改革要求和单位实际，将经济效益较好的16个事业单位确定转企改制；对人员较少，资产规模较小，无固定资产，职能弱化，任务不饱满，社会效益差，转制后难以正常运转的17个事业单位确定优化整合后撤销；对长期亏损、资不抵债、债权债务不清晰、历史遗留问题多、情况复杂的25个事业单位确定锁定人员编制，逐步退出事业单位序列。为确保改革任务如期完成，12月12日召开第3次市委编委会，并以太原市人民政府办公室名义印发《关于印发市直从事生产经营活动事业单位转企改制工作方案的通知》，涉及机构编制事宜以市委编委名义印发相关文件。

10县（市、区）根据改革要求和各单位实际，对涉及6个县区46个事业单位改革进行统一部署。改革路径采取转企改制事业单位6个；优化整合撤销10个；锁定人员编制，逐步退出事业单位序列30个。市委编办督促各县（市、区）扎实推进生产经营类事业单位改革工作，各县（市、区）均以编委名义下发具体改革意见，县级生产经营类事业单位改革工作取得阶段性成果。

按照省有关要求，太原市将承担行政职能事业单位改革纳入全市党政机构改革统筹推进、同步实施。结合党政机构改革，逐项提出行政职能划转意见和改革路径，并形成一单一表，将其中91项行政许可和其他行政职权事项统一划归主管部门，在主管部门“三定”规定主要职责或内设机构职责中均予以体现和明确；1093项行政处罚和行政强制，其划归路径与综合行政执法体制改革统筹考虑；对防震减灾、农机、中小企业等跨部门调整划转行政职能，根据改革要求明确承担主体，确保事业单位承担行政职能全部剥离由党政机构承担，实现行政职能全面回归。

为巩固承担行政职能事业单位改革成果，印发《市直事业单位剥离回归行政机关行政职能清单》，对纳入目录清单，逐项对照，全部承接；对未纳入目录清单，严格按照改革要求，剥离事业单位承担行政职能。行政职能划转后，对40个事业单位进行名称规范；对23个事业单位调整隶属关系；37个事业单位完成法人变更登记并启用新章；92个事业单位承担的部分或少量行政职能划归机关后，继续承担原公益职能。相关行政主管部门做好行政职能的剥离和承接工作，搞好业务交接，加强学习培训，确保权责有人担，工作不断档，事业单位整体运行情况良好。（马　翔）

【综合行政执法体制改革】 2019年，市委编办为保证五大领域行政综合执法体制改革具体措施落实落地，印发《关于印发组建太原市市场监管综合行政执法队的通知》等5个文件的通知，对市场监管、生态环境、文化市场、交通运输、农业5大领域综合行政执法队机构规格、主要职责、内设机构、派出机构、人员编制和领导职数进行明确规定。5大领域在市级设置综合行政执法队前提下，在城六区设置综合执法大队，为市级综合执法队派出机构。健全综合行政执法体系向乡镇延伸机制，根据人员力量和工作需要，在乡镇（街道）设立综合执法中队。为引导执法力量向基层倾斜，将城六区综合执法大队和乡镇（街道）综合执法中队机构规格分别确定为正科级和副科级。5 大领域除文化市场外其余 4 个领域均在城六区乡镇（街道）设置行政执法中队，共设置中队 177 个。

为做好综合行政执法队伍人员划转工作，印发《关于组建 5 个领域综合行政执法队伍涉及人员划转有关事宜的通知》；为切实加强基层建设、加快制定并公布执法事项清单及调整涉改事业单位机构编制等工作，印发《关于进一步推进 5 大领域综合行政执法体制改革有关事宜的函》；制定与综合执法队伍之间统筹协调制度、案件移送制度、执法责任追究制度等，加快形成权责明晰、协同高效、配合有力、运转顺畅工作运行机制。（马　翔）

【相对集中许可权改革】 2019 年，市委编办为认真落实党中央国务院关于全面深化改革战略部署和省委省政府关于深化“放管服效”改革、营造“六最”营商环境重大决策，优化政府职责体系，创新审批服务机制，再造审批服务流程，加强事中事后监管，推进政府治理体系和治理能力现代化，建设人民满意服务型政府，根据《中共太原市委办公室太原市人民政府办公室关于印发〈太原市市县两级相对集中行政许可权改革实施方案〉的通知》确定的 260 项划转事项，按照职责分工，对照涉改 27 个部门“三定”规定、岗位职责、审批事项流程图等内容，认真分析研究，逐项梳理界定职能，聚焦影响企业和群众办事创业难点堵点痛点，结合市审批服务管理局意见，提出相对集中行政许可权改革编制划转意见。按照“编随事走、人随编走”原则，明确事项划转、人员编制、工作机制、事中事后监管等重点任务及实施步骤、时间节点，推进构建标准化、规范化、科学化行政审批新机制，为深层次推进“放管服效”改革，推动全市营商环境走在全省前列，迈入全国第一方阵奠定坚实基础，为实现行政效能集约和行政成本节约最大化，提升企业和群众获得感提供坚实保障。

（马　翔）

【简约高效基层管理体制构建】 2019 年，市委编办以习近平总书记关于基层治理的重要讲话为遵循，准确把握新时代城乡发展方向和基层治理特点，加强对机构编制的统筹统管统用，创新“三倾斜一下沉”举措。即，机构向基层倾斜，派驻乡镇（街道）事业站所实行属地管理，业务上接受上级部门指导。职数向基层倾斜，在“总量控制”前提下“减上补下”，将市级精简的科级领导职数向基层倾斜，全市共增加乡镇（街道）副科级事业领导职数 264 名。编制向基层倾斜，全市乡镇（街道）调剂增加行政事业编制 808 名。调剂市级 150 名财政拨款事业编制，分配覆盖到全市 53 个街道，加强全市街道工作力量。执法力量向一线下沉，深入推进综合行政执法体制改革，基层市场监管等四个领域执法力量得到全面加强。“三倾斜一下沉”工作举措作为成功经验，在省委《关于深化“三基建设”进一步加强基层工作的若干意见》中得到充分体现，上升为全省政策全面执行推广，被中组部评价为“出的是硬招，解决的是痛点”。中央巡视组在对中央编办延伸巡视过程中，开展为期两天专项巡视，高度评价构建简约高效基层管理体制做法，认为“做出太原特色，提出太原方案，展现出太原生动实践，成为全国首例”。推进五大领域执法力量向一线下沉工作成效，受到中央依法治国办第二督察组充分肯定。

履行全面清理规范“一票否决”和签订责任状配合单位职责，根据市委《关于形式主义官僚主义专项整治实施方案》责任分工，在前期对签订责任状摸底基础上，印发《关于全面清理规范签订责任状事项的通知》，全面清理规范签订责任状。经对各市直党政机关和各县（市、区）上报清理规范情况汇总，市直党政机关共签订责任状事项 36 项，其中保留 27 项，合并 1 项，取消 8 项；县（市、区）党政机关共签订责任状事项 135 项，保留 96 项，合并 17 项，取消 22 项，切实减轻基层负担。

（马　翔）

2019 年 10 月 30 日，市委编办组织参观八路军驻晋办事处旧址

（市委编办供图）

【机构编制资源配置】 2019 年，市委编办全力保障人才引进。在市直事业单位范围内调剂 200 名事业编制基础上，主动担当，自加压力，盘活放大存量编制效应，额外调剂出 130 名事业编制，倾力为重点领域、人才引进等统筹使

用，形成太原市人才引进编制周转池，督促指导各县（市、区）建立人才引进编制周转库，推动实现机构编制资源绿色配置。创新机构编制管理方式，简化引才用编程序，对于引进高层次人才办理用编，实施即来即办，全年共为614名市委高层次人才引进和长三角招聘人才提供便捷高效编制管理服务。对于高等院校和公立医院使用空编引进具有博士学位和副高以上职称的高层次人才，实行高校自主办理，纳入机构编制实名制管理备案，有力提升审批备案制效率效能。与市委组织部联合印发《太原市事业单位引进高层次人才实施办法》《太原市事业单位引进高层次人才管理暂行办法》，有效破解编制“只减不增”与编制刚性需求之间的矛盾。

按照市委市政府专项部署，面对编制紧张巨大压力，全力解决全市退役士兵安置历史遗留问题，为保障退役士兵权益、维护社会稳定，发挥积极作用。采取即来即办的方式，全年共办理军转干部入编96名、退役士兵入编29名、随军家属12名，向市退役军人事务局提供市直行政参公事业单位空编110名用于2019年度军转干部选岗安置，提供事业单位编制36名用于2019年度复退军人选岗安置。

立足编制资源有效盘活，推进市直属中小学教师“局管校聘”管理改革，配合城镇小区配套幼儿园建设，推行将符合乡镇（街道）要求的特岗全科医生“纳入在编人员管理”等先行先试做法。保护好发挥好革命传统教育和党性教育的宝贵资源，为娄烦高君宇故居纪念馆、晋绥八分区旧址革命活动纪念馆等设置机构、配置编制。

严格落实中央编办《关于进一步做好机构编制问题整改专项工作的通知》要求，将机构编制问题整改与机构改革同研究同部署同推进，对机构改革后问题进行重新梳理，对各部门、各县（市、区）建账不全面、整改不彻底、销号不及时、整改进度缓慢的，暂停有关机构编制事宜审批，严肃机构编制纪律、追责问责，加大机构编制违纪违规行为查处力度，圆满完成违规问题台账内8类机构设置问题整改。（马　翔）

2019年10月17日，市委编办赴鄗都村开展消费扶贫活动　（市委编办供图）

【事业单位登记管理】 2019年，市委编办共办理设立登记12件，变更登记126件，证书废止后重新申领3件，机关群团《统一社会信用代码证书》初领、变更51件，市直608家事业单位的2018年度事业单位法人报告向社会进行公示。按照“双公示”要求，按时公示推送信用信息。每周第一个工作日，通过“太原事业单位在线”网站向社会公开行政许可、行政处罚等信用信息，并同步推送至“信用山西”平台。

（马　翔）

【中文域名管理】 2019年，市委编办在全面实现机关事业单位中文域名注册和网站挂标全覆盖的基础上，做好中文域名规范化工作。督促全市各单位从加强政务公开、更好地履职尽责角度，提高思想认识，充分认识域名注册管理重要意义，熟练掌握域名注册管理的操作程序和办法，切实抓好域名注册和网站挂标落实工作。切实做好服务工作，耐心解答各单位在工作中遇到的困难和问题，并与中央编办、省委编办同步沟通协调，有力地促进全市中文域名注册管理和网站挂标工作顺利开展。明确工作程序，严格审核把关。根据中文域名的适用范围、注册使用规范等要求，对各单位上报新变更网址、IP地址和挂标情况等信息进行逐项审查，确保中文域名注册的真实性和规范性。（马　翔）

【三基建设】 2019年，市委编办牵头负责“三基建设”基础工作任务。在市委三基办领导下，结合机构改革成效，按照职能划转和科室整合等实际情况，督促修订、创新完善“一目录一流程三手册”，夯实基层基础工作。印发《关于进一步引深提升基础工作专项行动的通知》，对改革后开展提升基础工作专项行动提出要求、做出部署。全办分为6个组对县（市、区）开展督导，对市直部门进行考核通报，有力推进机构改革后“三基建设”基础工作与部门职责有效衔接和优化融合。

（马　翔）

市直机关党建

【概况】 中共太原市直属机关工作委员会（简称市直工委）是市委派出机构，领导市直机关党的工作。2019年在职人员32人，其中，实有行政干部26人，行政工勤4人，全额事业2人。内设办公室、组织部、宣传部、统战部、共青团市直机关工作委员会、市直机关工会工作委员会（市直机关妇女工作委员会）、财务科、机关党总支8个内设机构。下辖直属党组织97个，其中，机关党委64个，党总支12个，党支部21个。

2019年，中共太原市直属机关工作委员会深入学习贯彻习近平新时代中国特色社会主义思想，认真贯彻落实中共十九大和十九届四中全会精神，按照省委十一届九次全会和市委十一届七次全会部署要求，紧扣围绕中心、建设队伍、服务群众三大任务，求真务实，奋发有为，机关党的建设工作取得新成效、迈上新台阶。（连　伟）

【机构改革】2019年1月，根据《太原市机构改革方案》，市直机关党校并入市委党校。3月，根据《中国共产党太原市直属机关工作委员会职能配置、内设机构和人员编制规定》，撤销调研室和离退处，财务处改为财务科。6月，根据《中共太原市委机构编制委员会办公室关于成立中共太原市直属机关工作委员会信息中心的批复》，成立中共太原市直属机关工作委员会信息中心。（连　伟）

【思想政治建设】2019年，市直工委深入学习贯彻习近平新时代中国特色社会主义思想。组织党员干部坚持读原著、学原文、悟原理，真正做到学懂弄通做实。为市直机关党员干部配发《习近平新时代中国特色社会主义思想学习纲要》《习近平关于"不忘初心、牢记使命"论述选编》和《习近平关于"不忘初心、牢记使命"论述摘编》共计3万余册。组织市直机关2万余名党员干部开展"市直机关学习习近平新时代中国特色社会主义思想理论测试"。通过集中学习、专题研讨、专家解读等形式进一步学习领会中共十九大和十九届四中全会精神实质，学习领会习近平总书记视察山西重要讲话精神内涵，注重学以致用，加强理论指导实践，促进学习工作双丰收。组织市直机关3万多名党员参加"太原市纪念中华人民共和国成立70周年暨太原解放70周年知识竞赛"活动。组织开展市直机关学习贯彻中共十九届四中全会精神和"时代新人说——制度·治理·自信"中共十九届四中全会精神进基层宣讲活动。组织30名机关党务干部参加市委宣传部"学习贯彻党的十九届四中全会精神"理论骨干培训班。

抓好党组（党委）中心组理论学习。制定《关于2019年市直机关理论学习中心组暨干部学习的安排意见》，列出学习内容，确定学习重点，明确学习目的，提出具体要求。各直属党组织制定相应学习计划，加强学习的有效性、针对性。定期督导市直机关党组（党委）中心组理论学习，通过中心组学习电子档案平台进行动态管理，并进行通报，发挥中心组理论学习的示范作用。

开展"不忘初心、牢记使命"主题教育。按照中央和省市委部署，市直机关各级党组织高度重视，精心组织，及时成立领导小组，制订工作方案，围绕"守初心、担使命、找差距、抓落实"总要求，认真组织党员干部抓好学习研讨、专项整治、检视问题、整改落实工作，按照习近平总书记关于"四个对照""四个找一找"的要求，认真查找问题，剖析原因，制订整改措施，召开高质量的专题民主生活会和专题组织生活会。主题教育做到全员覆盖、全面见效，实现理论学习有收获、思想政治受洗礼、干事创业敢担当、为民服务解难题、清正廉洁做表率的目标。工委结合实际制订《关于做好"不忘初心、牢记使命"主题教育准备工作调研的方案》，工委领导分组带队，深入开展调研，形成高质量的专题调研报告，为有力解决基层实际困难和问题奠定坚实基础。组织92个直属基层党组织共计120名党组织书记、专职副书记进行"不忘初心、牢记使命"主题教育集中轮训。组织80余个单位开展"习近平新时代中国特色社会主义思想"和"不忘初心、牢记使命"主题教育宣讲活动，共宣讲50余场。扎实做好市直机关"改革创新、奋发有为"大讨论活动督导工作，成立7个联络督导组，通过"全覆盖、无死角"的严督实导，推动市直机关"改革创新、奋发有为"大讨论活动的顺利开展。（连　伟）

【组织建设】2019年，市直工委进一步抓好基层组织建设。推进党支部标准化规范化建设。深入贯彻落实《中国共产党支部工作条例（试行）》，大抓基层、大抓支部，推动基层党组织建设提质增效。11月27日至29日举办市直机关党支部标准化规范化建设现场观摩暨党务干部业务培训班。认真抓好基层党组织换届选举工作。结合全市机构改革工作，进一步健全组织、理顺关系、配齐力量、完善机制，新成立及合并和撤销直属机关党组织45个，更名6个，调整隶属关系4个，指导27个机关党组织完成换届，调整新任直属党组织书记、副书记、专职副书记66名，纪委书记、委员102名。认真做好整治软弱涣散基层党组织工作。制订实施方案，研究确定5个软弱涣散党组织，加强督促指导，全部整改到位。大力加强基层服务型党组织建设。广泛开展走访慰问生活困难党员、老党员和老干部活动，春节期间为1245人发放慰问金，共计124.50万元；为3名因公牺牲、殉职的党员发放慰问金3万元。

夯实基础工作。抓好党建制度的落实。认真落实市直工委、部门党组（党委）、直属机关党组织、党支部抓党建"四级责任体系"和党组（党委）书记、直属机关党组织书记、专职副书记、党支部书记抓党建"四岗工作职责"。坚持"书记抓、抓书记"，真正把从严管党治党的主体责任记在心上、扛在肩上、抓在手上。扎实开展主题党日活动。按照《进一步加强和规范"主题党日"活动的通知》要求，积极开展主题党日活动，通过领导干部讲党课、参观红色教育基地等形式，丰富主题党日活动内

容，提高党员干部参与活动的热情。认真做好党费管理使用工作。制定下发《关于市直机关在职党员党费下拨管理使用的办法》，对党费返还比例、使用和管理进一步调整和规范，从严加强党费收缴使用管理，为基层党组织下拨党费共计251万余元，为离退党支部返还党费169万余元。做好发展党员工作。5月13日至17日举办市直机关发展对象培训班，对237名发展对象进行集中培训，经认真审核严把入口关，共发展党员244名，转正347名。认真做好党员信息维护工作。完成机构改革中4个党组织和1300名党员组织关系的接转。进一步推进市直机关“山西智慧党建”推广应用工作，6月29日对直属党组织专职副书记和管理员200名进行动员部署和业务工作集中培训。

提升党务干部基本能力。完善基层党组织书记轮训制度，加大党务干部的培训力度。组织各直属党组织专职副书记和党务干部92名进行全市党支部书记示范班培训；完成市直机关1520名党组织书记、党务干部专题组织生活会的培训工作。（连　伟）

【作风建设】 2019年，市直工委加强纪律建设，严明党的政治纪律和政治规矩，使铁的纪律转化为党员干部的日常习惯和自觉遵循。持续纠正“四风”，坚持问题导向，加大监督检查，共查处违反中央八项规定精神案件17起。严格监督执纪问责，加大案件查处力度，共审理案件83件，处分83人。着力提升纪检干部队伍整体素质，12月2日至5日举办太原市纪检监察系统审理业务暨市直机关纪检干部培训班，共培训82人。严把市直机关纪委书记人选关，对新任的26名纪委书记进行考察。（连　伟）

【精神文明建设】 2019年，市直工委推进文明创建工作。完成机构改革后省、市级文明单位情况摸底汇总工作。完成2018—2019年度省级文明单位（标兵）重新申报推荐工作。完成2018—2019年度市级文明单位（标兵）申报推荐工作。在重庆大学举办1期“市直机关精神文明建设工作骨干培训班”，进一步提升市直机关文明创建工作水平。

发挥道德模范的示范引领作用。组织各单位开展推荐选树、学习宣传道德模范活动，开展“我推荐、我评议身边的好人”活动，推荐51人。继续深入开展“时代新人”主题系列活动，7人进入全市“时代新人榜”。组织开展5场市直机关“时代新人说——改革创新、奋发有为”先进典型事迹报告会。市直机关推荐的时代新人高思恩获得全国时代新人说讲述活动银奖。

加强机关文化建设。组织市直机关各单位广泛开展庆祝中华人民共和国成立70周年主题活动，与市委组织部、市委党史研究室联合举办知识竞赛活动。圆满完成“礼赞祖国、祝福太原”音乐朗诵比赛活动。组织开展“奋进伟大时代、争做改革先锋”主题征文活动，向太原日报推荐征文80余篇。组织100名党员干部参加10月1日国庆升国旗活动。各文明单位开展“道德讲堂”600余场、“文明礼仪大讲堂”300余场，有力促进市直机关干部职工文明道德素质的养成和提升。

做好全国文明城市创建工作。按照创城工作任务分解，整合力量，稳步推进。组织市直机关各文明单位开展为期两个月“文明交通、安全出行”志愿服务活动，共有200余家文明单位2000余人参加。市直机关各文明单位完善志愿者服务制度，以“弘扬雷锋精神、创建文明城市”为主题，开展义务献血、义务植树、关爱弱势群体、美化环境等形式多样的志愿服务活动，努力营造创建文明城市的浓厚氛围。

完成“二青会”保障服务任务。全程做好澳门代表团的保障服务工作，全国“二青会”组委会向市直工委发来表扬信，1名工作人员被授予“三等功”。圆满完成“二青会”开幕式4250张坐场票的统计分发工作。（连　伟）

【统战群团工作】 2019年，市直工委重视统战工作。组织无党派人士开展“不忘合作初心，继续携手前进”主题教育活动。建立市直机关党组织设置统战委员情况台账和党外代表人士信息库。下发《关于进一步加强和改进市直机关宗教工作的通知》，按照关于加强“无党派人士”政治面貌规范使用工作的有关要求，确定市直机关省级无党派人士重点人物5人、省级无党派人士后备人才7人。

机关工会工作。新成立工会组织4个，指导13个单位完成工会换届。向市总工会争取到工会经费每年120万元，为基层工会下拨活动经费31.80万元。推选出席省“五一”劳模大会表彰集体2个，个人5人。推选并获得市总“晋阳工匠”表彰荣誉2人，推选并获得市总“巾帼岗”表彰集体2个，个人2人。组织市直机关6000余人开展一年一度的全民健身“健步行”活动。

机关团组织建设。新成立基层团组织4家，发展团员100名。组织80余名团员青年在山西大学开展“4·23世界读书日”专场报告会。组织市直机关200余名团员青年开展“不忘初心、牢记使命——纪念五四运动100周年”汇报演出活动。与团市委、市文物局联合举办“青春相约、爱在龙城”主题交友联谊活动。组织市直机关70余名团员青年在太原市示范性综合实践基地开展“不忘初心、牢记使命”主题团日活动，进一步扩大团组织在市直机关的影响力和感召力。（连　伟）

机关事务管理

【概况】 2019年，太原市直属机关事务管理局以习近平新时代中国特色社会主义思想为指导，深入开展“不忘初心、牢记使命”主题教育，着力在提高政治站位、强化理论武装、积极担当作为、加强作风建设上下功夫，按照一年起步打基础，二年完善上台阶，三年规范提质量的要求，全力做好机关事务管理工作，较好完成全年各项工作任务。

太原市直属机关事务管理局于2019年2月成立，是机构改革中新组建市委工作部门。主要负责太原市四大办公室后勤保障工作，统筹管理市直机关公务接待、办公用房、公务用车、基建维修、公共机构节能等事项。太原市直属机关事务管理局下设办公室、人事科、接待科、房管科、资产科、财务科6个科室，下属机关事务服务中心、会议接待服务中心、机关文印中心3个事业单位。

（孟　飞）

【机构改革】 2019年，太原市机关事务局严格按照《太原市机构改革实施方案》执行，精准统筹、强化责任，积极作为，结合《山西省直属机关事务管理局职能配置、内设机构和人员编制规定》，制定《太原市直机关事务管理局"三定"方案》，对管理局的职能、机构、编制进行明确，扎实开展组建工作，同时按照"编随事走、人随编走"政策原则做好人员转隶工作，并在5月完成中层干部选任工作。在全市机构改革中，负责统筹有限办公用房资源，解决新组建和职能调整单位办公场所问题，通过积极协调，周密安排，完成市检察院旧址、市公安局旧址、房地大厦约2.50万平方米办公区集中管理，有效破解机构改革后井喷式办公用房需求。（孟　飞）

【办公用房管理】 2019年，太原市机关事务局推动办公用房全覆盖管理，印发《关于加强市直党政机关事业单位办公用房集中统一管理工作的通知》，明确负责全市党政机关的办公用房，并将管理范围延伸至各级各类事业单位。收回市公安局、市检察院、市房管局等空闲办公用房3万平方米，建立市级集中办公区，完成新组建9个部门1.50万平方米办公用房调剂工作，实现集中办公区物业和维修统一管理。推动经营性用房出租出借规范化，与市财政局、市税务局等部门配合，建立前置审核协同管理机制，优化统筹处置合同到期出租房，减少财政租赁开支400万元（全年财政租赁开支5451万元）占比7.30%。以"不忘初心、牢记使命"主题教育为契机，着眼于解决干部职工最急、最忧、最盼问题，维修利用闲置房屋，改造为机关单身公寓，解决市直各单位200名单身、借调人员住宿问题。（孟　飞）

【资产管理】 2019年，太原市机关事务局制定《太原市公共机构节能办法（草案）》《公共机构节能工作安排流程（草案）》等规章，促使公共机构节能工作有章可循，有规可依。建立太原市公共机构节能网站和垃圾分类信息平台，通过搭建手机移动端App平台，将机关垃圾分类投放行为可视化，逐步引导机关干部职工养成良好投放习惯。建立公共机构节能"监测平台"，全面对市直单位远程水表、电表等通用计量设备进行接入，实现水、电能耗数据实时监测和动态管理。初步建立太原市党政机关事业单位闲置国有资产"公物仓"，对"二青会"可移动资产进行妥善处置，解决重大活动一次性配备资产造成浪费和国有资产不能循环利用的问题。对各县（市、区）"公务用车一张网"建设进行督查，在全省率先完成市县与省网对接工作。（孟　飞）

【公务接待】 2019年，太原市机关事务局坚持把公务接待工作作为展示城市文明形象的重要窗口和平台，着力提升公务接待内涵和水准。通过精心做好二青会接待保障工作，与全市56家酒店、50余家汽车租赁公司、34个市直机关单位建立密切合作关系，公务接待向综合管理型转变。制定出台《关于太原市进一步规范公务接待管理的办法》《公务接待管理制度40条》等制度，规范接待公函、接待标准、接待清单、费用结算等各环节工作，整理汇编《公务接待工作手册》，有效提升接待效率和服务质量。出台《严守政策红线，加强公务接待管理工作通知》，提出"3个6"工作原则，建立公务接待经费"逐月汇审"制度，制定"三重一大"工作标准，确保守住底线，不越红线，真正做到按制度办事、按规定办事、按程序办事。

（孟　飞）

【二青会接待保障】 2019年，太原市机关事务局完成二青会各项接待任务，赢得国家体育总局、各省市代表团的一致赞扬和充分肯定，用后勤智慧和服务赢得"二青时刻"，创造"二青速度"，积淀"二青精神"。

机关事务局承担赛会期间代表团、观摩团、媒体记者的食宿安排，负责代表团开闭幕式以及日常出行车辆保障，为所有来宾提供抵离服务。机关事务局采取多种有效措施，确保接待工作万无一失。

制定工作规范，明确任务职责。机关事务局对做好二青会的接待工作高度重视，按照市委书记罗清宇、市长李晓波、秘书长刘鹓提出具体要求严格执行，抽调精干力量成立综合处、接待站管理处、贵宾接待处、代表团接待处、交通运输处等机构。为提高工作效率，促进接待工作标准化，机关事务局制定《接待工作手册》《接待工作流程》《代表团团部对口接待任务分解表》《接待站各类专用标识汇总》《代表团团部接待酒店信息汇总》《对口接待单位工作标准》《公共接待服务站工作标准》《驻地服务站工作标准》《二青会接待部交通保障标准》《接待酒店工作标准》《接待人员礼仪规范标准》等工作标准和流程，实现接待工作系统化、程序化、标准化。为加强衔接配合，促进接待工作规范化，组织召开第二届全国青年运动会接待工作动员部署会议，并召开协调会、对接会、推进会82次，就公共接待服务站组建工作、代表团团部对口接待工作、接待酒店服务工作、安全保障工作及接待礼仪规范等具体工作进行

安排部署，有效推动接待工作取得新进展。为畅通信息渠道，让市领导及时准确掌握接待情况，每日汇总有效信息，编写《第二届全国青年运动会接待工作快报》，对每日重点工作和存在问题进行专项汇报，赛会期间共出快报45期。

强化服务标准，高质量做好安全工作。机关事务局按照《市执委会接待部工作推进方案》要求，从135家备选酒店中综合考察硬件设施、软件服务、接待能力等因素，筛选出56家“二青会”指定接待酒店，授牌并签订合作协议。并根据各酒店实际，制订周密细致接待计划，对来宾抵离、住宿、餐饮、会场信息督促跟进。高度重视安全工作，对酒店进行全方位检查，排除隐患，保证设施设备正常运转，做好楼层夜间值班工作，督促酒店开展好消防、反恐、防爆等安全演练，加强巡逻巡查，确保突发情况能及时应对、快速处置，确保来宾人身财产安全。严把食品安全关，配合食品药品安全部门把好食材质量关、菜品出品关和餐厨消毒关，明确卫生标准，建立食品安全管理档案，指定专人负责检查，确保灶具餐具及时消毒清洁，蔬果肉蛋分类存放，做到食材采购规范，分类放置规范，加工制作规范。机关事务局与供水、供气、供电部门密切衔接配合，确保二青会期间接待工作“电明水畅气足”。联合市公安局、县区派出所等相关单位，划分安全责任区域，责成专人负责，合理配置人员，昼夜巡逻，记录巡查，做到安全工作“系统化、网络化、表格化”，确保安保工作万无一失。

强化部门联动，精心配合做好出行保障工作。二青会赛事期间，机关事务局在武宿国际机场、太原火车站、太原南站、各高速口设立“二青会接待服务站”。通过与相关部门的通力协作，公共（口岸）接待服务站对30000余名来宾进行抵离引导、安排和保障，圆满完成来宾抵离太原的接送、特别是重要嘉宾和代表团的迎送任务，为全国34多个省市的来宾提供优质接待服务。二青会期间针对代表团团部人员的出行，选取优质租车公司进行合作，选取过硬汽车公司进行赞助，选取能力出众司机进行保障。为各代表团配备迈腾、天籁、轩逸、商务车等合计182辆，对驾驶员集中统一培训8次，与交警部门密切配合，确保代表团团部成员高效安全出行。

创新接待模式，高标准做好代表团团部接待工作。代表团团部工作，是这次接待保障的重点，全国34个代表团入住6个酒店，分别是并州饭店、湖滨国际酒店、龙城国际酒店、山西饭店、金蓉家园酒店、潞安戴斯酒店，共计832人。机关事务局高度重视代表团团部接待工作，认真研究，仔细论证，首次采取“1+7”对口接待模式，即1名省直领导，1名省直单位联络员，1名市领导，1名市直单位负责人，1名市直单位联络员，1名酒店联络员，1名交通联络员共同组成对口接待组，全程服务代表团。机关事务局指定专人及时掌握代表团团部人员酒店入住、车辆调度等信息，并提前熟悉驻地酒店、比赛场馆、各接待服务站具体位置及来往线路图，向代表团团部人员及时分发证件、接待材料等，为代表团提供有力的服务保障。在34个代表团房间分别放置二青会相关标识、台卡，制作二青会专用绶带、餐券，有效营造二青会服务氛围。根据少数民族代表团特性，在用餐、言语、礼仪等方面进行培训4次，指导各酒店为代表团安排特定就餐区域，制定《指定接待酒店食材采购及食谱制定方案》，提供五种食谱，供接待酒店参考，实现每日三餐菜肴不重样。尤其针对少数民族的用餐习惯，设置独立厨房、全新锅灶、食材特殊采购，并聘请少数民族厨师进行烹饪，为所有来宾提供热情、周到的服务。各代表团团部、媒体记者、观摩团对接待保障予以充分肯定，34个代表团均写下感谢信表示对接待服务的认可。陕西、宁夏、青海等代表团向接待人员赠送感谢牌匾、锦旗，西藏代表团献上哈达以示谢意。各代表团团长、副团长都表示这次二青会的服务保障，让他们深深感受到山西人民的浓浓热情和暖暖温情。（孟　飞）

老干部工作

【概况】 2019年，中共太原市委老干部局（简称市委老干部局）以习近平新时代中国特色社会主义思想为指导，深入学习贯彻中共十九大、十九届四中全会精神、习近平总书记视察山西重要讲话精神，全年工作在“改革创新、奋发有为”大讨论牵引下实现高起点开局，在“我看新中国成立70周年新成就”大调研中实现高标准开展，在“不忘初心、牢记使命”主题教育中实现高质量推进。（王旭东）

【离退休干部思想政治建设】 2019年，市委老干部局扭住政治建设这个根本，把“两个维护”作为根本政治原则，坚持以老干部党校、老年大学、老干部活动中心为主阵地，借鉴“党建进校园、党建进团队”成功经验，在加强离退休干部“三项建设方面”下功夫。

“三个覆盖”加强离退休干部政治建设和思想建设，提升政治引领力。学习全覆盖。在主题教育和大讨论期间，统筹兼顾到局机关离退休干部党员，并延伸到82名市级老领导、110名离退休临时党支部书记和327个离退休党支部，实现学习教育全覆盖无盲区。共发放学习资料2650余册。培训全覆盖。邀请市委常委、组织部部长赵忠保，市级老领导谷文波、范世康及市委党校专家教授做专题辅导。举办全市“改革创新、奋发有为”离退休支部书记暨局系统支部书记培训班、“党的光辉历程”专题党课、党史和新中国史专题讲座等，培训理论骨干500余人次。活动全覆盖。组织市级老干部和党员干部赴国民革命军第八路驻晋办事处旧址进行革命传统教育、参观新中国成立70周年成就展、举办主题党日活动等，引领离退休干部党员学习遵守贯彻维护党章，始终牢记党员身份，做到党的意识不弱化、党员标准不降低、党内生活不脱离，永葆政治本色。（王旭东）

【离退休干部党组织建设】2019年，市委老干部局“三个创新”加强离退休干部党组织建设，积聚强大战斗力。建立党建工作指导员制度。按照城市基层党建引领基层治理、服务城市发展的工作需要，在省委老干部局的精心指导下，在全市选拔20名政治素质高、工作能力强、服务意识强的离退休支部书记到非公企业担任党建指导员，协助非公企业加强党的建设。创新组织设置。在充分调研摸底基础上，按照“利于活动、便于管理、应建尽建”原则，推进全市离退休干部党支部标准化、规范化建设。为市直217个离退休干部党总支（党工委）、党支部发放工作经费108.50万元，离退休干部党组织书记（委员）工作补贴全部落实到位。推进“党建进社区”。充分借鉴“党建进校园”“党建进团队”经验，通过社区党员活动站、区域党群服务中心，不但让离退休党员在家门口就能参加学习活动，而且实现“兜底式”管理，推动离退休干部党建更好地融入城市基层党建大格局，使离退休干部党组织真正成为党员学习的基地、团结群众核心、推动发展助力、攻坚克难堡垒。（王旭东）

【离退休干部工作信息化建设】2019年，市委老干部局以“全市离退休干部信息管理平台”为依托，把提升离退休干部管理服务水平落脚到老干部“万千百十”工程上，强化“坐不住、等不起、慢不得”紧迫感，全力以赴解决好老干部关注“头等大事”和“关键小事”，提升获得感幸福感安全感。推进信息化做法在全省组织部长会议上做经验交流。

推进信息化建设，把“万千百十”工程中的“万”落实，把全市5万多离退休干部全部纳入数据库，做到万无一失。以非常之力、非常之举搭建离退休干部信息平台，建立全国首家离退休干部数据库，基本解决离退休干部“底数不够清、数据不够准、范围不够明确”问题，为实现服务管理全天候、全时段、全覆盖奠定基础。全市5万多离退休干部全部纳入数据库，离退休干部19张统计年报对接平台，自动生成数据，大大减轻基层老干部工作人员工作量。接待外省市参观学习4次，网络安全培训100多人次。（王旭东）

【老干部服务智能化】2019年，市委老干部局推进智能化运用，把“万千百十”工程中的“千”落地，让2千多名离休干部实现健康养老，做到千方百计。健全各部门间协作机制，形成本单位尽职、多部门尽责、小家庭尽孝、各社区尽力、全社会尽心的五方联动服务体系。与市卫健委、民政局签署战略合作协议，与卫健委所属医院实时共享数据、互通资源；为老干部发放就医爱心卡，搭建线上预约和线下看病的“绿色直通车”，解决老干部看病难、用药难问题；协调市政府办公室、市二院与社区共建“老年餐厅”，方便老干部就餐；签订家庭医生服务协议书，让老干部看病、取药、报销更便捷，实现药品随用随拿；与市卫健委、市人民医院共同搭建的太原市离退休干部康养中心正在稳步推进中，解决服务老干部“最后一公里”问题。（王旭东）

【老干部服务规范化】2019年，市委老干部局推进规范化管理，把“万千百十”工程中的“百”落细，让300多名特困老干部得到关心照顾，做到“雪中送炭”。制定全市离退休干部“帮困解难专项资金”补充细则，让有特殊困难的离退休干部能够得到更多的关心照顾。开展重阳节系列活动并制定慰问制度，全年市县两级共慰问特困离退休干部、老红军、老党员共926人，发放慰问金289.75万元。落实离休干部医疗保障待遇。按要求提高护理费标准，为7位老干部提高享受“省（部）长级医疗待遇”和“按省（部）长级报销医疗费待遇”，成功举办全市离退休干部新年电影招待会，圆满完成安保维稳工作，做到零上访。解决老干部急难愁盼问题10多件。历时3个月，投入300多人次完成4所老干部公寓的“美化、靓化、绿化”工程，改善老干部居住环境；协调多家单位，解决杏林一条市级老干部10多年没有解决的煤气管道安全隐患及路面硬化问题等。（王旭东）

【老干部服务精准化】2019年，市委老干部局推进精准化服务，把“万千百十”工程中的“十”落优，让82名市级老干部发挥政治引领作用，做到“锦上添花”。用“四全服务理念”“做好精准服务。即服务全方位、联系全天候、关爱全身心、履责全过程。充分利用“老干部之声”快讯报告制度，把老干部意见建议通过信息化终端第一时间报送市委组织部部长，做到建言献策第一时间报告送达，市委领导第一时间批复安排，矛盾问题第一时间化转解决，报告制度成为解决问题“直通车”。

（王旭东）

【老干部志愿服务】2019年，市委老干部局建立离退休干部发挥正能量工作机制，打造全市离退休干部正能量志愿服务品牌，通过先进典型、身边榜样的引领，让老干部自觉做贯彻落实党中央和省市委决策部署的推动者、良好政治生态的维护者、社会和谐稳定的促进者。

以创建全国文明城市和举办二青会为契机，引深正能量活动。成立“杨贵山学雷锋教育基地志愿者服务站”等16个离退休干部志愿者服务工作指导站和7个退役军人服务站并挂牌，整合246支老年志愿服务团队，在市委老干部局的指导下，以站长为核心，以团队为依

托，提升志愿服务组织力和行动力，提升志愿服务品牌影响力和推动力，全年共开展志愿服务900余次。

精心设计载体，拓展正能量渠道。通过开展“我看新中国成立70周年新成就”专题调研、举办全市离退休干部文体艺术节、庆祝中华人民共和国成立70周年系列主题活动和“不忘初心、牢记使命”主题教育，为老干部搭建“展示风采”和“建言献策”的平台。组织市级老干部一月一调研活动成为亮点，太原市重点工程、重点项目、重点建设全部体现在一年的12次调研活动中。真正发挥市级老干部政治优势、经验优势、威望优势，助力太原改革发展。全年共召开调研座谈会40次，艺术节展演300多场，畅谈变化，献礼祖国70华诞，参与人数达2万人次。

典型示范带动，丰富正能量内涵。加强离退休干部先进典型选树宣传，挖掘推广一批叫得响的先进典型和身边榜样，如：上一届全国离退休干部“双先”表彰的获得者、带动老年人健康文明骑行的张福清；这一届全国离退休干部“双先”表彰获得者、带动一大批市民学雷锋做好事的杨贵山等等。用事迹引导广大离退休干部崇尚先进、学习先进、争当先进。（王旭东）

【老干部自身建设】 2019年，市委老干部局以创建“省级文明单位”和“双拥共建模范单位”为抓手，自身建设迈上新台阶。成立创建领导小组，10个成员用两个月的时间加班加点整理资料70盒，展现干在实处和走在前列的精气神。为“创建全国文明城市”增力，全局志愿服务累计时长达到6.80万多小时；为“二青会”的成功举办添彩，收到二青会组委会发来表扬信，对口接待宁夏代表团专程送来牌匾表示感谢；为“脱贫攻坚”助力，产业扶贫取得成效，对帮扶村困难老党员进行慰问，划拨专项扶贫资金5万元；为“双拥共建”提质，慰问武警太原支队执勤三中队6次，举办双拥演出24场；组织干部职工参加“健步行”“一日捐”活动，局门户网站打造文明高地，发布和刊登信息500余条，等等。在全局系统营造人人想干事、人人敢干事、人人愿干事良好氛围。

以制度保障和制度规范为推手，党风廉政建设实现新加强。坚持在制度保障上持续发力，制定和修订《离退休干部党建指导员制度》《老干部信访工作巡视巡察制度》《市级老同志“一对一”调研制度》等10项工作制度，为把制度优势转化为治理效能奠定基础，坚持用制度规范工作、用制度巩固经验，扎实推进党风廉政建设、意识形态、“三基建设”等各项工作更加规范。机关党委和纪委全年列席局务会34次，把对党员干部日常监督落实落细落到位，把纪律规矩立得更严、制度笼子扎得更牢、“关键少数”管得更紧，努力把老干部局打造成模范机关。（王旭东）

【党建工作】 2019年，市委老干部局勇于直面问题。班子成员按照“四个对照”“四个找一找”，围绕“8+2”专项整治，认真检视反思，存在问题的深刻剖析，不遮掩、不回避。勇于刀刃向内。局班子成员从思想、政治、担当作为、纪律作风等方面共检视出15个方面38个问题。大家敢于揭短亮丑、开展辣味十足自我批评，有的支部开展批评做到真情实意、坦诚感人，收到成效。勇于修正错误。针对检视出来问题逐一剖析原因，提出整改措施和整改时限。班子成员当好标杆、做好表率，发挥关键少数的作用，带头把标尺立起来、把责任扛起来、把先锋形象树起来，带动全局党员干部投入主题教育自觉性主动性明显增强。

2019年，市委老干部局盯住问题抓整改到位。召开县（市、区）老干部局长座谈会、主题教育整治整改落实成效评价会、市级老领导座谈会等，通过多种方式多种渠道“开门搞教育”，征集意见和建议45条，充分了解到老干部工作部门的难点堵点和老干部急难愁盼问题。公开承诺三个服务事项2个已落实，1个需要长期整改落实。压实责任抓整改到位。局班子成员按照“一岗双责”，对分管科室、单位及所在支部主题教育开展负主要责任。坚持“不落一个支部、不漏一名党员”原则，8个支部76名党员全部做到不缺课、不漏学、不掉队，百分之百完成承诺践诺。强化督导抓整改到位。局主题教育督导组全程深入各支部，依托“三会一课”，采取共同学习、现场随机提问、测试、座谈等方式进行督促检查，及时校准偏差、纠正问题，按照规定标准推进主题教育。（王旭东）

精神文明建设

【概况】 2019年，太原市文明办以习近平新时代中国特色社会主义思想为指导，深入贯彻落实中共十九大和十九届二中、三中、四中全会精神，深入贯彻落实全国、全省、全市宣传部长会议和全国、全省文明办主任会议精神，以培育和践行社会主义核心价值观为根本，以争创全国文明城市为龙头，以群众性精神文明创建活动为依托，以庆祝新中国成立70周年为主线，以迎接二青会召开为契机，面向基层、服务群众，扎实推进各项工作，取得显著成效，为奋力谱写文明开放富裕美丽太原新篇章提供强大精神动力和丰润道德滋养。

（办公室）

【精神文明创建】 2019年，太原市文明办组织学习《习近平新时代中国特色社会主义思想学习纲要》《习近平新时代中国特色社会主义思想三十讲》、习近平总书记视察山西重要讲话精神，中共十九大和十九届二中、三中、四中全会精神。深刻理解领会习近平总书记在全国宣传思想工作会议上的重要讲话精神，学习中央、省、市重要会议、重要法规制度及主要领导的讲话精神等。贯彻落实中央、省委关于加强精神文明建设部署要求，强化顶层设计，印发《太原市2019年精神文明建设重点工作安排》，努力推动太原市精神文明建设取得新成效。（办公室）

【社会主义核心价值观建设】2019年，太原市文明办完善标准、强化培训、加大督促，推动社会主义核心价值观建设提档升级、落细落小落实。在公交车车尾电子显示屏、大街小巷、广场公园、建筑围挡等广泛设置质量较高公益广告，新增一批形式新颖、制作精美“社会主义核心价值观”“中国梦”等景观小品，成为城市一道亮丽风景。持续组织原创优秀公益广告作品征集活动，继2018年获得省优秀公益广告征集活动动漫类、影视类一等奖后，又获得平面类一等奖，8个作品分获二、三等奖，显示公益广告创作实力和水平。宣传阵地建设巩固，建成8个社会主义核心价值观主题公园，在市域范围全面实现核心价值观融入市民公约、行业规范、居民公约、村规民约全覆盖。组织编撰《太原市民文明手册》《太原市创建全国文明城市应知应会手册》《太原市民文明礼仪读本》等宣传资料，多种形式广泛发放，有效地提升市民对创城知晓率、参与率和满意率。（办公室）

【公民道德建设】2019年，太原市文明办坚持以《新时代公民道德建设实施纲要》为遵循，推动社会公德、职业道德、家庭美德、个人品德建设。全市1394个道德讲堂和2965个善行义举榜，以身边人讲身边事教育身边人形式，持续弘扬向上向善正能量。组织开展第十七个全国“公民道德宣传日”系列活动，深化“四德”建设。广泛选树、宣传道德模范、身边好人，晋源区南街村党支部书记陈秀苗被中宣部、中央文明办等6部门联合评选为第七届全国道德模范提名奖；张旋、陈树民等7人获得“中国好人”称号；刘宝荣、柴霞等6人获得山西好人称号，全年共选出35位太原市身边好人。推荐中国好人经验做法受到省文明办通报表扬。组织开展道德模范进基层巡讲活动，全年共举办巡讲报告会45场次。太原市全国、省级道德模范14人先进事迹入选《道德模范耀三晋》丛书。加大帮扶礼遇道德典型力度。为全市道德模范和身边好人办理免费公交卡、免费体检以及旅游一卡通等，中秋节前夕市委副书记李新春慰问道德模范代表陈秀苗，元旦春节市文明办携带米面油等慰问生活困难的道德模范、身边好人代表。礼遇道德模范方面，组织道德模范陈秀苗、中国好人杨蓉代表山西省分别参加第七届道德模范颁奖仪式和国庆70周年阅兵式彩排，组织道德模范、身边好人代表观看“如梦晋阳”“国庆70周年烟火晚会”，参加省市迎春文艺晚会、团拜会等，好人好报、德者有得的良好价值导向在全市进一步树立。（办公室）

【文明城市创建】2019年是第六届全国文明城市创建周期的第二年，也是提档升级、全面达标之年。太原市坚持把创建全国文明城市作为提升城市品质、改善人居环境的一项全局性、系统性战略工程，以承办和保障二青会为契机，坚持问题导向、加强精细管理，举全市之力、行非常之举，扎实推进各项创建工作。

市委书记罗清宇、市长李晓波带队，多次调研督导创建工作，不发通知、不打招呼、随机抽检创建工作。10月26日，市委组织召开全市创建工作现场观摩推进会，选取6个不同类型的7个示范点位，总结经验做法、补齐差距短板，广泛发动群众、拓展创建成效。11月26日，举行市委理论学习中心组（扩大）学习会，邀请中央文明办二局局长吴向东做专题辅导，提升各级干部对创建工作的认识。

2019年，太原市在创城工作中持续深化“九乱”治理。全市共整治完成背街小巷858条、老旧小区2589个、集贸市场81个。4月启动“创文明城市、迎二青盛会”双月攻坚行动，围绕创城工作中存在的重点、难点问题开展十三项攻坚行动，推动城市管理的精细化。依据《太原市文明行为促进条例》，4月启动针对随地吐痰、占道经营、禁烟场所吸烟、不文明养犬等14类不文明行为联合执法行动，以法制手段促进文明行为自觉养成。启动“爱省会、建太原、树形象”市民文明素质提升行动，从思想道德教育、文明排队让座、文明旅游、文明家风、文明观赛等9个方面，引导市民从自身做起、从小事做起，强化文明行为习惯养成。6月开展创城“民心工程”评选活动，评选出2018年度创建全国文明城市“民心工程”12个、2018年度创建全国文明城市“创城工作法”19个，吸引近90万市民参与活动，有效提升市民对创城的知晓率、参与率和满意率。7月启动“文明亮剑·随手拍（丑拍App）”系统，引导和鼓励广大市民和社会各界一起参与监督不文明、不环保行为，曝光脏乱差，弘扬正能量，全力促进城市文明程度和市民文明素质双提升。针对市民电话和信件投诉、媒体曝光、检查发现等创城工作中存在的问题，累计下发问题限期整改督办单104份，涉及各类问题5000余个，推动一大批市民关心、关注的焦点、难点问题解决。2019年全国文明城市年度测评，在全国省会提名城市中名列前茅。（办公室）

【先进典型命名】2019年，太原市文明办出台《太原市精神文明建设指导委员会关于认定2018年度文明单位的决定》，对上届543个市级文明单位标兵、417个市级文明单位进行认定；出台《太原市2018—2019年度文明单位创建测评细则（试行）》，规范对文明单位管理；对省级文明单位机构改革情况进行摸底调研，对省级文明单位合并、重组、撤销、新建单位进行梳理；对全市文明单位创建工作进行调研，形成《关于加强和改进文明单位创建工作的调研报告》

报告，上报省文明办。

太原市文明办开展新一轮“星级文明户”活动，在小店区寺庄村和阳曲县扫峪村开展的星级文明户评选示范点工作已经取得阶段性成效，为全市开展新一轮星级文明户示范引领工作奠定良好基础。

太原市文明办出台《太原市开展创建文明家庭树立文明家风活动方案》，报省文明办；向省文明办推荐上报第二届山西省文明家庭9个。

太原市文明办把文明校园创建纳入《太原市创建全国文明城市三年规划纲要》，出台《太原市文明校园管理办法》，修订完善《太原市中小学校文明校园测评细则》，召开太原市文明校园创建工作现场会，推广全国文明校园创建经验。全市707所学校全部参与创建活动，现有市级文明校园120所，省级文明校园及先进学校42所，全国文明校园2所。

（办公室）

【文明志愿服务】 2019年，太原市文明办在全市新建98个志愿服务示范站点，汇编《太原市学雷锋志愿服务站点资料》1万册，组织各示范站点学习交流。开展“春节、元宵节”暨学雷锋活动月、“喜迎二青会”“创文明城市、做文明市民”系列等志愿服务活动，全年累计开展志愿服务活动共计15900余次，参与志愿者达47.75万余人次，为全社会提供志愿服务时长达337.30万余小时，全市受助人群达238.75万余人次。通过《中国志愿服务基金会志愿城市·太原专项基金章程》和《专项基金管理办法》。对申报项目社区、社工机构、社会组织进行培训，对重点项目完成立项工作。全年专项基金支持重点志愿服务项目14个，扶持资金277万余元。

（办公室）

【未成年人思想道德建设】 2019年，太原市文明办深入开展“扣好人生第一粒扣子”主题教育实践活动，34人获得“新时代太原好少年”称号，5人获得“新时代山西好少年”称号；组织新时代好少年研学活动，“新时代好少年”做法在全省关工委工作会议上做经验介绍。开展“传承红色基因”系列活动，在清明、七一、国庆等重要时间节点开展祭英烈、唱红歌、向国旗敬礼等主题教育活动。

发挥未成年人心理健康辅导站的作用。全年累计为未成年人提供咨询1260人次，举办心理健康骨干教师培训7期，培训教师1749人次，举办公益讲座361场次，服务人数10300余人次。

市文明办面向全市征集优秀童谣402首，70首被评为优秀童谣，编印《2019年优秀童谣汇编》5000本。

市文明办扎实推进乡村学校少年宫建设，修订《考核评估标准》，实地测评全市2011—2018年中央专项彩票公益金支持乡村学校少年宫的运行情况，将测评成绩作为运转补助经费发放重要依据。面向全市征集乡村学校少年宫建设成果展示短视频，并在太原文明网上进行展播，在全省评比活动中，获得一等奖1个，二等奖3个，三等奖1个，市文明办获组织奖。（办公室）

【时代新风弘扬】 2019年，太原市文明办组织开展“爱省会、建太原、树形象”市民文明素质提升行动，以“做时代新人、创文明城市、迎二青盛会”为主题，在全市范围内广泛开展思想道德教育活动、文明有礼等九大系列活动。

市文明办开展文明交通综合整治行动，发动500余个文明单位近9000名志愿者在107个主要交通路口维护交通秩序、劝阻不文明行为。

市文明办持续推进诚信建设制度化，召开全市诚信缺失突出问题集中治理工作推进会，推进落实《实施方案》，深入推进失信问题专项治理，在精神文明创建活动中突出开展诚信行业、诚信单位、诚信示范街区、诚信经营示范店、诚信网店等主实践活动，继续推进“百城万店无假货”的诚信建设品牌，形成不愿失信、不能失信、不敢失信社会环境。

市文明办扎实推进文明旅游活动，全年召开两次文明旅游联席会议，统筹布置安排。国庆节前，市文明办联合市文旅局向市民发出文明旅游倡议书，编印旅游口袋书，增强教育引导针对性和实效性。市属各类媒体重要时间节点文明旅游公益宣传力度效果良好。

（办公室）

【精神文明网上创建】 2019年，太原市文明办编发2000余条全市精神文明创建信息，在官方微信平台发布500余条图文消息，在新浪官方微博以改革创新　奋发有为等7个微话题为引领，在网络上掀起广泛转载和讨论。

2019年，太原市文明办围绕重大事件、中心工作以及“我们的节日”活动，共制作发布《承先烈遗志，抒爱国豪情》《建党伟业——中国共产党大事记》《最美校园》等7个相关宣传专题以及《56个民族　共筑中国梦》《幸福是奋斗出来的》等6个寓教于乐文明小游戏，制作《纪念马克思诞辰200周年》等5篇H5，发布多篇微信美篇，在网上营造出浓厚舆论宣传氛围；为配合全国文明城市创建工作，以及在全社会营造出学先进、做典型争优氛围，在太原文明网设置《太原市先进典型人物》《文明太原城 公益广告》专栏。

太原市文明办在太原文明网推出《2019年太原市“身边好人”事迹展播》专题，召开2019年太原市“身边好人”发布会，对接各大新闻媒体对新一届太原市“身边好人”先进典型事迹进行广泛宣传，引导广大市民学好人、做好人；编撰2019年《太原好人》书籍印发到各个单位，全方位传播好人善行义举，培育崇德向善社会风气；组织10位身边好人拍摄精神文明品牌建设“VLOG短视频”，以新视角、新方式展现身边好人风采。（办公室）

党校教育

【概况】 2019年，中共太原市委党校

（太原行政学院、太原国防教育学院、太原社会主义学院）（简称市委党校）以“改革创新、奋发有为”大讨论和“不忘初心，牢记使命”主题教育为契机，以学习贯彻习近平新时代中国特色社会主义思想和中共十九大、十九届四中全会精神为重点，深入开展教学、科研、决策咨询等各项工作，推进教研咨一体化，坚持读原著、学原文、悟原理，坚持用学术讲政治，围绕中心、服务大局，完成全年各项工作。（霍永刚）

【教育培训】2019年，市委党校贯彻落实《中国共产党党校（行政学院）工作条例》和全国党校工作会议精神，完善教学布局、调整课程设置、创新教学方式，努力达到主业主课占70%，互动式教学占30%的要求，顺利完成各级各类干部培训任务。

创新教学方式方法。坚持把行动学习理念和方法融入主体班教学，在所有主题班次引入行动学习，围绕习近平总书记视察山西时提出的五大任务，进行分组调研和讨论，为五大任务的落实起到一定的推动作用。围绕太原中心工作确定学习主题，通过理论讲授、专家辅导、小组调研、结构化研讨、总结交流和撰写调研报告等方式，进一步提高学员分析解决问题的水平，获得学员的肯定；加大研究式教学力度，增加自学讨论、工作交流、学员论坛、师生座谈、课前合唱等环节，提高学员学习积极性，活跃课堂气氛；推广案例式、研讨式教学、情景模拟、现场教学，开设“提高中青年干部舆论引导能力”和“提高领导干部应急管理能力”等团队教学课程，推动学员的能力提升，促进教学相长、学学相长；利用红色教育基地丰富党性教育内容，组织读书班、青干班、中青班赴右玉干部学院、井冈山干部学院进行延伸教学。积极利用井冈山、右玉等红色教育基地，利用牛驼寨烈士陵园、店子底支前教育基地、高君宇故居纪念馆等市内教育基地开展革命传统和党性教育。

完成主体班培训任务。上半年，第6期学习贯彻习近平新时代中国特色社会主义思想读书班，培训学员37人；第7期学习贯彻习近平新时代中国特色社会主义思想读书班，培训学员41人；第8期学习贯彻习近平新时代中国特色社会主义思想读书班，培训学员40人。第44期中青年干部培训班，培训学员44人，第7期青年干部培训班，培训学员45人。下半年，第45期中青年干部培训班，培训学员40人，第8期青年干部培训班，培训学员43人。全年共培训学员290人。

办好各类短期培训班。先后与市委组织部、综改区、迎泽区直机关工委、尖草坪区、市妇联、市交通局、民革太原市委等单位联合开展培训，共同举办“全市党支部书记‘改革创新 奋发有为’大讨论示范培训班”，培训学员194人；“山西转型综合改革示范区2019年度入党重点发展对象培训班”，培训学员89人；“太原市迎泽区直机关工委青年党员理论学习提升班”，培训学员120人；“尖草坪区2019年农村（社区）‘领头雁’培训班”，培训学员260人；“2019年太原市妇联家庭教育骨干能力提升培训班”，培训学员200人；“中国石化销售山西石油分公司基层党支部书记培训班”，培训学员55人；“山西转型综合改革示范区2019年入党重点发展对象培训班”，培训学员68人；“太原市学习贯彻中共十九届四中全会精神集中轮训（第一期）”，培训学员190人；“太原市交通局纪检干部培训班”，培训学员70人；“民革太原市委干部提升培训班”，培训学员100人，全年累计举办11期培训共10个班次短期培训，培训学员1346人。筹备正科级和副科级公务员任职培训班。全面落实《中共太原市委党校青年教师教学能力提升培训计划》，对全校35周岁以下青年教师进行“基本理论、基本方法”的教学能力培训。（霍永刚）

【理论研究】2019年，市委党校认真贯彻《中国共产党党校（行政学院）工作条例》关于科研工作的定位和要求，加强对习近平新时代中国特色社会主义思想的研究，加强对重大理论和现实问题的研究，着力提高科研与咨询水平，为提高党校教学质量服务，为推进党的理论创新服务，为党委和政府决策服务，积极推进教科咨一体化，努力发挥科研与咨询工作在党校事业的基础支撑作用。全年共发表论文41篇，其中，国家级论文3篇，省级10篇；承担17项市级以上课题，全年结项10项，其中，国家级结项1项，省级结项3项；著作出版1部。加强科研统筹工作，组织县（区、市）党校开展课题研究，立项校级合作课题17项，发挥市县两级党校研究合力。积极推荐人才和成果，全年省级获奖8项，市级5项，其中，在全省党校系统庆祝改革开放40周年理论研讨活动中，获两名一等奖，两名优秀奖；在全省党校系统庆祝新中国成立70周年理论研讨活动中，获两名一等奖，一名二等奖，一名优秀奖；在全市“涉法信访维稳问题研究”法治研讨活动中，获二等奖一项。在第十二届环渤海区域合作与发展党校论坛上，两名青年教研人员提交论文，其中一人论文入选并受邀做主题交流发言。

注重把握党校在意识形态领域的“话语权”。落实中央关于重要节点有声音、重大问题亮观点、重大时段搭平台的要求，及时跟进和宣传中央、省市委重大精神。鼓励教研人员深入学习研究，发表理论研究和宣传文章。组织参加全省党校系统庆祝改革开放40周年理论征文与研讨活动，获得一等奖两项；积极向全省党校系统庆祝新中国成立70周年理论研讨征文活动报送成果，获得一等奖两项、二等奖一项，进一步发挥党校在意识形态的主阵地作用。

组织参加第十二届环渤海区域合作与发展党校论坛。第十二届环渤海区域合作与发展党校论坛以“加强环渤海区

域合作，大力推进生态文明建设”为主题，围绕学习贯彻习近平总书记生态文明思想，大力弘扬右玉精神，促进环渤海区域进一步贯彻绿色发展理念、推动生态文明建设、加快区域内各省（区、市）之间的合作与发展展开研讨。党校两名教师围绕“为山西加快融入环渤海区域发展、促进山西加快经济社会转型”提交论文，论文被第十二届环渤海区域合作与发展党校论坛论文集收录。会上做《为环渤海区域生态文明建设贡献山西力量》的交流发言。

开展2019年度太原市委党校合作课题。回顾总结往年市委党校合作课题的有益经验，完善合作课题管理环节和管理制度，加强党校科研合作，进一步推进太原市党校系统科研统筹。合作课题由各分校组织申报，市委党校评审立项，并对课题研究进展情况进行督促检查，年底对合作课题结项评审。经课题组成员共同努力，所有项目全部完成。2019年度共立项合作课题17项，经评审共评出优秀课题5项，合格课题12项，5家优秀组织单位。

研究制定《关于加强决策咨询工作的意见》。为深入贯彻落实中共中央办公厅、国务院办公厅印发《关于加强中国特色新型智库建设的意见》和新修订的《中国共产党党校（行政学院）工作条例》，提升强化市委党校决策咨询工作，在借鉴其他党校决策咨询工作开展的特色亮点基础上，结合党校实际，研究制定《关于加强决策咨询工作的意见》，进一步明确决策咨询工作的指导思想、基本原则和目标定位，加强决策咨询研究队伍建设的重要性、深化拓展决策咨询交流网络的内容、决策咨询工作的具体管理方式以及体制机制方面需要健全的内容。

组织全市党校系统决策咨询能力提升培训。为积极推进全市党校系统智库建设，有效提升开展决策咨询工作的能力素质，2019年11月15日，邀请山西省委党校决策咨询方面的专家，对部分教职工及各基层党校的有关人员进行为期一天的专项培训。

确定决策咨询报告的研究方向并组织研究、撰写。研究制定《2020年决策咨询参考选题》，进一步明确决策咨询报告的研究方向；搭建信息交流平台。与各基层党校建立决策咨询工作联系群，更加便捷高效地进行工作交流。要求各基层党校年底前至少上报1份高质量的决策咨询报告，并作为各基层党校评估办学质量的重要依据；收集学员的调研报告。充分发挥党校学员优势，从2019年度秋季学期主体班学员的调研报告中，筛选出部分优秀的调研报告，进行进一步的研究整理，变为咨询报告。

（霍永刚）

【科研服务】 2019年，市委党校学报编辑部发挥科研阵地作用。以党的建设为主题，选稿集中聚焦习近平新时代中国特色社会主义思想学习纲要的19个方面，突出意识形态党校特色，开辟党校教育、太原双拥和基层组织建设等专栏，围绕“用学术讲政治”的党校干部教育培训的核心能力、围绕“新时代军民融合发展”的国家战略体系和能力的构建、围绕“基层党组织组织力”提升等现实重大理论和实践问题，在理论和实践上进行探讨研究。《学报》全年出版6期，刊发96万字，与太原市50多家职能部门和240多家大专院校及各级党校刊物进行刊物的学术交流，全国6家数据平台全刊收录《学报》，4家智库和理论部门收录该刊的63%文章，较好地发挥出党校学术阵地的作用。

图书馆发挥学术信息中心作用，全年采编新书1500余种、4500余册；订购期刊60种，报纸12种，人大复印资料40种；数字资源提供万方和知网数据库，通过校园网可方便浏览查阅文献资料。积极开展典藏工作，上架新书2800余册，整架20000余册。（霍永刚）

【决策咨询服务】 2019年，市委党校成立决策咨询部，研究制定《关于加强决策咨询工作的意见》，并对部分教职工及各基层党校有关人员进行专项培训，通过多项举措，为开展决策咨询工作奠定基础。支持教师参与相关部门的课题研究，积极参加市委组织部、市委宣传部、市委统战部、市政协等部门的课题研究和决策论证，提出问题和建议；充分利用《领导参阅》等平台，围绕市委、市政府中心工作，积极献言献策，为领导决策提供参考资料。

（霍永刚）

【师资队伍建设】 2019年，市委党校严格落实“学术研究无禁区、讲坛论坛有纪律”的要求，坚决杜绝错误观点、错误言论进课堂，加强对教师外出讲课的管理。针对教研室教师年龄偏大、数量不足问题，研究解决办法，充实教研室年轻教师力量，进一步优化教师队伍结构。加强教师培训，坚持从党校长远发展来谋划教师队伍建设，组织启动为期三年的青年教师教学能力提升培训班，注重基本功训练，着重提升青年教师用学术讲政治的能力和水平，为党校整体教学能力提升做谋长远、打基础的工作。积极选派教师赴中央党校（国家行政学院）学习，组织全市党校骨干教师赴浙江大学开展关于教研咨一体化专题培训，选派年轻教师参加全省党校系统骨干师资培训班学习，促进教师开阔视野、提升能力。为进一步加强对教师的激励，根据教学实际，研究制定《教师年度考核激励办法》，突出教学中心地位，增强党校教师考核工作的科学性和规范性，促进教师提升教学水平。

（霍永刚）

史志编研

【概况】 2019年，太原市委党史研究室（市地方志研究室）以习近平新时代中国特色社会主义思想为指导，贯彻落实习近平总书记关于党史和历史重要论述精神，把握“党史姓党”“方志为党”的政治方向，发挥党史和方志工作意识形态的阵地作用。结合史志工作实际，全市史志部门对照职能职责、聚焦主责主业，在文献资料征集和著作出版、宣传教育、课题研究等方面取得一定成绩。（方志编研二室）

【纪念太原解放70周年系列活动】2019年4月23日，市委党史研究室（市地方志研究室）与市委办公室联合举办纪念太原解放70周年座谈会，会议邀请太原解放的亲历者、专家学者、革命先辈的后人，从不同侧面讲述太原解放故事，缅怀革命先辈的不朽功勋。此次会议规格高、参会人数多，山西电视台、黄河电视台、太原电视台、《太原日报》《太原晚报》等媒体对会议进行报道和专题访谈，4月24日，应太原解放参战将士后人要求，经市委批准同意，与市退役军人事务局联合在太原解放纪念馆组织开展相关纪念活动；与市委组织部、市直机关工委联合举办太原市庆祝中华人民共和国成立70周年知识竞赛，知识竞赛分为报纸答题和现场比赛两部分。报纸答题活动于6月初开始至7月初结束，活动期间近600余家单位、4万余人参与答题；8月23日，全市10个县（市、区）委、10个工（党）委通过层层选拔，产生21个代表队进入复赛，最终6支代表队晋级决赛，9月20日，6支代表队在太原广播电视台举行决赛，评出一等奖1名，二等奖2名，三等奖3名，此次竞赛旨在通过重温党史、国史、地方党史，引导广大干部和群众守初心、担使命，爱省会、建太原、树形象，凝聚建设文明开放富裕美丽太原的力量；与市委办公室、市委宣传部联合举办“不忘初心、牢记使命、奋进新时代”暨太原市庆祝中华人民共和国成立70周年展览，集中展示在党的坚强领导下太原军民浴血奋战、艰苦创业、团结奋斗、改革创新的近百年光辉历程。展览期间，为200余家单位预约讲解接待工作，参观人数近6万人，完成《不忘初心 牢记使命 奋进新时代——太原市庆祝中华人民共和国成立70周年》网上展馆制作工作。杏花岭区委党史研究室（地方志研究室）结合新中国成立70周年，开展“解放太原——黄樵松起义故事”史实挖掘工作，引导党员干部悟初心、守初心、践初心。

（方志编研二室）

【党史编纂】2019年，太原市史志部门按照“一突出、两跟进”要求，编纂出版《执政太原日记（2018）》《太原城中村改造实录》；完成《太原1949》送审稿；4月至5月，组织专人先后到太原平民中学、清徐县、小店区等地通过录音、录像、拍照、笔录等方式对十余位曾经在太原平民中学读书的当事人、知情者及其子女进行采访，并整理相关史料，为进一步挖掘红色资源奠定坚实基础。协助市文物局编撰八路军驻晋办事处旧址陈列大纲和相关布展工作；完成山西英烈展等主题展览的布展工作。完成《太原史志》特刊30篇稿件、132页、10万余字的组稿、校对、编印工作。根据山西省委党史研究院《关于征集山西外援干部资料的通知》精神，阳曲县委党史研究室通过走访老党史工作者、南下干部后代，到省、市、县档案馆查阅资料，基本弄清阳曲南下干部的简介、照片、回忆录等基本情况。小店区委史志办编辑完成《小店区红色文化纪实》；杏花岭区委党史研究室（地方志研究室）承担黄樵松起义纪念馆布展工作，完成大纲撰写、资料收集和图文设计，收集历史资料，筹备启动编撰《中国共产党杏花岭历史》前期工作；阳曲县委党史研究室编辑出版《阳曲红色印记系列丛书》（共六册）。

（方志编研二室）

【志鉴“两全目标”全覆盖】2019年，《太原年鉴（2019）》按时出版发行，首次制作电子版U盘，并增加太原市庆祝中华人民共和国成立70周年展览等相关内容；完成二轮县区志评审工作；启动编纂《太原市志（1978—2011）》（精编版）；指导和协助太原市人民政府法制办公室编纂《太原市人民政府法制办公室志》、太原市防震减灾局编纂《太原地震志》等部门专志，对太原市现存各类地情简志和有关单位报送的地方志大事月报资料进行整理。各县（市、区）史志部门按时完成《方志山西》《方志太原》《山西年鉴》《太原年鉴》等期刊资料的报送和供稿工作。迎泽区完成《迎泽区志》终审稿，尖草坪区、清徐县、阳曲县基本完成二轮修志终审稿，

2019年10月17日，市委党史研究室领导班子赴北小店村开展全国扶贫日帮扶活动（方志编研二室供图）

《杏花岭区志》《古交市志》通过评审。10个县区都公开出版了县区综合年鉴，实现了全覆盖。此外，小店区指导完成《宋环村志》《南格村志》《嘉节村简史》等3本村史村志的编修，完成《狄村志》《亲贤村志》《龙保村志》《小店村志》《宋环村志》《南格村志》《嘉节村简史》等7部村史村志。（方志编研二室）

【舆论引导】 2019年，太原市委党史研究室（市地方志研究室）贯彻落实意识形态工作责任制实施细则和中央及省、市委有关要求，加强对意识形态领域形势的分析研判和风险防控。组织选派党史干部深入到农村、社区、机关、学校等单位开展宣讲，普及党的历史知识，推动党史学习教育进基层。树立互联网思维，善待、善管、善用网络媒体，充分利用“太原史志网”和微信平台等媒体手段拓宽传播渠道，及时发布史志动态信息，提高太原史志工作的影响力和知名度。与《太原晚报》联合开办《抒爱国情怀 传时代新韵》栏目（11月30日起），每周推介一处爱国主义教育基地，追寻先辈闪光的足迹。成立意识形态工作领导组，制定《市委党史研究室（市地方志研究室）意识形态工作职责》和《市委党史研究室（市地方志研究室）2019年意识形态工作实施方案》，印发《关于加强意识形态工作的通知》，完成意识形态季度研判和工作专项报告的报送工作。成立网信工作领导小组，与市委网信办签订《网络安全工作责任书》，制定《〈太原方志网〉站审核管理制度》和《〈史志太原〉微信公众平台信息发布制度》，与市政府信息中心沟通完成政务云资源变更工作，完成《史志太原》微信公众号的更名、认证和小程序认证工作，完成“数字史志馆”升级改版及党史书籍的电子化上线工作，完成“太原史志网”栏目改版工作，“史志太原”微信公众号纳入市直机关融媒体协同平台管理，编发图文信息17期、56篇。（方志编研二室）

档　案

【概况】 2019年，在太原市机构改革中，市委办公室对外加挂市档案局牌子，设置专门档案工作机构，各县（市、区）也进行相应改革。市档案机构面对改革中遇到的困难和问题，各级各部门勇于担当，积极工作，确保履职不缺位、工作不弱化、事业发展不停滞，全市上下初步形成档案行政管理和档案保管利用双轮驱动、互促共进工作格局。市档案馆被人社部、国家档案局授予全国档案系统先进集体称号。（武佳玲）

【档案行政管理】 2019年，太原市档案局做好档案工作宣传。以第11个国际档案日为契机，组织各县（市、区）、市档案馆等单位面向社会、服务群众，开展一系列宣传服务活动，引导社会公众关注档案、走近档案，帮助认识档案价值、增强档案意识，营造全社会关心支持档案工作的良好氛围。推动档案信息监管。按照国家和省统一部署，完成互联网＋监管系统“两清单”监管事项认领发布工作，网上编制、录入完成监管事项4大项11小项。逐项对省权责清单动态管理系统中权责编码、职权名称、职权类型、职权依据等调整意见进行填补，并制定相关事项的运行流程图、廉政风险防控图。筑牢档案安全防线。及时组织全市各县（市、区）、市直各单位开展档案安全风险隐患排查整治工作，认真查找梳理风险隐患，建立问题台账，逐项研究制定整改措施；会同市应急管理局、市公安局、市委机要保密局等单位组成联合检查组，对市档案馆安全工作进行检查。对检查过程中发现的问题，及时督促市档案馆进行整改。开展档案统计工作。按照国家档案局、省档案局《关于开展2018年度档案事业统计调查工作的通知》要求，与市档案馆密切配合，举办全市档案事业统计调查专题培训，认真组织开展档案统计调查和数据审核汇总工作。共汇总市、县两级各类单位数据476家，相较于上年度统计，在统计数量上有大幅度提升，圆满完成年度档案事业统计调查工作。（武佳玲）

【档案服务基层】 2019年，太原市档案局贯彻落实《村级档案管理办法》，创新农村档案工作体制机制，推动村级档案工作规范化，促进村务公开和基层工作减负增效，提升农村基层治理能力提供基本保障和有效服务，申报全国档案工作服务农村基层社会治理试点。根据《国家档案局办公室关于组织开展档案工作服务农村基层社会治理试点工作的通知》申报条件，结合农村档案工作实际，在广泛征求意见的基础上，选取晋源区晋源街办赵家山村、阳曲县泥屯镇思西村、阳曲县侯村乡青龙村参加全国档案工作服务农村基层社会治理试点并获得国家档案局批准。（武佳玲）

【档案服务】 2019年，太原市档案局发挥档案服务决策、服务各项事业发展的作用，围绕全市中心工作提供档案服务指导，积极贡献档案智慧和力量。参与国有企业人员社会化管理工作，配合市领导小组指导各县（市、区）、各相关企业做好退休人员档案移交和接收工作，市档案局印发《太原市国有企业退休人员社会化管理人事档案移交工作实施细则》，引导各县（市、区）档案工作部门根据本地实际工作情况，制订符合实际、便捷高效的具体实施办法，为做好人事档案接收工作打下基础。（武佳玲）

【机构改革服务】 2019年，太原市档案馆主动服务改革大局，全面做好机构改革档案处置过程中的顶层设计、监督指导和档案进馆工作，制定《关于做好市级机构改革中档案处置工作的实施意见》《太原市机构改革中涉改单位全宗号处置办法》，明确涉改单位档案处置原则和归属流向；组织 49 家涉改单位召开全市机构改革档案处置工作会议，指导涉改单位 100 余人次；试点接收原太原高新区管委会档案资料 20564 卷 / 件，合计接收 11 个涉改单位 37670 卷 / 件档案，保障机构改革档案处置流转安全高效。主动服务全市中心工作，协办全市“不忘初心　牢记使命　奋进新时代”主题教育展览和“太原解放七十周年主题纪念展”；为山西府衙博物馆提供图片资料近 3000 张、民国文物 8 件 / 组；在太原电视台推出“太原档案记忆——道路篇、铁路篇、桥梁篇”，与新华网、《光明日报》、山西广播电视台等十余家媒体共同讴歌祖国 70 华诞；主动对二青会太原市执委会、环太原国际公路自行车赛、国企社会化养老、综改示范区建设等全市中心工作服务指导，积极贡献档案智慧和力量。（王元亮）

【档案安全防护】2019 年，太原市档案馆全面建立起“主要领导负总责、分管领导分管负责、各部（室）主要负责人具体负责、其他干部职工直接负责”的四级安全责任体系，领导班子多次研判部署档案安全工作，与各部室签订《档案安全工作目标责任书》，压实安全责任。严格档案馆库日常安全管理，全面实现库房温湿度、消防、监控、防虫灭鼠的智能控制，严格落实“日封库、月检查、双人进库”等制度，全年日封库检查 205 次、专项安全检查 9 次、消防培训 3 次；严格落实档案网络和信息安全管理制度，严格审慎鉴定档案 80 万页，突出抓好网络安全、信息审核、档案开放和档案馆数字化管理系统的定级备案工作，努力确保档案馆库、实体与信息绝对安全。（王元亮）

【档案信息化建设】2019 年，太原市档案馆立足档案保护，坚持“以防为主，防治结合”，不断加大重点档案保护力度，科学制定《2019 年档案抢救保护工作方案》，采用仿真、修裱、数字化等多种形式抢救保护破损严重、高频利用档案。全年共修复破损档案 125 张，仿真复制档案资料 1413 平方米；档案馆数字化档案管理系统通过验收，200 余万条历史数据成功迁移，100 万页民国档案完成数字化，20 余家单位 50 余万条目录、6 万余幅电子档案顺利挂接，初步实现全市民生档案一站式查询及市直各单位电子档案数据在线移交接收，档案数据服务效能得到有力提升。（王元亮）

【档案馆便民惠民服务】2019 年，太原市档案馆贴近人民需求，努力在新时代服务社会民生上有新作为。市档案馆持续扩大民生服务范围，改进档案服务质量，坚持免费查档、函电查询等便民措施，推出“异地查档、跨馆出证”服务，先后与杭州市、成都市、吕梁市档案馆签订覆盖知青、安置、招工、录用等高频利用民生档案“异地查阅利用协议”，与 10 个中西部省会城市共同签署《中西部城市档案馆合作倡议书》，建立起档案民生服务的城际纽带。首期实现太原、杭州、成都、吕梁民生档案“四城联动，就地办理”；推出全市民生档案一站式查询服务，推进档案馆适老化设施改造升级，有力提升服务效能，积极打造群众满意的形象窗口。全年接待 915 个单位 5038 人次查档，答复电话 954 人次，开具证明 2522 份 8066 页，群众满意度达到百分之百。（王元亮）

【馆藏档案资源】民生档案是“人民最关心最直接最现实的利益问题”在档案工作中的集中体现。2019 年，市档案馆自加压力，主动服务原市宗教局、原市老龄委、原粮食局等单位，接收市商务局、市公积金中心、市体育局等 21 个单位档案 81970 卷 / 件、电子档案 25784 件 / 张，数据量 475.50GB。其中公积金、医保、消防等民生档案 16140 卷 / 件，占接收量的 20.80%，馆藏民生档案又添新的门类。截至 2019 年底，馆藏总量突破 70 万卷 / 件，其中民生档案 241433 卷 / 件，覆盖 26 个全宗 343 个目录，占比 34.50%，服务民生底气更足。积极开展名人档案、特色档案征集活动，征集山西省康乐幼儿园民国老物件 8 件 / 组，接收档案资料捐赠 53 人次 134 件 / 册；征购《中国人民抗日战争纪念馆藏珍稀抗战文献汇刊》等 3 套 144 册档案工具书，形成品种齐全、内涵丰富的馆藏资源体系。（王元亮）

【档案文化建设】2019 年，太原市档案馆聚焦职能新定位，推出十大档案文化工程。深挖馆藏红色档案，巩固主流意识形态阵地，编撰完成《抗日战争档案汇编·日军山西作战（战斗）详报选编》，并通过初审，完成《太原老工业图典》的编撰工作，联合人民网、山西音乐广播推出“我家住在解放路”系列专题，有力展现党领导中国革命、建设、改革的光辉历程和取得的丰功伟绩。发挥爱国主义基地作用，广泛扩展社会影响力，联合多家媒体，率先在全国档案系统推出“十大镇馆之宝评选活动”，并编撰《十大镇馆之宝评选画册》；在太原电视台《新闻对话》《新闻快车》栏目推出专题节目 2 期 30 分钟；创成省级爱国主义教育基地，成为山西省社会主义学院实践基地，完成基地适老化改造，与院校共办“现场教学”“开学第一课”，承接机关社区“主题党日”，接待参观 6000 余人次；深入开展红色经典“六进”活动，广泛传播档案文化成果，有效发挥档案存史资政育人作用。（王元亮）

综　述

【概况】 2019年，太原市人民代表大会常务委员会（简称市人大常委会）坚持以习近平新时代中国特色社会主义思想为指导，全面贯彻中共十九大和十九届二中、三中、四中全会精神，深入贯彻习近平总书记关于坚持和完善人民代表大会制度重要思想和对地方人大工作的重要指示，坚持党的领导、人民当家作主、依法治国有机统一，紧扣全市中心工作，聚焦民生热点难点，履行职责使命。全年召开常委会会议11次，主任会议25次，制定和修改地方性法规3件、初审1件、废止3件，听取和审议专项工作报告17项，组织专题询问1次，开展执法检查、视察调研104次，做出决议、决定8个，圆满完成市十四届人大四次会议确定的各项任务。

（崔　佳）

【“一府两院”工作报告审议】 2019年，太原市人大常委会审议市政府及其部门、市中级人民法院、市人民检察院的工作报告17项。（崔　佳）

重要会议

【太原市第十四届人大第四次会议】 2019年2月24日至27日召开。会议应出席市人大代表354人。四次全体会议出席人数均符合法定人数。会议主席团成员共计68人。列席188人，20名公民旁听大会。会议共安排一次党员大会、一次预备会议、一次代表团召集人会议、五次主席团会议、四次全体会议、四次代表团全团会议、两次分组会议、一次财经委员会会议和一次议案审查委员会会议。

大会议程九项：（1）听取和审议市政府工作报告；（2）审查和批准2018年计划执行情况与2019年计划（草案）的报告，批准2019年计划；（3）审查和批准2018年预算执行情况与2019年预算（草案）的报告，批准2019年市本级预算；（4）听取和审议市人大常委会工作报告；（5）听取和审议市中院工作报告；（6）听取和审议市检察院工作报告；（7）补选；（8）通过市人大有关专门委员会更名和设立的决定以及组成人员名单；（9）其他事项。

会议第一、二次全体会议分别听取市政府、市人大常委会、市中院、市检察院工作报告。会后，各代表团采取全团或分组会议形式，组织代表对这四个报告进行认真审议，并对计划报告及计划（草案）、预算报告及预算（草案）进行审查。在第四次全体会议上对六个报告决议以无记名电子表决方式进行表决，并予以通过。

会议补选李晓波为太原市人民政府市长；补选张建刚、张磊为太原市第十四届人民代表大会常务委员会副主任；补选李发平为太原市第十四届人民代表大会常务委员会秘书长；补选李颖（女）、康建斌为太原市第十四届人民代表大会常务委员会委员。

省委常委、市委书记罗清宇出席闭幕会并讲话。罗清宇指出，过去一年，全市上下高举习近平新时代中国特色社会主义思想伟大旗帜，深入贯彻中共十九大精神和习近平总书记视察山西重要讲话精神，认真落实中央和省委决策部署，坚持“一个指引、两手硬”工作思路，按照“两个走在前列”“双提升”目标要求，强力推进工业强市、创新驱动、人才兴市、环境立市、军民融合、城市“双修”、乡村振兴等重大发展战略，转型发展步伐明显加快，发展质量进一步提高，主要经济指标增速在中部省会城市名列前茅；重点领域和关键环节改革取得新突破，科技创新、人才引进取得明显成效，发展的动力活力进一步增强；“三大攻坚战”稳步推进，各项民生工作得到加强，人民群众的获得感幸福感安全感进一步提升；全面从严治党向纵深发展，政治生态持续好转，干事创业氛围日益浓厚。成绩的取得是习近平新时代中国特色社会主义思想科学指引的结果，是省委、省政府坚强领导的结果，是全市广大干部群众团结奋斗的结果，也凝聚着全市各级人大组织和广大人大代表的智慧和汗水。全市上下要以坚如磐石的信心、坚韧不拔的毅力，全力以赴抓好各项工作任务落实，奋力拓展各项事业新局面。要高举伟大旗帜，坚定不移提高政治站位。坚持以习近平新时代中国特色社会主义思想为指引，深入学习贯彻中共十九大精神和习近平总书记视察山西重要讲话精神，树牢“四个意识”，坚定“四个自信”，坚决做到“两个维护”，推动党中央和省委、市委的决策部署落地落实。要深入开展大讨论，坚定不移加快改革创新。坚持把大讨论的主题和要求贯穿于全年各项工作中，聚焦“六个破除”“六个着力”“六个坚持”，找差距、明方向、实举措，努力推动思想再解放、改革再深入、创新再发力、开放再提质、工作再抓实。要增强战略定力，坚定不移推动高质量发展。强力推进转型发展，以先进装备制造、新材料合成加工、信息技术和现代服务业为主攻方向，持续引进和建设一批牵引性、带动性强的大项目好项目，加快构建具有太原特色现代产业体系；全力深化改革开放，推出一批立足太原实际、解决太原问题、体现太原特色的先行先试和重大改革任务，进一步发挥太原在全省改革大局中的示范作用；着力保障改善民生，坚决打好“三大攻坚战”，大力推进高品质城市建设，深入开展全国文明城市创建，全力办好二青会，统筹做好各项民生工作。要保持奋斗姿态，坚定不移勇于干事创业。增强斗争精神，在大是大非问题上立场坚定、旗帜鲜明，在改革发展稳定的进程中敢于较真、敢于担当，不断在重大斗争中磨炼意志、砥砺品格。

（崔　佳）

【太原市第十四届人大常务委员会会议】 2019年，太原市人大常委会共举行7次常委会议。

第二十次会议。2019年1月15日召开，会议安排两次全体会议。会议应出席组成人员39人，实出席36人。

会议听取市人大人事代表委员会主任委员赵雁萍作的《关于接受耿彦波、陈学东辞去山西省第十三届人民代表大会代表职务的议案》的说明和《关于提请补选山西省第十三届人民代表大会代表的议案》的说明；书面审议《太原市人民代表大会常务委员会关于接受耿彦波辞去太原市市长职务请求的决定（草案）》；听取市人大常委会副主任李增锁宣读的《太原市人民代表大会常务委员会主任会议关于李晓波任职的议案》；拟任命人员作表态发言。

会议表决通过《关于接受耿彦波辞去太原市市长职务请求的决定（草案）》《关于接受耿彦波辞去山西省第十三届人民代表大会代表职务的决议》《关于接受陈学冬辞去山西省第十三届人民代表大会代表职务的决议》《太原市第十四届人民代表大会常务委员会第二十次会议选举办法（草案）》《太原市第十四届人民代表大会常务委员会第二十次会议补选山西省第十三届人民代表大会代表监票人名单》；补选山西省第十三届人民代表大会代表；表决通过人事任命名单，并向通过任命人员颁发任命书，组织新任命人员举行宪法宣誓仪式。

第二十一次会议。2019年2月20日召开，会议安排两次全体会议。会议应出席组成人员39人，实出席31人。

会议听取市生态环境局负责人窦力奋作的市人民政府关于环境保护工作情况报告，市司法局负责人张彤作的市人民政府关于2018年度法治政府建设情况报告，市人大常委会副秘书长罗辉作的关于太原市第十四届人民代表大会第四次会议筹备工作情况报告，市人大人事代表委员会主任委员、市人大常委会代表资格审查委员会副主任委员赵雁萍作的关于太原市第十四届人民代表大会常务委员会代表资格审查委员会关于个别代表的代表资格报告；书面审议关于调整太原市第十四届人民代表大会第四次会议召开时间决定（草案），太原市第十四届人民代表大会第四次会议议程（草案）、主席团和秘书长名单（草案）、议案审查委员会组成人员名单（草案）以及列席人员名单（草案），太原市第十四届人民代表大会常务委员会工作报告稿，《关于接受冯润春辞去太原市人民代表大会常务委员会秘书长职务请求的决定（草案）》《关于接受李发平、萧芬芬辞去太原市人民代表大会常务委员会委员职务请求的决定（草案）》以及《市人大常委会主任会议关于人事任免的议案》；听取常务副市长王立刚受代市长李晓波委托做的关于人事任免事项的提请报告，市人大人事代表委员会主任委员赵雁萍做的关于人事任免事项提请报告的审议报告；拟任命人员作表态发言。

会议表决通过关于调整太原市第十四届人民代表大会第四次会议召开时间决定（草案），太原市第十四届人民代表大会常务委员会代表资格审查委员会关于个别代表的代表资格审查报告，太原市第十四届人民代表大会第四次会议议程（草案）、主席团和秘书长名单（草案）、议案审查委员会组成人员名单（草案）、列席人员名单（草案），太原市第十四届人民代表大会常务委员会工作报告稿，《关于接受冯润春辞去太原市人民代表大会常务委员会秘书长职务请求的决定（草案）》以及《关于接受李发平、萧芬芬辞去太原市人民代表大会常务委员会委员职务请求的决定（草案）》；表决通过人事任免名单，并向通过任命人员颁发任命书，组织新任命人员进行宪法宣誓。

第二十二次会议。2019年4月25日召开，会议安排两次全体会议。会议应出席组成人员41人，实出席29人。

会议听取市公安局副局长常丹飞作的关于《太原市养犬管理条例（修订草案）》起草说明，市人大监察和司法委员会主任委员李晓伟作的关于《太原市养犬管理条例（修订草案）》审议意见

报告，市人大法制委员会主任委员孟凡政作的关于《太原市人民代表大会常务委员会关于废止〈太原市水资源管理办法〉等三部地方性法规的决定（草案）》说明和关于《太原市人民代表大会常务委员会关于太原市机构改革涉及地方性法规规定的行政机关职责调整问题的决定（草案）》说明，市人大人事代表委员会主任委员、市人大常委会代表资格审查委员会副主任委员赵雁萍作的关于调整市十四届人大常委会代表资格审查委员会组成人员议案的说明和市十四届人大常委会代表资格审查委员会关于个别代表的代表资格报告；书面审议《市人大常委会主任会议关于人事任职的议案》；听取市中级人民法院副院长周雪松和市人民检察院副检察长江晨作的关于人事任免事项的提请报告，市人大人事代表委员会主任委员赵雁萍作的关于人事任免事项提请报告审议报告；拟任命人员与常委会组成人员见面。

会议表决通过《太原市人民代表大会常务委员会关于废止〈太原市水资源管理办法〉等三部地方性法规的决定》《太原市人民代表大会常务委员会关于太原市机构改革涉及地方性法规规定的行政机关职责调整问题的决定》，市十四届人大常委会代表资格审查委员会组成人员名单，市十四届人大常委会代表资格审查委员会关于个别代表的代表资格报告；表决通过人事任免名单，并向通过任命人员颁发任命书，举行宪法宣誓仪式。

第二十三次会议。2019 年 6 月 27 日召开，会议安排两次全体会议。会议应出席组成人员 41 人，实出席 30 人。

会议听取市住房和城乡建设局局长邵社教作的关于《太原市海绵城市建设管理条例（草案）》的起草说明，市人大城建环保委员会主任委员孟小勇作的关于《太原市海绵城市建设管理条例（草案）》审议意见报告，市人大法制委员会主任委员孟凡政作的关于《太原市养犬管理条例（修订草案）》审议结果报告；书面听取市人民政府关于 2018 年度国有资产管理情况的综合报告；听取市人民政府国有资产监督管理委员会主任张宝军作的关于 2018 年度企业国有资产和金融企业国有资产管理情况专项报告，市卫生健康委员会主任宫殿元作的关于太原市医疗卫生重点学科建设情况报告，市中级人民法院院长侯晓东和市人民检察院检察长宁建新作的关于人事任免事项提请报告，市人大人事代表委员会主任委员赵雁萍作的关于人事任免事项提请报告审议报告，拟任命人员与常委会组成人员见面。

会议表决通过《太原市养犬管理条例（修订）》；表决通过人事任免名单，并向通过任命人员颁发任命书。会后，举行专题讲座，太原市委党校副校长王晓东就《中国共产党的光辉历程及启示》向常委会组成人员和机关党员干部做专题辅导。

第二十四次会议。2019 年 8 月 28 日召开，会议安排两次全体会议。会议应出席组成人员 41 人，实出席 29 人。

会议听取市生态环境局局长窦力奋作的关于《太原市机动车和非道路移动机械排气污染防治办法（草案）》起草情况说明，市人大城建环保委员会主任委员孟小勇作的关于《太原市机动车和非道路移动机械排气污染防治办法（草案）》审议意见报告，市发展和改革委员会副主任张美霞作的关于太原市 2019 年国民经济和社会发展计划上半年执行情况报告，市财政局局长王国柱作的关于太原市 2018 年市本级财政决算（草案）及 2019 年上半年全市和市本级预算执行情况报告，市审计局局长刘军华作的关于太原市 2018 年度市本级预算执行和其他财政收支的审计工作报告，市财政局局长王国柱作的关于 2019 年市本级预算调整方案（草案）报告，市农业农村局局长康宝林作的关于太原市实施乡村振兴战略扎实推进美丽乡村建设情况报告，市人力资源和社会保障局局长王富旺作的关于太原市促进就业工作情况的报告；书面审议市人大法制委员会关于对报请批准的《太原市养犬管理条例》修改情况报告。

会议表决通过《太原市人民代表大会常务委员会关于批准 2018 年太原市本级财政决算的决议》《太原市人民代表大会常务委员会关于批准 2019 年太原市本级预算调整方案的决议》以及《太原市养犬管理条例》修改情况。

第二十五次会议。2019 年 10 月 29 日召开，会议安排三次全体会议。会议应出席组成人员 41 人，实出席 34 人。

会议听取市人大法制委员会关于《太原市海绵城市建设管理条例（草案）》审议结果报告，市人民政府关于提请审议《太原市博物馆促进条例（草案）》起草情况说明，市人大教育科学文化卫生委员会关于《太原市博物馆促进条例（草案）》审议意见报告，市人民政府关于提请审议《太原市城乡环境卫生设施管理条例（草案）》起草说明情况，市人大城市建设环境资源保护委员会关于《太原市城乡环境卫生设施管理条例（草案）》审议意见报告，市人民政府关于贯彻落实支持民营经济发展“一意见一决定”情况报告，市人民检察院关于民事诉讼监督工作开展情况报告，市十四届人民代表大会常务委员会代表资格审查委员会关于个别代表的代表资格报告；书面听取市人大法制委员会关于《太原市城市环境卫生设施管理办法》等 9 部地方性法规立法后评估情况报告，市人大常委会主任会议关于人事免职议案、听取市人民检察院关于人事任免事项提请报告及市人大人事代表委员会关于人事任免事项提请报告的审议报告，拟任命人员与常委会组成人员见面。

会议表决通过《太原市海绵城市建设管理条例（草案）》和市十四届人民代表大会常务委员会代表资格审查委员会关于个别代表的代表资格报告；表决通过人事任免名单，并向通过任命人员颁发任命书。

第二十六次会议。2019年12月26日召开，会议安排两次全体会议。会议应出席组成人员41人，实出席34人。

会议听取市人大法制委员会关于《太原市机动车和非道路移动机械排气污染防治办法（草案）》审议结果报告，市人大法制委员会关于《太原市城乡环境卫生设施管理条例（草案）》审议结果报告，市人大常委会办公室关于《太原市人民代表大会常务委员会关于召开太原市第十四届人民代表大会第五次会议的决定（草案）》说明，市人大监察和司法委员会关于《太原市人民代表大会常务委员会关于支持检察机关依法开展公益诉讼工作的决定（草案）》说明，市人大常委会执法检查组关于检查《太原市物业管理条例》实施情况报告，市人民政府关于太原市2018年度市本级预算执行和其他财政收支审计结果整改情况报告，市人民政府关于2019年市本级政府性基金预算调整方案（草案）报告，市人民政府关于市十四届人大四次会议代表提出建议、批评和意见办理情况报告，书面听取市监察委员会、市中级人民法院、市人民检察院关于市十四届人大四次会议代表提出建议、批评和意见办理情况报告；书面审议《太原市人民代表大会常务委员会关于废止〈太原市人民代表大会常务委员会关于进一步加强省城环境保护工作的决议〉等18件决议、决定的决定（草案）》，市人大法制委员会关于规范性文件备案审查工作情况报告，市人大教育科学文化卫生委员会关于市十四届人大四次会议主席团交付第4005号议案审议结果报告，市人大城市建设环境资源保护委员会关于市十四届人大四次会议主席团交付第4001号、第4003号和第4004号议案审议结果报告，市人大城市建设环境资源保护委员会关于市十四届人大四次会议主席团交付的第4002号议案审议结果报告，《太原市人民代表大会常务委员会关于接受弓跃辞去太原市人大常委会主任职务请求的决定（草案）》；听取市人民政府关于人事任免事项的提请报告，市人民检察院关于人事免职事项提请报告，市人大人事代表委员会关于人事任免事项提请报告审议报告，拟任命人员作表态发言。

会议表决通过《太原市机动车和非道路移动机械排气污染防治办法》《太原市城乡环境卫生设施管理条例》《太原市人民代表大会常务委员会关于召开太原市第十四届人民代表大会第五次会议的决定》《太原市人民代表大会常务委员会关于支持检察机关依法开展公益诉讼工作的决定》《太原市人民代表大会常务委员会关于废止〈太原市人民代表大会常务委员会关于进一步加强省城环境保护工作决议〉等18件决议、决定的决定》《太原市人民代表大会常务委员会关于批准2019年市本级政府性基金预算调整方案的决议》和市人民政府关于市十四届人大四次会议代表提出的建议、批评和意见办理情况报告，市人大教育科学文化卫生委员会关于市十四届人大四次会议主席团交付第4005号议案审议结果报告，市人大城市建设环境资源保护委员会关于市十四届人大四次会议主席团交付第4001号、第4003号和第4004号议案审议结果报告，市人大城市建设环境资源保护委员会关于市十四届人大四次会议主席团交付第4002号议案审议结果报告；表决通过人事任免名单，向通过任命人员颁发任命书，并举行宪法宣誓仪式；表决通过《太原市人民代表大会常务委员会关于接受弓跃辞去太原市人大常委会主任职务请求的决定》。（崔　佳）

人大监督

【规范性文件备案审查登记目录】2019年，太原市人大常委会审查市政府规范性文件30件，分别是：《太原市电梯安全管理办法》《太原市人民政府关于废止和修改部分政府规章的决定》《太原市人民政府关于废止和修改部分政府规章的决定》《太原市依法行政规定》《太原市人民政府办公厅关于市政府和市政府办公厅部分规范性文件废止的通知》《太原市人民政府办公厅关于印发太原市市级科技创新项目和经费管理使用办法（试行）的通知》《太原市人民政府办公厅关于印发农作物秸秆综合利用实施方案的通知》《太原市人民政府办公厅关于进一步加强通信设施建设和保护工作的通知》《太原市人民政府办公厅关于太原市加快现代服务业发展的政策意见》《太原市人民政府办公室关于改革完善全科医生培养使用激励机制的实施意见》《太原市人民政府办公室关于印发太原市扶贫龙头企业和扶贫农民专业合作社认定管理办法的通知》《太原市人民政府关于对城中村改造有关政策进行调整的意见》《太原市人民政府办公室关于印发太原市工程建设项目审批制度改革实施方案的通知》《太原市人民政府关于实施第六阶段国家机动车排放标准的通告》《太原市人民政府关于印发太原市残疾儿童康复救助实施细则的通知》《太原市人民政府办公室关于进一步加强土地储备工作的实施意见》《太原市人民政府批转市公安局关于太原市交通失信行为联合惩戒办法（试行）的通知》《太原市人民政府办公室关于印发太原市城镇小区配套幼儿园治理工作方案的通知》《太原市人民政府办公室关于印发太原市推进产教融合试点城市建设实施方案的通知》《太原市人民政府办公室关于国有土地上棚户区改造货币化安置的实施意见》《太原市人民政府关于印发太原市国有企业退休人员社会化管理实施方案的通知》《太原市人民政府办公厅关于印发太原市应急管理专家聘用暂行规定的通知》《清徐县人民代表大会常务委员会关于同意清徐县撤县设区行政区划调整方案的决定》《清徐县人民代表大会常务委员会关于支持检察机关依法开展公益诉讼工作的决定》《古交市人民代表大会常务委员会审议意见办理办法》

《听取和审议专项工作报告流程图》《古交市人民代表大会常务委员会执行检查工作办法》《执行检查工作流程》《古交市人民代表大会常务委员会规范性文件备案审查工作办法》《古交市人民代表大会常务委员会规范性文件备案审查工作流程》。（崔　佳）

【物业管理条例执法检查】2019年，市人大常委会在全市范围内开展贯彻实施物业管理条例执法检查工作，常委会成立执法检查组，组长由常委会分管领导担任，副组长由城建环保委主任委员担任，成员由常委会部分组成人员、城建环保委委员和部分市人大代表组成。在前期开展集中学习、前期调研、调查问卷后，12月3日，执法检查组先后深入太铁宿舍建设北路169号院、浦苑小区、泰安小区、熙馨苑小区，重点检查太原市住宅小区街道、社区指导、协助和监督辖区内物业管理工作情况，规范业主大会和业主委员会成立运行，以及联席会议制度开展等情况，详细了解物业管理工作中存在的困难和问题。检查组召开专题座谈会，围绕执法检查重点内容，听取市政府及相关职能部门贯彻实施条例的情况汇报，全面了解掌握条例的贯彻实施情况。街道及社区代表、物业协会代表、业主委员会代表、业主代表、物业服务企业代表等从不同角度分别就实施《条例》的情况、存在的问题进行交流，部分常委会组成人员、市人大代表反馈对实施条例的意见和建议。

从检查情况看，《条例》实施以来，市政府及相关部门采取强宣传、建机制、严规范、抓创新等举措，把加强物业管理工作作为改善民生的重要内容，不断加强物业管理工作监督和管理，规范物业企业服务行为，促进物业服务行业健康发展，群众居住环境得到明显改善，城市生活品质得到较快提升。但还存在宣传《条例》缺乏广度和深度。物业管理体制不健全，责任落实不够。物业服务企业行为不规范，服务水平整体不高。业主自治能力不强。开发商遗留问题较多。专项维修资金启用困难，使用和管理程序有待进一步改善。检查组针对问题提出强化宣传引导，形成全社会参与的良好氛围，强化体制机制，提升物业服务水平，加强指导监督，提高业主自治能力和水平，坚持问题导向，妥善解决开发建设遗留问题，加强资金管理，发挥好专项维修资金效益的建议。（崔　佳）

代表工作

【代表议案建议办理】2019年，市十四届人大四次会议以来，市人大代表共提出5件议案和333件建议。市人大常委会积极将议案内容转化为履职实践，审议通过海绵城市建设管理条例。重点督办建议21件，实施“五办联动”工作机制，加强督办协调，狠抓过程督办，通过专题调研、专题视察、座谈汇报、对口督办和现场督办等形式加大办理力度。“一府一委两院”及有关方面高度重视，精心办理，截至2019年底，所提建议解决落实238件，占71.50%，建议的办理都与代表本人进行沟通和报告。

（崔　佳）

【代表履职程序保障】2019年，太原市人大常委会搭建学习平台。组织62名省代表赴南开大学参加省人大举办的培训班，组织75名市代表赴井冈山江西干部学院参加以“不忘初心、砥砺前行”为主题的履职学习班，不断提高代表的政治素质和履职能力。积极搭建联系平台。18名驻会常委会组成人员与186名人大代表保持经常联系，通过邀请不驻会代表列席常委会会议，组织代表参加视察调研、执法检查、专题询问等活动，广泛听取代表意见建议。积极搭建活动平台。邀请15名“五级”人大代表参加“改革创新、奋发有为”大讨论座谈，组织人大代表向选举单位述职、参加市中院和市公安局“代表开放日”活动，促进代表知情知政，支持代表参政督政。推进代表议案建议网上办理，拓宽代表履职途径，提升代表工作信息化水平。（崔　佳）

【代表与群众联系】2019年，太原市人大常委会扎实开展“向申纪兰学习，做人民好代表”活动，召开“五级”人大代表座谈会，号召全市各级人大代表见贤思齐做表率、不忘初心勇担当。组织中央驻晋和省、市19家媒体走访16名在并“五级”人大代表，充分展示各级人大代表新风采。指导推进代表联络

2019年6月25日，市人大常委会组织机关部分党员干部赴武乡县八路军太行纪念馆开展“不忘初心，重温入党誓词”主题党日活动（市人大常委会办公室供图）

站点建设，基本实现全市乡镇（街道）、村（社区）代表活动场所全覆盖。健全完善代表联系群众工作机制，首次组织太原市“五级”人大代表深入基层联系群众，实现“五级”代表全部进站，切实把代表的智慧和力量汇聚起来，达到建起来、运转好、重实效目标。代表联络站工作得到中央政治局委员、全国人大常委会副委员长王晨的充分肯定，全国人大《联络动态》作专题报道。

（崔　佳）

人事任免

【市人大工作机构人员任免】 2019年，太原市十四届人大常委会第二十一次会议任命康建斌为市人大人事代表委员会副主任委员（兼）；免去李发平的市人大人事代表委员会副主任委员（兼）职务，免去张刚的市人大常委会研究室主任职务；接受李发平、萧芬芬辞去市人民代表大会常务委员会委员职务。

第二十二次会议任命粟继东为市人大常委会研究室主任。

第二十五次会议免去景德奎的市人大城市建设环境资源保护委员会副主任委员职务，免去彭生全的市人大农业与农村委员会副主任委员职务，免去袁洪建的市人大人事代表委员会副主任委员职务。

第二十六次会议接受弓跃辞去市人大常委会主任职务。（崔　佳）

【市政府部门人员任免】 2019年，太原市十四届人大常委会第二十次会议决定任命李晓波为太原市副市长，代理市长。

第二十一次会议决定任命薛维柱为市政府办公室主任，薛新福为市工业和信息化局局长，张彤为市司法局局长，窦力奋为市生态环境局局长，邵社教为市住房和城乡建设局局长，张利为市城乡管理局（市城市管理综合行政执法局）局长，康宝林为市农业农村局局长，高屹城为市商务局局长，姚晓蓉为市文化和旅游局局长，宫殿元为市卫生健康委员会主任，崔燕为市退役军人事务局局长，刘剑明为市应急管理局局长，刘军华为市审计局局长，李波为市政府外事办公室主任，张宝军为市政府国有资产监督管理委员会主任，郭德魁为市市场监督管理局局长，郝淑贞为市医疗保障局局长，郑文明为市行政审批服务管理局局长，赵宏亮为市信访局局长，孙炜为市政府金融工作办公室主任，张晓峰为市能源局局长，姜波为市房产管理局局长，薛建明为市促进外来投资局局长，孙泉为市大数据应用局局长，薛建明为市商务局局长，李波为市民族宗教事务局局长，王东立为市房产管理局局长。

第二十六次会议决定任命闫文斌为市生态环境局局长；决定免去窦力奋的市生态环境局局长职务。（崔　佳）

【法院检察院人员任免】 2019年，太原市十四届人大常委会第二十二次会议免去韩流栓、郭家并的山西省太原市中级人民法院审判员职务；批准任命孙中杰为山西省太原市小店区人民检察院检察长，孙向荣为杏花岭区人民检察院检察长，张晋东为尖草坪区人民检察院检察长，郭刚为万柏林区人民检察院检察长，李晓燕为晋源区人民检察院检察长，蔡东海为古交市人民检察院检察长，李卓英为阳曲县人民检察院检察长，赵冰峰为娄烦县人民检察院检察长；批准免去王宏亮的山西省太原市小店区人民检察院检察长职务，路效国的杏花岭区人民检察院检察长职务，孙向荣的尖草坪区人民检察院检察长职务，田树平的万柏林区人民检察院检察长职务，孙中杰的晋源区人民检察院检察职务，郭刚的古交市人民检察院检察长职务，王金华的阳曲县人民检察院检察长职务，马强的娄烦县人民检察院检察长职务。

第二十三次会议任命李翠萍、温冠华为山西省太原市中级人民法院立案一庭副庭长，李晨为立案二庭副庭长，杨力、朱万君为刑事审判第一庭副庭长，侯宝柱、邢如灏为刑事审判第二庭副庭长，王薇为民事审判第一庭副庭长，李峻为民事审判第二庭副庭长，范红琴、冯云昌、曹轶群为民事审判第三庭副庭长，刘平则、任峥、申延艳为民事审判第四庭副庭长，张军红、唐璐为民事审判第五庭副庭长，刘栋为行政审判庭副庭长，郭晓军为审判监督庭副庭长；任命张康、闵佳、李哲、任华、张江冰、张燕、武涛、关文静、郭朝艳、陈聪、马立英、杨天山、严杰、黄正杰为山西省太原市中级人民法院审判员。

免去王薇的山西省太原市中级人民法院立案二庭副庭长职务，胡伯韬的刑事审判第一庭副庭长、审判员职务，李瑞明的刑事审判第二庭副庭长职务，冯云昌的少年法庭副庭长职务，梁锡文的民事审判第二庭副庭长职务，冯金林、张俊红、张建明的民事审判第三庭副庭长职务，孙云英、范红琴的民事审判第四庭副庭长职务，孙爱英的民事审判第五庭副庭长职务，张宏的行政审判庭副庭长职务，张玉森、吴明的审判员职务。免去李晓燕、李卓英的山西省太原市人民检察院检察委员会委员职务，免去白冬跃的山西省太原市人民检察院检察员职务。

第二十五次会议任命孙寅平为山西省太原市人民检察院检察委员会委员；免去李晓燕、李卓英、王建国、王朴的山西省太原市人民检察院检察员职务。

第二十六次会议免去张巨保等38人的山西省太原市人民检察院检察员职务。

（崔　佳）

综　述

【概况】2019年，太原市人民政府以习近平新时代中国特色社会主义思想为指导，全面贯彻中共十九大和十九届二中、三中、四中全会精神，学习贯彻习近平总书记“三篇光辉文献”精神，按照党中央、国务院和省委、省政府以及市委的决策部署，全力做好稳增长、促改革、调结构、惠民生、防风险、保稳定各项工作，推动谱写文明开放富裕美丽太原新篇章取得新成效。全市地区生产总值突破4000亿元，实现4028.51亿元，增长6.60%，规模以上工业增加值增长4.50%，一般公共预算收入增长3.60%，固定资产投资增长10.20%，社会消费品零售总额增长7.80%，城乡常住居民人均可支配收入分别增长8%和9%，城镇新增就业9.93万人，农村劳动力转移就业1.37万人，城镇登记失业率3.17%，居民消费价格涨幅2.70%。全市空气质量和汾河流域国考断面水质均取得明显改善。　（杨筱云）

【转型发展】2019年，太原市大力实施工业强市战略，长城智能制造基地、诚迈软件园、中电科碳化硅等一批重大转型项目落地开工，京丰电务、迈杰模具一期、百信自主安全计算机一期等项目建成投产，非传统产业对规模以上工业增加值贡献率达75.70%。大力发展现代服务业，首批入选2019年国家物流枢纽建设名单，成功获批国家跨境电子商务综合试验区，连锁便利店发展指数位列全国第一，被评为年度“中国最具竞争力会展城市”。服务业增加值增长7.10%，对经济增长的贡献率达65.60%。积极推进农业供给侧结构性改革，“娄烦山药蛋”获全国十佳绿色地标蔬菜品牌，“阳曲小米”地理标志通过国家认定，以六味斋、水塔、紫林等为引领的农业龙头企业发展到147家，形成功能多样、产业融合、城乡一体化的城郊农业新格局。　（杨筱云）

【科技创新】2019年，太原市推进国家可持续发展议程创新示范区建设，初步构建起可持续发展标准体系框架，高效节水和非常规水资源利用项目获科技部立项支持。龙芯安可基地一期完工，山西先进计算中心、清华大学山西清洁能源研究院、山西高等创新研究院等新型研发机构投入运营。太钢“手撕钢”获冶金科学技术特等奖，山西电机“YE4系列电机”获中国机械工业科技一等奖。中国科学院大学太原能源材料学院正式奠基。科技型中小企业和高新技术企业分别增长86.50%和68%。国家企业技术中心达16户，新建院士工作站5个，引进院士专家团队44人，迁入各类人才及家属7万余人，创新支撑引领作用不断增强。　（杨筱云）

【三大攻坚战】2019年，太原市全力防范化解重大风险，严厉打击非法集资和互联网金融犯罪，严格实行政府债务限额管理，着力规范举债融资行为，完成年度隐性债务化解任务，各类风险总体稳定可控。巩固提升脱贫攻坚成果，贫困发生率从2016年初的6.68%下降至0.08%，进入脱贫成效巩固与实施乡村振兴战略衔接的新阶段，获得“2019年度中国全面小康特别贡献城市奖”。全力打好污染防治攻坚战，开展扬尘污染大整治，连续6个月在“2+26”城市降尘下降幅度最大。太钢超低排放改造基本完成，二电厂“公改铁”投入使用。完成3.48万户“煤改电”“煤改气”，实现平原地区清洁供暖全覆盖。汾东、杨家堡、晋阳等污水处理厂完成建设或提标改造，汾河景区三期建成开放，小店桥断面水质退出劣Ⅴ类，建成区20处黑臭水体全部消除。完成营造林12786.67公顷，晋阳湖公园一期、太原古县城护城河公园等建成开放，建成区绿化覆盖率、绿地率、人均公园绿地面积分别达43.38%、38.30%和12.78平方米，获得“全国绿化模范城市”和“中国美丽城市”称号。　（杨筱云）

【改革开放】 2019年，太原市成功举办太原能源低碳发展论坛，习近平总书记亲致贺信。市县政府机构改革顺利完成。杏花岭区、晋源区农村集体产权制度改革经验在全国推广。组建国有资本投资运营公司，国有企业“三供一业”资产移交完成100%。认真落实减税降费政策，全年新增减税降费73亿元。清欠民营企业账款5.80亿元，超额完成国家和省下达目标任务。全年招商引资签约总额达2880亿元，外贸进出口总额超过1000亿元。与韩国顺天市正式结为友好城市，国际“朋友圈”越扩越大，全方位对外开放格局加速形成。（杨筱云）

【城市品质提升】 2019年，太原市轨道交通2号线一期工程实现“轨通”“电通”，1号线一期工程正式开工建设，铁路枢纽西南环线开通运营，太原南站东广场建成投用、西广场改造完成，滨河东路南延、迎宾桥、通达桥、晋阳桥等27项110千米市政道桥工程全部完工，交通路网进一步优化。深入开展文明城市创建，大力推进“九乱”治理，整治背街小巷478条、老旧小区1776个、集贸市场26个。“两下两进两拆”扎实开展，生活垃圾分类收运体系初步建立，城市更加宜居宜业。（杨筱云）

【二青会举办】 2019年，太原市举全市之力，倾全城之情，成功举办精彩、惠民、难忘的二青盛会。国际体育交流中心、水上运动中心、滨河体育中心造型别致、时尚大气，充满现代气息，成为城市新地标。开幕式集传统文化、未来元素、高新科技于一体，精彩绝伦、震撼人心，获得国务院孙春兰副总理高度评价。备战参赛硕果累累，金牌数和奖牌总数在全国参赛城市中均排名第一。太原新形象新面貌得到全面展示，全市人民自豪感荣誉感进一步增强。（杨筱云）

【文化体育事业】 2019年，太原市开展庆祝新中国成立70周年群众文化系列活动2000余场，免费送戏下乡1200余场，惠及群众近300万人次。创作改编电影、歌舞、杂技等各类作品60余部，晋剧《起凤街》获第十六届中国戏剧节优秀剧目奖。太原国际马拉松赛晋级国际田联金标赛事。环太原国际公路自行车赛吸引五大洲12个国家和地区40余支队伍同场竞技。首届中国·太原体育电影展为体育竞技与文化艺术融合发展注入新活力。拜仁太原足球学校开工奠基。天龙山石窟数字复原国际巡展亮相法国，率先走出“中华文化走出去”太原模式。（杨筱云）

【民生保障】 2019年，太原市加大民生投入，全市财政民生支出占比保持80%左右。太原五中、成成中学新校区正式招生，新增优质学位7200个。市中心医院、市妇幼保健院新院区开诊，公立医院综合改革“阳曲样板”“清徐经验”在全国推广。城乡居民养老、医疗、失业等保险实现全覆盖，生育保险待遇水平实现“同城同待遇”。23个社区养老服务中心、29个城乡日间照料中心建成投用，高龄老人津贴标准位居中部六省省会城市前列。“爱心奶”工程覆盖全市2.70万特殊困难群体，平价商店惠民力度进一步加大。扎实开展标准化和质量强市工作，被评为“2019年度全国质量魅力城市”。新开工保障房1.38万套，基本建成4.72万套。强力推动解决不动产登记遗留问题，办理不动产登记5.10万套。加强国防动员建设，持续推进民兵调整改革和兵役制度改革。安全生产形势持续稳定向好，亡人事故起数和死亡人数分别下降26.25%、24.71%。深化扫黑除恶专项斗争，社会大局保持和谐稳定，以第一名的成绩获评2019年度全省平安建设先进市。（杨筱云）

【政府自身建设】 2019年，太原市扎实开展“不忘初心、牢记使命”主题教育，凝聚党心民心，激发广大党员干部担当作为、奋勇争先的干劲。依法接受人大及其常委会监督，自觉接受政协民主监督，办理人大代表建议335件、政协提案502件。加强法治政府建设，坚持用法治思维、法治方式深化改革、推动发展、化解矛盾，依法行政能力和水平进一步提高。推行相对集中行政许可权改革，“一枚印章管审批”全面推开。实现“3390”改革目标，营商环境便利度综合排名全省第一。（杨筱云）

重要政事

【通信设施建设】 2019年，太原市人民政府办公室印发《关于进一步加强通信设施建设和保护工作的通知》。《通知》指出要加大通信设施建设支持力度：大力推动网络强市战略。支持引导通信运营企业和广电网络公司加快通信设施建设，保障通信网络安全畅通，全面提升智慧城市和信息产业发展水平。进一步推进城区4G网络深度覆盖，实现城市中心区域、县城和乡镇连续覆盖及农村热点区域有效覆盖。在重点区域开展5G基站建设试点，有序推进5G建设工作。深化通信设施共建共享。根据通信设施共建共享要求，创新资源整合共享模式，避免重复建设。推进通信设施集中统一建设和专业化运营维护，推进杆塔管线等通信设施共建、开放、共享、共维。推进公共设施对通信设施免费开放。推动政府机关、企事业单位和公共机构等所属公共区域及市政、公路、铁路、机场、地铁等公共设施对通信设施无条件免费开放；旅游景点、广场公园、公共绿地等市政设施有序向通信设施开放，并提供电力接入等便利条件。加强市场监管。住宅小区、商住楼、办公楼等民用建筑开发人、所有权人和管理人应为通信业务经营者的通信设施提供平等接入和使用条件，不得违规收取接入、使用等费用。（杨筱云）

【现代服务业发展】 2019年，太原市人民政府办公室提出《关于太原市加快现代服务业发展的政策意见》，《意见》支持以下重点领域、重点行业发展：(1)信息服务业。统筹整合市直各部门信息化专项资金，设立市级大数据产业发展专项资金，支持重点园区和重大项目研发及产业化，对重点领域大数据应用实施各类补贴。(2)科创服务。鼓励和引导中小微企业在科技创新活动中，以科技创新券的方式向高等院校、科研院所及各类创新平台基地购买测试检测、科学数据、科技查新、生物（种质）资源、研究开发、技术转移、检验认证、创业孵化、知识产权、科技咨询、科技金融、科学技术普及以及提升企业创新能力的专业科技服务和综合科技服务。(3)金融服务。支持符合条件的企业发行中小企业集合债、中小企业集合票据、中小企业私募债等新型债券，按照发行规模的2%，给予单个项目单个企业最高不超过50万元的补贴。(4)现代物流。结合太原市新一轮城市总体规划，统筹布局现代物流业发展空间，科学规划物流园区（含电商快递物流园区和公共仓储中心）、仓配中心（含分拨中心）、末端网点（含公共配送站、快递末端综合服务场所）三级网络。(5)旅游休闲。在符合城市发展总体规划和城乡建设用地规划的基础上，鼓励企业利用承租土地开展旅游景区项目报批立项，实施景区投资开发；支持旅游景区利用农村集体建设用地实施酒店、游客服务中心（除房地产外）等配套服务基础设施项目建设。(6)文化创意服务。支持文化创意产业发展。具有自主知识产权的文化产品、文化服务被国家文化部门评定为文化品牌的，经认定一次性奖励100万元；被省文化部门评定为文化品牌的，经认定一次性奖励50万元。(7)商贸服务。支持限额以上商贸企业扩大销售。对已进入限上企业名录库，销售额增速超过全市增速且销售额超过100亿元、按年销售额增长速度等综合考量排名前10名的批发企业，零售额超过20亿元、按年零售额增长速度等综合考量排名前10名的零售企业，分别给予20万元至60万元奖励。(8)会展服务。支持会展企业国际化发展。鼓励会展企业加入国际会展组织，推动会展企业高端化、国际化发展。太原市会展企业获得国际展览业协会（UFI）或国际大会及会议协会（ICCA）认证的，给予一次性补助20万元。(9)总部经济。对新引进的企业总部，经行业主管部门认定后，实缴注册资本在10亿元及以上的补贴500万元；实缴注册资本5亿元至10亿元（含5亿元）的补贴300万元；实缴注册资本1亿元至5亿元（含1亿元）的补贴100万元。 （杨筱云）

【全科医生培养】 2019年，太原市人民政府办公室提出《关于改革完善全科医生培养使用激励机制的实施意见》，主要目标是到2020年，适应卫生健康事业发展的全科医生培养制度基本建立，适应全科医学人才发展的激励机制基本健全，全科医生职业吸引力显著提高，服务能力大幅提升，城乡每万名居民拥有2至3名合格的全科医生（其中中医类别0.50名）。到2030年，适应行业特点的全科医生培养制度更加健全，全科医生使用激励机制更加完善，城乡每万名居民拥有5名合格的全科医生（其中中医类别1名），全科医生队伍基本满足“健康太原”建设需求。

建立健全全科医生培养制度：加大全科医生培养力度，加大订单定向全科医生培养力度，加强全科医生转岗培训，加强全科医生培训基地师资队伍建设。建立健全毕业后全科医学教育制度，全面实施住院医师规范化培训和助理全科医生培训制度，加强全科医学科建设。完善全科医生继续医学教育制度，强化继续医学教育基地建设。

改革完善全科医生使用激励机制：提高全科医生薪酬待遇，完善绩效工资总量正常增长机制，深入推进家庭医生签约服务。创新全科医生聘用管理方式，编制紧缺地区可探索使用“各县（市、区）编制周转库”制度配备全科医生。拓展全科医生职业发展前景，经住院医师规范化培训合格的本科学历全科医生，在人员招聘、职称晋升、岗位聘用等方面与临床医学、中医硕士专业学位研究生同等对待，落实工资等相关待遇。鼓励社会力量举办全科诊所，医疗机构相关规划布局不对全科诊所的设置做出限制，实行市场调节。增强全科医生职业荣誉感，对扎根基层、做出突出贡献的全科医生，按照党和国家有关规定给予表彰奖励。加强贫困地区全科医生队伍建设，扩大贫困地区全科医生转岗培训规模，免费实施继续医学教育培训项目。 （杨筱云）

【土地储备管理】 2019年，根据《中华人民共和国土地管理法》和《土地储备管理办法》等法律法规规定，太原市人民办公室出台《关于进一步加强土地储备工作的实施意见》。

政策措施：统一规划。坚持规划引领，根据国民经济和社会发展规划、土地利用总体规划和城乡规划要求，科学编制土地储备三年滚动计划和年度土地储备供应计划，合理确定土地储备规模，对收储土地在总量、结构、布局、时序等方面做出统筹安排，优先安排储备空闲、低效利用等存量建设用地。统一征收。坚持征收职责法定原则，由市规划和自然资源局承办土地征收（收回）工作。其中涉及集体土地征收的，由土地所在地区政府严格按照《太原市征地统一年产值标准》承担征收具体工作。未经市政府批准，任何单位和个人不得擅自提高或降低征地补偿标准，确保全市征地补偿安置政策一致。统一储备。凡拟由土地一级市场以出让或划拨等方式供应的土地，一律纳入政府土地储备范围。产权清晰、来源合法、补偿到位，可以纳入储备范围的土地，全部进入政府土地储备库，工业用地达到三通一平，其他用地达到五通一平，不断提升土地出让价值，逐步实现熟地出让和划拨。统一供地。实施国有土地使用权统一供应制度，除符合《划拨用地目录》的项目可以采用划拨方式取得土地使用权外，其他用地一律实行有偿使用。保持全市土地市场价格基本稳定，实现太原市土地一级市场规范运作。统一管理。按照属地管理原则，在储备入库土地交付竞得人前，由市土地储备中心委托储备土地所在地乡（镇）政府或街道办事处及村委会进行看护管理。乡（镇）政府或街道办事处可根据储备土地的实际利用情况，经市土地储备中心批准，临时出租使用储备土地。临时出租期间，不得建设永久建筑物，租金由乡（镇）政府或街道办事处专项用于看护管理工作。储备土地进入供地程序后，乡（镇）政府或街道办事处负责及时清理租赁户和场地交付土地。

（杨筱云）

【产教融合发展】 2019年，太原市人民政府办公室印发《关于太原市推进产教融合试点城市建设实施方案的通知》。主要目标是到2020年，发挥省会城市产业和教育资源优势，筹划一批行业性或区域性产教融合型公共实训基地项目，支持形成一批产教融合优质试点项目，启动建设省城职业教育小镇。进一步完善产教融合政策体系，探索建立长效、稳定的产教融合发展模式，为推动创新要素深度融合提供新载体。到2025年，重点支持、鼓励、建设100家以上产教融合型企业，培养、发展、壮大3个至5个产教融合型行业。打造一批对产业发展有支撑作用的职业教育集团和公共服务平台。省城职业教育小镇基本建成，产教融合政策体系基本完备，产教融合发展新格局初步形成。到2030年，建成适应资源型经济转型发展需要的产教融合、校企协同育人新格局，建立完善需求导向型人才培养模式，职业教育对经济发展和产业升级的贡献显著增强。 （杨筱云）

重要会议

【2019年市政府第1次常务会议】 2019年1月7日，市长耿彦波主持召开，听取全市“大棚房”问题专项清理整治行动、非洲猪瘟疫情防控工作、二青会筹备工作情况汇报，审议并原则通过《太原市创建全民运动健身模范市的通知》《太原市创建全民运动健身模范市工作规划》《太原市创建全民运动健身模范市实施方案》《太原市深化国企国资改革实施意见》。 （王 婷）

【2019年市政府第2次常务会议】 2019年1月29日，代市长李晓波主持召开，听取全市环境保护工作、2018年全市安全生产工作情况及2019年工作建议汇报，审议并原则通过《太原市电梯安全管理办法（草案）》《关于废止和修改部分政府规章的决定（草案）》《太原市建立现代医院管理制度实施方案》。

（王 婷）

【2019年市政府第3次常务会议】 2019年2月12日，李晓波主持召开，传达学习中央、省委农村工作、扶贫开发等相关会议精神，安排部署太原市贯彻落实意见。研究讨论《政府工作报告》，审议并原则通过《太原市2018年国民经济和社会发展计划执行情况与2019年国民经济和社会发展计划（草案）的报告》《太原市2018年全市和市本级预算执行情况与2019年全市和市本级预算（草案）的报告》《太原市乡村振兴战略总体规划（2018—2022年）》《太原市南部城郊农业示范区发展规划（指导方案）》《太原市北部有机旱作特色农业示范区发展规划（指导方案）》。

（王 婷）

【2019年市政府第5次常务会议】 2019年3月8日，李晓波主持召开，传达学习全国全省推进“大棚房”问题专项清理整治行动电视电话会议精神，安排部署贯彻落实意见。研究一季度“开门红”工作情况汇报，听取《关于落实省市安委会全体（扩大）会议暨安全生产工作电视电话会议有关事项的报告》《关于太原市2018—2019年秋冬季大气污染综合治理攻坚强化措施三十三条有关情况的汇报》，审议并原则通过《关于坚持农业农村优先发展做好“三农”工作的实施意见》《关于巩固提升脱贫攻坚成效推进乡村振兴的实施意见》《太原市学习浙江“千万工程”经验扎实开展农村人居环境整治2019年行动计划》。 （王 婷）

【2019年市政府第6次常务会议】 2019年4月1日，李晓波主持召开，听取太原市大气、水污染防治工作进展情况，轨道交通1、2、3号线推进情况，2013年以来太原市征收安置及安置房建设情况汇报。审议并原则通过《关于落实2019年国务院、省、市〈政府工作报告〉重点工作任务责任分解》《太原市养犬管理条例（修订草案）》《关于对我市城中村改造有关政策进行改革调整的意见》，研究《清徐县阳曲县撤县设区行政区划调整工作情况报告》《关于提高太原市2019年城乡低保标准的请示》。 （王 婷）

【2019年市政府第8次常务会议】 2019年4月18日，李晓波主持召开，传达全省深化国有企业改革大会精神，研究太原市2019年深化国企国资改革行动方案。听取第二届全国青年运动会筹备工作进展情况、扬尘污染防治工作进展情况和降尘考核奖惩有关情况的汇报，研究全市河（湖）长制工作暨全面消除汾河流域劣V类水体攻坚行动工作。

（王 婷）

【2019年市政府第9次常务会议】 2019年4月22日，李晓波主持召开，听取全市一季度经济运行情况，直属中小学教师“局管校聘”管理改革工作情况汇报。审议并原则通过《太原市市政基础设施工程项目建设管理改革实

施意见》。（王　婷）

【2019年市政府第10次常务会议】

2019年5月10日，李晓波主持召开，传达贯彻中央第二生态环境保护督查组对山西省开展“回头看”情况反馈会和市委常委会会议精神，研究贯彻落实相关意见。听取深化“放管服效”改革营造“六最”营商环境工作情况，审议并原则通过《太原市2019年农村地区煤改电、煤改气工作方案》《关于进一步加强土地储备工作的实施意见》。

（王　婷）

【2019年市政府第11次常务会议】

2019年5月28日，李晓波主持召开，听取太原市清理拖欠民营企业中小企业账款工作进展情况汇报。审议并原则通过《太原市推进农村“厕所革命”的实施意见》《关于进一步强化扬尘管控及降尘污染防治工作的通知》《太原市工程建设项目审批制度改革实施方案》《太原市海绵城市建设管理条例（草案）》。

（王　婷）

【2019年市政府第12次常务会议】

2019年6月11日，李晓波主持召开，传达第十四次全国民政会议、全国农村人居环境整治暨“厕所革命”现场会、全省农村改革座谈会、全省农村集体产权制度改革座谈会会议精神，研究贯彻落实意见。听取关于落实2019年度住房保障工作目标任务情况和“菜篮子”市长负责制考核工作情况汇报。审议并原则通过《太原市处理不动产登记遗留问题实施办法》。（王　婷）

【2019年市政府第13次常务会议】

2019年6月22日，李晓波主持召开，学习贯彻《生产安全事故应急条例》。听取太原国有投资集团有限公司关于投资入股晋商银行香港首发上市情况、全市2019年上半年安全生产工作情况及各位副市长分管领域安全生产工作情况汇报。审议并原则通过《太原市党政机关与所办企业脱钩改革实施方案》。（王　婷）

【2019年市政府第14次常务会议】

2019年7月4日，李晓波主持召开，听取关于生活垃圾分类处理工作推进情况、山西省打赢蓝天保卫战2019年行动计划主要内容及太原市贯彻落实意见的汇报。审议并原则通过《关于规范市级政府投资项目管理的意见》。（王　婷）

【2019年市政府第15次常务会议】

2019年7月11日，李晓波主持召开，研究《关于发放2018年度精神文明奖的请示》。审议并原则通过《太原市招商引资考核办法》，安排部署近期相关工作。（王　婷）

【2019年市政府第16次常务会议】

2019年7月22日，李晓波主持召开，听取全市上半年经济运行情况报告。审议并原则通过《太原市贯彻落实〈山西省人民政府促进区域协调发展的指导意见〉实施方案》《太原市晋祠—天龙山景区创建国家AAAAA级景区工作总体实施方案》。（王　婷）

【2019年市政府第18次常务会议】

2019年8月10日，李晓波主持召开，审议并原则通过《太原市全面建成小康社会实现程度评估报告》《太原市2019年冬季农村地区清洁煤取暖实施方案》《太原市机动车和非道路移动机械排气污染防治办法（草案）》《太原市装备制造业发展指导意见》《太原市新材料产业发展指导意见》《太原市信息技术产业发展指导意见》。听取将2019年市本级预算调整方案列入市人大常委会议题、全市上半年消防安全形势分析研判报告、全市就业创业工作情况，关于核定城区配气价格、调整居民用气销售价格和建立天然气价格上下游联动机制情况的汇报。研究《关于预拨2018年散煤治理第三批市级补助资金的报告》。

（王　婷）

【2019年市政府第19次常务会议】

2019年8月28日，李晓波主持召开，听取2019年散煤治理工作进展情况的汇报，审议并原则通过《汾河干支流修建人工湿地工程方案》《太原市交通违法行为联合惩戒管理办法（试行）》《太原市国有资本投资运营集团有限公司组建方案》。（王　婷）

【2019年市政府第20次常务会议】

2019年9月16日，李晓波主持召开，听取《太原市贯彻落实中央生态环境保护督察及“回头看”督察交办事项进展情况汇报》，审议并原则通过《太原市老旧柴油货车淘汰报废补贴实施方案》《落实省焦化行业压减过剩产能推进太原市焦化产业转型升级实施方案》。

（王　婷）

【2019年市政府第21次常务会议】

2019年10月24日，李晓波主持召开，听取《落实生态环境部办公厅〈关于2019年1—6月环境空气质量有关情况的函〉相关要求工作意见的汇报》及全市前三季度经济运行情况、安全生产和消防工作、燃气锅炉低氮改造工作、未成年人思想道德建设工作情况汇报。审议并原则通过《关于建立太原市应急救援指挥体系的通知》《关于推进政府性融资担保机构有效发挥作用的实施意见》《太原市城乡环境卫生设施管理条例（草案）》《太原市博物馆促进条例（草案）》。（王　婷）

【2019年市政府第22次常务会议】

2019年11月16日，李晓波主持召开，学习《重大行政决策程序暂行条例》和《中华人民共和国食品安全法实施条例》，听取食品安全、标准化和质量强市、河西北中部污水处理厂特许经营项目提前终止及补偿协议授权相关事宜情况汇报，审议并原则通过《太原市加快推进数字经济发展的实施意见》《关于太原市企业投资项目核准和备案管理的意见》《关于全面实施预算绩效管理的实施意见》《太原市国有企业退休人员社会化管理工作实施方案》《太原市声环境功能区划》《关于扶持农业产业化龙头企业发展的具体政策》《关于废止和修改部门政府规章的决定（草案）》《太原市金融支持实体经济行动计划（2019—2025）》《太原市金融支持实体经济行动计划实施细则》。（王　婷）

【2019年市政府第23次常务会议】2019年11月25日，李晓波主持召开，听取推进法治政府建设工作情况汇报，审议并原则通过《太原市依法行政规定（草案）》《太原市生态环境保护工作责任规定》。（王　婷）

【2019年市政府第24次常务会议】2019年12月4日，李晓波主持召开，开展《坚持依法行政　建设法治政府》专题讲座，学习习近平总书记关于安全生产重要论述等内容并听取各位副市长分管领域安全生产工作情况汇报。审议并原则通过《太原市市县两级开展相对集中行政许可权改革实施方案》《关于太原市复制推广中国（广东）自由贸易试验区深圳前海蛇口自贸片区制度创新经验（第一批）的通知》。（王　婷）

【2019年市政府第25次常务会议】2019年12月25日，李晓波主持召开，研究《关于调整公务员医疗费用补助待遇标准的请示》，审议并原则通过《太原市基础公共服务领域市级与县（市、区）共同财政事权和支出责任划分改革方案》《关于加快现代化　建设教育强市办好新时代人民满意教育的若干意见》《关于全面深化新时代教育队伍建设改革的实施意见》《关于加快生猪产业规模健康绿色发展的实施意见》。（王　婷）

政务工作

【概况】2019年，太原市人民政府办公室坚持以习近平新时代中国特色社会主义思想为指导，深入学习贯彻中共十九大和十九届二中、三中、四中全会精神，深入学习贯彻习近平总书记视察山西重要讲话精神，以“五个坚持”为根本遵循，围绕中心、服务大局、锐意进取、改革创新，以更高的标准、更严的要求、更实的作风狠抓落实，各项工作任务圆满完成，“三服务”水平质量显著提升。（薄　菲）

【政务服务】2019年，太原市人民政府办公室组织各类会议、政务活动1350余次，起草审核各类文稿1400余篇。向省政府办公厅报送约稿信息135篇，收集政务信息9020条，其中省政府《晋政信息》刊用4条，市政府《并政信息》采用525条。办理请示报告10750件，来文来电2070件，机要文件、明传电报1030件。以市政府、市政府办公室名义发至县以下文件168件，同比减少31%；以市政府名义上报省政府文件27件，以市政府党组名义上报市委文件83件。召开县级及以下参加会议83次，同比减少41%。刻制印章49枚，用印5000余次。（薄　菲）

【以文辅政能力提升】2019年，太原市人民政府办公室围绕全市中心工作，高标准完成政府工作报告、经济工作会、农村工作会、打赢蓝天保卫战工作推进会等重要文稿的起草工作，有力地推动相关工作的开展和落实。针对领导关注的重点问题、社会关切的热点问题、涉及全局的重大问题、制约发展的关键问题等深入开展调查研究，形成5篇有情况反映、有典型例子、有研究分析、有对策建议的调研报告，以更全面、更准确、更翔实的情况资料，为领导科学决策提供建议依据。（薄　菲）

【政务督查督办】2019年，太原市人民政府办公室分解督办国家、省、市政府工作报告涉及太原市重点工作任务632项，市领导重要指示批示7项，市委常委会、市政府常务会议定事项18项，国务院互联网+督查平台交办事项36项，审计署、审计厅发现问题126项。对全市政府系统督查检查事项全面梳理清理，进行大幅压减，督查事项由2018年的88项精简为18项，精简79.50%。继续强化“13710”信息督办力度，共受理省政府“13710”督办件197件，市级督办系统下达任务593项，有力保障政令畅通和重大决策部署贯彻落实。办理市人大常委会对市政府相关工作的审议意见落实情况报告15件，办理省人大代表建议26件、省政协提案39件、市人大代表建议311件、市政协提案466件，办复率100%。（薄　菲）

【便民服务渠道畅通】2019年，太原市人民政府办公室认真贯彻新修订的《中华人民共和国政府信息公开条例》，全年共上网发布各类信息1.35万条，受理依申请信息公开99件，办结率100%，有力保障公民“知情权”，“政务公开”栏目获得政府网站信息公开精品栏目奖。积极推进“我的太原”城市门户品牌建设，App可提供小学入学报名、中考分数查询、公积金查询等32项查询办事类服务，被电子政务理事会评为“2019互联网+政务服务创新应用App”。整合政务服务热线10条，超额完成年度计划任务，受理市民来电57.60万件，办结率98.50%，受理市长信箱和人民网留言1.70万件，被人民网评为“2019年人民网网民留言办理民心汇聚单位”，市长信箱被评为“2019年政府网站政民互动精品栏目奖”，市民平均满意率接近80%，创历史新高。（薄　菲）

【综合服务保障】2019年，太原市人民政府办公室牢固树立制度意识和服务意识，不断改进创新管理模式，坚持科学化、制度化、精细化、规范化管理，市政府办公室综合服务保障能力持续提升。

加强应急值班值守。制定《重要紧急情况跟踪制度》，全面增强重要紧急

市政府办公室开展“践行初心和使命”主题党日活动 （市政府办公室供图）

事项信息的时效性和准确性，确保处置及时。严格执行政务值班各项制度，加强对全市政府系统值班工作和信息报告工作的指导检查。协助市领导及时处置全市各类重要事件147起，填写报送《值班要情》84期，向省政府上报《太原市值班信息》49期。春节期间，中办、国办领导到太原市总值班室现场检查，带班领导在岗带班、值班人员坚守岗位，值班工作受到检查组和省政府的高度肯定。

优化制度规范建设。修订《办公室系统行业基础工作目录》《市政府办公室保密工作制度汇编》《太原市政府12345便民服务热线资料汇编》《公文处理工作手册》；制定《关于加强视频会议保障工作意见》《请示报告退文通知单》《文件制发一次性告知单》等制度；完善人事档案信息审核认定长效机制，进一步规范工作流程，明确职责要求，提高标准质量，推动工作落实，努力从制度层面构建切实管用的服务保障机制。

强化综合保障能力。完成市政府视频会议系统迁移改造，增设省政府直联会议会场，全力做好会议保障工作。继续推进全市政务信息系统向市政务云迁移，全年新迁部门系统92个，有力推进资源整合、信息共享和业务协同。严格落实公务用车管理规定，为全市各部门提供车辆保障1450趟次，出工2300余人次，安全行驶130万千米。改造机关大院主楼供热管道，升级消防监控系统，组织召开6次安全消防和维护稳定培训会议，每月组织1次应急演练，认真做好安全稳定工作。

所属单位圆满完成任务。公报编辑室全年编辑出版各类文件25万余字，编发《政府公报》22期，发行3.96万册。并州饭店圆满完成二青会青运村运行管理工作，被授予二青会组织筹办工作先进集体、运动员村优秀服务团队等称号，经营收入突破亿元，再创新高。国防教育训练中心圆满安全地完成警备区赋予的年度训练保障任务和其他任务。国投公司在投融资、地产开发、文旅项目、基础设施建设等方面都取得一定的成绩。各驻外办不断拓宽外联渠道，圆满完成工作任务。 （薄 菲）

应急管理

【概况】 太原市应急管理局是太原市人民政府工作部门，位于太原市迎泽区菜园街26号，2019年2月在太原市安全生产监督管理局的基础上组建，正处级行政单位，机关编制70人，设17个科室（含机关党委），14个直属单位，主要职责为综合监管全市安全生产和应急管理工作。加挂太原市地方煤矿安全监督管理局牌子。

2019年，市应急管理局坚持稳中求进工作总基调，坚决贯彻打好防范化解重大风险攻坚战的决策部署和“四铁”工作要求，加强组织领导，强化安全监管，完善体制机制，夯实基层基础，牢牢守住不发生重特大生产安全事故底线，全市共发生各类生产安全亡人事故59起，死亡64人，同比事故减少21起，下降26.25%；死亡人数减少21人，下降24.71%，实现生产安全事故起数和死亡人数双下降，全市安全生产形势持续平稳向好。 （王进文）

【应急管理体系建设】 2019年，太原市应急管理局理顺应急指挥机制。严格按照机构改革要求，涉及转隶的9个部门职责全部划转到位，其中4个部门的机构和人员转隶全部完成，机关转入10人、转出3人，事业单位分三批共转入140人。成立市应急救援总指挥部（加挂市减灾委员会牌子），下设抗震救灾、森林草原防灭火、防汛抗旱、地质灾害、气象灾害等17个专项应急指挥部，明确组织机构和部门分工。强化应急救援队伍建设。采取政府购买服务的形式充实人员20人，招录10名煤炭专业技术人员组建两个煤矿安全监管“五人小组”。市安全监察支队招录20名危化品救援人员，市消防支队组建各类专业救援队伍95人。按照大应急、全灾种应急救援需要，全市共建立市级应急队伍8支、县级（企业专职）应急队伍75支、社会应急力量6支。修订完善应急预案体系。组织修订市级突发事件应急预案（含1个总体预案和38个专项预案）、部门应急预案和县级应急预案。重点组织危化品泄漏、道路运输事故、尾矿库溃坝事故等应急演练526次，参与2.60万余人。组建太原市应急救援专家库，征集煤矿、非煤、化工等108个专业的专家194名。 （王进文）

【隐患风险排查整治】 2019年，太原

市应急管理局进一步压实安全生产责任。市委督查室、市政府督查室、市委组织部和市安委办联合，对48家单位贯彻落实《地方党政领导干部安全生产责任制规定》情况进行安全巡查，与237名市管领导干部及相关人员进行个别谈话，发现226条问题并督促整改到位。借鉴《山西省煤矿矿长安全生产考核记分办法》，率先探索实施非煤矿山、危险化学品企业主要负责人记分考核办法，以企业主要负责人责任落实，带动企业主体责任落实；推动企业开展安全生产标准化建设，申报一级标准化矿井4座、二级标准化矿井4座。

风险隐患排查整治。对照重大安全隐患判定标准自查，专家讨论复核，初步排查出全市容易造成9人以上重特大事故的安全风险点754处，全部纳入双重预防平台监管。开展安全生产大检查和打非治违专项行动，共检查企业14.70万余家次，累计排查并整改一般隐患19万余条，重大隐患33条，停产整顿企业189家，关闭取缔企业38家，行政罚款2448.50万元，行政拘留177人。开展大型商业综合体消防安全专项治理，对全市14家5万平方米以上的大型商业综合体进行地毯式摸排，整改安全隐患2276条；开展禁止餐饮场所直接使用燃气加热火锅专项治理，全市1038家火锅店全部达到要求，就餐区全部杜绝使用明火；开展防建筑物外围附着物坠落和防高空作业人员不系安全带专项治理，共检查6864处，整改一般隐患668条，4条重大隐患全部整改，停业整顿6家，拆除违章建筑物5处。

重大事故隐患处置。处置武宿机场育华幼儿园周边压力容器、西铭路采空区道路塌陷、唐风娱乐城违章建筑影响电力设施、水工花园污水管网渗漏威胁路桥宜居棚改项目等26处重大安全隐患，提高人民群众安全感。（王进文）

【应急救援能力提升】 2019年，太原市应急管理局明晰职责，形成合力。出台过渡期消防安全九条规定，协调市委编办把安全生产“三必管”要求纳入26个部门“三定”，在市安委会下设建设、燃气、旅店、餐饮等12个行业专业委员会，印发《关于进一步明确安全生产监管职责的通知》，制定32个重点行业领域安全应急流程图，明确部门监管职责、应急处置流程和应急救援职责，提高日常监管标准化、应急处置流程化水平。持续推进防灾减灾救灾能力建设，强化群策群防体系。完成创建全国综合减灾示范社区41个、山西省综合减灾示范社区130个，建成标识明显的城市紧急避难场所500余处。

突发事件处置。累计启动应急响应12次，重点对“2·22”阳曲县泥屯东黄水路段危化品罐车侧翻、“6·5”太佳高速西凌井路段25千米处甲醇罐车泄漏等12起事故开展应急救援，各类险情均得到规范高效处置。积极协调山西武警机动支队、国家森林消防救援总队及地方扑灭火队伍，科学指挥并成功处置清徐“3·9”及阳曲“4·5”森林火灾，顺利完成扑救任务，未造成人员伤亡和重要设施损毁。

事故调查处理。牵头组织调查山东益通安装有限公司山西益合分公司“1·25”“3·28”、太原市汾东污水处理厂“6·27”等3起事故，对2起一般事故进行挂牌督办，3起高空坠物一般事故展开协助调查，对省应急厅信访交办和群众举报的6起事故进行核查处理。

防汛工作措施落实。继续落实以“九个一”为主要内容的群防群策体系，对山洪防御预案进行修订和完善，针对性地开展培训和演练。2019年汛期发出预警信息0.50万余条，出动县、乡、村三级防汛人员200余人，启动村级预警广播20余次，成功转移受山洪灾害威胁人员36人。（王进文）

【安全教育培训】 2019年，太原市应急管理局组织市、县两级应急管理岗位干部培训。分两期对200余名应急管理岗位干部进行基本能力培训，聘请省应急系统专家进行专题授课，提高应急管理干部专业知识水平。组织开展应急救援队伍专业培训。对全市相关煤矿企业的300多名兼职矿山救护队员进行4期专项培训，兼职救护队员的职业素养、专业技能得到有效提升。组织开展各类专项培训。组织20名危化应急队员在太原北斗消防教育培训学院完成1个月的应急救援岗前培训。组织全市安全监管人员及煤矿企业从业人员，共计183人进行煤矿防治水专项培训，特别强化矿长等主要负责人的水害防治认识及能力。开展企业安全人员培训。全市“三项岗位”人员考核合格3.10万余人，其中：生产经营单位主要负责人2468人，安全生产管理人员3155人，特种作业人员2.60万余人（其中煤矿特种作业人员3642人），承办省应急厅安排的煤矿和非煤矿山的安全培训，教育培训满足企业和社会对安全生产管理和安全技术人员的需求。（王进文）

【安全生产宣传】 2019年，太原市应急管理局围绕重点工作，全方位开展对外宣传，为重点工作的顺利完成营造良好的舆论氛围。制作两部专题纪实片，推送公众号信息305次1530条，并加入市融媒体协同平台，被评为十佳微信公众号。印发《关于加强2019年度信息报送工作的通知》，认真做好信息和政务公开工作，全年接收处理局机关信息341条，各市县信息约480条，向市委、市政府报送政务信息60余篇，在市政府网站政务公开信息314条，信息积分在市委、市政府均名列前茅。

组织开展安全生产宣传咨询日活动，有近千家单位、约8万人参与，湖滨广场宣传咨询点现场共设有单位咨询台60家、装备展示区20家、展板78块，活动形式既有安全生产和应急救援先进设备装备展示，也有贴近民生的安全咨询和宣传讲解，激发广大市民极大的参与热情，为太原市安全生产文化建设奠

定良好的群众基础。被省应急管理厅评为“安全生产月”和“安全生产万里行”活动先进单位。（王进文）

【二青会应急保障】2019年，市应急管理局牵头成立市突发应急指挥部，负责统筹做好水、电、气、通信和医疗保障的应急处置，保障食品安全、消防安全、生产安全及二青会重点场馆、临时搭建舞台设施的安全。指挥部先后5次召开现场会议，出动检查人员116人次，对二青会主要场馆进行安全检查，共发现安全隐患249条，全部督促整改到位，确保开闭幕式和各项赛事顺利进行。市应急管理局在二青会期间安排多次督导检查，确保二青会期间全市安全生产形势稳定。（王进文）

【安全生产防控】2019年，市应急管理局坚持安全监督检查不断线，深入开展重点领域专项整治及重点时段、重要节点、节假日安全检查，排查隐患、落实整改，对违法违规行为予以坚决打击。共检查企业133670家次，累计排查并整改一般隐患183343条，重大隐患26条，停产整顿企业169家，关闭取缔企业38家，行政罚款2331.46万元，行政拘留177人。

煤矿安全方面：深化防治水监管，引进专家技术服务团队，为18座煤矿的瓦斯治理和35座煤矿的防治水工作提供专项技术服务；深化防治水三区管理，累计排查并整改问题隐患13003条，行政罚款1124万元。

非煤矿山方面：对全市67家实体矿山企业进行全覆盖检查，对14家尾矿库企业进行安全体检，累计排查并整改问题隐患589条，行政罚款56万元。

危险化学品安全方面：完成15家危化企业装卸车系统整治，对160家危化企业进行安全检查，对17家重点危险化学品生产企业和油库进行安全体检，累计排查并整改问题隐患1460条，行政罚款77万元。

冶金工贸方面：对2家钢铁企业进行煤气安全专项治理，组成9个专家组对46家铸造企业进行安全体检，以政府购买服务方式对38家冶金、铸造、涉爆粉尘等危险因素较大的企业进行专家会诊，指导29家企业完成标准化达标验收，督促866家企业全面开展安全生产风险辨识，累计检查企业691家，排查并整改一般隐患1687条、重大隐患18条，行政罚款48.20万元。

道路交通运输方面：大力推进“两客一危”车辆加装智能视频监控报警系统，安装比例达91.79%（省里下达任务为70%）；查处各类交通违法行为367.67万起，查扣非法营运车辆653台。

建设领域方面：累计排查并整改问题隐患1310条，暂停施工2处。

城镇燃气方面：推进消除146处建筑物占压燃气管线隐患，推进41000余户居民实施天然气改造置换，完成455000户管道燃气居民用户自有设施升级改造。

消防安全：全市各级消防机构共检查社会单位37920家，督促整改火灾隐患61223处，责令“三停”单位283家，临时查封288处，罚款957.24万元，行政拘留177人。（王进文）

外事侨务

【概况】2019年，太原市外事办工作以习近平新时代中国特色社会主义思想为指导，认真贯彻落实中央外事工作会议、省委外事工作领导小组会议和市委外事工作领导小组会议精神，严格管理，狠抓落实，为服务党和国家总体外交，以及全市的经济社会发展贡献智慧和力量。（冯启仁）

【机构改革】2019年，按照外事机构改革要求，市委外事工作委员会办公室设在市政府外事办公室，接受委员会的直接领导，承担委员会的具体工作，贯彻落实党和国家的外交方针、政策，加强党对外事工作的集中统一领导，在政策研究、统筹协调、外事管理、检查督办等方面为市委外事工作委员会提供服务。设置市委外事工作委员会办公室秘书科，负责市委外事工作委员会办公室日常事务。

经新印发的“三定”方案核定，太原市人民政府外事办公室行政编制为20名，设主任1名、副主任2名。其内设机构由处改为科，由原来8个处（含机关党总支）整合为5个科（含机关党总支）。撤销侨务工作处，侨务工作职责划入市委统战部，海外华人华侨社团联谊工作职责划入市侨联。原礼宾交流处承担的港澳工作职责划入市委台办。综合业务科加挂市委外事工作委员会办公室秘书科的牌子；原礼宾交流处、新闻文化处合并为礼宾与新闻文化科；原出国管理处与涉外管理处合并为出国与涉外管理科，新增国际交流和友协工作科。（冯启仁）

【体制机制完善】2019年，根据市委外事委第一次会议审议情况，市外事办报请印发《中共太原市委外事工作委员会工作规则》，研究出台《中共太原市委外事工作委员会办公室工作细则》和《省委外事工作委员会2019年工作要点分解实施方案》；结合“不忘初心、牢记使命”主题教育调研活动，联系、指导各县（市、区）完善党管外事领导体制，10月底，10县（市、区）委均成立外事工作委员会，并召开第一次外事委员会会议。县（市）区政府明确外事工作联络人。（冯启仁）

【因公出国（境）审批】2019年，市外事办认真执行2019年因公临时出国计划，重点推动参与共建“一带一路”、服务自主创新、拓展多元化市场等团组出访，认真执行因公出国管理各项制度规定，优化内部审批流程，通过行前纪律教育和海外安全风险防范培训，做好“访前防范、访后问效”，坚决杜绝违规违纪现象发生。全年共受理审核出访团组25批96人次，主要出访国家为美、英、法、德、日、韩等。各个团组出访组织严密、公务活动有序衔接、访问成果显著，做到团团有成果、人人有收获。未发现在出访期间有违规违纪等问题。

（冯启仁）

【外事礼宾接待】 2019年，市外事办认真贯彻落实外交部有关规定和《山西省外事礼宾实施细则》，始终做到守规矩与重礼仪的有机统一。全年共接待来自世界各国和有关国际组织访并外宾20余批次200余人次。在接待过程中，积极向外宾宣传太原市，让世界了解太原、让太原走向世界。通过热情、细致的接待工作，充分展现太原市热情好客、开放包容的城市风格，打造太原对外新形象。

（冯启仁）

【涉外应急管理】 2019年，市外事办不断加强与宣传、公安、安全、商务等外事委成员单位间的信息共享、资源整合和协调联动，重点关注以美国为首的西方国家驻华使领馆人员、境外非政府组织和宗教势力在太原市活动情况，做好敌对势力渗透破坏防范工作。稳妥处理涉藏、涉疆、涉港澳台对外工作。聚集防范化解重大风险，加强对太原市涉外领域安全形势和发展趋势的研判，出台《太原市涉外领域重大风险形势分析报告》《太原市涉外领域防范化解重大风险方案》，为太原市涉外应急管理提供基本依据。

2019年，市外事办会同相关单位妥善处置“4·9”太原户籍人员在科威特死亡后续领事保护、太原市某旅游团赴缅甸部分游客未归等5起涉外事件；持续关注2名美国籍男子殴打太原市出租车乘客、兰桂坊酒吧外籍人员与中国公民打架等8起涉外警情；做好韩方探视境内羁押韩国公民YUN CHAEWON相关工作等，为维护太原市经济社会发展的良好局面做出努力。

（冯启仁）

【领事保护知识宣传】 2019年，市外事办利用“4·15”国家安全教育日、“安全文明出境游”领保宣讲等平台，举办领保图片展览、发放领保知识手册7000余册。10月10日，组织筹备“2019年外交部‘领事保护进校园’——太原站”活动，近2000名师生参加活动。通过向师生宣传境外安全形势、安全文明出行常识等，逐步推进海外安全纳入学生安全教育，进而扩大预防性领事保护覆盖面，营造政府积极引导、社会广泛参与、个人加强防范的良好局面。

（冯启仁）

【外国人来华邀请核实】 2019年，市外事办严把《邀请核实单》办理资格审核认证关口，对前来办理《邀请核实单》的资格主体严格审核，将未能提供交易证据和不能落实消签工作的山西互联互通进出口贸易有限公司列入黑名单，取消其再次办理《邀请核实单》资格。全年审核并出具81批252人次的邀请核实单。二青会期间，在时间紧、任务重的情况下，为抵并参加环太原国际公路自行车赛暨中国太原国际自行车周的15名外籍运动员及时签发《邀请核实单》，确保15名外籍运动员能按时到并参加赛事。

（冯启仁）

领事保护知识宣传　（市外事办供图）

【外事交流活动】 开辟对外交流新通道。2019年4月30日，德国驻华大使葛策访并，省委常委、市委书记罗清宇会见葛策大使一行，双方就经济结构转型、密切各层次友好往来、人才引进培育等，在诸多领域开展交流合作进行深入探讨，达成多项共识。5月25日，市委常委、常务副市长王立刚率市政府代表团一行10人，参加顺天市2019中国北京世界园艺博览会韩国（顺天）庭院揭幕仪式和韩国日活动，两市代表就经贸、科技、生态领域务实合作进行深入探讨，达成多项合作共识。12月11日，古巴驻华大使卡洛斯·米格尔·佩雷拉·赫尔南德斯访并，与省政协副主席、市长李晓波会谈，参观太原钢铁（集团）有限公司，深化太钢等有关企业与古巴开展务实合作。

拓宽国际经贸商务交流。2019年11月5日至10日，市外事办根据市商务局统一安排，组织太原市和旺百货商行、山西嘉和臻品商贸有限公司等31家企业，赴上海参加第二届进口博览会并开展对外宣介等工作。2019年6月、7月，哈萨克斯坦阿克纠宾斯克州政府招商引资与进出口机构代表，先后2次到访太原市进行项目对接，与市商务局、能源局、贸促会等部门和部分企业进行富有成效的经贸洽谈。8月，山西喜跃发集团赴哈萨克斯坦进行投资考察，与该州达成合作意向，双方合作进入实质性阶段。

拓宽国际友城布局。2019年6月23日至26日，以市委常委、常务副市长王立刚为团长的市政府代表团一行5人，赴韩国全罗南道顺天市进行友好访问，参加山西省在该市举办的“山西日”活动，两市签署《建立友好城市关系协议》。10月底，韩国顺天市派经贸代表团对太原市进行回访。于10月31日举办顺天市招商引资暨旅游推介会，太原市相关企业、旅行社等100余人参加会议。太原美特好大型综合百货销售有限公司、太原市东湖醋业有限公司分别与顺天梅实（株）达成合作意向，计划引进低卡果冻、梅子醋等产品；太原市蒂肤尼美容美体馆与玛琳泰克诺（株）现场签署价值20万美元的贸易合作意向协议。

国际友城中学生住访交流活动。2019年2月7日至19日，太原市育英中学校师生一行12人，赴美国友城纳什维尔市开展为期两周的家庭住访交流学习活动。美国纳什维尔市中学生代表团一行9人，于6月6日至15日回访太原。在并期间，纳市中学生捏泥塑、学剪纸、进校园、登讲台、互动交流。太原市外国语学校与日本姬路市中学生、太原市第二外国语学校与俄罗斯联邦萨拉托夫州立第四中学于年内分别开展中学生家庭住访交流活动。

多元发展教育交流合作。2019年4月15日，太原市第三十中学与德国杜伊斯堡—埃森大学工程学院签订合作框架协议，引进并共享国际优质教育资源。4月24日，泰国格乐大学徐萍博士到访太原城市职业技术学院，双方就学生培养模式、授课模式、硕博培养、学生互访游学及2+1专升本和本升硕等内容进行深入交流，初步达成合作意向。5月17日至18日，美国威斯康星大学奥克莱尔校区专家访问团访问太原市，市委书记罗清宇、市长李晓波及副市长车建华会见代表团一行。代表团参观考察太原卫校、市第二人民医院、太原德兰老年养护院等机构，双方就居家养老、医养结合等问题进行深入探讨交流。11月1日，美国威斯康星大学欧克莱尔校区、浙江丽水梦翔教育发展有限公司与太原市卫生学校座谈交流，并签订三方合作办学框架协议，就共同培养国际护理人才、合作创办国际护理学院等方面达成共识。（冯启仁）

2019年8月，中学生到日本住访学习（市外事办供图）

信 访

【概况】2019年，太原市信访局认真学习贯彻习近平新时代中国特色社会主义思想和中共十九大精神，落实习近平总书记视察山西重要讲话精神、中共十九届四中全会精神和省委、市委的决策部署，以保障新中国成立70周年庆祝活动为主线，坚持以人民为中心、以党建为统领，坚持改进作风强业务、提升技能解民忧、多措并举破难题，全市信访形势平稳可控，信访秩序持续向好，圆满完成市委市政府交办的各项工作任务。（陈美琴）

【信访工作规范化】2019年，太原市信访局在全市扎实开展“信访业务规范化提升年”活动，信访工作制度化、规范化、科学化水平提升。举办“全市信访系统专业化能力提升专题培训班”，对全市信访系统、市直单位和各县（市、区）、乡镇（街道）220余名信访工作人员进行集中培训，提升网上信访事项办理质量和水平。每月梳理网上信访事项受理不及时、程序不规范、把关不严格、答复不全面、分析不到位等问题，制定整改措施，限期整改，提升“四率”水平。开通网上视频督查系统。通过语音、视频和网络等手段对各级信访部门及时受理、按期办结、日常工作和服务群众等工作进行远程监督，加强和规范信访业务工作。把构建系统完备、科学规范制度体系摆在突出位置，努力实现靠制度化解矛盾、用制度提升效能。出台《关于规范网上信访督办件办理工作的实施办法》《太原市信访听证实施办法（试行）》和《太原市信访事项复查复核工作实施办法（征求意见稿）》。全市信访机构及时受理率为98.97%，有权处理机关及时受理率为98.18%，按期答复率为99.17%，对信访机构群众满意率为96.80%，对有权处理机关满意率为96.62%。（陈美琴）

【“四个重点”攻坚】2019年，太原市信访局加大信访事项解决力度，在全市开展重点领域、重点群体、重点问题、重点人员“四个重点”信访矛盾化解攻坚活动，采取滚动交办、领导包案、定期通报、实地督导等方式，全力化解影响社会稳定重大风险隐患。对中央和省、市交办“四个重点”信访事项，由市级领导按管行业管领域原则，分包对应信访事项，实行“一个案件、一名领导、一套班子、一个方案、一套稳控措施”的“五个一”工作机制，严格落实《太原市领导干部包案化解信访问题工作办法》，促进问题解决。实行“月调度、月通报、年中督办、年度考核”制度，每月对“四个重点”信访矛盾攻坚化解情况进行排名并通报，市信访工作联席会议办公室将疑难信访问题化解工作列入目标年度考核，根据工作完成情况实行量化考核评价。实行月调度例会制度，全年共召开10余次，有力推动信访事项的化解。针对城乡建设领域信访问题高发、多发、频发态势，深入开展“城乡建设领域信访积案百日攻坚”活动，对交办“城乡建设领域重点信访积案”进行集中攻坚化解，全市共梳理113件城乡建设领域信访事项，明确市级领导包案，并集中交办到各责任单位。针对金融类风险隐患，特别是“晋商贷”涉众型群体，成立市信访接待领导组，会同公安、金融、网信、市场监督等部门共同做好接待工作。加大督查督办力度，对二青会、国庆70周年等活动期间的信访保障工作、国家交办和省交办“四个重点”攻坚战工作情况开展4轮督查，通过带案督查，约见信访群众，实地查看进展情况，直面问题，现场反馈工作意见，推动问题解决。中央交办“四个重点”信访事项化解率达85%。省交办信访事项化解率达85%。市交办疑难信访案件化解率达88%。

（陈美琴）

【信访制度改革】 2019年，太原市信访局推进信访工作制度改革创新，探索适应新时代新要求的信访工作新办法，着力构建齐抓共管的新格局。省委常委、市委书记罗清宇多次做出重要批示，并到市人民信访接待中心和小店区信访接待大厅等接待场所进行接访和调研。省政协副主席、市长李晓波多次答复网上留言、多次批示和指导信访案件化解及省、市委及省、市政府门前信访秩序治理等工作。市委常委、市政法委书记魏民多次召开专题会议，就新中国成立70周年庆祝活动信访保障工作进行安排部署。市委常委、副市长王立刚，市委常委、统战部部长、市委秘书长刘鹓，副市长、公安局局长马润生和其他市委常委、副市长按照分工，狠抓分包分管领域的信访突出问题化解，做大量深入细致基础性工作。各县（市、区）和市直部门加大投入、包处案件、全力稳控、及时解决群众反映的热点难点信访问题，形成党委政府主导、部门齐抓共管、社会广泛参与信访工作新格局。建成市人民信访接待中心并开展联合接访工作，以门好进、脸好看、话好听、事好办的“四好”标准，开展人民满意信访接待窗口创建工作。建立局领导驻中心信访接待日制度，每日有一名局领导在市人民信访接待中心坐班接访，充分发挥搭好台子、压好担子、建好账子、督好案子、交好卷子的作用，全力提升群众满意度。建立完善《首问责任制实施细则》《来访问题限时办结制度》等8项制度，6个预案，2个工作流程，通过建立和推行“访法、访调、访心”三对接工作机制，实现部门进驻、律师接访和人民调解联合接访模式，整合资源，规范秩序，提升“一站式受理、一条龙服务、一揽子解决”工作效率和“一次性化解率”。市人民信访接待中心启动以来，共接待来访群众1075批6637人次，召开协调会议125次，推动化解信访事项52件，信访群众满意度明显提高，信访秩序明显好转。

（陈美琴）

行政审批

【概况】 2019年，太原市审批服务管理局以习近平新时代中国特色社会主义思想为指导，以“为人民群众增便利、为市场主体添活力”为初心、以深化“放管服效”改革、优化营商环境为使命，锐意进取、攻坚克难，围绕全面从严治党不断厚植党的建设基础，围绕简政放权持续减事项、减材料、减环节、减时限，围绕“一门、一窗、一网”统筹推进政务服务改革，围绕企业办事堵点难点痛点不断改善营商环境指标便利度，实现党的先进性和纯洁性进一步提升、“放管服效”改革进一步深化、营商环境进一步优化，企业和群众获得感进一步增强。

（罗祥玉）

【机构改革】 2019年，在太原市机构改革中，太原市行政审批服务管理局为

太原市行政审批服务管理局“做志愿表率、为党旗增辉”党日活动

（市审批服务管理局供图）

太原市人民政府工作部门。正处级单位，加挂太原市政务信息管理局牌子。

（罗祥玉）

【简政放权】2019年，太原市审批服务管理局持续取消、下放、承接和调整市级行政职权事项，做到“应取尽取”“能放尽放”，所有取消、下放和调整事项均已承接落实到位。根据机构改革后职能变化情况，建立完善权责清单管理制度，实现权责清单的动态管理。对市级行政权力清单、责任清单、政务服务事项清单、公共服务事项清单、中介服务事项清单等全部实现清单化管理。九类已发布行政职权事项共2921项，行政许可315项，其他权力247项，行政确认94项，行政给付45项，行政奖励60项，行政裁决10项，行政强制99项，行政处罚2051项，行政征收征用26项。各类清单均通过太原政务服务网公开公示。

（罗祥玉）

【清单管理标准化】2019年，太原市审批服务管理局以依申请办理6类政务服务事项为重点，通过一体化在线政务服务平台对全市政务服务事项开展全面系统的梳理，实现名称、编码、类型、依据“四级四同”。对实施清单（服务指南）开展标准化管理，按办理情形最小颗粒化分解，对申报材料、办理条件、申请样表、结果样本、办理时限等42项清单要素逐项审核完善，杜绝“其他申报材料”等兜底性条款。全市依申请办理的政务服务事项669项，全部进行网上公开，标准化上线运行。市、县两级马上办、网上办、就近办、一次办“四办”清单实现全覆盖，“四办”比例较上年增加12.50%，申报材料较上年减少181项，总承诺办理时限较法定时限压缩59%。（罗祥玉）

【集中行政许可权改革】2019年，太原市审批服务管理局在赴晋城和国内其他实行相对集中行政许可权改革学习借鉴、调查研究基础上，起草《太原市市县两级开展相对集中行政许可权改革实施方案》，于12月4日与12月12日经市政府常务会和市委常委会审议通过，报省政府审批。确定拟划转行政审批事项260项，开展机构编制人员研究确定工作。（罗祥玉）

【“一门、一窗、一网”改革】2019年，太原市审批服务管理局实现政务服务“只进一扇门”。市政务服务中心入驻32个市级单位，搭建固定资产投资、不动产登记、企业注册、社会服务、公安便民、社会保障等6大服务平台，集中办理市级审批服务事项419项，行政审批事项做到“应进必进”，企业群众办事只进“一扇门”。“一窗通办”全面推开。研究制定《关于在市政务服务中心窗口推行“一窗通办”改革的实施意见》，在市政务服务中心设立企业注册登记、投资项目审批、社会服务、不动产登记（交易）四类综合服务窗口，每一个窗口都可以受理多项审批服务业务，变多个窗口办一件事为一个窗口办多件事，实行受审分离、一窗受理、集成服务。“一网通办”加快推进。市本级申请办理审批服务事项650项，可网办事项538项，可网办比例达到82.77%，办事效率大幅提升，均完成省市制定的目标任务。（罗祥玉）

【“3390”改革】2019年，太原市审批服务管理局以企业开办、不动产登记、工程建设项目审批为重点，全面完成“3390”年度改革目标。企业开办方面：减并企业登记、税务、刻章等流程，将银行开户核准改为备案，试行新开办企业并联办理、集成服务模式，新办企业3个工作日办结。不动产登记方面：整合不动产登记、交易、缴税业务，实现购房资格确认、不动产登记、税费征收等多项业务“一窗通办”，申请人“只跑一次”。一般抵押、转移类业务3个工作日内办结，查封登记1个工作日内办结，抵押权注销登记立等可取。工程建设项目审批方面：建立“多规合一、统一服务、区域评估、联合评审、联合审图、联合验收”机制，实现工程建设项目从立项到竣工验收的审批时限压缩至90个工作日内，较国家和省定改革目标分别压缩30天和10天。（罗祥玉）

【优化营商环境】2019年，太原市审批服务管理局制定印发《太原市优化营商环境2019年行动计划》，明确“提升政务服务环境、优化投资贸易环境、营造诚信法治环境、升级创新创业环境”4个方面25项重点改革任务，倒排工期、挂图作战，推动“放管服效”改革和政府职能转变，加快营造“六最”营商环境。组织协调优化营商环境相关工作，开展多层次、全方位营商环境评价活动。圆满完成国家发改委、省政府以及分别开展全国、全省、全市营商环境评价相关工作。根据全省营商环境评价形成《山西省营商环境整体评估报告》，营商环境便利度综合排名第1，领跑全省11个地市。15项指标中，有7项指标在全省排名第1，2项指标排名第2。在全国41座城市营商环境评价中，综合便利度排名在中等偏上水平。

（罗祥玉）

【“互联网+监管”】2019年，太原市审批服务管理局按照国家、省“互联网+监管”工作部署和市政府“互联网+监管”推进会议要求，督促全市各级各部门，做好市、县两级监管目录清单认领、检查实施清单制定发布和监管数据录入工作。根据省行政审批服务管理局通报，监管事项目录清单认领和检查实施清单发布做到两个100%，各项数据全面领先省内其他地市；监管数据录入情况也稳居全省首位。（罗祥玉）

【政务服务】2019年，太原市审批服务管理局集中开展提升窗口服务行动。抽调全市政务服务系统业务骨干，组成4个督查小组，对全市各级各类政务窗口开展标准化、规范化管理专项督查。增设便民设施，自助服务普惠基层。提前一小时开门，中午不清场，全天迎接群众进入大厅等待休息，以避免酷暑严寒。配齐配足查询机、叫号机、复印机、打印机、自助查询设备以及轮椅、饮水机、便民雨伞、老花镜、便民药箱等便民设置，并为办事群众提供免费复印服务，极大方便办事群众。增加咨询引导台和咨询引导人员，帮助办事群众。设立智慧政务自助服务区，配置计算机、打印机、网络和系统，为群众提供免费下载打印、网上申报服务，安排专人帮办、代办，推出免费邮寄、延时服务、预约服务、上门服务等，极大地提升群众办件速度。（罗祥玉）

【公共资源交易服务】 2019年，太原市审批服务管理局全力推进政府采购业务再上新台阶。完成全年采购预算32.80亿元，签订合同金额31.26亿元，节约资金1.54亿元。同时，做好二青会、环保、民生、“百院兴医”、中小学体育运动场地塑胶化改造工程等重点项目采购。规范运行，提升效率，推进中心政府采购业务科学开展。建立采购项目小组负责制、统一规范采购评分细则、修订招标文件模板、完善招标（采购）文件确认等工作制度。（罗祥玉）

【电子政务】 2019年，太原市审批服务管理局基本建成市级一体化政务服务平台，有效推进政务服务“一窗通办”“一网通办”“指尖办”。高标准推进政务信息化改革，政务云和政务外网等信息化基础设施基本满足政务信息化建设总体要求；市直单位政务信息系统政务上云实现“应上尽上”，部分系统实现数据共享；统一用户管理和身份认证系统、电子印章服务应用等政务信息化运行支撑体系基本建成；一体化在线政务服务平台、“互联网＋监管”“领导驾驶舱”等政务信息化基本应用开始建设。加强网络安全保障工作，在完成“一局两中心”网站集约化建设基础上，明确网络安全运行管理部门，做好常态化监管。建立网络安全应急响应机制，开展等保测评及关键信息基础设施检查工作，推进电子公文系统安可全替代等工作，确保全局、全系统网络安全。（罗祥玉）

政务服务

【概况】 太原市政务服务中心位于长风文化商务区西南侧，是为公民和法人实施行政审批、提供公共服务的场所，总建筑面积约15.70万平方米，地上建筑7层，地下2层。入驻行政审批和公共服务单位60余个，入驻人员2000余人。2019年3月，太原市政务服务中心由太原市人民政府办公厅下属事业单位转隶为太原市行政审批服务管理局管理的事业单位。

2019年，太原市政务服务中心以习近平新时代中国特色社会主义思想和中共十九届四中全会精神为指引，以为民、利民、便民为目标，推进“不忘初心、牢记使命”主题教育、全国文明城市创建、进驻窗口单位管理、审批服务便民化改革、国务院大督查迎检、二青会执委会保障、电子政务建设、后勤管理、自助便民服务等各项工作落地见效。（李方圆）

【窗口监督管理】 2019年，太原市政务服务中心相继修订印发考勤管理、现场管理、服务规范、现场巡查、人员管理、投诉举报、绩效考核等规章制度，使得对进驻窗口单位监督管理工作有章可循。实行每日四次考勤，四次巡查制度，保证现场巡查力度、密度。对外公布投诉举报电话，专人值守，大厅四个咨询台设置投诉举报信箱，实时反馈。统一制作摆放窗口工作人员台卡，将单位、姓名、工号等信息全部进行公布，群众通过扫描台卡上的二维码对工作人员服务态度、效率、一次性告知等内容进行现场评议，实时汇总处置，将各进驻部门和各窗口工作人员的服务态度、服务质量、服务效率全部纳入社会和公众的监督之下，服务规范监管工作进入常态化。印发《“一窗通办”综合窗口工作人员培训手册》《综合服务窗口工作人员绩效考核办法》，对综合窗口工作人员开展日监督、月考核、季评比及年度考评，并推行末位淘汰制度。安排各窗口单位主要负责人轮流对综合窗口工作人员进行专题培训，确保窗口工作人员业务能力和服务水平持续提升。办事群众共扫二维码评议2778次，满意2673次，满意率达96.32%，共编发通报47期，处理有效投诉20次，承办省政务服务中心转交的国家政务服务投诉与留言转办督办27条，承办市政府

市政务服务中心学雷锋志愿服务工作站 （市审批服务管理局供图）

12345便民服务热线工单、市长信箱、人民网留言受理回复13件，约谈窗口首席代表、整建制单位负责人20次，处理窗口空岗、违规使用手机、未按时到岗、未戴胸卡、未按要求摆放台签等465人次，通报回原单位41次，报送纪委监委2次，因严重违纪责令退出中心7人次。收到群众、投资者送来的锦旗40面，表扬信47封。面向社会进行招聘，招聘社会购买人员60人，并对社会购买人员进行系统性培训和岗位分配，强化市政务服务中心服务力度，为实现窗口收件和后台审批分离打下良好基础。对黄牛中介进行严厉打击，与蓝泰物业、警务室签订目标责任书，有效地净化大厅工作环境，保障办事单位和群众合法权益。（李方圆）

太原市公共资源交易中心中秋扶贫慰问活动（市审批服务管理局供图）

【审批服务】 2019年，太原市政务服务中心印发《关于重新划分不动产房产税务企业注册等窗口区域实施方案》，将一层不动产、房产、税务办事窗口重新进行整合，实现“一窗通办”。多次召集不动产、房产、税务三家单位，绘制内转流程图，固化时间节点，取消重复提交材料，确保办事群众办件不超过15分钟。重新设置三层社保支付大厅布局，印发养老、医疗搬迁方案，在“核基数”高峰期，加班加点办理。简化医疗内审流程，实现征缴和财务一次办结，增设办事窗口，增加多名咨询引导人员，在排号机前和业务大厅进行引导帮办服务。按照业务类型和关联度，分设四大类综合服务平台，即企业开办服务区、工程建设项目审批服务区、社会民生事务服务区、不动产登记（交易）服务区。按照“前台综合受理、后台分类办理、综合窗口出件”改革要求，统一设置多个综合服务窗口，受理进驻中心不同部门的审批服务事项，实现“一窗通办”。（李方圆）

【服务水平提升】 2019年，太原市政务服务中心制定出台一系列关于规范政务服务行为提升窗口服务水平自查整改措施，把历年来各级各类检查督查中查出的问题再次梳理、核实、重点解决。组织印发《关于规范各类宣传活动的通知》，规范市本级大厅公共区域悬挂横幅、宣传标语、张贴海报、摆放展板、电子屏播放、宣传台等各种活动。对各窗口单位自行发布各类信息进行审核把关，发现问题，迅速处理。印发《关于开展我市窗口服务标准化规范化管理专项督查的实施方案》，多次赴各县（市、区）政务大厅进行明察暗访、实地督导，解决企业开办流程不优、现场管理混乱、窗口标识不明确、窗口设置不合理、自助查询机信息更新不及时等问题。（李方圆）

【自助便民服务】 2019年，太原市政务服务中心改变原上午8：50开门，中午清场的做法，早上8：00敞开大门，全天迎接群众进入大厅等待休息，以避免酷暑严寒。配齐配足查询机、叫号机、复印机、打印机、自助查询设备以及轮椅、饮水机、便民雨伞、老花镜、便民药箱等便民设置，为办事群众提供免费复印服务。利用电子互动双屏、LED显示屏公开审批服务事项办理流程、申报材料、办理时间等要素，方便办事群众查询。并在一层A区、D区和二层C区设立智慧政务自助服务区，配置计算机、打印机、网络和系统，为群众提供免费下载打印、网上申报服务，安排专人帮办、代办，推出免费邮寄、延时服务、预约服务，上门服务等，提升群众办件速度。（李方圆）

【二青会服务】 2019年，太原市政务服务中心组织相关窗口单位，深入建设项目实地现场办公，助力二青会等省市重点项目加快办理审批手续。扎实推进企业投资项目承诺制改革，组织召开28次联合审批服务会议，帮助企业解决项目审批服务中出现具体困难和问题。主动对接二青会执委会，提供办公场所。为二青会执委会统一采购办公家具和电子设备，切实协调好办公资源配置，保证二青会执委会的正常办公。协调各入驻单位，预留停车位，为二青会设置专门的停车位置，为各赛组临时开会人员安排地上免费停车。安排保安、保洁、会服等工作人员全力保障后勤工作。协助推进二青会城市景观照明亮化美化等工作。（李方圆）

【电子政务建设】 2019年，太原市政务服务中心印发《计算机设备管理制度》《信息安全管理制度》《信息发布设备管理制度》《电子设施现场巡查巡检工作制度》。推进完善综合布线系统、

太原市公共资源交易中心开展清明祭扫，重温入党誓词活动

（市审批服务管理局供图）

计算机网络系统、电话系统、建筑设备管理系统、智能照明、信息发布系统、视频监控系统、入侵报警系统、门禁管理系统、电子巡更管理系统、停车场系统、数据中心机房工程等系统的维护保障工作，加强日常运行管理维护工作和故障响应，全年线上和现场管理维护工作累计912次。完成排队叫号系统V4.0升级改版7次。完成与国务院小程序督查模块的绑定。完成“预约排队”系统模块再升级。完成服务质量评价系统界面与后台的全新升级，开发微信在线评价模块，实现线上线下同步进行。上线运行新OA综合办公系统，各入驻窗口单位的公文传送可通过OA系统流转。全年批转各类请示报告121件，出入库流程记录254条。强化信息化设备和耗材采购配备和出入库管理工作。严格按照流程采购信息化耗材、备品备件，进行招标采购，实现采购活动和款项支付公开透明。（李方圆）

【政务服务后勤保障】2019年，太原市政务服务中心依法依规实施完成中央空调维保单位采购项目，加装地下车库东西门自动卷帘系统项目，办公区改造项目、电气设备预防性测试项目、办公家具和办公设备采购项目。成立公共安全工作领导小组，定期召开公共安全工作领导小组会议，与整建制入驻单位负责人签订《公共安全工作责任书》，明确消防安全、突发治安事件管理、公共卫生安全、电梯安全等运行机制。成立物业服务监督管理委员会，印发《物业服务管理考核办法》，每月组织物业服务监督管理委员会对物业服务进行量化考核评分，全年共召开物业服务管理会议15次，针对物业服务管理中出现的各项问题，共下发整改通知单6次，物业服务质量得到提高。重新规范地下车库车辆停放行为、停放时间，定期对物业服务范围内的设施设备进行维保、维修和更换，共维修电梯故障3次，更换玻璃13块，更换各类标志标牌500余处。7月对大厅内绿植进行更换，共更换盆栽1056盆。10月对外广场外围草坪实施绿化品质提升，补植补种花卉共189.50平方米，并在易踩踏区域设立通道和加装植物栅栏。（李方圆）

政府采购

【概况】2019年，太原市公共资源交易中心以习近平新时代中国特色社会主义思想为指导，学习贯彻中共十九大精神，严格按照省委十一届九次全会、市委十一届七次全会安排部署，提高政治站位，增强“四个意识”，坚定“四个自信”，做到“两个维护”，在全面提高中心员工政治、理论、思想建设上；在全面提升中心综合交易能力和效率上；在拓宽中心工作、提升服务质量上都有长足发展。中心全面开展“不忘初心、牢记使命”主题教育，全面融入“为中华民族谋复兴”的中国梦；深入开展“改革创新、奋发有为”大讨论，员工思想再提升，中心工作上台阶；严肃对待，刀刃向内，配合市委日常巡察工作，对发现问题列出清单、限期整改；推进公共资源交易整合工作，圆满完成全年政府采购工作，开展双拥创建活动和文明和谐单位创建活动。（冯尔姝）

【机构改革】2019年，根据《中共太原市委办公厅、太原市人民政府办公厅关于印发〈太原市机构改革方案〉的通知》文件相关规定，太原市公共资源交易中心（太原市政府采购中心）于2月21日成立，中心职能发生重大改变，业务范围也由政府采购扩展至工程建设项目招标投标、土地使用权和矿业权出让、国有产权交易等全新领域。仅太原市政府采购中心纳入公共资源交易中心，太原市公共资源交易中心的业务也以政府采购为主，其他各类公共资源交易主体尚未实现整合。（冯尔姝）

【采购任务完成】2019年，太原市公共资源交易中心共接收采购预算总额48.60亿元，完成采购预算38.58亿元，签订合同金额36.74亿元，节约资金1.84亿元。全年共组织各类招标采购及资格预审480次，其中公开招标采购272次、邀请招标5次、竞争性谈判采购12次、竞争性磋商采购76次、单一来源采购107次、询价采购8次。组织现场勘查及答疑会128次，发布招标（采购）公告373份、变更（补充）通知83份、结果公告373份，在中国政府采购网、山西省政府采购网和太原市政府采购网累计发布各类公告共计2487次。

（冯尔姝）

【二青会项目采购】 2019年，太原市公共资源交易中心在全省全市齐心备战二青盛会进程中，中心全身心投入二青会相关项目采购工作中，为二青会顺利举办添砖加瓦。从二青会开闭幕式文体展示总体方案及执行团队项目、火炬传递创意策划及执行项目，到太原市滨河体育中心比赛所用乒乓球器材、网球器材、举重器材等项目，采购预算达1.56亿元，合同金额为1.51亿元，节约资金500万元，节约率为3.20%。 （冯尔姝）

【环保项目采购】 2019年，太原市公共资源交易中心持续开展大气污染防治行动，强化区域联防联控，吹响“蓝天保卫战”号角。中心研究部署环保项目采购工作，完成市环卫局建设太原市智慧环卫综合监管系统项目、太原市土地储备中心原煤气化工厂区污染土壤异位修复工程等项目，切实把环保项目做细做好，为建设绿色太原贡献应有之力。 （冯尔姝）

【民生项目采购】 2019年，太原市公共资源交易中心秉持“民生无小事”理念，对民生项目加以重点关注，力求以最快速度、最高要求，完成相关项目采购工作，确保民生项目尽快落地，早日惠及百姓，完成太原公共交通控股（集团）有限公司纯电动公交车项目、“爱心奶”工程服务项目等重点民生项目。

（冯尔姝）

【重点项目采购】 2019年，太原市公共资源交易中心突出抓好群众关注、领导督办等重点项目，如“百院兴医”重点项目采购工作、中小学体育运动场地塑胶化改造工程重点项目，积极高效做好相关工作，圆满完成采购任务。

（冯尔姝）

【政府采购标准化建设】 2019年，太原市公共资源交易中心从加强内部运行机制、执行采购需求论证、制定采购文件、完善招标文件确认各个环节入手，全面推进政府采购标准化建设。严格落实采购需求专家论证制度。中心严格落实对300万及以上的项目全部实行专家论证制度，邀请各行业专家把关，确保项目分包科学合理、采购需求公平公正，为项目顺利实施，打下坚实基础。全年，中心共对15家单位的22个项目组织需求论证，预算金额达8亿多元，涉及“百院兴医”、智慧交通、大型垃圾运转车等全市重点项目。统一规范采购评分细则。按照工程、服务、货物不同采购类别，设置统一评分细则，杜绝同类项目不同评分标准现象，减少人为因素干预。完善招标（采购）文件确认工作。按照政府采购相关法律法规，中心要求采购人确认招标（采购）文件具体内容，待准确无误、没有异议后，再在省级政府采购网上发布公告。

（冯尔姝）

【采购服务理念提升】 2019年，太原市公共资源交易中心为提升政府采购服务形象，中心从招标流程开端及末端入手，精简环节，更好服务采购人和供应商。改变领取委托代理协议方式。将采购人现场领取委托代理协议的方式变更为从邮箱下载委托协议，并印发签署流程及注意事项，真正做到让采购人少跑路。开通绿色通道。针对部分关乎全市重点项目、民生项目，根据轻重缓急原则，采取特事特办的方法，主动与采购人核实初审需求。取消供应商网上注册和现场备案。简化供应商注册入库流程，取消供应商网上注册和现场备案，让供应商少跑路同时，减少行政成本，提高公共资源配置效率。更改保证金退还办法。保证金退还模式由原来的一周一退，改为项目招标结束后第二天退，确保做到日清月结、及时退还，减少投标供应商负担。 （冯尔姝）

【市委巡察】 2019年，太原市公共资源交易中心根据《十一届太原市委第五轮巡察工作方案》文件精神，按照市委巡察工作规划，市委第四巡察组于5月8日至7月31日围绕“优化营商环境和脱贫攻坚”，对中心进行常规巡察，深入查找中心在加强党的全面领导、推动全面从严治党向纵深发展等方面存在的问题。中心高度重视此次市委巡察工作，主动配合市委巡察四组工作，顺利完成巡察任务。做好巡察前准备工作。5月13日，局机关召开市委巡察四组巡察市行政审批服务管理局动员会，使中心全体人员充分认识此次巡察的重要意义。中心组织全体人员再次深入学习习近平总书记关于巡视工作的重要讲话精神，集体学习《中国共产党巡视工作条例》、省巡视巡察工作会议暨十一届省委第五轮巡视动员部署会精神和市巡察工作会议精神，统一全体人员思想，提高政治站位和政治自觉，持续增强“四个意识”，更加坚定“四个自信”，坚决践行“两个维护”。配合市委巡察工作。根据市委巡察四组工作要求，中心首先就工作与组织人事方面进行汇报，并整理移交基本情况、规章制度、有关会议、有关工作、学习教育、财务相关等巡察资料近50个档案盒。中心在巡察期间根据陆续接收到的反馈意见，就“关于投标保证金问题”、会议中提到“制度执行中存在打‘擦边球’的现象”等问题进行专题说明，就“贯彻落实意识形态工作责任制”作专项检查报告，还配合巡察组与中心中层以上领导干部进行个别谈话。抓好整改落实。通过为期3个月的巡察，查摆出中心在党的领导、党的建设、全面从严治党三个方面共计14个问题。11月13日，中心召开专题会议，通报市委巡察反馈意见，相关责任部门、责任人对所涉及问题逐一表态，虚心接受，深刻反思。在此基础上，中心制定出问题清单、责任清单、整改清单及整改实施方案，坚持刀刃向内，标本兼治，正视中心长期存在的问题和不足，全面落实巡察整改内容，推动中心工作全面进步、全面发展、全面提升。 （冯尔姝）

综　述

【概况】2019年，太原市政协坚持以习近平新时代中国特色社会主义思想为指引，认真落实省委“两个走在前列”和“双提升”的目标要求，聚焦市委、市政府中心任务，坚持建言资政和凝聚共识双向发力，全面履行政治协商、民主监督、参政议政职能，全面完成全年各项履职任务，各项工作取得新的成效。

（刘　蓉）

【思想政治建设】2019年，太原市政协始终把加强政治理论学习，增进思想政治共识摆在首要位置。5月，组织近200名市政协委员，前往北戴河全国政协干部培训中心，参加为期一周的全国政协第134期地方政协干部（委员）培训。10月，组织召开提升委员履职能力培训会，邀请中国人民政协理论研究会理事会常务理事、上海市社会主义学院教授姚俭建，以“新时代政协委员建言资政的路径与方法”为题做专题讲座，200余名市政协委员和政协干部职工聆听讲座，提升委员和干部履职能力。开展习近平总书记关于加强和改进人民政协工作的重要思想的哲学基础、理论品格、实践要求的课题研究。

深入开展“不忘初心、牢记使命”主题教育，坚持紧密结合实际，深入学习教育，深入调查研究，深入检视问题，深入整改落实。

制定实施《关于加强新时代人民政协党的建设不断拓展全市政协事业新局面的实施意见》，提出7个方面共25条具体举措。探索建立基层党组织，在151名中共委员中成立7个功能型党支部。

扎实开展“改革创新、奋发有为”大讨论，形成和实践“六强六出”思路（即：在强改革精神与出改革良策、强创新精神与出创新良方、强开放观念与出开放良招、强市场理念与出市场活力、强质效意识与出优质答卷、强一线意识与出一线力量上取得实效），凝聚思想共识、激发使命担当，提升履职实效。

注重在强化理论认知中凝心聚力。坚持“分享式”交流、激发学习兴趣，“开放式”互动、点燃参与热情，“流动式”讲堂、深化履职成效，推动委员讲堂制度化、规范化运作。探索建立习近平新时代中国特色社会主义思想学习座谈会制度，不断增进广大委员和各族各界人士对中国特色社会主义的政治认同、思想认同、理论认同和情感认同。注重在强化相联相知中凝心聚力。与河南周口市政协共同举办庆祝新中国和人民政协成立70周年“不忘初心同筑梦”书画联展。主办“凝心聚力迎二青”乒乓球比赛，来自市政协机关、市各民主党派、工商联、各县（市、区）政协的22队共200多名委员和政协工作者参加比赛。组织委员到项目建设和转型发展第一线视察调研，从中拓宽新视野、感受新成就、感知新思想、领悟习近平新时代中国特色社会主义思想的新境界。组织委员参加全国政协重大专项工作宣讲，省政协“庆祝新中国和人民政协成立70周年”知识竞答，“二青会”驻村及开幕式，全市考核、检查、督查市重大活动，参与人数达1800多人次。

（刘　蓉）

【民主协商】2019年，太原市政协牢固树立质量理念，创新发展协商民主机制、方式，努力实现政协工作提质增效。积极创建政协“云平台”。主动适应国家治理体系和治理能力现代化要求，推动太原政协网升级，制定实施《加强政协机关信息化建设实施方案》，以“移动互联网+大数据技术”为支撑，统筹市、县两级力量，打造“大而实”“小而精”的多层、开放协商平台，把太原智慧政协云平台建设成为集学习、宣介、履职、考核为一体的平台，为提高协商质量和效率打好基础。创建政协“人才库”。充分发挥政协联系面广、代表性强和人才荟萃、智力密集的优势，借助“外脑”，筹备建立政协智库，集聚87名省城内外专家学者和高

层次人才，紧紧围绕全市中心大局，通过开展专业咨询、课题研究、信息参政和培训宣传，着力发挥“专”的作用，实现“聚”的功能，促进“质”的提升，为党委、政府科学决策提供智力支持、意见参考和民意支撑，推动高质量建言资政和政协工作创新发展。创建政协“制度群”。制定实施政协党建实施意见、委员队伍建设意见、建言献策六项机制、委员履职考核办法、提案办理考核办法、政协智库管理办法、机关外出考察办法、社情民意实施细则等8项制度，推进政协履职程序更加规范、方法更加科学、成效更加明显，为提升履职质效筑牢制度基础。（刘　蓉）

重要会议

【市政协十三届三次会议】2019年2月23日至26日召开。会议应到委员354名，实到委员336名，符合规定人数。

会议听取和审议政协太原市委员会常务委员会工作报告、政协太原市委员会常务委员会关于市政协十三届二次会议以来提案工作情况的报告；列席太原市第十四届人民代表大会第四次会议，听取并讨论政府工作报告及其他有关报告。

政协委员聚焦中心工作、着眼民生热点，结合“改革创新、奋发有为”大讨论，紧扣全市创新转型发展中的重点难点问题积极建言献策。

会议审议通过政协第十三届太原市委员会第三次会议关于政协太原市委员会常务委员会工作报告的决议、政协第十三届太原市委员会提案委员会关于市政协十三届三次会议提案审查情况的报告、政协第十三届太原市委员会第三次会议政治决议。会议选举雷学东、任磊为市政协副主席。（刘　蓉）

【市政协常委会议】2019年，太原市政协召开5次常委会议。第9次常委会议。2019年2月20日召开。会议审议通过关于召开政协第十三届太原市委员会第三次会议的决定，审议通过政协第十三届太原市委员会第三次会议议程（草案）和日程，审议通过政协第十三届太原市委员会第三次会议邀请人员、列席人员名单，审议通过政协第十三届太原市委员会第三次会议全体会议执行主席及主持人名单，审议通过政协第十三届太原市委员会第三次会议大会秘书长、副秘书长和工作机构负责人名单，审议通过政协第十三届太原市委员会第三次会议委员编组办法、编组及召集人名单，审议通过提交政协第十三届太原市委员会第三次会议审议的政协太原市委员会常务委员会工作报告及报告人名单，审议通过提交政协第十三届太原市委员会第三次会议审议的政协太原市委员会常务委员会关于市政协十三届二次会议以来提案工作情况的报告及报告人名单，审议通过关于市政协部分专门委员会更名的决定，审议通过有关人事事项。会议决定，市政协农村工作委员会、市政协学习文史委员会、市政协教文卫体委员会、市政协经济科技委员会分别更名为市政协农业和农村委员会、市政协文化文史和学习委员会、市政协教科卫体委员会、市政协经济委员会。会议同意张建刚辞去市政协副主席、委员，魏元平辞去市政协常委、委员，同时决定增补雷学东、任磊为十三届市政协委员。

第11次常委会议。2019年6月26日召开。围绕加强新时代人民政协党的建设主题，学习习近平新时代中国特色社会主义思想，落实中央和省委、市委关于加强新时代人民政协党的建设的安排部署，总结交流全市加强人民政协党建工作的经验做法，推进太原市政协党建工作。对《太原市政协委员履职考核办法（试行）》进行审议。

第12次常委会议。2019年9月24日召开。会议应到常委68人，实到56人，符合规定人数。会议学习贯彻习近平总书记在中央政协工作会议暨庆祝中国人民政治协商会议成立70周年大会上的重要讲话精神，审议通过《关于推进蓝天保卫战中重点防治降尘和PM10的调研报告》《太原市政协关于新时代进一步加强委员队伍建设发挥委员主体作用的实施意见》《太原市政协关于健全完善工作机制进一步提升建言献策质量的实施办法》《中国人民政治协商会议山西省太原市委员会提案工作条例》。

第13次常委会议。2019年12月25日召开。会议深入学习贯彻中共十九届四中全会精神、中央经济工作会议精神和省委、市委重大决策部署，围绕“加快文化和旅游融合发展”进行专题协商议政。副市长王爱琴应邀出席并通报太原市文化和旅游融合发展有关情况。会议还听取市政协十三届三次会议以来提案办理情况的通报，听取市政协各专门委员会、社情民意研究中心2019年度工作情况汇报，通过有关人事事项。

（刘　蓉）

参政议政

【助推工业强市】2019年，太原市政协紧扣推动产业结构转型升级、工业经济高质量发展，聚焦“工业强市中加快制造业发展”主题，组成专题调研组深入相关企业和科研单位进行调研，赴成都、德阳、绵阳、沈阳等地进行考察学习，召开专题会议进行协商议政，就大力发展不锈钢深加工产业、加快科技创新、引进和储备制造业人才、科技支撑资源型产业可持续发展、推进煤化工装备制造业发展、加快打造制造业产业集群和积极发展服务型制造等方面提出意见建议。省政协副主席、市委副书记、市长李晓波出席议政会，对委员建议给予充分肯定，要求结合实际，积极采纳。在市政协十三届三次全会上，委员们围绕太原市科技创新、工业强市等形成大会发言材料38份，15名委员做大会发言交流，13名委员分别在两个联组讨论会上与市委市政府主要领导进行面对面的发言交流，共提出意见建设168条，有力助推工业强市战略部署各项举措落实。（刘 蓉）

【助创文明城市】 2019年，太原市政协紧扣创建全国文明城市献计出力。聚焦办好“二青”盛会，组织委员多次进行调研视察座谈，形成《引深交通治理、保障二青盛会》调研报告在第30次主席会上进行专题协商。借鉴外地先进经验，向市委提交《关于学习借鉴南昌、广州经验，做好“二青会”交通保障的考察报告》。聚焦文明交通治理，召开全市文明交通综合治理现场观摩推进会暨道路交通安全第二季度工作例会，听取尖草坪区、万柏林区小街巷交通综合治理经验介绍，通报文明交通综合治理和道路交通安全工作情况，明确下一步道路交通安全重点工作。组织委员围绕创城进行专题督查调研，通过钉钉网平台、微信群提出意见建议140多条。聚焦文化强市战略，围绕加快文化和旅游融合发展，在深入调研基础上，通过常委会议专题议政，从加强组织领导，凝聚智慧力量；加强科学规划，完善制度保障；加强龙头带动，体现鲜明特色；加强责任落实，推进落地见效等方面提出意见建议，为推进文旅事业发展贡献力量。（刘 蓉）

【助解民生问题】 2019年，太原市政协紧扣民生改善中的难点和短板，聚焦民生大事、难事、改革事项积极履职。致力民生大事建言资政。围绕巩固脱贫攻坚成果、推进乡村振兴发展提出意见建议。召开发挥特色农业产业在乡村振兴战略中的重要支撑作用、在乡村振兴中办好乡村学校协商座谈会，助力乡村振兴。致力民生难事建言资政。围绕改建新建公共厕所、加装老旧楼房电梯等，先后召开加强市区公共厕所建设与管理、推进太原市老旧居民楼加装电梯利民便民协商座谈会，围绕推进医养结合、发展康养事业开展调研视察，助力民生改善。致力民生改革事项建言资政。围绕职业教育发展、用好本土人才、加快公立医院改革等课题开展深入研究，积极建言献策。召开关于在深化医改中全面落实薪酬制度改革、加强乡镇（街办）低保站（所）队伍建设、在人才兴市战略中用好本土人才协商座谈会，助力破解民生难题。（刘 蓉）

【助力开放太原】 2019年，太原市政协紧扣打造“六最”营商环境、提升“放管服效”水平，聚焦创新政务服务和管理理念、激发市场活力和经济发展动力等方面提出意见建议。围绕“进一步优化营商环境，树立山西对外开放新形象”进行专题调研，就主动创新政务服务和管理理念、有效提升政府效率和能力、激发市场活力和经济发展动力等方面提出意见建议。组织召开民营企业家政协委员座谈会，开展专项视察监督，形成《关于推进民企优惠政策落实、激发民营经济活力的调研报告》，报送市委市政府供决策参考。组织召开《太原市总体规划及城市设计优化工作》征求政协委员意见会，就城市总体规划和专项规划的结合、城市建设与管理并重、彰显历史风貌、建设地下停车场、完善养老服务设施、规划建设中小微工业企业园区等提出意见建议。（刘 蓉）

【助破环保难题】 2019年，太原市政协紧扣打赢蓝天保卫战，聚焦扬尘污染防治深入协商议政，提出意见建议。组织委员就“关于推进蓝天保卫战中重点防治降尘和PM10的协商”开展视察调研，先后深入杏花岭区王家山渣土场、太钢、山西汾酒商务中心等地，全面调研工业、建筑工地及城乡道路扬尘污染防治情况，并通过常委会议专题协商，提出加强组织领导，推动源头治理，强化生态保障，突出重点环节，提升降尘效果，实现降尘治理科学化和专业化等意见建议，为继续推进扬尘污染防治攻坚各项任务落实发挥积极作用。在省政协十二届十次常委会上，围绕汾河生态治理，作《打好防治组合拳，打赢治理攻坚战》的大会发言。（刘 蓉）

专门委员会工作

【提案委员会】 市政协十三届三次会议以来，提案委员会共征集提案605件，立案502件，立案率82.98%。经市政协二十六次主席会议审定，确定13件重点提案。围绕提案的征集—审查立案—登记—交办—督办—办理—审查答复—汇总—督促落实—撰写工作报告—归档等各个环节开展工作。围绕提高提案质量，从健全完善工作制度机制入手，修订《太原市政协提案工作条例》。加强委员培训，提高委员履职能力，利用重点提案督办、提案办理协商会、视察等各种形式和场合，开展对委员运用提案履职的业务培训。加强重点提案的督办工作。加大重点提案督办力度，对市领导领办的13件重点提案统一纳入市政府“13710”电子督办系统进行督办。如：郭晓青委员提出的《关于太原市儿童青少年近视防控的建议》被确定为重点提案后，引起市委市政府的高度重视。市政府制定出台《关于印发太原市综合防控儿童青少年近视行动方案的通知》，明确相关部门责任，细化工作内容，系统推进中小学生近视防控工作；市教育局印发《关于儿童青少年近视综合防控工作八条措施的通知》。市财政列入预算2000万元，为市属中小学校教室安装光生物安全教学灯，改善教室照明条件，保障学生用眼健康。完成2019年度政协提案办理考核工作。按照《太原市年度综合考核责任单位管理办法（试行）》要求，结合太原市提案办理工作实际，市委、市政府两办下发《关于对2019年度政协提案办理工作进行考核的通知》。4月2日市政协

联合市委、市人大、市政府办公室召开“2019年太原市政协提案交办会”，进一步推动承办单位提高认识，明确责任，切实抓好落实，增强办理实效。

（刘　蓉）

【文化文史和学习委员会】 2019年，文化文史和学习委员会组织省政协《关于开展庆祝新中国和人民政协成立70周年主题征文活动的通知》《关于举办庆祝人民政协成立70周年书画摄影展的通知》的征集工作。

助力文化强市战略。聚焦太原市文化资源保护利用发展及促进文化和旅游融合发展，开展专题调研和视察考察活动，助力文化强市战略实施。成立由李俊林和郝宝清两位副主席牵头、市政协两个专委会具体组织、市人大法制委和教科文卫委员会、市政府文旅局和文物局等职能部门、市政协智库有关专家学者以及文旅景区景点代表参加的课题组。课题组从9月中旬开始，先后深入到市文化和旅游局、市文物局的直属单位，深入到县区的相关机构，深入到涵盖吃住行游购娱等诸要素的旅游市场，初步了解太原市文旅事业发展的基本情况。11月4日至9日课题组赴浙江省杭州市和宁波市考察学习发展文旅事业的先进经验，形成提交十三届市政协十三次常委会会议审议的《关于加快文化和旅游融合发展的调研报告》。组织筹备太原市政协周口市政协联合主办的庆祝新中国和人民政协成立70周年“不忘初心同筑梦”书画艺术联展。8月1日至10日在太原市美术馆展出，8月18日至9月20在太原太山文物保管所展出，10月11日至15日在周口市展出。书画联展共征集作品200幅，周口市政协和太原市政协各100幅。在周口展出期间，开展“唐风晋韵锦绣太原”旅游推介会，推进两地文化旅游业发展，实现资源共享、市场共建、客源互换，为两地民众出游提供更多精彩的旅游线路和产品，丰富人民的旅游生活。注重把鲜活文化“存”起来，《宜居宜业幸福城》丛书形成初稿。

（刘　蓉）

【港澳台侨和外事委员会】 2019年，港澳台侨和外事委员会组织政协委员就深化“放管服”改革，营造“六最”营商环境工作情况，配合省政协港澳台侨和外事委员会开展联合调研，形成调研报告报送省政协。组织部分政协委员于6月至7月深入到政府相关部门和学校、企业开展调研。听取各方面情况汇报，实地察看太原市本土人才的培养和使用情况，查找存在问题，提出针对性意见和建议。召开专题协商座谈会，同市委、市政府领导面对面开展协商座谈。形成调研报告，送市委、市政府决策参考。9月至10月组织部分政协委员，针对太原市优化营商环境工作，提升太原市政务、市场、法治、企业发展和对外开放环境等问题，深入市直机关部门及部分企业开展调研，认真听取情况汇报，召开座谈交流会。会后形成调研报告送市委、市政府。配合市委统战部、市台办、民革太原市委做好“第十八届台湾高校杰出青年赴大陆参访团”的联谊活动。通过联谊活动，台湾青年深入到学校、工厂参观，促进两岸文化交流。配合市委统战部，开展全市港澳台侨界“我和我的祖国　庆祝新中国成立70周年文艺汇演”“12·4”侨法宣传等活动；配合市委台办举办台海形势报告会。

（刘　蓉）

【经济委员会】 2019年12月13日，市政协召开工业强市中加快制造业发展专题议政会，省政协副主席、市委副书记、市长李晓波出席会议。形成的调研报告从5个方面提出19条意见和建议供党委政府参考。4月，由副主席冯霞、陈远新带队，经济委组织部分政协委员对《深度融入“一带一路”，以大通道建设构建内陆地区对外开放新高地》课题进行深入调研。针对太原市存在的观念滞后，政策环境欠佳；基础设施有待完善；缺乏产业支撑；国际物流体系不够发达；人才与资金不足，抵御风险能力弱等问题。从强化顶层设计；重视宣传引导；优化发展环境；培育优势产业；构建人才高地等方面向省政协建言。4月，在分管主席的领导下对《推进民企优惠政策落实、激发民营经济活力》课题进行协商。5月，利用政协委员在北戴河学习机会，召开政协委员中的民营企业家座谈会，市工商联、市民建在全市一定的范围内开展问卷调查，共发放问卷调查表200份，组织课题组赴福州、莆田、泉州进行考察学习。在此基础上，6月24日听取市发改委、市科学技术局、市工信局、市财政局、市规划和自然资源局、市税务局等部门的汇报，实地调研太原比亚迪汽车有限公司等5家民营企业，并与7家民营企业代表进行座谈交流等，为课题报告提供更多翔实素材，调研报告分四个部分，有创新、有数据、有分析，从七个方面提出建议，经市政协31次主席会议审议通过，报送市委市政府参考。8月23日，市政协副主席冯霞、陈远新带队，市政协经济委组织部分政协委员，就《推进我市重点项目建设落地见效》课题，深入太原同济创业谷等三家项目建设工地进行调研视察；与农村委承办市政协全会大会发言，收到大会发言稿件49篇，从中选出38稿件编入大会发言汇编，有15篇稿件做大会发言，另11篇稿件转交提案、社情民意。

（刘　蓉）

【人口资源环境和城乡建设委员会】 2019年，人口资源环境和城乡建设委员会围绕“关于推进蓝天保卫战中重点防治降尘和PM10”常委会协商议题开展专题调研，督办重点提案助力太原市施工扬尘污染治理。5月22日，邀请环境、交通、住建、城管等部门召开“降尘和PM10常委会协商”座谈会，听取太原市建筑工地和城市道路扬尘污染工作情况的报告，并商议调研视察有关事宜。组织召开“推进我市老旧居民楼加装电梯利民便民”协商座谈会。开展“推进我市按照国家标准改、建公共厕所力度”专项视察活动。通过开展专项视察活动，查找症结所在、分析问题根源，为提升太原市人居环境质量提出对策与建议，形成《关于太原市公厕改建新建工作的视察报告》，围绕总量不足、分布不均、选址困难、审批烦琐、管护经费不足等五方面突出问题，提出全面优化公厕布局、简化改厕建厕审批手续、免除建厕配套入网费用、提高和保障公厕建设管护费用等11条建议意见供市委、市政府决策参考。根据省政协关于开展“吕梁山生态修复治理”联动调研的工作安排，由市政协副主席陈继光、王建堂带队，组织部分政协委员先后深入西山国信城郊森林公园、梗阳城郊森林公园、玉泉山城郊森林公园开展实地调研，并组织太原西山生态文化旅游示范区管委会、市规划和自然资源局、市生态环境局、市水务局及部分政协委员、部分城郊森林公园的负责人进行交流座谈，积极听取专家、委员建议意见，认真总结经验做法，撰写《关于太原西山生态修复治理情况的调研报告》提请省政协协商会议参考交流。9月，按照省政协“汾河流域水污染防治，持续改善生态环境”常委会协商工作的安排，召集市规划和自然资源局、市生态环境局、市住房和城乡建设局、市城乡管理局、市水务局等部门进行考察座谈，形成《汾河流域水污染防治 持续改善生态环境——汾河太原段调研报告》提交省政协常委会议作为参考，助推山西省汾河流域水污染防治工作全面深入有效开展。市政协十三届三次全体会议期间，积极筹备、精心组织召开联组（经济城建）讨论会，市政协副主席冯霞主持会议，副主席陈继光、王建堂参加会议，10名政协委员围绕市政府工作报告就加快推进智能制造步伐、促进民营经济健康发展、助力转型发展、提升太原市防灾减灾救灾能力、创立氢能产业中心等方面做精彩发言。（刘　蓉）

【教科卫体委员会】2019年，教科卫体委员会完成太原市政协第十三届三次会议联组会议讨论工作。会前精心组织，充分优选发言课题，严把发言质量关，反复筛选发言材料，确定七位委员围绕太原市教育协调发展、农村居家养老服务及传统村落保护、引进优秀人才、共创全国幸福城、基层卫生人才培养及分级诊疗制度落实、儿童青少年近视防控等提出建议，供市领导决策；4月28日，组织医卫界委员围绕太原市公立医院薪酬制度改革进行协商研讨，赴重庆、西宁参观学习，吸取外地经验。结合太原市实际对太钢医院、市中心医院、杏花岭中心医院、市妇幼保健院等地进行实地视察，召开座谈会听取各方意见，课题组认真讨论，针对“两个允许”落实不到位、政府投入不足，医院趋利性明显、医院负债大幅增加、专业人才缺乏等问题反复修改调研报告，分管领导亲自审阅修改，委员发言进行协商议政，提出加快落实习近平总书记的“两个允许”、加强组织领导提供改革保障、加强资金投入体现公益性为主、建立多样化的薪酬分配制度、加强人才队伍建设等方面的建议，为推动太原市薪酬制度改革献计出力；8月14日，与农业农村委、市民进、市九三共同组织实施，就太原市在乡村振兴中办好乡村教育这一课题进行调研，对尖草坪区部分学校进行视察，召开由尖草坪、古交、清徐、阳曲、娄烦教育局负责人和部分农村学校负责人参加的座谈会，广泛深入了解情况，认真分析研究，对太原市农村义务教育存在的问题进行梳理，就存在的农村义务教育生源不稳定流失比例严重、师资队伍不稳定力量不强、教育不规范质量不均衡、政策不完善或落实不到位、基础设施标准不高环不优等问题提出建议；6月22日至23日组织开展太原市政协委员“凝心聚力迎二青”乒乓球比赛；与学习文史委共同完成太原市政协和周口市政协共同联合举办的两地书画展。配合机关完成对口界别委员培训，组织委员参加太原市“小升初”电脑抽签排位活动，组织医卫界别委员赴娄烦农村开展义诊活动。

（刘　蓉）

【社会和法制委员会】2019年，社会和法制委员会围绕“引深交通治理，保障二青盛会”主题，完成一系列的调研工作。在分管副主席李俊林、郝宝清的带领下，围绕“二青会”比赛场馆建设及道路交通保障情况与市公安交警支队、省市体育局等部门多次沟通，并深入现场了解情况；组织部分市政协委员和相关市直部门赴南昌、广州两市考察学习“办赛办会”的经验做法；组织召开专门座谈会，面对面沟通、针对性协商、组织市政协委员深入比赛场馆周边进行调查研究，对影响城市形象的市容市貌问题，影响比赛期间的道路交通问题等情况进行现场督导；鼓励市政协委员通过钉钉网络平台建净言、献良策，充分发挥委员们在促进文明交通治理和助力二青盛会精彩中的积极性、主动性。形成《关于学习借鉴南昌、广州经验，做好“二青会”交通保障的考察报告》和《关于“引深交通治理，保障二青盛会”的调研报告》；深入开展乡镇（街道）低保站（所）队伍建设情况视察调研。在分管副主席李俊林、郝宝清的带领下，组织有关民主党派、部分市政协委员成立课题调研组，从6月下旬开始，历时2个多月，对太原市乡镇（街道）低保站（所）队伍建设情况进行调研，形成《关于以机构改革为契机，加强乡镇（街道）低保站（所）队伍建设调研情况的报告》；针对博物馆促进条例（草案）开展立法协商。根据市政协2019年度协商计划，《太原市博物馆促进条例（草案）》立法协商议题是社法委承担的一项重要任务，在结合地方立法工作需要，组织开展博物馆建设管理的工作调研，11月4日至9日会同市人大法制委、教科文卫委组织文化和旅游局、文物局、文管所等相关部门人员及部分政协委员，赴浙江杭州、宁波市考察调研的基础上，11月29日，组织

市人大法制委、市司法局、市文物局相关负责人以及14名党派、县（市、区）政协、市政协委员、专家学者代表，召开《太原市博物促进条例（草案）》立法协商座谈会，向市人大提出修改完善的意见和建议。收到来自娄烦县政协、万柏林区政协、迎泽区政协、九三学社以及没有到场发言的部分市政协委员、智库成员的书面意见建议，经统计征集的意见达到112条。会后，经认真梳理、汇总，最终形成74条建议，以市政协办公室的名义转送市人大立法修改时参考。组织部分市政协委员就《太原市养犬条例（草案）》《太原市城乡环境卫生设施管理条例（草案）》等地方立法项目提出修改建议，并反馈市人大法制委。11月21日，社法委与提案委联合组织部分市政协委员和提案者，对由农工党太原市委会提出的《关于解决公共安全视频监控系统补（闪）光灯光源污染的建议》重点提案进行现场督办。（刘　蓉）

【民族宗教委员会】 2019年5月27日至29日，民族宗教委员会组织市政协少数民族、宗教、民盟界别的部分政协委员，就太原市在宗教活动场所开展“四进”活动的情况进行专项视察。对龙蟠宫道院、龙泉寺佛教寺院以及清徐县红城天主堂、徐沟基督堂的“四进”情况进行实地视察调研；召开宗教干部及宗教界代表人士座谈会，听取市委统战部（市民宗局）负责人关于太原市在宗教活动场所开展“四进”活动的情况介绍，与太原市五大宗教团体负责人进行座谈讨论;6月5日利用伊斯兰教“开斋节”，走访太原清真古寺，并与市委统战部（市民宗局）、迎泽区委统战部、市伊斯兰教协会负责人就开展“四进”情况进行座谈。配合省政协完成关于“宗教活动场所安全管理”的调研。按照省政协民族宗教委员会的具体要求，配合省政协民族宗教委员会完成宗教活动场所安全管理专题调研工作；组织民族、宗教界别的政协委员，参与“二青会”的各项视察和建言献策、运行保障等工作；组织民族、宗教界别的政协委员广泛参与文明交通综合治理工作，积极建言资政，主动参与交通治理，共提出合理化建议54条。（刘　蓉）

【农业和农村工作委员会】 2019年，农业和农村工作委员会联合民盟太原市委会就“发挥特色农业产业在乡村振兴战略中的重要支撑作用”的情况进行视察和协商座谈。联合教科卫体委员会围绕“关于在乡村振兴中办好乡村学校的专题调研”开展主席会议协商。配合省政协开展“以品牌建设为抓手，推动农业特色产业做大做强”省、市、县三级政协联动调研。根据省政协通知要求对太原市十县（市、区）开展建设农产品品牌（商标）企业（农民专业合作社）情况和县域以上农产品公共品牌建设情况进行摸底统计工作，并及时上报省政协农业和农村委。承接完成省政协农业和农村委“以品牌建设为抓手，推动农业特色产业做大做强”农产品品牌建设问卷调查的协调推进工作。广泛听取相关部门单位、县区意见，针对问题进行深入分析研究，形成《关于以品牌建设为抓手推动农业特色产业做大做强》调研报告报省政协；撰写重点提案《关于实施乡村振兴战略推动城郊农业高质量发展的建议》和社情民意《建议对人造奶油实行强制标识管理》；完成市政协智库专家推荐遴选工作。（刘　蓉）

【社情民意研究】 2019年，社情民意研究室共收到各类信息2553篇，经筛选编辑向省政协和市委、市政府编报1055篇，采用率41.30%。其中184名市政协委员报送436篇，占信息总数的17.10%，占委员人数的52.60%；采用155篇，采用率35.50%。市政协信息被全国政协采用15篇，被省政协采用64篇，省领导批示4篇，省直部门反馈3篇；市领导批示信息35篇，市级部门反馈21篇，在全省政协系统量化考核中位居第二。（刘　蓉）

重要活动

【提案暨重点提案交办会】 2019年4月2日，市政协召开提案暨重点提案交办会，交办市政协十三届三次会议以来收到的提案，安排部署2019年的提案办理工作。市政协主席张明星出席，市委常委、常务副市长王立刚应邀出席，市政协副主席冯霞、陈继光参加。市政协十三届三次会议以来，共收到提案585件，立案488件。提案反映内容涵盖领域广泛，主要涉及工业强市、推进民营经济发展、改善营商环境、创建全国文明城市、举办二青会、促进国家全域旅游示范区建设和文化旅游深度融合发展、实施乡村振兴战略、巩固脱贫攻坚成效、推进养老服务、加强生态文明建设等多个方面，其中重点提案11件。（刘　蓉）

【薪酬制度改革协商座谈会】 2019年4月30日，市政协召开关于在深化医改中全面落实薪酬制度改革协商座谈会。市政协主席张明星主持，市政府副市长王爱琴，市政协副主席李俊林、郝宝清参加。李俊林作《关于我市公立医院薪酬制度改革工作情况调研报告》的说明。按照市政协2019年度协商工作计划安排，市政协教科卫体委和农工民主党太原市委会共同组织部分政协委员，先后前往太钢医院、市中心医院、市妇幼保健院、杏花岭区中心医院就太原市公立医院薪酬制度改革工作进行调研，并赴重庆市、西宁市进行公立医院薪酬制度改革的参观调研学习，最终形成调研报告。会上，赵晋春、乔小东、郭进升、任艳萍、姚亚峰、刘艳菊6位常委、委员及专家先后进行交流发言。（刘　蓉）

【老旧居民楼加装电梯协商座谈会】 2019年6月28日，市政协召开推进太原市老旧居民楼加装电梯利民便民协商

2019 年 6 月 22 日，市政协在滨河体育中心举行庆祝中华人民共和国和人民政协成立 70 周年“凝心聚力迎二青”乒乓球比赛　（市政协供图）

座谈会。市政协主席张明星主持，市政府副市长张齐山，市政协副主席陈继光、王建堂参加。市政协将推进太原市老旧居民楼加装电梯利民便民列为协商计划重点内容，在市政协人资环城委和民进太原市委会的组织筹备下，部分市政协常委、委员组成专题调研组积极开展视察调研并形成调研报告。报告从成立专门工作领导小组，结合其他省市指导意见及实施办法，总结经验、弥补不足、先行先试；在符合加装条件、居民意愿强烈的老旧小区开展先期试点工作；为老旧居民楼加装电梯审批开辟绿色通道，实行“一站式”服务；对每部外挂电梯给予一定财政补贴，对特困供养家庭和城市低保全额保障家庭所承担费用给予一定补贴等方面提出意见建议。王龙、乔小东、杨见青、张利红、张卫东、杨秋翔等 6 名市政协常委、委员，在报告的基础上先后做交流发言。（刘　蓉）

【庆祝新中国和人民政协成立 70 周年书画艺术联展】 2019 年 8 月 1 日，由太原市政协与周口市政协联合主办，太原市总工会、中国书画报山西新时代艺术中心承办的庆祝新中国和人民政协成立 70 周年“不忘初心同筑梦”书画艺术联展在太原市美术馆开展。

本次展出的书画作品共 200 幅，太原市政协、周口市政协各征集 100 幅。在形式上，五体皆备，既体现出对传统书画艺术的传承，又展现出与时俱进的创新。在内容上，作品集中展示新思想在本地的新实践、新时代改革发展的新成就，人民政协双向发力的新作为和广大政协委员履职尽责的新形象，具有浓郁的时代气息。（刘　蓉）

【唐风晋韵锦绣太原旅游推介会】 2019 年 10 月 11 日，“唐风晋韵锦绣太原”旅游推介会在河南省周口市举行。市政协主席张明星，市人大常委会副主任张磊，市政协副主席冯霞、陈继光、郝宝清参加。一首山西民歌《樱桃好吃口难开》拉开推介会的序幕。晋剧演员带来的《花木兰》《卖画劈门》等戏曲剧目，将推介会现场气氛推向高潮。由太原市文化和旅游局、迎泽区文旅局、太原市实验晋剧团、晋祠博物馆、太山文管所、太原龙投集团组成的旅游推介团，面向周口市近百家文旅企业相关负责人推荐太原市丰富的旅游资源和独具特色的旅游产品。两地文旅行业人士就加强两地文化和旅游行业交流合作、共同开拓两地文旅市场达成共识。（刘　蓉）

【制造业发展专题议政会】 2019 年 12 月 13 日，市政协“工业强市中加快制造业发展”专题议政会举行，省政协副主席、市委副书记、市长李晓波出席并讲话，市政协主席张明星主持。市政协副主席、秘书长参加。

根据市政协年度协商计划安排，从 8 月中旬开始，由市政协副主席冯霞、陈远新带队，市政协经济委员会承办，组成专题调研组深入太钢集团、不锈钢园区等制造业企业进行实地调研，并赴成都、德阳、绵阳、沈阳等地进行考察学习，最终形成调研报告。

会上，王素云、席华君、李俊林、张守耀、赵晋春、司建林、郭太林分别代表民革太原市委会、民盟太原市委会、民建太原市委会、民进太原市委会、农工党太原市委会、九三学社太原市委会、市工商联先后作议政发言。大家就大力发展不锈钢深加工产业、加快科技创新、引进和储备制造业人才、科技支撑资源型产业可持续发展、推进煤化工装备制造业发展、加快打造制造业产业集群和积极发展服务型制造等内容，与市工信局等有关部门负责人进行面对面交流，集思广益、共商良策。（刘　蓉）

综　述

【概况】 2019年，太原市纪委监委深入贯彻中央纪委、省纪委和市委全会精神，牢记初心使命，认真履行协助职责，突出强化政治监督，督促全市党员干部切实做到“两个维护”；深化拓展纪检监察体制改革，促进制度优势转化为治理效能；聚焦监督第一职责、首要职责，做实做细日常监督；持续强化正风肃纪，党风政风稳步向好；紧扣脱贫攻坚，坚决整治群众身边腐败和作风问题；落实政治过硬、本领高强要求，打造忠诚干净担当纪检监察铁军；持续巩固发展反腐败斗争压倒性胜利，推动全市纪检监察工作始终朝着高质量发展的方向迈进。全市各级纪检监察机关坚持稳中求进工作总基调，全面落实党章和宪法赋予的双重职责，始终践行“两个维护”不松劲，推深做细改革不停步，正风肃纪反腐不手软，努力推动全市纪检监察工作高质量发展。（饶文波）

【机构改革】 2019年机构改革后，太原市纪委监委机关设26个内设机构，即：办公室、组织部、宣传部、政策法规研究室、党风政风监督室、信访室、案件监督管理室、第一监督检查室至第七监督检查室、第八审查调查室至第十四审查调查室、案件审理室、纪检监察干部监督室、综合室、离退休人员工作室、机关党委。直属事业单位4个：查询中心、电教中心、信息中心、党纪教育基地。（饶文波）

【纪检监察体制改革】 2019年，太原市委切实加强对纪检监察体制改革的领导，保持改革韧劲不放松，推进纪律检查体制改革、国家监察体制改革、纪检监察机构改革，协同推进监督体系不断健全完善。全市各级纪检监察机关持续深化改革，强化上级纪委监委对下级纪委监委的领导和指导。制定《太原市纪委监委派驻机构日常监督实施办法（试行）》，出台《关于深化太原市纪委监委派驻机构改革的意见》，推动纪检监察派驻机构从“有形覆盖”向“有效覆盖”转变。坚持分类施策、压茬推进，进一步推动监察工作向基层延伸，有效解决纪检监察力量分散、履职不专等问题。截至12月27日，全市县级监委派出乡镇（街道）监察室全部挂牌成立，共配备监察室主任104人、副主任104人、专职监察干事93人。（饶文波）

【管党治党政治责任落实】 2019年，太原市纪委监委始终把党的政治建设摆在首位，督促全市各级党组织和广大党员干部保持政治清醒，始终把做到“两个维护”作为最高政治要求，不断深化责任落实机制，坚决在政治立场、政治方向、政治原则、政治道路上同以习近平为核心的党中央保持高度一致。切实传递履责压力，严明党的政治纪律和政治规矩，决不允许损害党中央权威和集中统一领导的现象在太原有任何市场。全市纪检监察机关深入学习贯彻习近平新时代中国特色社会主义思想及中共十九届四中全会、省委全会精神，扎实开展“不忘初心、牢记使命”主题教育。把坚决做到“两个维护”作为首要政治纪律，聚焦“三大攻坚战”、高质量发展、机构改革等重大决策部署落实情况开展督促检查，持续净化政治生态。市纪委监委班子带头检视问题，从严从实开好主题教育专题民主生活会和专题组织生活会；突出政治标准、强化政治把关，更加注重在脱贫攻坚主战场、改革发展稳定一线培养、发现和使用干部，持续匡正选人用人风气。建立完善领导干部廉政档案，督促各级党组织动态研判政治生态状况，持续推进县域政治生态建设。以坚决的态度、过硬的举措、务实的作风，逐步形成责任到人、压力到人，横向到边、纵向到底的党风廉政责任体系。深入开展监督问责工作，协助市委制定《太原市党员干部不作为慢作为问题监督问责办法》，与市审计局、“12345”服务平台、

新闻媒体等单位建立问题线索移交反馈机制。全年问责党组织45个，党内问责104人。（饶文波）

【中央八项规定精神落实】2019年，太原市纪委监委深入贯彻落实习近平总书记关于中央八项规定精神的重要批示精神，坚决防止“四风”问题反弹回潮。坚持一个节点一个节点坚守、一个问题一个问题解决，既全面整治又深挖细查，严肃查处娄烦县交通局原党组书记、局长吕文广，晋源区科技局原党组成员、副局长金银凤违规收受礼品礼金等104起违反中央八项规定精神的问题，处理党员干部146人、处分127人，同比分别增长11.80%、15.90%和29.60%。深入开展形式主义、官僚主义专项整治，紧盯党中央和省委、市委重大决策部署的贯彻落实，坚决整治不敬畏、不在乎、空泛表态、应景造势等问题。全年共查处以形式主义、官僚主义对待上级决策部署和群众诉求的问题206个，处理251人、处分221人。

（饶文波）

【市纪委十一届四次全会】2019年1月24日，中国共产党太原市第十一届纪律检查委员会召开第四次全体会议。出席全会的市纪委委员29人，列席100人。

省委常委、市委书记罗清宇出席会议并讲话。市委常委，市人大常委会、市政府、市政协负责人，市法院院长、市检察院检察长出席会议。有关方面负责人参加会议。

全会由市纪律检查委员会常务委员会主持。全会以习近平新时代中国特色社会主义思想为指导，全面贯彻中共十九大、十九届二中、三中全会和中央纪委三次全会精神，按照省委、省纪委和市委全会的部署要求，回顾总结2018年纪检监察工作，研究部署2019年任务。审议通过李吉山代表市纪委常委会所做的《坚持稳中求进、突出精准有效，推动太原全面从严治党取得更大战略性成果》工作报告。（饶文波）

【廉政工作会议】2019年5月9日，太原市政府召开廉政工作会议，省政协副主席、市委副书记、市长李晓波出席并讲话。市委常委、市纪委书记、市监委主任李吉山应邀参会。（饶文波）

【纪检监察队伍建设】2019年，太原市纪委监委以“不忘初心、牢记使命”主题教育为牵引，认真落实省纪委监委“五个过硬”要求，建设忠诚干净担当的纪检监察铁军。聚焦政治过硬，领导班子带头严肃党内政治生活，严格执行专题民主生活会、中心组理论学习和“三会一课”等制度，在理论武装、检视剖析、反思整改中，不断加强党性淬炼、政治历练、实践锻炼。聚焦能力过硬，组织开展全市纪检监察系统集中参加纪检监察业务培训，把全员培训作为“找差距、补短板，强本领、防风险”的主要抓手，通过人员全覆盖、业务全方位、年度全贯通的常态化学习培训，促进全员培训工作出实招、见实效，省纪委监委抽测合格率为100%，推进纪检监察机关规范化、法治化建设。聚焦责任过硬，坚持周安排、季调度制度，部署工作、检查进度，传导压力、压实责任。聚焦作风过硬，立足规范高效，抓好机关运行管理，会议、文件同比减少30%以上。聚焦纪律过硬，市纪委常委会坚定履行系统内管党治党职责，班子成员认真履行“一岗双责”，加强对纪检监察干部日常教育管理监督。严格处置纪检监察干部问题线索28件、立案1件、组织处理3人，坚决清除害群之马，纯洁净化队伍。

（饶文波）

纪律监察

【政治监督】2019年，太原市纪委监委立足落实“两个维护”根本政治任务，认真学习贯彻习近平总书记重要指示批示精神，抓好“大棚房”、违建别墅问题的督促整改，严肃查处人防系统腐败问题，立案32件，处分24人，处理25人，其中处分处理县处级干部10人；围绕打赢“三大攻坚战”，确定迎泽区、娄烦县、市生态环境局为市纪委监委政治监督联系点，制定指导意见，探索政治监督有效途径。对各县（市、区）委和市直部门党组（党委）“不忘初心、牢记使命”专题民主生活会实现监督全覆盖，推动党内政治生活进一步严起来。坚守政治监督定位，部署开展十一届市委第五、第六轮巡察，第五轮巡察共发现党的领导弱化、党的建设缺失、全面从严治党不力“三大问题”381个，移交党员干部问题线索115件，利

2019年6月30日，市纪委监委组织党员开展主题党日活动（市纪委监委供图）

剑作用充分彰显。坚持用铁的纪律维护党的团结统一，严肃查处11名党员干部违反政治纪律和政治规矩的问题。

（饶文波）

【日常监督】 2019年，太原市纪委监委注重以高质量监督促进高质量发展，开展两轮常规监督，全年共发现问题382个，其中问题线索183个，同比增长36.90%、394.60%，监督“长牙”“带电”的震慑逐步显现。注重“四个全覆盖”一体推进，把做好巡视巡察整改“后半篇文章”作为常规监督重要内容，发现并督促市商务局党组、市卫健委党组对巡察反馈意见整改不彻底、不到位的问题进行纠正。制定《太原市纪委监委派驻机构日常监督实施办法（试行）》，推动“有形覆盖”向“有效覆盖”深化。29个派出机构立案数、处分人数同比分别增长141.90%、135.10%。注重发挥纪检监察机关在激励干部担当作为中的职能作用，贯通运用“四种形态”处理党员干部5050人次，其中第一、第二种形态分别占比66.50%和25.10%。制定《太原市处置诬告陷害行为暂行办法》，既为受诬告陷害干部澄清正名、消除不良影响，又对199件无实质内容或已有结论的重复举报直接予以了结，切实为敢担当的干部担当、为敢负责的干部负责。（饶文波）

【反腐监督】 2019年，太原市纪委监委全面发力，推进不敢腐、不能腐、不想腐，持续深化标本兼治。不敢腐方面，坚持无禁区、全覆盖、零容忍，集中力量，严肃查处太原幼儿师范学校原党委副书记、校长任XX，太原市公安局经侦支队原副支队长曲X等一批领导干部严重违纪违法问题，持续稳高压态势、稳精准惩治力度、稳干部群众对持续反腐惩恶的预期。全市各级纪检监察机关立案1939件、处分1616人、留置48人、移送司法机关85人，同比分别增长40.10%、24.40%、37.10%和73.50%。在强力震慑下，全年共有21名党员干部主动投案。不能腐方面，对教育、人防、棚改等领域查处违纪违法案件中暴露的问题，制发纪检监察建议书63件，督促被监督单位健全制度55项，涵盖公车管理、办公用房、财务支出、资产管理、任职资格、供热费核减等方面的一批问题得到解决。把纪律挺在前面，突出用好谈话函询方式，全年共运用谈话函询处置问题线索2373件次，诫勉谈话210人次，警醒党员干部强党性、“莫伸手”。不想腐方面，加强理想信念教育，引导广大党员干部严守纪律规矩，严明公私界限，严格家风家教，筑牢拒腐防变的思想堤坝。注重用纪律方式教育人、转化人，通过深入细致思想政治工作，促使违纪违法党员干部放下思想包袱，主动悔错改错。加大警示教育力度，录制警示教育片《失守的底线》，在全市各级各部门集中开展警示教育，用身边的事教育身边的人。

（饶文波）

【腐败和作风问题专项治理】 2019年，太原市纪委监委聚焦整治群众身边的腐败和作风问题，着力在回应人民群众对美好生活的向往上积厚成势。站稳以人民为中心的根本政治立场，让人民群众在反腐惩恶中，有更多的获得感、幸福感、安全感。牵头抓好主题教育中漠视侵害群众利益问题专项整治，全市共查处问题77个，处理123人，通报曝光典型案例5起，督促有关单位解决突出问题31件，分3批公开通报整治成果，群众整体满意度达97.20%。在扫黑除恶专项斗争中，严肃查处“耿建平案”“郝海瑞案”背后的“保护伞”和党员干部失职失责问题。全市各级纪检监察机关共查处党员干部涉黑涉恶腐败和“保护伞”问题16个，处理72人次，处分100人次。深入开展“两个一律复核”工作，逐案复核83个黑恶势力犯罪案件，深挖彻查党员干部充当黑恶势力“保护伞”问题5起，有力落实“打伞破网”的要求。在解决群众反映强烈的突出问题中，持续用力化解重信重访，全市各级纪检监察机关受理检举控告总量明显下降。（饶文波）

【能源领域反腐败专项行动】 2019年，太原市纪委监委深入贯彻落实中央、省委、市委决策部署，按照省纪委监委能源领域反腐败专项行动具体安排，严明纪律、严查问题、严格要求，扎实推动专项行动稳步前进，为全市能源革命综合改革试点健康有序开展保驾护航。明确目标任务，对照《太原市落实〈山西能源革命综合改革试点行动方案〉实施方案》，结合实际研究起草《关于开展能源领域反腐败专项行动工作方案》，经市委反腐败领导小组会议审议同意，印发全市实施。加强组织领导，成立能源领域反腐败专项行动领导小组，统筹推动专项工作。制定下发《市纪委监委落实〈关于开展能源领域反腐败专项行动工作方案〉任务清单》，将《工作方案》细化分解为5个方面20项具体任务，明确责任部门。明晰治理重点，对地方党委和政府改革试点主体责任、相关职能部门监管责任、相关纪检监察机关监督责任的落实情况，阻碍改革试点的腐败行为，能源领域涉黑涉恶腐败和充当“保护伞”问题，影响改革试点推进的作风问题和形式主义官僚主义问题等7个方面进行重点治理。通过强化监督检查、拓宽线索来源、严肃查处问责等措施保障和推动能源革命综合试点工作健康有序开展。组织召开能源领域反腐败专项行动动员会议，市直各责任单位与纪检监察机关加强联动协作，聚焦治理重点，严肃查处能源领域不作为、慢作为、乱作为等问题，准确分析把握能源领域反腐败形势、趋势，发现权力运行风险点，以制度的完善来固化专项行动成果，推动形成长效常治机制，确保专项行动取得实效。

（饶文波）

民革太原市委会

【思想政治建设】 2019年，民革太原市委员会把学习贯彻习近平新时代中国特色社会主义思想和中共十九大精神引向深入。先后组织召开主委会议、常委会议、全委会议和机关例会等学习会议30余次，组织党员听取民革中央副主席郑建邦《中国近现代政党制度发展之路》专题报告。市委会班子成员、常委深入基层支部开展“讲党课”活动20余次，全面系统讲解民革党章党史，强化思想政治引领。

创办并编发12期《学习》月刊，开展政治理论、时事形势和新时代统一战线理论、方针、政策等方面的学习。办活“民革大讲堂”，邀请专家学者对广大民革党员进行集中专题辅导。以“不忘合作初心，继续携手前进”主题教育活动为主线，组织开展庆祝新中国成立70周年系列纪念活动，举办演讲比赛、书画展、乒乓球比赛，录制快闪1条。赴江苏、浙江两地开展“观故居，走多党合作之路”活动，学习民革前辈与中国共产党亲密合作的优良传统。

发挥“太原民革”期刊、微信公众号宣传作用。加强党员之家建设，推动建成7个民革党员之家，6个特色教育基地。

加强参政党理论研究，《找准“四差距”，笃行“六个讲”》获全国政协副主席、民革中央副主席郑建邦批示，《民主党派要努力在“好”字上下功夫》《有根就有家——民革太原市委会“民革党员之家”建设回顾》《加强思想政治建设，广泛凝聚政治共识》等12篇理论文章在《团结报》《人民政协报》《太原统一战线》发表。《民革基层组织思想政治建设研究》等2篇理论文章被收入民革中央思想政治建设研讨文集。在民主党派“改革创新，奋发有为”主题征文活动中，党员撰写的6篇文章获奖。（岳　佳）

【组织建设】 2019年，民革太原市委员会强化领导班子建设，全年组织召开2次领导班子专题民主生活会。做好组织发展工作，全年共发展党员61人。其中，博士1人，硕士16人，硕士以上占年度新发展党员的27.90%；正高级职称1人，副高级职称3人，中级职称15人；“三晋英才”1人。县区人大代表1人、县区政协委员1人。有民革特色25人，非公有制经济人士3人，占新发展党员数的4.90%，新社会阶层人士14人。

2019年，民革太原市委员会共有党员1152人，其中，有民革特色的507人，占44%；博士4人，硕士61人，本科以上学历700人，占60.70%；正高级职称10人，副高级职称86人，中级以上职称459人，占39.80%；各级人大代表23人，各级政协委员102人。

选拔社会各界专家学者和骨干党员组建太原民革“智库”和各行业调研专家团队，5名民革党员被评为太原统一战线智库专家，1名民革党员入选太原市脱贫攻坚人才库专家，推动人才队伍建设。

以创建“示范支部”工作为主抓手，指导基层支部开展创建活动，32个支部全部达标。其中，14个支部为示范支部，2个支部获得民革中央表彰，占到山西被表彰支部的40%，6个支部受到民革山西省委会表彰，基层组织整体战斗力更加强劲。民革太原市委会获得“民革全省示范支部创建先进集体”表彰。

成立市直一支部，将清徐、古交老龄支部更名为民革转型综改示范区支部。成立内部监督委员会，制定《内部监督工作条例（试行）》，有序推进党内纪律建设。召开《监察法》专题讲座，开展学习答卷活动，提升全市民革党员知法守法、遵规守矩意识。

召开优秀民革党员事迹报告会，宣讲全市优秀驻村第一书记马志桃的先进事迹，树立典型增添动能，引领、激励广大民革党员在各自岗位争先创优做贡献。（岳　佳）

【参政议政】 2019年两会期间，民革太原市委员会共提交集体提案27件，市人大代表、政协委员共提交个人提案58件，集体提案和个人提案总数在各民主党派中名列前茅。《关于打造氢能产业创新发展平台，助力太原建设国家可持续发展议程创新示范区的建议》列为市政协重点提案；与市科技局共同起草的《关于加强科技创新，提升我市核心竞争力的建议》被作为市政协全会大会发言。《强化源头管控力度 提升扬尘治理效果》《关于加强基层低保工作队伍建设的建议》《关于大力发展不锈钢深加工产业的建议》分别被列为市政协协商座谈会、专题议政会大会发言。

参加中共太原市委双月座谈会，氢能、碳材料、打造国家5A级景区、大力发展职业教育等建议上升为城市战略，纳入政府工作报告。打造太原民革参政议政新品牌——中山议政会议，全年组织参政议政骨干党员围绕市委双月座谈会、市政协协商议政会的专项课题开展4次调研座谈，提升参政议政的精准性和稳定性。

承办民革中央人口资源环境委员会第二次全体会议暨黄河生态经济带建设研讨会，为推动黄河生态经济带建设、促进区域绿色协调发展贡献力量。

全年共收集社情民意信息383篇，报送257篇。报送全国政协1篇，被省政协采用5篇、市政协采用40篇。其中，获得省领导批示2篇。《关于弘扬山西面食文化、打造中国（山西）面食博物馆的建议》被中共山西省委统战部《直言简讯》采用并被省领导批示，《关于“国家种业安全与发展”调研报告》获得市领导批示。《关于加快吸引和留住科研人才的建议》刊登于中共太原市委统战部《太原市党外代表人士建言》第1期。在“改革创新、奋发有为”献一策活动中，关于规范交通出行秩序、重视民营企业发展、加大对农村市场监管力度、重视通信行业销户难等4篇信息获得市领导批示。（岳　佳）

【社会服务】 扶贫工作。2019年7月，民革太原市委会全面完成对娄烦县步斗村的驻村帮扶工作。市委会派驻第一书记马志桃被太原市脱贫攻坚领导小组授予全市优秀第一书记称号。组织民革企业家对接阳曲县、娄烦县13名贫困生开展捐资助学和智力扶贫，送去米面油等生活物资，助力深度贫困“百千百”捐赠活动成效显著。邀请20余名山区儿童相约二青会，参观新中国成立70年体育成就展。

三农工作。支持民革党员引进建立“春泥院士工作站”，引进“拾味行”云平台，为服务好乡村振兴提供支持。

普法宣传。发挥民革法律界别优势，组成法律服务团队，连续五年赴阳曲工商联开展“送法进企业”活动，为中小企业保驾护航、排忧解难。组织举办第五届“见青杯”社区（村）法律知识竞赛，惠及居民5万人，扩大普法宣传范围。开展法律讲堂进校园普法宣传活动，为创建和谐校园服务。

组织基层支部和中山品牌团队分赴古交、娄烦等地开展支教助学、送医下乡、文艺下乡和志愿者服务等活动21次，开展献爱心送温暖活动，为环卫工人、抗战老兵等群体送去温暖和慰问品。

（岳　佳）

【祖国统一工作】 2019年，民革太原市委员会邀请山西大学军事教研室特聘教授倪宁做专题报告会，组织民革党员认真学习习近平总书记关于两岸关系和平发展的一系列新思想、新论述，为切实推进祖统工作提供理论支持和实践指导。

接待第十八届台湾高校杰出青年赴大陆参访团，精心组织策划欢迎活动，展现太原文化魅力，讲好太原故事，增进台湾青年“两岸一家亲”的文化认同和情感认同。接待来自台湾地区的中国国民党中央委员会中央委员、国民党中央黄复兴党部委员、黄复兴党部台东黄国东党部副主任委员邓治平先生，和中国两岸文经交流协会理事张杰和台湾经济界人士施坤森一行6人，双方就经济文化等进行深入交流，共同致力于推动两岸关系和平发展。

加强与台湾高雄山西同乡会、高雄寿山文化基金会的经济文化交流，与台湾幼教教材公司沟通联系，推进由幼儿教育事业出版的幼儿教材在东迪美育幼儿园推广使用，促进幼儿教育交流。加强与台湾民间教育开展学术交流，在太原推广达成初步合作意向。推进两地农产品交流，引进部分台湾农产品进入本地5家“老阴鲜生”连锁超市试卖，推广山西醋到台湾，推进两地农业合作。

（岳　佳）

2019年6月，民革太原市委会举办庆祝中华人民共和国成立70周年书画展

（民革太原市委员会供图）

民盟太原市委会

【思想政治建设】 2019年，民盟太原市委员会团结带领全市盟员学习贯彻省委十一届九次全会和市委十一届七次全会决策部署及民盟中央、民盟省委会决策部署，深入学习贯彻统一战线和多党合作理论，全面深入开展“不忘合作初心，继续携手前进”主题教育活动，做到线上线下齐推进，多种方式求实效，宣讲活动全覆盖。

开展宣讲调研。盟省委主委王维平到民盟太原市委会和小店总支开展“不忘合作初心，继续携手前进”主题教育活动宣讲调研。盟省委副主委刘本旺到民盟太原市委会为骨干盟员作“不忘合作初心，继续携手前进”主题教育活动宣讲培训。民盟太原市委会领导班子带头，由19名常委带队，组成6个宣讲团，到73个基层组织开展宣讲调研和座谈交流活动，确保主题教育活动基层组织全覆盖。

线上线下相结合。民盟市委会将学习内容排入主委办公会、常委会、机关例会议程。多次召开与主题教育活动相关的常委专题学习会议，集中深入学习习近平新时代中国特色社会主义思想和中共十九大精神，学习习近平总书记关于多党合作和民主党派自身建设的新要求，学习民盟与中国共产党合作的光辉历史等内容，利用钉钉办公软件、学习强国等在线学习平台，开通“学思践悟”“信息发布”“组织活动”“电子表单”等线上应用，实现学习笔记、心得体会、活动报道即时在线撰写的线上线下学习教育模式，形成整合盟市委智能盟务系统、太原民盟微信公众号、《太原民盟》季刊等多个宣传渠道的线上线下“综合思想教育宣传教育系统”。

活动形式多样。结合庆祝中华人民共和国成立70周年和人民政协成立70周年，充分利用民盟合唱团、民盟新风诗社、民盟书画研究院等艺术团体平台，发挥民盟文化界别优势，组织开展书画展、诗词采风、诗词歌咏会、艺术作品征集等一系列丰富多彩的主题活动。民盟太原市委会被民盟中央授予“民盟思想政治建设和宣传工作先进集体”荣誉称号。 （孟秀君）

【组织建设】 2019年，民盟太原市委员会加强组织建设，有盟员2064名，基层组织73个，其中总支部4个，支部69个。贯彻落实《中共中央关于加强中国特色社会主义参政党建设的意见》《各民主党派中央关于新时代组织发展工作座谈会纪要》精神，下发《2020年民盟省级组织新发展盟员关键指标分解》《中国民主同盟组织发展条例》，加强组织领导，规范工作程序，坚持质量优先，注重体现界别特色，优化人才结构。盟市委全年发展46人，硕士学位16人，占34%；大学及以上人数为44人，占95.60%；中上层人士39人，占84.70%。文化教育及相关科学技术主体界别共35人，占76.90%，完成6个支部换届、3个支部班子调整及1个支部更名工作。进山中学总支等8个基层组织开展走基层大调研活动，完成盟省委文化界别调研任务，推动基层组织建设工作。2019年盟市委对盟务工作表现突出的32个先进集体和120名先进个人进行表彰。

加强培训学习。民盟市委会组织各级盟员参加民盟省委、统战系统各类培训；组织骨干盟员参加市委统战部赴湖南社会主义学院的培训；安排参政议政积极分子参加民盟省委组织的井冈山学院培训学习；在河北省社会主义学院组织为期一周的基层组织负责人培训班，40多名基层组织负责人参加；组织盟员参加市委统战部“十九届四中全会”宣讲报告会等学习。盟市委除每周机关例会安排学习外，多次召开常委会、新盟员座谈会等主题会议开展理论集中学习。

强化双岗履职。许多盟员既是民盟精英，又是业务骨干，盟务工作和本职工作齐头并进，取得好成绩。武凌云、李继军、李萍、丰功吉、苏玉春、白志兰、张小兵、郝媛、王丽英等13人次获得国家级表彰和奖励；郇阳、李隽、王书首、刘婧、田晋玲、赵媛、李红旻等43人次获得省部级表彰和奖励；王萍、高三生、王蔚、卜平亮、焦永花、高海峰、杜丽君等53人次获得市级表彰和奖励。据统计，全市盟员有在职县处级以上领导28人，各级学校正副校长18人，高校院系正副处长及院系主任19人，担任各级人大代表、政协委员111人次。 （孟秀君）

2019年八一前夕，民盟太原市委员会慰问武宿机场武警中队官兵
（民盟太原市委员会供图）

民盟太原市委会机关干部参加“全民健步行健康行动”

（民盟太原市委员会供图）

【参政议政】 2019年，民盟太原市委员会围绕中共太原市委“两个走在前列”和“双提升”工作，紧扣统筹推进太原市稳增长、促改革、调结构、惠民生、防风险工作要点，着眼全局，重点突出的开展社会调研建言献策，为社会经济文化各项事业发展作出应有贡献。

民盟太原市委员会承担民盟省委“六个一”调研课题、市委统战部重点调研课题、市政协议政课题共计12项。针对这些调研任务，民盟太原市委提前设计谋划，详细安排部署，召集课题相关工作领域盟员召开调研专题会议，抽调骨干力量组成6个专项课题调研小组，就各自承担课题内容多方开展调查研究，按时完成调研任务，并向上级提交调研报告。

班子成员共参加市委双月座谈会6次。主委阎美蓉，副主委张卫东分别与市长李晓波、副市长卢秋生结对交友联谊，就党派参政议政、组织建设、社会服务工作进行深入谈话交流。民盟界别的11名市政协委员参政履职。全年提交个人提案40余件，民盟市委会提交集体提案15件，立案13件。3件提案被列入太原市政协重点提案。11篇稿件入选市政协大会发言汇编，3位盟员委员在市政协全会作口头发言。民盟太原市委会2019年向盟省委报送社情民意稿件296篇、向市政协报送190篇、向市委统战部报送103篇。其中盟省委采用172篇，市政协采用66篇，市级领导批示1篇，市级部门反馈1篇，省政协采用15篇，盟中央采用稿件6篇，全国政协（每日社情）采用6篇，全国政协综合采用2篇，全国政协转送采用2篇，在盟省委全年考核统计中，太原市稳居第一。《关于将太原市“文瀛公园”恢复为“中山公园”的建议》入选市委统战部直言信息；《关于加强我市职业教育发展的建议》入选“我为‘改革创新奋发有为’献一策”好信息。

（孟秀君）

【社会服务】 2019年，民盟太原市委员会秉承“尽力而为，量力而行，注重实效、持之以恒”基本原则，继续开展社会服务工作30多次，做好“民盟同心林”植树活动、深入农村开展义诊支教、爱心捐助等活动，开展帮教未成年犯“黄丝带”帮扶工作，落实省市委统战部“百千百”帮扶工作。

启动并推进双拥模范单位创建活动，与驻并武警部队成立双拥共建单位并举行签约仪式。全年组织开展“八一”建军节慰问、就业指导、迎新联欢会等活动9次。双拥活动作为盟组织社会服务活动的重要组成部分，拓展民盟的社会服务领域，丰富社会服务形式，密切军政关系，产生良好的社会影响。

（孟秀君）

民建太原市委会

【思想政治建设】 2019年，民建太原市委员会全面系统学习习近平新时代中国特色社会主义思想、中共十九大和十九届二中、三中、四中全会精神，深入学习习近平总书记“三篇光辉文献”精神，中共中央、省、市重要会议精神以及会章、会史、民建中央有关会议精神。领导率先学，机关带动学，全年集中学习35次。围绕继承民建优良传统、新型政党制度、民建会章会史等内容举办2期培训班，组织选派骨干会员50余名分别参加民建中央、民建山西省委会、市委统战部、市政协组织的专题培训班和活动6期，提升理论水平和履职能力。广泛动员学，市委会领导班子积极发挥带动作用，先后分批到各支部指导监督主题教育活动的开展情况，全年各支部共开展各类学习活动40余次。

组织“改革创新、奋发有为”大讨论，召开部署会、交流研讨会、总结会；领导班子分三组带队深入6家会员企业走访调研；机关人员赴南京开展对标对表学习交流活动；市直四、晋源区、太原科技大学、综改区阳曲等支部积极按照市委会要求分别以联合或者单独形式开展大讨论交流研讨。开展“不忘合作初心，继续携手前进”主题教育活动，市委会成立领导小组、制订活动方案、召开安排部署会，市委会班子成员对支部开展主题教育活动进行全覆盖指导。主委带队到支部及会员企业，其他班子成员分三组到全市25个支部参加学习研讨活动40余次，向各支部会员征集到在思想政治建设、组织建设、履职能力建设、作风建设、制度建设等方面的意见建议共计28条，经过汇总梳理、列出整改清单，督促整改落实。结合庆祝中华人民共和国成立70周年，集中学习习近平在庆祝中华人民共和国成立

70周年大会上的讲话，开展“锦绣龙城‘影’赞太原”摄影征集活动，举办“奋发有为筑梦中华”书画摄影展和“歌唱祖国”歌曲联唱暨2019年“健步行”活动。

加强宣传教育，共编辑市委会信息142条，支部信息77条。有效发挥“民建太原市委”公众号和《并州民建》（季刊）两个宣传平台的引领作用。公众号全年阅读量达到3万余次，成为会员了解市委会工作和交流学习的首要渠道。《并州民建》全年发行4期2800本，紧扣各项主题活动设置专栏报道，连载“三晋英才”会员先进事迹、主题征文活动中的优秀文章和书画摄影作品，宣传民建新作为。向民建中央、民建山西省委会、山西政协报、太原市委统战部等报送工作信息300余篇次。其中在《民讯》刊登1篇、民建中央网站刊登26篇，省委统战部网站刊登3篇、《山西政协报》刊登4篇，《太原统一战线》刊登3篇，扩大市委会影响力。

（郝亚婷）

【组织建设】 2019年，民建太原市委员会坚持开好全委会、常委会、主委会等，明确议事规则，落实民主集中制，坚持领导班子民主生活会制度和述职考评制度，定期组织领导班子谈心会，全年共召开中心组学习会6次，全委会1次，常委会3次，主委会10次，机关工作会议18次。落实民建全国组织建设工作会议精神，统筹推进代表人士队伍建设。强化专委会履职，充实队伍结构。新成立文化和旅游委员会，新增5名青委会副主任，为更多会员骨干代表人士施展才华提供广阔平台。定期召开专委会述职会，启动专委会成员履职档案和委员备案制工作，推动专委会更规范履行职责。

22个支部、总支完成换届，2个支部完成届中调整，10个支部主委为新当选，一批甘于奉献、组织协调能力强、参政议政水平高、社会服务贡献突出的会员进入支部新班子，以此为牵引充实强化民建中坚力量。开展“魅力支部”创建工作，引导支部建设“会员之家”。引导和鼓励支部开展主题鲜明、形式多样的学习教育活动，支部全年共开展活动70余次。

严格组织发展程序，强化新会员入会前的培训和培养观察，举办2期会员入会培训班，1期实地参观学习活动。全年发展会员33人，发展率2.70%。截至2019年底，全市共有会员1244人，平均年龄52.40岁。其中，大学本科510人占41%，硕士研究生103人占8.30%，博士研究生13人占1%。经济界1003人占比80.60%，中级以上职称451人占36.30%，企业高级管理人员188人占15%，在政府部门任职229人占18%，担任各级人大代表、政协委员109人次。全市会员的年龄结构、学历结构、职称结构进一步优化。（郝亚婷）

【参政议政】 2019年，民建太原市委员会开展调查研究和广泛征求意见，围绕民营企业融资、工业固废处理、推进用水信用等级、科技创新、创建全国文明城市、中小微企业发展、精准扶贫、乡村振兴、廉政建设等专题在双月座谈会上建言16条，为推动太原市经济社会发展贡献民建智慧和力量。围绕“制造业发展”“促进民营经济发展”“二青会体育场馆道路设置”等议题在市政协议政协商会上献策，多数得到市委、市政府的采纳。迎泽区一支部、二支部积极参与区统战部“统战宣传月”活动，并获得好成绩，展现民建会员的风采。做好组织提案工作。2019年共向市政协大会提交组织提案13件，立案10件，内容涉及工业企业质量提升、老城区商业圈改造、医养结合、衍生品交易风险管理等，《大力开展工业企业质量提升行动加快推动我市经济高质量转型发展》等2篇组织提案被市政协列为重点提案予以督办，《关于化解太原市中小企业融资难的几点建议》作为大会发言。提案中的建议多数得到相关部门的采纳和反馈。

深入开展课题调研，有关美丽乡村、产业发展、民营经济、人才引进、道路交通、债券融资等方面12个课题均顺利通过结题评审，其中7个课题转化为参政议政成果，在双月座谈会、市政协高层议政协商会、统战部“建言直通车”、组织提案和社情民意工作上发挥作用，带动建言献策成效显著。

（郝亚婷）

【社会服务】 2019年，民建太原市委员会坚持社会服务是民主党派的重要社会职能。持续助力“百千百”工程。组织参与帮扶的会员代表一同赴娄烦县与9名贫困大学生座谈交流，继续资助助学金，关心了解帮扶对象的学习和生活情况。市直五支部和市直六支部在阳曲县首邑学校开展慰问帮扶活动。“百千百”工程助学和扶志同步并举，参与帮扶的会员全年共捐赠学习生活用品和助学金累计3万余元，为助力巩固全市脱贫攻坚成效作出积极贡献。

发挥民建太原市委会教育基地作用，完善教育基地设施建设，开展扶贫工作现场推进会。围绕“不忘合作初心，继续携手前进”主题教育活动，开展文化下乡送春联、义诊送药、法律援助、捐赠鸡苗等帮扶工作，发挥教育基地红色革命教育作用，凝聚会员政治共识；发挥优势在水峪村开展消费扶贫，帮贫困户销售土豆、小米、土鸡蛋、核桃、肉类等农副产品价值近4万元，切实帮村民增收，助力巩固扶贫成果。赴水峪村开展扶贫工作现场推进会在《山西政协报》报道，市委会助力脱贫攻坚的事迹分别在《民讯》和《太原统一战线》助力脱贫攻坚专栏上刊登。市委会被民建中央授予“民建脱贫攻坚奖先进集体”荣誉称号，会员刘育卿被民建中央评为“民建脱贫攻坚先进个人”。

山西省中华职业教育社民建太原市委会社员小组成立，民建太原市委会“社员之家”作为太原市首个“社员之家”挂牌成立，为社员小组提供活动场

所，凝聚社员力量，增强小组活力。市直二支部赴太原市老年公寓开展“暖春、敬老、爱老、助老”公益系列活动、市直三支部赴山西省安康通社区养老护理院开展“幸福微梦想公益图书角”捐赠活动、古交总支到古交市常安九年制学校开展爱心捐赠结对资助和无偿献血活动等，各支部广泛参与社会服务，贡献民建力量。（郝亚婷）

【民主监督】2019年，民建太原市委员会民主监督有序推进。有效发挥会员中担任人大代表、政协委员、特约监督员的作用，参与党风廉政建设、脱贫攻坚、争创文明城市以及政府部门执法薄弱环节等问题的监督，并提出意见和建议。开展好对口联系工作，与市发改委和市工信局通过互访、座谈、交流简报刊物等形式加深交流，开展调研协作。

（郝亚婷）

民进太原市委会

【思想政治建设】2019年，民进太原市委会开展“改革创新、奋发有为”大讨论和“四比四促”活动，召开“改革创新、奋发有为”大讨论暨“四比四促”活动学习报告会，太原学院一支部、市人民医院支部、万柏林区一支部、二十七中支部等基层组织召开学习座谈会，太原幼专支部、晋源总支、机关二支部等基层支部赴延安、武乡、大寨、右玉开展爱国主义红色教育。组织民进太原市委会班子成员、五星级支部主委和机关干部前往上海开展调研走访交流，参观中共“一大”会址、嘉兴南湖革命纪念馆和民进先贤故居，传承优良传统，主动对标一流。在全市民主党派“改革创新、奋发有为”主题征文活动中，5篇理论研究文章获奖，集中展现太原民进在“改革创新、奋发有为”大讨论和“四比四促”活动中的理论成果。

打牢宣传主阵地，坚持网站、会刊、简报、公众号“四位一体”对外宣传模式，编辑出版《太原民进》会刊2期，发布微信公众号52期，报送工作信息400条，编印《太原民进工作简报》12期，信息在报刊、网站、新媒体刊发，其中《团结报》2篇，《太原日报》2篇，《山西政协报》6篇，扩大太原民进的传播力和影响力。

以中华人民共和国成立70周年为契机，开展“我和我的祖国”征文活动并编印《我和我的祖国——民进会员征文选》，被民进山西省委会评为“庆祝新中国成立70周年暨人民政协成立70周年”征文组织工作先进单位，1篇获得民进省委会一等奖，16篇获得二等奖，36篇获得优秀奖。举办“歌颂祖国赞美教师”教师节诗歌朗诵比赛，承办“奋进新时代　共圆中国梦”庆祝中华人民共和国成立70周年暨民进山西开明画院书画作品太原巡展。举办庆祝中华人民共和国成立七十周年暨重阳节茶话会，全市200余名老会员参加活动。

开展“不忘合作初心，继续携手前进”主题教育活动。编印《“不忘合作初心，继续携手前进”主题教育活动学习资料汇编》，组织“关键少数”和骨干会员参观八路军驻晋办事处旧址，举办“不忘合作初心，继续携手前进”主题教育活动暨会风廉政建设推进会，参加民进中央开明讲堂“我身边的先进”山西宣讲报告会。市委会班子成员深入所联系的片区基层支部调研座谈，广泛征求意见建议，共梳理出6类问题，提出整改措施13条，召开专题民主生活会，开展批评与自我批评。（郭　潮）

【组织建设】2019年，民进太原市委会围绕“基层组织建设年”，以城区为单元围绕“改革创新、奋发有为”大讨论和“不忘合作初心，继续携手前进”主题教育活动，召开两轮共11场交流座谈暨组织建设推进会，组织支部主委参加民进山西省委会在山西社会主义学院举办的基层组织负责人培训班。以星级支部创建活动为抓手，全面提升组织建设能力，22个基层支部被民进山西省委会评定为星级支部，太原市中心医院支部等7个被评定为五星级支部。太原市第八人民医院支部、太原市机关二支部、山大附中支部获得“民进全国组织建设先进基层组织”，王滨、牛明仙、刘金刚被授予“民进全国组织建设先进个人”称号。晋源总支、迎泽区综合支部、经济一支部、机关一支部获得“民进山西省先进基层组织”，阎天文、刘勇坚、温晶晶、苏兵评为先进基层组织负责人，陈洁评为先进机关专职干部。严把“入会关”，举办入会积极分子培训2期，批准新会员71名，成立新会员五、六支部，对新会员实行分组量化考核，推动老支部带动新支部发展、老会员培养新会员成长。姚权获得中共中央、国务院、中央军委“庆祝中华人民共和国成立70周年”纪念章，席德生、史彦鹏当选民进中央开明画院理事，马恩正获得山西脱贫攻坚创新奖，车国顺、张斌、孟金萍入选山西省“三晋英才”支持计划，马永红、马荣辉被评为山西省三八红旗手，刘寒冬、耿娜被评为“全省司法行政系统先进工作者”，马荣辉入选全市“时代新人”榜，董丽霞获得“太原好人”称号，王滨被评为全市“最美志愿者”，卫兴安获得“太原市工艺美术大师”，任丽红当选山西省民间工艺美术家协会副秘书长，翟旭琴入选二青会火炬手，董文萍被任命为太原市志达中学常务副校长，丁捍旗任命为万柏林区医疗保障局局长。

（郭　潮）

【参政议政】2019年，民进太原市委会围绕中心工作，始终坚持深入调研、持续建言。举办参政议政高端培训，参加全省建言献策学习培训和全市统战信息培训会议，组织开展医疗健康大数据、乡村振兴、装配式建筑、文化创意产业等专题调研活动。参与市政协关于学前教育科学规范发展、老旧居民楼加装电梯、乡村振兴中办好乡村学校、制造业发展助推工业强市调研座谈活动。参加市委双月座谈会，围绕政府工作报告、国家可持续发展议程创新示范区建设、创建全国文明城市、经济运行情况、脱贫攻坚与实施乡村振兴战略、党风廉政建设等议题建言献策。向市政协十三届三次会议提交《关于推进我市学前教育科学规范发展的建议》等15件集体提案，3件提案被市政协列为2019年重点提案，这是市委会换届以来取得的最好成绩。全年报送市政协社情民意信息247条，其中市政协采用105条，省政协采用10条，《关于治理网络水军的建议》被全国政协采用，《关于建立消费者维权应急响应机制的建议》被民进中央采用，《关于在公立医院率先推广“缓和医疗”的建议》等6篇报送全国政协，11篇社情民意信息被市领导批示，取得历史同期最好成绩，社情民意信息工作在各民主党派和工商联的综合排名中位居第一。在市委统战部开展的“我为改革创新、奋发有为献一策”活动中，共有6条建议得到省委常委、市委书记罗清宇和市委常委、秘书长、统战部部长刘鹓的重要批示，建议的数量和质量均居各民主党派首位。民进太原市委会获得全省民进2018年度参政议政先进集体一等奖。（郭　潮）

【社会服务】2019年，民进太原市委会突出民进特色，精准服务社会，以务实为民为切入点，开展形式多样的社会服务活动。“春联万家”五进（进学校、进机关、进军营、进社区、进农村）活动举办11场，共书写春联2300幅、福字3000个。民进太原开明画院与民进山西省晋商支部联合举办2019年迎春笔会。调整扩充民进太原开明画院，从换届以来的新会员中选取书画艺术特长优秀人才，新增到开明画院中，充分发挥好社会服务的职能作用。组织会员赴娄烦县静游镇、阳曲县首邑学校开展助学支教和“百千百”工程活动，捐赠助学金7.20万元，购买文具、衣物等价值800元，现场捐给结对帮扶的13名贫困家庭学生。市委会在阳曲县安塘村开展春节慰问活动，组织村支两委党员干部赴河北西柏坡参观学习。文艺支部和太原教育电视台支部赴阳曲县西凌井乡敬老院开展“文艺下乡”活动，小店一支部赴静乐县下马城小学、万柏林区三支部赴娄烦县曹家掌村慰问留守儿童。太原民进名师讲学团发挥会内名优教师对基础教育的示范引领作用，先后选派20余名教师赴阳泉市郊区杨家庄学校、晋源区实验中学、尖草坪区汇丰中学、山西英才学校等8所学校开展支教活动和教学交流，重点进行中高考考前辅导，受益师生达2000多人。以“二青会”为契机，参加市直机关全民健身“健步行”活动、市政协“凝心聚力迎二青”乒乓球比赛，组织会员在龙山景区开展登山健身活动，杏花岭片区基层支部举办形式多样的趣味运动会，倡导文明健康的生活方式，凝心聚力丰富活跃会务活动。（郭　潮）

2019年，民进太原市委员会组织干部职工参观国民革命军第八路驻晋办事处旧址
（民进太原市委员会供图）

农工党太原市委会

【思想政治建设】2019年，农工党太原市委会坚持中心学习组制度，开展专题学习，把学习作为各项会议的第一议程、推进工作的第一环节，增强工作动力。围绕学习教育任务，制定和印发学习通知、学习资料，市委会为每个基层支部购买《习近平新时代中国特色社会主义思想30讲》《习近平新时代中国特色社会主义思想学习纲要》，下发农工党中央编发《习近平总书记关于多党合作摘编》和《不忘合作初心、继续携手前进主题教育活动学习材料汇编》，引导党员自学，营造良好学风，促进全会牢固树立“四个意识”，坚定“四个自信”，做到“两个维护”。

围绕庆祝中华人民共和国成立70周年、人民政协成立70周年、多党合作制度确立70周年开展征文活动；举办“同心共祝祖国好”随手拍摄影展；参加“人民政协成立70周年”书画展，参加市委统战部在网上举办的“纪念多党合作制度确立70周年”党派成果图版展；组织迎泽区、小店区所属支部参加区委统战部举办的“庆祝中华人民共和国成立70周年”事迹演讲、文艺活动；召开纪念农工党市委成立30周年纪念大会；市委会先后推荐市委委员、

省市人大代表、政协委员参加省委、市政协、市委统战部分别在贵州、北戴河、重庆大学举办的学习培训和现场教学。

坚持把思想政治建设放在自身建设的首位，开展“不忘合作初心，继续携手前进”主题教育活动，以习近平总书记的“四新”“三好”为总要求，明确目标任务、基本要求、工作原则，加强统一领导，成立领导小组和办公室，制订工作方案，召开会议进行动员部署。领导班子制定活动计划和民主生活会办法，落实学习教育、履职尽责、查找不足、整改提高各项要求。各支部结合实际，贴近党员，创新方式，开展各种形式的学习教育，夯实多党合作的思想政治基础，增强履职尽责责任意识和实践能力。（赵晋春）

【组织建设】 支部创建。2019年，农工党太原市委会在2018年星级支部创建工作的基础上，加大督促考核力度，对党员反映强烈或不开展任何活动的支部，将进行降“星级”处理与通报，使“星级支部创建”活动不流于形式。严格对照考核标准，并按照五星、四星20%的比例进行评审。有29个基层支部参加星级评选，最终有五星级支部6个，四星级支部6个，三星级支部17个获批，在省委召开全省星级支部创建活动标准大会上有6个五星级支部受到表彰，古交总支在大会上介绍创建经验。

“党员之家”建设。农工党太原市委会按照省委通知精神，立足于发挥党员之家“政治学习的中心、思想教育的阵地、联系党员的窗口、参政议事的场所”的主体功能作用，建成首个“党员之家”，成为全省第七个挂牌的“党员之家”，农工党省委领导出席“党员之家”挂牌仪式。（赵晋春）

【参政议政】 2019年，农工党太原市委会聚焦决胜全面建成小康社会关键之年的关键问题、工业强市、攻坚战中的难点问题和增强人民群众获得感、幸福感、安全感中的现实问题，深入调查研究、积极建言献策。在中共太原市委、政府召开的党外人士双月座谈会、情况通报会上，就坚持和完善中国特色社会主义制度、推进国家治理体系和治理能力现代化、经济工作、工业强市、政府工作报告等重大议题，发表协商意见和建议。向市政协十三届三次会议提出集体提案13件、个人提案36件，向十四届三次人代会提出议案9件，《关于解决公共安全视频监控系统光源污染的提案》被市政协作为重点督办提案。在政协十三届三次会议上，做题为《多措并举，推动分级诊疗的建议》的大会发言。与市政协教科卫体委员会就“关于我市公立医院薪酬制度改革工作情况”进行专题调研，市政协召开“我市薪酬制度改革”专题协商会；就工业强市进行调研，提出“推进我市煤化工装备制造业发展的建议”调研报告，并在市政协“工业强市”专题议政协商会上发言。

完成省委“以三晋旅游集散中心建设为抓手，整合资源，全力打造文化旅游支柱产业”“关于完善我省第三方环境监测制度方面的调研报告”两篇调研报告。（赵晋春）

【社会服务】 2019年，农工党太原市委会围绕“四比四促”活动，开展“百千百”助力攻坚深度贫困工程，承担社会责任，弘扬助人为乐、无私奉献的精神，在教育扶贫、就业扶贫等方面发力，助推脱贫攻坚。先后为娄烦县5名贫困大学生和阳曲县3名贫困学生救助助学金3.20万元，安排一名在校贫困大学生在学大教育临时担任老师，以解决生活中的困难。投资0.80万元在为娄烦县红崖头村购买打谷机、磨面机，帮助贫困村群众解决农产品加工，并投入使用。先后组织市人民医院、中医院、市中心医院、市第二人民医院走进尖草坪区槐园社区进行义诊，组织市妇幼保健院、市人民医院、市第二人民医院、第四人民医院、尖草坪区等支部在“10·17”国家扶贫日前后开展义诊活动，为群众免费提供价值1万元常用药品。（赵晋春）

【党内监督】 2019年，农工党太原市委会按照农工党省委监委会相关要求，聚焦履职监督和纪律监督，以预防教育为重点，强化遵章守纪意识。基层支部主委、副科以上干部全部签订警示责任书，开展主委与机关新任职人员谈心、班子成员与基层支部主委监督谈心工作，加强思想引导，持续开展党员思想状况调研和引导教育，进一步加深广大党员对廉洁风险预警提示活动重大意义认识，促进党员干部以身作则、做好表率，自觉接受监督、努力克己自律，使大家要做到心有所畏、言有所敬、行有所止，真正将廉政建设贯穿于工作始终。（赵晋春）

九三学社太原市委会

【思想政治建设】 2019年，九三学社太原市委始终把深入学习贯彻习近平新时代中国特色社会主义思想作为首要政治任务，带领全市各级社组织和广大社员学原著悟原理，坚持在学懂弄通做实上下功夫。以中心组学习平台为载体，发挥领导班子“少数关键”作用，带领全市社员开展主题教育学习，通过组织召开主委会、常委会、中心组学习会，组织优秀社员骨干到机关座谈交流，组织全体社员学习社中央网络专题政治辅导课，组织社市委常委去湖南大学参加培训，参加许进《两代知识分子理想与追求》专题报告会，参加市政协组织的北戴河培训，邀请太原市委党校副校长王晓东为百余名社员做题为“学习贯彻党的十九届四中全会精神”的专题辅导课等，学习习近平新时代中国特色社会主义思想、中共十九大及十九届二中、三中、四中全会精神、中共山西省委十一届九次全会和中共太原市委十一届七次全会精神及九三学社中央十四届三中全会精神，学习习近平总书记“三篇光辉文献”重要精神及习近平总书记关于新型政党制度和人民政协工作重要论述，强化理论基础，凝聚思想共识，不断提高政治站位。

以“改革创新 奋发有为”大讨论为主线，以“四比四促”活动为抓手，推动“不忘合作初心，继续携手前进”主题教育活动开展。制订“改革创新 奋发有为”“四比四促”及“不忘合作初心，继续携手前进”活动方案，成立由社市委主委任组长、班子成员任副组长工作领导小组，召开动员大会进行动员部署，建立“常委联系支社”工作机制，在社市委网站开辟活动专栏，在微信公众号和微信群积极动员，并借用社员之家平台进行有效宣传。

以中华人民共和国成立70周年、建社74周年为契机，推进主题活动开展。组织广大社员参加市政协庆祝中华人民共和国成立70周年和人民政协成立70周年书画展、摄影展，市政协迎接二青会委员乒乓球比赛，以及市委统战部、社省委开展的“改革创新、奋发有为”及“四比四促”征文等活动，多位社员征文获奖，受到表彰。组织社员、机关人员赴长风商务区、非遗小镇等地拍摄制作短视频，用图片、视频形式庆祝70周年华诞。开展《我和我的祖国》观影活动，见证祖国70年来取得巨大成就；参加统战部“我和我的祖国”道德讲堂和文明礼仪大讲堂等，见证中华人民共和国成立以来中国的光辉成就，激发九三社员爱国情怀。

为纪念九三学社建社74周年活动，组织全体社员赴东山爱国主义教育基地进行爱国主义教育，对490仓库和碉堡群进行参观学习，缅怀先烈。各支社开展纪念九三学社建社74周年活动。

（梁树春）

【组织建设】 2019年，九三学社太原市委组织发展工作坚持“三为主”方针，按照《各民主党派中央关于新时代组织发展工作座谈会纪要》的要求，全年发展新社员13名，本科学历8人，研究生学历5人；中级职称9人，高级职称3人。举办“入社教育培训”，为每位新社员发放新设计的入社通知书。在培训中，新社员宣读入社宣言，并做表态发言，老社员代表介绍经验，结合自己工作实际，为新社员作新时期下“如何成为一名合格的九三社员”专题报告。通过入社教育，促使新社员尽快进入社员角色，明确社员责任和义务，努力做一名合格新时代九三学社社员。九三学社太原市委现共有社员348名，主体界别占到78.4%，组织发展较好地保持特色。 （梁树春）

【参政议政】 2019年，九三学社太原市委在市政协十三届三次全会上提交12篇团体提案，并全部立案。其中，提案《擦亮“唐风晋韵”名片，打造三晋文旅新高地》做大会发言，并在《山西政协报》上专题刊登；提案《关于提升我市防灾减灾救灾能力的建议》在市长李晓波参加的联组会上发言；《关于挖掘与整理区域文化 统筹推进文旅产业发展的建议》被列为重点督办提案。

按照市政协常委会工作安排，九三学社太原市委与民进太原市委共同调研撰写《在乡村振兴中办好乡村学校》调研报告，在市政协32次主席会议上进行发言。组织课题组赴多家企业进行实地调研，完成《关于工业强市中加快制造业发展的建议》的调研报告《加快打造制造业产业集群，构建良性产业集群生态的建议》，在市政协专题议政会上建言献策。组织参政议政骨干围绕“文旅兴市”，对太山、龙山、窦大夫祠、多福寺等多地开展系列调研，撰写多篇“文旅兴市”系列调研报告。

创新工作机制，成立社情民意领导小组，选择20名参政议政骨干分成两个社情民意小组，带动提高广大社员撰写社情民意信息的积极性和主动性，信息的数量、质量都普遍提高。信息《建议修改〈水土保持工程概算定额〉及〈水土保持生态建设工程概（估）算编制规定〉》报送全国政协，信息《关于完善太原城市建设的建议》被副市长张齐山批示。

组织课题组多次调研，完成《太原市2019人口检测及政策建议》《关于加强我市古村镇保护与新农村建设建议》《加快科技成果转移转化，促进产学研深度融合研究》三个重点课题调研和撰写任务。

在2019年召开的中共太原市委六次双月座谈会上，围绕《市政府工作报告》、推进国家可持续发展议程创新示范区建设、创建文明城市、经济运行、脱贫攻坚与乡村振兴、党风廉政建设和反腐败工作等中心议题积极调研，提出建议意见20余条，受到市委、市政府的高度重视，多条建议被采纳。

积极参与立法协商，为《太原市养犬管理条例（草案）》《太原市海绵城市建设管理条例（草案）》《太原市机动车和非道路移动机械排气污染防治办法（草案）》《太原市城乡环境卫生设施管理条例（草案）》《太原市博物馆促进条例（草案）》等法律法规共提出30余条有价值的意见建议。 （梁树春）

【民主监督】 2019年，九三学社太原市委各级人大代表履行代表义务，发挥代表作用。各级政协委员参加政协组织学习、考察和民主评议活动，履行政协委员责任和义务。担任政府部门特约监督员和纪检监督员社员，以高度政治责任感和使命感，在行风评议中关注民生、敢于直言、勇做诤友，充分发挥九三学社民主监督职责。

二青会前期，为促进青运会举行，社内政协委员履职尽责，参加市政协二青会场馆的调研，并参加第二次实战模拟演练，九三界别政协委员模拟新疆建设兵团代表团试住青运村，对青运村运行提出意见建议。

与两家对口协商单位（市科技局和市卫健委）联系交流，了解两家单位的

工作情况，并征求对领导班子及班子成员意见。（梁树春）

太原市工商业联合会

【参政议政】2019年，太原市工商联提高政治站位，组织工商联界别委员学习贯彻习近平新时代中国特色社会主义思想以及加强和改进人民政协工作重要论述。对工商联界别的委员进行专题培训，提高履职能力。围绕民营经济政策落实这个重点，开展支持民营经济发展政策落实情况的调研，并以“推进民企优惠政策落实、激发民营经济活力”为题在市政协主席协商议政会上做主旨发言，被市政协列为重点办理提案。就民营经济高质量发展广泛调研，先后开展制造业服务化、军民两用高技术产品研发生产、规上民营企业发展情况、“一带一路”建设、劳动关系等方面的调研，其中《关于工业强市中积极发展服务型制造业的建议》在市政协“推动工业高质量发展”专题议政会上做专题发言。市工商联向政协提交大会发言、社情民意、团体提案30余件，其中《关于大力推进我市产业扶贫的建议》《关于我市鼓励和支持社会力量兴建立体停车场的建议》等3件社情民意被市领导批示，《推进民企优惠政策落实激发民营经济活力》提案被市政协列为重点办理提案。（李维秀）

【商会改革】2019年，太原市工商联确立商会改革和发展指导思想，指出商会改革和发展基本原则，以此为契机，率先成立行业党委，确立“组织覆盖，典型引领，交流推动”工作思路。通过“建起来”夯实组织基础，行业党委成立半年来，党组织覆盖率超过50%；通过“动起来”突出工作实效，制定党建工作制度和议事规程，组织专题讲座，开展专题活动，深入开展主题教育，加强民营经济人士思想政治教育，为企业发展凝聚共识，提供组织保证；通过“亮起来”打造党建引领企业发展的典型，开展党建巡展活动，树立党建引领发展典型4个，党建成果正在转化为商会和企业发展的动力和保证。《全力打通非公党建“最后一公里”》被中华工商时报评为2019年度“创新中国”工商联（商会）优秀工作案例。（李维秀）

【服务民营企业发展】2019年，太原市工商联坚持围绕中心服务大局，以高质量服务促进民营经济高质量发展。搭建政企对话平台，深入调研，将企业在实施配套、人才引进、项目融资、创新创业等方面遇到的问题纳入市委政企对话内容，并就落实情况予以追踪。将市委政企对话全年拓展为6次，延伸至县区的建议得到采纳。搭建银企对话平台，抓住“科创板”推出的契机，组织40余家有条件的企业与资本市场深入对接，邀请上海交易所“科创板”规则起草专家与企业座谈。组织企业参加太原市2019年民营小微企业融资洽谈会，为民营小微企业授信31亿元，到位28亿元。搭建税企对话平台，请税务部门负责人就降低企业成本、出口退税、中高级人员所得税、股改企业税收、涉农企业税收、建筑企业营改增、小微企业普惠政策以及跨区缴税、抵扣开票等与企业和商会面对面交流，现场解决难题，提出办事途径，对问题集中的商会，与税务部门共同深入、集中予以解决。搭建法企对话平台。与法院、检察院共同举办法院、检察院开放日活动，由法检负责人面对面回答民营企业遇到的法律问题。牵头组织市房地产商会与市中院法律事务座谈会，签订《太原市中级人民法院、太原市房地产行业调解组织与诉讼调解对接及司法确认机制的合作协议》。各县（市、区）工商联与司法机关对接交流，为全市企业营造依法经营、依法维权良好发展环境。搭建对外交流合作平台。邀请尼泊尔大使来并考察进行项目推荐，组织企业家代表赴杭州、宁波考察新经济新业态，赴漠河、丹东考察边贸发展状况，支持青年商会与日本有关企业合作，筹备重庆市太原商会，阳曲县带领民营企业与阿里巴巴集团深度对接等，推动民营企业对外交流合作。搭建“产学研”交流平台，迎泽区工商联组建由专家学者和优秀企业家组成的发展智库，阳曲县组织企业与高校、科研机构对接，在七峰山种养殖有限公司建立院士工作站，为民营经济的“产学研”合作发挥起步带头作用。（李维秀）

【营商环境优化】2019年，太原市工商联领导班子坚持以全面深化改革为突破口，推动服务企业新政策的出台，不断优化营商环境。针对民营企业反映的30条政策好落实难问题，组织市直有关部门编印《太原市支持民营经济发展实施意见》政策解读一书，在加强对民营经济支持政策制定方面又迈出坚实一步。深入调研分析，提出完善健全四个机制，担负服务企业四个行为，明确政企交往“两个清单”，出台《关于加强和改进服务民营企业工作的十项举措》，其中由第三方评估出台政策的实效性，以及慎用冻结账号、查封账册等多个方面都有所突破。针对民营企业反映的政策与民营企业需求脱节的问题，深入研究，出台《太原市企业家参与涉企政策制定实施办法》。在重大政策调整时要给予企业一定缓冲期等方面都作相应规定。对企业发展问题的投诉处理作认真研究，提出用问题的解决倒逼营商环境优化思路，制定《太原市民营企业发展问题投诉处理办法》。这些制度完善，既是对支持民营经济30条政策的配套，也为今后涉企政策的制定、营商环境的改善打下坚实基础。（李维秀）

太原市总工会

【概况】 2019年，太原市总工会坚持以习近平新时代中国特色社会主义思想为指导，全面贯彻党的教育方针，全面落实立德树人根本任务，完成各项任务。

（李　璟）

【基层组织建设】 2019年，市总工会加大工会组建力度，在阳曲产业园区召开现场观摩推进会，争取相关职能部门和行业主管部门的支持，组织开展第十个“工会组建月”暨“货车司机入会集中行动”，全年新组建工会419个，新增覆盖法人单位864个，新发展会员35427人，其中农民工6054人。参加全总召开八大群体入会和百人以上企业建会研商工作会议，市总工作经验得到广泛好评。以“会、站、家”一体化建设为载体，推动基层整合服务资源、提升服务能力、激发组织活力，全市新建“会、站、家”一体化示范点29个。加强工会干部队伍建设，落实工会干部协管制度，指导小店区总工会、迎泽区总工会、市公安局工会等单位完成换届任务并全部配备兼挂职副主席。加大对基层工会经费倾斜力度，全年对基层工会经费补助额度较2018年增长7个百分点，为支持基层开展工作提供有力保障。

（李　璟）

【太原市总工会第十五次代表大会】 2019年5月8日召开，大会选举产生市总新一届领导机构，对工会未来五年重点工作进行安排部署。大会全面落实市总改革方案要求，优化代表结构，参会代表中，工会工作者占58.10%，先进模范人物占22.20%，生产一线职工占20.20%，非公经济和社会组织代表占18.50%，全面提高代表广泛性和群众性。

（李　璟）

【职工文化生活】 2019年，太原市总工会围绕庆祝新中国成立70周年，深入开展“中国梦·劳动美——与共和国同成长、与新时代齐奋进”主题宣传教育。春节、元宵节期间，组织各级工会开展写春联、社火、灯展、戏曲演唱等活动200余场。举办省城职工“阅读悦美”网上读书榜活动，《太原职工e家》微书屋书刊阅读量达40余万册。开展庆祝中华人民共和国成立70周年歌咏比赛、文艺汇演等形式多样庆祝活动，覆盖职工近60万人。承办第六届全国职工微影视大赛，来自30个省（自治区、直辖市）的1546部作品参赛，这些作品多视角多维度展现新中国成立70年来取得辉煌成就，展现工人阶级主力军作用和劳动模范时代风采。组织第七届书香三八——逐梦新时代·巾帼绽芳华读书活动，促进家庭文化建设。承办第四届国韵文化全国才艺大赛太原选拔赛，组织48支队伍开展演出活动。加强职工文化阵地建设，全年投入800余万元，新建职工书屋20个，对13家基层工会文体设施进行改造。

（李　璟）

【劳动技能提升】 2019年，太原市总工会按照全总、省总部署，推荐优秀代表参加全国“五一”劳动奖章和省劳模评选，125个单位（集体）和个人获得表彰。开展第二届“时代新人·晋阳工匠”评选活动，活动覆盖高端装备、智能制造、传统经典和现代服务等各个行业，涉及工种达50余个。在《太原日报》《太原晚报》《山西工人报》头版开设《寻访：时代新人·晋阳工匠》专栏，共做报道90篇，太原电视台、太原综合广播电台连续报道各个行业技术领军人物44期，共宣传150名高技能职工典型事迹。在纪念“五一”国际劳动节暨第二届“时代新人·晋阳工匠”命名大会上，对90名获得“时代新人·晋阳工匠”称号高技能人才进行表彰并给予每人5万元的奖励。树立“技高者多得、多劳者多得”鲜明价值导向，对获得“全国技术能手”称号6名高技能人才进行表彰，并给予每人30万元重奖。开展“五小六化”提质竞赛，83项成果在全省职工创新成果评比中获奖。围绕举办二青会开展立功竞赛活动，对352名先进个人给予记功表彰。举办庆祝新中国成立70周

年劳模座谈会，组织172名劳模进行疗休养，营造尊重劳模、关心劳模、支持劳模发挥引领作用良好氛围。（李　璟）

【服务职工体系建设】 2019年，太原市总工会构建和谐劳动关系，依法维护职工合法权益。推动落实《山西省企业工资集体协商条例》，依法推进企业普遍开展集体协商。全市开展协商企业达1.87万家，合同覆盖率达93%。推进企事业单位民主管理工作，组织8场民主管理“互观互鉴”活动，产生46项职工代表优秀提案和42项创新成果。开展去产能企业专题调研，指导4家煤炭企业召开本级职代会并审议通过职工分流安置方案，妥善分流安置职工6349人。组织职工队伍稳定情况调研、开展职工维权行动月活动，为庆祝新中国70华诞营造和谐稳定的社会环境。两节“送温暖”活动期间，市总慰问职工家庭3431户，慰问包括农民工在内一线职工1.20万人，共计发放款物420.50万元。开展“送清凉”活动，深入二青会建设工地、重点工程、厂矿企业等生产一线，为1.73万名职工送去价值259万元慰问品。在“金秋助学”活动中，共资助困难职工子女456名，发放助学金159.68万元。组织召开帮扶解困脱困工作推进会，制定《关于深化帮扶救助体系改革，做好全市困难职工解困脱困的实施意见》，与35家基层工会签订解困脱困责任书，多措并举推动城市困难职工解困脱困。创新困难职工帮扶模式，设立650万元专项救助金，联合市创城办、市城乡管理局开展“烟头革命”活动，参加此项活动的266户困难职工家庭全部实现脱困。开展会员普惠活动，《并工惠》微信平台注册会员达36.60万人；开展“爱心牛奶”活动，为在档2179名困难职工每人每天发放一袋牛奶；加大供给侧改革企业服务力度，为9家企业3308名职工提供技能提升培训、转岗分流人员上岗培训。全市在档困难职工实现脱困3225户，完成目标任务189.70%。全国人大常委会副委员长、中华全国总工会主席王东明视察困难职工帮扶中心时，对工会服务职工取得成效给予充分肯定。开展“安全生产月”和“安康杯”竞赛活动，查出各类安全隐患和问题1.57万项，督促整改1.44万项，整改率达91.70%。加大定点帮扶力度，针对性开展消费扶贫行动，市总获得“山西省干部驻村帮扶工作模范单位”称号。扎实开展对口援疆工作，组织“晋阳工匠”和企业家代表组成援疆工作组，带去项目资金100万元并签订文化援疆合作共建协议，构建产业援疆、文化援疆、技术援疆新模式。（李　璟）

共青团太原市委会

【概况】 2019年，共青团太原市委员会学习贯彻习近平新时代中国特色社会主义思想和中共十九大、十九届四中全会精神，落实习近平总书记视察山西重要讲话精神和中央、省委、市委重要决策部署，围绕共青团的根本任务、政治责任和工作主线，强化思想引领，真诚服务青年，推动改革，落实从严治团，全市共青团各项工作和建设取得新发展。（傅启航）

【共青团基层组织建设】 2019年，共青团太原市委员会以“智慧团建”为抓手，在全市基层团组织中集中开展自查整改，摸清基础底数，推进基层团组织准确录入基础数据，“智慧团建”录入率达98%。全面推进基层团组织覆盖，10县区主要领域团组织覆盖已全面清零。组织开展基层团支部集中整理整顿工作，整顿团支部数4994个，整顿完成率99.20%。做好团组织关系转接工作，在全市建立“学社衔接”团支部104个，接转团员17094人，“学社衔接”率为97.40%；升学类转接团员28202人，“升学衔接”率为98.90%。打造“青年之家”，2019年新申报青年之家17家，全市87个“青年之家”实体门店开展青少年服务活动280场，受益青年近2600人次。扎实推进市青年志愿者协会、青年法律工作者协会等团属协会换届工作，延伸工作手臂，把工作对象转变为工作力量。（傅启航）

【思想政治学习】 2019年，共青团太原市委员会着眼于培养担当民族复兴大任的时代新人，组织开展“时代新人说——改革创新，奋发有为”先进典型巡讲活动3场，1000余人参与，直播覆盖人数56.65万人次。推进“青年大学习”行动，动员青年参与网上主题团课5季33期，覆盖青年37.70万余人次。实施“青年讲师团”计划，选拔时代新人、向上向善好青年等105名优秀青年代表组成“青年讲师团”，结合自身实际，围绕党的理论、党史国史、国情省情市情、形势政策、成就故事等内容，深入学校、企业、社区开展宣讲101场，3万余名青少年参加，线上直播3场，覆盖青年52.82万人次，引导广大青年更加自觉地增强“四个意识”、坚定“四个自信”、做到“两个维护”。打造全团首创的青年马克思主义学习基地，与山西大学马克思主义学院合作，邀请专家、学者联合开展团干培训，面向团员青年宣讲，培养新时代的青年马克思主义者。（傅启航）

【团员队伍建设】 2019年，共青团太原市委员会严把团员入口关，2019年全市计划发展团员7200名，各级团组织按照名额分配发展团员，积极开展2017、2018年度团员发展编号核查工作，确保所发展团员人人入系统，号号有保障。制定印发《团员成长手册》，完整记录每名团员成长全过程，实现团员成长全程记录、全程留痕。统筹少先队改革，新建民办学校少先队组织14家，基本消除民办学校少先队组织覆盖空白点。（傅启航）

【团干部队伍建设】 2019年，共青团太原市委员会注重干部培训，发挥市团校学习教育阵地作用，举办主体班10个，其他35个班次，累计培训团干部、青少年社会工作者、志愿者和团员青年5357余人。在广州市团校举办太原市新时代共青团基层组织建设暨团支部书记示范培训班，100名基层团干部参加培训。组织对标一流述职评议会3场，50名基层团组织负责人进行现场述职；全委会通报奖励50个基层先进集体和50名基层优秀团干部，激励基层团组织和团干部对标一流、担当作为。（傅启航）

【青少年理想信念教育】 2019年，共青团太原市委员会紧抓重要节日节点，开展青少年思想引领工作，形象阐述国家制度和国家治理体系显著优势，激发广大青年爱国情感，增强听党话、跟党走的思想和行动自觉。清明期间，开展“传承·2019清明祭英烈”缅怀先烈祭扫活动，3.40万名团员青年向革命先烈致以诚挚敬意和深切怀念。五四期间，围绕纪念五四运动100周年，以“青春心向党·建功新时代”为主题，举办太原市纪念五四运动100周年主题活动和特别团日活动，其中马克思书屋特别主题团日活动被央视新闻联播进行报道；开展太原市大中学校爱国主义歌曲合唱展演以及弘扬“五四”精神快闪活动；动员全市各级团组织开展各类宣传教育实践活动250余场，覆盖团员青年8万余名。国庆前后，围绕新中国成立70周年，动员全市300余家学校、企业、机关事业单位等各领域20余万名青少年，通过歌唱爱国歌曲、拍摄主题MV等各种各样的活动形式向祖国告白，烘托出浓浓的爱国氛围；广泛开展“我与祖国共奋进——国旗下的演讲”特别主题团日活动，近200余所学校、累计15万学生团员参与活动。围绕纪念少先队建队70周年，全年各级少先队组织开展“红领巾心向党，争做新时代好队员”主题队日活动等思想引领教育活动2000余次，覆盖青少年27万余人次。引导青少年树立和践行社会主义核心价值观，面向全市团员青年广泛开展争做“新时代向上向善好青年”评选活动，选树优秀青年100名，在广大青少年中营造学典型、赶典型、当典型的浓厚氛围。（傅启航）

【青少年合法权益维护】 2019年，共青团太原市委员会承接中央专项彩票公益金支持“助力计划”山西省困境青少年服务项目，为弱势青少年群体提供心理健康、安全教育等方面的专业服务，直接受益未成年人达6万余人。深化“共青团与人大代表、政协委员面对面”活动，以青年创业就业、关爱快递小哥、服务二青会等为主题，在N次方创想空间、顺丰快递公司、青运村等地，开展“面对面”活动8次，形成提案2个。关爱新兴青年群体，开展关爱快递从业青年活动月，深入圆通、京东、美团等基层网点为750余名快递从业青年提供咨询服务，12355热线接听快递从业青年咨询电话23次。（傅启航）

【网络宣传】 2019年，共青团太原市委员会拓展传播矩阵，着力构建起微信平台+微博号+抖音（短视频）+自媒体号的全媒体运行模式，全力打造“青春太原”品牌新媒体工作矩阵，协助太原学院、供水集团、第三人民医院、太原数字城管、迎泽团区委等五家基层团组织构建新媒体平台，通过互联网向青年群体传递党的声音。“青春太原”微信、微博平台拥有粉丝数5.50万，全年发布推送信息近3000条，阅读转发点赞量200余万次。“青春太原”抖音、快手、微视等平台拥有粉丝数17.70万，累计发布原创短视频作品615条，点赞量381.90万余次，总浏览量6682.50万余人次。团属新媒体直播平台“并团直播”开展直播活动35场次，吸引318.60万余人次观看。（傅启航）

【青年创新创业创优】 2019年，共青团太原市委员会打造“创青春”青年创新创业品牌，举办“同创杯”第五届太原青年创业创新大赛，同时增设“魅力晋源”文创专项赛，大赛创业创意类共有126个项目申请参赛，文创专项赛报名项目数达500余个。向“创青春”省赛推报10个优秀项目，并获得省级一等奖1个，二等奖1个，三等奖2个。号召青年岗位建功，持续深化青年文明号活动，累计创建国家级青年文明号2个，省级青年文明号16个。开展青年安全生产示范岗创建活动，引导广大青年职工强化安全生产意识、提高安全生产技能，累计创建市级青安岗集体263个，省级青安岗集体9个。（傅启航）

【“青春兴并·学子归巢”行动】 2019年，共青团太原市委员会引导、动员、服务广大太原籍学子返乡就业创业兴业，面向青年学子发布“致外乡太原籍学子的一封信”，召开“学子归巢”恳谈会，吸引海内外著名高校的140余名太原籍学子参加，大力宣传太原发展的新政策、新形势。开展大学生暑期实践活动，组织77名大学生在党政机关、社区等60余个岗位上进行暑期社会实践，引导太原籍青年人才了解家乡、回到家乡、建设家乡。（傅启航）

【青年就业服务】 2019年，共青团太原市委员会落实“千校万岗”大中专毕业生就业帮扶行动，举办第七届“让梦想启航”大型户外青年招聘会，服务青年近5000余人；举办第十九届大中专学生暑期工暨毕业生专场招聘会，服务青年300余人；联系市属大中专院校开展帮助建档立卡贫困家庭大中专毕业生就业专项工作，帮助90人就业。依托太原青创中心，全年开展各类招聘会70余场，服务青年1万余人次。（傅启航）

【服务青年多样化需求】 2019年，共青团太原市委员会贯彻落实中共中央、国务院《中长期青年发展规划（2016—2025年）》和《山西省青少年发展

"十三五"规划》精神，推动建立市青少年工作联席会议制度。服务青年婚恋交友需求，举办"青春相约，爱在龙城""冬之恋序曲"等主题交友联谊活动3场，吸引近500名单身青年参加；建立"青爱团"微信群，线上服务青年婚恋交友。联系服务青年社会组织，建设青年社会组织信息数据库，直接联系青年社会组织61家；组织"伙伴计划"专题培训班11场次，推荐16家社会组织共计22个项目参加团省委公益创投项目评选，提高青年社会组织参与公益服务的积极性。推进青少年事务社会工作发展，举办青少年事务社会工作专业人才培训班3期，培训专业社工及相关从业者900余人，提升青少年事务社会队伍专业化水平。（傅启航）

【二青会志愿服务】 2019年，共青团太原市委员会聚焦第二届全国青年运动会，全力做好二青会志愿者招募、培训以及赛会服务工作，面向全省19所高校，招募选拔赛会志愿者近7000名，服务太原赛区17项测试赛、20项正式赛、38个项目赛事颁奖、火炬传递、开闭幕式、青运村和环太原国际公路自行车赛，累计服务运动员、教练员3万余人次，服务媒体、观众、市民30万余人次，累计服务时长30万小时。二青会太原赛区志愿服务受到社会各界广泛好评和纷纷点赞，收到来自国家体育总局等单位各类感谢信、留言200余条，中央电视台等全国媒体予以报道。举办迎二青盛会、扬青春风采"首开杯"太原市青少年乒乓球、足球、篮球系列比赛，联合市体育局召开"青运讲堂"28期，全力营造喜迎二青盛会的浓厚氛围。（傅启航）

太原市妇女联合会

【概况】 2019年，太原市各级妇联组织始终以习近平新时代中国特色社会主义思想为指引，全面贯彻中共十九大和十九届二中、三中、四中全会精神，贯彻习近平总书记"三篇光辉文献"精神，学习贯彻省委、市委经济工作会议精神，开展"不忘初心、牢记使命"主题教育，开展服务大局、服务妇女、服务家庭各项工作，努力肩负起新时代太原妇女事业发展使命担当。

2019年，太原市妇女联合会完成晋阳巾帼家庭文明建设行动，市县两级妇联在全市寻找最美家庭1000户。完成晋阳巾帼维权行动，通过购买社会组织服务，在迎泽解南二、杏花岭胜利东街、万柏林纺织苑和尖草坪兴华东4个试点社区，开展"法进万家"讲座30场，开展6场婚姻家庭宣传和6场主题活动，在全省首创"反家庭暴力情景剧"，传播"家庭零暴力"理念，为212对婚姻家庭进行矛盾调解。完成晋阳巾帼暖人心行动，筹措争取资金132.20万余元，走访慰问救助贫困妇女儿童、贫困"两癌"患病妇女、贫困学生等869人。其中，常态化开展"下基层、访妇情、办实事"温情行动，对贫困老龄妇女、残疾人等702人走访慰问，共计24万余元；争取专项救助金20万救助20名贫困"两癌"妇女，投入5.80万元救助两癌妇女58人，为12名"两癌"妇女争取省妇基会救助金2.40万元，为77名贫困学子争取救助金近80万元，使发展成果更多惠及妇女儿童。（符晓伟）

【妇联工作综合优势】 2019年，太原市妇女联合会结合全国妇联启动"家家幸福安康工程"，发挥"妇"的优势，围绕"家"字做文章，在家事调解、家政服务、家庭教育方面主动谋划，大胆创新，推动改革，有七项工作率先走在全省妇联系统前列。在全省率先购买社会组织服务，在全省率先启动反家暴联调联动机制，在全省首创"反家庭暴力情景剧"，在全省率先组建"巾帼家政、爱心储蓄"志愿服务队，在全省率先编写4万余字《案例解读——山西省家庭教育促进条例》，在全省以第一的成绩率先完成贫困县农村妇女"两癌"免费筛查，在太原市公安局成立妇联，这在全省公安系统是首例。（符晓伟）

【"巾帼暖人心"慰问活动】 2019年1月15日至17日，太原市妇联党组书记、主席李颖，副主席康一萍、米丽萍分别带队赴10县（市、区）开展"下基层、访妇情、办实事"暨"巾帼暖人心"慰问活动，主要是对贫困老龄妇女、困境儿童、残疾人、巾帼志愿者、军烈属、女时代新人、"两癌"患病贫困妇女、扶贫村村民等702人（户）进行走访慰问。

2019年1月25日，李颖、米丽萍和老干处工作人员一同带着慰问品，走访看望慰问机关部分离退休干部。

（符晓伟）

【"三八"国际妇女节109周年纪念活动】 2019年3月7日，李颖参加省委召开全省纪念"三八"国际妇女节109周年座谈会，省委书记骆惠宁做出重要批示，省委副书记林武出席并讲话，省领导胡玉亭、曲孝丽出席，李颖作为太原市代表作会议发言。

3月8日，太原市妇联十一届九次执委（扩大）会议暨第109个"三八"国际妇女节纪念活动举行。省妇联主席张葆，市委副书记李新春，市人大常委会副主任王爱萍等领导出席大会，市妇联十一届执委、10县（市、区）妇联部分执委、妇女工作者代表约400人参加会议。太原市妇联党组书记、主席李颖做题为《以习近平新时代中国特色社会主义思想为指导，团结动员广大妇女为谱写文明开放富裕美丽太原新篇章不懈奋斗》的工作报告。（符晓伟）

【贫困县农村妇女"两癌"免费检查】 2019年4月11日，太原市妇联召开贫困县农村妇女"两癌"免费检查工作动员会。市政府副市长、妇儿工委主任王爱琴出席并讲话。市政府妇儿工委副主任、市妇联主席李颖主持会议。市贫困

2019年3月8日，市人大常委会副主任王爱萍（右三）在纪念“三八”活动现场指导手工艺制作 （市妇联供图）

县农村妇女“两癌”免费检查领导小组全体成员，2个贫困县副县长（妇儿工委主任）、妇联主席（妇儿工委副主任）等参加会议。 （符晓伟）

【“关机半小时·书香伴成长”家庭亲子阅读实践活动】 2019年4月22日，太原市妇联主办，双西小学承办“关机半小时·书香伴成长”太原市家庭亲子阅读实践活动在双西小学启动。双西小学2000名师生和家长代表参加启动仪式。太原市妇联主席李颖向全市广大家庭发出“关机半小时·书香伴成长”号召，市妇联调研员康一萍介绍太原市妇联世界读书日开展的系列活动和关于家庭系列品牌工作。 （符晓伟）

【“六一”儿童节活动】 2019年5月30日至31日，太原市妇联领导班子分赴迎泽区特殊教育学校、长颈鹿幼儿园、五一路小学等21个学校开展慰问，发放22万元慰问金和学习用品。

6月2日，太原市妇联、太原市文明办、太原市生态环境局、958电台山西经济广播携手太原市萌芽环保协会、太原万象城在太原万象城发起“美丽太原我行动，绿色生活我文明”大型儿童社会公益活动。旨在以知识性、实践性、创意性、趣味性的公益活动欢庆“六一”儿童节的同时，为文明城市创建、二青盛会召开助力添彩。 （符晓伟）

【志愿服务行动】 2019年6月3日，太原市妇联与迎泽区妇联联合山西红马甲股份有限公司在迎泽区桥东街办鼎元时代中心点亮“巾帼家政·爱心储蓄”行动。市妇联副主席田华做动员讲话，迎泽区桥东街道党工委书记樊世勋、桥东街道办事处主任李光胜参加活动，迎泽区妇联主席李红主持。现场举行授旗仪式，杏花岭区妇联、万柏林区妇联干部和巾帼家政志愿者共60余人参加。7月4日，市妇联、万柏林区妇联在万柏林区千峰街道理工大社区开展“巾帼家政·爱心储蓄”志愿服务行动。本次行动共组织32名“巾帼家政·爱心储蓄”志愿者，为千峰街道理工大社区的老党员、老教授以及空巢老人等11户家庭免费提供家庭保洁服务，储蓄爱心96个小时。8月13日晋源区妇联接过爱心接力棒，在晋源区金胜镇金盛社区接续开展此项行动。60名“巾帼家政·爱心储蓄”志愿者为金盛社区大老党员、空巢老人等10户困难家庭提供服务，储蓄爱心120小时。活动在贝亲好家政服务有限公司设立爱心储蓄站点，不定期开展爱心储蓄活动。

7月11日，太原市妇联、万柏林区委区政府、万柏林区妇联、兴华街道在滨河体育中心共同举办“创建文明城市，喜迎二青盛会”巾帼志愿服务活动启动仪式。参加此次仪式的有市妇联党组书记、主席李颖，万柏林区委副书记张振鹏、万柏林区委常委、宣传部部长赵晓红，市妇联副主席田华主持启动仪式。巾帼志愿者和妇女干部代表共计400余人参加活动。 （符晓伟）

【普法宣传活动】 2019年12月4日，在第六个国家宪法日，太原市妇联、市妇儿工委办与市司法局等单位在市宪法教育基地联合开展主题为“弘扬宪法精神，推进国家治理体系和治理能力现代化”的法制宣传活动。 （符晓伟）

【家事调解业务培训】 2019年3月26日，太原市妇联邀请全国调解能手、尖草坪区汇丰街道司法所所长赵东会，为市妇联购买社会服务项目执行方工作人员，开展家事调解业务培训。太原市妇联党组书记、主席李颖及副主席康一萍出席，项目执行方和项目评估督导方20余名工作员参加培训。 （符晓伟）

太原市文学艺术界联合会

【概况】 2019年，太原市文联学习贯彻习近平新时代中国特色社会主义思想和中共十九大精神，贯彻习近平总书记视察山西重要讲话精神，贯彻落实中共十九届四中全会、省委十一届九次全会和市委十一届七次全会决策部署，团结带领全市广大文艺工作者，坚持以人民为中心的创作导向，精心打造品牌活动，不断推出精品佳作，推动文化交流，建设一流文艺队伍，推动太原文艺事业的繁荣发展，为奋力谱写文明开放富裕美丽太原新篇章做出新贡献。 （李增明）

【全市文联工作会议】 2019年4月19

日，市文联在山西饭店召开2019年全市文联工作会议，省作协党组书记、主席杜学文出席会议。会议传达全国、全省宣传部长会议、全市宣传工作会议精神，总结2018年工作，安排部署2019年工作，市文联党组书记张体仁做工作报告，小店区文联、清徐县文联、市音乐家协会、市书法家协会、市曲艺家协会做经验交流。（李增明）

【文学艺术活动】2019年春节、元宵节“两节”期间，太原市文联在全市开展“我们的中国梦”文化进万家系列活动，文艺小分队在太原警备区举办“奋进新时代、书画进军营”活动，在杏花岭区举办“讴歌新时代、共创文明城”文化惠民进社区活动，在阳曲县举办“文化进万家”慰问演出等活动，100余位书画家参与活动，书写10000余幅春联和福字。

4月23日，市委宣传部、市文联、市文物局、太原广播电视台、太原日报报业集团，晋源区委、区政府联合主办太原市2019“诗约春天”朗诵音乐会在晋祠博物馆举办，庆祝新中国成立70周年和太原解放70周年。朗诵音乐会以“致敬，英雄之城”为主题，通过英雄之城、晋祠之胜、春天之美三个篇章，用中华传统文化诗词和歌舞讴歌太原这座英雄之城，讴歌伟大祖国，讴歌人民英雄，讴歌美好新时代。

5月22日，市文联举办太原文艺界纪念毛泽东《在延安文艺座谈会上的讲话》发表77周年暨《太原戏剧选》出版座谈会，省城戏剧界、出版界部分知名编剧、学者以及市文联相关协会30余人参会。《太原戏剧选》（两卷本）以太原剧作家作品为基点，以新中国成立至今为时间起止点，以太原辖地所属剧团演出为界限，重点选取在全省、全国获奖或有社会影响力的新创作品。会议重温《讲话》精神，学习习近平总书记重要讲话精神，交流《太原戏剧选》的选编出版经验，回顾太原戏剧界70年的光辉历程。

7月7日，市文联、市舞蹈家协会主办，在青年宫演艺中心举办“新时代好少年”2019年“社区美少年”青少年舞蹈展演。

9月，为庆祝中华人民共和国成立70周年，市文联、太原西山生态文化旅游示范区管委会、山西国信文化旅游投资发展集团有限公司、山西国信文旅房地产开发有限公司联合主办，市舞蹈家协会承办，在西山国信城郊森林公园云顶田园景区举办“壮丽70年、启航新时代”2019年国信文旅·国信地产杯“太原追梦、舞动并州”广场舞西山生态文化旅游示范区专场展演。此次展演节目是2019年“太原追梦、舞动并州”广场舞大赛评选出的优秀节目，演员从10个县（市、区）7000余人参赛的300余支群众舞蹈队伍精选而出，代表太原群众舞蹈的最高水准。11月6日，市文联组织舞蹈工作者在万柏林区彭村社区举办2019“太原追梦、舞动并州”专场慰问演出。

10月13日，市文联、太原文学院举行“庆祝《都市》创刊60周年座谈会”。中国作家出版集团管委会副主任赵海虹，省作协党组书记、主席杜学文，省作协副主席李骏虎、鲁顺民，省文联副主席张卫平，市委宣传部副部长戴耀生等出席会议，《小说月报》主编刘洁、《北京文学》副主编师力斌、《散文选刊》主编葛一敏、《野草》主编斯继东、《天涯》副主编林森等与太原作家进行面对面文学交流，太原作家、文学爱好者100余人参加活动。

12月9日，市委宣传部、市文旅局、市文联、省曲艺家协会主办，太原市文化艺术学校、市曲艺家协会承办第七届省城曲苑迎春晚会，在太原青年宫演艺中心举办，著名晋剧表演艺术家、“晋剧皇后”王爱爱，著名京剧表演艺术家于魁智、李胜素以及省城数十位曲艺工作者现场表演晋剧、京剧、群口快板、相声、京东大鼓、二人台、太原莲花落、情景诗朗诵、大同数来宝等精彩纷呈的节目，歌颂祖国发生的翻天覆地的变化。

12月12日，省文联、市文旅局、市文联主办，在太原市青年宫演艺中心举办“舞动中国梦”庆祝中华人民共和国成立70周年六省（区）青年舞蹈精英展演，山西、山东、海南、江西、宁夏、陕西六省（区）舞蹈家协会精心挑选的18部优秀舞蹈作品以独舞、双人舞、三人舞的形式，涵盖古典舞、民间舞、现代舞、当代舞等多个舞种集中进行展演，参赛演员还为观众展示“舞蹈基本功技术技巧”，让观众近距离感受舞蹈中“跳、转、翻”的魅力。

2019年1月，市文联开展“我们的中国梦”文化进万家系列活动

（市文联供图）

12月31日，市文联、市退役军人事务局、市双拥办联合主办，市作家协会、太原文学院、太原解放纪念馆承办《再回1949》读书会，在太原解放纪念馆举行。省作家协会党组成员、副主席张锐锋，省文联副主席、山西文学院院长张卫平等50余人参会。读书会以“继承革命光荣传统，共享70周年献礼好书”为主题，与会者就蒋殊纪实性散文集《再回1949》的历史意义与现实价值、新时代开展双拥工作的重要性，以及文学创作的正确导向等进行阅读、品鉴、赏析和座谈。

2019年，市文联举办《区域文化之我见》《诗词创作与赏析》《山西文学七十年概观》《太原市文学艺术大讲堂暨名刊名家对话太原作家座谈会》四场文学艺术大讲堂活动，进一步弘扬中华优秀传统文化，培育和践行社会主义核心价值观，积极推动文化艺术繁荣发展。

2019年，太原日报社、市文联、太原文学院联合启动“我和我的祖国”征文大赛，《都市》杂志出版“庆祝中华人民共和国成立七十周年”专刊，文学作品通过以小见大、以实见情的文学手法展示新中国成立七十年特别是改革开放以来太原建设的重大成就。（李增明）

【文学艺术创作】 2019年5月10日至16日，市文联组织文学、书法、美术、摄影各个门类的40余位艺术家深入阳曲县黄寨镇、泥屯镇以及西山生态旅游示范区等地开展深入生活、扎根人民采风创作活动。

6月15日，市文联、市作家协会、山西高校文学社团联盟在中华傅山园举行采风启动仪式，来自全省各高校的文学社团30余人参加采风创作活动。

9月3日至4日，太原文学院、市作家协会在吕梁市举办“不忘初心、牢记使命”主题教育采风活动，深入中阳县红色文化建设基地兵工洞、新农村建设示范区及汾阳市贾家庄、马烽纪念馆等地采风创作。

11月，市文联组织8位作家参加“讲好杭州故事”之杭州优秀传统文化丛书全国作者来杭采风创作活动，浙江省委常委、市委书记周江勇出席启动仪式，并向来杭采风作者代表太原作家高璟授旗。杭州按照“开门编书”的理念，优秀传统文化系列丛书编纂出版及传播工程通过面向全国层层“海选”，涵盖全国知名作家、外籍作家、本地作家、网络作家、高校师生等80多位作者参加选拔。这是太原市首次集体组织作家参加全国性的文学作品征集活动。

（李增明）

【书法摄影展览】 2019年1月17日，太原广播电视台、市文联主办，市美术家协会承办，在杏花岭区胜利东街社区举办“讴歌新时代、共创文明城”文化惠民进社区书画艺术展，30多位书画名家现场为居民赠写国画及春联。

5月24日，为庆祝新中国成立70周年，南宁市文联、太原市文联主办，南宁市书法家协会、太原市书法家协会、南宁市工人文化宫承办，在南宁市工人文化宫举办“晋风桂韵”南宁太原书法作品交流展，展览精选两地书法家120多幅作品，进一步加深两地文化交流。

6月21日，市农业农村局、市文联在太原工人文化宫广场联合举办“奋进新时代、脱贫奔小康”太原市“贫困村到小康村变迁”摄影展，以独特的艺术视角和表现方式，从村居、产业、生态、水电路气网等基础设施、生产生活方式、精神面貌等方面，呈现出太原市32个村奋进新时代、脱贫奔小康的巨大变化。

8月6日，中华人民共和国第二届青年运动会组委会主办，省文联指导，省书法家协会、省美术家协会、市书法家协会、市美术家协会、太原美术馆、太原日报社协办，在太原美术馆举办“给体育插上文化的翅膀”中华人民共和国第二届青年运动会体育书法美术艺术作品展，展览内容分“文化山西、盛世青运”“大美山西青春盛会”和“凝彩之光、青春助力”三个版块，形象地展示山西深厚的文化艺术底蕴和充满生机活力的体育风采。同日，为庆祝中华人民共和国成立70周年，喜迎“二青会”，市文联主办，市摄影家协会、太原文艺网、太原工人文化宫承办“美丽太原”摄影作品展，现场展出100幅作品，涉及城市建设、文化传承、风土民情、生态文明等内容，全方位、多角度展现新中国成立以来，特别是改革开放以来，太原经济发展、社会进步、人与自然和谐发展的美丽画卷。

8月28日，市文联主办，市美术家协会、太原市青年宫承办“迎国庆太原

2019年4月23日，市文联等单位举办2019“诗约春天”朗诵音乐会

（市文联供图）

2019 年 5 月 24 日，“晋风桂韵”南宁太原书法作品交流展开幕式

（市文联供图）

首届漫画作品展”开幕，展出以太原市数十位漫画作者的 57 幅优秀漫画，这是省城太原首次举办漫画作品展，同时成立太原美术家协会漫画艺委会。

9 月 26 日，为庆祝中华人民共和国成立 70 周年，市文联、市总工会主办，市书法家协会、市美术家协会、太原工人文化宫、沃生园美术馆承办，在太原工人文化宫举办“翰墨抒怀·繁华似锦”庆祝中华人民共和国成立 70 周年太原市书法美术精品展，展览从征集到的 600 余幅作品中精选出 200 多幅，赞美新中国成立 70 年来祖国繁荣昌盛、家乡沧桑巨变、发展日新月异，充分展示出太原文艺人奋发图志、昂扬向上的良好精神风貌。

10 月 23 日，为庆祝新中国成立 70 周年，加强友好城市间的艺术交流与合作，济南、南宁、太原三地文联在山东济南金智源文化创意产业园艺术馆共同组织“翰墨丹青颂祖国”庆祝新中国成立 70 周年书法精品交流展，三个城市的 100 余位书法家创作的 120 余幅作品参展，展现出三地广大文学艺术工作者与时代同行、与人民同心，讴歌新时代的创作成就。

12 月 25 日，市文联、市书法家协会、晋阳印社在太原工人文化宫举办太原市首届篆刻展，展出老中青三代篆刻家的优秀作品 129 件。（李增明）

【群众文艺志愿服务】 2019 年 2 月 15 日，市文联主办，市音乐家协会、太原市群众艺术馆承办“我们的节日·元宵节”音乐会专场演出，省城 200 名市民观看。5 月 20 日，市文联主办，市戏剧家协会、市音乐家协会、市舞蹈家协会、市曲艺家协会、市群众艺术馆承办，在万柏林区彭村新区举办“扎根沃土、情系人民”纪念毛泽东《在延安文艺座谈会上的讲话》发表 77 周年慰问演出，送欢乐下基层，丰富新农村文化生活。

（李增明）

【太原公安文联成立】 2019 年 8 月 21 日，太原市公安文学艺术联合会成立大会暨第一次会员代表大会召开，太原市副市长、市公安局局长马润生出席会议。

（李增明）

【文艺类获奖情况】 2019 年，太原作家苏二花《社火》获得 2016—2018 年度“赵树理文学奖”中篇小说奖；山西省作家协会授予市文联 2018 年度“文学创作成绩奖”。

晋剧《起风街》获得第十六届中国戏剧节优秀剧目奖，入选 2019 年度国家艺术基金大型舞台剧和作品创作资助项目，入选 2019 年度国家舞台艺术精品创作扶持工程重点创作剧目名录，《起风街》剧本入选文化和旅游部 2019 年度戏曲剧本孵化计划大戏项目；晋剧《关公》获第十六届山西省杏花奖新剧目奖和音乐设计奖；话剧《北魏风飏》获第十六届山西省“杏花奖提名剧目奖”。

李大刚、徐寅、张剑锋、李亚杰、李国清、马宇焜书法作品入选全国第十二届书法、篆刻展览，袁筠获得 2019 年中国书法家协会“我的中国梦”书法进万家活动先进个人称号。（李增明）

太原市科学技术协会

【概况】 2019 年，太原市科协坚持以习近平新时代中国特色社会主义思想为指导，全面贯彻中共十九大和十九届二中、三中、四中全会精神，增强“四个意识”、坚定“四个自信”、做到“两个维护”，聚焦保持和增强政治性先进性群众性这一根本标尺和长期任务，团结带领广大科技工作者，努力履行“四个服务”职能，各项工作积极推进，迈上新台阶。（任铁强）

【院士专家工作站建设】 2019 年，太原市科协新建院士工作站 5 个、专家工作站 5 个，引进院士专家团队 44 人，签订合作项目 26 项，充分发挥高端人才在企业项目研发、人才培养、成果转化等方面的作用，推动企业技术创新能力和核心竞争力提升。累计建立院士工作站 73 个，仍在合作的 54 个，累计引进院士 80 名，仍在合作 59 名；建立专家工作站 5 个，引进国家重大人才工程专家 7 名，与院士专家团队共签订合作项目 329 项。对已建立院士专家工作站实行制度化、规范化、动态化管理，对《太原市院士专家工作站建设管理实施细则》进行修订完善，对建站满三年院士工作站进行考核，26 个院士工作站考核认定为合格。（任铁强）

【“科普 e 站”建设】 2019 年，太原

2019 年 4 月 12 日，市科协与山西大医院联合在晋阳街公园开展科普宣传活动

（市科协供图）

两级科协发动各界群众注册使用科普中国 App，实名注册科普员达到 14484 人，占全省总注册人数的 50% 以上，名列全省第一。在市县两级电视台设立“科普中国”专栏；在省城公交移动电视和楼宇电视上播“科普中国”节目；在科普画廊植入“科普中国”标识和二维码；印发《科普中国推广使用手册》；制作发放科普宣传品；投入资金支持县区“科普中国”宣传设施建设，科普信息化传播体系初步建立，“科普中国”品牌在太原市的影响力和传播力不断提升，在实现科普服务精准推送，打通科普工作“最后一公里”上取得显著成效，科普信息化建设迈上新台阶。（任铁强）

市科协以提质增效为目标，对全市科普 e 站加强规范管理，建立健全管理制度。安排专项经费重点支持科普 e 站设备维护、人员培训和活动开展。全市社区科普 e 站整合社区资源，通过建设社区科普大学、举办科普课堂等形式，用信息化手段向居民精准推送科普知识等，提升居民的参与度，打造出具有社区特色的科普品牌。各校园 e 站发挥平台优势，举办科技创新大赛、科普巡回讲座、科普培训展示直播等线上线下相结合科普活动，推动校园 e 站示范作用的发挥。乡村 e 站定期举办新技术、新品种推广活动，成为当地重要的农业技术培训基地。全市共建设社区 e 站 61 个，校园 e 站 78 个，乡村 e 站 18 个。（任铁强）

【科普宣传阵地建设】 2019 年，太原市科协和晋阳街公园共同建成“悦读书屋”并成立科普图书角，免费为群众发放科普书籍。在晋阳街公园建设 2 处电子科普画廊并投入使用。利用各大公园科普画廊宣传优势，持续登载可持续发展议程创新示范区建设、二青会宣传、中华人民共和国成立 70 年科技成就、文明城市创建、法治建设等 16 个专题内容，全年更换科普版面达到 1182 个。以科普示范创建活动为载体，立足各县区实际，突出特色和亮点，着力培育基层科普典型，强化示范创建效果，助力脱贫攻坚、乡村振兴和全民科学素质的提升。采取多种方式，将科普 e 站建设与基层党群（政务）服务中心、社区综合性文化服务中心、农村专业技术协会、科普教育（示范）基地等公共活动阵地和设施结合，将科普中国内容资源有效融入，逐步构建起科协系统线上线下相结合科普服务新阵地。（任铁强）

【全民科学素质提升】 2019 年，太原市科协统筹谋划全民科学素质工作，召开太原市全民科学素质工作会议，印发《太原市 2019 年全民科学素质工作要点》，对“十三五”期间全民科学素质工作进行动员部署。发挥市全民科学素质领导小组办公室职能作用，协调组织 32 个成员单位和各县区纲要办、各单位通过咨询、展览、报告会、培训观摩、竞赛等活动，不断扩大科普受众覆盖面，逐步形成“党委领导、政府推动、部门协作、全民参与”的工作格局。

（任铁强）

【科普信息化建设】 2019 年，太原市科协在推进科普 e 站建设基础上，推进“科普中国”移动端推广应用，深入县区举办科普信息化建设专题培训。市县

【科技信息推广及培训】 2019 年，太原市科协在企业举办科技信息推广应用服务讲座，培训企业技术骨干 100 余人次。开展技术创新方法推广应用工作，深入太原科技大学、西山煤电集团等高校和企业开展创新方法推广应用宣讲，培训 500 余人次，有效帮助企业科技人员和高校师生提高创新思维能力。在 2019 年中国创新方法大赛山西赛区比赛中，组织 97 个项目参加，有 61 个项目进入决赛，8 个项目获得一等奖，其中 5 个项目在全国大赛中获奖。（任铁强）

【群众性技术创新活动】 2019 年，太原市科协在企业科协开展“讲理想、比贡献”活动，全年实现项目立项 2073 项，提合理化建议 24298 条，实施合理化建议 18233 条，在提高企业技术创新能力、培养创新科技人才、提升职工科学素质等方面发挥重要作用。开展“金桥工程”立项申报工作，促进科技成果转化，向省科协申报项目 6 项，立项 5 项，预计为项目采用单位年节约资金约 500 余万元。在农业农村领域开展“五小竞赛”活动，通过竞赛形式，充分发挥科协组织、专家团队作用，带动农村新技术推广应用和农民增收致富。2018 年至 2019 年共

有17个单位24个项目参加全省“五小”竞赛，涌现出晋源区梅芝园艺科普惠农中心服务站等一批农业农村领域“五小”竞赛优秀组织单位。（任铁强）

【学术交流活动】2019年，太原市科协邀请中国工程院院士李鹤林、中国金属学会有关专家和全国各地钢管行业专家学者来并举办“全国钢管生产技术和学术交流会”，提升轧钢和钢管行业学术水平。配合二青会召开，主办“食源性疾病与食品安全学术讲座”，组织市场监管人员、餐饮企业负责人、食品行业从业人员参加，为服务大局，保障民生做出贡献。指导各市属学会根据各自专业和行业特点，开展学术沙龙、学术讲座、专题报告会、专业技术培训和技能大赛、科普活动等形式的交流活动30多场，参加人数1万余人次。举办太原市自然科学优秀学术论文评选活动，共征集自然科学论文410篇，参与科技工作者人数创历史新高，通过论文评选，展示和交流科技工作者学术成果，促进学术繁荣和发展。（任铁强）

【青少年科技教育活动】2019年，太原市科协组织动员全市中小学师生参与全市第34届青少年科技创新大赛，收到参赛作品2699项，对获奖作品进行表彰。推荐优秀学生科技发明、创新成果37项、科幻绘画作品124幅、科技辅导员科技创新成果7项，优秀实践活动5项代表参加省级大赛并取得优异成绩。在全国青少年科技创新大赛中，太原市学生作品获得各类奖项11个，太原市科协获得基层赛事组织奖。举办第19届太原市机器人竞赛暨太原市第4届“创新未来”中小学生机器人竞赛，全市共有150多所学校的430支队伍，1000余人参加，参赛规模和人数创历史新高。开展高校科学营、青少年科学调查体验、“科学与健康”讲座进校园等活动，激发青少年热爱科学、创新探索热情，厚植后备科技人才成长土壤。（任铁强）

【“全国科技工作者日”活动】2019年，太原市科协看望慰问优秀科技工作者代表，送去鲜花和慰问金，带去党委和政府的问候。组织开展第十届山西省优秀科技工作者和第九届山西省十佳中青年优秀科技工作者评选推荐工作，推荐优秀科技工作者参加评选。科技工作者日期间，市科协为科技工作者举办“迎二青会 科学健身”讲座，开展2019年“海峡两岸暨港澳青年科学家学术活动月”资助项目申报推荐，邀请科技工作者深入企业、学校举办创新方法宣讲，组织县区科协、市级学会开展“科技工作者日”活动等工作，在全社会营造关心科技工作者，尊重科技工作者，尊重知识、尊重人才良好社会氛围。（任铁强）

2019年2月19日，市科协在桃园路开展科普宣传活动（市科协供图）

【“全国科普日”和“科技周”系列活动】2019年，太原市科协与省科协联合举办省城主场活动，在太原学院举办“太原市2019年全国科普日主题宣传活动”，运用激光、歌舞、动漫、沙画等表现形式，将科技、艺术、科普元素紧密结合，吸引400余名师生参加。组织全民科学素质成员单位、县区科协、企业科协、市属学会、科普基地、科普社区、院士工作站企业等围绕科普日主题开展各类活动。“全国科普日”期间，共举办重点活动28项，展览展示88项，各类科普讲座100余场，展出科普展板1200余个，科普宣传栏（橱窗）500余个，发放科普书籍（资料）15万份，参与群众达到20万余人。开展年度科技周活动，共举办各类讲座10余场，报告会3场、举办展览6个，设置宣传展板（橱窗）200余块，发放各种科普宣传资料4.50万余份，受众人数4万余人次。（任铁强）

【科普宣传】2019年，太原市科协在太原电视台、太原广播电台、太原日报手机客户端开办《科普中国太原行》栏目。在听调中，广播电台《科普中国太原行》栏目在35个节目中收听率排名第四。加强科协舆情信息的报送，重视科协网站和微信公众号建设，全年共发布自编信息300余条，转载学会、县区科协、企业科协工作信息和科普信息等500余篇，从科普动态、企业科协、院士工作站等各个栏目多角度全面报道科协工作，成为宣传科协工作的重要窗口。编印《太原科协》期刊6期，记录科协系统重点工作情况，加强对学会，企业、院士工作站等情况介绍，宣传前沿科技成果和科普知识，免费发放社会各界阅读。（任铁强）

太原市归国华侨联合会

【概况】 2019年，太原市侨联坚持以习近平新时代中国特色社会主义思想为指导，学习贯彻落实中共十九大和十九届二中、三中、四中全会及习近平总书记视察山西重要讲话精神，贯彻落实省委十一届九次全会和市委第十一届七次全会决策部署，以全国十次侨代会及省侨联十届五次全委会精神为指引，围绕中心服务大局，发挥优势，完成各项职能任务。

2019年3月，市侨联领导班子进行调整，实行党政负责人分设，班子成员增设为2正3副，领导班子力量得到加强。（刘　洋）

【侨务基层组织建设】 2019年，太原市侨联在创建“侨胞之家”数量居全省之首基础上，将2019—2020年定为“质量提升年”。经过多次走访调研、征求意见整理出《全市“侨胞之家”通讯录》，出台《太原市侨联侨胞之家评价方案》，召开全市侨联系统会议征求基层组织意见，积极推进相关工作开展。为全市“侨胞之家”活动场所申请中国侨联经费支持，共计6个项目3.50万元，并发放到位。听取基层诉求，把“侨胞之家”相关经费列入市侨联2020年预算中，以此为良好开端，推进“侨胞之家”建设、催化基层活力、激发内生动力。在12·4宪法宣传日，与太原市委统战部、市人大民宗侨外委、市政协港澳台侨委共同举办“侨法进社区”宣传活动，发放侨法资料近2万份，发挥“侨胞之家”服务阵地优势。（刘　洋）

【侨胞创新创业】 2019年，太原市侨联对标浙江杭州及江苏南京、连云港等地侨联做法，以服务新侨为重点，深入各县、市区新侨企业、创业园区中广泛调研，鼓励和支持新侨创新创业，支持申报山西省新侨创新创业基地3处；组织新侨及海归人员代表参加中国侨联领导和中国侨联法顾委领导来并调研座谈会、省政协营商环境座谈会、税法改革培训会等，反映新侨企业诉求及意愿，帮助他们解决实际困难；为省侨联特聘专家委员会推荐本市两名侨界专家，为省侨商会推荐5名会员，进一步凝聚侨界高层次人才；组织新侨及海归青年代表参加“改革创新、奋发有为——侨界青年在行动”大型活动，参加“2019重庆人才大会”、山西优秀青年一代民营企业企业家培训，参加成都市“创业中华·海归蓉漂”青年组织会长大会，促进人才、项目、资金、信息的对接。全年在新领导班子的带领下，拓展工作思路，收集各类海内外招商引资项目20余项，联系省、市、县（区）资源助力招商引资工作。（刘　洋）

【侨胞联谊】 2019年，太原市侨联按照中央对侨联工作提出的“两个并重”“两个拓展”要求，市侨联坚持以心联侨、以情聚侨，履行华侨、华人社团联谊职能，主动拓展海外工作，在上年成立10个海外联络站的基础上新增马来西亚晋商商会、西班牙马德里乌塞拉华人华侨联合会、土耳其华商会、匈牙利山西商会、美国加州山西商会5个海外友好联络站，积极“请进来”加强联谊联络，助力经济社会发展。山西博物院、傅山文化园成功申报中国华侨国际文化交流基地。历时20天，分两期成功举办2019中国“寻根之旅”夏令营山西太原营，吸引来自加拿大、澳大利亚、西班牙、意大利、美国、德国、捷克等国家240名华裔青少年参加，参访路线涵盖太原、晋中、临汾、运城4个地市，活动内容丰富、新颖，活动环节设计用心、精细，产生的影响广泛、深远、厚重。受到中国侨联领导两次点名表扬，中国侨联文化交流部专门来太原跟营调研。青龙古镇《龙的传人》快闪，闭营现场《新闻对话》直播，中国新闻网、山西新闻、今日头条、新华社、网易新闻、山西新闻网、山西日报等10余家媒体予以高度关注，播发30余篇报道。海外华裔青少年在快乐短暂的夏令营期中刻下寻根·汉语·文化的烙印，被中华文化的博大精深深深打动，营员及其家长感言深情动容，表达着对中华民族的热情和自豪，活动在潜移默化中为华侨、华人青少年根植归属感和桑梓情。（刘　洋）

【侨务服务】 2019年，太原市侨联在服务老侨和困难归侨侨眷方面，完成走访慰问103户，特困救济11户、日常走访1户，共发放慰问金6.70万元；与市侨务办合作开展“侨爱工程”，为60岁以上老侨开展免费体检，用实际行动感染和温暖侨界群众；寻求中国华侨基金会的支持，组织开展司迈等离子双极电切电凝系统捐赠活动，向阳曲县医疗集团和清徐县人民医院捐赠价值200余万元的医疗设备，提升基层医疗卫生水平；在引领新侨方面，高考期间组织太原海归协会开展“爱心助考”行动，为高考学子提供紧急车辆、消暑饮品、药品等服务。（刘　洋）

【调研成果转化运用】 2019年，太原市侨联始终把解决问题、推动工作作为调查研究出发点和落脚点，通过深入调研摸清情况、厘清问题，提出对策措施。精选课题。以推动工作为要务、以群众利益为导向、以党的建设为根本，聚焦突出问题，确定服务涉侨实体经济发展、新侨工作、侨胞之家建设等针对性强的调研专题，调研基层单位23个，形成专题调研报告6篇。转化成果。召开调研成果交流会，针对调研中发现的普遍性问题，拿出有效对策措施，推动调研成果转化。在调研的基础上，党组书记以“对初心和使命的再认识”为题，带头为全体党员干部讲专题党课，其他班子成员讲专题党课4场。（刘　洋）

【八个专项整治】 2019年，太原市侨联坚持把“改”字贯穿始终，重点查摆出八个专项整治有关问题19个，其中：贯彻落实习近平新时代中国特色社会主义思想和党中央决策部署方面的问题3个；形式主义、官僚主义方面的问题5个；干事创业精气神不够，患得患失，不担当不作为方面的问题7个；整治基层党组织软弱涣散、党员教育管理宽松软、基层党建主体责任缺失问题4个。对违反中央八项规定精神、领导干部利用名贵特产特殊资源谋取私利、侵害群众利益方面，经过认真自查，没有发现这方面的问题。对专项整治中存在的问题，列出问题清单、任务清单和责任清单，建立台账，逐条研究制定具体的整改措施，确保整改到位，见实效。（刘 洋）

太原市残疾人联合会

【概况】 2019年，太原市残疾人工作坚持以习近平新时代中国特色社会主义思想和中共十九大精神为指引，以加快推进残疾人小康进程为目标，以开展“改革创新、奋发有为”大讨论和“不忘初心、牢记使命”主题教育为契机，按照“1345”工作思路，着力推进省政府民生实事和精准康复服务项目，实施残疾人“双百双千”就业创业工程，统筹推进残疾人各项业务工作，精心谋划，狠抓落实，完成市委、市政府和省残联下达的年度目标任务。（郝嘉艳）

【民生实事项目】 2019年，省政府民生实事残疾预防重点干预和残疾儿童抢救性项目下达太原市任务总数为5895名，太原市完成13819名，完成率234.92%，排名全省第一。其中：0—6岁儿童残疾筛查诊断完成518名，完成率220.43%；疑似残疾人残疾评定完成12403名，完成率250.57%；残疾儿童抢救性康复项目完成898名，完成率126.48%。（郝嘉艳）

【残疾人教育就业培训】 2019年，太原市残疾人就业创业基地、实训基地、扶贫基地“三个基地”验收合格11家，完成年度任务的110%；残疾人盲人按摩示范店验收合格27家，完成年度任务的135%；残疾人自主创业工商户验收合格86家，完成年度任务的287%；安置残疾人就业507人，完成年度任务的169%；培训残疾人546人，完成年度任务的182%。（郝嘉艳）

【残疾人精准康复及托养服务】 2019年，太原市有需求的残疾儿童和持证残疾人接受基本康复服务的比例总体达到95.24%，超省残联下达任务15.24个百分点。其中，辅助器具适配率达95%；建档立卡贫困残疾人服务率和因病致返贫残疾人服务率均达95%；建档立卡贫困残疾人基本辅助器具适配率达100%；精神残疾人康复服务率达95%。太原市实施中央彩金残疾人托养“互联网+”服务项目，对有托养需求且符合条件的1144名残疾人提供托养服务。（郝嘉艳）

【残疾人合法权益保障】 2019年，太原市残联共接待各类残疾人259人/次。处理中残联、省残联、省信访信息系统、市委“人民网”、市长信箱等渠道转办网上信访8件，处理12345政府热线64件，共接待残疾人法律咨询167人/次，办理法律援助案件6起，有力维护残疾人的合法权益。（郝嘉艳）

【无障碍建设】 2019年，太原市共投入64.80万元为154户贫困重度残疾人家庭进行无障碍改造。为894辆符合申报条件的残疾人机动轮椅车申报、发放燃油补贴2.36万元。（郝嘉艳）

【残疾人社会保障】 2019年，太原市参加城乡居民养老保险的残疾人44702人，享受政府代缴8007人；参加城乡居民医疗保险的残疾人53479人，享受政府代缴31972人。全市13845名城乡残疾人纳入低保，并享受“分类施保”政策。对8户贫困残疾人家庭进行危房改造。有30912名残疾人办理助残乘车卡。（郝嘉艳）

【残疾人问题宣传活动】 2019年，太原市残联开展形式多样的“全国助残日”活动，省城各大媒体刊发残疾人事业新闻稿件190余篇（条），太原新闻频道播出涉及残联工作的新闻共15次；协调电台、电视台播出96期残疾人专题节目；中残联、省残联、市委、市政府共采用信息187条，残联微信、微博共发布工作动态信息487条；成立“龙城心之旅”志愿者服务联盟，发挥心理服务对残疾人的“预防针”和“疏通剂”作用。全市残疾人文化周、健身周等文体活动蓬勃开展；推荐的1名记者获“中国残联残疾人事业新闻奖”，10名记者获“山西省残疾人事业好新闻奖”。（郝嘉艳）

【残疾人基层工作】 2019年，太原市累计办理二代残疾人证103975人，实发残疾人证88811人，到期换证11900人。完成全国、全省“双先”表彰集体和个人的推荐工作，王建武获全国“自强模范”称号、太原钢铁集团获全国“助残先进集体”称号、市残疾儿童教育中心获全国“残疾人之家”称号。高质量完成创建全国文明城市相关工作，市残联连续第十三年被评为“文明单位标兵”，连续第二年被评为“双拥先进单位”。（郝嘉艳）

太原市慈善总会

【概况】 2019年，太原市慈善总会坚持以习近平新时代中国特色社会主义思想为指导，学习贯彻中共十九大和十九届二中、三中、四中全会精神，广泛开展慈善捐助公益活动，为促进社会和谐作出积极贡献。（蔺 芳）

【慈善募捐】 2019年，太原市慈善总会为贯彻落实《中华人民共和国慈善法》，践行社会主义核心价值观，市委办公室、市政府办公室下发《关于开展2019年“中华慈善日”送温暖、献爱心活动的通知》，市民政局、市慈善总会印发实施方案。9月5日是“中华慈善日”，四大班子领导带头捐款，市直机关干部职工踊跃参与、奉献爱心。市县两级慈善组织通过开展“中华慈善日”和日常慈善募捐活动，共募集慈善款物1446.66万元。其中：市慈善总会接收捐款473.09万元，助医费用198.17万元；10个县（市、区）慈善会接收捐款775.40万元。11月25日，慈善总会在《太原日报》刊登《中华慈善日光荣榜》，对所有捐款单位和个人进行公示。（蔺　芳）

【慈善救助】2019年，太原市县两级慈善组织共支出款物1224.42万元。其中：市慈善总会救助支出824.42万元。分别是：慰问老红军老党员支出16.69万元；扶贫救助支出43.43万元；慈善助学支出77.53万元；慈善助老支出1万元；救助13名孤儿大学生支出5.20万元；慈善助医项目和“血友病”救助支出133.39万元；慈善助残支出1.64万元；慈善助困支出2.14万元；“送温暖、献爱心”救助支出31.70万元。元旦、春节“两节”救助，安排慈善款物511.17万元。10个县（市、区）支出慈善款物400万元，结合实际开展形式多样的慈善救助。（蔺　芳）

【慈善宣传】2019年，太原市慈善总会协调新闻媒体，围绕慈善捐助等公益活动开展宣传，在省市各类新闻媒体刊发新闻稿件70余篇。如“太原市直机关34名困难职工获慈善救助”“我市首次启动一张纸献爱心行动”“太原慈善学校今年招560名贫困生”“市慈善总会慰问老红军老党员”“中华慈善日　邀您献爱心”等。特别是《慈善公益报》头版头条先后刊发“中华慈善总会首届慈善扶贫西藏江西培训班开班”“中华慈善总会会长宫蒲光一行赴太原慈善学校考察调研慈善扶贫扶智工作”“槐耳颗粒患者援助项目启动会在太原召开”“中华慈善总会首届慈善扶贫西藏江西培训班结业典礼在太原举行”等新闻稿件，在全国宣传太原慈善，扩大太原慈善在全国的影响力。（蔺　芳）

【援助项目】2019年，中华慈善总会“槐耳颗粒患者援助项目”在太原启动。该项目援助对象为医生确认并长期服用“槐耳颗粒”的肝癌、肺癌、胃癌和乳腺癌的患者。援助模式为对病前低保或精准扶贫患者，按购药总费用20%给予现金援助；对中低收入患者，按购药总费用10%给予现金援助。（蔺　芳）

2019年9月5日，“中华慈善日”送温暖、献爱心活动　（市慈善总会供图）

【“一张纸献爱心”行动】2019年，太原市慈善总会按照市委宣传部、市文明办、市民政局《关于倡导开展“一张纸献爱心行动”的通知》文件精神，市慈善总会启动“一张纸献爱心行动”，倡导全市各级党政机关、企事业单位、社会团体等，通过放置“爱心屋”，捐赠废旧报刊、衣物等。参与单位400余家，放置爱心屋1035个，开展捐赠活动100余场，共计捐赠废旧书、纸11.10吨，废旧衣物26.50吨，折合善款1.31万元。（蔺　芳）

【“两节”救助】2019年11月，民政局、慈善总会印发《关于开展2019年“送温暖、献爱心”慈善救助活动的通知》，对做好元旦、春节慈善救助活动做出安排。市慈善总会安排慈善款物511.17万元，在全市开展“送温暖、献爱心”慈善救助活动。“爱心奶”工程救助。按照市委、市政府要求，安排100万元，用于特殊困难群体“爱心奶”工程实施。困难家庭粮油救助。11月29日，省、市慈善总会在万柏林区举行“慈善情暖万家”活动，为环卫职工发放300件棉衣、100条棉被和价值2万元的米面油。启动“两节”慈善救助，支出20万元，救助全市困难群众和低保户、重度残疾人等困难家庭1000户，每户发放价值200元的粮油。12月25日，举行慰问关爱学校贫困学生活动，向关爱学校捐赠价值3万元爱心粮油。困难职工救助。支出100万元，对市直机关、捐款企事业单位和福利企业困难职工予以救助。“关爱血友病”项目救助。12月24日，举行“血友病患者救助金发放仪式”，为32名困难血友病患者发放救助金29万元。“爱必妥”项目救助。为结肠癌、直肠癌患者发放“爱必妥”药品372盒，价值48.17万元。贫困学子救助。开展“慈善圆梦助学”等项目，支出8万元，对孤儿大学生给予救助。

太原市慈善总会组织为老人体检 （市慈善总会供图）

慈善医疗救助。开展“慈善关爱，送医下乡”“慈善肝病救助项目”“闪亮黄皮肤项目”等助医活动，对贫困人群进行医疗救助，费用150万元。物资救助。救助太钢5个帮扶村爱心超市，发放裤子1200条，皮鞋500双，棉衣100件。扶贫救助。安排50万元善款，由市直机关各捐款单位定向用于扶贫点贫困人群救助。 （蔺　芳）

【主题教育活动】 2019年，太原市慈善总会开展“牢记初心使命，慈善传递真情”活动。在新中国成立70周年之际，市慈善总会结合“不忘初心、牢记使命”主题教育，对2名老红军和152名中华人民共和国成立前入党的贫困老党员进行慰问，送去慰问信和慰问金，体现党和政府、社会各界对老红军、老党员的关怀关爱和崇高敬仰。

开展慈善助医活动。开展“牢记初心使命，慈善送医下乡”活动，组织4家爱心医院到阳曲县黄寨敬老院和富士康敬老院，为老人们免费进行身体检查、发放药品。慈善助医扶贫帮困，组织3家爱心医院到扶贫村阳曲县西凌井乡官庄村、娄烦县峰岭底村，为贫困群众进行身体检查、发放药品和讲解卫生保健知识。设立“面神经专项基金”，帮助患有颅、面神经疾病的困难患者，救助5名患者，支出善款1万元。 （蔺　芳）

太原市红十字会

【概况】 2019年，太原市红十字会坚持以习近平新时代中国特色社会主义思想为指导，以党的建设为引领，学习贯彻落实中共十九大和十九届二中、三中、四中全会、中国红十字会第十一次全国会员代表大会和省红十字会六届四次理事会精神，依法履职尽责，创新开展工作，有效发挥党和政府在人道领域的桥梁和纽带作用。 （吴兰成）

【应急救护】 2019年，太原市红十字会以推进红十字应急救护“五进+N”为主要载体，依托“红十字关爱生命健康教育”项目，发挥红十字会在公众应急救护知识技能普及培训中的主体作用。坚持质量至上，按照“四统一”实施规范化培训，努力打造红十字“救在身边”品牌；坚持公益属性，加强同教育、应急、民政、共青团等部门和机关单位的协作联系，同力推进应急救护普及培训工作的稳步发展；坚持督导指导，实行双月列会、工作月报制度；坚持一线工作法，深入讲座、理论授课、实操考核等现场检查指导，持续推进红十字应急救护“五进”工作，继续开展双拥共建“进军营”活动，突出普及型讲座提升宣传普及质量。坚持以赛促训，联合市教育局、市总工会举办太原市第二届红十字应急救护大赛，总结检视红十字应急救护进校园工作的成效。来自10县区和市直两所学校共十二支代表队进行两场初赛和一场决赛，展示教育系统红十字救护员的形象和能力，决赛网络直播实时点击量16万人次。选送市卫校代表队、市育蕾育英联队代表太原市参加全省首届大赛，均取得三等奖优秀成绩，展示应急救护的成效和风采，扩大应急救护培训职能的社会影响。全年培训救护员4560人次，宣传普及5.10万余人次，其中普及型讲座120场、2.20万人次，超额完成年度任务。（吴兰成）

【应急救援】 2019年，太原市红十字会落实总会指示坚决。迅速贯彻落实总会应对自然灾害等突发事件应急工作视频会议精神，组织市县两级红十字会赈济救护专干人员培训演练，依托省红十字会彩票公益金支持，给10个县（市、区）均配发救灾帐篷、棉被、折叠床等救援物资储备，价值10万余元。修订完善应急预案。按照市应急办、民政局、地震局工作要求，修订完善《太原市红十字会自然灾害应急预案》《太原市红十字会地震应急预案》，指导县（市、区）红会做好修订工作，市、县红会全部纳入政府应急、地震救援体系，形成市红十字系统备灾救灾网络。加强备灾仓库管理。坚持经常检查备灾库房制度，发现问题及时处理，确保备灾物资完好。市本级人道应急储备金46万元，仓储物资品种：帐篷、棉被、折叠床等，价值40万元。组建救援志愿服务队。为增强应急救援能力，组建太原市红十字应急救援志愿服务队，聘请队长、副队长和秘书长，举行授旗仪式。服务队参加省市红十字会组织的各种志愿服务活动。开展特色服务活动。探索建立红十字应急救护新平台，联合市公交集团开展交通安全“救”在身边常态活动，

为8条公交线路公交车捐赠红十字应急包200个，发放宣传手册200份，并为公交公司培训200名救护员。（吴兰成）

【救护培训】 2019年，太原市红十字会组织开展红十字应急救护知识与技能"进机关、进学校、进社区、进农村、进企业"等活动，全年培训救护员4560人次，宣传普及5.10万余人次，其中普及型讲座120场、2.20万人次，超额完成年度任务。（吴兰成）

【募捐救助】 2019年，太原市红十字会组织开展博爱一日捐活动，全市接受捐款235.80万元，其中市本级62.80万元。博爱助学17.50万元救助贫困大学生35名；红十字天使项目救助太原市贫困家庭14岁以下白血病、先心病患儿25名87万元；市本级筹集资金35万元，开展"送爱心上门，送温暖到家""关爱困难职工"和定点扶贫村困难群众、"关爱困难志愿者和道德模范""关爱失独单亲家庭"等系列慰问活动，覆盖全市6000余户贫困家庭。

（吴兰成）

【"三献"公益活动】 2019年6月14日，太原市红十字会在市红十字血液中心举办第16个世界献血者日活动，表彰2016—2017年度获得无偿献血奉献奖金、银、铜奖代表。8月24日同市文明办、市卫健委共同组织志愿者开展无偿献血热血跑公益活动，约1000多名志愿者和工作人员参加，通过这种创意活动，宣传推动无偿献血工作。造血干细胞捐献工作稳步发展。成立太原市造血干细胞志愿服务队，组织开展活动，进行入库志愿者招募、电话回访、捐献陪护，自主开展各种志愿服务活动。完成省造血干细胞管理中心下达的1400个入库志愿者指标任务。坚持开展对造血干细胞捐献者慰问活动，即实施采集的当日，会领导带上慰问品到采集现场进行慰问，并为捐献者颁发证书。全市共实现造血干细胞捐献3例，累计67例。遗体捐献工作逐年增长。组队到重庆进行遗体捐献相关工作调研，开展遗体捐献志愿服务队活动。新登记遗体（器官）捐献志愿者84人次，实现捐献27例。历年累计登记960人次，实现192例。（吴兰成）

【主题宣传活动】 2019年，太原市红十字会缅怀遗体捐献纪念者。市红十字会在天龙山仙居园，以"生命在奉献中延续"为主题，开展太原市第八个遗体捐献纪念日活动，由山西卫生健康职业学院承办，现场为仙居园授牌"红十字人道教育基地"，遗体捐献者亲属及志愿者、医科大、职工医学院和卫校的师生、仙居园工作人员等300余人参加。纪念活动受到央视新闻频道、国际频道、太原电视台、太原晚报、中新社等媒体的广泛大篇幅报道关注，遗体捐献咨询、登记人数逐年增加。

纪念世界红十字日。5月8日围绕爱心相伴"救"在身边活动主题，组织市直团体会员单位和志愿者在玉门河举行第72个世界红十字日纪念活动。现场进行心肺复苏技能、急救技能表演、家庭实用急救知识宣讲、诗朗诵和义诊，市红十字血液中心献血车现场接受市民无偿献血，发放红十字会法等相关红十字会知识和应急救护知识等宣传资料，现场约有500余名群众和志愿者参与纪念日活动。

开展世界急救日活动。围绕"急救，关注易受损群体"主题，在西六度村开展急救日主题活动。为西六度村民送上一堂急救知识课，市二院、共建部队的医生为村民进行义诊，向村民发放《市民安全救护手册》和急救知识宣传折页，为村民免费赠送5000余元常用药品。在市育英幼儿园现场模拟"运动伤害事故应急救护"全过程，在市育蕾幼儿园为全体师生演示心肺复苏术，介绍发生紧急情况时的应急处置程序和注意事项。市、县两级红十字会联动，急救日活动期间分别选择至少一个社区或学校，组织一场社区干部、社区居民或师生参与的主题宣传活动，开展一次家庭意外伤害及红十字应急救护（启动生命链、徒手心肺复苏术、海氏急救法）讲座，发放一本《市民安全手册》，教会参加活动的社区居民一项救命技术——徒手心肺复苏术。全市活动收益人群约2000多人。

开展防艾宣传活动。在第32个世界艾滋病日到来之际，太原市红十字会协同杏花岭区红十字会、杏花岭区疾控中心，在享堂社区开展"社区动员同防艾 健康中国我行动"为主题的防艾宣传活动。呼吁大家正确看待艾滋病，理性对待艾滋病患者，了解防艾知识，培养健康生活习惯和方式。活动现场，志愿者们为社区居民发放防艾宣传手册，讲解相关的知识，社区志愿者及社区居民也都纷纷加入活动当中，共担防艾责任，共享健康权利。市卫校、各县区红十字会同步开展防艾宣传活动。

传达学习总会"十一大"精神和《山西省红十字会改革实施方案》。组织各县区红十字会专职副会长、市直有关单位的分管领导、志愿者代表召开专题座谈会，结合红十字会法、慈善法等法律法规，传达学习总会第十一次全国会员代表大会精神，解读中国红十字会章程、中国红十字事业发展规划纲要（2020—2024年）和《山西省红十字会改革实施方案》。组织召开座谈会，征求太原市红十字会改革意见建议，为制订《太原市红十字会改革实施方案》打下坚实基础。依托理事扩大宣传效应。为市县两级红十字会会长、市红十字会理事订阅《中国红十字报》和《博爱》杂志，市本级订阅2020年一报一刊各96份、2万余元，消灭订阅空白县。同时印制图文并茂的红十字运动、造血干细胞捐献、心肺复苏、急救四项技术、遗体（器官）捐献等9类型宣传页，宣扬红十字知识。借助网站开展宣传。建立红十字宣传工作机制，加强与新闻媒体联系，组建县级红会信息员和社会媒体的记者队伍，通过媒体的扩音器更好的宣传红十字事业。加强自身宣传工作，改版市红十字会网站网页，及时更新网站内容，维护网站安全，建立完善新闻发言人制度，重启微博账号，展示红十字会风采。开展红十字青少年活动。组织开展红十字青少年知识竞赛活动。以红十字示范校为载体，组织全市10个县区，向中小学生开展答题活动，共订阅9000份竞赛试题，在青少年中有效宣传红十字会法和红十字运动、自救互救知识，扩大红十字在青少年中的影响力。市红十字会获得总会颁发的“单位组织三等奖”。（吴兰成）

【志愿服务】2019年，太原市红十字会在志愿服务方面，参加省红十字会组织的调研、培训、会议等工作，响应省红会号召，成立太原市造血干细胞志愿服务队、太原市红十字救援志愿服务队，同时发动无偿献血志愿服务队和遗体捐献志愿服务队，经常组织开展所属领域内的志愿服务活动，参加市红十字会开展的学雷锋志愿服务活动、遗体捐献纪念日活动、世界红十字日纪念活动、省红十字会70年图片展开幕活动、省红十字会红十字大讲堂活动等。太原市红十字运动应急志愿服务队130人，助力“太马”赛事，在赛道内提供红十字应急救护服务工作；应急救护培训师资志愿服务队助力二青会赛事，为赛会志愿者专场培训应急救护知识14场4800人次，U站志愿者1800人次。组织召开志愿服务总结表彰大会，表扬表现突出的先进队伍和先进个人，鼓励大家更好地参加志愿服务活动。在养老服务方面，组织协调市二院、比家美、山投颐佳、精神病医院等四家养老机构，参加省红十字会组织开展的养老护理员培训、养老工作会议等，按要求统计报送工作总结、物资器材申报计划、参加省红十字会组织的会议等工作。上报完成第二批福寿安康养老服务基地申报工作，共21家，并完成曜阳护理员关爱基金资助申报工作。（吴兰成）

太原市法学会

【概况】2019年，太原市法学会围绕中心工作，履职尽责，创造性开展工作，完成上级赋予的各项任务。在组织建设、三级法律服务平台建设、研究工作等方面有6篇工作经验文章在中国法学会和省法学会官网或期刊上发表，3月，获得中国法学会五年一度表彰的全国法学会系统先进集体。11月，获得中部崛起区域法治论坛优秀组织奖。（黄　敏）

【法学研究】2019年，太原市法学会重点抓好立项课题研究。为推动全市扫黑除恶专项斗争向纵深开展，继上年组织院校法学专家对涉黑涉恶14个重点典型案例进行个案分析及成因、规律、特点、趋势总体分析与对策研究基础上，从严厉打击、综合治理、行业监管、农村黑恶和城市黑恶问题等5大课题，进行系统性对策研究，力求为纵深扫黑工作提供理论保障，全部结项，并汇编成册。集全力，全员开展专题研讨活动。在全市政法部门、有关法学院校、县区政法委和法学会，开展以创新优化公共法律服务供给方式，打造优质公共法律服务体系为主题的“县乡村三级法律服务平台建设与公共法律服务体系建设”专题研讨活动。论文征集完毕，经过剔除抄袭、不切题论文后，初步筛选出论文34篇参评，经三轮评审后优秀成果汇编成册。重实效，务实抓好小微课题研究。在全市政法部门开展以“短平快”为特点，以解决问题为导向，以产出精准、管用、有效对策为目标的小微课题研究活动。论文收集完毕，经过整理、筛选、评审后，报送省法学会47篇，评选出37篇优秀论文获得不同奖项，汇编成册，并在专题研讨会上交流推广。（黄　敏）

【法治宣传服务】2019年，太原市法学会示范引领、组织带动，着力抓好法治宣传活动。开展“太原市十佳法学工作者”选树活动，从政法部门和市属院校从事法律顾问、公职律师、法学工作者中评选出“十佳”，6月在全市会议通报，树立法学工作者典型。为深入学习宣传贯彻习近平新时代中国特色社会主义思想，把“不忘初心、牢记使命”主题教育活动具体化、实践化、落实化，开展好主题教育“三服务”，结合中国法学会“双百”活动，市法学会牵手有关部门举行以“法律护航，健康成长”为主题的系列法治公益宣讲20讲活动。分别在太原学院、尖草坪区第六中学、后北屯小学、杏岭实验学校、太原师范附属中学、晋源区第二实验小学、尖草坪区第二中学、长风小学、龙兴小学校、太原市64中等大、中、小学校开展公益讲座15场，提高青少年的法律素养。集合力量、牵引推动，重点抓好法治服务建设。市法学会在县区整合法学专家、政法干警、执法干部、律师和社会人士等资源力量，以综治中心或司法中心为依托，嵌入式的开展县乡村“三级法律服务平台建设”，并以杏花岭区为试点引领，创造经验，构建模式，以示范效应推进全市“三级法律服务平台建设”的开展，受到中央和省市的充分肯定。6月，市法学会借省里工作调研契机，再次在杏花岭区召开现场会，推进三级法律服务平台全覆盖向纵深发展。创新载体、舆论拉动，推进法治宣导工作。贯彻省法学会要求，探索法学会舆论导控有效载体和运行机制，搭建“一网一微”新媒体平台，在太原长安网开设“法学研究”栏目，开通“太原法学”微信公众号，夯实网络宣传阵地，把控法学工作主流声音和正能量。（黄　敏）

【会员队伍建设】2019年，太原市法学会壮大队伍，凝聚人才力量。在推动市县两级政法部门发展会员基础上，注重在行政执法以及经济、科技、文化、宣传等社会各界从事法律研究、法律服务工作的专业人才中发展会员，网上注册个人会员数达1863人，新增会员197人，团体会员新增5个。搭建平台，发挥优势作用。从法学院校和政法实务部门遴选政治过硬、业务能力高强的专家教授78人，建立“法学法律人才专家库”，参与重大问题研究论证、建言献策，增强党政决策合法性和法治服务满意度。拓展交流，提升能力价值。拓宽学习交流通道，争取让法学法律工作者更多地参加高端交流活动，组织参加环渤海、中部崛起法治论坛交流活动，共筛选报送87篇有见地的研究论文。

（黄　敏）

太原市关工委

【概况】 2019年，太原市关工委以习近平新时代中国特色社会主义思想为指导，贯彻习近平总书记关于“坚持教育青少年的正确方向”的指示精神，坚持“举旗帜、议大计、抓基层、办实事”工作顶层设计，主动作为，不断创新，取得新成绩，开创工作新局面。

（张爱生）

【红色基因传承】 2019年，太原市关工委学习贯彻习近平总书记关于“不忘初心，牢记使命”“传承红色基因，争做时代新人”重要指示精神，先后举办全市关工委系统学习培训会，落实各项工作任务；参加省关工委在右玉召开的学习培训会；出席全国部分（34个省会和单列城市）城市关心下一代工作座谈会和省关工委工作会议，进一步提高工作思想认识。坚持市关工委周一学习制度和工作分工责任制，注重调研，狠抓基层组织建设，增强工作动力。

（张爱生）

【弱势群体救助】 2019年，太原市关工委关爱学校创办15年，累计招生1500余名，市关工委委员、两届全国人大代表韩亚琴创办的失足青少年帮教基地，累计救助750余名；支持尖草坪区汇丰法律援助中心，累计援助困境青少年700余名，受到中关工委、司法部、全国妇联的表彰。

（张爱生）

【家庭教育推进】 2019年，太原市关工委举办“中国·太原首届家长节”。来自北京、上海及省内18位著名教育专家，应邀前来参与讲座，省城及兄弟城市300多个家教组织、家教联盟、志愿者联合会搭建平台参加活动，4.50万余名家长及少年幼儿参与，中央及省市多家新闻媒体报道，在社会层面扩大影响，引起关注。第十届全国人大常委会副委员长、中国关工委主任顾秀莲、常务副主任张玉台等专程出席，并到杏花岭区后小河小学等地进行实地考察、参观指导，受到省委副书记、省长林武，省委常委、市委书记罗清宇，省政协副主席、市委副书记、市长李晓波，省关工委主任李政文，市委副书记李新春，副市长车建华等省、市领导的重视和支持，分别出席开幕式或陪同调研。顾秀莲还听取市关工委主任杨瑞武做的工作汇报，并到市关工委看望“五老”同志，对关工委深入贯彻习总书记坚持教育青少年正确方向，坚持“举旗帜、议大计、抓基层、办实事”工作顶层设计，勇于创新，务实工作，做出成绩给予充分肯定和高度评价，为做实做好工作，打下坚实基础。

（张爱生）

【党史国史宣讲】 2019年，太原市关工委为将党史国史教育活动搞得贴近青少年实际，市关工委主任、常务副主任、指导员亲自动手收集资料、撰写文稿，围绕国旗、国歌、国徽的形成与规定，传统节日、革命节日的来历与党史国史的情怀，国家宪法，毛泽东主席、朱德总司令、周恩来总理等领导的丰功伟绩，中华人民共和国成立70年、改革开放40年伟大成就等12主题，开展“传承红色基因，争做时代新人”教育，接地气、见实效，深受中小学生欢迎。顾秀莲对太原市撰写的12个主题文稿做出批示：太原市关工委下功夫撰写的“传承红色基因，争做时代新人”青少年党史国史教育材料很好。内容丰富、翔实，阅后很受启迪，相信在学校、社区、乡村演讲后，会起到很好效果。感谢关工委为孩子们用力、用心、用情工作。这是对工作的肯定和鼓励，全市基层宣讲达120余场次。

（张爱生）

【关心下一代工作推进会】 2019年3月21日召开，10县（市、区）、大型企业、教育系统关工委主任、办公室主任及市关工委委员、“五老”代表参会，副市长、市关工委名誉主任车建华主持，市关工委主任杨瑞武做工作报告，市委副书记、市关工委名誉主任李新春做讲话，肯定市关工委2018年工作，对2019年工作做出安排部署，为进一步做好关心下一代工作提出新要求。

（张爱生）

【主题教育活动】 2019年，太原市关工委“中华魂”读书活动参加人数保持在约15万人，一批优秀青少年应邀参加中关工委、教育部关工委7月在人民大会堂举办全国青少年夏令营活动和省关工委组织的赴延安学习夏令营活动；庆祝新中国成立70周年少儿书画展“可爱的祖国”参展人数达15000余人，展出作品3000多幅；安全教育展在美术馆和市工人文化宫两次展出，参观人数达5万余人（次）；安全教育和教育扶贫巡回展在娄烦县和市关爱学校启动，并在全市普遍展开。

（张爱生）

人大立法

【地方性法规立改废】 2019年，太原市人大按照年度立法计划安排，完成《太原市养犬管理条例》《太原市城乡环境卫生设施管理条例》《太原市机动车与非道路移动机械排气污染防治办法》等3件地方性法规的修订、《太原市海绵城市建设管理条例》地方性法规的制定和《太原市水资源管理办法》《太原市大气污染物排放总量控制管理办法》《太原市矿山地质环境治理恢复保证金管理办法》等3件地方性法规的废止工作，对《太原市博物馆促进条例》进行初次审议。　（尚　瑛）

【地方性法规清理】 2019年，太原市人大按照全国人大常委会法工委、省人大常委会法工委要求，在2018年开展生态环境保护地方性法规清理工作的基础上，继续推进生态环境保护地方性法规清理工作，将修订《太原市城市绿化条例》以及打包修改《太原市发展新型墙体材料条例》等3件地方性法规列入2020年立法计划项目，提请12月召开的市人大常委会废止《太原市人民代表大会常务委员会关于进一步加强省城环境保护工作的决议》等18件决议、决定。按照《山西省人大常委会办公厅关于开展食品药品安全领域地方性法规清理工作的通知》要求，开展食品药品安全领域地方性法规清理工作，对85件现行有效地方性法规进行审查研究，提出太原市没有涉及食品药品安全领域的地方性法规清理意见。　（尚　瑛）

【地方性法规备案审查】 2019年，太原市人大对市政府和各县（市、区）人大常委会报送备案的规范性文件22件，其中包括政府规章2件，就其合法性、合理性、适当性等进行主动审查，推动备案审查工作成为全面依法治国向纵深推进的重要抓手。　（尚　瑛）

政法委及综治工作

【概况】 2019年，太原市委政法委坚决贯彻落实中央和省市委决策部署，紧紧围绕全市中心工作大局，锐意进取、攻坚克难，完成年初制定的各项目标任务，全市政治安全稳定，社会大局平稳有序，人民群众安全感持续提升。　（邹　浩）

【司法体制改革】 2019年，太原市委政法委落实司法责任制，推动全市75名法官遴选入额工作和10个基层法院内设机构改革任务，按照“员额法官+法律事务助理+书记员”模式，配足配强审判执行辅助人员，通过政府购买服务等方式招聘法律事务助理352名、书记员474名，极大缓解办案压力。配合监察体制改革，通过提前介入制度，在案件定性、法律适用及证据标准等方面与纪委监委进行充分沟通，为案件进入检察环节后的捕诉工作奠定可靠基础，共提前介入案件48件，占比76%。有效落实认罪认罚从宽制度，全年办理认罪认罚从宽案件1321件1632人，11月，全省检察机关适用认罪认罚从宽制度推进会在小店区院召开。　（邹　浩）

【维护社会稳定】 2019年，太原市委政法委始终坚持总体国家安全观，坚决打好防范化解重大风险攻坚战，严厉打击各种渗透颠覆破坏、民族分裂、宗教极端和邪教组织活动，持续保持反恐防暴高压态势。为中华人民共和国成立70周年创造安全稳定社会环境这一主线，推动预警预防、教育稳控、核查稳控、源头化解等各项工作，完成“二青会”、70周年大庆安保维稳各项任务，组织对“9·15”晋源区洞儿沟村七苦山天主教朝圣活动、省城国庆联欢活动焰火表演及清徐首届音乐焰火节等重大活动、重点敏感事件安保维稳工作进行实地督导检查，全面消除各类安全隐患，确保社会大局平稳有序、万无一失。2019年，太原市以第一名荣膺全省平安建设（综治工作）先进市。　（邹　浩）

【扫黑除恶专项斗争】2019年，太原市委政法委按照省委“再战再捷”要求，围绕“深挖根治”，聚焦“三打三治”，严把法律适用关，率先开展涉黑涉恶案件执法检查，受到省委政法委充分肯定。全市共打掉黑恶势力犯罪团伙147个（2019年44个），其中涉嫌黑社会性质犯罪组织17个，恶势力犯罪集团36个，恶势力犯罪团伙94个；提起公诉108个，判决66个，生效24个；破获刑事案件1090起，抓获犯罪嫌疑人1386人，依法查封冻结涉案资产约17.70亿元。开展“对黄赌毒和黑恶势力听之任之、失职失察甚至包庇纵容、充当保护伞问题”专项整治，“两清零三到位”目标任务基本完成，全市干部作风持续好转，社会治安进一步改善。（邹　浩）

【“枫桥经验”推广】2019年，太原市委政法委创新发展新时代“枫桥经验”，以打造“红色、雪亮、法治、全科、智慧”等特色网格为抓手，全力构建政治法治德治自治智治“五治融合”的社会治理体系。5月，中央政法委秘书长陈一新深入亲贤社区考察调研，对“党建引领、社会参与、依靠群众、共治共享”基层治理模式予以充分肯定。全面推开“枫桥经验”示范区建设，11月，和平南路派出所入选全国首批“枫桥式公安派出所”，“强力推进市域社会治理创新与实践”与阳曲县“提升基层服务新水平、谱写社区治理新篇章”入选2019全国创新社会治理典型案例。（邹　浩）

【“206系统”建设】2019年，太原市委政法委加强统筹协调，推动部署落实，组织对办案干警进行实地操作培训200余次，先后4次赴市中院、市检察院、市公安局督导调研，协调解决实际问题。“206系统”已从先期7个罪名证据标准和证据规则增加到102个，实现469个罪名线上流转，全市政法单位案件上传数、案件流转数大幅提升。全年通过“206系统”办结案件1200余件，基本实现“公检法”在统一平台使用统一证据标准办理刑事案件。11月，在全省政法智能化建设推进会议上，省委常委、政法委书记商黎光通报表扬太原市“206系统”建设，要求全省学习借鉴，提高工作质效。（邹　浩）

【政法宣传】2019年，太原市委政法委全新改版太原长安网，开通“今日头条”“一点资讯”“抖音”等App账号，打造融媒体联合矩阵。全年通过太原长安网发布稿件2002篇，微信公众号1005篇，新浪微博716篇，向山西长安网报送471篇，被采用326篇，微信公众号关注“粉丝”6800余人，新浪微博关注11109余人，政法宣传影响力不断扩大。参与政法优秀新闻、平安中国“三微”作品评选活动，选送的《责任》获全国第四届平安中国“三微”比赛优秀微电影奖；《隐山行》《为民而行》等微电影、微视频作品获得第四届平安山西“三微”比赛奖项，充分展示出政法系统良好风貌。（邹　浩）

【平安省城建设】2019年，太原市委政法委全力推进综治领导责任制落实。推动市县乡村四级主要领导以及相关成员单位负责人层层签订责任书，狠抓《2019年度全市综治（平安建设）工作考评办法》落实，层层签订《2019年度综治（平安建设）责任书》。组织开展对“城中村”、城乡接合部、校园及周边、工矿区、出租房屋和“九小场所”等社会治安重点地区的排查整治，深入推动“平安社区（村）”“平安单位”“平安校园”等基层平安创建活动，并作为全国首批试点城市，推动社会心理服务体系建设，切实履行好保一方平安的重大政治责任。

维护国家政治安全。压实国家安全责任制，严厉打击民族分裂势力活动，对涉疆、涉藏、涉蒙等人员进行滚动摸排，有效防范和抵御颜色革命风险。严防涉港政治风险“倒灌”，对62名传播涉港负面信息人员落地核查、打击处理。其中，行政拘留12人、刑事拘留2人、教育训诫40人。开展打击邪教和宗教异端组织渗透破坏专项行动，共抓获邪教组织人员142人，打掉地下邪教组织团伙9个。全面夯实反恐怖基础摸排和重点人员管控，核查各类案件线索21条，指导办理暴恐音视频案件21件，刑事拘留4人、行政拘留4人，遣返关注人员1人。稳妥有序组织开展特赦工作，共裁定特赦18人，衔接帮教特赦人员20人。

矛盾纠纷源头化解。组织召开全市矛盾纠纷排查调处工作例会12次，对440件重大矛盾纠纷进行评估研判、预测预警，成功调处162件。统筹协调司法、信访部门和综治中心，建立县级调解中心12个、乡级调解中心106个，全市共调解各类矛盾纠纷1.50万余件，成功2.10余万件，成功率达87%，有效防止群访170件、3120人次。开展社会稳定风险评估，对市轨道交通1号线、2号线二期以及3号线稳评进行备案；指导国家计算机网络与信息安全管理中心山西分中心综合机房楼项目稳评工作；对省监狱管理局拟在阳曲县选址置换新建监狱前期风险评估提供咨询，不断推动关口前移，做到防患于未然。

信访维稳秩序持续好转。抓住涉军维稳、晋商贷等重大敏感案事件，重点对军队退役人员、涉众型经济案事件及城市拆迁、农村征地等不稳定因素摸排，严格落实重点人群“五包一”“一对一”帮扶责任和教育稳控措施，做到“五个坚决防止发生”。全市全年信访总量20057批（件）次、41487人，同比分别下降18.37%和5.50%。

特殊人群管控力度加强。统筹资金123.50万余元，与660名严重精神障碍患者签订“以奖代补”责任书，引导督促监护人落实责任。持续推进禁毒严打整治专项行动，开展职业技能培训，帮助吸毒人员自主创业，全市社区戒毒执行率99.50%，康复执行率100%。开展社区矫正和刑满释放人员安置帮教工作，完善刑满释放人员信息库，确保重点帮教对象接送率达到100%，刑满释放人员重新犯罪率连续五年控制在1%以下，全市未发生重点人群重特大案事件。（邹 浩）

【依法治市】 2019年，太原市委政法委推动全面依法治市工作。学习贯彻习近平总书记全面依法治国新理念新思想新战略，狠抓全面依法治市重点任务落实，加快推进建立健全依法治市工作组织领导体制和办事机构设置、职能配置。组织起草、印发《市委全面依法治市委员会工作规则》《协调小组工作规则》和《2019年工作要点》，统筹推进法治国家、法治政府、法治社会一体建设。指导开展立法调研，推动法治政府创建，打造杏花岭区政府、市公安局等一批示范单位。推进公共法律服务基础设施建设，开展法律援助，着力打通服务“最后一公里”，群众法治获得感进一步提升。（邹 浩）

【阳光司法机制】 2019年，太原市委政法委始终坚持以审判为中心，不断完善开放动态透明便民的阳光司法机制，全市检察系统共受理移送审查起诉案件5776件7875人，依法批准逮捕4645人，提起公诉8217人。全市两级法院共受理各类案件97733件，其中，刑事案件9396件，民商事案件53748件，行政诉讼案件1786件；共审结94355件，结案率96.54%，新收案件数、审结数和结案数均居全省法院第一。开展执行攻坚，助推“基本解决执行难”，2018年中央政法委和最高院重点督办的24件未执结案件，除2件由于机构改革后主体不明确由省委政法委协调解决外，其余均全部执结完毕，共受理执行案件29686件，执结28197件，执结率94.98%。

强化督办职能提高办案质效。完成中央、省委交办的“10·7”“12·16”等重大敏感案件审理保障任务，实现中央“三认一不”目标要求，得到省委政法委充分肯定。统筹协调“富豪大厦”“王村南街”“豪景老年公寓”“军益房地产系列执行案”等重点案件善后工作，妥善处置“王某军”“澳门舆情”“6·14”等敏感案事件，确保社会面平稳有序。推动涉法涉诉信访事项导入法定程序，全年共处置涉法涉诉信访案事件69起，其中省委政法委交办的10起疑难案件全部处置到位。组织对700起案件评查活动，创新评查手段，完善奖惩措施，督促办案单位及时纠错补瑕，做到立查立改，不断提升政法单位的办案质效和执法公信力。（邹 浩）

【政法理论研究】 2019年，太原市委政法委大兴调查研究之风，组织10县（市、区）委政法委和市直政法单位展开系统系统调研，形成专题报告19篇。结合主题教育，重点围绕市域社会治理、文明交通综合治理等7个方面深入调研，形成高质量调研报告7篇，进一步认清形势、摸清规律，有效破解制约新时代政法工作的瓶颈、难题。注重总结提炼，撰写《构建“1+4+10+N”模式助推太原市政法智能化建设上水平》《以打造特色网格为切入点积极推动市域社会治理实践创新》等经验材料，报送中央和省委政法委。参加高层次学术交流活动，获得第十二届中部崛起法治论坛优秀组织奖。发挥外脑智库作用，组织法学专家围绕“扫黑除恶”5个课题进行立项研究，对40余篇获奖小微课题汇编成册印发推广，市法学会获得全国法学会系统先进集体称号。

（邹 浩）

【防控体系建设】 2019年，太原市委政法委以“雪亮工程”为抓手，推动社会治安防控体系建设，在深度挖潜、拓展功能、科学管理上狠下功夫，最大限度地发挥维护社会稳定、提高治理能力、服务普惠群众作用。全市有各类探头37万余个，市级共享平台和综治分平台整合接入党政机关、学校、医院、金融等24个重点部门、行业的公共安全视频资源近10.60万路，实现综治信息系统、综治视频交换共享平台、综治视联网一体化运行。利用比亚迪电动出租车视频监控系统，把8200余辆出租车变成流动“天眼”，组织引导出租车司机开展平安志愿服务，进一步提高公共安全管理能力，受到中央政法委肯定。（邹 浩）

【营商环境打造】 2019年，太原市委政法委依托大数据、云计算、人工智能等科学技术深度拓展“互联网+”模式应用，全面深化“放管服效”改革，推动“最多跑一次”便民服务。公安“一网通一次办”平台331项业务全部实现网上办理，平台实名认证205万余人，企业注册9万余家，受理群众咨询、建议、投诉、举报4763条，回复率100%。全市法院信息化基础设施建设走在全省全国前列，电子卷宗形成率取得历史性突破，通过对远程审判提讯等功能开发运用，刑事案件审理天数由40天缩短至34天，民事案件由90天缩短至61天。检察院将控告、申诉等事项全部纳入12309检察服务中心，实现信访案件智慧办理，执法办案效率明显提升。（邹 浩）

【舆情处置】 2019年，太原市委政法委针对政法舆情现状深入调研，建立完善负面舆情处置工作责任制和“三同步”工作领导小组。通过制定《敏感舆情处置方案》《等级信息处理流程》《“三同步”工作手册》《长安网安全应急预案》等制度，进一步规范舆情处置流程，推动建立常治长效机制。组建起300人的全市政法网军，定期开展实战演练，有效提升妥善处置涉政法负面舆情能力和驾驭舆情风险能力。坚持开展政法舆情分析，对“晋商贷维权事件”“耿某平、寇某瑶涉黑案”等敏感舆情启动专项监测。全年编发舆情专报25期，形成分析报告10篇，汇编《太原市政法舆情案例选编》，部分案例被《2019年山西省政法系统“三同步”典型案例集》收录。（邹　浩）

【司法队伍建设】2019年，太原市委政法委坚持党对政法工作绝对领导。以贯彻落实《政法工作条例》为抓手，发挥党建引领作用，落实管党治党主体责任。结合“三基建设”，修订《基础工作目录》《基础工作流程图》《管理手册》《应知应会手册》等制度，进一步规范党建阵地和载体，不断筑牢党组织战斗堡垒作用；落实干部双重管理制度，对迎泽、尖草坪、杏花岭、晋源、小店、阳曲、古交等县区拟任政法委书记、副书记人选进行任前考查，配合市委组织部对市公安局拟晋升干部进行考查；加强统筹协调，推动全市107个乡镇（街道）配齐政法委员，把党的领导贯穿政法工作全过程和各方面。

深化机构改革推动提档升级。按照市委部署，完成机构改革工作，机关共设科室15个（不含机关党委），行政编制71名，实现与省委政法委各处室完全对口、承接顺畅；稳妥推进职级并行工作，制订印发职级并行工作方案，广泛宣传政策规定，完成职级套转，筹备第一次职级晋升工作；组织对机关中层及中层以下干部全部进行交流轮岗，实行多岗位锻炼培养，进一步激发队伍活力，营造出争先创优、干事创业的浓厚氛围。会同市委组织部和政法单位，筹建全市政法干部信息管理系统，推动与市委组织部干部管理系统对接，实现干部信息检索、筛选、分析、更新等功能，进一步提升干部管理工作质效。

打造学习型创新性机关。结合“改革创新、奋发有为”大讨论和“不忘初心、牢记使命”主题教育，组织机关干部职工全面系统深入学习马克思主义世界观和方法论，坚持用党的最新理论成果武装头脑、指导实践、推动工作，做到真学真懂、学思悟透、知行合一。加强委机关自身建设，做好建章立制工作，规范完善办公、会议、财务、后勤及综合保障制度，开展档案集中整理，严格落实保密制度，完善请示报告、来文来电等公文流转流程，机关管理规范化、精细化水平进一步提高。组织开展文化活动，提升文明创建和双拥工作水平，被省文明办评为省级精神文明单位，被市双拥办评为市双拥标兵单位。

作风建设狠抓整改落实。坚持把纪律挺在前面，持之以恒狠刹“四风”，采取“四不两直”的方式对全市14个政法单位进行实地督查，对清徐县公安局、清徐县人民法院开展执法巡查。结合“不忘初心、牢记使命”主题教育，重点查找形式主义、官僚主义等11个方面的突出问题，深入查摆问题，逐项剖析原因，做到问题清单式管理、整改项目化推进；开展“干事创业精神气不够、患得患失、不担当不作为问题”专项整治，围绕3个“聚焦”15个“是否”深入查找党员干部不作为慢作为问题，通过建立问题和整改双台账，查摆问题304个，整改217个，持续整改落实87个，无问责干部情况，全面营造干事创业浓厚氛围。

加大培训力度提升业务能力。贯彻落实《关于新形势下加强政法队伍建设的意见》，把握新时代政法队伍建设规律特点，主动适应新时代政法工作新任务新要求，把专业化建设摆到更加重要的位置抓紧抓好。邀请专家在机关举办《在新时代继续把改革开放推向前进》《学习党内法规制度严肃党内政治生活》等系列专题辅导讲座，举行“全市首期国家安全系统干部培训班”“政治安全和反邪教工作培训班”等业务培训班，通过深入系统学习教育，干部队伍政治意识、规矩意识明显增强，业务能力水平不断提高。（邹　浩）

【创建文明城市】2019年，太原市委政法委持续推进文明交通综合治理，对全市745条小街巷进行集中治理，打造金刚里、公园路等一批精品样板项目；持续深化四警联勤、路口秩序整治、不文明交通违法行为查处等专项行动，开展中重型载货车整治，共出动警力10万余人次，查处各类违法22.60万余次；运用互联网、大数据、云计算等现代科技手段，推动研发“智慧停车云平台”，有效盘活优化交通资源，不断提高城市精细化管理水平。统筹开展打击破坏生态环境违法犯罪专项行动，坚决打赢蓝天保卫战。行动期间，共摸排违法线索168条，行政处罚151案，公安机关立案侦办38件43人，提出检察意见21件，法院受理涉环境污染案件8件，全部审结。（邹　浩）

法治政府建设

【政府立法】2019年，太原市司法局完成年度立法工作任务。加强重点领域立法，审核修改《太原市海绵城市建设管理条例》《太原市机动车和非道路移动机械排气污染防治办法》等5件地方性法规草案；起草审核《太原市电梯安全管理办法》《太原市人民政府关于废止和修改部分政府规章的决定》等6件市政府规章草案。（郭东辉）

【依法治市】2019年，太原市司法局推进完善全面依法治市工作机制。按照机构改革工作要求，加快推进建立健全依法治市工作的组织领导体制和办事机构设置、职能配置。开展太原市法治政府示范创建活动，以点带面，示范引导。对标对表100项创建指标，抓紧时间补齐短板，以高标准严要求整体推进全市法治政府创建。不断加大法治调研督察工作力度。组织开展食品药品领域执法司法情况专项督察，并抽调人员分赴各县（市、区）和市直部门对全面依法治市工作开展实地督导。做好迎接中央依法治国办和省委依法治省办对太原市法治建设工作实地督察各项工作。

（郭东辉）

【行政规范性文件管理】 2019年，太原市司法局前置审查各类文件205件，备案审查各县（市、区）及市政府各部门规范性文件14件，向省政府、市人大报备行政规范性文件16件。做好专项清理工作，重点对涉及非公有制经济、著名商标制度、产权保护、证明事项、生态环境保护、民营经济发展等方面的规范性文件进行全面清理，并向社会公布清理结果。 （郭东辉）

【行政执法协调监督】 2019年，太原市司法局落实行政执法三项制度，印发《实施方案》《任务分解推进表》，推进制度落地落细。严格全市行政执法队伍管理，梳理确认43个市本级行政执法主体，指导县（市、区）做好行政执法主体、执法人员梳理确认工作。完善日常监管机制，加强制度体系建设，开展行政处罚案卷评查和行政裁决事项确认工作，梳理全市“互联网＋监管”系统监管事项目录清单，严格规范行政执法行为。 （郭东辉）

【行政复议与应诉】 2019年，太原市司法局开展行政复议各项工作。共接待行政复议申请、法律咨询等368件、842人次。办理行政复议申请案件188件；办理省政府行政复议案件5件。办理以市政府为被告的行政应诉案件82件（含一审、二审），办结67件，判决、裁定市政府胜诉60件，胜诉率为89.55%。强化行政机关负责人出庭应诉工作。按照市长李晓波批示要求，组织召开太原市行政机关负责人出庭应诉工作会议。全年市、县（区）政府作为被告的一审行政诉讼案件中，行政机关负责人出庭应诉率为60%，比上年度上升43.20个百分点（2018年全市行政机关负责人出庭应诉率为16.80%）。 （郭东辉）

【普法与依法治理】 2019年，太原市司法局坚持把学习宣传宪法摆在首要位置，建设全省最大的市级宪法宣传教育基地，免费向公众开放，并运用3D全景漫游展示技术，在网络上全景展现教育基地实况。推动“谁执法谁普法”普法责任制落实，结合机构改革要求，重新编制市级机构（部门）普法责任清单，确保普法工作重点明确、措施细化、责任到位。 （郭东辉）

公 安

【概况】 2019年，太原市公安机关和全体民警以习近平新时代中国特色社会主义思想为指导，贯彻全国公安工作会议精神，围绕不断提升人民群众获得感、幸福感、安全感总目标，把握对党忠诚、服务人民、执法公正、纪律严明总要求，打赢一场又一场硬仗。日均刑事警情降至60余起，较前3年下降50%；连续三年未发生死亡3人以上的刑事命案、交通事故、消防安全事故；连续两年实现现行命案全破。省城政治安全、社会安定、人民安宁。全市公安机关坚持“零容忍”“零懈怠”“零差错”工作目标，全警动员，全力以赴，高标准、高规格、高质量地完成新中国建立70周年、中共十九届四中全会、第二届全国青年运动会、能源低碳发展论坛等一系列重大会议、重要活动的安保任务，实现“零失误”“零瑕疵”，省城人民群众幸福感、满意度明显提升。在群众安全感满意度测评和平安建设（综治）考核中夺得全省双第一。 （刘华政 刘春生）

【维稳反恐工作】 2019年，太原市公安局以专案侦办为重点，防风险、促稳定，打赢反恐维稳阵地战。强化专案侦办。破获一批危害国家政治安全的案件，抓获一批犯罪嫌疑人，取缔一批聚会点，收缴大量反宣品及制作设备，有力维护省城社会政治安全。强化反恐防恐。进一步健全完善反恐怖区域警务协作机制，全面夯实反恐管控工作，严格落实各项工作措施，实时进行采集核查，查证反恐线索，侦破一批案件，打击处理一批违法犯罪人员。强化信访秩序治理。做好信访接待来信来访工作，完成各级交办的重点信访事项。在信访案件集中化解专项行动中，化解和息诉一批信访案件。在重大活动期间，强化管理和控制工作，逐一核查稳控，消除重大不稳定因素，全市信访秩序持续平稳。群体性事件显著下降，参与人数有所减少，有效减少堵门堵路等群体性事件发生。强化舆情应对。牢固树立“舆情就是警情”工作理念，对涉警舆情第一时间发现、第一时间处置、第一时间报告，24小时不间断开展对各类网上涉警及负面舆情的筛查过滤和落地核查，及时还原真相，阻断不实信息的蔓延和传播，迅速消除社会不良影响，得到公安部和省公安厅的肯定。 （刘华政 刘春生）

【社会治安维护】 2019年，太原市公安局以扫黑除恶为龙头，强打击、重整治，打赢打防管控整体战。持续开展扫黑除恶专项行动，加大攻坚力度。打掉黑恶势力犯罪团伙46个（其中黑社会组织7个、恶势力集团9个和恶势力团伙30个），抓获犯罪嫌疑人371人，追缴扣押7.30亿余元，移送保护伞和腐败线索137条，社会治安形势持续向好。组织开展专项打击工作，破获一批大要案件。打击严重暴力犯罪，梳理分析近年来全市恶性命案发案情况，制定预防排查和化解矛盾机制，最大限度地减少恶性命案的发生。38起现行命案全部告破。破获命案积案7起，抓获各类命案逃犯36人；打击“盗抢骗”犯罪，运用大数据思维和方式，加大盗抢骗警情、案件的专业研判和经营力度，努力提升侵财“小案”的破案率，破获多发性侵财案件6956起，抓获犯罪嫌疑人2678名，追缴赃款117万余元；打击电信网络违法犯罪，成立打击网络电信诈骗犯罪工作专班，联合市委宣传部门、新闻媒体，进学校、进社区，加大宣传力度，提升广大群众的防范能力。全年破获电信网络诈骗案件2471起，打掉犯罪团伙数46个，抓获犯罪嫌疑人494人；在追逃工作中，牢固树立“立足本岗本职抓全国逃犯”的理念，抓获各类网上通缉逃犯2243名，其中历年逃犯449名，公安部A级通缉逃犯1名、B级逃犯3名，部督逃犯5名，省督逃犯16名，境外逃犯4名，命案逃犯36名，文物逃犯21名；打击文物犯罪，始终保持对盗窃、盗掘、盗捞、倒卖、走私等文物犯罪的严打高压态势，确保文物不流失，破获文物犯罪案件27起，抓获犯罪嫌疑人78人；在禁毒严打斗争中，开展“2019禁毒两打两控”“禁毒人民战争三年攻坚战”“无毒创建”等行动，破获涉毒案件3732起，抓获违法犯罪嫌疑人3781人，缴获各类毒品74.11千克；打击食药环犯罪，以“破大案、捣网络、除源头”为主攻方向，开展“昆仑”专项行动，全链条打击食药环犯罪，办理各类案件1069起，抓获违法犯罪嫌疑人372人，发起集群战役案件5起，获批公安部督办案件11起，省厅督办案件8起，受到上级领导多次批示肯定;打击经济犯罪，按照“信息化建设、数据化实战”要求，相继开展打击非法集资犯罪、猎狐2019、打击骗税虚开增值税票“百城会战”和“云端”主战模式等专项行动，破获各类案件736起，抓获犯罪嫌疑人660名。“秋冬会战”再掀打击新高潮。按照“破案追赃赢民心，攻坚克难保民安”的理念思路，全力以赴，重拳出击，向人民群众深恶痛绝的网络电信诈骗犯罪、毒品犯罪、涉众型经济犯罪以及食品药品和污染环境犯罪等违法犯罪发起凌厉攻势，破获各类刑事案件7435起，抓获犯罪嫌疑人2667人，抓获逃犯681名，社会治安环境得到有效净化。

（刘华政　刘春生）

【社会治安治理】 2019年，太原市公安局以全国文明城市创建为牵引，建机制、提效能，全面打赢社会治理攻坚战。开展文明交通整治。将源头清理与道路路面严管相结合，严查违法与宣传警示相结合，部门协同与社会共治相结合，超前预防与高效应急相结合，规范执法与服务群众相结合，全警动员、全力以赴，省城道路拥堵指数持续下降，745条小街小巷交通秩序明显好转，城市交通治理社会化、法治化、智能化、专业化水平进一步提升，全市连续3年未发生死亡3人以上道路交通事故，交管工作全省综合排名第一。强化危爆物品管理。在全市组织开展剧毒、易制爆危险化学品专项整治，严格销售、购买、处置、使用环节的安全管理措施，落实实名登记、流向登记、网上监管等管理制度，整改安全隐患，提升管控能力，年内未发生影响社会稳定的涉枪涉爆案、事件。切实加大行业场所监管。组织开展寄递物流渠道专项整治行动，净化渠道安全，破获寄递物流渠道案件28起，刑拘51人；为150余家机修业、1400余家停车场新装治安管理信息系统；对538家旅馆经营单位进行现场检查，每季度对全市旅栈业住宿实名登记情况进行排名通报，实名登记率同比提高3个百分点。加强社会面治安巡控。完善等级化勤务和巡控网格，设置“1、3、5”分钟防控圈，组建84支网格巡控分队，建立电动车和自行车巡逻补缺机制，运用信息化建设成果，建成太原市首个信息化治安检查站，为全市巡控民警购置单警处置暴力多用途警棍，举办“践行新使命、忠诚保大庆”安保誓师大会，进一步增强全警巡控实战能力，有效挤压违法犯罪分子的活动空间。全年出动巡逻警力358448人次，抓获违法犯罪嫌疑人5523人，救助群众15930人次，“两抢一盗”警情下降25.50%。

（刘华政　刘春生）

【信息化建设与应用】 2019年，太原市公安局以“三标”建设（建设信息化标准分局、标准派出所、标准社区掌上警务室）为抓手，抓应用、促融合，打赢信息化建设合成战。公共安全视频监控系统不断完善，共建公共区域人脸抓拍机3422台，上线2956台；4G布控球机227台，上线227台；高点视频监控建设70套。“天网”一类视频监控在线率90.97%，重点部位在线率100%。数据清理整合工作高标准完成。完成系统环境部署、数据接入、数据治理三大基础建设任务，数据中心的数据域建设完成并投入运行，大数据应用中心汇集各类数据9033亿条，为全警、全业务提供强大的数据支撑。平台升级改造稳步推进。完成“雪亮工程”人脸识别平台建设工作，人脸建模计算能力达3000万级；建成4G执法记录仪接入网、视频专网、公安网三个网络平台，完成与省公安厅执法全流程平台的对接，解决现场执法工作音视频实时传输与存储问题；完成移动警务系统二期建设升级和终端更换工作，移动警务迈上新台阶。信息化应用培训有序开展。结合全市实际，初步确定485个云桌面用户，完成数据中心服务端、云桌面设备的配置和测试工作。

（刘华政　刘春生）

【基层基础工作】 2019年，太原市公安局以强基固本为目标，夯基础、增实力，打赢基层基础实体战。“枫桥式公安派出所”创建稳步推进。全市18个重点培育派出所中，有9个派出所被省公安厅确定为全省“枫桥式公安派出所”创建示范派出所，万柏林分局和平南路派出所被推荐为公安部100个首批命名全国“枫桥式公安派出所”之一。警务保障建设更趋完备。集“刑事技术中心、车管大数据监管中心、警犬基地、民警教育培训基地”为一体，占地约64.50万平方米的现代化泥屯综合警务基地项目建设进展顺利；总建筑面积达80816平方米的太原市综合性公安监管医院建设项目成为推动全局基础设施建设水平再上新台阶的标志性工程；万柏林长风派出所等喜迁新的办公场所，基层办公办案硬件水平得到进一步增强。基层执法办案水平显著提高。推动“四个中心”和基层所队执法场所智能化建设升级改造应用工作，全市公安机关29

个智能办案区投入使用。试点推行刑事案件智能辅助办案“206系统”，打造全市政法协同办案平台，配合省公安厅制定100余个罪名的证据标准和证据规则。依托执法全流程智能管理平台，坚持每日“两通报”，形成全流程、闭环式监督管理模式。（刘华政　刘春生）

【营商环境打造】 2019年，太原市公安局以打造最优营商环境为根本，减环节、提效率，打赢“放管服效”改革战。“一网通·一次办”平台不断优化。将“太原市公安局便民服务在线平台”与“山西公安‘一网通·一次办’服务群众服务企业平台”优化整合为太原公安“一网通办”新平台，将服务群众、企业331项业务全部网上办理，率先实现一网通办，平台关注用户275万余人，实名认证213万余人，服务企业平台企业注册量95320家，受理群众咨询、建议、投诉、举报5204条，回复率100%，向政府门户网站报送信息110条，以最实服务拉近与企业和群众之间的距离。自助政务服务实现全覆盖。在派出所、社区及人员密集场所推广应用警务自助服务站，全市布建警务自助服务机36台，警务自助站办理业务1.20万余件，事项办结率100%，群众满意率99.70%，真正实现“就近服务”，让群众和企业感受到更多的便利感和获得感。在全国率先开通身份证、驾驶证、行驶证和护照一个工作日快捷办理新举措，确保各类证明开具和居住证办理随到随办，实现证件“当日申领、当日制证、当日寄出”，民众和企业真真切切地享受到改革的红利。户籍改革不断深化。按照市委、市政府《关于放宽我市人才迁入政策的意见》，对户口迁移事项全部实现受理地户籍派出所当场办理，2019年全市迁入70046人，其中人才迁入29856人；全市所有户籍派出所开通居民身份证跨省异地受理业务和省内异地跨所办理业务，实现全市“异地”身份证受理工作的无缝隙、全覆盖；依托山西公安“一网通·一次办”，网上办理户籍业务144927人，全程实现身份证指尖办理。（刘华政　刘春生）

【思想政治建设】 2019年，太原市公安局以政治建警为统领，抓队伍、立靶心，打赢新时代新担当新作为激励战。主题教育活动落地见效。活动开展以来，全警参与，按照“守初心、担使命、找差距、抓落实”总要求，推动主题教育往深里走、往实里走、往心里走。开展集中学习和交流研讨93次，局党委班子成员全部沉到基层所队开展调查研究93次，形成调研报告230余份，召开调研成果交流会376场，集中学习十九届四中全会精神129场，开展“三服务”（服务地方、服务基层、服务群众）深入基层领导干部340余名，基层党组织承诺事项321件，践诺126件，开展志愿者服务35次，建立制度6项；集中开展全局350名党组织书记集中轮训，全警全身心投入主题教育，真学真改，边学边改，主题教育高标准落地见效。抓好党风廉政建设工作，加强队伍管理工作。市局党委与38个直属党组织、4个县（市）公安机关党委主要负责人签订落实党风廉政建设主体责任书，8700余名党员参加组织生活，293名中层以上领导干部填报个人有关事项。始终坚持从严治警不放松，建立战时队伍管理机制。在大庆安保活动期间，严格执行公安部“八条战时纪律”，严格“人车枪酒密网”管理，未发生各类违纪违法问题。民警职业荣誉感显著提升。跟进公安工作中心，选树杨蓉、任飞等先进典型，为889名民警记功嘉奖。围绕“四个铁一般”标准（铁一般的理想信念、铁一般的责任担当、铁一般的过硬本领、铁一般的纪律作风），开展锻造“四个铁一般”所队（民警）典型选树活动，从机关到基层，从所队到民警，让每个民警，每个集体通过活动得到全方位提升。按照中央关于深化群团建设的意见，在全省公安机关率先成立妇联和公安文联并分别召开第一次代表大会，市局工会时隔23年、市前卫体协时隔21年后重新换届，公安队伍充满生机与活力。“三基建设”不断巩固。在市委、市政府和省公安厅及有关部门大力支持下，完成执法勤务岗位和技术岗位人员套改，稳妥调整补缺任用干部，调整干部2910人，全市公安机关风清气正的政治生态进一步得到优化。在全省率先开展全警实战大练兵活动，强化多岗位磨砺和实践锻炼，培训民警50000人次；以“五个能力”（法律政策运用能力，防控风险能力，群众工作能力，科技应用能力，舆论引导能力）为重点，突出实战实用实效，组织完成全局5886名民警专业能力测评，测评率达98%。（刘华政　刘春生）

·交通管理·

【概况】 2019年，太原市交警支队以“保大庆、迎二青、促创城”为主线，以文明交通综合治理为依托，坚持政治建警、改革强警、科技兴警、从严治警，忠实履行事故预防、治乱疏堵、改革服务重大责任，完成新中国成立70周年大庆、第二届全国青年运动会、能源低碳发展论坛、环太原国际公路自行车赛、国际马拉松赛等一系列大型活动交通安保任务。5月1日《太原市电动自行车管理条例》出台，为68.20万辆电动自行车登记上牌。全年查处各类交通违法行为547.88万起，较上年同比上升35.11%。全市连续3年零1个月未发生一次死亡3人以上较大道路交通事故。经过两年时间、三批治理，全市792条小街巷交通综合治理任务全部完成。龙城铁骑4月2日启动。1人获得全国三八红旗手称号，3人被评为全省优秀人民警察，11个集体、32名个人受到省、市表彰奖励。（何　洁）

【文明交通综合治理】 2019年1月18日，太原市文明交通综合治理工作会议

大练兵——队列、交通指挥手势会操　（市交警支队供图）

在交警支队召开。市政协主席张明星主持；市委常委、政法委书记魏民就做好2019年文明交通综合治理工作提出具体要求；副市长、市公安局局长马润生对重点工作进行安排部署；市人大常委会副主任郭治明出席。各县（市、区）政法委书记、文明交通综合治理责任人、公安分局局长，市直各成员单位文明交通综合治理工作责任人，市公安局交警支队、巡警支队、特警支队负责人，市公安局交警支队班子成员、各处室大队负责人，文明交通综合治理领导小组办公室全体人员参加会议。

6月21日，太原市文明交通综合治理现场观摩推进会暨道路交通安全第二季度工作例会召开，参会人员现场观摩尖草坪、万柏林、迎泽区5条小街巷文明交通综合治理情况，参观汇丰片区文明交通城市管理中心。市政协主席张明星主持。市政法委书记魏民讲话。市人大常委会副主任郭治明出席。市局局长马润生点评文明交通综合治理工作，部署道路交通安全工作。市文明交通综合治理领导组办公室副主任、市局副局长秦书伟通报2019年上半年文明交通综合治理及第二季度道路交通安全工作情况。尖草坪区、万柏林区做经验交流。市文明交通综合治理领导小组成员单位市直部门负责人，各县（市、区）政法委书记、分管副区长、公安局局长、交警支队有关人员，市道路交通安全领导组成员单位负责人，市文明交通综合治理领导小组办公室全体成员参加会议。

5月24日，魏民、马润生一行深入尖草坪、万柏林、迎泽区实地调研小街巷文明交通综合治理工作，对小街巷综合治理提出具体意见。7月2日，魏民、马润生深入太原市部分小街巷实地调研。小店、迎泽、杏花岭区委领导和公安分局局长、市“文交办”有关人员参加。8月20日，魏民、马润生深入老军营、金刚里、南堰旧货市场等地，听取汇报、实地调研推进老旧小区改造升级。

太原市小街巷交通综合治理经两年时间、三批治理，交通环境发生巨变。2019年11月，全市治理小街巷792条，全部符合“三无两有”（无占道经营、无地桩地锁、无乱停乱放和有交通设施、有管理机制）标准，累计投入4.50亿元，治理总长度39.30万平方米，设置公告牌930块，安装交通标志5773块，施划交通标线38.60万平方米，安装隔离设施3.30万米，安装监控设备1686个，施划机动车停车位22884个，取缔马路市场301处。总结出“路长制”“街巷管家”“一日两巡查”等切实可行的制度。确定并命名尖草坪区汇丰片区、万柏林区新屯巷片区、杏花岭区金刚里、金刚堰片区、迎泽区桃园片区为小街巷交通综合治理示范片区，小街巷文明交通由集中治理向长效管理转变。

（王晓梅）

【交通法规出台】2019年3月22日，经山西省第十三届人民代表大会常务委员会第九次会议审议批准，《太原市道路交通安全管理条例》于5月1日起实施。

2019年8月28日，太原市政府常务会第十九次会议通过支队起草的《太原市交通失信行为联合惩戒办法》，9月，市政府颁布《太原市交通失信行为联合惩戒办法（试行）》，2020年1月起试行。太原市文明交通综合治理领导小组办公室出台《实施细则》。采用“以人为本、社会共治、教育为主、惩戒为辅”的理念，加快推动交通违法行为联合惩戒信息管理平台建设，加大对交通违法行为的惩戒力度，推进全市征信体系建设，在全社会形成“一处失信、处处受限”的舆论氛围，形成行之有效、富有特色的长效管理模式。

（王晓梅　王楠）

【交通秩序管理】2019年，太原市交警支队查处各类交通违法547.88万起，同比上升35.11%。现场处罚138.62万起，同比上升67.76%；非现场处罚409.26万起，同比上升26.75%。查处涉酒违法9059起，同比上升44.46%。其中：饮酒驾驶7807起，同比上升51.80%，醉酒驾驶1252起，同比上升10.99%。查处违法停车171.77万起，同比上升17.29%。查处不礼让斑马线违法16.50万起，同比下降22.48%。查处行人、自行车、电动自行车违法67.31万起，同比提高200%。查处“车窗抛物”违法行为12501起，同比提高100%。

（陈永维）

【二青会交通安保】2019年8月8日至18日，太原市交警支队制定《“二青会”道路交通安保工作方案》《第二届全国青年运动会太原赛区交通安全保卫工作方案》《“二青会”道路交通安保工作手册》和《“二青会”道路交通安保服务手册》。细化分解各类专项或线路勤务方案193份，确定各类管控区域42个，管控节点583个，勤务岗位2751个。制作“二青会”出行攻略、火炬传递出行攻略、“喜迎二青文明出行”宣传海报一套、召开新闻发布会五次，在省市交通广播分别开设《二青会路况》《二青会交警发布》《二青会出行服务站》《二青会公益小贴士》等栏目。赛事场馆周边道路698处2148台视频监控、卡口设备、电子警察设备全部完成联网上线。从指挥调度、事故处置、秩序管理、通信保障、事故预防等5个方面制订应急预案14个，组织开展针对性模拟演练20余次，确保“二青会”交通安保安全无误。（何　洁）

【交通组织优化】2019年，太原市交警支队对标国内精细化交通管理先进城市，实施可变车道、路口待行、限时专用、流量调控等交通组织措施，规范路权，彰显人性化管理。在城市道路设置出租车专用上下客车位，在大型复杂路口施划非机动车分道线、导向线，年内，设置可变车道15条，直行（左转）待行路口130个，交替通行路口2个，增加车道37条，制作绿波协调道路35条，对迎泽大街5个路口解除夜间禁左、对27条道路公交专用道限时调整、在67个路口设置行人二次过街信号，设置出租车专用车位约1100个。1月1日，滨河东西路高峰期尾号限行措施实施。滨河东、西路16跨半幅龙门架交通诱导屏设计任务完成。调整12段道路公交专用道错时向私家车开放。（王晓梅　王艳）

【交通设施建设】2019年，太原市交警支队安装交通监控设备3180台，设备联网回传1739台；安装高点监控16套，龙门架诱导屏8套，滨河东、西路流量调控系统56套；在45个路口安装行人闯红灯抓拍系统322套设备。建成信号灯路口109处，投入使用53处；新装交通标志3500余套，施划交通标线13万平方米，新装交通护栏50千米，施划维护交通标线约90万平方米，安装阻车石2000个。完成各种老旧护栏翻新24893片，约60千米。在全市有条件的49所中小学、幼儿园周边，设置上下学时间段限时停车位。（张宇军）

【节日期间交通安保】2019年春运期间，太原市交警支队召开工作例会11次，下发示教培训16次，各类预警提示19次，战果日通报18次，疫情通报25次。国庆期间，完成焰火表演、清徐音乐焰火节、长风商务区水幕灯光秀、动物园开园、9·30公祭日等活动安保任务，全市道路交通安全形势平稳，没有发生长时间、大范围交通拥堵。（陈永维）

【大气污染防治】2019年，太原市交警支队多次召开会议，专题部署柴油货车污染治理工作，先后下发《关于贯彻落实市委、市政府工作要求强化大气环境污染整治工作的实施方案》等20余个工作方案及通知，建立“考核引领、示教先行、督导通报、战绩排名”工作制度。依托“四警”联勤机制，每日以夜间21时至次日凌晨5时为重点时段，以城市快速路、主次干道、施工工地及土场周围为重点路段，严厉打击柴油货车、渣土运输车等路面交通违法。2019年，“国家生态环保部”、山西省“百日清零”专项行动督导组，交办涉交管案件9批37台载货车，全部完成整改任务。（陈永维）

【四警联勤】2019年，太原市交警支队深化“四警联勤”机制，协调各警种、分局和当地政府，各联勤单位施画道路停车位1.06万个，错时停车场157处，开放车位1800余个。查处违法停车15.83万起，同比上升近292%。与特警、巡警等部门建立常态化联勤工作模式，打击各类违法行为152起，破获伪造、变造国家机关公文团伙3个，破获伪造、变造国家机关公文团伙案件3起，打击各类违法犯罪人员152人，刑事拘留88人，行政拘留64人。（陈永维）

【审批流程简化】2019年，太原市交警支队启用《载货车“限行区域”通行管理系统》（电子通行证），载货车通过网上、窗口、手机App，申请无纸化“限行区域通行证”，可根据“二维码”自行打印。审批办理各类车辆“限行区域通行证”127.08万辆（次）。制定办理掘路、封装道路、占道施工审批流程、工作规范和指导意见，以及占道施工作业交通组织管理安全承诺制度，确保占道施工2个工作日内办结，封闭道路3

2019年9月，市公安局全警实战大练兵　（市交警支队供图）

市公安局全警实战大练兵礼仪列队会操比武　（市交警支队供图）

至5个工作日内办结。（陈永维）

【交通安全宣传】2019年，太原市交警支队围绕“畅行安全路，幸福奔小康”“平安上学路”“美丽乡村安全行，电影下乡进万村”等主题开展形式多样的交通安全宣传活动。年内开展“七进”活动3013次，其中进学校316次，进企业1087次，进农村486次，进社区285次，进家庭261次，进机关154次，进公共场所374次。

5月14日至19日，支队在南宫广场举行“向不文明行为宣战，向不文明行为亮剑”主题宣传展，展出展板113块。活动展出文明交通综合治理工作中取得的好经验、好做法展板；对行人闯红灯、翻越隔离栏，非机动车逆行、不按道行驶，机动车乱停乱放、车窗抛物等不文明行为进行曝光；展出市民在遵章守法方面涌现出的典型事例。

太原市交警支队秉承“强化双微、双抖新媒体的宣传作用，及时传播交广信息”目标，先后开展“春运”“中小学生安全日”“4·30”道路交通安全警示教育、“122”等交通安全主题宣传。全年通过网络平台累计为群众答疑解惑10万余件。官方微博粉丝量超79万人次、公众号粉丝量超38万人次、头条号点击量超6700万人次。7月，“太原交警之声”抖音号上线，截至12月，发布作品93条，粉丝数达35万人次，受到部交管局通报表扬。

（陈颖　樊迎新）

【国庆70周年大庆交通安保】2019年5月22日，太原市交警支队以“五大行动”为抓手，努力实现“五个坚决防止、三个确保”工作目标，开展国庆安保宣传工作，召开新闻发布会，发布国庆交通管控措施、制作两套“畅游国庆、交警同行”宣传海报。在省市交通广播、太原电视台、黄河电视台等栏目适时发布交通信息，引导车辆安全畅通出行。（樊迎新）

【龙城最赞交警】2019年1月9日，太原市交警支队举行“点赞好交警 争做好网民”2019年度龙城最赞交警颁奖仪式。为获奖优秀团队、最赞交警颁奖表彰，对优秀视频拍摄网民也给予奖励，鼓励交通参与者，争做文明出行人，进一步提升警民和谐关系。经过紧锣密鼓筹备，从众多推荐对象中，优中选优，经支队研究确定8名最接地气的交警楷模作为2019龙城最赞交警奖，以及5个2019龙城最赞交警优秀团队奖。

活动在一段视频中拉开帷幕，8位平凡交警的平凡之事，带给大家平凡中的感动。梁国宏为龙城最赞交警优秀团队迎泽二大队、万柏林一大队、万柏林二大队、迎泽一大队、晋源大队颁奖，蒋亚南为获奖民警颁奖。（樊迎新）

【车驾管数据管理】截至2019年12月20日，太原市机动车保有量1881885辆，驾驶人保有量1880639人；机动车业务办结量1197806笔，驾驶证业务受理量380994笔，驾驶人考试量705131人，互联网平台业务办理量124525笔；八类重点车隐患处理31986辆，六类社会代办机构专网办理总业务量108456笔；机动车检验机构32家，总业务量766871笔。（陈　惠）

【“一网通办”业务】2019年，太原市交警支队优化完善网办平台办理流程，网办业务占比不断提高，实现“数据多跑路，群众少跑腿”。截至2019年底，全市111家派出所开设“一网通办”业务，为全市派出所131名民警授权交管业务。（陈　惠）

【群众“排长队”问题解决】2019年，太原市交警支队着眼于群众反映强烈、关注度高的违法处理窗口排队长问题，在延长工作时长基础上，在17个交管服务大厅开设车管业务窗口；在全市30个邮政代办网点增加交通违法处理权限，并开展业务流程上门授课；设置24小时自助办理服务站，解决群众夜间交通违法处理需求。（陈　惠）

【电动自行车管理】2019年5月1日，《太原市电动自行车管理条例》全面实施，为方便群众上牌和路面交通管理，支队实施分类分阶段管理办法，采取增加服务站点、延时服务、节假日照常工作、“六进”上门服务、带牌销售、打击制假售假违法行为等“六项措施”，确保电动自行车上牌工作有序高效推进。全年为68.20万辆电动自行车登记上牌。

（陈　惠）

【联创中心建设】2019年1月，太原

市交警支队“联创中心”投入使用，13家高新技术企业入驻。完成行人闯红灯、扫街车、布控球等4个警企合作项目，信号配时中心项目孵化建设中。成为提升基层核心战斗力新的增长点。

（王中威）

【“随手拍”活动】 2019年6月，太原市交警支队完成“随手拍”（交通违法行为随手拍）硬件部署、软件开发，在市局范围内试运行，注册人数4120人。对太原交警移动警务系统进行更加精细化、更贴近实战的设计及系统更新，有效提高一线民警执法效率。（王中威）

【勤务管理考核平台启用】 2019年，太原市交警支队依托“警务通、执法记录仪、数字对讲机、巡逻摩托车”等执法装备，搭建交通勤务管理平台，建立全程跟踪督导机制，提高民警“见警率”“管事率”，初步建立起路面管理信息由移动警务PDA采集，民警管理工作全程由执法记录仪摄录，任务指令由勤务管理平台流转的现代勤务管理机制，使传统的“经验勤务”向“信息勤务、数字勤务、动态勤务”转变，变“被动勤务”为“主动勤务”。（陈永维）

【智慧交通管理建设】 2019年，太原市交警支队逐年编制《太原市智能交通年度建设方案》，明确智能交通建设目标和方向，细化功能需求。截至12月安装车载视频记录取证系统11台、布控球11套、智能云镜68套、无人机2台。在机场快速路、龙城大街等9个路段安装视频抓拍设备19套。安装违法禁鸣抓拍系统1套、滥用远光灯违法抓拍系统1套。设计、建设50个主要路口和主干线礼让斑马线违法监控抓拍系统。在龙城大街快速路安装“智能发光道钉”。（王艳　张宇军）

【交通分析研判】 2019年，太原市交警支队接各类群众举报信息350余起，处置有效情报100余起，发布支队长令、指挥调度令80余篇，协助勤务大队研判涉车案件300余起，查处各类违法车辆110辆。通过开展合成作战，多警种合作，协助其他公安部门查处违法行为42起。（杨　峰）

【智能交通建设】 2019年3月，太原市交警支队依托高德地图建立地图服务支队开展地图服务，进行数据共享，实时获取互联网路况以及城市交通态势各项指数，实现拥堵路段、路口、区域实时预警和道路流量自动分析、交通态势精准研判；与互联网公司数据对接，将道路施工、道路管控、赛事活动、限流措施、事故信息推送至互联网出行服务平台，开展交通出行宣传诱导服务；通过互联网路况数据、高点拥堵检测数据，结合路口信号配时方案，智能生成调优配时方案，完成自动方案下发或人工审核下发；与市发改委并州行、龙城智迅、星宝咪表、联顺、帷幄停车等停车平台数据对接，实时采集城市建成区所有社会公共停车场基础数据，获取停车场剩余空闲资源及实时进出场过车数据，实现交通出行引导、车辆布控、车辆轨迹刻画、车辆研判分析等实战应用；依托山西公安智慧交通管理大脑进行“人、车、路、环境”隐患风险排查，开展动态风险等级相关评价，并对隐患车辆进行分级分类监管查控，实现对122事故报警人、事故车辆的治安画像、交通画像，以及对全市在途车辆的车辆画像，并能够从拥堵、事故、违法、警力等方面进行道路画像。（杨　峰）

【五位一体新型勤务模式】 2018年3月29日全国城市道路交通管理勤务机制改革现场推进会后，支队按照公安部交通管理局统一部署，立足警务实战应用，依托“一长三班两平台”建设，提升智能化情报研判能力、健全扁平化指挥调度体系，优化多样化路面勤务布防、完善信息化监督考核机制、培育立体化宣传服务通道，全力打造“情、指、勤、督、宣”五位一体新型勤务模式，以大数据引领交通管理工作大变革。

（杨　峰）

【快递行业专用车辆管理】 2019年，太原市交警支队会同太原市邮政管理局、山西省快递协会完成《关于规范太原市邮政快递专用电动三轮车管理的实施意见》起草工作。2月18日，与太原市邮政管理局联合下发，5月1日起正式实施。所有在市内运营的快递三轮车均需取得车辆备案证，由山西省快递协会统一管理。（王　楠）

【行政复议诉讼】 2019年，太原市交警支队全年办理行政复议案件61起，行政维持52起、行政复议撤销2起；行政复议维持原处罚决定的59起、行政复议撤销原处罚决定的2起；办理行政诉讼案件13起，胜诉13起。落实行政机关负责人出庭应诉制度，诉讼案件行政机关负责人出庭率100%。接待群众来访1200余人次。（王　楠）

【公安司法鉴定】 2019年，太原市交警支队公安司法鉴定中心理化室推进执行2019年法医鉴定标准。受理血液酒精含量检测案件1697起，其中醉酒案件1205起，饮酒案件107起，其他类案件385起。事故处技术科法医完成尸体检验188具，轻重伤鉴定43人，出具鉴定书231份；参与死亡交通事故现场勘查10余次。（刘　森）

【交通事故】 2019年太原市发生适用一般程序处理的道路交通事故1472起，造成274人死亡、1520人受伤，直接财产损失412.31万元。同比，事故起数减少2起，下降0.14%，死亡人数增加3人，上升1.11%，受伤人数减少4人，下降0.26%；直接财产损失减少13.91万元，下降3.26%。发生适用简易程序处理的道路交通事故61734起，造成11173人轻微伤，直接财产损失2344.90万元。同比，事故起数减少913起，下降 1.46%。发生逃逸事故 80 起，全部侦破，侦破率 100%。其中，死亡逃逸事故 10 起，伤人逃逸事故 48 起，财产损失逃逸事故 22 起。发生 2 起一次死亡 3 人以上交通事故，造成 6 人死亡，8 人受伤。同比：事故起数上升 100%，死亡人数上升 100%。其中：晋源大队辖区发生 1 起、清徐大队辖区发生 1 起。全市涉及出租车一般以上道路交通事故 114 起，造成 17 人死亡，117 人受伤，直接财产损失 20.23 万元。同比，事故起数增加 18 起，上升 18.75%；死亡人数增加 6 人，上升 54.55%；受伤人数增加 6 人，上升 5.41%；直接财产损失减少 10.15 万元，下降 33.41%。涉及八类重点车一般以上道路交通事故 201 起，造成 64 人死亡，224 人受伤，直接财产损失 104.43 万元。同比，事故起数减少 44 起，下降 17.96%，死亡人数减少 34 人，下降 35.42%，受伤人数减少 24 人，下降 10%；直接财产损失减少 7.11 万元，下降 7.31%。（刘　森）

【隐患排查治理】 2019 年，太原市交警支队排查出交通安全隐患 263 处，协调下达隐患整改通知书 41 份、督办函 2 份，下达隐患告知函 15 份，责成相关部门限期整治。着力省级督办交通安全隐患点问题整改，太太路等一批交通安全隐患路段得到有效治理，年内 84 起道路交通安全隐患整改完毕。（陈　颖）

【警保合作】 2019 年，太原市交警支队与中国人民财产保险股份有限公司太原分公司联合印发《太原市深化警保合作推进农村“两站两员”建设工作方案》。7 月 31 日，双方签署“警保”联动战略合作框架协议。8 月 30 日，深化警保合作“两站两员”建设现场推进会在阳曲县召开。2019 年全市建成警保合作劝导站 32 个，配置警保合作劝导员 63 人，全年共录入安全劝导日志 221426 条。（陈　颖）

【“一灯一带”建设】 2019 年 10 月 15 日，太原市公安局与太原市交通运输局联合印发《太原市农村公路平交路口“一灯一带”三年建设方案》。全市全年农村公路平交路口累计建成 33 个信号灯，254 个路口减速带。（陈　颖）

【重点道路运输企业安全生产隐患排查治理】 2019 年，太原市交警支队开展道路交通领域安全生产大检查工作，进一步促进全市重点运输企业安全生产主体责任有效落实，逐步形成“企业负责、政府监管、行业自律、社会监督”的道路交通安全生产工作机制。全年检查企业 1867 家次，一般隐患排查 1194 项、整改 1119 项、限期整改 75 项，打击道路交通违法行为 3296 起。（陈　颖）

【重点车辆管控平台试运行】 2019 年，太原市交警支队在“太原交警”官方微博及“山西太原交警”官方微信平台发布《关于对“八类重点车辆”办理机动车相关业务进行审核的通知》，对八类重点车辆在办理相关机动车业务时，同时进行道路交通安全审核工作。全市“两客一危”（公路客运、旅游客运、危险化学品运输车）重点车辆“三率”全部清零。（陈颖　陈惠）

【“空地一体化”救援】 2019 年，太原市交警支队与山西宇辰达航空服务有限公司、山西金汇通航公司协作，成功实施 3 起道路交通事故“空地一体化”救援。“空地一体化”救援起于 2019 年 7 月，倡导单位是省厅交管局。（刘　森）

【道路交通事故社会救助基金】 2019 年，太原市交警支队推动成立太原市救助基金管理联席会议及其办公室联席单位有山西省保险行业协会、银保监局、山西省中级人民法院、财政局、中国人寿财险（太原）分公司、太原市卫健委、办公室设在交警支队事故处。9 月 18 日，多部门对社会救助基金管理人项目进行验收。全市全年有 70 例道路交通事故、62 名交通事故受害人得到社会救助基金垫付，累计垫付 2757774.10 元。（刘　森）

【“道交一体化”中心建设】 2019 年，太原市交警支队践行“枫桥经验”，全力化解社会矛盾，为群众提供便捷、高效服务。得到市委政法委、市中级人民法院、市司法局、山西省保险行业协会、小店区政府、万柏林区政府有力支持下，在小店区和万柏林区设立道路交通事故损害赔偿纠纷“一站式”调处和“网上数据一体化处理”中心。通过公安交警的行政调解、司法部门的人民调解、人民法院的司法调解、人民检察院的法律监督、保险公司的保险理赔等“三调联动”“五位一体”联调工作机制，实现“一个窗口受理、多元调解跟进、一键理赔兜底、线上线下同步”。2019 年 5 月初，小店区“道交一体化”中心建设完成，具备入驻条件；万柏林区“道交一体化”中心施工建设中。（刘　森）

【道路交通事故复核】 2019 年，太原市交警支队根据《道路交通事故处理程序规定》《道路交通事故处理工作规范》等相关法律法规，结合支队事故处理工作实际，支队制定《太原市公安局交通警察支队道路交通事故复核工作规范》，选派经验丰富的民警组成道路交通事故复核小组，通过集体研究讨论及召开复核工作会议方式做出复核结论，确保对复核案件及时、公正处理。（刘　森）

【龙城铁骑启动】 2019 年 4 月 2 日，龙城铁骑启动（2018 年 12 月筹划组建），融合交警、特警双重职能，是一支屯警街面、动中备勤、机动巡检、快速反应的“交管铁拳、反恐尖刀”队伍。借助大功率摩托车“最强大脑、最快双腿、最广视野、最深触角”优势，承担“四环三路”快速路疏堵保畅，全市重点交通违法行为整治，对巡逻中发现的交通事故、突发暴恐性案（事）件开展前期处置，为群众提供紧急救助服务，执行大型活动、等级勤务安保和国宾护卫等工作任务。全年摩托车巡逻里程约75万千米，配合中央、省纪委、监委、中级人民法院等部门执行任务8次；与晋中市公安局联合查处9处涉“黄赌毒”娱乐场所，审查违法犯罪嫌疑人员448人；完成重特大刑事案件嫌疑人抓捕任务6次，妥善处置“9·22”绑架人质案件，抓捕“3·08专案”首要分子；完成摩洛哥反恐研修班、越南警务代表团来访国际警务交流及各类培训演练99次；在重大安保时间节点，承担“联勤8号”“处突4号”安保处置力量4次。

（郭艳军）

【“忠诚担当，勇攀高峰”成果展】11月5日，以“忠诚担当，勇攀高峰”为主题的支队成果展在市局开展。展览集中展示太原交警2018—2019年交管工作和队伍建设成果。展览分领导关怀篇、队伍建设篇、综合治理篇、改革发展篇、安全守护篇、交通安保篇、科技兴警篇、便民利企篇等八个篇章32个版面及科技装备、牌匾奖章、警用装备、交通宣传等4方面实物展柜。100名市人大代表和100名市政协委员参观成果展。

（何　洁）

【法制培训】2019年，太原市交警支队编写《关于认定及处理车辆“非法运载、非法改装”执法指引》《关于查处向车外抛洒物品违法行为的工作指引》《关于如何认定机动车是否为营运机动车的法律指引》等21篇执法指引、22篇执法难点问题答疑、16篇案例评析。以“送教上门”形式深入基层大队，开展法治业务培训19次，累计培训3000余人次。累计为计满12分驾驶员培训授课50场次；为快递业从业人员开展道路交通安全法律法规培训26场次，累计培训7200余人。

（王　楠）

检　察

【概况】2019年，太原市检察机关坚持以习近平新时代中国特色社会主义思想为指导，围绕全市改革发展稳定大局，牢记为民初心使命，持续践行讲政治、顾大局、谋发展、重自强的检察工作总体要求，各项法律监督工作稳步推进。

2019年，全市检察机关受理审查逮捕案件4134件5629人、移送审查起诉案件6380件8606人，依法批准逮捕4646人、提起公诉8214人，办理刑事执行监督案件2606件；受理审查各类民事行政监督案件813件；立案办理公益诉讼案件394件。办案总量及人均办案数均居全省首位。

（李爱军）

【监察体制改革】2019年，太原市检察院与监察机关统一职务犯罪证据标准，细化提前介入、退回补充调查等程序，受理移送案件65件79人，决定逮捕29人，起诉77人，不起诉2人，提前介入48件。与市监察委员会共同制定《关于依法受理司法人员涉嫌利用职权实施侵犯公民权利、损害司法公正犯罪信访举报工作暂行办法》，明确信访事项受理职责，细化工作流程。继续在反腐败斗争中发挥检察作用，立案侦查司法工作人员利用职权实施侵犯公民权利、损害司法公正犯罪3件3人。

（李爱军）

【扫黑除恶专项斗争】2019年，太原市检察院两级院组建90个办案团队，协同作战，全面实行捕诉一体、提前介入、督导督办全覆盖，全年共批捕338人，起诉913人。成功公诉最高检督办的任爱军涉黑案等一批有影响、有震动的重大案件。与公安机关紧密配合，办理以聋哑人为主的李金才涉黑案，有效推动全国“打击拐骗操纵聋哑人违法犯罪集群战役”的开展；张志勇涉黑案入选最高检指导性案例。严把审查关，改变案件定性27件，纠正漏捕、漏诉32人。突出“打伞破网”“打财断血”，移送保护伞线索59条，监督扣押、冻结、追缴涉案财物7亿余元，对黑恶势力容易滋生蔓延的行业监管部门发出检察建议36份。相关经验和做法在全省扫黑除恶专项斗争领导小组会议上交流。

（李爱军）

【国家安全和社会稳定】2019年，太原市检察院严惩危害国家安全犯罪，参与反渗透、反邪教、反恐怖专项斗争，批捕27人，起诉43人。依法公诉“10·7”“12·16”涉军专案，被告人均当庭认罪服判。全力维护公共安全和社会稳定，批捕放火、非法制造爆炸物等犯罪55人，起诉74人；批捕故意杀人、绑架等严重暴力犯罪和“两抢一盗”等多发性侵财犯罪1683人，起诉2217人。坚决惩治电信诈骗、网络投资诈骗等电信网络犯罪，批捕261人，起诉350人。

（李爱军）

【社会综合治理】2019年，太原市检察院主动推进社会矛盾化解，受理各类信访2442件，落实好“7日内程序回复、3个月内办理过程或结果答复”要求，回复和答复率100%。主动融入全市信访维稳工作大局，配合做好重要时间节点安保维稳工作，确保涉检赴省进京零上访。将精准监督与和解息诉相结合，出台《关于在民事行政检察监督中加强化解和息诉工作的意见》，办结437件不服法院生效裁判的民事行政申请监督案件，促进案结事了人和。制定《危险驾驶案件不起诉参考标准》，将酒后挪车、急救病人、隔夜醉驾等情形作为适用不起诉处理的酌情考虑范围，努力做到情法相融，回应社会关切，减少社会对立。

（李爱军）

【防范化解金融风险】2019年，太原市检察院严惩非法吸收公众存款等涉众型金融犯罪和影响金融安全犯罪，批捕192人，起诉391人，依法对涉案金额巨大、集资参与人众多的“晋商贷”非法集资案提起公诉。与市公安局会签《关于规范办理诈骗类经济犯罪案件有关问题的意见》，规范提前介入、赃款赃物追缴等环节，更好保护群众利益。与工商银行太原分行建立检银共建机制，在加强从业人员法治教育等方面深度合作，共同防范化解金融风险。

（李爱军）

【支持民营企业发展】 2019年，太原市检察院制定《支持服务保障民营企业健康发展的工作措施》，开展保护民营企业财产权、知识产权等6个专项行动，起诉侵犯民营企业合法权益犯罪119人。坚持审慎、谦抑司法原则，准确把握法律政策界限，少捕慎诉少羁押，依法对犯罪情节轻微的涉案企业负责人变更强制措施5人，不起诉9人。办理山西某集团有限公司申请监督的虚假诉讼系列案件，提出抗诉7件，为企业追回被侵占的房产1900多平方米、车位29个，其中2件改判案件入选最高检指导性案例。深化与市工商联的常态化联络机制，举办“检察护航民企发展”检察开放日和送法入企服务活动26场次。

（李爱军）

【营造法治化营商环境】 2019年，太原市检察院主动对接社会诚信体系建设司法需求，严厉打击失信类犯罪行为，依法惩治侵犯知识产权、商业贿赂、生产销售假冒伪劣产品类犯罪，加大对“套路贷”等从事非法资金募集和运营等活动的监督，批捕破坏市场经济秩序犯罪484人，起诉921人。重点打击强揽工程、欺行霸市等破坏公平竞争的犯罪行为，批捕65人，起诉283人。强化对涉企民事行政生效裁判监督力度，提出抗诉13件，法院裁定再审10件，改判6件。提出社会治理类检察建议23件，促进依法行政，当好党委政府法治参谋。

（李爱军）

【食药环保领域案件】 2019年，太原市检察院认真开展食品药品安全领域“四个最严”专项行动，批捕64人，起诉131人。办理食品药品安全领域公益诉讼案件31件，对校园周边网络餐饮及中小学食堂卫生问题开展专项整治，督促监管机关整治问题商户70家。严厉打击破坏环境资源犯罪，批捕36人，起诉46人。开展“携手清四乱、保护河湖生态”百日会战等专项行动，办理生态环境和自然资源保护领域公益诉讼案件272件，督促清理污染水域36.53公顷、非法占用河道108千米、影响市容市貌的建筑和生活垃圾6.80万余吨，督促拆除违法建筑9200余平方米，整治排污企业2家，恢复被污染土地40余公顷。

（李爱军）

【弱势群体多元司法救助】 2019年，太原市检察院建立“司法救助+”多元救助模式，阳曲、娄烦县检察院分别与县扶贫办会签相关制度，进一步强化司法救助服务脱贫攻坚工作。全市检察机关司法救助140人，发放救助金83.90万元，让群众切实感受司法关怀和温暖。以惩治恶意欠薪为重点，办理支持弱势群体起诉案件73件。尖草坪区检察院通过支持起诉，为10名乡村幼儿教师追回拖欠10余年的工资32.70万元；办理的杨某等32名农民工追索欠薪支持起诉案入选全省民事检察监督十大典型案例。

（李爱军）

【未成年人检察工作】 2019年，太原市检察院抓好最高检“一号检察建议”监督落实，与市教育局等相关行政机关加强配合，防范性侵未成年人案件的发生。开展法治进校园306场次，建立法治教育基地4个，144名检察长（官）受聘担任辖区中小学法治副校长。晋源区检察院以校园欺凌真实案例编排法治情景剧，跟随省、市、县三级院法治副校长走进中小学校，提升法治教育效果。落实“教育、感化、挽救”方针，依法对34名未成年犯罪嫌疑人做出不起诉决定。强化与山西省青少年维权中心的协作，联合民政、团委、司法社工等力量，帮教、救助涉案未成年人197人，市检察院被最高检、团中央确定为全国首批委托开展未成年人检察工作社会支持体系建设工作单位。

（李爱军）

【刑事检察】 2019年，太原市检察院践行双赢多赢共赢理念，构建新型侦诉关系、诉审关系。在全市公安机关执法办案管理中心设立派驻检察室，前移监督关口，促进规范执法，相关做法在全省推广并得到最高检检察长张军批示肯定。监督立案152件、撤案117件，依法纠正漏捕320人、漏诉386人，对不构成犯罪或证据不足的不捕434人、不诉322人，提出抗诉80件，确保犯罪者受到打击，防止无辜者被错误追究。依法保障在押人员合法权益，强化羁押必要性审查，提出变更强制措施127人，杏花岭区检察院办理的季某某等人羁押必要性审查案件被评为全国精品案件。

（李爱军）

【民事行政检察】 2019年，太原市检察院建立两级检察机关一体化办理重大疑难复杂民事行政诉讼监督案件工作机制，及时高效回应群众诉求。对认为确有错误的民事行政生效裁判提出抗诉和再审检察建议56件；办理虚假诉讼监督案件13件，其中提出抗诉11件、再审检察建议2件，法院改判11件。成功抗诉某房地产公司虚构工程欠款1700余万元企图逃避债务执行的虚假诉讼案件，有效守护司法诚信。借助“外脑”优化强化民事行政检察监督，聘请24名专家成立专家咨询委员会，参与重大疑难复杂案件论证工作，促进办案专业化、精细化。

（李爱军）

【公益诉讼】 2019年，太原市检察院根据市委、市政府下发《关于进一步支持和配合检察机关依法开展公益诉讼工作的通知》，市人大常委会通过《关于支持检察机关依法开展公益诉讼工作的决定》，为公益诉讼工作健康有序开展提供有力支持和制度保障。在市生态环境局、市便民服务热线办公室设立联络室，主动与相关行政机关加强沟通联系，突出办理国有财产保护、国有土地使用权出让等领域公益诉讼案件，维护好国家利益和社会公共利益。市县两级院检察长直接督导和办理古交市防空地下室建设费流失公益诉讼案，督促征收长期未清缴费用1484万元。尖草坪区检察院督促区水务局追缴多家企业欠缴水资源费860余万元，入选山西省十大公益诉讼典型案例。娄烦县检察院拍摄的公益诉讼微电影获平安中国“优秀微电影”奖、山西省社会主义核心价值观主题微电影一等奖。（李爱军）

【认罪认罚从宽制度落实】 2019年，太原市检察院发挥认罪认罚从宽制度在惩治犯罪、保障人权、化解矛盾等方面的作用，全面落实精准量刑建议、律师在场见证、建议适用速裁程序等措施，更好履行刑事诉讼主导责任，适用认罪认罚从宽制度审查起诉2674件3459人。与市中院、市公安局、市司法局联合出台《适用认罪认罚从宽制度办理危险驾驶案件实施办法（试行）》，全面推进危险驾驶案件适用认罪认罚从宽制度的统一有效实施，推动案件繁简分流，提高办案质效。全省检察机关适用认罪认罚从宽制度观摩现场会在小店区检察院举行，3起案件通过远程庭审，适用速裁程序、简易程序，在半个小时内审结并当庭宣判。（李爱军）

【智慧检务建设】 2019年，太原市检察院推进刑事案件智能辅助办案系统全面应用，统一证据标准、规范办案行为，接收并办理刑事案件4050件，初步实现政法机关之间司法协同和数据共享。12309检察服务中心实体大厅全面建成，智慧控申办案、远程视频接访系统上线应用，方便群众及时反映诉求，得到省检察院肯定并在全省推广。实现“远程提讯”全覆盖，提审在押犯罪嫌疑人1907人，远程庭审1200余次。晋源区检察院运用自主研发的互联网帮教平台，帮教涉罪未成年人53人，入选全国检察机关新媒体应用案例。（李爱军）

【专业化建设】 2019年，太原市检察院完成新一轮内设机构改革，按照刑事、民事、行政、公益诉讼“四大检察”并行发展要求，重新组建专业化办案机构和办案团队。基层院内设机构总数减少34%，资源力量进一步向办案一线聚集。两级检察院具备检察官身份的院领导回归办案一线，办理各类案件2549件，其中检察长办案266件，列席同级法院审委会55次，审议重大疑难复杂案件59件。通过邀请专家专题辅导、开展分类培训等方式构建教、学、练、战一体化教育培训机制，参训干警达90%以上。形成全员参与理论调研良好氛围，承担的最高检2个应用理论研究课题顺利结项。（李爱军）

【从严治检】 2019年，太原市检察院坚决落实全面从严治党、从严治检主体责任，持续抓好省检察院巡视整改落实工作，完成对4个基层检察院党组巡察和4个基层检察院党组巡察整改验收。将贯彻执行“三个规定”作为公正司法的“防火墙”，做好内部人员过问案件记录，规范检察人员与当事人、律师等的接触交往行为。机构改革中增设检务督察局，强化对司法办案和作风纪律的监督检查，提醒谈话30人次，日常督察39次，筑牢廉洁防线。

牢固树立宪法意识，主动接受人大监督，向市人大常委会专题报告民事诉讼监督工作开展情况，书面回复代表14个方面的意见建议，办理市人大常委会交办的重点督办建议2件。加强与代表、委员的沟通联系，自觉接受日常监督，邀请参加检察开放日活动31次。接受社会监督，加大案件信息公开力度，发布案件程序性信息10732条、重要案件信息466条，公布法律文书5959份。

（李爱军）

法　院

【概况】 2019年，太原市中级人民法院（简称市中院）开展“不忘初心、牢记使命”主题教育，忠实履行宪法法律职责，全力为太原市经济社会发展稳定保驾护航。共受理各类案件97733件，同比增长18.37%；结案94355，结案率96.54%，同比增长21.77%；员额法官人均结案232.40件，居全省法院之首。市中院受理各类案件16508件，同比增长12.05%；结案16021件，同比增长13.54%；员额法官人均结案145.65件，居全省中级人民法院之首。（张晓华）

【刑事审判】 2019年，市中院参与平安省城、法治太原建设，全年共审理刑事案件9396件，审结9138件，审结率97.25%。市中院审理3362件，审结3324件，审结率98.87%。全市法院判处10年以上有期徒刑刑罚的480案739人，重刑率7.07%。

打击涉黑涉恶犯罪。推进“扫黑除恶”专项斗争，依法从重从快审理涉黑恶势力犯罪案件，全年受理涉黑恶案件163件，审结86件，公开审理中央督办的任爱军、耿建平、李金才等一批涉黑涉恶案件，涉黑案件重刑率73.08%，涉恶案件重刑率41.30%，依法对43名被告人判处财产刑。

惩处危害国家安全、危害群众生命财产和社会治安犯罪。审理危害国家安全、危害公共安全犯罪案件1819件，确保国家政治安全和社会稳定。继续保持对故意杀人、故意伤害致死、抢劫、强奸等严重侵犯公民生命健康权利等暴力犯罪的高压打击态势，审理故意杀人、抢劫、盗窃等犯罪案件2309件，一审案件重刑率达到98.90%。

惩处破坏市场经济秩序犯罪。审理集资诈骗、合同诈骗、走私、非法吸收公众存款等破坏金融管理秩序罪案件279件，审结242件。审理实际损失涉及4.90万人、损失47.80亿元的晋商贷案件；审理山西华盛金道有限公司集资诈骗、非法吸收公众存款案，涉案金额1.90亿元，涉案群众2000多人。

惩戒环境资源类犯罪。审结污染环

境、非法采矿、占用农用地案件31案，其中，检察机关提起公益诉讼的1案3人。妥善运用法治思维和法治方式解决环境资源纠纷，并对提升生态文明法治建设从不同角度提出相关建议，有力助推区域经济发展。

严惩危害食品药品安全犯罪。加大惩治力度，审结销售假药、生产、销售伪劣产品、销售假冒注册商标的商品、假冒注册商标等相关案件132件。杏花岭法院对7名被告人及企业发出《行业准入禁止令》。开庭审理李某等13名被告人涉嫌生产、销售假药罪和生产、销售伪劣产品罪一案，涉案金额600余万元。

打击“黄赌毒”犯罪。对各类“涉黄涉非”犯罪案件，保持打击的高压态势。继续保持对毒品犯罪的严打态势，将打击重点指向走私、制造和大宗贩卖等源头性毒品犯罪，对于毒枭、职业毒犯、累犯、毒品再犯等主观恶性深、社会危害性大的犯罪分子，坚决依法从严惩处。市中院办理一审毒品犯罪案件23件46人，在已审结案件中重刑率达100%，16人被判处无期徒刑以上刑罚。

严惩贪污、贿赂等职务犯罪。推动刑事审判与纪委监委有机衔接，坚持“打虎”“拍蝇”，促进国家惩治和预防腐败体系建设，严惩基层腐败，审理贪污贿赂、渎职、职务侵占、挪用资金等案件141件，审结120件。

制度建设。健全“扫黑除恶”专项斗争机制。坚持在市委政法委统筹领导下，严格落实“一案三查”“两个一律”工作要求，把好案件事实关、证据关、程序关和法律适用关，公检法司各部门通力协作配合，会商解决审理过程中的疑难问题。加大对民间借贷、建设工程、交通运输等黑恶势力易发多发领域案件的排查工作，通过剖析案例发现行业管理或社会治理存在的问题和漏洞，以司法建议等形式向相关部门通报，共发出10份司法建议书。

非法集资类案件涉案财产处置。起草《太原市关于办理涉众型非法集资犯罪案件的指导意见》，努力寻求与公安、检察院等相关部门共同办好此类案件的最佳方式。市中院就个案向市政府、市委政法委报告，建议对已经判决生效的集资诈骗犯罪案件尽快成立专案组，做好涉案财物清运、财产变现、资金归集、资金清退等工作，确保最大限度减少投资群众的实际损失，维护社会稳定大局。

对本辖区职务犯罪案件的指导。与监委、公诉机关、上级法院建立沟通请示机制，确保案件审理达到法律、政治和社会效果相统一。加强对基层法院的业务指导，严格执行《最高法、最高检关于办理职务犯罪案件严格适用缓刑、免于刑事处罚若干问题的意见》，对本辖区内两级法院的职务犯罪案件量刑平衡进行指导。（张晓华）

2019年太原市法院系统结案统计及全省排名表

表6

全省排名	法院名称	收案	结案	结案率	员额数	人均结案
1	小店区	19607	18958	96.69%	50	379.16
2	迎泽区	17090	16050	93.91%	44	364.77
4	杏花岭区	12728	12364	97.14%	40	309.10
7	万柏林区	10504	10294	98.00%	39	263.95
16	清徐县	5058	4962	98.10%	22	225.55
17	晋源区	5300	5113	96.47%	23	222.30
19	尖草坪区	5368	5119	95.36%	26	196.88
50	市中院	16508	16021	97.05%	110	145.65
76	古交市	2316	2345	97.14%	21	111.52
87	阳曲县	1831	1820	99.40%	18	101.11
89	娄烦县	1328	1312	98.80%	13	100.92

【民商事审判】2019年，太原法院依法服务高质量转型发展，服务“三大攻坚”，为全面建成小康社会得到人民认可、经得起历史检验提供强大的法律保障。全市法院审理民商事案件53748件，审结52179件，审结率97.08%。市中院受理民商事案件9463件，审结9180件，审结率97.01%。

审理民间借贷案件。通过防范金融风险，引导民间资本合理流动，保护企业的合法融资行为，维护资本市场的规范运行。针对民间借贷案件中案件标的大，涉及刑民交叉问题、非法集资问题等复杂情况，加强对案例的研究研判，促进解决实体经济融资难问题，维护市场主体合法权益。两级法院审理民间借贷纠纷案件6954件。

审理合同类案件。坚持依法保护产权、尊重契约自由、平等保护当事人双方权利义务、程序公正与实体公正等原则，探索创新多元化矛盾纠纷解决机制，保障和服务供给侧结构性改革，着力构建社会诚信体系。审结借款合同、融资租赁合同案、票据合同纠纷案4863件。审结买卖合同、确认合同、建设用地合同、建设工程合同、房地产开发经营合同以及服务、医疗、电信、教育合同等涉民生类合同纠纷案件14676件。

服务和保障民营经济发展。审慎使用强制措施，禁止超范围查封扣押冻结涉案财物，坚决防止将经济纠纷当作犯罪处理，着力营造更加公平、透明、可预期的法治营商环境。在审理保德县华泰高铝耐火材料厂诉山西中部引黄水务开发有限公司等财产损害赔偿纠纷一案时，承办法官突破传统坐堂办案模式，主动靠前，深入涉案企业实地调查，“以事实为依据，以法律为准绳”，为企业挽回各项经济损失5000余万元，切实保护民营企业的合法权益。

审理企业破产案件。发挥企业破产制度在推动产能出清、结构转型、动能转换方面的功能作用，有效化解产能过剩、清理僵尸企业，为服务山西经济转型发展提供服务。规范破产案件平台，提升破产审判专业化水平，将数字法院应用系统中受理的破产、清算类案件共计 49 件移转至全国企业破产重整案件法官工作平台，截至 2019 年 12 月 31 日，该平台共受理破产清算类案件 106 件，审结 41 件；其中 2019 年新收 25 件，审结 24 件。

审理知识产权案件。服务创新驱动发展，在统一裁判标准，整合审判资源，提高司法效率上做足、做好文章。主动适应新形势，不断提升知识产权“三审合一”的能力和水平。全市法院审理涉知识产权民事类案件 737 件，已结 690 件；审理涉知识产权刑事类案件 50 件。

审理涉环境资源民事案件。推进环境资源审判，助推绿水青山建设，以案件促宣传，为建设美丽山西、美丽太原提供坚强有力的司法服务和法律保障。会同太原市生态环境局等单位，结合空气污染防治主题，选取典型案例，向群众讲解环境保护的政策法规，倡导人人从自身做起，共建美丽太原。普及世界环境日知识、垃圾分类知识，提升人民群众的环保意识和维权意识，让“绿水青山就是金山银山”理念内化于心，外践于行。

制度建设。推进简易程序审理机制。依照相关法律规定对案件事实清楚，权利、义务关系明确，争议不大的民事案件适用简易程序审理，节省司法资源，缩短办案周期，减轻当事人负担，提高办案效率和审判质效。2019 年，全市 10 个基层法院的民事案件简易程序适用率达到 68.90%，比上年的 56.15% 提高 12.75%，清徐法院在审理的 2812 件民事案件中，一审简易程序审理 2329 件，适用率 82.83%。

服务和保障民营经济发展机制。落实《服务和保障民营经济发展实施意见》，开展“三服务”活动。针对重点工程、重点项目、重点企业案件，建立“绿色通道”，最大限度地减轻企业诉累。不断增强服务民营经济发展的主动性，调研司法保障和服务民营经济发展情况，了解生产经营困难和发展中亟待解决的法律问题，参加各类座谈会，主动与相关部门交流工作经验和先进做法。

破产、清算案件监督指导机制。发挥监督指导职能，强化主动服务意识，注重在案件审查、资产清查、资产处置等“三个阶段”上抓好监督，延伸服务。在案件审查阶段，结合破产企业申报材料主动提前介入，深入企业核实申报内容，帮助破产企业制订破产预案，完善健全破产申请资料，为案件审理创造条件；在资产清查阶段，注重从业务上对管理人和中介机构进行指导，促使其更好地发挥职能作用；在资产处置阶段，依靠党委、政府，努力实现破产资产处置价值最大化，平等保护债权人和企业职工的合法权益，保护国有资产不流失。

（张晓华）

【行政审判】 2019 年，太原市中级人民法院贯彻依法治国理念，持续推进全面依法治市工作，发挥支持和监督行政机关依法行使职权的作用，应对新形势新问题，促进依法行政和服务型政府的建立。全年两级法院审理行政案件 1786 件，审结 1749 件，结案率 97.93%。市中院受理一审行政案件 151 件，二审案件 482 件，审结 622 件，结案率 98.57%。

审理征地拆迁、行政协议、行政许可等行政案件，通过案件裁判确立法治规则，发挥法制的规范和引领作用，推动形成“有权必有责、用权受监督、违法要追责”的执法理念，主动将违法行政行为案件移送至纪检监察部门，促进依法行政和法治政府建设。2019 年，行政机关败诉 258 件，一审败诉率 23.20%。

行政执法与行政司法衔接。针对行政争议较为突出的食品安全领域及国土资源领域，与市司法局联合召开省、市、县三级行政执法与行政司法联席会，借助良性互动平台，与其他行政机关全面沟通，建立常态联系，实现多元化解行政争议，促进行政机关依法行政和法治政府建设，提高司法公信力。推进和完善行政首长出庭应诉制度，全年行政机关负责人出庭应诉率 92%。（张晓华）

【审判执行】 2019 年，太原市中级人民法院有效巩固“基本解决执行难”成果，构建“切实解决执行难”长效机制取得新成效。全市两级法院共受理执行案件 29686 件，同比增长 18.56%；结案 28197 件，同比增长 24.90%，执行到位标的 47.70 亿余元。全市执行案件数量占全省执行案件总量的五分之一，人均结案量为 383 件。

开展涉民生案件与“龙城夏日”“秋风劲扫”“三晋跨年执行”等执行专项行动。依托法院执行信息系统，公布失信被执行人和限制高消费人员名单，将 11610 人纳入失信被执行人名单，对 17745 人采取限制高消费措施，对 126 人采取司法拘留措施，将 16 案以拒执罪移送公安，判决 2 案。创新实施执行保险机制，为确实执行不能的困难群众解决执行资金共计 105 万元。（张晓华）

【综合审判】 2019 年，太原市中级人民法院优化资源配置，加强综合审判指导，程序案件、少年审判、涉军、涉外等综合审判工作取得显著成效。

程序案件。市中院受理对不予受理、管辖异议裁定不服的上诉案件 1524 件，全部审结。受理各类再审审查案件 320 件，审结 317 件，经过审查依法进入再审程序的 47 件，办理请示与答复案件 30 件。对审理二审程序案件过程中发现的推管辖、争管辖问题，及时指出并要求予以纠正，慎重处理不予受理等直接涉及当事人诉权的案件，注重通过耐心说理解答当事人咨询，消除、减少当事人的对抗情绪。

财产保全。充分考虑当前经济运行特点，慎用保全措施，保障企业良性运行，只在法律关系明晰、债权债务关系明确，担保达标的情况下进行诉前保全，未因财产保全引发各类不稳定事件发生。全市法院共办理诉前财产保全审查案件1970件，市中院共办理56件，全部审结。

军队全面停止有偿服务。全市两级法院共受理一审涉停止有偿服务案件31件，审结31件；受理二审涉停止有偿服务案件17件，审结17件，受理涉停止有偿服务执行案件6件，执结6件，在规定的时间节点内，全面完成涉军停偿案件的审判、执行工作。完成涉军维权案件的报备、督办、汇报等工作。太原警备区派专人向市中院送来“捍卫法律尊严，共筑钢铁长城”和“依法维权服务军队建设，支持停偿助力强军伟业”的锦旗和感谢信。2019年，市中院民一庭作为涉军维权先进集体受到最高人民法院的表彰。

涉外、涉港澳台。审理涉外案件16件，结案3件，法定审限内结案率100%。依法审理韩国人销售假药案、缅甸人盗窃案、肯尼亚人危险驾驶案等涉外案件。（张晓华）

【立案信访】2019年，太原市中级人民法院着力提高诉讼服务水平，让人民群众在参与诉讼时有更多的“司法为民”获得感。

提升一次性办结事项效率。对符合立案条件的案件当场立案；办理退费业务，当事人手续齐全的当场退费；申请诉前调解的当场受理；查询咨询案件办理情况的当场解答；约见法官、材料收转的当场办理；执行案件程序性事项当场处理；申请诉讼费缓交、减交、免交符合法律规定的当日办理手续。

畅通“线上”“线下”立案渠道。推进网上立案工作，两级法院一审民商事案件的网上立案率达到33.57%，市中院一审民商事案件的网上立案率达到51.93%，立案渠道全面畅通。实现电子送达、网上查询、网上阅卷等“让信息多跑路，让群众少跑腿”的网上诉讼服务。

实现两级法院跨域立案。为适应新形势下人民群众多元司法需求，设立专门的跨域立案窗口，当事人或其代理人准备起诉状和证据材料，就近选择法院办理立案接收手续，不受级别管辖、地域管辖的限制，让当事人可以跨空间、远距离行使诉权，享受在家门口立案的便利。市中院作为协作法院或管辖法院跨域立案11件，受到当事人的点赞和肯定。

落实运用评查听证制度。坚持信访案件听证制度和第三方评估化解机制，抓好初信初访案件的化解，邀请人大代表、政协委员对4件疑难信访案件进行评查。组织召开劳动争议信访案件专家论证座谈会，邀请太原市人力资源和社会保障局、山西大学的专家对4件劳动争议疑难信访案件进行论证。（张晓华）

【审判监督】2019年，太原市中级人民法院努力提高审判监督水平，依法纠正错误裁判，严格办理减刑假释案件，切实保障当事人合法权益，维护法律尊严。全年市中院共受理各类再审和刑罚变更案件951件，结案906件，结案率95.30%。其中，民事再审案件206件，刑事再审案件6件，行政再审案件4件，各类刑罚变更案件735件。其中再审案件中维持的40件，改判23件，发回重审的77件，调解的2件，其他31件。在有效保护当事人申请再审权力的同时维护生效裁判的既判力，达到依法纠错、终局解纷的目的。对人民检察院依照审判监督程序提出抗诉、检察建议案件予以审查，市中院再审案件中检察院提起抗诉的案件有13件。

落实减刑案件实质审查制度，对职务犯罪、金融犯罪、涉黑犯罪三类犯罪的减刑案件一律公开开庭审理。与三大监区就减刑案件的均衡呈报进行沟通、协商，制定均衡收结案制度，从每季呈报变为每月呈报，确保承办法官有精力办好、办精每件案件。全年审理减刑、假释案件995件。

接受各界人士监督。邀请人大代表、政协委员视察民事审判、扫黑除恶和执行工作，旁听社会关注度高、影响大的案件庭审。依法接受检察机关法律监督，加强与检察机关的工作沟通和交流，落实检察长列席审判委员会会议制度，共同维护司法公正。广泛接受社会监督，进一步加强对审判执行工作的风险防控监督，开展公众开放日活动，邀请民营企业家、人民群众走进法院。

向人大及其常委会报告重点工作。做到年度工作定期报告、主要工作专题汇报、重大情况及时通报。两级法院邀请走访联系各级人大代表309人（次），向市和区（县）人大常委会汇报工作11次，内容涉及司法改革、扫黑除恶、涉众型经济犯罪、执行工作。

接受代表视察和完成督办工作。组织、协调完成建院以来规模最大、人数最多的31名全国人大代表视察太原中院、晋源法院的工作。完成省人大、市人大先后两次对两级法院的信访、立案、执行工作的调研任务。全市法院办理人大代表意见建议32件（条），完成省市人大常委会督办各类案件30件。

（张晓华）

【意识形态领域及新闻宣传】2019年，太原市中级人民法院全面加强意识形态领域的主导地位，持续巩固主流舆论阵地的影响力，强化舆情监控和舆论引导，唱响主旋律，传播正能量。

强化“阵地意识”“关口意识”，全力打造太原法院网、官方微博、微信公众号等自媒体权威平台，严守正确的舆论导向，及时发布群众关心的司法信息，让群众进一步了解法院、理解法院、信任法院，为依法治市打下坚实的舆论基础。

加强宣传和舆论引导，掌控网络意

识形态主导权，注重分析和把握新媒体环境下的舆论发展态势，111 名网络阅评员队伍及时对舆情进行监测和引导。在审理重大敏感案件和大量矛盾凸显案件时，针对舆情传播的新特点，及时管控、研判、核实网络舆情，向市网信办、市委政法委、省法院新闻中心核实上报舆情专报 23 份，发生的一般舆情均得到及时处理。

更新和加强新闻发布工作，市中院确定两名副庭长为新闻发言人，在社会高度关注的打击拐卖妇女儿童、未成年人保护、网络侵权、行政审判集中管辖、服务保障民营经济等方面，召开新闻发布会或发送新闻通稿等形式，发布工作情况或典型案例累计 35 余次，在深化司法公开、努力提升司法公信力上的社会影响不断扩大，赢得媒体和公众广泛关注。 （张晓华）

司法行政

【概况】 2019 年 2 月 22 日，原太原市司法局和原太原市人民政府法制办公室合并重组为太原市司法局。太原市司法局是市政府工作部门。市委全面依法治市委员会办公室（简称市委依法治市办）设在市司法局，接受委员会的直接领导，承担委员会具体工作，组织开展全面依法治市重大问题的政策研究，协调督促有关方面落实委员会决定事项、工作部署和要求等。设置市委依法治市办秘书科，负责处理市委依法治市办日常事务。市司法局的内设机构根据工作需要承担市委依法治市办相关工作，接受市委依法治市办的统筹协调。

局机关内设 18 个科室，包括党组办（机关党委）、办公室（信访科）、政治部（警务部）、法治调研督查科、立法一科、立法二科、行政复议与应诉科、行政执法协调监督科、社区矫正管理科、普法与依法治理科、人民参与和促进法治科、行政审批管理科、公共法律服务管理科、律师工作科、法律职业资格管理科（司法鉴定仲裁管理科）、装备财务保障科、戒毒管理科（内审科）、科技信息科。有直属单位 8 个：太原市强制隔离戒毒所、太原市法律援助中心、太原市法制研究所、山西省太原市城北公证处、山西省太原市城南公证处、山西省太原市城西公证处、太原市人民政府法律服务中心、太原仲裁委员会秘书处。

2019 年末干部职工人数：局机关 82 人，太原市强制隔离戒毒所 304 人，太原市法律援助中心 18 人，太原市法制研究所 4 人、山西省太原市城北公证处 31 人，山西省太原市城南公证处 31 人，山西省太原市城西公证处 27 人，太原市人民政府法律服务中心 1 人、太原仲裁委员会秘书处 1 人。 （郭东辉）

【从严治党】 2019 年，太原市司法局坚持把政治建设摆在首位。始终把学习贯彻习近平新时代中国特色社会主义思想和中共十九大精神作为根本任务，组织开展学习，把握政治方向。全年党组中心组召开学习研讨 40 余次，局机关和党支部、党小组集中学习研讨 30 余次。落实全面从严治党主体责任。坚持抓住领导干部这个“关键少数”，推动从严治党责任落地生根。党组书记落实第一责任，班子成员履行“一岗双责”，以身作则，以上率下，营造风清气正良好氛围。“不忘初心、牢记使命”主题教育开展以来，深刻把握“守初心、担使命、找差距、抓落实”总要求，抓好关键动作，扎实开展工作。班子成员进行党课宣讲，分别带队赴基层开展服务，逐条对照检视存在的差距和问题，反思剖析，主动整改。 （郭东辉）

【公共法律服务】 2019 年，太原市司法局发挥公共法律服务中心作用。建立政府主导，社会力量广泛参与的综合性、集约型市级公共法律服务中心。融合实体、热线、网络三大平台为一体，整合优质法律服务资源，通过线上线下联合受理，形成覆盖全面的法律服务网络。创优服务民营企业模式。激发社会各界参与法律服务的积极性和主动性，组织企业家、律师事务所、公证处、人民调解组织、基层法律服务所、鉴定机构、仲裁委等成立“太原市民营企业公共法律服务联合会”，通过资源共享、信息互通，为民营企业提供全方位、多领域的法律服务。畅通服务民营企业渠道。搭建“企业法治通”线上平台，实现“互联网＋公共法律服务”。研发电子化“法治体检”系统，实现法治保障专项化常态化。整合推出优质产品，实现法律服务精品化。在线上平台推出优质法律服务“精品货架”，精准服务企业发展。 （郭东辉）

【免费法律咨询便民工程】 2019 年，太原市 10 个县级公共法律服务中心、107 个乡级公共法律服务工作站，组织专业法律服务团队，为人民群众提供家门口的免费法律服务。全市共受理咨询 5 万余件，完成比例为 128.37%。满意率达到 99.90%，超额完成全年目标任务。 （郭东辉）

【法律援助】 2019 年，太原市司法局加大“三个平台”建设力度，通过接待大厅规范化建设、“12348”法律援助热线改造升级、微信公众号平台改版升级，提升法律援助工作水平。全市共接待群众现场咨询 25269 人次，受理刑事法律援助案件 1303 件，民事法律援助案件 2526 件，行政法律援助案件 4 件，法律援助值班律师参与办理案件 1650 件。 （郭东辉）

【法律顾问队伍建设】 2019 年，太原市司法局发布《太原市党政机关法律顾问参考名册》（共计 10 名专家，62 家律师事务所）。健全法律顾问工作规范制度和考核工作体系，引入具备专业资质的第三方机构，对法律顾问服务及党政机关使用情况进行双向考核，建立“太原市党政机关法律顾问工作监管与考核系统”，考核结果作为奖励、淘汰等的

重要依据。（郭东辉）

【律师行业党建工作】 2019年，太原市司法局加强制度体系建设，强化律师行业党建工作，明确行业党委对全市律师行业领导的具体路径，发挥基层党建引领行业发展的重要功能，强化典型带动的积极作用。3月6日，北京盈科（太原）律师事务所党支部作为全省非公经济组织和社会组织领域的标杆，召开组织生活会，为全省基层党组织提供模板。山西艾伦、北京大成（太原）、北京盈科（太原）律师事务所党支部党建工作经验在《非公有制企业党建》杂志刊登宣传。11月12日，全省律师行业党建工作经验交流暨主题教育推进会在太原召开，太原市律师行业党委在会上做交流发言。12月6日，中央巡视督导组列席指导北京盈科（太原）律师事务所党支部“不忘初心、牢记使命”专题组织生活会，并给予高度评价。

（郭东辉）

【扫黑除恶专项斗争】 2019年，太原市司法局强化政治站位，层层压实责任。党组书记、局长严格履行第一责任，先后组织召开10次党组会议，传达学习中央政法工作会议和国家、省、市扫黑除恶专项斗争工作会议精神，推进扫黑除恶工作深入开展。研究制定《2019年全市司法行政系统扫黑除恶专项斗争工作要点》《关于在全市司法行政系统开展调研督导工作的实施方案》，层层压责，确保工作成效。着重指导律师办案，协助政法机关严格把关。按照两高两部“四个意见”要求，对太原市律师代理涉黑涉恶案件进行规范、监督、指导。组织开展“太原市律师代理涉黑涉恶案件专题培训会”，邀请全国相关领域业务专家孟静涛就两高两部“四个意见”进行专题培训，参训律师达700余人，党组书记、局长张彤到会指导，并提出工作要求。加大宣传发动，营造浓厚氛围。利用各种节点，开展扫黑除恶现场宣传活动。邀请律师走进社区、学校、企业等场所开展普法宣传，发挥律师在扫黑除恶专项斗争普法宣传积极作用。抓好学生等重点群体的普法宣传工作，补强短板，提高扫黑除恶宣传覆盖面。突出薄弱环节，加大对社区服刑人员、社区戒毒人员、刑满释放人员的扫黑除恶宣传力度，组织村“两委”干部、村民代表推进扫黑除恶专项斗争工作，并鼓励群众积极举报黑恶案件线索。

（郭东辉）

【社区矫正】 2019年，太原市司法局落实各项规章制度和管控措施，从严管控外出、居住地变更等事项，从严适用警告、提请治安管理处罚、撤销缓刑假释、收监执行等规定。通过电子腕带、手机定位等举措，对社区矫正对象执行24小时电子定位监管。加强与公安机关的配合，建立长效机制，每月进行核查比对，对有出入（境）证件的社区矫正对象进行严格管控。加强与人民法院的协调，严把“入矫关”，规范调查评估工作。组织开展城六区社区服刑人员为期12天的点验和教育培训、进宪法教育基地参观学习、到米峪镇战斗纪念地传承红色基因等活动。依法开展特赦工作，按照程序分批次向人民法院提出特赦建议，完成工作任务。（郭东辉）

【刑满释放人员安置帮教】 2019年，太原市司法局加强与监狱、公安机关信息比对、系统平台信息核查、走访排查等工作，不断健全衔接工作机制。完善刑满释放人员信息库，确保重点帮教对象接送率达到100%，一般帮教对象接送率达到85%以上。对刑满释放人员进行专项梳理，广泛发动村居、社区网格员开展排查，争取社会力量参与到排查活动中，有效降低人户分离率。做好新释放人员的衔接帮教工作，在源头上控制人户分离无法管控的情况发生，确保控制增量、减少存量的工作方针落地落实。（郭东辉）

【强制隔离戒毒】 2019年，太原市司法局全体民警职工树立长期作战的思想，坚持开展戒毒人员吸毒上线的摸排，切实深挖犯罪线索。以问题为导向，在已经摸排出违法犯罪线索的基础上，抓住戒毒人员的生活环境、社会关系复杂等特点，持续推进深挖细查工作。坚持做好强制隔离戒毒人员教育矫治、康复医疗和管控工作，开展职业技能培训，帮助其自主创业。指导社区戒毒康复工作，派驻干警参与社区康复中心工作，发挥系统戒毒教育矫治、职业技能培训资源优势。（郭东辉）

【律师工作】 2019年，太原市严格律师事务所和其他律师工作单位年度检查考核。印发《关于做好全市律师事务所和其他律师工作单位2018—2019年度检查考核工作的通知》，切实做好年度考核工作。全市共有律师2810人参加考核，考核称职律师2806人，基本称职4人。

建立律师事务所负责人行政约谈制度。太原市印发《各县（市、区）司法局行政约谈律师事务所负责人制度（试行）》，发挥各县（市、区）司法局对律师事务所和律师的日常监督管理职能，规范律师执业活动。与新设立的律师事务所负责人进行谈话，要求律师事务所重视政治思想建设，建立健全并严格执行各项管理制度；对收到投诉的7个律师事务所负责人或者合伙人进行警示约谈，要求依法依规诚信执业；对受到行业处分的事务所及案件承办律师进行约谈，要求引起警示，加强执业教育和道德建设。

创新开展律师调解和刑事辩护全覆盖工作。联合太原市中级人民法院、太原铁路运输中级人民法院印发《关于开展律师调解工作的实施意见》《太原市刑事案件律师辩护全覆盖工作实施方案》《太原市刑事案件律师辩护全覆盖工作实施细则（试行）》，建立905人的刑辩律师库。12月4日，指导太原市律师协会成立律师调解中心，致力开展理论研究及实践探索，鼓励条件成熟的调解机构积极融入民营企业法律服务中心开展工作、先行先试，为太原市律师行业开展调解工作探索社会治理积累经验。已申报律师调解员188人，律师事务所45个。在人民法院设立律师调解工作室7个，在公共法律服务中心（站）设立律师调解工作室9个，在律师协会设立律师调解中心1个，律师事务所设立调解工作室9个，10个县（市、区）实现全覆盖，调解案件总数482个。

推进法律服务。深化一村（社区）一法律顾问工作。全市有村（社区）法律顾问数（人）律师613人、法律工作者5人，建立微信工作群（市县乡村四级）1426个，进村（社区）服务5652人次，提供法律咨询12034人次，普法宣传2163人次，为村（社区）组织重大事项把关202次，协助2个行政村做好村“两委”换届选举工作，为村（社区）困难群众提供法律援助93件，为村（社区）提供法律意见建议640条，协助处理信访问题197起，代理服务对象诉讼案件43起，协助调解矛盾纠纷300起，化解重大矛盾纠纷87起，处理其他涉法事务421起。持续推进涉法涉诉信访工作。律师以第三方身份接谈信访人员，听取诉求，评析案情，有针对性地做好释法析理、提出建议、引导申诉等工作，充分发挥律师专业优势，促进信访案件得到依法公正处理，实现息诉息访、案结事了。各值班场所律师参与化解信访案件达2667件次。全力服务“二青会”。山西臻兴律师事务所组建“二青会”律师工作团队，与相关部门进行紧密沟通对接，为“二青会”顺利举办提供强有力的法律服务。

法律职业资格考试和管理。2019年国家统一法律职业资格考试太原考区组织实施工作整体情况良好。针对考试工作中的重点难点问题进行统筹协调，积极与人社、电力、网络、消防等部门沟通，确保各项举措落实到位。强化突发事件处置、舆情监控等措施，对考试过程中出现的突发状况及时应对、妥善处置，保证本年度法律职业资格考试工作任务的圆满完成。继续加强法律职业资格管理，严格《法律职业资格证书》年度备案工作，做好资格证书转入初审、接收备案和新从事法律职业人员的变更备案工作。（郭东辉）

【司法鉴定】 2019年，太原市司法局坚持以提升司法鉴定公信力为主线，持续推进司法鉴定机构和鉴定人队伍建设，推荐所辖司法鉴定机构参加国家级、省级资质认定或者实验室认可检验检测机构评审。在继续做好弱势群体司法鉴定法律援助的基础上，指导全市司法鉴定机构积极投身民营企业法律服务，免费为民营企业提供法医、物证和环境损害类司法鉴定专业的技术咨询服务，实行特事特办，推行预约、上门等特别措施，保障民营企业在诉讼活动中的合法权益。开展司法鉴定行业警示教育活动，进一步规范司法鉴定机构和司法鉴定人执业行为，防范和化解司法鉴定领域重大风险。9月6日，组织召开全市司法鉴定行业警示教育大会，司法鉴定管理干部、市属11家司法鉴定机构负责人和鉴定人参加会议。（郭东辉）

【仲裁工作】 2019年，太原市司法局机关党委指导推动太原仲裁委秘书处开展党建工作，加强党的领导，发挥党组织作用，为提高仲裁工作公信力提供政治保证。4月下旬，组织机关科室和市仲裁委秘书处工作人员重点围绕《仲裁法》和相关规定及会议精神进行集中学习。开展驻在式调研，掌握太原市仲裁工作现状，认真梳理工作思路和主要措施。引导仲裁机构融入公共法律服务建设，依托公共法律服务实体平台、组合发力，更好地为社会公众服务。

（郭东辉）

【公证工作】 2019年，太原市公证机构落实“最多跑一次”工作要求，执业公证员履行服务承诺书，为群众提供更加高效快捷的公证服务。为特殊人群开通办证绿色通道，提供预约服务、上门服务、延伸服务、优先服务，最大限度地满足当事人的办证需求。响应上级“减负”号召，切实减轻群众办证负担，针对困难群众和符合援助条件的群众，主动减免公证费用，实实在在为群众减负。全市共办理各类公证事项146455件，公证案件数量比上年增长9.47%，各类公证业务持续稳定增长。拓展创新司法辅助公证业务，提供精准服务供给。市级公证机构联合成立的“司法辅助中心迎泽法院分中心”成立一年多，收效显著，从调解、送达、取证、保全等方面积极配合法院工作，缓解迎泽区人民法院“人少案多”的局面，受到最高院、省高院的高度肯定。（郭东辉）

法律援助

【概况】 2019年，太原市法律援助中心贯彻落实中共十九大会议精神和习近平新时代中国特色社会主义思想，积极履职尽责。全市共接待群众现场咨询25269人次，受理刑事法律援助案件1303件，民事法律援助案件2526件，行政法律援助案件4件，“12348”热线服务电话25809人次，法律援助值班律师参与、见证认罪认罚从宽案件1650件。（李彦昭）

【接待大厅规范化建设】 2019年，太原市法律援助中心搬迁完毕，新址为万柏林区滨河西路25号港澳中心一层，入驻太原市公共法律服务中心法律援助窗口。搬迁后的接待大厅设备设施更加齐备，为群众提供更加便捷高效的服务。市中心为来访农民工、残疾人、妇女、儿童等弱势群体开辟“绿色通道”及时提供高效的法律咨询和法律援助，做到优先受理、优先审查、优先指派、优先办理。尤其是农民工、残疾人等困难群体申请支付劳动报酬、工伤赔偿以及解决劳动保障、社会保险、劳动合同纠纷等事项的，免除经济困难审查，助力困难群体便捷高效维权。

市中心通过市律协官网、市中心官网、微信公众号发布组建2019年法律援助案件承办律师团队的公告，经过申报、筛选，组建涵盖20个律师事务所的专业化法律援助律师团队。印发《太原市法律援助中心接待大厅值班律师工作制度》，严格规范大厅值班队伍管理，提升大厅咨询服务水平。在日常律师管理过程中，市中心实行动态调整，对每名律师的值班、办案情况登记标注，对援助案件质量加强监督管理，对不符合条件的律师及时剔除出援助队伍。

在指派工作中，对报送上来的案件，仔细进行初审，必要时候约见当事人，进行有针对性的指派，对一些开庭时间临近案件加班加点尽快完成指派工作，保障给予律师充足的办案时间，确保法律援助工作能顺利开展。对所有案件申请材料进行卷宗装订整理工作，对案卷进行编号装订归档，保证每一个案卷在需要时都能准确迅速查找。完善法律援助案件指派相关手续，加强法律援助案件质量管理工作，完善法律援助案件承办相关材料，探索实现网上指派手续自动生成。（李彦昭）

【“12348”法律援助热线改造升级】2019年，太原市“12348”法律援助热线平台全部升级完成，通话音质得到明显提升。升级之后的“12348”法律服务热线平台对解答数量、质量、满意度等方面，提出新的工作要求，率先在全省范围内实现工作目标。市中心“12348”法律服务热线平台继续秉承着全年24小时不休息、无节假、不间断开通的承诺，全时空为群众解答法律咨询。

市中心“12348”法律服务热线平台与“12345”便民服务热线线路联动，经由“12345”转接的法律咨询电话都得到“12348”法律服务热线平台优质解答。分别有两位市民向“12345”热线及太原市司法局致电，对市中心“12348”法律服务热线平台的服务质量进行表扬。

“12348”法律服务热线平台采用更加严格的排班制度，加强对值班人员纪律的管理，保障电话平台的服务质量。把交接班、值班纪律、文明用语、涉黑信息及时反馈等方面作为重点，不断提升对值班人员工作要求。保证没有漏岗、脱岗、服务质量差、工作时间开小差等情况出现。为提高“12348”夜间解答的值班能力，“12348”配备一台手机，用于更方便地接听解答夜间的群众来电。群众对“12348”法律服务热线平台的满意度一直处于90%以上。

（李彦昭）

【微信公众号平台改版升级】2019年，太原市法律援助中心微信公众号进行开发建设，经过改版后的微信公众平台，实现在线法律咨询、在线申请援助、网络普法宣传等功能全覆盖。微信平台律师咨询自8月恢复律师值班以来，4个月共接待群众200余人、回复咨询数量1200余次。

在“微服务大厅”核心服务板块中，为群众申请法律援助提供援助范围和申请流程示意、相关表格下载、法律援助预申请等功能，群众足不出户就可以了解自己是否符合申请援助的条件、查询如何申请和提交预申请。微信公众平台以法院案例、普法一刻、新法速递、一点资讯等栏目为依托，更新普法教育的内容。（李彦昭）

【刑事案件律师辩护全覆盖】2019年4月，太原市法律援助中心同市中院、市律协召开全市法律援助刑事辩护全覆盖工作推进会，就全市刑事案件律师辩护全覆盖工作进行沟通安排。太原市法律援助中心派专人参与太原市司法局和太原市中级人民法院联合出台的《太原市刑事案件律师辩护全覆盖试点工作方案》的数次修改讨论会，为全市刑事案件律师辩护全覆盖工作开展提出多项建议意见，加强刑事法律援助工作，充分发挥刑事法律援助，保障司法人权作用。

9月9日，太原市中级人民法院、太原市铁路运输中级人民法院、太原市司法局联合印发关于《太原市刑事案件律师辩护全覆盖工作实施细则（试行）》通知，为全市刑事案件律师辩护全覆盖工作开展提供重要指导。

市中心对太原市中级人民法院、太原铁路运输中级人民法院送达的刑事法律援助案件做到100%受理、指派，对送达刑事法律援助指派通知书，在指派工作中进行有针对性指派，对一些开庭时间临近的案件加班加点完成指派工作，确保律师有充足的办案时间。完善刑事法律援助案件指派相关手续和材料，继续加强刑事案件律师辩护全覆盖试点工作法律援助案件质量管理，与市中院共同探索实现各类法律援助文书材料网上传送、网上指派手续自动生成，进一步推进刑事案件律师辩护全覆盖工作开展。（李彦昭）

【认罪认罚从宽制度建设】2019年，太原市法律援助中心完善认罪认罚从宽制度是推进以审判为中心的诉讼制度改革的重要保障。认罪认罚从宽制度是“宽严相济”刑事政策在新形势下完善和发展，通过实体从宽，程序从简，以求提高诉讼效率。为保障这项工作有序开展，中心与太原市检察院、市辖区看守所及县（市、区）法律援助中心多次沟通协调：中心与检察院设立联络员，建立认罪认罚微信工作群，及时互通信息；中心将看守所律师值班时间从原来每周1天调整为每周2天，并根据优中选优原则，从原值班律师名单中，挑选经验丰富刑事案件律师开展工作；中心驻看守所值班律师接收10县（市、区）检察院法律帮助通知书，为嫌疑人提供认罪认罚具结书见证、法律咨询、程序选择、申请变更强制措施等；简化手续，市看守所及各级检察院案管中心均对此类案件安排绿色通道，提高办案效率；

中心与市检察院召开认罪认罚工作推进座谈会，就2019年以来全市认罪认罚从宽工作开展情况、存在的问题、下一步工作思路进行探讨。通力合作，加强沟通，完善程序，努力推进认罪认罚从宽制度全面适用。（李彦昭）

【首届星级法律援助律师评定】2019年，太原市法律援助中心致力于提高法律援助服务水平。4月，市中心制定印发《太原市法律援助中心关于开展星级法律援助律师评定工作实施方案》，成立星级评定工作领导小组，负责太原市星级法律援助律师评定工作安排、部署和推进。市中心细化各科室星级评定工作任务清单，确保各项工作有效开展。向太原市10县（市、区）转发省厅的星级评定工作相关文件，保障全市两级援助机构星级法律援助律师和基层法律服务工作者评定工作有序开展。（李彦昭）

【援助案件质量评估】2019年，太原市法律援助中心加强法律援助案件质量监管工作。4月，成立案件质量评查工作领导组，并要求各县区报送已录入法律援助信息管理系统的、2018年受理指派并已办结民事法律援助案件（报送的案卷数不得低于总数的20%）。

5月，市中心收到各县区报送的132本民事法律援助案卷，组建高质量评估团队，评估专家从太原市具有较高专业素质和职业道德修养且有5年以上执业经历的律所主任或高级合伙人中产生。本次评估共邀请评估专家律师7名，由市中心主任赵云红、副主任常志宏带队，山西知达律师事务所主任成昌明律师、山西华祝律师事务所主任陈锋律师、北京盈科（太原）律师事务所主任闫宏亮律师、山西新晋界律师事务所马宝田律师、山西开杰律师事务所李禹信律师组成法律援助案件评查委员会，参与案件评查。5月中旬，市中心对参与评估的专家进行培训，解读评估标准指南，就民事法律援助案件同行评估标准等细则进行认真学习，演示评估操作，明确评估要求和纪律。5月30日，太原市法律援助中心案件质量评查领导小组组织专家组成员对全市抽取132本法律援助案卷进行第三方同行评估。通过评查，提高法律援助案件质量。（李彦昭）

【法律援助业务培训】2019年6月29日，全市法律援助业务培训班在杭州举办。各区、县（市）司法局分管领导、法律援助中心负责人和工作人员参加此次培训。司法部公共法律服务局法律援助工作管理处处长李雪莲、原司法部法律援助中心副主任桑宁、杭州市法律援助中心主任董红民、中国政法大学国家法律援助研究院院长吴宏耀、首席专家顾永忠、研究员孙道萃、中央党校哲学部副主任孙晓莉等专家应邀为此次研修班授课，先后就7个专题进行辅导。参训人员就打造法律援助公共法律服务平台、完善值班律师工作机制、完善案件质量体系建设等工作中存在的困难和问题进行深入的交流探讨。

11月16日，市法援中心邀请最高人民检察院第一厅高级检察官、全国扫黑除恶专家库成员李占州，市委党校副校长王晓东为全市各法律援助机构负责人、业务骨干及法律援助值班律师共100余人做专题培训。李占州向培训班全体成员深度解读认罪认罚从宽制度和刑事辩护全覆盖，讲解目前正在试点的认罪认罚从宽制度和刑事案件律师全覆盖工作的内容及目前试点工作的进展情况。培训会上为大家详细解读"两高三部"《关于适用认罪认罚从宽制度的指导意见》，对全面顺利推进认罪认罚从宽制度试点工作发展具有重要意义。王晓东对培训班学员开展"不忘初心，牢记使命"主题教育活动，回望中国共产党党史，深入学习共产党人的初心和使命，就如何做到不忘初心牢记使命，进行分享交流，对参训学员深刻领会和自觉践行"不忘初心，牢记使命，走好新征程"主题教育内涵要义，具有很强启发性和现实指导意义。（李彦昭）

【扫黑除恶专项斗争】2019年，太原市法律援助中心共收到市中院、市检察院、市晋源区检察院寄送涉黑涉恶类提供法律援助通知书57件，其中涉及10个案件，57名嫌疑人。其中包括在全市影响较大的"小四毛"案，市中心于3月、5月分别接到太原市中级人民法院寄送的任爱军等组织、领导、参

2019年12月，法律援助志愿者在漪汾街开展"法援惠民生、助力农民工"春节期间系列法律宣传活动（市法律援助中心供图）

2019 年 3 月 8 日，法律援助志愿者在湖滨广场开展“建设法治太原 · 巾帼在行动——维权服务到妇女群众身边”主题服务活动　（市法律援助中心供图）

加黑社会性质组织案中 7 位嫌疑人的提供法律援助通知书及太原市人民检察院移送至太原市中级人民法院的起诉书副本，要求为 7 位嫌疑人一审阶段提供法律援助。收到案件后太原市法律援助中心领导及相关科室工作人员第一时间研究，及时、认真做好案件受理登记报备工作。严格按照相关规定，指派法律援助律师队伍中执业三年以上的、政治过硬、刑事辩护经验丰富的律师为犯罪嫌疑人或被告人提供法律援助，并第一时间严格按照相关文件要求向太原市司法局做报备工作。

3 月，太原市影响极大的李金才案件开庭审判，36 名被告人与 72 名法律援助律师参加庭审，这些律师是结合之前侦查、审查起诉阶段的律师指派情况，严格把关、层层挑选出政治过硬，业务素质强，执业年限长、刑事辩护经验丰富的律师为被告人提供辩护工作。该案庭审活动历时半个多月，市中心派专人进行案件的旁听跟踪、质量监督，援助律师以专业、敬业的工作态度保障庭审的顺利进行，保障社会公平正义实现。

（李彦昭）

【服务特殊群体系列活动】 2019 年，太原市法律援助中心与市委改革办以及其他涉及民政、人社、教育、卫生、工会、公安等多部门，开展城镇困难群众救助帮扶工作。9 月，太原市法律援助中心会同各主管单位召开《关于加强城镇困难群众救助帮扶工作的意见》的修改讨论会，为全市加强城镇困难群众救助帮扶工作开展提出多项建议意见，最大限度保障困难群众的合法权益，使更多城镇困难群众感受到法律公平正义。

县（市、区）法律援助中心贯彻落实《山西省司法厅 山西省残联“法援惠民生 · 关爱残疾人”法律援助品牌建设实施方案》，加强残疾人法律援助工作，从辖区律师中选定优秀律师组成专业的服务团队，对社保、困难救助、抚养赡养、生活照料及教育、就业、劳动权益保障等方面存在问题的残疾人提供专项法律服务。2019 年 10 县（市、区）共办理残疾人法律援助案件 80 余件。

太原市法律援助中心从“防范、主动、全覆盖”着眼，围绕服务农民工就业创业、劳动权益保障等任务，创新农民工法律援助工作，拓展农民工权益保障法治宣传的广度和深度，发挥舆论宣传的正确导向和教育警示作用，在全市构建保护农民工权益的法治氛围。全年 10 县（市、区）共办理农民工法律援助案件 741 件。在企业拖欠工资问题频发、高发地区和行业、专业领域，定期组织送法下乡、送法进工地，营造依法维护农民工合法权益的良好社会氛围。

（李彦昭）

【法律宣传与志愿服务】 2019 年，太原市法律援助中心多次组织志愿者在社区、校园等场所进行普法宣讲、法律咨询活动。定期设计并印制专门针对妇女、未成年人、老年人、残疾人等特殊群体的常见法律问题法律教育系列宣传手册，以及纸巾、雨伞、购物袋等平常百姓较常用的物品，全年共发放宣传资料 8000 余份。在妇女节、助残日、“12 · 4”宪法宣传日等重要节点，联合妇联、残联等职能部门，全面开展法律援助宣传活动，开展“法律援助进军营”活动，向部队官兵赠送法律援助宣传资料，宣传军人军属法律援助政策。

中北大学法律援助工作站志愿者们在市中心主任及工作站负责的老师指导下，连续两年获得山西省教育系统“学宪法，讲宪法”法制微电影大赛一等奖、二等奖；连续两年组织法援志愿者赴山西省乡宁县大河村、武乡县石圪垤村进行送法下乡社会实践。（李彦昭）

太原警备区

【概况】 2019年，太原警备区以习近平强军思想为引领，在省军区党委和太原市委的坚强领导下，坚定“当全省窗口、走全国前列”奋斗目标，对标一流、固强补弱，上下同心、创新作为，年度任务圆满完成，部队建设呈现出新气象、新面貌。（景春勇）

【思想政治建设】 2019年，太原警备区始终把学习贯彻习近平新时代中国特色社会主义思想和习近平强军思想作为重大政治任务紧抓不放，规范理论学习、政治教育和党日活动制度，开办“强军讲堂”，10名师团级领导干部为全区讲党课，观看专题辅导录像8次，组织传达学习中共十九届四中全会精神，及时用党中央、中央军委和习主席的决策部署统一官兵的思想和行动。全面深入贯彻军委主席负责制，深入开展全面彻底肃清郭徐房张流毒影响清理清查活动，持续抓好军委《意见》和“三项机制”贯彻落实，信息服务工作进步明显。结合庆祝新中国成立70周年，组织学习党史、军史、新中国史，开展“我和国旗同框”留影纪念活动，举办“时代新人说——我和祖国共成长”主题演讲比赛，运用强军网、《国防教育广角》电视专栏和微信公众号宣扬正能量，唱响礼赞新中国、奋斗新时代的昂扬旋律。紧盯中美贸易摩擦、香港局势等热点敏感问题，加强舆论引导，打好意识形态斗争主动仗，确保部队高度集中统一和纯洁巩固。

2019年，太原警备区把“不忘初心、牢记使命”主题教育和“传承红色基因、担当强军重任”主题教育融在一起抓，先后召开动员部署会、专题政工会、教育推进会，精心筹划部署、严密组织实施、强力督导落实。师团两级党委落实六天闭门读书，组织“十二堂大课”深入解读，举办“十项活动”拓宽教育载体。修缮120师358旅指挥部纪念馆，高规格举办开馆仪式，赴八路军驻晋办事处旧址、高君宇故居等红色基地开展主题党日，接受思想洗礼。举办“身边的榜样”先进事迹报告会，在国防动员系统推出裴占飞典型，史其武、张建军光荣参加庆祝新中国成立70周年阅兵，为警备区赢得荣誉。坚持开门抓教育，结合巡视巡察反馈问题整改，采取项目化推进、源头性清理、联动式整治的方式，推动备战打仗紧要问题、历史遗留棘手问题、巡视审计移交问题、官兵忧思关切问题等4类17个方面72个具体问题整改落地，专项整治满意度100%。（景春勇）

【战备训练】 2019年，太原警备区贯彻军委军事工作会议精神，坚持把备战打仗作为警备区党委的第一责任，规范党委“四议四学”机制，先后4次专题议战议训；开展和平积弊大起底大扫除，查纠编兵不实、底数不准、保障不力等问题。突出抓好战备建设，自上而下修订完善战备方案，“五个一”成果被省军区推广。开展使命课题演练，坚持每周五组织常态化战备方案推演雷打不动，把方案预案“请出柜子”，切实搞准职能定位，提高遂行任务能力。定期组织战备值班培训，规范各级各类值班秩序，临机拉动战备值班分队，加强应急应战物资器材建设，部队始终保持良好战备状态。投入100余万元升级改造民兵训练基地，聘请23名专职教练员，改建3个专业训练教研室，购置“五救一反”装备器材，提升训保质量。按照新大纲要求抓实基础训练、业务训练、课题训练，开展群众性练兵比武活动，先后组织6种类型共303人的能力集训，4人在省军区比武中取得单项成绩第一。承担全省民兵基地化轮训备勤试点任务，9月召开现场观摩会进行推广，得到省军区首长机关充分肯定。高标准完成“太行—2019”军地联合演练和太原市党政领导“八一”军事日活动，检验全区实战化训练水平，全面展示太原民兵过硬战斗作风和一流精神风貌。先后两次组织民兵应急队伍跨区执行乡宁山体滑坡、沁源森林火灾救援任务，

2019 年 7 月 28 日，太原警备区举行党政领导干部“八一”军事日活动

（太原警备区供图）

发挥新质力量优势，创新救火新模式，在战区乃至全国产生积极影响。全区共出动民兵 2.50 万余人（次），完成二青会开幕式撤场、国庆 70 周年安保备勤、太原国际马拉松比赛安保以及灭火、防汛、警戒执勤等任务 60 余次。（景春勇）

【国防动员建设】 2019 年，太原警备区按照“突出应急、重抓专业、巩固特殊、打造新质”的思路，编实建强基干民兵队伍，成建制打造新质力量，新质力量占基干民兵总数全省首位。担负全省新兴领域民兵建设试点任务，国防动员部《要讯》刊登做法。抓实民兵调整改革工作，先后迎接军委国防动员部和省军区检查考评，总评全省第一，被表彰为全省民兵工作先进单位。深挖优质兵员征集潜力，担负高校征兵站规范化建设现场观摩任务，承办全省征兵宣传进高校活动，高标准完成新兵征集任务，大学生比例居全省第一。按时足额发放优待金 1.05 亿元，“五率”量化考评站稳全省第一方阵，被表彰为全省征兵工作先进单位。紧盯全省国防动员领域重点工作，军地联合下发《太原市国防动员领域重点工作任务分工》，先后 7 次召开会议研究部署，聚力攻关“智慧国防动员”建设；采集汇总数万条潜力数据，为遂行使命任务提供有力支撑。

（景春勇）

【部队建设】 2019 年，太原警备区学习贯彻军委基层建设会议精神，以省军区《措施办法》和《三年规划》为依据，按照“抓主官强班子、抓弱项补短板、抓责任促落实”的帮建思路，围绕“不会为”“不愿为”“不敢为”等问题，落实常委分片包干责任制，突出帮理思路、帮解难题、帮抓经常、帮带骨干，推动后进赶先进、中间争先进、先进更前进。制定出台纠治“五多”的具体《措施》，下力为基层减负，年度文电、会议、检查、考评总量比上年减少 25%。加强部队日常管理，压实党委抓安全的主体责任和主官第一责任。以迎接军委国防动员部和省军区安全大检查为契机，坚持每季度分析 1 次安全形势，先后 4 个波次检查督导、排查隐患，开展“百日安全”活动，突出抓好计算机网络保密安全、手机微信信息清理、离岗退休退役人员“清密”专项整治，全年未发生大的事故案件和严重违规违纪问题。

（景春勇）

【军民融合】 2019 年，太原警备区落实党管武装工作制度，组织宣布人武部党委第一书记任职命令。贯彻落实军民融合发展战略，依托中北大学、北部大型企业等各类资源，申请国家级、省级军民融合示范区，重点建设以高端制造业和新材料为特色的军民融合产业园。以争创全国双拥模范城“九连冠”为契机，配合市政府建成太原双拥展览馆，受到国家双拥考核组好评。发挥军地协调作用，妥善安置军转干部 93 人，解决 100 余名现役军人子女进入优质学校，为 30 名随军家属随调工作，为 421 名未就业随军家属每人每月发放生活补助 600 元。接受符合政府安排工作条件的退役士兵 196 人，为 31 名退役士兵待安置期间发放生活补助 125.20 万元。狠抓国防教育示范校、示范村镇（社区）、主题公园和国防教育街道建设，高标准举办“第十九个全民国防教育日宣传活动”，开办《国防教育广角》电视专栏，探索推动“精准扶贫 + 国防教育”模式，帮扶革命老区改善基础设施，发展特色产业，打造照明亮化工程，编排“爱我国防”文艺节目为老区人民巡回演出，军委国防动员部《要讯》刊登做法。（景春勇）

【人才队伍建设】 2019 年，太原警备区按照军委《关于加强新时代党的建设的意见》，修订《警备区党委议事规则》《党支部工作规范》，立起尊崇制度、规范秩序、严格执行的鲜明导向。对照“五个检视”，围绕“四个讲清”，自上而下层层召开“不忘初心、牢记使命”专题民主生活会和组织生活会，自我净化、自我革新的意识和能力不断增强。持续狠抓 311 号文件贯彻落实，坚持团以上党委纪委领导上纪律党课制度，深化警示教育，广大官兵纪律观念、底线意识进一步强化。高标准迎接军委常规巡视、国防动员部巡察，配合省军区工作组狠抓问题整改，认真贯彻落实中央八项规定、军委十项规定实施细则，紧盯违规喝酒、廉洁征兵、不正当交往和基层“微腐败”等问题，保持利剑高悬的高压态势。（景春勇）

【综合保障】 2019年，太原警备区修订《警备区财务管理规定》，严把预算编制关口，审减不合理预算开支206.92万元。高标准接受中部战区经济责任审计，做好停偿工作“下篇文章”，协调推进省军区清徐农场项目遗留问题解决，完成十层大楼委托管理项目资产移交融通公司任务，制约警备区发展的“包袱”越来越少。抓好10个方面17类经费资产问题清理整治，完成留存名贵特产类物品专项清理，完成3套超面积1倍以上和2套超面积70平方米至1倍住房清理整治，联合纪委追缴房款118.18万元。抓实供应保障，抓好民兵武器装备仓库日常管理、应急演练和武器装备换季保养，后装保障效能稳步提升，被省军区表彰为安全管理先进单位。统筹推进机关综合办公楼建设，加强家属院物业规范化、社会化管理。组织全区干部、文职人员和职工健康体检，进一步改善官兵工作、生活条件。 （景春勇 秦学敏）

【太原警备区党委全体（扩大）会议】 2019年1月22日，太原警备区召开党委全体（扩大）会议，传达学习习近平主席重要讲话和军委扩大会议精神，传达学习军委国防动员部、中部战区和省军区党委扩大会议精神，总结2018年工作，部署2019年任务。省委常委、市委书记、太原警备区党委第一书记罗清宇出席并讲话。太原警备区司令员王志校做党委工作报告，太原警备区副司令员兼纪委书记王一军作纪委工作报告。市委常委、秘书长刘鹓，太原警备区党委常委房小洪、顾晓亮，太原警备区党委委员，机关全体干部参加会议。罗清宇对太原警备区2018年工作给予高度评价，对完成2019任务提出指示和要求：要强化旗帜引领，始终坚持用习近平强军思想凝心聚魂；要聚焦备战打仗，不断拓展深化军事斗争国防动员准备；要加强党管武装，为国防后备力量建设提供有力保证。 （马彦博）

【新兴领域民兵建设试点任务】 2019年1月至6月，太原警备区完成军委国防动员部和山西省军区赋予的新兴领域民兵建设试点任务。警备区司令员王志校带机关人员深入小店区省综改试验区、阳曲县产业园区进行调研，选定试点单位，下发《太原市新兴领域民兵建设试点初步实施方案》，指导试点单位探索“党建＋民兵”组织架构，打造“任务＋科技”力量体系，推开“融入＋联合”训教管路子的经验做法。6月25日，太原警备区在小店区省综改区组织进行“新兴领域民兵建设成果展示”活动，省军区动员局局长张太平、警备区司令员王志校出席活动。（闫文俊 王瑞杰）

【征兵工作】 2019年1月至9月，太原警备区坚持以兵员质量为核心，着力抓好征兵工作落实。以高校大学生和大学毕业生为征集重点，在中北大学组织进行高校征兵站规范化建设现场观摩活动，在山西大学举办“山西省征兵宣传进高校启动仪式”，在16所二本以上院校聘征兵宣传大使，加大征兵宣传力度，调动大学生参军报国的积极性。坚持严格体检政考，实行“七方”集体定兵，加强廉洁征兵监督。

（闫文俊 王瑞杰）

【全省民兵基地化轮训备勤试点任务】 2019年1月至11月，太原警备区先后组织基干民兵在民兵训练基地进行轮训备勤，完成入队、共同基础、专业和任务行动4个课题的训练考核，围绕“按纲训、实案备、正规管、联合保”，形成“一套完善的实施办法、一套规范的训练制度、一套标准的动用流程、一套使用的管教规定、一套配套的保障措施”，9月27日，警备区在民兵训练基地召开基干民兵基地化轮训备勤规范组织观摩会，省军区副司令员吴其辉参加，并给予充分肯定。 （李 凯）

【“3·15”乡宁山体滑坡抢险救援】 2019年3月15日18时许，临汾市乡宁县枣岭乡发生山体滑坡灾情。按照省军区通知，太原警备区司令员王志校带领机关前指和万柏林区民兵应急救援分队100人、各类车辆14台，连夜奔赴受灾现场，参加救援行动，经过48个小时的连续奋战，完成跨区支援乡宁县枣岭乡山体滑坡救援任务。万柏林民兵分队被省军区表彰为参加“3·15”乡宁山体滑坡抢险救援先进单位。 （李 凯）

【“3·29”沁源森林火灾扑救行动】 2019年3月30日13时，按照省军区

2019年6月25日，太原警备区举行新兴领域民兵建设成果展示活动

（太原警备区供图）

2019年9月21日，太原警备区开展第十九个全民国防教育日宣传活动

（太原警备区供图）

通知，太原警备区政治委员杨文军带领机关前指和杏花岭人武部远程灭火分队（83人、15台车、8门灭火炮、172发灭火弹）奔赴沁源灭火现场，经过6天6夜艰苦奋战，共发射灭火弹37发，成功隔断火源，有效压制火势蔓延，完成跨域支援“3·29”长治沁源森林火灾扑救任务。杏花岭区远程灭火连等单位被省军区表彰为参加“3·29”沁源森林火灾扑救行动先进单位。（李 凯）

【民兵远程灭火分队建设】2019年4月至6月，太原警备区借鉴“3·29”沁源山火跨区救援行动经验，进一步加强民兵远程灭火分队建设。依托山西北方机械制造有限责任公司成建制编建全省首个民兵远程灭火连，配备无人机、激光测距仪、望远镜、计算盘等配套装备器材，采取单位自训和基地化轮训相结合的模式，加强骨干基础科目训练和战备演练，确保遇有突发火情能够圆满完成扑救任务，此经验做法被军委国防动员部《要讯》转发。

（闫文俊 王瑞杰）

【国防动员潜力数据采集】2019年4月至9月，太原警备区贯彻全市国防动员领域重点工作部署会精神，成立《太原市国防动员潜力统计调查领导小组》，指导市国防动员各专业办公室及人武部，按照省国动委统一下发的国防动员数据信息采集标准和要求，采集汇总人员、企业、相关行业和装备器材，为遂行战时国防动员任务提供有力支撑。

（闫文俊 王瑞杰）

【“时代新人说——我和祖国共成长”主题演讲比赛】2019年6月13日，为庆祝中华人民共和国成立70周年，太原警备区在杏花岭区人武部举行“时代新人说——我和祖国共成长”主题演讲比赛。14名参赛选手围绕“时代新人说——我和祖国共成长”这一主题，畅谈共和国成立70年来党、国家和军队各项事业取得的辉煌成就，讲述广大官兵立志中国梦、践行强军梦、投身练兵备战中发生的感人故事，弘扬主旋律，凝聚正能量。经评委现场打分评选，迎泽区人武部杨栋等8名选手分别获一、二、三等奖，杏花岭区人武部等4个单位获得优秀组织奖。警备区政委杨文军对演讲比赛给予充分肯定，并为获奖个人和单位颁奖。（马彦博）

【“军事日”活动】2019年7月28日，在建军92周年前夕，省委常委、市委书记、太原警备区党委第一书记罗清宇，省政协副主席、市委副书记、市长、市国动委主任李晓波等市党政领导在省军区综合训练场参加“军事日”活动，并看望慰问部队官兵。省军区副司令员吴其辉、副政委刘兴安；市委副书记李新春，市委常委、太原警备区司令员王志校，太原警备区政委杨文军，市政协主席张明星，市委、市人大常委会、市政府、市政协有关负责人，市法院、市检察院、市国动委成员单位、各县（市、区）负责人参加。罗清宇、李晓波等领导先后参观省市军工企业、科研单位研制的各类新型装备，观摩以遭受空袭为背景的军地联合演练。晋源区民兵分队用双37高炮、肩扛式导弹对假象来犯敌机给予猛烈打击，小店区民兵分队利用灭火机器人、灭火无人机对空袭引起的大火实施扑救，尖草坪区民兵专业分队迅速开展化工有害气体泄漏抢修，万柏林区民兵迅速展开地震救援、利用直升机转运地震伤员，杏花岭区民兵分队展开生命线工程抢修。整个演练过程紧贴实战、亮点纷呈，展示出警备区部队过硬军事素质和良好精神风貌。（李 凯）

【“二青会”开幕式撤场任务】2019年8月8日至11日，太原警备区出动600余名民兵执行全国第二届青年运动会开幕式撤场任务，在时间紧、任务重、安全隐患多的情况下，昼夜不间断连续作业，师团两级主官亲临一线、现场指挥、严密组织，圆满完成任务，受到“二青会”组委会的表扬。（李 凯）

【全民国防教育日广场宣传活动】2019年9月21日，太原警备区联合太原市国防教育办公室在工人文化宫广场举办第19个全民国防教育日宣传活动。警备区政委杨文军、机关处长（主任）和六城区人武部领导参加活动，开展形式多样的国防教育宣传。现场设置宣传展板32块，发放宣传资料1万余份，举办专场文艺演出，开展国防知识竞答，弘扬爱国主义精神，汇聚关心支持国防

动员建设的正能量。（马彦博）

【八路军358旅指挥部旧址纪念馆开馆】 2019年12月31日，位于娄烦县三元村的八路军120师358旅指挥部旧址纪念馆开馆。省军区副政委刘兴安，市委常委、太原警备区司令员王志校，太原警备区政治委员杨文军，市委常委、娄烦县委书记薛东晓参加开馆仪式。1936年，红军东征过娄烦，在这里撒下革命的火种。抗日战争爆发后，遵照毛泽东主席“358旅宜从娄烦方向打起”的指示精神，八路军120师358旅在旅长张宗逊、政委李井泉的带领下进驻娄烦对日作战，并取得米峪镇大捷、三元村战斗等一系列重大胜利，沉重打击日本帝国主义的嚣张气焰，极大地振奋抗日军民的士气。纪念馆分为“革命火种传入娄烦”“运筹帷幄浴血娄烦”“扎根人民养兵娄烦”“重返吕梁决胜娄烦”“赓续血脉情系娄烦”五个展区，再现当年波澜壮阔、可歌可泣的革命历史，展现先辈们坚定信念、百折不挠、无私无畏的革命精神。刘兴安对太原市巩固拓展国防教育阵地，加强红色基因传承保护工作给予充分肯定，358旅指挥部旧址纪念馆开馆，为缅怀先烈、传承革命精神提供新平台，为全省红色旅游发展增添新亮点，为娄烦县转型发展提供新路径。王志校表示，要进一步发挥区域优势，挖掘红色资源，拓展革命传统教育基地，努力增强国防教育的实际效果。（马彦博）

武警山西省总队太原支队

【概况】 2019年，武警山西省总队太原支队坚持以习近平新时代中国特色社会主义思想为指导，贯彻习近平强军思想，以新中国成立70周年大庆和“青运会”安保任务为牵引，坚持稳中求进总基调，“争创全面过硬先进支队”的阶段目标，紧抓快干、攻坚克难、固强补弱、治平强弱，部队全面建设取得长足进步，实现在总体安全稳定基础上的整体跃升，向全面过硬迈出坚实的一步。2019年，太原支队被总队表彰为“基层建设先进支队”。（政治工作部）

【火灾救援】 2019年3月11日16时，山西省总队向太原支队下达驰援忻州市茶房村山林火灾救援命令。支队迅速启动应急响应机制，前指带机动大队携带救援器材向火情地域摩托化开进，至13日19时00分返营归建，圆满完成忻州方向火灾救援任务。救援任务过程中，确定“外圈警戒控局势、内圈戒备控火情、梯次投入稳把控、以点保面打火尾”的任务指导，构建“多点一面”防控体系；任务官兵服从命令、听从指挥、科学救援，大力发扬“两不怕”精神，连续战斗近50个小时成功扑打138处明火（余火）点，开辟两条宽8米、长150米的火线隔离带，圆满完成战斗任务，保卫人民生命和财产安全，得到省应急管理厅、忻州市领导、地方群众的高度赞誉和充分肯定，展示武警太原支队威武之师、文明之师的良好形象。

（政治工作部）

2019年6月30日，武警太原支队官兵参观红色教育基地重温入党誓词活动

（武警太原支队供图）

【紧急事件处置】 2019年3月22日，太原支队执勤十四中队联勤武装巡逻分队官兵在执勤中，听到联勤对讲机通报：售票厅有一名犯罪嫌疑人拒绝安检，向火车站站前广场逃窜。组长杨帅楠带领组员协同联勤公安民警迅速展开追击，仅用5分钟时间就将犯罪嫌疑人成功抓获，后移交至火车站铁路派出所。经查，犯罪嫌疑人因身藏毒品害怕暴露，在与安检员缠斗时伺机企图逃跑。执勤官兵始终保持“箭在弦上、引而待发”的高度戒备态势，为第一时间实施抓捕赢得先机；战斗官兵快速的临机反应、娴熟的抓捕动作，得到联勤公安和群众的称赞。（政治工作部）

【二青会警卫安保任务】 第二届全国青年运动会是中华人民共和国成立以来山西省举办的规模最大、规格最高的全国综合性体育赛事，是2019年维稳行动的“攻坚之仗”，更是中华人民共和国成立70周年大庆的“前哨之仗”。根据武警部队、山西省委、山西总队的统一部署，在7月12日至8月20日，支队担负“青运会”的“三场一村一面”（三场：火炬传递仪式现场、开幕式现场、闭幕式现场；一村：青运村；一面：全市社会面）常态执勤及处突反恐、应急救援任务，整体任务呈现用兵数量多、跨度时间长、点多区域广的特点。太原支队坚决贯彻执行上级指示精

武警太原支队官兵执行二青会安保任务 （武警太原支队供图）

神，超前谋划、精细准备，全程跟进、主动而为。科学谋划通盘抓，结合整体任务研究确定“一队人马、两套班子、四条战线”组织领导办法，多次召开党委会、首长办公会、任务动员部署会，实现工作安排统筹、力量分配统调、任务协调统揽、安全稳定统抓；守关卡点分工明，总队党委针对任务提出“临时任务固定建”的明确要求，“青运村”警卫安保大队及时建立临时党委，明确委员分工、统一思想认识、分析任务形势、研究部署工作、制订方法举措；堡垒固牢党旗飘，牢固树立“一个支部一座堡垒、一个党员一面旗帜、一个小组一道防线”意识，参战官兵个个“亮身份、亮职责、亮承诺、亮形象”，事事专人专责、件件专职督导、处处带头引领，各级组织功能作用发挥主动高效，确保遂行任务有条不紊，分队管理正规有序；宣传鼓动“面面俱到”，任务中广泛运用政治工作到现场“八个基本方法”，不断激励参战官兵“为运动加油、为青春喝彩、为安保任务拼搏”的战斗精神。任务的圆满完成，为今后遂行大型警卫安保任务积累丰富经验，锻炼一批“能钻善谋、守正创新、担当有为”的骨干队伍，检验“建设过硬先进支队”的成果，受到国家体育部门、省市领导、参赛运动员和地方群众的一致赞誉，充分展现出“龙城卫士”的良好形象。 （政治工作部）

【国庆70周年庆典执勤战备任务】 2019年是中华人民共和国成立70周年，太原支队结合驻地社会面维稳形势、部队担负任务实际和上级执勤战备的指示精神，精心筹划、多措并举、持续用力，全力做好“国庆节”期间战备执勤工作。深入搞好动员，引导官兵充分认清维稳形势的严峻性复杂性，强化官兵责任感使命感，牢固树立常备不懈的观念，始终做到过节不忘战备、过节不忘履职、过节不忘任务；加强战备值班，支队首长坚持一线值守，重要时段大中队主官全时在位，组织不打招呼战备拉动检查，“3+1”战备值班力量高度戒备；严密组织勤务，节前对执勤目标和哨位严格检查鉴定，加强进行联合演练，规范执勤编班编组，严格执行公安武警联勤制度，全力确保国庆期间全市大局稳定；精细检查指导，采取实地查与网络查，定时查与突击查相结合方式，及时指出问题，跟踪抓好落实，依托作战勤务值班室，不间断检查各类勤务编携配装、枪弹管理、信息通联等情况，确保执勤战备工作扎实有效开展。

（政治工作部）

【支队党建】 2019年6月30日，为深入贯彻落实军委党建会议精神，太原支队以现地参观见学的形式，组织2019年新发展党员到中共太原支部旧址纪念馆，开展纪念建党98周年暨“参观红色基地，组织入党宣誓”主题党日活动，缅怀革命先辈，赓续优良传统。通过宣读入党誓词、党员代表表态发言等一系列活动，激起全体党员拥抱新时代、站上新起点、焕发新气象、实现新作为的干事热情，更加坚定官兵扎根龙城履使

武警太原支队巡逻官兵在中华人民共和国成立70周年庆典期间执勤 （武警太原支队供图）

命、重整行装再出发的信心决心。

（政治工作部）

人民防空

【概况】2019年，太原市人民防空办公室以贯彻习近平新时代中国特色社会主义思想、十九大及十九届四中全会精神为工作主线，以习近平总书记视察山西重要讲话为根本遵循，贯彻落实第七次全国人民防空工作会议、省委十一届九次全会和市委十一届七次全会精神，坚持长期准备、重点建设、平战结合的方针，各项工作顺利推进，圆满完成年度工作任务。（高鹏　许亚飞）

【人防宣教】2019年9月18日，太原市人防系统按照指令统一组织试鸣。同步落实人防宣教“五进”。以全民国家教育安全日、普法宣传日、警报试鸣日等为契机，创新形式，开展进机关、进社区、进农村、进企业、进学校的人防宣传“五进”活动。“9·18”警报试鸣日活动中，制作宣传版面100余块、发放宣传资料80000余份、接待咨询市民3000余人，提高人民群众人防观念和国防意识。（高鹏　许亚飞）

【人防工程建设】2019年，太原市（建成区）验收人防工程项目80项，总建筑面积62.80万平方米，超额91%完成年度目标考核任务，人均防护建筑面积增长超过0.10平方米。新开工“结建”人防工程建筑面积95.20万平方米，居全省第一，完成年度目标考核任务。征收易地建设费11290万元（其中追缴8089万元），超额366%完成年度目标考核任务。完成801一、二期工程消防初验、规划验收，地面指挥所装饰工程；完成801三期工程战备物资库项目钢结构主体施工，战备医院项目开始办理开工手续。持续实施国家人防办下达的重要经济目标综合防护试点建设，完成可研和初设，通过国家、省人防办审核和市财审，配套资金基本落实。协调市委市政府将县区人防指挥所建设纳入县区年度目标考核体系，有力促进县区级人防指挥所建设。（高鹏　许亚飞）

2019年5月20日至31日，太原市人防办参加“嵩山—2019”人民防空实战化跨区支援协同演练（市人防办供图）

【安全生产管理】2019年，太原市人防办坚持每月召开一次安全生产工作例会，办领导坚持每月安全检查，与全市人防系统22个单位签订《安全管理责任状》。组织火灾防控、隐患排查和打非治违、安全“体检”、安全集中检查等专项活动，各级共出动检查组65个、260余人次，检查工程200余项，治理各类隐患28个。加强早期人防工程维护管理。早期人防工程完成封填维修1段，长度1200米；完成回填检测3段，长度3200米；完成塌陷应急抢险施工1处，确保早期人防工程安全。（高鹏　许亚飞）

【人防系统腐败问题专项治理和调查整顿】2019年，太原市人防办主动支持和配合上级纪检监察机关监督检查，坚持大事大抓，召开工作例会48次，对6个方面24项内容进行深入自查自纠。认真整改问题，加强建章立制。特别是人防工程调查整顿以来，联合市规资等6部门实施联合整治，领导班子集中约谈相关企业10余批次，执法人员现场执法100余人次，全年共追缴易地建设费8089.16万元。分类建立未批先建、批而未建、建而未验、欠缴未缴、不建不缴共5个问题台账（后两类项目数为0），实行逐个销号。截至12月20日，未批先建、批而未建、建而未验3个问题台账分别由102个销减为8个、25个销减为0个、961个销减为145个，扎实推进整改落实，整改效果显著。（高鹏　许亚飞）

宏观经济管理

【概况】 2019年，太原市发展和改革委员会学习贯彻习近平新时代中国特色社会主义思想和中共十九大及十九届二中、三中、四中全会精神，开展“不忘初心、牢记使命”主题教育，按照省委、省政府“三大目标”和“两个走在前列”“双提升”的工作要求，围绕市委、市政府中心工作，坚守初心使命，勤勉履职尽责，勇于担当负责，推动全市发展改革工作再上新台阶。（杜新娟）

【机构改革】 2019年3月，太原市发展和改革委员会加挂太原市粮食和物资储备局牌子，机关行政编制134名，设主任1名、副主任3名，科级领导职数36正31副。实有公务员129人，工勤14人。下属行政单位1个，编制6人，实有公务员6人，工勤1人；事业单位19个，编制313人，实有230人。（杜新娟）

【经济运行调度】 2019年，太原市发展和改革委员会作为市委财经委的常设办事机构（市委财经办），坚决贯彻落实市委及市委财经委关于经济工作各项部署，发挥牵头抓总和统筹协调作用，制定并印发市委财经委工作规则及市委财经办工作细则。认真编制和组织实施国民经济和社会发展计划，科学下达各项年度指标任务，建立完善经济运行调度机制，组织市直有关部门及各县区、开发区逐月逐季开展经济运行监测和分析研判，及时发现经济运行中出现的新情况新问题，采取针对性应对举措，全市经济总体保持平稳发展态势。2019年全市地区生产总值（GDP）完成4028.51亿元，比上年增长6.60%，分别高于全国（6.10%）0.50个百分点、全省（6.20%）0.40个百分点，在全省11市中居第2位。（杜新娟）

【转型项目建设】 2019年5月，太原市人民政府印发《太原市深化转型项目建设年行动方案》，明确6项工作目标、7项重点任务和24项具体举措，成为指导全市深化转型项目建设年的纲领性文件。根据行动方案，印发《太原市2019年建设项目及责任分解的通知》，对2019年度建设项目实行县（市、区）、开发区及市直部门领导包联，确保800个建设项目责任全覆盖。召开市领导坐班例会9次，市转型办例会16次，及时研究解决项目建设中存在的困难和问题。印发主要指标完成情况通报6期，对县区、开发区和相关市直部门进行两次专项督导。组织开展前期手续集中办理活动、项目集中开工月、百日百项开工活动和进工地、到一线、解难题等专项活动，帮助178个项目办结244项手续。

同年，全市列入省级项目管理库项目共计727项，总投资9108亿元，年度计划投资1406亿元。1月至12月，开工建设677项，开复工率为93%，竣工45项。其中：新建项目开工205项，开工率为85%；续建项目复工472项，复工率为97%。

同年，重点工程项目共计174项，开复工率100%，其中，省级重点工程建设项目31项，前期项目12项；市级重点工程建设项目87项，前期项目44项。省市重点工程建设项目累计完成投资408.73亿元，完成年度目标任务340.52亿元的120.03%。（杜新娟）

【固定资产投资】 2019年，太原市固定资产投资完成1341.67亿元左右，增长10.20%，高于省考核目标（7.50%）2.70个百分点。做好中央、省资金争取工作，印发《关于加强中央预算内投资申报工作的通知》，与上级部门对接，为太原东山煤矿棚户区改造项目地下立体车库、阳曲粮食物流产业园一期工程、太原液化天然气储配调峰中心项目、太原市保障性安居项目供水工程等27个项目争取中央资金3.20亿余元，有力助推太原市经济转型升级。（杜新娟）

【“十四五”规划编制启动】 2019年

10月1日，太原市政府办公室成立“十四五”规划领导小组，办公室设在市发改委。10月16日，规划办印发《太原市“十四五”规划编制工作方案》。11月，对“十四五”规划前期研究重大课题，面向社会公开遴选研究机构。“十四五”重点专项规划全面启动。

（杜新娟）

【全面建成小康社会实现程度评估整改】 2019年，太原市发展和改革委员会开展太原市全面建成小康社会实现程度评估工作，全面建成小康社会实现程度为95.73%，对预期完成度不足90%的指标提出补短板对策措施。（杜新娟）

【区域经济协调发展】 2019年10月25日，太原市人民政府印发《关于促进区域协调发展的实施意见》，从指导思想、发展目标、发展战略、主要举措、协调机制、保障措施等方面进行安排部署，着力构建以综改示范区为引领的太原中心区、不锈钢产业园区、清徐经济开发区组团的发展格局。（杜新娟）

【能源革命综合改革试点】 2019年，太原市发展和改革委员会围绕中央“四个革命、一个合作”战略思想和省“八个变革、一个合作”总体思路，发挥省会城市在能源革命综合改革试点中的示范引领作用，11月26日，召开全市推进能源革命综合改革试点暨工业高质量发展会议，在全市范围内进行动员部署，12月13日，以市委市政府名义印发《太原市落实〈山西能源革命综合改革试点行动方案〉实施方案》，提出助力山西省能源革命综合改革试点的具体行动指南与工作保障，形成“一方案、一清单、一明细表”，力争打造成全省能源革命领跑者、全国能源革命新高地。（杜新娟）

【工业高质量发展】 2019年4月，确定清徐特色产业集聚区（特色食品）为山西省首批12个特色产业集聚区试点之一。5月30日，组织成立宝能集团太原市新能源汽车项目工作组，办公室设在市发改委。7月19日，协调推动宝能集团与市政府签订新能源制造科技产业园战略合作框架协议。为万柏林区和平老工业区山西国营金阳器材厂同济大学国家磁浮中心山西直线驱动研发中心项目申请获得老工业基地调整改造专项中央预算内投资1476万元。（杜新娟）

【现代服务业发展】 2019年，太原市发展和改革委员会遴选清控科技服务集聚区、太原服装城集团服装批发零售集聚区等6个集聚效应好、企业实力强、有示范带动作用的园区创建省级现代服务业集聚区。筛选太原环晋再生能源有限公司、山西长娥北斗导航数据服务有限公司等8个企业列入2019年“万人入企服务”服务业企业名单。2019年9月，陆港型国家物流枢纽列入2019年国家物流枢纽建设名单。（杜新娟）

【战略性新兴产业】 2019年，太原市发展和改革委员会研究确定将高端装备制造、新材料产业集群作为战略性新兴产业集群发展方向，编制太原市战略性新兴产业集群方案。制定《高端人才来并创办领办企业资助办法》，遴选首批战略性新兴产业领军人才及创新创业团队，奖励5290万元，组织选送20名“三晋英才”，纳入全省骨干人才奖励计划。

（杜新娟）

【社会信用体系建设】 2019年，太原市发展和改革委员会调整充实市社会信用体系建设联席会议成员单位，建立联席会议各项制度，充分发挥综合协调、指导作用。为充分发挥信用在创新监管机制、提高监管能力和水平方面的基础性作用，更好激发市场主体活力，推动高质量发展，9月17日，太原市人民政府办公室印发实施《太原市关于推进社会信用体系建设构建以信用为基础的新型监管机制的实施方案》。组织召开全市社会信用体系建设推进会、培训会，多次开展信用信息共享平台实务操作、信用修复等信用监管实训，细化落实信用体系各项工作任务。制定文明交通信用平台推进方案，会同市公安交警支队制定《太原市交通失信行为联合惩戒办法》，自2020年1月1日起施行。采取有效措施推进全市城市综合信用指数提升工作，城市综合信用指数排名稳步提升。组织相关部门对“差”评企业进行警示性约谈，督促其整改。开展第二批失信政府机构专项治理工作，推进落实全市业主大会统一社会信用代码证发放工作。“信用太原”共享平台平稳运营，先后增设文明交通、专项治理等版块，逐步健全各项功能，“信易贷”“信易

太原市发改委开展“不忘初心强党性、牢记使命勇担当”主题党日活动

（市发改委供图）

批”“信易+”等应用场景取得初步成效。（杜新娟）

【军民融合发展】 2019年，太原市发展和改革委员会印发《中共太原市委军民融合发展委员会2019年工作要点》《太原市军民融合银行组建方案》《太原市军民融合企业（单位）认定管理暂行办法》。启动军民融合创新示范区申报工作，编制完成创建国家、省军民融合创新示范区申报方案。推进太原军民融合创新基地起步区建设，两横两纵道路建设建成。（杜新娟）

【大众创业万众创新】 2019年，太原市发展和改革委员会筛选推荐迎泽区、晋源区、太原智慧产业园管理有限公司为省第三批省级双创示范基地，争取补助资金1500万元。6月13日至19日，组织参加为期一周的全国双创活动周山西分会场活动。6月14日至16日，组织智慧城管、雪亮工程、信用信息平台等部门参加2019（第五届）中国智慧城市国际博览会，推进太原市新型智慧城市科学发展。12月，研究出台《太原市推进大众创业万众创新专项资金管理办法（暂行）》。山西省县域健康大数据工程研究中心被列入2019年山西省工程研究中心名单。（杜新娟）

【招商引资】 2019年，太原市发展和改革委员会推进“新高地”行动方案，全面实行外商投资准入前国民待遇加负面清单管理制度，清理外资准入限制政策，加大吸引外资力度。推进已签署备忘录的太原市医疗卫生资产管理中心利用德国促进贷款医养结合项目，与省沟通协助完成购置医疗设备的3500万欧元立项手续。帮助太原龙投公司完成申请境外发债申报工作，获批3亿美元额度。（杜新娟）

【产教融合型试点城市建设】 2019年3月，太原市被省政府确定为产教融合型试点城市。7月5日，市政府办公室建立太原市促进产教融合工作联席会议制度，办公室设在市发改委。11月2日，以市政府办公室名义印发《太原市推进产教融合试点城市建设实施方案》，促进全市教育链、人才链与产业链、创新链有机衔接，更好服务全市产业转型升级和经济高质量发展。（杜新娟）

【公共服务均等化改革】 2019年4月，印发《关于推进公共服务城乡一体化改革工作的通知》，制定2019年太原市城乡一体化发展改革任务清单，强化跨区域基本公共服务统筹合作，重点推进城乡公共服务一体化工作。8月，会同市直17部门制定印发《太原市推进社会领域公共服务“补强提”工作行动方案》，重点强化3大板块27个领域103项公共服务事项，提高供给质量水平。组织推动进城农村贫困人口优先享有基本公共服务并有序实现市民化工作。（杜新娟）

【天然气产供储销体系建设】 2019年，太原市发展和改革委员会摸清2019—2020年供暖季供用气情况，组织企业做好气源供需平衡计划，提前锁量锁价采购LNG补充气源缺口。安排部署2019年天然气产供储销体系建设需求预测、合同签订、气源储备、储气调峰项目建设等工作。为太原国新清洁液化天然气公司LNG储气调峰项目争取中央预算内资金支持2000万元。按照市环改办下发的煤改气实施方案，组织杏花岭区、迎泽区、晋源区、清徐县和各燃气企业加快推进农村煤改气工程，协调争取上游气源，坚决打好蓝天保卫战。（杜新娟）

【采煤沉陷区治理】 2019年，采煤沉陷区综合治理搬迁安置工作是省、市党委政府重点民生工程。市发改委抓住重点、认真组织、推动落实，召开会议部署工作，向省治沉办申请采煤沉陷区新建小区和基础设施配套资金，每月按时上报搬迁安置和基础设施项目进展台账，定期赴相关县（市、区）检查督导，组织开展分房入住、补偿金发放和收官清算工作。太原市采煤沉陷区综合治理搬迁安置工作综合完成率位居全省第一。（杜新娟）

【对口援疆】 2019年，太原市发展和改革委员会落实中央和省对口援疆精神和部署，开展两地间的交流交往和援助活动。委领导带队，于8月、11月分两批组织科技、财政、交通、卫健、民政等部门赴新疆六师五家渠市和阜康市，就高质量做好援疆工作进行考察调研，接受爱祖国、爱边疆教育，参观援建项目，慰问援疆干部，给予受援地55万元基础民生设施项目补助资金支持。组织卫生、教育、团委、工会、农业等部门开展人才技术和产业援疆。组织县区开展一对一结对帮扶，加强对接考察交流，选派干部人才轮换赴疆帮扶。组织开展对受援方交流培训，推进产业互助互赢。（杜新娟）

【降费减负政策】 2019年，太原市发展和改革委员会贯彻落实降费减负政策，4个部门11项行政事业性收费年减负500余万元，有形建筑市场交易服务费年减负970余万元，地产和矿业权交易手续费年减负1000余万元。向社会公布6个收费目录清单，加强社会监督，让企业明白缴费。（杜新娟）

【粮食安全责任制】 2019年，太原市发展和改革委员会落实粮食收购政策，指导和督促粮食收购企业严格执行国家五要五不准，守住种粮卖得出的底线目标。完成省下达轮换省储小麦10000吨的任务。轮出（销售）市级储备小麦147045吨，轮入（采购）市级储备小麦106425吨，涉及13家市级储备粮承储企业。出库小麦和采购的新小麦全部实行网上竞价交易，做到公开、公平、公正和透明。加强粮食现场管理和熏蒸管理，确保粮油存储安全。“粮安工程”

粮库智能化升级改造工作取得阶段性成果，有10个粮库与省级管理平台对接，实现互联互通。

开展优质粮食工程建设，督促指导清徐县山西好粮油行动示范县建设项目，争取中央补助专项资金114万元和省乡村振兴重点项目116万元。申报省粮油产业化龙头企业，六味斋金大豆、汾东杂粮榜上有名，参加山西好粮油产品遴选，六味斋馒头和面条、美特好面条榜上有名。（杜新娟）

【粮食物流产业园区】2019年，太原市粮食物流产业园区一期工程于11月20日开工，将建设35万吨仓容的原粮储备库房和1.20万吨的应急成品粮储备库房，为保障粮食安全，推进国有粮食企业改革发展迈出坚实步伐。（杜新娟）

【安全生产和监督检查】2019年，太原市发展和改革委员会贯彻落实党政领导干部安全生产责任制规定，印发《关于调整安全生产委员会成员及职责的通知》，明确职责分工，层层签订责任书，实行安全生产挂牌责任制。坚持月例会、周检查制度，组织开展安全专项整治行动、“安全宣传月”活动和安全应急演练。加强重大风险管控差异化动态监管，建立双重预防安全风险数据库、安全监管“三落实”表、责任清单、隐患排查治理制度等，通过齐抓共管，实现全年安全生产无事故。继续抓好全市粮食流通市场监督检查工作，开展夏粮、秋粮收购专项监督检查和政策性粮食出库、执行国家粮食统计制度监督检查。做好全市政策性粮食库存数量和质量大清查工作，建立市、县大清查协调机制，对全市纳入清查范围的44个单位和294个货位进行全面检查，并督促完成对粮企检查发现问题的整改。落实省政府粮食安全责任制考核目标任务，牵头市粮安考核成员单位做好迎接省考核准备工作，组织完成对县区粮安责任制考核工作。（杜新娟）

财　政

【概况】2019年，太原市财政局以习近平新时代中国特色社会主义思想为指导，全面贯彻中共十九大和十九届二中、三中、四中全会精神，学习贯彻习近平总书记“三篇光辉文献”精神，落实市委市政府的决策部署，坚持稳中求进工作总基调，坚持把新发展理念和高质量发展要求贯彻财政工作始终，统筹推进稳增长、促改革、调结构、惠民生、防风险、保稳定各项工作，加力提效实施积极的财政政策，规范财政收支管理，深化财政体制改革，财政预算执行正常平稳，财政管理水平不断提升，财政改革发展深入推进，各项工作取得新成绩。

2019年，太原市一般公共预算收入386.62亿元，为预算的100.80%，增长3.60%；一般公共预算支出610.55亿元，为预算的92.30%，增长12.60%。在大规模减税降费情况下，完成备案预算收入。根据市委关于进一步加强当前财政收支预算管理全面落实减税降费政策的有关要求，各级财政部门及时向同级人大常委会报请调整收支预算，优化支出结构，加强资金统筹，市委、市政府重大战略部署保障有力，促进全市经济稳中向好和社会和谐稳定。（张　洋）

【财税体制改革】2019年，太原市财政局继续深化财税体制改革。及时解决市对县（市、区）财政体制调整后出现的新情况、新问题，确保新的财政管理体制平稳运行。推动市县两级财政事权和支出责任划分改革，印发《市与县（市、区）财政事权和支出责任划分改革实施方案》《太原市基本公共服务领域市级与县（市、区）共同财政事权和支出责任划分改革方案》，推动形成合理授权、依法规范、权责匹配、运转高效的财政事权和支出责任划分体系。健全预算管理制度。出台《关于加快财政支出执行进度提高财政资金使用效益的通知》，对各县（市、区）和市直单位的财政支出进度进行考核督促，加大结转结余资金清理力度，盘活财政存量资金，切实提高财政资金使用效益。加大预决算公开力度，加大公开内容和范围。规范市级行政单位资产配置标准，加强市直机关差旅伙食费和市内交通费管理。全面推开财政电子票据改革。探索推行政府采购新型采购人制度。规范市级财政专户资金竞争性存放管理。全面实施预算绩效管理。出台《全面实施预算绩效管理着力提高财政资金使用效益的实施意见》，加快构建全方位、全过程、全覆盖的预算绩效管理体系。进一步加强国有金融资本管理。出台《关于完善国有金融资本管理的工作措施》，规范明确国有金融资本出资人职责，理顺国有金融资本管理体制。加快构建政府性融资担保体系，努力缓解小微企业融资难融资贵问题，支持实体经济发展。（张　洋）

【财政政策实施】2019年，太原市财政局将更大规模减税降费作为实施积极财政政策的头等大事。坚决落实落细国家和省新出台降低增值税税率、小微企业普惠性税收减免、个人所得税专项附加扣除、降低社保费率等政策，减税降费效果持续加大，与减税政策相关税种增幅呈现回落态势，全市新增减税降费72.98亿元。全面清理规范行政事业性收费，加强非税收入收缴管理，确保各项减税降费政策实打实、硬碰硬，有力促进经济平稳运行，提升市场信心，让企业和人民群众有实实在在的获得感。大规模减税降费加大预算平衡难度。市财政认真落实中央和省市各项要求，提出一揽子抓好财政收支预算管理、支持减税降费政策具体措施，全力确保财政收支平衡和预算稳定运行。加强财政收支预算管理，最大限度弥补减收，在年初压减一般性支出5%的基础上持续加压，收回部门单位长期沉淀闲置以及年底前难以使用的资金，压减和盘活资金全部用于落实市委、市政府重大战略部署，支持民生改善和重点项目建设。

（张　洋）

【财政助力转型发展】 2019年，太原市财政局加大产业项目扶持力度。围绕工业强市，保持战略定力，加大财政政策支撑和资金保障。下达工业转型升级资金3.70亿元，重点用于扶持煤焦冶电等传统产业改造升级，促进产业迈向价值链高端。加快产业投资基金实体化运作，引导社会资金投向先进装备制造、新材料合成加工和信息技术产业，支持新能源汽车产业发展。支持创新驱动战略。下达8.50亿元科技创新专项资金，支持科研院所、科技创新基地和科技人才队伍建设，重点支持龙芯安全可靠科技攻关基地项目、院士工作站和国家级科研项目及重点实验室建设。全面落实人才兴市战略。下达人才专项资金3.50亿元，用于引进高精尖缺人才和创新团队，对落实人才政策好、研发经费投入强度大的企业单位给予奖励。（张　洋）

【三大攻坚战】 2019年，太原市财政局有效防控地方政府债务风险。加强政府债务管理，实行政府债务限额管理，争取省转贷政府债券，用于二青会场馆、医院重点建设项目等社会事业类基本建设。健全政府债务风险化解和应急处置机制，稳妥有序化解存量债务，有力降低太原市政府债务风险。支持打好精准脱贫攻坚战。市本级安排专项扶贫资金1.49亿元，增长10%。下达乡村振兴战略资金3.08亿元，统筹推进脱贫攻坚与乡村振兴战略，整合各类涉农资金，紧盯“两不愁三保障”，支持易地搬迁、产业扶贫、农村饮水安全工程等。加强扶贫资金监管力度，构建扶贫资金动态监控平台，提高资金使用效益。支持打好污染防治攻坚战。持续加大大气、水、土壤等环境整治投入力度。下达黑臭水体治理、太榆退水渠建设等各类水污染治理资金15.53亿元。及时拨付扬尘污染防治、散煤治理、老旧柴油车报废补贴等大气污染防治资金9.48亿元，推动省城生态环境质量持续改善。

（张　洋）

【民生事业发展】 2019年，太原市财政局支持教育优先发展。继续把促进基础教育均衡发展和提升教育质量作为重点，下达专项资金5.90亿元，落实城乡义务教育学生阶段各项补贴、中等职业学校免学费、学前教育幼儿资助政策。下达资金5.58亿元，支持五中、成成中学新校区正式招生和外国语学校等新改扩建。安排专项经费保障公办小学放学后免费托管服务，惠及全市28万户家庭。促进就业创业。拨付各类就业创业补贴资金5.15亿元，在重点支持解决公益性岗位人员、高校毕业生、退役军人等群体就业的基础上，加强职业技能培训，多方面保障促进创业。推进养老服务体系建设。扶持社会办养老服务机构发展，支持社区养老服务中心和老年日间照料中心建设。提高社会保障标准。城乡医保财政补助标准由每人每年490元提高到520元，城乡低保保障标准平均每人每月分别提高56元和60元，继续提高对优抚对象、残疾军人、社会散居和福利机构供养的孤儿补助，兜牢困难群众基本生活底线。提升全民健康水平。拨付资金支持公立医院重点建设，确保公立医院取消药品加成补助政策落实到位。推进城市品质提升。抓住二青会展示城市美好形象的机遇，进一步加大基础设施和公共服务设施建设投入力度。下达专项资金8.57亿元，支持二青会比赛场馆周边道路养护、绿化等基础设施建设。支持背街小巷和老旧小区改造、环境卫生整治和城市公共设施养护，全面提升城市承载力和宜居度。提升公共文化服务水平。支持公共文化服务体系建设，实施“三馆一站”免费开放、农村电影放映等文化惠民工程；支持千年府衙、天龙山景区提质等重点文物保护工程项目建设，努力增强城市软实力。节俭高效举办二青盛会。拨付资金3.41亿元，支持滨河体育中心改造扩建、太原市网球中心等比赛场馆建设。拨付专项资金4.83亿元，确保青运村建设、二青会开闭幕式、太原赛区竞技体育项目比赛圆满进行，赛事保障工作受到省委、省政府表彰嘉奖。

（张　洋）

税　务

【概况】 2019年，国家税务总局太原市税务局以习近平新时代中国特色社会主义思想和中共十九大精神为指引，学习中共十九届二中、三中、四中全会精神，全面落实全省税务工作会议和全市经济工作会议部署，不断加强党对税收工作的全面领导，深入开展主题教育，立足新机构新起点，统筹抓好减税降费、组织收入等各项税收重点工作，较好地完成各项工作，为推进税收现代化、服务全市经济高质量转型发展做出新的贡献。（郭天文）

【税费收入】 2019年，国家税务总局太原市税务局坚持组织收入原则不动摇，持续加强收入运行监控，按月召开收入分析会，全面掌握税源变化趋势和底数，扎实推进减税降费与组织收入齐头并进、协同发展，圆满完成全年组织税费收入任务。全市税务部门累计组织入库各项收入749.37亿元。其中，税收收入累计完成619.72亿元，同比下降1.21%，减收7.59亿元；非税收入累计完成83.92亿元，剔除不可比项目后，同比增长0.88%，增收2211万元；社保费收入累计完成45.73亿元。在完成的税收收入中，省市县地方级收入累计完成345.87亿元，同比增长1.05%，增收3.60亿元；市县地方级收入累计完成262.35亿元，按照财政统计口径，同比增长3.97%，增收10.01亿元，有力支持太原经济社会转型发展。（郭天文）

【减税降费】 2019年，国家税务总局太原市税务局聚焦税收主题，推动减税降费政策措施落地生根。“一盘棋”统筹推进。市、县两级税务部门成立“一把手”任组长的减税降费工作领导组及办公室，实行减税降费办公室实体化运行，健全完善“散点联动、扎口管理”运行机制和相关工作机制。制定《太原市税务局减税降费工作落实方案》《实施减税降费工作任务分解表》，明确12大类55项工作任务责任部门、完成时限，挂图作战，对表推进。“一竿子”宣传督导。建立税收政策宣传、培训、落实、问题解决“直通机制”，利用线上线下、“两微一端”“税宝宝”手机App等多渠道进行减税降费宣传辅导。向纳税人推送减税降费政策文章420篇，通知公告719次，覆盖纳税人20万户次。逐月向重点企业法人代表邮寄“减税降费政策红利通知书”，为2264户企业法人算清税收红利。对减税降费工作进行全程督导，提取各类数据17批次，对疑点数据及时发现并快速落实到位。在开展巡察、督查和审计等各类检查时将减税降费作为必查内容进行重点检查，切实保障减税降费政策落地生根取得扎实效果。“一面旗”引领聚力。成立减税降费工作“党员先锋突击队”“青年先锋突击队”“巾帼先锋突击队”，以党员做表率、以党建促落实。成立16个部门共同参与的实施减税降费工作协调小组，扩大减税降费政策落实效应；主动向市委、市政府汇报减税降费工作，举办“县长税课”31期，形成共同抓好减税降费的强大合力。

同年，全市税务系统累计新增减税降费81.01亿元，占到全省新增减税降费的20.19%。其中，中央级减免38.66亿元，省级减免10.36亿元，市县级减免31.99亿元。文化事业建设费、残疾人保障金等非税收入政策降费0.18亿元。太原市机关事业单位社保费降费2.16亿元，其中，机关事业单位基本养老保险，减免1.85亿元；机关事业单位失业保险，减免0.21亿元；机关事业单位工伤保险，减免0.10亿元。（郭天文）

2019年8月15日，市税务局与二青会主题邮局联合开展减税降费在行动活动

（市税务局供图）

【税收法治】 2019年，国家税务总局太原市税务局不断夯实涉税制度基础，执行涉税制度文件合法性审查，对与《外商投资法》不相符的税收规范性文件组织集中清理，对执法督察的检查依据、实施程序等进一步予以规范。落实法治建设责任，成立全面依法行政领导小组和党委法治建设委员会，按季度召开依法行政工作会议，编印《“三项制度”文件汇编》，深入开展普法宣传工作。（郭天文）

【税务稽查】 2019年，国家税务总局太原市税务局积极与公安机关、各级扫黑办协作，增强打击合力，累计核查发现并接收转办线索99条，其中外部线索91条，办结62户涉案企业。严格办理打虚打骗案件，接受总局和省局转办案源629户，认定虚开619户。其中，接受虚开发票涉及金额7.40亿元，税额1.90亿元；对外虚开发票涉及金额33.10亿元，税额4.20亿元。（郭天文）

【税收征管】 2019年，国家税务总局太原市税务局持续深化简政放权，对税务证明事项进行集中清理，对行政审批行为进行全面自查。推进新的征管规范落地，精简同质化流程业务事项50%，精简纳税人、缴费人报送的资料48%，精简纸质表证单书26%。优化电子税务局，实现主要涉税事项网上办理。

（郭天文）

【税务服务】 2019年，国家税务总局太原市税务局妥善处理不动产登记遗留问题，为3107户个人办理处遗环节契税手续。研究出台《优化税收营商环境若干措施》《关于规范基层税务机关入户事项的通知》《关于明确注销业务有关事项的通知》，制定“4项7类”发票限量供应风险提醒系统指标，建立“第三方评价、末位单位整改、市局领导约谈、专家团队问诊”的大厅管理机制。创新退税方式，全程实现电子化批量退税，推行最大限度适用简易处罚程序等措施。有效应用自主研发的“税宝宝”手机App，为纳税人提供政策推送、咨询解答、预约办税等全方位涉税服务，全市办税服务厅业务平均办理时间由6分钟缩短为3.74分钟。引深税邮合作，建成全省首家税邮合作服务中心，为纳税人提供发票网上申领代开、邮政配送等一系列特色服务。加强银税互动，首创“银税互动+政策性担保贷款”普惠金融新模式，着力为纳税人解决融资难问题，累计帮助1496户纳税人获得无抵押信

用贷款 2.04 亿元。（郭天文）

【税收风险管理】 2019 年，国家税务总局太原市税务局自主制作新办企业非正常纳税人增值税发票风险管理模型和房产税风险管理模型，下发风险 6 批次 1234 户次。全年接收推送风险任务 88 批次 4827 户次，入库税款滞纳金 6643 万元。（郭天文）

【税务权益维护】 2019 年，国家税务总局太原市税务局落实小微企业涉税诉求和意见快速响应机制。制定出台《12366 纳税服务热线后台支撑制度》，确保纳税服务投诉事项件件有回复。2019 年共接收处理纳税服务投诉 104 件，12345 便民服务热线接收转办事项 3081 件，全部办结。规范税务行政复议工作，畅通法律救济渠道，全市系统受理并办结 2 件行政复议案件，提前介入 5 件税企争议事项并做出妥善处理。（郭天文）

【税务教育】 2019 年，国家税务总局太原市税务局高度重视干部队伍的教育培训，丰富培训方式，推动业务互学，以培训促融合，以融合促提升，通过“线上 + 线下”“自学 + 集中”“整体提升 + 重点培养”的培训方式，努力建设一支业务精通、作风优良的干部队伍。先后组织全员业务培训、业务大比武集中培训、“智税 2019”大数据竞赛培训、数字人事“两测”培训、执法资格考前培训等 16 类 20 多期专题培训，实现综合培训和专业技能培训全覆盖。在全省税务系统大比武竞赛中，有 1 人代表省局参加总局竞赛，有 6 人被省局授予专业骨干称号。在新录用公务员执法资格考试中，全市税务系统通过率达 100%。（郭天文）

【税务监督】 2019 年，国家税务总局太原市税务局发挥政治监督作用，在抓好日常监督检查的基础上，紧盯重要领域、重点环节和重要时间节点，紧盯“四风”新表现新动向，抓好专项整治工作。对全市税务系统 17 个基层单位实现巡察、督查和审计全覆盖。严肃查处各类违规违纪问题，全年共处置问题线索 48 件，运用“四种形态”处理 44 人次。市局党委听取机关和系统党建工作情况汇报 3 次，集中听取各基层单位、各科室主要负责人落实从严治党主体责任情况汇报 2 次，开展集体谈话 10 次，累计约谈 78 人次；市局纪检组约谈纪检干部 94 人次，任前廉政谈话 40 人次，谈话提醒 13 人次。（郭天文）

2019 年 6 月 17 日，市税务局组织开展“童心筑税梦，税收伴成长”青少年税法学堂活动（市税务局供图）

土地资源管理

【概况】 2019 年，太原市规划和自然资源局组建。太原市规划和自然资源局贯彻落实党中央关于规划和自然资源（含林业）工作的方针政策和省市委的决策部署，在履行职责过程中坚持和加强党对规划和自然资源（含林业）工作的集中统一领导。主要职责有履行全市全民所有土地、矿产、森林、草原（地）、湿地、水等自然资源资产所有者职责和所有国土空间用途管制职责，负责全市自然资源调查监测评价等 35 项。全系统认真落实习近平总书记视察山西重要讲话精神，围绕自然资源工作“两统一”的新职责新定位，以服务全市中心工作大局为核心，建机制、打基础、谋思路、抓落实，有效应对机构改革后大事多、急事多、难事多的考验，完成省市部署的各项目标任务，推动全系统党的建设和党的事业全面拓展新局面。

根据 2018 年度土地变更调查数据，太原市行政区域面积 690900.96 公顷，其中，农用地 434499.74 公顷，占 62.89%；建设用地 80915.21 公顷，占 11.71%；未利用地 175486.01 公顷，占 25.40%。

太原市矿产资源丰富，主要有煤、铁、石灰岩、白云岩、石英等。在矿产资源中以煤蕴藏最丰富，铁矿次之，故享有“煤铁之乡”的美称。煤矿资源主要分布在古交市、娄烦县、万柏林区、晋源区及清徐县；金属矿产分布在娄烦县、古交市；非金属矿产分布在阳曲县、古交市、娄烦县、迎泽区和杏花岭区。太原市煤、铁地质勘查程度相对较高，已有矿区 85% 以上达详查勘探程度；其他矿产如石灰岩、白云岩等潜在优势矿种，地质勘查程度相对较低，有待进一步加强地质勘查。（杨莹　常丽英）

【耕地保护】 2019 年，太原市规划和自然资源局根据 2018 年度土地变更调查数据，全市实有耕地面积 115629.10

公顷，超出规划期内保护任务 12.90%；人均耕地面积 0.03 公顷，远低于全国水平；耕地质量等别平均为 11.40 等。由于山地、丘陵多和水资源不足，太原市耕地利用以旱作农业为主，旱地和水浇地分别占到耕地的 62% 和 30%，优质、高产耕地规模小，农业生产效率较低。2019 年补充耕地面积 1001.86 公顷，补充耕地平均质量等级 10.02 等，补充新增标准粮食产能 899.59 万公斤。

严格按照耕地数量、质量、生态“三位一体”保护要求，全面完成永久基本农田划定工作，实现“划优、划足、划实”“定量、定质、定位、定责”的保护目标。全市共划定永久基本农田 87013.33 公顷、永久基本农田储备库 1200 公顷，其中城市周边划定永久基本农田 8860 公顷，达到省政府下达的永久基本农田划定任务。粮食功能区、高标准农田等优质耕地优先划入永久基本农田，划定保护片块共 13928 块，签订保护责任书 876 份，设立保护标志牌 886 块，永久基本农田保护责任得到有效落实。

2019 年完成土地整治项目 24 个，投资 9018 万元；垦造耕地 433.33 公顷，建成高标准农田 1940 公顷，实施旱地改水田面积 13.33 公顷。（常丽英）

【管矿用矿】 2019 年，太原市矿产资源保护坚持点上开发、面上保护，开发与保护并重，严格新建矿山准入条件，新办矿山全部实现“招、拍、挂”；通过资源整合、兼并重组、化解过剩产能和减量重组等措施，严格煤炭矿山企业生产能力核定，淘汰关闭落后产能，推进全市煤炭矿山开发结构调整和布局优化，全市煤炭矿山比资源整合前减少 84.60% 以上，矿山生产规模全部达到 60 万吨 / 年以上。

同年，全市共有矿业权 131 宗，其中，探矿权 3 宗（2 宗煤层气，1 宗煤），采矿权 128 宗（煤矿 58 座，煤层气矿 2 座，非煤矿 68 座）。非煤矿中包含铁矿 20 座，铝土矿 1 座，耐火黏土矿 1 座，建筑石料用灰岩矿 30 座，熔剂用石灰岩矿 3 座，石灰岩矿 2 座，饰面用花岗岩矿 1 座，水泥用灰岩矿 6 座，脉石英 2 座，建筑用沙矿 1 座，白云岩矿 1 座。

同年，全市办理矿业权审核审批 65 宗，其中，省部级发证 27 宗，市级发证 38 宗。全年共计征缴矿业权出让收益 4.64 亿元。（常丽英）

【生态修复治理】 2019 年，太原市规划和自然资源局全面推进山水林田湖草生态保护修复工程项目试点工作，按照《山西省汾河中上游山水林田湖草生态保护修复工程试点实施方案（2018—2020 年）》，太原市共有 5 大类，13 小类，41 个工程项目，其中，矿山生态环境及地质灾害综合治理项目 20 个，造林绿化项目 1 个，黄土丘陵区水土保持与生态修复项目 6 个，河流水系及水生态保护恢复项目 13 个，生物多样性保护项目 1 个。全市治理面积 274.19 平方千米，项目分布在娄烦县、古交市、万柏林区、尖草坪区，计划总投资 33.72 亿元。2019 年底，全市实施 36 个工程项目。（常丽英）

【项目选址和用地预审】 2019 年，太原市市区规划条件核发 100 个；建设项目选址意见书核发 78 个，建设项目选址面积 514.21 公顷；建设用地规划许可证核发 197 个，建设用地规划许可面积 732.12 公顷；用地预审 51 件，预审总面积 374.13 公顷。（常丽英）

【土地利用年度计划】 2019 年，太原市下达土地利用计划总量 2253.33 公顷，其中，农用地 993.33 公顷（含耕地 809.33 公顷）。全市共安排用地总量 1187.63 公顷，占计划指标的 52.71%，其中，农用地 512.38 公顷（含耕地 280.85 公顷），未利用地 675.25 公顷。使用新增建设用地计划指标同比增长 4.39%，其中，使用未利用地指标同比增长 376.09%。

省累计下达增减挂钩指标 242.31 公顷，累计使用增减挂钩指标 114.88 公顷，累计复垦还耕 144.48 公顷，当年复垦还耕 47.43 公顷。增减挂钩节余指标省域内调剂数量 58.13 公顷，流转收益 1.35 亿元。（常丽英）

【建设用地审批】 2019 年，山西省人民政府批准太原市建设用地 1670.34 公顷，同比增长 57.96%。其中，新增建设用地 843.35 公顷，同比增长 47.73%，占批准总量的 50.49%。

分类型看，批准城镇村建设用地 1668.36 公顷，其中，工矿仓储用地 325.33 公顷，住宅用地 537.55 公顷，公共管理服务用地 263.99 公顷，交通运输用地 373.27 公顷，商服用地 93.31 公顷，其他用地 74.91 公顷；批准单独选址建设项目 1 个，用地 1.98 公顷。

分县区看，晋源区领跑全市，获批 373.37 公顷，占全市批准总面积 22.35%；其次是尖草坪区，获批 331.49 公顷；小店区位列第三，获批 287.79 公顷；娄烦县、古交市获批面积较少。

2019 年，实施征地总面积 548.81 公顷，其中，农用地征收 328.58 公顷，耕地征收 185.25 公顷。征地总费用 16.68 亿元，安置农业人口 4164 人。（常丽英）

【建设用地供应】 2019 年，太原市国有建设用地供应总面积 2423.91 公顷，同比增长 32.58%。从供应方式看，划拨土地面积 1577.59 公顷，同比增长 26.56%，占供应总面积的 65.08%；出让土地面积 846.32 公顷，同比增长 45.48%，占供应总面积的 34.92%。2019 年土地收益为 545.29 亿元，同比增长 22.72%。

从供应用途看，2019 年全市商服用地、住宅用地、工矿仓储用地、其他用地供应面积分别为 200.20 公顷、369.36 公顷、244.10 公顷、1610.25 公顷，同比分别增长 146.25%、29.10%、61.19%、22.98%。上述用地分别占国有建设用地供应总量的 8.26%、15.24%、10.07%、66.43%。其他用地供应中交通运输用地占比超九成。

分县区看，晋源区、尖草坪区、小店区供地较多，供应面积分别为 665.64 公顷、524.77 公顷、434.58 公顷，分别占全市供地总量的 27.46%、21.65%、17.93%。（常丽英）

【规划许可核发】 2019 年，太原市市区建筑设计方案批复 125 个，建设工程规划许可证核发 1226 个，建设工程规划许可建筑面积 2186.34 万平方米，临时建设工程规划许可证核发 11 个。临时建设工程规划许可建筑面积 1.02 万平方米，建设工程规划核实面积 1168.80 平方米。（常丽英）

【土地储备运作】 2019 年，太原市规划和自然资源局合理编制年度供地计划和土地储备计划，将经营性用地纳入土地储备库和年度供应计划作为地块出让的前置条件，增强市级统筹调控能力，组织编制住宅用地 5 年中期规划和“三年滚动”计划，加大中心城区等房价上涨过快区域土地供应量，稳定市场预期。2019 年初，政府在库储备土地面积 493.32 公顷，当年新增入库 416 公顷，其中收购储备 97.42 公顷，征收储备 318.58 公顷，支付土地储备成本 30.26 亿元。2019 年当年新增出库 322.72 公顷，收取土地出让金 205.59 亿元。2019 年末，政府在库储备土地面积 586.60 公顷。（常丽英）

【土地价格稳定】 2019 年，太原市综合地价、商服用地地价、住宅地价、工矿仓储地价分别为 4137 元 / 平方米、7029 元 / 平方米、5633 元 / 平方米、682 元 / 平方米，同比分别增长 15.11%、13.22%、19.52%、0.10%。综合地价、商服用地地价、住宅地价呈平稳上升态势，工矿仓储地价与上年同期持平。（常丽英）

【存量建设用地盘活】 2019 年，太原市处理批而未供土地 1025.48 公顷，年内增加批而未供土地 0 公顷，年末批而未供土地 4287.72 公顷，处置率 19.30%。

2019 年初闲置土地 1290.67 公顷，年末闲置土地 962.14 公顷，处置闲置土地 328.54 公顷，其中，实际动工 322.05 公顷，收回和置换土地 6.49 公顷，处置率 25.45%。

分类别看，期内工矿仓储用地闲置最多，占闲置土地的 64.02%。对其他土地闲置和住宅用地闲置的处置率较高，分别为 52.19%、45.35%。（常丽英）

【登记发证改革】 自 2016 年 9 月 30 日不动产统一登记以来，截至 2019 年，太原市累计颁发不动产权证书 465296 本，不动产登记证明 180885 本，协征土地增值税、契税等超 80 亿元。其中，2019 年颁发不动产权证书 204241 本，不动产登记证明 96531 本。

2019 年，太原市启动处理不动产登记遗留问题工作，力争用三年时间，基本完成不动产登记遗留问题处理。2019 年，完成处理遗留问题房屋首次登记 50343 套、转移登记 3513 套，征缴各类费用约 1.50 亿元，超额完成年度目标任务。（常丽英）

【基础设施保障】 2019 年，太原市规划和自然资源局科学合理编制城市基础设施发展规划，保障市政基础设施建设。重点开展太原市集中供热热源规划、京太延高铁选线、城西燃气热源厂规划选址、东峰热源厂备用气源选线等项目规划研究；研究审查军民融合起步区、东山酿造小镇、虎峪河西延道路改造等 43 项道路工程，共计约 68.90 千米；深入调查提出 2019 年人行过街布点方案，审查坞城路司法学校等 16 处人行天桥方案；推进城市停车设施建设，委托编制 2019 年第一批停车设施项目库方案，起草《关于城市停车场用地配套政策若干暂行措施》。（常丽英）

【地质灾害防治】 2019 年，太原市地质灾害（隐患）主要有崩塌、滑坡、泥石流、地面塌陷、地裂缝、地面沉降及不稳定斜坡等。

全市共查明地质灾害（隐患）点 812 处，其中，崩塌 63 处，滑坡 74 处，泥石流 19 处，不稳定斜坡 511 处，地面塌陷 130 处，地裂缝 14 处，地面沉降 1 处。812 处地质灾害（隐患）点直接威胁人口 53720 人，威胁财产 20.79 亿元。地质灾害高易发区面积为 1471.30 平方千米，占全市总面积的 21.05%。

分县区看，古交市、娄烦县、阳曲县地质灾害（隐患）点较多，分别为 287 处、126 处、97 处，分别占全市地质灾害（隐患）点的 35.34%、15.52%、11.95%。

2019 年 6 月 25 日，市规划和自然资源局开展纪念第 29 个全国土地日宣传活动（市规自局供图）

2019年，太原市地质灾害以“防”和“治”为主线，强化地质灾害风险预警，市级联合市气象局发布地质灾害气象风险预警13次，县级发布地质灾害气象风险预警75次。全年排查巡查地质灾害隐患点1398个（次），应急处置地质灾害险情4次，撤离避险21人，对2个地质灾害隐患点开展排危除险。省、市、县共投资6305.76万元用于农村地质灾害治理搬迁项目，受益农户522户。全年未发生地质灾害，实现地质灾害零伤亡。（常丽英）

【维稳维权】2019年，太原市规划和自然资源局受理信访来信160件，比上年增长14.29%，来访18批次，比上年下降45.45%。从信访问题来看，主要集中在规划信访、违法占地和权属争议。全市土地违法案件407件，涉及土地面积467.79公顷，涉及耕地面积48.98公顷，分别比上年增长87.56%、397.73%、453.47%。立案388件，同比增长84.76%，结案203件，同比下降25.91%。拆除构建物2909.10平方米，没收构建物1807.20平方米，收回土地19.17公顷，罚没款1895.58万元。全市无矿产资源违法立案及结案，无测绘违法立案及结案。

同年，全市建筑立面整治面积744万平方米，其中，第五立面整治534万平方米，其他立面整治210万平方米，拆除违章建筑346个，规范建筑工地473处，完成道路沿线整治77.18千米。实体围墙整治556处，其中，改造478处，拆除78处；拆除违法建设546处，面积7.50万平方米。（常丽英）

【测绘和地理信息】2019年，太原市规划和自然资源局按照《测绘法》和自然资源部的要求，建立全国统一的大地坐标系统、平面坐标系统、高程系统、地心坐标系统和重力测量系统。太原市开展新型基础测绘体系建设。完成太原市现代测量控制基准建设及似大地水准面精化项目，建设覆盖全市域集平面、高程、重力场信息于一体的综合性基础控制网，建立统一的太原市现代测绘基准体系，实现GPS测量成果平面精度优于1厘米，高程精度优于2厘米的建设目标。全市周边布设GPS C级控制点130个，GPS D级控制点300个，三角点285个，水准点235个，平面控制网覆盖全市域及周边共7100平方千米。

2000国家大地坐标系是原点位于地球质量中心坐标系统，是全国最新、最精准的坐标系，是国家、部省统一使用的标准坐标体系。2019年，太原市建设太原市基础地理信息坐标转换系统，实现北京54坐标系、西安80坐标系及太原市独立坐标系与2000国家大地坐标系之间互相转换。

2019年，太原市规划和自然资源局完成太原市测绘资质单位年度报告和统计直报管理工作。据统计，截至2019年底，共有甲、乙、丙、丁四等级测绘资质单位225家，全市测绘单位从业技术人员2480人，全年测绘服务总值达101237.63万元。

提供测绘成果服务。2019年汇交最新数字正射影像成果，范围覆盖太原市城六区，总面积达890平方千米。全年累计为太原市各单位提供纸质1∶500地形图、1∶200地形图共计990幅，提供矢量电子地图、影像数据服务等数据达120GB。为太原市社会经济发展、重大民生工程、城市规划建设、智慧城市发展、防灾减灾等行业提供基础数据保障。（常丽英）

国有资产管理

【概况】2019年，太原市国资委学习贯彻习近平新时代中国特色社会主义思想，按照“稳中求进、全面突破、依法依规、市场运作”的思路，推动国资国企改革，并以机构改革、“不忘初心、牢记使命”主题教育为契机着力加强机关作风建设，以转型项目建设为抓手着力推动监管企业做强做大，改革“补考”“赶考”步伐进一步加快，优化国资监管体系，抓好企业经营，提升监管效能。市国资委直接监管国有独资、控股及参股企业纳入企业财务快报统计20户。截至2019年年底，资产总额164.47亿元，与上年同期相比增加2.50%；负债总额138.70亿元，与上年同期相比增加4%，负债率84.33%；所有者权益总额25.77亿元，与上年同期相比减少4.80%；营业收入31.55亿元，与上年同期相比减少3.80%；工业总产值17.93亿元，与上年同期相比减少2%；上交税费总额1.76亿元，与上年同期相比增加2.50%。（周倩卉）

【国有企业改革】2019年，太原市国资委顶层设计更加完善。先后出台、拟定《太原市深化国企国资改革的实施意见》《太原市2019年深化国企国资改革行动方案》《关于市属国有企业加强党的领导和完善法人治理结构的实施办法》《太原市厂办大集体企业改革实施方案》《市属国有企业发展混合所有制经济实施意见》等13个政策性文件，基本建成深化国资国企改革“1+25”政策体系。

推动市属国有企业厂办大集体改革。将中央财政补助资金1.02亿元拨到主办企业，58户关闭企业中，3户试点企业完成关闭。9户生产经营正常的企业中，3户企业完成改制。

改革领导机制。将太原市企业改革领导小组办公室职能并入市委国有企业改革发展和党建工作领导小组办公室，召开太原市改制企业党组织关系转隶移交工作大会，将国有资产全部退出45户改制企业党组织关系移交属地管理，实现国资监管部门专职国有资产监管转变。

增加专家力量。选聘具有丰富经验国企改革专家，组建国企改革专家咨询委员会；聘请3名资深律师作为长期法律顾问，7家律师事务所的律师作为委

员，成立太原市国企改革法律咨询委员会，使国资国企改革工作更加有法可依。（周倩卉）

【国有资产监管】 2019年，太原市国资委经营性国有资产监管更加集中。召开市党政机关与所办企业脱钩改革工作动员大会。摸底全市国有企业基本情况，编制《2018年度太原市属国有企业基本情况普查结果》。接收山西省焦炭集团太原市焦炭公司、太原矿山设计院。26个主管部门及脱钩企业，完成脱钩情况自查，分批推进移交。

国资监管体制更加健全。试行“一企一策”经营业绩考核，与监管企业逐户签订《2019年度经营业绩责任书》。出台《太原市市属企业在岗职工工资统计管理办法》，深化市属企业“三项制度”改革。制定《太原市国资委出资人监管权力和责任清单》，深化“放管服效”改革；修订《太原市国资委监管企业国有资产评估管理办法》，推动国资监管由“管企业为主”向“管资本为主”转变。（周倩卉）

【太原市国有资本投资运营公司成立】 2019年，太原市国资委优化国有资本布局，改革或组建国有资本投资和运营公司：组建太原市国有资本投资运营公司，于2019年11月22日注册成立，12月13日挂牌运营。（周倩卉）

【国企混合所有制改革】 2019年，太原市国资委分层分类多模式推进市属国有企业混合所有制改革：东山煤电集团引入北京四季大通投资集团投资30亿元人民币，利用东山煤矿废弃巷道，建设“中国·太原煤炭影视旅游生态小镇”。太原狮头集团创一混凝土公司同宏源泰公司战略合作，双方整合资源进行混合所有制改革；田和食品集团通过吸收市场经营大户及国内同类专业市场投资人入股，对旗下食品市场进行整合重组，发展混合所有制经济。（周倩卉）

【“僵尸企业”治理】 2019年，太原市国资委推进企业剥离办社会职能，打赢“处僵治困”攻坚战：企业剥离办社会职能情况。“三供一业”分离移交后的维修改造成效明显。协助9户省属国有企业申报“三供一业”财政补助资金1.24亿元，组织7家中央下放企业开展绩效自评工作。“三供一业”资产移交完成100%，资金已到位的维修改造项目开工建设60%，施工改造完成30%；完成中央下放企业“三供一业”维修改造工作，中央财政补助资金清算基本完成。分离办市政基本完成。国有企业办市政分离移交涉及万柏林等6个区（县）、西山煤电等9家大型国有企业，修缮资金全部核算完毕，签订移交协议，移交率达96%。国有企业退休人员社会化管理有序进行。退休人员社会化管理工作涉及驻并430户国有企业34.20万人，召开全市国有企业退休人员社会化管理动员部署会。“僵尸企业”市场化出清进展情况。起草《市属“僵尸企业”处置办法》，核定85户“僵尸企业”，完成卫安废旧弹药有限公司、安保锁业有限公司、锦森物业管理有限公司、太原电器材料厂等4户“僵尸企业”出清工作。（周倩卉）

【政企脱钩改革】 2019年，太原市国资委实施市级党政机关与所办企业脱钩改革。对全市国有企业基本情况进行普查摸底，建立数据库，编制《2018年度太原市属国有企业基本情况普查结果》。按照市政府领导批示，完成山西省焦炭集团太原市焦炭公司、太原矿山设计院脱钩移交。8月28日，召开市党政机关与所办企业脱钩改革工作动员大会。26个主管部门及脱钩企业，完成脱钩情况自查，汇总梳理后分批推进移交。（周倩卉）

【“一企一策”实施】 2019年，太原市国资委完善经营业绩导向和“一企一策”考核评价体系。与15户直接监管企业逐户签订2019年度经营业绩责任书，督促企业按进度完成各项指标。定期监管企业经济运行分析会议，督导推进监管企业按时完成各项指标任务。（周倩卉）

【国资管理监测】 2019年，太原市国资委完善国有资本管理体制，健全市属企业国有资产审计评估机制。根据市国资委“三定”方案职能调整结果，征求相关业务科室意见，结合评估工作中实际情况，逐一修订相关条款，并经律师事务所出具审核意见，修订《太原市国资委监管企业国有资产评估管理办法》。

构建经营性国有资本布局统计监测体系。组织全市国有企业基本情况普查摸底，建立数据库，汇编《2018年度太原市属国有企业基本情况普查结果》。（周倩卉）

【项目建设】 2019年，太原市国资委制定出台《太原市国资委2019企业转型项目发展年行动方案》，确定19个重点项目，开工建设9个，基本完成6个，新增产值2亿元。田和集团新建生产配送中心项目、锅炉集团第三代超低排放循环硫化床技术开发项目、东煤集团五龙煤业矿井改造项目、保安公司款箱寄存库项目、狮头集团“水泥窑纯低温余热发电”等5个项目完成。锅炉集团“煤粉中温快速床燃烧技术及示范”项目初步建立粉煤制备系统；田和集团新建制冷机房及预冷车间项目土建工程基本完成，进入装修阶段；无线电一厂“往返式智能探空系统研制及试验”项目，6台试验机完成国家局第二次平漂试验任务。其他项目按进度要求有序推进。（周倩卉）

市场监督管理

·综　述·

【概况】 2019年，太原市市场监督管理局以习近平新时代中国特色社会主义思想为指引，贯彻落实中共十九大精神和习近平总书记视察山西重要讲话精神，按照省、市决策部署，围绕中心，服务大局，蹄疾步稳抓改革、凝心聚力促发展、履职尽责强监督、严格执法守底线，机构改革顺利完成，安全形势总体平稳，市场秩序规范向好，服务发展成效明显，精神面貌积极向上，各项工作有序推进、卓有成效，为促进全市高质量转型发展做出积极贡献，取得优异成绩：助力捧回中国十大“质量魅力城市”称号，被人力资源部和国家市场监管总局评为全国市场监管系统先进集体，获得山西省五一劳动奖状，所属个协和消协分别获得全国个私协会系统先进单位、2018—2019年度全国消协组织消费维权先进集体，开创机构改革后市场监管工作新局面。（张雅琨）

【机构改革】 2019年，太原市市场监督管理局由原市工商局、市质监局、市食药监局、市价监所、市知识产权局、市盐务局整合而成。作为市政府工作部门，主要承担市反垄断、食品药品安全、特种设备安全、知识产权保护、市场监管综合执法及标准化工作和计量工作等26项主要职责。

承担着市标准和质量提升领导组、食品安全委员会、打击侵犯知识产权和制售假冒伪劣商品工作领导小组3个市级议事协调领导机构办公室职责。是食品安全应急指挥部、公平竞争审查、整治虚假违法广告专项行动、网络市场监管、消费者权益保护、“双告知”和涉企信息归集公示、餐饮安全生产7个局际联席会议的召集人。是大气污染整治、文明交通、创建文明城市等多个议事协调机构或整治行动小组成员单位。

全局编制1390名（其中：行政编制362名，全额事业编制944名，自收自支编制84名）。下辖1个综合执法队、8个事业单位、6个使用事业编制的社会组织，1个派出机构（不锈钢产业园区分局）。

机构改革后，市场监管涉及的法律、法规及部门规章有900多部。监管市场主体46.70万余家。其中，涉及安全重点监管对象：特种设备八大类共65000多部（台），食品生产、流通、餐饮单位共42000余家，药品流通和医疗机构5600余家，危化品企业（含加油站）320余家。

2019年2月22日挂牌组建以来，推进机构改革，加快“物理融合”，持续深化“化学融合”，激励干部担当作为，干事创业，统筹推进扫黑除恶、综合治理、扶贫攻坚、创城、党建以及离退休干部等各项工作，二青会、尧城（太原）国际通用航空飞行大会等重大活动安全保障工作。强化“三基建设”，制定出台规章制度42项。推进安可替代系统有效落地，开发使用OA办公软件，提高办公效率。开展“不忘初心、牢记使命”主题教育活动，推进行政执法“三项制度”工作，为太原市创建全国法治政府建设示范单位贡献力量。筹备编印全省市场监管系统第一份内部期刊《太原市场监管》杂志，市场监管工作的社会影响力逐步提升。直属检验单位技术支撑作用不断增强，中心、协（学）会职能作用积极发挥，综合执法队严格办案、敢于亮剑，为全市市场监管工作提供有力保障。（张雅琨）

【营商环境优化】 2019年，太原市市场监督管理局以“放管服效”改革为重点，推进商事制度改革，着力打造高效便捷的市场服务体系，营商环境进一步优化。

通过设立新办企业服务大厅、建立新办企业服务平台、优化企业开办流程“三措并举”，实现新开办企业线下“一窗通办”、线上“集成服务”，开办时间“全面提速”，企业开办时间压缩至3个工作日以内。全面推进“证照分离”改革，全年办理改革事项12035件，惠及企业11533户，着力解决准入不准营问题。提升“互联网＋政务”水平，全程电子化登记达到90%以上。深化行政许可制度改革，全年办理行政许可及备案事项6303件，将工业许可产品种类压减至10类。简化审批手续，优化审批流程，各类许可审批时间压缩50%以上。搭建民营企业孵化创业平台，培育电子商务、共享经济、信息消费等新业态，登记注册微型孵化园类企业123家，带动就业50000余人。

随着营商环境优化，太原市市场主体持续活跃增长，2019年全市市场主体实有466555户，同比增长3.25%；新增市场主体94180户，同比增长7.38%。（张雅琨）

【综合执法】 2019年，太原市市场监督管理局按照习近平总书记“四个最严”要求，整治突出问题，开展各类执法行动。

2019年2月22日，太原市市场监督管理局举行挂牌仪式（市场监督管理局供图）

聚焦重点人群、重点产品、重点区域，以特种设备、危险化学品、农资、汽车、保健品、医疗、食品药品、医疗器械、化妆品、电梯、锅炉、民用散煤、重点3C产品、野生动物保护、商标、专利、广告、反垄断、反不正当竞争等领域为重点开展50余项专项整治，全年共查处各类市场监管领域案件1182起，罚没款1234.18万元，集中约谈各类企业36家。

聚焦旅游市场、宗教场所、集贸市场、网络购物、农村市场、城乡接合部等重点领域和食品、日用品等重点产品开展“双打”工作，开展2019知识产权“铁拳”行动，严厉打击侵权假冒，全市市场监督管理部门查处侵权假冒案件258起，没收销毁商品总计25261件，涉案金额94万余元；查处伪劣食品案件18起，涉案金额6.95万元；查处伪劣药品案件33起，涉案金额3.86万元；查处假冒伪劣食盐案件15起，涉案金额5.37万元。

完成“二青会”、尧城（太原）国际通用航空飞行大会等多项保障、安全生产、扫黑除恶、蓝天保卫攻坚战、文明交通综合治理、漠视侵害群众利益专项整治等重大政治任务。特别是“二青会”食品安全保障，规格之高，人数之多，要求之严均为历年之最，创造130万人次用餐零举报、零投诉、零事故的纪录。

（张雅琨）

【市场秩序监管】 2019年，太原市市场监督管理局持续健全以“双随机、一公开”为基本手段，以重点监管为补充，以信用监管为基础的新型监管机制，着力营造公平有序的市场竞争环境。

开展市、县（区）公平竞争审查全覆盖，实行审查备案制度，以公平竞争审查约束政府行为，竞争性审查132件，全力推进市场统一和公平竞争。

实现“双随机、一公开”全覆盖，完成24大类65项双随机抽查事项清单、45个监管对象库建设，全市各级市场监管部门共组织发起77次抽查任务，抽取企业11611户，抽查率达6.84%，高于全国全省平均水平。完成市场主体年报公示工作，年报率达97.08%，创太原市历史最高水平。持续加强“双告知”认领及涉企信息归集公示工作，“双告知”认领率达到99.50%，位居全省第一，归集公示全市各类市场主体登记备案信息45.50万余条、行政许可信息35.20万余条、行政处罚信息5.20万余条、抽查检查信息1.80万余条。

打击传销，开展创建无传销城市工作。规范直销，对全市37个直销企业重新进行摸底检查，严格监控直销企业会销行为。

强化广告监管，严厉打击虚假广告宣传，全市系统共办结广告违法案件69件，收缴罚没款165.38万元，共抽查检查广告发布单位37家，广告经营单位717户，有力地打击一批虚假违法广告。

开展重点领域价格整治和涉企收费监督检查，为企业年减负8.28亿元。

建立覆盖全市的网络监管电子取证系统，为网络交易监管提供基础性保障。实施“以网管网、协同管网”等手段，与电商平台协作推进电子商务经营者亮照亮标工作，2019年太原市电商亮照亮标数由2018年的1000家上升到5000家。

加快推进诚信体系建设，对3150户严重违法失信企业发起联合惩戒，对650户异常名录企业、246户严重违法失信企业实施信用修复。 （张雅琨）

【消费维权】 2019年，太原市市场监督管理局把保护消费者合法权益和维护市场安全稳定放在更加突出的位置，完成各项工作任务。

整合五条举报热线，畅通投诉举报渠道，受理咨询投诉146900多起，为消费者挽回经济损失445.80万元。

开展“诚信太原 放心消费”活动，培育91个新的“诚信太原放心消费示范建设单位”候选单位，古交市金牛步行街全面提升为“诚信太原放心消费示范一条街”。

开展消费投诉公示试点工作，在迎泽区和娄烦县开展消费投诉公示试点工作，逐步建立常态化消费投诉公示制度机制。

开展3·15国际消费者保护日宣传活动，组织各类宣传活动283次，受训人员4000余人次。

开展格式合同监管，以房地产、汽车市场领域为重点，全市共推行各类合同示范文本2150份，格式合同备案1份，接受合同咨询234人次，办结合同违法案件3件，罚款金额6.50万元。开展利用合同格式条款侵害消费者权益违法行为“回头看”行动，对预付式消费“办卡容易退卡难”、最终解释权问题、装饰装修等行业预收“订金”“预付款”、签订合同不规范、将国家合同示范文本相关条款修改为不公平格式条款、“霸王条款”、侵害消费者合法权益等合同违法行为进行专项检查。 （张雅琨）

·质量技术监管·

【标准化改革】 2019年，太原市市场监督管理局坚持高质量发展理念，以标准化综合改革试点为契机，全市标准化和质量强市工作取得进步。

加强标准化示范区建设，开展国家高端装备制造业（重型机械）标准化试点。持续推进农业国家级和省级标准化试点示范项目建设，阳曲县上安村美丽乡村标准化建设试点、有机旱作标准化示范区和第八批省级农业标准化示范区共10个农业农村领域标准化示范点项目进展顺利。

完善标准化管理体制，发挥示范引领带动作用，推广实施企业标准“领跑者”制度，在主要消费品、装备制造、新兴产业和服务领域推选出引领太原市企业发展的“领跑者”，把太原重型机械有限公司、太原钢铁集团有限公司、太原锅炉集团有限公司等9家不同领域

企业的14项标准向省局推送，为经济发展树立标兵。

开展企业产品标准自我声明公开及监督工作，新增公开产品标准461项，289家企业自我声明公开1381项产品标准，涵盖2887种产品。

推动标准全面有效实施，在公共服务、农业农村、现代化服务业、社会管理等领域开展太原市地方标准的制修订。市农业农村局9项太原市级地方标准立项。

实施计量惠民工程，推进社会公用计量标准体系建设，新建停车场电子计时收费装置检定装置、呼出气体酒精含量探测器检定装置等8项计量标准。共检定计量器具299311台（件），其中强制检定计量器具281997台。（张雅琨）

【质量提升】 2019年，太原市市场监督管理局围绕全市经济发展中心工作，着力促进全市经济高质量发展。

推进质量强市建设，出台《全市推进标准化工作改革发展2019—2020年实施方案》《太原市质量提升行动实施方案》《太原市深化质量提升行动 推动质量强市建设的实施意见》等一系列文件，为标准化和质量工作提供理论支持和行动遵循。连续3年完成《太原市质量状况分析报告》，客观反映质量状况水平，为市委市政府和各相关部门决策部署提供参考。

鼓励和支持大中型企业设立首席质量官，培养质量领军人才。开展“一线班组”质量比武，引导企业实施更高标准、追求更高质量，把产品做精做细。推动品牌培育连创佳绩，全市2家企业获中国质量奖提名奖，5个组织及个人获第二届山西省质量奖，40个产品获山西省名牌产品称号，发挥质量标杆企业示范引领作用，带动行业质量管理水平整体跃升，实现全产业链质量升级。

开展“加快质量提升，建设质量强市”主题活动，组织“质量开放日”、质量安全“三进”“质量提升品牌建设培训会”“实验室开放日”“世界认可日”“有机宣传周”等形式多样的活动，全民质量意识逐步形成。

建立检验检测机构诚信档案，对全市252家获证检验检测机构开展诚信建档工作，督促检验检测机构落实责任。建立健全对参与检验检测认证活动从业机构及人员全过程责任追究机制，加大对检验机构事中事后的监管力度。

（张雅琨）

·食药品监督管理·

【特种设备安全监管】 2019年，太原市市场监督管理局强化安全红线意识，深入贯彻落实习近平总书记安全工作重要论述和对特种设备安全监管的重要指示精神，严守安全底线，实现特种设备安全监管工作稳中有进、持续向好。

推动“双重”预防工作。建立科学的隐患排查治理体系，编制《太原市特种设备隐患排查治理清单（试行）》和《太原市特种设备安全风险分级管控与隐患排查双重预防机制建设工作指南（试行）》。检验特种设备21565台。

组织开展特种设备安全宣讲进企业、进学校、进机关、进社区、进农村、进家庭、进公共场所“七进”公益宣传活动27场，发放宣传资料10000余份，受众人数约12000人，筑牢全民安全防范意识。

构建全面高效的风险防控体系。推进电梯责任保险，发挥保险的事故赔偿和风险预防作用，全市电梯责任险累计投保11571台。定期组织应急演练活动，组织应急演练28次，确保把损失风险降到最低。

打造现代化安全监管信息化平台。搭建“特种设备管理与服务云平台”，集“办理告知+使用登记+档案管理+信息共享”四大功能于一体，共办理各类特种设备告知6060台。搭建“气瓶信息化管理平台”，集“气瓶登记管理+充装管理+销售管理+检验管理”等功能为一体，实现对全市气瓶的溯源管理、对非法气瓶充装行为自动阻断、对气瓶充装单位的实时监控、对气瓶检验单位跟踪管理。给全市每部电梯加一个“身份证”（即信息化标识管理牌），建立起电梯安全管理追溯体系。（张雅琨）

【产品质量安全监管】 2019年，太原市市场监督管理局围绕市委市政府中心工作，贴近民生、服务民生，全力推进全市产品质量安全监管工作，完成各项工作任务。

加强监管力度。开展儿童和学生用品、日用塑料制品、电动自行车质量安全以及电线电缆、危险化学品、危险化学品包装物及容器、消防产品、砂轮、安全帽等重点工业产品质量安全专项整治工作。

完成中央环保督察“回头看”整改任务。加强民用散煤、清洁煤（蓝炭）产品质量安全监管，严格落实产品质量要求，对不合格产品进行有效处置。严厉打击民用散煤生产经营交易违法行为，全面清理整治全市民用煤市场加工销售不合格煤炭产品和“禁煤区”内销售煤炭及其制品的违法行为，推动全市大气污染防治工作按进度达标。

组织产品质量抽检检测。共抽查1298批次，抽检车用汽油515批次，车用柴油215批次，车用尿素75批次；抽检加油站215家（在营），抽检覆盖率100%，抽检成品油批发企业6家（在营），抽检覆盖率100%。（张雅琨）

【食品安全监管】 2019年以来，太原市市场监督管理局实施食品安全战略，严密防范区域性、系统性食品安全风险，全市食品安全基础建设水平、风险控制能力进一步提升，共建共治格局初步形成。

健全完善监管体系，10个县（市、区）全部成立县级农产品质量安全监管机构，6个县级农产品质量安全综合检验检测站建设逐步完善，建立59个乡镇农产品质量安全监管站，其中43个配备农产品检测速测仪。全市90个乡镇全部设立市场监管站（所），配备执法用电动摩托车115辆、快检设备90套，以政府购买服务形式招录115名专职食品安全协管员，选聘食品安全协管员1709名，夯实监管网底。

全面提升风险防控水平，太原市食品原产地可追溯平台建成并投入运行，260家企业完成以信息化为支撑的食品原产地可追溯体系，在集体聚餐单位和大型餐饮单位安装食品安全管理软件，在山西省实验中学试行全国首家点餐可追溯系统。加大食品抽检力度，抽检食品12123批次，合格率达97.74%。

持续推动“双安双创”工程，小店区、迎泽区、万柏林区创建为省级食品安全示范县，小店区创建为国家级农产品质量安全县，古交市创建为省级农产品质量安全县，清徐县入选“山西好粮油”示范县；培育36家“放心肉菜示范超市”，22家“放心粮油示范店（点）”，打造25条食品安全示范街和1190家示范店。

以明厨亮灶为切入点，实施餐饮质量提升工程，全市学校食堂明厨亮灶率达到100%；以品牌企业为龙头，扶持发展食品连锁规模经营；以地方特色产品为重点，广泛推介推广地方特色产品，进一步提高“晋”和“并”字号产品品牌的市场影响力和占有率。

（张雅琨）

【药品安全监管】 2019年，太原市市场监督管理局落实药品安全责任，牢牢守住药品安全底线，保障人民群众用药安全有效。

压实主体责任。建立安全工作台账，要求企业从药品购进渠道、储存、温湿度管理、人员培训、设施设备等方面逐项自查，发现问题立即整改。组织医疗器械专家、县区监管机构、经营使用单位负责人召开医疗器械质量安全风险研判联席会议，共同分析研判安全监管形势，形成倒逼机制。

强化日常监管。在药品流通环节，针对药品购销渠道、储存、票据管理、人员资质等重点环节和疫苗、特殊管理药品、基本药物、含特殊药品复方制剂、中药材中药饮片、终止妊娠药品等重点品种，开展全覆盖、无死角日常监管工作；在医疗器械监管方面，结合一类医疗器械产品备案后核查，加大风险隐患排查，以查促改。

开展专项整治。开展化妆品“线上净网、线下清源”专项整治，在全市建立21个化妆品不良反应监测哨点。严厉打击药品零售企业执业药师“挂证”行为、中药饮片和医疗器械违法行为。“两品一械”抽检657批次，排查处置风险隐患106个。

推进“智慧药房”工程。出台太原市《自助售药机销售非处方药品工作措施（试行）》，发展药品零售新业态、新模式，提高流通效率和服务水平。

（张雅琨）

·知识产权管理·

【知识产权保护】 2019年，太原市市场监督管理局贯彻落实党中央、国务院和省委省政府、市委市政府关于知识产权保护发展工作的安排部署，深入开展知识产权保护发展工作，切实保障消费者和知识产权权利人利益，营造放心消费环境和法制化营商环境。

推进地理标志保护发展工作，助力精准扶贫，促进地标品种发展上台阶，“阳曲小米”地理标志证明商标经国家知识产权局认定。

组织完成全市2017—2019年度山西省专利奖补项目申报工作。最终确定152个单位和个人申报的3462项国内授权发明专利、36项国外授权发明专利及5项中国专利奖的申报材料符合要求，并上报省局知识产权保护发展处。

全面推进企业知识产权“贯标”工作，组织开展“专利主题日”“中小学专利教育主题日”“知识产权贯标主题培训”等一系列知识产权主题宣传活动。

组织推荐全国中小学知识产权试点学校工作，推选的阳光双语小学凭借独特的教学氛围获选为第四批全国中小学知识产权教育试点学校，该校成为太原市第二所获此称号的学校。（张雅琨）

【商标注册】 2019年，全省商标申请注册件数65833件，太原市商标申请注册件数22957件，占全省34.87%，同比增长18.87%；全省商标注册件数47756件，太原市商标注册件数17306件，占全省36.24%，同比增长34.28%；全省商标有效注册量为181625件，太原市商标有效注册量为65660件，占全省36.15%，同比增长29.83%。每万户市场主体商标拥有量为1407.30件。（张雅琨）

物价管理

【价格调控】 2019年，太原市居民消费价格平均涨幅为2.70%，在年度调控目标（3%左右）范围内。研究制定重要民生商品保供稳价工作方案，协调有关部门抓实保供稳价任务，完善调控手段。执行物价联动机制，组织各级各有关部门及时向保障对象发放4至12月共九个月价格临时补贴，累计发放141万多人次、2734多万元。加大平价商店惠民力度，全市平价商店达到150个以上，实现扩面、提质、增效。8月，确定4家冻猪肉储备企业，完成市级冻猪肉储备1600吨。中秋、国庆期间，向市场投放冻猪肉706.97吨，投放网点70个（店），有效抑制猪肉价格过度上涨。11月，与6家储备企业签订《市级冬春蔬菜储备承储协议书》，承储白菜、土豆等耐储品种750万公斤，保障2020年元旦、春节期间的市场供应。

（杜新娟）

【价格改革】 2019年，太原市发展和改革委员会贯彻落实《政府工作报告》关于一般工商业平均电价再降低10%的要求，降幅达11%。推进价格机制改

革，8 月，出台《关于我市城区天然气价格改革有关事项的通知》，自 2019 年 9 月 1 日抄见表量起执行。降低晋祠和煤博两景区现行门票价格，并实行最高限价管理，促进旅游产业发展。明确省级医养结合试点单位太原市第二人民医院民航病区养老服务试行收费标准。出台公立医院机动车停放服务差别化收费政策，在 16 所公立医院进行试点，充分体现对广大患者的关心关爱。对 35 个住宅小区前期物业及停车服务收费、300 余个停车场的停车服务收费进行公示。

（杜新娟）

审　计

【概况】 2019 年，太原市审计局以习近平新时代中国特色社会主义思想为指导，学习贯彻落实中共十九大、十九届四中全会、省委十一届九次全会和市委十一届七次全会决策部署，乘“不忘初心、牢记使命”主题教育的东风，抓住“科技强审”这条主线，围绕全市中心工作，盯热点、突重点、扫盲点，高标准完成各项任务。

全市审计机关共审计单位 163 个，查出违规、损失浪费、管理不规范等问题金额 272.57 亿元；报送各类审计报告、专题报告等 172 篇；提出防范风险、完善制度、深化改革等方面建议 478 条，被采纳 198 条；移送处理事项 45 件；促进整改落实有关问题金额 33.22 亿元。

（邵振江）

【三大攻坚战】 2019 年，太原市审计局采取上审下、交叉审、同级审等方式，组织市、县两级审计机关开展市、县两级 2019 年贯彻落实国家重大政策措施情况跟踪审计。累计审计市、县两级政府部门（单位）389 个，抽查各类项目 327 个，审计发现问题 74 个，涉及金额 37.65 亿元，促进出台完善规章制度 3 项，促进清理拖欠民营企业账款 2.19 亿元，促进稳就业财政资金发挥效益 1.03 亿元，促进 20 个转型项目和招商项目开复工、完工，促进财政资金统筹使用和重点资金到位 5505 万元，持续对审计整改情况进行督导。

按照上级审计机关部署，完成太原地区金融及类金融机构情况审计调查。发现“部分类金融机构处于失联状态，存在风险隐患”等问题 12 个，提出审计建议 16 条；完成太原城区农村信用联社资产、负债、损益情况审计，查出“监管指标不达标”“三农贷款两个不低于未完成”等问题 16 项，提出审计建议 11 条。

完成二青会太原市执行委员会 2018 年度预算执行及其他财政财务收支情况审计、二青会太原市执行委员会青运村村民委员会财政财务收支情况审计以及二青会滨河体育中心改造项目财务收支审计。

（邵振江）

【民生项目审计】 2019 年，太原市审计局按照上级审计机关部署，组织市县两级 68 名审计人员完成对晋中市 2018 年度保障性安居工程资金投入和使用绩效审计。重点审计 75 个棚户区改造项目、49 个公共租赁住房项目，延伸调查 110 个相关单位和 360 户家庭。查出管理不规范金额 7.20 亿元，非金额计量问题 21 个。太谷县毕某诈骗保障房资金 200 万元等 8 件违法违纪问题移送纪检及公安机关处理。

完成大同市 2017 和 2018 年度养老保险基金审计，重点关注养老金筹集、管理、使用等方面存在的问题。审计中发现一些重大案件线索，其中原南郊区社保工作人员张某挪用养老金 2627 万元用于个人理财谋利及阳高县社保工作人员杨某私存养老金 1900 余万元个人得利等问题被移送纪检机关处理。

完成对大同市云州区、阳高县，吕梁市兴县的扶贫资金及“一卡通”惠农补贴专项资金审计以及阳曲县扶贫专项资金审计。共延伸审计单位 212 个，查出违规、损失浪费、管理不规范等主要问题金额 5.26 亿元，发现非金额计量问题 98 个，审计期间整改金额 4684 万元，提出审计建议 20 条。开展娄烦县、阳曲县 2017 年至 2019 年扶贫审计查出问题整改情况跟踪督查和对乡村振兴企业投资规模、盈亏等情况摸底工作，为乡村振兴审计计划打下坚实基础。

按照上级审计机关部署，开展对山西焦煤集团有限公司西山煤电集团公司职工基本医疗保险基金大病医疗保险基金审计。查出管理不规范金额及违规金额 1440 万元，非金额计量 11 个，促进保障基金安全绩效，推动制度健全完善，助力西山煤电职工医疗保险纳入太原市社会统筹。

（邵振江）

【预算执行、财政决算及财政财务收支审计】 2019 年，太原市审计局将涉及机构改革、多年未审、掌握或使用资金量大、领导干部调整的部门单位作为审计重点，开展预算执行审计 15 项、财务收支审计 13 项、财政决算审计 5 项。重点关注支出预算总量与结构、重点支出与重大投资项目、中央八项规定精神贯彻落实、“三公”经费支出等情况，共查出违规及管理不规范等主要问题金额 163.71 亿元，移送相关部门处理事项 27 件，提出审计建议 220 条，揭示财政资金、国有资产资源管理使用等方面的薄弱环节和风险隐患。（邵振江）

【领导干部经济责任审计】 2019 年，太原市审计局共开展经济责任审计项目 25 项。查出主要问题金额 34.60 亿元，提出审计建议 46 条。开展尖草坪区原区长和阳泉市矿区区委原书记的自然资源资产离任审计，发现违法违规及管理不规范问题金额 4211 万元，非金额计量问题 21 个。

（邵振江）

【政府投资项目审计】 2019 年，太原市审计局开展市第五中学校、成成中学校、外国语学校、第二外国语学校新校区在建项目审计。重点关注在建项目程序执行、工程招投标、物资采购、合同管理、工程造价及各项资金管理使用等情况，提出审计建议5条，为提高投资效益、规范建设行为、推进教育发展发挥积极作用。组织市本级和10县（市、区）"以审代结"专项清理检查工作。

开展太原市规划和自然资源局信息系统审计、太原市龙城发展投资有限公司2017和2018年度资产负债损益审计、娄烦县党费管理使用情况审计、朔州市2017和2018年度水环境保护和污染防治专项审计，开展全市内审机构摸底工作，对17家事业单位转企改制方案进行审核，派出多名人员配合两轮巡查和案件调查工作，派出2人在县区挂职、1人参加万名干部入企服务活动；开展法治建设、意识形态、安全维稳、网络安全、信访等工作。（邵振江）

【审计信息化】2019年，太原市审计局针对全市审计系统审计信息化严重滞后、大数据审计尚未开展的现状，局党组全面落实审计署"向信息化要资源，向大数据要效率"部署，全力推进"科技强审"战略。出台《太原市审计局关于推进科技强审工作的意见》《太原市审计局关于支持电子数据审计激励办法（试行）》等一系列规定和办法；克服工学矛盾，全力支持审计人员考取全国审计系统计算机中级水平合格证书，派出6人参加审计署计算机中级培训，考试通过率达100%，得到审计署、省审计厅赞扬。（邵振江）

【审计业务提升】2019年，太原市审计局为补短板、强弱项，主动对标一流，班子成员带队先后赴南京、无锡、重庆、成都、深圳、苏州、南通等发达地区审计机关，就电子数据审计、政府投资审计、经济责任审计、审计档案数字化管理等内容考察学习10余次；先后派出3批共29人赴深圳市审计局学习考察；9人赴南京、深圳进行为期1个月的跟班学习；分批去朔州、阳泉学习交流，形成重视学习、争当先进，对标一流、勇于争先的良好风尚。在机构改革人员调整中，坚持"好干部20字"标准和"实干+实绩"的干部选拔导向，选拔6名35岁以下政治过硬、业务拔尖的青年干部担任中层正职，起到良好的导向和示范引领作用。（邵振江）

【审计制度建设】2019年，太原市审计局加固审计质量控制"底板"，筑牢审计质量控制的防线，为打造精品项目打下坚实基础。对现行审计质量控制办法、制度进行全面梳理，制定、完善《太原市审计局审计业务流程规范》《太原市审计局审计项目审理办法》《太原市经济责任审计操作规程》等各类制度20余项。抓住审计取证、底稿编写、复核审理、出具报告、决定下达、案件移送和督促整改等关键环节，实行全程跟踪、全程留痕、全程监督，防范审计风险。严格执行审计质量分级责任控制制度，加强审计现场管理，严格执行延伸审计审批、重大事项报告等制度，严控审计进度，提升审计现场效能。在工作中坚持审计"六统筹"，有效整合资源，力戒形式主义，发扬务实高效的工作作风。（邵振江）

统计管理

·市级统计·

【概况】2019年，太原市统计局围绕中共十九大和十九届四中全会提出的"完善统计监督"的要求，以党建工作为统领，以提高数据质量为工作目标，以贯彻深改任务、落实各项重点工作为主要抓手，以深化统计三基建设、推动统计法治建设、提升统计服务能力为重要保障，聚焦"七大行动"，打响"七张牌"，圆满完成各项任务。获得第四次全国经济普查"先进集体"称号。局党组入选山西省"双百计划"，被定为"山西省党委（党组）理论中心组学习示范点"。（耿丹丹）

【机构改革】2019年，太原市统计局整合科室职能，优化干部配置，提升统计干部积极性。落实市委、市政府关于机构改革工作的安排部署，推进公务员职务职级工作。在配齐全部中层正职的同时，实现干部队伍年轻化，干部干事创业积极性高涨。

建立部分行业事业单位调查报表体系，统计调查制度进一步完善。顺利完成158家行政事业单位的核实入库、填报指导、审核验收、汇总上报、查询反馈等关键环节，有效单位准确率达100%，部分行业事业单位调查正式纳入统计调查体系。（耿丹丹）

【统计数据质量提升】2019年，太原市统计局以市两办文件印发《关于进一步学习贯彻〈防范和惩治统计造假、弄虚作假督查工作规定〉的通知》，市县两级党政机关领导干部多次组织集中学习，领导干部防范和惩治统计造假、弄虚作假意识不断提高；组织市、县、乡三级所有统计员签订《坚决抵制统计造假弄虚作假承诺书》，形成抵制统计造假的防控网络。

用执法发力，为数据质量亮出法律之剑。严格开展"统计执法月"活动，市、县两级按照"双随机"抽查办法，核查企业235家，处理统计违法案件30起，形成有效震慑。

在经普上聚焦，实现数据质量"大清查"。在普查开展过程中，分管市领导在普查工作的布置推进、数据审核、宣传发动等各个关键节点，亲力亲为、一线推动，全市统计系统推进两员培训、清查摸底、底册整理、小区划分、综合试点、入户登记、查遗补漏、数据核查等阶段性工作，有效形成普查方案制订到位、普查机构组建到位、普查人员选调到位、普查经费足额到位、普查物资全部到位、办公场所落实到位、宣传发动有序到位的工作格局，并顺利通过国家事后质量抽查，获全国第四次经济普查先进集体。（耿丹丹）

【三大基础工程】2019年，太原市统计局推进以“十项考核”为内容推进各县区的提档升级工程，以“六有标准”为抓手推动乡街统计站的补齐短板工程，按照基层基础工作规范化建设验收标准，完成80%的县区和乡镇街办的验收工作；以县区为管理主体，按照行业分类对全市承担统计月报任务的2607个“四上”企业单位建立包括营业执照、纳税申报表、财务报表、统计报表等资料的入统档案，“一企一档”覆盖面不断拓宽，统计基层基础建设不断规范。

小店区、万柏林区主动对接、积极配合、全力以赴，接受国家统计局对山西开展的首轮统计督察，万柏林区通过国家经济普查事后质量抽查；迎泽区及所辖街办基层基础规范化统筹设计，统计工作与文化建设协同推进；杏花岭区率先建立“一企一档”建设册，并在全市推广，基础工作扎扎实实；尖草坪区通过组织拓展训练、开展多元化学习等方式，培育特色文化，队伍凝聚力不断增强；晋源区探索首席统计员“派出制”；清徐县编印《数说清徐 改革开放四十年》，统计产品开发取得可喜成果；阳曲县通过观摩学习、专业培训等方式，探索企业统计人员能力提升新渠道；娄烦县创新普法形式，丰富宣传内容，统计法律法规宣传成效明显；古交市与山西财经大学开展校地合作，建立教育实践基地，对外开放迈出新步伐；综改示范区积极推进在地统计进程，工作机制不断完善。（耿丹丹）

【统计技能培训】2019年，太原市统计局安排业务骨干先后3次在市县两级党校主体班开设统计专题课程，有力推动深化统计管理体制改革的要求落到实处；组织4名“经普杯”统计师资大赛获奖选手在全省统计系统分析能力提升培训班上专题授课，实现将太原统计经验在全省推广；继续组织36个市直部门、73名统计从业人员开展培训测评，推动部门统计人员能力提升。在面上拓展，开展统计巡讲“全覆盖行动”，组建“统计业务巡讲团”，覆盖全市各县（市、区）、主要部门、重点乡街，各级领导干部对统计法律法规和统计专业知识的认知程度和运用能力不断提升；市县两级运用年报会、专题培训会等手段，实现对全部“四上”单位统计法律法规、统计方法制度专题培训的全覆盖。（耿丹丹）

【统计监测精准行动】2019年，太原市统计局完善“五维一体”经济运行监测体系，从“全行业、长周期、多角度、精确定位、精准分析”五个维度着手，对宏观经济、产业结构、市场主体、新旧动能转换、开发区改革创新等领域数据进行深入分析研究，为市委、市政府提供真实准确、完整及时的统计数据和针对性强、参考价值高的咨询建议；围绕“深化转型项目建设年”，建立领导包联项目监测、工业转型升级项目监测、招商引资专项监测，不断完善转型项目和重点工程项目入库跟踪和统计监测，及时反映全市转型项目推进动态；围绕“工业强市战略”，聚焦先进装备制造、新材料合成加工和信息技术产业，着力提升工业统计监测服务的靶向性和精准性。（耿丹丹）

【统计产品创新行动】2019年，太原市统计局对《两会服务专刊》进行形象图解，将《统计公报》在微信端进行可视化发布，实现发布形式从纯文字、纯数字到图文并茂、形象生动的转变；创新编印《十年数看城市发展》，编撰《太原服务业监测》，成为行业内省会城市之“最”，实现产品种类从全面到专项的细化；全力打造“太原统计”微信客户端，首开抖音号，充分借势传统纸媒，实现发布渠道从单一到多元、从单向到互动的转变；通过各大传播端口，发布全市经济运行情况、解读热点指标、展现统计新风采、弘扬统计正能量，发布内容更全面、更新鲜、更接地气。联合市发改委、山西财经大学完成《太原市全面建成小康社会实现程度报告》，为全面建成小康社会做出实质性工作成果。（耿丹丹）

【统计服务】2019年，太原市统计局回应社会各界了解统计工作和统计过程的需求，秉持开门办统计的理念，开展统计服务阳光行动。与山西财经大学签订“政校合作话改革 奋发创新谋发展”合作备忘录，共同打造市县统计系统联通大学教育实践基地，站在社会统计高度，构建起资源互通共享、优势互补共赢合作平台。“朋友圈”越来越大，近到晋中、长治、晋城、吕梁、大同等省内各地市，远到湖北武汉、新疆阜康等省外城市，展开交流学习。在新中国成立70周年之际，通过微信、网络等平台向社会发布《砥砺奋进七十年 昂首阔步新时代》统计公报，详细解读太原市在新中国成立70年来经济社会发展的十大成就。（耿丹丹）

【巡察整改】2019年，太原市委第五轮巡察、国家首次统计督察，在一个年度先后进行两次，在全市统计系统历史上，密集性、核查范围、所涉部门之多前所未有。太原市统计局积极对接、认真配合、照单全收。明确责任、严肃整改，将巡察、督察看作是对统计工作和统计人精神风貌的最好检验，是强化党风廉政建设和作风建设的最强动力，坚决做到立行立改、真抓实改、常抓不懈。（耿丹丹）

【法治保障】2019年，太原市统计局以制度护航，为数据质量构建体制防线。制定全市《专业数据质量审核评估办法》《地方调查项目操作规范》《落实防范和惩治统计造假弄虚作假责任制实施办法》，填补专项制度的空白。（耿丹丹）

·国家统计·

【概况】2019年，国家统计局太原调查队以习近平新时代中国特色社会主义思想为指导，贯彻落实中共十九大及十九届二中、三中、四中全会精神，开展“大讨论”及“主题教育”活动，围绕省委、市委经济工作会议要求，聚焦“两个走在前列”“双提升”目标，从严治党、从严治队，发挥职能作用，强化目标管理，夯实调查基础、创新统计服务，完成全年各项责任目标和重点工作任务。

完善访点、访户常态化管理制度，推进调查工作规范化，通过加大访点、访户、访企力度，把牢数据质量的“入口”关。2019年全市城镇常住居民人均可支配收入绝对值和增速双双位居全省第一，农村常住居民人均可支配收入绝对值位居全省第一。全市五城区住户电子记账率达73%，完成全年70%的目标。消费价格调查坚持“三定一直”手持采集器采价制度，及时反映消费价格变动。针对2019年猪肉价格异常波动情况及时展开跟踪监测。发挥职能优势，撰写分析信息服务政府决策，全年撰写各类信息166篇，多次被国家、省、市两办采用。（高悦怡）

【统计调查管理】2019年，太原调查队执行国家调查制度和《山西国调系统业务规范化标准》，结合各专业特点，对数据生产的关键点和风险点进行重点防控，确保调查数据真实可信。按照山西调查总队规范台账建设要求，结合各专业特点，对关键环节统一建立台账，做到记录完整、规范、详细。居民收支调查专业在严格执行“六台账”“五制度”基础上，增设“三台账一记录”，保障调查各环节规范有序。劳动力调查专业根据新制度和工作要求，因地制宜、调整优化，制定出一套太原适用的劳动力调查方案，并建立健全区县辅调员工作台账，做到调查留痕。

太原调查队始终把培训工作摆在重要的位置来抓，持续加强对辅调员及调查户的培训工作。各专业根据自身特点，就培训时间、对象、内容、方式等制订详细培训计划，开展有针对性的、形式多样、内容丰富的培训。工业生产者价格调查专业围绕“一份法律告知书、一段实战操作演示、一本专业工作手册”“三个一”创新开展培训，有效提升培训的实效性。企业采购经理调查专业通过培训会、电话、网络等方式，以实际案例为切入点，详细讲解指标含义、报表填报、操作流程等内容，取得深入浅出的培训效果。畜禽调查专业将培训对象扩大到乡镇统计员，除集中培训外，充分利用微信、QQ等平台开展“全天候、无死角”的“一对一”培训。

在执行山西调查总队调查点回访制度的基础上，加大访点、访户、访企力度，实行各专业访点、访户工作常态化，做到带着问题回访、及时发现问题解决问题、及时了解调查点调查户第一手资料。居民收支调查专业严格按照“四必访”规定，提前制订访户计划，罗列重点访户对象，明确访户目标内容，通过面访和电话访问相结合方式，实现420户调查户季度访户全覆盖。开展数据质量检查，通过对调查样本进行定期或不定期的数据质量检查，进一步提升源头数据质量。消费价格调查专业通过采价日随机“跟岗采价”，监督检查“三定一直”采价原则的落实情况，就检查发现的问题现场进行指导，把牢数据质量的“入口”关。

参照山西调查总队数据评估办法，完善本队数据评估办法，并严格执行。各专业在数据整理阶段对报表进行全面核查和疑点扫描，检查数据的逻辑性和合理性，实时掌握奇异数据、错报漏报数据等信息，发现疑点及时进行沟通确认。房地产价格调查专业综合考虑住宅类型、区域、地段、结构等统计口径的一致性，通过单价纵向比较和单体横向比较方式，对各项指标进行交叉审核，确保两期价格同质可比。在报表期由分管领导召集评估小组人员对居民收入、工业生产者价格、居民消费价格等专业数据进行评估，特别是对因奇异值或特殊因素造成的数据异常变动进行科学分析研判。

提高数据质量是统计调查工作的核心，而辅助调查员的业务素养、调查能力和工作态度影响第一手数据的准确性和规范性。为加强辅助调查员管理，太原调查队注重思想引领，在引导基层辅调员提高思想认识上下功夫。年报会增设党员辅调员倡议环节，号召全体党员辅调员发挥好先锋模范作用，引领带动全体辅调员履行好岗位职责，圆满完成工作任务。注重建章立制，在引导辅调员转变工作思路上下功夫。明确辅调员岗位职责，建立完善以工作纪律、入点情况和辅导情况等综合指标为参照的考核机制，与辅调员签订《法律事务告知书》，补充完善《访点记录台账》，强化“日审、周查、旬反馈、月上报”制度，实现辅调员从“留痕”到“留绩”再到“留心”的转变。坚持问题导向，在督促辅调员提高履职意识上下功夫。对思想有动摇、工作有困难的辅调员进行重点约谈，从根本上解决认识问题，消除思想顾虑，提高政治站位，增强主动做好调查工作的责任感和使命感。全年共约谈辅调员5人次。（高悦怡）

【统计调查服务】2019年，太原调查队按季召开重要数据会审及经济形势分析会，以居民收支、居民消费价格、工业生产者价格和房地产价格等主要调查数据为重点，以情况解读、简要分析、直观图表等为主要内容，采取专报的方式，在国家数据反馈后，编发《太原调查队主要数据专报》，送达市委、市政府主要领导。完成月度《太原经济运行监测》《统计公报》《统计提要》《统计年鉴》相关数据的整理工作，向市政府、发改委等有关部门提供CPI和居民收支数据情况分析材料，与市统计局共同组织2018年度和2019年一季度太原市经济运行情况新闻发布工作。

集结青年力量，成立写作小组，每月定期召开信息写作研讨会，针对百姓关心、领导关注的社会热点、难点问题，结合总队“约稿要点”和“新中国成立70周年”系列报告撰写工作，深入开展调查研究，撰写调查分析。通过实地走访、座谈交流、问卷调查等多种形式，快速反映国家重大政策落实情况、民生改善和企业经营变化情况以及经济社会发展新常态，为党政领导决策提供可靠依据。全年共编写经济信息166篇，其中统计调查分析33篇、约稿53篇、统计调查信息80篇，被国家局领导批示9篇次、国家两办采用3篇次、国家局内网采用20篇次、总队内外网采用62篇次、省两办采用54篇次。

住户电子记账完成全年目标任务。区别开展推广工作，城中村和农村点开展集中培训，由现有电子记账户讲解经验，宣传好处，鼓励记账户改变记账方式。城镇调查点则根据调查户作息时间上门推广培训。本着“成熟一户、开通一户、巩固一户、逐次覆盖”的原则开展推广，全市五城区42个调查点，有307户记账户开通并使用电子记账，电子记账率达73%。劳动力调查工作扎实开展。加强各级沟通。分管领导多次向市政府领导汇报工作，争取政府支持；与财政局等部门沟通，争取调查经费支持；与人社局、统计局沟通，解决基层调查员续聘问题。经过多方努力，人员、经费问题已圆满解决。建立考评机制。对县区局（队）在人员落实、经费保障和数据报送等方面进行严格考核；对调查员的入户情况、操作规范、台账记录等进行记录评分，年底开展评优评先，同时对评分较低的调查员进行重点约谈，通过激励先进、鼓舞后进，推动全市劳动力调查工作。（高悦怡）

【统计法治建设】2019年，太原调查队按照依法统计、依法治统总体部署，紧密结合统计调查工作中心任务，多措并举力促法治建设再上新台阶。严格统计造假、弄虚作假责任维度。明确党组书记、队长切实履行推进法治建设第一责任人职责。将法治工作列入科室目标责任考核，与各科室负责人签订《防范和惩治统计造假弄虚作假岗位责任承诺书》，明确目标责任，严格督导检查，层层传导压力，确保有序推进。组织各科室负责人如实、按时填写领导干部违规干预统计工作记录台账，筑牢责任防线。加大统计执法培训力度。参加山西调查总队统计执法资格考试，壮大统计执法队伍，共有10人具有统计执法资格。组织开展统计执法专题培训，提升持证人员统计执法水平的同时提高干部职工统计法律知识。扩大统计普法宣传广度。围绕“七五”普法规划，通过各专业业务培训会、微信群、“9·20”“12·4”普法活动等途径有序开展普法宣传，营造良好的统计调查法治环境。把握统计执法检查准度。坚持“有案必查、违法必究、查处必严”原则，组织开展统计执法检查，全年对20家调查单位进行执法检查，对发现的统计违法行为坚决予以查处。严格落实执法检查对象和统计执法人员“双随机”制度，规范调查企业依法依规上报。（高悦怡）

投资管理

【概况】2019年，太原市促进外来投资局以习近平新时代中国特色社会主义思想为指引，学习贯彻中共十九大精神和习近平总书记“三篇光辉文献”精神，全面落实省委、市委重大决策部署，按照“强党建、打基础、建机制、抓项目”工作思路，凝心聚力、发奋作为，单位起步稳健、运转顺畅、工作争先，完成各项工作任务。（杨世杰）

【招商引资】2019年，太原市招商引资签约项目173个，签约总额2880.17亿元，完成年度目标任务2302亿元的125.16%；当年签约当年开工项目119个，开工率68.79%，超过年度目标任务30%的38.79个百分点；开工项目固定资产计划投资额为1413.60亿元，完成年度目标任务717亿元的197.15%；开工项目固定资产投资实际到位资金407.92亿元，完成年度目标任务178亿元的229.16%；非固定资产投资项目到位资金36.78亿元，完成年度目标任务18亿元的204.33%。提前一个季度完成招商引资省考指标及其他重要指标，综合排名全省第一。（杨世杰）

【签约项目】2019年，太原市促进外来投资局招商引资工作按照市委市政府工业强市战略和龙头带动、链式布局、研发支撑、园区承载思路，瞄准“三大主导产业”精准发力，谋划全产招商项目。全市引进外资企业项目6个，总投资额162.22亿元。引进世界500强企业（中国上榜企业）项目15个，总投资额323.28亿元。签约项目计划投资额5亿元以上项目76个，占比43.93%。工业类招商引资项目96个，投资额1313.16亿元，占签约项目55.49%。高端装备产业项目27个，新材料产业项目20个，新一代信息技术产业项目22个。成功引进中国长城智能制造（山西）基地项目、阿凡达机器人科技园、诚迈科技软件园建设项目、太原同创谷项目等一批牵引性、带动性强的大项目。（杨世杰）

【精准招商】2019年，太原市促进外来投资局结合各县市区和开发区资源优势，明确产业定位，初步实现错位发展，打造具有区域特色经济板块。坚持“请进来”与“走出去”相结合，牵头组织相关县区、企业精准对接洽谈项目50余次，各县市区、开发区开展精准招商推介16场。精准包装谋划项目，出台《重大产业招商推介项目库管理办法》，建立动态项目库，分4次谋划包装项目108个，入库项目82个，22个项目纳入省级重点包装策划项目库，成功转化开工入统项目5个。（杨世杰）

【区域经济合作】2019年，太原市促进外来投资局主动融入京津冀协同发展、粤港澳大湾区、长三角一体化建设、“一带一路”建设等国家战略，开展多层次、宽领域合作交流，推动跨地区融合发展。参加津洽会、世园会、中博会、厦洽会、进博会等大型投洽会、博览会，展示“锦绣太原城”新风貌。携手厦门研究拟定友城合作框架协议，加深合作力度，推进产业、人才、技术等方面合作交流。研究探索“市外来投资局 + 驻外机构”融合招商机制，与市政府驻北京办事处、北京山西商会、天津山西商会、厦门山西商会、山西厦门商会等单位及商协会签署合作框架协议。

（杨世杰）

·经投公司·

【西广场升级改造】 太原南站交通枢纽自开通以来，太原市经济建设投资公司坚持每日例会和 24 小时值班制度，不断提升内部管理水平，保证太原南站枢纽的社会政治和治安环境的持续稳定，无重大事故发生，实现安全运营 1900 多天。2019 年客流量总数达 3273.10 万人次，日均接发送旅客 9 万多人次，车流量总数达 184.70 万辆，日均车流量 5 千辆以上，其中，国庆长假期间客流创历史新高，单日客流达到 14.30 万人次。

为解决群众反映强烈的拥堵问题，太原市经济建设投资公司按照市委市政府要求，2019 年 10 月对西广场道路进行改造升级，与原设计单位对接，通过比选比优，最终确定代价小、工期短、效果好的改造方案，达到既改善西广场出行，又保护整体景观效果。利用西广场封闭一个月时间，启动西广场地下车场维护改造工作，对西广场地下停车场的墙面、地面、坡道、减速带等设施设备进行翻修养护，同时把车库出口收费岗亭增加到 5 个，对收费口加装 ETC 设备。西广场升级改造工作提前半个月完成，改造后的车场焕然一新，高峰时段堵车问题基本解决。（张瑞霞）

【东广场开通运行】 东广场项目是二青会重要交通保障项目之一，为确保二青会前东广场投入使用，一方面督促施工单位统筹安排、科学组织、倒排工期、挂图作战，确保主体工程按期完工；另一方面，全体管理人员放弃休假，做好开通运营前准备工作。组织完成拓荒保洁、保安培训、设备试运行等工作，太原南站东广场于 2019 年 7 月 25 日正式开通运行，为二青会的召开提供良好的交通保障。东广场开通后为旅客出行新增 1900 个停车位，坚持让利于民，停车场实行免费停车。东广场开通后，结合西广场升级改造工程，太原南站的交通压力明显缓解，太原南站成为全国最畅通的高铁枢纽。运营水平得到极大的提升，接待大同南站枢纽管理团队的学习观摩，“太原南站枢纽管理模式”逐步形成。

东西广场地下连通段、北营北路下穿通道工程施工建设中。2019 年东广场项目完成投资额 5.60 亿元。（张瑞霞）

【南站国际商务港招商】 南站国际商务港招商工作自 2017 年启动以来，14 座大厦成功签约 9 座，累计出租面积约 13 万平方米，太原国际商务港初具雏形，商业氛围日益浓厚。签约引进阿里巴巴创新中心、同创谷、泽朗资本、山西国贸、万豪万枫酒店、维也纳酒店、金科地产等知名企业。2019 年签约完成招商面积 3.45 万平方米，其中，同济大学青年创业谷签约商务港南区 1、2 号楼，同创谷太原基地是纵深推进与同济大学全面战略合作项目，该项目入驻进一步提升太原国际商务港影响力；山西和诚实业有限公司签约租赁东广场丽泽小区 21 号商业楼，服务东广场出行旅客。南站商务港出租率达 70%。（张瑞霞）

【西南环项目竣工通车】 太原铁路枢纽新建西南环线项目，贯穿尖草坪区、万柏林区、晋源区、小店区，全长 53.64 千米。该项目于 2009 年 7 月 30 日奠基动工，征地拆迁工作于 2010 年 1 月正式开始，完成征地 357.33 公顷，完成拆迁面积 64.38 万平方米。2019 年 12 月 10 日，太原铁路枢纽西南环线设备顺利开通。西南环线的开通，打通阻碍山西南北列车交流的瓶颈，缓解太原铁路枢纽客货运输通道日趋紧张局面，大幅减少货车开行对旅客列车运行效率和安全的影响。西南环项目累计完成投资 38.16 亿元，2019 年完成投资 0.41 亿元。

（张瑞霞）

【回迁安置小区手续办理】 2019 年，太原市经济建设投资公司推动办理回迁安置小区不动产证，按照《太原市处理不动产登记遗留问题实施方案》的要求，许东佳苑、丽泽佳苑、农科新城项目不动产遗留问题相关手续报送市住建局，市勘察测绘设计院对丽泽佳苑项目、许东佳苑项目房屋面积进行测绘。对 2017 年 5 月新建的龙城苑项目协调同步纳入本次不动产遗留问题处理范围。

（张瑞霞）

【物业管理】 2019 年，太原市经济建设投资公司下属翔天物业公司坚持“业主至上、服务第一”的宗旨，以提升服务品质为抓手，努力提高物业服务水平。在保障商务港正常运营的基础上，在服务品质上下功夫，推行 5A 管理标准，细化接单—上报—处置—回访各环节工作，为商务港入驻企业提供更为细致、更为周到的服务。继续做好回迁小区的管理工作，按标准及时清洁电梯、门庭、路面，引导高峰时段车辆有序通行，定期检查水、电、暖、气、照明等设备，关爱独居老人，为居民提供暖心服务。

（张瑞霞）

【法治建设】 2019 年，太原市经济建设投资公司法治建设顺利推进。组织员工学习宪法、国家安全法，观看法治教育影片《特别追踪》，参加“4·15”全民国家安全教育宣传日活动，以贯彻落实中共十九届四中全会精神为主题参加“12·4”国家宪法日暨国家宪法宣传周活动。（张瑞霞）

·龙投公司·

【运营情况】2019年，太原市龙城发展投资集团有限公司注册资本153亿元，总资产928亿元，资产负债率63.74%，同比降低近2个百分点。龙投集团公司实现营业收入70.32亿元，利润总额2.24亿元，经营净现金流37亿元，比上年增加40亿元。

龙投集团公司成立至2019年，累计为太原市基础设施建设投资约432亿元，建成交付市政道路244条，承接棚户区保障房建设项目44个，建设保障房套数68000余套，配套投资建设中小学、幼儿园20余所，公司旗下拥有明太原县城、方特主题公园、青龙古镇、太原府城历史文化街区等丰富的文化旅游资源。

（张文慧）

【财务管理】2019年，太原市龙城发展投资集团有限公司面对公司“债务风险、融资成本”双高困境，多方组织化解债务风险，科学优化融资结构，通过直接融资和间接融资相结合，银行贷款和资本市场发债大力置换融资租赁和非标贷款，长短期错配安排，标准贷款从年初50%提升至67%，全年实现融资近160亿元。发债成本持续降低，屡次创同评级同品种市场最低价，并将新到位银行贷款及非标产品融资成本控制在5.50%以内，承销费由3‰降低到2‰。存量贷款综合融资成本从上年7.15%降到5.22%，财务费用降低约1.29亿元。守住发生系统性风险和保持国有资产保值增值两条底线。

与中行、工行等国有大型商业银行签署战略合作协议并实现流动资金贷款到位，争取财政预算资金15亿元。在市政府支持下，实现平台资产置换58.24亿元，累计实现平台资产置换109亿元。

（张文慧）

【保障房建设】2019年，太原市龙城发展投资集团有限公司用“辛勤指数”换来市民和城市的“幸福指数”。计划交付房屋7640套，实际交付8268套。且全部交房项目水电气暖齐全。通过倒排工期，责任到人，主管领导轮岗，年轻干部提拔等多种手段压实责任，激发积极性，全年交房涉及小北关、铜厂宿舍、凯旋街3号地块，并州东街、邮政器材、化工轻工、轻工仓库、南江大酒店、园艺所和王家峰12地块、21地块、25地块等12个项目。

保障房手续办理取得重大进展，2018年交付27510套住房对应施工许可证全部办理完毕，全部在建工程中完成建设工程规划许可证涉及49个项目，32231套房屋；完成建筑工程施工许可证涉及37个项目，27979套房屋；办结土地手续包括真武路、明太原县城、南江等17个地块，67.13公顷土地面积，金额41.47亿元。

（张文慧）

【停车场建设】智迅停车公司建成并投入运营场（站）共计167处，12552个泊位。含充电站43处，直流充电桩位561个，交流充电桩位2789个。通过“两降（降成本，降管理层级）两提（提高智能化水平，提高赢利水平）”，停车业务收入达到6400万元，利润增加100%以上，达410万元。

推进立体停车设施建设，完成15个停车场地块收储，17个地块完成可研和方案设计，共可建设停车泊位5787个。按照市政府2020年建设10000个停车泊位要求，继续开展工作。实现公司管理停车场站的网络化、自动化和智慧化，降低运营，提高管理水平。向发改委并州行“门户网站”登记车场共计119处，完成106处数据上传工作。完成动物园、和平公园、龙潭公园等7处公园地库接收工作。动物园、和平公园、龙潭公园于国庆节期间向市民免费开放。结合市政府“两进”工作方案，全面做好惠民停车服务工作。

（张文慧）

【物业管理】2019年，太原市龙城发展投资集团有限公司晋美万联物业公司在管理住宅小区20个，面积约355万平方米，在管写字楼1个，面积约2.50万平方米，在管旅游景区5个，共设26个项目部。太原市房产管理局共下发房屋安置红头文件19264套，办理业主交房17188套。随着各城区政府保障房交房数量的快速增加，物业公司实现扭亏为盈，同口径实现收入增加1692万元，利润增加572万元。

（张文慧）

【幼儿园建设】2019年，太原市龙城发展投资集团有限公司拥有幼儿园资产21个，已建成移交1个，基本建成9个，主体完工1个，正在建设2个，未开工8个。总投资约5亿元，已投资1亿元。配合市政府工作，公司将承建幼儿园正式移交太原市教育局办成公办园。11月14日，举行龙投公司小区配套幼儿园移交太原市教育局协议签订仪式。

（张文慧）

【景区建设】2019年，明太原县城十字街、内环路商铺完成工程量88%以上，其余民居、公建等完成66%以上；小街巷地下管网工程完成；十字街东街完成施工雨水连接管以及照明线路，路基完成，垫层施工完成。通过考察乌镇、东方明珠、东方文旅，以及与国内其他文旅运营企业、高校、咨询机构进行对接，初步提出明太原县城业态划分与运营方案。

青龙古镇长梁坡、风子坡建筑群、风子坡卫生间、游客服务中心总建筑面积10211平方米建设完成，完成投资约8200万元。按照“月月有主题，周周有活动”理念，举办“回青龙镇，过中国年”“端午旗袍展”“泼水狂欢节”“鹊桥交响曲”“中秋家人团圆节”等活动，全年接待游客量逾120万人次，累计收入约1100万元。

方特主题公园千古风华、九州神韵、熊出没11个主题项目主体完成（其中2个网/桁架、钢结构施工），11个单体装饰工程施工。园建工程、园林工程、停车场、综合管网等配套工程正在按计划有序施工。

（张文慧）

山西转型综合改革示范区

【概况】2019年，山西转型综合改革示范区高举习近平新时代中国特色社会主义思想伟大旗帜，认真贯彻习近平总书记“三篇光辉文献”精神，深入落实中共十九届四中全会、省委十一届九次全会和市委十一届七次全会决策部署，以“不忘初心、牢记使命”主题教育为总牵引，遵循新发展理念，认真履行先行先试、改革创新、转型发展光荣使命，坚定不移将转型综改进行到底，在推动治理体系和治理能力现代化、培育现代产业体系、加快创新驱动发展、全面加强党的建设等方面取得显著成效，完成各项目标任务。（韩晓艳）

【经济指标】2019年，山西转型综合改革示范区完成地区生产总值524.80亿元，同比增长10.40%；规上工业增加值232.60亿元，增长9%；固定资产投资222.40亿元，增长43.80%；工业投资115.20亿元，增长14.20%；一般预算收入36.60亿元，增长6%；新兴产业增加值占规上工业增加值比重达到85%。新发展各类市场主体8321户，增长38%。规上企业增加18家，增长15.40%。高新技术企业增加152家，增长32.80%。（韩晓艳）

【招商引资】2019年，山西转型综合改革示范区不断完善“龙头企业＋研发机构＋关键配套企业”招商新模式，全年新引进深圳出口型电子信息产业园、腾讯智能制造数字产业园等重点新兴产业项目70个，计划总投资1011亿元。电子信息、智能制造、生物医药及食品、新材料及加工等4个千亿级产业集群基本架构日益丰实。（韩晓艳）

【项目建设】2019年，山西转型综合改革示范区认真落实“深化转型项目建设年”要求，全年新开工产业项目63个，计划总投资约301亿元，固定资产投资到位资金84亿元。当年签约项目新开工54个，开工率77.10%，超额完成任务。在建基础设施和公共服务设施项目120个，计划总投资245.80亿元。其中，新开工项目43个，计划总投资34.80亿元；续建项目77个，计划总投资211亿元。（韩晓艳）

【制度建设】2019年，山西转型综合改革示范区全面修订完善26项政策制度。将所有政策细化为普惠、培育、协议三大类，实现普惠类清单化、培育类“公式”化、协议类“字典”化，进一步提高政策体系的覆盖面、量化率、针对性和可操作性，推动“1+3+26”思想指引＋体制机制政策制度体系由1.0版升级到2.0版，进入更加科学、规范、量化、高效、廉洁运行新阶段。（韩晓艳）

【服务体系】2019年，山西转型综合改革示范区坚持服务立区，再造“六最”营商环境新优势。优化“一网通办”系统，编制2.0升级版，在实现企业开办、投资审批、政策兑现、项目管理、企业服务、招标采购、公车服务等事项全部“一网通办”的基础上，实施“一颗电子印章管审批”，撤销所有审批窗口，取消政务服务审批事项纸质申报材料，做到“不见面审批”。设立“一网通办”服务专区，建立咨询导办制度，面向企业发布《办什么》《怎么办》《实际案例》等规范化、标准化的办事清单和办事指南，开启线上线下“保姆式”帮办服务。不断深化企业投资项目承诺制改革，细化规范承诺制服务监管流程，真正实现全承诺、零审批、拿地即开工。企业开办时间缩短至2—3个工作日，企业投资审批、验收压缩至33个工作日以内，实现政府效率走在企业前面。在强化和完善“一网一线”、咨询中介、大型科学仪器设备共享、科技成果交易等服务平台功能的基础上，新上线运行金融、人力资源两大服务平台。全面启动智慧园区建设，制订专项规划，搭建大数据智慧管理平台总体架构。综合运营管理中心和云平台、数字底座两大数字基础平台以及智慧工地、智慧环卫、智慧城管、智慧环保、智慧执法、智慧应急、智慧公安、智慧交警、智慧政务、对企服务等首期 9 个应用模块上线试运行。（韩晓艳）

【创新发展】2019 年，山西转型综合改革示范区深入实施创新驱动，初步形成“平台 + 科研 + 产业 + 资本 + 人才”融合发展模式。启动运行“智创城”省级双创中心，着力打通管理、服务、孵化、转化等全链条创新链，引领辐射全省、全市打造“双创”升级版。新引进西安电子科技大学大数据研究中心、山西生物质新材料产业研究院等高端研发机构，中科院山西先进计算中心、清华大学山西清洁能源研究院、山西高等创新研究院等新型研发机构建成投运。启动与英国牛津大学、清华大学、浙江大学、北京航空航天大学、华东理工大学、中国钢铁研究总院、中煤科工集团、赛迪信息产业集团等著名高校和科研院所的成果转化合作。集聚创新人才，全区新获评国家“万人计划”等高端人才 145 人。新成立融资担保公司，为 13 家中小微企业担保融资 9200 万元。产业发展、成果转化、基础设施建设 3 支母基金及 5 支子基金为区内 12 家企业投资 9.80 亿元。（韩晓艳）

【绿色发展】2019 年，山西转型综合改革示范区认真践行绿色发展理念，坚持五规合一，实施《规划建设十五条》，新出台《建筑节能及绿色建筑发展实施方案》和《装配式建筑扶持办法》，加快开展超低能耗建筑建设试点。建立环保督查巡查闭合回路机制，构建三维立体执法网络。探索推行工业项目“标准地”试点改革，实行事先做评价、事前定标准、事中作承诺、事后强监管，全面提升土地集约利用水平，实现市场有效、政府有为、企业有利的有机统一。（韩晓艳）

【开放发展】2019 年，山西转型综合改革示范区获批国家跨境电商综合试验区和企业增值税一般纳税人资格试点。建成全省首条国际互联网数据专用通道。综保区完成进出口货值 4713 万元，同比增长 102.60%。（韩晓艳）

【安全发展】2019 年，山西转型综合改革示范区压实安全生产责任，健全应急处置机制，提升安全监管效能，构建安全标准体系，提升全民安全意识，保持安全生产稳中向好的良好态势。聚焦重点领域，针对梳理出的 80 项防范风险事项，制定《示范区防范化解重大风险工作方案》，完善风险防控机制，动态排查风险隐患，从源头上预防和消除风险隐患。（韩晓艳）

【党的建设】2019 年，山西转型综合改革示范区落实从严治党各项要求，开展“不忘初心、牢记使命”主题教育，深化“三基”建设，创新政治监督模式，为示范区建设提供坚强政治和组织保证。探索建立“前对表 + 中督察 + 后审核”全链条政治监督新模式，对三年来先行先试、改革创新进行全面审核，并完成第三轮常规督察和转型项目专项督察。研究探索一体推进不敢腐不能腐不想腐的新机制，修订完善《廉政风险防控保证金实施办法》，实施《新兴产业培育计划》《企业投资项目“一事一议”“一企一策”规定》《公务用车制度改革实施方案》《政府采购管理办法》《土地出让与收储办法》等制度，全面推行政务服务事项“一网通办”，最大限度减少招商引资、产业培育、行政服务、土地出让等方面的人为裁量权，压缩权力寻租空间，增强党员干部廉洁从政的思想和行动自觉。（韩晓艳）

【获奖情况】2019 年，山西转型综合改革示范区获得全国模范劳动关系和谐工业园区称号，获得太原市 2018 年度安全生产目标责任制考核优秀单位。中国山西留学人员创业园（原太原留学人员创业园）连续两年提档升级，被国家科技部火炬中心评为 2018 年度国家级科技企业孵化器“B”类。山西转型综合改革示范区紫林路综合管廊项目被中国安全产业协会建筑行业分会授予“安全事业突出贡献奖”。山西转型综合改革示范区阳曲产业园区事业服务中心获得“山西省模范集体”荣誉称号。山西综改示范区科技成果转化项目——清华大学山西清洁能源研究院晋华炉项目参加第 47 届日内瓦国际发明展并获得金奖。（韩晓艳）

太原不锈钢产业园区

【概况】2019 年，太原不锈钢园区按照“打基础、蓄动能”工作总基调，推进招商引资、基础设施、营商环境等各项工作落实，总体呈现出经济持续发展、社会和谐稳定的良好局面。一般公共预算收入完成 2.65 亿元；固定资产投资完成 12.03 亿元，其中，工业固投完成 8.38 亿元，增长 20%；非煤产业产值完成 88 亿元，增长 16%；规模以上企业工业增加值完成 16.50 亿元，实现增速 15%；入区企业数、高新技术企业数均超额完成目标任务。（郭 微）

【招商引资】2019 年，太原不锈钢园区坚持把招商引资作为“一号工程”和“生命线”来抓，以高端制造业、网络信息产业和现代服务业为主攻方向，全力加强招商引资工作，深入推行“一包七”领导干部企业包联制度，有效促进重点项目落地建设。全年谋划转型项目 31 个，其中，新建项目 6 个，续建项目 25 个，开复工率为 100%。狠抓增量。主动“走出去、请进来”，组织队伍前往北京、佛山、成都、南昌、厦门、上海等发达地区，参加中博会、厦洽会、进博会等系列重大招商活动 20 余次，对接项目 30 多个，新签约项目 10 个，总投资 50.47 亿元。中国长城、居然小镇、同创谷培育项目等先后落户园区。联合尖草坪区成功举办“中德（太

不锈钢园区全景 （太原不锈钢园区供图）

原）智能制造产业发展论坛”，意向引进一批德国优秀制造企业，打造“中德工业园”。挖掘存量。鼓励企业加大技术改造力度，不断提高产品质量，扩大生产规模，增强企业活力，提高经济效益。全年共实施5个技改项目，新增投资2.18亿元。其中，日德泰兴超硬精密不锈钢带材规模化生产技术改造项目，帝思曼年产1.50万吨超薄带特殊金属材料生产项目，完成设备安装；太原工具厂异性精密高效复杂刀扩能技改项目，太钢大明年产20万吨不锈钢深加工项目投入生产。 （郭 微）

【融合发展】 2019年，太原不锈钢园区融合发展是尖草坪区与园区全年工作的主旋律、新动能、新引擎。按照“区区融合建机制、军民融合谋规划”的思路，扎实推动有关工作落地落实。区区融合更紧密。强化两区干部职工“一家人”意识，通过联席会议、联合行动等方式，实现两区之间密切协作配合，形成“1+1＞2”良好局面。政治建设同部署，两区共同组织中心组学习，特别是主题教育以来，两区共同组织开展集中学习、分组交流研讨、交流学用心得等规定环节，确保两区干部同心同向。重点工作同推进，联合开展秋冬防执法、创城乱象整治、工地“六个百分百”落实等工作。民生工作同保障，成立天朗美域社区筹备组，使近3000户居民受益，联合保障居民供暖，确保城中村居民按时供暖。军民融合更务实。坚持“规划引领，基础先行”原则，着力优化规划设计，配套基础设施，奠定科学开发、长远发展的坚实基础。先后启动《太原北部军民融合创新基地产业研究》《军民融合科技园城市设计》《太原北部军民融合创新基地（中北大学板块）起步区控制性详细规划》编制工作，均形成初步成果。“三纵三横”骨干路网涉及征拆工作全部完成，共征拆17.20万平方米。先期实施“两纵两横”市政道路建设工程均完成总工程量的90%以上。 （郭 微）

【企业服务】 2019年，太原不锈钢园区牢固树立“服务就是价值、口碑就是价值”的理念，加快提升审批效能，加大企业培育扶持力度，全力营造优质营商环境。政务服务再提效。依托政务大厅，继续深入推行项目无审批承诺制，全面落实“两集中、两到位”，建立一次性告知、首问负责、限时办结等系列制度，接通“太原市行政审批管理信息系统”和“山西省政务服务事项管理系统”，动态调整的399项权责清单事项同步至“全国一体化在线政务服务平台山西政务服务平台”。企业扶持再发力。组织企业开展省、市技术改造专项资金申报工作，为4家企业争取技改专项资金1820万元，为2家企业争取工业转型升级资金1142万元。加强清理拖欠民营企业账款，为民营企业支付拖欠账款94万元。加强高新技术企业培育，科技型中小企业全年净增加14家，并帮助帝思曼、锦荣、陆森等17家企业申报高企认定，等待专家评审。落实科技鼓励政策，共兑现奖励资金300余万元。推动政银企对接，协助鼎荣与中行达成2500万元的贷款协议。 （郭 微）

【基础设施建设】 2019年，太原不锈钢园区围绕补齐基础设施短板，全面开展设施功能提升攻坚行动，努力打造洁绿亮美、宜产宜居宜业园区环境。高标准实施。钢园北路北段道路工程完成所有前期工作，北延道排工程完成设计招标。加强工程建筑质量监督力度，全年开展质量检查抽查43次，提出质量问题126条，整改率100%。建立人防系统专项治理《未批先建项目台账》和《不建不缴项目台账》，对历史遗留问题进行人防工程补建或人防易地建设费追缴，补建面积1159平方米，追缴易地建设费458万元。全面推进创城工作，在阳兴南街、钢政街等人流密集区域设置烟头收容器；完成丰津街路灯安装工作，安装路灯24盏。高质量运维。环卫机扫作业道路18条共27万平方米，做到每日冲洗2次，机扫2次；人工清扫保洁形成条块结合、无缝隙、全覆盖的模式。严格要求绿化养护单位进行精细化养管，绿化工程完成丰源西路、兴安南二巷行道树补栽和阳兴南街绿化补栽补种工作，补栽行道树180株，绿篱6000平方米；二青会及国庆节期间，在阳兴南街沿线摆放花卉40000余盆。严格按照有关规定和标准加强公厕管理，新建公厕2座。 （郭 微）

【安全环保生产】 2019年，太原不锈钢园区全力抓好安全生产和环境保护工作，守好经济高质量发展底线，继续保持安全稳定、环境优良良好态势。以长效机制巩固安全生产成效。按照“党政同责、一岗双责、齐抓共管、失职追责”要求，完善安全生产责任体系，全年各类安全生产事故均为零。完成安全生产责任制挂牌136家，实现监管全覆盖。持续推进双重预防机制建设，全面落实风险辨识、分级和管控工作，92家企业依托太原市双重预防平台实现线上线下监管实体运行。扎实开展建筑工地和防汛安全生产专项行动、“防风险、保平安、护二青、迎大庆”消防专项执法检查等各类安全生产检查10余次，共排查安全隐患1300余条，监督检查覆盖率100%，隐患整改复查率100%。组织举办安全事故应急救援演练，全面提升对应急工作的响应程度。以强化监管改善生态环境质量。完善制度保障，制定《降尘污染防治攻坚行动方案》《进一步强化降尘污染防治工作实施方案》《建筑工地管控38条》《生产企业八个“百分百”》等系列制度，做到明确分工、细化责任、狠抓落实。按照“零容忍、严执法、重实效”的总体要求，全面加强大气污染防治、工业企业水污染防治、危废转移、放射源监管各项工作，全年开展各类环保联合执法出动780余人次，填写笔录150余份，对27起违法案件处罚款68.90万元。切实抓好环保督察交办问题整改，生态环保部强化监督组交办问题23件，省委、省政府“百日清零”太原组交办问题18件，全部按要求完成整改。（郭　微）

山西清徐经济开发区

【概况】 山西清徐经济开发区是2003年经省政府批准成立的省级开发区，地处山西省中部太原市南端，是清徐县“一体两翼”经济发展格局中的重要组成部分。2018年10月经省政府第14次常务会议批准通过，规划面积由14.10平方千米扩展至29.99平方千米，产业承载力极大提升。（孟美芬）

【机构设置】 2019年，山西清徐经济开发区内设机构全面推行大部制、扁平化管理，对各项职能进行优化合并，设综合办公室、投资合作部、创新发展部、建设管理部、行政审批局、综合执法局6个部门。2019年5月28日，清徐经济开发区开发有限公司注册成立。（孟美芬）

【体制机制改革】 2019年，山西清徐经济开发区在2018年全面完成“三制”改革的基础上，推动“三制”继续优化。领导班子实现任期制，班子成员选齐配强。全员岗位实行聘任制，通过“双向选择，公开招考”实现中层干部和工作人员聘任到位，推行大部制扁平化管理，在动态中掌握干部，选定岗位，选人用人机制激发新活力。全员实行绩效工资制。根据2018年评优结果重新确立绩效总量。修订完善考核管理办法，层层签订目标责任书，月小结季述职年总结，组织开展量化打分和民主测评，考核结果公开运用。

加强改革创新，推动“三化”扩大成果。用市场化手段推进园区运营。成立清徐开发区开发有限公司，拓展市场化项目。完成标准化厂房立项设计工作，吸引社会资本进行土地收储和项目开发合作。与太平洋建设集团、太原国投、山东莱钢等大型企业合作探索共建产业园。用专业化水平推进园区管理。组建开发区专家智库，聘用省内省外各类领军专家14名，定期与有关部门、高校及科研院所就专业领域问题进行深度交流。同中冶焦耐（大连）签订战略合作协议书，在清徐开发区设立专门机构，为园区在技术服务、招商引资和招才引智、运营咨询等方面提供服务。用国际化视野推进开放程度。对标德国、日本先进煤化工技术，深化技术探讨和应用，推进精细化工向高端化、智能化、绿色化提升。持续不断引进国际企业项目。管委会领导先后赴法国威立雅危废处理中心进行实地考察，在英国参加水环境治理技术创新专题培训，为推动开发区走向世界做出努力。引进新加坡丰树物流项目，实现外资零的突破。

（孟美芬）

2019年11月1日，山西清徐经济开发区政务服务中心设立项目审批综合服务窗口　（山西清徐经济开发区供图）

【经济发展】 2019年，山西清徐经济开发区坚持学习贯彻习近平新时代中国特色社会主义思想，按照十九届四中全会精神和省委十一届九次全会要求，以“一体两翼”经济发展格局为抓手，以打造“全国能源革命新样板、全省转型

2019 年 11 月 29 日，山西清徐经济开发区管委会举行专家智库聘任仪式暨座谈会（山西清徐经济开发区供图）

升级示范园”为目标，团结奋进、担当作为。截至 2019 年底，开发区共有各类入区企业 232 家，“四上”企业 43 家。2019 年全区共完成地区生产总值 66.68 亿元，同比增长 18.40%；规模以上工业总产值完成 260.35 亿元，同比增长 12.70%；规上工业企业主营业务收入完成 310.62 亿元，同比增长 18.80%；固定资产投资完成 14.12 亿元，同比增长 84.40%；开发区税收收入完成 21.66 亿元，同比增长 5%。固定资产投资强度 487.30 万元 / 亩、产出强度（主营业务收入）451.60 万元 / 亩、税收强度 25.70 万元 / 亩。（孟美芬）

【招商引资】 2019 年，山西清徐经济开发区按照“强龙头、补链条、聚集群”招商思路，确定招商主攻方向，组建专业招商队伍，打好招商组合拳，在抓省外招商引资的同时，注重对本土企业培育转化，实现“省外省内”一起抓，招商引资成效明显。2019 年共对接项目 56 项，签约项目 11 项，计划投资总额 185.43 亿元，落地开工项目 7 项，当年签约项目落地开工率为 64%。重大转型项目 1 亿元以上签约 7 项，5 亿元以上开工 2 项。“小分队招商”，参加外交部山西推介会、厦门国际投资贸易洽谈会、高交会等推介活动 3 场，与国内外优秀企业进行交流对接，提升开发区知名度。“以企招商”，依托美锦、梗阳、亚鑫等现有产业链，主动对接中冶焦耐、大连华锐重工有限公司，促进中冶焦耐院山西办事处成立和山西华锐重工机电设备有限公司在开发区设立。“精准招商”，围绕新兴产业培育，清晰招商定位，聘请北京方圆公司编制完成环保装备制造产业园招商规划和招商地图。与山西大学环境工程学院精准洽谈，实现土壤修复实验室开工建设。（孟美芬）

【基础设施建设】 2019 年，山西清徐经济开发区补齐要素短板，夯实发展基础。加强基础配套设施建设。引进中冶建设集团有限公司、中国十七冶集团有限公司、山西临汾市政工程集团股份有限公司等建设主体，采用 PPP 和 EPC 模式分别建设开南路、开中路、开西路、清泉南路南延四条道路；同步进行园区“九通一平”各项工作，由太原市供水集团进行供水管廊铺设，完成 307 沿线供水管道铺设，通讯公司进行管网入地改造，对入园拟开工项目企业进行电网铺设；为实现园区污水处理、公铁物流站场、管廊、通廊、电力、消防等公辅设施共建共享和焦炭、化产、物流、公辅的有机融合，对园区大公辅进行规划设计。全年基础设施投资 36730 万元。推进智慧园区建设。先后与华为集团、罗克佳华等公司进行沟通对接，设计开发区大数据智能管理平台。通过搭建资源平台，进行企业服务、项目管理，从环保、应急、公安、执法、交通、城管、环卫等方面实现开发区治理运营智能化，力求实现一张图态势感知，运营检测、决策分析、综合治理、联运指挥，不断提高开发区治理能力和治理水平。（孟美芬）

【规划编制】 2019 年，山西清徐经济开发区按照“多规合一”要求，由同济大学规划团队负责编制开发区战略规划纲要、总体规划、产业规划、环境保护规划，各项规划基本完成。由山西晋环科源环境科技有限公司编制开发区规划环境影响评价，通过省生态环境厅组织的专家评审。由太原市规划设计研究院编制完成开发区一期控制性详细规划。完成土地集约利用评价、四至勘界工作。根据省自然资源厅有关要求，2019 年清徐开发区开展土地集约利用评价工作，评价成果通过省自然资源厅专家评审。选聘专业团队开展扩区后四至范围勘界工作，通过县自然资源局初验和省自然资源厅组织的专家评审，并上报省自然资源厅，成为全省开发区首家获得四至勘界批复开发区，为全省开发区四至勘界工作提供参照标准。（孟美芬）

农 业

【概况】 2019年，太原市农业农村局工作坚持以习近平新时代中国特色社会主义思想为指导，深入贯彻习近平总书记关于“三农”工作重要论述和视察山西重要讲话精神，认真落实中央、省委农村工作会议精神，大力实施“1351”工程，各项工作有序推进，全面完成省下达的各项任务，取得农业增产、农村增美、农民增收的好成绩，为全面建成小康社会，实现脱贫攻坚决战决胜奠定坚实基础。

2019年，农村常住居民人均可支配收入18377元，完成计划102%，增长9%。第一产业增加值完成42.48亿元，增长2.10%。一产固定资产投资完成11.40亿元，完成计划117.50%，增长26.10%，增速位列全省前茅。农产品加工销售收入完成249.50亿元，增长6.51%。500万元以上企业农产品加工销售收入完成93.74亿元，完成省下达任务101.34%，增长9%。脱贫850人，其中娄烦县480人，阳曲县370人，完成计划的106%。累计脱贫157个村、15748户、43375人，贫困发生率从6.68%下降至0.08%。 （何磊 任旭）

【脱贫攻坚】 2019年，太原市农业农村局以解决“两不愁三保障”突出问题为重点，围绕五个衔接和五个提升目标，脱贫攻坚与乡村振兴实现有机衔接。易地搬迁“挪穷窝”。圆满完成7385人易地扶贫搬迁任务，建成20个集中安置点，实际入住率95%，旧房拆除率93.40%，土地复垦率86%，对1042户危房和危险土窑洞进行改造。产业扶贫“富口袋”。阳曲县重点发展“四个十万亩”现代有机旱作农业工程，持续开展“四个回村”系列乡村旅游活动，带动3800户贫困户户均增收4600元。娄烦县围绕七大特色产业，实施产业项目170个，覆盖贫困户7500户2万人。全市58座光伏扶贫电站、总规模106.78兆瓦，全部并网运营，累计分配收益5982.98万元，覆盖157个贫困村和102个非贫困村，惠及1.89万名贫困人口。消费扶贫“聚合力”。在全市范围内组织开展消费扶贫活动，按照高于市场价0.60元/斤的标准，帮助娄烦县销售土豆2400万斤。帮助娄烦、阳曲两县销售各类农产品2865万斤，销售额7712万元。健康扶贫“治穷病”。对2628户5340名贫困人口实行健康扶贫“双签约”，贫困人口参加医疗保险率达100%，“先诊疗后付费”“一站式结算”“三保险三救助”等政策累计惠及26.80万人次，政策报销比例达到92%以上。生态扶贫“谋双赢”。共成立脱贫攻坚造林专业合作社128个，完成造林绿化任务31940公顷，吸收贫困人口5134人次，人均增收9670元。完成新一轮退耕还林任务4573.33公顷，其中贫困户退耕面积2046.67公顷，涉及贫困人口14312人次，人均增收1266元。聘用贫困人口集体护林员1726人次，人均增收7219元。教育扶贫“拔穷根”。累计补助贫困大学生711名，发放资助金355.50万元；资助中职中技、高职贫困学生8432名，发放资助金1882.10万元，特别是建成贫困子女免费入学的阳曲县首邑学校，招收贫困户子女入学284名。为娄烦县招聘教育、卫生、农技等专业技术人员186名。驻村帮扶“结穷亲”。坚持党建引领，市委第29批驻村帮扶工作队157名第一书记和393名驻村队员奋斗在脱贫攻坚最前沿，赢得帮扶对象95%以上的满意率。近7000名党员干部结对帮扶157个贫困村、1.58万户贫困户，实现党员干部结对帮扶全覆盖。对口帮扶添活力。城六区、综改示范区、不锈钢园区连续三年按照不低于本级财政一般预算收入的1%，累计投入帮扶资金5.60亿元，2019年投入1.57亿元，为历年最高。帮助销售农产品714万斤；帮助培训8913人，转移就业10697人；帮助进城务工贫困子女就近入学355名；实施惠民项目773个，带动3208户9789

人脱贫，为脱贫攻坚注入强大活力。半月谈、山西日报、太原日报等媒体从不同层面和角度对脱贫攻坚工作取得显著成效进行报道。（何磊　任旭）

【城郊农业发展】 2019年，太原市农业农村局立足省会城市实际，发挥大流通、大市场、大资源优势，按照服务城市、繁荣农村；服务市民、富裕农民要求，委托同济大学编制《太原市乡村振兴战略总体规划（2018—2022年）》《太原市南部城郊农业示范区发展规划（指导方案）》《太原市北部有机旱作特色农业示范区发展规划（指导方案）》，明确“以建设太原南部城郊农业示范区为突破口，形成布局合理、功能多样、产业融合、城乡一体化的城郊农业新格局”总体思路。南部城郊农业示范区以小店汾东片区为示范，调整调优种植结构，着力培育蔬菜、花卉、葡果等新型产业。北部有机旱作特色农业示范区重点支持“阳曲小米”“娄烦山药蛋”等有机旱作农业的发展。阳曲县大力发展6666.67公顷优质谷子，创建泥屯、东黄水两个万亩示范区、8个乡镇级核心示范点，扩大种植规模、提高种植品质、延伸产业链条、提升产品价值。娄烦实施马铃薯产业全覆盖，集中连片发展有机旱作马铃薯3333.33公顷，建成2000公顷无公害、1000公顷绿色、333.33公顷有机马铃薯基地。（何磊　任旭）

【农业产业结构】 2019年，太原市农业农村局持续实施“一减五增”行动，调优种植业布局，城六区籽粒玉米种植实现基本退出，蔬菜、葡果、杂粮、药材、花卉等优势产业提档升级。调减籽粒玉米12206.67公顷，增蔬菜913.33公顷，增葡果800公顷，增杂粮6600公顷，增药材1046.67公顷，增花卉933.33公顷，“退户入园、出城进沟、规模健康”的养殖业生产布局持续优化，以种猪场为龙头，推进生猪养殖稳步回升。四季度末，全市生猪存栏14.80万头，环比三季度降幅收窄29个百分点；能繁母猪1.66万头，降幅收窄29个百分点；出栏25.11万头，降幅收窄10个百分点；猪肉产量2.19万吨，降幅收窄12.70个百分点。对24个畜禽养殖场进行标准化改造，自动饲喂、环境控制、疫病防控水平得到提升。加强10个奶牛养殖基地硬件设施和软件建设。全面推进畜禽粪污资源化利用工作，结合省下达40个畜禽粪污资源化利用目标任务，市级实施项目70余个，在构建种养结合、农牧循环上开拓新模式，探索出新路径。认真落实楼阳生书记关于打造酿品、饮品、乳品等十大产业集群指示要求，以六味斋、水塔、紫林、蓝顿旭美等龙头企业为引领，带动产业集群发展。印发《关于扶持农业产业化龙头企业的具体政策》，制定10项优惠政策，切实保障农业产业化龙头企业的发展。全市农业产业化龙头企业发展到144家，其中国家级7个，省级37个，市级100个。年销售收入500万元以上规模企业56个。（何磊　任旭）

【农村人居环境整治】 2019年，太原市农业农村局实施“百村示范、千村整治”工程，制定出台《学习浙江“千万工程”经验扎实开展农村人居环境整治2019年行动计划》，确定小店、晋源、阳曲为人居环境整治示范县（区），尖草坪、清徐为整治重点县（区）。以“三清一改”为重点，共清理各类垃圾62万余吨，农村环境实现由“脏乱差”向“净齐美”转变。清理交通沿线垃圾近45万吨，整理规范绿化带3.30万平方米，及时返绿57.20万平方米，打造交通干线绿色生态长廊。坚持省市县三级联创，分类指导、突出特色，选树100个不同特点和发展模式的美丽乡村。创建省级美丽乡村30个，市级美丽乡村57个，为小店王吴、迎泽董家庄、杏花岭窑头等50个市级示范村命名授牌，在更高标准上树立美丽乡村的建设标杆和示范样板。国务院农村人居环境整治大检查第六检查组明察暗访期间，随行人民日报、新华社记者进村入户实地了解情况，分别以“创新机制，让乡村的美长长久久”“精准施策，让乡村环境中看中用”“小细节处见大民生——山西部分地区小微举措打通厕所革命最后一公里”为题，进行生动报道。（何磊　任旭）

【农村厕所革命】 2019年，太原市农业农村局将农村户厕改造作为环境整治突出任务，制定出台《太原市关于推进农村厕所革命的实施意见》《太原市农村户厕建设规范》，坚持因地制宜、时间服从质量原则，优化改厕模式，由点到面全力推开，切实把这件民生实事办实办好。全市完成户厕改造42242座，完成年度计划的158%，清徐、阳曲、杏花岭、晋源等县（市、区）均不同程度超额完成；娄烦县变压力为动力，强化技术支撑，完成计划的4倍，成为改厕新亮点。探索建立厕所粪污收集和长效管护机制，引导农民群众树立正确的健康意识，养成良好卫生习惯，不断提升生活品质。“领导重视、投入到位、发动充分、组织有序、质量优先、分类指导”的做法受到王成副省长和省委农办的充分肯定。全省农村改厕培训班8月22日至24日在阳曲县召开，与会人员实地考察尖草坪区河底村、阳曲县录古咀村改厕情况，厕所革命“太原经验”得到有效推广。（何磊　任旭）

【农业项目投资】 2019年，太原市农业农村局以深化转型项目建设年为契机，筛选出100个重点产业项目，明确27个项目为市级重点项目，建立起领导包联机制，明确时间表、路线图，坚持瞄准靶向、倒排工期、挂图作战，着力打造乡村振兴排头兵和农业高质量发展的新引擎。为破解上半年一产固定资产投资增速大幅下滑不利局面，印发《落实2019年一产固定资产投资任务工作方案》，从强化举措、重点支持、建立机制、人员培训等方面入手，着力解决少报、漏报、不愿报的问题，从7月起，一产固定资产投资增速实现由负转正，并持续增长。全年增速达到26.10%，比全省一产投资增速高9.80个百分点，比全市固定资产投资增速高15.90个百分点。（何磊　任旭）

【设施蔬菜产业】 2019年，太原市农业农村局制定出台《关于进一步支持和规范发展设施蔬菜的意见》《关于加强设施蔬菜生产技术专业人员队伍建设的指导意见》两个在设施蔬菜产业发展中具有里程碑意义的建设性文件。围绕“菜篮子”工程建设，按照“新建一批、提升一批、改造一批、配套一批、清理一批”的“五个一批”重点任务，发展设施蔬菜主导产业，取得明显成效。市、县两级财政扶持资金超过1.80亿元，撬动设施蔬菜项目总投资达4.60亿元，形成“农户筹、政府补、金融贷、企业投”的多元化投入机制，新增蔬菜设施573.53公顷，3.33公顷以上设施蔬菜基地发展到120个，设施蔬菜产业正成为乡村振兴特色产业。（何磊　任旭）

【农村集体产权制度改革】 2019年，太原市农业农村局深入推进产权制度改革，杏花岭区、晋源区已圆满完成2017年中央农村集体产权制度改革试点工作，改革经验被中央农办、农业农村部以简报形式印发全国学习推广，两区共接待全省11个地市、40个县（市、区）累计5000余人次参观考察。2019年全省农村集体产权制度改革试点单位座谈会在晋源召开，观摩学习赵家山村、城北社区、寺底村改革经验，其典型经验做法受到与会人员的高度认可和一致好评。被省政府确定为整市推进单位之一，清产核资已全面完成，数据已通过省级审核，正在进行部级审核；成员身份确认率100%。在圆满完成省下达任务基础上，部分县区自加压力，主动作为，已先行开展折股量化、股权设置等工作。农村土地确权已接近尾声，全市共确权到户承包地面积94200公顷，涉及761个村，152465户。配合省确权办完成省级抽验工作和市级验收工作，土地确权质量全部合格。农村土地承包经营权证书已陆续发放到农民手中，土地确权工作圆满完成。全市新增土地流转面积4000公顷，土地流转面积达40706.07公顷，占已确权家庭承包耕地的43.20%，流转比例继续领跑全省。（何磊　任旭）

【科技兴农】 2019年，太原市农业农村局制定出台《关于进一步促进科技兴农激发活力的实施意见》，推动科技成为农业发展的助推器、农民增收支撑点、乡村振兴“领头雁”。确定清徐县为开展基层农技人员提供增值服务合理取酬试点县。小店、清徐、阳曲、娄烦、古交五个承担省农技推广项目的县（市、区）建设7个试验示范基地，培育475个示范主体，辐射带动农户9020户，4项绿色高效技术模式开展示范推广，培训77名基层农技人员。组建现代畜牧业、畜禽养殖、科技兴农、果树产业、蔬菜育种创新等5个名家工作室。筛选出10个农业科技示范基地，通过开展新品种、新技术、新机具试验、示范和技术培训工作，使推介发布2019年度全市农业主导品种和主推技术推广应用覆盖面不断加大。选聘种植、畜牧、农机等各方面的产业专家组成专家组，培训技术指导员100人，培育一批农业科技示范户，为保障农产品有效供给，促进农民持续增收提供有效服务和技术支持。（何磊　任旭）

【农产品电商营销】 2019年，太原市农业农村局持续强化农产品品牌建设，着力培育一批优质、优势品牌。紫林、六味斋入选山西食品工业领军品牌10强，东湖、晋泉、宁化府入选山西食品工业特色品牌10强。“阳曲小米”“娄烦山药蛋”成功申报市级区域公共品牌，“沙金红杏汁”“春笋缘”等7个产品成功入选山西省功能食品。发展“三品”产地面积9533.33公顷，发展“三品”养殖场6个，认证“三品”产品135个。在美特好、山姆士、唐久等超市和便利店设立73个太原名优特农产品展示销售专区（专柜），全年共销售本地农产品9466.05吨，销售金额5467.28万元。借助阿里巴巴、乐村淘等平台，开展电商销售，拓宽农产品销售渠道。阳曲县委书记裴耀军走进淘宝直播间，为“阳曲小米”代言，仅一个小时就卖出小米83000袋，销售额50余万元，超过上年农民丰收节销售额及销量。制作25个农产品品牌微视频，太原电视台全频道轮回播放累计7560次，抖音播放量7万余次。（何磊　任旭）

【休闲农业新业态】 2019年，太原市农业农村局推动农业文化旅游“三位一体”、生产生活生态“三生同步”、一二三产深度融合的田园综合体（特色小镇）建设，成为市民农事体验、休闲度假、颐养身心的好去处。实施休闲农业与乡村旅游精品工程，提升六条精品休闲线路建设水准，打造“一小时车程”休闲旅游圈。重点发展清徐葡萄采摘、清徐醋文化旅游、晋源稻花香、古交河口等景区，让市民在休闲观光、品尝特色农产品之余领略山水人文意蕴、体验自然田园风光、了解黄土农耕文化、欣赏汾河流域景观、感受环城绿色生态。在“农民丰收节”前后，市、县两级农业农村部门共举办24场以“迎国庆、贺丰收、颂党恩”为主题的各类庆祝活动，市农业农村局主办的“太原市农民丰收节暨晋源区第二届花卉艺术节”共接待省内外游客22.30万人次。小店王吴村、清徐杨房村、阳曲上安村等9个村庄获得山西省首批AAA级乡村旅游示范村，迎泽董家庄被农业农村部评为“2019年中国美丽休闲乡村”。全市休闲农业和乡村旅游经营主体发展429个，年平均接待游客突破210万人次。（何磊　任旭）

【农田建设】 2019年，太原市农业农

村局始终把高标准农田建设作为大事要事来抓，以提高粮食产能为目标，结合市情农情，按照“统一规划布局，统一建设标准，统一组织实施，统一验收考核，统一上图入库”要求，以及粮食安全责任制和“中央统筹、省负总责、市县落实”的工作思路，切实加强组织领导，建立“政府领导、农业农村局牵头、部门协作、上下联动”的工作机制，组织、指导和督促各县（市、区）完成好高标准农田建设任务。共下达高标准农田建设任务共2633.33公顷（其中高效节水灌溉面积100公顷）。国家任务1333.33公顷由阳曲县承担（含高效节水灌溉面积100公顷），省级任务1300公顷由清徐县（633.33公顷）、小店区（333.33公顷）、娄烦县（133.33公顷）、晋源区（200公顷）四个县区承担。省农业农村厅已于11月25日批复阳曲县项目初步设计，阳曲县农业农村局12月17日正式开始招标工作。

（何磊　任旭）

农业机械

【概况】 太原市农机局是市人民政府主管农业机械化事业发展的直属机构，（在新一轮机构改革中，机构名称定为太原市农业机械发展中心，机构变更为市农业农村局下属直属事业单位，正县级建制，不再承担行政管理职能）。2019年末，在职人数23人。下属单位：太原市农机研究所。

2019年太原市完成机耕67733.33公顷，占计划任务的101.60%，完成机播60466.07公顷，占计划任务的100.80%，完成机收37000公顷，占计划任务的115.60%。

全市争取并下达中央农机购置补贴资金1067.66万元，已使用农机购置补贴资金839.50万元，补贴机具1271台（套），受益农户1042户。

2019年完成机械化肥深施48666.67公顷，占计划任务的100%。完成机铺膜17333.33公顷，占计划任务的100%。全年全市未发生农机死亡责任事故，农机事故千台重伤率控制在0.30‰之内。

（马孙威）

【农机社会化服务】 2019年，太原市农机局认真制订农机化服务项目建设实施方案，重点培育、扶持一批农机合作社作为开展农机社会化服务的示范主体。争取市财政资金13万元，用于支持太原市农机合作社机库棚建设。召开全市农机社会化服务管理培训会，安排部署和培训全市社会化服务体系建设工作。争取到省农机局资产收益性扶贫资金30万元，将阳曲县、娄烦县两个贫困县区作为试点。结合太原市具体情况，制定太原市农机示范社场户培育活动工作计划，制定工作目标，引导区域内农机合作社向“五有”型农机合作社发展。认真开展新型职业农民（农机操作手）培训工作，制定《2019年新型职业农民培育（农机操作手培训）工作实施方案》。下达培训计划资金24万元，培育新型职业农民农机操作手240人。

（马孙威）

【农机生产作业】 2019年，太原市农机局在农机化生产中，精心组织，周密部署，转变作风，扎实服务，做到“三早”“三到位”，既早安排、早行动、早落实和领导到位、责任到位、措施到位，确保全年农机生产的高质量完成。认真开展服务，组织农机技术人员深入乡村和农户，指导和帮助农民机手维护、保养、检修、调试各类农机具，培训驾驶操作人员和修理工。着力抓好生产组织，充分发挥农机专业合作社和农机大户的主力军作用，开展规模连片作业和跨区机耕、机播、机收等作业，扩大机械作业面积，加快作业进度。推广农机化新技术新机具，强化项目管理，加大实施力度，提高农机作业的经济效益。高度重视安全生产，组织管理人员深入乡村，宣传安全法规和农机安全常识，进行农机安全生产检查督查，消除事故隐患，确保安全生产。工作中把好的做法、经验和典型通过省市新闻媒体进行交流和宣传，为农机生产工作营造良好的舆论氛围。

（马孙威）

【农机购置补贴】 2019年，太原市农机局党组把农机购置补贴工作作为推动全市农机化快速发展的主要抓手，召开党组专门会议，研究安排部署农机购置补贴工作。认真贯彻落实省局2019年农机购置补贴政策精神，结合太原市实际，制定《太原市2019—2020年农业机械购置补贴实施细则》。组织召开有全市农机和财政部门参加的全市农机购置补贴工作培训会，认真全面安排部署农机购置补贴工作。市农机局与10县（市、区）农机局（农委）签订工作责任书。领导带头，加大监督检查力度，科学分析数据，确保农机补贴工作规范廉洁。做好信息公开，及时准确公布相关信息，主动接受社会监督。（马孙威）

【农机技术推广】 2019年，太原市农机局根据省局要求，结合实际，制定年度太原农机推广、农产品加工工作要点，将任务责任分解落实到各县（市、区），把工作任务落到实处。精心组织2019“第十四届北方现代农业装备推广展示交易会”，并组织全市农机技术人员和农机手到现场参观展览。在全市范围开展玉米规范种植行距，深入基层进行技术指导，促进机艺结合。对承担的省级高粱生产、胡麻生产、马铃薯生产、谷子生产等全程机械化解决方案示范区建设项目、丘陵山区农机化提升示范区建设项目等农机新技术示范推广项目，加强项目管理，加大技术指导，对项目全程开展检查督查。开展基层农机推广人员和农机操作手的技术培训工作，计划培训200人次，实际培训200人次。计划培训农产品加工人员155人次，实际培训151人次。成功举办全省高粱生产全程机械化技术现场培训会。全年计划举办各类农机推广新技术新机具现场

会4场次，实际举办6场次。结合农业生产实际，开展调查研究，撰写完成农机推广调研报告1篇。（马孙威）

【保护性耕作和深松整地工程】2019年，太原市农机局在充分调研的基础上，根据工作实际，将农机深松和保护性耕作项目任务全部落实到县（市、区），责任到人。政府重视，作业进度快。娄烦、阳曲、清徐三县都结合本地实际以县政府或政府办公室的名义制定农机深松整地作业补助项目的实施方案，并严格按方案要求开展作业，整村整乡推进，提高作业机具使用效率。搞好配套服务，充分发挥“互联网+监管”信息化技术在远程监控农机深松整地作业面积、作业质量方面的作用，深松作业全部实现远程监测全覆盖，提高监测效率，全市监测终端达到92台。

（马孙威）

【依法行政】2019年，太原市农机局党组高度重视，全面落实安全责任，召开全市农机安全生产工作培训会议，对全年农机安全生产作重要部署。制定下发《太原市农机局关于印发领导干部安全生产责任制的通知》和《太原市农机局安全生产“党政同责、一岗双责、失职追责”暂行办法的通知》，将农机安全生产履职情况纳入年度综合考核，形成狠抓农机安全的浓厚氛围。做好责任书签订，落实市与乡、县，乡、县与农机合作社以及县与农机户层层签订安全生产责任书，建立健全安全监管体系。对农机安全生产监督检查计划办法统一安排部署，研究解决存在的突出问题。结合农机安全生产工作实际，对测评工作进行安排部署，对10个县区进行检查测评，确保农机安全生产工作。针对重点时间、重点场所、重点人群，特别是“两会”和节假日期间，深入田间场院开展安全执法检查。加强节日值班力度，严格遵守安全生产24小时值班和领导干部带班制度，保证一名领导干部在岗带班。深入扎实开展农机安全生产隐患排查、专项整治“打非治违”及大检查活动，对农机安全生产工作做出周密安排部署，下发专门文件，深入农机生产一线开展检查督导，极大促进全市农机安全生产工作深入展开。认真组织开展安全生产月和全国安全生产宣传咨询日的活动。采取有力措施，能力提升“三率”水平。加强农机质量监管，开展3·15农机维权系列活动，全市共出动宣传人员60人次，接受咨询360余人（次），向农民现场解答疑难问题100余人次，发放宣传资料4000份。

（马孙威）

【农机安全生产】2019年，太原市农机局党组高度重视，全面落实安全责任，局长马雪峰对全年农机安全生产做重要部署。制定下发《太原市农机局关于印发领导干部安全生产责任制的通知》和《太原市农机局安全生产“党政同责、一岗双责、失职追责”暂行办法的通知》，将农机安全生产履职情况纳入年度综合考核，形成狠抓农机安全浓厚氛围。对农机安全生产监督检查计划办法统一安排部署，研究解决存在的突出问题。结合农机安全生产工作实际，对测评工作进行安排部署，完善2019年测评细则，确保农机安全生产工作。针对重点时间、重点场所、重点人群，特别是“两会”和节假日期间，深入田间场院开展安全执法检查，促进全市农机安全生产工作深入展开。（马孙威）

【农业机械化综合示范县乡村创建】2019年，太原市农机局全局统筹规划，部门协作，明确市县两级职责任务，实现高起点开局，高标准开展，高质量推进。严格制度，规范程序，申报古交市为2019年度农业机械化综合示范县建设项目实施主体，争取省农机局项目资金90万元。结合实际，市县两级制定《太原市率先实现农机化示范乡建设方案》和《古交市率先实现农机化示范村建设方案》，推动示范乡村各项建设顺利推进。成立古交市农机化综合示范县建设领导组，明确分工职责，建立健全程序流程，规范项目管理。推进农机社会化服务体系建设，建设服务规范和功能完善的农机合作社和农机维修网点。创建完成农业机械化示范乡2个，示范村4个。开展形式多样的培训活动，为农机化综合示范县乡村创建打造高素质队伍。抓实常态化监督检查，织密扎牢农机安全监理体系，打造平安农机。

（马孙威）

【教育培训】2019年，太原市农机局党组把建设高素质农机队伍当作推进脱贫攻坚和乡村振兴战略的重要支点，列入重要议事日程，与业务工作同研究同部署同安排。组织召开全市农机培训工作会议，对农机教育培训工作进行认真详细的安排部署，下发专门文件，确保教育培训工作任务责任要求落实到位。坚持把教育培训与农机化工作紧密结合起来，在农机生产、服务体系建设和农机推广工作中，适时对农机合作社、农操作手和农机技术人员开展培训，使两者形成相互促进、共同提高的良好效果。开展农机安全监理人员和安全驾驶操作的培训，提高农机管理服务和安全生产水平。邀请省市农机专家、厂家技术人员前来讲授农机技术知识，大大提高参训人员的农机技术水平。采取举办培训班、新兴职业农民培训、现场会培训、外出考察调研等多种形式，进行各类农机技术管理人员的培训工作，全市共培训各类农机人员3000余人次。

（马孙威）

林 业

【概况】2019年，根据全国森林资源管理一张图资料显示，全市共有乔木林地152485.19公顷，经济林地16321.77公顷，疏林地32205.43公顷，灌木林地103786.17公顷，森林覆盖率24.43%。永久性生态公益林131613.33公顷，其中，国家公益林61033.33公顷，省级公益林70580公顷。（常丽英）

【林业发展规划】 2019年，太原市规划和自然资源局林业发展建设按照近自然林业理论和“山上治本，身边增绿”原则，构建“三大生态圈”空间布局，构建绿色低碳循环发展体系，优化森林资源配置，突出区域生态林业功能。

“十三五”时期，全市计划完成营造林绿化工程122693.33公顷；封山育林10400公顷；低质低效林改造329400公顷；退化林修复8066.67公顷；未成林造林地提档升级工程19333.33公顷；灌木林改造9593.33公顷。每年实施天然林资源保护二期工程364446.67公顷，其中国家级公益林面积61033.33公顷；地方公益林303413.33公顷。中幼林抚育25173.33公顷；未成林造林地抚育36306.67公顷。

开展保障性苗圃建设工程、良种繁育建设工程、母树林建设工程、义务植树苗木补助工程；发展林下种养植、花卉产业，扶持太原市林业专业合作社建设；开展林区道路建设工程、管护站建设工程、场部保护站房屋维修、森林管护棚建设、大型宣传标志牌、电路改造项目、安全用水项目等。（常丽英）

【森林资源保护】 2019年，太原市森林和草原保护工作坚持山水林田湖草生命共同体综合发展理念，森林覆盖率、森林蓄积量、森林保有量稳步增长。森林覆盖率由23.10%增加到24.43%，乔木林地增长9009.27公顷，经济林地增长170.44公顷。国家核定天然林资源保护工程（二期）管护总面积为364446.67公顷，其中，国家级公益林面积61033.33公顷，地方公益林面积303413.34公顷。

加大森林防火、防病虫害及森林资源防盗窃等森林“三防体系”建设力度，有效维护林区生态安全。2019年，全市森林督查发现林地违法违规图斑134个，涉及林地面积210.25公顷，分别同比增长20.70%、8.80%，已查处整改到位97个，收回林地面积84.67公顷。行政处罚16件，罚款30.39万元；刑事立案3件，判处1人。（常丽英）

【林业生态扶贫】 2019年，太原市规划和自然资源局通过实施五大脱贫增收项目：退耕还林项目增收、造林绿化劳务增收、森林保护就业增收、干果经济林管理增收、林业产业综合增收，提升林农劳务收入和资产性收入，助力脱贫攻坚。通过建立多种形式的利益联结机制，太原市累计发展农民林业专业合作社95家，扶贫攻坚造林专业合作社128家。2019年建立娄烦特色林业产业示范基地，育苗油用牡丹3.33公顷，该项目示范带动特色林经济，实现生态效益、经济效益和社会效益三增收。

（常丽英）

【森林城市创建】 2019年，太原市完成营造林任务12786.67公顷，其中，省级任务7346.67公顷，市级任务5440公顷；乡村绿化54个。作为第一批“互联网+全民义务植树”试点城市，太原市陆续新（续）建太原市北山生态园国家级基地1处，玉泉山、红崖山、台骀山、桦桂省市级基地4处，县（市、区）基地10处，乡镇基地（点）10处。

（常丽英）

水　利

【概况】 太原市水务局2019年水利建设落实投资共89854.82万元。其中，按投资来源划分：中央资金23982.22万元，省级资金18698.19万元，市级资金11642.37万元，县级投资35532.04万元。共完成投资68127.04万元，完成率76%。经初步统计，2019年度用水总量81000万立方米，其中农业用水量17628.90万立方米，工业用水量27391.44万立方米，城镇公共用水量7291万立方米，居民生活用水量24627.50万立方米，生态环境（其他）用水量4061.16万立方米。控制在年度目标89941万立方米之内，完成年度目标任务。万元GDP用水量降幅、万元工业增加值用水量降幅年度目标均比上年度下降2%。实际比上年度分别下降2.04%、5.56%。太原市完成水土流失综合治理面积12753.33公顷，为省厅“十三五”期间每年下达目标任务12200公顷的104.54%，全市各界完成投资3.03亿元，为年初下达投资任务的110.58%（年度投资目标为2.74亿元），其中，基本农田166.67公顷，水保林9306.67公顷，经济林153.33公顷，封育治理3126.67公顷。（赵文平）

【重点工程】 2019年，太原市马庄水库改造工程总投资8112万元，已开工建设，正在进行拆迁工作，2020年底前完成主体工程建设。太原市南坪头水库改造工程已完成立项，初步设计报市发改委，已召开审查会，待批复，工程总投资估算为28200万元。2021年6月完成主体工程建设。南沙河、风峪河、虎峪河上游生态治理工程已完成立项工作，正在进行勘测设计招标。工程总投资72800万元，2021年底前完成建设。（赵文平）

【防汛抗旱】 2019年，太原市水务局市、县、乡三级根据全市防汛抗旱工作总体安排部署，结合各自职能职责，落实防汛行政责任人和技术责任，并在7月20日的《太原日报》上公示。全力做好防汛准备，6月13日、7月19日分别在阳曲县阴山水库、风声河进行防汛应急综合演练。对9条存在淤积等问题的排退水渠进行清淤疏浚，对21处水毁工程进行修复，疏通排水管道147.20万米，清掏检查井、进水井12.90万座次、淤泥8703立方米。在抗旱方面，全市日最高投入各类水利设施0.20万眼（处），其中机电井1783眼，大中小型泵站52处，流动抗旱机具187台（套），完成流动抗旱扩浇1.31万亩次，及时缓解旱区0.22万人和238头大畜的饮水困难。全年完成抗旱灌溉

103.80万亩次，其中冬浇完成18.20万亩次，春（夏）浇完成85.60万亩次。 （赵文平）

【河（湖）长制】 2019年，太原市水务局出台全市进一步深化河湖长制改革方案，实现手机App巡河，全面推进“河长＋河长助理＋巡河员”的管理模式，完成合署办公、一河一档、一河一策编制以及河湖管理范围划界等各项工作。联合市检察院开展“携手清四乱，保护河湖生态”百日会战，联合市政府督查室开展“汾河流域治理攻坚”专项督查。搭建河湖管理保护行政执法与刑事司法有效衔接平台，开展“清四乱”专项整治，共排查出问题266处，其中“四乱”问题174处，整改173处，整改率99.43%；排污问题92处，整改率100%。累计整治非法采沙点11处、清理垃圾等违章堆积物50万方、清理阻水林木及高秆作物455.87公顷、清理违章房屋7591平方米、其他违章建筑2105平方米、违章桥梁34座、河道淤积191.60万立方米。 （赵文平）

【农村饮水】 2019年，太原市水务局为落实农业灌溉“大水漫灌”变“精打细算”的要求，推广高效节水灌溉工程，加强农业退水渠管理，制定《太原市农业灌溉退水及节水灌溉管理办法》。全面落实饮水安全工程“三个责任”“三项制度”。抽调20人、分5个小组对全市农村饮水安全工程进行全面排查，发现100个自然村水质不好和供水保证率不高的问题，全部按要求整改到位。投资6843万元，实施116处饮水巩固提升工程。安装110台健康水站，受益人口近5万人。对1007处饮水工程、1336个水样进行水质检测。 （赵文平）

【移民扶贫】 2019年，太原市水务局核定大中型水库移民人数25987人，发放直补资金1322.33万元，培训移民300人次；实施扶持项目42个，完成29个，新增5个美丽移民村，累计建成美丽移民村23个，大中型水库移民人均纯收入达8749元。 （赵文平）

汾河二库 （市水务局供图）

【安全工作】 2019年，太原市水务局认真学习习近平总书记关于安全工作的重要指示精神，按照中央和省市的要求扎实做好安全工作。以安全生产大检查为主线，制定安全工作管理制度体系。通过“四不两直”的方式，对19个局属单位、10个县（市、区）水务局、164座淤地坝项目进行安全生产大检查，对发现问题下达整改通知单，问题已全部整改到位。 （赵文平）

【水资源保护】 2019年，太原市水务局严格落实建设项目用地、采矿探矿权与泉域重点保护区重叠情况核查机制，对在晋泉、兰泉一级保护区内涉及的探矿、采矿、建设项目进行审核。争取中央资金1.43亿元，用于实施晋祠泉域内4个工程水源置换和泉域保护工程，项目实施后可关闭水井71眼，压采置换地下水开采量735万立方米。开展第二批包括迎泽区、万柏林区、杏花岭区三个行政区县域节水型社会达标建设工作，争取各级节水资金552万元，实施清徐县葡萄酒公司、小店区第一中学等10个单位节水改造工程。 （赵文平）

【依法治水】 2019年，太原市水务局利用“中国水周”和国家宪法日等契机，广泛开展法律“六进”活动，现场发放宣传资料5000余份、宣传品3000余件，培训水行政执法人员120余人次；深入推进行政执法“三项制度”，公示行政许可及行政处罚决定书145件，对147件行政许可和行政处罚均做到全过程记录；落实重大行政决策合法性审查和法律顾问制度，审查合同文本、审查文件、出具法律意见书共22件（份），组织开展全市河湖执法检查，市、县两级共出动执法人员3751人、车辆1256台，巡查河道9031.26千米、水域面积196.90平方千米、监管对象848个，查处水事违法行为18起，罚款35万元。办理行政审批件153件，其中：上报件10件，承诺件134件，即办件9件，办结率100%。 （赵文平）

工 业

Industrial

工业经济和信息化

【概况】 2019年，太原市工信局把学习贯彻习近平新时代中国特色社会主义思想、中共十九大和十九届四中全会精神作为重大政治任务，筑牢绝对忠诚、干净担当的思想根基。开展“不忘初心、牢记使命”主题教育和“改革创新、奋发有为”大讨论活动，把学习教育、调查研究、检视问题、整改落实四项重要措施有机衔接起来，抓好“8+2”专项整治，进企业宣讲习近平新时代中国特色社会主义思想13场，强化全市工信系统和企业人员的理论武装，树牢“四个意识”，坚定“四个自信”，坚决做到“两个维护”。增强班子的执行力，深入贯彻习近平总书记视察山西重要讲话精神和省委十一届九次全会精神、市委十一届七次全会精神，全面落实中央、省、市决策部署，把学习成果与推进系统党的建设、推进工业发展结合起来，班子的党性修养、理论水平得到新提高，工作作风、精神状态得到新提升。（师秋娟）

【工业体系改革】 2019年，太原市工信局围绕落实工业强市战略，推进工业高质量发展，制定《太原市推进工业高质量发展实施意见》。围绕推进产业转型升级、集聚发展，制定印发《太原市装备制造业发展指导意见》《太原市新材料产业发展指导意见》《太原市信息技术产业发展指导意见》三大产业发展指导意见。全面推进深化改革工作，对确定的11项改革工作，定方案，建台账，抓亮点，攻难点，各项改革顺利推进。充分发挥市级财政资金的引导作用，重新修订《太原市工业转型升级发展资金使用管理暂行办法》。28个项目已获批，支持金额共计1.66亿元。积极争取省级资金支持。省级技术改造专项资金已下拨四批，全市共81个项目获支持资金5.09亿元，占全省已拨付资金的26.30%。（师秋娟）

【工业经济总体态势】 2019年，太原市工信局全面加强工业谋划与管理，注重顶层设计，围绕落实工业强市战略，全面推进深化改革工作，推进工业高质量发展。健全完善经济运行监测体系，深入开展万名干部入企服务，引导企业激发内生动力，积极应对经济下行压力，保障工业经济运行。按照“三个一批”推进部署，市领导包联工业项目，大力推进工业转型项目建设，全市工业投资结构进一步优化。注重“三化牵引”，加快5G基站建设，并将5G技术成功应用于二青会，筹建工业互联网云平台，大力推进信息化建设。实施创新驱动战略，稳步推进企业技术中心和制造业创新中心建设，推进工业绿色发展，建立健全促进民营经济发展的工作举措。市工信局多措并举，积极应对经济下行，保障全市工业经济平稳运行，为全市工业动能转换、结构调整以及工业经济由中高速增长向高质量发展奠定坚实基础。（师秋娟）

【工业经济发展】 2019年，太原市工信局培育新的增长点，加强生产要素保障。建立运转高效顺畅的运行监测体系，召开11次工业经济运行会议，制定规上企业稳增长奖励办法，引导企业激发内生动力，强化目标管理。深入开展万名干部入企服务，全市共组建入企服务小组228个，对全市427户规上工业企业和87户小升规重点培育企业开展入企服务，受理规划、土地、环评、资金、电力、运输等方面的问题473条，办结472个，办结率99.80%，居全省前列。协调各类资金30亿元以上，促成意向融资3亿元。组织全市开展“减轻企业负担宣传周活动”，切实减轻工业企业负担。深入开展安全生产大检查和安全隐患专项治理整顿工作，营造安全有序的工业生产环境。2019年，全市规模以上工业企业完成工业总产值3239.80亿元，同比增长3.80%；全市规模工业增加值增速4.50%；全市规模以上工业企业实现利税182.68亿元。（师秋娟）

【工业发展态势】 2019年，太原市规模工业企业实现营业收入3310.60亿元，同比增长3.40%，实现利税182.68亿元。亏损企业99个，亏损面同比下降4.40个百分点，亏损额同比下降8个百分点；全市34个工业行业中利润总额向好的行业有24个，占比达到70.60%。综合效益指数232.95%，提高10.14个百分点。

从结构上分析，随着中国电科碳化硅材料产业基地（一期）、百信自主安全计算机一期工程、太钢冷轧取向硅钢等项目相继完工投产，2019年非煤工业增长4.90%，较煤炭工业增速快2.50个百分点；非能源工业增长5.40%，较能源工业增速快3个百分点；非传统工业增长7.10%，较传统工业（煤焦冶电）增速快5个百分点。战略性新兴产业增加值同比增长4.10%，占比15.50%，高技术产业增加值同比增长5.30%，占比11.40%，均比上年增速提高。全市工业结构进一步优化，“高”“新”“绿”的含量不断提升，工业增长动力加速转换。

从后劲上分析，2019年在建工业项目达到471项，其中新开工项目233项，较上年增加48项。随着新开工项目的数量和质量回升，全年完成工业投资246.13亿元，增长19.40%；全市工业技改投资完成111.76亿元，同比增长82.50%，其中新兴产业完成技改投资占比达58.90%。转型项目建设成效明显，工业发展后劲增强。

从动力上分析，信息化支撑作用不断增强，新一代通信基础设施建设远超目标任务，电子信息产业重点项目顺利推进，太原市入围首批5G商用城市名单，5G应用实现新突破。企业技术创新成效明显，新增中车太原机车、东杰智能、北方机械全省仅有的3户国家企业技术中心，全市省级企业技术中心达110户，市级企业技术中心新认定48户，数量实现翻倍增长；33项技术创新项目被列为2019年山西省企业技术创新重点项目，新增2个省级智能制造示范企业。

从质量上分析，2019年，工业绿色发展取得新进展，资源综合利用项目加快建设，全市大宗工业固废综合利用率达到71.60%，焦化行业压减过剩产能310万吨，实施企业错峰生产，有效控制工业污染物的排放。民营经济发展环境优化，共培育86户“小升规”工业企业、113户省级“专精特新”企业，5户“专精特新”企业列入全省“优秀专精特新小巨人企业”。

2019年太原工业在质量、效益、动力等方面都有新的提高，保持较好发展态势，全市工业经济正处于高速增长向高质量发展的换挡期。（师秋娟）

【工业经济结构调整】 2019年，太原市工信局非煤、非能源、非传统工业增速加快，贡献率提高，工业增长动力加速转换。全市非煤工业增加值同比增长4.90%，较煤炭工业增速（2.40%）快2.50个百分点，占全市比重同比上升0.40个百分点；非能源工业增加值同比增长5.40%，较能源工业增速（2.40%）快3个百分点，占全市比重同比上升0.70个百分点；非传统产业增加值同比增长7.10%，较传统工业（煤焦冶电）增速（2.10%）快5个百分点。全市战略性新兴产业和高技术产业保持增长，比重上升，战略性新兴产业增加值同比增长4.10%，占比15.50%，比上年提高0.60个百分点。高技术产业增加值同比增长5.30%，占比11.40%，比上年提高0.10个百分点。全市五大工业行业增加值“四增一减”，成同向发力态势。其中，装备制造业增加值同比增长8.60%，材料与化学工业增加值同比增长2.80%，能源工业增加值同比增长2.40%，消费品工业增加值同比增长5.80%。创新驱动发展战略深入实施，全市工业经济的增长动能持续转换，工业结构进一步优化，“高”“新”“绿”含量不断提升，工业多元支撑格局正在形成。（师秋娟）

【工业项目建设】 2019年，太原市工信局深入落实“转型项目建设深化年”各项要求，按照“三个一批”推进部署，加快工业项目建设。太钢冷轧取向硅钢、东山酿造小镇酒厂搬迁改造、中电科碳化硅等项目全面开工建设；阳煤太化R-Gas气化炉、京丰轨道交通电务装备制造基地3#厂房、明豪汽车模具一期工程、国营金阳高性能永磁材料一期工程、百信自主安全计算机一期工程等项目完工投产；金能铜铟镓硒薄膜太阳能、大众不锈钢笔尖国产化、太钢棒线材生产线智能化升级改造等项目进入设备安装阶段；加大工业招商，推进中

2019年7月30日，市工信局赴太原预备役某部开展迎“八一”共建活动

（市工信局供图）

2019年8月3日，市工信局机关干部职工参加全民健身“健步行”活动

（市工信局供图）

国长城、申威、圭目、宝能、威马等项目落地。全市在建项目471项，新开项目233项，全年完成工业投资246.13亿元，同比增长19.40%。新兴产业完成投资130.60亿元，占全市工业投资比重的53.10%。其中装备制造产业、新材料产业、电子设备制造产业、绿色能源产业共计完成投资112.80亿元，占新兴产业投资的比重达到86.40%，占到全市工业投资的45.80%，全市工业投资结构进一步优化。（师秋娟）

【工业信息化建设】 2019年，太原市工信局加快新一代通信基础设施建设，新铺设光缆22281皮长千米，新建、改建5G通信基站1720个。圆满完成二青会场馆基础通信网络建设、集群通信系统建设、通讯保障、5G试点建设及应用等专项工作，实现国内大型综合性运动会的首次5G应用。三大运营商公布的首批50个5G商用城市名单，太原均名列其中。积极引导企业上云，共享工业资源，全市上云企业达到153户，“三化牵引”工业高质量发展的态势逐步显现。中科曙光、高端通用安全可控整机智能制造基地项目、百信自主安全计算机研发与产业化、中国长城智能制造（山西）基地等项目顺利推进，全市信息技术产业比较优势逐步显现，对工业的支撑引领作用更加突出。全市电子信息产业完成工业总产值858亿元。

（师秋娟）

【工业技术创新】 2019年，太原市工信局实施创新驱动战略，支持企业建设技术中心，新增中车太原机车、东杰智能、北方机械3户国家企业技术中心，为全省仅有的3户；培育推荐5户企业申报省级技术中心，全部通过认定；申报2019年市级企业技术中心达66户，创历史新高，新增30户市级企业技术中心。推进制造业创新中心建设，山西省轨道交通创新中心、山西省功能蛋白创新中心被认定为山西省省级制造业创新中心（第二批）试点。围绕装备制造、电子信息、节能环保、智能制造、物联网等重点领域，开展技术创新项目100余项，33项列为2019年山西省企业技术创新重点项目。加快智能制造实施，引导企业开展智能装备、智能生产线、数字化车间等智能化改造，新增东杰智能、汾西重工2个省级智能制造示范企业。（师秋娟）

【工业发展方式】 2019年，太原市工信局推进工业绿色发展，印发《2019年太原市绿色制造行动计划》，推荐2户企业申报国家绿色工厂、1户企业申报绿色供应链创建，组织山西综改示范区学府产业园区、唐槐园区和太原不锈钢产业园区创建国家级绿色园区试点。加快资源综合利用项目建设，全年大宗工业固废综合利用率达到71.60%。制定《落实省焦化行业压减过剩产能、推进太原市焦化产业转型升级实施方案》，完成压减310万吨的年度任务。落实环保要求，实施企业错峰生产，采取停产、限产、区间作业等不同手段，有效控制工业污染物的排放。做好新能源汽车产业发展与推广工作，山西原野新能源汽车自主研发出中国第一台氢燃料转子发动机，排放减少90%，制造成本减少50%。太原市新能源汽车推广量为32078辆。（师秋娟）

【民营经济发展】 2019年，太原市工信局落实促进民营经济发展一系列政策举措，建立健全工作机制，激发企业发展动力和活力。加强“小升规”企业培育，共有86户“小升规”工业企业通过审核，超额完成省政府下达的77户考核指标。积极培育“专精特新”企业，共培育113户省级“专精特新”企业，是省考任务的2.50倍。5户“专精特新”企业列入全省“优秀专精特新小巨人企业”。做好清理拖欠民营企业账款工作，全市共清理出拖欠民营企业、中小企业账款88332.50万元，涉及民营企业1534户，截至2019年底，欠款总额为88560.22万元，已清偿账款57754.01万元，清偿比例为65.21%。（师秋娟）

煤炭工业

【概况】 2019年，原太原市煤炭工业局划出煤矿安全监督职责和职业安全健康监督管理职责，整合原煤炭行业管理职能和市发改委、市经信委节能降耗、能源管理职责，组建成立太原市能源

局，为市政府工作部门。

太原市能源局以习近平新时代中国特色社会主义思想为指导，深入学习贯彻习近平总书记关于能源革命重要论述，根据职能配置要求，理职能、抓队伍、转作风、强管理，立足新起点，谋求新发展，积极创新生态打造、推动能源革命综合改革试点、努力推进全市能源高质量发展，较好地完成市委、市政府年初确定的工作目标和任务。

（刘林贵）

【经济指标】 2019年，太原市原煤产量3721.53万吨，增长11.04%，地方煤矿原煤产量1355.27万吨，增长36.10%；发电量271.62亿千瓦时，增长14.38%；煤层气（含瓦斯）抽采总量4.25亿立方米，增长9.49%，利用总量1.91亿立方米，增长18.60%；新能源装机容量53.99万千瓦，增长31.60%；项目投资完成29.73亿元。（刘林贵）

【煤炭转型升级】 2019年，太原市能源局持续化解煤炭过剩产能，有序推进减量重组，提高煤炭先进产能占比。全年建成7座煤矿，新增产能720万吨/年；去产能关闭2座煤矿，化解过剩产能165万吨/年，"十三五"期间累计关闭12座煤矿，退出产能905万吨/年，超额完成计划；加快煤矿一级安全生产标准化和特级安全高效矿井建设，先进产能矿井达13座，产能3605万吨/年，先进产能占比76.20%，位于全省前列；狠抓西山7座矿井生产要素公告核查变更工作，开展生产煤矿公告互检；审查通过14个减量重组包，4个减量重组包全部审查通过并报省政府；推动全市洗选企业产业升级，实现规范发展，起草《太原市煤炭洗选行业产业升级实现规范发展实施方案》，完成全市135个洗选企业清查摸底，并按《实施方案》要求全面开展认定工作。（刘林贵）

【电力体制改革】 2019年，太原市能源局以市大中型工业企业、高新技术企业为引领，以工业集聚特色园区为切入点，推进电力体制改革，促进资源优化配置。全面推行售电侧市场开放，促进电力体制改革工作有序推进，电力直接交易规模持续扩大，全年共93家企业参与电力直接交易，累计交易电量76.35亿千瓦时，占比35.97%，节约用电成本2.18亿元；推进增量配电网试点工作，3个增量配电网试点稳步推进，2个实现实体运营，示范作用初步显现。持续深化能源革命综合改革试点工作，对照能源革命综合改革试点赋予能源领域相关工作，结合实际研究梳理相关工作，明确努力方向和重点任务，细化目标，落实责任，能源转型提速。（刘林贵）

【煤层气开发利用】 2019年，太原市能源局切实加大煤层气（瓦斯）抽采及利用力度，加大对古交、清徐等重点产气县区煤层气开发企业调研帮扶力度，深入抽采钻井、瓦斯电站等进行现场指导，帮助企业发现和解决存在的各类问题，大幅提高全市瓦斯和煤层气的产量和利用量。加快输气管线建设，太长线鸣谦分输站—鄂安沧忻州分输站输气联络线工程东山支线工程年内上马并建成投产。推进古交邢家社煤层气开发、小回沟煤矿和麦地掌煤矿低浓度瓦斯发电等煤层气项目落地，推动全市煤层气增储上产项目顺利推进。（刘林贵）

【能源绿色发展】 2019年，太原市能源局推进新能源建设，推动能源绿色发展。全市新能源装机总容量增长近三分之一，为近年来最好水平。争取国家平价上网光伏指标10万千瓦，竞价光伏上网指标19.40万千瓦。在全省率先采用承诺制核准分散式风电项目7个，建设规模14.80万千瓦。城市地热供暖突破400万平方米，全市实现贫困县光伏扶贫全覆盖，光伏扶贫电站并网6.78兆瓦，收益7569万元，惠及贫困户1.80万余户。成立领导机构，开展调研、专题研究部署、稳妥推进，扎实开展以清洁供暖为重点推动能源消费转型，全市农村冬季清洁取暖成效明显，全年完成"煤改电"3.20万户，"煤改气"0.28万户，"双改"以外3.14万户供应清洁煤（蓝炭）9.42万吨，农村地区清洁取暖实现全覆盖。

（刘林贵）

【能源节能双控】 2019年，太原市能源局科学分解节能指标任务，依据2018年能耗统计数据，区分工业和非工业，又将工业区分为高耗能行业和一般耗能行业，分别计算下达各区域2019年度能耗强度控制目标，强化指标针对性和有效性，避免"一刀切"的现象。组织开展全市节能专项检查与诊断服务，已

2019年7月9日，二青会无线电安全保障誓师大会在山西体育中心举行

（市能源局供图）

检查30家重点用能企业，发现问题79条，勒令淘汰落后设备87台（套），开出节能技术改造“药方”49个。完成年综合能耗10万吨标煤以上重点用能单位能耗在线监测系统接入端建设。开展以“绿色发展、节能先行”为主题，以“能源有限、节约无限”为主要内容的节能周宣传活动，发放各种宣传资料3000余份，现场接受过往群众咨询，为市民工作、日常生活节能提供指导、示范。实地考察调研四川省用能权有偿使用和交易试点开展情况，并借鉴其经验做法，完成《太原市用能权有偿使用和交易实施方案》和《太原市用能权有偿使用和交易实施细则》草案编制，奠定开展用能权有偿使用和交易基础。

（刘林贵）

【技术水平提升】 2019年，太原市能源局以绿色低碳为方向，鼓励、扶持能源企业与科研院校开展产学研合作，凝聚科技合力，推动科技成果转化，努力抢占能源技术革命制高点。东曲、小回沟煤矿煤矸石返井充填开采、龙泉煤矿保水开采列入省级试点予以推行。西山矿区煤炭采空区煤层气抽采实验率先开展，探索采空区煤层气开发路径。西山煤电切顶无煤柱开采、综采智能化工作面开采、奥灰水分散多通道区域治理保水开采等先进开采技术已取得明显成效并形成宝贵经验。在国家新能源示范园区开展先行先试，国信公园管理中心分布式能源站、玉泉山公园玉泉山居新能源供热、太原国投肖邦一期写字楼无干扰地热供热、北区供水泵站新能源微电网等示范项目改革试点取得积极成效，解决西山区域对冷、热、电等能源供给的需求，为偏远地方解决能源供给问题提供有益借鉴。 （刘林贵）

【服务监督管理】 2019年，太原市能源局深化“放管服效”改革，打造“六最”营商环境，优化能源发展环境。配合完成相对集中行政许可权改革工作，3项行政审批事项划转市行政审批局集中办理。煤炭建设项目联合试运转、竣工验收权限下放至主体企业审批。广泛开展调研、现场会等活动，积极推动煤炭、新能源项目加快建设，直击问题困难，现场解决，精准服务。创新监管方式，变事前审批为事中事后监管，强化过程管理，加强过程监督指导服务。强化电力安全监管和油气长输管线保护力度，加强对企业管网运行流程、巡线记录、值班值守、突发情况处置演练等情况检查，实现基础能源平稳运行。加强依法行政，向社会公布“互联网+监管”清单，制定行政执法公示制度、全过程记录制度和重大执法决定审核制度，有效保障执法公平公正、阳光运行。为电力用户协调，解决用电报装、增容过程中的问题，满足用户用电需求。严格监督检查、监督服务并重，助推能源领域稳定发展，全年对能源领域开展监督检查，累计检查能源企业129家次，查出问题6815条，整改6671条，整改率达98%。 （刘林贵）

电力工业

【概况】 国网太原供电公司（以下简称“太原公司”）成立于1958年，是国网山西省电力公司的分公司，是国家电网公司大型重点供电企业之一，担负着太原市六区、三县、一市（迎泽区、杏花岭区、万柏林区、尖草坪区、小店区、晋源区、阳曲县、清徐县、娄烦县、古交市）的供电任务，供电区域总面积6988平方千米，拥有固定资产200.10亿元，服务用户124.11万户。

2019年，国网太原供电公司贯彻落实市委、市政府决策部署，全力争当服务太原市高质量发展的表率，积极履行社会责任，优质高效完成营商环境优化、“煤改电”、光伏扶贫、供电保障等任务，有力促进各项重点工作的顺利推进。同年，太原市全社会用电量259.21亿千瓦时，同比降低1.46%；太原公司售电量212.26亿千瓦时，同比降低0.91%；最大负荷429万千瓦，同比降低1.94%；安全生产长周期累计4117天。先后获得中央企业先进集体、山西省五一劳动奖状等荣誉称号。

（卜芋鑫 张媛 董雪轩）

【安全生产】 2019年，国网太原供电公司确保电网安全稳定。深化输电线路“双准入、双监护”制度落实，将所有隐患点纳入视频监控，外破故障下降26.70%。加强临时、检修和特殊运行方式风险管控，做实电网运行方式安全校核和方式优化，预控七级及以上风险165项，解决西谷PASS开关多年遗留缺陷。持续提升供电可靠性。开展全网“精准到户”停电分析，全面统计停电户数、时长，科学制订设备运维年度、季度、月度计划，将责任分解到线、段、点、人，配电线路故障同比下降41.31%。深化配网可视化平台应用，实现停电信息实时监测、故障报修“一级接派”，故障平均修复时长同比降低60.34%。完成各类保电。主动了解重大活动、重要场所保电需求，圆满完成庆祝新中国成立70周年、二青会、太原能源低碳论坛等重要电力保障任务。

（卜芋鑫 张媛 董雪轩）

【服务城市转型发展】 2019年，国网太原供电公司科学编制电网规划。根据太原地域特点和电网现状，构建“一张蓝图，两个方案，四个全覆盖”目标网架，完成220—500千伏饱和年网架规划。省内率先启动一流城市配电网建设，完成全市68个网格、448个供电单元“网格化”规划报告编制。着力补齐电网短板。扎实推进蒙西—晋中1000千伏交流特高压、太原北500千伏输变电工程属地协调，助力二青会完成配套电网工程建设11项，有效缓解电源支撑不足问题。全面实施农网改造升级工程，全市户均配变容量提前一年实现2.30千伏安目标，城、农网供电可靠率达到99.99%和99.88%以上，迈入国内先进城市行列。支撑城市绿色发展。新能源并网容量增长4.36%，发电量增长

32.68%，利用率达100%。服务政府及社会充电设施建设，充电桩送电240个。投资1.54亿元，配合市政道桥建设迁改线路114.64千米。投资6700万元，开展小街巷电力线路迁改入地，助力文明城市创建。（卜芋鑫　张媛　董雪轩）

【服务民生需求】2019年，国网太原供电公司深入开展专项整治漠视侵害群众利益问题。将市能源局22项整治要求细化为6方面27项具体内容，自觉对标对表，细致自查自纠，累计排查三方面15类、3569个问题。配合完成国家能源局督导检查，把排查的问题作为“不忘初心、牢记使命”主题教育的重要内容，细致完成全部问题整改，不断增强人民群众的获得感、幸福感、安全感。大力实施“煤改电”工程。充分发挥电网企业优势，投资6.60亿元，连续三年实施“煤改电”配套电网工程建设，新建及改造变压器947台、10千伏线路501.60千米，惠及5区3县1市“煤改电”居民6.10万户，保障居民温暖度冬，得到政府和社会的广泛赞誉。精准开展电力扶贫。协助定点帮扶娄烦盐市崖村创建农产品牌“绿优源”，积极协调农产品入驻国网电商平台，多渠道增加贫困户收入，提高贫困群众自我发展能力。消费扶贫金额达73.73万元。

（卜芋鑫　张媛　董雪轩）

【客户用电体验】2019年，国网太原供电公司落实一般工商业降价政策。将降低一般工商业电价、清理转供电环节加价收费工作，作为必须要坚决完成好的重大政治任务，积极宣传降价政策，为客户减负2.05亿元，切实增强客户在改革红利、服务质量、降价水平上的获得感。精心开展客户走访。连续三年开展“问需求、送服务、促发展”大走访活动，细分客户种类，多角度分析客户诉求，积极帮助政府部门、发电企业和用电客户解决实际问题。协助1.33万户高压客户开展设备隐患排查，发现用电隐患3409户并提出整改建议，跟踪做好闭环整治，变被动服务为主动服务。结合万名干部入企服务，主动了解民营企业服务需求，协助解决困难问题140项，提升客户用电体验。助力打造“六最”营商环境。成立“获得电力”工作组，建立电网资源信息公开机制，实行客户申请“当日上机”、供电方案“一日会审”、客户申请“一日答复”、验收意见“一次告知”。扎实开展报装接电专项治理行动，高、低压客户办电环节减至4个和2个，所需资料分别减少至3件和2件，降低客户办电时间、成本，“用电报装”指数在国务院大督查和国家统计局营商环境调查中排名前列。

（卜芋鑫　张媛　董雪轩）

国有资产经营公司

【概况】2019年，太原市国有资产经营公司坚持以习近平新时代中国特色社会主义思想为指导，全面贯彻中共十九大和十九届二中、三中、四中全会精神，深入贯彻习近平总书记视察山西重要讲话精神，认真落实省委十一届九次全会和市委十一届七次全会决策部署，坚持党的集中统一领导，坚持稳中求进工作总基调，推动国有企业高质量发展，确保国有资产保值增值，各项工作取得良好成效。（闫晨阳）

【经济指标】2019年，太原市国有资产经营公司贯彻落实中央、省、市经济工作会议部署，制定系统规模以上工业企业经济运行指导意见，明确各企业经济运行目标责任。坚持每季经济运行分析例会制度，对经济运行情况进行分析研判。在经济下行压力持续增大的情况下，系统规模以上工业企业主要经济指标仍实现持续增长。全年系统5户规模以上工业企业完成工业总产值11.27亿元，同比增长18.81%；全年完成工业增加值2.76亿元，同比增长10.46%；实现销售收入9.59亿元，同比增长10.62%；实现利税1.07亿元，同比增长10.59%。（闫晨阳）

【经济建设】2019年，太原市国有资产经营公司坚持引导建立以企业为主体、市场为导向、产学研深度融合的技术创新体系，促进科技成果向现实生产力转化。

山西电机制造有限公司主导研发的“基于典型负载和工况匹配的电机系统节能技术与产品开发”项目被中国机械工业联合会评为科技进步一等奖，全国仅有20家企业获一等奖。螺杆空压机专用高效永磁同步电机智能化生产线项目被列为太原市工业和信息化重点领域转型升级项目，预计2020年建成投产。电机系统节能技术研究与产品开发项目、大中型高压高效电机关键技术与产业化示范项目、电机运维远程智能监测技术与产品示范项目、高效电机欧盟市场培育项目等4个项目被列入市能源革命综改试点工作任务，2021年底前将全部完成；迪爱生（太原）油墨有限公司被中国日用化工协会评为新中国成立70周年优秀企业，全国仅有5家企业获此荣誉。免酒精润版液研发和植物油型单张纸胶印油墨研发项目被列入市能源革命综改试点工作任务，进入市场推广阶段；太原工具厂加快转型升级步伐，产品结构逐步向中高端延伸，刀具产品逐步进入汽车、航空航天、军工等重点领域。（闫晨阳）

【国企改革】2019年，太原市国有资产经营公司党委牢固树立大局意识，安排专人配合市委企改党建办完成全市国有企业2018年经济普查摸底工作，创建全市国有企业2018年信息大数据库。配合市国资委制定全市党政机关与所办企业脱钩改革工作流程及移交清册，为全市推进国资国企改革攻坚打下坚实基础。

按照全市统一部署，推动“三供一业”分离移交、厂办大集体改革、僵尸企业出清、非公经济组织属地划转等改革攻坚任务破冰前行。“三供一业”移交协议全部签订完毕，正在按照市分离办要求进行水、电、暖的有序交接。确立为试点的孔雀油墨公司两处宿舍供热改造完成；研究制定厂办大集体改革整体方案，建立厂办大集体数据库。经市委企改党建办核批，3757.39 万元财政预拨资金已拨付至涉改企业主办单位账户；对系统僵尸企业进行摸底调查，创建僵尸企业数据库。在新组建的破产清算组努力下，太原古交钢铁厂破产审计评估工作全部完成，人资关系彻底分离。经市中院裁定，启动破产工作长达 11 之久的太原古交钢铁厂于 8 月正式宣告破产，12 月 16 日顺利召开第一次债权人会议，表决通过财产管理、变价及分配方案；按照全市统一部署，完成 9 户直属单位，46 户法人单位的托管非公经济组织属地移交划转工作。

（闫晨阳）

【项目建设】 2019 年，太原酒厂和孔雀油墨 2 户企业搬迁改造项目全部完成年初计划。作为全省重点转型项目，以太原酒厂有限责任公司搬迁转型升级为龙头，中华老字号酿造特色小镇项目于 2018 年开工建设，已投入 1.60 亿元。项目可研、环评、水评、土方回填、边坡治理等工作全部完成；洞藏酒库、培菌室主体建设工程全部完工；酿造用水打井深度达 600 米，新型生态工业企业初现雏形。在项目建设的同时，企业坚持以质量求效益，通过 ISO9001 质量管理体系现场审核，在对传统工艺改进实验的基础上，研发的料酒、配制酒、保健酒等系列产品陆续投放市场。

太原孔雀油墨有限公司搬迁改造项目选址省转型综改示范区阳曲产业园区，完成立项备案、土地招拍挂、项目可研和能评、地面清表等工作；山西化工设计院完成高标准设计，厂房建设环评完成，土建施工于 12 月全面展开。企业在巩固报墨市场龙头地位的同时，加大胶印单张纸油墨产品的研发投入，新型 UV 胶印油墨研发项目进入中试和备案阶段。（闫晨阳）

【创新发展】 2019 年，太原市国有资产经营公司集中培育发展动能，外贸集团和交家电公司等企业实现创新发展。外贸集团变代理经营为自主经营，实现“中间商”向“主营商”的转变，菌棒、生姜、胡萝卜、鲍鱼饲料等农产品成功打入日韩市场，进出口贸易额由原来的每年 50 万元提升至近 700 万元。主动对接“一带一路”，建立跨境电商平台，海外仓发货模式取得新突破。

交家电总公司探索国有企业利用存量土地和资产与民营企业、社会资本合作经营新途径，实现由管资产向管资本转变，引资合作建设的泰享里新经济产业园开门营业，企业固定资产增加 2 亿多元，国有资本年收益翻 5 倍以上。在企业资产租赁方面，严格执行《系统监管企业资产租赁经营管理办法》，全年招商引资近 1600 万元，租金平均增幅达 30% 以上。（闫晨阳）

【安全生产和信访工作】 2019 年，太原市国有资产经营公司严格按照“四铁”工作要求，强化责任落实，推进依法治理，突出专项整治和隐患整改，坚决打好防范化解重大风险攻坚战。在全系统开展为期 3 个月的安全生产集中检查，有效遏制各类重特大事故的发生。成立 4 个检查小组，重点检查安全生产隐患，专项行动期间共计入企检查 20 次，排查隐患 44 条，企业自查自改隐患 144 条，隐患整改率 100%。通过努力，公司系统安全生产形势持续稳定好转，全年未发生生产安全、消防安全死亡责任事故，连续 12 年未发生死亡事故。作为全市 8 个重点信访单位之一，全年召开信访联席会、信访协调会 10 次，协调处理重大信访问题 12 件，集中化解 8 件。全年共接待群众来访 279 批次、1011 人次。处理群众来信来函及上级部门交办函 43 件，网上信访事项 57 批，办结 52 批，办结率 91.23%。通过扎实有效的工作，公司系统信访存量得到有效化解，信访增量得到有效控制。（闫晨阳）

中小型工业企业

【概况】 2019 年，市中小企业发展促进中心认真落实中央、省、市有关政策措施，在机构改革、行政职能划转的情况下，持续保持奋发向上的工作状态，努力优化中小企业发展环境，积极化解中小企业发展的主要矛盾，持续加大中小企业扶持力度，为全市经济社会发展作出贡献。（周　睿）

【机构改革】 在 2019 年的党政机构改革中，太原市中小企业局隶属关系由市政府直属事业单位调整为太原市工业和信息化局管理，更名为太原市中小企业发展促进中心，增加为民营经济发展提供服务的职能。（周　睿）

【中央中小企业发展专项资金重点绩效评价】 2019 年，太原市中小企业发展促进中心在一无经费、二无人员（示范办临时抽调人员已经分别回到各自原来岗位）、三无场地的情况下，代表市政府完成中央中小企业发展专项（小微企业创业创新基地城市示范方向）资金重点绩效评价工作。临时召集市财政、商务、科技等单位，排除困难，历时半个月完成双创示范的绩效评估工作，绩效评估结果超过评估预期。（周　睿）

【中小企业融资】 2019 年，太原市中小企业发展促进中心在经济下行和职能划转的双重压力下，坚持把对标一流、主动作为、提高工作水平贯穿始终。结合省局工作任务，制定太原市中小企业发展促进中心 2019 年工作重点。立足机关职能，强化服务意识，抓重点、攻难点，为企服务，帮企解忧。通过抓融资模式创新、人才培训和深化服务，制定服务全市中小企业高质量发展实施方案，推动中小企业以转型谋升级，向质量要效益。

抓助保贷融资模式创新，积极化解

不良贷款风险。在宏观经济整体下行，合作银行不断收紧中小企业贷款的背景下，为着力解决中小企业贷款融资，积极推进小微企业融资模式创新，先后同晋中银行太原分行、民生银行太原分行达成合作意向。在化解不良贷款风险方面，同邮储银行达成代偿协议，由助保贷第三方平台支付代偿资金并承担代偿资金不能回收的风险，化解在邮储银行质押的政府风险补偿铺底资金代偿风险，实现政府风险补偿铺底资金的保值增值。截至2019年11月，市级“助保贷”当年新增贷款275户4.67亿元，太原市中小企业融资难现状得到缓解。

（周　睿）

【股改上市】2019年，太原市中小企业发展促进中心积极开展股份制改造辅导工作，提升企业股改认知度，储备一批、培育一批、筛选一批、股改一批，有序循环，不断推进。对完成股改的优秀企业，积极推动其在山西股权交易所挂牌上市，并落实省、市股改及上市奖励政策，经市中小企业发展促进中心申报，有27户企业获得规范化股份制改造奖励资金1036.40万元，占全省94户企业的28.72%。

先后举办中小企业融资业务培训班4期，培训企业280户。通过系统培训，增强经营管理及财务管理人员对投融资市场的认知，提升综合素质及业务管理水平，推动一批优秀企业积极开展规范化股改工作。（周　睿）

【担保体系建设】2019年，太原市中小企业发展促进中心为持续增强担保机构抗风险能力，鼓励担保机构扩大中小企业担保业务规模，助力太原市中小微企业贷款融资，争取国家、省、市担保扶持资金，开展工信部小微企业担保业务降费奖补资金申报工作。为2018年新增担保458户12.58亿元的山西省融资再担保集团有限公司等5家担保机构共申请获得奖补资金424.13万元。

（周　睿）

【人才培训】2019年，太原市中小企业发展促进中心以市场为导向，通过制定中小微企业人才梯次培育计划，持续加大全市中小企业从业人员的培训力度，全年培训各类人才近3000人。

企业高端管理人才培训。为全面提升太原市中小微企业核心竞争力，着力提升企业董事长（总经理）的综合素质。市中小企业发展促进中心组织中小微企业高端管理者先后在同济大学举办两期“中小微企业优秀管理者培训班”，培训企业高端管理者151名。推荐17名中小企业董事长（总经理）参加省小企业发展促进局清华大学研修班。推荐20名中小企业总经理参加省小企业发展促进局北京大学总经理研修班。推荐3名中小企业董事长参加省小企业发展促进局德国高端研修班。中小微企业高层管理者的整体素质提升，企业之间的沟通交流加强，为企业家树立国际视野，勇立市场前沿提供可能。

中层管理者素质提升。认真落实省小企业促进局小微企业经营者素质培训精神，抓好中小微企业各类管理人员专题培训，着力提升企业中层管理人员管理水平。10月，通过招标遴选出的8家培训机构，完成对全市2000名中小微企业各类管理人员的专题培训，其中包括财务管理、营销管理、人力资源管理等。

中小企业职称评审。向省小企业发展促进局推荐152名非公有制企业专业技术人员参加工程师系列高级职称评审；开展2019年非公有制企业中级职称评审工作。经过审核推荐、继续教育培训、现场专业答辩、评委会评审等环节，最终有3014名非公有制企业专业技术人员取得工程师任职资格。

（周　睿）

【“小升规”培育】升规入库是中小微企业发展的必由之路，也是太原市中小企业发展促进中心服务企业的主要目标。2019年，太原市中小企业发展促进中心围绕“小升规”这个核心目标，开展中小微企业培育工作。

完成“专精特新”企业推荐申报。推荐全市符合国家和省产业政策的战略性新兴产业的233家中小企业参加省级“专精特新”认定，其中113家获得认定，为推动全市中小企业高质量发展提供可靠保障。完成“小巨人”企业的申报推荐。根据山西省小企业发展促进局《关于评选优秀专精特新“小巨人”企业的通知》要求，推荐精英数智、圣点科技、嘉世达机器人、清众科技、科腾环保等6家“专精特新”中小企业参加全省“小巨人”企业评选。精英数智、圣点科技、嘉世达机器人、清众科技4家企业获批全省“专精特新‘小巨人’”企业称号。开展中小微企业的诚信认定。把为企业诚信“背书”作为培育中小微企业内生力量的重要手段，共有522家中小企业获得诚信认定。

（周　睿）

【组织企业参展参会】为引导中小企业以开放的心态和国际视野参与市场竞争，从而推动企业技术革新与产业转型，2019年，太原市中小企业发展促进中心先后组织全市多家“专精特新”企业走出去，参加各类展会，拓展中小企业的国际视野和市场份额。

组织企业参加津洽会。3月，由发展规划处组织山西朝阳生物科技有限公司、山西聚脲防护材料有限公司等全市11家中小企业参加在天津举办的2019中国·天津投资贸易洽谈会暨PECC博览会。

组织企业参加中国中小企业博览会。为推动太原市中小企业与世界各国（地区）特别是“一带一路”沿线国家的交流与合作，促进太原市中小企业高质量发展。根据山西省小企业发展促进局关于《第十六届中国国际中小企业博览会山西代表团工作方案》的通知要求，2019年6月，由副主任房保富带队，管理指导处组织山西嘉世达机器人、千汇药业、博瑞建明、艾珂灵环境、今耐科技、圣点科技等11家企业组团参加由工信部和广东省人民政府联合主办的

第十六届中国中小企业博览会主题展。（周　睿）

城镇集体工业

【概况】太原市城镇集体工业联合社成立于1951年，是太原市人民政府直属事业单位，位于太原市迎泽区并州北路7号，依法履行对太原市城镇集体企业"指导、维护、监督、协调、服务"的职能，承担着对全市手工业、工艺美术行业指导服务工作。机关内设9个职能处（室），所属单位16个。

2019年，太原市城镇集体工业联合社坚持以习近平新时代中国特色社会主义思想为指导，深入贯彻落实中共十九大、十九届二中、三中、四中全会精神、习总书记视察山西重要讲话精神和省、市各项决策部署，按照"推进改革发展、加强集体资产监管、发展工艺美术行业、维护安全稳定"的工作思路，主动作为、扎实工作，较好地完成各项工作任务。（杨慧珍）

【改革发展】2019年，太原市城镇集体工业联合社在机构改革中，与市委组织部、市编办、市工信局等部门对接，将承担的"监督检查集体经济企业相关法律法规政策执行情况"，"依据现代产权制度，理顺产权归属，履行资人职责，指导全市手工业、工艺美术行业发展"和"拟定全市城镇集体经济各行业中长期发展规划"三项行政职能划归市工信局。在事业单位改革中，太原市红旗剧场采取封存的改革方式，逐步退出事业单位序列。太原市工艺美术研究院转企改制，工作方案已经过8个职能部门审核，后续将按照方案完成转企改革。在国有企业改革中，塑料公司、美术公司、电子材料厂、工艺美术厂和转企后的美术研究院共同组建太原市工美集团的方案已经过论证报市政府，清产核资、财务审计、资产评估、产权界定等工作正在推进。（杨慧珍）

【资产监管】2019年，太原市城镇集体工业联合社对标山东济南联社和广东江门联社，赴两地学习交流企业监管及运营的先进经验。修订完成《太原市城镇集体工业联合社资产监管办法》，进一步规范房产出租、资金使用、财务管理等方面的行为，确保集体资产保值增值。联社根据各单位具体情况实行分类监管。对正常经营的企业，严格按照新修订的资产监管办法进行监管，对正在拆迁过渡的美术公司、家具公司等企业，制定拆迁补偿资金和过渡资金监管办法，有计划地使用资金，做到事前、事中、事后均有监管，保证拆迁资金专款专用。（杨慧珍）

【工艺美术】2019年，太原市城镇集体工业联合社以培育工艺美术人才、传承工美技艺、展示太原形象、弘扬传统文化为目标，推进工艺美术事业发展。申请工艺美术专项资金66.50万元用于人才培训、交流合作、基地建设。加强工艺美术人才队伍建设，组织工艺美术专家、大师及工艺美术从业人员43人赴山东工艺美术学院进行专题研修学习，邀请山西大学教授举办《中国画表现形式与非遗文化内在的联系》为主题的系列讲座，47名优秀工匠被评选为"太原市工艺美术大师"，组织26名大师申报山西省工艺美术大师评选活动。展示技艺弘扬文化，组织工美企业参加第二十届中国工艺美术大师作品暨手工艺术精品博览会、首届中国工艺美术精品博览会、第四届山西省文化产业博览交易会，获金奖5个、银奖8个、铜奖5个。加强与各地市交流，与平顺县政府联合举办"庆祝中华人民共和国成立70周年平顺县工美技艺作品交流展"，组织工艺美术人员赴长治考察交流技艺传承、发展、创新的经验与做法。推进太原工美馆建设，赴晋中、长治、运城等多个地市，征集馆藏优秀工艺美术作品75件，完善各项设备设施，完成太原市工艺美术馆开馆工作。（杨慧珍）

【安全生产】2019年，太原市城镇集体工业联合社召开安全工作会议，对全年安全生产工作进行安排。认真落实安全生产责任制，与基层单位签订《安全生产目标责任制书》。组织安全知识培训3次，应急演练1次，9人参加市安全生产培训中心培训，取得安全生产证。提升干部职工安全意识和应急处置能力。开展安全生产月宣传活动，提高市民安全意识。在重要节点开展安全生产大检查，进行隐患整改，排除各类安全隐患。连续多年没有发生安全生产事故。（杨慧珍）

【关注民生】2019年，太原市城镇集体工业联合社扎实开展帮扶救助，走访慰问系统困难群体400余人次，发放慰问金7万余元。落实帮扶政策，建档立卡24名困难职工全部解困。做好军转干部和系统1400余名离退休干部职工的管理服务工作。开展办实事活动，解决胜利街宿舍区产权置换、宿舍区环境改善等40余个群众生活中的问题。（杨慧珍）

【信访稳定】2019年，太原市城镇集体工业联合社加强源头治理，落实纠纷月排查制度，每月进行一次矛盾纠纷排查，掌握存在的苗头性、倾向性问题，及时反馈并加以解决。深入基层，实地了解情况，依法及时就地解决问题，把矛盾纠纷化解在萌芽状态。进行法制宣传，增强群众法制意识，开展领导接访，畅通群众反映诉求通道。依法处置五金公司10名职工无法办理医保、美术研究院职工欠缴保险、红旗剧场待岗职工要求上岗等信访案件，稳定局面得到进一步巩固。（杨慧珍）

企业选介

·太原钢铁（集团）有限公司·

【概况】太原钢铁（集团）有限公司（简称太钢）是集铁矿山采掘和钢铁生

产、加工、配送、贸易为一体的特大型钢铁联合企业，也是全球不锈钢行业领军企业。

太钢始建于1934年，20世纪50年代初，太钢率先开发出中国第一炉不锈钢、第一卷硅钢；1958年，发展成为以生产特殊钢为主的中型钢铁联合企业；1978年，基本建成年产100万吨钢的大型钢铁联合企业；1996年，太钢改制为国有独资公司；21世纪以来，太钢先后实施多轮不锈钢改扩建和新建工程，至2006年形成年产300万吨不锈钢的能力，2006年6月，太原钢铁（集团）有限公司钢铁主业整体上市。经过80多年的发展，太钢已具备年产1200万吨钢（其中450万吨不锈钢）的能力。

2019年，太钢共有分公司3个，全资子公司15个，控股子公司16个，在职员工31437人。太钢社会责任发展指数位列钢铁企业第一名。太钢不锈获评中国企业可持续发展100佳；太钢不锈在中国上市公司环境责任信息披露评价中总排名第11位、钢铁行业排名第1位。（雷亚明）

【生产经营】 2019年，太钢聚焦高质量发展新要求，改革创新和转型升级不断深化，取得良好的经营业绩。全年产钢1086万吨，其中不锈钢418万吨，实现营业收入797亿元，实现利润35亿元，实现税金27亿元，保持稳健的发展态势，整体素质和综合实力持续提升，获评山西省优秀企业和制造业单项冠军示范企业。（雷亚明）

【科技创新】 2019年，太钢精品核心基地建设取得新突破。“三品”战略全面实施，“三个一”质量目标要求有效落实，以400系不锈钢表面质量控制技术为代表的一批关键生产工艺瓶颈实现突破，带动重点品种市场大幅拓展。新产品开发量同比增长49%，316系、双相钢、超纯铁素体、高碳马氏体、高等级管线钢、钢轮钢等产品销量和市场占有率保持领先水平。突破高纯净316H特厚板研制的世界性难题，产品独家用于国内首座示范快堆主设备制造；核级不锈钢板用于“华龙一号”机组堆内构件制造；手撕钢生产技术获冶金科技奖特等奖，产品广泛应用于手机折叠显示屏等高科技领域；高强钢和高牌号冷轧硅钢用于超大型水电站建设。创新工艺技术，优化原料结构，以不锈钢冶炼为重点的生产制造成本大幅下降，生产全线降成本超额完成预算目标，运行效率显著提高。转型升级重大项目进展顺利，棒线材生产线升级改造项目建成投产，高端冷轧取向硅钢、不锈钢中板项目顺利推进。全年组织新申报专利216件，其中发明专利124件，连续5年保持在55%以上；经国家知识产权局批准授权专利123件，其中发明专利51件。“一种赤铁精矿粉生产烧结矿的方法”等2件专利被列为“2019年度山西省专利推广实施专项”。在“第23届全国发明展览会”上，参展的专利项目获13个奖项，其中金奖3项。积极参与国内外标准制定与修订，首次主导制定ISO国际标准——《火花源光谱法测定镍铁》，全年起草审定国家军工标准3项、国家标准4项、行业和团标2项，行业话语权和引导力持续增强。太钢被确定为全国首批工业产品绿色设计示范企业，是山西省唯一入选企业。

智能制造开始推进，加强顶层设计和统筹规划，形成智能制造三年发展规划与行动方案。启动实施供应链管理信息化系统、智能物管控平台、协同办公平台等项目，表面缺陷识别、机器人等部分智能装备上线运行。（雷亚明）

【非钢产业】 2019年，太钢多元产业不断培育壮大。资源产业可持续发展能力提升，矿山系统全员发动、自加压力，强化工艺技术攻关，优化生产组织，降本增效。一系列绿色升级资源综合利用改造项目、污染治理项目全面投运，矿山生态恢复治理取得成效，发展后劲显著增强。新材料产业多点突破。深化与中科院山西煤化所合作，成功开发T1000等碳纤维高端产品，自主研发的第三代碳纤维实验室制备技术进入工程化攻关阶段，千吨级碳纤维项目三期工程高效推进，多元发展态势向好。

（雷亚明）

【环保项目建设】 2019年，太钢环保工作围绕建设“三不一合格”现代化美丽工厂、提前全面实现超低排放目标，加紧筹划和实施新一轮重点环保项目，举全太钢之力，开展焦化工序环保攻坚，焦炉煤气深度脱硫提标改造、干熄焦烟气脱硫、VOCs治理等项目建成投产，焦化全工序实现“旧貌换新颜”；烧结烟气超低排放改造、炼钢二厂南区转炉湿电除尘改造、炼铁厂二次料场封闭、加工厂废钢料场综合治理等一批重点项目陆续建成投运，太钢环保关键指标显著进步，兑现承诺，向社会交上合格答卷；坚持治管结合、有组织和无组织排放“两手抓”，开展专项整治，加大检查通报和处罚力度，文明施工明显好转，厂区降尘量大幅下降；基础管理明显进步，强力压实环保责任，推动“环境保护、人人有责、从我做起”绿色文化落地。（雷亚明）

【对外经贸与合资合作】 2019年，太钢“两海”战略布局加紧推进。系统分析研究国内外不锈钢战略资源状况，聚焦镍铁和铬铁两个重点领域，加紧筹划和推进项目实施。与国内最大铬铁生产企业合作建设年产25万吨铬铁项目；与格盟国际建立战略伙伴关系，谋划在钢铁材料、国内外矿产项目等方面的合作。积极应对国际贸易摩擦，优化海外市场布局，以不锈钢为主的重点产品出口保持较好水平。（雷亚明）

【企业管理】 2019年，太钢重点改革迈出新步伐。市场化改革向纵深推进，坚持市场化导向，推动市场压力向各层面、各环节传递，全员价值经营的动力活力进一步激发，成本管控意识不断强化，全员降本增效积极性创造性充分发挥，为全面完成降本增效目标提供有力支持。三项制度改革不断深化，以大讨论和主题教育为契机，围绕推进劳动、人事、分配制度改革，提升公司管理效能和运营效率。开展集团管控优化工作，加强集团战略管控，推动子公司明确业务定位和发展目标，初步制订各单元三年发展规划。管理总部机构进一步整合，子分公司业务和专业化整合提速，推动协同发展，优化资源配置，在市场开发、盘活闲置资源等方面取得成效，促进集团价值最大化。厂办大集体改革全面实施，退休人员管理职能社会化移交正式启动，厂办社会职能实质性剥离。（雷亚明）

【企业文化建设】 2019年，太钢和谐企业建设持续深化。安全生产稳定向好，坚持依法推进安全生产，开展安全合规性评价，修订完善安全生产管理制度，安全生产法治化水平不断提高，保持长周期安全生产稳定局面。全员素质不断提高，深化全员敬业度评估，补短板、强弱项效果显现。开展职业技能测评，不胜任比例进一步下降。太钢成为山西省首批职业技能等级认定试点企业。继续开展首席师选聘，签约公司第一名首席科学家；编制《职业发展等级评聘指导意见》，拓展首席师以下职级人员职业发展通道。推动职工成长成才，334名职工入选三晋英才和青年拔尖人才支持计划，10人当选三晋工匠和晋阳工匠。完善职工困难帮扶机制、心理援助计划、法律服务体系等，民生福祉持续增进。（雷亚明）

·太重集团·

【概况】 2019年，太原重型机械集团有限公司以习近平新时代中国特色社会主义思想为指导，深入学习贯彻中共十九大和十九届二中、三中、四中全会精神，充分发挥党委的领导核心和政治核心作用，带领广大干部职工锐意进取、攻坚克难，有力推动公司高质量发展，主要指标位居行业前列。（张 玮）

【产品结构优化】 2019年，太原重型机械集团有限公司厚植传统领域优势，加强重大项目整体策划，传统产品订货实现较大增长；加快转型步伐，转型产品市场推广取得新进展，成为推动持续发展强大引擎；坚持国际化发展路线，应对中美贸易战，拓展“一带一路”沿线市场，海外市场培育与开发取得显著成效。

传统产品引领地位持续巩固。太原重工起重机分公司、焦化设备分公司、油膜轴承分公司等均实现明显增长，超额完成全年指标。相继签订大型冶金铸造起重机，55立方米、35立方米挖掘机，235兆牛挤压机等一系列重大合同。太重榆液签订1580热轧、1700热轧改造及加热炉等重大项目。山西煤机超额完成全年指标，“再制造”占比达20%以上。

传统产品智能化订货取得新突破。太原重工相继签订6台420吨智能化铸造起重机改造项目、6.25米捣固焦炉、7.55米顶装焦炉等重大合同，7米顶装焦炉成功交付用户。太重煤机智能化采煤机实现订货12台。太重榆液节能加热炉实现订货3000万元。

结合行业发展趋势，公司对焦化设备等传统产品进行环保改造提升，焦炉设备车载除尘系统实现应用，并成功举办技术推介会，成为山西能源革命排头兵。（张 玮）

【生产技术创新】 2019年，太原重型机械集团有限公司完成新产品开发68项、新产品试制39项、授权专利101项。获省部级以上科技成果奖17项，科学技术奖14项，山西省首届专利奖3项。1300吨桥式起重机研制获得山西省科技进步一等奖，《冶金起重机技术条件》系列标准获得山西省首届标准创新贡献一等奖。

智能化开发实现新突破。以智能化为发展方向，对现有产品性能、功能、工艺进行优化提升，无人操作大型矿用机械正铲式挖掘机研制被列为山西省科技重大专项。

创新平台建设取得新进展。被认定为国家知识产权示范企业，为山西省首批入选企业；太原重工通过国家工信部制造业单项冠军示范企业复核；轨道交通设备有限公司被机械工业联合会认定为轨道交通走行关键零部件重点实验室。（张 玮）

【企业改革发展】 2019年，太原重型机械集团有限公司深入贯彻国资国企改革精神，编制《落实2019年山西省深化国资国企改革42项重点工作任务分解表》，省委主要领导太重现场办公会后，公司刀刃向内、积极行动，制定下发《深化改革、提升运行质量任务责任清单》，扎实稳健推进各项改革工作，有效促进公司转机制、增活力、提效益。

公司治理方面，外部董事进驻并发挥作用，董事会运作更加规范高效，公司法人治理结构逐步完善；贯彻落实省属企业监察体制改革精神，成立省监委驻太重集团监察专员办公室，实现对所有行使公权力的公职人员监察全覆盖。

体制机制改革方面，完善经销项目经理责任制、合同终身负责制、重大新产品承包责任制等制度，以效益为中心激励与约束机制逐步建立；以机械企业公司为试点，签订《任期经营业绩考核目标责任书》。

剥离企业办社会职能和厂办大集体改革方面，扎实推进剥离企业办社会职能工作，已全部缴纳企业自筹资金；配合有关部门开展退休人员社会化管理移交工作，已完成摸底，并入选太原市试点企业；厂办大集体改革基本完成，人员安置率达95.40%。（张 玮）

【企业管理】2019年，太原重型机械集团有限公司“三降一清”（降存货、降应收、降坏账、清理历史遗留问题）工作有序推进。并开展“三降一清、百人百万”专项劳动竞赛。应收账款较年初下降10%，存量应收下降46.70%。历史遗留问题完成清户94项。滨海锻压设备分公司南京迪威尔项目顺利运往天津滨海基地，创造山西省大件运输记录。

经销合同质量明显改善。持续深化经销体制改革，坚持合同质量源头把控，坚守价格、付款两条红线，健全合同评审与预警机制，合同质量持续提升。

降本增效全面加强。持续深化目标成本管理，从源头抓起，逐步实现对设计、采购、外协、制造等环节全流程成本管控。太原重工明确合同签订红线价格，提高产品标准化、模块化设计水平，压减采购、协作、生产制造等费用；太重煤机优化设计，同时加快国产化替代；太重榆液完善定额成本，拓展集中采购、统一招标范围。

试点提升资金使用效率。按照试点先行、以点带面原则，确定五家单位作为试点，全面梳理主机、备件生产周期，明确各环节下降目标，试运行以来成效明显。

风险防控持续完善。坚持底线思维，加强对生产经营各环节风险防控，制定下发《供方法律诉讼风险管理办法》《投资管理规定》《重大新产品开发风险管控办法》《产品销售合同管理办法》等制度，全员参与、全面管控风险管理体系逐步建立。（张　玮）

【队伍建设】2019年，太原重型机械集团有限公司组织40名中层正职参加清华大学“中层领导干部能力提升高级研修班”，深化“人才强企”战略，287人入选“三晋英才”支持计划，1名技术专家入选国家“百千万”人才工程，4名技术专家入选山西省第五批新兴产业领军人才。（张　玮）

·西山煤电·

【概况】西山煤电（集团）有限责任公司是山西焦煤集团的核心子公司，全国最大的炼焦煤生产基地和全国首批循环经济试点单位。前身为西山矿务局，总部位于太原市万柏林区西山脚下，交通便利，商贸发达。产业涉及煤炭、电力、焦炭化工、建筑建材、物流贸易、餐饮服务等领域，分布于4省（市）9地市20余县区。旗下共有子分公司209个，其中山西西山煤电股份有限公司于2000年在深交所上市，“西山煤电”股票（000983）是国内著名蓝筹股。

西山煤电主要开采西山、河东、霍西三大煤田，资源总量92.10亿吨，煤种有焦煤、肥煤、1/3焦煤、气煤、瘦煤、贫瘦煤等，其中焦煤、肥煤为世界稀缺资源。煤炭产品主要有炼焦精煤、喷吹煤、电精煤、筛混煤、焦炭等，其中炼焦精煤具有中低灰、中低硫、低磷、粘结指数高、结焦性强等多种优点。产品畅销全国，出口亚欧。

西山煤电实施“1+3+N”产业发展战略，重点发展煤炭主业，兼顾电力、焦化、建材三大辅业，适度发展新兴产业，着力构建“煤—电—材”和“煤—焦—化”两条产业链。煤炭产业方面，拥有19座矿井，煤炭产能达5185万吨；拥有9座选煤厂，洗选能力达4360万吨；拥有年产1000万吨的综采工作面和3000万吨洗选能力的选煤厂；吕梁、临汾两个区域公司资源整合项目稳健发展。电力产业方面，拥有14座发电厂，电力装机容量达461万千瓦。其中，古交电厂是全国最大的低热值煤坑口发电厂，中央媒体曾集中报道，称其为“循环经济的典范”“节约中国的范本”。西山热电厂就地取材，把煤矸石转化为电能，实行矿区集中供热，改善矿区环境；古交电厂三期项目投运以来，完成向太原市8000万平方米的供热任务，创造国内单个热源点供热面积最大的纪录，落差200米、38千米长距离输送等指标均为世界之最。焦化产业方面，共有3座焦化厂，分属煤气化公司、五麟煤焦开发公司和首钢京唐西山焦化公司，焦炭产能达640万吨。建材产业方面，西山水泥厂年消化粉煤灰、脱硫石膏等工业废料100余万吨，配套建设低温余热发电系统；晋兴奥隆建材公司拥有日产4500吨水泥熟料新型干法水泥生产线，产品获得全国水泥品质指标检验全合格奖。

企业拥有省级技术中心和安全培训中心，具有较强的科技管理和研发创新能力，“煤矿通风瓦斯超限预控与监管

2019年10月2日，省领导到山西焦煤西山煤电西铭矿慰问调研

（西山煤电供图）

技术及系统”获得国家科技进步二等奖。井下开掘采用万向液压钻车、钻装锚一体机、大功率掘锚一体机等新装备；拥有智能化大采高综采设备，使用轻型综采低位放顶煤设备；采用切顶卸压沿空留巷无煤柱开采、矸石返井充填、大孔径钻孔代替高抽巷等新技术、新工艺；选煤厂全部采用无压三产品重介旋流器新工艺。综采机械化、综掘机械化程度分别达到100%和81%。井下KJ69J人员定位跟踪系统，实现对作业人员的实时定位跟踪；4G无线通信井下全覆盖，生产调度实现手机化通信联络；KJ90瓦斯监控系统，实现对瓦斯的全方位监测监控；建成万兆工业以太环网、云数据中心机房、安全生产一体化管控平台；实施“一优三减”规划，推进矿井智能化建设，产业升级步伐逐步加快。西山煤电曾获全国五一劳动奖状、全国思想政治工作优秀企业、全国模范职工之家等称号。（张　杰）

【安全生产】 2019年，西山煤电（集团）有限责任公司实现安全生产“零”目标，工伤起数和轻伤人数同比下降5%以上。全年消除重大安全风险11项，整改挂牌督办隐患32项，各类隐患问题13000余条，追责问责463次。建成示范采煤面19个、示范掘进面32个、示范盘区11个、优胜车间24个。大力开展达标竞赛活动，一级安全生产标准化矿井增至7座，特级安全高效矿井达到8座。坚守环保红线，争取政府支持资金4.10亿元，全力推进环保达标改造，25个储煤场全部封闭。（张　杰）

【产能建设】 2019年，西山煤电（集团）有限责任公司投用全球首套大倾角矿用盾构机，建成3个智能化综采工作面。持续实施“一优三减”，减少采掘队组10支、采区5个，矿井单产提升13%，全员效率达到1130.20吨/人，先进产能占比91.30%，超出全省平均水平20个百分点。加快重点工程建设，鸿兴煤业顺利通过竣工验收。西曲矿麻子塔，屯兰矿南六，斜沟矿二号、三号4座风井启动前期工作。镇城底选煤厂重介浅槽排矸系统改造项目具备联合试运转条件，东曲选煤厂TDS智能干选系统改造项目投用。大力推广关键技术，屯兰矿引进国家“十三五”专项地面L型钻孔煤层气抽采技术；东曲矿成功实施矸石充填开采技术，成为全省首个绿色开采试点。西山华通、晋兴奥隆水泥项目投产，砂石骨料项目开工建设。（张　杰）

【经营管理】 2019年，西山煤电（集团）有限责任公司推进契约化管理，精准实施“一企一策”，原煤完全成本达到345元/吨，同比降低31.20元/吨，降幅8.30%。持续推进扭亏脱困、债权清收、审计整改三大攻坚，34户企业实现扭亏，债权清收、年度新增审计问题整改率完成考核目标。集团对外创收1.20亿元，实现利润2224万元。其中金信公司承建的山西焦煤双创基地项目获得国家工程质量最高荣誉“国家优质工程奖”。强化融资保障，企业综合融资成本持续下降。完善税费筹划，节税增效2.60亿元。无缝对接“焦煤易购”，建立现金定价支付体系，节约采购资金2.20亿元。财务共享服务中心正式启动，合同信息化平台投用，企业风险防控能力不断增强。（张　杰）

【重点领域改革】 2019年，西山煤电（集团）有限责任公司稳步推进三项制度改革，压缩管理层级，优化人员结构，精简科级机构33个、科级干部74人。全年转岗分流7671人，完成计划的120%。在册人数降至69412人，职工总数36年来首次降到7万人以下。突出政策引导，加强岗前培训，全年组织劳务输出1086人。全力推进改革攻坚，59户厂办大集体企业、10户压减企业完成工商注销和变更，两户混改试点企业制订方案。有序剥离企业办社会职能，支付移交费用11.51亿元，移交“三供一业”管理职能及部分实物资产；继续推进市政分离，签订道桥管理、环卫绿化等移交协议；教育中心、消防大队基本实现自收自养。（张　杰）

2019年12月19日，省领导深入山西焦煤西山煤电官地矿井下13601综采工作面调研（西山煤电供图）

·中车太原机车车辆有限公司·

【概况】 中车太原机车车辆有限公司是中国中车股份有限公司重要骨干企业。始建于1898年，是山西省早期机械工业发源地，也是较早的铁路工厂之一。公司坐落于太原铁路装备工业园新区，占地面积11.20万平方米，建筑面积26万多平方米，固定资产投入近30

亿元，建设有国内领先、技术一流的工艺生产线，具备年检修和谐系列电力机车400台、韶山系列电力机车350台、新造货车7000辆、检修货车8000辆的生产能力。2019年，公司注册资本9.88亿元，资产总额43.74亿元，拥有各类设备2451台（套）。下设生产单位17个，分公司1个、子公司1个、合资公司2个。在册职工2877人，各类在岗专业技术人员709人，其中高级及以上技术职称人员161人，中级技术职称人员319人。全年累计实现营业收入21.06亿元，实现归母净利润382.76万元。

（王　璐）

2019年11月7日，中车太原公司组织参加中国（山西）国际交通展

（中车太原公司供图）

【企业规划发展】 2019年，中车太原机车车辆有限公司深入贯彻中共十九大精神、总书记视察中车重要指示精神，以习近平新时代中国特色社会主义思想为统领，坚持改革和发展两条主线，按照公司“十三五”战略规划部署，巩固技术优势，完善产品谱系。发挥机车检修专业修优势，以HXD3系列为突破口布局开展全系列和谐机车C6修业务，巩固机车检修引领地位；强化项目支撑，打造拳头产品，以新产品引领新市场，巩固漏斗车技术主导地位；集中优势资源，加快培育新产业，推动工程机械业务和城轨地铁项目快速发展；响应用户需求，大胆探索“物流+产业链”运营模式，开展原材料采购、仓储、加工、配送等增值服务，建设现代物流基地。对照“三个领军”“三个领先”“三个典范”标准，编制《中车太原公司创一流示范企业实施方案》，明晰主要发展目标及2025年远景目标，到2025年营业收入达到40亿元、归母净利润达到1亿元。（王　璐）

【企业改革改制】 2019年，中车太原机车车辆有限公司深化三项制度改革，优化组织架构体系，精减10个组织机构。优化干部基础管理，开展中层正职竞聘上岗，启动后备干部选拔，中层干部职数下降35%，70后、80后干部占比由48%提高到63%。加快剥离国有企业办社会职能，宿舍区“三供一业”基本完成移交。厂办大集体改革取得突破性进展，达到预定目标。低效无效固定资产和股权处置按计划有序推进。职工家属区早期人防工程纳入太原市人防办统一管理。（王　璐）

【企业经营管理】 2019年，中车太原机车车辆有限公司坚持全面预算管理，细化预算提报，优化编制基础，以滚动预算管理为切入点，确保月、季度指标落实，可控期间费用有效降低。开展以“降低物耗、降低费用、降低动能、补齐短板、提高品质”为核心的“三降一补一提”提质增效活动，优化管理基础，提升经营品质。开展“两金”占用专项整治，全年“两金”占用降幅3.15%。防范化解重大经营风险，关闭风险敞口。优化“三重一大”决策机制，启用决策和运行监管系统，实现经营决策依法合规。（王　璐）

【产品科技创新】 2019年，中车太原机车车辆有限公司研发组合式多功能石砟漏斗车、KF62型单侧卸自动倾翻车、25t轴重煤炭漏斗车、多式联运自翻敞顶集装箱、卷钢多式联运平台等产品车型。设计23t轴重及以上石灰石和铁矿石漏斗车以及30t轴重侧卸式煤炭漏斗车。研制载重70t熟料漏斗车、煤炭漏斗车底门开闭状态监测系统。取得HXD3、HXD3C型电力机车C6修维修许可证及相应车型轮对、轮轴驱动装置高级修维修资质。全年申请专利30件，其中发明专利17件，期末有效专利278件。全年取得各车型产品资质许可6项，期末有效产品资质共计159项。“出口澳大利亚40英尺集装箱平车”“莫桑比克窄轨石砟漏斗车”项目获山西省科学技术奖三等奖；“22t轴重米轨石砟漏斗车”“22t轴重米轨通用敞车”项目获中国中车科学技术三等奖；“KH70型粉煤灰漏斗车研制”项目完成中车科技成果评价，技术水平达到国际领先。企业技术中心被认定为国家级企业技术中心。

（王　璐）

【企业生产运营】 2019年，中车太原机车车辆有限公司落实安全生产责任制，建立分线、分级管理责任体系，确保安全管控指标全面完成，全年无工亡事件，无一类火灾、爆炸事故，无新增现岗职业病；开展隐患排查治理，累计消除隐患2067起。强化精益管理，开展精益制造体系贯标，夯实精益载体建设。持续完善“6621”运营管理平台。以持续改善为主题，以解决生产瓶颈及管理短板为切入点，开展“现场塑形”

活动，提升精益管理水平。开展车辆新造期量配送。完成C70E钢结构“两模线”建设。坚持后拉式准时化生产，和谐型机车检修周期达到30天控制目标。强化生产组织，实施动态管控，及时解决各类生产异常。开展“改善不良，杜绝浪费”专项活动。中车授牌精益车间达到4个，标准工位达到60%。

（王 璐）

【市场营销拓展】 2019年，中车太原机车车辆有限公司牢固树立市场意识，全力拓展发展空间，直流机车业务稳中有进，交流机车业务快速增长，完成直流机车检修85台、和谐机车检修81台；车辆造修业务紧抓“公转铁”“货运增量三年行动计划”等战略机遇，加大路外市场开拓力度，签约高附加值产品，完成车辆新造1568辆，车辆检修4253辆；坚决实施“走出去”战略，抢占海外空白市场，成功中标孟加拉国订单；开拓海外配件市场，轮轴产品顺利通过TSI认证。以合资合作为契机，加速新旧动能转换，实现轨工产业钢结构、转向架等大部件配套。紧跟城轨地铁业务快速发展步伐，夯实属地化组装、维保基础。融入太原市现代物流体系，发挥区位及供应链上游优势，大力开展钢材加工、仓储、配送等增值服务。

（王 璐）

【项目技术改良】 2019年，中车太原机车车辆有限公司实施静态电子轨道衡、内燃机车等设备大（项）修项目27项。完成低压柜试验台、120阀滑阀座平面度检测机等更新改造项目77项。开展停车场等土建工程90余项。完成整车打砂装置、机车轮轴压装、制动盘压装等和谐机车修理项目的装备施工、完善工作。对117台设备、16271平方米厂房及办公用房进行租赁。按照太原市政府要求，办理规划调整和后续土地摘牌手续。协调政府相关部门，缓解资金缺口，稳步推进棚户区项目建设。

（王 璐）

【人力资源管理】 2019年，中车太原机车车辆有限公司落实内退分流安置政策，优化职工结构，健全考勤制度，加大清岗力度，严控用工总量，职工总数及在岗职工同期分别下降7.90%和20%。规范劳务派遣管理，严格准入机制，建立灵活多样的用工形式，管理费用下降1%。加强人才队伍建设，广泛开展技能培训，人力资本质量水平持续提升，总产值劳产率较上年同比增加23%。成功获批山西省级职业技能等级认定中心，取得104项职业工种省级备案资质，公司技能人才成长成才外部评价体系更趋完善。

（王 璐）

2019年9月28日，中车太原公司举办“庆祝新中国成立70周年”歌咏诵读活动

（中车太原公司供图）

【安全质量管理】 2019年，中车太原机车车辆有限公司完善质量管理体系，开展质量安全“大反思、大检查、大整改”活动，狠抓全过程质量控制，未发生一般C类及以上质量责任事故，外部产品质量监督抽查合格率100%。改善薄弱环节，组织QC攻关，《提高牵引电机机座一次交检合格率》获“全国铁道行业2019年度优秀质量管理小组优秀奖”。强化售后服务能力，完善保障体系，加快售后服务响应速度，顾客满意度逐年上升。

（王 璐）

·太原煤炭气化（集团）有限责任公司·

【概况】 太原煤炭气化（集团）有限责任公司（简称太原煤气化）成立于1981年，是由原煤炭工业部和山西省政府合营的国内首家煤炭综合利用大型企业。股权结构为：山西省国资委51%、中煤能源公司35.39%、中国信达公司11.15%、中国华融公司2.46%。2011年4月，山西省国资委将太原煤气化51%股权委托晋煤集团管理。

太原煤气化经过30多年的发展，逐步形成煤—焦—气—化—电煤炭综合利用产业格局，在全省城市燃气输配领域具有明显优势，为改善城市环境质量、提升民生品质、推动山西省经济社会发展作出积极贡献。2012年4月，先后对太原、晋中、临汾区域相关企业实施关停。2019年4月，按照山西省燃气产业整合重组总体部署，以燃气资产向山西燃气集团增资，将所属燃气企业划归山西燃气集团管理。

（李向高）

【生产经营】 2019年，太原煤气化面对燃气板块剥离、产业结构变化的重大挑战，调整战略方向，以“立足煤焦产业、聚焦扭亏脱困、推进转型发展”为主线，以三大核心任务为引领，重协调求突破，强管理挖潜力，生产经营继续保持向好态势，企业扭亏脱困迈出坚实

步伐、步入良性轨道。全年原煤产量770.77万吨，同比增长10.12%；商品煤销量520.20万吨，同比降低0.58%；营业总收入51.45亿元，剔除燃气板块重组及同世达公司关停影响，同比增加4.96亿元；全年亏损12.50亿元，完成年计划任务指标。（李向高）

【绿色开采】2019年，太原煤气化按照年初职代会安排部署，紧跟国家、省委省政府煤炭绿色开采要求，率先开展绿色开采、精采细采工作，最大程度开采矿区边角料和压覆资源，不断以新技术新办法突破难点，保障采掘有序衔接，提高矿井回采率，延长矿井服务年限，保护和改善矿区生态环境，促进资源开发与生态环境协调发展。（李向高）

【洗选创效】2019年，太原煤气化始终遵循原煤全部洗选创效工作思路，把"向操作要效益、向指标要效益、向管理要效益"理念贯穿在日常工作方方面面，通过优化洗选工艺、加强对洗选环节的管理、精细操作等，最大限度地提高精煤产率，力争多洗煤、洗好煤，有效保障产量产率和经济效益最大化。

（李向高）

【优化生产流程】2019年，太原煤气化通过优化生产组织，合理释放产能，进尺量实现大幅提升；东河、华苑等煤矿增盈势头良好，龙泉能源公司减亏效果明显。着眼于企业长远发展，成立煤炭资源产能工作领导组，由总经理亲自挂帅，推进相关煤矿政策性划转等工作。

（李向高）

【企业人才建设】2019年，太原煤气化针对企业人才紧缺的实际，面向优秀高校毕业生，出台发放安家费、改善住宿条件等激励政策，为企业发展引进和储备急需人才；改革技校招生与培养方式，补充煤矿安全生产所需人员，为企业发展提供人力资源保障。（李向高）

【企业管理】2019年，太原煤气化组织实施"强化管理年"活动方案，细化8个方面21项管理内容，通过定期评价考核，促进管理水平提升。按照机关大部制改革要求，编制企业《管理标准》，制定责任清单事项123项、负面清单事项65项，修订规章制度145项、废止137项、新增10项，完善流程85项，编制《工作标准》，规范17个部门职责，将工作细化到岗位，明确岗位工作要求，共梳理393项岗位工作标准。（李向高）

【安全生产】2019年，太原煤气化围绕年初制定的安全工作总体思路，按照上级有关安全工作的指示精神，结合企业实际，将"生命高于一切，一切服从安全"理念与"1551"安全理念体系有效融合，丰富企业安全文化内涵，通过持续完善"双重"预防机制，扎实开展安全技术会诊，加大事故调查和问责力度，增强安全意识，提高安全责任落实，夯实安全基础管理，抓好系统安全管理、隐患排查治理、员工素质提升，全力维护企业安全稳定局面；龙泉能源公司、晋牛公司通过国家一级安全生产标准化矿井验收，太原煤气化一级标准化矿井增加到4座；5座矿井被中国煤炭工业协会命名为2017年度煤炭工业特级安全高效矿井；全年未发生重伤及以上人身事故，企业安全形势保持相对平稳。

（李向高）

【科研成果】2019年，太原煤气化立足企业实际，以增强科技创新能力，运用技术改造生产工艺为出发点，以"效益优先、经济适用、适度超前"为方向，不断强化科技创新成果，激发发展动能，先后出台多项举措加大科技创新力度，积极建章立制，持续攻关突破，加快创新成果技术转化，在东河煤矿推行"无煤柱开采技术"；华苑煤业实现井下主要机房洞室无人值守；神州煤业下组煤首采工作面联合试运转；华阳公司焦炉煤气深度净化技术项目试运行，增强企业技术创新和竞争能力。

太原煤气化技校完成"煤矿安全监测监控'三闭锁'演示考核系统及其操作方法"专利成果，顺利拿到国家知识产权局发明专利授权证书，该成果主要为煤炭企业相关工种、特殊工种的安全培训、实际操作和模拟考核提供有力的教学工具，2019年，在中国煤炭教育协会组织开展的第五届全国煤炭行业教育教学成果奖评比活动中，获得"煤炭教育教学科研成果一等奖"。（李向高）

【重大项目】2019年，神州煤业、龙泉能源公司分别入选省级充填开采、保水开采试点煤矿，全省10座绿色开采试点煤矿中，太原煤气化占据两席，两座矿井的入选，对太原煤气化做实煤炭产业、促进煤矿高质量发展具有重要意义。

在山西省委"煤炭产业坚定走减优绿之路"重要指示下，龙泉能源公司铁路专用线项目正式开通运营，神州煤业顺利完成选煤厂技能改造项目。

临汾新能源项目选址确定在浮山县北王工业园区，项目可行性研究报告通过评审，取得立项、公司成立的批复，临汾市焦化产业布局规划获得省政府批准，标志着该项目落地建设迈上新的征程。（李向高）

【企业改革】2019年，太原煤气化按照现有产业布局和聚焦战略、聚焦主业要求，加大简政放权力度，加快扭亏脱困，提高管控效率，持续优化机构设置，调整部门职能，实施瘦身健体压缩管理层级工作，完善各单位管控方案，完成8户厂办大集体企业改革的注销工作，推进企业分离办社会医疗机构改革和教育机构改革工作，加快"三供一业"维修改造，对太原煤气化所属小区物业进行市场化运营管理，华杉物业公司成为省、市国有企业"三供一业"分离移交物业管理接收平台和单位，并于2019年入围中国物业服务企业综合实力500强。

（李向高）

综 述

【概况】 2019年，太原市启动新一轮机构改革。根据中共太原市委办公室、太原市人民政府办公室《关于印发太原市人民政府办公室等32个单位职能配置、内设机构和人员编制规定的通知》，太原市商务局机关行政编制52名，设局长1名，副局长2名，内设12个科室。 （路 晶）

【机构改革】 2019年，太原市商务局职能调整，太原市商务局机关共调出3人，其中1人调出至市政府驻北京联络处，1人调出至市促进外来投资局，1人调出至市纪委监委；机构改革人员转隶11人，其中7人转隶至市促进外来投资局，1人转隶至市市场监督管理局，1人转隶至市发改委，2人转隶至市行政审批局。截至年底，市商务局机关实有66人。

根据市委编办文件，撤销太原市商业用房管理所和《烹调知识》杂志社，人员并入太原市老旧汽车更新改造管理中心；撤销太原市商业建设综合开发公司。直属事业单位由7个减少为4个。保留的事业单位分别是：太原市商务经济信息研究所，核定编制30名，实有31人；太原市商务局综合服务中心，核定编制6名，实有6人；太原对外经贸电子商务中心，核定编制10名，实有8人；太原市老旧汽车更新改造管理中心（太原市报废汽车稽查队），核定编制8名（人员手续正在办理中）。 （路 晶）

【主要指标】 2019年，太原市社会消费品零售总额预期增长目标是7.50%，当年社会消费品零售总额实现1952.81亿元，同比增长7.80%，增速超过预期目标0.30个百分点。对外贸易进出口总额实现1119.56亿元，同比增长3.10%，其中出口651.72万元，同比下降1.70%；进口467.85亿元，同比增长10.60%。新设外商投资企业20户，实际利用外资9716.60万美元。 （路 晶）

【内贸发展】 中国连锁经营协会发布的2019中国便利店排名中，太原市综合指数86分，排名全国第一。为进一步促进行业发展，制定《太原市品牌连锁便利店发展工作方案》，组织起草《太原市促进连锁零售高质量发展的实施意见》，并经市政府同意设立2020年支持连锁零售高质量发展专项资金。起草《太原市发展夜经济工作方案（草案）》。迎泽区钟楼街片区改造提升向商务部申报全国第二批步行街改造提升试点，规划占地面积47.80公顷。 （路 晶）

【市场建设】 2019年，太原市共建成“菜篮子”零售网点6348个，覆盖全市1520个（村）社区，社区平均零售网点4.18个。建成社区便民消费服务中心17个，街区生活服务集聚中心4个，乡镇生活综合服务中心3个，村级生活综合服务站5个。 （路 晶）

【电子商务】 2019年，太原市商务局组织电商企业参加“天猫食品行业对接会”、2019年天猫双十一理想之城“家乡的味道”（美食街区）太原分会场活动，助力电商企业入驻国内知名电商平台。14家电商企业获得专项资金扶持。 （路 晶）

【重点项目】 2019年，太原市晋德帮医药物流项目、申通快递太原物流科技产业园项目、山西中鲁现代物流城项目、山西太原飞机拆解基地项目，共完成投资6.50亿元。 （路 晶）

【城乡高效配送示范】 2019年，太原市作为全国首批城乡高效配送示范城市，确定穗华物流园、美特好物流、九州通、唐久、沪邦5个企业为城乡高效配送骨干企业。 （路 晶）

【供应链体系建设】 2019年，太原市作为全国18个流通领域现代供应链体系建设试点城市之一，确定快消品、医药、家居3个链条12家企业参与试点，获得专项资金8000万元，有效投资完成90%。（路　晶）

【肉菜追溯体系】2019年，太原市商务局创新运行模式，完成“云平台＋二维码追溯”模式的测试工作，选择两个试点菜市场投入应用验证。组织开展技术培训54次，培训市场管理人员和商户320人次。（路　晶）

【对外贸易】2019年，太原市有进出口实绩的企业共756户，其中规模超过亿元的企业31家。（路　晶）

【跨境电商】2019年，中国（太原）跨境电商综试区获国务院批复。武宿综保区进境冰鲜水产品、水果指定口岸查验场获批，完成跨境电商公共服务平台二期建设。太原市跨境电子商务协会成立，会员单位100余户。举办2019 eBay山西跨境电商峰会。（路　晶）

【外贸主体培育】2019年，太原市商务局建立外贸主体孵化对象库，录入183户企业信息。推荐太原新和科技众创空间有限公司等6户企业申报山西省外贸企业孵化中心。古交市实现外贸进出口破零。（路　晶）

【稳外贸举措】2019年，太原市商务局对全市200余户对美出口企业开展风险监测，将市级出口信用保险保费补贴范围由年出口额1500万美元以下企业扩大至全部外贸企业。成立专项工作小组，制订干部入企包联机制。（路　晶）

【市场开拓】2019年，太原市商务局组织参加“山西品牌丝路行”“千企百展”行动计划和第二届进口博览会、广交会、东亚食博会、东盟博览会、广博会等国内大型展会，举办太原市（上海）招商引资推介会暨长三角区域合作对接会、山西转型综改示范区采购签约仪式。（路　晶）

【口岸工作】2019年，太原市商务局贯彻落实国务院促进综保区高水平开放的21条措施，有14项措施在武宿综保区复制推广。推进中欧班列常态化运行和空港建设发展，开通“太原—芝加哥”国际航空直达邮路。（路　晶）

【体制改革】2019年，太原市商务局推进“三化三制”改革，制定机构编制和“三定”方案，执行全职员聘任制，各开发区全员岗位聘任制进展顺利，大部制扁平化管理有序推进。各开发区结合实际，实行绩效工资。市场化管理运营积极推进，国际合作园区建设步伐加快，综改示范区专业化改革走在全国前列。（路　晶）

【招商引资】2019年，太原市商务局学习借鉴前海蛇口自贸片区先进经验，结合太原实际，创造性地实施一批贸易便利化、投资便利化、金融创新、监管创新等政策措施，优化营商环境。全面实施准入前国民待遇加负面清单制度，承接外商投资企业设立及变更备案权限，促进形成利用外资新格局。（路　晶）

供销合作社

【概况】2019年，太原市供销合作社联合社深入学习贯彻中共十九大精神和习近平总书记视察山西重要讲话精神，以深化供销社综合改革为主线，上下同心，团结一致，奋力拼搏，在助力乡村振兴、打赢脱贫攻坚战中发挥独特作用，全面完成市委市政府和省供销社下达的各项任务指标。（孙胜利　李丹）

【市级对标重点任务】2019年，太原市供销合作社联合社拓宽农产品电商销售渠道。与山西贡天下电商有限公司对接展开合作；依托阳曲县供销社开发小杂粮生产、加工，拓展农产品电商销售平台到6个。

传承中华老字号“乾和祥”茶文化。为使市果品茶叶副食总公司乾和祥茶庄“茉莉花融淬技艺”“茶叶斗型包装”省级非物质文化遗产发扬光大，市社鼓励非遗传承人、“晋阳工匠”提名人张俐丽以中华老字号“乾和祥”茶庄成功申报“太原技能大师工作室”，并成为太原市首批20个工作室之一，得到市政府专项补助奖励金10万元；全年面向社会开展茶文化培训4次，培训职工6次100余人次。企业美誉度和经济效益

2019年，清徐县清兴种植专业合作社联合社挂牌仪式现场　（市供销社供图）

2019年1月18日，市供销社工作人员前往对口帮扶村阳曲县大盂镇移动新村开展慰问　　（市供销社供图）

得到提升。

推进农业社会化惠农工程。新建惠农服务中心5个，提升2个。

（孙胜利　李丹）

【年度目标任务】 2019年，太原市供销合作社联合社省级综合改革试点县工作有序推进。试点县阳曲县按照省社下达的“3+N”各项综改工作任务要求逐项抓好落实，全年新建或提升惠农服务中心2个，新建或改造庄稼医院1个，新建或提升惠农服务站4个，新增土地托管、服务面积800公顷，改造1个基层社，领办创办专业合作社3个，提升电商网点5个任务完成。

新建电商网点省社任务数40个。清徐县社、娄烦县社建成40个，其中包括5个贫困村电商网点。

突出合作经济组织属性，强化与农民合作。省社下达任务：完成加强合作经济属性试点一个，古交市社承担任务；完成“三位一体”试点工作，娄烦县社承担任务。两社完成《实施方案》制订，下半年落实推进。

拓宽农业社会化服务领域，创新服务模式。继续推进农业社会化惠农服务体系建设。省社任务：新建惠农服务中心5个，提升2个；新建惠农服务站15个，提升5个；新建庄稼医院3个，改造1个；新增土地托管面积2000公顷，土地服务面积2000公顷；新建综合服务社40个。

（孙胜利　李丹）

【农业社会化服务】 2019年，太原市供销合作社联合社为切实做好农资供应，采取农资补贴、让利销售、送货上门等服务，扩大农资销售。农资供应的主渠道作用得到发挥。（孙胜利　李丹）

【企业转型升级】 2019年，太原市供销合作社联合社参与推进城市垃圾分类回收，由太原市物资回收利用总公司投资在小店区温家堡建设再生资源分拣中心，在学校选址6处、社区选址2处，投放垃圾分类箱37个，有效促进垃圾分类回收。涧河分公司投资31万余元，更新废旧塑料打包设备，使产能得到大幅提高。市土产日杂公司在确保抗震救灾物资完成储备任务的前提下，继续加强储备物资商品化流转，存量物资及商品共计1200余万元。通过组织参展第15届中国山西国际房车露营博览会等多种营销活动，取得良好效果。开展文明城市创建，对果品茶叶副食总公司北部标准化菜市场、南部果菜市场两个市场进行市场环境整治、改善购物环境，两市场共投资200余万元对市场软硬件设施进行全面提升，使市场面貌焕然一新，受到消费者一致好评，为创城工作做出贡献。　（孙胜利　李丹）

【历史债务化解】 2019年，太原市供销合作社联合社市级财政支付资金389.30万元回购市供销社全系统在农行历史债务0.56亿元。市粮油公司主动作为，联系信达公司、晋阳公司等债务公司，以343万元成功回购1030余万元历史债务，解除1.77万平方米土地、3222平方米房产银行抵押，为全系统企业树立榜样。　（孙胜利　李丹）

【内部管理监督】 2019年，太原市供销合作社联合社结合全面从严治党和加强“三基建设”新形势新要求，对系统财务人员进行专业培训，提升从业素质，财务工作得到规范。制定下发《市供销社企业房屋租赁合同审查管理办法》，全年规范合同签订136份，年租金较上年度增加156万元。市日杂副食公司对柳巷租赁到期门面房重新进行招标，租金由原来的90余万元增加到170余万元。市土产日杂公司争取拆迁解放路门面房补偿款1000万元，维护企业正当利益。监事会职能得到明显加强，开展加强风险防控调研，提出防范化解风险的针对性措施。建立社情民意联系点5个。直属各单位经济责任离任审计工作更加规范。　（孙胜利　李丹）

【法治建设】 2019年，太原市供销合作社联合社扎实抓好法治建设。坚持中心组学法、领导班子和领导干部年度述法、法律顾问等相关制度，加强社务企务公开，健全“三重一大”事项集体研究等内部流程管控。加强法治宣传教育培训，通过制作“我与宪法”法治微视频、开展国家宪法日志愿宣传等活动，丰富法治宣传形式。

切实维护稳定大局。落实维护稳定工作责任制，参与平安山西建设，与庙前街办签订综治（平安建设）责任书，全年未发生重大群体性事件。有效推动

信访问题解决，销号1起中央巡视组督办信访件。落实安全资金投入152.10万余元，检查安全生产工作21次，共查出安全隐患16起，全部整改，确保无一起安全生产事故发生。

（孙胜利　李丹）

【统战和离退休人员管理】 2019年，太原市供销合作社联合社认真做好统战工作，充分发挥统战人士在供销社改革发展中人才智力作用。充分发挥工会组织的桥梁纽带作用，组织开展丰富多彩文体活动，扎实做好帮扶解困，春节期间给133名困难职工发放慰问金5万余元。组织22名在档困难职工参加“我为创城”捡烟头活动，共获得补贴救助资金和表彰奖励金257273元。乾和祥茶庄高级评茶师、山西省茉莉花茶融淬技艺第四代传承人张俐丽获“三晋英才”荣誉称号。依托“智慧团建”着力抓好基层团组织规范化建设，在开展志愿服务活动中充分发挥团员青年的突击队作用。加强离退休人员思想政治建设和党组织建设。全年为系统内困难离退休人员争取发放救助补贴84万余元。

（孙胜利　李丹）

贸促会

【概况】 2019年，太原市贸促会以学习贯彻习近平新时代中国特色社会主义思想为主线，以“改革创新、奋发有为”大讨论和“不忘初心、牢记使命”主题教育为契机，深入贯彻新时代党的建设总要求，坚持和加强党的全面领导，以政治建设为统领，深入推进从严治党向纵深发展，围绕贸易促进和推动会展行业发展两个中心，克服困难，服务大局，各项工作取得实效。（佀　敏）

【会展政策宣介】 2019年，太原市贸促会根据太原经济发展特点和企业现状及需求，以“服务好企业、组织好活动、宣传好会展”为主线，精心筹备组织参加各类重大会展活动，大力宣传办展环境，城市知名度和美誉度得到进一步加强。

4月和10月，带领10余家企业，分别到山东潍坊和山西运城参加第三届全国会展节庆创新发展交流会和运城国际果品交易博览会。11月，组织省展览馆、盛世会展公司等单位参加由商务部中国会展经济研究会主办的2019中国会展业年会暨中国城市会展业竞争力指数发布会，积极推介会展发展环境和前景，宣传会展政策。通过努力，会展工作发展得到国内会展业内好评，并获得2019年度“中国最具竞争力会展城市”。

（佀　敏）

【会展政策落实】 2019年，太原市贸促会根据《太原市人民政府办公厅关于印发太原市会展活动管理暂行办法的通知》和《太原市人民政府关于促进会展业发展的实施意见》文件精神，为支持会展业发展，充分发挥会展业带动消费，促进经济增长的作用，本着公开、公正、严谨、务实的原则，组织专家对申请奖励的27个会展项目进行专项审核，为评选出的优秀会展企业发放奖补资金90万元。（佀　敏）

【会展政策转化】 2019年，太原市贸促会在组织企业“走出去”参展的同时，还下大力气“请进来”办展。

5月，承办“2019太原国际体育（自行车）产业博览会”在煤炭交易中心盛大举办。这是太原市首届以自行车及体育产业为主题的大型国际性博览会。作为“环太原国际公路自行车赛暨中国太原国际自行车周”的重要活动之一，太原国际体育（自行车）产业博览会以“绿色、低碳、健康、环保”为主题，以国际化、专业化、品牌化为定位，以将太原市建设成为自行车友善城市和国际知名自行车城，不断拉动太原经济发展为目标，通过博览会引进自行车产业，带动产业发展。展览面积36000平方米，参展商中，有美国包括国际知名品牌20余家、国内知名品牌近40家，骑行装备、零部件、体育用品品牌40余家，共吸引观众两万人，其中专业买家近5000人，实现意向签约额3.20亿元。

11月，参与承办太原第十三届中国（太原）国际汽车展。连续第九年承办华北地区最大的汽车展会，该次展会展出面积51000平方米，80多个品牌800多辆汽车齐聚龙城，其中新车发布20余款，吸引观众约10万人次，共销售出8300多辆车，销售额高达8亿元，为太原发展创造经济效益、注入新的活力。（佀　敏）

【会展领域合作】 2019年，太原市贸促会为推动会展业发展，在会展行业领域对标厦门，加强与厦门市会展局进行广阔深入的交流与合作，积极融入“一带一路”建设国家战略，根据市委、市政府关于《全面深化太原市与厦门市友好合作工作方案》，立足会展工作实际，实现共赢发展。太原市会展办与厦门市会议展览事务局从两市会展工作实际出发，经认真协商对接，双方拟在以下方面达成合作：在两市人才教育领域合作框架内，双方就会展业人才培养开展密切合作。不定期举办会展人才培训、人才交流活动，为两市会展业发展提供人才支撑和会展专业技术支撑。双方积极鼓励、支持本地会展企业到对方城市办展办会，同时会展机构积极提供支持帮助，做好协调服务等工作，为会展项目落地举办创造良好条件，营造良好氛围，把两市会展合作落到实处，推动两市会展业发展行稳致远。（佀　敏）

【企业调查研究】 2019年，太原市贸促会结合“不忘初心、牢记使命”主题教育，深入企业调查研究，开展服务，帮助企业掌握最新政策、法规，解决企业在了解政策法规方面没有渠道和信息不新不全的实际困难。对调研过程中企业反映的问题，与商务局等部门对接，协调解决。分别对东南化工、晋门醉、瑞飞机械等民营企业做详细调研。通过调研，充分了解民营企业的发展现状和需求，与企业主要负责人共同探讨建立调研和定期沟通制度，更好地帮助企业解决实际困难。（佀 敏）

【指导企业培训】 2019年，太原市贸促会与省贸促会共同承办的2019企业标准化建设与合规风险管理（太原）培训会在山西转型综改示范区管委会举办。会议邀请中国国际贸易促进委员会商业行业委员会（中国国际商会商业行业商会）秘书长、中国标准化协会服务贸易分会秘书长姚歆和中央财经大学教授、合规教育与研究中心主任胡国辉为加快企业"走出去"步伐等提供宝贵理论和实务指导，约200名企业负责人参加会议。通过培训，企业防范化解风险意识和能力得到提升。（佀 敏）

【服务企业体系】 2019年，太原市贸促会针对贸易保护主义，充分发挥"亦官亦民"身份优势，利用全方位专业服务、高素质人才队伍、强有力国际国内合作网络等优势，主动谋划，完善服务支持体系，为中小企业参与"一带一路"建设提供政策扶持、融资便利化、风险防范、法律援助等服务。大力组织企业赴"一带一路"沿线国家参加展览会，在境内外积极拓展企业参会、参与展览等活动的渠道，促进贸易往来和产业合作，解决企业实际难题。（佀 敏）

【企业数据库建设】 2019年，太原市贸促会继续推进企业数据库建设，加强大数据分析和应用，真正发挥数据库服务企业、提升效率的作用。打造微信交流群、微信公众号等服务企业平台建设，提升信息咨询和宣传能力，打造"网上贸促之家"。（佀 敏）

【思想政治建设】 2019年，太原市贸促会认真学习习近平新时代中国特色社会主义思想、中共十九大和十九届四中全会精神，及时跟进学习习近平最新讲话精神、重温习近平总书记视察山西重要讲话精神，深刻把握山西省委十一届九次全会精神和市委十一届七次全会精神，做到学深悟透、走深走实，有收获，不断提升自我政治素养，增强政治自觉。

加强民主集中制。规范党组议事规则，三重一大事项党组集体研究决定，做到集体领导、民主集中、个别酝酿、会议决定，党组负责人认真执行末位表态制。严守政治规矩。重大事项向市委、市政府报告，领导干部如实向组织报告个人重大事项，从严落实离并报批和请销假制度。严肃组织生活。召开民主生活会和"不忘初心、牢记使命"专题民主生活会。班子成员之间认真开展自我批评，真诚坦诚进行批评，达到统一思想、促进作风、互相监督、增进团结的目的。

以"改革创新、奋发有为"大讨论、"不忘初心、牢记使命"主题教育为契机，解决存在的差距和不足。在"改革创新、奋发有为"大讨论中，对照"六个破除"找差距、明方面，解决制约贸促发展的思想方面和能力方面的问题。针对存在差距，对标一流制定工作目标，推进效能建设，强化担当意识和责任意识。抽调3名干部职工参加万名干部入企进村服务，把"大讨论"成果转化为服务基层的实际行动，推动"大讨论"向基层延伸。在"不忘初心、牢记使命"主题教育中，把学习教育、调查研究、检视问题、整改落实有机融合、贯穿始终。集中学习、个人自学和交流研讨结合起来，学懂弄通习近平新时代中国特色社会主义思想，提高运用新思想解决工作能力，切实增强"四个意识"，坚定"四个自信"，做到"两个维护"。改进工作作风，深入调查研究，找准企业发展存在的问题，探寻基层企业转型发展的路径。采取发放意见表、设置意见箱、公布监督电话等多种方式广泛征求群众意见，对照党章党规查找存在的问题。扎实开展专项整治，切实解决问题。主题教育期间，共梳理出98个问题，整改完成86个。（佀 敏）

【队伍作风建设】 2019年，太原市贸促会以把"抓书记、书记抓"作为推行党组织规范化建设的重要抓手，推进基层党组织标准化、规范化建设，严格执行"三会一课"制度，全年开展12次主题党日活动，提升党员的战斗力和凝聚力。党支部采取给老干部送学上门等方式，确保主题教育全覆盖。进行主题教育知识测试，提高基层党员的业务能力和工作水平。规范召开组织生活会，提高党员党性修养。加强干部教育培训。主要领导参加市委组织的十九届四中全会精神培训，多名干部参加党外干部专题培训、基层党组织书记轮训、党务干部业务培训、组工干部业务培训和财会、人事档案等专业技能提升培训，使单位职工队伍的个人能力和整体素质得到提升。（佀 敏）

【世园会"山西日"太原城市主题活动】 2019年，太原市贸促会牵头组织的太原主题日活动亮相2019年北京世界园艺博览会，是支持太原市贯彻落实山西省委提出的"两个走在前列""双提升"发展目标的一项重要活动。活动以"绿色生活，美丽太原"为主题，以太原生态建设和文化发展为基调，以展现太原特色为主线，通过举办招商引资推介会、旅游推介会、城市形象图片展、非遗及文艺展演等形式多样的活动，充分展现文明、开放、富裕、美丽太原新形象。10余个"非遗"特色文化节目展演，100余幅图片，为太原走特色生态文明建设之路、实现新的经济转型目标进行全方位、立体化、富有特色的精彩宣传，扩大招商引资影响。（佀 敏）

【"山西品牌丝路行"活动】 2019年，太原市贸促会主动对接优势资源，深度参与"2019山西品牌丝路行"俄罗斯站、西欧站两站活动，扩大太原"朋友

圈”。搭建以太原推介、优势产能、特色产业、名优产品、技术交流等招商引资的平台，提高山西品牌美誉度，开拓全市招商引资新渠道。

在俄罗斯站活动中，组织企业参加中国山西（俄罗斯）经贸交流推介会、俄罗斯国际矿业机械展览会、产品采购推介对接会、产品采购推介对接会等重要活动，与当地政府高层、商协会组织、产业园区进行友好地交流对接。在太原（芬兰）科技创新合作交流会上，企业推介引起芬兰商协会代表浓厚兴趣，双方均表示在产业升级、经贸合作方面将加强对接，寻求合作机会，实现共赢发展。在太原（瑞典）经贸交流推介会上，两家企业进行企业推介，得到积极响应，科技创新合作交流。

在西欧站活动中，带领企业参加英国伦敦科技周、中英企业对接交流会、山西经贸科技合作（法国）推介交流会、在德华商交流恳谈会等活动，与外方政府高层、产业园区、相关企业商协会组织开展洽谈，打开交流互动的窗口，为太原转型发展提供样板和借鉴，为高端制造、新能源、循环经济等创造合作机会。在法国巴黎山西经贸科技合作（法国）推介交流会上，组织专题推介会，为构建招商引资新平台，形成全方位、宽领域、多层次合作交流格局，为太原对外开放和外向型经济发展起到促进作用。（佀 敏）

【“山西品牌中华行”活动】 2019年，太原市贸促会在山西品牌中华行活动中，牵头组织两站活动，分别是第二届中国（贵阳）生态高效畜牧业交易会和第十六届厦门国际食品交易博览会。

在8月举行的2019年山西品牌中华行（贵阳站）活动中，组织3家品牌企业参加，从报名、搭建、组展、撤展各个环节，对参展企业实现全程服务，实行展位、装修全免，最大限度减轻企业负担，为农业龙头企业开拓市场，发挥好农业龙头企业在扶贫和促进太原经济发展中的作用创造良好机遇。

10月，组织紫林醋业、正和九生等7家企业组成的太原市代表团参加在厦门举行的山西品牌中华行厦门站活动，活动依托第十六届厦门国际食品交易博览会，大力推介、组织企业开展太原品牌展览展示活动、广泛参加会展相关的洽谈，获得70余万元订单金额。通过活动宣传企业品牌，获得良好的经济效益。（佀 敏）

饮食服务公司

【概况】 2019年，太原市饮食服务集团公司认真贯彻落实中共十九大和习总书记重要讲话精神，深入学习贯彻习近平新时代中国特色社会主义思想，以开展“不忘初心、牢记使命”主题教育为契机，以提高企业经济效益为中心，以完善制度、强化管理和专项整治为抓手，带领公司全体干部职工，克服经济下行带来的压力，迎难而上，砥砺前行。公司领导加强班子建设和党组建设，并夯实基础、稳抓管理，既推动公司和谐平稳发展，又扎实地推进公司重点工作任务；在确保民生，解决难题方面做出很多工作，不断增强职工使命感和归属感；强责任、重担当，持续加强公司党风廉政建设。在公司领导的正确指引下，全体员工紧密围绕公司的经营理念和本年度的大政方针，经过不懈努力，截至2019年底，公司全年的营业收入和利润总额都比上年同期有所增长，营业成本比上年同期有所减少。公司经营状况稳定，顺利完成2019年度各项计划指标。（樊 婧）

【非公企业党组织摸底、移交】 2019年，太原市饮食服务集团公司根据太原市委组织部文件精神，与小店区和迎泽区委组织部联系，落实移交工作，截至9月底，9户非公企业党组织移交属地工作全部完成，整建制转出党员181人。（樊 婧）

【公司制改制】 2019年，太原市饮食服务集团公司为理顺产权关系，建立产权清晰、权责明确、管理科学的现代化企业，2018年底集团公司完成所属4家公司的公司制改制工作，分别为太原市清和元饭店、太原市认一力饭庄、太原市林香斋饭店、太原市鸿宾楼烤鸭店，2019年初公司严格依照《公司法》《中华人民共和国企业国有资产管理法》等有关法律法规规定，抓紧推进4户企业公司制改制后续工作，完成税务、社保、公积金、注册商标名称及与银行方面的印鉴公章等的变更手续，于3月完成4户公司营业执照网上年审工作。太原市清和元饭店更名为太原市清和元餐饮管理有限公司，太原市认一力饭庄更名为太原市认一力餐饮管理有限公司，太原市林香斋饭店更名为太原市林香斋餐饮管理有限公司，太原市鸿宾楼烤鸭店更名为太原市鸿宾楼餐饮管理有限公司。11月启动太原市文瀛酒楼、太原市上海饭店2户企业公司制改制工作，年底完成税务、社保、公积金、注册商标名称及与银行方面的印鉴公章等的变更手续，及2户公司营业执照的网上年审工作。太原市文瀛酒楼更名为太原市文瀛餐饮管理有限公司，太原市上海饭店更名为太原市上海饭店有限公司。（樊 婧）

【厂办大集体改制】 2019年，太原市饮食服务集团公司根据太原市国资委的工作要求，持续推进系统2户厂办大集体改革工作，经过人员摸底和初步费用的测算工作，制订改革预案和职工安置方案，改革预案和职工安置方案经公司党委会议审议后，太原市国资委批准关闭申请及方案。大集体改革专款资金拨付到位。（樊 婧）

【公司租赁管理】 2019年，太原市饮食服务集团公司按照合同约定按时、足额收取租金，对于租金拖欠行为，及时采取有效措施进行追缴，保证各基层企业租金回收率达标，顺利完成全年工作任务。在租赁期限内依据市场行情、供需关系等因素合理调整租金水平，为公司的租金收入寻求新的经济增长点，集团公司控股的深圳杏花村投资发展有限公司经过调查分析研究，根据房间朝向、大小、设施不等，对租赁户下达增加150元—250元租金计划，从2019年7月起，每月增加8400元，下半年增加50000元，为年度租金收入增长打下良好的基础。（樊　婧）

【老字号品牌合作】 2019年，太原市饮食服务集团公司老字号混改企业“清和元”开设千峰南路店，营业面积1600平方米，于2019年1月正式营业；“林香斋”开设2家，分别是千峰南路店和林香斋健康北路万景苑3号店，营业面积分别为1000平方米和1500平方米，于1月正式营业；“认一力”开设万柏林小井峪店，营业面积278平方米，于9月开业，几家门店经营状况良好。（樊　婧）

【国有企业全面普查】 2019年3月，太原市国资委下达“关于对所监管国有企业2018年基本情况及经济运行情况进行全面普查”的工作安排，作为2019年度太原市国资委重要考核项目，集团公司领导召开专题会议做出安排部署，将所填报表资料落实到相关部门及相关责任人，由公司综合办公室牵头负责，财务审计部、组织人事部、资产管理部协同配合，对各二级企业开展全面认真细致的清查摸底工作，将各项资料全部汇总准确填报，较好地完成任务，也为集团公司下一步改革工作奠定坚实基础。（樊　婧）

【对外投资专项整改】 2019年，太原市饮食服务集团公司针对太原市国资委提出的对外投资专项审计整改要求，集团公司领导召开专项工作会议，成立由财务审计部牵头的专门工作小组，历时三个月时间对审计报告中提出的问题进行全面的调查研究落实，通过此次整改，梳理和规范公司对外投资工作，为公司减少投资风险提供依据。（樊　婧）

【退休人员社会化管理】 2019年，太原市饮食服务集团公司根据太原市国资委“退休人员社会化管理工作部署要求”，深入贯彻中央、省“关于国有企业退休人员社会化管理指导意见和工作方案”文件精神，于11月启动退休人员社会化管理工作，做好退休人员信息采集、人事档案整理等移交前期准备工作。（樊　婧）

【帮扶送温暖】 2019年，太原市饮食服务集团公司元旦、春节两节及年末两次集中慰问离退休及困难职工41人次，发放送温暖慰问金62560元；重阳节慰问系统离休干部12人，发放慰问金3600元；“八一”建军节为公司系统30名复退转军人送去节日的问候，发放慰问金15000元。（樊　婧）

【林香斋获非物质文化遗产代表性项目名录】 林香斋，始于1915年，是一家拥有百年历史的老字号餐饮品牌，历经沧桑，记录着自嘉庆年间太原餐饮业发展的兴旺与沉浮，是祖辈、父辈抹不去的舌尖记忆。如今的林香斋历经岁月洗礼，以传统烹饪技艺和新老菜品的相互融合以及上乘的服务理念把全新面貌呈现在太原食客的面前，成为寻找山西味、寻找回忆、家宴聚餐的首选之地，赢得八方宾客纷至沓来。

时代变迁，岁月更替，2014年之后，林香斋进入快速发展时期。2019年1月，林香斋第四、第五门店相继开业，分别为万柏林区千峰南路千峰店、晋源区健康北街晋阳湖店。至此，进入新时代的林香斋焕发出蓬勃生机。

2019年7月，在中华傅山园召开的太原市第六批市级非物质文化遗产代表性项目授牌仪式。林香斋餐饮管理有限公司“林香斋糖醋脆皮鱼”传统制作技艺、“林香斋过油肉”传统制作技艺被列入太原市第六批非物质文化遗产代表性项目名录。此次申遗成功，进一步提高林香斋的知名度，为今后百年老店的传承和发展起到积极的推动作用。

“糖醋脆皮鱼”“过油肉”“灌汤包”等作为山西十大名吃而远近闻名。其中过油肉，是太原十大名吃之首，晋菜代表之一，不仅因其“过油”绝技而命名，“点醋”风味而独特，更因其北齐“奥肉”古法之遗存，成为山西饮食文化的一份珍贵遗产。历经数代人都没有变经典味道，成为山西非物质文化遗产地标性美食。这道菜也成为每一位食客必点的招牌菜，是四代传承的烹饪技艺和用料考究、香气四溢流传百年的经典美食。

“糖醋脆皮鱼”是林香斋食客必点

2019年1月，清和元千峰南路店正式营业　（市饮食服务公司供图）

2019年1月，林香斋千峰南路店正式营业　（市饮食服务公司供图）

的另一道招牌菜，选用两斤多的小浪底黄河野生鱼，鲜香不油腻，四代传承的秘制酱汁，外皮酥脆，内里鱼肉鲜嫩，酥脆中带着酸甜口的酱汁，让人唇齿留香回味无穷。（樊　婧）

企业选介

·并州饭店·

【概况】 太原并州饭店建立于民国初期，因日寇入侵而停业，复建于1957年，隶属于太原市人民政府办公室，是太原市首家三星级旅游涉外饭店，是太原市委、市政府定点公务接待基地。拥有各类客房300间套，各种规格会议室、宴会厅、西餐厅、特色餐厅、包间等。饭店下设31个部室，共有职工776人。并州饭店党委隶属于市政府办公厅机关党委，下设5个党支部，管理党员152人，其中在职党员86人，离退休党员66人。

2019年，并州饭店获得山西省百强企业、山西省百姓放心酒店品牌、三晋老字号、山西烹饪餐饮饭店30年领军企业、金钥匙城市宴、中国服务贡献奖等荣誉。（李　巍）

【主要指标】 2019年，并州饭店共实现经营收入1.10亿元，继2018年连续第2年突破亿元大关，增幅2.70%，在太原市酒店行业中居于前列。客房年均出租率75%，餐饮上座率达到90%，各项经营指标全面向好，完成年初制订的各项工作目标，完成第二届全国青年运动会运动员村前期筹备和餐饮、住宿服务保障工作，综合运营管理水平得到锻炼与提高。（李　巍）

【拓展经营】 2019年，并州饭店在传统餐饮住宿服务项目的基础上把握市场动态，谋求多元化发展道路，着力拓展新的经济增长点。运用饭店餐饮技术雄厚和管理人才聚集的优势，在输出管理服务上进行积极探索。先后成立市便民服务中心食堂、市龙投大厦食堂、太原市广播电视台食堂、市场监督管理局食堂等管理部项目，正式开启饭店承接企事业单位食堂管理运营的新业务。饭店还承办市动物园散养区和灵长区两个对客服务餐厅的运营管理工作、与山西物产大厦合作开发并州饭店商务楼新项目，迈出管理输出的第一步。这些新的经营管理项目占饭店整体营业额的16%，助推并州饭店探索多元化、集团化发展的新路。（李　巍）

【二青会青运村服务保障工作】 2019年，中华人民共和国第二届青年运动会在山西省举办，这是山西省首次举办全国综合性大型运动会。并州饭店负责二青会运动员村餐饮、住宿、抵离、商业四个中心和工作人员餐厅的服务保障工作，从青运村硬件建设到村委会筹组、从物资采购到人员组织、从服务规划到全程服务、从综合保障到送走最后一批“村民”，完成二青会青运村的各项服务保障工作，开创由一家企业组织3000余人服务团队进行运动员村各项服务大会战的先河，创造出青运村筹备446天、平稳运行35天的运动员村运行时间最长的服务保障记录。并州饭店服务团队面对青运村10334名运动员、1万个房间、7万余件物品、八九千件行李的寄存和33万人次工作人员餐厅就餐量，专业化的管理实现青运村服务保障“零失误、零事故、零投诉”，被国内体育届知名专家积极评价为“可供其他省市借鉴和学习的‘山西模式’”，并州饭店被二青会组委会授予二青会组织筹办工作先进集体，被二青会市执委会授予运动员村优秀服务团队称号。

并州饭店在组建青运村服务团队全力投身二青会服务保障的同时，高质量、高标准完成北京、天津、香港、澳门、新疆、新疆建设兵团、河北、内蒙古等代表团团部的接待工作。饭店为接待各代表团精心制订的服务方案、服务标准、服务模式，被大赛组委会高度认可，确定为全省为大赛提供服务酒店的统一方案、统一标准、统一模式进行推广。

（李　巍）

金 融
Finance

金融监管

·中国人民银行太原中心支行·

【概况】 2019年，中国人民银行太原中心支行以习近平新时代中国特色社会主义思想为指导，认真学习贯彻落实中共十九大和十九届二中、三中、四中全会精神，积极履行央行工作职责，有效贯彻落实稳健货币政策，强化政策引领和窗口指导，为实体经济发展营造适宜的货币金融环境；强化金融风险监测与防控，防范化解重大金融风险攻坚战取得积极进展；提升金融服务与管理水平，支持太原市经济稳定向好发展。

（曹　冶）

【金融运行】 2019年，太原市金融业总体保持平稳健康的运行态势，各金融机构认真执行货币信贷政策，助力太原市供给侧结构性改革深入推进。

各项贷款增长较快，金融支持实体经济能力显著增强。截至2019年底，太原市金融机构本外币各项贷款余额1.41万亿元，同比增长10.90%，快于上年同期0.04个百分点；较年初增加1350.30亿元，同比多增125.70亿元，占全省各项贷款新增额的49.10%。金融支持重点领域和薄弱环节能力显著增强，具体表现在：金融支持制造业力度加大。截至2019年底，太原市金融机构制造业贷款余额1387.60亿元，同比增长13.70%，较年初增加167.10亿元，同比多增152.70亿元。其中，制造业中长期贷款余额581.10亿元，同比增长5.70%，贷款余额占全省制造业中长期贷款余额的74%。金融支持小微企业力度加大。截至2019年底，太原市小微企业贷款余额1459亿元，同比增长8.40%，快于上年同期6.80个百分点；服务7418户小微企业，较年初增加2316户。其中，单户授信1000万以下小微企业贷款余额112.40亿元，较年初增加19.10亿元，增长20.50%，快于各项贷款较年初增速9.90个百分点；服务6232户小微企业，较年初增加2254户。五大国有银行单户授信1000万以下小微企业贷款余额51.70亿元，是年初的2.40倍；服务4407户小微企业，较年初增加2213户。差别化住房信贷政策执行力度加大。太原市金融机构认真贯彻落实差别化住房信贷政策，坚持“房住不炒”，有效管控个人购房贷款发放。截至2019年底，太原市金融机构个人购房贷款较年初增加150.90亿元，同比少增179.40亿元。

各项存款保持较快增长，存贷比高于全省平均水平。截至2019年底，太原市金融机构本外币各项存款余额1.31万亿元，同比增长6.50%，快于上年同期3.20个百分点；较年初增加796.40亿元，同比多增404.90亿元，占全省新增存款的26.30%。其中，住户存款较年初增加480亿元，同比多增96亿元；非金融企业存款较年初增加309.60亿元，同比多增231.10亿元；机关团体存款较年初增加65.90亿元，同比多增139.90亿元。截至2019年底，太原市金融机构本外币余额存贷比为107.20%，高于全省33.90个百分点；金融机构增量存贷比达169.60%，高于全省78.70个百分点。

（曹　冶）

【稳健货币政策】 2019年，中国人民银行太原中心支行强化政策引领和窗口指导，提高政策调控的主动性和有效性，指导金融机构按照宏观调控意图优化信贷投放节奏，保持货币金融环境平稳有序。发挥好货币政策工具的结构性引导作用，全年累计向太原市地方法人金融机构发放支农再贷款0.97亿元、支小再贷款8.70亿元，为太原市辖金融机构办理再贴现213.56亿元，引导信贷资金流向涉农、民营和小微企业、贫困地区等薄弱环节。持续深化金融精准扶贫工作。制定2019—2020年金融精准扶贫工作实施意见、金融服务乡村振兴指导意见，明确脱贫攻坚决胜阶段金融扶贫工作任务，做好金融扶贫和乡村振兴工作的有效衔接。2019年底，太原市金融精准扶贫贷款余额308.18亿元，同比增长8.87%。

着力改善民营和小微企业金融服务。按照“五个抓好、五个突破”的工作思路，扎实做好各项工作。发挥“几家抬”政策合力，两次召开全省小微企业金融服务联席会议，完善小微企业贷款风险补偿等相关制度规定。实施“一企一策”金融服务，精准对接重点农业龙头企业，开展针对性融资辅导。与太原市政府联合举办民营和小微企业融资洽谈会、转型发展融资对接会，帮助307家企业获得贷款91.70亿元，贷款满足率超过八成。按季开展小微企业信贷政策效果评估，定期通报民营和小微企业贷款增长情况。推进民营和小微企业融资工作得到省委省政府领导和太原市委市政府主要领导的批示肯定。

（曹　冶）

【金融风险防范】 2019年，中国人民银行太原中心支行加强金融风险监测与防控。全面梳理风险现状，及时向中国人民银行总行、山西省政府报告全省风险排查及应对情况。配合制定山西省防范化解重大金融风险攻坚战实施方案并推动落实。制定《金融委办公室地方协调机制（山西省）工作方案》和《金融委办公室地方协调机制（山西省）信息共享制度》，促进金融监管行动协调与信息互通。稳步推进重点领域风险化解工作。开展高风险金融机构风险化解专项行动，从省、市、县3个层面，分别制订风险化解方案，积极推进风险化解。强化风险监测预警。认真完成日常风险监测评估、央行金融机构评级、现场核查和风险差别费率核定等工作；严格执行金融风险监测定期报告制度、大型问题企业监测制度和重大事项报告制度，及时发现、预警、报告风险。太原中心支行的央行金融机构评级工作在中国人民银行总行相关会议得到经验分享。

（曹　冶）

【金融服务】 2019年，中国人民银行太原中心支行持续优化支付结算服务。5月20日，全省取消企业银行账户许可，制定当日账户当日核查、当日通报、当日整改的“三个当日”工作机制，建立规范化的企业银行账户事后核查规程，保障取消许可后企业银行账户业务准确率。开发账户辅助管理系统，实现企业银行账户服务电子化、监管日常化。推动晋商银行成为全国首家、6家地方法人商业银行成为全国首批开通云闪付App“一键绑卡”功能的区域性银行。做好二青会赛事支付环境建设，通过设立绿色服务通道、优化支付服务环境等七项举措全面提升赛事的支付服务水平。坚持城市农村两端发力，以“全覆盖、双突破”为目标统筹推进山西省移动支付便民工程建设。持续改善农村支付服务环境建设，深化农村支付普惠效能建设。推动服务站点与扶贫产业、农村电商、社保、公共事业等领域融合发展，配合易地扶贫搬迁、创建“美丽宜居乡村”等专项工作，不断丰富“服务站点+N”建设模式。基本实现全省行政村支付基础设施全覆盖，所有县域全部建成1至2个与扶贫、特色产业结合的特色示范服务站。

推进反洗钱工作和扫黑除恶专项斗争。强化对反洗钱义务机构差别化监管工作，共对2家被查机构的问题整改情况进行“回头看”，完成执法检查机构10家（其中专项执法检查2家，综合执法检查8家），对1家法人金融机构实施洗钱风险评估，对206家义务机构（22家法人机构和184家非法人机构）开展2018年度反洗钱分类评级。完善监管制度建设，印发《山西省反洗钱行政处罚裁量基准实施细则（试行）》《山西省法人金融机构洗钱和恐怖融资风险评估指标执行规程（2019版）》，确保监管工作的规范性。推进反洗钱工作信息化建设，2019年自主开发洗钱和恐怖融资风险评估信息管理系统、反洗钱监管信息管理系统和反洗钱知识测试系统，助力反洗钱工作提质增效。深入推进扫黑除恶专项斗争工作，制定《关于深入推进2019年度扫黑除恶专项斗争的指导意见》《涉黑洗钱风险监测指标建设指引》《山西省金融机构涉黑涉恶可疑交易监测及可疑账户查控工作指引》，协助公安部门查询涉黑企业和涉黑个人账户信息，协助省纪委监委查询账户信息，指导金融机构加强重点行业、重点领域涉黑涉恶洗钱风险监测，被评为2018年度全省扫黑除恶专项斗争先进单位。依法有效开展反洗钱调查协查工作，指导义务机构有效提升重点可疑交易报告质量，加强洗钱类型研究与风险提示工作，配合开展“双打”、打击地下钱庄、禁毒人民战争、反腐败追逃追赃等专项行动。

货币发行管理。建立实施发行库主任常态化查库机制、发行会计核算精细化管理制度体系。扎实推进现金服务示范区和示范行业创建，现金服务质量不断改进。科学调拨发行基金，全市现金投放保持平稳。残损人民币清分、销毁及复点工作实现“零失误、零预警、零事故”。有序推进新版人民币发行工作，顺利完成2019年版第五套50元及以下面额人民币发行工作。发行前摆布到位，通过人员培训、机具升级等措施，多渠道提升银行机具人员鉴别能力。通过广告屏循环播放宣传片、“千人进千村”专题宣传以及新版人民币“5221宣传兑换套餐”和“826反假鉴别套餐”等渠道，提高公众对人民币的识别度。

改善征信管理与服务。二代征信系统成功切换上线运行，推动中征平台与省财政厅政府采购平台实现系统对接，率先在全国实现省级层面政府采购应收账款线上融资，为中小企业提供便捷的全流程线上应收账款融资服务。拓宽征信查询渠道，在全省开设商业银行代理查询网点34个，推动征信窗口服务规范化标准化建设，征信查询的可获得性明显提升。征信市场规范有序发展，全面实施金融信用信息基础数据库接入机构分类监管，有序推进征信管理现场检查、信息泄露风险自查自纠和重点抽查工作，强化征信信息安全合规监管。

金融消费权益保护工作。推动金融知识纳入国民教育体系工作，联合山西省教育厅、山西省地方金融监管局、山西银保监局、山西证监局共同签署《关于构建山西省金融知识普及教育长效机制合作备忘录》，探索形成以开展“金融与诚信”知识主题教育活动为载体、以嵌入德育课程与多学科渗透相结合的“山西模式”。组织金融机构采取多种形式面向社会开展金融知识宣传教育活动，涉及反洗钱、征信、反假货币、支付结算、银行卡、金融消费者权益等多个方面，探索使用数字技术普及金融知识，取得良好效果。成立山西省金融消费权益保护协会和金融消费纠纷人民调解委员会，与迎泽区人民法院签署金融消费纠纷诉调对接合作协议，金融消费纠纷非诉解决机制建设扎实推进。改善窗口服务、规范12363呼叫中心管理，采取即时进行满意度测评等系列改进措施，确保准确、及时受理投诉和答复咨询，接听服务满意度97.98%。（曹　冶）

【全省人民银行工作会议暨外汇管理工作会议】 2019年1月13日至14日，人民银行太原中心支行组织召开2019年全省人民银行工作会议暨外汇管理工作会议，贯彻落实中央经济工作会议、总分行工作会议和省委经济工作会议精神，总结2018年全省人民银行主要工作，分析当前形势，安排部署2019年重点工作任务。太原中心支行行领导、机关副处级以上干部，国家外汇管理局山西省分局科以上干部；各市中心支行行领导、部门主要负责人，太原各县（市）支行行领导共150余人参加会议。会议由太原中心支行党委委员、纪委书记肖长江主持。

人民银行太原中心支行党委书记、行长李文森做题为《立足新时代、践行新使命——努力开创全省人民银行工作新局面》的讲话。党委委员、副行长邢毅做题为《重服务实体促改革落地、强监管效力》的工作报告。各位行领导对分管专业重点工作进行安排部署。行长李文森还就银政企共同发力破解民营企业和小微企业融资难融资贵问题做专题辅导。（曹　冶）

【个人信用报告自助查询商业银行代理网点揭牌仪式】 2019年1月28日，人民银行太原中心支行在建设银行开发区举办个人信用报告自助查询商业银行代理网点揭牌仪式。首批代理行建设银行山西省分行、招商银行太原分行行领导，山西省各商业银行省市分行分管行领导、牵头部门主要负责人及人民银行太原中心支行征信管理处全体人员80余人参加揭牌仪式。人民银行太原中心支行党委委员、副行长王山松出席仪式并讲话。

建设银行山西省分行、招商银行太原分行所辖12个支行成为山西省首批商业银行代理查询网点，分布在小店区（5个）、迎泽区（1个）、杏花岭区（4个）和晋源区（1个）。商业银行代理个人信用报告自助查询业务，可以利用其网点众多的优势，有效延伸人民银行的征信窗口服务，充分发挥自助查询安全高效、程序简便、选择灵活的特点。这一便民措施的落地，将在拓宽查询渠道的同时，助推社会公众信用意识、信用观念进一步提升。（曹　冶）

【“服务‘一带一路’促进引进外资”政策宣讲会】 2019年5月10日，国家外汇管理局山西省分局联合山西省税务局、山西省商务厅举办“服务‘一带一路’促进引进外资”政策宣讲暨服务贸易对外支付税务备案“网路办”启动仪式。省内70家重点涉外企业150人参加会议。国家外汇管理局山西省分局副局长邢毅出席会议并讲话。

会议启动服务贸易对外付汇税务备案“网路办”项目，企业可通过网络办理税务备案、修改、查验等手续，便利企业对外支付。外汇管理部门将充分发挥外汇管理政策效用，保障市场主体真实合规的用汇需求，支持全省对外经济高质量发展。（曹　冶）

【“信用普惠三晋　征信助企成长”专题宣传活动】 2019年6月13日，太原中心支行联合山西省综合改革示范区管理委员会、山西省发展和改革委员会主办，中信银行太原分行承办的“信用普惠三晋、征信助企成长”专题宣传活动在山西转型综改示范区举行，拉开共建“山西信用生态创新先导区”及全省“征信助力小微与民营企业融资发展”系列活动的帷幕。太原中心支行、山西省综改区管委会、山西省发改委相关领导，山西省太原市辖区各金融机构及企业代表共计300余人参加本次活动。太原中心支行党委委员、副行长王山松出席活动并讲话。

活动现场，人民银行太原中心支行与山西省综合改革示范区管理委员会共同签署《山西信用生态创新先导区合作框架协议》，并设立征信服务驿站。山西省发改委、人民银行太原中心支行、山西转型综改示范区分别就支持小微与民营企业发展相关政策进行解读，企业代表做经验交流发言。

活动现场还举办2019年山西省服务小微与民营企业金融产品推介活动，15家金融机构为企业量身打造20余种不同种类的信贷产品，积极宣讲优惠政策，为综改示范区内小微及民营企业提供“融资＋融智”服务。（曹　冶）

【2019年太原转型发展融资对接会】 2019年10月10日，人民银行太原中心支行与太原市政府联合举办2019年太原转型发展融资对接会。太原市市长李晓波，市委常委、常务副市长王立刚，人民银行太原中心支行党委书记、行长李文森，党委委员、副行长杜斌出席会议。太原市政府金融办等市直相关部门、21家银行业金融机构和太原市200余家企业负责人参加会议。

对接会前，各金融机构已按照“主

办行＋开户行”的“双覆盖”模式，与800余个太原市重点项目进行对接。会上，20家金融机构和35个项目企业现场签订授信协议，授信额度超过417亿元。会后，各金融机构和参会的200余家企业现场开展融资意向洽谈活动。人民银行太原中心支行、市政府金融办等市直相关部门会同各金融机构开展送“金融入企业”服务活动。（曹 冶）

【山西省复制推广深圳前海蛇口自贸片区金融制度创新政策宣讲会】2019年11月12日，太原中心支行联合省商务厅举办山西省复制推广深圳前海蛇口自贸片区金融制度创新政策宣讲会，副省长王一新出席会议并讲话。省政府办公厅、山西省复制推广自贸试验区改革试点经验领导小组有关成员单位、各省级金融机构、人民银行各市中心支行、各市商务局负责人等共200人参加会议。太原中心支行党委书记、行长李文森，党委委员、副行长邢毅出席会议。

（曹 冶）

·山西银保监局·

【概况】2019年，山西银保监局认真贯彻落实省委省政府和银保监会决策部署，全面从严治党，坚持“监管姓监”，强化履职尽责，推进机构改革，扎实做好金融风险防控、服务实体经济和深化改革发展等各项工作。（宋向阳）

【服务实体经济】2019年，山西银保监局引导全省银行业保险业围绕地方经济发展优化资源配置，截至2019年末各项贷款较年初增长11.23%，存贷比同比上升1.97个百分点；保险业在晋累计投资1284亿元。深化供给侧结构性改革，联合印发实施意见做好“僵尸企业”和去产能企业债务处置。着力降低融资成本，累计取消或减免收费468项，为16.79万户企业减免息费11.21亿元，为1.39万户企业转贷续贷3822.14亿元。主动协调有关部门，开展环境污染强制责任保险试点，发展电梯责任保险，提高地震巨灾风险抵御能力。简化理赔流程，迅速做好乡宁山体滑坡、沁源森林火灾事故应急处置和理赔工作。

（宋向阳）

【普惠金融】2019年，山西银保监局制订民营企业金融服务工作要点，开展政策实施后评估，发展贷款保证保险，民营经济贷款余额较年初增长3.94%。召开小微企业金融服务工作通报会，落实单列信贷计划、贷款利息收入免征增值税、提高不良容忍度等政策，法人银行普惠型小微企业贷款总体完成“两增两控”目标。联合省税务局印发通知深化“银税互动”，累计向13504户诚信纳税企业发放贷款293亿元。联合省医保局、财政厅印发《关于进一步做好城乡居民大病保险工作的通知》，协调推进城乡居民医疗保险及大病保险省级统筹工作。组织消保工作考核评价和专项检查，举办“3·15”教育宣传周和金融知识宣传月活动，开展12378热线升级改造，消费者投诉处理满意度达99.40%。

（宋向阳）

【金融扶贫】2019年，山西银保监局召开金融扶贫工作会议，开展扶贫小额信贷问题排查和督导调研，协调化解逾期和不良贷款风险。推广“两减四推一倾斜”和“一保通”扶贫模式，扩大脱（返）贫责任险范围，督促“政融保”合作项目落地。同年扶贫小额信贷支持建档立卡贫困户8.15万户39.05亿元，超额完成年度目标计划。全省保险业为贫困人口大病补充医疗保险累计赔付74.39万人次2.82亿元。大力支持乡村振兴和“三农”发展，涉农贷款余额较年初增长4.81%，基础金融服务“村村通”覆盖率达99.39%。联合出台《山西省公益林补偿收益权质押贷款工作暂行办法》。持续推进农险扩面、提标、增品，做好非洲猪瘟防控和赔付工作。稳步扩大目标价格保险、气象指数保险和“保险＋期货”试点范围。（宋向阳）

【金融风险防控】2019年，山西银保监局严密防控重点领域风险。开展“巩固治乱象成果、促进合规建设”工作，组织做好机构自查自纠和监管检查。开展银行机构部分重点领域风险排查、保险产品专项检查和治乱打非回头看检查，做好偿二代风险综合评级。重点监管车险综合费用率，严格执行“报行合一”，车险综合费用率下降7.96个百分点。整顿规范人身保险市场秩序。严肃整治保险中介非法合作展业，排查违规销售情况。开展银行保险机构案件警示教育活动和“智能PLUS”员工行为稽核调查，实施案件风险防控专项检查，辖内银行机构成功堵截风险事件578件、避免损失858.44万元。开展“护航2019”反保险欺诈专项行动。稳步推进P2P网络借贷风险专项整治。联合开展非法金融活动集中整治和防范非法集资宣传月活动，深入推进扫黑除恶专项斗争。组织开展国家网络安全宣传周系列活动，举办网络安全线上知识竞赛和法人机构网络安全攻防大赛。

化解信用风险。建立大额风险暴露监测和整改台账，开展全面评估和“回头看”，制订达标规划。发挥债委会作用帮扶困难企业122家、续贷329亿元，推动10家企业试点联合授信。密切关注逾贷比变化，做实资产质量分类，坚持“五个一批”大力处置不良贷款，不良贷款率较年初下降0.72个百分点。加强房地产市场风险研判，严控资金违规流入房地产市场。

处置重点机构风险。密切监测银行流动性风险、非正常满期给付与集中退保风险，做好应急预案。扎实做好地方法人机构风险防范化解工作，完善工作机制，压实各方责任。成立监管服务组，启动审慎监管程序，督促有关机构做好增资扩股、不良清收等工作。指导省联社制订改制化险年度计划，全年15家农商银行开业。压实主发起行责任，推动实施风险处置规划，对30家村镇银行全面现场检查。（宋向阳）

·山西证监局·

【概况】2019年，山西证监局党委带领全局干部，认真学习贯彻中共十九大精神和习近平总书记关于资本市场工作重要指示批示精神，全面落实新时代资本市场践行党的初心和使命的基本要求，坚持“四个敬畏”“一个合力”的监管理念，扎实推进全面从严治党和干部队伍建设，持续加强有效监管和科学监管，全方位防范化解重点领域风险，不断提升服务实体经济能力和水平，有力促进辖区资本市场持续保持健康稳定的发展态势。（宋向阳）

【防范化解资本市场重点领域风险】2019年，山西证监局认真贯彻落实资本市场防范化解重大风险的指导意见，敬畏风险，增强忧患意识，建立全领域监管数据分析、舆情监控机制和风险排查监测机制，对辖区资本市场各类风险隐患保持足够的警惕性和敏感性。强化内外协作，两次向省政府有关领导专题汇报辖区资本市场重点领域风险情况、问题及工作建议，得到省政府高度重视。全年提早发现并及时处置2起交易所债券、资产证券化产品兑付风险，移交处置1例疑似股权众筹风险线索，1家机构23只27.13亿元未备案资管产品得到全部妥善清退，压缩各类非标资管产品规模82.36亿元。明确重点领域重点风险主体，逐家研究制订化解风险预案，分类施策。大力支持企业主动以市场化、法制化手段缓释风险，维护企业正常生产经营。截至2019年末，辖区质押高风险公司较全年最高时减少3家；发生实质违约的交易所债券规模仅占辖区全部债券余额的2.73%；累计收回逾期资管产品本金4.46亿元。辖区资本市场重点领域风险情况清楚、重点明确、处置积极，没有发生风险外溢和蔓延，全年未发生一例质押股票强制平仓、退市、重大违法违规及由风险衍生的群体性风险事件。（宋向阳）

【日常监管】2019年，山西证监局坚持问题和风险导向，明确高风险领域和重点监管对象，提高监管的针对性和实效性。全年以问题和风险为导向，结合双随机要求扎实开展各类现场检查70余次。对各类监管对象累计采取日常监管措施99件，同比增加54.69%；采取行政监管措施19件，同比增加46.15%；移送稽查提起立案调查1起。（宋向阳）

【依法监管】2019年，山西证监局不断加大稽查执法力度，有效保障监管法治性和威慑力。发挥与国资、公安、法院、工信、金融等部门的沟通协作机制作用，提升办案质效。探索发挥区域联合作战的新型调查模式优势，联合办理主办案件2起。全年累计办理各类案件23起，其中主办案件12起，协办及通信协查11起。不断完善案件审理工作流程，依法开展审理工作。截至2019年末，在审案件8起，其中做出行政处罚决定1起，进入事先告知程序3起，经结案或进入事先告知程序的案件涉及主体6个，罚款金额约为30万元。审结的行政处罚案件罚款已全部缴纳，被证监会作为典型案例在新闻发布会上宣传。（宋向阳）

【投资者教育和保护】2019年，山西证监局完善山西省多层次资本市场各类主体参与并主动履责的立体化投资者保护工作机制。开展多种形式投资者保护和投教活动，组织市场主体发放宣传资料近10万余份，累计开展活动600余次，吸引线上线下约20万人次参与。与省教育厅等五部门签署《关于构建山西省金融知识普及教育长效机制合作备忘录》，健全金融知识纳入国民教育联动机制。推动多家机构与山西财经大学等省内多所高校合作开展金融知识国民教育。积极落实证券期货纠纷多元化解体系，发挥纠纷调解作用。全年共受理调解案件6件，成功实施调解5件次。妥善处理信访投诉，维护投资者合法权益。做好“两会”“国庆”等重大活动和敏感节点的信访维稳工作。高度重视涉及债券违约、产品兑付等高风险主体的投诉纠纷处理，有效化解群体性投诉风险。妥善处理投资者诉求，全年共接收515件信访诉求，并全部得到妥善办理。（宋向阳）

【资本市场平稳健康运行】2019年，山西省资本市场继续保持平稳健康、稳中有进的发展态势。省内上市公司资产规模持续增长，资产负债率略有下降，去杠杆效果进一步得到巩固，经营业绩行业特征明显，不同行业差距较大；受证监会再融资新规、减持新规影响，上市公司股权融资下滑幅度较大，部分上市公司持续赢利能力下降，退市、债券违约、违规风险隐患较大。辖区证券期货经营机构资本实力不断增强，代理交易规模同比实现增长，其中，山西省证券交易额增速明显，在中部六省排名第一，大于全国增速；证券公司进一步拓展业务范围，积极布局，不断提升综合性证券服务实力，发展规模稳步提升；期货公司盈利大幅增长，实现扭亏为盈，但总体资本实力较弱、业务单一、竞争力差；证券期货投资者数量稳定增加，投资者权益得到较好保护，市场秩序良好。资本市场直接融资在社会融资中占比稳定增长，辖区社会融资结构得到进一步改善和优化。（宋向阳）

【直接融资规模提高】2019年，山西省资本市场融资继续保持稳中向好的发展态势，全年实现资本市场直接融资1812.37亿元，同比增长22.02%。其中：上市公司增发股份融资12.87亿元，公司债融资594.20亿元，企业债融资75.40亿元，证券公司柜台市场融资252.38亿元，资产支持证券（ABS）融资32.58亿元，私募股权、创投基金融资78.76亿元，新三板挂牌公司定向增发融资1.30亿元，山西区域性股权市场融资7.91亿

元，地方政府债券融资756.97亿元。（宋向阳）

【企业上市挂牌培育】 2019年3月，山西证监局向省政府报送《关于推动省内企业在上海证券交易所科创板上市的相关意见》，筛选上报3家科创板后备企业资源，对10家上市后备企业进行调研，推进上市进程。联合省地方金融监管局、太原市金融办、沪深证券交易所等机构，组织挂牌企业和拟上市企业参加各类上市政策宣讲培训会议，提升企业进一步利用资本市场的意识和水平。加强监管，促进拟上市、挂牌企业规范发展，做好企业首发上市辅导备案和验收工作。联合省地方金融监管局和小企业发展促进局共同印发《山西省资本市场县域工程试点实施方案》，更好地发挥多层次资本市场在扶持县域中小企业成长优势，畅通县域企业直接融资渠道，培植县域特色主导产业，并取得突破。（宋向阳）

【上市公司规范发展】 2019年，山西证监局以上市公司控股股东、实际控制人、董监高等关键少数为抓手，积极落实有关提高上市公司质量的安排部署，强化集中培训、专题培训和上门培训，召开董秘座谈会，提高规范运作意识和能力。引导和推动上市公司用好再融资和并购重组工具，通过资产注入、置换等加快解决同业竞争和关联交易问题，提升持续赢利能力。2019年三季报显示，辖区37家上市公司合计总资产9477.99亿元、净资产3662.08亿元；累计实现营业收入3508.49亿元，净利润307.04亿元。18家公司在年内累计实施分红128.25亿元，较上一年多分16.48亿元。上市公司主体规范运作意识和信息披露质量有效提升，未发生重大违法违规问题和退市、立案等重大风险。（宋向阳）

【资本市场助力脱贫攻坚】 2019年，山西证监局推动辖区上市公司积极履行社会责任，加大对脱贫攻坚的投入力度。辖区15家上市公司在年报中披露扶贫工作开展情况，投入扶贫资金合计6680万元，参与扶贫助困的公司数量和投入金额稳步增长。支持山西证券、大同证券、和合期货与部分贫困县建立“一司一县”帮扶机制。持续跟踪协调证监会在山西定点帮扶的汾西和隰县的扶贫工作措施和成效。相关期货经营机构在山西积极开展玉米、苹果的“保险+期货”试点项目，累计为超过1.60万户贫困户提供保险补偿和价格风险对冲服务，帮助贫困果农实现保收增收。指导山西股权交易中心组织多个贫困县开展企业改制暨融资上市培训会，并对扶贫县干部开展资本市场培训。山西证监局通过引入龙头企业支持包扶村娄烦县白家滩村发展蛋鸡养殖产业，首期投资2400万元、可容纳10万只蛋鸡的两座现代化养殖大棚和机械化饲料车间建成投产，支持包扶村实现整村脱贫，“金融+产业”精准脱贫长效机制成效显现。（宋向阳）

【支持转型发展】 2019年，山西证监局认真贯彻落实证监会党委和山西省委省政府关于资本市场支持经济社会转型发展的安排部署，围绕用好用活上市公司、大力实施“上市公司+”战略下功夫，在整体上市、新股上市两个方面积极寻求“零的突破”，强化上市公司市值管理和规范运作，逐步提升辖区资产证券化率。围绕支持《山西打造全国能源革命排头兵行动方案》落实，积极推动煤炭类上市公司并购重组，提升资产质量和持续经营能力，7家煤炭类企业融资292.20亿元。（宋向阳）

【上市（挂牌）公司发展情况】 截至2019年末，山西省内共有A股上市公司37家，同比减少1家，盛和资源注册地迁出，无新增、无退市，其中主板30家，中小板4家，创业板3家，数量在全国排第23位；上市公司总股本787.42亿股，同比下降2.01%；流通股本755.57亿股，同比增长2.49%；总市值（含限售）5157.92亿元，同比增长24.86%；流通市值4931.50亿元，同比增长24.86%，总市值在全国排第21位，在中部六省排第5位，全国排名比上年同期下降一位。新三板挂牌公司83家，本年度新增3家、摘牌9家，数量在全国排第19位。拟上市公司14家，分别为尚风科技、晋商银行、兴高能源、水塔醋业、华翔集团、晋能清洁、大运汽车、壶化集团、紫林醋业、金度生活、精英数智、多尔晋泽、恒伦医疗、锦波生物；本年度新增4家，其中大运汽车、壶化集团、华翔集团3家企业在证监会排队审核，精英数智在上交所科创板排队审核。（宋向阳）

【证券经营机构发展情况】 截至2019年末，山西省有山西证券、大同证券2家证券公司、37家证券分公司和194家证券营业部，比上年新增2家分公司、9家营业部。辖区证券经营机构投资者资金账户总数为447.05万户，客户总资产3923亿元，累计代理证券交易总额5.82万亿元，同比分别增长8.50%、26.30%、9.53%。辖区2家证券公司总资产571.16亿元，同比增长0.34%；累计实现营业收入19.87亿元，同比增长36.19%；累计实现净利润5.98亿元，同比增长一倍，主要是由于经纪业务收入、自营投资收益增加及持仓证券账面浮盈增加。同年，辖区证券经营机构数量、投资者数量、客户总资产、证券交易额均有所增长；辖区证券公司依赖经纪业务的盈利模式逐步改善，财务顾问服务收入同比增长93.09%。（宋向阳）

【期货经营机构发展情况】 截至2019年末，山西省有3家期货公司、6家分公司和23家期货营业部，比上年增加1家分公司。辖区期货经营机构投资者开户数6.33万户，客户保证金余额24.45亿元，期货市场累计成交额为1.55万亿元，分别同比增长15.30%、20.44%、22.67%。3家期货公司总资产14.98亿元，同比增长 45.70%；累计实现营业收入 2.88 亿元，同比增长 223.26%；累计实现净利润 0.37 万元，实现扭亏为盈，主要是三立期货增收节支实现盈利大幅增长。同年，辖区期货经营机数量、投资者数量、客户权益、代理交易规模均有所增长，辖区期货公司总资产、净资产均有所增长，资本实力有所增强。但是期货经营机构赢利能力较弱，服务实体经济的深度依然有限。（宋向阳）

【基金管理行业发展】 公募基金方面：山西仅有山西证券 1 家具备公开募集证券投资基金管理资格。截至 2019 年末，山西证券共管理 7 只公募基金，存续规模 70.83 亿元。

私募基金方面：截至 2019 年末，山西省在中国证券投资基金业协会完成登记的私募投资基金管理人 61 家，同比增长 3.39%，本年度新增 8 家，注销 6 家，在全国排名第 31 位，中部六省排名第六位。其中，私募股权、创业投资基金管理人 51 家，私募证券投资基金管理人 10 家。在中国证券投资基金业协会备案的正在运作的私募基金 116 只，同比增长 36.47%；涉及投资者 462 人，同比增长 48.55%；实缴规模 235.48 亿元，同比增长 31.93%；基金净值 233.01 亿元。（宋向阳）

银行业

·中国工商银行山西省分行·

【概况】 2019 年，中国工商银行山西省分行实现营业净收入 116.98 亿元，同比增加 11.29 亿元，增幅 10.68%；实现拨备前利润 73.71 亿元，同比增加 5.49 亿元，增幅 8.04%；实现净利润 43.73 亿元，同比增加 5.41 亿元，增幅 14.12%；实现中间业务收入 20.26 亿元。（宋向阳）

【拓户工程】 2019 年，中国工商银行山西省分行围绕年初制订的“增客户”目标，提出思路、制订策略、公私联动、私私联动，“增客户”取得显著效果。对公客户“量质并举”，拓户成效显著。新增对公结算账户 3.62 万户，同比增长 59%，净增对公结算账户 2.37 万户，同比增长 196%，两项拓户指标近几年首次夺回增量同业排名第一的位置。政府机构改革营销取得压倒性胜利，改革新设机构开户覆盖率达 86%，十大重点领域客户覆盖率超过 77%，机构改革营销衍生带动新开各类账户 1383 户。“一案一账号”项目带动案款账户增加至 106 户，占全省所有法院的 80%。

个人客户“速效并重”，规模快速增长。ETC 新增绑卡客户 119.70 万户，增量四行占比 43.30%，稳居同业之首。个人客户净增 188 万户，同比多增 91 万户，创 2011 年来最高值，增幅 95%。手机银行存量用户突破 970 万，月均动户突破 212 万，存量和动户客户均列同业第一，全年净增手机银行 138 万户。企业手机银行动户客户突破 4 万户，同比增长 87.40%，规模、动户同业第一。新增对公账户手机银行捆绑率达到 92%，全国第二。新增企业网银证书版动户数达到 2.70 万户。依托三融平台及场景创新，全年实现电子账户获客 13.10 万，为全行线上获客开辟新渠道。全年三方支付绑卡量 1500 万张，新增 290 万张，月均有交易动户卡 585 万张，快捷支付交易额达到 3750 亿元，位列同业第一。（宋向阳）

【公司业务】 2019 年，中国工商银行山西省分行积极践行“服务实体、担当普惠、助力山西、晋善晋美”的发展观和业绩观，本外币各项贷款（含贴现）余额 2750.86 亿元，较年初增加 275.13 亿元，增幅 11.11%，增量四大行占比 32.59%，余额、增量同业占比继续保持双第一。公司贷款较年初增加 219 亿元，是同期的 1.80 倍，四行占比 43.05%，排名第一。全年累计办理票据贴现 527.10 亿元，同比多增 48 亿元，同业占比第一。本外币公司贷款累计投放 1094.28 亿元，创近十年最高水平，同比多投 180.19 亿元。按照“抓大、抓小、抓新、抓优”的总体策略安排，深入落实“全融资”理念，积极推动信贷业务上台阶、增质效、可持续。

突出对重点行业的信贷支持。发挥在支持实体经济发展、助力资源型经济转型中的引领作用。交通行业，全年累计投放交通行业贷款 508.26 亿元。电力行业，全年累计投放电力行业贷款 69.78 亿元。煤炭行业，全年累计投放煤炭行业贷款 207 亿元。公共设施领域，全年累计投放城建行业贷款 21.80 亿元。突出对新兴行业的资金支持。加快挖掘和培育新能源、装备制造、新型生活型服务等新领域，累计为太重股份、中铁三局、山西建投等客户投放新兴行业贷款 115.95 亿元。实现先进制造业贷款投放 180 亿元。突出对重点客户的资金保障。积极支持七大煤炭集团、太钢集团、太重集团等重点企业集团降低财务成本，2019 年累计办理流动资金贷款期限升级业务 27 户、金额 285 亿元，与直接融资相比，节约财务费用接近 30 亿元左右，有效缓解企业资金压力。突出民营经济和扶贫事业发展。树立“不唯所有制、不唯大小、不唯行业、只唯优劣”的发展理念，抓“敢贷、愿贷、能贷”机制建设，全年累计投放民营企业贷款 72 亿元，余额 83 亿元，净增 12 亿元。积极推动产业扶贫和项目扶贫。找准扶贫项目，精准对接产品。2019 年产业扶贫和项目扶贫贷款余额 20.19 亿元，净增 4.24 亿元，增幅达 36%。以供应链创新信贷服务新模式。坚定供应链金融发展方向，创新设计工银 e 信、电子保理、商票质押、项目供应链、中企云链等标准化方案，开展专项营销活动。截至 2019 年末供应链余额 12373 万元，新增融资 8517 万元，实现投放 113 户 229 笔，累放 34896 万元，新增 11 条供应链，业务规模拓展至 24 条，供应链余额、新增融资、累放额、供应链条数均达历史最好水平。以供应链带动金融扶贫业务发展，促成与美特好、定点扶贫村、两村合作社签订四方合作协议，创新“政府+银行+超市+合作社+农户”合作新模式，解决扶贫工作的可持续性。（宋向阳）

【普惠金融】2019年，中国工商银行山西省分行深入开展“工银普惠行”活动，从融资、融智、融源多个方面扎实推进普惠金融各项工作，构建起“广覆盖、多层次、高效率、可持续”的发展格局，截至2019年末，人行定向降准口径贷款余额24.31亿元，较年初净增8.72亿元。银监普惠口径贷款余额23.04亿元，较年初净增8.36亿元。银监普惠口径有贷户2321户，较年初净增1314户。全年普惠贷款投放按照“线上为主、线下为辅”产品推广思路，将线上融资作为批量获客、精准营销的转型抓手，重点推广以“一平台三产品”为核心的小微金融服务体系，实现三大重点产品融资余额（人行口径）净增8.25亿元，线上融资占比94%。其中：以经营快贷白名单客户库为基础，覆盖结算、用工、代缴税、金融资产、泛交易链等业务场景信用类贷款投放，尽调客户924户，目标客户转化率15.69%。完成全省首个线上医保场景经营快贷的批复，开启区域特色产品创新及业务拓展。加强与政策性担保机构合作，加快拓展集群市场，截至2019年末，特色产业集群小微贷款余额2433万元，新审批方案2个，累计投放贷款14笔、贷款金额2915万元；完成6家担保公司准入，落地银担模式1600万元贷款投放，实现线下业务稳健发展。（宋向阳）

【个人贷款】2019年，中国工商银行山西省分行认真落实差别化住房信贷政策，加快推进个贷业务转型，坚持“重点区域、重点企业、重点楼盘”的拓展策略，区域主攻重点集中省城太原和晋中（大太原城市圈）等中心城市，楼盘重点聚焦总分行级房地产开发商，全年太原、晋中分行住房贷款增量占到全省的53.30%，总分行级优质开发商投放规模达60.40%。住房存量贷款当中，加大总分行级开发商投入，截至12月末，该行总分行级开发商余额265.10亿元，占全部一手房贷的54.90%，其中总分行级开发商分别占36.80%和18.10%，余额是年初的2.50倍，占比上升近30个百分点。截至2019年末，个贷余额（个金口径）505.03亿元，比年初净增82.23亿元，增量占比31.60%，四行占比27.71%，位居四行第一。（宋向阳）

【存款业务】2019年，中国工商银行山西省分行围绕总、省行零售工作会议确定的总体部署，以“奋斗+落实”的态度坚定不移地以系统构建夯基础、换车换道谋转型两条主线并进，坚持量价协同，着力推动存款业务均衡高效发展，全力打造三晋第一零售银行。抓住客户这个核心，持续推进从做负债向做客户转型。主动适应市场环境和竞争形势变化，坚持客户分层、公私联动，在加强存量客户精耕细作、巩固扩大核心客户既有优势的同时，持续加强对优质客户、潜力客户的营销拓展，切实推进从做负债向做客户转型。抓住产品与服务这个重点，持续提高客户资金沉淀留存比例。个人客户方面，重点强化新产品推广和全产品组合营销渗透，促进客户资金闭环循环。对公客户方面，切实以更优质的综合金融服务引流客户资金，增加客户黏性，扩大领先优势。截至2019年末，本外币全部存款余额4764.72亿元，较年初增加401.50亿元，增幅9.20%，余额、增量同业占比继续保持双“第一”。其中，储蓄存款时点增量251亿元，四行占比34%，排名第一；对公及同业存款时点净增148亿元，四行占比56%，排名第一。抓住定价管理这个关键，持续提升存款量价协同水平。用好存款综合定价和负债利率敏感性分析模型，不断提升存款定价管理能力和组合营销能力。强化上浮存款比例控制、限额管理，优化负债品种和期限结构。在业绩考核、绩效分配时，结合存款规模及定价因素综合考虑存款贡献，引导全行进一步优化存款结构，控制存款成本。2019年末利率上浮存款占比46.74%，较年初下降0.18个百分点；存款付息率1.74%，连续5个季度四行排名第一。（宋向阳）

【中间业务】2019年，中国工商银行

2019年12月2日，工行山西省分行领导及易联众集团副总裁一行参观工行科技金融展厅（工行省分行供图）

山西省分行以提升中间业务组织收入能力为重点，集思广益加强研究分析，加快重点产品线转型，统一思想明确目标定位，多措并举狠抓措施落地，努力打造基础产品支撑、重点领域拉动、新型业务创收的收入格局。2019年实现中间业务收入20.26亿元。投行业务与工银投资、工银理财协同配合，全行公私联动募集社会资本，创新资金来源渠道，确保晋煤集团市场化债转股项目20亿元于2019年上半年成功落地。这是资管新规后全系统第一单煤炭行业债转股项目，也是全国首单撬动私募理财资金参与投资的市场化债转股项目。创新运用投行手段，先后为山西建投、晋能集团、太原龙投、阳煤集团等实体企业通过流动性债务融资、过桥融资等模式成功办理4笔、14亿元理财直投业务。全年实现中间业务收入1.14亿元，新增投行项目9个，新增融资安排额51亿元，实现基础投行转型客户拓展104户。养老金业务，全年养老金理财产品新增销售60.64亿元，日均余额35.98亿元，同比增加3.53亿元；受托管理养老金规模22.92亿元，较年初净增19.71亿元。资管业务，资产托管净值740亿元，同比增加26亿元；托管日均存款43.55亿元，同比增加18.80亿元，托管存款利息收入7613万元，同比增加3053万元，托管业务营业贡献合计1.15亿元，同比增加1458万元。结算业务，围绕客户财资管理需求，积极开展现金管理六大产品线推广，现金管理服务的核心竞争优势逐步显现，全年新增票据池客户74户，全球现金管理客户1户，上线缴费平台项目153个，实现现金管理服务收入877万元，现金管理客户日均金融资产同比增长20%。改变传统法人理财营销模式，针对客户风险偏好、资金运作规律和个性化需求开展引导式营销，实现理财产品与客户需求的高度统一，促进理财客户、规模与收入的同步增长，全行法人理财有效客户近3000户，实现理财业务收入3877万元。贵金属业务，把握客户日趋多元化的投资需求，不断推陈出新，加快贵金属业务推广，实现实物产品持续热销、交易业务同比翻番，贵金属有效客户达到4.26万户，交易量达到155吨。零售业务，在观念认识迭代、体制机制重构、营销模式创新等方面取得突破，全年个人金融资产净增236亿元，创四年来最高，同比多增99亿元。客户净增188万，新增204万，同比多增91万，创2011年来最高值，增幅95%，全年个人金融专业实现中收6.32亿元，同比增加1.50亿元，零售版块中收达14.12亿元，同比多增1.60亿元。私银业务，以“增客户、增规模、增贡献”为主基调，以“专业服务优、产品结构优、综合服务优、风险管控优、品牌口碑优”为着力点，实施精细化与高质量管理，做高做新私人银行客户全视图的资产配置服务，做深做细私人银行客户综合服务，做大做强私人银行客户综合贡献，推进私银业务稳健有序发展，全年实现私银中收1.07亿元，达标客户留存率达73%；时点达标客户净增133户，增幅5.70%；管理资产净增32.20亿元，增幅7.30%；日均达标客户净增164户，增幅7.90%。网络金融业务，以“融e行、融e联、融e购”三大平台为核心，不断丰富场景设计，提升运营水平，在行内以业绩评选调动全员营销积极性，在行外连续开展多个主题活动提升平台流量和品牌知名度，全年实现网络金融中间业务收入2.70亿元，其中电子商务业务收入1.95亿元，工银信使收入5846万元。新增快捷支付绑卡290万张，新增收费短信工银信使账户75.50万户。信用卡业务，全年实现中间业务收入6.78亿元，同比增长5136万元，增幅8.20%。分期付款交易额实现51.13亿元，同比增加10.93亿元，增幅27.20%。截至2019年末，信用卡存量客户数达到244.60万户，当年净增18.40万户；有效客户达165.50万户，当年净增24.40万户。累计发卡387.40万张，净增发卡32.20万张，新增发卡58.60万张，信用卡消费额实现874亿元。票据业务，全年共办理票据直贴527.10亿元，实现票据经营贡献2.30亿元；再贴现实现32.40亿元，同比翻番；直贴、再贴和收入均位列中部六省和同业六行第一；工银e贴实现80.20亿元，贴现客户1077户，其中小微客户占比达79%。（宋向阳）

【资产质量】 2019年，中国工商银行山西省分行发挥大型银行金融骨干核心作用，将资产质量管控工作锁定为全年工作头等大事，认真履行风险防范的主体责任，以持续不懈的高压态势坚决守住资产质量红线。不断夯实信贷基础管理，落实专家治贷要求，在省分行组建不良资产管理处置中心，增配多名清收处置经验、信贷资质和法律专长人员，完善清收处置工作机制，细化日常管理工作要求，实现信贷营销、监测、处置全流程的专业化、专职化管理。坚持常规清收和创新清收同步走的处置思路，逐户明确细化处置方案，落实各层级主体责任人，建立省市支三级沟通联络机制，及时解决协调关键问题，跟踪工作进度，确保方案的有效执行，统筹用好现金清收、债务重组、推动兼并、以物抵贷、打包处置、呆账核销等手段，尽可能以更少的财务成本撬动更多的不良资产化解。在依法合规的前提下，积极探索与资产管理公司、信托、证券、基金子公司、保险、私募股权投资等机构的合作，开拓不良资产创新处置新渠道。紧抓部分行业回暖的有利时机，对预计劣变的大额剪刀差客户实施重点监控，加强与前中后台联动协调，通过合同要素调整、展期等风险缓释措施，有效化解重点客户贷款劣变。截至2019年末，逾期贷款24.60亿元，较年初减少7.14亿元；剪刀差2.10亿元，较年初减少0.24亿元。（宋向阳）

【渠道管理】 2019年，中国工商银行山西省分行坚持效能优先和体验改善，持续提升网点竞争能力与服务水平。强

化网点服务精益管理。组建包括服务核心团队、网点服务专员和服务督导柔性团队三级服务架构体系的服务工作团队，加大不同层级服务管理职责的落地执行。进行部门职能整合，强化抱怨工单治理。理顺服务工作多头管理的现状，将服务工单分派和消费者权益保护及监管转办投诉等工作职能统一纳入渠道管理部，实现"一条龙"服务，做到有的放矢，真正改进客户体验。百万户均抱怨工单较同期压降44%。开展"服务提升、百日行动"专项活动，针对性开展效率治理工作。成立六个督导组，分别深入问题网点进行调研督导，专项督导期间，客户平均排队等候时间逐月减少，排队等候时间超过20分钟网点逐月下降。网点渠道建设精益化管理提升。持续优化网点装修改造流程，从网点装修立项设计、财审、需求准备、集采、施工、验收、开业等核心环节进行动态监控。截至2019年末，网点布局优化18家，撤并网点10家，装修改造网点61家。（宋向阳）

【风险管理】 2019年，中国工商银行山西省分行坚持从严治行，确保全行安全平稳运行。本着"质量优先、预防优先"的原则，牢固树立"三个意识"，切实筑牢"三道防线"，全面落实风险管控主体责任，统筹抓好全口径风险防控化解，全力维护安全稳定发展大局。突出加强信用风险防控。认真践行24字信贷理念，持续强化信用风险全流程治理，严格控制新增融资质量，切实抓好重点领域风险监测管理，不断加大潜风险贷款清收和不良资产处置力度，进一步夯实资产质量基础。年末不良贷款额分别较年初压降6.90亿元和0.37个百分点，实现"双下降"。突出加强操作风险及其他风险防控。有效提升重点运营环节风险防控水平，盯紧抓好业务外包、外部欺诈、信息安全、声誉、法律、印章、保密等各类风险防控工作。突出加强案件风险防控。坚持标本兼治原则，完善内控案防责任体系，强化三道防线履职，切实把好"入口关"。制订实施《山西分行2019—2021年"强化内控"三年规划》，通过"压实责任年"，围绕内控"五要素"分解落实指标，突出关键群体引领和文化基层延伸"两个效应"，全面强化内控案防。强化正面典型引路，首次将"正向激励"写入制度。在人民银行2018年度综合考评评价和反洗钱考核评价中排名大幅提升，均取得第二名的好成绩。持续加强员工异常行为日常管理，深入开展员工违规投资经商办企业专项排查。持续强化案防查处问责，始终对违规违纪行为保持"零容忍"的案防高压态势，坚决遏制案件、风险事件和违规事件的发生。（宋向阳）

【创新发展】 2019年，中国工商银行山西省分行强化创新驱动发展，激发增收新动能。自主开发投产ETC线上线下一体化营销平台及ETC线上小程序"晋通行"，实现"一部手机办ETC的目标"。截至2019年末，ETC营销134.30万户，营销总量是以往5年营销总量的71倍。ETC客户增量稳居山西地区增量市场同业之首。成功投产"民生山西"App线上补换卡业务，成为省社保"民生山西"线上项目的合作行，同业首家布放补换卡一体化服务网点，同业首家获批并发行三代社保卡。截至2019年末，平台注册用户近600万户，发放电子社保卡429万张，签发社保钱包近30万户。与健康山西签署全面合作协议，在账户管理、聚合支付、资金清算、金融增值服务以及平台运营推广服务等金融服务领域开展全方位深度合作，成功上线医生端钱包应用。强化e商通平台的运维推广，全年累计进件7.50万，交易额130亿。推出"e商通—客如云""e商通—口袋零钱"综合金融服务平台，全年累计交易额53.30亿元，"e商通"平台不仅新拓账户5.80万户，而且已经被8家省分行广泛应用。（宋向阳）

·中国农业银行山西省分行·

【概况】 2019年，中国农业银行山西省分行各项存款余额3680亿元，比年初增加311亿元；核心存款日均余额3535亿元，日均增量218亿元；各项贷款余额1991.22亿元，全年净增255.71亿元，是历史上投放最多的一年；经营收益指标全面超同期、超计划。在中国农业银行总行分类管理中，以稳健发展行第一名的成绩实现升级进位。（宋向阳）

【助推高质量转型发展】 2019年，农行山西分行牢固树立新发展理念，围绕"示范区""排头兵""新高地"三大目标，大力支持山西省高质量转型发展。全力支持交控集团债务重组。在2018年6家参团行中审批最快、出贷最早、投放最多基础上，2019年率先完成全部386亿元授信使用，当年出贷217.25亿元，占全行年度信贷规模的84.96%。积极支持制造业发展。认真落实《支持太重集团发展任务和责任清单》，为太重集团新增授信4亿元，用信总额达到11.51亿元；推进10亿元市场化债转股项目，支持企业降低财务杠杆。深入支持基础设施互联互通。对全省"铁、公、机岸、港、网"建设相关项目持续加大信贷投放，截至2019年底，交通行业贷款余额达到568.69亿元，成为全行第一大贷款行业。支持能源革命综合改革。积极支持煤炭产业"减、优、绿"发展，推进信贷资源由落后产能矿井向先进产能矿井调整，支持煤炭绿色开采、煤矿智能化改造，防止低水平盲目扩大生产。承销地方政府债券。全年承销地方债98.73亿元，占全省招标总额的13.04%，2017年以来累计承销额居50家承销机构之首。积极支持消费提质升级。大力发展住房按揭、信用卡分期贷款，支持居民住房、购车、装修等消费需求。个人贷款余额达到415.90亿元，增加89.32亿元，增幅达

到24%。（宋向阳）

【服务乡村振兴战略】2019年，农行山西分行坚守中央赋予的“面向三农”的市场定位，围绕山西省乡村振兴“五大重点”和产业兴旺“3473”方略，不断强化综合金融服务。截至2019年年底，县域贷款余额720.83亿元，较年初增加116.63亿元，增量位居四大行第一。支持特色农业发展。以山西省杂粮、畜牧蔬菜、水果、干果、中药材、酿造七大特色产业为重点，以线上信贷“惠农e贷”为主，积极推进“一特色产业一e贷”，助力山西省打造特色农业强省。形成服务方案70个，96家县域支行开办率达100%，贷款余额23.94亿元，增长15.70亿元，总量增长190%，实现扩面上量。深度融入地方政府乡村振兴战略，与吕梁市人民政府签订乡村振兴战略合作协议。在信贷、结算等传统领域和农村网络金融、县域电子商务等农村改革前沿领域开展合作，共同打造乡村振兴的“新吕梁模式”。与忻州市人民政府签署战略合作协议，围绕忻州乡村振兴七大行动计划，提供20亿元的意向性金融支持。支持全省农机化事业发展。与省农机中心签署战略合作协议，推出“农机贷”，提供不少于50亿元的信贷额度，支持全省各类农机经营、服务主体提升农机经营服务能力。全年发放农机贷467笔、金额4858万元。智慧乡村场景建设取得初步突破。将“三资”管理系统嵌入农行金融服务功能，通过现金管理平台实现银行与农经部门金融业务直连，为用户提供具备全线上审批和电子支付功能的支付监管一体化“三资”管理解决方案，把银行搬进农村社区，拓展和丰富银行的智慧乡村场景。（宋向阳）

【助力脱贫攻坚决战决胜】2019年，作为山西省脱贫攻坚领导小组成员单位中唯一的一家国有商业银行，农行山西分行充分发挥“国家队”作用，紧紧围绕山西省脱贫攻坚部署，不断加大对贫困地区重点项目、重点产业和龙头企业投放，持续深化金融扶贫，全年投放精准扶贫贷款14.65亿元，带动建档立卡贫困人口44175人；发放扶贫小额贷款2.85亿元，连续三年超额完成政府下达计划；深度贫困地区贷款余额达到59.03亿元，比年初增加13.67亿元。金融扶贫工作获得省政府王成副省长批示表扬。打造“光伏扶贫”模式，落实交通、水利、电力扶贫行动计划。投放信贷资金29.88亿元支持大同左云、晋中榆社、忻州偏关等14个项目，通过支付土地租金和组织生产就业等，带动贫困户7000余户增收。打造“景区＋贫困户”模式，落实文化和旅游扶贫行动计划。与山西省文化和旅游厅签署支持乡村旅游扶贫合作协议。未来3年内，提供人民币100亿元意向性信用额度。新增授信3.44亿元支持皇城相府生态文化旅游区，带动贫困人口184人。投放贷款1.57亿元支持乡宁县云丘山景区，直接吸纳贫困人口77人就业。推广“公司＋贫困户”带动模式，充分发挥龙头企业带动作用。围绕产业扶贫项目，积极支持当地乳业、中药材、小杂粮、面粉加工等特色产业发展，向山西古城乳业集团发放贷款8300万元，通过吸纳就业和权益分红带动贫困人口486人增收；围绕企业合作奶站下的2300户奶牛养殖户储备饲料时面临的资金需求，创新推出“青贮贷”特色产品，累计投放900万元。扶贫周转金“委贷＋自贷”业务模式被列入全国金融扶贫推荐案例目录，并在2019年全国金融扶贫政策与优秀案例研讨会（第2期）上进行研讨。（宋向阳）

2019年5月17日，农行山西分行与山西省农机发展中心签订金融支持农机化发展战略合作协议（农行省分行供图）

【实施普惠金融战略】2019年，农行山西分行将普惠金融上升为全行战略，全面加大对小微企业的信贷支持。截至2019年末，普惠领域贷款余额40.81亿元，比年初增长29.73亿元，增量排名位居四大行第1位，其中小微企业贷款余额30.65亿元，增长324.68%，远高于国常会确定的30%增速要求。创新产品，解决小微企业“融资难”问题。面向核心企业上游推出“数据网贷”，面向纳入省政府规范化股改奖励的小微企业独家推出“股改贷”，面向政府采购入围商推出“政采贷”，面向持有城市房地产的企业推出线上线下融合产品“抵押e贷”，基本实现主要小微客群专属信贷产品全覆盖。主动让利，解决小微企业“融资贵”问题。积极贯彻国常会降低小微企业综合融资成本要求，实施同业最低的定价政策，小微贷款执行利率比银行业最低水平的国有银行平均利率还低0.20个百分点。全年减免小微企业相关费用4647万元。科技赋能，解决小微企业“融资慢”问题。运用移动互联技术，推动小微信贷业务“触网上线”，提升办贷效率。运用大数据技术，与税务信息对接，推出“纳税e贷”，将企业纳税信用转化为融资信用，一体解决融资难、贵、慢问题，全年发放32.04亿元，受益企业5089户，受到广泛欢迎和好评。（宋向阳）

【发展绿色金融】 2019年，农行山西分行积极贯彻“绿色信贷”发展理念，围绕国家打好蓝天、碧水、净土保卫战三大战役，积极支持绿色交通运输、清洁能源、生态环境、工业节能节水、绿色农业等绿色产业，有效促进经济结构调整和产业转型升级。截至2019年末，绿色贷款余额305.83亿元，较年初增加26.58亿元。重点支持国电电力山西新能源开发有限公司、大唐山西新能源有限公司、中电投垣曲新能源有限公司等新能源发电项目，以及太焦城际铁路、晋豫鲁铁路、大西铁路、蒙西华中铁路等铁路项目。其中，累计投放40.04亿元项目贷款重点支持太焦城际铁路项目，该项目是山西和河南两省“十二五”规划的重大交通基础设施项目，是国家发改委、交通运输部、中国铁路总公司联合发布的《中长期铁路网规划（2016—2030）》“八纵八横”高速铁路网中的呼南通道的重要组成部分，线路全长362.10千米，途经山西、河南两省五市。项目建成后将大大缩短区域内主要城市间以及与全国各区域间的时空距离，满足日趋增长的旅客运输需求，对促进地方区域经济可持续发展将产生重要作用。（宋向阳）

【推进数字化转型】 2019年，农行山西分行全面启动“数字化转型”战略。大力发展移动金融。全面推进产品和服务线上化、移动化，个人业务基本实现线上交易，掌银客户占到客户总量的近50%，掌银逐渐替代传统柜台，成为服务客户的“主阵地”。大力发展线上信贷。将小微、农户、个人等信贷业务申请、审批迁移上网，创新数字化信贷产品，实现信贷经营模式颠覆性变革。线

2019年6月25日，农行山西分行赴繁峙县开展“红蜡烛”结对帮扶活动
（农行省分行供图）

上贷款总量达到48.51亿元，全年增长35.54亿元，增幅274%。广泛参与数字政务建设。与省税务局合作上线“智慧社保”，实现缴费172.50万笔、金额4.69亿元；独家代理“居民身份证明工本费”线上线下收缴；与34家法院合作上线费款“一案一账号”管理系统；与省政务审批服务局合作，将线上缴费服务输出省政务服务网PC端；与省住建厅以及各地市公积金中心签署《数据互联共享平台合作协议》，加快智慧公积金线上业务的布局；积极参与临汾“智慧安泽”、晋中祁县“数字市民”工程建设。积极发展场景金融。围绕衣食住行游娱医教等高频场景，将金融服务嵌入客户日常生产生活中。全年增加水、电、暖、气等民生缴费场景1199个，月均代缴金额超过1亿元；推出“智慧电力”“智慧校园”“智慧出行”“智慧医疗”等场景93个，触达客户80余万，交易笔数超过400万；推广ETC线上发行系统，新增ETC用户36.12万户，线上发行量在合作银行中排名第一。打造“三农普惠领域最佳数字生态银行”，实施互联网金融服务三农“一号工程”，以“惠农e贷”“惠农e付”“惠农e商”为主体，满足县域客户对移动支付、线上信贷、电子商务等的需求。推出农村集体“三资”管理平台，融合资产资源管理、资金管理、股权管理、乡村治理、农村金融服务等五大功能，助力乡村治理信息化、数字化，已在长治县、阳高县、临猗县、万荣县和河津市推广。（宋向阳）

【维护消费者权益】 2019年，农行山西分行积极落实消费者权益保护要求，始终坚持以客户为中心，主动作为，持续提升客户体验。完善消费者权益保护工作机制。制定印发《中国农业银行山西省分行消费者权益保护重大突发事件应急预案》，修订完善《中国农业银行山西省分行消费者权益保护工作实施细则》。认真做好消费者权益保护工作。召开2019年度消费者权益保护工作委员会工作例会，组织开展全行消费者权益保护工作专题培训，组织开展侵害消费者权益乱象整治排查工作。组织开展“金融消费者权益日”、2019年防范非法集资宣传月、全行普及金融知识万里行及守住“钱袋子”宣传活动、支付安全与防范电信网络新型欺诈和2019年“金融知识普及月”等消保宣传活动。各项活动的有序开展，进一步增强全体员工维护消费者权益的主动性和自觉性，提升以客户为中心的服务意识和服务水平，提升金融消费者的自我保护意识、风险意识和维权意识，增强金融消费者信心，为社会公众营造一种懂金融、用

金融的良好氛围。（宋向阳）

·中国银行太原地区各分支机构·

【概况】2019年，中国银行太原地区各分支机构以习近平新时代中国特色社会主义思想为指导，深入贯彻山西省委、太原市委各项决策部署和具体要求，提升金融服务地方经济能力，持续推动资源型经济转型，助力转型综改，在实现自身经营管理稳步提升的同时，助推太原市转型跨越发展取得新成效。（高　歌）

【经营指标】2019年，中国银行太原地区各分支机构经营效益保持稳定。太原地区各行共实现经营收入23.03亿元，非息业务净收入4.33亿元，同比增加1.40%；实现净利润14.36亿元，增长9.85%。

存款规模稳步扩大。太原地区各行人民币各项存款日均余额757.29亿元，较年初新增31.66亿元。时点余额808.13亿元，较年初新增27.91亿元。

资产质量持续向好。太原地区各行全口径授信资产余额751.35亿元，较年初增加43.61亿元；不良授信资产余额1.67亿元，同比下降61.13%，不良率0.22%，同比下降0.39个百分点。

优势业务保持领先。跨境结算、贸易融资与票据融资处于领先地位。全年累计办理国际收支业务41.68亿美元，结售汇业务12.15亿美元，市场份额居全市第1；票据贴现发生额49.21亿元，余额23.43亿元。行政事业存款稳定增长，日均余额375.51亿元，较年初新增3.56亿元；累计争揽中央、省财政、省社保各类存款资金超过152亿元。发行债券8支，发行金额74.70亿元，承销规模63.70亿元。代理保险收入207.50万元，较2018年增长132.40万元，同比增幅176%。年金业务取得重大突破，中标山西省职业年金基金管理正式受托资格、山西省职业年金计划第一梯队托管人资格、太钢集团企业年金基金托管人资格、山西省黄河万家寨水务集团有限公司企业年金账户管理人和托管人资格。

战略业务成效显著。服务民营企业质效明显提升，太原地区各行民营企业有效户较年初新增125户，民营企业贷款新增19.75亿元，占全行民营贷款新增的71.71%；民营企业贷款新投放27.54亿元，新投放占比10.51%。普惠金融定向降准口径贷款（人行口径）余额10.18亿元，较年初新增8.40亿元，增速472%；普惠型小微企业贷款（银监口径）余额11.24亿元，较年初新增9.48亿元，增速539%，两个口径业务规模均实现快速发展。手机银行月均月活客户数同比增长67.88%，交易金额同比增长50.15%。新增ETC在太原地区市场份额13.05%。场景建设实现突破，成功入围山西电力缴费金融机构，并首家实现投产，搭建中行邀您来打车交通出行平台、走晋山西旅游票务平台、约惠山西线上商城平台等场景，上线慈善募捐抽奖活动、志愿者520话费优惠活动、电子社保卡申领、5元洗车等活动。（高　歌）

【服务实体经济】2019年，中国银行太原地区各分支机构围绕省委、市委经济工作会议部署，以市场为导向，以服务转型综改为宗旨，以项目拓展为着力点，通过部门联动、上下联动、行司联动等模式，提高金融服务实体经济质效。

与太原市政府签署全面战略合作协议，未来5年内，每年为太原新增提供不低于100亿元人民币意向融资，大力支持太原市产业结构转型升级和山西转型综改示范区建设，支持太原市加快军民融合发展步伐和民营经济发展，为太原市企业“走出去”提供金融服务。

聚焦供改和综改两条主线，将信贷资源持续投向符合新发展理念、国家产业政策行业和企业，如基础设施建设、健康卫生、文化旅游、教育、体育健身等重点行业以及对外贸易“一带一路”客户等重点领域，运用经济资本助力行业发展。

太原地区人民币公司贷款累计投放261.99亿元。交通运输、仓储和邮政业占比30.49%，制造业占比19.09%，建筑业占比12.66%，租赁和商务服务业占比11.63%，房地产业占比6.11%，电力、热力、燃气及水生产和供应业占比4.45%，水利、环境和公共设施管理业占比4.04%。从具体项目看，主要支持山西交控集团、太原钢铁集团、华融晋商、山西路桥、太原市龙城发展、太原龙城绿地植物园、智奇铁路设备有限公司、大西铁路客运专线等重点企业；支持太原新希望双语学校、山西大象农牧、太原市热力、天然气、文化教育等公共民生行业。支持转型综改项目15个，累计投放20.27亿元。（高　歌）

【普惠金融发展】2019年，中国银行太原地区各分支机构推进省分行《支持民营企业发展措施30条》工作措施落地。明确考核目标，太原地区各行将支持民营企业和普惠金融发展纳入绩效考核，并加大激励政策，传导支持民营及小微企业发展导向。

梳理符合中国银行山西省分行授信行业政策且是行业龙头的民营企业，建立民营企业白名单库，明确分工、责任到人，加大营销力度，通过全方位金融服务，争揽优质民营企业客户。向太原地区民营企业投放人民币公司贷款累计27.54亿元，其中新增投放19.75亿元。

深化普惠金融事业部建设，将普惠金融专业服务人员配备至基层网点，延伸服务触角，出台专项奖励和尽职免责政策，努力打通政策传导落实的“最后一公里”。精准聚焦投放500万元以下的普惠金融贷款，增强服务渗透能力，扩大客户覆盖范围，努力缓解金融服务薄弱群体的融资需求。

深入贯彻党中央、国务院决策部署，在严格落实小微企业收费减免政策的同时，主动管控民营和小微企业贷款

利率，建立对普金融贷款利率监测和考核机制，全行新发放普惠型小微企业贷款利率较年初降低88BP，小微企业融资成本显著降低。

发挥跨境撮合专业优势，围绕国家“一带一路”建设、引进外资等领域，服务太原地区企业参加第二届进博会，累计洽谈200余场，全力支持太原地区企业“走出去”。同时，大力推广“供应链”融资相关产品，为链条上民营中小微企业量身定制产品方案，为贸易背景真实，能控制产品流、资金流、票据流的优质民营企业做好全面的金融服务，在积极承担社会责任的同时，实现银企共赢。（高　歌）

【风险内控管理】 2019年，中国银行太原地区各分支机构开展资产质量管控。严把贷前准入关，严格贷中审查，强化贷后管理，关注关键时点资产质量管控工作，多渠道搜集整理授信客户预警信息，开展全方面、全流程的风险监测，确保各项管控动作落实到位。定期召开盘存会，对公司客户、个贷客户及同业客户的资产质量进行盘点，多措并举化解潜在不良，实现表内不良化解3.54亿元，现金清收1.86亿元，确保资产安全、稳定。（高　歌）

【劳动组合优化】 2019年，中国银行太原地区各分支机构围绕总行导向，按照省分行工作部署，以“专业、融合、共享”为转型突破方向，将劳动组合优化项目不断向纵深推进，引导网点从经营理念、管理模式、服务销售流程、网点差异化建设等方面进行全方位转型，激发网点发展活力。围绕“轻”，疏堵结合，减负基层。围绕“动”，服务提质，运营提效。围绕“活”，以人为本，激发活力。围绕“控”，查漏补缺，健全机制。

劳动优化组合项目已全部覆盖太原地区所有经营性支行，并取得初步成效，网点效能提升，营销服务人员占比提升至80%，平均客户等候时长控制在30分钟左右。（高　歌）

·中国建设银行山西省分行·

【概况】 2019年，建设银行山西省分行经营效益实现主营业务收入92.10亿元。其中，实现拨备前利润57.60亿元；员工收入增长10%。全量资金余额4352亿元，新增318亿元。核心存款余额3419亿元，新增251亿元。各项贷款余额2353亿元，新增148亿元。中间业务实现收入20.70亿元。账户总量单位人民币结算账户17.80万户，新增2.40万户。资产质量不良贷款余额42.33亿元，不良贷款率1.80%。（宋向阳）

【服务实体经济】 2019年，建设银行山西省分行紧紧围绕山西省委省政府转型综改试验区建设和供给侧结构性改革的经济发展主线，全年累计投放各项贷款1700亿元，集中支持公路、铁路、电力、建筑、制造业、城市基础设施建设、乡村振兴等领域，为综改示范区建设累计提供贷款121亿元；支持企业深化改革，参与组建山西交控银团项目，实现投放116亿元。运用债券、基金、并购、投贷联动等多元化投融资手段，培育经济新增长点。承销非金融企业债券145亿元，认购地方政府债89亿元；撬动民间资本35亿元支持市场化债转股，累计落地148亿元，金融机构第一；为省属煤炭重点企业投放保险资金56亿元。充分利用境内外、表内外、本外币等多种渠道和工具，“单一窗口”用户任务完成率建行系统第一，“跨境e+”平台签约客户新增完成率189%，不断加大对“新高地”的金融支持力度。金融精准扶贫贷款额突破50亿元，增速高于各项贷款平均增速15个百分点。电商扶贫收到订单12万笔，交易额10亿元。定点扶贫、公益扶贫力度加大，189名干部员工加入91个定点扶贫村，投入200多万元扶贫资金。（宋向阳）

【服务社会民生】 2019年，建设银行山西省分行借力新科技穿透下沉，精准滴灌弱势群体。大数据赋能纾解融资难题。推出以“五化”为特色的普惠金融新模式。小微快贷客户、贷款均实现翻番；“惠懂你”App与“三晋通”App成功对接，累计绑定企业4.30万户，余额达18亿元。成功举办系列产品发布会，“交易快贷”“个体工商户经营快贷”“云电贷”“晋叶云贷”“医保云贷”“云税贷”等业绩卓著；信用快贷年利率降幅达32%。线上融资服务给小微客户带来实实在在的融资便利和成本下降。小微快贷、“云税贷”写入两会政府工作报告。B端赋能助推核心企业去杠杆。网络供应链业务累计为48家核心企业投放贷款89亿元，服务上下游小微企业供应商800户，增长171%；二级分行全部破零。“民工惠业务”根植欠薪难题。“民工惠”完成金额18亿元，惠及18万次农民工群体，为破解“农民工讨薪难”蹚出一条新路子，社会反响热烈，省委常委曲孝丽给予专门批示，省住建厅写入官方文件全面推广。普惠非金融服务走出新格局。“劳动者港湾”覆盖全部对外营业网点，日均服务5000人次，引起社会同频共振，深受普通劳动者欢迎。“建行大学”与山西大学签订合作办学协议，邀请其作为成员单位加入新金融人才产教融合联盟；举办金智惠民现场培训班175期，覆盖11个地市，赋能3.50万群体。开展学子暑期下乡实践活动，策划“七彩之旅”“拉手行动”，引导学子参与助力乡村振兴。（宋向阳）

【智慧政务】 2019年，建设银行山西省分行依托金融科技独特优势，聚智赋能释放创新活力。以“一部手机三晋通”App一点切入，立体赋能，为“数字山西”建设贡献建行方案，助力提升社会治理能力。以“三晋通”实现指尖轻松办事。总行与山西省政府签订“数字山西”建设全面合作协议，楼阳生书记亲自宣布正式上线。先后完成4期迭代，以“23个办事主题+15个特色主题”上线1178个事项，用户注册553万、点击办件量超1000万。6.50万个审批事项可同步查询；新增农民工工资查询、晋中“中易办”城市频道等特色应用。“三晋通”App写入省委经济工作会议报告和两会政府工作报告，在2019年山西十大经济新闻暨高质量发展典范评选活动中获得“六最”营商环境创优案例。系列项目破解政务服务难题。“互联网+监管”真正实现规范监管、精准监管、联合监管和对监管的“监管”，全国首创嵌入“三晋通”App。工建项目审批系统实现省市县三级覆盖，申请材料、审批事项大幅减少，审批时间大幅缩短。数字房产10个系统平台已实现9个上线，解决政府、房地产、百姓多方住房痛点。智慧建筑“用工实名制管理信息系统”实现省市县三级1700个在建项目10万户农民工信息在线可查询、可监控。智慧政法上线监狱系统、戒毒系统“一指通”平台，纾解司法痛点，预防司法腐败。领导驾驶舱系统对接实现数据汇聚和全面展现，为省级领导科学决策提供参考。立体赋能实现渠道共享。62个政务便民事项同步到全省3.60万个“裕农通”平台，2.50万个行政村全覆盖；145个高频政务事项及58个缴费项嵌入30台政银服务一体机及418个网点的1480台STM，百姓随时随地可办政务。（宋向阳）

【创新实践】 2019年，建设银行山西省分行夯实客户账户经营基础。启动“3+2”攻坚战，ETC、社保卡均居同业第一；个人客户质量明显改善，零资产客户激活比例系统第一；对公加权有效客户新增计划完成率超200%；商户净增完成率128%，系统第二。增强新零售竞争力。个贷余额、新增保持四行第一；信用卡业务6项指标四行首位；创新“晋社区”平台；与全省最大的零售连锁商“唐久便利”签订协议；“手机银行活跃提升年”效果显著；私人银行家族信托业务新增完成率448%；在晋城等地试点“商户间权益交易市场”C端突围项目，个人客户新增1万户。内外协同提升交易性业务能力。融资租赁收入完成率304%；保函市场份额四行第一；以A档第一梯队成绩中标山西省职业年金受托人资格；资管投行收入同比增长58%；票据贴现收益率系统第二；对公黄金积存新增客户为上年6倍。（宋向阳）

【风险管控】 2019年，建设银行山西省分行总结正反两方面经验教训，以标本兼治为总原则，加快处置、反复摸排、调整结构、优化流程，从内生规律把握风险管理主动权。由标及本风险管理基础更加扎实。反复摸排，准确分类，坚决把风险因子控制在可控范围内；加快结构调整，先进制造业、战略性新兴产业合计新增88亿元；优化流程，全面实施“六集中三统一”，提升审批效率，潜在风险得到阻燃。数字化风控技术快速发展。推广全面风险监控预警平台（RAD），线上业务风险排查系统（RSD）成功上线，推动智能风控技术同业共享，风险防范前瞻性主动性进一步增强。健全合规管理长效机制。落实“两防”联席会议制度，强化员工行为日常管理，严肃开展责任认定和责任追究；反洗钱工作综合评级连续四年获得监管A级评价，受到山西国家安全厅和人民银行的书面感谢；圆满完成银保监风险管理及内控有效性现场检查配合工作，获得总行“整治市场乱象优秀组织奖”；法律服务“我与宪法”微视频获得司法部优秀奖、总行一等奖。（宋向阳）

·交通银行山西省分行·

【概况】 交通银行山西省分行下辖10个省辖分行，覆盖山西省所有地级城市，太原地区共有网点40家。2019年，交通银行山西省分行本部本外币资产规模892.51亿元，人民币日均存款较年初增加30.60亿元，人民币各项贷款较年初增加114.10亿元，普惠金融“两增”口径贷款较年初净增3.77亿元，全面达成监管目标。交通银行山西省分行获得交通银行经营管理优胜单位称号。（常永波）

【助力国企国资改革】 2019年，交通银行山西省分行聚焦国企国资改革，加强重点项目合作。持续跟进国企改革进程。围绕国资国企改革“四梁八柱”框架，重点聚焦国务院国资委“双百行动”中入选企业名单、全国国企混改试点名单、省级国企混改试点名单和“腾笼换鸟”工程，切实把握国有企业混改业务机遇，重点关注高端现代煤化工、燃气、焦化、煤机装备、电力等能源化工领域企业重组，为国企国资改革提供一揽子金融服务。（常永波）

【扶持新兴项目】 2019年，交通银行山西省分行加大新兴项目支持力度。大力支持先进装备制造业、节能环保、新一代信息技术、新材料、现代医药等战略性新兴产业，拓展轨道交通装备、智能制造装备、煤机装备等优势行业客户。已与中国中车集团、中国兵器工业集团下属公司、太重轨道交通、智奇铁路设备、比亚迪等企业建立稳定合作关系。支持文旅产业。紧抓“山西获批成为全国第8个省级国家全域旅游示范区”历史机遇，加大加深业务合作。（常永波）

【服务能源改革】 2019年，交通银行山西省分行加大对能源革命领域金融支持，对接政府相关部门，动态掌握能源革命试点方案整体规划、具体内容、推动进展、配套政策及重大项目。对接项目，围绕能源革命试点方案中煤炭绿色开发利用基地、非常规天然气基地、电力外送基地、现代煤化工示范基地和煤基科技创新成果转化基地等五大基地建设和八个发展方向，寻找业务机遇，培育发展新动能。（常永波）

【发展普惠金融】 2019年，交通银行山西省分行以产业链为重点，围绕核心企业，深入挖掘上下游小微企业融资需求，推进小微客户批量拓展。加强与融资性担保公司合作，通过银担合作平台做好客户互荐和优选，提升小微企业融资效率和水平。推进双线协同，通过线上、线下产品协同推进，大力发展个人经营贷业务，促进降准口径贷款发展。交通银行山西省分行本部普惠金融“两增”口径贷款增速54.64%，高于本外币各项贷款增速35.91个百分点。全面完成监管普惠金融“两增”增量考核要求。交通银行山西省分行本部降准口径贷款余额较年初净增3.64亿元。

（常永波）

·中国邮政储蓄银行山西省分行·

【概况】 2019年，中国邮政储蓄银行山西省分行下辖11个二级分行、96个一级支行、1214个网点，其中自营网点263个，代理网点951个，67%的网点分布在县及以下区域，覆盖全省所有县区，从业人员6594人。年末全省总资产规模2706.61亿元，较上年增长126.90亿元，增幅4.92%。（宋向阳）

【资产业务】 2019年末，中国邮政储蓄银行山西省分行各项贷款结余873.67亿元，较上年增长111.30亿元，增幅14.60%。大力发展小额极速贷、小额信用贷、农保贷，深入开发粮食产销链条客户，全年发放个人经营性贷款82.11亿元，贷款结余83.06亿元，余额净增14.04亿元，结余和净增量均列省内国有大行第1位。全年投放精准扶贫贷款17.84亿元，结余31.73亿元，净增6.07亿元。支持房地产去库存和消费升级，全年发放消费贷款52.03亿元，贷款结余167.89亿元，余额净增25.35亿元。加大小微企业贷款投放，突出抓好房抵贷、小微易贷及民生类产品，发放小企业法人贷款31.89亿元，贷款结余32.09亿元，余额净增6.59亿元，圆满完成“两增”目标。支持全省重点企业和工程项目，全年发放公司贷款267.97亿元，贷款结余414.45亿元，较上年增长93.35亿元，增幅29.07%。办理票据直贴219.93亿元，结余122.88亿元。投资业务取得新突破，中标地方债47亿元，较上年增长31亿元，开展理财投资信用债6亿元、公司客户融资业务6.50亿元。

（宋向阳）

【负债业务】 2019年，中国邮政储蓄银行山西省分行大力拓展负债业务，保持负债规模持续增长。年末本外币各项存款结余2519.52亿元，较上年增长83.21亿元，增幅3.42%。个人金融以“十大项目”为抓手，做大代收付、社保卡、军服卡、腾讯联名卡等重点项目，实施网点系统化转型，拉动储蓄存款稳定增长，储蓄规模达到2236.78亿元，市场占有率9.88%，在省内同业排名第3位，余额净增93.41亿元，增幅4.36%。公司金融业务坚持项目引领，持续拓展客户行业范围，集中发力财政专项资金、代收付类资金，年末公司存款余额274.11亿元，较上年减少7.13亿元，增幅2.67%，市场占有率1.90%。（宋向阳）

【中间业务】 2019年，中国邮政储蓄银行山西省分行以提升中间业务收入能力为重点，努力打造基础产品支撑、重点领域拉动、新兴业务创收的格局。做优做强基础及结算业务，开展代发工资、代发养老、非税收缴、国库集中支付、烟草资金归集、电力资金归集等业务。发挥大资管引擎拉动作用，推动资产管理转型，全行销售理财产品206.61亿元、代销保险67.90亿元、代销基金18.77亿元、代销国债17.65亿元，合计销售310.95亿元。新增发放信用卡32.84万张，结存卡量114.77万张，不良率1.67%。全年销售机构理财30.22亿元，年末托管业务总规模279.55亿元。发行5亿元超短期融资券。

（宋向阳）

【资产质量】 2019年，中国邮政储蓄银行山西省分行发挥授信政策导向作用，加强授信政策调研和特色行业授信政策指引。积极发展绿色金融，助力打好污染防治攻坚战，绿色信贷余额净增12.10亿元，增速22.40%，提前完成三年规划任务。强化授信导向作用，大力支持转型升级企业和项目，有序退出僵尸企业，挤出低效、无效占用的信贷资金，行业集中度风险持续下降，煤炭行业占比首次降至40%以内。强化审

2019年12月12日，邮储银行山西省分行走进山西宏坊电力金具制造有限公司实地了解企业运行情况 （邮储银行省分行供图）

邮储银行山西省分行信贷扶贫　（邮储银行省分行供图）

查审批把关，精益求精持续提升信审质量和信审效率，信审管理扎实有效，监测化解风险隐患 151 个，缓释存量公司贷款客户风险 5 户。加快不良资产处置，资产质量持续优化，保持同业前列。2019 年末，全行贷款不良率 0.64%，较上年下降 0.04 个百分点，分别低于总行限额目标 0.47 亿元、0.11 个百分点。（宋向阳）

【渠道建设】 2019 年，中国邮政储蓄银行山西省分行顺应互联网金融发展趋势，打造线上线下综合金融服务渠道。加快智能化网点建设，促进网点转型，提升客户体验。采购布放 50 台超级柜员机，投放 80 台华为移动展业通用 PAD，解决前期部分 PAD 运行不稳定、使用体验不佳、维保效率低等问题。完成 ITM（智能柜员机）交易无纸化稽核功能，进一步提升网点人员操作体验。对 43 台离行自助设备优化调整，进一步降本增效。加大自助设备业务培训力度，确保网点设备引导人员持证上岗，持续提升自助机具分流能力。不断丰富金融生态场景建设，全行新拓展电子银行客户 93 万户，客户规模 922 万户，其中手机银行结存客户 732 万户。全行电子银行渗透率 56.75%、交易替代率 95.78%，分别列邮储系统第 9 位、第 12 位。新增快捷支付绑卡 45.72 万张，结存 295.40 万张。大力拓展商超、餐饮、娱乐、家居场景，条码收单新增商户 1.60 万户。（宋向阳）

【科技支撑】 2019 年，中国邮政储蓄银行山西省分行信息化建设取得新成果，开发上线电力缴费、“税银通”、国库集中支付、社保直联代发等 32 个项目，推送营销数据 800 余万条，拓宽资金归集通道，有力支撑负债、中间业务发展。大数据分析平台建设稳步推进，电子银行、ETC 生态圈、信用卡等多项分析成果试点应用。扎实开展安全运行年竞赛活动，成绩连续三年保持满分；护网行动取得优异成绩，全年科技系统保持安全稳定运行。（宋向阳）

【营运管理】 2019 年，中国邮政储蓄银行山西省分行持续优化业务流程和柜面作业组织，推广统一柜面一期工程项目，组织全辖自营和代理网点全部上线，实现 89 种柜面业务免填单。完成全行信用卡集中预审上收，提高业务处理质量和效率。完成全行反洗钱集中处理，反洗钱集中处理上线网点率达到 100%。积极探索综合柜员制，严格执行持证上岗，全行双持证率 61%。进一步优化流程，推广大数据产品应用系统，深化网点柜面业务分流，全年自营网点压降 28 个台席，可分流交易离柜率提升至 89%，同比提升 18 个百分点。在总行考核的 28 个营运指标中，山西省分行 18 个指标居邮储系统首位、25 个指标进入前 10。（宋向阳）

【合规案防】 2019 年，中国邮政储蓄银行山西省分行完善风险内控委员会组织架构和工作规则，成员扩大至同级邮政代理金融部门，重点规范基层风险内控委员会运作。加强风险限额管理，健全监测预警体系和专项应急预案，各类风险均控制在限额指标内。合规基础不断夯实，新建、修订内控基本规定和风险管理履职评价等制度 70 项；宣贯员工违规行为处理办法，开展合规文化走基层活动；扎实开展巩固治乱象成果、促进合规建设活动，发现问题 433 个，整改率 95%；保持案防高压态势，全行未发生资金案件。推进“平安邮储”创建，对 78 个老旧网点进行技防改造，建成安全管理标准化网点 101 个。（宋向阳）

·中国农业发展银行山西省分行·

【概况】 2019 年，中国农业发展银行山西省分行全年累放各项贷款 158 亿元，年末资产规模突破千亿，达到 1008 亿元，其中贷款余额达 946 亿元，较年初净增 42 亿元；对公存款余额 345 亿元，存贷比 274%，信贷资金向省内净流入 668 亿元；落实普惠金融政策，贷款加权平均利率 4.83%，六成的贷款总额执行基准或下浮利率，帮助企业降本增效；全年处置清降不良贷款 7.80 亿元，实现 2 个地市、11 个县域不良贷款清零，13 户不良企业出清，极大减轻企业和社会负担，有力服务全省经济转型。（宋向阳）

【服务乡村振兴】 2019 年，中国农业发展银行山西省分行坚持守正创新，争当服务乡村振兴战略的“主力军”。紧盯乡村振兴这个“三农”工作总抓手，聚焦薄弱领域和关键环节，服务全省农业农村发展和环境设施改善。服务生态宜居。稳健合规推进棚户区改造在建项目和新开工项目的信贷支持，全年累放棚改贷款58亿元，自2015年以来共计投放棚改贷款510亿元，支持新建和改扩建安置住房达634万平方米，统筹购买商品房133万平方米，货币补偿6.90万户，惠及人口35万人。投放农村人居环境、生态环境建设与保护贷款6亿元，支持大同污水处理、娄烦饮水和道路、河曲整村提升等项目建设，提升基本公共服务和就地城镇化水平。振兴乡村产业。累放贷款41亿元，支持农业产业园区、土地流转、新型城镇化、农村交通等重点领域建设项目27个，为山西农谷园区建设、太原晋中运城农村土地流转和规模经营、泽州集体土地入市提供高效金融服务，推进落实“藏粮于地、藏粮于技”战略，助力补齐农村基础设施和公共服务短板。扶持民营小微。通过风险补偿基金、供应链金融等方式，解决民营小微企业“融资难”“融资贵”问题，全年新营销民营小微企业58户，审批贷款1.50亿元；完成存量企业续贷31户、1.30亿元；全行总计支持民营小微企业78户，贷款余额2.20亿元。转换服务模式。积极推动市场化业务发展，与省财政厅联合下发PPP模式支持乡村振兴项目融资文件，与国信、水投、农担等大型国企签约合作，全年以PPP、公司自营、扶贫过桥三种模式共审批贷款57户、159亿元，同比增加39户、110亿元，较上年实现翻番，持续拓宽金融支持全省乡村振兴项目的创新路径。（宋向阳）

【助力脱贫攻坚】 2019年，中国农业发展银行山西省分行聚焦精准发力，担当服务脱贫攻坚的“先锋队”。紧扣全面建成小康社会目标任务，以贫困县特别是深度贫困县为重点支持区域，汇集资金，聚焦精准，多点发力。全年累放扶贫贷款53亿元，年末余额230亿元，占全省金融系统扶贫贷款总额近1/4，金融扶贫先锋主力模范作用凸显。专项扶贫成效显著。聚焦黄河、长城、太行三大旅游板块，审批贷款14亿元，支持五台山、王莽岭风景区和“黄河一号”旅游公路偏关段等项目建设，提升旅游产业带贫减贫能力。审批贷款0.76亿元，支持阳曲光伏扶贫、曲沃网络扶贫项目，提升当地农村电商网络节点服务能力。支持纳入全省“千企帮千村”精准扶贫台账管理企业95户，年末贷款余额达10亿元，惠及建档立卡贫困人口1.30万余人。产业扶贫“吕梁模式”推广加速。自模式创立以来，已累放贷款9亿元，支持生猪养殖、红枣、核桃、沙棘等特色种养和农产品精深加工企业87户，覆盖吕梁全部13个县域，带动5000余名建档立卡贫困人口就业增收，赢得地方党政和社会高度认可。该模式已成功在忻州市推广，已信贷支持4户企业。决战决胜定点扶贫。通过捐资援建、兴办合作社、结对帮扶、消费扶贫等有效手段，实现扶贫、扶智、扶志“三结合”。省分行在深贫县广灵县的两个定点贫困村已顺利通过验收，实现脱贫摘帽；全辖市县级机构定点扶贫也从攻城拔寨转入决胜收尾阶段。（宋向阳）

【维护粮食安全】 2019年，中国农业发展银行山西省分行用好看家本领，当好国家粮食安全的“守卫者”。立足山西粮食产销平衡区的实际，统筹做好政策性收储和市场化收购工作。巩固粮食信贷主导地位。全年累放粮油贷款25亿元，较上年增加52%，支持中央和省级粮食收储、轮换200余万吨，确保重要农产品有效供给。积极支持市场化收购。大力营销和培育优质客户，投放贷款5.30亿元，支持40户多元市场主体入市收购；持续开拓支持5个地市11户杂粮收购企业，累放贷款4240万元，助力打造山西杂粮品牌，支持“小杂粮”做成“大文章”。确保库存粮食安全。与省直有关部门紧密协作，扎实开展全省政策性粮食库存大清查工作，坚持库贷挂钩、账实相符，强化跟踪监督，消除风险隐患，共同守好“三晋粮仓”。

（宋向阳）

【支持黄河流域生态保护和高质量发展】 2019年，中国农业发展银行山西省分行认真贯彻落实黄河流域生态保护和高质量发展重大国家战略，迅速响应，强化协作，破解难题，取得初步成效。全面对接融资需求。第一时间向省政府报告农发行专项优惠政策；与省发改委联合发文，构建合作机制、宣介金融产品、推广信贷模式；与省水投集团签订合作协议，对接项目19个，融资需求达30亿元。用足用好优惠政策。紧抓总行黄河流域生态保护特惠政策出台机遇，通过分类管理、区别办贷，对有关项目实施贷款期限优化、利率优惠、还款计划优化等政策倾斜，同等条件下实施服务优先、办贷优先、规模优先政策，确保办贷环节高效运转。金融支持初见成效。全年审批黄河流域五大领域项目贷款31亿元，投放16亿元；存量项目61个、65亿元，已进入项目储备库、正在办理的项目33个、87亿元，涵盖中部引黄、小浪底、东山供水等“大水网”重点工程，为更大规模支持黄河流域生态保护奠定坚实基础。

（宋向阳）

【防控金融风险】 2019年，中国农业发展银行山西省分行坚持一手狠抓存量不良贷款清降、一手严防新增不良贷款，风险管理水平迈上新台阶。千方百计清降存量。坚持班子成员包片挂户，通过考核、督导、约谈等措施，逐企业落实清收责任。抓现金清收，通过拍卖企业房产、推动企业“退城进郊”、依法收取企业股权拍卖金等措施，向11户企业现金清收4964万元，实现所有不良企业均有现金清收成效，其中现金结零5户。抓批量转让，经过争取总行支持和三级行共同努力，最终完成7户、7.15亿元不良贷款的批转处置，受让率继续位列系统前列，同时核销处置不良贷款1375万元。全力以赴防控新增。开展基金投后管理检查，提前回购风险基金6笔共2.28亿元。针对中长期贷款到期多的实际，基层行（组）将提前催收贷款本息作为头等大事和工作习惯，确保本息全额收回；抓住政府隐性债务核算变动之机，推动贷款“应纳尽纳”，信贷资产安全性能逐步提升。深化全面风险管理。出台全面风险管理体系建设实施细则，全方位压实风控责任。通过“请上来”对重点事项请相关基层行参加风控会汇报，“走下去”组织人员有针对性地参加市行贷后管理例会，全面加强风险防控。全面完成三级行印章撤减和印控仪上线，历史性地从物理设施到实际操作降低用印风险。（宋向阳）

【提升经营质效】 2019年，中国农业发展银行山西省分行坚持抓管理、夯基础，经营管理质效实现新提升。强化信贷管理。深入推进“信贷队伍建设年”活动，不断充实信贷队伍。制定信贷管理等级行评定细则，强化精细化管理。推进专项授信管理，出台放款监督实施细则，完善办贷管贷机制。强化内控合规管理。建立联合监督机制，共享监督资源，形成监督合力。在全部内设部门设立内控合规专员，实现管理岗位全覆盖。开展员工异常行为、非法集资排查，保持案防高压态势；确保系统顺利上线。集中攻坚，完成新核心系统、集中运营系统、网银系统、财税库银系统、财管系统等5大系统的上线运行，其中新核心系统上线工作被总行授予组织管理突出贡献集体奖。强化财务规范管理。修订完善财审委工作、集中采购、服务组财务开支、差旅费管理等8项制度，推动财务管理更加规范。全力推进基建项目管理，16个项目完成预定进度，基层办公条件持续改善。强化存款组织。开展春季行动和存款优化工程专项行动；建立《支农资金筹集》微信群，实时通报，分享经验，凝聚合力。年末存款余额净增加的县级机构35个，日均净增加的42个。9个市分行累计营销债券资金9.10亿元，年末非贷存款日均余额29.10亿元，较年初增长30.70%，筹资渠道进一步拓展。（宋向阳）

·华夏银行太原分行·

【概况】 2019年，华夏银行股份有限公司太原分行以习近平新时代中国特色社会主义思想为指导，以服务山西经济转型发展为责任，对标总行四年发展规划纲要，落实各项工作部署。太原分行党委发挥“把方向、管大局、保落实”的作用，以党建为引领，以机制改革为抓手，以资产质量持续优化为前提，以效益提升为重点，实现质量、规模、效益相统一的发展。2019年，太原分行财务计划性指导作用显现，公司业务托盘作用进一步夯实，零售业务占比和贡献度提升，中间业务收入占比持续提高，资产质量显著优化，“两增”任务完成，普惠金融增速显著，体制机制改革落实，各项基础管理工作稳步推进，各项工作均取得进展，深化推进太原分行经营转型发展。2019年，实现拨备前利润12.05亿元，不良贷款偏离度每季度均控制在100%以内。

截至2019年末，太原分行有员工935人，其中：正式员工860人，派遣制员工75人，员工平均年龄35岁。本科及以上学历员工893人；研究生及以上学历员工97人。共有44个党支部，党员406人，占全部员工总数的47%。华夏银行太原分行辖内分支机构共30个，除太原市外，在大同、朔州、长治、运城、临汾、晋中共设立6个异地机构，其中一级分行1个、二级分行4个、异地支行2个、县域支行1个、同城支行22个（含社区支行5个），形成以太原为中心、辐射全省的金融服务体系。（宋向阳）

【风险合规管理】 2019年，华夏银行太原分行发挥全面风险管理架构在分行层面的风险防控作用，突出信用风险管控，加强授信风险管理，持续开展操作风险、声誉风险以及业务连续性管理工作，实现“全流程、全业务、全方位”的风险管理覆盖。加强制度建设，完善全面风险评价指标体系，强化全面风险管理在各层级的统筹作用。加大员工合规和案防管理力度，开展“合规管理提升年”活动，推进案防、反洗钱、扫黑除恶等工作，完善声誉风险管理，有效堵截化解声誉风险事件。加强重大事项报告及突发事件管理，严把窗口关，柜面堵截外部风险。全年运行平稳，实现“零案件”目标。（宋向阳）

【客户开发顶层设计】 2019年，华夏银行太原分行围绕山西经济重点战略、重点区域、重点行业和重点客户，由分行领导带队开展高层营销，打造“以大带小、以小固大”的公司客户生态环境。零售金融以“消费信贷、财富管理、收单支付、普惠金融”四大客群为目标，通过加强营销队伍建设、销售费用倾斜、信用卡营销体制改革、金融科技创新、旅游季主题营销等活动，向金融上下游不断延伸，零售业务规模不断壮大，零售业务占比和贡献度持续提升。普惠金融增速显著。制定下发《太原分行全面加强和提升民营、小微企业金融服务实施意见》，依托“两平台、三产品”，快速带动小微信贷规模及基础客户数量提升，完成监管“两增”任务目标及总行经营计划。贸易金融加快推进客户挖潜与开发，客户基础逐步改善。针对性地制订产品服务方案，持续开展“3-3-1-1”客户营销和低效户转化，提高客户依存度和贡献度。网络金融做大手机银行客群，推进手机银行线上渠道建设，与大零售业务有效融合，重点围绕集团客户、物流、招标等多个领域，以企业生态链或垂直领域为切入点，提供网络金融结算产品，形成线上线下客户服务体系。

（宋向阳）

【资产质量】 2019年，华夏银行太原

分行坚持资产质量就是生命线，把打好资产质量攻坚战作为全年重中之重的任务，确立目标，持续攻坚。强化分行党委对资产质量管控工作的组织领导，定期组织召开信贷资产质量管理领导组工作会，逐户听取工作进度汇报，研究解决问题，拿出解决方案，推动处置进展。强化目标责任落实，签订《资产质量管控责任书》，将管控目标分解下放，以逾欠贷款“不反弹、不增加”作为基本控制目标，遏制逾欠贷款“前清后冒”。灵活运用打包出售、贷款重组、债务转移等方式，推行不良贷款清收化解。调查摸底、一户一策，制订翔实有效、切实可行的处置计划，力推实施。通过市场化方式，强化同业合作，利用政企平台，推动清收处置。2019 年，通过各种方式处置表内不良资产累计 27.40 亿元。

（宋向阳）

【综合金融服务】 2019 年，华夏银行太原分行践行“商行 + 投行”“股权 + 债权”经营思路，为企业提供一体化、市场化综合金融服务。促进“息差 + 价差”的综合定价管理水平，提升分行议价能力和中间业务利润占比；强化风险管控，借助市场化力量约束企业信用行为；有机统筹各板块业务，加大产品创新与运用，针对重点客户、创新融资模式，完善业务策略、优化业务流程，提升综合金融服务水平，提高资产创收水平。落实中心推动、边缘革命理念，将传统与创新、前台与后台、流程与部门、品牌与竞争有效结合，推动转型发展。2019 年，分行综合运用资产管理、险资计划、银团贷款等业务产品，深化与山西潞安集团的合作，开立银团结算代理户。中标山西晋煤集团 50 亿元永续中期票据发行资格，以年度最低价格全部销售成功，获得山西省政府高度认可；运用撮合思维，与保险公司合作，通过 10 亿元保险债权计划支持山西焦煤霍州煤电基础设施改造。与证券公司合作，通过 3 亿元供气合同债权资产支持专项计划支持山西天然气。与 26 家融资租赁公司合作，通过租赁渠道累计为山西企业融资近 110 亿元，涵盖煤炭、电力、化工、清洁能源等多个行业。（宋向阳）

【传统产业绿色升级服务】 2019 年，华夏银行太原分行助力山西省打好“污染防治攻坚战”。以“京津冀大气污染防治融资创新项目”为营销核心，带动绿色信贷业务发展。优化资源配置，实施差别化信贷政策，支持工业节能减排、综合环境治理、清洁能源利用等绿色项目，创造良好的经济效益和社会效益。全年绿色信贷投放 16 户、业务余额 26.97 亿元，占全行贷款 7.67%；其中利用世界银行转贷款专项资金支持区域内重点客户 5 户，投放金额 5.48 亿元。（宋向阳）

【中间业务收入】 2019 年，华夏银行太原分行实施轻资本战略，挖掘收入来源。发展金融市场业务、投资银行承销业务、资产管理业务、资产托管业务，实现规模与收益同增，拉动中间业务收入。

（宋向阳）

【消保机制完善】 2019 年，华夏银行太原分行成立消费者权益保护办公室，健全消保工作事前、事中、事后管理机制。开展金融普及活动，以太原市创建全国文明城市工作引领服务提升，深化服务品牌建设。（宋向阳）

【金融科技助力业务发展】 2019 年，华夏银行太原分行以金融科技助力业务发展、维护运营、完善管理。运用技术手段开发重点产品，优化业务流程，完善风险内控建设，助力精准营销。作为首批上线试运行手机银行 5.0 的分行（太原、广州），完成绿灯测试，实现上线平稳运行。（宋向阳）

【金融扶贫】 2019 年，华夏银行太原分行以驻村帮扶、党员干部结对帮扶、扶贫小额信贷、金融服务为抓手，推进金融扶贫工作，助力山西打赢脱贫攻坚战。加大扶贫小额信贷力度，实现扶贫小额信贷精准投放。全年累计发放扶贫小额贷款 1090 万元、218 户，余额 5235 万元，支持建档立卡贫困户 1047 户。

（宋向阳）

·山西省农村信用社联合社·

【概况】 2019 年底，山西省农村信用社共有省、市、县、乡四级机构 3187 个，营业网点 3059 个，从业人员 41660 人；资产总额 12833 亿元，较年初净增 1406.23 亿元，增幅 12.30%；各项存款余额 8358.84 亿元，较年初净增 681.02 亿元，增幅 8.87%；各项贷款余额 5315.92 亿元，较年初净增 550.56 亿元，增幅 10.36%；全年实现各项收入 596 亿元，实现经营利润 150 亿元；股本金余额 527.60 亿元，较年初增长 15.90%；资本充足率 9.56%，较年初提高 0.85 个百分点;拨备覆盖率 75.13%，较年初提高 5.37 个百分点。全系统以占全省 22% 的存款市场份额，发放全省 40% 以上的涉农贷款，50% 以上的小微企业贷款、民营企业贷款、扶贫小额贷款，60% 以上的农户贷款，在助力全省乡村振兴、民企发展、精准扶贫、转型综改、能源革命等方面，充分发挥地方金融主力军作用。

（宋向阳）

【支持实体经济】 2019 年，山西省农信社坚守“深耕三农、细作小微、精准扶贫、倾力重点”的服务定位，积极助力全省乡村振兴、民企发展、精准扶贫、转型综改、能源革命。在“深耕三农”方面，紧扣助力乡村振兴三年行动计划，不断完善“三级授信体系”建设，引导信贷资金集中投向“三农”领域。截至 2019 年末，涉农贷款余额 4269.88 亿元，较年初净增 325.98 亿元。在“细作小微”方面，制定并落实支持民营企业发展的“三十二条措施”，推行事业部、专营机构等运营模式改革，着力解决小微企业贷款融资难题。截至 2019 年末，全系统千万元以下（含）小微企业贷款余额

970.97 亿元，较年初净增 113.99 亿元；民营经济贷款余额 3919.55 亿元，较年初净增 211.56 亿元。在“精准扶贫”方面，实施“万名客户经理进村入户行动计划”，开展“大摸排、大调研、大起底”主题活动，实现对 93.30 万户贫困户信贷基础资料的收集、评级、授信“三个全覆盖”；建立并落实扶贫工作“七专”机制（即：制订专项规划，打造专业队伍，单列专项规模，开发专门产品，提供专优利率，建立专门档案，实施专项考核），推动金融扶贫贷款持续增长。截至 2019 年末，全系统金融精准扶贫贷款余额达 261.28 亿元，全年累计投放 201.30 亿元，支持 13.39 万户贫困户走上脱贫致富之路。在“倾力重点”方面，围绕转型综改示范区建设、国资国企改革、新兴产业培育发展等重点领域，主动对接省政府下发的重点工程项目名单，向省内融资需求较大的实体企业投放贷款总额达 890.41 亿元，较年初增加 186.05 亿元；通过投资债券直接支持省内企业融资余额达 593.19 亿元，较年初增加 15.79 亿元。（宋向阳）

【深化金融改革】 2019 年，山西省农信社在推进县级机构银行化改革方面，坚持“政府领导、监管指导、省社督导、机构主导、多方参与”的“五位一体”工作机制，全力推进改制化险工作。全年共获得市、县两级政府扶持资金 25.20 亿元；新增 30 亿元低成本资金，扶持 6 家高风险机构发展；全年拨付风险化解资金 20.20 亿元，帮助 10 家机构加快改制进度，当年有 18 家县级机构改制为农商银行，全系统累计改制 89 家，占全省 108 家县级机构总数的 83%，其中，有 52 家机构通过银行化改革脱离高风险行列，长治、运城、阳泉、晋中辖内县级机构全部改制为农商银行。在推进省联社服务职能转变方面，全力构建“小银行、大平台”发展模式，按照“资源集中化、服务集成化、成本集约化”原则，集中打造科技信息、资金服务、产品研发、战略合作、电子银行、支付清算、教育培训、客户服务、运营支撑等“九大平台”，同时在全国农信系统首创设立省级资金服务平台，吸纳全省各县级机构 312 名人员在平台从事资金业务。在推进法人治理结构完善方面，督促系统各法人机构将党的领导写入《章程》，构建“党委领导核心，社员（股东）大会规范行使权力，理（董）事会战略决策，监事会独立监督，高级管理层授权经营”的现代公司治理体系。在推进业务发展方式转型方面，按照“全国先进、省内一流”的标准推进科技信息创新、资金业务创新和服务产品创新。全省统一品牌的信用卡获准发行，研发具有山西农信特色的“晋享e付”“晋享生活”等“晋享系列”产品。（宋向阳）

2019 年 9 月 30 日，省农信联社举行“喜迎国庆、升挂国旗、祝福祖国”活动（省农信联社供图）

【防范化解风险】 2019 年，山西省农信社坚持底线思维，全力打好清降不良贷款、化解资金风险、强化案件防控“三大攻坚战”，坚决守住不发生系统性、区域性金融风险的底线。在不良贷款清降方面，建立不良贷款清降调度长效机制、省市县三级承包清收不良贷款工作机制、不良贷款听证问责长效机制，自上而下形成清收不良贷款的浓厚氛围。持续开展县级法人机构高管包大户、攻难户、清大额的不良清收处置活动和党员清收不良贷款专项行动，严控大额贷款投向和投放比例，加快建设票据管理系统，连续第 4 年实现不良贷款余额和占比“双降”。在资金风险处置方面，主导搭建资金业务系统和财富管理系统，实行严厉的“控规模、稳杠杆、纠违规、防风险”措施，加大违规资金业务的整改力度，加大高风险投资的压缩力度，加大不良资金业务的处置力度，实行资金业务风险资产清降调度机制，推行资金业务从业人员持证上岗，积极压缩表内外高风险资产。成立风险处置领导组，统筹协调指导市、县两级机构积极开展风险化解处置工作，并取得积极成效。在案件防范化解方面，持续开展制度执行年活动，及时修订完善工作人员违规行为处罚办法等规章制度，严格执行“基层网点按日查，县级行社按周查，市级机构按月查，省联社按季查”的风险排查机制，开展案件风险隐患大排查专项行动；指导 40 家重点机构完善流动性风险应急预案，不断加快推进全面风险管理，确保全系统安全稳定经营。（宋向阳）

【普惠金融体系建设】 2019 年，山西省农信社持续推进普惠金融，积极探索线上服务与线下服务相结合、柜面服务与智能服务相结合、物理网点服务与自助机具服务相结合的综合金融服务体系。一方面是加大电子银行建设力度，基本形成集手机银行、网上银行、微信银行、第三方支付于一体的线上综合金融服务平台，截至年末，共有存款户数2391.16万户，贷款客户147.68万户，累计发行借记卡2218.10万张，其中，社保卡224.86万张，签发电子社保卡40.62万张；累计发行信用卡20.53万张；POS特约商户2万户；手机银行累计开户数193.87万户，微信银行总关注人数533.89万；全年电子渠道交易笔数10.16亿笔，占交易总笔数的75.19%。另一方面是优化物理网点布局，加大自助银行网点、自助设备、POS机具、助农取款服务点设置和布放力度，截至2019年末累计布放智慧柜员机、现金快柜等智能机具967台，建成农村金融服务站14304个，建设自助银行2335个，安装自助设备3658台，拓展特约商户19951户，布放POS机具28449台、流动银行服务车32辆，进一步推动解决普惠金融服务"最后一公里"的问题。

（宋向阳）

【金融精准扶贫】 2019年，省联社分别印发《关于2019年助力深度贫困地区脱贫攻坚的指导意见》和《关于切实做好2019年—2020年金融精准扶贫工作的实施意见》，为推进全省农信社金融精准扶贫工作扎实有效开展提供有效指导。先后组织召开助力乡村振兴和脱贫攻坚工作推进会、金融精准扶贫和民营经济约见谈话会、助力脱贫攻坚巩固提升现场推进会，全面提升金融精准扶贫工作质效。（宋向阳）

【金融产品研发推广】 2019年，山西省农信社进一步满足客户多元化金融服务需求，持续加大产品创新力度，业务种类更加丰富。全系统积极推广ETC业务，为20.54万户客户提供服务；全省统一品牌的信用卡获准发行；深入推进卡业务"一县一品"行业应用，全年在公共交通、公共缴费、医疗等领域拓展行业应用77个；研发推广具有山西农信特色的"晋享e付""晋享生活"等"晋享系列"产品；在晋享生活平台上线"云闪付""支付宝""美团"等功能以及社保缴费业务，全年新增缴费项目201项；在手机银行增加刷脸开通手机银行、线下刷脸支付等功能，新增ATM机扫码取款、指纹登录等20余项功能及流程。榆社、屯留、昔阳3家机构首次成功发行同业存单，潞州、长子2家机构加入利率互换市场，尧都、太原城区和清徐3家机构顺利开展可转债和可交换债业务，尧都、潞州等10家机构正式启动公募基金代销资格的申报程序，尧都、泽州、榆次等9家机构开通国际代理业务。（宋向阳）

·晋商银行·

【概况】 2019年，晋商银行坚持学习贯彻习近平总书记关于金融工作重要指示精神，在服务实体经济、改革创新、防控金融风险方面迈出坚实步伐。开展"不忘初心、牢记使命"主题教育，组织开展学习宣传贯彻中共十九届四中全会精神活动，推动学习教育往深里走、往心里走、往实里走，全行党员干部作风建设不断加强，干事创业激情和热情得到激发。通过产业扶贫、项目扶贫，引导金融资源向扶贫工作倾斜，广大扶贫对象生活得到明显改善，圆满完成全年扶贫任务，真正把党扶贫政策不折不扣落实到位。

贯彻战略部署，紧跟经济转型步伐，聚焦市场定位，坚持责任担当，持续创新服务和产品，努力提高金融资源有效供给和普惠金融的可获得性，在支持重大项目建设中寻找银政企合作契合点，在服务实体经济、促进经济转型升级中主动作为，大力支持国有企业"动能转换"，全力扶持新兴产业"发展壮大"，做民营和小微企业的"坚强后盾"，在监管评级连续十年保持2C的基础上，充分发挥地方法人银行高效、合规等优势，在区域经济发展中积极发挥保障和支撑作用。

拓展价值创造的新思路新途径新方法，持续推进内部改革，以提升中间业务收入为主线，狠抓效益类指标提升，主要业务保持稳定增长，转型步伐不断加快，创新理念深入人心，增收渠道不断拓宽，线上线下渠道不断优化，服务体验明显提升，吸引和挖掘客户能力显著提高，产品创新、渠道建设、服务升级等方面的市场竞争力显著增强，全行创新转型发展成果显著、成绩喜人，呈现出良好发展态势。

坚持审慎稳健的风险策略，强化风控底线思维，完善全面风险管理体系，塑造浓厚合规、风险防控文化氛围，全行经营保持总体平稳、稳中有进良好态势，高质量发展迈出新步伐。（闫 慧）

【业务经营发展】 2019年，晋商银行践行"两个维护"根本检验，深入贯彻新发展理念，把服务山西转型发展作为自身发展壮大的重要机遇期、窗口期，充分发挥法人银行"决策高效、机制灵活"的优势，运用信贷杠杆和融资工具，提升支持地方经济发展的力度。资产总额、存款余额、贷款余额分别达到2475.71亿元、1553.22亿元、1117.13亿元，资本充足率13.60%，核心一级资本充足率11.47%，拨备覆盖率199.92%，主要监管指标符合监管要求。零售业务持续发力，客户AUM突破1000亿元，存款产品线上销售渠道逐步拓宽，住房按揭业务成为个人贷款业务新的增长点，理财能力位居全国区域银行第12名、山西省区域银行第一名；亮点业务势头强劲，承销业务量在全国主承销商中排名第53位；中间业务收入增长46.96%；信用卡业务实现突破性增长，与京东金融合作推出京东联名信用卡，各项指标在区域性银行中遥遥领先；以存款、理财、投资为主线上财富管理产品竞争力日益增强。在英国《银行家》杂志发布"2019全球银行1000强"榜单中排名第421位，较上年提升19位；在中国银行业协会发布的"2019年中国银行业100强"榜单中排名第68位，较上年提升6位；在134家城商行中，资产规模排42位，核心一级资本净额排39位；在中国银保监会监管评级中，评级持续保持2C，总体保持持续健康稳健发展良好态势。（闫　慧）

【支持能源改革】2019年，晋商银行认真落实关于支持省属煤炭集团化解过剩产能加快转型升级的指导意见，加大力度支持煤炭供给侧结构性改革，推动落实省属煤炭集团转型升级中长期专项贷款业务，帮助企业渡过暂时困境，促进省属煤炭集团加快转型发展。大力发展绿色金融，提升绿色金融专业服务能力和风险防控能力，发展能效信贷、绿色债券和绿色信贷资产证券化，探索碳金融等创新型绿色金融产品，加大对绿色制造、节能环保、清洁能源等重点领域金融支持，服务推进煤炭智能绿色安全开采和煤炭清洁高效深度利用，支持清洁能源和可再生能源发展，促进资源型经济实现绿色、低碳、循环的转型发展。向企业发放贷款439.66亿元。针对煤炭行业客户转型融资需求，调集各方金融资源，为企业提供高效优质综合金融服务，累计牵头银团贷款20.50亿元、参与银团贷款4.10亿元，发行超短期融资券10亿元。（闫　慧）

【支持转型综改建设】2019年，晋商银行通过嫁接政府和社会资本合作、产业基金等创新业务模式，提升银政企合作效率，服务重大项目建设。通过中长期信贷资金、产业基金、信托、保险、各类债务融资工具、股权融资工具融资等多种方式，发挥金融杠杆作用，撬动各类资本向先进制造业、战略性新兴产业、绿色能源、数字产业和优势产业集中，助推经济结构持续优化。设立专门机构——综改示范区直属支行，开设授信审批绿色通道，迅速响应市场需求，创新专门金融产品，为山西综改示范区提供综合金融服务方案，更好服务转型综改示范区建设。截至2019年末，累计向20余个重点政府项目、民生工程发放贷款35亿余元。2019年协调全辖机构主动对接省市重点工程项目名单，为PPP项目提供融资12.14亿元，为转型综合改革示范区相关企业提供信贷支持10亿元，有力保障市政工程、轨道交通、基础设施等重大项目建设。（闫　慧）

【支持国资国企改革】2019年，晋商银行敢于先行先试，发挥金融机构资金、客户、信息优势，嫁接资本市场和省属国企，引入战略投资者，瞄准省属国企混合所有制改革，深化产融结合，创新并购基金、产业基金等金融产品，通过政府引导、市场主导有力推进产业链集群化发展、产业转型升级和国企重组整合，有效支持国有资本布局优化和专业化重组。为山西交通控股集团有限公司新增授信支持10亿元，为山西国际能源集团有限公司新增授信支持14亿元，为阳煤集团新增授信支持14亿元，为大同煤矿集团有限公司新增授信支持7.96亿元，为山西国新能源发展集团有限公司新增授信支持6亿元。（闫　慧）

2019年2月28日，晋商银行开展"铭记创业初心，坚定前行信念"主题活动
（晋商银行供图）

【支持民营经济】2019年，晋商银行落实中央支持民营企业改革发展意见，创新中小企业金融服务考核激励机制，通过单列信贷计划、实行内部资金转移定价优惠等形式，强化服务民营企业和小微企业的资源保障，千方百计"降成本"，化解融资难融资贵问题。加大对民营企业和小微企业续贷支持力度，提高信用贷款和中长期贷款比重。探索金融科技在中小微客户信用评价、授信准入、风险管理等环节应用，有效提升金融服务覆盖面。民营企业贷款余额583.13亿元，占各项贷款比重50.49%，累计向7139户地方小微企业客户发放贷款888.96亿元，2019年小微企业贷款增速为19.99%。（闫　慧）

【支持脱贫攻坚】2019年，晋商银行认真贯彻落实党中央和省委关于脱贫攻坚的决策部署，以决战完胜的决心信心，在脱贫攻坚中竭力担起金融扶贫的责任义务，做好金融精准扶贫和结对帮扶工作，推动金融扶贫工作不断取得新成果。开展信贷扶贫。在监管部门指导下，结合贫困地区自身特点，探索开展"主动式、授渔式、帮扶式"可持续扶贫，完成小额扶贫贷款全年任务指标的101.25%，继续实现全年精准扶贫贷款

2019年7月18日，晋商银行在香港联交所成功上市，成为山西省本土首家上市银行 （晋商银行供图）

余额净增长目标，完成监管部门下达任务目标。做好驻村帮扶。体现地方金融企业的责任担当，有效凝聚属地政府、各主管部门、机构的力量和资源，决战脱贫攻坚任务，开展产业扶贫、驻村帮扶、基础建设等工作，重点通过农业产业、光伏产业、旅游产业、电商扶贫等方式带动贫困户增收，发挥特色产业对脱贫致富的辐射带动作用。 （闫 慧）

【惠民税缴平台上线】 2019年1月15日，晋商银行惠民税缴平台上线，成为全国首家实现社保费跨行扣缴的银行。社保税银通平台立足于为全省居民提供更加便捷的缴费服务，支持税务机关发起任意银行账户扣收，实现省内所有区县社保缴费服务的全覆盖，为税收征管工作提供规范、便捷、高效征缴模式。参保居民不需要前往银行网点，即可完成社保费扣收，实现由原有扣收模式向现有模式平滑过渡。社保税银通平台搭建税务局与晋商银行的税银交互渠道，实现征缴信息交互和资金归集入库，为缴费人和征收机关提供便利的征缴通道。 （闫 慧）

【十周年行庆】 2019年2月28日，晋商银行迎来成立十周年纪念日。十年来，全行始终坚守市场定位，服务地方经济，持续推动转型创新，深化内部管理改革，强化合规风险管理，经营管理不断突破。晋商银行成立十周年新闻发布会，介绍成立十年来发展情况，发布《晋商银行十周年明星产品》，并就媒体关注支持地方经济新举措、普惠金融新亮点、信用卡业务优势等情况进行介绍，人民网、新华社、山西日报、山西电视台等20余家媒体到会。建立晋商银行行史馆，开展“铭记创业初心、坚定前行使命”重温入党誓词主题活动，举行以“我们一起走过”为主题的十周年职工文艺汇演，并对获得晋商银行“十年十人”荣誉称号的先进个人进行表彰。 （闫 慧）

【港股成功上市】 2019年，晋商银行在香港联交所成功上市，成为山西省本土首家上市银行，填补山西上市银行空白，也改写三年多无新IPO上市公司纪录。山西省副省长王一新及省直有关厅局领导等一起出席参加上市仪式。自2018年10月，聘请建银国际、中金、招银国际等香港知名投行作为H股上市保荐机构，仅用3个多月的时间，高效完成申报材料准备，于2019年2月25日正式向香港联交所递交H股上市申请；又及时答复中国证监会、香港证监会和香港联交所审核关注问题，并持续做好沟通解释，开展正面宣传工作，7月18日成功在港上市，这是晋商银行发展史上一个重要里程碑。 （闫 慧）

·金融办·

【概况】 2019年2月22日，太原市人民政府金融工作办公室（简称市金融办）正式挂牌成立。新机构成立以来，市金融办坚持以习近平新时代中国特色社会主义思想为指引，深入学习贯彻落实中共十九大和十九届二中、三中、四中全会精神，紧紧围绕市委市政府决策部署，坚持把党的政治建设摆在首位，以“不忘初心、牢记使命”主题教育为抓手引深全面从严治党，服务实体经济，防控金融风险，充分发挥金融力量助力全市经济社会高质量转型发展。同年，太原市金融机构本外币贷款余额1.41万亿元，同比增长10.90%，快于上年同期0.04个百分点；较年初增加1350.30亿元，同比多增125.70亿元，占全省各项贷款新增额49.10%。全市金融业活力十足、茁壮成长，金融活跃度日益提升。2019年，全市金融业增加值457.15亿元，占GDP比重11.30%，切实呈现出“金融活、经济活，经济兴、金融兴”良好局面。 （杨 肖）

【支持民营企业发展】 2019年，太原市金融办聚焦民营企业特别是民营中小微企业发展，出台《关于进一步深化民营小微企业金融服务缓解融资难融资贵的实施意见》，从完善金融工作机制，提升银行业、资本市场、小额贷款公司、融资担保公司金融服务，健全法治环境和社会诚信环境方面对缓解民营中小微企业融资难、融资贵问题提出目标要求和落实举措。 （杨 肖）

【“工业强市”战略】 2019年，太原市金融办聚焦“工业强市”战略，会同中国人民银行太原中心支行、中国银保监会山西监管局、中国证监会山西监管局联合出台《关于金融支持太原市“工业强市”战略的实施意见》，从关注重点工业企业、信用社会建设、工业企业数据分析等方面着手，全力为金融服务工业企业打好坚实地基。（杨　肖）

【政银企对接】 2019年，太原市金融办创新“大会议+小会议”和人行推动银行资金落实、政府推动项目开工落地“双推动”方式，引导金融机构为企业做大做强做优注入“活水”，实现金融服务覆盖面、精准度双提升。通过日常推介和对接洽谈，实现新增授信规模508.50亿元。

举办“大会议”组织银企现场对接。1月4日，会同人民银行太原中心支行召开2019年太原民营和小微企业融资洽谈会，市内39家银行业金融机构和300余家民营和小微企业参加会议。对接会一次性签订授信达38亿元，现场签约企业发放贷款33.40亿元，贷款到位率87.93%。会后跟踪企业271家，发放贷款58.10亿元，占参会企业67.56%。10月10日，组织2019年太原转型发展融资对接会，21家银行业金融机构和200余家企业参加会议。对接会前，各金融机构已经按照“主办行+开户行”的“双覆盖”模式，分头与800余个太原市重点项目进行对接。20家金融机构和35个项目企业现场签订授信协议，授信额度超过417亿元。

组织“小会议”对关键企业进行精准融资服务。开展金融入企活动，协调中国银行等金融机构与东杰智能、金山磁材现场成功签约授信。（杨　肖）

【支持企业直接融资】 2019年，太原市金融办加大宣传力度，组织召开多场专题培训，邀请证券交易所、证监局以及证券公司专家与企业进行现场交流，有针对性地帮助后备企业解决融资难题，切实拓宽企业家发展视野。针对后备企业上市工作进展程度不一的现状，开展实地走访，讲政策、听汇报、解难题，积极为企业对接金融资源，指导企业加快进入资本市场进度。

加大上市后备企业培育扶持力度。完善《上市挂牌后备企业资源库设立和管理办法》，将过会企业、报备企业、新三板挂牌企业、晋兴板挂牌企业以及其他优质企业纳入上市挂牌后备企业资源库，确立梯队管理制度，实现上市挂牌后备企业科学化管理。落实直接融资奖励办法，降低企业上市融资成本，调动企业上市积极性。2019年共奖励28家企业总计1090万元，其中争取省级奖励490万元，居全省各市首位。企业通过直接融资方式，融资额达726.64亿元，资本市场融资总额占全省48%。“新三板”挂牌企业54家，“晋兴板”挂牌企业88家，新增4家企业在山西证监局报备。（杨　肖）

市金融办组织干部职工参加“健步行”活动　（市金融办供图）

【政府性融资担保】 2019年，太原市金融办聚焦发挥政府性融资担保增信作用，出台《关于推进政府性融资担保机构有效发挥作用的实施意见》，明确整合现有资源，组建市级政府性融资担保公司，配套建立资本金补充机制、风险补偿机制、风险分担机制、担保费率补贴机制，对接国家融资担保基金、省融资再担保集团，激发政府性融资担保公司活力，发挥政府性融资担保机构的准公共作用，弥补市场不足，降低担保服务门槛，着力缓解小微企业、“三农”融资难融资贵，支持发展战略性新兴产业，促进大众创业、万众创新。指导组建太原市融资担保行业协会，支持和促进融资担保行业持续健康发展。

（杨　肖）

【优化金融环境】 2019年，太原市金融办加强同金融监管部门协作，建立金融运行分析会制度，会同人行太原中心支行、山西银保监局和山西证监局，定期对金融发展情况进行分析，实时把握金融经济发展动态，为金融政策制定提供依据，促进金融更好地服务实体经济发展。逐一走访调研各大型金融机构，建立协同机制，向各金融机构推荐重点项目、重点企业，引导驻并大型金融机构加大支持力度，引导金融资源向战略产业聚集。发展壮大地方金融机构。7月18日，晋商银行股份有限公司在香港联合交易所主板挂牌，成为山西省本土首家上市银行。晋商银行发行价3.82港元，募集资金净额31.70亿港元，市值219亿港元，在地方金融发展史上具有重要里程碑意义。（杨　肖）

【防范处置非法集资】2019年，太原市金融办做好机构改革后处非职能的接收工作，调整处非办成员单位，细化职责分工，健全工作制度，实施绩效管理。全市新发案件数量、受损人数、涉案金额同比均有明显下降。抓好重点案件处置，完成E某案集资参与人信息核实登记。协助完成一批跨省案件信息核实工作。开展风险排查整治活动，依法处置风险隐患机构。充分利用主流媒体和网络平台、公交移动传媒、楼宇广告等新媒体实现宣传教育全覆盖。（杨 肖）

【地方金融机构管理】2019年，太原市金融办开展小额贷款公司评级工作，制定小额贷款公司变更管理流程和退出办法，开展不良贷款调研，规范小贷公司管理。开展典当行年审工作。开展融资担保机构自查整改工作。实行地方类金融机构经营数据月报和季报制度，加大日常监管。清理整顿地方交易场所工作，处置僵尸交易场所。（杨 肖）

【农信社改制化险】2019年，太原市金融办指导城区联社大力清收不良贷款。协助开展老股金处置、房地确权、引资募股等工作，推动农信社改制化险尽快破题。（杨 肖）

【脱贫攻坚和乡村振兴】2019年，太原市金融办强化与市脱贫办、金融监管部门沟通协调，定期召开工作推进会统筹部署，多次开展实地走访，切实做到年初有计划、年中有督促、年底有总结，推进扶贫小额信贷工作高质量开展。扶贫小额信贷发放2980.60万元，完成目标任务2240万元的133.06%。阳曲县发放1238万元，涉及249户，完成任务1040万元的119.04%；娄烦县发放1742.60万元，涉及370户，完成任务1200万元的145.22%，超额完成扶贫小额信贷任务。

聚焦乡村振兴战略，与市农业农村局联合出台《关于金融服务乡村振兴的指导意见》，引导金融机构逐步建立金融服务乡村振兴的政策体系、市场体系、组织体系、产品体系，把更多金融资源配置到全市农村的重点行业、重点领域和薄弱环节，为全市乡村振兴提供多样化、多层次、全业态金融服务，推动城乡一体发展。有序推进娄烦县、阳曲县特色农产品目标价格保险工作，为乡村振兴注入新动能。娄烦县共开展马铃薯目标价格保险共计378.23公顷，保费110.82万元。阳曲县玉米目标价格保险投保玉米种植面积12386.67公顷，总保费213.66万元。（杨 肖）

保险业

·中国人寿保险山西省分公司·

【概况】2019年，中国人寿保险股份有限公司山西省分公司全辖机构总数达622个，其中，省级分公司1个，市级分公司机构11个，县级公司机构128个（包含县级营业部），其他营业网点482个，全省系统共有合同制员工4210名，劳务派遣制员工230名。

经营绩效晋升2A。全面超额达成总公司下达的各项关键预算指标。其中，首年标保目标圆满达成，保费收入14.82亿元，完成预算的104.04%。临汾、运城、太原、晋中、吕梁、大同、阳泉分公司超额完成标保预算目标。个险销售队伍综合目标超额达成，其中，月均长险举绩、季均有效人力指标分别完成预算的115.40%、113.40%。太原、大同、吕梁、忻州分公司超额完成个险销售队伍综合目标。

价值增长全国领先。首年标准保费同比增长41.71%，增长率排名全国系统第9位，保障型业务增长率排名全国系统第8位；保障型产品件均保费3187元，同比提升16.10%；大短险快速增长，个险、银保渠道分别增长61.28%和63%，增速分别排全国第3、第6位。掌上保险保费收入1.28亿元，同比增长128%，首次突破亿元大关。长期险首年创费创佣同比增长29.23%；短期险创费2.16亿元，较上年增加7900万元，创费率为27.77%，高于全国系统平均水平。

市场对标强势主导。总保费市场份额达30.24%，较上年同期提升0.86个百分点，领先主要竞争对手15.25个百分点。强势夺回个险“双领先”，个险首年折标期交保费比值较上年提升0.62，达到1.57；销售人力对标比值较上年提升0.56，达到1.37。晋中、运城、长治分公司成功逆转实现“双领先”。

队伍质态明显改善。个险渠道持证人力55301人，其中，月均长险举绩人力20666人，同比增长40.63%；季均有效人力31047人，同比增长36.58%。收展队伍月均长险举绩人力5448人，季均有效人力8191人，同比增长80%以上。团险渠道季均有效人力达到1368人，同比增长6.90%。银保渠道客户经理月均持证人力1076人，月均举绩人力达317人。（宋向阳）

【变革转型】2019年，中国人寿山西分公司“三定”改革有力有序。全面重构组织体系，严格按照总公司标准，对省、市、县三级公司进行部门设置，市、县公司班子配置与分工职责进行调整优化。精心构建“一体多元”发展布局，着力强化前台尤其是个险人力配置，大个险板块人员较“三定”前增加168人，其中市公司增加60人，县公司增加105人。积极稳妥推进收展、保险规划师、电销等销售队伍融合，大个险销售队伍得到充实强化。

机制变革积极推进。制定干部管理基本法，重点破解“能下”课题，明确退出领导岗位的44种情形，夯实考核制度基础。坚持政治为先、业绩至上，选优配强市级领导班子，调整4家市分公司主要负责人，提拔任用省公司部门、市公司班子级人员共27名。注重干部年轻化和人才梯队建设，提聘2

名80后年轻干部进入市公司班子，严格筛选282人纳入总公司“2551工程”，精心选拔“2551工程”交流挂职16人，年轻后备干部人才库初步形成。坚持市场化导向，实施市级分公司业务总监管理办法，全面推行干部试用期制度，开展省公司本部高级主管/主管差额竞聘。

销售转型落地深耕。基础管理水平持续提升，大个险月均三晋达率59%，月均绝对参会率达45.17%，日均刷脸人力由年初13897人提升到23397人，月度参会率60%以上人力达28917人，月度日均8分人力达22110人。职场晋星效果显著，二星级以上职场较年初增长217个，数量占比提升25.30个百分点；新晋级组经理2901个，处经理213个，区域总监7个；公司直投职场建设费用5600万元，增强主管自主经营的热情。培训支持得到加强，充实培训条线员工129人；研发新人育成制式培训10班，培训4700多新人；主管培训实现全覆盖，培训超过8000人次。（宋向阳）

【服务转型综改】2019年，中国人寿山西分公司紧紧围绕山西省转型综改示范区建设搞好服务。大力引导国寿资金入晋，投资额度新增57亿元，累计达到272.44亿元。践行健康山西战略，大病保险承保全省11个市1396.54万人，全年累计为44.08万人次支付大病赔款13.37亿元。成功中标临汾长期护理保险业务，成为全省首个商保承办长期护理保险业务。大力保障三晋人民美好生活，累计为全省128.16万短期险客户和270.96万个人客户提供约12万亿元的风险保障，为111.26万客户提供31.44亿元的生存给付利益。（宋向阳）

【综合化经营】2019年，中国人寿山西分公司牢固树立“一个国寿”理念，大力发挥综合化经营的主力作用，寿代产、寿代养老分别达到4.20亿元和26.50亿元，推荐广发银行联名卡1.44万张，网销新单保费收入达到1.34亿元。积极担负更多的支撑国寿发展的责任，保持对全国较高的保费贡献度，总保费收入182.11亿元，同比增长4.89%，总量位居全国第10位，比山西省GDP排名靠前14位；其中，首年期交、十年期、保障型等主要业务指标总量均位居全国系统第10—13位，远高于GDP排名。（宋向阳）

【运营服务】2019年，中国人寿山西分公司服务供给质量提升。创新理赔服务模式，推出理赔探视特色服务及“重疾一日赔”服务，累计完成理赔住院客户探视达5399人次；着力缩短服务时效，全省理赔申请支付时效达到1.11天，较上年缩短0.57天；理赔出险支付时效达到46.60天，较上年缩短32.10天；小额理赔平均索赔支付周期达到0.10天以内。

科技驱动效果提升。无纸化投保出单率达99.93%，较上一年度提升8.04%，排名全国第二位。个人长险智能审核通过率为92.33%，较上年提升5.10%。持续推广互联网应用，线上获客达128万人，同比增长99%，掌上保险出单超过80万件；新开发自有系统24个，自有系统累计登陆超过7.60万人次。积极开展数字化职场建设，为839个职场铺设网络，增加智能设备1012台套。

销售与运营融合度提升。推行积极的核保政策，不断推广核保e化工具的使用；开展“送资源进职场”活动，成功承办集团客户节，举办双70星级客户服务活动，客户经营成效显著，新增长险客户同比增长25.24%，多保单客户持续增长，VIP客户服务平台累计登陆超过8万人次。（宋向阳）

【风险防控】2019年，中国人寿山西分公司有效消除风险隐患。顺应强监管深监管新形势，切实增强风控自觉，认真组织中介市场乱象整治、巩固治乱象成果，促进合规建设、侵害消费者权益乱象排查等专项工作，全年未发生一起行政处罚、无一起违规案件；3起遗留司法案件全部在山西银保监局办结。

下沉风控力量。在省市县三级公司设立284名风控联系人、160名基层监督员，在销售职场设立674名风控联络员，制定相应的履职清单及绩效考评标准，基层风险防控能力得到加强。

整合监督资源。建立风控独立检查队伍，聘任专职检查员10名，兼职检查员14名。全面落实反洗钱监管新规，省公司及所辖10家市级分公司全部获得人民银行A类以上评级，反洗钱工作得到上级单位充分肯定。（宋向阳）

·中国人民财产保险山西省分公司·

【概况】2019年，中国人保财险山西省分公司为省内企业提供风险保障9763亿元，在司团体客户数量5.27万个，其中国家级重点客户16个、省级重点客户12个。围绕服务乡村振兴战略，聚焦全省脱贫攻坚，持续完善农业保险服务体系；开办地方特色农业保险产品73个，为全省近72.99万户建档立卡群众提供120亿元风险保障，促进保险助力扶贫攻坚的影响力不断提升；围绕增进民生福祉，承办11个地市城乡居民大病保险，覆盖全省1207万城乡居民人口，累计已为27万人次参保群众赔付12亿元。推广价格、期货、光伏、救助、农村小额意外等政府关心、百姓关注的民生保险，受益群众超过120万人次。

同年，山西分公司累计为全省提供各类风险保障金额8.19万亿元，处理各类赔案173.36万件，支付赔款54.50亿元，共计缴纳税金7.59亿元。（宋向阳）

【服务实体经济】2019年，中国人保财险山西省分公司与省内政府机关部门和重要企事业单位建立良好的合作关系。全年开展政企互动2156次，实现互动成果285个。

创新供给实力持续增强。支持实体经济，服务民生改善，推动融资增信，

为民营企业提供1323亿元风险保障，产业保险保费规模同比增长20.60%，得到省委、省政府领导批示肯定。
（宋向阳）

【服务乡村振兴】 2019年，中国人保财险山西省分公司开发地方特色农险产品73个，吕梁交口、临县食用菌保险，忻州偏关“谷子一揽子”保险，大同黄花目标价格指数保险，阳泉脱贫收入补偿保险等。创新发展“保险+期货”，在12个县开展玉米和苹果期货价格保险。全省范围共建三农营销服务部102个，服务网络遍及全省11个地市，协保员7718名。
（宋向阳）

【升级大病保险】 2019年，中国人保财险山西省分公司构建“基本医疗+大病保险+社保医疗保险”的一体化经营格局。承保11市56县：城乡居民大病保险、城镇职工大病保险、城镇职工补充医疗保险、城镇职工基本医疗意外伤害保险、城乡居民基本医疗意外伤害保险、农村建档立卡贫困人口补充医疗保险、农村建档立卡贫困人口“136兜底”保障保险、山西省“罕见病”专项救助经办业务。

社保业务健康险专项系统实现与各市医保系统联网对接和参保人群的“一站式”结算。大病保险覆盖11市56县，参保居民1223万户，提供风险保障5.60万亿元，支付赔款15.07亿元，受益人次96万人次。
（宋向阳）

【创新责任保险】 2019年，中国人保财险山西省分公司深入推进“保险+风控+科技”“保全+救助”“保险+服务+科技”等创新模式，开发ERA环境风险评估系统，试点校园预警风险管理系统，大力发展环境污染责任险、安责险、医责险、校责险，加快发展首台套综合保险、新材料保险、专利保险，积极推进综治保险、巨灾保险、电梯保险，创新拓展关税保证保险、司法类保险。扶贫救助保险覆盖全省49个县。“忻保障”模式落地忻州，为贫困人口提供保障2亿元。新领域、新险种包括关税保证保险、履约保证保险、司法赔偿保险、家政扶贫保险。
（宋向阳）

【二青会独家赞助】 2019年，中国人民保险以雄厚实力和卓越品牌成为第二届全国青年运动会唯一保险合作伙伴，为赛事提供专业化、一站式、全流程的“一揽子保险”保障，总价值165亿元。共投入服务人员1000余人，服务用车700余辆，构建“全天候”的服务网络。赛事期间，共接报案122件，其中，车险报案45件、人伤报案76件、故障车救援1件，为二青盛会成功举办提供坚强的保障。中国人民保险凭借网络、服务、人才、产品、技术等优势，践行“人民保险，服务人民”的光荣使命，展示出“中国人民保险”这块金字招牌的品质和内涵，得到政府、大众的认可，获得“二青会组织筹办工作特别贡献奖”荣誉。
（宋向阳）

【客户服务】 2019年，中国人保财险山西省分公司坚持以客户为中心，强化科技赋能，优化客户接触平台，推进“网上化”“掌上办”“一站式”。在11市35县开通车驾管，设立网点57个、提供5项服务，累计服务超25000人次，增值服务项目11个，全年领取数量超12万人次。

通过上线“车主惠”、设立“车主服务中心”“家自车救援中心”，延伸服务触角构建理赔“全天候”服务模式，设立“心服务”站点91个，累计服务客户8515人次。

推动落实数字化战略，将传统服务模式与互联网科技变革有机融合，加强线上线下互联互动，持续丰富服务内涵、持续完善服务流程、持续增强客户黏性，线上赋能、线下承载，充分应用推广移动互联平台，推进“警保联动”“车驾管”“两站两员”“心服务”等高质量服务深度覆盖，促进队伍融合、信息融合、管理融合，实现客户体验不断提升。
（宋向阳）

·中国太平洋人寿保险山西分公司·

【概况】 2019年，太平洋寿险山西分公司累计实现保费收入90.26亿元，占山西省保险市场的14.40%，位居第二位，在系统内排名第六位。持续推动协同发展，寿销车业务总量稳步提升，保费总量31895万元，同比增幅17.10%；代理健康险持续增长，实现保费7736万元，同比增幅123.60%。处理各类赔案4.83万件，累计给付理赔金5.36亿元，理赔数额大幅增长。
（宋向阳）

【个人业务】 业务规模排名稳定。截至2019年12月底，标准保费达成79.50亿，系统排名第7位；个人业务新保期缴12.70亿，系统排名第7位，标保及新保规模系统内排名保持稳定。

核心队伍产能提升。截至12月31日，太平洋寿险山西分公司月均健康人数、绩优人数排名全司第五，四个月连续健康人数全司排名第四。2019年月均件均保费较上年同比提升16%。

创新客户经营活动。在推动总公司“保障升级”“一生相伴”“客户俱乐部”等日常客户经营活动的同时，开展分公司特色的季度、月度客户主题活动，借助公司“太保蓝本”“太保家园”“视频医生卡”等有温度的太保服务，获得广大客户的欢迎和认同。
（宋向阳）

【团体业务】 2019年，太平洋寿险山西分公司团体业务聚焦重点市场、重点渠道的重点业务，推动短险、长险业务稳步发展，全面提升经营效能。截至12月31日，累计实现新保营收24919万元，年度达成率95%，同比增长9.90%；一线承保利润目标年度达成率101%，完成年度规划目标。

农信安贷宝业务逆势上扬，达成保

中国太保寿险山西分公司开展客户服务活动　（太保寿险山西分公司供图）

费8214万元，连续三年保持强势增长的良好态势；条线员福、出行类短期险业务同样稳中有升，规模占比达到23%，业务结构得到优化。坚持推动“五个一”工程，分支紧密衔接，稳定业务推进；通过系统优化，提升合作效能，在农信、晋商等渠道，积极沟通线上作业模式，塑型场景销售。积极开拓创新，谋求业务增量，提升整体规模。积极开辟新的业务路径；创新渠道特训营，实现个人长险简单产品批量销售。

优化业务结构，提升产品价值，把握两道防线，从销售前端把控业务品质，开利源、止亏损；优化资源配置，通过加强成本管控，实现降成本，增利润。

紧跟政策导向，公司上下不懈推动，成功中标临汾长护保险项目，取得山西医保业务重大突破。长护服务范围为蒲县、翼城、吉县，共计服务人数10.29万，保费规模513.05万元。

在渠道方面，积极促进资源协同。例如：搭建中燃省级平台，推动BBE、BBC项目落地；与山西农信共建“安贷宝+”综合保险保障体系。在集团内部，不断实现联动协同。2019年协同长江养老中标山西省职业年金项目，成功取得受托人、投资管理人资格，项目份额为8.75%，保费规模10.67亿元。在公司内部，团个协同初见成效。通过运作“开门红客户经营”“协同聚价值、访量提效能”“幸福家庭天使计划”“年末客户经营活动”等项目，全年团个协同长险转化客户数持续提升，圆满达成总公司下达目标。（宋向阳）

【新技术应用】2019年，太平洋寿险山西分公司新技术应用优化作业模式，提升客户体验。保险金实时到账。个人客户的教育金、养老金、贷款、理赔金审核完成后，实时支付到客户银行账户。客户俱乐部健康态服务。问医生、优选体检、铂金尊享体检、钻石尊享体检、健康测评、去挂号、约专家、专家说、住院手术安排、康复建议等涵盖预防、就诊、康复的全方位健康医疗服务。客户俱乐部太保蓝本服务。为符合条件的客户提供日常预防、就医问诊、康复关怀全方位健康医疗服务，包含重疾绿通服务和医疗特权服务。重疾绿通服务是针对加入“太保蓝本·重疾绿通”服务计划的所有会员提供的相关医疗协助服务，含重疾专家预约、重疾专家病房、重疾专家手术、120急救补贴等4项服务；医疗特权服务是为符合条件客户提供的覆盖诊前、诊中、诊后的医疗协助服务，包括健康咨询、专家预约、陪诊服务、专家病房、专家手术、二次诊疗、海外就医协助、多学科会诊MDT、120急救补贴等九个项目。“智学院”是太平洋寿险自主开发搭建的智能培训平台，旨在通过人工智能，赋能人才建设和队伍培训，有效提升内外勤人员的专业知识与服务技能，树立合规经营的法律意识。作为现有手机端培训平台的补充，可有效加强培训效果的管控。“智云保”基于智能手机实现“微信社交+人工智能”远程展业模式。业务员通过微信将手机神太录单信息分享给客户，客户使用微信打开链接，通过人脸认证确认身份，完成投保信息确认和签字。“智云保”突破时间、空间的制约，从根本上解决投保人为身处异地的被保险人远程投保的难题。“太e赔”是中国太平洋人寿保险股份有限公司在理赔理念、理赔模式等方面的挑战性变革。通过“太e赔”自助申请理赔的客户，减免递交纸质材料的烦琐，实现理赔申请的无纸化。“太e赔”基于智能化、集约化、无纸化的作业模式下，客户通过移动端对理赔全流程透明可查，赔付信息均在客户移动端主动推送，给保险客户带来极速、极简、有温度的理赔体验。2019年对“太e赔”进行升级，服务范围增加学生险等，使更多的客户得到快捷的服务。开发“太慧赔”微信小程序，客户可以利用微信小程序轻而简的特性，实现无须下载App即满足客户及时申请理赔的诉求，为客户提供更为便捷的理赔服务。为规范调查作业流程，加强调查作业管理，提升业务品质，提高防范风险，实现分支机构调查人员资源共享，减少中间环节，弥合信息上的不对等，让调查人员在一个更大的平台上作业，减少因环境、信息闭塞而造成的风险管理漏洞。研发“云调查”移动作业系统，运用人脸识别、GPS定位、移动双录、视频互动等新技术，革新调查作业模式，再造调查作业流程，改变调查作业生态，人防与技防相结合支持各类调查和突发公共事件应急处置移动作业及服务工作，提升调查效率，防控作业风险，降低作业成本，提升客

户体验。 （宋向阳）

【风险防范】 2019年，山西分公司响应集团转型2.0要求，以“风控能力最强”为指引，以“一守三全”为合规经营目标，在山西分公司“合规重中之重、发展坚定不移、改革稳步推进”经营指导思想下，以“聚价值、强协同、提效能”为要求，压实一道防线主体责任，提升二道防线专业技能，强内控、防风险，全力完善风险防控体系，全面提升防范化解重大风险的能力，圆满实现年度合规内控责任目标，为公司构建“行业健康稳定发展的引领者”保驾护航。

山西分公司以“乱象整治”“四反一防范”工作开展为抓手，持续推进条线负责制，开展“保险中介乱象整治”“违规销售非保险类金融产品专项排查”“侵害消费者权益乱象整治”“全面风险排查”“非法集资风险排查”、反洗钱、反欺诈、反舞弊等专项治理活动；加强对营业场所风险管控，积极开展宣传与警示，强化一、二道防线全防全控、联防联控、重防重控，深入推进案件防控与处置，控制风险，预防风险，全年未发生风险案件。 （宋向阳）

·中国太平洋财产保险山西分公司·

【概况】 2019年，中国太平洋财产保险股份有限公司山西分公司（简称太平洋保险山西分公司）下设11家中心支公司，81家支公司，职工人数共计1169人。

实现保费收入20.14亿元，增速25.33%，超行业15.68百分点，市场份额8%，同比提升1百分点，市场排名第三。三大条线发展表现突出，均实现快速增长且大幅领先市场业。车险保费收入15亿元，增速14.16%，领先行业11.59百分点，市场份额8.74%，提升0.89百分点；非车险保费收入4.13亿元，增速83.25%，领先行业53.35百分点，市场份额6.02%，提升1.75百分点，规模升至行业第三；农险保费1.01亿元，增速49.34%，领先行业27.35百分点，市场份额8.83%，提升1.62百分点。综合成本率96.87%，同比下降1.96个百分点，发展效益均取得新成效。

同年，获得“山西省金融系统优质服务标兵岗”“山西省最具竞争力的保险公司”、山西省保险公司经营指标评价A类机构第一名、集团“海洋之星”先进集体称号，再度获得总公司车意险理赔管理优秀分公司称号，连续第三年获得山西省“年度最信赖的财险公司”，连续第三次获得“山西省行业服务质量评价第一”。 （宋向阳）

【经营改革】 2019年，太平洋产险山西分公司全省上下按照银保监局、省保险行业协会的要求，“对标一流、看齐先进”，全体干部员工团结协作，扎实奋进，攻城拔寨，攻坚克难，取得发展速度持续加快、经营成本优于行业、业务结构不断优化、基础管理逐步夯实的良好业绩，在高质量发展道路上迈出坚实步伐。

太平洋产险山西分公司在巩固车险渠道优势同时，高度重视存量管理，提升客户信息真实度。深入推动和落实非车险“强基工程、火炬计划、燎原行动”三大举措，非车险实现跨跃发展，险种增量结构发生根本性变化。大力推进农险业务发展，加大政策性农险的承保和投入。 （宋向阳）

【内部管控】 2019年，太平洋产险山西分公司持续夯实基础，坚持合规经营，加强风险控制，持续稳定健康发展，是公司取得“双优”发展的坚实基础。加强公司外部经营和内部管理工作，通过夯实各项规章制度的贯彻和落实，提升管理水平，向管理要效益，以管理促发展，通过一系列内控措施促进团队的稳定，强化风险可控，实现降本增效，提质增速。 （宋向阳）

【服务创新】 2019年，太平洋产险山西分公司加大创新服务举措，提升业务质量，增强服务意识，争当服务先锋，转变工作作风，创新服务方式。通过不断完善各项客户服务制度，取得广大客户对保险公司的信任和支持。（宋向阳）

·中国平安人寿保险山西分公司·

【概况】 2019年，中国平安人寿保险股份有限公司山西分公司下辖太原本部12个营业区、10个地市三级机构和54

2019年10月，平安人寿山西分公司开展党员活动（平安人寿山西分公司供图）

2019 年 10 月，平安人寿山西分公司开展平安有约健康行活动

（平安人寿山西分公司供图）

个县域四级机构。2019 年，分公司紧跟总公司经营节奏，整体实现健康发展，分公司累计实现总保费收入 79.11 亿元，同比增长 11.70%，其中个人代理保费 64.80 亿元，同比增长 9%，银行代理渠道年累计实现保费收入 5.80 亿元，同比增长 44.90%。针对保险市场的多元化渠道销售，分公司积极发展直销业务，直销业务累计实现保费收入 8.50 亿元，同比增长 15.30%。截至 2019 年末，营销员人数 19759 人，保持稳定发展。

（宋向阳）

【社会经济贡献】 2019 年，平安人寿山西分公司累计为近 183.10 万客户提供 11578.60 亿元的保险保障；分公司赔款（给付）累计金额 78025.18 万元，其中赔款 3448 万元，满期给付累计达到 29535.65 万元，死伤医疗给付累计达到 36381.09 万元，年金给付 8660.44 万元。赔款支出方面，其中意外险为 2074.12 万元，短期健康险为 1373.88 万元，短期健康险简单赔付率为 20.70%，为广大人民群众送去充足的保险保障，充分发挥出保险的风险保障功能和损失补偿功能。（宋向阳）

【综合开拓业务】 2019 年，平安人寿山西分公司综合开拓业务利用集团综拓多元化产品，助力队伍无压力获客，先服务后销售，实现从用户到客户“双圈双户”经营模式的转化和再升级。个销产及个销养业务有序推动，其中个销产（受太原本部停业影响）保费同比下降 3.20%，累计达成 80828 万；个销养保费同比增长 13.90%，累计达成 13148 万。（宋向阳）

【日常服务】 2019 年，平安人寿山西分公司推动“智慧客服”服务，依托生物认证、大数据、人机交互和远程视频等技术，客户通过金管家 App 等移动入口，即可随时随地办理理赔申请和保单信息确认等传统需要到柜面亲办的保险业务，90% 以上的业务客户足不出户自助完成。智慧核心能力覆盖从业务申请到智能推荐全流程，极大方便客户业务办理，提升客户体验。

围绕阅读、健康主题开展各类加值服务，打造广覆盖、高互动、好口碑的服务，活跃与回馈大众客户。

开设亲访、电话、信函、金管家 App 等多种投诉渠道，并通过官方微信公众号、各营业场所公布投诉处理流程，便于客户咨询、投诉。对受理的各类投诉案件，及时妥善处理，全力化解客户纠纷。（宋向阳）

【理赔服务】 2019 年，平安人寿山西分公司坚持为客户提供“简单便捷、友善安心”的理赔服务，重点从服务时效和服务品质两方面做好理赔服务，开展爱心文化建设，履行企业社会责任，及时响应各类重特大事故、公众事故、高额意外医疗事故，为事故中的出险客户提供慰问关爱和及时便捷的理赔服务，用实际行动兑现保险承诺。

截至 2019 年底，理赔 E 化覆盖全省近 97% 的案件，线上电子签名占比超 80%，客户足不出户即可申请理赔，理赔速度得到大幅提升。闪赔服务客户 17000 余人次，赔付金额 3227 万余元，最快理赔速度 2.30 分钟。全年理赔案件 54198 件，赔付金额 4.20 亿余元，豁免保费 1 亿余元，理赔最高金额 314 万元，理赔客户服务满意度 94.60%。

（宋向阳）

【风险防范】 2019 年，平安人寿山西分公司围绕合规风险属地管理原则，结合平安人寿山西分公司实际情况，认真开展各项基础性合规工作，配合监管机关及总公司的各项法律合规事宜。

全年共计开展 5 项项目性专题宣传活动（防非宣传月、反洗钱宣传月、扫黑除恶专题宣传、廉政教育专题宣传、正风肃纪专题宣传）；廉政教育专项宣导 12 次；推进合规文化长效宣导机制——专题合规晨会（42 期）及合规在线月刊（12 期）。开展违规销售非保险金融产品自查工作，共发现违规代销的风险线索 11 例。开展保险中介市场乱象整治工作，山西分公司共涉及违规代理人 52 人，涉及保费金额 208.32 万元，涉及佣金金额 27.55 万元。分公司对违规的 52 名代理人 100% 予以追责，同时追究上级主管人员管理责任，同时追回损失 38.39 亿元。开展巩固乱象整治工作，打好防范化解金融风险攻坚战，严厉打击违法违规行为，规范保险市场秩序。（宋向阳）

交通运输

Traffic and Transportation

交通运输管理

【概况】 2019年，太原市交通运输局坚持以习近平新时代中国特色社会主义思想为指导，全面贯彻落实中共十九大、十九届四中全会精神和省委十一届九次全会、市委十一届七次全会精神，坚持以政治建设为统领，围绕建设交通强国使命任务，全力推动省城交通运输事业实现高质量发展。全市交通运输固定资产投资完成23.70亿元，全市规模以上交通运输仓储和邮政业营业收入214.54亿元，全市道路运输完成旅客发送量601万人次，完成货运量1.79亿吨（据测算统计）；水路运输完成客运量7.85万人次，城市公交运营里程1.04亿千米，收费客运量达3.16亿人次；客运出租营运里程6.66亿千米，总客运量1.50亿人次，交通运输服务全市经济社会发展的水平和能力全面提升。

（弓晋芳）

【现代综合交通运输体系】 2019年，太原市交通运输局着眼建设交通强国战略目标，践行中部盆地城市群一体化发展战略，以太原现代综合交通运输发展规划研究为引领，以重点交通基础设施建设为依托，全面推进国家交通运输枢纽构建，为省城核心竞争力和首位度、知名度的提升贡献交通力量。

规划研究成果。由同济大学中国交通研究院课题组领衔的《太原市现代综合交通运输体系发展战略规划研究（2018—2035年）》总课题及3个专项课题于11月30日顺利通过专家评审。邀请交通运输部规划院开展《太原市域国省干线公路优化调整规划研究》编制工作并形成初步成果。为太原市未来交通运输事业发展提供强有力的战略支撑，也为深度融入“一带一路”、京津冀一体化、雄安新区、环渤海经济带等国家发展战略，助力省城率先发展，完善改革开放空间布局、打造强劲活跃增长极，全面提升核心竞争力提供有力的规划引领支撑。

重点基础设施建设。2019年5月，太原西北二环高速公路项目经交通运输部正式批准纳入“国高网”，经交通运输部两次评审和3次实地评估，交通运输部于11月29日正式出具评审意见和资金承诺函，由此可获得中央车购税补助资金60.80亿元，省发改委主任办公会研究批准太原西北二环高速公路项目工可报告。市交通运输局组织协同市发改、财政等相关部门完成“两评一案”、社会投资人招标等前期工作，为项目年内开工建设奠定坚实基础。按照市委、市政府统一部署和安排，于12月底举行开工奠基仪式。汽车客运东南站主体工程已完成，累计完成投资3.98亿元。

特色路网工程。西山旅游公路暨自行车赛道项目于2019年4月底全面竣工，完成建设里程136.38千米，完成投资6.30亿元（含绿化工程），于5月26日圆满承接环太原国际公路自行车赛事任务，受到国际、国内、业内人士和社会各界的广泛好评，被广大市民和网民誉为“彩虹路”。东山旅游公路于2019年11月开工建设。尧城机场周边路网项目于9月底全面完成，为“2019尧城（太原）国际通用航空飞行大会”的举办提供有力的交通支持。

（弓晋芳）

【“公交都市”创建】 2019年，太原市交通运输局着眼验收攻坚目标，全力推进创建工作落实并取得扎实成效，太原市新开公交线路4条，调整延伸公交线路5条，开通大站快车13条、定制公交4条，全市公交线路达209条，公共交通站点500米覆盖率达91.10%；新增公交专用道50余千米，总里程达354.36千米。

（弓晋芳）

【新能源车辆推广】 2019年，太原市1000辆纯电动新能源公交车辆更新步伐不断加快，已交付887辆，其余中标车企按要求抓紧生产，确保年底投运。省体育中心停保场、松庄、柴村、明珠、新城公交场站按期完成建设并投入使用。12月3日，副市长张齐山会同省交

通运输厅领导赴交通运输部进行工作汇报，得到交通运输部的充分肯定，同意将太原市纳入评审范围。（弓晋芳）

【出租汽车行业改革】 2019年，太原市交通运输局积极创新管理服务方式，起草完成《太原市城六区现有巡游出租汽车经营许可工作方案》《太原市巡游出租汽车委托经营管理暂行规定（试行）》《太原市城六区巡游出租汽车经营协议》等6个配套方案及文本，并组织研究论证。网约车合规化进程不断加快，截至年底共计许可网约车平台企业15家，经考试合格向从业人员发放《网络预约出租汽车驾驶员证》9601本，向审验合格车辆发放《网络预约出租汽车运输证》6155本。（弓晋芳）

【道路运输保障】 2019年，太原市交通运输局圆满完成二青会交通运输保障任务，共调度各类车辆8748台，运输保障20459台次，累计运输保障442683人次，为34个代表团844名嘉宾，1151支运动队20415名领队、技术官员、裁判员、教练员、运动员、工作人员和1600余名媒体记者提供一流交通保障。完成2019年省农博会、2019年尧城国际通用航空飞行大会、2019国际马拉松比赛和2019年太原能源低碳发展论坛等省市赋予的交通运输服务保障工作，切实为省市各项大型活动的开展提供有力支持。完成“春节”“国庆”等重要节假日、重点时段的运输服务。（弓晋芳）

【深化改革】 2019年，太原市交通运输局重点领域改革稳步推进，按期完成局机关行政机构改革工作，同步推动交通运输综合行政执法体制改革和局属事业单位改革，3月30日，太原市交通运输综合行政执法队正式挂牌，按照市委改革工作统一安排部署，结合三定方案实施人员划转，全面迈向“一队三中心”改革目标。“放管服效”改革不断深化。继续深化“放管服效”改革，加大“简政放权”力度，认真梳理和编制227项行政职权事项和13项公共服务事项清单，承接3项审批事项，取消1项。（弓晋芳）

【文明交通综合治理】 2019年，太原市交通运输局以创建全国文明城市为牵引，持续开展“礼让斑马线，让出生命线”、微笑服务、规范窗口言行等活动。严厉打击非法营运，全年查扣非法营运车辆711台次，查处违章出租车3054台次，有力维护市场秩序。下大力组织开展共享单车联合执法行动，对拒不整改的ofo小黄车开出首张罚单，陆续清理归集共享单车97174辆，规整摆放车辆533656辆，取得明显成效，为全国共享单车管理提供“太原模式”。（弓晋芳）

【行业信息化发展】 2019年，太原市公交一卡通系统上线运营，实现全国互联互通，开通太原公交App、支付宝扫码乘车及银联云闪付等移动支付方式，市民乘车更加便捷。公交服务市民出行能力进一步提升；建成网络预约出租汽车建管平台，启动巡游车驾驶员人脸识别、服务在线评价系统。（弓晋芳）

【绿色交通发展】 2019年，太原市交通运输局把污染防控工作落实到全行业、覆盖到全领域。严密组织柴油货车和散装物料车联合执法行动。全年检查劝返车辆数14389辆，处罚金额1170000元。连续实施两批土路扬尘污染治理项目共189项165.40千米，有效遏制城乡接合部路面扬尘问题。（弓晋芳）

【安全生产和道路治超】 2019年，太原市交通运输局积极践行国家总体安全观，着眼当前安全生产面临的严峻形势，深刻吸取江苏响水、内蒙古银漫、山西乡宁、平遥等重特大安全事故教训，根据省、市安全风险防范化解和安全生产工作电视电话会议安排部署，狠抓《地方党政领导干部安全生产责任制规定》的贯彻落实，逐级压实安全生产责任；认真开展安全生产教育警示，常态化组织行业系统、企业负责人现场聆听省、市安全生产视频会，打牢各级各类人员安全生产思想基础。围绕“三个专项行动”，严格按照“一岗双责”和“三必管”的工作原则，在全系统实行“横向到边、纵向到底”的风险防范化解和安全生产工作机制。大力推动“两客一危”车辆加装智能视频监控报警系统，安装比例达91.79%；加强交通领域建设工程质量安全管控，巡察在建项目16次，现场整改问题65项，下发公路工程质量安全意见通知书16份；相继更换、新增水上救生、安全器具77件，改造岸基设施31米，全面提升公路、水路安全事故防范水平。大力加强安全监督管理，共组织一线督导检查70余次，发现并整改问题隐患68处，累计通报批评和

2019年3月30日，太原市交通运输综合行政执法队正式挂牌成立（市交通运输局供图）

2019年6月7日至8日，太原市出租汽车驾驶员积极投身“爱心送考生”活动
（市交通运输局供图）

经济处罚20人，保持全系统狠抓严抓安全生产的强劲态势，全年未发生一般及以上安全生产责任事故。治超工作成效明显，坚持源头企业监管和路面超限超载治理相结合，强化“路警联合执法”，有效遏制超限超载问题，超限超载率控制在0.20%的目标以内。（弓晋芳）

·公交公司·

【概况】 2019年，太原公交集团公司现有营运车辆3520台，运行线路230条，线路长度3657.83千米，线网长度1148.14千米；全年运营里程11461.14万千米，日均31.40万千米；运营趟次375.78万趟，日均1.03万趟；客运总量3.99亿人次，日均109.42万人次（其中，日均免费乘车14.93万人次，IC卡、二维码等非现金乘车比例85.98%）。公共自行车全年骑行9591.47万人次，日均26.28万人次，最高46.82万人次；日均单车周转6.41次/车，最高11.42次/车；日均免费租99.25%，最高99.60%。（郭志栋）

【市民出行服务】 2019年，太原公交集团公司始终坚持以乘客为中心，持续深化“以人为本、微笑服务”，自觉提高为民服务的政治站位、为社会服务的政治担当，积极改革创新运营服务模式，竭尽全力方便市民出行。

太原公交狠抓落实求突破，努力提升出行体验。日均增加运营里程近1.90万千米，日均增加运营趟次670余趟，显著减低高峰车厢满载，缩短滞站候车时间；实现全国一卡通互联互通，“太原公交”App上线运营，支付宝、银联云闪付等购票乘车，形成城际与城市交通的对接融合，打造多元化支付方式；启用松庄、柴村、新城等公交场站，更新1000辆纯电动公交车，同步优化线网结构，改善市民出行环境。

太原公交主动对标乘客需求，积极改革固有模式，不断提升出行便利。先后开通“K”打头编号大站快车公交，有效串联起主要客流集散点，显著提升乘客出行时效，深受市民欢迎和好评；“D”打头编号网约定制公交，满足个性化定制和点对点直达的出行需求，进一步提升公交服务品质；“S”打头编号社区巴士线路，小巧灵动的公交车辆穿梭于小街小巷，短频短线快速运转，丰富公交线网结构的同时提升市民出行便利；“Y”打头编号的旅游公交线路，同步配合太原市全域旅游产业发展，方便市民及外来游客观光旅游，打造更加舒适的出行环境，切实提升城市形象。

同年，太原市新增摄乐街、省体中心、晋阳大道等站点候车廊54个，更新迎泽街候车廊38个，显著提升候车环境；完成5000辆公共自行车更新工作，有序退出报废车辆，保障市民骑行体验。（郭志栋）

【服务保障任务】 2019年，按照太原市委、市政府和赛会执委会对二青会交通运输服务保障工作的安排部署，太原公交以高度的政治责任感，立足本职、精心组织、勇于担当，确保二青会车辆、人员与任务“三落实”，圆满完成公交服务保障任务。

如期完成省体育中心停保场项目。该项目作为二青会期间执委会各部室保障用房和青运村村委会办公用房，是2019年重点工程项目。该停保场内同步建设就餐中心，在二青会期间日保障5000至8000工作人员就餐。年初开工以来，企业紧盯关键环节、跟踪工程进度，确保项目按时完工，二青会执委会、村委会如期进驻。

高质量完成出行保障。6月3日至8月20日，太原公交积极克服客观困难，累计派车6440台次，服务26万余人次，为赛会提供无差错、无事故、无纠纷交通服务保障，向全社会展示公交的形象和素质。在二青会免费运营期间，各基层单位结合客流需求科学调配运力，并对市区主要线路延时运营一小时，切实保障市民免费出行。

有序完成开幕式人员集散。在开幕式前夕，太原公交修改和完善集散方案，多次现场筹划和推演4万余观众的疏散方案。在有力的现场组织下，开幕式当天720辆保障用车有序进出，安全、快速地完成4万余观众、6000余志愿者、3000余演职人员、2000余工作人员等群体集中与疏散，深受各界好评。

在首届山西省国际通用航空飞行大会期间，太原公交开通市区往返尧城机场的专线，以及数条尧城机场至周边停车点免费接驳专线，有力保障大会秩序。（郭志栋）

【安全生产】 2019年，太原公交集团公司不断强化、细化各环节安全管理和

2019年8月8日，720辆公交保障车辆快速完成二青会疏散任务
（太原公交公司供图）

责任担当，积极开展安全生产专项整治、扫黑除恶专项斗争、消防隐患排查等活动，进一步健全安全生产责任体系。各级单位把安全管理关口前移，通过对安全风险进行全面排查、辨识、分级、建档、标识和管控，强化隐患排查治理工作，努力将事故隐患消除在萌芽状态。在春节、五一、二青会、70周年国庆等重要节假日及重大社会活动期间，太原公交重点开展宣传教育、隐患排查等工作，全面提高安全防范意识，强化应急处置能力，确保企业安全生产形势持续稳定。为进一步强化交通安全，太原公交持续强化安全叮嘱、路检路查、酒精测试、礼让斑马线、警示教育等机制，牢固树立交通安全"红线"意识，及时消除交通安全隐患，防范和化解重大风险，有效杜绝重特大事故，遏制较大事故，减少一般事故和损失。

（郭志栋）

·地铁公司·

【概况】 太原市轨道交通发展有限公司，于2012年5月注册成立，公司性质为"有限责任公司（国有控股）"，注册资金70.83亿元。公司秉承将太原轨道交通"1231"发展战略作为现阶段轨道交通建设运营指导思想，全面履行融资、建设、运营和资源开发"四位一体"职能，控制项目质量安全、投资、进度；负责广告、通信等其他特许经营权的经营；负责轨道交通范围内通讯系统的建设与经营；负责轨道交通项目控制范围内的土地利用与开发，以及轨道交通特许经营、地铁新建线路建设管理、劳务服务、仓储服务、技术服务、技术培训、信息咨询等。

（徐　凯）

【机构设置】 太原市轨道交通发展有限公司领导班子8人。暂定内设18个部门，即：办公室、党群工作部、纪检监察室、人力资源部、战略发展部、审计法务部、财务部、信息管理中心、合约部、规划设计部、总工办、质量安全部、工程管理部、机电设备部、运营管理部、资源开发筹备部、征地拆迁部、投融资部；2个子公司，即：城市更新置业公司、投资公司。

公司机关部门现有人员170人，其中：中层正职管理人员15人，临时副职负责人12人，员工143人。城市更新置业公司暂定编制39人，领导班子一正四副，现有35人（含总经理助理兼执行董事、总经理、法人代表各1人）。

太原市轨道公司有人员总计213人，平均年龄35岁，研究生及以上学历44人，占比20.70%；本科153人，占比71.80%；大专16人，占比7.50%；正高级工程师5人、高级工程师48人、中级职称72人，中高级以上职称人数占比58.70%。

太原市轨道交通线网规划共8条线路，总里程266.30千米；近期规划建设1、2、3号线，总里程93.35千米，建成后城市轨道交通的出行量将达到75.72万人次/天。正在建设的2号线一期工程，总里程23.65千米，计划于2020年年底开通试运营。1号线于2019年12月30日举行开工仪式，总里程28.74千米，计划于2024年底通车。

（徐　凯）

【主要指标完成情况】 2019年，2号线一期工程，土建部分车站及区间主体工程已全部完成，站内二次结构及砌筑工程完成。车站附属工程的出入口及风亭共155个，已完成29个。围护结构完成64个，占比41.30%；控制中心1号楼主体结构已完成13层，2号楼主体结构已完成。车辆段停车列检库、联合检修库、综合楼及培训中心主体结构已完成。机电设备部分基本实现"轨通""电通"；其余21个车站装饰装修工程的管线安装、材料封样等工作正在同步实施。

2019年完成固定资产投资34.23亿元，比上年增长58%。开累完成投资116亿元。

1号线一期工程，编制《太原地铁1号线一期工程开工建设方案》获市政府批准，2019年12月30日举行开工仪式。

（徐　凯）

【轨道线网规划】 太原市轨道交通发展有限公司于2015年8月已经修编完成的太原市轨道交通线网规划总体布局8条线路，总长度266.20千米。其中1至6号线为市区线路，7、8号线为市域线路。

1号线：西起西山矿务局，终至化章街，沿迎泽大街、太行路、马练营路布设，长度35.70千米。

2号线：北起南寨，终至杜家寨，沿新兰路、恒山路、解放路、长治路、人民路布设，长度 32.90 千米。

3 号线：北起柴村，终至东峰，沿和平路、南中环街、晋阳街、中心街布设，长度 32.20 千米。

4 号线：西起客运西站，终至东峰南，沿南内环西街、长风街布设，长度 22.80 千米。

5 号线：西起袁家庄，终至小店客运站，沿兴华街、北大街、五一路、并州南路、坞城路、大运路布设，长度 33.90 千米。

6 号线：是轨道交通远景加密线路，南起化章街东，北至富力城，沿化章街、新晋祠路、文兴路、府西街、府东街、敦化南路、胜利东街布设，长度 36.30 千米。

7 号线：为轨道交通远景市域线路，北起康宁街东，终至清徐县，沿康宁街、滨河西路、迎宾路、G307 国道布设，长度 44.80 千米。

8 号线：是轨道交通远景市域线路，南起三给，终至阳曲县，沿中钢街、大同路、迎新南三巷、G208 国道布设，长度 27.60 千米。（徐　凯）

【在建项目情况】 太原市轨道交通 2 号线一期工程，南起人民南路站，北至西涧河站，沿人民路、长治路、解放路地下敷设，全长 23.65 千米，车站 23 座（其中换乘站 7 座）、25 个区间（3 个明挖，22 个盾构），车辆段 1 座、变电站 2 座、控制中心 1 座。采用 A 型车 6 辆编组，直流 1500 伏架空接触网授流方式，最高运行速度 80 千米 / 小时。概算总投资 208.64 亿元。采用“A+B”PPP 投融资模式，即：A 部分为土建部分（概算总投资约 144.47 亿元），以政府主导，采用自建模式；B 部分为机电设备部分（概算总投资约 64.17 亿元），采用政府与社会资本方合作模式建设。

工程筹划：2015 年 12 月，2 号线一期工程开工建设；2018 年底，实现“洞通”；2019 年底，实现“轨通”“电通”；2020 年 8 月，联调联试；2020 年 9 月，开始试运行；2020 年底开通试运营。

太原市轨道交通 1 号线一期工程，西起西山矿务局站，途径西矿街、迎泽大街、东中环路、北营南路、马练营路，终至武宿机场站，线路全长 28.74km，全部为地下线，共设车站 24 座，其中换乘站 7 座，设西山停车场 1 座，设马练营车辆基地 1 座，设主变电站 2 座，工程投资 223.39 亿元，采用全自动运行 A 型车 6 辆编组，最高运行速度 80 千米 / 小时，采用直流 1500 伏架空接触网授电方式。2019 年 12 月举行开工仪式，省市主要领导出席，计划于 2024 年底建成通车。正进行征地拆迁、绿化迁移、管线迁改、交通疏解等各项前期工作。（徐　凯）

【轨道交通勘察设计】 太原市轨道交通发展有限公司规划设计方面，组织完成 2 号线一期全线 23 座车站主体结构、区间联络通道、附属设施、设备区装修等施工图设计，完成全线调线调坡，为“轨通”奠定基础。完成小店南车辆段、控制中心、主变电站等勘察与土建设计，确保现场按时出图施工。组织完成 1 号线一期、2 号线二期、3 号线初步设计工作，确保设计科学、合理、经济。

加快推进 1 号线前期工作，按照市委市政府 7 月 29 日提出 1 号线一期工程年内开工要求，组织对 1 号线进行全线踏勘，研究制定 1 号线站位方案，向市委市政府主要领导进行汇报，稳定方案；现场逐站查看车站布局、管线迁改、交通导改、征地拆迁等方案，编制《太原地铁 1 号线一期工程开工建设方案》并呈报市政府审批，完成全线车站、马练营车辆段及西山停车场的测量放样，协调各管线产权、园林绿化和交通疏解等单位进行现场摸底，多次召开管线迁改、征地拆迁协调专题会，已于 12 月开工。

协助市轨道交通建设服务中心扎实推进 3 号线及 2 号线二期工程建设规划报批等前期工作，按时开工建设。（徐　凯）

【2 号线一期工程建设】 太原市轨道交通发展有限公司地铁 2 号线土建工程进展情况：23 座车站主体工程、站内二次砌筑、站台板和轨顶风道已全部完成；22 个区间工程全部贯通，16 座联络通道全部完成；小店南车辆段试车线、站场道路、停车列检库、联合检修库等地基处理已完成，两座功能单体建筑已完成，建筑单体基础工程已完成，综合楼、变电所、易燃品库、司机公寓主体结构已完成，其他正在进行主体结构施工；线网控制中心已完成基坑工程，1#

2019 年 8 月，太原地铁 2 号线化章街站至通达街站盾构区间左线贯通

（市轨道公司供图）

2019 年，太原地铁 2 号线首个标段双区间双线顺利“洞通”（市轨道公司供图）

楼完成主体结构 70%，2# 楼和 3# 楼主体结构封顶。2 号线一期工程全线附属结构（出入口及风亭）共计 161 个，已完成 26 个，正在施工 125 个。

征拆方面：完成拆迁 10.70 万平方米，累计完成 15.04 万平方米，占拆迁总量 99.40%。

管线迁改和道路恢复：小商品市场站至晋阳街站之间主城区共 14 个站点于 7 月底实现南北双向 4 车道 +2 条人非混行车道通行，“二青会”后完成通达街站、康宁街站、中心街西站等道路恢复工作，解决市民关切的解放路、长治路出行问题。

机电设备工程进展情况：2019 年 7 月 11 日完成项目公司组建，由太原中铁轨道交通建设运营公司（PPP 项目公司）负责机电设备（B 部分）工程建设。铺轨情况：全线设置 4 个铺轨基地，并增设 9 个散铺工点，全力保障目标实现，全线轨道铺设双线共完成 31 千米，剩余散铺车站正在散铺作业，年底基本实现“轨通”目标；两座主变电站：主体结构全部完成，其中龙城大街主变电站主变压器安装完成，进、出线管廊完成，外电源电缆正在敷设；北大街变电站主所主体结构已完成，年底基本实现“电通”目标；车站变电所：完成西涧河、缉虎营、大南门、南内环站设备预埋件安装，其他车站预埋件陆续进场施工；车站装修：大南门站、中心街站两个样板站公共区的各类管线安装已全部完成，装饰装修工作正在实施中；其余 21 个车站装饰装修工程的管线安装、材料封样等工作都在同步实施中。（徐　凯）

【工程质量安全管理】 太原市轨道交通发展有限公司严把质量安全卡控验收关；组织各类综合、专项检查 24 频次，及时消除安全隐患；对接市应急管理局，实现协调联动，完善应急预案，开展应急演练，提高应急救援能力；加快工程验收，编发《太原市轨道交通建设工程质量验收管理办法》，完成 22 个车站及区间共 150 多项分部工程验收，为 SPV 公司加快施工创造条件；加强原质量检测，严把材料关，对原材料现场抽检 1482 次，均合格；开展以“防风险，除隐患，遏事故”为主题的安全生产月活动；推进隐患排查治理、地铁周边建筑物安全性鉴定与评估等项目实施；地铁应急救援大队组建及服务项目已完成招标。

住建部于 9 月对 2 号线一期工程进行质量安全监督执法检查，工程质量安全管理工作得到专家组一致好评。（徐　凯）

【文明施工及环保治理】 太原市轨道交通发展有限公司严格落实“六个百分百”环保治理要求。制定印发并实施《绿色施工太原地铁工地标准》，大力推进绿色施工样板工地建设，所有新建围挡全部采用绿色草皮围挡，增设喷淋降尘功能，要求每个土方作业面配备移动式雾炮，对作业区运输车辆均采用“四步洗车法”，对渣土外运车辆采用全程跟踪法，确保车辆行走范围内路面无泥土、湿润无扬尘；并对每个工地进行验收挂牌。在附属结构施工中，均要求达到绿色施工标准化工地。制订绿色地铁专项实施方案，通过绿色施工、新技术、新工艺、新材料的应用，不断完善施工过程管理。（徐　凯）

【轨道运营筹备】 太原市轨道交通发展有限公司根据市长现场办公会提出的“把地铁建设与运营相结合”指示精神，已完成《2 号线一期工程运营筹备计划书（2018 年—2020 年）》《太原地铁全自动运行工作任务书》《运营人员工程介入标准》《2 号线开通评审资料目录》等运营筹备关键工作，在项目公司组建后进行移交，确保运营筹备工作基础扎实，高质量、高标准有序推进。项目公司运营筹备已先后对订单生进行入职及培训、运营骨干管理人员完成招聘等事宜。（徐　凯）

【科技创新及新技术应用】 太原市轨道交通发展有限公司开展适合太原市轨道交通建设特点的科研项目。《地铁深基坑围护结构嵌固深度设计理论及关键技术研究》已开展招标，《基于人工智能技术的地铁自动售检票系统方案研究》纳入 2019 年山西省重点研发计划。全自动运行系统落地实施。2 号线满足全自动运行 GOA4 最高等级建设标准，通信、信号、综合监控、车辆、站台门均已完成招标与设计联络，开始投产。全寿命周期的运维管理进入实际应用阶段。城轨融合云完成云平台的招标采购、测试平台搭建及相关各专业的测试工作，将全面应用于 2 号线、1 号线、3 号线。BIM 技术应用，“以运营为导向的轨道交通全生命周期 BIM 技术研发与应用”已完成2号线全部土建结构、机电设备的模型建设，竣工交付平台搭建和上线运行，并通过实体化运行进行推广；编制并发布实施《太原市轨道交通设施设备分类及编码标准》《太原市轨道交通建筑信息模型（BIM）建模标准》等四部BIM系列企业标准；PHM技术应用，建立“太原地铁故障预测与健康管理院士工作站”；与北京交通大学、东北大学和太原城市职业技术学院合作成立“PHM技术研发应用中心”；编制“PHM系统总体规划与各专业实施方案”并向市科技局、省科技厅申报科研立项及科研经费支持。成立“PHM技术研发应用中心”，健康诊断管理技术将在1号线应用，实现设备由“计划修”向“状态修”的转变，提高设备的安全可靠性，降低运营成本。智慧城轨建设快速推进。完成AI车站及对应无闸机车站的移动电子票务系统、自动售检票系统、安防安检系统、客运管理系统创新解决方案的实验、验证、测试、标准制定、实验室搭建；与中国移动联合成立“5G轨道交通联合实验室”，整合5G数字化室内定位系统和5G超高清视频监控等成果，结合人工智能、大数据、边缘计算、区块链等前沿技术；智慧城轨在2号线全线落地实施。绿色地铁建设初见成效。控制中心项目LEED、绿建三星双认证工作正在推进，1号线线路级LEED认证处于筹备阶段。“城市轨道交通地下车站新型环控系统研究与应用示范”“直流LED集中供电系统研究与应用”“城市轨道交通地下车站环控设备新型智能化系统应用示范”等节能创新技术在2号线两座车站进行示范应用，被列入国家“十三五”重点研发计划项目《公共交通枢纽建筑节能关键技术与示范》(2018YFC0705000)的示范工程。

（徐　凯）

【轨道标准建设】 太原市轨道交通发展有限公司标准建设完成顶层设计，发布《太原市轨道交通发展有限公司标准化建设规划》《太原市轨道交通发展有限公司标准体系框架》，为公司标准化工作奠定基础。公司新发布四项企业标准；BIM系列的分类与编码标准、建模标准、数字化交付标准、全生命期应用标准及盾构管片预埋槽道应用技术共五项标准通过山西省地方标准立项评审。

（徐　凯）

【“CFBPSA”智慧地铁建设】 C即城轨融合云，完成云平台的招标采购，完成测试平台搭建，开展各专业测试工作，通过建设将提升整个城轨交通智能化、智慧化发展，为地铁安全可靠运营提供保障；F即全自动无人驾驶，借助新加坡陆路交通管理局技术支持，确保2号线满足全自动运行GOA4最高等级建设标准，该系统包括通信、信号、综合监控、车辆、站台门均已完成招标，12月底完成第三次设计联络，并开始投产。通过建设将提升运营系统的安全与效率。B是“以运营为导向的轨道交通全生命周期BIM技术研发与应用”。推进2号线BIM模型和管理平台建设，累计完成全部车站和区间土建结构模型建设，控制中心、变电站、车辆段等建筑及机电部分建模根据建设进度持续推进，模型建设已提前完成；发布实施四部BIM企业标准，申报主编山西省城市轨道交通信息模型（SIM）地方标准，编制《山西省工程建设标准体系表（城市轨道交通工程部分）》地标；四部企业标准的相关要求已纳入用户需求书，分发至设备设施供应商，随着生产推进完成设施设备的BIM模型建设。完成太原轨道交通BIM竣工交付平台搭建和上线运行；开展公司全员BIM-Lc技术专业知识及应用培训及考试；就BIM中心实体化运作事宜向市政府请示并获批。P是PHM（故障预测与健康管理），与北京交通大学、东北大学、太原城市职业技术学院签订四方合作协议，成立“PHM技术研发应用中心”；完成总体规划方案，向市科技局、省科技厅申报科研立项及科技经费支持。S是建设轨道交通全域安全管理、评价与认证体系，加强人员、设备、信息等全域的安全管控。与鹏跃电子、中电科技三十三所签订《城轨云网络空间综合运维管理平台关键技术研究及平台研制产学研合作协议》，并通过省科技厅审核，成功申报省重点研发计划项目；与太原理工大学在建立全域安全管理方面达成共识，正在立项过程中。A是AI（人工智能），完成AI车站及对应无闸机车站的移动电子票务系统、自动售检票系统、安防安检系统、客运管理系统创新解决方案的实验、验证、测试、标准制定、实验室搭建等工作。

开展通信基础设施建设，已完成招标，正在两个样板站进行施工。承办

盾构机始发现场　　（市轨道公司供图）

"5G 时代智慧轨道交通"研讨会，与中国移动成立"5G 轨道交通联合实验室"，整合 5G 数字化室内定位系统和 5G 超高清视频监控等成果，结合人工智能、大数据、边缘计算、区块链等前沿技术，聚焦太原地铁示范工程，打造 5G 智慧化城轨。主办"区块链技术在轨道交通中的应用"论坛，在大数据管理、安全和运营管理、数字经济和数字金融的应用三方面进行演讲讨论，正在编制"区块链在轨道交通应用可行性研究报告"，推动区块链在轨道交通的落地应用。

（徐　凯）

【人文地铁建设】 太原市轨道交通发展有限公司，在规划、建设、运营中，建设无司机、无闸机、无广告的"三无地铁"。"无司机"，即全自动无人驾驶。"无闸机"，取消闸机，通过简化乘车流程，优化乘车体验，为市民提供无阻拦乘车服务的同时，推动社会信用体系和文明城市建设。已与成都智元汇信息技术公司签订"太原市轨道交通人工智能应用研发实验中心"的协议；"无广告"，淡化地铁商业实体广告，依托山西丰富的文化旅游资源，利用地铁公共空间，细分广告市场，宣传推广山西文化，建立一带一路文化驿站，打造山西与全国乃至世界各地文化旅游资源的互动平台。持续推进线下文化展陈工作，通过"科技 + 文化"手段，在车站空间展示山西丰富的文化旅游资源；线上结合整体战略规划，利用"互联网 +"思维，在线上深度挖掘文化旅游背后的故事，拓展文旅宣传新维度。（徐　凯）

【绿色地铁建设】 太原市轨道交通发展有限公司出台《绿色地铁实施方案》《城市轨道交通绿色适用技术指南》《太原地铁绿色施工标准》。与清华大学江亿院士团队合作开展双塔西街站、畜研所站的节能示范站，进行"新型环控系统""直流 LED 集中供电系统""环控设备新型智能化控制系统"等前沿节能创新技术研究与应用，两座车站已被纳入"十三五"国家重点研发计划的示范工程；统筹推进 2 号线控制中心 LEED、绿色建筑三星双认证，筹备 1 号线 LEED 认证；成立山西国碳新能源发展有限公司，开展地铁沿线分布式光伏、地热、碳资产管理等工作，推动太原市光伏发电产业发展，探索节能服务、碳金融、碳交易等业务；筹备成立"绿色低碳联盟"；开展能源革命科技创新技术项目申报，其中 3 项入选省能源革命行动方案；争取财政科研补助资金 25 万元，院士工作站经费 30 万元。（徐　凯）

【轨道交通文化创新】 太原市轨道交通发展有限公司确立"线下文化 + 科技、线上文化 + 商业"的创新商业模式；与山西大学合作，为全线 23 个站点文化运营确定主题和文本方案；开展全线文化展陈设计工作，为线下艺术展陈与文化运营奠定基础；为促进产业融合，实现合作共赢，与山西文旅集团签订战略合作协议；持续推进与各地市对接工作，赴永济、晋中、阳泉进行路演，得到各地市支持并与永济市签署战略合作协议；深入调研太原地铁 App 功能需求，根据行业发展趋势优化产品结构，构建以人文旅游、商业拓展、便民服务三大功能板块为核心的业务体系；结合文化工程线上业务布局，编制并完成《太原地铁 App 项目用户需求书》《太原地铁 App 后台支持与服务系统用户需求书》；全面推进各项线上业务招标、开发工作，完成 App 项目审核工作以及 App 后台支持与服务系统招标询比工作，线上业务开发已全面启动。（徐　凯）

【企业品牌建设】 太原市轨道交通发展有限公司学习借鉴富士康、绿城、万科、中信等国内现代化企业的先进管理经验和做法，特别是在制度建设、流程设计、人力资源管理等方面，富士康多次派专人赴公司进行指导交流，提出宝贵建议，为公司建立新型的现代国有企业出谋划策。加强建章立制。为从根本上规范工作程序，全面提升工作效率，从会议规则、公文处理、干部管理、劳动纪律、工程监理、工程造价、合同管理、审计业务、设备招标采购、地铁运营安全、招聘录用、职称评定、财务安全、网站管理等多方面出台 104 项规章制度；聘请上海立信瑞思管理咨询公司正在开展内控审计工作，对制度的完善性、有效性进行检查、评价，为建立完善的内控体系打牢基础；完善组织架构。为切实履行好轨道交通的投融资、建设、运营、资源开发"四位一体"职能，确保轨道交通"1231"发展战略的有效实施，在原有组织架构的基础上，借鉴西安中咨的咨询结果和多家地铁公司的做法，从当前建设实际工作出发，优化对各部门的机构设置、人员配置、部门职能；暂定内设 14 个部门，2 个子公司；企业治理结构日趋完善。领导班子逐步到位，中层正职正式聘任，员工招聘陆续到位，党委会、工会相继成立，基本满足企业发展要求；引入现代企业薪酬管理制度，严格落实劳动纪律管理制度；现代财务管理规划体系逐步建立，企业管理基础得到夯实，为加强企业管理提供坚强保障；招聘专业人才。坚持以事定岗、以岗定人、笔试面试、择优录用，规范招录程序，通过社会公开招聘、赴同济大学校园招聘，全年共招录 204 名企业急需的专业管理和技术人才，进一步优化内部人才结构，激发人才队伍活力；强化人才培养和学习培训，建设"学习型"企业。全年组织员工培训 32 次，为提高职工专业技能创造条件。先后数十次派 150 余人赴北京、上海等先进城市学习，多次参加全国相关论坛、学术交流培训会；邀请住建部、上海、深圳、无锡地铁集团等有关专家来并，就轨道交通质量安全、工程管理、合同计价、征地拆迁、信息化建设及高新技术应用等方面工作进行咨询、学习和交流；与太原市城市学院合作建设"立足太原、国际合作、面向全国"一流的太原轨道交通培训和科研基地；高度重视企业文化建设，提升企业凝聚力。开展领导为员工写感谢信、与员工面谈活动；设立沙龙活动室，不定期开展头脑风暴活动，开展无主持人讨论会，培养部门与部门之间、员工与员工之间的协作精神；开设职工书房，丰富职工业余生活，解除职工思想束缚，为创新驱动指明方向；制作公司宣传片、推出地铁之歌《远方》；创办《太原地铁报》月刊，发行12期，发布公司简报77期；完成“太原地铁”网站重建，及时更新网站信息数百篇，展示企业风采，提高知名度；公开征集并发布太原地铁LOGO“”。经全体员工讨论，确定包含企业愿景、使命、价值观、精神、经营宗旨五方面内容的企业核心价值体系。（徐　凯）

太原地铁首列车抵达车辆段　（市轨道公司供图）

【文化品牌建设】 太原市轨道交通发展有限公司以山西文化传承与创新工程为抓手，打造文化品牌，创造两个效益。利用太原地铁独特的文化宣传载体，实现集中宣传山西历史文化的重要节点，展示文化旅游的重要示范基地。通过山西文化传承与创新工程，打造城市文化新品牌及市民文化休闲打卡地。

太原地铁作为服务太原发挥自身优势，通过建设山西文化传承与创新工程，带动山西全域旅游示范区，实现省内各旅游区与太原集散中心互动发展，通过市场化运作，获得良好而持续的经济效益。通过构建山西文明标志体系，创新三晋文化价值传播推广体系，整合太原历史文化遗产资源体系，努力把太原地铁建设成为太原市、山西省乃至全国的一个城市文化品牌、城市文化地标、城市文化名片。（徐　凯）

【“六个联盟”建设】 太原市轨道交通发展有限公司通过联盟建设，进一步加大开放、交流、学习的多元产融平台，带动轨道交通周边产业跨界融合，实现资源共享。

产业技术联盟：积极推动轨道交通产业技术联盟建设，以“协同分工、合作共赢”为理念，整合行业资源，利用行业优势，建立产业集群，带动轨道交通全产业链发展。

组织科研院所、工程建设、装备制造等50余家单位召开联盟恳谈会。9月11日成立山西省轨道交通产业技术联盟，公司被选举为联盟理事长单位，并从制度建设、机构完善、产业梳理、技术交流、资源共享等方面开展工作。联盟自成立以来，建立2个院士工作站，推动安全体系，得到省工信厅、市经信委的认可与支持。联盟会员单位66家，高级专家268人，生产线24条，大型仪器1000余台，总产值达3200亿元。在省内工程建设、装备制造、科研攻关等领域发挥桥梁纽带作用，形成创新协作、共赢发展的良好态势，共同推动轨道交通产业高质量的发展。为做大做强高端装备、轨道交通等一批支柱性制造业奠定良好基础。

商业联盟：通过前期的充分调研，取得社会各界的理解与支持，8月20日成功召开商业联盟恳谈会，与18个行业50余家知名企业充分沟通与探讨，统一思想，并达成“跨界互联，创建龙城新生活”的战略共识。

商业联盟围绕市民的衣食住行展开工作，将低碳生活、智慧出行、人文关怀贯穿始终，实现线上线下融合运营，为市民提供全方位的品质生活。借助地铁导入数据流、商业客源流的先决优势，构建商业联盟并建立合作竞争的商业新模式，通过“跨界互联”，构建全新商业生态系统。引导市民由传统的单一消费者对单个商家的消费模式转变为单一消费者对整个联盟所有会员的高频消费模式，为市民提供实惠的同时，实现扩大商机和共同发展的战略目标。

党建联盟：以公司党委、党支部、沿线社区和各项目工程施工单位党支部以及区域相邻、行业相近、服务相关、业务相关的企业及单位为联建对象，创造党建联盟。将地铁发展与城市文明宣传教育、党建品牌创建融为一体，整合资源、优势互补，打造全市规模最大的社企共建平台及党建品牌，最终实现地铁与城市、社会、沿线发展的多边共赢。

文化产业联盟：以山西文化传承与创新工程为切入点，文化产业联盟为支撑，“太原METRO”手机App为平台，整合省内文化旅游上下游资源，讲好太原故事，承载山西文化，构建“吃住行游购娱”全产业链的蓬勃发展，在输出文化品牌的同时，打造差异化竞争，面向全国，积极对接海外游客，推动文化产业的快速发展。

绿色低碳联盟：筹备建设山西省低碳创新联盟。打造低碳创新完整产业链，实现资源高效利用与碳减排、技术创新与装备制造的协同发展。依托低碳创新联盟，整合优势资源，重点加强产学研合作，搭建创新平台，攻克关键共性技术瓶颈。

BIM创新联盟：公司BIM技术应用在全国处于首创和领先地位，以市轨道公司、同济大学、市城市职业学院三方共建的“BIM技术创新应用中心”为平台开展筹建工作，吸引国内外从事BIM技术研发、应用、推广工作实力雄厚的单位加入。依托中国城市轨道交通协会，吸收各个城市地铁公司参加，通过整合资源，建立可持续发展的体制和机制，使BIM联盟成为科研成果转化高地和高层次人才培养基地，以科技合作、产学研结合、科技成果转化、创新产业投资、研发平台共建、人才培养与交流等形式，开展校地、校企、企业之间的长期合作，共同承担各大攻关项目和专项项目，促进科技创新升级，推进BIM技术产业转型升级，实现联盟成员共赢。最终使整个工程项目在设计、施工和使用等各阶段都能实现节省能源、节约成本、降低污染和提高效率。（徐　凯）

·省公路局太原分局·

【概况】2019年，太原公路分局以新发展理念指导新实践，上下齐心，攻坚克难，圆满完成全年目标任务，各项工作取得新进步，年终被山西省公路局评为公路养护先进单位。（李文海）

【社会经济服务保障】2019年，太原公路分局发挥地处省会区位优势，圆满完成“二青会”、太原国际自行车赛等全省大型活动保障工作，优质高效完成2019尧城国际通用航空飞行表演主通道—G208线28.60千米路面提质应急工程建设任务，受到上级的充分肯定。将公路工作主动融入太原市域经济发展大局，配合市政部门完成208线南出口、108线北出口市政化改造；调动清徐县政府积极性共同筹资完成G307线清徐县城段路面大修，助推太原市区域经济社会转型发展。（李文海）

【路网综合服务保障】2019年，太原公路分局以保持和提升路况为中心，坚持问题导向，认真分析路况下降原因，科学开展养护生产，投资4101万元完成养护8项工程，年末公路技术状况指数PQI为84.50，公路优良路率82.32%，取得路况提升排名全省第一好成绩。大力建设安全公路，完成138座桥（隧）及长陡下坡路段提质升级数据调查建档，年内对G307线山体滑塌、太高线采空区路面沉陷等安全隐患进行全面整治。完成2座应急物资储备站点建设，形成全分局“五库十四站”应急抢险物资储备网络。全年开展应急演练6次，基本达到应急抢通2小时到达、24小时内完成抢通目标。进一步扩充路网运营监控平台，新增43套监控设备，路网监控覆盖率大幅提升。加快道班服务区改造，初步建成16个小型停车休息区，引进7项新技术新设备，养护科技含量和综合服务水平不断增强。（李文海）

【公路建设】2019年，太原公路分局投资8470万元完成G307线14.4KM路面改造工程（清徐县城段）主体建设。三个重点新改建项目前期推进取得新进展，G241、省道岚马线汾河水库段一级公路改线工程，政府和社会资本合作（PPP）合同已经签订，项目已进入正式实施阶段。G108太原过境（忻州界—晋中界）改线工程已完成工可编制并上报省局，分局将该项目纳入“十四五”规划积极推动；分局机械化养护中心按照省局意见优化设计方案，全力推进工可编制工作。（李文海）

【路政超限治理】2019年，太原公路分局围绕基础建设、信息化建设、规范执法和督导检查四项内容，不断提升治超工作规范化常态化工作水平。年内7个检测站全部实现无纸化制作文书和案卷电子化录入归档。截至年底累计发生路政案件42起，收赔偿费32万元，发现率、查处率、结案率均为100%；超限检测站检测车辆338万辆，查处超限车辆523辆，超限率控制在0.02%以下。（李文海）

【三大攻坚战】2019年，太原公路分局做好重大风险防控，搁置10年的西山运煤线项目终止结算审计工作基本完成，审计报告（初稿）正在最后议定中。岚古线施工合同纠纷案件发回中院重审，法院委托的第三方咨询公司工程

太原公路分局昼夜鏖战208线，全力备战国际航空大会（市公路局供图）

造价鉴定已完成，正等待判决。认真开展精准脱贫帮扶，连续五年累计投资55余万元为村民修路、接水，以消费扶贫方式购买村民50余吨土豆，赤泥泉村整体已进入脱贫巩固期。分局市县两级8个“四好农村路”督导组认真开展建设督导，助力阳曲县、娄烦县摘掉贫困县的帽子，2个县分别被评为“四好农村路”国家级和省级示范县。切实开展公路污染防治，以路面清扫和洒水抑尘为主，人工清扫相辅，截至年底，累计出动清扫车、洒水车3295台次，路面保洁人员8211人次，全路段机械化清扫率达到65%以上，有效保障国省干线公路干净整洁。（李文海）

公路日常养护　（市公路局供图）

【安全稳定发展】 2019年，太原公路分局持续完善安全责任体系，强化安全生产责任落实，深入开展提升公路桥梁安全防护和连续长陡下坡路段安全通行能力、公路运营服务安全等专项行动。建立隐患路段台账，治理安全隐患35处。加强春运、汛期、黄金周、重大活动庆典等重点时段安全监管和应急保障，做好极端天气预警防范。注重与交警、应急部门协调联动，在公路建设、安全防护、隐患治理中全面落实“三同时”制度，坚决防范重特大道路安全责任事故发生。深入开展扫黑除恶线索排查，统筹抓好信访维稳、治安综治工作，确保和谐稳定大局。

强化财务核算和审计监督，完成新政府会计制度的执行运行，进一步规范工程结算程序和分局财务报销程序。发挥内审职能，努力实现公共资金、国有资产、重大项目和领导干部履行经济责任审计全覆盖。建立内、外部审计问题台账，推进问题整改到位。发挥工会、共青团、老干部等职能作用，深入开展劳动竞赛、庆祝新中国成立70周年职工文体运动、送温暖和志愿者活动。关心基层职工，年底为检测站合同工人均增加工资、文明奖5600元。对广大离退休职工坚持做好三个“关心”，激发广大干部职工心系单位砥砺奋进的工作激情。（李文海）

铁　路

【概况】 2019年，中国铁路太原局集团有限公司管辖大西高铁、石太客专、张大客专、南同蒲、北同蒲、大秦、侯月、侯阎、石太、太中银、韩原、朔准、太兴、瓦日、京原、京包、太焦、迁曹等干线和支线，与北京、西安、郑州、呼和浩特4个铁路局集团公司交界。有干部职工10.30万人。（燕保全）

【客运服务】 2019年，太原局集团公司推进客运提质计划，韩原线首开动车，高铁贯通三晋南北，张大客专开通运营，大同至北京实现1小时42分直达。新增天津西、嘉兴南、桂林北、贵阳北等方向动车，加速山西经济融入京津冀、对接长三角。优化动客车开行结构，精准实施运输能力“一日一图”、售票“一车一案”，分线分方向调整售票策略，动车组试水市场化定价，结合市场供求、趟车客座率和客票票价市场化的试行，对动车票价进行优化调整，春运及清明、五一、端午、国庆等节假日旅客运输均创历年同期最好水平。深化“山西全域旅游铁路行”，建成太原站全域旅游接待中心，推出“云游山西”年卡。推进站车畅通工程，太原南站东广场开通使用。改善候车、进出站、停车场等配套设施，巩固站车“厕所革命”成效，高铁车站开通电子客票，实施便民利民新措施，不断改善旅客出行体验。（燕保全）

【货物运输】 2019年，太原局集团公司联合山西省工信厅、发改委、交通厅等部门，召开山西省运输结构调整推进大会，分层级建立与省市有关部门、单位的联动机制。按照“一市一策”，全面梳理8个地市工矿企业及辐射区运量情况，制订“公转铁”方案，开展网格化营销。持续优化定价机制，落实减税降费政策，深化专用线建管用一体化，启用开通闲置专用线，建设环保封闭棚，积极对接管内煤矿、钢厂、电厂、港口等上下游企业，推进专用线进厂矿、进园区、进港口，打通铁路前后一千米，降低社会物流成本。坚持“稳大秦、增瓦日、打管内、扩交口”，单日装车、发送吨、分界口交车等多项指标创新纪录，受到国铁集团通报嘉奖。（燕保全）

【安全风险管理】 2019年，太原局集团公司贯彻落实习近平总书记重要批示精神，开展高铁环境集中整治大会战，路地联手整治突出隐患。坚守政治红线和职业底线，严抓动客车源头质量，严

2019 年 7 月 25 日，山西全域旅游“长城号”动车旅游列车首发开行

（太原铁路局供图）

控动客货混跑风险，深化高铁综合维修生产一体化管理，推进铁路安全地方立法。加强安全管理体系建设，清理完善两级安全管理制度，组织修订安全生产责任制，持续推进为基层减负。标准化车间班组岗位、大西高铁标准线、大秦重载标准示范线建设取得阶段性成效。强化设备设施基础，集中修、综合修施工顺利完成，安全专项整治有序推进。落实双重预防机制，明晰“红线”和“禁止性”条款，弘扬安全诚信文化，确保 70 周年大庆等关键时期安全稳定，实现第 4 个安全年。（燕保全）

【资产经营开发】 2019 年，太原局集团公司坚持整合发展、联合发展、阶梯发展，实施直属非运输企业内部重组整合，对广告、旅游、酒店等业务实施资产资源优化配置和调整，实现专业化、规模化经营。制定实施物流、装备制造、工程施工、广告、旅游 5 个重点产业发展规划，推进经营项目开发，专用线物流总包和晋太电商中心等项目实现经营创效。淘汰高风险、低效益商贸业务，推动大宗商贸业务链条延伸和服务拓展，促进传统经营业务向供应链物流升级，商品汽车物流稳居山西行业龙头。加强装备制造领域开发，电务器材制造基地正式运行，车辆配件大修基地投入生产，新建弹条自动化生产线具备试生产条件，道岔转换设备维护手持终端完成样机试制，新型重载线路轨下垫板上道试验，接头夹板热处理设备优化升级改造到位，动车组齿轮箱循环清洗机完成研发并申请技术评审，电液转辙机占全国铁路提速线路 70% 以上份额，开辟尼日利亚等海外市场。工程施工业主攻新建铁路专用线、上跨下穿铁路桥涵、既有线改造、铁路专用线环保封闭等重点业务领域，经营规模持续扩大。推进“一市一列”列车冠名，推出长城号、太行号等动车旅游专列和研学游专列，铁路旅游和广告经营创利效果明显，非运输业利润创建局新高。（燕保全）

【经营管理】 2019 年，太原局集团公司持续深化公司制改革，完善两级法人治理结构和运行机制，推进区域合资公司整合重组，“一企一策”加强合资公司管理。构建经营管理“1+12+8+N”制度体系，源头上补强经营领域的机制短板。全面推行经营问题“红线”管理，推动内部审计下审一级，组织开展同级审计，前置防范经营风险和廉政风险。深化全面预算管理，推动业财深度融合。系统研究“三个清单”，过程盯控节支降耗、修程修制改革、劳动组织改革清单落地。扎实开展“三项定额”查定，逐步建立符合实际的标准化定额体系。积极推行货运专线模式，“一区一点”建设货运业务集中办理中心，实施站车旅客安检体制优化工作。资本运作项目推进顺利，直购电节支、稳岗补贴、风险债权清理、列车开行补贴等工作取得明显成效。（燕保全）

【铁路工程建设】 2019 年，太原局集团公司坚持质量、安全、进度统筹并举，朔州至准格尔铁路、太原枢纽西南环线、张家口至大同铁路客运专线开通运营，重载运输通道更加畅通，太原枢纽功能更加优化，高铁网络更加完善。太原至焦作城际铁路、朔州至山阴联络线、聂庄至东港增建二线和东港站改造等在建工程兑现节点。完善敞开办理、融资共建、路地协作机制，建成投产专用线，着眼打通铁路“前后一公里”。全力补强运输短板，运城北动车组存车场、太原北六场、太原南站东站房等重点改扩建项目投入运营，太原站“两线一台”、湖东车辆段站修线延长等更新改造工程有序推进。“十四五”发展规划、太原枢纽总图和集宁至大同至原平、雄安至忻州、太原至绥德等铁路项目有序开展。

（燕保全）

【队伍建设】 2019 年，太原局集团公司围绕提高职工岗位作业技能，优化实施培训使用待遇、培训绩效评估等机制，加快推进 3 个层级实训基地建设，深化“名师带徒”活动，拓展职业技能竞赛，完成主要行车工种轮训和校企培训，培养专业技能拔尖人才。出台人才队伍建设五年实施规划，持续加大年轻干部培养选拔力度，以“百千万人才”工程为牵引，辐射带动高层次人才队伍建设，推进“百名硕士专项培养工程”。举办春秋两季青年干部培训班，培养储备优秀年轻干部，选拔实绩突出人员任职关键岗位锻炼，授权基层单位开展工程系列中级资格评审，专业技术人员成为驱动企业创新发展的重要支撑。

（燕保全）

【科技创新】 2019 年，太原局集团公司落实“太原局重载技术走在全国、全

世界前面”的要求，充分发挥重载中心“平台＋应用”优势，巩固发展大秦重载技术研究，牵头负责的国铁集团级重载技术科研课题取得预期效果、实现阶段性目标。首次开行采用新一代无线同步操控系统的2.10万吨重载组合列车，成功试验1万吨重载列车自动驾驶，自主创新取得重大突破。首次应用分布式计算架构，建成集团公司数据服务平台，率先在全国铁路部署“安全大数据平台”，推进客票网络通道扩容，更新改造信息机房基础设施，提升车间、班组信息网络覆盖率。实施铁路领域重要信息系统一体化安全保障示范工程，部署网络安全设备，筹建电子认证服务、集中安全管理、移动应用安全接入、计算环境安全、区域边界安全五个监管平台，实现对管辖范围内铁路网络的安全监测、通报预警、快速追踪及安全分析，成功经受国家网络安全攻防演练考验，受到国铁集团通报表扬。（燕保全）

【太原枢纽西南环线开通】2019年12月11日，55031次货物列车自山西太原的皇后园站开出，驶入新建成的西南环线，标志着西南环线正式开通运营。西南环线北起太兴铁路汾河站，途经太原市尖草坪区、万柏林区、晋源区、小店区和晋中市榆次区、经济开发区，汇入太中银铁路中鼎物流园站，沿线新设晋源、西草寨、北格3个车站，改造既有汾河、三给村、太原西、中鼎物流园站，正线长度55.51千米，为国铁Ⅰ级双线电气化铁路，跨区间无缝线路。西南环线穿越太原市中心城区，2次上跨汾河、6次下穿河道，线路建设中采取的“铁路大直径隧道土压平衡盾构法掘进”在全国铁路推广，为铁路工程建设积累宝贵经验。太原铁路枢纽是山西境内横向、纵向铁路的交汇中心，连接内蒙古、河北、河南、陕西等地，是华北地区客货运输的重要枢纽。西南环线的开通，与既有通道一起构成环状枢纽，解决东通道动客货混跑的安全隐患，缓解南北车流交换受限、能力紧张现状，对枢纽畅通及优化客车开行等具有重要意义。（燕保全）

【太原成为全国首批国家物流枢纽】2019年9月11日，国家发展改革委员会、交通运输部联合发布2019年国家物流枢纽建设名单，山西太原依托太原局集团公司中鼎物流园完备的基础设施和较强的区域带动优势，成为首批23个国家物流枢纽之一。首批入选的23个国家物流枢纽涵盖陆港型、空港型、港口型、生产服务型、商贸服务型、陆上边境口岸型6种类型，对实施“一带一路”建设、京津冀协同发展、长江经济带发展、粤港澳大湾区建设、长三角区域一体化发展、西部陆海新通道等重大战略形成有力支撑。太原是唯一上榜的陆港型（生产服务型）国家物流枢纽。中鼎物流园是山西省物流业中长期发展规划的重大工程，2016年11月开园运营以来，以发展多式联运为核心，率先引入自动化集装箱场站，探索推广“一单制”，吸引近百家物流企业进驻，园区年吞吐量接近600万吨，先后被评为国家第二批“示范物流园”和“多式联运示范工程”。园区集铁路、公路、口岸、内陆港为一体，具有运营主体单一、八大产业园聚集等特色优势，使“中鼎物流”品牌的知名度、影响力逐年提高，获得诸多专家团队的认可。太原获批国家物流枢纽后，中鼎物流园作为全国物流关键节点、骨干枢纽的作用进一步释放，形成服务型制造、工业品供应链、农产品流通加工、进出口贸易、多式联运、冷链物流等综合服务模式，对山西全面融入“一带一路”建设、京津冀协同发展战略，实现中部地区崛起，推动全省高质量转型发展都具有积极的带动和促进作用。（燕保全）

【山西全域旅游铁路行主题推介】2019年，太原局集团公司持续推进“山西全域旅游铁路行”三年行动计划，围绕山西旅游黄河、长城、太行三大板块，持续打造精品铁路、全面引流入晋等“八大行动”。优化10条主题旅游精品线路列车运行图，与山西省文化旅游投资控股集团有限公司合作，推出云游山西高铁游年卡，为旅客出行提供优惠，在大同站、太原站、太原南站、忻州西站等10个车站设置旅游门店，向旅客推介旅游产品，助力山西经济社会和文化旅游发展。（燕保全）

【二青会交通运输保障】2019年，太原局集团公司作为全国第二届青年运动会重要的交通运输保障部门，太原局集

2019年12月11日，西南环线开出首趟列车　（太原铁路局供图）

2019年9月11日，太原获得全国首批23个国家物流枢纽之一。图为中鼎物流园区　（太原铁路局供图）

团公司从提升运力、方便购票、畅通通道、优化服务等方面入手，全方位打造“坐火车、观二青”定制服务，启动高铁高峰线，开行太原南至平遥古城“公交化”动车组列车，太原至平遥间高铁动车达到一小时1趟，适时开行旅游专列，方便各地旅客畅游山西。太原、大同、介休、临汾等地的流动售票车在会场和赛区设立服务台流动售票。在各地大型宾馆、酒店、机场、汽车站安设自动售（取）票机，在各火车站增开应急窗口，全省火车票代售点全部投入使用。开通太原南站东广场，形成东西两大旅客接送通道，太原、太原南两站划定接车专用通道，承接赛事所在地车站为“二青会”开辟绿色通道，在候车室服务台、商务区设置接待站、专用候车区，工作人员和“小蓝帽”志愿者全程引导，向全国乃至世界各地参赛、观赛人员展现铁路客运提质的新成效，展示山西转型发展的新形象和创建国家全域旅游示范区的新成就。　（燕保全）

【第100列中欧（中亚）班列开行】2019年6月18日，装载1850吨货物的中亚班列，由中鼎物流园开往乌兹别克斯坦首都塔什干，这是太原局集团公司开行的第100列中欧（中亚）班列。自2017年2月15日中鼎物流园开出首趟中欧班列以来，太原局集团公司先后开行8条常态化中欧（中亚）班列线路，辐射“一带一路”沿线9个国家22个城市，为山西省及周边进出口企业提供高效便捷的国际物流服务。　（燕保全）

【张大客专开通，大西高铁全线贯通】2019年12月30日9时23分，大同开北京的G2506次、太原开大同的D5366次、运城开大同的D9218次列车分别从大同南、太原南、运城北站三地驶出，张大客专开通运营、大西高铁全线贯通。大同到北京的运行时间由原先的6小时左右压缩至最快1小时42分钟，大同到太原压缩至最快1小时54分钟，山西构建纵贯南北、连接北京的快速客运通道迈出重要步伐。张大客专为双线客运专线，线路全长约136千米，设计时速250千米，设有大同南、阳高南、天镇3个车站，线路进入张家口市后，经怀安站汇入张呼高铁，与京张高铁衔接，成为山西融入环渤海经济圈和“一带一路”的黄金大通道。张大客专开通、大西高铁全线贯通，实现北京、张家口、大同、太原、西安等城市的通达，构建起纵贯三晋南北、横连京津冀三地、连通全国高铁网的快速客运通道，大同、太原在全国综合交通中的地位得到显著提升，山西与全国各地间的经济文化交流和人民生活的往来更加快捷。

（燕保全）

【韩原线首次开行动车组列车】2019年5月1日8时33分，D5352次动车组驶入位于山西省朔州市的怀仁东火车站，韩原线首次开行动车组列车。韩原线北起北同蒲线与大秦线的交会点韩家岭站，途经朔州市怀仁市、应县等县市，穿越雁门关隧道后至原平，全长150余千米，为双线电气化铁路，采用重型轨道标准，一次铺设跨区间无缝线路，旅客列车设计时速160千米。韩原线开行动车组列车，极大方便群众经济生活往来和区域间旅游互动，加快山西构建现代综合交通运输体系。　（燕保全）

【朔准铁路开通】2019年1月2日，32091次货物列车从朔州市境内的店坪南站驶出，标志着朔准铁路正式开通启用。朔准铁路是国家“十二五”规划的重点工程，东西横跨晋、陕、内蒙古三省区，线路全长215千米，为单线万吨重载运煤电气化铁路，按国铁Ⅰ级标准建设，设计运输能力每年6000万吨。线路自朔州市境内店坪南站，向西经朔州市朔城区、平鲁区、忻州市偏关县，跨黄河后进入内蒙古自治区准格尔旗的红进塔站。沿途设店坪南、峙峪、平鲁西、南坪、老营、方城、偏关、石城、榆树湾、马栅、油坊坪、五字湾站、乌龙素、红进塔14个车站。朔准铁路的建成启用，使中国煤炭主产地山西、陕西、内蒙古西部等地区的路网结构更加完善，对进一步落实国家能源发展战略，构建大通道煤运网络，促进三省区沿线地方经济发展具有十分重要的意义。

（燕保全）

【电子客票首次实施】2019年11月20日，大西高铁和韩原线的21个车站安设自助核验闸机，实现旅客刷证进站，山西高铁首次实施电子客票。年末，太原局集团公司24个高铁车站开通电子客票。实施电子客票以后，旅客通过12306网站或App购票成功后，会收到有乘车日期、车次、时间、座席等信息的短信通知，无须前往售票处换取纸质

车票，仅凭有效身份证件就可以直接到车站办理乘车手续，进站乘车。（燕保全）

【“当日达即送”运输新服务】2019年11月11日至20日，太原局集团公司与中铁快运太原分公司联合启动“双11”电商黄金周运输，充分利用高铁安全快捷和成网运行优势，推出“当日达即送”“高铁极速达”等多种“高铁+专送”运输新服务，对有紧急寄递需求或对时效精准性、安全性有高保障需求的急件递送业务，通过高铁优质稳定的运力衔接同城即时配送网络，提供当日揽收、当日运输和当日配送的“站到门”“门到门”服务，实现快件“即收、即装、即送”，积极服务“双11”电商黄金周运输。（燕保全）

【《静静的桑干河》电影剧本获中国工业文学作品大赛一等奖】2019年12月28日，太原局集团公司融媒体中心林小静创作的电影剧本《静静的桑干河》，获得第二届中国工业文学作品“光耀杯”大赛电影剧本组一等奖。作者与大赛举办方就剧本的进一步开发签署版权合作协议。（燕保全）

【女子探伤工区获“全国五一巾帼奖状”】2019年2月26日，太原局集团公司秦皇岛西工务段西张庄探伤车间柳村女子探伤工区获得中华全国总工会颁发的全国五一巾帼奖状。这是2019年全国铁路和山西省唯一获此殊荣的女职工集体。（燕保全）

【“一家三代火车司机”做客中央电视台】2019年5月1日，太原局集团公司选送“一家三代火车司机”做客中央电视台《美好生活共同创造》特别节目。太原机务段内燃机车司机杨子华和父亲杨庆堂、儿子杨玉峰三代铁路“杨家将”，讲述他们参与见证新中国铁路发展变迁、收获美好发展成果的感人故事，展示铁路职工爱国爱路、敬业爱岗的情怀。（燕保全）

民用航空

【概况】2019年，山西航空产业集团有限公司实现营业收入8.05亿元，完成年计划数（7.78亿元）103.47%，同比增长4.68%，航空业务收入4.72亿元，非航空业务收入3.29亿元，分别占比58.93%和41.07%。营业总成本8.30亿元，成本费用占营业收入比重102.24%，营业外收支净额704万元。2019年全年实现利润3668万元。总资产报酬率为1.11%。（郭　静）

【航空运输生产】2019年，山西航空产业集团有限公司所辖5个成员机场共完成运输起降13.99万架次，旅客吞吐量1711.82万人次，货邮吞吐量6.09万吨，同比分别增长4.90%、7.06%、8.93%，累计开通国际及地区航线21条。其中太原机场完成运输起降10.77万架次，旅客吞吐量1400.26万人次，货邮吞吐量5.76万吨，同比分别增长0.38%、3.05%、7.91%。累计开通客运航线168条，货运航线1条，通航城市86个。

2019年，太原机场在全国237个定期航班通航机场（不含港澳台地区）旅客吞吐量排名中，排名29。（郭　静）

【企业安全生产】2019年，山西航空产业集团有限公司坚持安全发展原则，深化安全管理体系建设，推进规章制度和标准落地，强化安全运行管理和安全检查考核，圆满完成年初确定安全生产目标。全年未发生特大安全生产责任事故及重大环境质量责任事故。

强化风险防控，推进关口前移。以落实安全生产风险管理制度、隐患排查治理制度、安全风险分级管控和隐患排查治理双重预防机制等制度为抓手，开展6场系统宣贯培训，组织管理层和操作层370多人进行安全知识考试，有效增强安全意识，促进安全管理人员能力与水平提升；开展心肺复苏术以及AED机实操培训，提升职工和旅客自救互救能力。

开展专项活动，持续隐患治理。组织开展安全生产大检查、安全生产月、安全生产宣传教育等专项活动；建立隐患整改清单，发现一般隐患863个，已整改830个，整改率96%；开展净空和电磁环境管理专项整治，全面排查净空保护存在问题，协调机场所在地政府和有关部门，对超高建筑物、构筑物进行拆降处理。

关注重点环节，提升安保能力。严格落实“六严”要求，完善空防安保长效机制；推进平安货运建设，坚持货运整治关口前移，构建航空货运安全环境；加大安保力度，强化联勤联防，圆满完成中华人民共和国成立70周年大庆、二青会等重要活动期间安全保障工作。

完善应急体系，提升处突能力。修订完善应急管理体系建设实施意见、突发事件信息管理办法、突发事件总体应急预案等；全年开展太原机场“砺剑—2019”等应急演练33次，锻炼应急救援队伍，提升机场和驻地航空公司应急联动和协调处置能力。（郭　静）

【航空市场发展】2019年，山西航空产业集团有限公司在局方“控总量、调结构”的政策要求及波音“737MAX”停飞造成运力收紧情况下，多点发力稳住市场，想方设法降低航班调减带来的影响。

多措并举拉动客源。沟通民航局，充分考虑机场运行实际，优化调减方案，充分结合山西旅游市场需求，加大航空市场开发力度；深化与太原市文化和旅游局合作，推出“登机牌+景区门票”优惠产品，探索“航空+旅游”资源共享双赢合作模式；加密阳泉城市航站楼往返班次，延伸平遥城市航站楼班车线路至介休，运输旅客人数实现快速增长。

稳步开拓国内市场。太原机场新增义乌、腾冲、南充等22条航线，不同程度加密至国内主要城市航线航班。

开辟国际航线。太原机场推进欧

洲、美洲、澳洲三条洲际航线平稳运营，加密太原至莫斯科航班；在保持至香港、澳门、台湾航线稳定运营同时，紧密结合“一带一路”倡议，加强与东南亚地区互通互联，新增太原至泰国甲米、印尼巴厘岛、越南芽庄和柬埔寨暹粒、西哈努克港以及日本大阪的航线航班。全年，太原机场全年进出境旅客42.10万人次，完成年度计划129.10%。（郭　静）

【集团业务拓展】 2019年，完成中航兰田、中航展销、三晋通航三家公司股权划转工作；先后与九牛牧业、芙蓉酒楼、顺丰等多家民营企业洽谈，尝试混合所有制改革合作，与山西迪奥普无人机公司混改初步达成意向；开展口岸进境免税店前期调研，可研报告太原海关已经审批通过；拟定与广东薛航合作协议，积极开展航空物流合作；与中加时代公司、太原理工大学开展航空实训国际培训研究；航空工业通航飞机制造、141航校建设等方面进行沟通，初步达成合作意向。（郭　静）

【通航强省项目】 2019年，山西航空产业集团有限公司抓住山西省获批国家通用航空业发展示范省的战略机遇，加快推进通航全产业链各项业务，着重推进通航集团为主体运营体制建设，转型发展步伐强劲有力。

开通短途运输及低空旅游，拓展经营业务。实现国内首次全省域4条短途运输航线、3个低空旅游项目同步开飞，并开通太原尧城至石家庄栾城跨省短途运输航线，实现通航短途运输常态化运营；围绕“黄河、长城、太行”三大板块，在壶口瀑布、雁门关、太行大峡谷等景区同步开展低空旅游项目，打响“空中看山西”旅游品牌；山西通航短途运输5条航线累计完成运输起降1332次，飞行时间1280小时，旅客吞吐量8734人次。低空旅游三个航点共完成640个起降架次，载客1859人，飞行164小时。

拓展通航新业务，扩大通航影响力。成功主办2019尧城（太原）国际通用航空飞行大会，初步创立山西一流的通航会展品牌；举办“通航看山西”平遥摄影展，助力山西通航产业加速快跑；协助沁源“3·29”森林火灾抢险救援，完成救援飞机起降222架次，调机4架次，运送水200余吨，搬运阻燃剂3吨，发挥山西应急救援体系中通用航空的重要作用。

完成运控中心首期建设，提高通航飞行保障能力。在低空空域管理领域先行先试，完成山西通航运控中心首期建设，基本实现运行监控、轨迹监视、飞行数据统计等功能。

推进晋中产业园合作，打造通航示范园区。与晋中合作开发山西（晋中）航空产业园，在前期签订战略合作框架协议的基础上，初步完成园区场地踏勘、规划工作，达成航空整机制造、航空教育培训、无人机等重大项目引入意向，促进通用航空全产业链落地发展。

推进机场项目建设，谋划通用机场网络布局。参与省内通用机场规划建设，协助推进右玉县、吉县、左云县、柳林县、河曲县等地通用机场、飞行营地、直升机起降场筹建，加快完善山西通用机场网络。（郭　静）

【基础建设项目】 2019年，山西航空产业集团有限公司补短板、抓弱项，千方百计筹集资金完善基础设施，改善保障条件，为未来发展提供空间。

太原机场三期改扩建工程前期工作加快推进，总规修编、飞行程序修编已完成招标，总规修编经省政府、省委审议通过后，已报民航局审批。

太原机场1号航站楼高架桥平台拓宽项目、高架桥结构加固及1、2号航站楼高架桥伸缩缝更换项目主体已完工；航空业务用房及附属设施改造、货运中心、机坪扩容、桥载设备替代APU等项目正在有序推进。

1月22日，太原机场1号航站楼高架桥平台准时通车。通车后，1号楼二层落客区由原来9米宽增加到17米宽，缓解原来高峰时段大量车辆集中落客拥挤不堪的状况，支持保障工作。

（郭　静）

【远程洲际定期航线开通】 2019年3月31日，由东航执飞太原直达美国芝加哥国际航线顺利首航，这是开通第三条远程洲际航线。太原机场开通国际航线14条。（郭　静）

【首条国际航空邮件直达业务】 2019年9月12日，太原—美国芝加哥国际航空邮件直达运输业务正式开通。336千克国际邮件经太原机场国际监管库出库装机，山西省内国际邮件从太原机场直接出境实现零突破。（郭　静）

2019年10月30日，太原机场举办“砺剑—2019”航空器应急救援综合演练

（山西航产集团供图）

信息服务业

Communication and Postal Service

通信服务

·电信山西分公司·

【概况】 2019年，中国电信山西分公司（简称电信山西分公司）全业务收入31.83亿元，同比增幅0.061%，高于行业平均水平，收入份额13.31%，较去年同期提升0.30PP；移动用户到达433.17万户，宽带用户217.72万户，用户户均流量达7.44G；天翼高清用户渗透率达69.19%；欢go客户端用户数到达246.55万户；销售渠道3341个，新零售门店累计拓展55家，打造智慧家庭体验市级标杆厅店123家。

累计建设开通4G基站2.50万个，覆盖率达96%；保持省内行业首张窄带移动物联网领先优势，累计建设NB-IOT基站2.36万个，完成全覆盖；大力发展高速光纤网络推进全光城市建设，末梢端口累计已达789万线，分光器端口累计达458.20万线，城市区域覆盖率达93.80%；农村区域覆盖率33.20%；IP骨干网出省带宽达5T，IP城域网出口带宽达到6T；天翼云山西资源池扩容20000核，上线IPV4/IPV6双栈能力，服务上云客户1078家；采用“2+2+9”架构建设山西云基础设施，启用IDC机房，IDC基础资源布局已经成型，累计形成机架能力1708架，IDC网络出口带宽4720G，并加速推进综改区太原数据中心项目建设。（宋向阳）

【智慧家庭品牌打造】 2019年，电信山西分公司着力打造“智能宽带、智家平台、智能应用、智能安全、智能服务”五智能力体系，构建“智能宽带、智能应用、智能服务、智享娱乐”四大产品体系，打造全新终端、业务和服务生态。基于在智慧家庭领域能力布局，以领先信息通信技术和服务，打造开放赋能开放，为家庭用户提供舒心、安心、称心智慧家庭产品，满足用户多元化、个性化、品质化和场景化信息化需求，致力于为用户创造无限可能的美好生活。优化智慧家庭装维流程，加强装维队伍建设，规范统一智慧家庭工程师服务标准、培训体系以及教材，明确各项智慧家庭产品验收标准，装维能力升级，从产品提供向服务提供转型，向客户提供差异化、显性化、价值化装维服务。

（宋向阳）

【5G智慧物流园】 2019年，电信山西分公司、金烨国际物流有限公司、天翼智联科技有限公司在金烨国际物流园区内签订5G战略合作协议，共同致力于将金烨国际物流园打造成行业领先的5G智慧物流园。以“5G+智慧”为理念，采用先进信息技术及智能化管理手段，通过系统集成、平台整合，帮助用户将信息化管理覆盖到园区每个角落，使人车货从入园到离开都实现数字登记、网络查询、数据库管理。园区内人与车、车与货、货与路在智慧的网络中运行，相互互动、服务集成，实现园区智能化、信息化。（宋向阳）

【5G联合创新工作室成立】 2019年，电信山西分公司5G联合创新工作室成立，通过整合电信云网能力及内部资源，并加强与优秀能力方合作，输出5G场景化方案及产品，推动5G赋能行业转型发展。对内进行5G及云网融合场景化产品及应用赋能基地建设，面向前后端、面向省市县广泛渠道体系开展5G云网融合场景化培训，通过5G引领带动前后协同、上下协同生产及营销赋能。面向行业深度融合，开展5G为主题的客户场景化宣传活动，展现电信5G网络情况及相关应用场景，通过演示厅进行5G技术普及和实际应用体验，形成营销推动力。形成5G产品创新孵化基地，结合具体客户应用需求，整合电信、设备方和应用方能力，与高校和基地合作，形成5G创新应用成果，并将具体成果进行推广，带动相关行业规模化发展。（宋向阳）

【5G智慧博物馆】 2019年，电信山

西分公司与山西博物院5G合作启动仪式在山西博物院举行。电信山西分公司将充分发挥自身在5G、人工智能、云计算、物联网等信息与通信解决方案创新优势，逐步利用增强现实AR、虚拟现实VR和人工智能AI等新技术，让数字化虚拟体验成为可能，让蕴藏于博物院中的中华文明焕发全新光彩，让参观者获得穿越时空新奇体验。山西博物院5G示范应用，属省内首创、国内领先，将会引领文博事业蓬勃发展，推动5G产业走在全国前列。（宋向阳）

【成立“DICT行业能力基地”】2019年，电信山西分公司首个“DICT行业能力基地”正式挂牌成立。对外推动本地DICT业务生产运营，汇聚产业链厂商及互联网企业能力，结合电信企业优势，提供有客户价值的创新产品、应用服务与解决方案，打造特定行业与技术领域省内标杆项目，带动政企DICT业务规模发展；对内实施横向、纵向政企团队实训赋能工作，总结经验、复制推广，并作为行业应用专家人选培养与选拔基地，带动政企“四个能力、一个体系”建设全面、深入开展。（宋向阳）

【5G+智慧矿业联合创新实验室】2019年，电信山西分公司与山西焦煤集团签订《5G业务合作协议》，推进5G+能源和制造行业业务合作，使5G、AI、大数据、云计算、物联网、工业互联网等新技术与能源、制造行业深度融合，打造示范标杆。在智慧矿山、智能工厂等项目上开展基于5G应用广泛合作，并共同建立“5G+智慧矿业联合创新实验室”，推进5G在智慧矿井、智慧矿区以及智慧化工等领域创新应用。（宋向阳）

【5G正式商用】2019年，电信山西分公司召开5G商用发布会，宣布中国电信5G正式商用。面向公众客户，推出5G套餐、5G会员权益和5G特色应用；用户可以通过使用5G套餐或者加升级包方式，实现不换卡、不换号轻松升5G；5G会员可享受生态合作伙伴权益及网络权益；并推出云VR/AR、云游戏、超高清视频、云电脑等5G特色应用，向客户提供更好使用体验。面向政企客户，充分发挥5G超大带宽、超低时延特征及边缘计算等能力，发挥“5G天翼云AI”特色，提供工业互联网、智慧城市、智慧医疗、智慧教育、交通物流、智慧能源等5G行业云网解决方案。（宋向阳）

【5G+智慧医疗】2019年，电信山西分公司与山西省眼科医院、浙江视联智慧医疗科技有限公司在山西省眼科医院远程医疗中心举行5G远程医疗启动会。一台高端人工晶状体植入手术示教大片，被实时传送到1300千米外的成都中医药大学附属银海眼科医院、300千米外的运城眼科医院和长治市人民医院学习交流。电信山西公司分别与山西省眼科医院、视联智慧医疗签署5G战略协议。

大数据、云计算、人工智能、5G通信等新技术变革为医疗信息化创新发展注入强大动力，电信山西分公司将充分发挥5G大带宽、低时延、高可靠等优势，探索5G技术在医疗领域更高价值和更多应用，并与山西省医卫行业专家携手合作，推进在关键领域和创新领域深度合作，为患者提供更为便捷和可靠的5G医疗条件，为山西省医卫行业提供全方位优质服务。（宋向阳）

【智能制造与工业互联网】2019年，电信山西分公司举办以“智能制造与工业互联网”为主题的分论坛活动，并搭建涵盖5G+工业互联网3大板块、7个子项现场演示区，展示中国电信在国内工业领域依托自身企业优势所构建以“工业连接为基础，数据汇聚为核心，能力输出为价值”的工业互联网生态。（宋向阳）

【物联网业务发展】2019年，电信山西分公司物联网用户规模突破100万户，涵盖水务、燃气、热力、烟感、充电桩、农业、监控、车联网等行业。组织开展山西省物联网生态合作伙伴招募工作，面向全国公开招募在智慧抄表、电动车监控、智慧小镇及园区、智能烟感、智能市政、车联网等10个领域行业技术领先企业，共同创造山西物联网合作新时代。基于政府“三供一业”政策，实现NB大规模商用，围绕智慧城市八大场景，实现产品多元化、平台引领发展。（宋向阳）

【学校联网攻坚行动】2019年，电信山西分公司承接完成教育部学校联网攻坚行动，落实接入中小学带宽不足100M免费提速至100M提速降费政策，并针对教育部下发名单接入385所中小学，组织各地市从央企政治站位角度，高质量推进接入学校提速任务。完成教育部下发385所接入学校提速工作。（宋向阳）

【千兆宽带部署】2019年，电信山西分公司响应国家网络强国战略，加速带宽资源释放，加快布局智家产品体系，大力推进千兆宽带部署，推出千兆宽带产品体系优化计划，主推带宽300M起步，融合全部切换至300M起，面向高端试点小区推出500M、1000M带宽产品。同步加强千兆应用升级，结合500/1000M大带宽，加速WIFI 6终端引入，面向中高端用户推出“500M+全屋WIFI6”升级体验。（宋向阳）

【第四批电信普遍服务】2019年，电信山西分公司贯彻落实党中央、国务院关于“精准扶贫，精准脱贫”决策部署，加快农村基础设施建设、缩小城乡“数字鸿沟”，承接完成第四批电信普遍服务建设工作。在项目建设过程中，电信山西公司组织精兵强将，协调资源，克服施工窗口期短、地形复杂、施工强度大、整村搬迁、建设清单变更频繁、环保严查、铁塔供货等问题和困难，完成光纤宽带覆盖34个行政村，建设4G基站317个，覆盖318个行政村，为偏远地区老百姓提供优质、优惠信息服务。电信山西分公司先后完成第三批、第四批电信普遍服务项目建设，累计完成光纤宽带覆盖345个行政村，4G基站覆盖318个行政村，惠及人口35739用户。（宋向阳）

【云基础设施建设】2019年，电信山西分公司加快推进云基础设施建设，推进太原数据中心园区建设，启动太原生产楼IDC机房改造项目，新增IDC机架297架，IDC网络出口带宽增加至4.72T。推动云资源池集约化建设，形成对内统一云基础设施，提升政企上云能力；提高定制服务器使用比例，提升云资源池利用率，IT云资源池综合资源利用率达到51.30%；推进各业务平台向云资源池迁移，逐步支持IPv6，提升业务平台安全能力，加强用户信息安全保护。提升CDN网络能力，支撑高清业务发展；新建CDN网络二平面融合平台，实现两个平面协同，具备内容加速、PSP加速、Cache缓存能力；完成天翼高清优品包系统建设，支持天翼高清直接点播腾讯视频内容。（宋向阳）

【5G网络共建共享】2019年，电信山西分公司与联通山西分公司贯彻落实双方集团公司5G网络共建共享工作部署，建立5G网络共建共享省级统一协调工作机制，按照“开放、合作、包容、创新、共赢”总要求，主动研究探索5G基站建设协调措施，推进5G网络共建共享。双方签署《5G网络共建共享框架合作协议书》；召开5G网络共建共享工作推进会；首个5G共享站点开通，双方5G终端测试速率均达1Gbps以上。双方在市场、服务、建设及维护等方面全面对接，建立联合工作组及对接机制，推进5G网络联合规划及建设工作，聚焦双方“最大公约数”，扎实推进5G网络共建共享工作有序、高效开展，实现“1+1＞2”初心和目标。双方具备条件共享基站已全部开通，5G在服务基站总数达到380个。（宋向阳）

【企业合规管理】2019年，电信山西分公司全面加强合规管理，落实党中央“全面依法治国”战略部署和集团公司合规工作要求，通过整章建制、加强重点领域整治、下发专项合规指引、开展合规培训等方式宣传合规理念、营造合规氛围。建立健全中国电信山西分公司合规管理体系，明确合规管理责任，完善合规运行机制，制定《中国电信山西分公司合规管理实施细则》，设立合规管理委员会，承担合规管理组织领导和统筹协调工作；开展合规管理培训，提升广大员工合规意识；推进DICT项目合作规范健康开展，制定《政企DICT业务风险防范指引》，加强业务风险防范及合规意识。制订法治工作五年规划推进举措，坚持不懈推动“七五”普法工作开展，强化法治意识，推进落实领导干部依法治企责任，提升领导干部法治思维和依法办事能力，充分发挥领导干部尊法学法守法用法示范作用；抓好领导干部这个“关键少数”、解决好思想观念问题，推动各级领导干部学法制度化、经常化。（宋向阳）

【BSS3.0系统上线】2019年，电信山西分公司完成BSS3.0系统割接上线，标志着BSS系统完成“单业务支撑”到“强化市场使能、一线赋能”深度变革和转型。BSS3.0项目是对BSS系统从底层架构到上层应用全面变革，项目复杂度大，从项目启动到稳定运营历时19个月，先后完成业务需求梳理、系统功能开发、多轮次系统功能测试、性能测试、安全测试、使用人员培训、使用人员验收测试、集团验收测试、割接方案制订、应急保障及服务预案制订、系统割接、割接后运营保障等工作，采用“平台+应用”分布式架构、集团研发中心PaaS组件、OpenAPI接口和集团规范BSS模型和主数据，在销售品上架、客户经营支撑、受理效率提升等方面，逐步显现并将持续发挥其优势。初步具备销售品上架流程和客户经营支撑流程的四个能力，即快速市场反应能力、精确细分市场能力、精准客户经营能力、实时事件营销能力，充分发挥BSS3.0系统的市场使能和一线赋能作用。（宋向阳）

【网络提速降费】2019年，电信山西分公司贯彻落实“提速降费”要求，成立由总经理亲自挂帅的领导组，下设七个具体工作组，覆盖流量、宽带、套餐、网络能力提升等方面，全面推进提速降费工作。提速惠企，降低中小企业宽带及专线平均资费。推动互联网和实体经济深度融合发展，互联网专线业务价格在下调10%基础上，中小企业专线、宽带平均资费再次下调21%；推进中小企业数据梳理及打标，为524家企业宽带、专线业务进行提速降费工作，降低企业信息服务使用成本。流量惠民，降低移动网络流量资费。对全量流量产品调整套外流量，最高不超过0.03元/MB；推出大流量套餐体验活动，牵引用户向大流量套餐迁转。推进流量达量送红包、送流量、积分兑换流量等活动，鼓励用户使用流量；配合大湾区规划，降低港澳漫游资费；全省流量单价降幅近50%。宽带提速，持续加大基础网络建设力度。针对低于100M以下低带宽用户，开展无条件提速活动，提升用户质态和感知，面向老用户推出预存话费提速带宽至300M活动。（宋向阳）

【携号转网惠民服务】2019年，电信山西分公司切实提高政治站位，承担主体责任，坚持“用户至上、用心服务”的服务理念，全力以赴推进“携号转网”惠民服务工作，开展携号转网相关系统改造建设，完成核心网、业务网、IT系统各相关平台升级改造，完成业务穿越测试和网间测试，修订完善业务规范、服务细则，提前布置宣贯执行，全面开展客户体验测试，持续优化服务方案。

正式提供“携号转网”上线服务，并继续按照“方便用户、公平公正、诚实守信、协同配合”原则，全力保障携号转网服务水平，增强用户“获得感、幸福感、安全感”。（宋向阳）

【骚扰电话治理】 2019年，电信山西分公司落实工业和信息化部要求，开展骚扰电话治理专项整治，骚扰电话拦截系统全年识别过滤疑似骚扰电话170余万条，谢绝来电平台累计注册用户数超5万户。规范骚扰电话专项治理标准化动作。建立多入口、多部门联合举报处置流程，分类制订政企语音专线压降、大数据平台处置、个人用户核实处理压降措施。坚决打击和治理骚扰电话，强化在网呼叫中心（含云呼等）、语音中继业务管控，新接入业务按最小化原则严格审核，明确违规处理条款。强化违规关停，针对五类高风险场景实行先停后查，并按同套餐、同渠道、同批次等特征进行延伸核查，连带号码按实名制要求实行先核后停。强化系统拦截，建设骚扰电话拦截系统，增强拦截手段和识别策略；推广使用谢绝来电平台，及时通过短信、营业厅、网厅等渠道宣传推广，引导用户通过谢绝来电平台封堵骚扰电话。（宋向阳）

【二青会通信保障】 2019年8月8日至18日，第二届全国青年运动会在太原市举行。二青会通信保障工作是电信山西分公司近年来承担保障规模最大、保障业务最全、保障范围最广的一次重要通信保障任务。作为“二青会”赞助商，电信山西分公司提供基础通信设施建设和配套通信服务、4G及5G移动网络无缝覆盖以及高清赛事视频转播优质传输通道、基于天通卫星应急通信服务，承接完成各比赛场馆信息化改造、安保网络建设等工程，并利用电信自身宣传资源为“二青会”提供宣传推广服务。

电信山西分公司完成57个比赛场馆室分建设和优化、95个接待酒店及运动员休息地移动网覆盖优化、5条互联网专线和10条业务电路；保障223场比赛，出动保障人员1573人次、车辆236辆次，巡检基站1188个，巡检酒店96个，巡检场馆57个，巡检光缆3860千米；电信公司网络质量优良，视屏直播流畅、无卡顿，获得用户良好口碑；整个保障期间，做到重保站点无断站、各专业网络运行无异常、重点保障网站运行无异常、网络运行优良，圆满完成“二青会”通信保障工作。（宋向阳）

【国庆70周年通信与网络信息安全通信保障】 2019年，电信山西公司组织完成国庆70周年通信与网络信息安全通信保障工作。电信山西公司对重要机房、干线等重要网络节点进行现场检查、督战与指导，每日巡检全省一级/二级干线，累计共出动1997人次，车辆1138台次，现场盯守16处，完成4.56万千米一级/二级干线巡检保障任务；持续开展HW专项行动，开展各网络、平台日常安全漏洞核查和整改工作，HW专项行动参与人员156人次；出动应急通信保障人员2545人次，保障车辆1312台次，VoLTE语音接通率99.66%，天翼高清优良率98.64%，发现和处置互联网非法探测或攻击IP共2120个，全省网络、平台、系统、业务安全畅通。（宋向阳）

【护网专项行动】 2019年，电信山西分公司在山西省公安厅主办“护网2019”专项活动，表现优秀，成绩突出，获得“最佳防守单位”。在集团公司统一组织下参加公安部主办“护网2019”活动，电信山西分公司在活动中精心组织、沉着应对，实现未被攻破的目标。山西分公司共出动220人；封堵IP地址5070个；排查8个高危风险；扫描DCN终端454个，检测和处置安全风险451个；扫描OA终端2114个，检测和处置安全风险2833个；防御8093.66万次攻击，处置安全风险43.41万起，监测日志数量63.44亿条，未出现攻击方成功入侵迹象。（宋向阳）

【杜绝漠视群众利益、保障农村网络畅通专项工作】 2019年10月，电信山西分公司开展“杜绝漠视侵害群众利益，保障农村通信网络畅通”专项工作，制订专项工作具体方案，包括网络建设方案、网络维护工作方案、客户服务工作方案、市场发展及综合支撑工作方案等，通过纵向省、市、县三级视频会议部署，横线多部门联合行动，推动第三批、第四批普遍服务项目、农村网络维护水平提升、客户投诉闭环管理等工作。农村基站退服平均时长压降到50分钟以内，农村宽带故障平均时长压降到15小时以内；为保护通信基础设施安全、维护通信网络正常运行，推动《关于在城市品质提升行动中做好通信设施安全保护工作的紧急通知》，为通信设施安全保护提供保障，确保客户网络正常使用。以实际行动扎扎实实做好农村网络维护和客户服务工作，维护人民群众利益，为人民服务解难题，增强人民群众获得感、幸福感和安全感。（宋向阳）

【防范通信信息诈骗】 2019年，电信山西分公司通过完善防诈工作机制、提升诈骗号码打击力度、建立完善技术手段、开展宣传教育工作等推进防范通信信息诈骗工作。狠抓工作机制及落实。调整防范打击通讯信息诈骗领导小组，开展“长春—2019”防范打击通讯信息诈骗专项行动，强化防范打击通讯信息诈骗工作要求。严格落实举报通报与责任倒查机制，对工信部、公安和集团公司通报涉诈号码及时完成核查处置，电话核查系统工单处置及时率和准确率均达100%。提升诈骗号码打击力度。处置电话核查系统被举报号码128件次，接应和关停重点诈骗地区归属本省号码1903个，研判主动关停号码2511个、反欺诈大数据模型自动关停号码23个、配合打击仿冒诈骗号码22个并将证件拉黑118个。实现对诈骗号码的精确打击和快速压降。建立完善技术手段。根据诈骗号码漫游地、入网时间、呼出时长、位置信息、套餐信息及呼出次数占比等特征，建立高危地诈骗号码大数据实时筛查模型，并打通与CRM间的接口，实现高危地诈骗号码自动关停。该功能完成开发联调和正式上线，实现对诈骗号码处置从事后为主向事前预防转变。开展宣传教育工作。组织开展网络安全宣传周活动，向电信用户发送公益短信440万条，发放20000余份宣传单页、宣传海报1500份，播放音视频500余小时。（宋向阳）

【网络信息安全】 2019年，电信山西分公司共监测并防御境外境内攻击约37万次，按照“谁主管谁负责、谁运营谁负责”原则，落实网信安全责任，实现“不发生重大网络信息安全事件”管控目标，并完成工信部年度考核指标。在网络信息安全领域投资2686万元，从组织、制度、手段、机制和队伍五个维度建设“横向到边 纵向到底”网络安全体系，初步形成涵盖主机层、网络层、应用层、数据层多个层次，防护、监测、响应三级联动的网络安全纵深防御系统。建设不良信息拨测系统，具备未备案网站发现、已备案网站不良信息发现、“一键封堵”功能处置能力；加强对自营/合作/接入网站、App等互联网应用内容信息拨测能力，加强互联网不良信息内容检测管理系统拨测频次和深度，严防死守，发现涉嫌违法违规内容，立即停止网上传输并保存相关记录。确保问题得到100%高效及时处置。持续推进“扫黄打非”、网上反恐工作。按照“只能加强、不能削弱”原则落实“扫黄打非”专项行动各项工作要求，加强组织部署，夯实工作机制；强化互联网基础管理，抓实安全风险管控；重视技术手段建设，打击网络违法违规活动，加强宣传引导，畅通举报渠道，在网厅设立网上“扫黄打非”举报专区。（宋向阳）

·山西联通·

【概况】 2019年，山西联通坚定贯彻执行中国联通集团战略，坚持党建统领，扎实开展“不忘初心、牢记使命”主题教育，全面接受集团公司党组巡视，严格落实中央巡视反馈意见对照检查整改，紧扣“活力、精进、可持续”三个关键词，保持战略定力不动摇，应对风险挑战，激发各层级活力，深入推进“五新”联通建设山西实践，全方位沉淀能力，坚定实施改革转型，接续奋斗，守正创新，山西联通主营收入连续三年实现正增长，全面完成利润预算目标，同比增幅联通集团第一，开创可持续高质量发展新局面。（宋向阳）

【企业创新转型发展】 2019年，山西联通坚持创新转型，高质量发展开创新局面。O2O协同营销体系建设围绕两网一中台，做强触点、做智中台、做优交付，突出在线服务和维系系统能力，持续迭代升级。致力于政企支撑服务能力互联网化转型，沃服务平台全面应用，B/O域贯通，业务交付能力提升，一线赋能更加有力。加快渠道转型步伐，转型自有厅实施新零售运营模式，通过金融、权益和互联网化工具应用，提升运营效能；社会渠道依托百夫长、分期购，实现裂变和双赢，“复兴”行动助力社会渠道网点增加、产能提升。逐步优化基于大数据的存量经营体系，实现用户保有和客户感知双提升，移+宽存量收入保有率同比提升4.50个百分点，提升幅度列联通集团第四，宽带、移网存量用户保有率分别排名第二和第五。（宋向阳）

【客户开放日活动】 2019年，山西联通举办首场客户开放日。来自各行业30多名客户代表参观改革开放40周年成果展厅、数字经济演示厅，客户代表们切身感受到山西联通改革开放40年来巨大变化。本次活动多角度、全方位、立体化地向参观者展示公司文化理念、管理理念和发展成果，推动社会各界对山西联通的了解、认识。客户代表们通过实地参观、互动环节体验山西联通互联网服务和权益产品，客户感知与企业美誉度有效提升。（宋向阳）

【网络告警管控】 2019年，山西联通省网管中心开展告警清理显成效，为客户提供更优质服务奠定网络基础。全面摸排，细则管控。制定翔实的告警清理细则，区分核心网、数据网、传输网和无线网四个专业网全面梳理阻断类、退服类、硬件类告警，针对告警产生原因采取告警分类标识、清理冗余数据等手段，为告警清理工作奠定基础。现场指导，快速排障。对超长活动告警，组成专家组，进行现场告警分析和故障定位，并总结告警分析和故障处理经验，形成文档为同类问题提供支撑。通报考核，加强督促。通过微信群对重点网元TOPn告警进行日通报、周分析和月考核，加大督促力度。全网告警数量大幅减少，告警网元比由年初5.30条/网元/日控制到2.50条/网元/日，减少告警风暴对监控系统压力，提升网络健壮性和故障告警精细化管控能力。（宋向阳）

【春运网络质量提高】 2019年，山西联通早部署、早安排，以确保春运网络质量和用户感知为目标，在总结春运重保经验的基础上，引入互联网和大数据应用分析，春运开始前就及早部署安排春运重保工作。提取掌握和安排各市春节活动区域90个，对春运期间热点分析基础上，对春节热点进行预测，提前储备软硬件资源，开展跨地市网络资源，调整工作，按天下发各市移动网用户。人流密集区及网络指标严重恶化小区，区域优化工作站对照每日清单协调

公司开展分析和解决，全力保障春运期间网络质量和用户感知，确保节日期间用户得到最佳网络体验。（宋向阳）

【企业战略合作】2019年，山西联通与山西云媒体在智慧云平台指挥中心举办战略合作签约仪式，发布山西联通智慧TV。围绕“智慧、愉悦、极速、融合”的设计理念，与会嘉宾体验“语音导航、智能搜索、四屏同看、九屏导视、观影多视角、换台零等待”等新功能，以家庭客厅为场景，在TV屏上观看智慧党建、智慧城市、民生服务展示。通过线上挂号，与社区卫生站医生进行视频通话和咨询诊疗。

山西媒体智慧云平台由山西云媒体发展有限公司建设运营，既是“中央厨房”，也是融媒体中心建设技术平台和总控平台。签约后，双方将在业务发展、企业管理、合作机制等领域展开全面、深入合作，助推融媒体中心、新时代文明实践中心建设，共同将“山西联通智慧TV”打造成为电视用户首选。

（宋向阳）

【“民兵在线”战略合作】2019年，“民兵在线”战略合作协议签约仪式在太原举行，双方将在人工智能、视频分析、生物识别、信息通信、云计算、物联网、大数据等领域深化合作，共同打造有竞争力的军队综合信息化解决方案，为军事物联网、智慧营区建设提供有力支撑。（宋向阳）

【公安综合信息化项目】2019年，山西联通中标山西政法综合信息网、公安信息网扩容改造项目，独家承揽该项目建设扩容工作。项目合同期为七年，年收入9800万元，借助本项目还将拓展森林公安和水利公安两个全省组网项目，项目合同期内总收入将达到7.28亿元。该项目的签订，有效提升山西联通在山西乃至全国公安通信市场公信力，也将在全国公安行业形成行业纵向一体化开发标杆效应。（宋向阳）

【5G品牌开通首发】2019年，山西联通大南门旗舰营业厅举办5G品牌暨迎泽大街5G开通首发仪式，山西联通5G发展秉承“新蓝海的试验场，独角兽的孵化器”合作理念。展现全新5G品牌标志，“让未来生长”，充分诠释联通5G致力科技创新、赋能行业、给用户带来无限精彩体验品牌精神和品牌态度。山西联通联合华为公司率先在太原市开通省内首个基于NSA组网5G基站，全力推进5G建设和布局，陆续开通19个5G体验厅；独家为圣火采集仪式及整个活动提供5G直播；在山西大医院实现山西首例医疗5G场景实测；对三晋第一街——太原迎泽大街1路公交线全线6.70千米进行5G覆盖，将向公众开放高速体验（5G-WiFi），打造首个智慧公交示范线。（宋向阳）

【全民健康医疗大数据平台项目建设】2019年，山西联通成功签约山西省全民健康医疗大数据平台项目建设，中标金额2966万元。该项目为建设全民健康信息共享平台、三大信息资源（电子病历、健康档案、医疗运营）、多项平台服务功能（索引、个人与机构注册、信息资源目录管理等）、四大综合监管功能（医疗服务监管、公共卫生监管、药品监管、医疗资源监管）、大数据分析应用及互联网+医疗健康应用（智能信息提醒、健康档案浏览器），并与11个市级平台、15家医院平台对接。服务还包含云平台搭建、1条千兆汇聚数据传输专线连接政务云、11条与卫生计生委连接300M数据专线及15条与直属医院连接数据专线建设、升级、运行维护。（宋向阳）

【5G手机正式登陆】2019年，山西联通5G手机入驻数字经济演示厅。随着华为Mate20X的5G体验终端首批到货，入驻山西联通经济技术演示厅，山西联通5G手机正式登陆三晋，标志着山西联通5G商用的加速落地，充分展示山西联通在5G终端产业链完整布局。首批5G体验终端有12个品牌，共15款5G手机及5G CPE，包括OPPO、VIVO、华为、小米、中兴、努比亚等知名品牌。经过5G网络环境下实测，联通5G手机成功实现超过1Gbps连接速度，下载一部1GB高清电影仅需6秒，体现出5G“大带宽、高速率、低时延”真正优势。山西联通经济数字演示厅联合华为、中兴等国内知名通信设备商搭建基于多个场景下数项5G应用展台，全面展示5G+人工智能、5G+虚拟现实、5G+物联网等多个5G应用方向。

（宋向阳）

【携号转网业务】2019年，山西联通严格按照国务院及工信部“携得了、转得快、用得好”惠民导向，圆满完成设备安装、业务调测、现网配置、携入用户开户等携号转网工程工作，成功将中国移动与中国电信的测试号码携入中国联通网络，实现换卡不换号的携转业务功能，携入用户主被叫、呼转业务、数据业务测试成功。首个携入通话成功，标志着山西联通在携号转网业务发展上迈出关键一步，为下一阶段携号转网业务全面开通提供有力支撑，确保携号转网系统支撑工作顺利完成。（宋向阳）

【华为无线GUL&OSS版本升级】2019年，山西联通成功完成全网华为无线GUL&OSS版本升级，为5G网络快速商用提供有力支撑。山西联通历时3个半月对全网华为GUL&OSS无线设备进行SRAN13.1版本收编升级，工作整体进度处于全国前列。面对当前网设备版本较低、升级跨度大、控制器设备陈旧、涉及设备数量庞大等问题，因事制宜、因点施策，采取一系列有效措施，最终以“零事故、零回退”顺利完成升级工作，满足5G规划发展及LTE 900M项目建设需要。（宋向阳）

【5G网络助力二青会】2019年，山西联通运用5G网络技术支撑与应用助

力“二青会”各类服务项目受到高度评价。打造智慧场馆。采用“室内外协同、宏微协同、立体覆盖”建网方案，实现宏微协同，精准全面覆盖，完成二青会开、闭幕式场馆内外5G网络部署，在体育中心红灯笼体育场开通7个5G宏站和3个5G室分，并进行多次优化测试，满足5G业务部署需求。8月8日开幕式，通过5G网络进行现场直播，将拍摄视频通过场馆内5G网络回传到视频服务器，在远端进行VR体验，为观众提供一场山西联通5G视觉盛宴，完美演绎出“盛世中国、盛会青运、盛情山西”。

引爆5G应用。二青会赛事幕后，山西联通5G支撑、IPTV、沃视频直播等技术纷至沓来、精彩纷呈。独家保障完成二青会圣火采集5G+VR视频直播，在全国电视频道转播中尚属首例，山西广播电视台公共频道网络直播上约20万人参与观看；支撑二青会5G气象服务，首次将5G技术运用到气象服务场景支撑中，为山西省气象服务应急车提供5G网络实地勘测、设备调试等技术服务支撑，实现实时制作气象预报，气象产品发布等功能，提升御雷电灾害监测预警能力；联通IPTV独家多维度、多视角对二青会赛事实况进行流畅、同步播出，开创客户收视新体验；推出营业厅里看“二青”活动，在各大旗舰店，客户不仅能身临其境地体验5G+VR视觉盛宴，更能随时观看联通IPTV提供二青会14个专栏频道精彩赛事。亮出联通品牌。以“二青会”为契机，进行全方位企业品牌、产品、服务宣传。在二青会代表必经的太原火车南站、武宿机场，都有山西联通5G助力二青赛事醒目广告宣传；在红灯笼体育场打造二青会5G体验展，提供联通5G产品的展示体验；在二青村建成山西联通5G营业厅，向来自五湖四海的运动员展示5G科技；在开、闭幕式上为观众精心准备印有企业标手提袋、雨披、荧光棒及饮用水；在赛事期间，面向公众及二青会数万名志愿者，免费发放3000张5G体验卡。 （宋向阳）

【国际漫游服务开通】 2019年，山西联通成功为600万星级用户开通国际漫游服务，受到用户一致好评。在开通过程中，首先与集团密切沟通，反复确定开权口径、导入数据库中间表等多项工作。针对全国集中进行国漫批量业务开通操作、系统出现大量拥塞、开通用户数不到70万的情况，多次优化开通方案，利用夜间业务量较小直接在集团数据库后台导入数据，导入一批开通一批。白天对用户数据核查分析，夜间批量进行用户国漫开权，连续昼夜奋战11天，国漫开权用户达6350299个，圆满完成集团和省市场部制定国漫开权目标。 （宋向阳）

【5G正式商用】 2019年，山西联通在太原市大南门旗舰营业厅隆重举办“极速5G，联通未来”联通5G正式商用发布会，山西联通首次面向公众发布5G套餐、5G终端、5G网络覆盖以及5G服务等相关资讯，标志着5G正式商用。商用后，山西联通用户可以不换号卡办5G，套餐共有七档，包含流量从30G到200G不等。华为Mate30、小米9Pro、三星A90等十多款5G终端全面亮相，特推出购机享12期免息分期，裸机全款直降等措施。联合山西电信共同打造5G商用网络。太原市作为全国第一批5G商用城市，其重点街道、重点高校、重点商圈、二青会场馆、青运村、长风商务区、山西大医院等区域已经实现5G覆盖，客户可享受5G超高清视频、5G云游戏等多种5G体验。 （宋向阳）

【“爱心助梦”公益捐赠】 2019年，山西联通圆满完成首批“爱心助梦”公益捐赠。捐赠过程通过“一直播”平台进行直播，视频观看人数达到34.10万、点赞人数达到66.90万。本次活动是山西联通与山西青基会共同发起“爱心助梦”积分公益捐赠活动，即用户捐出积分以帮助贫困儿童实现“微梦想”。

同年，开展“吉祥金猪年，沃暖敬老院”新春公益慰问活动，走进敬老院，为老人们送去慰问和祝福。 （宋向阳）

·山西移动·

【概况】 2019年，中国移动通信集团山西有限公司（以下简称“山西移动”）坚持以习近平新时代中国特色社会主义思想为统领，深入贯彻中共十九大和十九届二中、三中全会、中央经济工作会议精神，全面落实中国移动创世界一流“力量大厦”总体思路，坚持和加强党的全面领导，践行新发展理念，牢固树立改革意识、创新意识、紧迫意识和底线意识，凝心聚力，攻坚克难，高质量发展取得进展，收入增幅提升7.60个百分点，继续保持区域主导运营商地位。 （宋向阳）

【企业转型升级】 2019年，中国移动通信集团山西有限公司基于规模“三融”价值经营不断深化，收入结构、客户结构、业务结构优化，效益水平稳步提高，转型发展新动能初步形成。坚持以融合为基础拓空间，推动“四轮驱动”高质量融合发展，实施“扩容计划、穿石行动、护航行动、网龄运营”等专项活动，4G客户渗透率达到77.50%，集团排名第7。加快实施“单转融”，家庭融合率达到37.10%，集团排名第4。宽带和电视业务发展进入快车道，宽带累计净增份额达到74.70%，集团排名第10；IPTV净增118.60万户，电视搭载率提升至52.50%，视频点播业务收入实现从十万级到千万级跨越。实施政企运营体系改革，形成“省市协同、编队作战”能力，建立与行业龙头、隐形冠军沟通机制，集团产品收入同比增幅35.10%，集团排名第2。移动云收入完成5857万元。物联网客户连接数同比增幅179%。获中国移动政企市场“经营业绩先进奖”和“DICT拓展突破奖”。坚持以融通为载体增价值，加快渠道转型，完善用户触点体系，建设智慧营业厅20个，拓展泛渠道2.70万个，电子渠道用户渗透率达到59%，重点业务线上办理量占比达到72%。推进智慧中台规划建设，构建面向“一线营销、管理运营、安全风控、网络运维、垂直行业”五位一体框架，为转型发展提供坚实IT保障。大数据智慧赋能成效显著，“数字天网”项目获2019年星河奖—最佳行业大数据应用奖第一名。坚持以融智为手段提效率，推进业务营销智能化，上线“千人千面”营销模式，助力家庭、集客和内容业务精准营销。推动网络运维智能化，提升云网融合响应速度。“5G+”计划全面推进。精准建设5G网络，开通5G基站1500个，实现城区及标志性精品区域有效覆盖。储备与建设并行迭代，完成5400个5G基站端到端资源储备。全面启动AICDE新型能力建设，构建5G产业生态，推动签订5G战略合作协议。成立11个联合创新实验室，加强与煤炭能源、重工制造等特色优势行业创新协同，联合孵化创新应用62个。“智慧青运会”“智慧矿山”两项应用获工信部第二届“绽放杯”5G应用大赛二等奖。（宋向阳）

【企业改革创新】 2019年，中国移动通信集团山西有限公司重点领域改革迈出新步伐，系统推进组织机构优化调整。强化前端单位对后端部门支撑服务效率评价，考核体系更加科学有效。网格化运营全面铺开，打响“班长的战争”，建立去行政化“倒三角”支撑体系，在微观搞活上取得较好效果。核心能力明显增强，推进云改，搭建“一云多池”IT云融合资源池和“横向多云、纵向多级”公有云资源池，实现跨机房跨域资源共享、分钟级资源交付，逐步构建云+网+X类产品体系。持续提升网络能力，推进TDD/FDD融合组网，综合覆盖率达到97%。全面完成2G基站设备替换。持续攻坚宽带小区，城市全量小区覆盖率达到95%，打造千兆小区4760个。加强内容网络建设，TOP500网站时延排名集团前十。打造大视频平台，IPTV平台能力达到185万户，CDN基础能力达到6.80T。创新活力进一步迸发，“二青办”工作模式成功实践，为重大项目攻坚提供经验。输出195项在岗技术革新成果。各领域广泛开展一系列管理创新、班组微创新及QC活动。（宋向阳）

【服务质量提升】 2019年，中国移动通信集团山西有限公司始终坚持以人民为中心发展思想，着力提升以用户感知为导向服务能力，统筹开展“破冰、领先、阳光、削峰”四大行动，服务品质差异化优势持续保持领先。深入实施行风纠风，下大力气整治不知情定制、不规范外呼、不规范营销等行为，狠抓客户信息保护以及垃圾短信、骚扰电话、不良信息综合治理，全面保障客户权益。大力精简资费数量、简化资费结构，资费套餐满意度排名集团第3。持续开展4G质量攻坚战、家集客质量提升大会战，“四轮十维”质量评估排名集团第6，家庭宽带客户满意度领先值由负转正，集客业务快速交付能力进一步增强。4G客户满意度表现值、政企客户满意度、营业厅综合满意度均排名集团第一。客户服务综合满意度连续四年保持行业第一。（宋向阳）

【企业精细管理】 2019年，中国移动通信集团山西有限公司推进降本增效，通过清理低效无效资产、强化盘活利旧、完善两级集采等手段，累计压降各类成本2.70亿元。实施新所得税预缴方案，节约现金流9800万元。自主开展研发费加计扣除，节税860万元。顺利上线集团ERP集中化系统。流程优化深入推进，重要流程效率较去年平均提升15%。创新采用“和对讲”产品开展工程现场智慧管理，快速高效解决施工现场问题。“法治移动”建设和“合规护航”计划持续深化。强化审计问题立行立改，健全完善问责追责机制，审计成果转化效果持续增强。严格落实安全生产责任制，常态化开展隐患排查整改，全年无重大事故发生。出台《为基层减负若干举措》，加强会议源头管控，推行公文工单“预算制”，督查检查考核项目由20项合并为6项。（宋向阳）

【企业社会责任履行】 2019年，中国移动通信集团山西有限公司严格落实网络安全工作责任制，全力推进电信普遍服务，实施消费扶贫、资费扶贫，深化网络提速降费，全面如期实行携号转网，圆满完成中华人民共和国成立70周年大庆等224次应急通信保障，切实开展民营企业清欠。实施“红、蓝”公益慈善项目，累计救治936名贫困先心病患儿、建设270间“蓝色梦想”多媒体教室。（宋向阳）

邮 政

·太原市邮政管理局·

【概况】 2019年，太原市邮政管理局以习近平新时代中国特色社会主义思想为指引，学习贯彻习近平总书记关于邮政业的重要指示精神，按照“打通上下游、拓展产业链、画大同心圆、构建生态圈”思路要求，以“不忘初心、牢记使命”主题教育为牵引，围绕市委市政府确定的目标要求和工作部署及省邮政管理局打造质量创优年升级版要求，改革创新、奋发有为，多项重难点任务得到显著成效，行业保持稳中提质、稳中向好的良好态势。（蒋丽丽）

【业务主要指标】 2019年，全市邮政行业业务总量累计完成42.50亿元（占全省比重为36.53%），同比增长56.14%；业务收入累计完成31.42亿元（占全省比重为35.39%），同比增长29.15%。其中，快递业务量完成1.43亿件（占全省比重为39.01%），同比下降4.64%；业务收入完成20.86亿元（占全省比重为42.21%），同比增长30.51%，快件收投量达到4.58亿件，支撑网上零售额达到600亿元，全市邮政业在经济社会发展中的作用不断增强，为稳增长、促改革、调结构、惠民生、防风险、保稳定做出积极贡献。（蒋丽丽）

【企业发展】2019年，太原市邮政管理局快递“上机”“上铁”工程实现跨越式推进，邮政速递首次开通自主航线、新增一条国际直邮航线，山西中通固定配设货运航线6条，顺丰速运启动全货航太原落地筹备工作，山西京东与铁路部门合作开通郑州、上海等方向高铁运输快件线路，全年累计开通航空邮路130余条，高铁邮路10余条，邮件快件转运效率有效提升。甩挂运输、仓配一体化等先进作业模式有力推广，投入甩挂运输牵引车173辆，建设仓配一体化项目专用仓储面积23550平方米，完成仓配一体化订单418万个。处理场所扩容升级有效推进，申通快递太原物流科技产业园基本完成项目建设，初步具备搬迁条件；具有快递专业功能的京东亚洲一号太原潇河物流园列入省级重点工程建设范畴；山西圆通妥善完成分拨中心异地搬迁及分拣设备升级改造工作，全年累计新增作业场地49600平方米，行业作业处理能力与发展需求匹配度进一步提升。（蒋丽丽）

【产业融合发展】2019年，太原市邮政管理局邮政快递与电子商务协同发展深入推进，收寄电商快件达到5599万件，同比增长24%；为先进制造业打造嵌入式服务项目11个，支撑制造业产值达到2294万元；“快递+农业”进展顺利，累计收寄小米、核桃、陈醋等各类农副产品达200余万件，带动农业总产值1273万元；邮政企业服务农村电商发展和特色农产品外销成效显著，将娄烦“有机小米”确定为“一市一品”农特产品进城示范项目，全年共计配送量14000件，销售额108.87万元，农产品销售量81.78吨，带动邮政包裹业务量4.10万件。太原邮区中心局与太原通达总公司交邮合作项目顺利启动运行，利用长途客运底仓运输提升邮（快）件转运效率，有效整合“邮运、客运、货运”资源，实现双赢；顺丰速运、山西京东等企业积极推进同城配送、冷链等新业务开展，行业服务广度深度实现全面提升。（蒋丽丽）

【完善配送网络】2019年，太原市邮政管理局快递入区工程高速推进，智能快件箱布设再度发力，3745组智能快递箱投入使用，箱递率超过10%；农村快递服务网点建设工作稳步实施，61个乡镇快递网点投入使用，快递业务乡镇覆盖率稳定保持100%。智能信包箱建设有序推进，全市6城区293个小区集中布放智能信包箱354组，共计3.30万个格口（较上年增加16组、0.22万个格口），服务能力约60万件/月，末端投递服务不断改善。持续巩固建制村通邮成果，完善830个建制村的基础信息台账，实现建制村坐标信息采集、投递员安装建制村投递监测系统移动端App“两个100%”。（蒋丽丽）

【市场秩序管控】2019年，太原市邮政管理局依法依规实施准入管理，严把行业入口关。结合菜鸟驿站等新业态企业运营实际，制订过渡期间备案管理时间表、路线图，加速推动第三方服务站纳入监管范畴。强化行业市场主体退出监管，开展快递业务经营许可专项整治，对不符合许可经营条件的快递企业及其分支机构、末端网点启动清理注销程序，推动11家许可企业退出行业市场。加强违规经营整治力度，保障用户合法权益。严肃查处开设末端网点未按规定备案、擅自将快递业务委托未经许可的企业经营等严重扰乱市场经营秩序行为，累计立案查处涉事企业4家。连续两轮组织开展快递末端服务违规收费清理整顿，坚决杜绝快递末端违规收费问题发生。根据国家邮政局关于2019年对快递公众满意度进行的调查结果显示，在被调查的全国50个城市排名中，太原市位列第三。（蒋丽丽）

【行业安全发展】2019年，太原市邮政管理局经市委编办批复成立太原市邮政业安全中心，寄递渠道安全监管体制得到进一步完善，出台《太原市邮政业落实安全生产主体责任实施办法》，明确企业安全生产主体责任落实标准及监管措施，行业安全生产基础得到进一步巩固。积极推进双重预防机制建设，实现安全风险隐患线上信息化监管和线下“一企一册”规范管理，行业安全风险隐患早发现、早辨识、早处置动态管理模式初步形成。建立企业安全生产信息台账，行业安全生产运行信息实现定期化、规范化采集汇总。利用大数据技术建设太原市邮政快递专用电动三轮车辆实时监管平台，完成全市500余家各类邮政快递网点和5000余辆行业末端配送电动三轮车辆的信息采集录入工作，实现车辆远程监管、动态监管；完成全市邮政普遍服务网点信息化监管平台建设，全市邮政普遍服务的163个营业场所实时视频监控全部接入市局视频监控平台，信息化监督效能进一步提升。根据太原市委市政府印发的《关于2019年度全市安全生产和消防工作目标责任考核结果的通报》，太原市邮政管理局获得市直部门“优秀”等次。

2019年，太原市邮政管理局完善专项应急管理措施，推动行业应急处置能力提升，强化对企业运营风险的监控力度，针对企业集中下调派费和部分品牌企业停业可能带来的风险隐患，积极采取有效措施，及时回应基层网点关切，保持行业网络稳定运行。市邮政管理局组织开展打非治违、涉枪涉爆、电气火灾等多频次多领域安全管理专项整治，严肃查处实名收寄、过机安检制度落实不到位问题19起，排查风险隐患56起。认真开展全市寄递渠道平安

邮政电信战略合作签约仪式　（市邮政管理局供图）

建设系列工作，配合相关部门开展清源、固边、净网、秋风、护苗等专项行动，配合相关部门破获利用寄递渠道寄送毒品类案件2起、销售假药假证案件3起、假酒案件1起，查堵涉毒类物品4022克，子弹头100余枚，弹壳260余枚，充分发挥行业作用，为省城平安建设、扫黄打非、禁毒、维稳等工作贡献积极力量。分别举办各级企业负责人、安检员等专项安全培训班7期，覆盖受众5200余人；开展三轮车驾驶人培训，累计举办16期培训4500余人；督促企业结合业务发展及时增配安检设备，推动行业安全管理人防技防能力不断提升。各寄递企业认真落实行业安全管理要求，积极做好人员培训和安全设备增配，全市新增安检机91台，同比增长51.66%，新增持证安检人员116人，同比增长90.16%。（蒋丽丽）

【寄递综合管理】 2019年，太原市邮政管理局成功召开全市寄递渠道安全管理领导小组2019年度工作会议，及时调整领导小组组成人员，明确重点任务和部门分工，保障寄递渠道安全联合监管机制顺畅运行；建立寄递渠道安全属地联防联控机制，积极开展联合执法检查、随机抽检等工作，累计出动执法检查人员732人次，检查企业264家，排查一般安全隐患56起，行政约谈企业42家，立案查处违法违规问题33起，行业监管效能有力提升。（蒋丽丽）

【“放管服”改革】 2019年，太原市邮政管理局全面落实中央简政放权要求，简化优化分支机构、末端网点备案手续，严控许可核查、备案管理审批时限，有效降低市场准入成本，按期受理企业许可、分支机构设立核查事项324项，全市快递许可企业54家，分支机构457个，末端网点备案927个。稳步推进邮政普遍服务行政审批、备案工作，完成135个普服局所备案工作。稳步实施分等分级监管，确立从严执法、全程督导和动态升降三大监管方针，对3个二级网点升级至一级网点、1个三级网点升级至二级网点，1个一级网点降为二级网点。有效发挥社会监督作用，全市社会监督员共开展监督活动207次，监督网点207个，反馈报告207份，走访消费者410人次，提出建议及意见15条，反馈问题8条。（蒋丽丽）

【民生服务】 2019年，太原市邮政管理局推进邮政综合便民服务平台向纵深发展，推广“线上办理+线下寄递”模式，市、县邮政分公司分别入驻省、市、县三级为民服务中心，覆盖率达100%。全面推行警邮、税邮合作项目，分批分步有序推进警邮、邮税合作项目建设全覆盖，警邮项目业务开办网点30个，办理各类业务272笔。税邮项目业务开办网点71个，代开发票2.45万笔，代开发票金额11.17亿元，代征税款4530万元。（蒋丽丽）

【生态环保】 2019年，太原市邮政管理局印发《2019年太原市快递业生态环境保护工程实施方案》，举办全市邮政快递业生态环境保护培训班，开展“邮来已久、绿动未来”主题宣传，制定邮政快递业生态保护工作信息定期统计报送制度，全面推进网点包装废弃物回收装置配置进程，全面强化行业生态保护工作统筹管理力度。截止7月1日在全省范围内率先顺利实现辖区分支机构回收装置配置全覆盖。实施传统快递面单升级替换工程，全市电子面单使用率达到99.50%。推广山西圆通芯片环保中转袋、山西顺丰可伸缩式填充物使用经验，引导减少传统固定尺寸填充物使用。推动电商快件包装减量化工作，电商快件不再二次包装率达到81.67%。建立行业生态环保信息统计台账，将生态环保工作纳入日常检查重点范畴，构建行业生态环保长效机制，着力提升生态环保工作的针对性和实效性。全年快递行业累计新增可循环中转袋9万余个，更换使用可降解包装袋10万余条，降解包装箱使用累计达到5000余个，配置绿色回收装置556个，配置使用新能源车辆总数达到442辆。（蒋丽丽）

【二青会服务保障】 2019年，太原市邮政管理局圆满完成“二青会”“中华人民共和国成立70周年”等重要活动、节日期间寄递渠道安全服务保障工作。坚守“二青会”寄递服务保障主阵地，制定邮件快件具体收投管控措施，确保赛事期间寄递服务安全畅通不断档；会同相关部门联合开展进港邮件、快件安检、毒检工作，有效防范毒品等违禁物品通过寄递渠道流入赛会场所；组织全市寄递企业安检机实操技能和禁寄物品辨识专项培训，全面提升进港物品源头把控能力，为“二青会”成功举办贡献积极力量。严格落实环京“护城河”安保职责，强化进京邮件、快件安全检查，坚决防止禁寄物品通过寄递渠道流入首都，开展行业风险隐患排查，及时消除化解不稳定因素，切实保障行业稳定运营。强化宣传教育力度，营造人人参与、人人助力的良好工作氛围，顺利完成国庆70周年等重要活动、节日期间行业安全保障工作任务。（蒋丽丽）

·山西省邮政公司太原市分公司·

【概况】中国邮政集团有限公司太原市分公司（原太原市邮政局，简称中国邮政太原市分公司）隶属于中国邮政集团有限公司山西省分公司，是网络型的社会公用服务企业。2019年，设有6个综合职能部门、2个市场经营部门、3个经营支撑部门，新成立寄递事业部，下辖4个县（市）邮政分公司、6个区邮政分公司和1个直属单位。有员工3049名；公司资产总额2.59亿元，其中固定资产1.34亿元，占资产总额的51.73%；全市邮政劳动生产率29.35万元/人，比上年同期增长6.61%。企业发展，员工受益，2019年一线员工收入增长5.60%，金融网点员工收入增长5.86%，分别高于企业收入增幅1.42和1.74个百分点。（王　飞）

【营业收入】2019年，太原市邮政实现业务收入7.74亿元，完成省分预算目标96.91%，排名全省第6；同比增长4.18%，排名全省第9。四大板块中，代理金融实现收入5.26亿元，完成省分预算95.58%，全省排名第8，同比增长3.97%，全省排名第5。寄递实现收入1.13亿元，完成省分预算93.33%，同比增长-6.97%，全省排名第7。集邮与文传实现收入9510万元，完成省分预算106.06%，全省排名第2，同比增长15.89%，全省排名第5。渠道平台收入2863万元，完成省分预算101.93%，全省排名第4，同比增长32.29%，全省排名第6。（王　飞）

【经营项目】2019年，中国邮政太原市分公司经营项目取得新突破。云集仓项目，自5月运营以来，华北仓、天津中通仓落户太原，日均业务量达5000件，累计业务量196万件，形成收入674万元，占快包收入的18%；“二青会”项目，设立主题邮局9处，开发集团客户20余个，累计销售特许产品1123万元，实现有效收入415万元，完成项目目标的132%，销售规模和进度均排名全省第1；警邮项目，建设警邮网点30个，开办20项交管业务，成功打造“家门口的车管所”，《基于邮政综合服务平台的警邮便民服务体系构建》获省分创新成果三等奖；税邮项目，建设税务代办网点109个，累计代开发票2.45万笔，代征税款4530万元，形成收入150万元，同比增长50%，《依托“税收征管社会化公共服务平台”的税务代理实践》项目获全省邮政经营创新项目一等奖；“福至新春”“粽情端午”“月满中秋”销售额增幅分别达72%、84%、31%。渠道拓展方面，分别与太原移动、电信及退役军人事务局签订相关战略合作协议，同小米、威马汽车等多家省级代理商达成直接业务合作，在金融、寄递、文传、渠道等多项业务合作上取得成效；板块协同发展方面，同邮储银行、中邮消金、中邮证券等成立市级板块协同机构，定期组织板块协同会议，就省市级重点项目进行共同推进，维系日常交流纽带，共同完成汽车产业链、惠农、军民融合等重点项目落地推进。（王　飞）

【邮政能力建设】2019年，中国邮政太原市分公司固定资产投资883.90万元。寄递发展支撑力度持续加大，增配电动三轮车153辆；代理金融网点能力不断加强，更新和新增ITM、清分机、验钞机等设备460余台。

推进管理手段创新，开发上线外拓营销收款平台，解决长期以来客户多种支付方式需求、规避资金风险等难点问题，已成为市分外拓营销的主要收款方式。鉴于该平台的实用性和可操作性，全省已于12月初全部上线使用，《基于丰富企业多元化收款方式的探索》获省分创新成果二等奖。上线运行低值易耗品管理系统，实现通用耗材的全流程管控，解决管理混乱、库存积压、账实不

2019年12月5日至10日，邮政太原市分公司参加第四届山西文化产业博览交易会（邮政太原市分公司供图）

2019 年“双十一”，邮政太原市分公司工会慰问一线揽投人员

（邮政太原市分公司供图）

符、浪费严重等诸多问题，通用耗材请领使用量较上年同期下降 30%。

普遍服务和特殊服务能力不断提高。农村乡镇网点覆盖率、建制村直接通邮率均达 100%；平信条码化率 99.22%；平信信息断点率已降至零。营业网点签到签退率达到 100%，142 个电子化营业网点“第三方支付”开通率 100%。县及县以上《人民日报》《山西日报》当日见报率达 100%。外勤监控采集率达到 99% 以上。狠抓寄递渠道安全，圆满完成“两会”“二青会”、进博会、中华人民共和国成立 70 周年庆祝活动等重大服务保障工作。在“二青会”期间，成功堵截一起通过邮政渠道寄递涉政非法出版物案件。（王　飞）

【首批“警邮合作”邮政网点正式运营】 2019 年 1 月 29 日，太原邮政、市交警支队在小店区迎宾苑支局举办警邮合作项目签约仪式。市交警支队政委王毅，市分公司副书记冀文、副总经理王晓军出席签约仪式。黄河电视台、太原电视台、山西交通广播、太原交通广播等 16 家太原市主要媒体进行现场报道。市交警支队政委王毅、市分公司副书记冀文代表双方签署合作协议，并对警邮网点进行揭牌。（王　飞）

【全市邮政工作会议】 2019 年 2 月 27 日，邮政太原市分公司召开全市邮政工作会议。会议以习近平新时代中国特色社会主义思想和中共十九大精神为指导，贯彻落实集团公司、省分公司工作会议精神，回顾 2018 年太原邮政经营发展情况，明确 2019 年工作思路和主要任务，动员全体员工贯彻新发展理念，深化改革创新，加快经营转型，奋力开创太原邮政高质量发展的新局面。

（王　飞）

【集邮文化协会会议】 2019 年 3 月 14 日，太原市集邮文化协会第一次会员代表大会暨一届一次理事会召开。省邮协副秘书长潘树仁，市社科联副院长张明，市分公司副书记冀文等领导，及来自全市各行各业的邮协会员代表参加大会，大会由市分公司副总经理王晓军主持。大会通过邮协章程等相关文件，选举产生理事会和监事会，并经无记名投票选举产生理事会领导机构，副书记冀文当选邮协会长，副总经理王晓军当选常务副会长，肖英、蔡恒宏当选副会长，邢明川、牛牧之分别当选秘书长、副秘书长，闫守威当选监事长。（王　飞）

【税务“双代”业务推进会】 2019 年 4 月 2 日下午，太原市税邮双方在太原市税务局共同召开全市税务“双代”业务推进会。会议首先由市税务局征管科传达《税邮合作双代工作推进的整体工作通知》及时间进度安排，并由个税科、财务科负责人就个人所得税、委托代征手续费结算等政策做出讲解，提出工作要求。市分公司副总经理王晓军对税邮双方优势进行简要阐述。市税务局总经济师、副局长焦永康分析现状，特别强调个人所得税政策及结算政策的难点问题已经得到有效解决，有利于税邮合作的顺利推进。（王　飞）

【首届员工义务“植树节”暨邮资纪念封首发活动】 2019 年 5 月 16 日，太原邮政与太原市绿化委、太原市规划和自然资源局（林业局）联合开展的“手植一棵树，绿化一片天”首届邮政员工义务植树节暨邮资纪念封首发活动在阳曲县青龙古镇北山种植基地举行。太原市规划和自然资源局（林业局）党组成员副局长王书宏、太原市绿化委员会办公室主任马东升、阳曲县林业局局长杨继福、省城“互联网 + 全民义务植树”北山基地负责人张爱平，市分公司党委副书记冀文、纪委书记李永年、副总经理王晓军出席活动启动仪式。山西健康之声广播、太原广播电视台、太原日报、并州之剑、太原移动电视等多家媒体参与报道。活动中，太原市规划和自然资源局（林业局）党组成员副局长王书宏和市分公司党委副书记冀文共同为纪念封揭幕并加盖纪念戳。绿化委领导为市分公司参与网络捐资认养和实地植树体验活动的员工代表颁发《国土绿化荣誉证书》和《全民义务植树尽责证书》。仪式结束后，太原邮政与太原市绿化委、太原市规划和自然资源局（林业局）干部职工共同进行植树活动。

（王　飞）

城乡建设与管理
Urban-rural Construction and Management

城乡规划

【土地利用规划】《太原市土地利用总体规划（2006—2020年）》科学统筹各业各类和各区域土地利用，促进太原市经济社会全面、协调和可持续发展。规划期内增加新增建设用地，调整完善全市2016—2020年新增建设用地指标16027.33公顷（含耕地11113.17公顷）。2019年土地利用管理实现以下基本目标：

农用地特别是耕地和基本农田得到严格保护，农用地利用效益明显改善。全市耕地保有量保持在102420公顷（153.63万亩）以上，基本农田稳定在86994.54公顷（130.49万亩）以上。耕、园、林、草用地结构进一步优化，农业综合生产能力稳中有升，农用地利用规模化、产业化进程初步完成，农用地利用效益明显提升。

建设用地集约利用水平显著提高，支撑科学发展的建设用地格局基本形成。城乡建设用地控制在78339.70公顷以内，各类建设用地结构协调发展，城镇工矿用地控制在53775.40公顷以内，全市人均城镇工矿用地约为117平方米，高效、有序的建设用地格局基本形成。

土地整治全面推进，土地生态建设和土地可持续利用取得成效。闲置、废弃土地显著减少，未利用土地适度开发，建设占用耕地得到有效补充，安全、和谐和充满生机活力的土地生态健康发展。（常丽英）

【城市总体规划】国务院批复《太原市城市总体规划（2011—2020）》确定太原市中心城区规划建设用地规模为360平方千米，中心城区空间结构为：双城、双区、四廊、多中心。山西省人民政府批复的《太原都市区规划（2016—2035）》确定太原市建设以“国际文化旅游名城、国家转型创新基地、内陆开发开放高地、山水宜居锦绣龙城”为定位的国家区域中心城市。太原市城市规划要走以质取胜的路子，顺应城市发展规律，把新发展理念、生态优先绿色发展要求贯穿规划优化全过程。

2019年，太原市规划建设取得进展。建立山西转型综合改革示范区，拓展开发区布局，优化产业空间。推动东西山生态修复，建设汾河中心绿化长廊，开展南沙河等九条支流的综合整治。推动城中村改造，着力改善民生服务，优化公共设施配置。加强文物保护，推进晋祠景区、明太原县城等保护性改造提升，进一步强化历史文化名城保护，彰显文化特色。形成中环快速交通体系，地铁2号线开工建设，完善交通体系，建设一批重大市政设施。完成“五规合一”试点工作，实现中心城区范围内控规全覆盖。

面向山西中部盆地城市群，重点推进太原都市区一体化建设，构建区域协同发展体系，坚持内外互动，突破空间制约，补齐短板，发挥省会城市辐射带动作用，彰显太原现代省会城市的功能和风貌。（常丽英）

城乡建设

【概况】2019年，太原市住房和城乡建设局深入学习贯彻中共十九大和十九届二中、三中、四中全会精神，贯彻落实习近平总书记视察山西重要讲话精神，扎实开展“不忘初心、牢记使命”主题教育，坚持全面从严治党，突出政治统领，强化担当作为，夯实基层基础，提升工作实效，各项工作取得明显成效。（雷宏伟）

【基础设施建设】2019年，太原市住房和城乡建设局完成“三桥一路”、晋阳大道、天龙山旅游通道、火车站东广场及配套路网等27项续建工程的建设以及镇城大街、中北东街等10条新开工道路的建设，完工里程133.26千米，14座人行天桥在年底前完工。“二青会”11个场馆建设、赛事期间的各项保障任务顺利完成，汾河三期建设工程按

期完成并投入使用，5个学校、医院代建项目相继交付，地铁2号线基本实现年度目标。（雷宏伟）

【城市人居环境体系建设】2019年，太原市住房和城乡建设局出台太原市改善城市人居环境、生态修复城市修补、老旧小区改造、停车设施规划建设管理等实施方案。组织完成2020年222个老旧小区改造的中央补助资金申请计划。新增公共停车泊位2.20万余个。城中村改造开工安置房4395套、68万平方米。强化城市风貌管控，推动制定建筑风貌管控细则，优化府城地区历史保护和环境提升城市设计。完成海绵城市建设面积52.80平方千米，占全市建成区的16%，出台国内首批关于海绵城市建设管理的地方性法规《太原市海绵城市建设管理条例》。（雷宏伟）

【工程建设项目审批制度改革】2019年，太原市住房和城乡建设局推动工程建设项目审批和管理体系建立，精简审批事项，优化审批流程，形成工程建设项目审批事项清单和5类7种流程图，审批时限进一步压缩到90个工作日。完成太原市工程建设项目审批系统上线运行并与省厅对接。实施投资项目施工许可承诺制，建立建设项目竣工联合验收制度体系，实现线上办理和电子证照的发放。实现全流程电子化招投标。落实图审改革精神，建立配套制度，健全质量保证体系。承接消防设计审查验收及抗震设防职能，建立消防设计审查、验收及备案抽查工作机制，加快建设项目消防和抗震设防手续办理。（雷宏伟）

【村镇建设】2019年，太原市住房和城乡建设局加强危房改造专项督导，建立“日检点周报告”制度，188户农村危房改造任务全部完工。全力推进娄烦县羊圈沟村装配式农房及配套公共设施建设，完成搬迁入住。推进晋源区赵家山村“美好环境与幸福生活共同缔造”示范工作，完成晋源区赤桥村3个传统建筑挂牌。申请拨付中央财政保护资金300万元，启动晋源区程家峪村传统村落保护修复工作。（雷宏伟）

【依法行政】2019年，太原市住房和城乡建设局加强对法治工作组织领导，成立市委住建工委法治建设委员会，制订《党政主要负责人履行推进法治建设第一责任人清单》，定期研究法治建设和依法行政工作，定期开展法治专题学习。制定重大行政执法决定法制审核制度、行政执法公示制度和执法全过程记录制度等有关制度，促进严格规范公正文明执法。认真做好行政复议和行政应诉工作，全年没有行政行为被复议，行政诉讼应诉8起，代市政府应诉1起，全部履行行政机关负责人出庭义务，展示法治政府良好形象。充分发挥法律顾问作用，完成局机关法律顾问报备，协调法律顾问提供法律服务130余件次，提高住建治理法治化水平。认真落实普法责任制，开展法制宣传、专题培训、“以案释法”等活动，促进工程建设规范化、日常管理法制化。组织1218人参加全省“七五普法”考试，全部合格。（雷宏伟）

【问题化解】2019年，太原市住房和城乡建设局开展城乡建设领域重点信访落实解决活动，省厅领导组交办问题37件，全部办结。及时、有效、妥善处理群众来信来访，受理国家信访局督办件1件，日常督办件5件，已全部办结化解；市交办疑难案件17件，全部办结化解，化解率为100%。网上信访件65件，已办结化解64件，化解率98%。接待来人来访来信83批次900余人，已全部办结化解。（雷宏伟）

【城建扫黑除恶】2019年，太原市住房和城乡建设局召开工委会3次、局长办公会2次、领导小组会议5次，对扫黑除恶专项斗争进行研究部署。发放宣传材料6万余份，宣传标语、展板、条幅8000余条，推送各类信息2万余次。累计摸排调查工地2400余个、企业2600余家，发放调查问卷表5.40万份、线索摸排表3.20万份。专项排查信访案件216批次、3714人次。（雷宏伟）

城乡管理

【概况】2019年，太原市城乡管理局系统广大干部职工以习近平新时代中国特色社会主义思想为指导，深入学习中共十九大、十九届二中、三中、四中全会精神和习近平总书记视察山西重要讲话精神，推进党建工作科学化、市政重点工程建设规范化、市政公用设施养护精细化、城管综合执法法治化、市容环境综合整治网格化、为民便民惠民服务常态化，圆满完成全年目标任务。

（安峰　赵苡）

【道桥设施管养】2019年，太原市城乡管理局，对柏杨树街等43条街道、共24万平方米道路进行大面积养护；对阳兴大道等道路共7万余平方米病害进行小修保养，沥青灌缝5773米；对坝陵街等6.70万平方米破损便道进行维修。

排水管网养护和改造，疏通管道159.70万米，清掏检查井、进水井13.80万座，更换检查井盖、进水井箅444套（个），升降井2578座；对大同路迎新南三巷口等4067米管网进行改造，安装防坠网3131个，安装进水井箅79套。

桥梁维护加固和检测，对西中环桥、滨河西路九院沙河桥等181座桥梁进行维修及检测。

无主井盖补盖，对太榆路、西外环路等路段、共1313套（个）无主井盖进行维修补盖。

掘路修复，对千峰北路、水西关南一巷等掘路进行修复，修复路面4544平方米。（安峰　赵苡）

【城市照明设施维护】2019年，太原市城乡管理局全年着灯率达98.51%、设施完好率达98.54%，超部颁标准0.50个百分点，及时处理率100%，保持国内一流设施管养水平。对迎泽大街、滨河东西路、长风西街、胜利街等692条街道进行排查整治，共计处理各类照明故障2754起。改造西矿街、五一东街等36条设施老旧街巷，升级灯具1480套，更换电缆16.90万余米。根据汾东大街（原十号线街）有路无灯等实际情况，组织施工队伍对此路段进行升级改造。安装照明灯具158套，敷设电缆1.60万余米，箱变3台。规范验收接管胜利街东延、坞城北路等11条街道的新建照明设施，共计接收照明灯具8415套，照明线路105.60千米，配变电设施75台。（安峰　赵苡）

【池渠设施管理】 2019年，太原市城乡管理局把城市管理全面提升行动落实到设施管理日常工作的每一个环节。严格执行池渠设施管理工作责任制，层层落实责任，细化工作任务，将设施巡管工作落实到具体责任人。全年设施完好率97.43%，巡视及时率、交办问题处理率等各项指标均达100%。建立健全设施管理各项制度，规范巡视管理程序，严格巡管量化考核，狠抓监督落实，以有效的监督机制提高制度的执行力。探索完善池渠设施保洁的长效机制，认真做好设施维护工作，特别是强化对北张退水渠、许坦排洪渠等设施重点部位的管理保洁，对各缓洪池闸门启闭设备进行维护保养，确保设施防洪蓄洪功能的正常发挥。（安峰　赵苡）

【管道燃气设施升级改造】 2019年，太原市管道燃气居民用户自有设施升级改造遵循“政府主导、部门组织、企业安装、用户配合”原则，用三年时间，分期实施城六区（含综改区）范围内98万户管道燃气居民用户自有设施升级改造，将用户灶具连接用橡胶或塑料软管更换为不锈钢波纹软管，将单气嘴（灶前阀）更换为灶前燃气自闭阀门，改造项目所用不锈钢波纹软管、灶前燃气自闭阀门由市政府采购中心采购，费用由市、区（综改区）两级财政全额补助各分担50%。2018年5月完成材料采购并安装30万户、2019年完成安装任务21.40万户。（安峰　赵苡）

【市容环境整治】 2019年，太原市完成二青会市容环境卫生保障任务，全面做好环境保障。机扫冲洗168.30万千米，清理各类垃圾13.80万处、44.63万吨。全力提升垃圾分类覆盖率，“4+2”垃圾初步分类收运体系基本建立，片区创建示范引领作用不断强化。有序推进“厕所革命”工作。做好二青会场馆外移动厕所保障，购置10台移动厕所车，租用单体厕所150个。全年新建厕所135座，超额完成建设任务。严格管控扬尘污染。加强绿色文明工地建设，对143起扬尘治理不达标行为进行立案处罚。统筹推进背街小巷整治工程。基本完成街巷整治918条，示范街巷全部完成。全面推进“两下、两进、两拆”工作。拆除各类违法广告34787块12.53万平方米，实施线缆下地道路512条、262处，牵头抓好“两进、两拆”工作，各项整治取得阶段性成效。开展太原市文明促进条例联合执法。违法行为明显减少，市容环境得到显著改善。（安峰　赵苡）

【黑臭水体治理】 从2015年开始，经过全面排查，太原市建成区内共有黑臭水体20处。汾河以西8处，汾河以东12处。从2016年开始，根据黑臭水体分布、成因等现状，确定以入汾河排污口治理与黑臭水体治理相结合、河道综合治理与专项工程治理相结合、工程措施与技术性措施相结合的治理思路并展开整治。2016年完成五号缓洪池、六号缓洪池、黑驼沟等7处治理，2017年完成北沙河、北涧河、虎峪河等10处治理，2018年完成清水河、太钢南线排洪渠2处治理，2019年9月完成最后1处，即北张退水渠水环境污染治理。经过几年的持续治理，至9月底，建成区内20处黑臭水体全部完成截污纳管和清淤工作，实现消除建成区内黑臭水体的目标。（安峰　赵苡）

【雨污分流改造工程】 2019年，太原市城乡管理局为改善城区排水设施运行环境，从2018年开始对青年路片区和南沙河上游东山南片区进行雨污分流改造工程。继续实施两大片区未完工程。东山南片区改造工程已完成；青年路片区除草市街外已全部实现雨污分流。（安峰　赵苡）

【呼延水厂二期工程】 2019年，呼延水厂二期工程由山西省黄河万家寨水务

中压调压站维护保养　（市城乡管理局供图）

集团有限公司与太原市黄河供水有限公司合作承建。该工程主要为扩建项目，在呼延水厂现有40万立方米/日供水能力的基础上，新增供水规模40万立方米/日，形成80万立方米/日总供水能力。呼延水厂二期工程建设内容包括预处理投剂间、净水车间（包括净水处理工艺设施）、深度处理车间、清水池等生产设施。加药间、加氯加氨间、沉泥处理系统土建项目已在一期工程建设中完成，二期工程建设只需增加相应设备。工程总投资估算为5.02亿元，项目可行性研究报告和初步设计均已获批，2014年列入市重点工程，同年12月开工建设。呼延水厂二期工程三标段于2017年被评选为“太原市建筑施工安全文明标准化工地”；一标段于2018年评为“市结构优质工程”。土建工程已满足主工艺通水条件，安装工程配合土建完成各单体预埋预留套管安装工作，根据项目进度完成主要设备招标采购并已全部进场，安装工程已完成总工程量60%。（安峰　赵苡）

【城市供热】 2019年，太原市城乡管理局推进供热扩网工作。以棚户区改造项目和城中村改造安置项目为重点，配合“三供一业”改造完成大量用户并网，并针对性解决康乐村、朝阳佳苑、三桥片区、双塔村回迁小区等信访维稳重点难点用户供热问题，实现扩网838万平方米，配套完成热力站建设90座，圆满完成全年任务。配合新建道路、军民融合产业园区建设等项目，建设供热一次管网34千米，高效率完成管网敷设工程。

建设多元化清洁热源。高质量完成城南热源厂“煤改气”一期续建工程，2019年续建2台116兆瓦高温燃气热水锅炉，并于10月22日一次点火成功，正式投入运行，增加城市东南部地区热源能力，保障今冬供热。高效率完成东峰燃气调峰热源厂项目，根据规划方案，该项目共建设有5台116兆瓦高温燃气热水锅炉，设计供热负荷580兆瓦，清洁热源能力1100万平方米，该项目已基本建设完成。高速度拓展分布式燃气调峰热源建设，在全市范围内分布建设调峰热源33座，安装锅炉76台，供热能力374.14万平方米，结合气温情况，分布式热源分步骤、分区域、分阶段调节启动，针对性地增强区域性热源供应。高效能配置应急移动蓄热车，为应对冬季热源紧张，配置2台移动蓄热车，增强热源应急保障能力，实现“点对点”式的热源保障。

供热设施升级改造。2019年新增供热计量收费面积540.14万平方米。全年完成老旧一、二次管网改造13千米。在太古热源范围内实施大温差热力站改造27座，涉及供热面积近150万平方米。推广完成无人值守热力站改造102座，总数达1600座，占比82%。配合轨道交通建设完成供热管网改迁3.36千米。

“三供一业”供热分离移交工作。供热分离移交改造工作，自2019年8月开工到10月底三个月间，共组织完成40个标段、22.80万户的改造招标，先后实施完成80家国有企业289个职工小区，近12.10万余户的改造工作，高效率地推进任务完成，其中改造庭院二次管网521千米、楼栋立管353千米、户内管网5290千米。

保障供热工作完成。供热中，针对“多源一网”的运行特点，合理筹划全年注水、生产准备等各项工作。提早组织技术力量，根据全网负荷和今冬气源、燃煤、设施情况，编制好各类运行计划和各类气源、气温情况下应急预案、切换方案，强化热源调控能力。加强与气象部门科学合作，提前掌握气温变化情况，做好参数调节和切换准备，确保全网安全、优质运行。10月23日提前暖管升温，进入“试供热”状态，10月24日至25日全网系统正式升温进入“试供热”阶段。通过提前对全网调试，确保11月1日正式供热居民室温达标，供热合格率全面提升，用户投诉率较往年同期大幅下降。（安峰　赵苡）

【新扩建污水处理厂】 2019年，太原市汾东污水处理厂及配套管网一期工程。厂区于4月26日开始进水工艺调试，完成初步性能测试后，于9月24日初步完工，经调试运行，基本设施运行稳定，出水水质已满足合同规定，经主管局批复，于12月1日进入商业试运行。

晋阳污水处理厂二期工程。根据河西区域污水量及晋阳污水处理厂运行现状，经市政府批复，已启动实施晋阳污水处理厂二期工程。工程可行性研究报告已报送市发改委，并完成专家评审，待批复后即可进行招标。（安峰　赵苡）

呼延水厂二期净水车间　（市城乡管理局供图）

【城污处理提标改造】 2019年，太原市城乡管理局按照省委、省政府要求，分别实施北郊、杨家堡、城南、晋阳污水处理厂提标改造工程。北郊污水处理厂于4月出水全部回供太钢，实现零排放。杨家堡污水处理厂9月底前按照既定标准、要求完成提标改造；城南、晋阳污水处理厂工艺系统改造已完成，进行相关配套工程的完善工作。三座污水处理厂近三月出水COD、氨氮、总磷三项主要污染物指标全部达到地表V类标准。（安峰　赵苡）

晋原综合管廊建设　（市城乡管理局供图）

【再生水设施建设】 2019年，太原市城乡管理局续建、新建11个再生水工程。其中，风峪河西延、北涧河等3个工程完工，晋阳厂回供清徐工业园区、东峰路北延、九院沙河等8个工程正在建设。全年共铺设再生水管线5千米，建成1座泵站。（安峰　赵苡）

【道路快速化改造】 2019年，太原市风峪河、冶峪河两项工程已全部完工，推进竣工资料汇总及移交工作。竣工决算资料正在完善，进行竣工决算审核。冶峪河化工排洪沟改线工程、挖方堆土修复工程已完成施工、监理招标，正在加紧实施。（安峰　赵苡）

【水廊路网综合管廊工程】 2019年，太原市城乡管理局水廊路网提质改造工程和晋源东区综合管廊一期工程是组织实施PPP项目。两项目均已完工，正在进行竣工验收及运营准备工作。由于地下综合管廊尚属新鲜事物，国家没有管廊验收标准，尤其是管廊消防验收国内尚无可学习的经验。鉴于上述情况，计建处与管廊公司相关人员组织专家现场踏勘，针对专家提出意见整改。多次与市住建局对接，就如何进行管廊验收，尤其是先行完成燃气仓验收进行讨论，经过研究，基本达成一致意见，待整改完成后，采取专家论证与第三方检测相结合方式进行验收。验收工作年内基本完成。（安峰　赵苡）

【黑臭水体管理机制】 2019年，太原市城乡管理局把督查、通报、约谈制度化、常态化。市政府由一位副秘书长牵头组成专项督查组，定期以“走河”的方式对整体进展、治理标准、存在问题实施全面督查，形成书面报告和问题清单，定期报告和反馈，分管市长对重点问题再督察，对整改不力、迟缓敷衍的，约谈相关负责人，直到问题解决为止。实践证明这一制度的确立并常态运用，对推进黑臭水体综合治理效果十分明显。

将部门牵头整治转变为协同共管机制。通过总结经验，由最初城管局一家治理，到现在建立城管、环保、环卫、水务、公安、数字城管和城区政府多方协同共管机制。做到工作界线清晰、职责分工明确，避免推诿扯皮的问题；做到存在问题对号入座、快速领办；处置信息共享，避免文来文往、层层批转的问题；做到排除障碍，建、管协调推进，公安、执法配合保障，避免“身单力薄”问题；做到数字城管将治理后黑臭水体日常管理纳入信息采集范围，发现问题快速派单到责任单位，避免过去问题发现晚或无人发现而不能及时处理问题。

以城区政府为主导，保持河渠整洁纳入管理职责。河渠完成治理后，漂浮垃圾问题经常反弹。为有效解决这一顽疾，经调查研究，确定各城区政府要明确部门负责，建立专门队伍，专项日常保洁，从而实现垃圾随产随清。这一机制建立运用，持续保证河渠环境整洁。（安峰　赵苡）

【太古项目】 2019年，由中国工程院土木、水利与建筑工程学部主办，清华大学建筑节能研究中心承办的第十五届清华大学建筑节能学术周在清华大学召开。3月31日，公开论坛在清华大学成功举行。清华大学副校长薛其坤，智库中心副主任史志钦，清华大学建筑学院院长庄惟敏，中国可再生能源学会理事长、国务院参事石定寰，住建部标准定额与科技司副司长倪江波等专家领导依次为本次公开论坛致欢迎词，来自相关部委以及高校和科研院所、企业等近600名相关人员参加会议。清华大学院士江亿、副教授夏建军主持当日会议。集团公司总经理李建刚及太古供热分公司副经理石光辉参加“长途输热管道系统的安全应对和降低回水温度的途径”专题论坛及公开论坛相关活动。

这次公开论坛上，院士江亿宣布北方城镇供暖最佳实践案例，集团公司“太原（太古）大温差长输供热项目”获此殊荣，国务院参事、原科技部党组成员、秘书长石定寰为太古供热项目实践案例进行颁奖，公司总经理李建刚上

保障二青会火炬塔安全　（市城乡管理局供图）

台领奖。在公开论坛会场，江亿再次对太古项目给出高度评价。（安峰　赵苡）

【国家标准参编】2019年，由中华人民共和国住房和城乡建设部提出，全国城镇供热标准化技术委员会组织制定《城镇供热用焊接球阀》（GB/T37827-2019）和《城镇供热用双向金属硬密封蝶阀》（GB/T37828-2019）两项国家标准，经国家市场监督管理总局、中国国家标准化管理委员会批准已正式发布，将于2020年7月1日起实施。

《城镇供热用焊接球阀》和《城镇供热用双向金属硬密封蝶阀》两项国家标准制定，有利于规范热网用阀门产品设计、制造及工程安装，一方面可以填补中国在此领域的空白，另一方面使供热行业标准体系更加系统化。此标准制定对于提高该产品的技术标准和可靠性，进而提高城镇供热管道系统安全使用具有重要意义。

中国城镇供热协会组织，太原市热力集团有限责任公司和太原市热力设计有限公司共同起草参编的团体标准T/CDHA 1-2019《架空和综合管廊预制热水保温管及管件》正式发布，并于2019年10月1日正式实施。

（安峰　赵苡）

【新型工法编制】2019年，山西诚信市政公司技术人员联合编制的三项工法《一种市政管道清淤装置》《一种便于调节的建筑用施工架》和《一种公路桥梁防撞装置》取得实用新型专利证书。启动质量管理QC小组计划，成立9个QC课题小组，其中《提高城市道路水稳层施工质量》《提高桥梁预制梁施工质量》《提高城市道路检查井施工质量》及《水钻过路施工应用》4个QC课题获得初步成果。（安峰　赵苡）

【重点工程】2019年，太原市北张退水渠清淤及治理工程起点北张退水渠晋阳街出水口，终点北张退水渠入太榆退水渠口，全长14.75千米。主要工程内容为对全线淤泥进行清运，进行渠底硬化，避免雨水冲刷淤泥造成水质二次污染，对边坡进行植草砖加固，并对严重影响行洪的11座桥梁拆除重建，清淤工程1849.43万元，清运淤泥约14万立方米。工程于2019年7月15日开工建设，清淤及渠道治理已完成，桥梁改造计划汛期前完成。

兴华北街、汇丰街、汇丰南街改造工程主要建设内容为道路工程、排水工程、照明工程、管线综合、交通设施及绿化工程，道路性质为城市次干路，计划总投资3亿元。三条小街巷总长4.35千米。其中，兴华北街长2千米，汇丰南街长1.15千米，汇丰街长1.20千米。工程于2018年9月开工，已全部建成通车。

七府坟缓洪池治理工程主要内容为：覆盖段新建行洪箱涵，保证渠道正常行洪；缓洪池库区围堤新建工程，总长度为986米，其中2#池496米和3#池490米；抢险道路1000米；挡水堰1座。已完成工程招投标工作并开工建设。

完成二青会城市景观亮化美化工程。为喜迎二青会，迎泽大街、滨河东西路等13条城市主要街道局段两侧近800栋楼体进行楼体亮化提升。为辅助增强部分桥梁、中环路的道路照明照度，提升夜间安全出行，并配套完善全市夜间整体效果，对市内5座跨河桥、35座人行天桥、近70千米高架桥实施照明增强工程，切实提升百姓幸福感及获得感。（安峰　赵苡）

城市建设

·市政建设·

【概况】2019年，太原市市政公共设施管理处坚持以习近平新时代中国特色社会主义思想为指导，深入学习贯彻中共十九大精神、习近平总书记视察山西重要讲话精神，突出目标导向、问题导向、实践导向，多措并举、真抓实干，深入推进市政公共设施建设各项工作，并取得实效。（王志刚　李婧玉）

【市政设施建设改造工程】2019年，太原市虎峪河道路（西延）快速化改造及综合治理工程。东起白家庄路，西至鸦崖底村，全长5.40千米，红线宽度15米。工程内容包括道路、桥隧、河道治理、地下管线、照明及交通工程等。可研总投资约为150093.30万元，其中建安投资约为40478.30万元，工程于2019年5月开工。

东岗巷道排工程。北起桥东街，南至东岗街，道路全长334.11米，红线宽20米，主要建设内容为道路、地下管线等，建安投资约 607.73 万元。工程于 2019 年 7 月全线通车。

龙城大街（龙城大街—太榆界）临时绕行道路工程。道路全长 2840 米，道路实施宽度以东峰路为界，东峰路以西道路宽度 6 米至 9 米，东峰路以东道路宽度 18 米。主要建设内容为道路、地下管线等，建安投资约 3166.77 万元。工程于 2019 年 8 月完工。

（王志刚　李婧玉）

【背街小巷综合改造工程】 2019 年，太原市寇庄西路大修工程：北起南内环街，南至北园街，道路全长 1362 米，红线宽 20 米，主要建设内容为道路、地下管线、照明、交通及绿化等，完成建安投资约 3503.26 万元。工程于 2019 年 5 月完工。

迎新南二巷改造工程：东起迎新东二条，西至大同路，道路全长 1450 米，红线宽 20 米，主要建设内容为道路、地下管线、照明、交通及绿化等，可研批复总投资为 5600.95 万元，其中建安投资为 2496.56 万元。工程于 2019 年 5 月完工。

南海街道路改造工程：北起水西关街，南至迎泽大街，道路全长 576 米，宽 20 米，主要建设内容为道路、地下管线、照明、交通及绿化等，可研批复总投资为 1935.55 万元，其中建安投资为 1456.03 万元。工程于 2019 年 5 月完工。

桃园正街道路改造工程：南起桃园四巷，北至桃园三巷，道路全长 270 米，红线宽 20 米，主要建设内容为道路、地下管线、照明、交通及绿化等，可研批复总投资为 687.11 万元，其中建安投资为 301.63 万元。道路于 2019 年 4 月完工。

（王志刚　李婧玉）

【市政配套工程建设】 2019 年，太原市市政公共设施管理处根据黑臭水体整治安排，在 2016 年至 2018 年完成 19 处黑臭水体治理的基础上，2019 年根据“控源截污、垃圾清理、清淤疏浚、生态修复”的整体思路，对北张退水渠、马庄沟、太钢南线排洪渠黑臭水体实施综合整治。截至年底，20 处黑臭水体全部完成截污纳管任务，实现消除建成区内黑臭水体的目标。针对湿陷性黄土地质、水土流失严重的现状，对化工排洪渠、许坦排洪渠等 7 条河渠实施综合治理，对 25 千米土明渠全面实施渠底、边坡、岸带工程治理，对 21.80 万平方米岸带、边坡实施绿化，全面推进汾河流域生态修复治理。

雨污分流工作。为完善城市道路基础设施，改善城市区域排水设施，按照市政府的安排，从 2018 年开始对青年路片区和南沙河流域进行雨污分流改造工程。2019 年继续对两大片区未完成的工程进行施工。通过合理安排，科学组织，东山片区改造任务已完成；青年路片区除草市街外已全部完成雨污分流工作，对于工作难点的草市街，协调拆除 2 座旧热力站并及时新建，在保障供暖的同时推进该条道路其他相关工作，除最南段因电力迁改未到位外，已基本实现雨污分流。

水环境应急治理。加强 9 座一体化应急处理站和阳光污水处理厂的日常运营管理。每月由排水监测站检测出水水质并出具水质检测报告，定期对运营单位进行月度考核。随着黑臭水体整治工作的不断深入推进和水环境日益改善，清水河 1#、清水河 2# 站、北张 1#、北张 2#、许坦应急处理站和阳光污水厂强化一级工艺已经停运，清水河下游支渠、晋祠、太榆、阳兴河应急处理站和阳光污水厂一级 A 工艺正常运营。

（王志刚　李婧玉）

【专项养护工程】 2019 年，太原市市政公共设施管理处以“助力二青会、创建文明城”为目标，精心实施专项养护工程，确保市政设施以靓丽的面貌迎接八方宾朋。

桥梁美化工程。对中环内 193 座桥梁设施实施美化全覆盖。对桥梁底板、桥墩涂料粉刷和桥梁栏杆油漆粉刷，共完成油漆工程 47.40 万平方米、涂料工程 24.90 万平方米、冲洗桥梁 96.20 万平方米。

健康西路、健康南街、健康北街道路大修工程。在对排水管线运行情况彻底排查的基础上，对排水管道清淤疏通，对破损管道采用拖管、顶管、开挖及非开挖技术等多种方式进行修复。对部分沥青路面铣刨、路面病害处理、人行道砖拆除并重新铺设及非机动车道铺设彩色沥青微表处等。共清淤 7534 立方米，修复管道、拖管、顶管 1051.40 米；机动车道面层铣刨、铺装，病害处理共 114236.08 平方米；人行道拆除并铺设 49394.46 平方米。

漪兴路道路改造工程。北起兴华街，

公交站台盲道改造　（市政管理处供图）

2019年4月9日，滨河西路胜利桥至柴村桥段道路养护 （市政管理处供图）

南至漪汾街，道路长1.50千米。具体包括：新建部分雨水、给水、电力、通信、部分热力等市政设施管线，路面敷设道路照明、交通设施等。共完成沥青面积15378.56平方米；人行便道14598.76平方米；侧石长度3416米；卡边石长度724米；雨水管道480.50米；污水管道1245.04米；各管线检查井113座。

滨河西路大修工程。北起柴村桥，南至胜利桥，道路长6.70千米。对路面开裂、下沉、井箅破损、井盖下陷等病害进行全面维护。共完成铺设沥青22.50万平方米，拆除并铺设人行道4567平方米，安装侧、平石23396米，翻修侧石5000米，铺设雨水管道和连管752米，新增检查井7座、雨水口129座，更换检查井106座、雨箅子464座。

专项管涵清淤工程。针对易积水路段雨、污水管线进行清淤，主要包括大同路、滨河东路、新建路、城南退水渠等43处道路，共清淤27680立方米。此次管涵清淤创新清淤理念，确保井下作业安全，主要是以机械清淤为主，引进真空吸污车、高压冲洗车、清淤机器人等先进的清淤设备，尤其是机动式全自动污泥处理车对污泥的无害化处理，环保无污染，符合城市可持续发展理念。

主城区排水节点改造工程。根据市政道路设施现状，对易积水路段进行节点改造，共改造完成滨河东路柳溪街桥下和北中环东匝道桥下、胜利街建设北路至新建北路段、三给街文兴路至滨河西路段以及和平北路芮城铁道桥下5处节点，铺设管道4721米，有效解决易积水路段的汛期积水问题。

（王志刚　李婧玉）

【道排桥梁养护】 2019年，太原市市政公共设施管理处提升管养标准，完善设施功能，以二青会“五点一线”保障为重点，以“路平、水畅、桥稳”为目标，加大重点区域、重点路段市政设施维修养护力度，切实提高市政设施的整体功能和环境面貌。年度完成设施养护总工作量27597.07万元。全年共完成道路养护24万平方米，小修保养6.30万平方米，路面沥青灌缝5773米，人行便道维修7.90万平方米，掘路修复4370平方米；对72条街道的956处公交站台进行盲道改造，对53条街道的382处破损公交站台进行维修，对10处公交港湾提档升级；疏通管道150.10万米，清掏检查井、进水井14.40万座（次），更换检查井盖、进水井箅584套（个），升降井2567座，管道改造7013米，砌检查井、进水井115座，清理淤泥162立方米；对92项道路及排水管网进行应急抢修，管道长度1953米，道路面积4887平方米，便道654平方米，安装防坠网3632个，安装进水井立箅63套，砌检查井、进水井118座，清淤泥1761立方米，回填水稳碎石954立方米；维修补盖无主井盖1474套（个）；维修及监测检测桥梁181座。

（王志刚　李婧玉）

【市政设施管理】 2019年，太原市市政公共设施管理处加强日常巡视管理工作。全年巡视发现各类设施问题8586项，其中，市政设施问题7759项，外部及其他问题827项，巡视及时发现率达到98%以上，及时安排处置率达到100%；围绕国庆70周年、二青会、环太原公路自行车赛及文明城市创建等重大活动的开展，结合设施管理工作需要，加大对内外部设施摸排力度，先后组织开展多次专项设施排查活动，对设施病害、排水设施运行、硬隔离设施建设、独柱墩桥梁运行情况、区管桥梁运行情况等进行认真排查，为市政设施的管理和养护打下坚实基础。

数字化平台建设工作。加强数字化平台建设，及时有效处置数字化平台各类问题。全年共接办12319、12345、数字城管平台反映的各类问题单据21304项，其中，市政设施问题16619项，外部4685项，全部进行核实处置。反馈信息及时率、交办问题处理率、服务对象满意率均达95%以上。

设施基础管理及设施验收工作。加强新建设施“入口”管理，全年接收审核施工单位送交的80条道路的竣工资料；验收道路75条，发现问题700余条，对33条道路发放接管通知书；对38座桥梁设施进行接管；完善《太原市市政设施资料图形文档》，对接管验收的道路进行上账整理，对所属桥梁档案资料分类归档，对部分新建桥梁的移交档案进行分类、建档和整理等，提升设施管理水平。

加强违章稽查及掘路管理工作。不定期开展违章设施专项整治活动，及时对市区主次干道阻车杆、违章设置爬坡、违规使用桥下空间、桥梁悬挂线缆、便道障碍物和广告牌等问题进行集中整治，共计348项。接办处置各类违章行为1554项；加强掘路工地文明施工监管和掘路修复监管力度，共接办掘路执照249项，抢修209项。

新建及重点市政工程监管工作。管理关口前移，提前介入解决新建工程与原有设施之间的交叉和衔接问题。以八河治理工程监管和地铁工程介入管理工作为重点，对各类新建工程及时发现问题，积极协调解决。全年共参与47条新改扩建道路工程管理，向各项目部下达《新改扩建道路市政设施保护责任书》共计70份；参加各项目部施工例会、现场协调会160余次，提出合理化建议及重点解决存在的隐患35次，工地现场发现和纠正不按要求施工行为40余起，为施工单位、居民提供服务60余次，解决、核实各类新建工程市政设施问题3437项；参与介入日常巡视管理11000人次，保证市政设施平稳运行。

（王志刚　李婧玉）

【城市防汛】 2019年，太原市市政公共设施管理处深刻认识做好防汛工作的极端重要性，为确保市政设施在汛期的平稳运行，全处以管网清掏和改造为重点，加强防汛设备维护，狠抓易积水地段治理，认真做好防汛工作。积极开展春季排水设施集中清掏工作，对泵站和对应急抢险设备进行全面检修和维护保养，并在此基础上对影响防汛工作的管网病害和局部排水系统不完善等问题进行集中治理，确保排水设施汛期正常运行。针对八河治理工程完工投入运行和轨道交通建设、水环境治理等工作对城市防汛工作不利影响的多重叠加，充分准备、积极应对，加强与建设单位沟通协调，督促相关部门做好防汛工作，确保市政设施的正常运行，最大限度减小汛期不利影响。完善防汛制度，健全防汛措施，制订年度防汛工作预案，签订《防汛目标责任书》，组建441人的防汛抢险队伍，对抢险大队的组织结构、人员编制、机具物资的储备，都进行详细的安排部署，防汛物资和机械全部落实到位；对所有防汛设备均进行维护保养和试运行，对泵站、防汛泵车和各类应急水泵等重点防汛设备进行重点维护；建立A、B角工作制和防汛联动机制，确保应急工作无脱节、无空档。于6月29日承办局系统市政公共设施防汛应急演练活动，演练人数达300余人，收到锻炼队伍、提升防汛应急能力的良好效果；汛期加强预警，提前布防、及时应对，对雨中、雨后出现的设施险情和病害及时进行处理，变被动为主动，圆满完成年度防汛任务。（王志刚　李婧玉）

【道路塌陷隐患排查治理】 2019年，太原市市政公共设施管理处对二青会主会场周边道路以及红沟路等部分路段进行雷达检测，共检测道路59.55千米，布设测线730条，测线长940.40千米，覆盖道路面积约220万平方米，发现并处置40处道路脱空、空洞隐患。

（王志刚　李婧玉）

【市政公用服务进社区】 2019年，太原市市政公共设施管理处进一步强化服务理念，坚持以人为本、关注民生的原则，做好为民便民服务工作。始终把切实解决广大人民群众最关心、最直接、最现实的市政设施病害问题作为一切工作出发点和落脚点，持续引深“市政公用服务进社区”活动，主动帮助群众解决好市政设施方面的问题，有效提升群众幸福感。全年深入府东社区、劲松社区、老军营等社区及街道进行道路及管网养护服务38次。疏通管道22820米，清掏检查井542座，清掏进水井933座，维修路面22平方米。（王志刚　李婧玉）

·城市供水·

【概况】 2019年，太原供水集团公司资产总额80.85亿元。总产值13.61亿元。输配水管道2208千米，同比增长162千米。供水服务面积298.56平方千米。供水服务人口（户籍）261万人。保持全国文明单位称号，获得山西省爱国拥军模范单位、第二届全国青年运动会组织筹办工作贡献奖等称号。

全年供水总量2.94亿立方米，日均供水量80.63万立方米，同比增长7.55%。供水单位电耗441千瓦时/千立方米，同比单位电耗增加6千瓦时/千立方米。销水量2.61亿立方米，同比增长4.61%。主营业务收入8.16亿元。

（冯　玲）

【机构改革】 2019年，太原供水集团公司按照太原市厂办大集体改制有关政策要求，完成太原市供水服务总公司、太原市自来水安装工程公司改制。其

暴雨防汛　（市政管理处供图）

中：太原市供水服务总公司改制为太原供水服务有限公司，太原市自来水安装工程公司改制为太原润泽供水市政工程有限公司。成立太原水流量计量检测有限公司。（冯　玲）

【城市安全供水】 2019年，太原供水集团公司西张水厂、西山三加压站等供水厂站设施设备改造更新，大昌路、红沟中街等管线改造工程顺利完工，维修更换健康北街等供水管线阀门61处，供水安全可靠性进一步提升。水源水、出厂水、管网水定期采样检测，新增管网水质监测点5处，水质在线监测点1处，“水防线”保障更加完善。多举措满足城市用水需求，供水调度提前谋划，供水设施全面巡检，供水系统运行稳定，供水服务、供水保障、供水应急不断强化，平稳度过夏季供水高峰期，出色完成“二青会”、省市“两会”“能博会”等重要会议、重大活动及法定节假日保供水任务。（冯　玲）

【公共供水覆盖扩大】 2019年，太原供水集团公司紧跟城市道路建设、重点工程安排，新建、改造供水管线125.14千米，同步加快推进长风西街、小店维抢修中心前期手续办理进度，均取得阶段性进展。推进《太原供水重大场站及骨架管网布局研究》《西山地表水厂选址研究报告》前期筹备工作。发展总表用户1402户，新增户表用户3.05万户。配合市政府及有关部门积极推进关井压采工作，累计关闭16家单位，16眼自备井；配合“晋泉复流”、晋源区政府“百村景区化”工程，加快推进农村饮用水与城市公共供水管网对接工程，该区第一批15个自然村已实现通水。（冯　玲）

【优质供水服务】 2019年，太原供水集团公司立足提升供水形象和品位，客服热线系统高效处理城市供水各类问题。认真答复、办理网民留言及人大代表建议、政协委员提案、各级政府或部门转办件。“心系群众 水润万家”大型优质服务活动覆盖42个小区、企事业单位；“太原供水集团”微信公众号功能多元、亲民便捷。制定《入户延伸服务管理办法》，在各营销分公司、清徐供水分公司营业大厅开设“综合业务窗口”，实行“一站式”办理模式，为广大用户提供更贴心、更便捷的优质服务。改造“一户一表”3985户，居民用水环境持续改善。（冯　玲）

【企业发展】 2019年，太原供水集团公司将理顺部门职责、完善制度建设作为提升企业精细化管理水平和工作效能的根本点，在前期全面梳理、广泛征求意见、实地核实调研的基础上，初步修订《部门职责与工作标准》，合理调整《部门绩效考核》《对外宣传》《水质管理》《供水管线管理》等职责；出台修订《职工自愿放弃年休假的经济补偿试行办法》《职工违纪处分办法》等11项制度，为推动企业高效运营、高质量发展奠定基础。高度重视企业安全发展，“双重预防机制”风险防控覆盖基层单位、班组，“安全文化创建和群众性宣传活动”获得良好反响，实现全年重大安全生产“零事故”。（冯　玲）

“心系群众、水润万家”活动现场　　（太原供水集团公司供图）

【二青会供水保障任务】 2019年，太原供水集团公司作为“二青会”供水保障单位，供水集团始终站在确保二青会顺利举办的大局高度，坚决贯彻落实市委、市政府和二青会执委会的统一要求，勇担重任、主动作为，制定《第二届全国青年运动会供水保障方案》《第二届全国青年运动会保供水应急预案》，成立二青会供水保障工作领导组，从供水源头到用户终端逐一明确各成员工作职责；加强对场馆周边主要供水管线，排查隐患力度，绘制《青运村供水保障示意图》《山西省体育中心供水保障示意图》《山西省体育中心供水保障内、外部消火栓示意图》，及时对滨河西路滨河体育中心周边、健康北街等主干线隐患阀门、消火栓等设施进行维修更换，每日派出人员约120人次、车辆20余辆次，累计排查供水管线100余千米；根据赛程安排、场馆分布，安排相关部门深入用水单位与其负责人进行工作对接，重点针对长风商务区、滨河体育中心、山西大学、财经大学、理工大学、中北大学等办赛场馆重点区域，制订“一场馆一方案”应急预案，同时根据市执委会提供的57家酒店，逐一走访，查看其供水设施，就可能造成水压不足等隐患问题提出整改意见；针对青运村部分户内水终端出水口存在泥沙等杂质情况，及时安排相关部门对庭院管网，过滤阀（800余个）等供水设施设备进行彻底冲洗，并对户内水管进行冲洗和放水，确保泥沙排干净且水质达标；打破产权划分，主动对省体育中心内部自来水管道进行“战前”摸排，并全力对开裂管道进行抢修，消除因其内部管道问题而可能影响开幕式正常供电的隐患，彰显“供水担当”。供水抢修快速响应、高效处置，受到二青会组委会副主任兼秘书长、副省长张复明及市政府、市城乡管理局领导一致认可和表扬。

通过一系列扎实有效的保障举措，全力确保二青会开闭幕式和赛事期间安全供水，圆满完成各项预定保供水工作任务，获“第二届全国青年运动会组织筹办工作贡献奖”称号。（冯　玲）

二青会场馆周边地区及主干道管线排查　（太原供水集团公司供图）

【供水民生工程】 2019年，太原供水集团公司为有条不紊推动“三供一业”供水分离移交工作，切实把这项惠民工程办实办好，始终将供水工程改造放在不忘初心、牢记使命，满足人民群众对美好生活向往的高度予以重视，通过细化量化责任目标、精准施策逐级压实，在施工小区设置公示牌、架设围挡或警戒线、使用雾炮车洒水降尘、成立“女子党员服务队”，施工过程中全体人员统一着装等措施，使供水集团在“三供一业”供水业务维修改造这项政治任务中，获得移交改造小区居民一致认可和好评，省、市主流媒体正面报道10余次，收到用户感谢信（锦旗）10余份（面），且顺利完成83家驻并央企职工家属区的211个小区，庭院供水管线敷设290千米，入户改造9.50万户工作任务。（冯　玲）

·城市供热·

【概况】 2019年，太原热力集团有限责任公司供热总面积达1.55亿平方米以上，实现投资21.77亿元。

同年，太古供热中继能源站项目获全国第一个供热项目鲁班奖，也是山西省市政工程项目的第一个鲁班奖。华能东山燃气热电联产工程设计获2019年度省优秀市政公用工程设计二等奖、山西转型综改示范区阳曲产业园区热源厂“煤改气”工程获2019年度省优秀市政公用工程设计三等奖。《一种供热管网中多级泵站的水泵控制系统》《一种预制聚氨酯保温管用预制配式绝热滑动支座》获国家级实用新型专利。公司全年安全无事故，先后获得国家级荣誉6项，省级荣誉6项。（韩妍妍）

【供热扩网工程】 2019年，太原热力集团有限责任公司以棚户区改造项目和城中村改造安置项目为重点，配合“三供一业”改造完成大量用户并网，并针对性解决康乐村、朝阳佳苑、三桥片区、双塔村回迁小区等信访维稳重点难点用户的供热问题，实现扩网549万平方米，配套完成热力站建设70座，圆满完成全年任务。配合太原市新建道路、军民融合产业园区建设等项目，建设供热一次管网65千米，涉及管线20条，高效率完成管网敷设工程。（韩妍妍）

【清洁热源多元化】 2019年，太原热力集团有限责任公司高质量完成城南热源厂“煤改气”一期续建工程，续建2台116兆瓦高温燃气热水锅炉，于10月22日一次点火成功，正式投入运行，从而增加城市东南部地区热源能力，保障冬天供热。完成东峰燃气调峰热源厂项目，根据规划方案，该项目共建设有5台116兆瓦高温燃气热水锅炉，设计供热负荷580兆瓦，清洁热源能力1100万平方米，该项目已基本建设完成。拓展分布式燃气调峰热源建设，在全市范围内分布建设调峰热源33座，安装锅炉76台，供热能力374.14万平方米，结合气温情况，分布式热源分步骤、分区域、分阶段调节启动，针对性地增强区域性热源供应。高效能配置应急移动蓄热车，为应对冬季热源紧张，配置2台移动蓄热车，增强热源应急保障能力，实现“点对点”式的热源保障。（韩妍妍）

【供热设施升级改造】 2019年，太原市新增供热计量收费面积540.14万平方米，供热计量收费总面积达到2270余万平方米。完成老旧一、二次管网改造13千米。在太古热源范围内实施大温差热力站改造27座，涉及供热面积近150万平方米。推广完成无人值守热力站改造101座，总数达1428座，占比88%。配合太原市轨道交通建设完成供热管网改迁3.36千米。

经测算，2019年各项集中供热建设项目，共减少锅炉房和煤灰占地39.70公顷，每年可节约标煤26.47万吨、减排灰渣8.82万吨、二氧化硫排放量0.72万吨、烟尘排放量0.72万吨、减排一氧

东峰燃气调峰热源厂施工　　（太原热力集团有限责任公司供图）

化碳 1.48 万吨、氮氧化物 0.37 吨，环保效益显著。（韩妍妍）

【供热分离移交】 2019 年，太原热力集团有限责任公司供热分离移交改造工作，自 8 月开工到 10 月底的三个月间，共组织完成 40 个标段、22.80 万户的改造招标，先后实施完成 80 家国有企业的 289 个职工小区，近 12.10 万余户的改造工作，高效率地推进任务完成，其中改造庭院二次管网 521 千米、楼栋立管 353 千米、户内管网 5290 千米。（韩妍妍）

【供热保障工作】 2019 年，太原热力集团有限责任公司针对“多源一网”的运行特点，合理筹划全年注水、生产准备等各项工作。提早组织技术力量，根据全网负荷和气源、燃煤、设施情况，编制好各类运行计划和各类气源、气温情况下的应急预案、切换方案，进一步强化热源调控能力。加强与气象部门的科学合作，提前掌握气温变化情况，做好参数调节和切换准备，确保全网安全、优质运行。公司于 10 月 23 日提前暖管升温，进入“试供热”状态，10 月 24—25 日全网系统正式升温进入“试供热”阶段。通过提前对全网的调试，确保 11 月 1 日正式供热居民室温的达标，供热合格率全面提升，用户投诉率较往年同期大幅下降。（韩妍妍）

【企业改制】 2019 年，太原热力集团有限责任公司全面展开改制工作，聘请第三方规划咨询公司开展内部改制调研和改制方案制订，改制工作取得阶段性成果。企业管理进一步完善，进一步深化“三基建设”，大力推进计划管理、预算管理、合同管理的“三项管理”。以对标一流、精细管理理念为指导，在公司全领域开展以“制度化、标准化、规范化”为内容的“三化”工作，推进标准体系建设，提升工作标杆，规范工作质量。（韩妍妍）

【中央环保部督察组视察晋源热源厂】 2019 年 3 月 29 日，中央环保部督察组协同环保局晋源分局有关工作人员视察晋源热源厂，晋源热源厂相关负责人陪同视察。督察组对晋源供热分公司在生态环保以及供暖供热方面做出的贡献给予充分肯定。（韩妍妍）

【国家能源考核组到热力公司调研指导】 2019 年 6 月 14 日，根据国家发展改革委《关于 2018 年度省级政府能源消耗总量和强度“双控”目标责任考核及重点地区煤炭消费减量替代工作检查有关事项的通知》，由住房和城乡建设部巡视员倪江波带队的国家考核检查组到公司太古管网调研，省、市相关领导陪同调研，市城乡管理局调研员王小春和集团公司书记、董事长张建伟，副书记、副董事长、总经理李建刚，总经理助理王林文以及太古供热分公司相关负责人参加此次调研。（韩妍妍）

【罗清宇调研供热保障工作】 2019 年 10 月 16 日，省委常委、市委书记罗清宇，市委常委、秘书长刘鹓，副市长张齐山在市城乡管理局局长张利、集团公司董事长张建伟、总经理李建刚、总工程师樊敏等的陪同下，到集团公司康乐村新建热力站、小店热源厂、文华苑热力站调研供热保障工作。（韩妍妍）

【李晓波督导检查供热运行工作】 2019 年 11 月 17 日，省政协副主席、市委副书记、市长李晓波，副市长张齐山到集团公司城西分公司供热范围内的汾西皆利苑小区、万柏林区外国语小学、晋西新友谊小区督导检查供热运行工作。市城乡管理局局长张利，万柏林区委书记、区长杨俊民，集团公司董事长张建伟，副总经理吴建琪等和城西供热分公司相关负责人参加此次督导。（韩妍妍）

【国家发改委调研组到公司调研太古长输供热项目】 2019 年 11 月 18 日，由国家发改委基础司综合处处长许宏元，国家发改委能源所可持续中心博士姚明涛、付毕安，硕士王恬子和清华大学热能工程系教授付林等领导专家组成的调研组，到集团公司太古供热分公司、城西供热分公司调研太古长输管线项目和大温差技术。省、市发改委相关领导和集团公司董事长张建伟、总经理助理王林文参加此次调研。（韩妍妍）

【省住建厅调研公司“三供一业”分离移交改造工作】 2019 年 12 月 27 日，省住建厅副厅长张学锋到矿机宿舍调研公司“三供一业”供热分离移交改造工作。市城乡管理局副局长段宏、供热处副处长郭俊钢和集团公司董事长张建伟、副总经理吴建琪、第二供热分公司负责人以及太原自来水公司、物业公司、施工单位相关负责人参加这次调研。

（韩妍妍）

【企业规划与人力资源管理项目设计工作全面启动】 2019年7月2日，太原热力集团开展企业规划与人力资源管理项目工作启动大会召开。董事长张建伟，总经理李建刚，副经理王又星、吴建琪，工会主席贾桂芬，总工樊敏，经理助理王林文，以及集团公司中层正职、部门负责人、分、子公司相关具体负责人和广东尤里卡投资管理咨询有限公司代表共70余人参加，会议由集团公司党委委员、副经理郭清亮主持。集团公司党委书记、董事长张建伟做重要讲话。（韩妍妍）

【城南热源厂“煤改气”一期续建工程完成】 2019年，经过近5个月的紧张实施，城南热源厂“煤改气”一期续建工程新增两台116兆瓦燃气锅炉的建设工作完成，10月22日12点集团公司董事长张建伟一次点火成功。集团公司副总经理吴建琪、总工程师樊敏和城南供热分公司相关负责人以及建设单位、安装单位、监理单位相关负责人参加点火。（韩妍妍）

太古项目中继能源站维检现场　（太原热力集团有限责任公司供图）

【联合举办《温暖进万家》大型冬季供热直播节目】 自2019年国庆节以来，近20家媒体对集团公司的生产准备工作进行集中报道。10月31日正式供热前一天，集团公司与太原广播电视台联合举办主题为《温暖进万家》的大型冬季供热直播节目。整个直播节目采取演播厅、直播、录播三种方式，分9路记者对集团公司太古技术调度中心、太古中继能源站车间、客服中心、城南热源厂、康乐村热力站、康乐村村民、文化苑热力站、时代新人暖心服务队上门服务进行采访报道，全方位反映集团公司生产准备、供热运行、科学调度、应急保障和供热服务等方面的工作。

（韩妍妍）

“三供一业”施工现场　（太原热力集团有限责任公司供图）

【太古项目获得北方城镇供暖最佳实践案例】 由中国工程院土木、水利与建筑工程学部主办，清华大学建筑节能研究中心承办的第十五届“清华大学建筑节能学术周”在清华大学召开。2019年3月31日，公开论坛在清华大学成功举行，来自相关部委以及高校和科研院所、企业等近600名相关人员参加会议。清华大学院士江亿、副教授夏建军主持当日会议。集团公司总经理李建刚及太古供热分公司副经理石光辉参加长途输热管道系统的安全应对和降低回水温度的途径专题论坛及公开论坛相关活动。

在公开论坛上，江亿宣布太原热力集团有限责任公司“太原（太古）大温差长输供热项目”获北方城镇供暖最佳实践案例。国务院参事、原科技部党组成员、秘书长石定寰为太古供热项目实践案例进行颁奖，公司总经理李建刚上台领奖。江亿对太古项目给予高度评价并指出，太原（太古）大温差长输供热项目是世界上第一个成功实施的大温差长输余热供热工程，为中国北方地区主流清洁供热的模式建立示范，树立榜样。（韩妍妍）

【两项国家标准正式发布】 2019年，由中华人民共和国住房和城乡建设部提出的，全国城镇供热标准化技术委员会组织制定的《城镇供热用焊接球阀》（GB/T 37827-2019）和《城镇供热用双向金属硬密封蝶阀》（GB/T 37828-2019）两项国家标准，经国家市场监督管理总局、中国国家标准化管理委员会批准正式发布，将于2020年7月1日起实施。集团公司党委书记、董事长张建伟和热力设计公司经理梁鹂参与两项标准的编制工作。

《城镇供热用焊接球阀》和《城镇供热用双向金属硬密封蝶阀》两项国家标准的制定，有利于规范热网用阀门产品的设计、制造及工程安装，一方面可以填补中国在此领域的空白，另一方面使中国供热行业的标准体系更加系统化。此标准的制定对于进一步提高该产品的技术标准和可靠性，进而提高城镇供热管道系统的安全使用具有重要意义。（韩妍妍）

【《架空和综合管廊预制热水保温管及管件》团体标准正式发布】 由中国城镇供热协会组织，太原市热力集团有限责任公司和太原市热力设计有限公司共同起草参编的团体标准T/CDHA 1-2019《架空和综合管廊预制热水保温管及管件》正式发布，并于2019年10月1日正式实施。集团公司党委书记、董事长张建伟和设计公司经理梁鹂参与标准的编制工作。（韩妍妍）

【专利技术】《一种预制聚氨酯保温管用预制配式绝热滑动支座》（2019年3月），发明人：张建伟、石光辉、李建刚、赵宏、张鹏、于宁、许国春。《一种供热管网中多级泵站的水泵控制系统》（2019年5月31日），发明人：樊敏、秦冰、张伟、王林文、王东、石光辉、张玉中、陈鹏。以上两项专利获得国家级实用新型专利。（韩妍妍）

·城市照明·

【功能照明】 2019年，太原市着灯率达98.51%、设施完好率达98.54%，超部颁标准0.50个百分点，及时处理率100%，保持国内一流设施管养水平。（李　钧）

【功能照明管养】 2019年，太原市城市照明管理处对迎泽大街、滨河东、西路、长风西街、胜利街等692条街道进行排查整治，共计处理各类照明故障2754起。（李　钧）

【老旧设施改造】 2019年，太原市城市照明管理处凝聚职工共识，激发干事潜能，共计改造西矿街、五一东街等36条设施老旧街巷，升级灯具1480套，更换电缆16.90万余米。（李　钧）

【无灯街巷改造】 2019年，太原市城市照明管理处根据汾东大街（原十号线街）有路无灯等实际情况，积极组织施工队伍对此路段进行升级改造。安装照明灯具158套，敷设电缆1.60万余米，箱变3台。（李　钧）

【照明验收移交】 2019年，太原市城市照明管理处验收接管胜利街东延、坞城北路等11条街道的新建照明设施，共计接收照明灯具8415套，照明线路105.60千米，配变电设施75台。（李　钧）

【二青会城市景观亮化美化】 2019年，为喜迎国家二青盛会，按照市委、市政府指示精神，在市城乡管理局带领下，选择迎泽大街、滨河东西路等13条城市主要街道局段的两侧近800栋楼体进行楼体亮化提升。为辅助增强部分桥梁、中环路道路照明照度，提升夜间安全出行，并配套完善夜间整体效果，对5座跨河桥、35座人行天桥、近70千米高架桥实施照明增强工程，切实提升百姓幸福感及获得感。（李　钧）

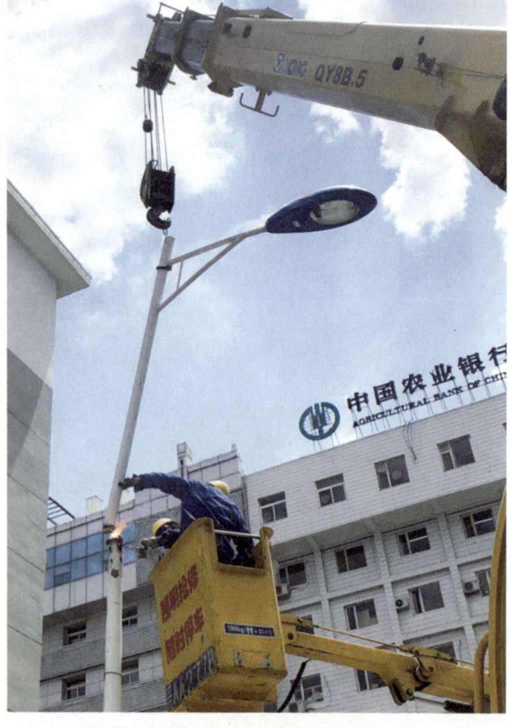

水西关南一巷老旧照明设施更新

（太原市城市照明管理处供图）

房产管理

【概况】 2019年，太原市房产管理局以习近平新时代中国特色社会主义思想伟大旗帜为指引，以夯实党建基础为主导，全面提升党的建设水平。遵照中央、省、市经济工作会议精神，围绕全市中心工作，扎实开展“不忘初心、牢记使命”主题教育，以“改革创新、奋发有为”大讨论促担当、促作为，全年房管工作屡创佳绩。市场监管工作得到加强、住房保障工作更上层楼，房产交易服务提档升级，物业管理工作创优创新，公房管理能力进一步提升，征收安置服务工作得到加强，信访工作用心化解各种矛盾，全市房地产市场平稳健康发展。被评为全省住房和城乡建设先进单位，保持全市文明标兵单位和双拥标兵单位称号。（战富国）

【房地产市场监管】 2019年，太原市

房产管理局落实限购、限售等调控政策，严防房地产泡沫发生。加强风险防控，制定《太原市新建商品房预售资金监管实施细则（试行）》，进一步防范项目烂尾风险，当好百姓“钱袋子”的“守护神”。编制《太原市住房发展规划（2018—2022）》，稳定市场预期。推进诚信体系建设，为186家经纪机构建立信用档案，8832名经纪人员挂牌上岗。开展专项整治，严肃打击违规销售、违规租赁和黑中介行为，保护购房人的合法权益。强化存量房交易事中监管，开展房源核验工作，优化购房资格审核、存量房网签备案及资金监管业务流程，实现“一次受理、立等可取”，有效减少二手房交易纠纷，保护交易资金安全。培育住房租赁市场，推出山西宽寓、恩家壹公寓、山西顺寓一诺公寓等专营住房租赁企业，指导成立开展住房租赁业务的国企山西锦地公司。盘活1万余套房源投入市场供应，推出改建住房租赁试点两个。建成政府主导的1+N住房租赁公共服务平台，筹备太原市房屋租赁协会，出台《太原市房屋租赁合同网签备案管理办法》，建立信用档案60余家，住房租赁市场得到进一步规范。

（战富国）

【住房租赁中介机构专项整治】 2019年10月10日，太原市房产管理局根据市场实际，适时召开太原市住房租赁中介机构乱象专项整治工作专题推进会。会议深入学习住建部等六部门《关于印发在“不忘初心、牢记使命”主题教育中专项整治住房租赁中介机构乱象实施方案的通知》精神，深刻认识抓好专项整治工作是有效遏制住房租赁中介行业乱象，不断优化住房租赁市场环境的重要举措，是有效维护群众利益的必然要求。会议宣布太原市专项整治工作任务清单并对清单的有关要求进行说明，传达房管局印发的《关于在“不忘初心、牢记使命”主题教育中成立住房租赁中介机构乱象专项整治工作领导小组的通知》精神，对专项整治工作做进一步细化和分工。会议对开展整治住房租赁中介机构乱象工作提出明确要求，一是提高政治站位。要站在讲政治的高度、站在维护群众利益的高度，把整治住房租赁中介机构乱象工作与“不忘初心、牢记使命”主题教育有机结合，让人民群众切实感受到主题教育的实效。二是强化责任意识。市场监管科、租赁科、监察队主动作为，尽心尽责，按照职责分工落实工作任务。三是明确整治重点。市场监管科、租赁科召开各住房租赁中介机构和住房租赁企业动员会，要求其认真自查自纠，并书写承诺；监察队对受理的各类投诉举报件原则上即查即办。四是完善政策机制。市场监管科、租赁科、监察队相互配合，强化沟通机制，研究制定住房租赁市场政策机制，使得该项工作顺利铺开。（战富国）

【房地产市场发展】 2019年，太原市房地产市场出现比较明显的变化，主要表现在销量下降、价格平稳。延续多年态势的房地产热发生改变，全市新建商品房成交992万平方米，同比下降30.80%，新建商品住房成交均价10573元/平方米，同比增长9.30%；二手房成交188万平方米，同比下降7.40%，二手住房成交均价9412元/平方米，同比增长25.40%。（战富国）

【住房保障】 2019年，太原市房管局把住房保障当作守好老百姓住房民生底线的重要举措，首抓保障房建设任务，力保超额完成。及时分解任务，加强指导协调，督促项目开工，加快工程进度，推进手续办理，做好棚改专项债券融资工作，确保建设进度和资金支持。全市保障房新开工13824套，基本建成47166套（棚户区基本建成46566套），完成投资202.18亿元，三项指标分别完成目标任务的234%、103%、182%，任务完成继续稳居全省前列；公租房保障兜底住房民生工作是此项工作的重中之重。将低收入住房困难家庭公租房租赁补贴保障标准由10元/平方米·月·人调整为20元/平方米·月·人，达到市场租金水平的90%以上，确保低收入保障对象通过市场租房后生活水平不降低；将中等偏下收入住房困难群众纳入租赁补贴保障范围，按照100元/月·人给予补贴，达到市场平均租金的30%以上，扩大住房保障覆盖面。2019年，全市公共租赁住房保障对象家庭2437户，实现申请家庭应保尽保。其中：实物配租（含复核）653户；租赁补贴1784户，发放租赁补贴资金1246.79万元，超额完成租赁补贴1750户的省定目标任务。（战富国）

【房产交易服务】 2019年，太原市房管交易服务实现提档升级。实现“一窗通办”。创新开设“存量房自行成交综合窗口”，实现相关业务“一窗受理、一口进出，内部流转、立等可取”，方便办事群众。组建省内首个二手房公积金贷款服务专门机构，由群众跑腿10余次、耗时2—4个月，压缩到群众往返两次、20个工作日内全部办结。升级“互联网+政务”。建成房管局微信公众号并正式启用，支持多项服务手机办理，达到高效便捷。与教育、公安、税务等7家单位实现数据共享，群众办理有关业务时无须再到房管局开具房产证明。截至年底，共完成房产交易各类业务70余万件，日均办结3000多件；全力解决不动产登记遗留问题。成立领导小组，开辟“绿色通道”，全年协办项目88个、44394套，其中49个项目、22479套房屋已由市处遗办下达《办理决定书》，有力保障百姓住房权益；持续做好公有住房出售服工作，主动上门服务，完成并办结446个单位、7682套、55.05万平方米的公房出售。

2019年11月18日，房产交易服务中心启用存量房交易房源核验网上申报新流程，具体内容为：申请人委托经纪机构售房，可通过存量房交易平台在远程上传申请资料，交易中心通过平台实行远程房源核验，并出具挂牌公示凭证。11 月 18 日，第一例挂牌编号 HY201900076615 乐居润美中介房产机构顺利拿到挂牌凭证，标志着太原市房产交易“不见面审批”存量房交易房源核验工作成功迈出第一步，新流程顺利开展。新流程的启动为办事群众及办事机构提供方便，减少跑腿次数，减少纸质材料传递和存档，新流程只留存房源核验申请资料的电子版本，并在系统中长期保存备查。这是房产交易中心践行“信息多跑路，群众少跑腿”的服务理念，不忘初心、为民服务解难题的一种新的有效探索。（战富国）

【物业行业管理】 2019 年，太原市房管局在物业管理工作上着力改进行业服务水平，出台物业服务企业信用评价和评分标准等文件，构建信用评价系统平台，建立全市物业企业信用管理体系。在全省率先开展物业信用等级评定工作，受到省城主流媒体的广泛关注。对 86 家物业管理企业的前期物业管理招投标进行备案，完成 55 个住宅小区的服务等级核定和区域备案。出台行规行约，组织行业培训 9 次，建立“以案说法”宣教基地 3 个，化解物业纠纷。健全维修资金管理制度，开展维修资金清缴工作，共计催回 3700 余万元，保障关联业主的资金安全；为强化行业安全管理，房管局出台《物业行业安全生产隐患排查要点》，组织开展物业服务区域内防范高空坠物专项整治活动，对落实不力的企业责令限期整改，使小区居民的居住安全得到进一步的保障；加快老旧小区环境乱象整治工作。积极指导服务各城区抓好老旧小区整治，全年已开始整治工作的小区达 2100 个，完成整治工作的小区 1840 个，为创城工作做出贡献。支持配合全市工作重点，按照全市“两下、两拆、两进”城市风貌专项整治工作要求，积极推进“两进”工作，确定闲置车位 33138 个，并使其中的 8299 个车位得到有效释放。

7 月 15 日，太原市物业服务企业信用等级评价工作正式启动，截至 11 月 30 日，历时 4 个多月，投入人力 7990 人次，对小店区、迎泽区、杏花岭区、尖草坪区、万柏林区、晋源区、古交市、清徐县、阳曲县、娄烦县物业企业信用等级进行评价。评价领导小组完成对小店区 102 家物业企业、迎泽区 81 家物业企业、杏花岭区 85 家物业企业、尖草坪区 24 家物业企业、万柏林区 33 家物业企业、晋源区 17 家物业企业、古交市 10 家物业企业、清徐县 13 家物业企业、阳曲县 8 家物业企业、娄烦县 8 家物业企业，总计 381 家物业企业，1542 个项目的全面测评，物业服务企业信用等级实行二百分制分级评定，共分为七个级别，分别为 AAA 级、AA 级、A 级、BBB 级、BB 级、B 级、C 级。其中，最终得分 190 分（含）以上，信用等级为 AAA 级；180 分（含）–189 分，信用等级为 AA 级；170 分（含）–179 分，信用等级为 A 级；160 分（含）–169 分，信用等级为 BBB 级；140 分（含）–159 分，信用等级为 BB 级；120 分（含）–139 分，信用等级为 B 级；120 分以下，信用等级为 C 级。结果公示如下：本次评价中，评定为 AAA 企业 7 家，AA 企业 12 家，A 企业 23 家，BBB 企业 93 家，BB 企业 170 家，B 企业 61 家，C 企业 5 家，不符合参评条件的企业 88 家，多方联系不上或无故不参加信用等级评价的企业 409 家。

12 月 7 日，物业诚信体系建设暨物业监管平台软件演示、观摩会在龙投大厦召开。会议重点围绕物业诚信体系建设、物业智慧化管理、物业监管平台的运作进行探讨、分析。科技工作人员展示并介绍智慧物业体系，对开发的物业管理平台进行全方位的演示。该次活动旨在进一步深化物业管理行业供给侧结构性改革，研讨数字经济时代物业管理行业发展趋势，推动新一代信息技术与物业管理深度融合，促进物业管理行业健康、有序、快速发展。该系统是集“基础信息采集、物业诚信档案管理、通知管理、信息公开、统计报表”为一体的综合性物业诚信管理系统。新的物业监管平台，内容不仅包括企业基本信息、项目基本信息和信用等级评价，还会体现党的建设、市房管局办事流程、市物协入会及业务流程、政策法规、会员之窗、企业风采、第三方评估、专题论坛等各类信息，实现物业管理全过程的电子化、网络化，实现数据和业务的精细化管理，实现物业管理、物业服务、设施设备等的实时在线管理监测及信息的综合性展现。

12 月 27 日，太原市物业服务企业信用等级考核总结大会在太原召开。自太原市物业服务企业实行信用等级评价工作以来，全市物业工作首创通过引入科技手段，运用“物业服务企业信用评价系统”进行考评，运用互联网 + 大数据、云计算等众多前沿技术，进行线上申报、审核，历时 4 个多月，投入人力 7990 人次，对全市十城区（市、县）的物业服务企业信用等级进行信用等级评价。今后每年将依据《太原市物业服务企业信用等级评分标准》，对上年度物业企业信用信息情况进行考评打分，评定结果向社会公布，评定结果将作为创先评优、物业项目招投标等工作的重要依据。按照“守信激励、失信惩戒”原则，各级房地产行政主管部门将对 3A 至 C 级物业服务企业分别实行支持鼓励、积极引导、重点监督、重点监管等差别化管理。

同年，太原市正式出台《太原市物业管理招投标管理办法》。年初，太原市房管局与太原市工商局联合发文，进一步强化规范太原市物业招投标以及承接查验工作，并发布《太原市物业承接查验协议》示范文本，意在从源头上解决物业服务的纷争。通过一系列规范管理，省城物业行业多年来因招投标及承接验收不合格、不合规而带来的物业服务品质不佳的痼疾开始得到改变，一些没有资质的“黑物业”将在招投标时被过滤淘汰。

同年，根据《太原市物业管理条例》第六条建立物业服务第三方评估制度的要求，太原市开始试行通过物业服务引入第三方评估机制，客观公正地评估物业服务行为。对于化解矛盾与纠纷，促进实现质价相符的物业服务市场有实质意义。开发建设单位、物业服务企业、街道办事处、业主委员会可以依照约定委托物业服务第三方评估机构，开展物业项目交接和查验、物业服务标准、调价费用测算、消防安全和物业服务质量评估等活动。自2017年6月太原市成立第一家评估公司——北京金泊顿评估公司山西分公司以来，截至2019年全市先后成立锦恒诚、信聚道、北极宣、恒宏瑞等20多家评估机构，一个新兴的行业初具规模。评估机构从无利害关系方的角度，对信任平台进行搭建，有效地化解矛盾，发挥着积极的社会作用。各评估机构分别对远大开发、龙投开发、保利开发、恒大开发、华润开发的住宅小区的物业服务质量、收费标准、承接查验、业主满意度进行评估，为实施公开、公平、公正的物业市场环境建立良好氛围，取得良好的社会效果。2019年12月7日至13日，房管局对2018年度太原市物业服务企业信用等级评价初评结果进行公示。（战富国）

【公房管理】 2019年，太原市房管局加强公房的居住隐患整治并取得显著成效。创新实行网格化管理，积极排查房屋安全隐患，为129栋楼、121处平房，约27.30万平方米的直管公房办理公众责任保险，全年未发生任何安全责任事故。为使服务质量持续提升，房管局投入625.50万元完成维修改造239处，惠及直管公房住户2495户。投入460万元对半坡东街、旧城街等5栋公房楼宇进行供热改造，保障住户温暖过冬；对历年遗留问题进行有效清理和处置，对两个拆迁单位涉及的3份协议已全部（或部分）进行处置，涉及住宅1711户、面积37987.56平方米，维护权利人的利益。为53名局属单位退休职工办理部分产权转全产权事宜，解决住户的后顾之忧。（战富国）

【公共租赁住房管理】 2019年，太原市房管局加强公共租赁住房的动态管理，细化完善、建立健全一户一档，达到纸质档案与电子档案信息更新同步的档案管理工作目标。根据公共租赁住房《住房保障档案管理办法》，房管局公租房管理部门集中对已配租的598套公共租赁住房，其中低收入家庭596户，中等收入家庭2户，进行管理情况梳理，整理各项档案、资料，对《公共租赁住房实物配租房屋租赁管理登记簿》电子台账进行登记完善。通过对每户公共租赁住房的纸质档案进行仔细核对，将各种档案资料重新进行细化、分类、归档，并更新目录明细，完善实物配租时间、联系方式、合同到期日、复审情况等未及时登记上账的电子信息，对一户一档中身份证复印件、户口本复印件、选房确认表、租赁合同等信息，进行细致的整理、归档，确保纸质档案同电子台账相统一。做到档案资料细化分类、存放有序、查阅方便，使中心公共租赁住房档案管理做到科学整理、安全保管、有效利用。（战富国）

【老旧小区改造】 2019年，太原市房管局根据《住房和城乡建设部办公厅、国家发展改革委办公厅、财政部办公厅关于做好2019年老旧小区改造工作的通知》精神，结合直管公房小区住用安全，组织直管公房管理科、市公房租赁管理中心和市公共租赁住房保障中心对所辖直管公房老旧小区进行全面摸底，摸清老旧小区数量及相应户数、建筑面积、产权性质、建成时间等基本情况，为直管公房纳入城镇保障性安居工程提供第一手资料。（战富国）

【征收安置服务】 2019年，太原市房管局加强征收安置服务工作，完成国有土地上房屋征收工作6个项目、1116户、13.62万平方米。主动与安置房建设单位、各城区政府对接，及时接收、下拨安置房源，全年累计接收安置房36308套，下拨安置房36277套，办理入住26515套。解决历史遗留逾期未安置问题1525户，超额完成年初制定目标。为加快被征收居民的安置，虽临近年尾，征收中心丝毫不放松安置房移交工作。针对历史遗留的逾期未安置问题，主动和项目单位对接，了解存在的问题，共商破解之道。多次前往项目现场，查看了解工程进展情况，做好跟踪督查，对安置条件成熟的，督促项目单位及时进行安置。截至11月29日，完成杏花岭区上北关棚户区改造项目和尖草坪区中冶简易重点工程项目2个项目逾期未安置问题的清零，共为1525户住户解决逾期未安置问题。12月，中心工作人员与市龙投公司进行多次对接，对龙投公司计划移交的王家峰国泰龙城湾、并州东街鸿润龙城苑等项目进行现场查看，督促完善各项配套工作。组织小店区房管局、迎泽区住建局、市龙投公司、前期物业单位，以及相关街办工作人员分别到铜厂地块国治龙城苑、王家峰国泰龙城湾等5个安置房项目现场，对照市龙投公司提供的房屋资料入户查验，对2919套房屋完成移交等相关事宜。市龙投公司决定再行移交5344套安置房屋，房管局征收补偿管理中心则积极协调建设单位和各征收部门，积极解决矛盾，化解难题，全力推进安置房的移交工作。（战富国）

园林绿化

【概况】 2019年，太原市园林局以创建国家生态园林城市为抓手，以“强化公园建设、推进道路绿化、开展社会绿化、提升养管水平”为重点，全市固定资产投资完成70.30亿元，完成省考核目标任务703%。完成八河改造景观工程、西山国际公路自行车赛道绿化建设工程、汾河三期治理美化工程，新增城市绿道绿廊279.50千米，超额完成省住建厅下达“建设城市绿道绿廊10公里”指标任务。建成区公园500米半径覆盖率达85%。　（冀子俊）

【社会绿化】 2019年，太原市园林局以园林绿化任务艰巨，太原市园林局领导班子采用“一线工作法”，带领相关人员加班加点，深入施工现场进行调研，解决实际问题，推动工作落实。全年共实施绿化面积1219.37公顷（其中建成区内新增821公顷），完成省考核目标任务406%；建成区绿化覆盖率新增0.60个百分点，达43.38%，完成市考核目标任务120%；绿地率新增0.56个百分点，达38.30%，完成市考核目标任务112%；人均公园绿地面积新增0.30平方米，达12.78平方米，完成市考核目标任务。　（冀子俊）

【园林项目建设】 2019年，太原动物园提质扩容、晋阳湖景区一期、晋阳湖水上文旅项目、滨河体育公园、明太原县城护城河公园已向社会开放；太山景区综合服务区、天龙山景区、牛驼寨烈士陵园景观工程基本完成；太原植物园、摄乐公园、狄仁杰文化公园等公园建设正在全力推进；龙城公园、太原海洋公园等项目前期工作全面展开。加大城市双修力度，完成天龙山山体修复128公顷，按时完成136千米西山旅游公路自行车赛道配套绿化，完成晋阳大道、滨河东路南延、山西体育中心周边道路绿化提质改造工程、高速出口通道绿化等20项道路配套绿化工程，完成46条空白街巷绿化，5条黑臭水体整治配套绿化。组织开展省城党政军民义务植树和社会团体、广大市民纪念林植树活动。受市政府委托，完成千年府衙、八路军驻晋办事处、青龙古镇、市第五中学新校区等5个学校、市妇幼保健院和市中心医院迁建配套绿化代建任务。90千米东北山自行车赛道、军民融合区6条道路配套绿化全面展开。　（冀子俊）

【公园景区建设】 晋阳湖公园。晋阳湖公园（景区）项目总规划面积19.30平方千米，计划分三期建设，北起滨湖街，南至南环高速，西起西山，东至环湖东路。其中一期、二期位于晋阳大道以东，规划面积11.70平方千米，建成后湖面面积5.81平方千米（其中一期5.66平方千米，二期0.15平方千米），园林景观面积5.46平方千米，配套服务区等商业用地占地面积0.58平方千米；三期位于晋阳大道以西，规划面积7.60平方千米，包括湿地公园5.20平方千米、太化遗址公园0.50平方千米、特色小镇1.60平方千米、旅游服务设施0.30平方千米。

晋阳湖公园（景区）一期于2019年7月20日全面对外开放。晋阳湖公园（景区）建设工程二期于2018年7月立项，已完成部分土地接收工作，正在落实建设启动资金。三期将作为晋阳湖公园（景区）远期规划。

晋阳湖水秀景区位于晋阳湖公园（景区）东南角，是一期开工以后新增加配套演绎项目。该区域湖体面积约26万平方米，表演区域面积约10万平方米，园林景观面积约10.66万平方米，配套建筑面积约1.04万平方米。水容量大约110万立方米，平均水深4米。表演区域分为水上演艺区、演艺运管所、晋阳湖剧场（看台及售票大厅）三大功能区，看台可同时容纳1998名观众。

晋阳湖水秀景区于2019年5月26日全面对外开放。《如梦晋阳》演出于2019年5月25日环太原国际公路自行车赛开幕式当晚以时长20分钟的集锦形式亮相，并于2019年6月6日正式首演。

开园以来先后在公园保障并举办、承办多项国际性、全国性、省、市盛会活动，包括省、市四大班子领导及驻晋部队义务植树、环太原国际公路自行车赛开幕式、二青会火炬晋源站传递、太原市第二十九届菊花展、国庆70周年系列庆祝活动、太原能源低碳发展论坛水秀专场演出、摄影大赛、郁金香花展、旅游日活动等多项重大活动；接待各级领导、中央文明办、驻晋部队、外国专家学者、人大、政协代表团、新闻媒体记者等社会各界考察、调研、采访等60余次；举办包括音乐节、健步行、马拉松、秋游、素质拓展、植物多样性研究等各类民众活动62次，参加各类活动群众25000余人次，取得良好社会效益。已接待来自全国各地游客近330万人次。

太原市古城公园。太原市古城公园位于太原市晋源区境内，于2019年10月基本建成。公园占地面积64余万平方米，包括河道、桥梁、道路广场、游客服务中心及景观绿化等配套设施，绿地面积达40余万平方米，绿地率为76%，绿化植物品种多样、造型独特、数量繁多、古朴苍劲，其常绿乔木3129株，落叶乔木6574株，灌木4882株，铺装面积约14万平方米，游客服务中心等建筑占地面积1280平方米，护城河道周长4400米，河道宽20米，占公园面积16%，配套设施还包含4个瓮城广场，4座人行桥和6座车行桥。

公园突出“自然、古朴、人文”的特色，用水和景来衬托城墙这个“伟大的雕塑”，将墙、林、河、路有机统一，形成古代文明与现代文明交相辉映，成为装点城市的风景。公园的建成，将为广大市民又填一处集休闲观赏、民俗风情、游客体验于一体的综合性“古晋阳历史文化公园”，将有效带动晋阳古城遗址周边的复原，对于深挖三晋历史文化开发旅游资源影响深远。

太原动物园。太原动物园提质扩容工程是太原市2018年重点工程项目，包含提质扩容和二期（包括原散放区改造）及增补工程三个部分，项目坐落于北涧河抢险路以南、享堂新村富力城以北、北同蒲铁路以东、东中环北延道路以西区域，总占地面积135.48公顷（合2032.20亩），其中新增地60.19公顷（合

902.78 亩），项目批复总投资 30.34 亿元。该项目总建筑面积 7.70 万平方米（其中新建 6 万平方米），包括大象馆、河马馆、熊猫馆等 60 个群（组）建筑配套服务设施，总绿化景观面积达 70.20 万平方米。

新建成太原动物园分为亚洲猛兽动物展示区、非洲猛兽动物展示区、亚洲食草动物展示区、澳洲食草动物展示区、非洲食草动物展示区、美洲动物展示区、大型动物展示区、中小型兽类动物展示区、灵长类动物展示区、鸟类动物展示区、开心农庄共十一个观赏区，其中亚洲、澳洲、非洲食草动物区和亚洲、非洲猛兽动物区都是以散养的形式向游客呈现，新建馆舍内、外按野生动物习性特点建造大量丰容设施，营造动物生态栖息地环境空间，以提高动物福利待遇，游客参观实现体验复合型景观游览的模式，并可感受互动式科普文化休闲带来的乐趣。改造后的动物园硬件得到质的提升，园区路网建设更加优化，景观更加自然美观，也为动物的引进增加容量。售检票方面除保留传统纸票外新增无纸化电子票，利用微信公众号实现智慧导游，全园监控、广播系统全覆盖保障游客安全游览，并用色彩区分全园的标识系统，既丰富游园内容，也解决安全导向问题。

提质扩容工程建设突出生态优化主题，以改善区域生态环境质量、维护生态环境功能为目标，梳理动物园周边交通现状为目的，进行科学规划，确保景区建设生态功能充分发挥，坚持适地适树，选择适宜品种，通过合理搭配，营造生态绿地，提高动物园周边绿化率，为周边地区提供良好生态环境。

（冀子俊）

【二青会美化任务】 2019 年，二青会、国庆花卉布置坚持点线面相结合，布置时令花卉 70 种，621 万株（盆），9.55 万平方米；栽种宿根花卉 30 种，1000 万株（盆），51 万平方米；在二青会场馆周边、交通枢纽、城市广场、滨河东西路等主干道摆放立体花坛 11 组，花球 1003 个，栽摆花卉 4.45 万平方米。太原市园林局被评为“二青会”组织筹办工作先进集体。（冀子俊）

【绿地养护管理】 2019 年，太原市园林局以园林系统养管提升年活动为载体，全力开展养护示范街、绿化特色路段创建活动，创建 17 条养护示范街、8 条绿化特色路。对 239 条道路进行补栽补种；修剪各种乔灌木 110.04 万株；清理垃圾 7.19 万吨；覆盖美化行道树树穴 25 万株；对 71 条道路高出路心池土进行降土 2.40 万立方；修复更换护网 2.30 万米。调整更换公园内缺损绿地和退化老化植物，打造精品花境 20 处，栽摆宿根花卉 70 万株、时令花卉 57 万株。对 2016 年以来政府投资在建和拟移交 155 个项目 270 个标段的园林绿化重点工程进行综合检查，有效促进全市园林绿化工程施工质量和景观效果提升。

（冀子俊）

【公园文化活动】 2019 年，太原市园林局举办太原市第 29 届菊花展览，摆放立体造型景点 10 组，设置悬崖菊、花海等 6 个展区，展出各色花卉 200 种，124 万盆，吸引游客参观达 100 万人次。举办第十一届公园“一园一品”活动，开展公园主题文化节活动 22 场，新增园艺大讲堂活动 25 场。（冀子俊）

【对外参展】 2019 年，太原市园林局以参加第十二届中国（南宁）国际园林博览会，获得室外展园综合竞赛“最佳展园”，专项竞赛“最佳设计展园”“最佳施工展园”“优秀植物配置展园”“优秀建筑小品展园”五项大奖。参加第十三届中国（上海）菊花展览会，获得室外景点金奖，提高城市影响力。

（冀子俊）

【绿化标准化建设】 2019 年，太原市园林局以启动或完成省市级标准 18 项。已编制完成并发行《园林绿化种植土质量标准》《城市绿地种植设计规范》2 项山西省地方标准。申报《植物园设计规范》《立体绿化技术标准》2 项山西省地方标准编制。编制完成《屋顶绿化设计及建植技术规程（初稿）》等 14 项太原市地方标准。（冀子俊）

【法治建设】 2019 年，太原市园林局以贯彻中央《法治政府建设实施纲要（2015—2020 年）》精神，全面落实中央和省、市关于法治建设各项部署要求，提高运用法治思维和法治方式解决问题的能力。成立局党组法治建设委员会，完善和落实领导干部学法制度，组织领导干部法制专题培训 2 场。大力宣传“七五”普法规划，制订普法责任清单，组织园林系统开展 12·4 国家宪法日和宪法宣传周等系列宣传活动。开展“我和我的祖国——庆祝中华人民共和国成立 70 周年”学法用法知识竞赛活动。

（冀子俊）

环境卫生管理

【概况】 2019 年，太原市环境卫生中心坚持以习近平新时代中国特色社会主义思想为指导，深入学习贯彻中共十九大精神、习近平总书记视察山西重要讲话精神，突出目标导向、问题导向、实践导向，多措并举、真抓实干，深入推进垃圾分类、“厕所革命”、道路清扫保洁、农村垃圾治理、环卫设施建设等各项工作，取得实效。（赵　苁）

【机构改革】 2019 年，太原市市容环卫局隶属关系由市政府直属事业单位调整为太原市城乡管理局管理，更名为太原市市容环境卫生中心，机构规格和领导职数暂不变，其所属事业单位同时调整为市城乡管理局所属事业单位。

（赵　苁）

【垃圾分类】 2019 年，太原市环境卫生中心委托市城乡规划设计院编制全市生活垃圾分类专项规划，制订生活垃圾分类工作方案，市分类办印发《太原市 2019 年生活垃圾分类工作实施方案》。5

月10日召开全市动员部署会进行总体安排部署。将垃圾分类系统设计纳入可持续发展项目，制订《太原市生活垃圾分类示范小区片区实施方案》，启动示范试点打造工作，滨东花园、平阳景苑等成效明显。开展垃圾分类“十进”活动。联合市直属机关事务管理局印发《关于开展公共机构生活垃圾分类志愿者活动的通知》，开展“五个一”志愿服务活动；联合市文明办、市直属机关事务管理局印发《关于在党政机关等公共机构中全面落实生活垃圾分类工作的通知》，加快推进本系统、本单位垃圾分类工作；组织专业单位对地铁公司、生态环境局、公积金中心进行专项培训。

创建垃圾分类示范片区。按照“示范引领、典型带动、片区实施、逐步推行”的原则，在上年15个垃圾分类示范片区的基础上，拓展覆盖范围，选定100个示范片区进行创建，共覆盖118.16千米，涉及党政机关公共机构531个，居民小区950个。

构建垃圾分类收运工作体系。着眼垃圾分类体系短板，主动与市生态环境局对接，构建有害垃圾专业收集、运输，无害化处理体系，组织各区县选定42个有害垃圾暂存点，由市城管局、市生态环境局统一招标，委托有资质的单位，定期到各暂存点清运，运往省固废处置中心集中进行无害化处置。在生活垃圾分类运输方面，已招标采购42台垃圾分类运输车辆，为各区县进行配发。要求各区县对现有垃圾中转站进行功能升级，增设有害垃圾、可回收物、餐厨垃圾等暂存处。

完善制度建设。2017年5月1日出台《太原市餐厨废弃物管理条例》，2018年5月1日出台《太原市建筑废弃物管理条例》，2019年2月1日出台《太原市生活垃圾分类管理条例》，三部法规先后出台受到住建部表扬。于2017年底出台《太原市生活垃圾分类实施方案》、2018年出台《关于推进党政机关等公共机构生活垃圾分类工作的通知》，2019年5月10日召开全市垃圾分类工作会，对工作进行部署。6月28日，组织所有党政机关进行培训。修订环境卫生设施管理条例，强化对垃圾分类收集、分拣、转运、处置等设施的规划建设管理。46个垃圾分类重点城市中包括太原市在内约五分之一的城市对垃圾分类进行专项立法，在垃圾分类法制建设方面走在全国前列。初步构建分类收运体系。其他垃圾由环卫部门负责收运；餐厨垃圾由天润公司负责，对大中型宾馆饭店和单位食堂餐厨垃圾进行收集、转运，并资源化处理；有害垃圾主要针对医疗废弃物和废旧电池进行单独收处；可回收物依托废品回收体系进行收运并资源化；各城区的大件垃圾和装修垃圾收集、运输、处置体系初步形成。

提高分类处置能力。在建及规划设施建成后，焚烧能力达到6100吨，填埋能力达4000吨，当前垃圾收运量日均5894吨，其中其他垃圾日均4908吨，按照生活垃圾产生量10%增速计，到2020年，全市（除古交、娄烦）垃圾将实现全量焚烧。餐厨垃圾日处理能力将达到500吨，有害垃圾处理年能力达到3.80万吨，污泥处理能力达1000吨。

开展分类示范试点创建。根据市政府常务会议精神，按照撤桶并站、定时定点投放、分类直运的模式，选定滨东花园11栋楼、1500户和平阳景苑23栋楼、4500户开展试点。每天早6：30—9：00，下午18：00—21：00垃圾收集点设置分类投放桶，督导员桶边值守，引导居民分类投放，其他时间不设桶，所有垃圾桶在压缩站存放。（赵　苡）

【厕所革命】 2019年，太原市环境卫生中心制订推进方案。为进一步解决公厕存在供给数量少、分布不均衡、标准档次低、管理不到位等问题，按照规划先行、新建一批、改造一批、开放一批、购置一批的思路，结合赴上海市、厦门市考察“厕所革命”的经验，起草太原市2019年“厕所革命”方案，从规划、建设、管理入手，统筹推进公厕建设管理工作。

同年，市委、市政府高度重视公厕革命工作，要求全市新建100座公厕。接到任务后，自加压力，为确保任务完成，向各县（市、区）下达121座新建任务。具体为城六区105座：小店区25座，迎泽区15座，杏花岭区15座，尖草坪区20座，万柏林区20座，晋源区10座；开发区6座：学府园区2座、唐槐园区1座、阳曲产业园区1座、不锈钢园区2座；三县一市10座：古交市3座，清徐县3座，阳曲县2座，娄烦县2座。

全市新建厕所共计完成135座，超额35座。新建厕所中100平方米以上17座，50—100平方米44座，50平方米以下74座，累计投入资金6189.72万元。各区县完成情况分别为：小店区任务数25座，完成26座，建设样式新颖、功能齐全的新型装配式公厕；迎泽区任务数15座，完成15座，高标准建成东安路、狄梁公街公厕；杏花岭区任务数15座，完成15座，在居民密集程家村等，采用先进的真空集便、节水技术，建成不锈钢组合式公厕；尖草坪区任务数20座，完成20座，其中生态厕所不用上水下水，适合在管网不通的地方修建；万柏林区任务数20座，完工22座，超额2座，在8座新建公厕中创新设计，建设24小时开放男女卫生间，整体推进进度快，任务圆满完成；晋源区任务数10座，完成10座，圆满完成二青会前周边公厕改造工作。开发区：任务数6座，完成7座。县市：任务数10座，完成18座。（赵　苡）

【农村垃圾治理】 2019年，太原市环境卫生中心推进非正规生活垃圾堆放点排查整治。两次开会对非正规生活垃圾堆放点治理进行安排部署，专项印发《关于做好非正规生活垃圾堆放点排查整治工作的通知》《关于尽快上报非正规垃圾堆放点有关信息的通知》等文件，各县（市、区）共排查摸底和录入住建部信息系统的非正规垃圾堆放点203处，其中：小店区27处，迎泽区3处，尖草坪区6处，万柏林区1处，晋源区16处，清徐县45处，阳曲县71处，娄烦县34处。已整治202处（剩余处为万柏林区北寒村委会玉门南路1处建筑垃圾点位，经与万柏林区了解暂无法清运，已向省住建厅沟通报备），占总任务量的99.50%。

存量垃圾治理。认真落实住建部和省住建厅的要求，组织区县清理农村“四堆”，清理沿线、沿河、饮用水源地垃圾。3月，按照市委书记罗清宇在对清徐县西怀远村环境卫生整治工作调研时提出的要求，协调督导清徐县环卫局、徐沟镇环卫所和北京启迪桑德公司开展整治，为村庄增配垃圾桶50个，建立长效化的环境卫生工作机制。

农村垃圾分类试点。在农村垃圾分类方面，已在133个村庄展开。特别是阳曲县作为省定农村垃圾分类试点县，根据实际将农村垃圾分为四类，可回收垃圾由村民售卖；有害垃圾和普通生活垃圾由深圳龙澄公司收运（收集车后挂有害垃圾桶），普通垃圾进入侯村填埋，有害垃圾运往省固废处置中心；炉渣和拆迁垃圾，每村设一处渣土场，炉渣由龙澄公司收运，拆迁垃圾由村民自运，倒入渣土场处置。（赵　苡）

【道路清扫保洁】 2019年，太原市环境卫生中心按照墙到墙、红线到红线、不留死角、不留缝隙的全覆盖作业标准，根据不同气象条件，针对性地开展湿式清扫、洒水冲洗、喷雾降尘等机械作业。强化人工清扫保洁，确保主次干道“路黑线白见本色”。对工地出入口周边、城乡结合区域土路和未硬化路段等扬尘严重区域，加强抑尘剂喷洒，有效遏制扬尘。（赵　苡）

【生活垃圾收运】 2019年，太原市环境卫生中心继续全面推行上门收集，凡具备条件、能够实施上门收集的街巷，原则上取缔街面垃圾桶，实施上门、入店、进院收集。暂不具备上门收集条件的街巷，加强垃圾收运，做到收运及时、容器规整，站点周边干净整洁。尤其是因道路封闭、区域拆迁等车辆难以到达的站点，采取小车倒大车、手提肩扛、低峰入场等措施，千方百计解决封闭区域的垃圾收运。加强统筹，根据实际情况合理调度同舟电厂、侯村填埋场和南堰、丈子头大型转运站垃圾处理量，确保垃圾收处有序进行。（赵　苡）

【环保督察整改】 2019年，太原市环境卫生中心加快推进清徐3000吨/日生活垃圾焚烧电厂建设，分别修订完善太原循环经济环卫示范基地污泥处置项目和清徐垃圾焚烧发电项目工程推进计划，逐项明确阶段任务和完成时间，倒排工期，各部门形成合力，加快手续审批，该项目于2019年8月底点火投运。

对县级及以下垃圾处理进行监管。清徐、娄烦、阳曲三县和古交市分别制定出台生活垃圾管理办法，统筹规划收集转运垃圾处理场地和工程建设。制定出台太原市三县一市垃圾处置监管管理办法，明确县区垃圾处置监管主体责任，消除垃圾处置监管盲区。县城及周边一千米范围内全部完成规划建设的转运站。完成规划内的所有垃圾转运站建设，全部实现村收集，乡（镇）转运，县集中处置的管理运行机制和模式。确保生活垃圾处置规范、有序、无盲区。

推进污泥处置项目建设，经公开招标，2016年12月5日无锡国联环保能源集团有限公司和天津市裕川微生物制品有限公司作为联合体中标。项目采用PPP模式并成立项目公司山西晋联环境科技有限公司。该项目于2019年5月底建成投运。

消除侯村填埋场渗滤液环境风险隐患；采取应急措施，租赁日处理600吨渗滤液设备已到位并运行。2019年5月6日，已停止垃圾填埋场渗滤液外运。原日处理200吨渗滤液项目升级改造已完工，日处理提升到600吨/日。

（赵　苡）

【环卫基础设施建设】 2019年，太原市环境卫生中心环卫工程建设项目共10项，包括财政投资建设项目6项；社会投资建设项目4项。

南堰生活垃圾升级改造工程，转运生活垃圾由原来的1000吨/日增加到1500吨/日、新增转运餐厨垃圾100吨/日。服务范围为晋源区、万柏林区；在保证生活垃圾转运工作日进日转，零积存的前提下，积极推进升级改造施工。

太原市南堰生活垃圾压缩转运中心升级改造工程是市政府重点工程，于2017年9月开工。土建工程合同总造价2066.10万元，到2019年8月，经太原市财审中心审核，已完成投资1711.52万元。升级改造工程设备采购总投资2704.20万元。到2019年11月除转运车辆、垃圾容器及容器改造未招标外，其他10–0.4KV变配电系统、除尘除臭设备、废水处理设备、热源及辅助设备、特种车辆、转运工艺及中控系统设备已招标，设备陆续进场进行安装。

丈子头生活垃圾升级改造工程，转运生活垃圾由原来的1000吨/日增加到1500吨/日、新增转运餐厨垃圾100吨/日。服务范围为尖草坪区、杏花岭区；升级改造任务主要解决转运规模不足，除尘除臭的问题。保证日进日转，零积存的前提下，积极推进升级改造施工。

太原市南部大型生活垃圾压缩转运站项目作为清徐垃圾焚烧项目的配套工程。主要解决小店区、高新区等生活垃圾大吨位、远距离、密闭化清运问题。建设规模2000吨/日，项目地址位于小店区北格镇辛村。先后完成“免除项目建设海绵城市备案”“人防工程易地建设费用缴纳”“小店区工程质监、安监备案”等项目建设多项前置审批。省八建集团公司作为土建总包单位于2019年4月进场。工程建设期间，由于“地方政府环保节能减排防控、二青会期间土石方施工转运严格管理”等因素对施工连续性造成影响，项目部因势利导与监理单位、施工单位，多次修改施工计划，充分利用碎片时间保证工期。办公楼主体封顶，压缩车间主体一层已浇筑。压缩车间二层施工和的办公楼二次结构的正在施工。施工过程中未发生重大质量安全问题。工艺设备已完成前置性采购的审批，在政府采购平台公开招标。初步设计批复总投资16393.77万元，实际资金支出2167.65万元。

太原市迎泽大型生活垃圾压缩转运站是全市大件垃圾收集、转运及其迎泽区生活垃圾中转和远距离、密闭化转运的重大基础设施，建设规模1500吨/日，建设内容包括：压装车间、转运车辆、办公楼及附属设施。

太原市市容环境卫生机械清洁队停车场及融雪剂溶化池项目位于迎泽区郝庄镇新沟村，南内环街以北、马庄东路以西的规划新区内。项目已完成《建设项目选址意见书》《建设用地规划用许可证》《可行性研究报告的批复》《环境影响报告的批复》《节能评估的批复》《初步设计的批复》《水土保持方案的批复》《岩土工程的详细勘察报告》和工程监理的招标工作。2019年办理土地供地手续，完成土地开垦费和占地税的缴纳工作，抓紧完成土地供地、不动产证办理、地上附着物补偿、领取建筑施工许可证、完成施工单位招标等工作。

太原市侯村城市生活垃圾卫生填埋场于2008年6月投入运行，原设计日处理能力为1500吨，实际平均日处理量3500多吨。由于长期超负荷运行等原因，导致坝体等地产生重大安全隐患。太原市侯村城市生活垃圾卫生填埋场应急排险工程主要建设内容：（1）积存渗滤液治理约27万吨。（2）防渗边坡保护及防渗系统衔接。（3）垃圾坝安全维护。（4）污染土体换填。（5）雨污分流系统工程。（6）填埋作业设备、应急储备物资购置。（7）新建沉砂池。（8）扩建回用水池。（9）原一期渗滤液处理系统升级改造。

太原市循环经济环卫产业示范基地垃圾焚烧发电项目位于太原市清徐县柳杜乡东南社村南侧，太原市循环经济环卫产业示范基地内。项目建设规模日处理生活垃圾3000吨，工程设4条日处理能力为750吨的焚烧烟气净化线及2台30兆瓦抽气式汽轮发电机组。经公开招标，上海康恒环境股份有限公司中标，项目采用BOT模式承担项目的投资、建设及运营，特许经营期30年（含建设期2年），项目工程总投资15.40亿元。

太原市循环经济环卫产业示范基地污泥和污水处置项目，选址于清徐县柳杜乡东南社村南侧，太原市循环经济环卫产业示范基地内。污泥项目总规模700吨/日，一期处理规模500吨/日，污泥项目占地2.87公顷，总投资2.90亿元。工艺为：碱性热水解+资源化利用方案。污水项目处理总规模3000立方米/日，需要处理的1200立方米/日，工程总投资1.20亿元，作为配套设施服务于示范基地生活垃圾焚烧项目、污泥处理项目、餐厨处理项目等，采用刮板过滤机+调节池+耦合汽提工艺。同年已完成投资35810万元。项目前期手续批复情况：已获得立项批复、环评批复、防洪评价报告、节能评价报告、节地评价报告、水土保持评价报告、选址意见书；水资源评价报告、社会稳定评价报告等正在编制、过审阶段；建设工程规划许可证已办理完成。

餐厨无害化项目共有收运车辆48台，餐厨垃圾收运范围已经覆盖到太原市6区1县，包括万柏林区、杏花岭区、尖草坪区、小店区、迎泽区、晋源区、清徐县。2019年，收运线路共计80条，有4400家餐饮单位，共收运处理餐厨垃圾110750.13吨。

太原市生活垃圾焚烧发电厂BOT项目建设地位于山西省综改示范区阳曲产业园区，占地面积6.53公顷，总投资7.30亿元。运行主体包括垃圾接收系统、焚烧系统、发电系统及烟气净化系统。投产后，垃圾接收系统可具备消纳处理城市生活垃圾1800吨/天的能力；焚烧系统采用3台国外先进的500吨/天机械往复式炉排炉技术，可满足筛分预处理后1440吨/天的入炉焚烧处理需求；发电系统采用2台15兆瓦凝汽式汽轮发电机组，除满足厂内用电外，每年可向社会上网供电1.40亿千瓦；烟气净化系统采用“SNCR+半干法+干法+活性炭喷射+袋式除尘器”工艺，烟气处理后可满足国家最新烟气排放标准，完成投资8989万元。（赵　苡）

建筑企业

·建筑业·

【建筑业和房地产业发展】 2019年，太原市住房和城乡建设局扶持企业升级发展，完成施工总承包资质升一级10家、升二级34家，4家被评选为省优秀骨干建筑业企业，24家被评选为省骨干建筑业企业。市场竞争力持续提升。完成建筑业产值3164.79亿元，增幅15.10%；房地产开发完成投资698.24亿元，同比增长31.30%。（雷宏伟）

【建筑市场管理】 2019年，太原市住房和城乡建设局开展行业企业“双随机”检查，实施网格化市场监管，按照“网定格、格定人、人定责”的原则，分解到若干“网格”区域，实现市场监管的“大纵深”和施工项目“全覆盖”，受到省住建厅的肯定，在全省进行经验推广。严厉查处转包违法分包等建筑市场违法违规行为，对监管的232个项目开展拉网式全面检查，项目覆盖率100%。

（雷宏伟）

【建筑质量管理】 2019年，太原市住房和城乡建设局推进“样板引路”到工程实体，推行工程质量监督与竣工验收分离，利用“三位一体”监督、差别化管理等措施规范工程责任主体质量行为。

全年监督房屋建筑工程单体1315个，市政工程106项，监督房建竣工验收582个，市政竣工验收30项，监督覆盖率、一次竣工验收合格率、工程质量责任永久性标牌设置率均为100%。受理、备案竣工验收项目484个，备案面积537万平方米。完成建设工程档案预验收152家建设单位855个单体，完成竣工档案验收57家建设单位277个单体。

（雷宏伟）

【安全文明施工】 2019年，太原市住房和城乡建设局贯彻落实党政领导干部安全生产责任制，实施目标管理，狠抓制度落实，组织应急预案演练和警示教育，开展安全隐患排查治理清零行动，建筑施工防高坠、消防施工安全专项整治活动，持续加强对建筑起重、附着式升降脚手架等机械设备管理，安全管理水平稳步提升。全年监管房建、市政工程共计669项，发现隐患问题14824条，下达整改通知单2281份，全部整改到位。建立扬尘污染治理台账和“双随机、一公开”检查制度，对扬尘污染较大的项目进行约谈、问责，建立黑名单制度，高限处罚。对6个项目的责任单位记入黑名单，对6个施工企业，向市城管局发建议处罚函，共计罚款50万元。积极办理中央生态环境保护督查“回头看”交办问题，收到群众反映问题11批，共16件，14件已办结，另外2件已进行整改，关于森园南路的问题（经落实，坑洼部分为林钢路），已将两条路间的连接路段完成修复，问题有效解决；关于矿机路南出口还有100米没有修好的问题，已在胜利街向北120米道路红线外修筑两车道便道与矿机街相连，反映的问题已解决。（雷宏伟）

【建筑节能科技】 2019年，太原市新建民用建筑569个、970.37万平方米，全部按照设计的节能标准施工建造；新增绿色建筑、新增应用可再生能源新建建筑、完成装配式建筑的面积均超过省厅下达的年度目标任务。全年申报登记科技成果8项，申报科技计划项目7项。下属院队创新发展，努力开拓，市规划院启动开展9个省市重点项目编制，市建院设计的“清华科技园（太原）”等12个项目获省一等奖，市政院申报的《太原市环线道路工程》在中国勘察设计协会组织推荐评选的中华人民共和国成立70年全国优秀勘察设计项目中，被评选为优秀设计项目。（雷宏伟）

·中化二建·

【概况】 中化二建集团有限公司（简称中化二建）隶属于国务院国资委管理的中国化学工程股份有限公司，成立于1953年，由中国化学工程第二建设公司于2001年整体改制而来，注册资本金20亿元，是国家石油化工建设的骨干企业之一。中化二建职工总数5679人，管理人员3964人，占职工总数的69.80%，技能人才1715人，占职工总数的30.20%；大专以上学历4154人，占职工总数73.15%；高级职称618人（含正高50人），中级职称1436人，初级职称1183人；高级技师71人，技师211人；注册建造师568证，注册造价工程师98证，勘察、岩土、安全、化工、结构等其他主要注册工程师152证；享受政府特殊津贴专家11人，山西省委表彰“三晋英才”81人。

2019年，中化二建全年实现营业收入102.07亿元，实现“百亿化建”，同比增长25.06%；实现利润总额3.46亿元，同比增长10.54%；新签合同额147.50亿元，同比增长21.58%；项目数量190个，其中国内132.90亿元，项目数量181个；国外14.60亿元，项目数量9个。全员生产劳动率174.03万元/人；年末固定资产原值10.89亿元，较年初增加0.74亿元；年末资产总额113.97亿元，较年初增加2.13亿元，年末所有者权益27.07亿元，较年初增加2.63亿元，资产负债率为76.25%，较年初下降1.90%。

（崔丽萍　房芳）

【机构撤并】 2019年，中化二建深化企业“三项制度”改革，对机关组织机构职能进行调整，将总部机关原有职能部室由20个减为16个。进行生产经营管理组织模式变革，对效益不好、规模较小三级机构进行合并。开展公司总部机关全员竞聘上岗工作，高学历、高职称、专业型、复合型人才占到绝大多数，优化机关人员配置，提升机关管控和服务能力。

按照国务院国资委剥离国有企业办社会职能工作要求，中化二建与弘慈医疗集团以轻资产方式对职工医院进行混合所有制改革，中化二建占股35%，弘慈医疗占股65%，在不需增加投资的情况下盘活存量资产，实现国有资产保值增值，实现与合作方利益共享，合作共赢。（孔　刚）

【工程管理】 2019年5月，中化二建制定印发《2019年“项目精细化管理推进年”工作方案》，提升项目管控和考核。编制《工程项目精细化管理考核办法》，制定项目评价标准，使检查核查尺度统一、评分评价有理有据。

全部在建项目均按照精细化管理手册及相关制度文件实行精细化管理，选择21个项目作为精细化管理示范项目，提高精细化管理水平。

推进项目审批、备案程序和完善工作流程，运用PMS综合管理软件，使各项目信息能够在短时间内自动提取完成，生成报表，提高后台管理效率；扩大生产视频会议系统，实现总部到项目部上下一盘棋；制定内部分包限价，印发《工程施工分包招标管理办法》，明确分包招标要求和开标监督要求，统一各单位招标配套表格，初步实现分包招标标准化。

（彭兵虎）

【质量安全管理】 2019年，中化二建开展精细化管理年活动，全面梳理、细化完善三个体系制度、标准和工作流程，完成体系文件换版和外部审核。加大奖优罚劣力度，加强工程项目安全管控，在项目设置安全总监，对项目全过程进行合规性监督和专项工作监督，有效防范项目安全风险。全面推进项目现场安全标准化建设，认真执行《工程项目现场安全防护设施标准》。应用信息化技术辅助项目安全管理，实现专业管理人员开展现场巡检、隐患闭环、作业人员安全信息扫码等功能，打造智慧安全。加强安全专项培训教育，先后组织“三类人员”取证和延期教育培训合格583人，特种作业人员培训合格128人，参加集团（襄阳）体验式安全培训合格70人，新版体系内审员培训合格38人；深入开展安全月活动，举办领导“讲安全”专题课、抖音视频征集及警示教育系列活动，大力营造企业安全文化氛围。抓好项目起点建设，开展项目安全质量环境管理前期策划、目标预控。加强事故应急管理，组织安排在建项目开展120余次现场应急演练，提高应急处置能力。推广先进施工技术，严控“三废”排放和噪声污染。

（王仙平）

【财务管理】 2019年，中化二建推动财务共享中心建设。成立财务共享服务中心建设领导小组。借助业主单位与金融机构合作，以合理配置资金来增加收益，通过与财务公司协商，成功开展定期存款业务。组织2018年全税种的税务调查分析工作，梳理优化税收管理工作流程，合理运用税收政策的空间。制定下发财务核算指导手册（科目篇），规范财务管理。

完善“两金”压控工作领导机构，按照领导分工联系单位，根据项目欠款金额、时间、回收难易度等风险建立蓝、黄、橙、红预警机制，对重点、有风险项目进行预警并逐项进行分析并提出建议和措施，取得良好成效。

参与海关、外管局、商务部、国家税务总局关于“一带一路”“走出去”企业的调研座谈，全面了解国际现状和国家关于“一带一路”相关外汇管理、税收政策等，及时反馈企业面临困难，提出相应政策诉求。（马晓芳）

【物资集中采购管理】 2019年，中化二建制定《2019年度物资集中采购管理实施方案》和《项目精细化管理手册》，到各项目进行宣贯，指导物资管理精细化工作。

组织运用“化学云采”进行网上采购，多个项目设备、钢筋、管道、法兰管件、焊材等工程材料实现“化学云采”网上采购，极大地控制采购成本。

根据国家新标准（三体四标）发布与实施，完成体系文件中有关固定资产、机械设备、物资材料等相关内容体系文件编制工作。将“三体四标”体系文件、项目精细化管理要求、“化学云采”与生产运营软件平台和现场工作实际相结合，做到“四合一”，实现标准化管理，提高工作效率。（王景峰）

【市场经营】 2019年，中化二建践行大经营理念，努力打造“一主多元”发展格局，实现从“做项目”向“做市场”转变，提高主辅责区域内的市场占有率和利润率。

在建项目顺利推进，承建恒逸（文莱）800万吨/年PMB石油化工项目，作为“一带一路”沿线国家最大民营企业海外投资项目，是首个全面执行中国标准的海外大型石化项目，也是中文两国《联合公报》中明确提到的“旗舰合作”项目，7月10日实现全面中交，10月31日，一次性产出合格产品，该项目的顺利投产刷新中国建设者在海外的国际地位。承建浙江石油化工有限公司4000万吨/炼化一体化项目位于浙江省舟山绿色石化基地内，是中国（浙江）自由贸易试验区建设的重大项目之一，11月一期竣工投产，运行平稳。

完善开拓海外布局。完成中东区、非洲区、俄语区及东南亚四大区域的整体布局，增设哈萨克斯坦分公司和伊拉克分公司，为开发中东和俄语区市场提供必要机构支撑；成立第一个海外区域中心（迪拜），为中东及北非市场开发提供全方位支持。成功签署以阿布扎比油气工程项目、俄罗斯陶里亚蒂尿素项目和安哥拉汽油增产项目等14个海外合同，保持较好增长态势；并签署一系列战略合作协议，拓展多个大客户，实现强强联合，为扩大海外市场份额提供前提。（梁逊　秦栋）

【施工技术提升】 2019年，中化二建承建恒逸（文莱）800万吨/年PMB石油化工项目、浙石化4000万吨/年炼化一体化项目（一期）工程等项目在2019年陆续竣工生产。恒逸（文莱）800万吨/年PMB石油化工项目中100万吨/年灵活焦化装置为世界第七套、国内企业承建首套，通过研发施工技术，形成专有施工技术，奠定中化二建在炼化一体化项目上施工技术领先地位，为中化二建站稳石油化工新型装置建设市场提供技术支撑。

中化二建建成国家“863”计划重点项目，国内首套“催化气化及加氢气化技术与新型煤气化示范工程”——新奥新能源20万吨稳定轻烃项目加氢气化技术工业示范装置。催化气化装置核心反应器采用加压流化床气化炉，是迄今为止世界上最重、处理量最大、压力最高流化床气化炉，奠定中化二建在新型煤气化装置施工技术方面国际领先地位，为新型煤气化技术发展提供施工技术支撑。

中化二建承建南极长城站EPC输油管线维护项目开启极地施工先河，克服狂风、暴雪等极端气候考验，实现不泄漏一滴油、不污染一寸土零污染施工。特别是在雪龙号科考船船艏桅杆紧急修复过程中，没有大型机械配合情况下，施工人员仅靠简易的脚手架配合倒链将4吨重的桅杆修复，获得长城站领导和科考队员们一致好评，为中国第35次南极科学考察赢得荣誉，以央企责任担当在南极雪原凸显“中国化学”品牌价值。（李立红）

综 述

【概况】 2019年，太原市生态环境保护工作以习近平新时代中国特色社会主义思想为指导，坚持以十九大精神、习近平生态文明思想和习近平总书记视察山西重要讲话精神为指引，牢固树立绿色发展理念，全面落实党中央、国务院和省委、省政府关于生态建设和环境保护的重大决策部署，认真落实环境保护“党政同责、一岗双责”责任。坚持以改善环境质量为核心，坚持目标导向、问题导向，以打好大气、水、土壤污染防治三大攻坚战为重点，以中央、省环保督察及开展专项行动为推手，制定出台一系列政策、措施和方案，推进省城生态环境保护工作。全市初步形成上下联动、部门联动抓环保的格局，省城环境质量持续改善。2019年太原市空气质量优良天数为200天，优良率为54.80%。饮用水源地水质达标率持续保持在100%，地表水断面优良率达到55.56%，劣V类水体比例控制在33.33%。

（周国荣）

【机构改革】 2019年，太原市生态环境局根据《太原市生态环境局职能配置、内设机构和人员编制规定》，2019年6月，单位名称由“太原市环境保护局”正式更名为“太原市生态环境局”。太原市生态环境局设立14个内设机构；设12个分局，为派出机构。完成局机关、各分局及直属事业单位更改名称及挂牌工作，设立局党组，完成组建局领导班子工作。完成“三县一市”环保部门垂改上划工作。

（周国荣）

【生态治理系列会议】 2019年2月23日，太原市召开全市秋冬防攻坚行动推进会议，贯彻落实生态环境部京津冀及周边地区大气污染防治推进会精神，就解决秋冬防工作中存在的问题进行安排部署；4月12日，全省河长制工作暨汾河流域水污染治理攻坚推进会议在太原召开。省委书记骆惠宁做出重要批示，对汾河流域治理工作提出明确要求。省长、省总河长、汾河河长楼阳生做动员讲话；4月24日，全市河（湖）长制工作暨汾河流域水污染治理攻坚推进会议召开。会议传达贯彻全省河长制暨汾河流域水污染治理攻坚推进会精神，通报汾河太原段各断面水环境质量情况，对进一步做好水生态环境保护工作进行安排部署；6月1日，召开会议，安排部署坚决打赢蓝天保卫战相关工作；7月5日，市政府召开专题会议，对全市违法排污大整治“百日清零”专项行动进行再安排、再部署。专项行动将围绕十个方面的重点展开；9月11日，全市秋冬季大气污染综合治理攻坚行动动员部署会召开。省委常委、市委书记罗清宇出席并讲话，强调要深入学习贯彻习近平生态文明思想，坚决落实生态环境部关于做好秋冬季大气污染综合治理的工作部署，提高站位，强化责任，严明作风，坚决打好打赢蓝天保卫战；9月15日，太原市召开秋冬季大气污染综合治理攻坚行动动员部署会，全面落实生态环境部关于做好秋冬季大气污染综合治理的工作部署，坚决打好打赢蓝天保卫战；9月6日，省生态环境保护专项督察部署会在太原召开，省委副书记林武出席会议并讲话。

（周国荣）

【政务信息及环境信访】 2019年，太原市生态环境局加强政务信息的管理与报送，共向中央、环保部、省报送各类政务信息942篇，生态环境部采用70篇。通过太原环保网站发布信息1781条，政府信息报送平台发布信息402条。

2019年共受理环境污染举报7615件：其中举报热线共接听群众举报电话17335个，电话受理各类环境污染举报案件6027件，微信举报受理1313件，网络举报受理275件，均全部办结。

（周国荣）

环境管理

【法规与标准】 2019年，太原市生态

环境局行政处罚案件数共676件，处罚数额共4945万元。配套办法执行情况为按日连续处罚6件，查封扣押30件，限产停产5件，移送行政拘留25件，涉嫌污染犯罪移送公安机关2件，处罚决定全部按要求向社会进行公开公示。

制定下发《太原市生态环境局行政执法公示、全过程记录、重大行政执法决定法制审核等三个制度》《太原市生态环境保护行政执法与刑事司法衔接工作制度》。为执法人员配备90台移动执法记录仪，基本实现每组执法人员配备1台执法记录仪。建立和完善行政执法责任制。严格行政执法主体和行政执法人员资格制度，使所有现场监督、检查等部分职能，均按程序依法进行执法。推行案件主办人、法制员、办案单位的领导、法制部门、局领导五级审核责任制。（周国荣）

【排污许可】 2019年，太原市生态环境局全面推进排污许可制工作。严格落实国家“摸清底数、排查无证、分类处置、清理整顿”四项重点任务，全面完成年度固定污染源排污许可清理整顿任务。组织开展酒制造业、家具制造业、热力生产供应业、污水处理等23个行业的摸底排查和许可证核发工作，共发出428张国家统一编码的排污许可证，全面完成2019年度排污许可证核发任务。推进排污许可证后监管工作，对排污单位承诺“改正规定”事项完成情况和持证单位许可证执行报告进行检查，促进持证单位许可证执行报告和自行监测报告编制质量的提升。（周国荣）

【环境执法】 2019年，太原市生态环境局执法队牵头组织和参加“百日清零”、重点区域环境污染综合治理强化监督、秋冬防大气污染综合治理、工业企业扬尘污染控制、降尘攻坚、焦化行业污染防治、扫黑除恶、集中式饮用水水源地环境保护、磁窑河流域水环境整治等十多项专项检查和专项行动。共下达限产通知书46份，实施行政处罚22件，罚款355万元。积极开展涉黑涉恶线索摸排，共摸排企业1942家次，对63家乱点企业进行关停、取缔和淘汰。与城管、住建和公安等部门联动开展“百日清零”、扬尘污染等专项检查，及时将违法犯罪线索移交公安机关。（周国荣）

【生态环境宣传教育】 2019年，太原市生态环境局环境宣传教育以推进省城环境质量改善为目标，围绕“打赢蓝天保卫战、打好碧水保卫战、打好净土保卫战”三大攻坚战，持续推进省城环境质量改善等重点工作，加强部门联动，突出公众参与，强化舆论引导，提升能力建设，为建设天蓝山青水碧美丽太原营造良好的社会氛围。以重大环保节日为节点，广泛利用社会资源，先后组织开展“4·22”世界地球日、“6·5”世界环境日、“9·22”无车日、“12·4”国家宪法日等大型环保主题活动。搭建公众参与平台，先后组织“学习生态文明理论，做好企业环保工作”环保主题讲座，“关爱山川河流”为主题的环保志愿服务，“美丽中国 我是行动者”——2019第三届环保新春盛典，“跟着垃圾去旅行”“探寻污水净化之旅”等系列活动。以绿色创建为载体，扎实推进太原生态文明建设，全市共评选出50户“绿色文明家庭”、103名“环保好市民”、9位“环保好妈妈”和30人“魅力环保小卫士”。组织国家、省、市新闻媒体先后开展“生态文明建设媒体行”和秋冬防伴随式大型采访活动。全年共召开新闻发布会4次，新闻通气会、记者座谈会13次，每周在新闻媒体通报各县（市、区）环境空气质量排名；每季度向市民和媒体通报全市环境空气质量状况和工业污染治理情况等，每周组织至少2次伴随式采访活动；建立健全市、县（区）环保政务“双微”矩阵，起到“上下联动，同频共振”的效果。全年共在国家、省、市主流媒体刊发太原环保报道4739篇（条），其中，纸媒2219条，电视电台372条，互联网（太原市人民政府网、生态环境局官网）282条，微博1038条，微信828条。（周国荣）

污染防治

【综合防治】 2019年，太原市生态环境局累计下达环保专项资金8.64亿元，用于支持散煤治理、钢铁和焦化行业提标改造、老旧柴油车淘汰报废、农村环境整治等重点项目实施，保障全市污染防治攻坚重点任务顺利推进。全年累计争取重点工作经费0.95亿元，用于开展区域空间生态环境评价、降尘污染特征及来源解析、重点行业企业无主地块初步采样调查、重点工业企业环保用电监管系统建设等专项工作，保障生态环境系统年度重点工作全面完成。

成立“二青蓝”保障专家组，开展“二青会”期间环境空气质量综合分析、预报会商等，共提交“二青会”期间空气质量预报预警会商报告12份，为保障二青会期间空气质量确保优良提供科学分析和技术支撑。开展太原市降尘、PM10来源分析及对策初步研究工作，对降尘污染原因进行初步分析，组织提交《太原市大气降尘污染原因初步分析及对策》。深入开展降尘精细化来源解析，与南开大学合作，开展降尘来源解析分析研究工作。（周国荣）

【大气环境管理】 2019年，太原市生态环境局推进散煤污染治理。在巩固市区“禁煤”工作基础上，散煤治理向三县一市推进。全年共完成农村清洁供暖改造3.47万户，完成清洁兰炭供应3.15万户、9.42万吨；淘汰35蒸吨以下燃煤锅炉7台，实现全市35蒸吨以下燃煤锅炉清零，城西热源厂4台160蒸吨燃煤锅炉完成超低排放改造。加快绿色能源发展。争取6个光伏发电项目，总规模为29.40万千瓦。持续推进企业提标改造。太钢投资30多亿元，完成三烧、四烧超低排放改造，全面完成超低排放改造任务。美锦钢铁完成无组织超低排放改造；钢二次料场，西山煤气化一焦、二焦煤场、尖草坪龙聚煤场、官地矿洗矸库、西曲矿矸石中转储煤场、马兰矿选煤厂中煤场地等7个工业扬尘无组织封闭治理项目全部完成；替代低VOCs原料源头企业4家、建设高效VOCs治污设施5家、治理VOCs无组织排放6家，治理任务全部完成。更新VOCs排放重点监管企业名单，将全市石化、化工、包装印刷、工业涂装等16家排污单位纳入2019年VOCs重点排污单位名录，8家企业完成VOCs自动监控设备的安装工作。开展扬尘污染综合治理。出台《太原市2019年打赢蓝天保卫战攻坚行动实施意见》《关于进一步强化降尘污染防治工作的意见》，重点围绕工地扬尘整治、裸露地面整治、城乡接合部及通往渣土场道路整治、渣土消纳场整治、建筑垃圾渣土清运、工业扬尘整治、全城大清洗七个方面开展全面攻坚，严执法、严管理、严标准，不断强化降尘污染防治工作。强化机动车尾气污染管控。从7月1日起，销售和注册登记的机动车全面实施国六排放标准。加强在用车环保达标监管。开展机动车环保检验机构专项检查整治工作，检查机动车排放检验机构58次，实现百分百全覆盖，发现违规检测行为56次，共计停网整顿17家，责令整改39家次。强化部门联合监管。按照“生态环境部门检测取证、公安部门实施处罚、交通运输部门监管维修”联合监管执法模式，建立健全精准管理、常态治理柴油货车和散装物料运输车路查路检工作机制。积极推进非道路移动机械排放监管工作。发布《关于划定禁止使用高排放非道路移动机械区域的通告》，划定高排放非道路移动机械禁用区；相继出台《关于开展非道路移动机械核查登记工作的通知》《关于在全市范围内开展非道路移动机械排气污染常态执法工作的通知》等文件，初步建立全市非道路移动机械管理台账。开展秋冬季大气污染综合治理攻坚行动。在应对中，全面加强重污染天气监测预警的及时性、准确性、联动性，严格落实环境监测与气象部门每日会商机制；依托“一市一策”专家组团队力量和太原市生态环境监管一体化平台，依据科学的预测结果和省级调度，适时发布预警通告，及时启动应急响应。积极响应和严格落实全省“1+30”区域大气污染联防联控工作机制，开展区域协同减排。

（周国荣）

【土壤生态环境管理】 2019年，太原市生态环境局以重点行业企业调查为切入点，以试点工程为突破口，全面推进全市土壤污染防治工作。开展全市重点行业企业的信息采集工作，对344家重点工业企业和858家一般企业用地进行调查，逐步完善太原市土壤污染管理信息平台建设。稳步推进4个土壤修复与综合治理重点项目，太化004项目已完成省厅组织的验收，太原煤气化（集团）工厂区项目改造场地污染治理与修复工程正在进行修复治理。 （周国荣）

【固体废物与化学品环境管理】 2019年，太原市生态环境局推进“全国固体废物管理信息系统”应用工作，对3家危险废物经营单位和400余家危险废物产生单位、2600余家医疗废物产生单位全面推行危险废物转移电子联单运行的工作。2019全市共办理危险废物转移联单5056份（其中电子联单1467份），安全处置危险废物17730.31吨、医疗废物7089.41吨。 （周国荣）

【重污染天气治理】 2019年，太原市生态环境局按照“差别化管理、禁止一刀切”原则，完成《太原市2019—2020年重污染天气工业源应急减排清单》编制，要求各县（市、区）严格执行，并同步完成“一厂一策”更新。减排清单共涉及全市涉气企业1595家，除去长期停产、排污量极小、保障民生等企业外，1408家企业在重污染预警期间参与应急减排。2019年启动黄色预警7次43.50天，橙色预警13次77.25天，红色预警3次5.75天，共计23次126.50天。有效缓解重污染天气影响，重污染天气应急预警措施得到切实加强。（周国荣）

【辐射安全监管】 2019年，太原市生态环境局加强辐射安全监管能力建设。根据《全国辐射环境监测与监察机构建设标准》要求，太原市组织实施《太原市辐射安全防护能力项目》，共购置辐射安全防护设备13类105台套，其中辐射防护装备18套、辐射安全检测仪器87台，共计金额469.07万元，全面提升全市辐射安全监管能力。强化辐射安全监管。太原市纳入核技术利用辐射安全监管系统的单位共有400余家。2019年共办理辐射类环境影响评价项目82项。组织举办6期辐射工作人员上岗资质培训班，1228人通过培训取得辐射工作人员上岗证。积极宣传辐射安全知识，主动做好相关协调解释，及时化解矛盾，全年未发生涉及辐射安全事故。

（周国荣）

生态环境保护

【生态环境保护督查】 2019年，太原市生态环境局推进中央生态环境保护督察“回头看”反馈问题整改。5月6日，中央第二生态环境保护督察组对山西省第一轮中央环境保护督察整改情况开展“回头看”，反馈太原市整改任务21项，截至2019年底，已按照时限要求完成整改15项。全力保障蓝天保卫战重点区域强化监督定点帮扶工作。2019年5月，太原市接受生态环境部强化监督定点帮扶18轮次，以生态环境部办公厅名义正式交办太原市政府督办函15批次共334个监督帮扶发现问题。太原市通过立行立改、边督边改，反馈的334个环境问题已全部完成整改。全面开展省委省政府生态环境保护督察问题整改。9月7日至9月30日，省委省政府生态环境保护专项督察向太原市委、市政府正式反馈督察意见共分解出4方面31项整改任务，太原市政府实行台账调度管理，每月调度一次整改任务最新进展情况，全力推进整改工作。（周国荣）

【自然生态保护】 2019年，太原市生态环境局实施矿山生态恢复治理工作。加强对矿山企业生态环境恢复治理监督检查，持续推动各县（市、区）开展《方案》编制工作。22家煤矿已编制完成《方案》，经形式审查，准予备案；稳步推进西山煤电集团前山矿区生态恢复治理试点示范工程，完成矸石山生态恢复治理任务。统筹协调自然保护区监督管理工作。根据山西省生态环境厅、山西省林业和草原局《山西省“绿盾2019”自然保护区强化监督工作方案》的要求，积极协调相关部门对4个省级自然保护区遥感监测疑似新增问题点位逐一开展实地核查；全面梳理和核查2017年、2018年绿盾专项行动发现问题整改情况，跟踪办理。（周国荣）

【水生态环境管理】 2019年，太原市生态环境局针对地表水劣Ⅴ类水体突出问题，市委、市政府坚持问题导向，从4月开始实施劣五类水体攻坚行动，确定56项重点工程和措施，采取定期调度、定期研判、定期监测、定期通报、定期督办等方式全面推进攻坚任务落实。各项工程和措施进展总体良好。地表水环境质量改善效果明显，汾河小店桥6月退出劣Ⅴ类，汾河太原出境韩武村断面主要污染物氨氮、总磷的浓度值比上年分别下降36.51%、20.22%。（周国荣）

【生态环境监测】 2019年，太原市生态环境局做好环境空气和地表水监测点位优化调整、国家地表水国控断面采测分离水质样品分析检测、环境空气质量监测和预测预报、全市降尘量监测、水环境质量监测、着力推动挥发性有机物（VOCs）监测、全面完成农村环境质量监测、重点排污单位监督性监测、扎实推进排污单位自行监测及信息公开等9个方面的工作。协调组织完成5个省级地表水跨界断面水质自动站建设工作。组织开展“十四五”国家城市环境空气质量监测站点位优化调整工作；印发《太原市环境空气质量自动监测站运维保障及预防人为干扰干预有关规定（试行）的通知》，进一步加强对全市环境空气质量自动监测站管理，保障境空气自动监测数据准确可靠，防止人为干扰干预监测数据。组织开展监督性监测和企业自行监测工作。确定2019年度太原市重点排污单位名录，共确定水、大气、土壤环境污染重点监管单位、其他重点排污单位106家，并在太原市环境保护局网站公布；对65家涉及废气排放、68家涉及废水排放重点排污单位开展监督性监测；配合排污许可证的发放工作，组织专业技术人员对197家排污单位编制的《自行监测方案》进行审核。（周国荣）

市生态环境分局组织雾炮车对辖区主次干道进行喷雾抑尘

（市生态环境局供图）

【环境影响评价】 2019年，太原市生态环境局全力推进区域空间生态环境评价工作，组织对123个地块进行饮用水源地核查。加强宏观管控，强化规划环评约束指导作用。严格重污染行业项目环评审批管理。全年共审批建设项目环境影响评价文件29个。认真落实行政审批制度改革，积极推进简政放权。建立互联网＋政务服务工作体系，大力推进投资项目在线审批，提高审批效能和质量。优化环评审批管理，对开工前保留的环评审批事项进一步优化，实施并联审批，减少前置事项，提高环评办件效能。（周国荣）

【生态环境应急建设】 2019年，太原市生态环境局开展环境风险源排查，排查焦化、电镀等高危、高风险行业及涉重金属单位、危废产生和处置单位风险源，建立环境安全大检查台账。开展全市涉危企业应急预案专项检查，进一步规范企业突发环境事件应急预案的管理，强化报备工作。完成全市环境移动执法系统建设，提高执法水平和执法效率。参加由太原市应急管理局、中石化销售股份有限公司山西太原石油分公司主办，太原市应急管理综合救援指挥中心承办“太原市危险化学品应急救援演练”、参加由省政府组织，太原市政府、应急管理局、生态局等部门参演的“2019省政府突发事件远程指挥调度应急演练”，演练取得圆满成功并得到省市政府及环保部门充分肯定。（周国荣）

文 物

【概况】 2019年，太原市文物局提高“把老革命留下的红色基因、老天爷留下的宝贵遗产和老祖宗留下的历史文物保护利用好，坚决不能破坏”的三个认识，正确处理“文物与宗教、文物与旅游”两对关系，着力弘扬“中华优秀传统文化、革命文化、社会主义先进文化”三个文化，坚守人民立场，坚定文化自信，坚持创造性转化、创新性发展，集中力量推动文物工作实现点上出彩、线上开花、面上结果。 （陈雅彬）

【文物重点工程】 2019年，太原市文物局《太原市博物馆促进条例（草案）》起草工作。3月成立起草小组，与市人大教科文卫委、市人大法制委、市司法局密切沟通，经精心筹备、专家论证、专题研讨，广泛征求各方意见，起草完成《太原市博物馆促进条例（草案）》，特点是扶持非国有博物馆发展，全面提升非国有博物馆办馆水平。10月29日经过市第十四届人大常委会第25次会议初审。现面向社会公开征求意见，博物馆领域首部立法即将出台，成为全国第二部博物馆领域立法，推动博物馆管理迈向科学化、规范化轨道。

晋祠景区两权分离改革工作。晋祠博物馆率先完成“两权分离”改革，2019年1月注册成立太原胜境文化发展有限公司，3月9日正式运营，自营文创商店推出文创产品70余种，实际运作关系逐步理顺；辐射带动太山“两权分离”改革初步完成，成立太山分公司，推出太山素斋经营项目、“稳如太山”“如来太山”系列等10余种文创产品广获好评；天龙山“两权分离”改革加速推进；以高效、高质的改革工作受到省级肯定，景区活力充分释放。

千年府衙综合整治配套工程。对督军府旧址和府东街东花园内不协调建筑进行拆除，对历史建筑进行修缮，同时进行周边环境整治，建筑修缮（复）、园林景观、基础配套工程。工程完工后，将以山西府衙博物馆的形式，再现千年府衙历史风貌，成为太原府城重要专题性博物馆和文化建设新名片。

天龙山石窟数字复原国际合作巡展。推动文物保护与科技深度融合，实施天龙山石窟数字复原巡展，借助最新数字复原技术让流失百年、分隔两地的造像身首合一、魂归故里，再现天龙山石窟艺术辉煌。7月25日至30日，在法国留尼汪省但尼市亮相，成为中宣部“中华文化走出去”首个走出国门的重点项目；9月在太原市博物馆举办国内首展，展览植入VR实景、沉浸式影院、全息投影、与佛的对话等好看好玩的项目，为太原市民奉献精彩的文博科技盛宴。走出可供借鉴、复制的太原模式。

（陈雅彬）

【文物保护】 2019年，太原市文物局夯实文物保护根基。第八批国保遴选申报圆满完成，龙山童子寺等5处文保单位升格国保，国保总数达到38处。推进“文明守望工程”，推动社会力量参与文物保护，新签约认养福民巷5号民居和7号民居2处文物，在全省占比五分之一。文物保护水平全面提升，完成水镜台等文物保护修缮工程16项、龙山姑姑洞等文物抢险工程8项，编制文物保护修缮方案11项、国保单位项目计划书21处、省保单位立项报告4项；完成400余处市、县级文保单位基础信息填报审核；完成2020—2022年文物保护工程项目计划175个。持续优化文物领域营商环境，出台《太原市区域文物保护评估管理办法》。全面完成晋祠博物馆、国师纪念馆馆藏文物预防性保护，完成120件陶瓷器、30件金属器和28件杂品类文物修复。加强对山西慧光古灯博物馆、山西晋韵砖雕艺术博物馆等非国有博物馆帮扶指导。启动全国首座墓葬壁画专题遗址类博物馆——北齐壁画博物馆建设。

文物安全防护网。守住文物安全底线绝不松懈，开展文物领域安全风险定级和隐患排查治理双重预防机制建设，完成安全风险定级和隐患数据库建立，实现与市安委办网络信息平台对接；增强文物安全执法力量，提升执法科技水平，实现无人机高空远距离调查取证、执法督察。开展安全生产大检查，出动检查组13个76人次，检查文保单位95个，排查整改隐患16条；坚持文物安全常态化巡查，出动350余人次、200余车次，巡查市级以上文保单位207处、县保单位10处、重点建设项目20余处，处理文物违法行为11件，依法立案处罚3起。深化文物系统扫黑除恶专项斗争，加强涉黑涉恶线索排查，坚决打击文物领域黑恶势力；实现安全生产零事故。依法对全市214个建设用地等项目进行不可移动文物重叠情况核查；推动城市基本建设中的考古调查勘探经费370万元纳入市财政年度预算；完成考古调查、勘探18项、288万平方米，考古发掘7项，发掘古墓葬33座。做好恒大悦龙台出土木牍、西中环南延搬迁墓葬等保护工作，让文物之美与经济社会发展相得益彰、多元绽放。

（陈雅彬）

【服务群众】 2019年，太原市文物局坚持以人民为中心，为人民谋福祉，围绕让文物活起来，开展许多生动的实践，让文物走进当下、走进百姓，成为广大人民群众的精神滋养。

开办“凝心启智”大学堂。面向社会、面向百姓开门办学，聚焦“凝聚人心，聚焦中国梦；启迪智慧，奋斗新时代”，围绕百姓喜欢、关注的热点话题，生动诠释文物人的初心使命，每月一期邀请徐大为、石金鸣、杭侃等著名专家学者解读厚重文化，场场爆满，好评如潮。

推出数字博物馆。实施天龙山石窟数字复原巡展，作为国家首批首个“中华文化走出去”重点推广项目走出国门，在法国、太原市博物馆实现国内外首展，走出可供借鉴的太原模式。拓展“互联网＋中华文明”新途径，初步完成晋祠文化遗产数字化展示平台建设和北齐徐显秀墓壁画数字博物馆建设，实现文物信息资源开放共享。

打造身边博物馆。开放拱极门、文殊寺等文物点，将分散在城市社区的文物点打造成居民身边的博物馆和广大市民的文化会客厅，厚植党执政的群众基础，为百姓提供丰富便捷的文化服务，备受百姓热捧和媒体关注；充分发挥博物馆社会教育功能，开设“第二课堂”、青少年教育实践活动基地，面向中小学生、社会公众举办小小讲解员、开笔礼等各类主题和研学活动百余场次，宣讲太原文物故事，打造流动博物馆。

构建革命文化精神谱系。实施革命文物保护利用工程，为献礼新中国成立70周年，国民革命军第八路驻晋办事处旧址修缮完成并对外开放，再添一处红色教育基地；以红色情景剧、红色研学活动等，弘扬国师纪念馆红色传统；精心打造双塔博物馆廉政文化教育基地，通过“一通碑”吕坤《家训碑》的家风建设，拓展到“一座堂”宝贤堂的廉政文化，再延伸到“两座塔”的文风文脉，借古通今，营造崇德向善、见贤思齐的社会氛围，净化政治生态，弘扬好历久弥新的红色文化和廉政文化。（陈雅彬）

【文物展览】 “晋祠博物馆藏华严经石刻拓片暨柯璜书画精品展”。山西省图书馆、晋祠博物馆联合策划推出，2019年4月23日在山西省图书馆（长风馆）第一展厅开展。展览分两个单元“华严宝藏”“儒风素心”，共展出从晋祠博物馆藏文物中精心选出的80幅作品。展览为碑刻和书法爱好者提供不可多得的学习研究资料范本，为读者提供高质量公共文化服务创新成果，增强读者文化自信，提升读者满意度和获得感。

“巧针彩线画衣绣裳——顺德广绣展”。晋祠博物馆、佛山市顺德区博物馆、佛山市顺德区非物质文化遗产保护中心联合举办，2019年4月27日在晋祠博物馆傅山纪念馆隆重开展，展期两个月，展品40余件。充分发挥博物馆在文化传承中的“中枢”作用，搭建太原与广东的文物交流对话平台，增进两地公众的文化认同感，达到促进内地与发达地区文化交流的目的。

“恰同学少年——毛泽东在湖南第一师范”图片展。太原市文物局、湖南第一师范学院主办，山西国民师范旧址革命活动纪念馆、毛泽东与第一师范纪念馆联合承办，2019年5月18日在山西国民师范旧址革命活动纪念馆开展。向观众展示青年毛泽东怀着“改造中国与世界”的宏伟志向，在一师学习、工作的经历。更加坚定以习近平总书记新时代中国特色社会主义思想为指导信念，为实现民族复兴、国家富强、人民幸福的伟大中国梦凝聚正能量。

“晋祠——中国祠庙园林之典范展览”。太原市文物局策划，中国园林博物馆、太原市晋祠博物馆主办，北京山西企业商会、康杰科创园、山西文物博物产业集团有限责任公司、山西晋韵砖雕艺术博物馆协办，2019年5月21日在中国园林博物馆一号临展厅隆重开幕，展期3个半月。展览从晋祠历史溯源、人物、神明、建筑、古树名木、传统晋祠的未来等几个方面，以105件（套）文物，配合辅助展品、多媒体展示等手段，述说这座祠堂园林的历史、文化、艺术、科学和鉴赏价值，向观众展示晋祠文化对后人和城市发展的积极影响。

“清风雅韵——晋祠博物馆藏折扇扇面展”。太原市文物局、苏州市园林和绿化管理局主办，太原市晋祠博物馆、苏州市拙政园管理处（苏州园林博物馆）联合策划推出，2019年6月20日在苏州园林博物馆正式开展。展期一个半月。展览分为山水寄情、花鸟醉心、容影随性、诗文咏志、晋人翰墨五个部分，清晰地展现出文人墨客的雅趣与情怀。这次展览是馆藏折扇扇面首次走出晋祠博物馆，走进苏州，让观众能够近距离感受精妙绝伦的书画艺术，领略传统文化魅力，增强对优秀传统文化的认同感和归属感。

“‘不忘初心同筑梦’书画联展”。太原市政协和周口市政协联合主办，太原市总工会、中国书画报山西新时代艺术中心、太原市文物局、太山文物保管所共同承办，2019年8月18日在太山美术馆开展。本次书画联展共征集作品200幅，周口市政协和太原市政协各100幅。两地书画艺术家和书画爱好者，用笔墨写时代，用丹青歌盛世，进一步加强思想政治引领，促进凝聚力。为文明开放富裕美丽太原建设，凝聚更强向心力、汇聚更多正能量。

“文物数字化　多彩新生活——太原市文物数字化保护成果展”。太原市文物局主办，晋祠博物馆、天龙山文物保管所、北齐壁画博物馆承办，2019年9月12日在晋祠博物馆胜瀛楼开展。《晋祠虚拟世界探索之旅》《天龙山石窟》《北齐徐显秀墓》等VR体验项目和《古韵晋祠·三晋明珠》《天龙山石窟》《北齐徐显秀墓数字展示》3D影片，让观众参与互动、沉浸体验，以全新的视角参与到历史故事中，零距离感受文物悠久的历史文化，更好地展示与传承文物的内涵。

“妙手神工　守望文明——晋祠博物馆馆藏纸质文物保护成果展”。太原市文物局主办，晋祠博物馆承办，9月12日在傅山纪念馆开展。展览体现传统技艺和现代科技的深度融合，传承华夏文明，让人民群众共享文物保护科技成果，坚定文化自信，为建设文明开放富裕美丽太原做贡献。

“汾水·晋火·壶韵——山西民间瓷壶展”。太原市文物局主办，崛围山文物保管所、山西厚土瓷壶博物馆承办，2019年9月29日在窦大夫祠开幕。精挑细选出130余件不同时期、造型各异的瓷壶。这些展品出自民间，与百姓日常生活息息相关，是社会生活发展的见证。从这些展品中能够窥见晋地古代陶瓷工匠的高超技艺，充分展示出山西民间瓷壶的灿烂风采。

“不忘初心　砥砺前行——太原府城老照片展、太山图片展”。2019年国庆期间，在文殊寺举办。参观太原府老照片，回顾过去的时光，品味这座城的历史魅力；再欣赏太山的新发展、新变化，新时代下的新景区。

“走进南昌　迈向世界——文化遗珠之晋祠古韵”VR体验展。2019年10月19日正式亮相2019世界VR产业大会。展出晋祠文化遗产数字化展示平台建设项目的阶段性成果，由晋祠博物馆与北京建筑大学、北京北建大科技有限公司合作对晋祠文物进行三维数据采集及成果转化后形成的VR体验产品，是晋祠数字文创产品的全新尝试。

“润土泽民——水利与法制碑刻拓片展”。太原市文物局、中国政法大学主办，太原市晋祠公园、中国政法大学党委宣传部及中国政法大学法律古籍整理研究所承办，2019年11月16日在太原赵梅生美术馆正式开展。精选中国政法大学法律古籍整理研究所从唐代到民国、从山西到陕西的40余件水利碑刻拓片和50余篇探讨碑刻的论文，是探究古代法制的一个重要窗口。

“宝贤堂集古法帖”拓本展。太原市文物局主办，太原市双塔博物馆和太原市文物考古研究所共同承办，2019年12月31日在双塔博物馆印社正式开展。《宝贤堂集古法帖》明拓本和清拓本首次面向公众开放，受邀前来的省城学术专家和书法名家们就该帖的相关研究进行专题讨论，让前来学习的参观者在文物赏析的同时，领略书法之美，文化之奇，在学习中滋养文化自信。（陈雅彬）

【宣传教育】“致敬，英雄之城——太原市2019‘诗约春天’朗诵音乐会”。2019年4月23日，太原市委宣传部、市文联、市文物局、太原广播电视台、太原日报报业集团，晋源区委、区人民政府在晋祠博物馆联合举办。朗诵音乐会以“致敬，英雄之城”为主题，充分反映国家级历史文化名城太原是一座山河壮美、人文荟萃、英雄辈出的生态之城、文化之城、英雄之城。

第三十六届双塔牡丹文化节。太原市文物局主办，双塔博物馆承办，2019年5月25日，一百多名身着民族服装的育杰幼儿园的小朋友们相聚在倡文化、祈福愿的太原标志性建筑双塔下吟诵着《千》《观沧海》《木兰诗》《满江红》《沁园春·雪》等一首首经典诗词，播撒下弘扬和传承中华优秀传统文化的种子。

“颂唐风晋韵，传中华文脉”晋祠博物馆走进晋祠小学文化宣讲活动。2019年5月31日，晋祠博物馆组织“晋心远扬”志愿宣讲小分队走进晋祠小学，开展以“颂唐风晋韵，传中华文脉”为主题的校园文化宣讲活动。进一步发挥出太原市晋祠博物馆作为社会教育中心的功能，多姿多彩的节目，丰富学生课余文化生活，拉近青少年与博物馆之间的距离，增强同学们对美好家园的认同感和自豪感。

“我们一起来考古”主题活动。太原市文物局主办，太原市文物考古研究所、太原市晋源区文物局、山西日报报业集团三晋都市报社、山西出版传媒集团山西经济出版社共同举办。2019年6月8日在太原市晋阳古城遗址举办。听听考古趣人趣事、互动体验、《山西考古那些事——聆听“全国十大考古新发现”山西故事》首发仪式等活动，充分展现文化遗产在坚定文化自信、在传承中华文明方面起到独特作用，进一步落实文物惠民政策，满足广大人民群众日益增长的文化需求。

文化火种　薪火相传——小小讲解员传拓之旅活动。2019年7月31日，苏琪斌老师向小讲解员们讲述传拓的历史、过程及意义，小讲解员在指导下，亲自动手制作拓片，走进非遗，体验一把传拓文化。传拓实践更丰富小小讲解员的活动内容，让历史文化教育活动成为锻炼学生能力、展示学生才艺、丰富学生体验、放飞学生梦想的精神之旅，播种传承文化的“种子”。

“迎祖国华诞，秀大美山河”太原·龙山首届“兼容并蓄，生态龙山”摄影大赛。2019年8月17日，太原市文物局、山西省摄影家协会主办，龙文物保管所承办，此次活动持续到10月20日。开拍仪式邀请数十位国家级非遗表演演员到场表演飞火流星、晋阳三三叉。此外还有古筝弹奏、传统剪纸、面塑、糖人和糖画展演以及由太原市文学艺术界联合会主办、太原市摄影家协会承办的“青春领跑未来，摄影留住瞬间”美丽太原摄影作品展等，让每位亲临现场的领导、摄影家、游客领略山西独特的人文文化。

国之重器 天之骄子——国师纪念馆小小讲解员培训活动。2019年8月19日，山西国民师范旧址纪念馆开展“国之重器，天之骄子”小小讲解员培训活动，旨在让更多青少年走进纪念馆，在锻炼孩子们语言表达以及沟通交流能力的同时，更好弘扬红色文化，培养传递爱国主义精神后备力量，让他们在寓教于乐中了解红色历史，宣传红色文化。通过革命传统教育和社会实践相结合的方式，增强他们的口语表达能力和爱国主义热情，让纪念馆真正成为他们的第二课堂。

“我和太山有个约会——太山望月 梦回唐朝”中秋晚会。2019年9月14日晚上，由太原市文物主办，太山文物保管所承办的“我和太山有个约会——太山望月 梦回唐朝”中秋晚会在太山龙泉寺浓情上演。赏歌、尝月饼、品香茗……中秋节不仅承载着浓浓的故乡情，也体现着中华悠久的传统文化。

双塔寺“盛世和谐中华情”系列活动。2019年9月25日，“盛世和谐中华情”系列活动在太原市双塔博物馆隆重启幕。“盛世和谐中华情”系列活动：清风雅韵——政书法漫画展、中国梦·蜀葵情——四季花开之蜀葵印象展、双塔开笔礼……旨在深刻挖掘双塔文化内涵，激活文化遗产的时代“芯”，涉及宣传教育、陈列展览、文创产品开发等方面。

青春热血吐芳华 国师纪念馆开展红色故事巡讲活动。2019年山西国民师范旧址纪念馆的讲解员石玉、刘佳走进学校、机关、军营、企业、社区、农村进行宣讲，蕴含革命精神、彰显文化自信的红色故事，激发起人们内心深深的感动，凝聚起三晋儿女奋斗的力量。

（陈雅彬）

【学术科研】 2019年，太原市文物局编辑出版《太原市文物考古研究所文集地上文物篇》《太原唐墓壁画》《太原地区古墓葬（搬迁保护）简介》《太原考古·第二辑》等文物专著。发表《以大讨论为契机促进文物事业大发展》《永祚寺〈家训碑〉与大儒吕坤》《简述〈宝贤堂法帖〉文物价值》《影像监测对墓葬壁画保护的启示——以北齐徐显秀墓为例》《太原市文保单位文创产品开发现状探究》《博物馆临时陈列布展的实践探讨“以紫禁藏影——故宫博物院藏老照片”为例》《江西陶瓷文化展：青年策展人与传统文化演绎》等18篇文章。

同年11月24日至11月27日，由中国旅游景区协会景区遗产和文保分会、全国重点文物保护单位（部分）理事会主办，东莞市可园博物馆承办的全国重点文物保护单位（部分）第29次业务研讨会暨旅游景区文创产品展示推介会在广东东莞举行。晋祠博物馆连颖俊等3人参加本次研讨会，并提交《晋祠台骀庙修缮工程中传统工艺的传承与创新》《文物保护与弘扬、传承非物质文化遗产》等四篇专业学术论文。

（陈雅彬）

【巡察整改】 2019年，太原市文物局严明党规党纪，坚决贯彻落实中央八项规定精神，进行反“四风”问题专项检查；细化完善激励担当作为机制，发扬精益求精、一抓到底的工作作风；持续巩固脱贫成效，举办文化扶贫慰问演出，打出消费扶贫、文化扶贫、产业扶贫“组合拳”，助力策马村实现乡村振兴；注重实干实绩、立行立改，根据市委第五巡察组反馈意见，全面落实市委巡察组、市纪委派驻纪监组工作要求，以严要求、硬作风坚定有力推进各项巡察整改任务，确保巡察整改落实落地。

（陈雅彬）

旅 游

【概况】 2019年2月，太原市文化和旅游局成立，为市政府工作部门，承接

2019年9月25日，市文物局在双塔博物馆开展“盛世和谐中华情”文艺汇演活动

（市文物局供图）

原市文化局、原市旅发委的工作职能，并将新闻出版（版权）、电影职能划转至市委宣传部。主管全市文化艺术、旅游发展、广播电视等工作。位于太原市望景路10号。局机关内设16个职能科（室），局属单位11个。（吴 鹏）

【旅游惠民】 2019年，太原市文化和旅游局以“我们的中国梦·文化进万家—欢乐太原年”为主题，组织开展公共文化开放、特色文化展示、精品文化惠民等三大系列11类群众文化活动1693场，惠及民众280余万人次。完成庆祝新中国成立70周年群众文化系列活动31项2195场活动，惠及群众179.85万人次。免费送戏下乡1205场，受众6万人次。抓好文化消费试点工作，演出剧目65场，政府补贴187万元。发行“惠阅读”阅享卡6846张，激活4259张，信用卡累计消费金额861.95万元。举办首届中国·太原体育电影展，参观群众突破6万。充分发挥文化馆阵地作用，举办专题文化讲座20期、文艺展览25期，文化辅导培训余万人；开展“全民阅读”等各类活动近1700场，接待读者11万人次；围绕新中国成立70周年、太原解放70周年、二青会等重要时间节点举办展览70余场，参观人数85万余人次。持续落实太原旅游“一卡通”惠民政策，全年销售近万张，为景区返款36万余元。加快推进县级文化馆图书馆总分馆制和基层综合性文化服务中心建设，基层公共文化服务功能进一步显现。（吴 鹏）

【文旅产业】 2019年，太原市文化和旅游局扎实推进旅游产业持续健康发展，全年实现旅游总收入1164.80亿元，同比增17%，完成年度计划的102%。圆满完成全省旅发大会和第四届文博会配套保障工作。完成“印记太原”国际创意设计大赛暨太原文化旅游创意周和文创市集活动，收到参赛作品3198件，销售额近40万元，参观群众近5万人次。组织企业赴义乌、北京等地参加文创博览会。积极服务、参与全省三大旅游板块建设，吸引旅游公路投资40.50亿元，旅游景区的“最后一公里”问题得到有效解决。加大旅游厕所建设监管督导力度，顺利完成68座的年度建设任务。完成《清徐县新苗农庄旅游总体规划》等景区的规划评审工作，积极推动各县（市、区）全域旅游规划编制工作，“规划引领”作用进一步发挥。全面启动晋祠—天龙山创建国家5A级景区工作，完成16个拟创建A级景区和省级旅游度假区单位的初选上报工作，全市文旅产业的核心竞争力持续提升。（吴 鹏）

【文旅宣传】 2019年，太原市文化和旅游局制订二青会文旅宣传营销方案，编印“太原手绘旅游地图”、中英文宣传折页等资料10余万份，为二青会指定接待酒店免费提供纪念U盘、雨伞等资料近万份。由副市长王爱琴带队，积极参加“东亚文化之都”评选。组织企业赴广州、昆明等十余个国内主要客源城市开展“观二青盛会·游锦绣太原”专题宣传推介16场。成功举办第五届2019中国（山西）国际房车露营博览会和提升旅游服务质量和水平高峰论坛暨第四届群主大会，40余家房车厂商携300余台房车参展，超10万人次参观，成交金额1亿多元，全省11个市和太原10县（市、区）文创产品、旅游商品、非遗项目等销售额达1000余万元。面向社会公开征集太原文化旅游形象标志，收到有效作品300余件。太原市获评“2019年度新文化旅游传播城市”，“唐风晋韵·锦绣太原”城市品牌形象进一步深入人心。（吴 鹏）

【乡村旅游】 2019年，太原市文化和旅游局严格对照标准，加大扶持力度，阳曲县泥屯镇龙泉村等5个村被确定为旅游扶贫示范村，晋源区东关村花卉小镇等24个村的旅游特色业态服务单位被评定为“黄河人家”和“太行人家”，西怀远村等9个村入选山西省首批AAA级乡村旅游示范村，西怀远村和王吴村入围全国乡村旅游重点村名录。组织9家乡村旅游示范村相关人员参加全省乡村旅游示范村干部素质提升暨标准宣贯培训班，推动乡村旅游提档升级。（吴 鹏）

【旅游市场管理】 2019年，太原市文化和旅游局全面推广全国旅游监管服务平台、信用太原等平台系统，全市文旅行业智能化监管水平持续提升。对全市33家A级旅游景区进行服务质量和安全隐患专项整治，发现游客中心设施设备不健全等9类问题，及时对蒙牛乳业（太原）工业旅游景区等6家景区进行指导，相关问题已全部整改完毕，农业旅游和A级景区服务质量持续提升。加强市场执法监管，针对节假日、重点时段、重点企业、热点旅游线路和12301、12318收到的举报以及国家和省在“体检式”暗访中发现的问题，开展专项整治，全年共出动检查人员4000多人次，检查企业1000多家，下达责令整改40余份，取缔非法网站5家、关闭网吧2家、暂扣服务器1台，行政处罚网吧84家、罚款4万余元，行政处罚旅行社2家、罚款2万元，3家企业进入“黑名单”，未发生重大安全事件和引发不良影响的重大违法案件。（吴 鹏）

教 育

Education

综 述

【概况】 2019年，太原市教育局坚持以习近平新时代中国特色社会主义思想为指导，全面贯彻党的教育方针，全面落实立德树人根本任务，圆满完成各项任务。

太原市共有各级各类学校1441所。其中，高校5所，中等职业学校23所，普通高中91所，普通初中136所，小学448所（另有小学教学点158个），幼儿园728所（另有附设幼儿班138个），特殊教育学校9所，工读学校1所。全市各级各类学校在校生696726名。3—6岁幼儿入园率95.91%。小学适龄儿童入学率100%，巩固率100.81%；初中适龄儿童入学率100%，巩固率101.38%。高中阶段教育毛入学率97.40%。市属学校共有77所。其中，高校5所，中职学校10所，普通中学46所，小学5所，幼儿园8所，特殊教育学校2所，工读学校1所。太原市现有教职工70487人，其中专任教师53373人。专任教师中，市属高校占3.30%，中等职业学校占3.30%，中学占37.30%，小学占37.40%，幼儿园占17.90%，特殊教育学校占0.60%，工读学校占0.10%。

（姜倩倩）

【教育体制机制改革】 2019年，太原市教育局制定《加快教育现代化 建设教育强市 办好新时代人民满意教育的若干意见》《太原教育现代化2035》和《加快推进太原教育现代化实施方案（2019—2023年）》，完善教育改革发展制度体系。推进“局管校聘”管理改革，制定《太原市直属中小学教师“局管校聘”管理改革实施方案（试行）》，完成3个县区、9所市直属中小学校试点任务，进一步激发教师队伍活力。推进小学招生入学改革，在全市全面实行小学阶段入学报名网上办理，整合公安等8部门数据资源，探索实现报名、登记、审核全环节、全过程“一站直达”，全市入学跑1次比例达55.01%。严格规范民办教育，起草《关于支持和规范社会力量兴办教育促进民办教育健康发展的若干意见》，制定《民办学校记分管理办法》。支持公办寄宿制学校发展，在具备条件的7所公办初中进行寄宿制办学改革试点，推进公民办学校协调发展。持续推进管办评分离改革，完成2018年29本监测报告，对2018年监测结果进行集中反馈。启动2019年全市义务教育质量监测，完成德育和科学两门学科现场监测，全市278所学校、8万余名学生参加。推进新高考改革，探索与新课程、新高考适应教学组织形式、教学管理机制，为启动高考综合改革做好准备工作。

（姜倩倩）

【教师队伍建设】 2019年，太原市教育局起草《关于全面深化新时代教师队伍建设改革的实施意见》，完善教师队伍建设制度。加强师德师风建设，严格落实教育部新时代教师职业行为准则，建立师德考核负面清单制度，划清师德“红线”和“底线”，健全师德建设长效机制，营造风清气正的育人环境。及时补充教师队伍，签约部属公费师范生86人、省属公费师范生61人，组织校园招聘录用40人，引进高层次人才121名，为阳曲、娄烦、清徐三县招聘特岗教师85名。继续实施学校教育内涵提升工程，认真落实“国培计划”“省培计划”培训任务，组织开展第三届“敬业杯”教学竞赛活动，全面提升教师队伍专业素质能力。

（姜倩倩）

【语言文字保护教育】 2019年，太原市教育局广泛开展推普宣传活动。与宣传部、文旅局、团市委、警备区等多部门共同制订推普周活动方案，多部门联动加大推普宣传的范围和力度。推普宣传资料进街办、进社区；多家媒体滚动播出推普公益宣传片；推普周主题宣传公益广告进公交；推普周宣传画张贴到全市各大商场、超市及火车站，取得良好的宣传效果。与语委办共同拟定《太原市社会用字管理办法》修改建议，规范社会用语用字，营造文明和谐语言文字环境。进一步做好普通话水平测试工作，共组织开展普通话水平测试53场，测试人数23000人次。市直属学校已全部完成语言文字达标校建设工作，县（市、区）学校完成率68%。组织94件优秀作品参加教育部举办的2019年中华经典诵写讲大赛，有22件作品进入国家级总决赛，获1个二等奖，3个优秀奖。推进落实"推普脱贫攻坚行动计划"，完成2000个数据的采集、整理、上报。（姜倩倩）

【学校体育教学】 2019年，太原市教育局开展中小学"阳光体育系列比赛活动"，举办中小学生"四项棋类"比赛；将中小学生乒乓球、足球、篮球、排球比赛纳入太原市"二青会"青少年系列比赛活动；组织中小学生开展"迎二青盛会"青少年征文、板报系列活动；开展冬季长跑活动；以创建校园足球特色学校、培育足球人才为目标，以规范足球课程、完善课外训练为落点，完成外教选聘、足球教师培训工作，办好青少年校园足球三级联赛。推动幼儿园足球教育活动，20所幼儿园申报国家级足球特色幼儿园。举办2期拜仁足球教练青训营，培训中小学足球教练员60名。全年共举办市级各种比赛1500多场，带动各级各类学校大力开展校园体育竞赛活动。进一步建立健全安全风险防范机制、提高赛事服务水平，促进学校体育活动开展。（姜倩倩）

【学校卫生防控整治】 2019年，太原市教育局认真开展中小学生近视眼防控相关工作，起草《太原市人民政府办公室综合防控儿童青少年近视行动方案》，下发《太原市教育局关于综合防控儿童青少年近视实施方案》《太原市教育局关于印发关于儿童青少年近视综合防控工作与八条措施的通知》，配合卫健委进行全市中小学生视力筛查工作。以儿童青少年近视、传染病、艾滋病防控为重点加大健康教育，组建太原市教育局中小学生近视防控宣教团，在"爱眼日"活动期间启动中小学生近视防控宣传教育进校园工作，宣教团共进行专家进校园宣教活动15场次，开展"防艾"志愿者进校园宣传教育活动。树立"健康第一"思想理念，切实加强中小学健康教育工作，将预防艾滋病、毒品预防和环境教育三项专题教育课列入健康教育课程。加大对全市中小学校校医培训力度，坚持开展校医每月例会制度，布置春季、秋冬季以常见病和肺结核病防控为重点的疾病预防工作，促进中小学校、幼儿园传染病疫情防控工作落地落实。安排开展中小学生常规体检和数据整理汇总工作；完成19所大中小学校国家学生健康体检、体测调研工作。（姜倩倩）

【学校艺术活动】 2019年，太原市教育局开展第二十九届学校艺术教育活动月活动，以市级学生文艺展演和艺术专项竞赛为抓手，发动各县（市、区）教育局、各学校认真开展本级学校艺术教育活动月，切实做到"县县有展演、校校有活动、班班有节目、人人能参与"，全市有25818名中小学生参与13个项目的比赛；举办太原市中小学生器乐、合唱、戏剧（朗诵）、舞蹈四个专场展演活动，本次活动进行网络直播，有14万人次进网观看。（姜倩倩）

【学校安全工作】 2019年，太原市教育局坚持底线思维，强化忧患意识，全面落实全国中小学安全工作会议和全省学校防范重大风险专项会议精神，明确4个方面32项具体任务，建立责任清单，细化工作措施，坚决打赢教育系统防范化解重大风险攻坚战，确保全市教育系统安全稳定。印发《安全工作要点》，进一步明确5项重点任务20项具体任务55条工作措施，下达目标责任书132份，拧紧责任链条。加强隐患排查整改，排查隐患217个，下达整改通知书112份，投入2900万元，整改学校重大安全隐患34个。投入580余万元，加快"一键式报警系统""硬隔离和防撞柱"建设，提升"物防""技防"水平。（姜倩倩）

【学生资助政策】 2019年，太原市教育局制定《太原市2019年教育扶贫行动计划》，以保障义务教育为核心，实现建档立卡贫困人口教育服务全覆盖，确保不让一个学生因家庭贫困而失学，稳步提升脱贫县教育基本公共服务能力。认真落实"两免一补"，在古交、娄烦、阳曲三县实施农村义务教育学生营养改善计划。全面落实国家各项教育资助政策，投入5.69亿元，把党和政府的温暖送到千家万户。开展控辍保学专项行动，下发《关于切实加强控辍保学提高义务教育巩固水平的通知》，建立控辍保学动态管理长效机制。开展控辍保学核查，劝返率100%。（姜倩倩）

【行政审批制度改革】 2019年，太原市教育局按规定将民办校外培训机构审批权完全落实到属地的县（市、区）教育部门。8月30日，由市教育局审批、市民政局登记的221所市属民办校外培训机构调整至县一级教育部门和民政部门管理，由属地区教育局履行审批机关管理职责，由属地区民政局履行登记机关管理职责。由市教育局审批、区市场监督管理局登记的4所市属民办校外培训机构调整下放至区教育局管理。原市属民办培训机构的办学许可证在有效期限内的，仍然有效；在有效期限内需变更举办者、名称、地址、办学内容等信息，应到住所地的县级教育、民政（或市场监管）部门办理有关手续。管理体制调整之后，校外培训机构审批登记开始实行以县为主的属地管理体制，全市民办校外培训机构如需办理设立、变更、分立、合并、终止、年检及办学许可证换证等手续，应到住所地的县级教育行政部门进行办理，如需办理法人登记手续，应前往住所地的县级民政局或市场监督管理局办理。太原市民办培训机构的审批和管理权均归县（市、区）

政府有关职能部门行使。（姜倩倩）

【教育法治宣传】2019年，太原市教育局制定《关于贯彻实施〈党政主要负责人履行推进法治建设第一责任人职责规定〉的具体措施及责任分工》和《太原市教育局国家机关普法责任清单》，压实法治建设责任。全面落实《青少年法治教育大纲》，健全青少年法治教育支持体系。组织开展以“学宪法 讲宪法”为主题的“六个一”活动，举办太原市第四届中小学生“学宪法 讲宪法”主题活动，引导广大师生自觉成为宪法的忠实崇尚者、自觉遵守者、坚定捍卫者。深入开展“禁毒宣传教育月”活动，创建市级禁毒法治示范校，创建示范校36所。（姜倩倩）

【教育督导】2019年，太原市教育局对全市111所（122个校区）中小学校开学工作进行全面督查，通过实地督导共查出问题295个，下达整改意见书160份。对不能按要求落实整改上报的46所学校进行全市通报批评，集中约谈23所学校负责人，促进各学校开学工作的规范有序进行。完成2018年29本监测报告，对2018年监测结果进行集中反馈。启动2019年全市义务教育质量监测，完成德育和科学两门学科现场监测，全市278所学校、8万余名学生参加。（姜倩倩）

【教育援疆】2019年，太原市教育局根据省教育厅要求，组织15所优质学校幼儿园与新疆阜康市学校建立手拉手结对工作，共同商定跟岗培训有关事宜。选派13名教师赴新疆进行援疆，援疆支教团队采取名师听课评课、专题讲座、讲授示范课等形式，同当地教师共同开展丰富多彩、形式多样的教科研活动。通过交流，共享两地教育教学改革经验，开阔受援地教师视野，促进受援地教师专业成长，受到受援地教育局、学校和教师们一致好评。通过交流，进一步巩固教育援疆成果，变“输血为造血”，提升援疆工作质量。（姜倩倩）

基础教育

【学前教育】2019年，太原市教育局出台《太原市人民政府办公室关于开展城镇小区配套幼儿园治理工作的实施方案》，在增加公办园、扩大普惠园、整治无证园上取得明显成效。同年，新改扩建公办幼儿园9所，认定普惠性民办园58所，普惠性幼儿园在园幼儿比例提高至85.60%。扎实推进小区配建幼儿园整治工作，龙投公司将承建的44个棚户区改造项目中配建的21所幼儿园全部移交太原市教育局办成公办园，新增公办普惠学位6480个。（姜倩倩）

【义务教育】2019年，太原市教育局认真落实《太原市人民政府统筹推进县域内城乡义务教育一体化改革发展实施方案》，实施特色学校建设计划，推广十二中教育集团和杏花岭区、小店区办学模式改革经验，完成15所乡镇寄宿制学校建设，办好乡村小规模学校，不断缩小城乡、校际差距。开展义务教育学校管理标准对标研判、核查确认，核查学校756所，其中达标学校483所，基本达标学校273所，核查达标率100%。（姜倩倩）

【普通高中教育】2019年，太原市教育局扩大优质教育资源供给，五中、成成中学新校9月投入使用，新增优质学位7200个。加快办学条件标准化建设，推动全市普通高中通过市级办学条件标准化评估验收工作。实施定向生政策，将优质高中招生计划指标60%分配到全市各级初中学校，指标完成率达99%。实施航天科技拔尖人才培养工程，成立中北大学航空航天科技教育研究院，搭建航空航天科普教育平台，打造以进山中学为示范的全国一流航天科技特色学校。（姜倩倩）

【特殊教育】2019年，太原市教育局贯彻落实《太原市第二期特殊教育提升计划实施方案》，下达特殊教育中央补助资金114万元，做好各县（市、区）特教资源中心建设，加快特殊教育学校标准化建设。落实“一人一案”，逐一安排实名登记未入学残疾儿童少年就学接受教育。组织全市部分特殊教育教师参加全省特殊教育学校专业教师动作康复技能专项培训班和信息技术应用培训班；组织盲童学校和聋人学校专业教师82人参加教学专项培训班等5次培训；在全市开展《第二期特殊教育提升计划（2017—2020年）》实施情况进行专题调研。组织10个县（市、区）建立由教育、心理、康复、卫计、社会工作等方面的专家组成的残疾人教育专家委员会，健全残疾儿童少年接受教育能力评估机制，对适龄残疾儿童少年接受教育提出指导意见，完善适龄残疾儿童少年入学办法，加强对残疾人教育工作的指导，做好残疾儿童心理咨询工作。广泛动员社会各界关心支持特殊教育发展，在第二十九次全国助残日期间，全市特殊教育学校通过组织联谊、观影、文艺汇演等活动，为广大残疾儿童少年提供互助、交流、沟通、增能的机会。组织教育系统广大师生为特教学校学生送温暖、献爱心，为特殊教育事业发展营造良好的氛围。（姜倩倩）

【职业教育】2019年，太原市教育局全面贯彻落实《国家职业教育改革实施方案》，努力实施职业教育调结构行动，推进省城职教小镇建设，完成省城职业教育小镇209.67公顷土地收储。精准实施职业院校办学条件达标、省中职改革发展示范校建设、高水平实训基地建设等计划，广泛开展职业教育活动周和职业院校技能大赛，持续推进现代学徒制改革试点，促进产教融合、校企合作，提高职业教育人才培养质量。（姜倩倩）

【民办教育】2019年，太原市教育局

严格规范民办教育。制定《民办中小学校记分管理办法》和《民办学校违规招生行政处罚自由裁量权制度》，严肃查处民办学校违规行为，取缔2所非法民办学校，停止2所民办学校招生。理顺民办培训学校管理机制，将原市属民办校外培训机构下放至县级教育行政部门。从严做好民办学校年检工作。从材料初审、专家审查、处室联审、实地核查、问题确认、学校整改等环节对学历学校办学条件及办学行为进行规范，同时对学历学校的审批档案进行规范整理。对全市民办中小学校办学规模进行核定，对民办中小学校规范办学情况进行为期半个多月专项核查，进一步规范学校办学行为。（姜倩倩）

中等教育

·太原市卫生学校·

【学校质量管理】 2019年，太原市卫生学校按照《职业院校管理水平提升行动计划》要求，开展三大专项行动。

突出问题专项治理行动。开展诚信招生承诺活动，加强招生政策和工作纪律的宣传教育，规范招生简章，学校主要领导和招生工作相关人员签订责任书；确保阳光招生顺利进行。圆满完成招生任务；开展学籍信息核查活动，全年完成2881名在校生学籍信息核查，切实做到学籍电子档案数据准确、更新及时、程序规范，确保在校生学籍信息的真实准确，为资助政策顺利实施奠定坚实的基础；开展教学标准落地活动，确定核心课程标准24门；开展实习管理规范活动，对校外实习生住宿安全情况进行多次督查，走访30余个实习基地，56个住宿点，督查700余人次；持续开展平安校园创建活动，为文明城市创建提供坚实的保障；开展财务管理规范活动，修订完善5条财务管理制度。实行财务预算，强化内部控制管理，在全校范围内实行年初预算制度，统筹年度经费，均衡学校全年支出进度。开通微信、支付宝收费方式，方便师生同时提高工作效率。

管理制度标准建设行动。学校在管理制度上下功夫，着力完善党建、财务、后勤、安全等制度，修订补充管理制度8项。修订21个科室职能、岗位职责、工作标准和工作流程等，进一步提高行政人员的工作效率和执行力，有效推动全校各项工作高效、规范运转。

管理信息化水平提升行动。完成智慧校园管理平台招标采购，新建超融合数据中心，安装智慧校园管理平台，新学期将进行全校推广和应用，信息化办公与管理按下快行键；搭建融媒体平台，建立信息队伍，完善平台运行机制，在今日头条、订阅号、抖音栏目发送文章、简报27条，提升学校宣传质量。

（姜倩倩）

【示范校建设】 2019年，太原市卫生学校重点专业建设成效显著。修订7个专业人才培养方案，制定24门核心课程标准；改造6间实训室，完善各实训室制度，实训室规章制度和项目操作流程全部上墙；新建智慧教室，精品课微课录制74节，丰富教学资源库。

推进教学改革措施有力。探索实施分层教学，开设教学改革实验班；实施全体学生技能提升计划，开展首届学校护理技能大赛。以赛促学、以赛促教结出硕果，全国护理技能大赛学生二等奖1名，山西省职业院校（中职组）护理技能大赛二等奖4名、三等奖2名，教师组队首次参加山西省教学能力大赛团体一等奖等；对接市场需求，新增中医康复保健专业；三个重点专业引领，深化教学模式改革。

教师队伍建设得到加强。引进6名高学历人才；制订教师成长培养计划，组织教师赴上海华东师范大学、天津医高专等知名院校学习培训，国培、护考师资等各项培训82人次。推进教师临床实践，委派4名教师到太原市第二人民医院、北京宝岛眼镜进行为期半年和一个月临床实践。制订《太原市卫生学校师德师风考核实施方案》，建立全校教师师德师风档案，签订《师德师风承诺书》。

示范校建设综合进度进展顺利。19大项101个子项目，完成99项，完成率98.01%。（姜倩倩）

【德育工作】 2019年，太原市卫生学校加入山西省中职学校10+X德育联盟共同体，成为全国首批中等职业学校班主任工作创新改革实验校，开展班主任培训，为学校实施“立德树人”、促进学校德育工作创新发展奠定基础。

加强行为规范养成教育。深化“7S”管理理念，实施学生公寓半军事化管理，制定日常行为规范，强化新生入学教育，设计“学习改变人生，选择决定路径”等新生入学教育十个模块，把养成教育与军训活动有机融合，收到良好效果。强化学生会、团委组织建设，加强学生干部培养，完成机构新老更替。形成教官、班主任齐抓共管良好局面。

开展各种活动，促进学生全面发展。校团委先后成立天使合唱团、国际文化交流社、中医保健按摩社等10大社团。特别是滑轮滑雪社团成立不到三个月，就在山西省青少年滑轮锦标赛中取得一金一银两铜好成绩。通过组织学生参加“5·12”护士节、国家红十字会遗体捐献者纪念活动，让学生感悟生命价值和意义。组织志愿者服务队走进扶贫村，开展暑假社会实践活动，引导学生更好地传承和弘扬志愿服务精神，被太原市红十字会授予2019年度最美志愿服务队。

开展思政渗透，课程思政全面推开。成立思政建设领导组与工作组，制订思政课建设方案；在修订人才培养方案、课程标准中，融入思政内容；在教学全过程贯穿思想政治教育。20个学科均推出精品思政课程。12月市教科研中心召开太原市职业学校首届课程思政观

摩会，学校8位教师进行公开展示，得到同行一致好评，在全市起到引领示范作用。（姜倩倩）

【产教融合】2019年，太原市卫生学校加入山西省医药卫生健康职业教育集团，临汾职教集团（医药卫生类）；与太原市中心医院、太原市第二人民医院、台湾宝岛眼镜有限公司，在校企共同育人、科研课题研究、学生临床实习和见习、选拔推荐优秀毕业生就业等方面达成共识，签署校院合作协议书。

在探索校企合作产教融合途径上创新招。组织在校生前往可睦口腔、咪呗悦月子会所、尚宁体检中心、安定医院进行岗位见习，增强学生职业认识；与宝岛眼镜有限公司、黄河中药厂探讨“校中厂、厂中校”合作模式，推动产教融合方面达成共识。

在校企合作培养国际护理人才上闯新路。学校与中国对外友好协会、山西国际合作办学，开设涉外中德、中日护理班。第一批研修生3人已经赴日开始三年介护研修。与美国威斯康星大学欧克莱尔校区、加拿大圣克莱尔学院共同签署合作办学备忘录，为学校师生提供更多国家交流与合作的机会，提升学校综合办学实力。（姜倩倩）

【技能培训】2019年，太原市卫生学校认真组织开展职业技能鉴定。联合山西创新国家职业技能鉴定所对2019届毕业生进行职业技能鉴定培训970人次。

开展全民技能提升工程。对学校应届毕业生护理、助产、农医班的275名学生进行保健按摩师（小儿推拿）培训，全部获得合格证书。

完成全国首批“1+X证书”试点校培训任务（老年照护技能等级证书）。对150名二年级在校学生，进行100学时的老年照护技能辅导，并组织理论、实操共5场考试，合格率超过70%。开展1+X老年照护技能培训储备师资，积累经验。

创造性开展青少年创新创业培训。在山西省中华职业教育社举办2019年山西省第三届中华职业教育创新创业大赛中，“醒脑护眼操”创业项目获得三等奖。

成立社员之家。12月31日，中华职教社社员之家完成揭牌仪式，为学校深化校企合作、产教融合、更好服务社会搭建良好交流平台。（姜倩倩）

【新校区建设】2019年，太原市卫生学校新校建设列入太原市2019年重点工程，市政府已正式批准在尖草坪区建设占地34.67公顷，投资11.80亿元的新校区。并取得选址意见书。（姜倩倩）

·太原市财贸学校·

【概况】太原市财贸学校创建于1956年，1981年改为太原市财贸学校，是太原市教育局举办的直属公办学校，1999年评为省部级重点中专学校，2004年确定为国家级重点中专学校，2014年评为山西省管理五星级学校，2018年初评为山西省第一批中等职业教育改革发展示范学校。

学校现有现开设有会计、会计电算化、计算机应用、计算机网络、市场营销、美术设计与制作、物流管理、电子商务等专业，其中会计专业、计算机及应用、美术设计专业分别于2005年、2007年、2012年被省教育厅批准为省级示范专业和市级重点专业。

学校现有42个教学班，在校生1635人。男生710人，女生925人，男女生结构比例：1∶1.30，学生巩固率99.20%。

学校总招生计划1055人，实际招生总数547人，其中三二分段计划955人，实际招生481人，与上一年度相比增加89人，中专三年制计划100人，实际招生66人，与上一年相比增加25人。

学校毕业生人数为652人，相较2018年增加94人。（张雯娴）

【学生素质提升】2019年，太原市财贸学校针对中职学生学习生活习惯较差的现状，秉承学校“崇德志学，精技立业”校训，推进准军事化管理，促进养成教育；狠抓班主任队伍和学生干部队伍建设，打造有效德育团队；提升“三讲”理念，夯实班级管理；塑造志愿服务品牌亮点，提升学生思想建设。学校通过专家讲座、主题班会、演讲比赛、校广播、板报、征文等多种形式的活动，对学生进行十九大精神宣讲、爱国主义教育、集体主义教育、优秀革命传统教育、优秀传统文化教育、青年志愿者公民道德教育、法制教育、创城活动教育等，效果良好，使学生在思想素质和行

2019年，职教宣传周启动仪式上学生技能展示（太原市财贸学校供图）

为习惯上有明显提高，得到家长广泛认可。文化课合格率为99.20%，体测合格率为92%，毕业率为100%，参加专业技能培训552人，技能考试545人拿到技能证书，通过率为98.70%。（张雯娴）

【校园文化生活】 2019年，太原市财贸学校校园活动丰富多彩，学生对学校学习满意度、校园安全满意度、生活满意度、实习实训、校园文化满意度较高。

学校从细节入手，在校园每一个角落营造浓厚校园文化，除传统文化、企业文化、安全保障、卫生防疫、励志教育、晋商文化、师生原创励志语、餐厅文化、每月主题黑板报等。

全面贯彻教育方针，落实素质教育要求，学校开设体育、书法、音乐、心理健康等课程，精心组织秋季田径运动会，啦啦操比赛、第二届排球比赛、肯德基篮球赛、阳光冬季长跑等体育比赛和活动，开设篮球特长培训班。为丰富学校文化生活，发掘培养学生艺术特长，学校举办戏曲进校园，元旦举办“不忘初心，牢记使命，青春颂祖国”新年学生节目展演。（张雯娴）

【校企合作】 2019年，太原市财贸学校及时了解市场需求，收集整理就业信息，向就业市场和用人单位推荐本校毕业生，研究和开拓就业市场，疏通就业渠道，充分利用毕业生招聘会，校企合作洽谈会，企业家报告会、座谈会和优秀毕业生报告会等机会，发放学校和毕业生的宣传资料，提高学校和毕业生的知名度，为学生顺利就业打好基础。

（张雯娴）

【产教融合】 2019年，太原市财贸学校全面推广校企合作学校与企业紧密联合，共同研究专业设置、课程开发、教育教学内容改革，并与企业合作建设，与岗位要求“零距离”，确保职业教育与生产实行“无缝对接”，与大中型企业合作制定“订单式”人才培养计划，使学生入校既入职，学校建立产教融合合作企业有：百思威科技有限公司（学校毕业生成功创业典范）、王府井百货有限责任公司、太原昱光广告制作有限公司、北京中盈创信息科技有限公司（360同城帮）、神州数码科技有限公司、上海企想信息技术有限公司、山西承方印刷物资有限公司、富多彩科技有限公司等。（张雯娴）

【教学改革】 2019年，太原市财贸学校以实践教学为主线，以就业教育为重点，以培养动手能力和实现就业为目的，加大实践性教学计划和课程设置比例。学校实训分为技能实训和生产实习两个阶段，基本技能和综合技能实训主要在校内进行，生产实习主要在企业进行。学生第一、第二学年一半时间上理论课，一半时间在校实训，第四学期进行强化训练考取职业资格等级证书，第三学年到企业顶岗实习，在实施课程改革时，完善实践教学的规章制度，明确校企合作中相关各方面权力、义务、责任。对于顶岗实习工作严格按照国家有关规定和政策，完善顶岗实习各种制度并严格执行。（张雯娴）

【学生就业】 2019年，太原市财贸学校建立校园企业实景模式，利用校内实训基地企业师傅作为学校师资特别是实习实训师资，实现实景模式训练。建立订单培养的校企合作模式。根据企业用人要求开设相应的教学课程，授课教师可以是专职教师也可以是企业指派专业人员，学生毕业后直接到该企工作。校企双方共享师资资源，强化实训环节，突出动手能力培养。校内实训基地有：太原昱光广告制作有限公司、百思威科技有限公司、中盈创信（北京）科技有限公司。校外“人才订单培养”校企合作单位有：王府井百货有限责任公司等。

（张雯娴）

【二青会志愿者服务】 2019年，太原市财贸学校共有155人参与二青会志愿者服务，志愿服务主项目有：橄榄球赛、安保、开幕式、新闻组、青运村和新闻组志愿者服务工作。累计服务运动员、教练员、观众上万人次，服务时长累计17800余小时，圆满完成志愿服务任务。

（张雯娴）

高等教育

【概况】 2019年，太原市教育局以建设山西省优质高职院校为引领，带动高等职业教育提升办学水平。开展1+X(学历证书＋职业技能等级证书）证书试点工作，太原旅游职业学院物流管理等3个专业入选教育部首批1+X试点名单。推进与中国科学院大学的市校合作项目，11月20日，中国科学院大学、太原市人民政府、中国科学院山西煤炭化学研究所、中北大学，签订中国科学院大学太原能源材料学院四方共建协议。

（姜倩倩）

【思想政治教育】 2019年，太原学院成立学院意识形态工作领导组，将意识形态工作纳入中心组学习、干部教师培训的重要内容，并通过集体讨论、专题培训、党建例会、意识形态研判会等方式，教育广大党员干部和教职员工充分认识意识形态工作的极端重要性和现实紧迫性。研究制定《关于加强师生思想政治工作的实施方案》《意识形态工作责任制实施细则（试行）》《意识形态及舆情研判工作制度》等一系列制度，形成较为完整的意识形态制度保障。

太原城市职业技术学院制定思政课教学标准，完善教学资源；建设《山西故事》课程思政试点；教师陈慧泽任教的《毛泽东思想和中国特色社会主义理论体系概论》课程获得教育部首届全国高校思想政治理论课教学展示活动二等奖。（姜倩倩）

·太原学院·

【本科专业申报】 2019年，太原学院新增会计学、智能科学与技术、道路桥梁与渡河工程、学前教育、风景园林五个本科专业，使学院本科专业达到33个。新申报舞蹈编导、书法学、电气工程与智能控制、新能源材料与器件、市场营销五个本科专业，正在等待审批。给排水科学与工程专业获省级优势特色专业建设项目。（杜　杰）

【学士学位评审】 2019年4月19日，太原学院经过学士学位授予专业审核专家组的评审，汽车服务工程、建筑环境与能源应用工程、审计学、物流工程4个专业通过学士学位授权评审。

（杜　杰）

【课程建设和教学改革】 2019年，太原学院经过专家对学院申报课程的评审，确定19门院级精品课程。李燕老师的《园林植物学》被确定为省级精品共享课程，翟婷婷老师的《思享中国》被确定为省级精品培育课程。学院还确定10项院级教学改革创新项目，其中6项获得省级课题一般立项。成功举办“课堂教学优秀教师示范课”竞赛活动，共有38位中青年教师代表各系部参赛，充分调动广大中青年教师投入教学研究和教学改革的积极性和主动性。

（杜　杰）

【招生与就业】 2019年，太原学院面向全国24个省份招生，新增2个二本A类招生专业，招生总计划4910人（本科3100人，专升本210人，专科1600人），实际录取4915人（本科3100人，专升本215人，专科1600人），还组织专场招聘会134场，协议就业488人，审核2020届毕业生求职创业补贴600余人。

（杜　杰）

【人才队伍建设】 2019年，太原学院进一步落实太原市人才引进政策，起草制定《太原学院人才引进中长期规划》，共引进高层次人才17名，其中博士4名。12月4日经学院民主评议组推荐，同意申报教授1人，副教授29人，讲师36人，助教1人，助理实验师1人，持续推进人才强校战略。（杜　杰）

【学院综合改革】 2019年，太原学院为提高行政运转效能，制订《太原学院岗位绩效实施方案（讨论稿）》，已下发至各部门征求意见，争取年内完成收入分配制度改革。起草上报《组织机构设置方案》《内部机构设置调整方案》，并根据上级有关部门批复，起草下发《关于完善学院“三定”方案的指导意见》和《关于太原学院内设机构设置的通知》，稳步推进学院的“三定”工作。（杜　杰）

【科研兴校】 2019年，太原学院陆续制定出台《科技工作奖励办法》《科研项目经费管理办法》《院级科研课题项目管理办法》《学科带头人、学术带头人、青年骨干教师岗位选拔与管理办法》《学术活动管理办法》《学术期刊级别认定原则》《学术委员会章程（修订）》等办法。2019年共发表核心论文35篇（1篇被SCI收录），论著16部，申报课题105项，获批省级立项课题27项，专利4项。（杜　杰）

【“1331工程”】 2019年，太原学院全力推进“1331工程”建设项目的团队建设、人才建设、课程建设、实验室建设进程，提高与同济大学合作水平，加大BIM（建筑信息模型）实训室建设、虚拟仿真实验室、污水/污泥处理处置及资源化研究中心的建设力度，完成“1331工程”建设项目的成果的统计、进度报告、评估报告、中期检查报告、自评报告等。（杜　杰）

【教学科研保障】 2019年，太原学院实验实训设备采购值首次突破1000万元，教学仪器设备总值达到6945万元。学院建立虚拟化“云资源”平台，开通vpn系统，为下一步数字化校园奠定良好基础。学报社科、自科版全面改版，增加页数。图书馆投入资金200万元采购新书，新增图书6万余册，纸质图书达138万余册。（杜　杰）

【学生活动】 2019年，太原学院音乐系合唱队代表学院参加“青春心向党　建功新时代”太原市大中学校爱国主义歌曲合唱活动，获得全市第一名，院团委组织的“青春为祖国歌唱—《我和我的祖国》”快闪短片得到广泛好评，第三届中华诗词暨经典诵读大赛、第六届创业大赛、美文美图大赛，暑期大学生“三下乡”社会实践等形式多样的育人活动不断呈现。花样跳绳队在山西省教育厅主办的山西省学生跳绳锦标赛中获得5金3银4铜的好成绩，武术队在山西省学生武术锦标赛中获得团体总分三项第一。（杜　杰）

【创新创业】 2019年，太原学院在大学生创新创业训练计划项目中，21项获得山西省大学生创新创业训练计划项目立项（其中重点10项，一般11项），并推荐重点的10项参加国家大创项目。应用数学系组织学生参加9月举行的全国大学生数学建模大赛，获两项国家二等奖。经贸系组织学生参加教育部组织的全国大学生电子商务“创新、创意、创业”大赛全国总决赛，获得二等奖，财会系选派的代表队获得第十五届全国大学生新道杯沙盘模拟经营大赛山西省总决赛一等奖，第三届金蝶云管理创新杯全国应用型人才综合技能大赛省级一等奖、全国特等奖。11月30日至12月1日，“百蝶杯”第五届全国大学生物流仿真设计大赛全国总决赛中，管理系获得全国总决赛团体特等奖。政法系4个学生代表队参加第四届全国大学生城市管理竞赛华北地区选拔赛，取得1个二等奖、2个三等奖、一个优秀奖的好成绩。（杜　杰）

【二青会比赛任务】 2019年3月4日，太原学院成立二青会女子18岁足球项目筹备组，6月4日至6日成功举行2019山西省高校女子足球邀请赛暨二青会太原学院赛区足球项目测试赛。学院1065名同学参与二青会开幕式表演，

477名同学作为志愿者为二青会进行服务。8月6日至16日来自全国10个代表团、300余名运动员参加6轮25场女足U18项目比赛，太原学院作为该项目的牵头组织单位，实现比赛“零差错、零事故、零投诉”的“三零”目标，圆满完成省委省政府、市委市政府交给太原学院的光荣任务。（杜 杰）

【校园基础设施建设】 2019年，太原学院以二青会为契机，先后完成新建足球场水、电、暖及功能用房验收、旧体育场改造、校园景观灯维修、漏雨楼顶维修、校园增绿等工作，并正式启用南校门。学院按照市委市政府相关安排，与省综改示范区协调，成立对口联络组解决一期工程建设中遗留问题，推动学院二期工程建设，完善校园办学条件。（杜 杰）

【巡视整改】 2019年2月15日山西省委第九巡视组反馈巡视意见以来，太原学院党委高度重视、精心部署，迅速成立《巡视整改工作领导组及工作机构》，将整改任务分解到位。经过两个月的集中整改，所有24个反馈问题中，已完成整改20个，整改率为83.30%。

（杜 杰）

【基层党组织调整组建】 2019年，太原学院完成各基层党支部设置组建和选举工作。院党委下设党总支23个，配备党总支书记21名。全院共有80个党支部按照有关要求选优配强党支部书记。部门党员正职干部担任机关（含教辅、后勤等）党支部书记比例为87.50%，教师党支部“双带头人”书记实现全覆盖。按照要求，9月学院党委已为17个系部配足配齐组织员。组织363名学生参加市委教育工委入党积极分子培训。“七一”前完成61名预备党员的转正工作，9月吸收预备党员142名，年底吸收预备党员146名。（杜 杰）

·太原城市职业技术学院·

【优质校建设】 2019年，太原城市职业技术学院优质校建设进入中期验收阶段，根据任务书及建设方案，统筹组织实施，进一步明确预期目标、重点任务、建设进度和保障措施，着力推动各项指标任务有效落实。注重顶层设计规划，强化组织领导，实施项目化管理。对9类项目设总负责人，将分项任务落实到部门，全院积极参与，责任层层落实，推动优质校建设整体发展。建立健全常态化管理机制，建立优质校建设工作推动机制，每三个月一次专项总结，半年一次院长专题会议，全年一次总体考核，学院在落细落小落实上下足功夫。优质校建设工作启动以来，学院综合办学水平明显提升。（田 宁）

太原城市学院新建校门（太原城市学院供图）

【产教融合】 2019年，太原城市职业技术学院产教融合校企合作办学体制不断深化完善，探索构建并运用多元化的开放合作交流平台，办学影响持续扩大，办学活力不断增强。BIM专业入选全国首批“1+X”证书制度试点专业；作为牵头院校承办山西省“1+X证书制度试点工作”启动会议；完成首批125名学生全国“1+X”BIM职业技能等级证书考试；举行BIM国际专家太原交流会，积极探索校企协同育人，鼓励学生取得多类职业技能等级证书。与太原轨道、同济大学共同推动BIM技术在山西省的高质量应用与发展，开展太原轨道公司全生命周期BIM应用咨询服务；完成太原轨道公司全生命周期BIM项目全员培训工作；成功举办山西省轨道交通产业技术联盟2019年度会员大会，作为会员单位，与多家企业构建协作互动的合作关系，探索加强科技研发合作，共同服务山西经济发展。

学院积极响应太原市政府与北京交通大学签署的战略合作协议，继续与太原市轨道交通发展有限公司深度合作，协同北京交通大学挂牌成立PHM创新应用中心。与轨道公司、北京交控集团签订协议合作共建“全自动运行培训中心”，共同为太原轨道进行全自动驾驶人才培养和科技研发。

挂牌全省首家华为ICT学院，与华为技术有限公司、泰克网络实验室共建华为ICT学院，培养高素质、高技能的IT人才；承办华为生态圈企业人才联盟双选会；举办华为ICT学院“云大物智”百校行认证推广讲座；完成ICT网络组件实训室的建设工作。双方开启校企深度合作，为进一步在产业发展、专业共建、认证考试、学生就业、教材开发、师资培养及实验室建设等工作搭建高质量平台。

创新“政府推动、行企校深度融合、招生培养就业联动”的校企合作办学的“双主体”育人办学体制机制。与安逸物业集团、鲁班软件、香港鑫和集团等省内外18家企业签订校企合作协议，建立长期合作关系，拓展高素质技能型人才培养路径，促进学院高质量发展。（田 宁）

太原城市学院承办山西省第十三届高等职业院校高职组计算机网络应用技能大赛（太原城市学院供图）

【资源整合】 2019年，太原城市职业技术学院不断适应经济发展、产业升级和技术进步需要，推进专业设置、专业课程内容与职业标准相衔接，以城轨运营管理、工程造价、电子商务等骨干专业建设为核心，打造服务城市轨道、城市建设、装备制造、商贸物流等产业发展的4大专业集群，在人才培养、课程建设、师资队伍建设、教学条件建设等方面扩大优质资源。

聚集优势资源，紧密对接城市轨道交通产业发展，以建设城市轨道交通一流特色专业群为主线，创新人才培养模式，积极探索政府、学校、企业、行业融合联动的特色发展之路。新申报工业机器人、大数据与应用、云计算与应用及建筑动画与模型制作专业；完成新能源汽车技术、城市轨道交通通信技术、移动商务技术、会计信息化管理专业4门新专业人才培养方案，更新2019年专业人才培养方案，优化学院专业结构，有力提升学院特色与高水平专业建设水平。

学院物业管理专业入选国家骨干专业；建筑工程技术专业被认定为国家级校企共建的生产性实训基地；建设项目信息化管理专业获批山西省首批现代学徒制试点；城市轨道运营管理专业与软件技术专业分别通过山西省重点专业项目、实训基地项目验收。学院获评全国高等职业院校体育工作“一校一品”示范基地；学院上榜广州日报数据和数字化研究院（GDI智库）“2019广州日报高职高专排行榜”，位列山西省高职院校第11位。（田 宁）

【实训基地建设】 2019年，太原城市职业技术学院解决新实训楼建设中设计图及资金问题，实训楼周边相关建筑拆除搬迁工作正在进行中，预计2020年交付使用，这将极大缓解实训室面积不足的现状。正在建设的校内实训基地5个，与企业规划共建的实训室6个；学院与广联达科技股份有限公司、深圳斯维尔科技有限公司共同建立的BIM造价综合实训中心，实训项目覆盖工程造价专业的主要课程。积极拓宽合作企业，与山西省工业安装集团有限公司广州地铁项目基地和中车大连车辆厂签订校企合作协议，为学生实习停供优质实训基地。继续加大教学实训设备采购，为参加全国技能大赛采购专用训练设备，将国赛、省赛与专业群相对应的项目进行技术技能分解，融入配套实训教程，将实训基地逐步建成产学研用一体化平台、人才培养基地、教师发展基地、员工培训基地。学院引企入校，共建校内实训基地。电子商务专业建有京东山西农特产馆校内生产性实训基地和娄烦米峪O2O项目校外生产性实训基地，为学生提供真实的实训场所。（田 宁）

【“双师型”教师队伍建设】 2019年，太原城市职业技术学院通过校企合作搭建平台，让大批教师利用寒暑假到企业实地考察、学习、实践锻炼成为常态；积极倡导专业教师到企业与一线工作人员一道研究解决实际工作中的问题，更新知识技能。通过在企业一线的实践，使教师找准市场需求与课堂教学的契合点，丰富教学案例，提升专业水平和实践教学能力。落实“职教20条”相关政策，从合作单位引进人才，作为专兼职教师，改善教师队伍结构，促进“双师型”师资队伍建设。

探索人才引进绿色通道，改进人员招聘方式和流程，在太原市相关部门的指导下，共引进高层次、双一流等人才15人，改善教师队伍结构，充实教师队伍数量，提升教师队伍水平。积极应对信息技术发展对高校教师的要求，面对全院教师开展“教学能力与综合素质提升”培训；举办青年教师培训班，邀请山西省“双高”院校教师及学院优秀教师与青年教师面对面交流，开展提升青年教师的教学水平；组织参加山西省职业院校教学能力大赛并获“教学设计赛项”和“课堂教学赛项”二等奖2项、三等奖2项；组织90名教师参加各级各类培训；选派1名教师赴德国研修。成立“市委人才工作领导小组”挂牌的太原教育系统名师工作室2个，发挥名师在传技带徒、技能攻关、技艺传承、技能推广等方面的重要作用，引领推动学院培养卓越技术技能人才。出台学院专业技术职务自主评审工作方案等9个自主评定文件；完成1名副教授，12名讲师，2名经济师，2名图书馆员的岗位聘用工作，完成17名新进人员的岗位安排和调整工作。院长杨志家教授入选山西省“三晋英才”拔尖骨干人才；樊长林教授被授予太原市优秀科技工作者。 （田 宁）

【人才培养】 2019年，太原城市职业技术学院大力推进实施“以赛促教、以赛促学”的人才培养模式，技能竞赛管理制度体系日趋完善。以大学生“青年红色筑梦”互联网+创新创业大赛及国家省级技能竞赛为载体，对学生实施一流的技术技能培养，学生培养质量明显提升：成功承办全国职业院校技能大赛赛项1项、山西省职业院校技能大赛赛项2项；创参加国赛历史最佳成绩，其中，电子商务专业突破性的取得全国职业技能大赛电子商务赛项二等奖；轨道交通信号控制系统设计与应用与计算机网络技术专业分别获得相关赛项三等奖。共获省级竞赛一等奖5项、二等奖2项、三等奖2项，赛项获奖率达100%；学院足球队通过刻苦训练、顽强拼搏、不畏困难，最终以五战全胜的骄人战绩，时隔一年后再次问鼎山西省高职组冠军。 （田 宁）

【招生与就业创业】 2019年，太原城市职业技术学院积极贯彻落实国家扩招政策，加大宣传力度，完成自主招生、高招录取及扩招工作，招生数量质量呈现双上升的良好态势。经投档录取2586人，录取率为96%，报到1671人（不含高职扩招第二阶段第二批787人），报到率为93%，圆满完成学院招生任务。学院持续开展就业跟踪帮扶，对171名城乡低保家庭发放求职补贴17.10万元；组织大型校园双选会2场，提供岗位3500余个；开展专场招聘会51场，提供岗位400个。开展毕业生就业跟踪调查，2019届毕业生就业率达91.18%。毕业生就业质量、层次、对口率和薪酬普遍提升，省内就业人数较大幅度提升。逐步形成生源质量有改善，就业出路有保障，人才培养水平逐年提升的良性循环。

学院加强创新创业教育，成立创新创业领导小组和创新创业教育专家指导委员会，正在制定和完善相关制度，确保创新创业计划的实施，包括《太原城市职业技术学院科技成果转化办法》等一系列制度。全面修订人才培养方案，将创新创业课程纳入学分管理，允许学生保留学籍休学创新创业。开展双创比赛，使学生树立创新创业意识，鼓励将好的作品转换成科研成果或创业项目。 （田 宁）

【促进学生全面发展】 2019年，太原城市职业技术学院围绕立德树人，加强学生思想政治教育，发挥素质拓展的育人功能，开展入学教育、军训国防、学风及诚信感恩等教育，推进志愿服务。制定《学院“三全育人”实施方案》积极开展“三全育人”综合改革；建设大学生思想政治教育专题网站——厚德网，为切实加强和改进新时代学院思想政治工作。

制定《学生劳动教育管理办法》，使学生树立正确的劳动观念；加强学生宿舍文化建设，全年创建并表彰十佳百优宿舍110间，以榜样引领工作；组织廉政文化进校园活动；开展青春告白祖国征文、庆祖国成立70周年歌会、“祖国腾飞我骄傲”演讲、经典诵读等特色鲜明、丰富多彩的文化素质教育和社团活动，将爱国主义教育厚植于第二课堂。通过学院微信平台等育人新媒体，宣传展示办学成就和最新资讯。举办第14届心理健康教育宣传活动月，拓宽学生的参与度，增强全体学生的心理保健意识。配合山西省第二届全国青年运动会，精心选拔各系207名师生志愿者，参加二青会志愿服务活动；学院被共青团市委授予“二青会太原赛区志愿者培训基地”；选派辅导员参加国家级和省级高校思想政治工作及业务培训；积极落实国防教育和征兵工作，开设军事理论课。 （田 宁）

【社会培训】 2019年，太原城市职业技术学院成立太原轨道交通培训中心后，社会服务能力将更大提升，可以为轨道交通行业开展培训，为普通市民进行地铁知识科普教育。全年为山西省建筑企业培训及鉴定各类人员近5000人次；与山西天帷智能城市规划设计有限公司、广联达科技有限公司合作，为山西省BIM师资培训班及太原轨道交通发展有限公司企业员工开展BIM技能培训。继续通过投标承接山西省教育厅、人社厅开展的全面技能提升工程9个项目的培训工作，对广大农村转移劳动力、城镇失业人员、企业在岗职工进行职业技能培训。积极落实各项扶贫工作，加强教育扶贫工作。邀请对口帮扶单位的专任教师和学院教师一起参加信息化教学系列培训。承担太原市“领头羊培训计划”，预计两年培训跟踪孵化太原市500名电子商务实操人才，并鼓励其创业；与娄烦县米峪乡搭建电商移动平台，设计“米峪生鲜定制”O2O项目，正在太原市扩展线下店，该项目被山西省商务厅列为重点巡视项目；连续第六年前往娄烦县米峪镇乡中心学校开展奖助学金评定发放工作。 （田 宁）

【依法治校】 2019年，太原城市职业技术学院推进学院放管服工作，简化优化办事流程。制定完善各项规定制度25项；推进电子政务，审核、发布党政各类公文386份。发挥学术委员会在职称评审、教科研项目评选中的作用。完善并促进招标代理制度全面落实，全年完成29个项目采购工作，预算金额279.78万元。制定出台《关于严肃财经纪律，进一步加强财务管理的实施方案》，全方位明确第一责任人负责制和财务内部控制落地；为全年学费、住宿费、国有资产租赁费等非税收入基本做到应收尽收；根据预算执行实际情况及时对项目经费预算进行中期调整，综合预算、政府采购预算执行和存量资金去库存工作较往年均有明显改善。

（田　宁）

·太原旅游职业学院·

【学科专业建设】 2019年，太原旅游职业学院以提升办学质量为重心，创建省级优质的太旅院。专业建设进一步优化。五大专业群建设稳步推进，高水平示范专业和实训基地成功申报；物流管理专业获评第一批国家“1+X”职业技能等级认证试点，网络营销专业入选第二批，旅游管理、酒店管理、景区服务与管理三个专业入选旅游类“1+X”职业技能等级证书第一批试点；进一步优化专业布局，召开专业建设研讨会，申报六个新专业招生情况良好。学院先后承办省市技能大赛，学生参加各级各类职业技能大赛取得优异成绩，学生综合素质稳步提升。 （李晓阳）

【教师队伍建设】 2019年，太原旅游职业学院教师队伍建设进一步加强。队伍结构优化，在同济专场招聘人才7人，引进高层次人才12人；7位教师获副教授任职资格；三级研修体系继续完善，教师团队获得全国职业院校教学能力大赛二等奖取得国赛历史性突破，相关经验入选教育部教师队伍建设典型案例100强，教师参加、指导各级大赛获多项荣誉。 （李晓阳）

【教学科研发展】 2019年，太原旅游职业学院科研工作成绩斐然。省级教学成果奖取得突破，省部级及以上课题结项表现优秀，国家级、省级课题立项数逐年增加，本科学报及核心期刊论文不断增加，公开发表论文数量增长迅速，各级各类课题申报与研究蓬勃开展，科研促进教师成长，科研助力社会服务，科研反哺教学成效初显。 （李晓阳）

【实习就业管理】 2019年，太原旅游职业学院实训实习、创新创业不断推进。完善校外实习管理条例，推进实习就业二级化管理，加强实习中期管理。投入使用实习管理信息化平台，新增途牛国际旅行社有限公司、广州长隆集团、金贸北京威斯汀大饭店等实习单位，全年实习人数1735人。与百余家国内外知名企业建立长期合作关系；学生作品在第九届全国大学生红色旅游创意策划大赛和第三届山西省中华职业教育创新创业大赛中获奖，镜里映像创新工作室和“咖啡茶吧”建成并运营。 （李晓阳）

【对外交流】 2019年，太原旅游职业学院对外交流进一步密切。受中国侨联、省市侨联委托承办的“中国寻根之旅”夏令营获评金牌项目；新增3个海外实习就业基地；“云游山西”汉语课堂教育项目扎实落地；启动世界旅游组织旅游教育质量认证申报程序；初步拟定留学生工作管理体制，并启动申报与审批工作；全年共有29位同学先后赴境外留学、实习。 （李晓阳）

太原旅游职业学院体育馆落成并承办中华人民共和国第二届青年运动会

（太原旅游职业学院供图）

【社会服务】 2019年，太原旅游职业学院社会服务职能进一步强化。强化多维联动，形成以专业课题研发、专业资格考核、专业技能大赛和职业技能培训承办、旅游产品研发、社会培训等为主的社会服务体系，学院师生志愿服务太原能源低碳发展论坛、太原国际自行车比赛、山西文博会、中德经济论坛（山西）等山西地方重大事件，成立“西怀远乡村旅游规划项目组”并开展帮扶工作，助力西怀远村成功入选山西首批3A级乡村旅游示范村名单，组织石膏山景区等公司管理人员培训研修，组织开展太原市全民技能提升培训，参加“二青会”开幕演出，为山西文旅集团新入职员工和小店区组织部高层次人才引进新入职人员进行素养技能提升培训等，积极服务地方经济社会。（李晓阳）

【校企合作】 2019年，太原旅游职业学院校企合作模式进一步深化。与国际金钥匙学院、深圳腾邦集团、北京金通公司等企业进行深层次合作，成立由校企双方代表组成的理事会和校、企、行三方组成教学指导委员会，继续深化混合所有制办学；新增3个金牌导游工作室，完成20余次校内外研学项目，成立金钥匙服务全域旅游协同创新中心，牵头制定山西省研学旅行首部标准《山西省研学旅行服务评价与改进》。

（李晓阳）

【学院招生】 2019年，太原旅游职业学院以招生就业为生命线，共计招生2678人，创造旅院招生人数最高纪录，办学规模稳步增大；学院2019届大专毕业生1676人，就业率达82.88%，中专

太原旅游职业学院二青会志愿者参加排球测试赛 （太原旅游职业学院供图）

毕业生144人，年终就业率91%，13人出国深造，95人升入本科院校继续深造。

（李晓阳）

【学院创新举措】 2019年，太原旅游职业学院继续抓好改革创新，以积极进取的工作举措加快推进“特色鲜明、省内引领、国内一流”的优质校建设目标任务的落实，多措并举抓落实，改革创新取得突破。

学院成为中华职业教育社团体社员，中国职业技术教育学会第四届理事会常务理事单位，山西省工业旅游联盟副理事长单位，山西省职业技能鉴定协会副会长单位，山西省中华职教社成员，山西省旅游标准委员会成员，进一步提升行业影响力和话语权；在全国旅游类教育研讨会、中国旅游教育分会理事会和全国旅游教育论坛、全国旅游职业院校长协作会年会等全国性平台上发出“太旅声音”，推介办学实践，应邀主持并参加中国高等教育学会产教融合研究分会和中国教育电视台主办的2019年产教融合发展论坛，获中国旅游协会旅游教育分会优秀会员，影响力日趋扩大；教师团队与浙江旅游职业学院、云南旅游职业学院共同完成国家级职业教育景区规划与管理专业教学资源库立项，进一步优化“多元混合”教学模式；优秀毕业生张晓旭在学院辅导教师的精心指导下获第四届全国导游大赛金奖第一名、王瑾获铜奖并双双获全国“金牌导游员”称号，实现山西省国赛金奖突破。学院办学实践获中国国际电视台、中国旅游报、中国新闻网、光明网、网易新闻、黄河新闻网、山西日报等媒体报道，取得良好的社会宣传效果。

（李晓阳）

【教学科研成果】 2019年，太原旅游职业学院教科研项目继续稳步增加，质量有所提升，选题更加突出服务地方经济发展和学院人才培养工作。3个项目入选国家旅游局“万名旅游英才计划”。共有21项省部级以上课题立项或在研。其中包括3项文化和旅游部“万名旅游英才计划”，1项高等学校哲学社会科学研究项目（思想政治教育专项）课题，3项山西省高校哲学社会科学研究一般项目，2项山西省哲学社会科学规划课题和8项山西省教育科学“十三五”规划课题。1项红色文化课题获得省级教学成果特等奖，1项课题获二等奖。省部级及以上课题12项结项，课题立项、结题的数量、种类和质量均创新高。发表本科学报及核心期刊论文16篇。

开展“旅院六艺”“异域文化”和“国学经典”三个系列25场讲座。在《2018—2019年山西旅游发展分析与展望》上发表2篇文章，积极参与《山西旅游志》的编撰工作，为山西旅游发展积极贡献太旅院教师的智慧和力量。

（李晓阳）

·太原广播电视大学·

【概况】 太原广播电视大学创建于1979年10月，由太原市人民政府主办，市教育行政部门主管，业务上受国家开放大学（中央广播电视大学）和山西省广播电视大学指导，是一所承担中专、大专、成人本科、研究生学历教育，非学历教育培训与社区教育工作现代远程教育高等学校。学校有一套班子，三块牌子——太原广播电视大学、国家开放大学太原实验学院、太原社区大学。获得全国示范性基层电大、国家开放大学社区教育实验基地NO.001等称号。

（荆　伊）

【师资与科研】 2019年，太原广播电视大学有教职工105人，其中教师75人，硕士研究生学历及以上50人，占66.70%。副高级职称24人，中级职称22人。专职教师19人，兼职（双肩挑教师）56人。学校长期组织各专业骨干教师参加国家开放大学“骨干教师研修班”培训，组织行政管理人员参加教育局组织专业培训。

学校通过“太原市事业单位引进高层次人才”引进硕士研究生教师8名，4名讲师晋升为副教授，15名教师进入国家开放大学实验学院网络教学团队。组织教师参加国家开放大学网络师德培训1次，20人次教师参加国家开放大学骨干教师培训7期，18人次教师参加省电大二级培训9期，19人次教师参加校内二级培训4期。对25名青年教师实施素质提升计划，开展主题征文、制作微课网上展评、“精彩一课”教学能力竞赛活动。与全体教师签订师德承诺书，建立师德档案。

学校全年发表论文26篇，专著3部，获准山西现代远程教育立项课题2项，国家开放大学立项课题1项，2项山西省广播电视大学校级课题。11篇论文在山西省现代远程教育学会2019年会上获奖。在山西省广播电视大学系统

2019年9月29日，太原广播电视大学组织干部职工参观市美术馆“不忘初心、牢记使命、奋进新时代——庆祝中华人民共和国成立70周年展览”

（太原广播电视大学供图）

优秀科研成果评选中，获得二等奖3项，三等奖7项。（荆 伊）

【多元办学】 2019年，太原广播电视大学远程开放教育，学历教育由校本部、教学点（小店区、晋源区、万柏林区、杏花岭区、教育培训、清徐县、阳曲县、古交市、娄烦县）和学习中心（清徐、新东方烹饪、新华培训学校、正诚伟业）承担。有高中起点专科18个专业，专科起点本科16个专业，在校生3500人。学校还组织实施“农村干部学历提升工程”“一村一名大学生”和“太原舰官兵学历提升”项目。

社区教育，太原社区学院在全市建成以1所社区大学，10所县（市、区）社区学院，104所街道（乡镇）社区学校，969所社区分校为网络的4级社区教育体系，建立全市有社区教育专兼职教师和辅导员队伍、终身教育专家讲师团和志愿者队伍，建立太原终身学习网并开设移动端App与微信公众号，免费发放太原终身学习账户。网站有视频资源8605集，电子图书75000册，总访问量超过200万人次。出版4期《太原全民终身学习》杂志。约50万人参与全民终身学习活动周、大讲堂、天天课堂3大品牌活动。

老年开放教育，学校结合线下老年开放学院和线上太原老年开放大学网站的优势，运用“学养结合”老年教育模式，以“快乐学习，健康生活，提升品质，圆梦人生”为办学宗旨，开设舞蹈、国画、模特、摄影、钢琴等30多个老年教育专业，招生961名老年学员，自2016年开办以来累计招生突破3500人次。在课程建设方面，学校制定《“学养结合”老年教育课程体系指导大纲》以及《“学养结合”老年教育实用系列教材——“轻松学”系列》8本，获得第三年龄大学联盟教材三等奖。

网络教育，学校与中国医科大学、重庆大学、兰州大学、南开大学、北京语言大学、西南大学、华中师范大学、吉林大学等名牌高校联合开展高中起点专科、高中起点本科、专科起点本科多个专业的网络学历教育。

职业培训，学校与山西省中华职教社、山西省茶叶学会、太原市养老产业促进会等开展战略合作，探索高校与行业携手、教育与产业整合，资源共享、协同发展的新型合作模式。学校利用先进的网络设备和办学组织体系，开展计算机培训、会计电算化培训、太原市人事系统培训、教育系统统计培训、中小学教师培训、“干部在线”培训、普通话考试培训、太原市民政局信息培训等。（荆 伊）

【校园活动】 2019年，太原广播电视大学举办建校40周年系列纪念活动，回顾和总结学校办学历史，包括：以“我和我的祖国”为主题第二届社区教育与老年教育艺术节文艺汇演、40年校庆科研成果展（整理编印2000—2019年论文集，共收录论文257篇）、《砥砺奋进40年》校庆纪念画册和校庆宣传片的制作与发布、建校40周年摄影展、趣味运动会等丰富多彩的文艺活动。学校召开建校40周年大会，表彰27位在学校工作满30年的教职工。

4月10日，学校召开推进终身教育建设太原现场会，来自全省13个电大分校的领导共100余人参加会议，学校展示社区教育与老年教育的发展历程与经验成果。5月底，太原市10县（市、区）“农村干部学历提升工程”已全部开班，《山西日报》进行新闻报道。8月28日，国家开放大学改革发展与政策研究室主任李彦忠一行3人到校进行“不忘初心、牢记使命”专题调研。9月24日，国家开放大学教育研究院博士谭伟和访问学者中国台湾空中大学副教授林高永来学校调研座谈。10月9日，国家开放大学实验学院副院长徐刚等5人对太原实验学院和新东方烹饪学习中心进行实地教学检查指导。10月25日，由太原市终身教育与学习型社会建设促进委员会主办，太原广播电视大学承办的太原市2019年全民终身学习活动周启动仪式举行。11月6日，学校被太原市社科联授予“太原市社会科学普及基地”称号。

学校2019年举办道德讲堂6次，文明礼仪大讲堂4次。4月29日，组织“庆五一 迎二青 助创城”教职工春季健步走活动。9月29日，全体党员和教职工参观“不忘初心、牢记使命、奋进新时代——庆祝中华人民共和国成立70周年展览”。10月17日，全体党员参观杏花岭区坝陵南街国民革命军第八路驻晋办公室，接受革命传统教育。12月14日，组织教职工参加太原市教育系统教职工乒乓球、羽毛球比赛。在国

家开放大学办学体系教职工书画大赛中，2位教师作品获奖。9名毕业生获得“国家开放大学杰出校友”称号。（荆　伊）

【校园建设】 2019年，太原广播电视大学为美化校园环境，创新墙壁文化建设，学校利用走廊、墙壁宣传社会主义核心价值观、大学生学生守则、创建全国文明城市宣传标语等，配合创城开展卫生清理和检查，制定太原广播电视大学卫生检查标准，每月开展卫生大检查评比活动。继续做好校舍维修、水电暖设备管护等工作，加强校内环境美化，努力创建节约型校园。

学校制定《2019年领导干部和教职工学法计划》，按时开展法治宣传教育与示范创建工作。通过太原广播电视大学微信公众号、“法治建设”专栏、太原终身学习网等平台进行线上宪法法律知识宣传。线下组织全校教职工观看党史教育电影《大会师》、法治电影《特别追踪》，开展“12·4”宪法宣传周系列活动，制作法治展板，举办“法律进高校”宣讲，组织“书写法治精神”及《宪法之光》朗诵等法治宣传活动。

在创建平安校园方面，学校加强校园及网络安全监管，围绕重大敏感节点，制订《个人敏感事件和极端事件的预防处置方案》及安全预案。落实校园24小时安全值班制度，实行每周领导带班、中层值班、各相关部门小值班、节假日全员轮值。加强日常巡查登记、坚持扫黑除恶周报制度。利用网络安全宣传周，加强网络舆情监控，做好学校网络安全工作，制定《校园网络安全管理试行办法》等制度，24小时监控网络运行，保证校园网络安全。（荆　伊）

【社会服务】 2019年，太原广播电视大学全体教职工注册太原志愿者微信公众平台，志愿服务时间达1130小时。开展“中华慈善日”“庆六一、献爱心”捐赠活动，开展“文明交通安全出行”“烟头不落地　文明更美丽”“清明义务植树”等党员志愿服务活动。参加全市开展的“万名干部入企进村”和“万师访万家”活动。学校全年在《山西日报》《太原日报》《太原晚报》《生活晨报》、国家开放大学时讯网、山西卫视、山西公共频道等被采集新闻报道12次，在校园网主页发布新闻98篇，在微信公众号推送图文信息报道214篇。（荆　伊）

学校简介

·太原市育蕾幼儿园·

【科层管理】 2019年，太原市育蕾幼儿园探索幼儿园科层管理有效性，逐步形成支部引领下园长负责制，层级管理下班长负责制。科层管理是各部门高效工作，园所高效运转的基础。本学年形成调研小组，对本园科层管理机制进行专项调研，通过调研发现制度实行满意度达98.53%，有效性达95.60%。在分层管理机制下，大家各尽其能，各负其责，提高工作效率。（姜倩倩）

【科技引进】 2019年，太原市育蕾幼儿园引进“钉钉办公软件”解决园内办公管理整合、数据统一、各部门信息资源共享诸多问题，太原市育蕾幼儿园内部管理已经全部“软件化”。钉钉“云党建”全盘激活，让党务工作者把碎片化时间利用起来，学习业务、理论、放手工作；门禁、考勤、教师调课、外出学习、物品采购、报修等工作全部在钉钉办公软件上完成，幼儿园与家长沟通效率激增。利用“大昌出行”软件解决教职工公务用车问题，上报、审批、行程记录智能化管理。被评为“信息化教育生态构建体系数字校园示范校”。

为节约家长排队等候时间，实现几分钟网上智能缴费、索取发票功能。与光大银行合作，通过“瑶瑶”系统实行新收费方式。以前需要三天排队缴费，现在只需要几分钟就可以轻松完成。（姜倩倩）

【温情制度】 2019年，太原市育蕾幼儿园切实为群众解决难题。6月，经过前期调查、新生家访，共排查出先心病、高热惊厥、血管瘤等特殊体质幼儿43名。为确保幼儿健康安全成长。领导班子多次召开会议研究解决办法，最终制定《特殊体质幼儿管理制度》。及时建档，在班级悬挂隐性温馨提示，相关人员与家长逐一进行面谈。

开展全员教师急救培训，达到班班都有急救员配置，为幼儿健康保驾护航。《延时接园制度》，在主题教育实施过程中通过征求群众意见，又落地实施一项贴心制度。切实解决离园不能及时接走幼儿问题，缓解孩子等待焦虑，解决家

幼儿园学生活动　　（市教育局供图）

幼儿园儿童科普活动　　（市教育局供图）

长后顾之忧。（姜倩倩）

【课程改革】2019年，太原市育蕾幼儿园思政课改革。党政部门引领思政课活动，把社会主义核心价值观融入幼儿园课程建设，渗透到每月、各领域课程目标中。通过主题活动、五大领域，落实思政活动，并通过环境创设，隐性教育逐渐影响幼儿行为规范。做到意识形态工作从娃娃抓起，以思政活动为契机，让核心价值观落地。

主题课程架构。结合幼儿年龄特点，季节特点等，重新依托主题教研小组确定各主题，形成主题生成树。评估小组分别从五大领域均衡性、并对照《指南》评估对目标适宜性等方面进行评估。主题课程将实施五大领域教学目标、开展主题背景下区域游戏活动、阳光体育、趣味足球、共享活动区游戏、特色益智活动相结合，更好激发幼儿兴趣，促进幼儿全面发展。

多彩课程启动。开展“阳光体育”系列活动，利用阳光运动手环，将操场划分为五大区域，每月根据课程目标设计充满童趣的活动内容。医务室开展体能测试，根据幼儿差异性进行分级指导，形成阳光体育闭合系统。通过教育部综合评定，被命名为足球特色幼儿园，足球课程正式融入园本课程。9月，开展品格教育实施与研究。通过召开启动大会，建立“品格家长学校”。每月按照品格教育主题开展“双师家长课堂”。品格教育的实施，提升家长教育素养，帮助孩子实现品格健康发展。引进音乐树体系，以动画形式为主音乐软件加上音乐“围裙”，让幼儿每次活动都充满惊喜和浓厚的趣意。新年联欢会很多班级以“音乐剧”形式进行展示，给家长及来访人员带来新年惊喜。

（姜倩倩）

【立德树人】2019年，太原市育蕾幼儿园加强师德师风建设。教书育人，师德为先。每月定期组织教师深入学习中共中央、国务院发布《关于学前教育深化改革规范发展的若干意见》，教育部印发《新时代幼儿园教师职业行为十项准则》《幼儿园教师违反职业道德行为处理办法》《3—6岁儿童学习与发展指南》等法规文件，强化保教人员对工作职责认识。结合“担复兴大任、做时代新人”认真开展师风师德大讨论活动，师德演讲活动，用身边事感动身边人，提高教师人格魅力与师德水平；抓住节日契机，以“四有教师守初心、立德树人担使命”为主题，以“优秀教师表彰”为主线，隆重庆祝第35个教师节，用特殊方式为教职工上一堂生动思政课。

提高专业素养。针对不同年龄阶段、不同性格特点老师进行有目的与针对性培训。采取自主约课活动，师徒结对发展方式打造游戏化教学课堂，提升幼儿园教师专业水平。并以赛促教，激励团队协作发展。参加第十三届山西省幼儿园保教能手赛，提升区域游戏组织能力。参加太原市第三届幼儿园“敬业杯”新课堂教学团体竞赛。每个团队中包含一名骨干教师和一名90后青年教师，共同参与、集体研讨、互受启发，各个层次教师的专业水平都得到不同程度的提高。全年组织教师外出培训达200余人次。

（姜倩倩）

【安全教育保障】2019年，太原市育蕾幼儿园设立安全办公室，坚持每月一次安全例会。成立安全小组和应急小分队，进行风险责任管控，每位教职工都有自己的安全责任区，一岗双责。通过每周中层会议、部门例会认真传达安全工作要求，明确职责、规范流程。每周三安全卫生检查找漏洞，严落实，针对幼儿意外事故，挖细节，找原因，商对策。组织教师对过渡环节有效管理、意外事故后处理措施进行深入研讨与总结提升，帮助教师规范管理、形成经验。认真制订安全法治教育方案，开展各项安全教育主题活动，每周五进行各种安全演练，做到安全法制教育目标化、课程化。（姜倩倩）

·太原市育英幼儿园·

【课程建设】2019年，太原市育英幼儿园在“立德树人”总体要求指引下，以“为谁培养人、培养什么样的人、怎样培养人”为核心思考，着力探索开发一套适宜幼儿年龄特点的道德体验、熏染课程。探索构建以体验为主要形式，以“纪念日”课程、“社会主义核心价值观”课程和国防课程为抓手的三轨制德育启蒙课程体系，开展活动40余次，引导儿童在深度参与中获得知、情、意、行全面发展。

在前期课程研究基础上，构建形成育英三级课程轮。即：标准化一日流程为核心的基础内环课程，从课程和管理双维度实现一日生活皆课程的落地行为；“4+1”课程模式为基中环课程，从家园双维度促进幼儿在游戏、生活、运动、学习过程中的全面发展；班本化特色外环课程为幼儿和教师个性化发展提供支持。有效课程体系建设抓住园所内涵发展“牛鼻子”，让每一个人抬头有方向，低头有路径，促进园所可持续深入发展。

围绕“小学化倾向”问题主动发力，通过固定大班教师开展大班衔接课程体系研究、与省实验小学建立双向衔接、设立副班主任制、毕业幼儿家长回园访谈式家长会、研发幼小衔接课程方案等举措，形成幼小支持手段，受到家长一致好评。围绕“入园适应开展研究”，通过前置性“新生预备课堂”“阶梯性入园方案”“个别化家访”等手段构建科学入园缓坡。围绕幼儿园零教材现状开展大课程研究，通过一日生活皆课程、环境课程、游戏课程、项目课程等为幼儿园保教发展提供借鉴。

（姜倩倩）

【安全防控】 2019年，太原市育英幼儿园通过每季度意识形态分析研判，新时代党外知识分子思想工作调研，关注宗教工作情况、制定《太原市育英幼儿园党支部宗教工作制度》，与24名在职党员签订《党员不信教承诺书》，上报舆情信息50余篇。抓融媒体建设，微信公众平台推送党建、教科研、文明双拥、师德师风、后勤保障等文章424篇，关注人数达到4700余人，总阅读量达到18.50万人次。充分利用新兴媒体，引领舆论方向，发好正能量之声，把宣传阵地牢牢把握。建快反机制。针对成都食品安全事件快速反应，积极作为，迅速启动陪餐制度、建立快检中心，为幼儿食品安全筑起防火墙。

警务室全面提质，安装一键报警器、防撞桩，配备警棍、盾牌、钢叉、防刺服等；全面改造监控室，并进行公共区域监控高清更换；投入近180万元整修操场，彻底消除安全隐患；配备由退役军人为主专业保安担任门卫，进行保安提质；增设食堂快检室监测食品农药残留；配备新风系统保障室内空气安全；进行教室照度检测确保幼儿用眼安全等。一系列物防举措为园所安全撑起高质量“安全伞”。

（姜倩倩）

【“育英”方案】 2019年，太原市育英幼儿园探索形成《一日生活皆课程》《中国娃 中国心》《少成若天性 习惯成自然》《育在食前》《家园一体化大课堂》五本课程经验集，为行业课程建设提供育英经验。开门办园，接待新疆、澳门等省内、外同仁参观、跟岗几十次，辐射近千人，以同研共进、携手发展为态贡献行业担当。示范引领。先后承担山西省幼教中心组织的“园本教研现场展示”“园长资格证专题讲座”“教学活动游戏化专题讲座”等，承担省级学前教育现场会专家指导任务；承办省学前教育宣传月“幼小衔接对话分论坛”的组织和太原市学前教育宣传月启动仪式；承办市教科研中心的“主题背景下区域游戏观摩”活动；承担市普惠园近40人的跟岗学习；承办市级敬业杯决赛；多位教师赴临汾、乡宁、运城等地进行专题讲座指导；多位教师担任教师资格证、教师招聘、名师考核评委等，受到广泛好评；连续两年教师讲述幼教故事都进入“时代新人说”决赛，彰显新时代幼教人风貌。两地互促。澳门沙梨头坊众学校缔结友好姐妹校，根据两地实际，针对性开展“五四百年系列活动”“祖国70华诞”“澳门回归20年”等主题活动，将爱国爱澳，中华文化融入其中，架起一座教育交流、文化共通之桥，让育英力量辐射范围更为广泛。

（姜倩倩）

·太原市实验小学·

【学校品牌发展】 2019年，太原市实验小学随着办学特色的彰显和办学声誉提高，确定为教育部中小学名校长领航工程“史凤山校长工作室”授牌学校。工作室是政府、专家和学校联手打造新合作平台。自授牌以来，发挥示范、辐射、带动作用，助推学员单位教育教学发展，引领工作室校长们成长。

发展过程中和四川凉山州越西县北城小学签约结成对子，交流办学思想，开展教学研讨，班级互相结对，助力脱贫攻坚。应教育部和省教育厅要求，派出两位老师到越西县担任教学工作，帮助友好校提高教师教学水平。应名校长工作室成员校要求，接待新疆、朔州、古交、临县等地兄弟学校管理干部跟岗学习挂职锻炼。教育部组织“山西、山东、重庆”三地新时代教学思想与课堂教学改革研讨会。来自三地多个学校的60余名教师一起参与研讨，展示课例和研究成果受到与会专家和教师广

小学生体育课　（市教育局供图）

泛关注和一致好评。通过在办学行为、科研兴校、师资培养等方面发挥引领作用，逐步成为思想交流、业务研究、资源共享平台和阵地，成为塑造教育品牌、培养名校长、孵化名教师、打造名学校的摇篮。（姜倩倩）

【德育实践】 2019年，太原市实验小学思政课是学校立德树人关键课程。思政课程建设和研究成为年度目标任务考核创新项目，为德育实践揭开新篇章。结合上年度研究成果，明确本年度思政课工作目标，确立思政课研究方向。以"时代新人"思政课课堂展示为组织形式打磨精品课例，开展思政研究。通过观摩思政课例，在教师中引发广泛讨论和思考。在8月28日至9月24日，开展为期一个月"时代新人"思政课主题研讨活动。活动期间，组织全体教师思政课培训2次，学科组长专题会议2次，思政课示范展示活动1次，组织交流研讨活动6场。总结经验做法，就思政课研究目的和内涵开展大研讨活动，提炼总结出"时代新人"思政课四个主题。在思政课研讨过程中，各学科均推出优质思政课例。语文学科4节、数学学科3节、其他学科各一节，共计14节。在思政课研究过程中，以反复打磨课例方法不断引导老师们更新对思政课教育目标、教学理念、教学手段、评价机制等方面新认识，使老师们更加有效地完成由教材体系向教学体系转化。（姜倩倩）

【学生身心健康发展】 2019年，太原市实验小学以身心俱健是学生幸福发展要素之一利于利用心理测评系统为学生提供有针对性训练，完善一二年级学生专项心理健康电子档案，对学生开展集体课程以及个别辅导，帮助学生掌握更多心理健康知识，培养更良好心理素质。

以提升学生体质健康水平为目标，开展阳光体育活动，完善体育设施，加强体育师资培训，推进体育课程建设，深化体育特色发展、丰富课内课外体育活动，参加各类体育比赛，延续传统项目申报、严格落实体质监测，取得积极的成效。篮球项目在2019年太原市小学生篮球比赛中获男子组冠军；在2019中国小篮球联赛山西太原赛区比赛中获U12男子组亚军、女子组季军；在2019年太原市小学生篮球比赛中因成绩优秀，获突出贡献奖；乒乓球项目在2019年全国少儿"银河 向阳杯"乒乓球比赛中，获儿童丙组男子团体第三名、儿童乙组男子团体第七名；在太原市中小学生乒乓球比赛中，获女子甲组团体第一名、男子甲组团体第三名。在太原市中小学生围棋比赛和国际跳棋比赛中，分别获乙组团体第二名和乙组团体第四名。（姜倩倩）

小学生课间体育活动　（市教育局供图）

【养成教育】 2019年，太原市实验小学强化养成教育。依托德育课题指导，着眼于学生行为习惯培养，围绕学生学习、处事和做人等方面行为习惯开展研究和实践，推进"善雅德育"向纵深发展，提高德育实效。

加强班主任队伍建设。通过规范班主任工作日常考核、组织班主任工作例会、组织第二届班主任节、组队参加第十四届"十佳百优"班主任竞赛、落实班主任职级管理、开展班主任培训等方法促进班主任素质提高，夯实育人基础。

倡导活动育人。有序组织"四色节"、一年级开笔礼、跳绳、踢毽子比赛等传统活动16场，组织"葵园最美"等各类表彰活动9场，引进文化艺术"双百工程"进校园等大型文化活动6场，组织各类学生参赛参演活动31场次，学生近千人次获奖。丰富校园文化活动开阔学生眼界，涵养学生素质。

家校协作育人。通过开展家长培训，帮助家长对教育手段进行理性思考；通过组织家长会、随时约见、接见家长等形式密切与家长沟通，使学校和家长不断修正教育措施，为拓展德育创造有利条件；通过邀请家长参与学校活动，让更多家长与学校教育理念同步，逐步认识到：让学生在活动中体验，在感悟中成长是学生自我管理，自我体验，真正提高学生自身素质有效方法。

通过坚持做好少先队的各项常规工作，实施分层次管理，激发师生进取精神；通过课程渗透德育，让孩子们在日常学习中培养正确学习动机、学习态度，形成好的学习习惯和良好学风与意志品格，使德育潜移默化落在实处。

（姜倩倩）

【教学管理】 2019年，太原市实验小学着手教学常规细化日常管理。细节决

小学生集体采摘活动　　（市教育局供图）

定成败。为把教学日常管理做细、做实，从备课、上课、听课、作业批改到质量评估，细化考核内容，安排定期不定期跟踪、检测，组织作业交流活动、教学设计、听课本展评活动、学科测查活动、家长进课堂等活动，目的就是要通过各环节管理，发现制约质量提升的问题所在。完成太原市音体美、德育、科学等学科课堂教学质量监测活动各1次，组织第三届数学思维能力竞赛活动1场，组织语数英学科技能竞赛1场，学生技能标兵获奖人数920名。注重培训实效，提升师资素养。为提升师资素养，与专家长期合作，请专家上门开展指导。开展入职培训，助力新教师成长。入职新教师，个人素质好、工作积极性高，但是缺乏工作经验，对学校文化了解不够。为使新教师尽快融入实小大家庭，尽快站稳讲台，科研室牵头，会同教务处、政教处、后勤、校办公室等部门开展新教师入职培训，内容涵盖校园文化、学校发展历史、教学常规要求、班主任、副班主任工作职责、劳动纪律、财产保管等多个方面。学期末，经过教研组内多次研课磨课，新教师在全校范围内呈现汇报课，取得良好效果。满足学生需求完善校本课程。为更好满足孩子们学习需要，基于和山西省博物院多年合作基础，馆校联动，新开发博物馆课程《博物院探秘》和《实小地博社》。滨河校区孩子们在周三自主课和每学期全员课程都参与到馆校联动课程当中。各个班级、各个年级已能充分利用社会场馆教育资源来丰富孩子们学习体验，馆校联动课程已成为常态。　（姜倩倩）

·太原市第二实验小学校·

【养成教育】 2019年，太原市第二实验小学校学生自主管理模式更加细化，学生参与榜样选树工作，推选校级“新时代好少年”35名、“四星少年”700名，评选“五星班级”12个。发挥榜样教育对儿童道德发展的引领作用，学生对个体自律、班级责任、学校荣誉的认同显著提高，26人获太原市“学生养成纪录冠军赛”优秀称号，16人获太原市“安全文明小使者”安全文明小使者，2人获评市级美德少年，1人获“太原市新时代好少年”。900余名同学获市、省、国家级荣誉。健全学校、家庭等合力参与的教育引导机制，获首届“中国·太原家长节”家庭教育先进单位。

（姜倩倩）

【仪式教育】 2019年，太原市第二实验小学校“艺术节”“读书节”“科技节”“体育节”四节活动覆盖全体学生。入学礼、成长礼、少年礼“三礼仪式”分别扩充“爱校”“感恩”“责任”主题经典影片。仪式教育功能得到延伸，强化学生对家庭责任、社会责任认同。

（姜倩倩）

【爱国教育】 2019年，太原市第二实验小学校围绕中华人民共和国成立70周年红色主线，清明节后举行“弘扬汉字美　笔书爱国情”书法展览，六一举行“礼赞新时代　永远跟党走”优秀童谣传唱，教师节举行“我和我的祖国”快闪活动，国庆前举行“追寻时代足迹　献礼七十华诞”为主题小报展，国庆当天参加省城庆祝中华人民共和国成立70周年升旗仪式。　（姜倩倩）

【“七巧板课程图谱”】 2019年，太原市第二实验小学校发放课程调查问卷600余份，与学生座谈10余次，关注儿童学习需求，着眼课程3.0时代绿色主线，聚焦“七能素养”，构建具有特色的“七巧板课程图谱”。横向上，重构学校课程分类，丰富学生学习视野；纵向上，强调螺旋上升，保持课程整体连贯。三四五年级新开设“少儿编程”课程。紧扣语文教材拟定《学生必读书目100本》，将课外阅读体系完整纳入“七巧板课程图谱”。数学翻转教研优化多维观测量表，先后进行4场大型展示。

（姜倩倩）

【“学科+”课程综合化】 2019年，太原市第二实验小学校充分发挥课程育人功能，在保留分科教学优势基础上，将关联与整合成为课程实施的常态。“学科+拓展”，对教材进行解构和重组，实现国家课程校本化改造。如语文教学采取一篇带多篇、一文带一本、一课带一类形式，形成“教读—自读—课外阅读”三位一体阅读教学体制。“学科+学科”，借助项目学习、主题式学习展开，跨学科、多学科整合学科内容和过程。“王维的诗话人生”和“文庙研究”等探究课程，横跨音乐、美术、语文、数学等学科，多位老师合作教学，学生创新实践与问题解素养得到提升。

（姜倩倩）

【健康体育】 2019年，太原市第二实

验小学校坚持开齐开足体育课，帮助学生在体育锻炼中享受乐趣、增强体质、健全人格、锤炼意志。针对导致近视眼发生的多种因素，采取综合防控措施。

学校小棋王争霸赛历时两个月，350名学生参与，三轮较量最终诞生6名小棋王。篮球和花跳已成为优势项目，发挥体育品牌影响力。男子篮球以太原市冠军队的身份参加全国首届小篮球联赛，首次出省与各地冠军队同场竞技；花跳队参加全国跳绳邀请赛获集体自编赛第一名和道德风尚奖。（姜倩倩）

【美育素质】 2019年，太原市第二实验小学校原有《百首名曲》《百幅名画》实现电子化，更方便学生自主学习。管乐团为有艺术兴趣的学生搭建接受美育、提升素养、展示才华平台，获全市艺术活动月一等奖第一名。305名学生参加关工杯书画大赛，144人获奖，5位美术老师获优秀辅导奖，学校获优秀组织奖。开拓社会资源，利用好太原市社会实践育人共同体联盟，深化与文庙、省文化馆的合作，组织学生赴市博物馆、市美术馆参观“紫禁风华”故宫文物展、“我和我的祖国”图片故事展。（姜倩倩）

【品牌建设】 2019年，太原市第二实验小学校多年精心维护教育生态及不断累积丰富多维办学资源，学校管理、教育教学等诸多领域改革创新所形成区域影响力，拥有系统支撑、脉络清晰未来发展路径，是今后发展三大优势，也是擦亮附小品牌、扩大优质教育资源重要基础。

制订“我的2019”活动创意。围绕纪念中华人民共和国成立70周年红色主线和迈入课程3.0时代绿色主线，坚持归零心态，实施“静界·境界”教育静心工程；承办多次高端教研；创新实施“三礼四节”等9场主题活动。措施不断、力度不减、氛围不淡。文水开栅联校、尖草坪第二实验小学、新疆阜康结对学校等到校跟岗交流。山西电视台、山西日报、山西晚报、山西云媒体、太原日报等主流媒体对学校办学和特色活动进行多次报道。（姜倩倩）

·太原市成成中学校·

【思政教育】 2019年，太原市成成中学校把社会主义核心价值观融入课堂教学，开始对思政课探索与实践。太原市教育系统“牢记教育使命　培育时代新人”思政课建设现场会、全国大中学生“时代新人说”大型征文活动、思政课展示及研讨会、太原市“时代新人思政课”建设座谈会相继召开或启动。通过一系列探索实践，意识形态方面展现新风貌，取得新实效，充分认识到从“思政课程”到“课程思政”是一个学校育人系统工程，在这个系统工程当中，要把正确政治方向和价值导向贯穿立校办学、育人育才全过程。思政课建设引发对教育本质和使命思考。完成研讨展示课80余节，成为太原市“时代新人”思政课建设一面旗帜。中宣部、市委宣传部、市教育局、安徽省教科院、山西师大等单位先后来校调研，多家媒体对思政课进行专题报道。

推动思政课建设，继续发挥辐射引领作用，2019年8月，各教研组举行“时代新人思政课”主题教研展示活动，受到上级领导和兄弟学校高度赞扬。教师作为特聘专家参加在青岛举行太原市思政课骨干教师培训会，并做专题报告。思政课探索及经验为太原“时代新人思政课”育人体系构建提供范式。成成中学思政课建设阶段性展览室及思政学科教室思政堂已建设完工，成为展现成成人“时刻牢记教育使命、培育时代新人”新窗口。（姜倩倩）

【文化立校】 2019年，太原市成成中学校牢记历史，树立成成人文化自信。习总书记指出，坚持“四个自信”，其中最根本是文化自信。成成中学在近百年历史发展进程中，孕育出自己独特的文化，即建校之初成己成人的优秀传统文化，抗日战争时期，成成中学师生抗日游击队不怕牺牲、勇于奉献革命文化，和改革开放以来奋发有为、不断创新社会主义先进文化。成成人的精神追求具体体现在“展望未来、培植精神；共同发展、和谐发展；围绕课堂、研究教学；提升素养、提高质量”32字办学策略中，体现在“校长要变内行，教师要练内功，管理要发内力，学校要扩内存”内涵发展之路上，体现在“教师要主动发展、善于合作、愉快工作、幸福生活”，“学生要身心健康、人格完善、文理兼备、学力出众”，“所有成成人要脸上有微笑、心中有梦想、行动有目标、做人有担当”办学宗旨中。树立成成文化自信就是要教师给学生以价值观引领，把价值观三种文化融会贯通，唤起学生国家认同和家国情怀，追求独立人格和高尚道德，使校园成为文化创生之地，精神传承之处，生命滋养之所。12月晋源校区召开“成成人的精神追求”

小学生快乐课间　　（市教育局供图）

教育教学实践研讨会暨教师队伍建设工作会，促使教师用自己行动去诠释“成己成人”成成精神，去实现“创造奇迹”成成梦想。

广泛宣传，凝聚人心积淀成成精神。充分利用校史馆特色教育资源，党委指导、团委负责、历史教研组和学生社团参与，形成规范有序管理运行机制。2019年4月，校史馆被省委省政府评为“山西省爱国主义教育基地”。办好道德讲堂，邀请老校友、革命先辈后代走进校园，为广大师生讲党史、国史、校史，颂文化、道德、精神，让广大师生深刻感受党的光辉历史、优良传统、伟大业绩，感受学校战争洗礼、改革春潮、时代步伐，感受优秀党员家国情怀、社会担当、服务精神。选送作品《青春热血铸辉煌》在“我和我的祖国——山西省红色故事讲解大赛”中获一等奖。

充分利用微信平台特色栏目弘扬正能量：《成成周刊》提供一周要闻速览；《最美成成人》刊登最美教师育人事迹；《阳光成成人》展示学校优秀学子；《活力成成班》介绍卓越班级；《新生谈成成》邀请新生谈入校体会；《毕业生谈成成》中毕业学子回忆母校；《家长谈成成》以家长视角看成成。微信平台外，“飞扬之声”校园广播设《校园新闻》《美文荟萃》《成成访谈》等栏目；校园文化大厅、电子屏、宣传栏、成成校报、《成成人校刊》、网站也向社会广泛宣传在教育改革中取得成果和先进事迹，及时报道教育教学最新动态，提高知名度。（姜倩倩）

【师资管理】 2019年，太原市成成中学校继续实施三大工程，满足不同层次教师成长需要。注重培植教师职业精神、专业素养和职业素养、教师合作共建意识。对教师进行分层培养，分类推进，实施“名师、骨干、未来”三大工程。“三杯竞赛”深化以赛促教、合作教研、群体成长教师教研文化，形成互帮互助、相辅相成人际关系新样态。青年教师参加太原市“成长杯”教学竞赛，获团体一等奖、团体一等功。本学期组织骨干教师参加第三届敬业杯大赛，促进教师专业发展，展示成成人团结拼搏、进取向上风采。

学科指导组充分发挥指导引领作用，青年教师成长迅速。学校继续对新入职大学生进行“走进成成”系列培训，使青年教师能够更好地关注自身发展，积极反思，主动成长。青研会中，共13位教师获得太原市“教学能手”称号，7位教师获得“十佳百优班主任”称号，4位优秀青年教师被充实到行政管理岗位，7位教师在省市“三优工程”评选中获奖。学校被评为“山西省高中生物学科教研基地实验学校”。

努力搭建“两台两坛”，促进教师专业发展。构建教师专业发展校本模式，搭建“两台两坛”，有效地促进教师专业发展。组织教职员工赴全国各地观摩学习，并将所学运用到自身教育教学工作中。校教师所获国家级、省级、市级荣誉与个人论文、公开课、课题、讲座等达200余项。

重视中层干部培养，储备发展管理人才。中层干部是学校的中流砥柱。坚决贯彻《党政领导干部选拔任用工作条例》和上级有关要求，坚持“好干部”标准和正确用人导向，提拔7位中层副职干部，制定管理考核制度，做到党建工作与教学工作同部署、同推进、同考核，形成责任明确、齐抓共管工作格局。（姜倩倩）

【教育教学质量提升】 2019年，太原市成成中学校坚持“313”，高考成绩创新高。“313”教学策略经过反复实践论证、结合科学理论指导研发特色教学策略。策略要求教师围绕课堂教学目标这一中心，研究课标、研究学情、研究教材，用课前自主预习、课上合作互动、课后检测落实三大步骤促进教与学方式转变。

教学改革已经形成基本科学体系。学科指导组“导、督、评”强力保证“313”教学模式顶层设计方向不偏不倚；教研组“教、研、训”及时引导每位教师积极反思教学、有效开展同伴互助，既保证教师个性发展，又做到课改规定动作整齐划一；备课组压周备课，真正从细节上挖掘课改活力，既是教师的专业自省平台、学习平台，又是保障学案质量必要研讨环节。

利用“313”教学策略促进教育教学质量逐年提升，是成成中学扎实推进课改、增强办学实力成功实践。在“313”教学策略指导下，课改成效突出，教学成绩逐年攀升。2019年，高考成绩喜人，全校文理科600分以上人数达到20人，整体一本达线率为79%，二本达线率为99.30%。

铸强品牌，STEM项目领航程。学校着力探索“一体两翼”发展路径，在思政课常态化建设之外，又进行STEM项目研究。暑期百余名教师赴北师大进行STEM专题培训，2019年，成为山西省首所“中国STEM教育2029行动计划领航学校”。以国家级课题“中学STEM+学科教学的行动研究”项目研究为契机，成立“STEM+学科教育”青年教师研究小组。研究小组活动以STEM项目小组形式进行，提前定内容、定主题、定发言人、分配组员任务，组织学习讨论并完成相关任务。本学期共进行集体学习研讨三次，设计展示“STEM+学科”教学案例5例，并成功举办“见细胞之微，望生命之美——基于STEM理念的细胞模型制作大赛”，取得良好效果。（姜倩倩）

【学生全面发展】 2019年，太原市成成中学校传承基因，加强爱国爱校教育。以立德树人为根本，立足近百年老校红色历史，以培养“身心健康，人格完善，学力出众，做人担当”中学生为目标。借助中学生业余党校这个平台，宣讲党史、校史等，传播优秀文化，帮助学生树立理想信念，使其成为培育和践行社会主义核心价值体系精神家园。

为庆祝中华人民共和国成立70周

年和建校95周年，以“我和我的祖国”为主题，组织开展一系列富有特色的爱国主义教育活动：赴八路军太行纪念馆清明节爱国主义教育暨思政实践活动，“承红色血脉，做时代新人——成中老前辈子女进校园讲红色故事”主题活动，“讲成成故事，颂成成精神——责任与使命”主题教育活动，“不忘初心，牢记使命，科技强国”科普宣讲活动，团市委青年讲师团送团课进校园等，激发学生担负使命、爱国爱校热情。

活动丰富，助力学生全面发展。以“超越自我，启航未来”为主题的起始年级和高三年级团体心理拓展活动，提高学生心理素质；社会实践、武术操自编操比赛、“飞羽杯”羽毛球比赛、社团“千辩杯”辩论赛、诗歌朗诵比赛、手抄报比赛、迎新年学生优秀作品展等活动，为学生充分展现自我搭建良好平台。优秀文化艺术进校园“双百工程”活动，“净化校园、远离毒品”禁毒教育进校园主题宣传活动，“树立交通安全意识”“宪法晨读”“磨砺意志 创造奇迹”主题远足等活动，提升学生综合素质。

开放兼容，加强班主任队伍建设。除校内班主任工作经验交流之外，坚持“走出去”，76名骨干教师于7月初赴青岛参加“全国中学德育创新与班主任能力提升高级研修班”的相关培训，提升班级管理智慧和班主任队伍整体素质。在太原市第十四届“十佳百优”班主任竞赛评选活动中，斩获“优秀组织奖”“最佳团队”称号。（姜倩倩）

【综合服务保障】2019年，太原市成成中学校规范管理，优化学校育人环境。围绕文明校园和文明城市创建工作和双拥工作要点，开展各项创建活动，抓好巡察整改、环保督察整改等方面工作，坚持依法治校，严格管理规范；坚持安全至上，提高服务质量。营造规范、文明、和谐的校园氛围。

2019年9月，晋源新校区迎来第一批新生，新校区实行全日制寄宿制，正式开学之前，后勤工作人员已在7月提前进驻，保障工作正式展开。在后勤人员不足情况下，克服种种困难，对校园卫生、水、电、气等方面进行摸底。大力整顿校园卫生，购置开学所用设备，所有后勤人员放弃休假，加班加点，没有任何怨言。太原二青会举行在开学之前，近700名武警官兵提前进驻，为保障官兵生活，后勤人员付出艰辛劳动，得到全体武警战士好评。晋源新校区面积大，建筑多、设备复杂，虽然已完工，但还有许多安全隐患，后勤人员与施工方联系，反复督促其整改完善。新校区与属地管辖部门配合，完善校园各项制度，根据晋源校园实际情况，部署保安保卫、卫生保洁工作，后勤人员定期巡检校园，确保校园安全整洁；根据晋源校区教育教学需要，改造维修工作有条不紊地进行，本学期进入冬季之前，供暖工作是重中之重，后勤提前与施工方合作，检查供热管道，一旦有情况发生，第一时间积极抢修。（姜倩倩）

·太原市第十八中学校·

【教师队伍建设】2019年，太原市第十八中学校深化推进“考、讲、赛、训、研五位一体和教研科研双线融合”举措，打造科研型教师团队，科研兴校步伐坚定。

以考促学。三考落地夯基础，规范常规提质量。考试——以考促学提素养，全员教师参加师德考试、专业理论提升与核心素养考试800余人次；高三考试季，师生同考156人次。考查——听评课制度落实达16500人次；考核——教案与作业检查56轮次。

以讲促练。聚焦课堂重教法，精讲多议共成长。开展同课异构课65节、全员思政课340节，推选市级优质思政课14节。

以赛促教。以赛促教强效能，内评外赛谋发展。以太原市“三杯”赛为导向，全员按学段、年龄划分参赛：青年段公开课185节，中年段195节。学校教师在太原市第二届升华杯教学竞赛获高中组团体一等奖、集体二等功，第三届成长杯教学竞赛3名青年教师获个人一等奖，另有多名教师在国家、省、市级各类教学竞赛中获奖。

以训促改。线上线下推研训，校内校外提素养。先后邀请各学科教研员来校讲学、培训，请正高级教师为教师做专题培训，选派教师赴全国各地参加各级各类培训达248人次。

以研促长。完善制度抓教研，科研转化助课堂。校区集体教研105次，参与国家、省、市级课题7个，以教科研工作推动全校教师专业成长。

学校发挥省级示范高中辐射力，21人精准帮扶繁峙中学。校内援疆教师讲述奋斗足迹，传递正能量，三批38名教师实施短期援疆微创新，与阜康一、二中签订帮扶协议，将太原教育援疆“一对一”真正落地。2019年暑期，新疆阜康市9名校长、书记开展管理交流。11月，新疆阜康第一中学和阜康第二中学教育集团部分教师抵并，共同举办“手拉手”联谊跨校大教研交流展示课活动。初中学段还与晋源姚村中学、小店刘家堡一中共同教研交流，形成五校大教研的盛况，共计开展同课异构课40节，听课达600余人次。

学校牢固树立以师生发展为本教育理念，努力营造富有丰厚底蕴、人文内涵、现代气息、蓬勃活力的校园文化氛围，为学校兴旺发达注入持久旺盛生命力。为保障广大教职工合法权益，工会组织、教职工代表大会起到监督作用，对学校重大事务和涉及教职工切身利益的事项，在广泛听取群众意见基础上，及时通过公示栏、教代会等多种渠道进行通报，使广大师生享有充分的知情权、监督权。学校还十分关注教职工身心健康，先后组织开展“凝心聚力、砥砺前行”团队拓展活动，“乐享运动、追梦龙城”庆祝教师节健步行活动，“不忘初心同筑梦”教职工书画、摄影、手工制作大赛、“凝聚大爱、播撒真情”公益献血等一系列活动，多措并举丰富教职工业余生活，提升教职工职业幸福感，在活动中引导广大师生助力创建全国文明城市。（姜倩倩）

【德育新机制】 2019年，太原市第十八中学校思政建设凸显实效。学校紧抓思政课建设，初中学段以“大美中国”为主题，开展象征性跑步游山西活动，立足中华传统文化、山西文化，挖掘各学科内涵；高中学段以“理想信念”为主题，打造全科育人体系，立足学科本质要求，聚合式构建思政主题，并结合学校教育教学实际创新性打造班会思政课体系，实现初高中学生全程全员量化考核，多举措落实思政建设。

家校共育助力成长。学校借助大家访深耕家校共建，以“访家境、知生情、解实困、促成长”为主题的“走进家庭、携手育人”大家访活动从2017年开始，班主任老师参与家访2842人次，任课教师参与家访4267人次，基本做到学生家庭全覆盖，将教育从校内向社会、家庭延伸，深耕细作，实现家校合力。

特色活动激发活力。学校通过组织“骋怀天地、逐梦韶华”高三成人礼暨百日誓师大会、“猛志逸四海、骞翮思远翥”中考百日誓师大会、“阳光体育展风采　奔跑迎接二青会”跑操比赛、“晋韵颂改革——传统文化进校园”演出、“‘粽’心祝福”为高三学子助力仪式、“盛世华章——高雅艺术进校园”音乐会、“走近来自星星的你”——关爱自闭症儿童志愿服务、新中国成立70年时代变迁老物件展、师生同唱“我和我的祖国”“走近伟人，感悟真理”走进马克思书房等一系列丰富多彩的活动，关注学生在活动中的思想成长、道德体验和生命感悟，引领学生实现由知到信、从信到行的思想转变，全面落实立德树人。（姜倩倩）

【校园文化平台建设】 2019年，太原市第十八中学校外语特色传承发展。学校以英俄德法课程培养外语人才，初中扩大小语种招生规模，优化生源，着力推进小语种特色强校，用国际化视野开发多元语言类课程与“一带一路”自然融合；高中英语小班化教学，教材则以统编教材加教育部新教材为第二教材，充分发挥外语教学优势，传承“二外”建校根基。

11月6日至16日，作为太原市教育系统代表，由俄语教师带领高一年级6名俄语学生赴俄罗斯联邦萨拉托夫州立第四中学进行为期11天的参观访问学习。师生与萨拉托夫市常务副市长、教育局局长等领导进行座谈，交流在中学教育、外语学习、人才交流等相关问题的意见和看法。

艺体特色大放异彩。女子排球队先后获得全国传统项目联赛（排球项目）冠军、全国中学生排球联赛（高中组）冠军、北京全国八强邀请赛冠军、山西省大中学生排球锦标赛冠军等四项大赛冠军，并代表山西参加第二届全国青年运动会；健美操队获得全国全民健身操舞大赛山西赛区特等奖；乒乓球队获得山西省大中小学生乒乓球锦标赛第一名。

学校初高中38个社团蓬勃发展。文化遗产保护社团连续六年参加“全国青少年文化遗产大赛”，微电影获五金一银奖，并在第二届紫金国际中学生短片电影展上斩获三项大奖；模拟联合国社团两次承办太原市模联大会，在中学模联社团中处于领跑；历史明鉴学社、地理地球疑社团深耕细作，带领学生实地研学，成绩突出。在第三届“燕园杯”全国中学生历史写作活动中，2名学生获国家级奖项、10名学生获省级奖项。初中学生中开设以传统经典诵读为核心十二大社团，让中华经典文化润物细无声地走进学生生活。

组织拍摄音乐MV作品《锦绣前程》获太原市2019年“做改革先锋、创幸福时代”微视频大赛二等奖、“中国梦·劳动美”第六届全国职工微影视大赛音乐MV类银奖，学校获得优秀组织奖。（姜倩倩）

【文明校园建设】 2019年，太原市第十八中学校历经六年初高中分设，在中华人民共和国成立70周年的政治大年再次整合。学校科学研判、因地制宜，圆满高效完成校舍改造及初高中部整合工作，拆除综合楼东、西两侧合计364平方米的耳房，利用该场地新建篮球半场3个，增加学生活动场地1000余平方米；拆除图书楼长廊，转移草坪，增加学生活动场地210平方米；将废旧图书楼一层门厅改造为风雨操场，增加学生活动场地250平方米；重新铺设升旗广场塑胶地面，重新规划羽毛球场6个；拆除教学楼南侧的门厅，改造为270平方米小花园，改图书楼南侧972平方米闲置用地为景观花园；改造学生食堂，新增加就餐面积200余平方米；对原办公楼进行建筑结构调整，改造为高中教学楼，累计改造教室30个，教师办公室16个，卫生间10个；改建礼堂和报告厅的楼梯。（姜倩倩）

·太原市财政金融学校·

【概况】 2019年，太原市财政金融学校先后获得：山西省中等职业学校第十届“文明风采大赛”优秀组织奖；全国第14届青少年“未来工程师”博览活动优秀组织奖；“山西美业优秀教育培训机构”奖；太原市巾帼文明岗先进单位；中国太原家长节家庭教育先进单位；太原市第四届中小学“学宪法　讲宪法”主题演讲优秀组织奖；太原市第十四届班主任竞赛优秀组织奖；太原市2A级平安校园称号；太原市大赛区肯德基杯三人篮球赛“体育道德风尚奖”；太原市第五届中等职业学校“伯乐杯”学生人文素养提升及创业思维知识竞赛，数学、计算机、职业生涯规划三门学科获得团体一等奖，语文、英语两门学科获得团体三等奖。

学校师生在各级各类竞赛中获奖：其中，有16名教师先后获得国家级的竞赛团体亚军1个、二等奖1个、三等奖2个、特等奖1个、金奖1个、银奖1个、优秀辅导教师称号4个；43名教师分别获得山西省级竞赛一等奖5个、二等奖4个、三等奖2个、优秀辅导教师称号17个；18名教师分别获得太原市级竞赛一等奖6个；三等奖3个，优秀辅导教师称号10个；1名教师获得山西省教学成果一等奖；1个山西省级研究课题结题；1名老师主持2名老师参与的名师工作室，被太原市教育局批准为太原市教育系统首批名师工作室；2名教师评为太原市学科带头人；2名教师获得时代新人称号。

学生在全国职业院校技能竞赛中，3名学生获得团体亚军；3名同学获得团体第三名。在山西省职业院校技能大赛中，29名学生分别获得一等奖1人、二等奖5人、三奖23人。在太原市职业院校技能大赛中，有83名学生分别获得一等奖22人、二等奖22人、三等奖39人。在科技竞赛中，12名学生分别获得，全国总决赛高中组三等奖4人、省级竞赛一等奖2人、二等奖2人、三等奖5人、优秀辅导教师4人，创新型校长1人。3名学生分别获得6000元国家奖学金。（姜倩倩）

【德育教育】 2019年，太原市财政金融学校德育本着从细节入手、从基础抓起、从管理做起、从特色凸现的原则，落实立德树人根本任务，加强德育工作内涵建设，努力提高德育实效。

严抓学生行为规范养成。始终做到仪容仪表天天抓，早读午读天天抓，纪律卫生天天抓，迟到早退天天抓，学生行为规范有长足进步。

通过多种主题教育活动，使德育教育寓教于乐。开展爱国主义教育、新中国成立70周年等各级各类德育主题活动10多项，特别是通过日常早午读抓特色做起，《晨誓》背诵，规范学生日常行为；《三德歌》演唱，涵养学生德行；《社会主义核心价观》小视频，提升学生文明行为。（姜倩倩）

【教育教学质量提升】 2019年，太原市财政金融学校扎实落实山西省示范校建设目标任务，学校专业内涵建设成效显现。学校强化内涵建设，以示范校项目建设为抓手，对接教育部《专业教学标准》及行业企业技术标准，校企协同，狠抓专业内涵建设，修订13个专业《人才培养方案》，重构12门《课程标准》，丰富教学资源，编撰完成11门核心课程校本教材、完成1套《优秀教学设计集锦》、1套《思政课程与课程思政课堂教学案例集》、教学课件12套、精品微课64个、教学视频60个、立体教材12套。改善实习实训条件，建成教、学、做、研一体实训室9个；加快信息化建设，建成信息化平台27个，实现校园无线网络全覆盖，推进OA办公自动化，实现学校管理水平再上新台阶。

学校始终把师德师风建设摆在师资队伍建设的突出位置常抓不懈。组织全体教师认真学习领会《新时代中小学教师职业行为十项准则》，完善师德师风考评制度，考核结果与教师聘用、评优评先直接挂钩，努力打造堪当民族复兴大任新时代教师。重视对青年教师的培养，发挥青蓝工程师带徒作用，为青年教师成长创设条件、搭建舞台。本学年组织青蓝工程导师示范课14节、徒弟的汇报课18节，老中青三代教师一齐为课堂教学能力提升探路子，找门子，寻法子，为学校教师队伍梯队建设做足功课。学校投入资金30余万元，组织百余名教师，分赴北京、天津、成都、西安、厦门等城市，参加各类培训，教师们更新观念，提升理念；对新入职青年教师进行新教师岗前培训；开学初组织教师全员培训。学期中，对全校教师进行《当前法治理念下学生伤害事故分析》培训，使全校教师接受一次法治教育，提高依法执教意识。

守正创新，推进“时代新人”思政课课堂教学改革不断深入。学校立足探索课堂教学模式的改革，推进“时代新人”思政课改革。坚持以习近平新时代中国特色社会主义思想铸魂育人。围绕“一条主线三个结合”，推进“三全育人”（全员、全学科、全过程）。全体教师人人参与，开展思政课程和课程思政公开课170余节，听课人数1600余人次。编撰完成1套《思政课程与课程思政课堂教学案例集》，通过这项改革，老师们更加明确如何更有成效利用课堂主渠道，有效完成既教书又育人职责。

做好毕业生就业工作。学校在充分加强校企合作，产教融合的基础上，每年新增部分优质企业就业岗位，为毕业生就业搭建平台创造条件。352名毕业学生中，到国家机关、企事业单位就业45人，合法从事个体经营17人，升入各类高等院校继续深造290人。

（姜倩倩）

【校园信息化建设】 2019年，太原市财政金融学校紧紧抓住建设“山西省中等职业学校改革发展示范校”这一契机，重点建设信息化教学资源平台丰富，教学手段信息化程度高及办公自动化水平高的数字化校园为目标，现已完成统一身份认证、统一数据中心、职业教育专业教学资源库平台、教务管理服务平台、学生管理服务平台以及OA服务平台的建设。无线网覆盖项目已建设完成，投入使用，使校园信息化水平得到极大提升。（姜倩倩）

科学技术

Science and Technology

科技管理

【概况】 2019年，太原市科学技术局以习近平新时代中国特色社会主义思想为指导，深入学习贯彻中共十九届四中全会精神，认真贯彻落实中央和省、市决策部署，围绕市委、市政府决策部署，深入实施创新驱动发展战略，围绕全市高质量转型发展任务和要求，统筹谋划，全面推进，充分发挥科技创新的支撑引领作用，推动经济社会实现转型发展。

2019年，全社会研发经费支出占GDP比重达2.30%，超过全国平均水平（2.19%）0.11个百分点，超出全省平均水平（1.05%）1.25个百分点。太原市规模以上工业增加值730.87亿元，战略性新兴产业增加值113.28亿元，占全市规模以上工业增加值的15.50%；高技术产业增加值83.32亿元，占全市规模以上工业增加值11.40%。

编制太原市科技项目资金计划5批，对山西东杰智能物流装备股份有限公司“智能停车搬运机器人”等26个填补国内空白重大新产品给予补助；对8个省级重点实验室（工程技术中心）、省级产业技术创新战略联盟等创新平台给予支持；对13家新建省级以上众创空间和科技孵化器企业给予补助；对孵化培育科技企业取得成效25家省级以上科技创新孵化载体给予补助。

累计建成省级及以上重点实验室和工程技术研究中心158个、众创空间123个、科技企业孵化器28个，拥有院士工作站54个。累计认定高新技术企业1616家。1项技术项目获得国家科技进步一等奖，3项技术项目获得国家科技进步二等奖。太钢“手撕钢”获冶金科学技术特等奖，山西电机“YE4系列超超高效电机”获中国机械工业科技一等奖。全年发明专利申请量5293件、授权量1759件，有效发明专利拥有量9348件。（马　彪）

【创新示范区建设】 2019年，科技部定向支持太原市“高效节水和非常规水资源利用关键技术与示范”项目资金2361万元。国家外专局批准赴英、德两项国家外专培训计划并资助培训经费。强化标准引领，构建太原可持续发展标准体系，探索以标准化服务示范区建设“太原模式”。聚焦大气污染治理关键技术攻关，组织实施国锦燃煤电厂热电解耦研发及工程示范，增加供热面积500余万平方米。在韩国第二届低碳城市发展国际论坛等国内外会议上，分享太原可持续发展经验，提升国际影响力。作为唯一城市代表，太原市被科技部选定在2020年全国科技工作会议上进行主题为“以科技创新引领国家可持续发展议程创新示范区建设”大会典型发言。（王　纬）

【科技创新目标任务】 2019年，太原市区域经济转型升级考核指标一项，高新技术企业数量达1100家。通过政策落实、梯度培育等措施，高新技术企业由上年的966家增加到1616家，增长68%，大幅超额完成年度指标任务。

全面深化改革考核指标一项，推进国家可持续发展议程创新示范区建设，构建“标准化+可持续”的可持续发展标准体系。以太原国家可持续发展议程创新示范区领导小组名义出台《太原市可持续发展标准总纲》，设立重大专项，支持太原锅炉集团“高蒸汽参数循环流化床生物质锅炉系列技术开发及工程示范”、山西紫林醋业“老陈醋酿造节能环保一体机中试熟化”等6个可持续发展项目，按要求完成省全面深化改革考核指标。

太原市技术合同成交额增长15%，考核指标达到165亿元。技术合同成交额实际达252.72亿元，超额完成年度指标任务。

太原市全面深化改革指标一项，深化科技体制改革。出台《科技型中小企业评价入库诚信管理办法（试行）》《太原市科技项目分类评价办法》和《太原市支持新型研发机构发展实施办法》。（袁志红）

【科技管理改革】 2019年，太原市科学技术局坚持问题导向和目标导向，以改革思维、创新举措来谋划工作、补短板、强弱项，为科技创新营造良好环境。

优化创新政策供给。出台“市级科技创新项目和经费管理使用办法”“科技型中小企业评价入库诚信管理办法”“社会信用体系建设工作方案”“科技项目分类评价办法”“新型研发机构建设资助办法”等政策，赋予科研机构和人员更大自主权，优化科研管理，提升科研绩效，加强科研诚信和信用体系建设，激发科技人员创新创造活力。

便民利民服务企业。精简科技项目申报材料和表格，科学设计，使企业申报科技项目工作量减少30%以上。实行容错受理机制，按照“最多跑一次”原则对申报资料不全先行受理、事后补齐。

能源革命综合改革试点。组织征集太钢集团、西山煤电等53家企业、195项科技创新需求，编制《太原市能源革命科技创新技术需求册》，凝练形成38个科技项目，列入全市能源革命试点方案重点项目。

推进创新试点。对企业与高校、科研院所等开展合作研发、检验检测等创新活动给予补助，为100余家企业兑付创新券资金近800万元，促进科技资源开放共享，降低企业创新成本，营造大众创业万众创新良好氛围。（马　彪）

【科技创新发展】 2019年，太原市科学技术局坚持创新第一动力、人才第一资源，贯彻落实市委支持科技创新、民营经济政策，全年支持近3000家（次）企业科技创新，政策激励效应进一步显现。

科技型企业蓬勃发展。全市科技型中小企业达3581家，同比增长86.50%，占全省78.60%。科技创新资金引导鼓励488家（次）企业加大研发投入，支持企业研发试制填补国内空白重大新产品26项，引导企业研发投入40亿元，同比增长42.90%，实现销售收入910亿元，同比增长42.20%。

科技成果转化加速。依托科技大市场，征集企业科技创新需求500项、高校科研院所科技成果1000余项，全市技术合同成交额达252.72亿元，同比增长74.50%。在新材料、高端装备制造等领域，支持“年产10亿粒国产不锈钢笔头”等一批自主创新科技成果中试熟化项目，打通科技成果转化“最后一公里”。

实施“卡脖子”技术攻坚。努力实现关键核心技术自主可控，大力支持太钢开展碳纤维技术攻坚行动，加快推进高端碳纤维千吨级基地建设。

关键核心技术获得重大突破。支持太钢“手撕钢”获冶金科学技术特等奖；支持山西电机“YE4系列超超高效电机”获中国机械工业科技一等奖。（王　纬）

航空器模拟操作　　（市科技局供图）

【科技研究成果】 2019年，太原市专利申请量14164件，同比增长17%，占全省的44.70%，发明专利申请量5293件、授权量1759件。全市有效发明专利拥有量9348件，比2018年底增长13.50%，万人发明专利拥有量达21.30件。

同年2月，由中国科学院山西煤炭化学研究所承担的中国科学院重点部署项目所制备聚丙烯腈基超高强度碳纤维，顺利通过验收，并成功开发聚丙烯腈基新型中空碳纤维。聚丙烯腈基碳纤维具有优异综合性能，是航空航天、国防和民用高科技领域不可或缺关键战略材料。中国科学院山西煤炭化学研究所研究团队实现干喷湿纺制备T-1000级超高强度碳纤维的核心技术的突破。所制备聚丙烯腈基超高强度碳纤维具有高拉伸强度和高弹性模量特点，经第三方专业机构检测，性能指标达到业内先进水平。该研究将有助于高性能碳纤维多品种、系列化发展，对结构轻量化和多功能化应用具有积极意义。

4月13日，山西转型综改区内企业——嘉世达机器人公司获得“全球工业互联网+智能制造”总决赛一等奖。全球工业互联网大会由联合国工业发展组织、中国工业经济联合会、中国工业互联网研究院、中国电子学会、中国工业报社等单位共同主办，以“聚焦工业升级，服务智能制造”为主题，定位全球范围，共同探讨工业互联网政策、技术动态及最佳实践，全面展示工业互联网最新成果与产业方向。在本次大会上，嘉世达机器人公司设立展台展出该公司主要产品：玻妞擦窗机器人、LEGEE拖地机器人以及亚洲蹲。

8月，太钢集团“宽幅超薄精密不锈带钢工艺技术及系列产品开发”项目获得中国钢铁工业协会、中国金属学会冶金科学技术奖唯一特等奖。冶金科学技术奖是中国冶金行业最高科学技术奖。宽幅超薄精密不锈带钢也被公众形象地称作“手撕钢”，长期以来，世界上只有极少数国家能够生产。从2016年起，太钢组成宽幅超薄精密不锈带钢创新研发项目团队开展联合攻关，先后历经700多次的试验失败，攻克170多个设备难题、450多个工艺难题，实现一系列关键工艺和生产制造技术重大突破，成功生产出厚度0.02毫米、宽度600毫米不锈钢精密带材，产品实物质量达到国际领先水平，太钢集团因此成为全球唯一可批量生产宽幅超薄不锈钢精密带钢企业，该项目已经拥有国家专利44项。

9月，第一台城市污水处理厂污泥气化装置由太重核电容器分公司研制成功，并交付河南华天环保科技有限公司使用。这标志着太重在开辟处置“固体废物”无害化处理、造福国计民生的新领域中再次取得重大突破。该装置主要构成包括密封加料装置、污泥气化炉、均匀布料搅拌装置、气化剂布风装置、破渣排渣装置、液压、电气控制系统等。这次设计制造的直径2米污泥气化炉，单炉正常处理能力为每小时1吨，最大处理能力为每小时1.25吨，每天可处理污泥达24吨。 （袁志红）

【转型发展融资对接】 2019年10月10日，太原市人民政府与人民银行太原中心支行在太原共同举办2019年太原转型发展融资对接会。省政协副主席、市委副书记、市长李晓波，市委常委、常务副市长王立刚，人民银行太原中心支行党委书记、行长李文森等出席签约仪式。市政府金融办等市直相关部门、21家银行业金融机构和太原市200余家企业负责人参加会议。各金融机构已经按照“主办行+开户行”的“双覆盖”模式，分头与800余个市重点项目进行对接。20家金融机构和35个项目企业现场签订授信协议，授信额度超过417亿元。各金融机构和参会200余家企业现场开展融资意向洽谈活动。融资对接活动，采取人民银行推动银行资金落实、政府推动项目开工落地“双推动”方式，引导银行和企业“双向选择、择优合作”，创新对接模式，提高对接效率，为太原产业转型升级和经济高质量发展提供有力支撑。 （马　彪）

【不锈钢科技发展论坛】 2019年8月22日至23日，由中国金属学会和山西省金属学会主办、太钢承办2019年（首届）中国金属学会不锈钢科技发展论坛在并举行，来自全国不锈钢及相关领域企业、高等院校、科研院所等60多家单位270余位专家、学者、科技人员和管理人员参加。论坛回顾总结不锈钢百年发展历史，用翔实数据介绍改革开放40年来，特别是近20年来，实现从不锈钢进口国到全球最大不锈钢生产国、消费国、净出口国华丽转身，不锈钢产业逐渐从技术跟随者成为技术引领者，一大批先进不锈钢材料在国家尖端领域、重大工程中得到广泛应用，为国家战略、核心产业发展提供强有力材料支撑。论坛由主论坛和“材料研究与应用”“制造技术”两个分论坛组成，40余名不锈钢行业专家、学者和资深人士就不锈钢研究、生产与应用最新成果进行交流。 （王　纬）

【星火项目创业大赛】 2019年8月25日，山西省星火项目创业大赛决赛颁奖仪式在中国（太原）煤炭交易中心举行，48个优秀项目获得创业奖补资金。其中，一等奖奖补资金为10万元，二等奖奖补资金为8万元，三等奖奖补资金为6万元。

“星火创业大赛”从2014年起启动以来，已经连续举办五届，成为较有社会影响的创业赛事品牌。本次大赛首次设置高校毕业生组、退役军人组、返乡农民工及新型职业农民组和其他创业人群组四个组分别进行比赛。参赛项目数量首次上千，达到1017个。以大赛为主线，全省集中开展创业提升培训（星火速燃营）、创业成果主题展示、创业故事分享（星火大咖汇）、创投对接会（星火融交会）、星火创业访学之旅等多项创业系列活动，旨在聚众智、汇众力，为创业者培训指导，展示创业成果，对接参赛项目，进行创投签约，大力推动以创业带动就业，促进新型产业发展，拓展创业就业新空间。 （袁志红）

【共建中科院大学太原能源材料学院】 2019年11月，中国科学院大学、太原市人民政府、中国科学院山西煤炭化学研究所、中北大学共建中国科学院大学太原能源材料学院协议在中国科学院签署。中国科学院大学太原能源材料学院是中科院第一个四方共建的科教融合学院，是中科院、山西省和太原市贯彻落实国家战略部署，推动能源科技创新、培养战略科技人才重大举措，为太原高质量发展提供有力支撑。根据协议，中国科学院大学太原能源材料学院将围绕太原重大战略需求，重点在煤炭清洁高效利用、碳材料制备与应用、新能源材料等领域，建设以煤炭清洁高效转化和利用、新型功能碳材料和金属材料为特色。 （马　彪）

【首家生物质新材料产业研究院】 2019年8月8日，山西生物质新材料产业研究院及其研发产业化公共服务平台正式启用。作为国内同领域首家新型研究院，该院从秸秆生物炼制到先进制造和环保新材料研发方面取得重大突破，在原平经济技术开发区投资建设的生物炼制工厂已开工建设。山西生物质新材料产业研究院主要开展生物基碳纤维复合材料和聚乳酸生物塑料的创新研发工作，目标是将秸秆等农林废弃物进行生物炼制，生产出优质、安全并可降解生物新材料，逐步取代石化原料，解决秸秆焚烧问题，推动农村经济发展和生态文明建设。 （王　纬）

【科技战略合作】 2019年6月1日，太原同创谷共建协议签约仪式举行。这标志着太原市与同济大学的战略合作开启新篇章。省委常委、市委书记罗清宇见证签约仪式，省政协副主席、市委副书记、市长李晓波会见同济大学党委副书记徐建平一行。市委副书记李新春，市领导王立刚、赵忠保、刘鹓，同济大学校领导，首批入驻同创谷企业负责人等出席有关活动。太原同创谷将依托同济大学学科优势和全球产学研协同创新资源，引进培育一批具有代表性高新技术企业。落地太原同创谷企业有中建国际投资（山西）有限公司、同济大学工业4.0智能总厂、湖南湘源美东医药科技有限公司、上海鲁班软件股份有限公司、同济生态环境科技有限公司、上海圭目机器人有限公司、滴滴出行、华沐集团、同骧管理咨询（上海）有限公司、银光科技有限公司、四川正信企业集团、山西星领科技集团等10余家高新技术企业。 （袁志红）

气象服务

【概况】 2019年，太原市气象局坚持以习近平新时代中国特色社会主义思想为指导，深入学习贯彻中共十九大、十九届四中全会和习近平总书记视察山西重要讲话精神，贯彻落实省委十一届九次全会和市委十一届七次全会决策部署，坚持把党的政治建设摆在首位，坚持党的集中统一领导，不忘初心，牢记使命，加快落实“十三五”重点建设项目，全面提升气象服务保障能力，各项工作任务有序推进。 （赵　佳）

【防灾减灾和公共气象服务】 2019年，太原市气象局扎实做好监测预报预警和应急气象服务。准确预报每次重要天气过程，做到重大灾害性、关键性、转折性天气不漏报，气象服务公众满意度达到92%。共发布寒潮、大风、道路结冰、霜冻、高温、雷电、内涝等各类预警信号205期，发送预警短信58万余条，预警信号发布提前226分钟，预警信息覆盖面达到92%。1—10月，国家气象自动站、区域气象观测站及城镇天气预报资料传输及时率分别为99.95%、99.59%、99.60%。 （赵　佳）

【决策气象服务】 2019年，太原市气象局共发布重要气象信息22期，气象信息专报15期，报送重要气象报告卡27期，获市领导批示33次。发布雨情快报81期，节日专题预报8期，每周气象要讯50期，月气候预测12期，月气候影响评价11期，季节气候评述4期。农业气象专题报5期，春耕春播服务材料7期，秋收秋种服务材料11期，农气旬报31期。

完成重大活动气象保障任务，被评为中国气象局重大气象服务先进集体。“环太原国际公路自行车赛暨中国太原国际自行车周”期间，共制作和发布各类专题预报27期，发布实况7期，发布微信消息100余条，发送短信7万余条。为“山西广播电视台‘改革创新、奋发有为’大讨论”节目录制、“太原国际马拉松赛”“山西省山地自行车冠军赛”及“全民义务植树系列宣传山西站”提供专题预报服务19期。为“中国·太原（清徐）首届国际音乐焰火节”“尧城（太原）国际通用航空飞行大会”等重大活动提供可靠气象服务保障，广获好评。

“二青会”期间，利用自主研发的“重大活动（青运）气象服务平台”“基于GIS的气象灾害风险区划与评估系统”等智慧服务载体，优质完成青运会开闭幕式及场馆比赛气象保障工作任务，获副省长张复明点名表扬，被评为“第二届全国青年运动会组织筹办工作先进单位”。为做好二青会环境空气质量保障工作，与市生态环境局密切合作，启动加密会商，全力保障“二青蓝”。（赵　佳）

【专业气象服务】 2019年，太原市气象局为农业、林业、水利（防汛）、国土和规划、生态环境、园林、交通、民政、旅游、住建、城管（环卫、供热）等部门提供优质高效专业气象服务。在太原电视台播放森林火险天气等级预报、农作物病虫害防治预报、地质灾害防御等各类影视节目262期。通过短信平台面向高速交通、热力供暖、防汛、交警等发布专题气象服务信息24万余条，提供专业气象服务材料662期。通过气象预警微信群实时提供警示雨情、内涝预警、雷达监测图等144次。每月为市园林局提供城市热岛效应强度计算结果，为太原市改善生态环境、创建国家生态园林城市提供科学依据。

（赵　佳）

【环境质量气象服务】 2019年，太原市气象局每日与市环境监测站进行环境空气质量会商，联合开展重污染天气预警研判，及时提供未来3天空气污染扩散气象条件预报和7天潜势预报。制作《太原市大气攻坚作战气象预报》354期。为“太原市生态环境监管”一体化平台提供实时气象监测数据。制定《太原市气象局重污染天气应急响应专项实施预案》。 （赵　佳）

【人工影响气象作业】 2019年12月16日，全市人工增雨防雹作业次数总计22次，其中发射“3.7”高炮弹709发，火箭弹220枚，燃烧碘化银烟条341根，调（租）用省政府人工增雨作业飞机飞行52架次，累计飞行107小时46分钟，抛洒碘化银40781克，实现年增雨量1.93亿立方米，为抗旱、防雹、改善生态环境、净化空气质量和降低森林火险等级发挥重要作用。尤其8月8日，配合省人降办对二青会开幕式进行人影保障工作，取得良好效果，得到省局和组委会的高度肯定。国庆前，局长张国勇在清徐作业点与中国气象局局长刘雅鸣进行作业连线。组织全市作业人员进行培训，确保作业人员持证上岗率达100%。

（赵　佳）

【气象现代化重点工程】 2019年5月，雷达塔楼主体及附属用房工程完工，6月安装运行并成功并入全国气象雷达组网，为防汛、二青会、尧城国际飞行大会等提供精准的监测数据，成为气象保障的有力支撑。太原市气象监测预警中心建设工程主体已完工，正在进行内部装修和平台建设。（赵 佳）

【气象为农服务】 2019年，太原（清徐）农业气象试验站主体竣工，连栋大棚（温室）已开始特色经济作物和设施农业种植对比观测，结合天气变化为农事活动提供专题气象服务。通过改造太原市设施农业气象监测预报预警平台，为设施农业经营主体提供“直通式”服务。开展阳曲酥梨气候品质评估服务。依托中央财政“三农”“山洪”项目，在小店、尖草坪、古交局开展基层气象防灾减灾“六个一”标准化建设。编制晋源区姚村镇、杏花岭区小返乡两个乡镇的气象防灾减灾标准化风险地图，为乡镇防灾减灾提供决策支持。（赵 佳）

【气象法治建设】 2019年，太原市气象局贯彻落实年度法治建设工作要点，及时调整法治建设工作领导组，学习贯彻落实“三项制度”，对气象执法人员进行培训，提高执法素质。充分利用“3·23”世界气象日、“5·12”“12·4”等契机，组织全市气象部门开展形式多样的气象普法宣教活动。推进“承诺制”改革工作，高标准完成“互联网＋政务服务”“互联网＋监管”阶段性工作任务，简化企业办事流程，努力为群众提供便捷高效政务服务。（赵 佳）

【安全生产】 2019年，太原市气象局切实履行防雷社会安全监管职责。对全市28家防雷检测资质单位和228家易燃易爆防雷重点企业进行执法检查。为落实“二青会”安全隐患排查要求，对比赛场馆进行为期1个月的防雷安全专项检查，确保青运会未发生雷击责任性事故。加强施放气球安全监管，针对中华人民共和国成立70周年和“二青会”等重大活动，向社会发布暂停审批、严禁施放升空气球和系留气球的通告，并根据举报进行行政执法，确保施放气球市场安全稳定。（赵 佳）

【人才队伍建设】 2019年，太原市气象局着力培养选拔忠诚干净担当高素质干部和优秀年轻干部。稳步推进职务职级并行工作，全市12名干部职务晋升、18名干部职级晋升。对未在市局工作过的县局职工进行挂职交流全覆盖，人才培养更具活力。为地方机构校园现场招录2名气象类学生。（赵 佳）

地震监测

【概况】 2019年，太原市防震减灾中心坚持以习近平新时代中国特色社会主义思想为指导，深入贯彻落实中共十九大、十九届三中、四中全会精神，以及省、市第十一次党代会精神，坚持预防为主、防抗救相结合工作方针，坚持常态减灾和非常态救灾相统一，增强忧患意识、责任意识，最大限度减轻地震灾害风险，防震减灾“三大体系”进一步完善，太原市防震减灾“十三五”规划各项任务有序推进。（许梨花）

【机构改革】 2019年，太原市防震减灾中心根据《太原市机构改革方案》和市编办《关于印发〈市直事业单位剥离回归行政机关行政职能清单〉的通知》要求，太原市防震减灾局所承担的行政职能分别划转到市住建局、市应急管理局。按照中共太原市委深化党政机构改革领导小组办公室《关于党政机构改革中第三批转隶调整事业单位有关事宜的通知》要求，隶属关系由市政府直属事业单位调整为太原市应急管理局管理，更名为“太原市防震减灾中心”，接受省地震局业务指导，机构规格和领导职数暂不变。原所属事业单位同时调整为市应急管理局所属事业单位。根据《中共太原市委关于调整部分市直单位党组设置的通知》，中共太原市防震减灾局党组于2019年8月撤销。机构改革中所有工作任务按要求全部完成。（许梨花）

【地震监测】 2019年，太原市防震减灾中心牢固树立“震情第一”理念。出台并落实《太原市2019年度震情监视跟踪工作方案》，高标准完成震情监视跟踪各项工作，做好地震宏、微观异常收集、跟踪、落实与报送，做到“异常落实不过夜、异常报送零差错”。严格落实24小时震情值班制度，无一脱漏岗发生。加强监测台网建设、维护和管理，提高仪器运行率。按照省地震局要求，对各县（市、区）地震部门、直属台站出现故障的仪器设备，及时核实，并编制上报仪器故障停测报告，全年共提交5份仪器停测（故障）报告。除因故停测的设备外，所属台站仪器运行率达到98.38%。加强前兆数据库系统及网络系统维护工作，确保信道畅通、信息节点正常运行。信息节点月评比平均分98分以上。确保地震监测各项数据的连续性和客观性，可用性和准确性略有提升。深化震情会商制度改革。坚持周、月、季、年度会商制度，及时上报各类地震会商报告。编报《2019年山西省及太原盆地年中震情趋势会商报告》《2020年度山西省及太原盆地地震形势震情趋势分析报告》。加强对突发性、临时性地震安全需求的震情会商。针对市域内两次有感地震上报《2019年4月22日山西古交ML2.9级震后趋势会商纪要》《2019年10月14日山西太原M3.0级地震紧急会商纪要》。加强特殊时段震情会商，确保“二青会”期间地震安全保障工作到位。优化地震前兆观测手段，提升地震监测水平。在重机防震观测站新增电磁扰动观测手段，逐步改善其前兆观测手段单一局面。分别更新北部迎新街地震台和南部北格地震台地下水温水位观测设备，以促进南北地震监测能力协同发展。加强地震监测信息平台建设，更新市防震观测中心VPN设备，对核心路由、交换设备进行提档升级改造，以提升市级地震监测信息平台高效运行能力。新建成综改示范区（县级）地震监测信息平台，以数据专线与市防震观测管理中心互联互通。落实地震台站观测环境保护措施。各地震台站管护人员全面负责本台站观测环境保护工作，及时发现台站周围环境变化，发现问题及时上报。市、县两级定期巡检，确保仪器设备正常运转和观测环境不受破坏。全年仪器巡检共42人次，电磁类、流体类、地应力类设备巡检全覆盖。本年度除太钢防震观测站受周边及柏杨树村拆迁影响外，其他台站观测环境未受到破坏。配合省地震局做好《国家地震烈度速报与预警工程》（山西分项）在太原市实施工作。根据省局统筹安排，选定6处场地作为太原市地震预警基本站建设点，已协助省局完成这6处场地土地租赁及其他协调、对接工作，圆满完成省局交办的预警项目阶段工作任务。（许梨花）

【抗震设防】2019年，太原市防震减灾中心规范地震行政执法行为。落实《太原市防震减灾局“双随机一公开”工作实施方案》和《太原市防震减灾局“双随机一公开”工作细则》，按照《太原市防震减灾局行政权力清单》，结合监管事项的特殊性，采取事前告知、事中核查进行有效监管。对市场主体名录库实施动态管理并纳入全市诚信平台，实现事后监管自律和他律的结合。未出现任何违规违法现象。落实机构改革要求，做好全市投资项目报建审批事项的划转和交接工作，按市委市政府要求于6月24日正式关闭市政务服务中心审批窗口，移交前共对12个建设工程项目进行审批，对国土规划3个项目选址提供科学意见。对小井峪城中村改造项目涉及活动断层评价工作落实全程监管工作。（许梨花）

【新一代地震区划图宣贯】2019年，太原市防震减灾中心以《中国地震动参数区划图》（太原分册）为主，充分利用项目协调会、国土利用征询函、项目审批窗口告知、划转事项交接等机会，持续深化《中国地震动参数区划图》常态宣贯。（许梨花）

【震害防御】2019年，太原市防震减灾中心持续完善《太原市抗震设防基础信息系统》补充工作，新录入32个项目信息。完善“太原市城区主要断层分布”与本地基础地理信息综合运用后续工作，形成可应用能共享信息服务系统平台与图件。（许梨花）

【地震应急】2019年，太原市境内发生两次有感地震，分别是4月22日古交市2.9级地震、10月14日清徐县3.0级地震。地震发生后，市委、市政府高度重视，第一时间做出指示，市防震减灾中心迅速启动应急响应，密切监视震情，加密震情会商，加强震情研判，派出现场工作队赶赴震中查看、收集灾情，及时上报震、灾情，及时向社会公布震、灾情动态变化，迅速建立与十县（市、区）及“三网一员”实时联系通道，安排专人解答市民来电来访，了解市民反应，安抚群众情绪，密切关注网络舆情。一系列震后应急处置得当、有效，确保市民生产生活秩序正常。（许梨花）

【地震应急演练】2019年，太原市防震减灾中心广泛开展地震应急演练，全年组织各类应急演练1000余次，参演人数逾13万人次。组织全市防震减灾系统人员参加全省地震系统地震应急演练。演练中，市防震减灾中心按照要求完成现场队及应急车辆派遣、灾情速报、谣言应对等应急演练项目，达到锻炼队伍、熟练流程、提升能力目的。组织市、县、乡、村四级地震灾情速报演练。演练主要检验清徐县和阳曲县运用山西省地震应急信息交换新平台上报灾情的能力，以及两个县的乡镇防震减灾助理员和“三网一员”通过灾情速报电话上报灾情的技能。山西省地震局应急救援处现场观摩。全市中小学校、部分街道、社区组织在校学生和居民参加的应急避震演练。增强民众防震意识和技能。（许梨花）

【应急物资储备】2019年，太原市防震减灾中心完善以政府储备为主的生活救助品应急物资动态储备机制，安排150万用于储备应急帐篷、折叠床等生活救助品。完善以社会市场储备为主的生活必需品应急物资动态储备机制，安排150万用于企业储备生活必需品补贴，与太原唐久超市、金虎便利等12家企业签订物资储备责任书，常年储备食品及饮用水等9类、26种生活必需品。完善市级应急医药储备机制，保证必要急救药品及设备储备到位。（许梨花）

【应急避难场所】2019年，太原市防震减灾中心全面监测太原市和平公园国家Ⅰ类应急避难场所投入使用效果，及时发现不足，及时整改到位。迎泽公园和和谐公园国家Ⅱ类应急避难场所建设加快推进。加强应急避险场所的管理及维护，保证功能设施完备，保证正常使用。（许梨花）

【应急平台维护】2019年，太原市防震减灾中心保障应急通讯和视频会议系统互联互通。做好应急平台维护工作，按时进行视频会议调试工作，视频会议连通率100%。实行卫星电话点名拨测单月拨测，全年对卫星电话进行6次点名拨测，拨通率100%。做好迎检工作。4月28日，召开专题会议安排部署2019年地震应急准备工作和抗震设防工作自查，以及迎接省检查组检查相关准备工作。各县（市、区）人民政府，不锈钢（园）区管委会、综改示范区管委会，各有关成员单位参加。6月3日至4日圆满完成迎检工作。开展重点部门隐患排查工作。选取重点部门进

行抽查，努力将次生灾害风险降到最低限度。（许梨花）

【安全生产】2019年，太原市防震减灾中心落实《地方党政领导干部安全生产责任制规定》，坚持党政同责、一岗双责，坚持管行业必须管安全、管业务必须管安全、管生产经营必须管安全原则，将安全生产和防震减灾工作同规划、同部署、同落实。细化责任，层层传导压力，增强每一位干部职工安全生产意识和安全责任意识。组织2019年“安全生产月”活动，开展安全生产知识及有关法律法规宣传、安全事故警示教育，完善安全生产工作制度。坚持定期安全例会制，全年召开安全工作会议16次。定期开展安全隐患大排查工作，及时消除安全隐患，确保全年无一安全事故发生。（许梨花）

【防震减灾科研】2019年，太原市防震减灾中心研发地震应急快速响应系统。该系统利用地震观测项目的基础数据，实现快速地震信息文件的集成化、统一化，提高地震应急数据可靠度和完整性，为地震监测预报及地震应急提供科学支撑。项目建成后，能智能处理相关震情信息文件，自动生成信息报送文件，自动进行信息发布报送。启动太原市数字地震科普馆建设。通过数字地震科普馆，可以建立防震减灾科普技术服务平台，普及防震减灾知识，展示防震减灾成果、太原地理地貌构造、人文环境及山西地震带构成等。该项目建设方案及资料收集等前期筹备工作已完成。因机构改革后单位官方网站、微信公众号、官方微博均按要求关闭，而改革后隶属部门（市应急管理局）尚未建立官方网站、微信公众号、官方微博等公众服务平台，致使太原市数字地震科普馆缺少公众服务平台作为可依托信息出口，故而项目暂停。（许梨花）

【防震减灾宣传】2019年，太原市防震减灾局组织防震减灾主题宣传周活动，努力弘扬防震减灾文化。坚持“深入基层、深入群众，主动宣传、积极引导”的原则，在“5·12”防震减灾宣传周期间，开展以“守护生命，关注安全”为主题系列宣传活动。主要包括：深化防震减灾知识“七进”活动。自主制作视频短片《防震减灾科普动漫小提示》，在机关、社区、农村以及公共场所滚动播放，有效提高广大民众防震减灾意识和应急避险能力；与太原市天道科兴文化传播有限公司合作，制作397块宣传版面，在全市各社区、校园、农村以及公共场所展出，力求宣传全覆盖；与市教育局联合举办“防震减灾科普知识进校园”活动，以及地震应急演练活动。组织参加第三届全国防震减灾科普讲解大赛，经过紧张激烈角逐，获得二等奖。与省地震局联合在市青年宫开展防震减灾科普宣传开放日活动。与阳曲县防震减灾局联合，在阳曲县新阳广场举办2019年防灾减灾日大型防震减灾科普宣传活动。组织第八届“平安中国”防灾宣导系列公益活动。结合全国防灾减灾千场科普讲座活动，各县（市、区）地震部门开展丰富多彩防震减灾法律法规和科普宣传。开展“平安太原”防灾减灾文化电影月活动。面向社会各阶层放映防震减灾文化宣传教育影片300场，有效扩大防震减灾知识进机关、进校园、进企业、进社区、进农村、进家庭、进公共场所“七进”活动的辐射面和影响力。在“7·28”防震减灾宣传周期间，组织参加山西省第二届防震减灾知识竞赛；开展纪念“7·28”唐山地震43周年主题开放日活动。组织开展“太原市防震减灾千场科普讲座”公益活动，以及防震减灾知识和技能培训。5月至12月间开展以“不忘初心　防灾为民”为主题的“太原市防震减灾千场科普讲座”公益活动。充分利用“5·12”“7·28”“11·9”等特殊时间节点开展重点讲座及相应科普宣传活动，营造全民参与氛围。全力开展日常宣传及宣传阵地建设。通过全市公交车LED上山西省移动电视《城市生活》频道宣传地震科普知识，每天分六个时段滚动播出《人类与地球村长话地震》《地震科普小常识》等宣传短片，既生动易懂，又便捷有效。利用太原日报及其手机客户端开展防震减灾科普文化宣传活动，坚持每周刊出1期防震减灾知识专刊。各级防震减灾科普教育基地在“5·12”期间面向全体市民开放。（许梨花）

【学法普法】2019年，太原市防震减灾中心深入开展防震减灾法律法规宣传教育。落实《太原市防震减灾局法制宣传教育第七个五年规划（2016—2020年）》目标要求，确保学法普法有效落实。在机关内部持续开展法律法规学习，利用党组中心组理论学习、网络在线学习和个人自学等多种形式，强化干部职工的法律素养，依法行政能力和水平得到提高。（许梨花）

【防震减灾示范教育基地建设】2019年，太原市防震减灾中心推进防震减灾示范学校和科普宣传教育基地建设。根据《中国地震局关于开展2019年度防震减灾科普教育基地和科普示范学校认定工作的通知》《山西省省级防震减灾科普教育基地创建评分细则》和《中小学防震减灾示范学校评价规范》要求，开展防震减灾示范创建工作。新建成省级防震减灾科普教育基地2个，分别是太原市示范性综合实践基地、太原市青年宫；新建成省级防震减灾示范学校8所。（许梨花）

大数据

【概况】2019年，太原市大数据应用局践行新发展理念和创新驱动发展战略，围绕“三定”职责，聚焦全市大数据发展应用，明确发展方向、突出机制创新、完善政策供给，对外深度交流合作，对内立足打通壁垒，统筹全市数字

政府和智慧城市建设，扶持数字产业发展，推动大数据发展应用领跑全省第一方阵。（刘一然）

【机构改革】 太原市大数据应用局是2019年机构改革中成立的政府工作部门，正处级建制，科室5个，编制25个，截至年底在职人员17人。主要负责统筹全市大数据发展应用工作，指导推进数字政府和智慧城市建设，加快太原数字经济快速发展。下设太原市大数据中心，为公益一类事业单位。（刘一然）

【大数据应用起步】 2019年，太原市大数据应用局对标一流，谋划工作思路。为推动全局开好头、起好步，局党组围绕推动太原市大数据发展应用主线，深入调研摸底全市现状及需求，多次组织业务骨干参加政策和技术培训，赴先进地区对标学习，参加全国性会议，较为全面客观地掌握太原大数据发展应用整体情况，找出关键环节、突出问题和下一步工作思路，撰写多篇关于加强太原市数据资源管理、推进大数据发展应用和智慧城市建设的工作报告，得到高度认可。（刘一然）

【大数据应用机制】 2019年，太原市大数据应用局创新机制，夯实发展根基。坚持“统筹规划、基础先行、整体推进”原则，聚焦问题、勇于创新、谋定而动，从五个方面精准发力、加快破题。针对传统行政管理体制中各部门条块分割、业务融合困难的问题，着手建立太原市数字政府协同建设运行机制，推动数据汇聚和共享，强化业务协作和资源整合，《太原市加快数字政府建设实施方案》列入市政府常务会议题；针对全市信息化项目低水平重复建设的问题，着手建立信息化项目统筹管理机制，制定《太原市公共数据服务平台项目建设管理办法》，深化政府数据与社会数据的关联融合，提升平台价值和管理效能；针对全市“数据烟囱”和“信息孤岛”问题，着手建立大数据共享开放管理机制，制定《太原市公共数据资源管理使用办法》，引入数据资产化管理理念，建立数据交换融合路径，发挥数据价值、释放数据红利；针对数字政府、智慧城市建设缺乏有效抓手的问题，着手建立“政府主导、市场化运作”的建设运营机制，与市国资委共同牵头起草关于设立国有全资太原大数据发展有限公司组建方案，已报市政府待批；针对全市大数据发展应用人才和技术力量不足的问题，着手建立政企合作创新机制，对接云时代公司签订战略合作协议，展开大数据领域深度合作；对接山西移动、华为公司开展5G+智慧城市战略合作；对接中科院物联网中心开展智慧产业创新合作。（刘一然）

【大数据应用体系】 2019年，太原市大数据应用局构建体系，完善数据治理。强化数据支撑顶层设计和标准规范制定，建立数据全生命周期管理标准规范，制定公共数据服务平台建设标准和应用标准。梳理数据目录，对接发改、审计等部门，细化需求清单，明确数据标准、制订实施方案，有序开展数据治理和数据共享。加快推进太原市大数据应用服务平台建设，编制可研报告和建设方案并通过专家论证，为各部门信息化建设提供大数据支撑保障。（刘一然）

【大数据融合应用】 2019年，太原市大数据应用局整合资源，加快融合应用。推进大数据与行业应用深度融合，配合市生态环境局、市审计局、市房管局、市金融办、市公交集团、市轨道交通公司等单位开展生态环境监控一体化平台建设、智慧审计、房地产市场运行监控、智慧交通调度指挥、轨道交通智能化和金融大数据综合服务平台建设等工作。对接三大电信运营商、金融机构、本地企业参与大数据发展应用和智慧城市建设。制定《太原市公共数据服务平台认定办法》，鼓励各行业各部门开发便民应用服务平台，促进全市各类数据高质量汇聚、高水平融合。（刘一然）

【大数据应用服务】 2019年，太原市大数据应用局强化服务，提升产业水平。强化政策服务。落实《山西省人民政府关于促进大数据发展的实施意见》，起草《太原市加快数字经济发展的实施意见》以市政府名义印发实施。太原市大数据企业认定管理办法和数据标注办法先后出台。抓住赴企业调研、企业对接等机会，开展科技创新、人才引进、平台建设、项目落地等方面政策宣讲60余次。强化创新服务。加大支持协调力度，督促龙芯、飞腾芯片等应用项目开展应用培训、技术保障和业务系统迁移工作。集聚太原理工大学、山西大学等属地高校大数据人才、技术、资源优势，推动产学研深度融合，协调组建大数据产业研究院，组建市大数据专家委员会，27名专家学者担任专家委员为科学决策和产业发展提供智力支撑。强化项目服务。全市征集大数据应用项目133个，并建立项目库，按照大数据、云计算、人工智能等属性开展分类指导、跟踪服务、常态对接。推荐优质项目申报2020年国家大数据产业发展试点示范项目及2020年度省级数字经济发展专项资金扶持项目。（刘一然）

文　化

【概况】 2019年，太原市文旅系统广大干部职工以习近平新时代中国特色社会主义思想为指导，认真学习贯彻中共十九大、十九届四中全会精神，贯彻落实省委十一届九次全会、市委十一届七次全会决策部署，深入开展“不忘初心、牢记使命”主题教育，坚持以人民为中心的工作导向，坚持稳中求进的工作总基调，以高质量发展为目标，实施“八大行动计划”，积极作为、认真履职，扎实推进文化事业和文旅产业健康发展，全面完成各项工作任务。（吴　鹏）

【文艺精品创作】 2019年，太原市文化和旅游局精心营造青运村文化氛围，组织24场文艺演出，参演人员1000余人，观众近1.50万人。新创排演青春版晋剧《起风街》、现实题材都市话剧《我们城里的年轻人》、儿童剧《疯狂的布鲁斯》、歌舞杂技剧《换了人间》等各类作品50余部，《起风街》等获得多项国家级扶持补助。修改打磨晋剧《关公》《红叶绝唱》，新创作晋剧电影《于成龙》、晋剧《圪梁梁上》、话剧《晋文公》及电影、小戏、小品等各类剧本16部，获得国家级荣誉19项、省级荣誉26项、市级荣誉97项。完成“杏花奖”初评、“春节·元宵节”精品剧目进军营下基层慰问演出、谢涛从艺40周年原创剧目展演、曲苑迎春晚会、晋剧《关公》到东盟戏剧周和马来西亚交流演出等活动，文艺精品成为展示山西形象、讲述太原故事的一张靓丽名片。（吴　鹏）

【非遗传承保护】 2019年，太原市文化和旅游局完成第四批市级非遗传承人评审认定和第五批国家级非遗项目的申报推荐工作，对第六批61家市级非遗项目保护单位进行授牌。进一步完善建筑面积1400平方米、共8个展厅的太原非遗传习展示中心，通过展板展示、音像播放、创建公众号和制作宣传册等形式，持续丰富展示内容，接待国际友城美国纳什维尔市中学生交流代表团等省内外游客的参观。举办第二届非遗春晚、“庆国庆、展民俗、品美食”面食文化展示、非遗文旅小镇艺术周等活动，近百个非遗项目和项目传承人进行展示展演。组织太原市非遗传承人参加北京世园会展演，精选20余项非遗项目参加二青会文化互动展示，邀请近200名武术爱好者参加“文化自然遗产日”传统体育项目精品展演。建设小窑头非遗特色文旅小镇，21家非遗项目入驻传习展示，实现“保护固态、传承活态、发展业态”的目标。（吴　鹏）

【“放管服效”改革】 2019年，太原市文化和旅游局深入推进“放管服效”改革，进一步简化审批流程，将“设立旅行社许可”事项纳入市政务大厅综合代办窗口。扎实抓好文化市场行政综合执法改革工作，“三定方案”经市编办批复，人员转隶工作正有序进行。加快推进信用体系建设，圆满完成“双告知”工作。市文化市场综合行政执法队获得全国和全省文化市场综合执法“优秀案卷奖”，全市文旅市场秩序持续好转，人民群众的满意度不断提升。（吴　鹏）

【广电管理】 2019年，太原市文化和旅游局持续加强对节目制作、节目传输和播出、传媒机构的管理，认真落实各项监管责任，开展卫星广播电视地面接收和“黑广播”“伪基站”违规设置使用调频广播电台专项行动，完成对40余家星级酒店境外卫星电视节目接收情况的日常巡查，完成6家广播电视台和24家企事业广播电视站检查换证工作，实现对注册的3家网站及有视听节目的40家网站进行有效监管。加强对网络剧、微电影等网络视听节目的管理，依法查处取缔“我爱看电影”等违规网站和山西电信太原分公司“IPTV业务违规”问题，网络视听环境得到全面净化。全方位、全时段对广播电视和网络视听节目直转播情况进行全面监测、监听、监看，圆满完成新中国70周年大庆、十九届四中全会等重大活动的安全播出任务，全年广播电视安全播出无事故。

（吴　鹏）

【安全生产】 2019年，太原市文化和旅游局严格贯彻落实习近平总书记总体国家安全观，坚持底线思维，强化红线意识，牢固树立安全发展理念，严格落实监管责任，加大安全生产和消防工作隐患排查治理力度，开展“防风险、保安全、迎大庆”活动，扎实推进“二青会”期间风险防控和中华人民共和国成立70周年安全生产依法治理，加大文化旅游企业安全生产监管执法，在节假日和重点时段前夕，召开专题会议进行安排部署，明确责任，提出要求，强化落实，全年共检查文化旅游企业1200余家次，发现隐患120余处，全部整改完毕，确保全市文旅行业安全平稳有序，全年未发生旅游安全生产责任事故。

（吴　鹏）

【扫黑除恶专项斗争】 2019年，太原市文化和旅游局围绕“黑恶积案清零、问题线索清零”的目标，不断完善市场问题发现机制和案件问题报告制度，将营业性演出票务、强制或变相强迫消费等重点难点问题作为突破口，与扫黑除恶专项斗争结合起来，联合公安、交通、市场、文物等部门持续开展文化和旅游市场综合整治行动，办理国家文旅部和省文旅厅转办、督办以及市政府“12345”转办、“4070551”旅游投诉和日常执法检查查办的案件316件，行政处罚7件，为游客挽回经济损失120余万元，均不涉黑涉恶。

（吴　鹏）

【二青会保障任务】 2019年，太原市文化和旅游局完成开闭幕式彩排及正式演出近8万张门票的分配发放和现场物资摆放任务，完成河南代表团37名成员的综合保障任务，6辆保障车辆日均行驶百余千米，实现“安全、周到、热情、快捷、优质”和“零失误”的服务目标，受到河南省体育局的书面表扬。

（吴　鹏）

【法治建设】 2019年，太原市文化和旅游局印发《全面依法治市工作任务分解》，成立法治建设工作领导组，局党组中心组认真学习《宪法》，全局党员干部完成学法用法考试、新任领导干部法制考试，开展“12·4”法制宣传周活动，完成行政执法人员行政执法证件审核申领。健全法律顾问制度，完成法律顾问聘请工作。印发《太原市文化和旅游局公平竞争内部审查工作程序》，梳理权责清单，确认行政许可1项，行政处罚97项，行政强制两项，行政确认3项，其他行政权力9项。启动《太原市旅游条例》修订工作，推动行政执法公示办法、全过程记录办法和重大行政执法决定法制审核办法三项制度落实，制订重大行政执法决定法制审核流程图，全局依法行政工作氛围得到进一步巩固。

（吴　鹏）

【主题教育活动】 2019年，太原市文化和旅游局党组把深入开展主题教育作为首要政治任务和重大政治责任，围绕活动的总体要求、目标任务、主要内容和方法步骤等进行周密部署和安排。认真对7家延伸单位进行督促和指导，充分发挥巡回指导组和延伸单位之间“桥梁”和“纽带”作用。加强学习教育，政治理论素养得到全面提升。认真学习《选编》《纲要》《党章》等主题教育规定篇目，及时跟进学习习近平总书记在庆祝新中国成立70周年大会上的讲话、十九届四中全会精神等重要讲话、指示批示，深入学习习近平总书记视察山西重要讲话精神，理论学习的氛围进一步浓厚，领导班子集中学习13次、集中研讨3次。深入调查研究，确保问题发现的准、解决的好。围绕推动文旅融合发展和关系人民群众切身利益的重大问题，深入各县（市、区）和文旅企业累计调研60余人次，形成调研报告8篇。仔细检视问题，保障各项任务整改到位。按照“四个对照”“四个找一找”的要求，认真查找问题，形成“五个清单”，并以此为基础扎实抓好中央部署的“8+1”专项整治和山西省的5个整改。认真开展批评和自我批评，高质量开好专题民主生活会。会前认真谈心谈话，会上深入检视剖析，真诚提出批评意见，8名党组成员收到意见建议79条，列出整改措施39条。加强督促指导，确保基层党组织“全覆盖”。扎实抓好8个“关键动作”，每周二组织集中学习，举办轮训读书班、先进典型交流会，开展理论测试，深入检视问题，全系统20个基层党组织477名党员承诺

“山西艺术节”隆重开幕　（市文旅局供图）

“中国面食文化节”在太原开幕 （市文旅局供图）

践诺527件。以解决人民群众关切问题为原则，深入开展“三服务”。通过事先征询意见，将提升A级旅游景区服务质量、杜绝网吧接纳未成年人作为工作重点，集中开展旅游景区服务质量和上网服务经验场所安全隐患专项整治，9月以来共出动检查人员300余人次，检查景区和上网服务营业场所130余家，景区服务水平有效提升，杜绝网吧接纳未成年人的问题。坚持开门搞教育，广泛听取基层和群众的意见建议。在太原文旅政务网开设主题教育专栏，对“五个清单”进行公示，在太原日报公示两项拟解决的问题，邀请“两代表一委员”、服务对象代表和基层群众代表13人次参与主题教育学习研讨和座谈会，发放征求意见表50份，收到意见建议15条。以建立长效机制为目标，持续抓好制度建设。在全系统印发《进一步贯彻落实中央八项规定精神的实施细则》《关于进一步明确机关各科室工作职责的通知》《局机关工作人员办事和行为规范》《“指尖上的形式主义”负面清单》《形式主义官僚主义负面清单》等文件，《党组工作规则》《财务内控制度》《艺术创作资金管理办法》《文旅宣传促销资金管理办法》等制度正在制定。 （吴 鹏）

新闻出版

·太原日报报业集团·

【报业中心工作】 2019年，太原日报报业集团及时贯彻落实中央和省委、市委重大会议精神。全方位报道和解读十九届四中全会精神、省市“两会”精神、省委十一届九次全会精神、市委十一届七次全会精神。市“两会”期间，推出新闻专版、新闻图片，制作融媒体作品，并多次在澎湃、新浪等第三方平台发布，许多稿件被中央和省级新闻网站转载。

生态文明建设百名记者媒体行。2019年5月下旬，根据省委常委、市委书记罗清宇提出全景展现近两年开展的百项生态建设工程及取得的生态效应、环境效应要求，集团组建由百名记者和编辑组成的采访团，对全市100个重大、重点工业和城市建设项目进行全方位报道，全方位展示文明开放富裕美丽太原新形象。

二青会报道。集团以“我们的精彩赢得全国的喝彩”为动员令，报、网、微、端、屏共享稿件，全方位、多角度、立体式聚焦二青会精彩赛事。独家策划圣火取火仪式“三部曲”，推出赛前、赛中、赛后三大特刊，独家推出《青运村报》，推出二青会观察与思考系列报道。二青会组委会副主任兼秘书长、副省长张复明说，“二青会新闻宣传好吸睛”，并特别提及两篇稿件：《疏散4.5万人仅用时50分钟》《省外记者的二青会印象——一座城的努力，我看到了》。二青会组委会首席专家刘清早教授评价说：“这是我在运动会上看到的最精彩、最全面、最有特色的报道。”

庆祝新中国成立70周年报道。策划推出“壮丽70年 奋斗新时代——并州巨变”系列报道；推出“并州楷模”专栏，报道新中国成立以来涌现出的一批劳模；国庆节当天，推出庆祝中华人民共和国成立70周年特别报道《跃晋新时代》，全面反映全市人民热爱祖国、庆祝新中国成立70周年的喜悦心情和美好祝愿。

主题教育宣传报道。集团把做好主题教育宣传报道作为首要政治任务，成立专题报道小组，先后推出《高起点开局 高质量推进 高标准落实 扎实开展“不忘初心、牢记使命”主题教育》专栏、《新时代先锋》专栏、《读原著、学原文、悟原理》专栏、《不忘初心、牢记使命》主题教育问题整改系列报道，累计刊发报道计300余篇。

“创城”攻坚报道。集团继续开设《举全市之力 创文明城市》《双月攻坚文明创城》《光盘行动》《文明亮剑》等专栏和子栏目，推出《民心工程》《创城工作法》《创城示范点》以及《来自我市创建全国文明城市第一线的报道》等专题报道，刊发各类稿件300余篇，形成日日有稿件、日日有图片、日日有专栏的宣传态势，全力助力创城攻坚。

重点报道。继续开设《担复兴大任、做时代新人》《时代新人》深度访谈、《铁腕治污进行时》《文明交通进行时》《兴实体经济、做时代新人》《扫黑除恶进行时》等专栏；开设《中央生态环保督察“回头看”整改进行时》《改革创新、奋发有为》大讨论等专栏；对建设国家可持续发展议程示范区、脱贫攻坚、“书写中国”、转型项目建设年、能源革命等进行重点报道。（刘卫萍）

【重大节日节点宣传】 2019年，太原日报报业集团推出《我和我的城市》系列报道。4月24日正值太原解放70周年，晚报策划推出《我和我的城市》系列报道，12位在太原解放当天出生的老市民说生活、忆历史，反映太原70年的沧桑巨变。4月22日，12位老人在迎泽公园共同庆生，将活动推向高潮。在太原解放70周年纪念日当天，以《今天，我们一起过生日》为题刊发，为城市献上一份特殊“大礼”。

《我们的节日〈家国清明〉》特刊。2019年清明节前，太原晚报推出“我们的节日”特刊《家国清明》。既有严肃话题、又有休闲元素，还有厚重史料，契合2019年国家清明节的主基调。特刊的创意头版版面被著名微信公众号“编前会”选推。

《落实两会精神局长访谈》系列报道。2019年市“两会”结束后，集团及时开设“落实两会精神局长访谈”专栏，全面报道太原市机构改革后，各有关部门职能的转变，以及新形势下的新作风、新思路等。16篇局长访谈同时在晚报、日报和新媒体刊发，引发社会各界强烈关注，得到市委市政府主要领导肯定。

“新春走基层”践行“四力”。开设《新春走基层》专栏和《总编在一线》《返乡日记》两个子栏目，广大采编人员认真践行增强“四力”要求，采写刊发“有温度沾泥土带露珠”的稿件50篇。（刘卫萍）

【融媒传播】 2019年，太原日报报业集团全新组建的全媒体指挥中心围绕全市中心工作，制作“倡导12类行为 做文明太原人”等VR、H5、短视频融媒体作品，推出系列访谈“时光太原 城市记忆”、微视频《献礼新中国70华诞——太原你好》《出彩太原 礼赞祖国》等。网站发布各类稿件2万余篇，日报App发布稿件4万余条，日报微信公众号发布稿件2000余篇，日报官方微博推送各类资讯6000余条，粉丝近80万，其中《无比期待！“山西姑娘”录制新作》阅读数达到68.70万次。晚报微博粉丝近45万人，4月16日晚报官方抖音正式上线，晚报官方微信推送的二青会开幕式稿件《超震撼！二青会开幕式惊艳世界！山西，我为你骄傲！》阅读数突破5万，太原获得“中国最美城市”《今天，太原刷屏了！》收获3.80万的阅读量。注册开通今日头条、百家号、企鹅号、大鱼号、快手号、抖音号等平台号。太报集团一次采集、多种生成、多元传播、全网覆盖的格局基本形成，营造出浓厚的网上舆论氛围。（刘卫萍）

【科研成果】 2019年，太原日报传媒集团完成太原市市级单位预算项目《基于大数据融媒体下的户外智慧屏媒体项目》自评，以及省级文化产业发展专项资金扶持项目《彩色可变数码印刷系统》绩效自评。4月，申报项目《基于融媒体大数据下的新媒体矩阵发布平台》，申请资金300万元；申报项目《太报惠民书屋及社区智慧书屋》，申请补助金额500万元。7月，申报项目《开展太原旅游线路征集活动》，申请资金300万元；申报项目《“书写中国、奋进青春”大型书画作品展暨赠二青健儿书法作品活动》，申请资金80万元。9月，申报省级文化产业发展专项资金补助项目《太原日报报刊数字资源公共云服务平台建设项目》和《太原日报社全媒体指挥中心演播室项目》两个项目，申请补助资金各300万元。对太原市企业技术中心2018年度评价数据及指标进行评价解释并做工作总结。（刘卫萍）

·太原广播电视台·

【新闻宣传】 2019年，太原广播电视台始终把握和坚守主流媒体方向和阵地，强化舆论引导，围绕主题主线和中心工作，掀起多次宣传报道高潮，完成各项宣传任务。主题报道。全年共组织开展有关重大主题、重要会议、重大活动的宣传报道活动50个，对一些重要主题开设专栏，进行系列报道，形成常态宣传。围绕学习贯彻习近平新时代中国特色社会主义思想、中共十九大和十九届四中全会精神，庆祝新中国成立70周年，“不忘初心、牢记使命”主题

2019年12月21日，2019“救”在你身边太原交通广播107应急救援车队颁奖盛典暨山西省地市交通广播应急救援联盟启动仪式在太原广播电视台演播大厅举行（太原广播电视台供图）

教育等重大主题，先后在重点新闻节目中开设《壮丽七十年、奋斗新时代》《不忘初心、牢记使命》等10余个专栏进行宣传，营造良好的舆论氛围。

专项报道。开设《“改革创新、奋发有为”大讨论》《举全市之力、创文明城市》《铁腕治污进行时》《扫黑除恶进行时》《迎接二青会 奋斗新时代》《筑梦辉煌40年》《荣耀》等20余个专栏，节点进度报道，形成规模声势，为推动全市重点工作积极造势。

对外宣传。全年共在中央广播电视总台发稿41条（次），在省台发稿近500条，在城市电视台新闻交换平台传输新闻300余条。在国家、省、市各项新闻作品评奖活动中，全年共获奖80件，包括国家级奖4件、省级奖34件、市级奖42件。（赵 亮）

2019年1月28日，太原广播电视台融媒体中心正式启动运行

（太原广播电视台供图）

【节目创新】2019年，太原广播电视台在创新上下力气，在研发中求突破，通过举办首届太原广播电视台创新大会，围绕“激发广电活力，创新2020”的主题，共征集到创新创意项目48个。节目创新工作取得实绩。名牌节目改版升级。立足受众需求，紧跟行业发展新趋势，以《新闻快车》《并州之剑》《行风热线》为首的多档名牌节目通过积极引入直播模式、添加融媒体元素、广泛涉猎全新内容等方式，从不同角度进行改版升级，使老品牌焕发新活力。全新节目精彩亮相。各宣传窗口结合自身定位，应用互联网思维优势互补，打造一批有个性、能互动、受欢迎的新节目。频率推出《韬涛不绝说到底》《老板来了》《107公众号》《小桔灯夜读》《幸福社区》，频道推出《整点快报》《1930看这里》《国防教育广角》《文悦龙城》等10余档新节目，得到受众的认可和喜爱。晚会等活动反响良好。调整发展思路，勇于尝试相关业务，充分利用重要活动举办时机和关键时间节点，先后联办、承办、自办“2019太原春晚”“六一联欢晚会”“七一朗诵会”“二青会开闭幕式”“新中国成立70周年文艺晚会”、跨年晚会等活动，并通过融媒矩阵全方位、多角度、深层次呈现，取得良好的反响，最高单场网络点击率达到130万。（赵 亮）

【文艺创作】2019年，太原广播电视台响应上级号召，着眼市场需要，狠抓内容质量，拿出一批叫好又叫座的文艺作品。广播电视文化创作方面，原创作品太原市总体规划系列片《遇见太原美好明天》，专题片《雪亮工程》《用好创新“金钥匙” 打造双创升级版》《千年首邑缠玉带 小康路上铺锦程》，电影《给力的丫丫》在播出后受到市里主要领导的认可和社会各界的广泛赞誉。舞台艺术方面，市歌舞杂技团集众家之长，推出的原创歌舞杂技剧《换了人间》，首演大获成功，其表演形式被剧评家赞为“开一派之先河”；经典剧目《炫彩中国》受邀到南美洲进行为期半年的商业巡演；杂技《转毯》获山西省第十六届杏花奖杂技表演奖。市话剧团都市话剧《我们城里的年轻人》正式通过验收，并在创排大型历史话剧《晋文公》的同时，将品牌剧目《北魏风飏》送上国家话剧院的舞台，央视栏目《朝闻天下》对该剧的演出盛况进行着重报道。太原舞蹈团赴西安参加《再回大雁塔》丝路历史展演和《再回长安》古都人文展演，掀起历史文化节目观看热潮。三大剧团致力文汇惠民，深入城乡基层，开展近百场“免费送戏下乡”演出。（赵 亮）

【事业建设】2019年，太原广播电视台通过依托上级支持，不断加大自身投入，在事业建设方面取得新的进步。设备改造提档升级。新中国成立70周年安全播出设备改造项目稳步推进；中波发射台发射系统、广播直播室升级改造项目全面完成；交通频率古交同频补点覆盖项目全面完成；DNS项目建设、智能机顶盒定版工作全面完成；高清化改造进展顺利，为下一步安全播出、转型发展提供技术保障。融媒建设稳步推进。融媒体中心近2000余万元的主体项目招标完成，机房改造进展快速，采编设备正式投用。主打App“太原手机台”在升级扩容后，正式更名“醋柳”，并已上线运行。全台新媒体矩阵成规模，内容分发可直达央视新闻+、新华社现场云、头条号等众多一线平台，全领域延伸太原广电的宣推触角。（赵 亮）

【经营业务拓展】2019年，太原广播电视台面对行业下行压力较大的严峻形势，同心协力，积极应对，通过稳定基础、谋求增量，逐步扭转原有困难局面。稳定广告收入。对客户资源进行全面梳理，针对客户需求，积极调整广告供给策略，打破旧有模式，主推联播政策，

提供定制服务，扩大服务范围，深挖行政资源，广告收入进一步稳定。拓展全新收入。立足传统行业优势，实施纵向一体化市场开发战略，依靠专业人才、专业设备、专业技能等优势，大范围进军产业内部相关领域。全年策办大型文艺晚会总收入金额近千万元；主办“梦想”系列季播活动冠名销售火爆；艺术培训逐渐步入正轨；融媒付费直播实现常态化；《智慧社区》和《4K超高清智能机顶盒》试点项目获得政府专项资金扶持，通过与外联企业强强合作，落地费增收4000余万元。深挖内部潜力。单位内部实施经营一体化管理，非经营部门主动承担经营任务，为全台经营工作分担压力。各部门广开思路，积极尝试，通过承揽外部广告，举办会展活动，挖掘粉丝经济，开办网络微店，销售定制产品等手段，不仅探出经营工作的新路子，更为台内创收近千万。实现营收3.30亿元。（赵　亮）

【融媒体中心启动】 2019年1月28日，太原广播电视台融媒体中心落成启动仪式在太原广播电视台举行，太原市委常委、宣传部部长张璐、市人大副主任王爱萍、市政协副主席郝宝清及市委宣传部、太原日报社、市文化局等有关领导出席启动仪式。

融媒体中心以“主流媒体宣传与智慧城市建设”为核心定位，通过“广播电视＋互联网＋有线网”的主体构架，借助最先进的生产、管理和经营手段，发力“客厅大屏”和“移动小屏”两个市场，以本地化的“内容、服务与应用”，满足太原市民不断变化的生活需求，全力打造“区域生态级主流媒体平台”，实现宣传事业与经营产业共同发展。总面积650平方米的融媒体中心布局设计为指挥中心、采访编辑、技术维护、运营研发四大功能区域和网络直播间，可供全媒体编辑记者完成策采编发播，实现对原有流程的再造。根据“一体策划、一次采集、多种生成、多元传播、全天滚动、全网覆盖”的全媒传播理念，融媒体中心各功能区将打通“台、网、微、端、屏”各种资源，积极发展各种互动式、服务式、体验式新闻信息服务，全力推进“智慧社区”建设，拓展本土网络直播平台业务，探索具有地域性的台网融合之路。

太原广播电视台党委书记、台长陈晓红宣布“追梦新时代幸福太原城”大型融媒体直播正式开始。广播、电视、新媒体派出十七路记者在太原市五点、五街、六路主要亮化区域和红灯笼体育场等地，通过新闻综合频道、FM912太原综合广播、太原手机台APP、山西大众移动电视以及央视新闻＋、新华社现场云、107蓝鲸直播、乐直播等各大平台进行融媒现场直播，与观众网友互动交流，历时90分钟的融媒直播，获得21.60万人次观看，这是太原广播电视台开启融媒体时代的精彩亮相，也是太原广播电视台扩大主流媒体影响力的一次全力出击。（赵　亮）

图书馆

【概况】 太原市图书馆馆舍面积56066平方米，地上6层，地下二层。馆内设有社科借阅区、自科借阅区、数字阅览区、亲子阅读馆等60个服务区域、阅览座席3816个、供读者使用的计算机300余台、应用RFID技术和无线网络全覆盖。

2019年全年接待读者421万人次，比上年增长14万人次；文献借还380万册次，比上年增长42万册次；全年共采选图书4万余种、9万余册，“你选书、我买单”“馆中店”“太图飞书”全年参与人次4202人，34064册图书由读者亲自采选；全年接收捐书共计6111册，征集采选地方文献870册；入驻志愿者达4200余名，志愿服务时长达53400余小时。（太原市图书馆信息部）

【阅读空间优化创新】 2019年，太原市图书馆深度开发融观、学、研一体，阅读推广与红色文化相结合的马克思书房，全年接待读者12万人次，接待参观学习团体674批次，服务效能是全国图书馆平均值十几倍；打造太原书院浓郁中式空间和复合功能，多种雅集活动的独特魅力吸引袁旭临老先生等人优质展览和慷慨捐赠；新增时尚新颖、科技感觉和互动感极强的“时代新人主题体验馆”，成为文化引领新时代社会教育的典范。（太原市图书馆信息部）

【文献资源保障】 2019年，太原市图书馆馆藏文献总量170万余册/件，馆藏地方文献3.70万余册，全国县以上方志6000余册。是为数不多的几家购买《中华再造善本》及其数据库的图书馆。加强古籍保护与研究，完成古籍善本回迁。印制馆藏《霜红龛墨宝》一书，并作《霜红龛墨宝考释》，挖掘馆藏文献，精心策划制作“太原市图书馆特藏新中国出版图书特展”、《山河表里留文脉 学养千秋泽后昆——太原市图书馆珍藏清代山西著作》精品展、清乾隆《御制棉花图》选、《风华——太图70年馆藏文献特展》《见证——从张健民读书与捐书见证当代国人阅读经历与书香传承》《傅山〈霜红龛墨宝〉集萃》等太图馆藏珍贵典籍文献展览吸引广大读者，发挥古籍在学术研究和文化传播方面的积极作用。

（太原市图书馆信息部）

【全民阅读活动】 2019年，太原市图书馆以二青会、新中国成立70周年、建馆65周年为契机，开展跨界创新文化活动。举办二青会“体育电影周”开幕活动、庆祝新中国70华诞交响乐会、专题展览、主题讲座等形式多样、丰富多彩的全民阅读活动1227场，累计参与市民200余万人次。各大主流媒体对太图阅读推广活动进行报道146次，各大门户网站发表、转载相关新闻稿件1000余篇。2019年获得“全民阅读基地”“2018年游学基地”称号，太图多个项目获得第二届公共图书馆创新创意征集推广活动三等案例、2018 年阅读推广项目，在“我和我的祖国”盲人讲故事比赛组织中获得优秀组织奖等，共获得国家级奖项 10 项。获 2018 同筑中国梦共度书香年宣传优秀单位、2018 同筑中国梦共度书香年最佳组织单位、全国科普宣传周活动先进集体、全民阅读优秀组织单位、山西省 2019 年度“十大阅读推广机构”等省级奖项五项。市级奖项两项分别为：“太原图书馆”微信公众号获得“十佳优秀政务微博、微信公众号”、2019 温暖的你短视频征集活动三等奖。（太原市图书馆信息部）

太原图书馆城市书房郝庄馆开馆仪式（太原市图书馆供图）

【网络化数字化建设】2019 年，太原市图书馆官方微信关注人数 16.30 万余人，传播影响力稳居全国图书馆前 20 位；数字资源访问量 277 万次、下载量 37 万次。开展 2019 年公共数字文化工程资源联建政府公开信息项目信息报备、资源加工工作；深化开展系列线上线下公共数字文化推广宣传活动，通过太图微信、网站及新闻媒体进行广泛的宣传报道。2019 年，太图网站共发布信息 1100 余条。太图官方微信公众号共发文 1584 篇，微文阅读量 71 余万人。（太原市图书馆信息部）

【公共文化服务】2019 年，太原市图书馆共有馆外流通分馆 23 家。全年定期为太图 34 家分馆（其中包括 9 家县区馆）配送图书 5 万余册，捐书 5050 余册，赠送期刊 7970 余册。满足基层群众、部队官兵阅读需求。开展丰富多彩的助残暖心系列，为视障读者放电影、送文化大礼包，采购盲人智能听书机，陆续发放给视障读者。

创新拓展服务和空间，开创公共文化服务新模式。在全省率先开通“太图约书”服务，实现网上约书，快递到家；因地制宜、自主策划设计“不下车还书”系统，实现驾车读者快速还书；创办首家进企业、进景区的公共图书馆分馆——六味书斋，创新文旅、文企融合发展，使文化更富有活力，旅游更富有魅力，企业更具有竞争力；打造山西省首家 24 小时无人值守智慧城市书房“太图城市书房——郝庄馆”；开通网上“智慧咨询”服务，优化阅读体验与服务效率。充分发挥公共图书馆的阵地作用和社会教育功能。（太原市图书馆信息部）

【第十三届全民阅读论坛】2019 年 4 月 9 日，由中国图书馆学会主办，中国图书馆学会阅读推广委员会、太原市图书馆、太原图书馆学会承办的中图学会阅读推广委员会 2019 年工作会议暨第十三届全民阅读论坛在山西省太原市成功举办。会议发布 2019 年全民阅读主题及系列活动，并举行“让经典走向大众——《中华传统文化百部经典》”联合推介活动，太原宣布加入《中华传统文化百部经典》推介城市行列。国家图书馆副馆长陈樱为山西省五家公共图书馆代表赠书。随后举行全国首届“图书馆杯”主题海报创意设计大赛中部分优秀组织奖获奖单位颁奖仪式。在“全民阅读论坛”主旨报告环节，北京大学信息管理系教授、全国图书馆学学科首席科学传播专家王余光作《读经典打基础》为题的报告，文学博士、学者鲍鹏山带来《书的正确打开方式》为题的主旨报告，第 73 届雨果奖获得者、著名科幻作家刘慈欣从“科幻文学与阅读推广”的主题角度与现场来宾展开互动问答。10 日，2017 年阅读推广优秀项目分享交流会在太原市图书馆报告厅举行，6 位报告人就不同主题展开分享与交流。该次会议为太原市公共文化事业、全民阅读推广的建设与发展注入新活力，为全面提升全市公共文化服务水平带来全新发展思路。

（太原市图书馆信息部）

【第二届太图读书节】2019 年，正值“第十三届全民阅读论坛”在太原市举办以及 4 月 23 日“世界读书日”到来之际，4 月 9 日晚，“阅”声合鸣 问道经典——太图交响音乐会在太原市图书馆奏响。由太原市文化和旅游局主办，太原市图书馆、太原图书馆学会承办，以公共图书馆作为主导，省城出版界、文化界、媒体、阅读推广机构全城联动，“第二届太图读书节”也在音乐会中正式启动。

读书节活动时间为 2019 年 4 月 9 日至 5 月 31 日，以“阅读，链接美好生活”为主题，旨在打造新亮点、新体验、新福利、新形式、新品牌，用 127 场全民阅读文化活动，营造全民阅读节日氛围，让丰富多彩的全民阅读活动承载市民、读者对美好生活的向往。让书香萦绕城市，让阅读链接美好生活。该次读书节中，“汽车穿梭还书”便民系统上线，读者坐在车上即可还书；24小时智能咨询服务上线，让广大读者更好、更方便地了解图书馆读者服务。

（太原市图书馆信息部）

【首届中国·太原体育电影展开幕式】2019年5月26日，首届中国·太原体育电影展开幕式在太原市图书馆举行。该次开幕式由山西省体育局、太原市人民政府主办，太原市体育局、太原市文化和旅游局承办，该次体育电影展的主题是“相约二青盛会喜迎祖国华诞”，分为开幕式、体育电影展映和体育电影海报展三大板块。导演张继刚、表演艺术家唐国强、射击运动员许海峰等来自全国各地的众多体育界、影视界及艺术界的知名人士参加开幕式。晋剧艺术表演家谢涛、青年京剧演员单娜首先献上晋京戏歌《人说山西好风光》，到会的体育界、演艺界、艺术界的明星们，以及来自山西省武术运动管理中心的运动员们纷纷献上精彩的节目。唐国强现场创作书法作品一幅《光影传情，体育筑梦》，陶玉玲、张金玲、赵保乐、张惠臣、魏秋月展示提前写就的《相约二青盛会，喜迎祖国华诞》《青春的约会，拼搏的舞台》等墨宝，赠予太原市。

电影展作为环太原国际公路自行车赛暨中国太原国际自行车周的一项重要活动，首届中国·太原体育电影展是一次内容丰富、精彩荟萃的体育文化视觉盛宴，是全市体育和文化旅游深度融合发展的具体举措，也是献给中华人民共和国成立70周年的一份厚礼，充分展现出太原市深厚的文化底蕴和新时代奋发向上的崭新姿态，为在太原开幕的全国第二届青年运动会营造浓厚的体育文化氛围。（太原市图书馆信息部）

美术馆

【概况】2019年，太原美术馆坚持以习近平新时代中国特色社会主义思想为指导，开展“改革创新 奋发有为”大讨论和“不忘初心 牢记使命”主题教育，贯彻落实省委、省政府，市委、市政府，太原市文化和旅游局的各项工作部署，团结奋进，繁荣发展太原美术事业，提升扩大太原文化旅游影响力，丰富省城文化生活，不断满足人民对美好生活的向往，圆满完成2019年度目标任务。（连 越）

【文明创建】2019年，太原美术馆全年举办大中小型展览75场，丰富市民文化生活；关爱未成年人，全年举办31场公共教育活动；弘扬传统文化，开展“我们的节日”系列活动；爱心奉献，艺术共享，开展常态志愿服务，全年开展58场丰富多彩公共文化惠民活动，太原美术馆志愿者已达1710人，开展文化志愿服务103场，志愿服务时长达19572小时，获太原市学雷锋志愿服务优秀组织。（连 越）

2019年8月4日，“不忘初心、牢记使命、奋进新时代——庆祝中华人民共和国成立70周年展览”在太原美术馆开展（太原美术馆供图）

【科学管理模式】2019年，太原美术馆以创建全国重点美术馆作为发展目标，经过开馆六年来不断提升，践行科学化、规范化、精准化运行模式。

综合管理方面，落实太原市文化和旅游局各项工作要求，确保行政、财务、人事和业务工作合理有序推进。太原美术馆结合岗位需求，引进高层次人才三名，壮大职工队伍，丰富人员结构。

安全生产方面，安全生产办公室部署安全生产工作，制订完善各类安全应急预案，开展安全生产大排查和演练，确保安全运营。（连 越）

【美术展览活动】2019年，太原美术馆本着“高水平、高规格、高品质”的办展理念，以“文化惠民，文化为民”为宗旨，努力践行“坚定文化自信，弘扬中国精神”，围绕新中国成立70周年、太原解放70周年、二青会等重大主题活动，共举办75场展览，参观人数达86万人次。

策划举办“庆祝新中国成立70周年”群众文化系列活动。太原美术馆自主策划“凝彩之光 青春助力——山西省壁画体育元素雕塑展”“梦从这里出发——山西省第四届高校毕业季优秀美术作品展”“戏画丹青——全国戏剧人物画新作邀请展”“庆祝新中国成立70周年优秀摄影作品展”“太行人家美术作品展”等5项展览入选太原市庆祝新中国成立70周年群众文化系列活动方案，“凝彩之光 青春助力——山西省壁画体育元素雕塑展”被列为省级重点展览项目，展览历时三个月，参观人数达

20 万人次。中央电视台、新华社和山西媒体给予宣传报道。

重点呈现年度重大主题性展览。通过举办“不忘初心、牢记使命、奋进新时代——庆祝中华人民共和国成立 70 周年展览”“庆祝中华人民共和国成立 70 周年‘人说山西好风光’大型诗书画印展”“给体育插上文化的翅膀——中华人民共和国第二届青年运动会体育美术作品展”“庆祝新中国七十华诞 太原解放七十周年主题纪念展”等主题性重点展览，发时代之声，展时代风采。其中，“不忘初心 牢记使命 奋进新时代——庆祝中华人民共和国成立 70 周年展览”，集中展示党领导太原人民走过的辉煌历程，共展出 107 天，总计接待参观人数达 10 万余人次。

自主策划展览在实践性、学术性方面不断加强。太原美术馆每年打造“美术馆里过大年”品牌展览。精心策划“艺道弘德·美美与共”——太原美术馆 2019 年迎新贺岁系列展览，通过 10 个主题展览，弘扬中华优秀传统文化，为广大市民在春节期见献上一场文化大餐。

太原美术馆自主策划展览在学术性上受到业界认可。陶瓷艺术品牌展览，如“山西省首届瓷上山水画展”“瓷映千秋——古代太原居民生活用瓷特展”“晋地青花——山西近现代青花瓷器展”，填补山西美术空白。自主品牌展览“雄伟太行山——大型国画作品展”“太行人家——国画邀请展”，力在打造文化晋军、太行画派，集中展现山西太行题材国画作品，讲好太行故事、传播太行精神、弘扬太行文化；自主策划“太原百年影像展”，以丰富社会历史内涵和生命意蕴的展览宗旨，围绕中国早期摄影与太原摄影叙事，构成太原地域的影像历史。“母亲的花儿——民间晋绣艺术展”入选文化和旅游部青年策展人项目，通过地方文化特色来讲好中国故事，展现中国精神，践行从“民间工艺再现”到“再现民族精神”探索，展览受到广大观众喜爱和好评。

2019 年 9 月 29 日，太原市全民创建总动员短视频大赛颁奖仪式在太原美术馆举办
（太原美术馆供图）

举办文化交流展览。与中国文联、中国美协、各省文化艺术机构加强学习共享交流机会，并开展一系列地区、馆际交流展。国家艺术基金项目“山西历代碑拓书法艺术展”“晋陕豫民间宗祠教化美术作品山西展”齐齐亮相太原美术馆。承办“全国各省（自治区、直辖市）、港、澳、台美协主席、副主席作品邀请展”“2019 年深圳市文化系统优秀美术书法全国巡展”，多项交流展受到中国文联、中国美协领导和艺术家肯定与赞扬。

示范引领山西美术发展。太原美术馆发挥示范引领性作用，承办“第二届山西艺术节”展览，以“艺术的盛会、人民的节日”为主题，荟萃艺术精品、突出三晋特色、聚焦文旅融合，太原美术馆承办并组织开展 5 个主题展览，1000 余件优秀展品有序展出，展期共计 20 天，参观人数达 5 万人。举办“梦从这里出发——第四届山西省高校毕业季美术作品展”，为新生代青年艺术家的发展提供充分展示、交流、互鉴平台。举办山西省第三届文创产品展，全面挖掘和利用山西丰富的文化资源，提高各市场主体创新创意能力，鼓励加大对文化创意产品研发力度，使艺术融入家庭、融入生活，更好地推动文化产业繁荣发展。 （连 越）

【美术美育】 2019 年，太原美术馆作为社会美育重要场所，承担着“以文化人、以美育人”的使命和责任，共策划实施美育活动及展览 31 场。“馆校共建”版画课程走进太原市第三十八中学、太原市第十六中学、太原师范学院附属中学、新建路小学、国师街小学、公园路小学、太原市实验小学、阳曲县柏板小学等 9 所学校，带领上千名中小学生感受版画魅力。 （连 越）

【学术研究】 2019 年，太原美术馆新增藏品 99 件套，国画作品 7 件、民间美术作品 74 件套、书法作品 12 件、漫画作品 3 件、粉画 1 件、建筑画 5 件（共计一件套）。新增三大典藏类别，分为粉画、建筑画、漫画。

学习贯彻习近平总书记关于文艺创作的等重要讲话精神，将理论学习落实到创作研究中。在专业创作方面，紧跟时代发展主旋律与时代命题，制订“深入生活 扎根人民”主题实践方案并开展活动。

在学术研究方面，对以力群为代表的 20 世纪山西籍版画艺术家及其作品进行文献资料的研究。开展山西美术70年研究项目，对山西籍画家及其在历史中的重要作品进行文字与图像研究，在《美术视界》刊载发行。编辑出版《金猪呈祥——猪年画猪漫画展》《戏画丹青——全国戏剧人物画新作集》等太原美术馆艺术系列丛书。（连　越）

社会科学研究

【概况】 2019年，太原社会科学院坚持以习近平新时代中国特色社会主义思想为指导，深入学习贯彻中共十九大和十九届二中、三中、四中全会精神以及习近平总书记“三篇光辉文献”精神，全面贯彻市委建设“文明开放富裕美丽太原”战略部署，牢固树立求实、求是、求新理念，推动“双转”、夯实“三基”、增强“四力”，努力推动社科联管理工作由数量增长向质量提升转型、社科院研究工作由理论科研向实践调研转型，深入开展调查研究，扎实推进研究工作供给侧改革，履行政策解读、决策咨询、对策研究工作职责，担当服务中心、服务发展、服务民生重大使命，为文明开放富裕美丽太原建设提供理论支持和智力支撑。（闫瑞平）

【机构改革】 2019年1月22日，根据《中共太原市委办公厅　太原市人民政府办公厅关于印发〈太原市机构改革方案〉的通知》要求，原太原社会科学院（太原市社会科学界联合会）与原市政府发展研究中心合并，重新组建太原社会科学院（太原市社会科学界联合会、太原市人民政府发展研究中心），作为市政府直属事业单位。2019年2月2日，经市委常委会研究决定，根据《中共太原市委关于市直单位机构改革调整党组设置的通知》要求，设立中国共产党太原社会科学院（太原市社会科学界联合会、太原市人民政府发展研究中心）党组。2019年10月11日，经全体党员选举，产生中共太原社会科学院（联、中心）机关党委和机关纪委。10月25日，选举产生机关第一党支部和机关第二党支部。

院（联、中心）党组注重打通机构壁垒、职能壁垒、人员壁垒，对内部机构和人员进行重组，分设管理部室6个：办公室、人事部（党组办、机关党委）、科研管理部、智库建设部、科普宣传部、学会组织部；研究所9个：经济发展研究所、工业经济研究所、服务业发展研究所、城乡发展研究所、生态文明与可持续发展研究所、当代马克思主义和党的建设研究所、政治法律与管理科学研究所、文化发展研究所、社会发展研究所。为充实干部队伍，引进8名高层次人才，真正形成机构、职能、人员、工作全面融合发展的工作态势。（闫瑞平）

【重大课题研究】 2019年，太原社会科学院始终秉承求实、求是、求新的理念，推动“双转”、夯实“三基”、增强“四力”，深入开展调查研究，扎实推进研究工作供给侧改革，推动研究工作由理论科研向实践调研转型，提升研究成果质量，开拓社科理论研究新局面。贯彻落实习近平总书记视察山西重要讲话精神，围绕文明开放富裕美丽太原建设战略目标，聚焦太原经济社会发展中的重大问题，开展创新资金资助项目、重大决策咨询课题研究工作。

同年，太原社会科学院确定立项《当代马克思主义大众化研究与传播的太原实践》《营商环境评估体系及其对招商引资的影响》2个创新资金资助课题和《太原晋祠联合依托北京故宫、天坛、曲阜孔庙申报“世界文化遗产拓展项目”研究》《中国可持续发展议程创新示范区太原实践研究》《太原市实施“工业强市”战略研究》《太原市开展社会建设完善相关立法研究》4个重大决策咨询课题，这六个课题聚焦太原经济社会发展的热点领域，回应市委、市政府重点关注的话题，是太原社科院服务中心、服务民生、服务发展使命的有力回应。（闫瑞平）

【市情调研】 2019年，太原社会科学院为深入了解太原市经济、政治、文化、社会、生态文明建设总体情况，推动研究工作从理论型科研向实践型调研转型，逐步实现调查研究常态化、制度化。安排7个调研组通过实地调研、现场参观和召开座谈等方式，到市统计局、市中小企业局、清控创新基地等地跟踪了解太原经济发展总体情况；到太原市工信局、太原市中小企业局、智奇铁路、太锅集团等地充实2018年太原市工业经济指标相关数据库；到市商务局、市农业农村局、山西九牛牧业有限公司、阳曲县万向农业科技有限公司等部门和企业，深入了解太原市农业及电子商务发展情况、企业经营状况和企业面临的主要发展瓶颈等问题；到杏花岭区域党群服务中心、市直机关工委、市外办、市编办等单位，了解机关党建和城市基层党建中存在的主要问题并形成《2018年度太原市党员及党组织基本情况》相关数据库；到文物保护单位，了解文物保护、利用、传承的现状及思路；深入城乡社区，了解群众关注的热点难点问题。

通过大调研活动，科研人员掌握研究领域内的第一手资料，了解行业内最新发展情况，夯实发展主体（研究对象）样本库、政策对策案例库、基础统计数据库三项研究工作基础，推动各研究所围绕市委、市政府中心工作，在政策解读、决策咨询、对策研究等方面努力发挥出应有作用。（闫瑞平）

【智库对策研究】 2019年，太原社会科学院为更好地建成党委政府用得上的新型智库，与相关部门合作开展横向课题研究。

围绕市委、市政府撤销清徐县、阳曲县设立清徐区、阳曲区行政区划调整重大安排部署，高质量完成清徐县人民政府委托的《关于撤销清徐县设立清徐区行政区划调整可行性论证报告》和《关于撤销清徐县设立清徐区行政区划调整社会稳定风险评估报告》；阳曲县人民政府委托的《关于撤销阳曲县设立阳曲区行政区划调整可行性论证报告》《关于撤销阳曲县设立阳曲区行政区划调整社会稳定风险评估报告》；有力地推动撤县设区工作的顺利进行。

完成市教育局委托课题《教育发展支撑太原经济社会发展的研究》，完成环太原自行车越野赛筹备工作领导组安排的《2019年度环太原国际公路自行车赛暨中国太原国际自行车周社会经济效益评价报告》。

完成其他研究课题。包括《2018太原经济社会发展蓝皮书》《2019太原经济社会发展蓝皮书》《2019重点改革事项建议》《太原市2019年一季度经济形势分析和下一步工作建议》《太原实施"工业强市"战略干部读本》《长沙市以产业链建设推动工业经济高质量发展的报告》《太原服务业发展报告》《太原卫生健康事业发展报告》《太原体育事业发展报告》《中国城市年鉴——2019年太原卷》《马克思书房公开课》《2019年度太原文化事业发展报告》《2019年度太原文化产业发展报告》《太原市入企调研报告》《太原市公共文化服务调研报告》《2018年度科技成果转化报告》等课题文稿的编撰。

探索创新，以院内课题方式由市社科联所属学会承担2项科研课题，《太原市民俗文化与旅游业融合转型发展研究》《太原市居民安全感、获得感与幸福感的现状及提升路径的研究》。

（闫瑞平）

【社科联管理】 2019年，太原社会科学院推进治理体系和治理能力现代化，社科联作为党委和政府联系广大哲学社会科学工作者的桥梁和纽带，搭建服务平台，深入推进社科普及，成为推动社会进步的重要力量，太原市社会科学界联合会获得全国大中城市社科联工作会议主席团颁发的2019年度全国社科组织先进单位称号。 （闫瑞平）

【新媒体平台建设】 2019年，太原社会科学院响应推进治理能力和治理体系现代化的号召，努力建设新媒体平台，充分利用"两微"平台开展社科普及活动，共发微信信息697条，其中原创内容84条，微博信息351条，内容以习近平总书记重要讲话精神为指引，及时宣传推介人文社会科学、马克思主义理论、党的大政方针、国家法律法规、中华优秀传统文化等。"一刊"即改版提质的《并州智库》，发行范围稳步扩大，影响持续提升，成为进行社会科学普及、展示理论研究成果的重要窗口。

（闫瑞平）

【"十百千"社会科学普及项目】 2019年，太原社会科学院开展主题论坛活动。响应市委"开启文明开放富裕美丽太原新征程"号召，深度聚焦"文明开放富裕美丽"太原建设，推进社科普及工作走进基层、走进社区、走进学校，与机关单位、高校、书店、社会组织等合作，举办"文明开放富裕美丽太原"主题论坛36场，参会人数近10000人次。相关论坛在黄河新闻、太原新闻、太原日报等媒体报道，影响力持续提升。创建第二批太原市社科普及基地，对14个市级科普基地进行授牌、颁发证书。加强社科普及资源整合，拓展社科普及平台，扩大社科普及覆盖面，提升社科普及传播效力，对于提升治理能力、提升全民社会科学素质意义重大。

（闫瑞平）

【智库建设】 2019年，太原社会科学院筹备太原市社会科学界联合会代表大会和全省各市发展研究中心主任联席会议。现已初步具备召开会议条件，等待市委、市政府会议批复。完成《并州智库》12期的编撰发行工作，共发行1868册。推动建立并州智库工作站（联络站），研究制定并州智库工作站（联络站）管理办法，推动并州智库工作站（联络站）建设。传播民俗文化。先后成功举办三次民俗文化精品展览活动，内容包括琉璃、珐琅、风筝、剪纸、葫芦、脸谱、绳结、景泰蓝等各类民间艺术品，为民俗文化的推广普及起到积极作用。 （闫瑞平）

【"百会兴联"战略】 2019年，太原社会科学院参加全国大中城市社科联第30次工作会议。邀请各学会负责人开展学术交流活动，对太原市美学学会等3个先进学会和杨秀川等7名先进工作者进行表彰。实施"百会兴联"战略。为吸纳更多社会主体参与社会治理，社科联大力推进"百会兴联"战略，年内新增学会10家，分别是太原市城乡建设美学研究会、太原市民俗文化研究会、太原市珐华琉璃研究会、太原市诚信文化研究会、太原市教育改革与创新研究会。太原市修德文化研究会、太原市青年婚恋研究会、太原市母亲文化研究会、太原市蒙特梭利研究会、太原市智库研究会5家经过初审上报送市委宣传部审批。在维护消费者权益、推进民俗文化保护、扶弱助困、心理咨询等领域均发挥出积极作用。社科联所属学会达20家，成为宣传哲学社会科学知识的重要阵地，借助各学会力量扩大辐射范围，不断提升社科联影响力。推进学会党建工作。选派张红卫等7名党建指导员，具体指导、协调和参与兜底管理社会组织党的建设工作，推动学会党组织覆盖工作。 （闫瑞平）

卫生管理

【概况】 2019年，太原市卫生健康委员会坚持以习近平新时代中国特色社会主义思想为指导，深入贯彻中共十九大和十九届二中、三中、四中全会精神，认真落实新时代党的卫生健康工作方针，统筹推进卫生健康各项工作高质量发展，推动全系统党的建设和党领导的卫健事业全面拓展新局面。太原市县乡医疗卫生机构一体化改革“阳曲样板”“清徐经验”在全国推广，徐建国院士工作站最新科研成果在全国推广，“二青会青运村医疗服务能力建设标准”被誉为全国标杆；全民健康信息平台顺利通过国家级互联互通标准化成熟度四级甲等测评，是全国第三个通过测评的省会城市；高血压医防融合、乡村医生队伍建设、职业卫生监督、“12320”热线工作经验全国交流；先后获批全国首批社会心理服务体系建设试点城市、第二批安宁疗护试点城市、第四轮艾滋病综合防治示范区；《山西十年医改评价报告》选定的6项地市改革经验中，太原市县域综合医改、村医进退流转机制、社区慢病管理PBM项目3项入选；免疫规划工作模式全省推广，妇幼健康服务、医养结合工作经验全省交流，基本公共卫生绩效评价全省第一。

截至2019年底，全市共有各级各类医疗卫生机构3892所。其中医院155所，基层医疗卫生机构3688所，专业公共卫生机构39所，其他卫生机构10所。全市医疗卫生机构共有床位39418张，千人口床位8.92张。共有各类卫技人员62622人，其中执业（助理）医师24200人，千人口执业医师5.47人；执业护士29989人，千人口执业护士6.78人。（李双平）

【机构改革】 2019年2月22日，太原市卫生健康委员会挂牌，副市长王爱琴出席挂牌仪式。3月12日，市卫健委与市应急局完成职业健康工作人员交接并组建职业健康科，标志着职业健康监管职责由市应急局到市卫健委划转完成。5月30日，中共太原市委卫生健康委员会工作委员会正式挂牌。编制90人，科室23个。（李双平）

【医疗改革】 2019年，太原市卫生健康委员会深化城市公立医院综合改革，加快现代医院管理制度建设，阳曲县人民医院、市中心医院分获国家和省级试点，全市11所试点医院均完成章程制订。全面启动国家药品集中带量采购，慢病患者药品供应PBM项目试点形成可推广模式；协调市医保部门推进按病种、按床日、按疾病诊断相关分组等复合型医保支付方式改革，并将高血压糖尿病纳入门诊统筹。县乡医疗卫生机构一体化持续保持全省第一方阵，国家卫健委先后2次在太原市举办县域综合医改培训，重点推广“阳曲样板”“清徐经验”，城六区医疗集团全部实现“六统一”管理；率先在全省完成县乡医防融合改革任务、为全省唯一完成的地市；跟进实施县级医院服务能力提升工程，实现县级综合医院二级甲等全覆盖，清徐县、杏花岭区中心医院达到国家县级医院综合能力推荐标准。巩固实施265个病种分级诊疗，着力推进优质医疗资源下沉，共建成25个跨区域医联体、18个专科联盟，实现市管三级医院和县级综合医院“两个全覆盖”。

（李双平）

【“百院兴医”工程】 2019年，太原市卫生健康委员会将市中心医院、市妇幼保健院新院区建成投用作为重大政治任务，全力推动工程项目安全有序建设。年度完成投资10.90亿元，市中心医院、市妇幼保健院11月30日正式开诊，新增床位2500张、医疗服务面积47万平方米。坚持人才强卫、科教兴医，借力市委人才新政，新建院士工作站2个，柔性引进高层次卫生人才66名、国内知名院校毕业生10人，入选“三晋英才”83人，评审选定市级临床重点专科72个、名医工作室121个；多渠道培养医学重点学科高端人才50名、骨干人才760名、基层适宜人才1.20万余人次；引进开发53项新技术新项目，辐射惠及百万患者。实施“互联网+医疗健康”行动，依托全民健康信息平台和健康太原“一云五端”服务体系，接入1404所医疗机构，累计提供双向转诊、分时段预约等14项服务1236万人次，使老百姓享受到智慧医疗带来的便捷和实惠。（李双平）

【医疗服务质量】2019年，太原市卫生健康委员会以二级医院和县级医疗集团为重点，实施改善医疗服务行动计划，实现预约诊疗、优质护理、运营评价全覆盖，并试点在2所三级医院开展30个病种的日间手术、在37所二级以上医院开展临床路径管理、在10所医院推行住院病人“无陪护”模式、在42所医院实行医学检查结果“一单通”。成立38个医学专业委员会和35个专科质控部，狠抓医疗核心制度落实，提高医疗服务水平和质量。（李双平）

【“放管服效”改革】2019年，太原市卫生健康委员会对照国家政务服务事项基本目录进行梳理，实现行政审批事项“四级四同”；下放护士执业注册权限，对公共场所卫生许可实行告知承诺制；精简审批材料23项，办理时限与国家规定相比平均缩短24个工作日，增设12320热线行政审批投诉渠道，并按一级响应事件纳入“13710”督办系统；率先在全省将多机构执业医师纳入社会办医疗机构校验基数，持续优化社会办医政策环境。（李双平）

【基层医疗卫生服务】2019年，太原市卫生健康委员会持续推行“1+1+X”家庭医生签约服务模式，建立家庭医生团队1639个，常住人口、重点人群签约率达35%、64%，均高于省定标准。率先在全省建立二级以上医院对口帮扶体系，并明确乡、村两级医疗卫生机构建设标准，制定出台进一步完善村卫生室管理方案；提档升级“千医千村牵手”工作，1205名城市医生通过“线上”“线下”帮扶1218名乡村医生，提高服务可及性，增强服务黏度。持续完善中医药服务体系，建成国家级基层中医药工作先进单位1个、省级名老中医传承工作室2个，启动实施优秀中医临床人才研修项目，全市98%的社区卫生服务中心、乡镇卫生院能提供中医药服务。（李双平）

【卫生健康治理】2019年，太原市卫生健康委员会紧扣二青会医疗保障、文明城市创建等全市中心工作，举全系统之力协同攻坚，先后高质量保障开闭幕式、火炬传递和场馆、赛事、酒店平稳运行；高水平加强管理，全覆盖式督导推进28个点位医院文明创建工作，圆满完成国家测评任务。加强卫生健康法治建设，健全公平性竞争审查、合法性审核等8项制度，出台《医疗卫生机构不良执业行为管理办法》等3个规范性文件，依法行政制度体系进一步完善。认真落实综合监管制度，初步建立起“互联网+监管”体系，医疗机构等10方面日常监督覆盖率、“双随机”抽检完成率均达100%。完善突发事件联防联控机制，开展培训演练30余次，卫生应急核心能力不断提升。严格落实安全生产责任制，未发生重大安全事故，同步推进综合治理和平安医院建设，信访批次人次实现“双下降”，全系统安全稳定形势持续向好。（李双平）

【重大疾病防治】2019年，太原市卫生健康委员会坚持因病施策，优化重大疾病防治策略，全市0—6岁儿童接种率达95.50%，6种地方病动态监测、4125名尘肺病患者健康管理实现全覆盖，艾滋病、结核病等重点传染病控制在较低流行水平，城市癌症早诊早治项目筛查完成率100%，社会心理服务体系建设、高血压医防融合2个国家级试点工作取得初步成效，严重精神障碍和慢病患者规范管理率分别达到80%、79%，并建成健康支持性环境15个；人均基本公共卫生服务经费补助标准从55元提高到69元，建立协同公卫报病系统，打通上下级医疗机构信息堵点，有效提升基本公卫服务效率。（李双平）

【重点人群健康服务】2019年，太原市卫生健康委员会推动“全面两孩”政策落实，促进3岁以下婴幼儿照护服务发展，“康乃馨关爱暖心工程”覆盖计生特殊家庭1072户、1643人，积极构建生育友好型社会环境。严格执行母婴安全5项制度，产前筛查诊断、“两癌”筛查等省政府民生实事超额完成，残疾儿童康复救助740人。统筹推进医养结合、安宁疗护等4个国家级试点工作，全市医疗机构老年人就医绿色通道覆盖率91%，综合医院老年科开设率三级85%、二级31%，养老机构医养结合覆盖率达到92.68%。健康扶贫累计救治34种大病1194人、“双签约”管理慢病6957人、“三保险”“三救助”兜底保障重病41人，贫困患者报销比例达92%，并培训护工912人，助力贫困家庭永久脱贫。（李双平）

【健康中国行动】2019年，太原市卫生健康委员会认真落实健康中国行动15项任务，充分发挥爱国卫生工作有机构、有体系的组织优势，加强“健康细胞”工程建设，建成省级卫生示范乡镇4个、示范村26个、卫生村87个，获批健康城镇试点9个。组织实施健康知识普及、“三减三健”、控烟履约等一批有针对性的健康行动，共组织健康教育“六进”活动8161次、服务10.66万人次，全民健康素养水平达到17.60%。（李双平）

【县乡医疗卫生机构一体化改革】2019年，太原市县域综合医改始终保持全国、全省第一方阵地位，改革经验多次在全国会议上推广，受到国务院原副总理刘延东等领导充分肯定。全国人大副委员长吉炳轩、国家卫健委副主任李斌等领导在阳曲考察时，也对太原市改革经验给予高度评价。国家卫健委在福建三明、浙江杭州、山西运城及太原共举办5期县域综合医改培训，推广所在城市改革经验，其中2期在太原市举办，重点观摩推广太原市阳曲县、清徐县改革经验。

太原市推进各项改革，在体制创新上实现5个突破。在健全医院管理体制上突破。各县（市、区）都成立由政府一把手担任主任的医管委，落实政府办医领导责任、保障责任、管理责任、监督责任。在组建医疗集团上突破。各县（市、区）将辖区县级医院、乡镇卫生院、社区卫生服务中心整合，组建为一个独立法人的医疗集团，实行行政、人员、资金、业务、绩效、药械“六统一”管理。在医疗服务价格调整上突破。授权县（市、区）对医疗服务价格进行动态调整，合理提升体现医务人员技术劳务价值的医疗服务价格。在实行医保总额打包付费上突破。按照“总额管理、结余留用，合理超支分担”的原则，采取“总额预算、按月预拨、年终结算”的方式进行拨付。在药械供应保障机制上突破。推行药械供应目录、议价、采购、配送、结算的“五统一”和“两票制”，实现同城同质同价，群众用药城市和乡村一样方便。（李双平）

【城市公立医院改革】 2019年，太原市进一步深化公立医院改革，建立有利于维护公益性、调动积极性、保障可持续性的公立医院运行新机制。加快推进现代医院管理制度改革试点工作，市政府印发《太原市建立现代医院管理制度实施方案》，加强对全市现代医院管理制度建设指导。太原市遴选阳曲县人民医院为国家级现代医院管理制度改革试点、市中心医院为现代医院管理制度省级试点；10所章程试点医院均完成章程草拟工作。加快推进人事薪酬制度改革，市妇幼保健院进一步深化改革试点工作，对全院2018年医、药、护、技、管理、工勤各岗位薪酬水平进行核算评估；对标一流，组织有关人员赴重庆、西宁等地学习薪酬制度改革先进经验，积极构建符合行业特点、体现医务人员技术劳务价值的薪酬制度。积极推进“互联网＋医疗健康”建设。有效整合全市医疗资源，在全省率先建立“健康太原云服务”平台，打造一网一机一卡一线（健康门户、手机终端、就医一卡通、12320热线）四大服务终端，打通线上与线下医疗资源，随时随地与各级医疗卫生机构的就诊、档案、体检、献血等信息互联互动，最终让居民享受预约挂号、分时段预约、家庭医生在线签约等线上线下医疗服务。大力推进药品供应保障制度改革。与医保局等部门共同落实药品带量采购和使用工作；启动DRG付费改革工作，将高血压、糖尿病纳入门诊统筹，并在三级医院全面开展日间手术试点工作；根据社区卫生服务机构慢病药品供应保障制度改革PBM项目试点中出现的新情况新问题，市医改办积极协调有关部门，将福利报销制度由现金报销改为积分制度，理顺社区与项目运营方回款渠道，参加PBM项目的慢病患者达到20704人，累计福利报销58.90万元，帮助34个试点社区卫生服务机构新增履约“家庭医生＋PBM”患者1.27万人，“全科菁英计划”培训家庭医生团队169个，试点工作取得明显效果。（李双平）

【高血压医防融合】 2019年，太原市在全省率先启动基层高血压医防融合试点工作，出台《太原市基层高血压医防融合试点工作实施方案（试行）》，明确市、县两级卫生健康部门和疾控中心、县域医疗集团、二级以上医疗机构和各基层医疗卫生机构的任务和职责，明确太原市基层高血压医防融合工作的总体目标，即以城市医联体、县域医共体为依托，以信息化为手段，以家庭医生签约服务为抓手，建立完善高血压医防融合工作体系。加大对基层医生高血压管理能力的培训力度，累计选派7批共计25人参加基层高血压医防融合“雄鹰计划”培训，建立起市级师资培训队伍。在全市开展《国家基层高血压防治指南（2017）》培训。市高血压管理指导中心以社区卫生服务中心（乡镇卫生院）为单位开展高血压医防融合培训，已在小店区先期开展，下一步将在全市全面推广实施。（李双平）

【二青会医疗保障】 2019年，太原市卫生健康委员会高标准建设投用青运村医疗中心，得到二青会首席专家刘清早教授的高度评价“青运村的医疗能力达到了全运水平”。率先完成青运村医疗中心建设。太原市安排综合实力最强的市中心医院承办青运村医疗中心，成立以院长为组长，分管副院长为副组长的医疗救治工作组，遴选78名责任心强、业务技术精、具有良好沟通能力的医务人员驻会保障。同步编制《青运村医疗中心运行方案》和《服务能力建设标准》，健全完善管理制度、岗位职责、应急预案及工作流程。多次组织开展转运救治专项演练，并邀请全运会医疗保障首席专家现场指导、传授经验。全力做好比赛场馆医疗保障。21个比赛项目所在场馆定点保障队伍全部组建到位，按要求配备医务人员、急救车辆，组建救治专家组和管理组，涵盖全部比赛可能出现的各种紧急医疗救治领域。完成各比赛场馆病媒生物密度监测和危害风险评估，积极防范传染病发生风险。周密部署接待宾馆医疗保障。对接待宾馆和生活饮用水单位进行监督检查，发现问题，指导整改。组织3个专家组督导检查病媒生物防制情况，并有针对性开展培训。明确太钢总医院、市人民医院等28个医院选派医务人员点对点保障接待宾馆。积极做好开、闭幕式医疗卫生保障。场内，选定包括省级三甲在内的8个综合性医院担任现场医疗保障，设置医疗点50个，安排医护人员100

人；场外，按就近和救治能力，选择 15 个二级以上医疗机构定点救治；配备 10 辆救护车负责转运。全力做好卫生应急保障工作。编制完成突发公共卫生事件应急预案、紧急医学救援预案，组织举办卫生应急保障工作的专题培训、桌面推演和 2 次专题风险评估。对青运村工作人员进行健康体检，并指导青运村开展消杀及病媒生物防制工作。（李双平）

【科研成果】 省科技厅：太原市中心医院——银屑病遗传易感基因筛选及疾病干预方案探索；太原市中心医院——大肠癌/大肠疾病预警系统建立和验证；太原市妇幼保健院——多亮氨基酸重复区免疫球蛋白样蛋白 LRIG-1 在宫颈腺中的表达及临床意义的研究；太原市第四人民医院——血浆外泌体中棉衣相关蛋白体活检技术在诊断活动性肺结核中的应用研究；太钢总医院——pH 敏感靶向纳米载药体系的构建及在非小细胞肺癌治疗中的应用等 11 项。

省卫健委：阳曲县医疗集团——超声引导下胸部Ⅱ型神经 + 胸横肌平面阻滞对乳腺癌根治术患者细胞免疫及术后康复的影响；太钢总医院——炎症介质在多环芳烃污染致肺功能改变中的中介作用；太原市中心医院——FLAIR 血管高信号征 -DWI 错配于经血管内治疗的急性缺血性卒中患者预后的预测价值；太原市精神病医院——精神分裂症患者代谢综合征随机药物干预疗效与认知功能的关联性研究；万柏林区医疗集团中心医院——慢性疼痛患者的治疗现状和风险评估；晋源区妇幼保健计划生育服务中心太原市人民医院——更年期多学科 MDT 综合管理模式应用；山西太原白癜风医院——单株毛囊移植（FUE）联合光疗治疗顽固性白癜风伴白发临床观察等 14 项。

中国金属学会：太钢总医院——骨髓间充质干细胞与胎鼠皮肤组织块共培养影响其分化的试验研究等 5 项。

2019 年度山西省重点研发计划（社会发展领域）项目：太原市杏花岭区中心医院——系统性红斑狼疮患者外周血 Treg 细胞与肠道菌群变化的研究。

发表论文 SCI：19 篇，中央级：36 篇，国内核心期刊：273 篇。

新技术新项目：2019 年度全市共开展新技术、新项目 300 个。（李双平）

卫生监督

【概况】 2019 年，太原市卫生局卫生监督所坚持“全市卫生监督一盘棋”发展理念，着力提升队伍素质，加大执法力度，以创建全国文明城市和第二届全国青年运动会为契机，努力承担起市卫健委坚强有力的执法“前哨”和“后盾”的职责与重任，确保卫生监督各项工作呈现出良好发展态势。以社会关注、市民关心的民生问题为切入点，以“三心工程”为引领，报送的 2 个行政处罚案例，入选 2019 年度全国卫生计生行政处罚优秀典型案例；报送的微课作品获得全国一等奖 1 个，二等奖 2 个；在首届山西省卫生计生行政执法技能竞赛活动中，成绩优异，获得团体二等奖。

截至 2019 年底，太原市应监管医疗机构、公共场所、学校、饮用水、传染病防治、放射、职业、消毒及健康相关产品、计划生育、中医药服务等各类单位 12398 家，实际监督 12341 户，监督总户次数达 15768 户，监督覆盖率 99.54%（存在任务关闭情况，未达到 100%），共查处案件 333 件，罚款金额共计 64.05 万元，没收违法所得 167785 元。案件均已执行到位，并在市卫健委官方网站和《信用山西》网络平台进行公示。全市监督队伍全面推开“双随机、一公开”监管，对监管对象名录库和执法检查人员名录库实行动态管理，实时更新，做到任务到人。全年全市国家、省双随机任务单位 1941 户，已全部完成抽查，完结率 100%。加大行政处罚、黑名单等负面信息的披露力度，并从制度上保障事后监管的公正、透明和公平，促进宽进与严管无缝对接，促进全市各卫生监管行业自律意识的提高，营造依法执业、诚信经营的良好风气，推动全市卫生监督整体工作再上新台阶。

（办公室）

【医疗卫生监督】 2019 年，太原市卫生局卫生监督所完成传染病防治分类监督综合评价工作。根据国家、省、市关于医疗卫生机构传染病防治分类监督综合评价工作要求，下发市卫生局卫生监督所关于印发《医疗卫生机构传染病防治分类监督综合评价工作实施方案》的通知，对市管 116 家医疗机构的传染病防治工作开展分类监督综合评价。一级以上医院、疾病预防控制机构和采供血机构全覆盖，其他医疗机构分类监督综合评价率达到 92%。

骚扰电话治理专项行动、医疗乱象专项整治行动和医疗机构挂证情况核查专项工作。为净化医疗服务环境，打击和整治医疗乱象，规范医疗服务行为，构建良好医疗秩序，杜绝涉医骚扰电话行为、虚假宣传行为，根据太原市卫健委的部署和要求，在全市所辖医疗机构中全面开展专项行动自查自纠和重点督查工作，对各类违法违规执业行为进行严厉查处。

预防接种专项整治工作。对疾病预防控制机构、接种单位的疫苗储存、运输、配送和预防接种服务各环节存在的问题和隐患重点排查。针对检查中发现的个别医院与其社区卫生服务中心为同一法定代表人，医院内设产科接种点的疫苗直接从社区卫生服务中心领取，个别单位未建立疫苗效期预警制度、三查七对一验证制度等问题和不足之处，监督人员均予以反馈，并提出整改要求。

打击“两非”计划生育监督工作。整治范围为全市辖区内所有医疗机构，重点为辖区内核准“妇科”和“计划生育专业”的医疗机构。全市开展计生相关工作的医疗机构已建立打击“两非”各项制度，警示标语上墙率达到 100%。

（办公室）

【公共场所卫生监督】 2019年，太原市卫生局卫生监督所稳步提升公共场所卫生监管水平。以“创建文明城市”活动为契机，在一手抓监督检查，一手抓许可管理的基础上，结合监管的薄弱环节，加强对公共场所集中空调通风系统和顾客用品用具卫生的监管，重点开展公共场所控烟、高考期间考生住宿场所的公共卫生安全保障、沐浴理发美容行业专项整治、游泳场专项检查等一系列专项整治工作，切实保障场所的卫生安全。扎实推进饮用水卫生监督工作。在对直管集中式供水和二次供水单位进行监督检查的同时，针对“两节”“两会”、中高考、二青会和夏季汛期等关键时间节点，开展市政供水单位饮水卫生专项、考点附近生活饮用水卫生专项行动和汛期突发饮用水污染事件卫生应急演练，确保防患于未然。强化学校卫生的督导检查。针对学校传染病疫情的人群特征和季节特征，开展春季学校传染病防控专项行动。对全市632所学校的突发公共卫生事件管理、传染病防控、生活设施、生活饮用水卫生管理和突发事件应急处置等情况进行监督检查，强化校领导第一责任人的防控意识。对县区的学校卫生监督工作进行专项培训督导，使全市学校卫生监管水平得到有效提升。在接到有学校传染病疫情信息的第一时间，快速反应，及时赶赴现场，认真做好监督，有效控制疫情。开展餐饮具集中消毒单位的监管。针对现存餐饮具集中消毒单位加工间面积小，卫生条件差，自身管理不规范，工商部门只登记注册，卫生监管力度不够的问题，主动出击，多次与市工商局协调，了解全市餐饮具集中消毒服务单位的底数情况，并组织牵头，与10县（市、区）联动，统一展开监督检查，依法严厉查处违法行为，力争全面规范生产经营行为。（办公室）

【职业卫生监督】 2019年，太原市卫生局卫生监督所印发《关于调整部分科室工作职责的通知》，明确由医疗卫生监督五科承担职业卫生监督工作，主要负责全市158家涉及职业病危害因素的央企和省属用人单位的职业卫生监督执法工作、18家职业健康检查机构和5家职业病诊断机构的监督检查工作。市卫健委印发《太原市矿山冶金建材化工等行业领域尘毒危害专项执法工作实施方案》，市卫生局卫生监督所积极行动，组织全市职业卫生骨干，进行专项执法方案解读，截至12月底，监督检查用人单位298家，下达文书297家，立案30起，警告30项，责令改正34项，罚款29万元，其中“某单位安排未经职业健康检查的劳动者从事接触职业病危害作业案”，是全省用人单位职业卫生监督的首例案件。（办公室）

【二青会卫生监督保障】 “二青会”期间，市、区两级卫生监督机构主要负责对太原市重点公共场所、游泳场馆和生活饮用水单位的公共卫生监督保障工作，组织对承担赛事的游泳、跳水场馆和接待酒店开展专项检查及突发公共卫生事件的应急处置工作，确保为二青会顺利召开提供安全放心的公共卫生服务保障。全市卫生监督机构共出动监督人员3000余人次、车辆1000余台次，反复多次对全市56家接待酒店进行全方位的监督检查，为二青会提供安全、卫生的生活饮用水和公共场所环境，保证二青会期间公共卫生安全，在重大活动中锻炼卫生监督执法人员，提高卫生监督执法队伍综合能力。（办公室）

【卫生监督执法】 2019年，为进一步规范行政执法活动，加强行政权力的制约和监督，维护当事人和卫生计生行政执法人员合法权益，太原市卫生局卫生监督所率先在全省卫生监督队伍中配置执法记录仪、数据采集器，建立、完善《执法全过程记录制度》《执法全过程记录设备使用管理规定》等相关制度，并在全市监督员中进行使用培训，执法记录仪已在各基层监督所和市所各监督科室全面推行使用。通过对现场执法过程视频记录的查看，及时发现并规范卫生监督员着装、示证等执法程序的不足，及时弥补监督员现场执法取证的缺陷，避免执法风险，有效提升监督员的依法行政能力，执法全过程记录对有效防止行政纠纷起到积极的作用，促进卫生监督执法工作更加阳光、高效。

现场快检是卫生监督执法工作的补充和技术支撑手段。太原市卫生局卫生监督所使用现场快速检测设备进行检测，发现监管单位存在的问题，利用快速检测的手段为监督检查提供参考依据；对第三方放射卫生技术服务机构出

2019年7月11日，青运村饮用水卫生监督检查
（市卫生局卫生监督所供图）

具的检测结果报告的真实性规范性进行核查和比对，以便发现问题及时反馈和纠正，促进第三方技术服务机构的规范运行。在监督检测的过程中，促使监督员不断学习标准，掌握仪器使用的技能，提高设备使用率，发挥其效能，在实际工作中提升监督员综合监督的能力和水平。（办公室）

【文明城市创建】 2019年，太原市卫生局卫生监督所根据创城要求，结合监督实际，成立创城领导组，召开10县区参加的动员部署会议，将工作落实到人。针对"三小"特点，制定"三小"行业和经营性公共场所卫生监督检查标准，将禁烟、控烟工作作为创建全国文明城市的重要抓手，坚持日常监督与专项治理并举，采取"拉网式"筛查、"地毯式"监管。截至年底，出动执法人员12141人次、车辆6255台次，累计检查宾馆、旅店、美容美发、浴室等各类公共场所6191户次，累计处罚在禁烟场所吸烟的公民73人，共处罚金3850元。全市统计"三小"单位共1360家，合格1235家，合格率90.80%。全市经营性公共场所2810户，合格2637户，合格率93.84%。（办公室）

【医疗废物管理】 2019年，太原市卫生局卫生监督所在小店区先行先试"上门收集、专业清运、集中处置"管理模式，通过对试点经验的分析总结，联合多部门，逐步建立健全医疗废物管理制度，细化完善医疗废物管理的分类收集、管理登记、暂时贮存、内部转运、集中处置、人员培训和职业安全防护等相关规章制度。六城区产生医疗废物的小型医疗机构均与医疗废物集中处置机构签署《医疗废物集中清运和焚烧协议书》，三县一市小型医疗机构中产生医疗废物的共692家，其中与古交市民建特种废物处置有限公司签署《医疗废物集中清运和焚烧协议书》共114家，与附近较大医疗机构签署《医疗废物集中清运和焚烧协议书》共566家，偏远山区采取焚烧、深埋自行处置的医疗机构12家。《人民日报》《健康报》等多家媒体对太原市医疗废物处置工作给予专门报道。（办公室）

妇幼保健

【概况】 太原市妇幼保健院（太原市儿童医院）是一所集妇幼保健、医疗、预防、科研、教学、计划生育六位一体的三级甲等妇幼保健院。

该院由两个院区组成，南内环院区位于南内环街149号，占地面积1.14公顷，总建筑面积2.24万平方米，开放床位301张；长风院区位于长风西街113号，净用地16.67公顷，总建筑面积19.30万平方米，设置床位1000张。

2019年，太原市妇幼保健院（太原市儿童医院）全年门急诊人数为48.03万人次，出院人数为16608人，手术例数6202例，分娩例数5767例，业务收入23484.08万元，固定资产总额24094.63万元，卫材占比16.75%，药占比23.71%。增设6个门诊：计划生育门诊、营养门诊、盆底康复门诊、复发性流产门诊、专病门诊和人流门诊；规范2个病区：外科和耳鼻喉科病区。产科、妇科、新生儿科、儿科成为太原市市级临床重点专科。经太原市卫健委批准，正式获批6个名医工作室。（办公室）

【妇幼保健职能发挥】 2019年，太原市妇幼保健院（太原市儿童医院）进一步加强母婴安全保障工作。对全市10所助产机构进行督导，利用12320与电台连线进行宣教，促进母婴安全保障工作落到实处。

做好预防艾滋病、梅毒和乙肝母婴传播工作。2019年，全市孕产妇HIV、梅毒、乙肝检测率为99.99%，孕早期检测率73.70%，艾滋病感染孕产妇及所娩儿童抗病毒药物应用率达100%，梅毒感染儿童预防性治疗率93.53%，均超过省市方案的要求。

推进基本公共卫生。在全市推广使用电子版《母子健康手册》；规范落实第三版基本公共卫生孕产妇及0—6岁儿童健康管理规范，解决延续性服务困难问题。

实施重大公共卫生妇幼项目。2019年，向10721名农村育龄妇女免费发放叶酸片，完成率113.69%；向7685名城镇育龄妇女免费发放叶酸片，完成率145.27%；进一步规范各县区的"两癌"筛查工作，新增"乳腺癌"筛查，任务完成率100.12%，宫颈癌筛查民生项目完成率100.09%，重大公卫延续项目完成率100%。

开展九价宫颈癌疫苗接种，2019年，咨询、预约共1185人次，接受HPV/TCT筛查603人，共接种832剂次。（办公室）

【妇幼医疗服务】 2019年，太原市妇幼保健院（太原市儿童医院）加强医联体建设。作为专科联盟的牵头单位，根据成员单位业务特点和需求，建立科室帮扶机制、业务指导、免费进修和培训机制及双向转诊绿色通道；共签署医联体单位26家，共派出专家276人次，到下级医院服务2265人次；开展大型健康培训教育、学术活动15次，培训指导1000余人，转运危重新生儿509人次。

基层卫生工作。对口支援、巡回医疗、"千医千村牵手"和帮扶社区卫生机构工作。2019年，共派出专家459人次，开展业务讲座培训、义诊、技术指导、健康教育50次，共服务6102人次;参与"千医千村牵手"医师共51人，服务患者791人次，培训58人次。

严格按照两票制及招标政策的规定，规范药品、体外诊断试剂、高值医用耗材采购供应。对19种医用耗材、36种试剂进行调价，降低患者的支付费用；2019年，耗材试剂网采率92.78%，药品网采率98.19%，基药采购品种比57.95%，采购金额比31.13%。

薪酬制度改革。作为薪酬制度改革试点单位，对标重庆和西宁，探索新形势下建立适应市妇幼保健院的公立医院薪酬制度，并进行试运行，调动医务人员的工作积极性。

作为全市公卫报病系统试点单位，向全市基层医疗卫生机构推送高血压、糖尿病、妊娠妇女等重点人群信息，方便基层工作人员及时联系所辖区患者进行建档、建册，为群众提供免费的国家基本公卫服务。（办公室）

【医院管理】2019年，太原市妇幼保健院（太原市儿童医院）做好等级医院复审工作。在评审中得到专家的认可和好评，针对专家提出的6类89个问题，制订详细的整改计划和措施，完善医院科学管理的长效机制。

严格落实核心制度。加强医疗质量控制，加大病历环节质控；开展护理部—部护士长—护士长三级质控活动，夯实基础管理。推行临床路径管理工作。2019年，全面列入临床路径管理病种患者共7895人，实际入路径6854人，入径率86.81%，完成路径6591人，完成率96.16%，均达到市卫健委要求。实施“首诉负责制”。设立投诉管理科，由专人负责，妥善处理各类投诉事件，不断提升医疗服务，积极构建和谐医患关系。推进临床合理用药专项整治工作。2019年，基药使用率32.86%，比上年同期增长0.39%；住院患者抗菌药物使用率为57.65%，门诊抗菌药物处方比为15.70%，急诊抗菌药物处方比为21.85%，各项指标均达到要求。

加强医院感染管理。2019年，医院感染发病率为0.87%。持续推进改善医疗服务行动。利用信息化手段，在分时段预约及挂号费在线支付的基础上，实现手机支付门诊各项诊疗费用，支付率达78%；预约率达74.90%，占比位列山西省第一；完成医院新官方网站的建立；南内环院区门诊楼节能改造工程已全部完工；住院病区针对78种疾病，为患者提供专业化、个性化的健康教育指导。

“院士工作站”工作已进入常态化管理。2019年，院士团队专家到院98人次，完成各种疑难手术312台，其中复杂四级内镜手术演示42台，惠及患者508人次。积极开展科研工作。2019年准入新技术新项目36项；其中经脐单孔腹腔镜手术填补省内项目空白；阴式子宫肌瘤切除术、婴幼儿潮气肺功能、术后静脉自控镇痛（PCIA）在小儿外科的临床应用、Bobath技术属省市领先水平。共发表科研论文37篇，其中SCI论文1篇、国家级3篇，出版医学论著1篇；正在进行科研3项；共组织院内学术讲座13次，参加人数4500余人次；派出进修学习人员159名，其中长期17名，短期参会学习142名。

提升护理技能。有针对性地开展护理礼仪、静脉血标本采集、母乳喂哺、会阴缝合技术、急诊剖宫产快速开台等多项技能竞赛；1名护士参加“儿童安全型留置针技术操作比赛”获全市第一名，并入围山西省儿科护理专委会参赛。全面做好应急工作。2019年，组织开展医疗应急演练4次，各护理小组应急演练98次，提升应对各种突发事件的能力。加强人才队伍建设。年内引进建院首位中医科博士后1名，外聘、返聘专家16名；提高人才储备能力，录取妇产科、内科、儿科等14个专业153人。进一步完善医院信息系统。上线物资管理系统、住院摆药系统、检验危急值上报系统；积极推进长风院区信息化建设工作，完成过渡期两院区互联互通的工作，实现系统分院区模式。

基本通过三甲复评审，规范四大部建设。按照《三级妇幼保健院评审标准（2016年版）》深耕细作，建立“四大业务部”组织架构、协调机制、服务流程、质量标准、考核办法等运行机制，新建孕产群体保健科、婚前保健科等32个科室，完善各部、各科之间转介服务工作，初步实现保健与临床的学科结合、功能配套、管理整合。（办公室）

【平安医院建设】2019年，太原市妇幼保健院（太原市儿童医院）落实《医疗纠纷预防与处理条例》，对医疗工作中存在的缺陷，查找原因，总结经验；每季度召开安全生产会，在实行安全检查网格化管理的基础上，对全院各方面安全工作及各类隐患进行全面彻底的排查，无安全事件发生。引深扫黑除恶工作。将扫黑除恶工作纳入中心工作，增加24小时不定时、不定次扫黑除恶、反恐安全巡逻，增设24小时反恐电话，健全完善涉黑涉恶线索摸排机制，全面提高扫黑除恶工作法治化、规范化、专业化水平。（办公室）

【产前筛查服务】2019年，太原市优化筛查流程，现场督导项目实施情况。全市共完成产前筛查56468例，完成全年任务数的109.58%；筛查结果为高风险的孕妇4029例，产前诊断率87.53%。

太原市妇幼保健院（太原市儿童医院）通过孕妇学校、微信公众平台、微信群等形式宣传免费产筛服务。2019年，太原市妇幼保健院（太原市儿童医院）免费产前筛查4775人，其中筛出高风险321例，转诊定点医院303例，转诊率94.40%。（办公室）

【长风院区正式运营】2019年11月30日，长风院区开诊，标志着太原市妇幼保健院（太原市儿童医院）开启“一个中心，两个院区”的服务模式。长风院区位于长风西街113号，是太原市“百院兴医”重点民生工程，净用地16.67公顷，总建筑面积19.30万平方米。首批开诊7个临床科室、5个医技科室，11个行政保障科室，进驻101名医务人员。新院区环境优美、设施齐全、设备先进，专科诊治精分细化，按疾病种类分为多个病区；根据实际情况稳步、渐进式扩大业务范围和增加门诊、住院科室；开诊后，日门诊量保持在300人次

左右。（办公室）

公共卫生

·太原市健康教育中心·

【概况】 太原市健康教育中心是全市唯一的健康教育专业机构和业务协调、指导中心。内设科室2室6科，即办公室、党办、项目办、健康促进科、健教信息科、健康传播科、财务科、行保科，有在册职工22人。其主要职能是向社会人群开展以增进健康为目的的卫生科学知识传播，进行不良卫生行为教育干预，以增强人们的自我保健意识，提高生活质量和健康水平。（办公室）

【业务培训与继续教育】 2019年6月13日，太原市健康教育中心召开太原市2019年健康素养促进行动项目启动暨培训会。来自各县（市、区）卫生健康和体育局主管健康促进与教育工作的负责人、各县（市、区）疾控中心分管健康教育工作的负责人及业务骨干、健康促进医院和健康教育基地主管健康教育的负责人80余人参加会议。

同年，由太原市健康教育中心主办、太原爱尔眼科医院协办、太原市卫生培训中心承办的“2019年太原市眼科健康教育培训会”举办，太原市卫生健康委员会、太原市健康教育中心相关领导出席培训会，太原市健康教育中心和太原爱尔眼科医院多名专家围绕眼科健康教育和眼病防治，与省城100多位医务人员进行学术交流。

2019年12月6日，太原市健康教育中心举办太原市2019年糖尿病健康教育与基层健康管理项目骨干师资培训，山西省健康教育中心和太原市健康教育中心共4位专家对全市147名基层医务人员开展项目培训。（办公室）

【健康科普宣传】 2019年，太原市健康教育中心首次与太原综合广播电台联合开办《912·乐健康》节目，开辟利用官方媒体传播卫生健康信息的新途径。全年共播出94期，根据不同的宣传节点以及季节病情特点，曾邀请太原市疾病预防控制中心主任医师梅林，山西省肿瘤医院呼吸科副主任、主任医师韩松岩，山西医科大学第二医院康复医学科副主任医师吕文科，山西白求恩医院、山西医学科学院淋巴瘤科主任、教授张巧花，山西省中医院皮肤科主任、硕士研究生导师、副主任医师王建青等44位专家做客节目，内容包括：太原市民健康水平分析、春节期间健康提示、如何健康科学减肥、开学季学生健康、春捂秋冻的科学性、女性健康、如何呵护肝脏、怎样防控结核病、癌症防控、艾滋病防控、脑卒中防控、预防流感等。节目播出后反响热烈，受到业内和听友一致好评，为大力推进健康中国、健康太原建设做出新贡献。

太原市健康教育中心与《太原日报》联合开设“健康教育专栏”，全年刊发21期、5万字科普文章。受市卫健委委托，在《太原晚报》刊出全民营养周健康专版。2019年5月第三周（5月12日至18日）是第五个全民营养周，宣传主题是“合理膳食、天天蔬果、健康你我”。太原市卫生健康委员会、太原市健康教育中心联合《太原日报》推出全民营养周健康专版，向广大市民传播核心营养知识。（办公室）

【卫生健康主题宣传活动】 2019年3月24日是第24个世界防治结核病日，3月27日，由太原市卫生健康委员会、晋源区卫生健康和体育局主办，太原市健康教育中心、太原市疾控中心、太原市卫生局卫生监督所、太原市第四人民医院、晋源区疾控中心协办，太原科技大学承办，在太原科技大学南校区举办“世界防治结核病日”宣传、咨询、义诊和志愿者招募活动。本次活动共计500余人参加，主会场共为师生志愿者和流动人口免费发放防治结核病宣传饮水杯、宣传袋等健康支持性用品和宣传资料2000余份，招募防治结核病宣传志愿者100名。

4月7日是第70个世界卫生日，宣传主题是“全民健康覆盖”。4月10日，太原市健康教育中心在阳曲县组织策划开展“2019年世界卫生日暨贫困县健康促进行动”宣传活动。来自市卫健委、市健教中心、阳曲县卫生健康和体育局及所属单位、新闻媒体和驻地群众500余人参加活动。共为驻地群众发放控油壶控盐勺200个、腰围尺200个、计步器100、纸抽100盒、宣传袋100个、《中国公民健康素养66条》200本、《农村防治传染病》200本。

5月15日是全国第26个防治碘缺乏病日，主题是“科学补碘益智，健康扶贫利民”；5月12日至18日是全民营养周，宣传主题为“合理膳食、天天蔬果、健康你我”，宣传口号为“全民营养全面小康”“健康中国营养先行”。结合健康扶贫工程、《太原市地方病防治专项攻坚行动实施方案》、山西省卫生健康委《关于开展2019年全民营养周活动的通知》要求，5月17日，太原市2019年防治碘缺乏病日暨全民营养周宣传活动在娄烦县举行。邀请山西医科大学第二医院营养科专家为娄烦县医疗集团100余名医务人员作《合理营养 远离慢病》营养指导讲座，邀请市疾病预防控制中心专家为娄烦县第四实验小学800余名师生讲解碘缺乏病防治知识。

2019年在FM912太原综合广播《912·乐健康》栏目请太原市营养协会专家做客专访“营养专家告诉你怎么吃最营养”。在5月18日《太原晚报》08版刊登“人人营养 全民健康（倡导合理膳食 增进人民健康）”专版；在5月19日出版的《太原日报》“新闻综合”3版刊登“天天蔬果 健康你我”。

5月31日是第32个世界无烟日，主题是“烟草和肺部健康”。在杏花岭区龙潭公园组织开展“省城第32个世界无烟日宣传活动”。共有来自省、市、区卫生部门的24家单位、黄河电视台、《健康生活报》等多家媒体和驻地居民1000余人参与本次活动。来自省、市、区卫生健康机构和驻地社区的表演队作体医融合健康表演，并开展有奖知识问答和宣传咨询活动。此次活动共发放控烟宣传册、报纸、折页、用品等共计2000余份，还在5月30日出版的《太原日报》"综合新闻"3版特约刊登《烟草和肺部健康》科普文章，在太原综合广播《91·2乐健康》栏目作"搞好戒烟门诊，服务人民健康"的专题节目。

7月19日，山西省健康教育中心、山西省盐业公司、太原市健康教育中心结合实施国民营养计划和合理膳食行动，在太原西山福利厂组织开展限盐勺、科普宣传用品发放和健康知识讲座等减盐宣教活动。

10月17日，太原市健康教育中心参加由太原市卫生健康委员会在娄烦县举行的太原市2019年"健康中国行"走进娄烦主题活动。11月28日，开展太原市2019年"健康中国行"走进阳曲主题活动。

2019年10月16日、23日，太原市健康教育中心主任李飞应市法院邀请，为全市300名法警开展《减轻压力快乐工作》专题讲座，受到市法院领导和接受培训的干警一致好评。

同年，太原市健康教育中心结合健康教育"六进"活动，创建市、区级健康主题公园、健康一条街、健康单位、健康学校、健康社区、健康小屋、健康食堂、健康餐厅/酒店等59个健康支持性环境、917个健康家庭。新开发制作《艾滋病之正确使用避孕套》二维短视频、《健康社区》文字插图，编辑印刷《健康支持性环境创建指南》，制作"终结结核　共建共享"手机架和"科学补碘　健康利民"牙具筒等健康宣传用品。（办公室）

【健康教育活动】2019年，太原市健康教育中心整理并报送2018年二级以上公立医院健康讲堂总体情况；按时报送2019年第三季度二级以上公立医院健康讲堂开展情况，合计各县区报送的医院名单为40个，累计开展1312次大讲堂，受众53952人次。结合健康教育"六进"活动，共开展18场健康知识讲座，受众约3000人次。4位专家受山西大学邀请，于11月1日至8日开展5场艾滋病防控健康知识讲座，受众师生约1100人次。12月8日，太原市健康教育中心联合太原科技大学校团委在主校区、西校区和南校区共同举办结核病防治志愿者培训讲座，招募约500名结核病防治志愿者。（办公室）

【健康素养促进行动】2019年，太原市健康教育中心协助山西省健康教育中心于8月20日至22日对太原市的3个监测点（小店区、清徐县和晋源区）进行2018年健康素养监测工作复核。经过3天的辛勤工作，圆满完成45份复核问卷，得到省级督导人员的高度赞赏和肯定。

9月29日至30日，太原市健康教育中心对太原市清徐县、小店区和晋源区进行为期两天的中医药文化健康素养的质控、收集、审核和复核等工作，圆满完成50份复核问卷。

同年，完成国家抽取的小店区、晋源区、清徐县城乡居民健康素养调查、烟草流行调查和中医养生素养调查，完成娄烦贫困县健康促进3年攻坚行动基线调查；太原市2019年的健康素养水平在2018年13.30%的基础上提高到17.60%，在全省处于领先水平。（办公室）

·太原市计划生育协会·

【概况】2019年，太原市计划生育协会紧紧围绕健康太原建设和全市卫生健康中心工作，以推进计生协群团改革为主线，以项目管理和品牌建设为抓手，推进"六项重点任务"，谋划实施项目式管理，勇于尝试，大胆创新，各项工作得到积极推进。被省计生协会评为"2019年度计划生育家庭保险保障工作先进单位""'我和祖国共奋进—巧手暖心'会员艺术作品征集优秀组织奖"。（成翠萍）

【计生家庭关怀关爱行动】2019年1月10日，市计划生育协会会长范世康、市卫计委副主任黄建宏一行对阳曲县东黄水镇王二全、权保平两户困难计生特殊家庭进行入户走访慰问，为他们送去每户1000元慰问金和米、面、油、对联等节日用品和宣传品。中国人寿太原分公司也送上保额为10万元的意外伤害保险保单、牛奶、鸡蛋以及棉被等慰问品。1月11日，结合扶贫攻坚和精准扶贫工作，市计划生育协会会长范世康，市卫计委副主任黄建宏、副调研员张永杰一行到娄烦县塔疙垛村调研扶贫工作开展情况。范世康对扶贫工作组提出产业扶贫的建设性意见，鼓励当地村干部发展庭院旅游及健康养老产业。随后调研组走访慰问困难家庭刘文平家，送上1000元慰问金及米、面、油、对联等节日用品和宣传品。

"两节"期间，全市各级计生协共慰问救助4929户（人）余次，累计投入176万余元。其中伤残计生家庭855户次，慰问金额29.03万元；失独计生家庭1813人次，慰问金额90.04万元；困难计生家庭1542户，慰问金额35.15万元；流动人口、困难留守儿童和老人212户，慰问金额5万元；基层计生干部84人，慰问金额3.53万元；大病计生家庭69户，救助金额13.95万元。（成翠萍）

【计生家庭保险保障】2019年5月16日，按照省计生协工作会和保险保障工作会工作要求，市计划生育协会联合中国人寿太原分公司召开全市2019年计划生育家庭保险保障工作会议暨培训会。各县（市、区）计生协专职副会长、秘书长、中国人寿太原分公司各支公司经理、渠道各司部经理40余人参加会议。太原市卫健委副主任黄建宏出席会议并讲话。8月6日，市计划生育协会按照财政局要求举办计生保险政府采购专家论证会。2019年起，计生家庭意外伤害保险项目列入政府采购范畴，确保项目资金使用合法合规。11月15日，市政府采购中心组织召开计生家庭意外伤害保险项目招投标会议，中国人寿太原分公司中标，承接市计划生育协会2019年至2021年连续3年的计生家庭意外伤害保险项目。

2019年共为41621户计生家庭和计生干部家庭办理意外伤害保险，为4338名失独家庭成员办理家庭护理保险。

（成翠萍　姚伶伶）

【青春健康教育】 2019年7月，太原旅游职业学院、山西医科大学晋祠学院、太原科技大学、山西工商学院4所高校成功中标中国计生协2019年青春健康高校项目，各获得10000元的项目资金支持。

10月17日至18日，市计划生育协会组织全市青春健康主持人培训班，以参与式人生技能培训方法进行为期两天的青春健康教育理念和方法的培训。会长范世康和副主任黄建宏亲临培训班并讲话。各县（市、区）计生协专职副会长、秘书长和项目负责人、各县级计生协推荐的主持人及项目高校师生共60人参加本次培训。

（成翠萍）

【流动人口关爱服务】 2019年5月30日，市计划生育协会联合中国人寿太原公司到清徐县南留营村幼儿园慰问13名省外流动儿童，为他们送去书包、文具、玩具、台灯、书籍等学习用品，并为幼儿园捐助篮球。

“六一”儿童节期间，市县两级计生协会分别慰问53名流入人口计生家庭儿童和45名留守儿童，为他们送去关爱问候和书包、文具、玩具、台灯、书籍、篮球等文体用品。古交市举办计生家庭及育龄群众技能提升培训班，重点帮助留守妇女提高综合素质和就业能力，育婴师、面点师两个工种培训班培训212人次。

（韩秦平）

【群众性宣传教育】 “5·29”中国计生协成立39周年纪念日前后，全市各级协会以“共奋进建新功　喜庆新中国成立70周年”为主题，以会员为中心，让群众当主角，开展一系列群众喜闻乐见、有特色、接地气、形式多样、内涵丰富的宣传服务活动：万柏林区计生协会通过多种方式讲解十九大精神和中国计生协“八代会”精神，共开展学习十九大讲座15场。迎泽区开展“共奋进建新功、喜庆新中国成立70周年”十九大精神宣讲及心得交流会。清徐县在醋都广场开展“共奋进建新功　喜庆新中国成立70年”——会员心向党　建功新时代为主题的宣传活动。现场发放生殖健康、孕期营养、优生优育孕前检查、预防神经管畸形、合理膳食等健康知识宣传资料1万余份，发放印制健康知识的围裙、油瓶、购物袋2000余个，为1000余名会员群众测血糖，量血压，并发放多种健康宣传资料3000余份。阳曲县计生协会与中国人寿保险公司阳曲分公司、黄寨镇计划生育协会在新阳广场联合开展阳曲县纪念“5·29会员活动日”宣传服务活动。现场发放《中国计划生育协会章程》《计生协会员群众学习贯彻党的十九大精神手册》《山西省人口和计划生育条例》、关爱女孩出生人口性别比治理、关爱流动人口、“两癌”防治知识、免费孕前优生健康检查知识、创城知识、公民健康素养66条等30多种宣传资料。小店区平阳路街道联合卫生服务中心在平阳景苑广场举行宣传服务活动，向群众普及青春期健康知识，优生优育、避孕节育和生殖健康保健等知识，倡导新型婚育文明和健康生活方式。杏花岭区坝陵桥街道围绕“共奋进建新功　喜庆新中国成立70周年”主题，开展宣传活动。通过女性健康知识讲座，悬挂横幅、发放宣传手册、健康咨询、发放免费避孕药具等服务方式，引导居民树立科学、健康、文明、进步的婚育观念和生活理念。举办“寻找身边最美‘协会人’活动”，评选出张小梅等10人为“最美协会人”。随后召开“最美协会人”命名暨事迹报告会，将她们扎根基层、敢于担当、爱岗敬业、乐于奉献的先进典型事迹，广泛宣传到各级协会队伍和基层会员群众当中。古交市举办计生家庭及育龄群众技能提升培训班，以进一步提升计生家庭及育龄群众，尤其是留守妇女的综合素质和就业能力。“5·29”期间，各级协会在国家媒体宣传报道4篇，省级媒体宣传报道7篇，市县级媒体宣传报道12篇。

（韩秦平）

【计生特殊家庭帮扶项目】 2019年，太原市计划生育协会成功申请2019年中国计生协国家特扶项目资金25万元，实施周期为2019年4月1日至2020年3月31日。市计生协于项目周期内使用项目资金为计生特殊家庭开展心理疏导、暖心关爱、家政服务、健康讲座、作品展示、保险保障等活动，支持小店区、杏花岭区两个暖心家园的建设，努力实现失独家庭关怀关爱全覆盖，确保1500个对象都能享受到针对性、个性化的服务，让特殊家庭在心理上有疏导、生活上有照顾、经济上有救助、情感上有关怀。

依托专业心理辅导机构，对失独不久、长期处于悲痛和自我封闭的人员进行一对一心理咨询和个案辅导20人次。以城区为单位组织15场“心理援助为生命赋能”为主题的小型团辅，对3年内特别是1年内失独的特殊家庭成员进行早期干预，帮助他们尽快度过应急否认期和痛苦承受期。在中秋、重阳节之际，开展关爱服务，走访慰问计生特殊家庭共计92户。传统节假日组织联谊活动10余场。为200户65周岁以上或行动不便的城六区计生特殊家庭提供1次擦玻璃的家政服务。在服务对象多、人员相对集中的城区开展户外联谊活动

28场次，近两年全市累计有3000人次参加活动。以城区为单位开展健康讲座和现场咨询、义诊等30场次，共计737人参与。举办“庆祝中华人民共和国成立70周年‘我爱你中国’计生特殊家庭作品展”，以“礼赞新中国 奋进新时代”为主题，展出由计生特殊家庭成员和志愿者精心制作的81幅艺术佳品。建设暖心家园，组织失独家庭参与合唱团、摄影班、模特队等兴趣班，定期开展茶道、插花、读书会、集体生日等公益活动。端午、中秋、重阳节、元旦等节日组织联谊活动共5场。（成翠萍）

【优生优育指导】2019年6月25日，“中国计生协太原市优生优育指导中心”在市妇幼落成揭牌。这是市计生协积极向中国计生协申请30万项目经费，利用市妇幼的有利资源，与其联合打造的优生优育指导基地，旨在为3岁以下婴幼儿提供活动、照护、教育等服务的公共场所，促进儿童早期发展和健康成长；为婴幼儿家长提供科学育儿、照护知识、技能咨询和培训，组织开展亲子活动和公益课堂等，提升家庭科学育儿的意识和能力。该中心成立以来，邀请院儿童保健专家、儿科专家、心理咨询师、产科专家及产后康复专家等授课，每周开展一次儿童早期发展促进指导讲座。全年共举办公益课堂60场，2936人参加讲座。（韩秦平）

疾控预防

【概况】太原市疾控中心位于太原市迎泽区新建南路89号，占地面积6989平方米（含市监督所办公用地），建筑面积5960平方米，其中实验室用房2400平方米。2019年，中心共有职工182人，其中专技岗155人，包括正高9人，副高30人，中级73人，初级40人；管理岗17人；工勤岗10人。

截至2019年底，太原市疾控中心通过山西省市场监督管理局计量认证非食品类10大类，37小类，401个参数；食品资质认定：4大类，73小类，130个参数。（张 静）

【疫情防控】2019年，太原市共报告20起突发公共卫生事件相关信息及事件，其中3起定级为一般；共报告传染病20278例，较上年同期（18546例）上升9.34%；共处理传染病自动预警信号1632条，及时响应率为98.65%。

太原市艾滋病疫情呈蔓延趋势，男男性行为人群（MSM）感染率2019年为13.10%，较上年下降39.10%。截至12月底，全市新发现艾滋病人及感染者284例（较上年同期下降9.60%），首次随访完成率99.60%；累计进行抗病毒治疗2013例，在治1715例；当年死亡31例；对高危人群开展41214人次的行为干预。通过哨点监测、自愿咨询检测、重点人群宣传干预等措施，加大艾滋病人发现力度，扩大检测覆盖面；存活的艾滋病感染者和病人全部实现定点医院管理、治疗，由市县两级疾控对定点医院进行督导和技术指导，强化定点医院工作质量；积极申报第四轮艾滋病综合示范区，不断规范管理干预和免费抗病毒治疗。

布病散发病例得到控制。截至2019年底，全市共报告布病70例，无死亡病例，无暴发疫情，报告发病率为1.58/10万，较上年同期（1.59/10万）下降0.95%。（张 静）

【免疫规划】2019年，太原市疾控中心在“改革开放、奋发有为”大讨论中，探索创新出强化免疫规划“抽查考核、全程竞赛、末位淘汰”的工作模式，提升疾病预防和公共卫生服务能力，受到省疾控中心肯定，并印发文件在全省各地市进行推广。对焦基层薄弱环节，持续推进预防接种能力提升行动，建立全市统一的接种人员资质考试题库，经培训后考试仍不合格人员取消接种资质。针对部分县人员和硬件存在问题，建议取消属地村级门诊，将预防接种工作集中在乡级，确保接种安全，提高服务质量。12月起，中心微信公众号开通“疫苗查询预约”功能，方便市民查询和通过平台预约接种非免疫规划疫苗。成功申请国家肝炎防治基金科研课题。（张 静）

【慢性病防治】2019年，太原市疾控中心强化基本公共卫生服务报表管理，制订2019年太原市老、高、糖健康管理工作计划、实施方案；截至2019年底，太原市健康管理老年人326868人，高血压患者303131人，糖尿病患者112078人。加强慢性病综合防控示范区建设。国家级示范区县级覆盖率达10%（2017年晋源区由省级升为国家级），省级示范区县级覆盖率达到80%（杏花岭区，清徐县2013年；古交市2014年；小店区，晋源区2015年；尖草坪区2016年，迎泽区2017年）。2019年5月，万柏林区完成省级验收。（张 静）

【结核病防治】2019年，太原市肺结核患者治疗成功率达到92.80%。病原学检查阳性肺结核患者的密切接触者筛查率100%。报告肺结核患者和疑似肺结核患者的总体到位率99.26%。结核病痰检EQA覆盖率达100%。强化对县级疾控中心技术指导，提高肺结核患者的管理率和规则治疗率；强化学校结核病防治工作，对校领导和校医加强培训，提升责任意识和敏感性；指导基层对学校的散发师生病例开展密切接触者的筛查工作，最大限度遏制校园传播。（张 静）

【地方病防治】截至2019年底，太原市碘盐覆盖率为96.67%，杏花岭区、清徐县未达标准要求，太原市合格碘盐食用率为90.13%，基本达到碘缺乏病消除标准（＞90%），杏花岭区、阳曲县、清徐县未达标准。按要求完成太原市10例境外输入性疟疾疫情的处置工作。（张 静）

【院士工作站】2019年，太原市疾控

中心在全国率先引进的院士团队最新科研成果——福氏志贺氏菌分子血清分型技术，已形成可复制经验向全国推广。太原市感染性病原谱研究，首次证明由病毒性引发的腹泻占太原市腹泻病例的首位。太原市疑难菌株鉴定实验室网络开始运作，为多家鉴定多株疑难细菌。太原市角结膜炎专题调查，发现一种疑似新型腺病毒。在山西省首次检出艾伯特埃希菌，该菌是国家新发传染病预警目录中可以引起新传染病暴发风险病原菌之一。微生物飞行时间质谱仪和高通量测序仪购置资金到位。7 月 3 日，太原市疾控中心举办徐建国院士工作站工作推进会和致病菌分子血清分型推广培训班。徐建国院士对太原市疾控中心院士工作站取得的成绩给予充分肯定。

（张　静）

【二青会疾控应急保障】 2019 年，太原市疾控中心开展二青会病媒生物监测，与市爱卫办联合举办监测技术培训，对太原市所有比赛场馆进行病媒生物危害情况实地调查评估，并提出整改建议。组织全市疾控系统共举办参加二青会保障相关培训演练 10 次，累计培训 830 余人次。适时开展二青会期间传染病及突发事件公共卫生专题风险评估。二青会期间传染病相关症状监测涉及 16 个比赛场馆、24 个酒店、青运村医疗中心和青运村村委会医务室，共报告各类传染病症状共计 112 例，无疫情发生。对涉及“二青会”的 3000 余名人员进行传染病防控培训，制作 2500 份《第二届全国青年运动会运动员健康告知书》，在青运村 2028 套运动员房间全部放置，提高工作人员、参会人员防病能力。（张　静）

【健康白皮书完善】 2019 年，太原市疾控中心在 2014 年、2015 年、2016 年、2017 年太原市人群健康状况报告的基础上，不断完善丰富全市居民健康情况和卫生事业发展的相关数据，完成 2018 年人群健康报告，展现太原市居民健康现状及健康变化趋势，提出居民的主要健康问题及影响居民健康的各类因素，为政府制定公共卫生政策提供技术支撑。

（张　静）

【疾控机构规范化建设】 2019 年，太原市疾控中心按照《山西省疾病预防控制机构规范化建设方案》相关要求，围绕疾病防控、实验室建设、指导培训、机构建设等 4 方面 14 大项若干小项的工作指标，制订中心规范化建设工作方案和实施方案，对规范化建设任务指标进行责任分解，对照任务分解，全面准确地收集整理相关资料，完成自评工作。（张　静）

【“包保”帮扶】 2019 年，太原市疾控中心“包保”帮扶实现制度化常态化，以基层为重点，以基本公共卫生服务、传染病防治和慢性病防控工作为抓手，以《各县（市、区）疾病预防控制主要业务工作考核标准》为主线，持续开展千分制考核，强化对基层医疗机构的技术指导作用，通过督导、考核、通报，不断发现问题、跟踪解决，循环上升提高。针对县区的薄弱环节，精准点穴，补齐短板，县区疾控工作向业务精细化、服务主动化、应急常态化转变，市县乡村四级防病渠道进一步顺畅。全年共完成基层多样培训 109 项次 17302 人次，指导基层 135 项次，258 人次参加。（张　静）

【各项疾病监测】 2019 年，太原市疾控中心健全建强太原市从出生到死亡覆盖全人群的公共卫生监测体系，完成 2018 年居民健康报告；积极推进全市二级以上医疗机构食源性疾病监测工作，食源性疾病工作开展率达 100%；圆满完成 2018 太原市空气污染对人群健康影响监测工作；开展公共场所健康危害因素监测；职业病与职业卫生三级网报信息监测系统已形成；出生、肿瘤、死亡、各类传染病等监测系统均运转正常。（张　静）

【科研成果】 课题《太原市人肠道病毒 71 型和柯萨奇病毒 A16 型分子流行病学研究》已完成实验及论文写作，计划 2020 年结题。课题《太原市志贺氏菌分子流行病学研究》已完成实验及论文写作，计划 2020 年结题。课题《2018 年太原市流感样病例的病毒病原谱及时空进化动力学研究》已整理查阅相关文献完成引物设计，并在已有的反应体系基础上摸好反应条件，已完成 684 份流感样病例的检测。课题《太原市感染性腹泻病原谱研究》中国疾病预防控制中心已结题，等待结题结果。省卫健委科研课题《太原艾滋病病毒分子流行病学调查》已经完成，等待结题。（张　静）

急救中心

【概况】 2019 年，太原市急救中心坚持以习近平新时代中国特色社会主义思想和中共十九大精神为指导，以党建为统领，全面落实“两个责任”、不断夯实基础，真抓实干，锐意进取，实现急救工作整体飞跃。7 月 15 日，太原市第九人民医院并入太原市急救中心，探索建立以急救重症医学专业、康复专业、创伤专业、急救技能培训等为引领的院前急救与院内救治相融合的新型发展模式，打造医教研为一体、华北一流的急救医疗服务体系。

全年院前出诊 72873 次；社会服务 240 次，大型赛事、会议、活动医疗保障 933 次；为无主无助患者出诊 53 次；圆满完成各项应急任务，其中 3 人以上突发事件 223 次 724 人，6 人以上突发事件 21 次 199 人;无一例医疗安全事故，心肺复苏、抢救成功率同步大幅提升；“急救大篷车”驶入部队、机关、厂矿、社区、学校、农村等地，向民众普及急救知识与技能 1 万人次；全年省级以上媒体原创报道 130 余篇。（办公室）

【机构改革】 2019 年 7 月 15 日《中共太原市委机构编制委员会办公室关于

太原市第九人民医院并入太原市急救中心有关机构编制事项的批复》，同意将太原市第九人民医院并入太原市急救中心，机构名称规范为太原市急救中心（太原市紧急医疗救援中心），机构规格副处级，领导职数5名：书记1名（副处长级）、主任（院长）1名（副处长级）、副主任（副院长）3名（正科长级）。核定事业编制420名，其中：财政补助事业编制355名、自收自支事业编制65名。

设置内设机构38个：办公室、党委办公室（宣传部）、监察室、人事组织部、财务科、医务科、护理部、后勤部（总务科、基建科）、审计科、车辆管理科、医疗设备科、医保科、科教科、12320热线服务科、120调度科、中心站、南站、西站、北站、晋源站、杏花岭站、小店站、太钢站、学府街站、中医站、特勤队、中铁十二局医院急救站、中铁十七局医院急救站、西山煤电总院急救站、市二院急救站、煤炭医院急救站、市妇幼急救站、中西医结合医院急救站、院感科、防保科、信息科、运维部（质控科、门诊办公室）、工会。内设规格正科级，中层领导职数：正科38名，副科26名。（办公室）

【急救医疗服务】 2019年，太原市急救中心开展心肺复苏院前培训、急救知识进万家、急救志愿者“救”在您身边等130场志愿服务。入驻太原志愿者平台3年来，累计组织学雷锋志愿活动322次，志愿服务时间83万小时，位列全市第一。

针对城北地区人口老龄化、百姓就近看病就医需求旺盛等特点，2019年11月6日至12月5日，通过17个急救站将“急救开放日”主动开到人民群众中去，服务群众近千人，全面提升百姓急救意识、报警意识、争分夺秒意识，进一步增进人民群众的健康水平；开展“院内免费医疗”活动，邀请三甲医院及特色专科医院科室专家坐诊，做好部分常见病、高发病的医疗工作，提供DR数字胸部检查、心电图、B超等免费检查项目，全面提升人民群众就医体验，服务群众700余人，筛查出阳性人数586人（高达83.70%）。（办公室）

【急救医疗队伍建设】 2019年，太原市急救中心领导亲自动员、部署安排，通过多种方式听取职工意见建议，解决职工历史遗留问题；将全员参与制度建设作为管理手段和抓手，为“三定”工作打下坚实基础，确保职责明确、管控有序；强化业务能力提升，加大情景模拟训练力度，先后选派64名医护人员到省级医院针对性进修学习，极大提升专业技术水平；为一线医护司人员办理医责险，全力化解医疗风险。

人才引进培养。2019年有计划、有方向地通过公开招聘引进15名临床医学专业人才。针对患者看病就医“留不住、等不及”特点，以名医带动科室发展，柔性引进省级医院神经外科、妇产科2名主任医师作为市九院首席专家，同步在神经外科、妇产科、骨科领域建立3个名医工作室，领衔发挥技术引领和科室管理工作，一个月之内完成7例三级、四级手术。

推进医联体建设。与省心血管病医院合作，选派有实力有权威的专家到九院任业务副主任，通过专家坐诊、业务管理等全面带动科室发展和人才培养；省心血管病医院计划为入住九院的心血管病患者开启绿色通道，全面落实双向转诊，急、危、重症患者可以到心血管病医院检查治疗，切实做到让老百姓在家门口就能享受到省级医院专家团队的医疗服务，更好地满足百姓就近看病就医的高质量需求。（办公室）

【全国学雷锋示范点】 2019年2月，太原市急救中心被中宣部命名为第五批全国学雷锋活动示范点。太原市急救中心于2011年成立太原市急救中心志愿者服务队，至2019年底学雷锋志愿服务开展9年。累计组织学雷锋志愿活动322次，志愿服务时间83万小时，位列全市第一。

坚持创新，广泛培养“第一目击者”。全国首创《一分钟学急救》系列手册，将“黄金四分钟”“二次损伤”的急救概念传播给民众，提高全民学急救知识的热情；全国首创“心肺复苏操”和“中风三步识别操”，通过轻松欢快的舞蹈形式，强烈的节奏感和韵律感，寓教于乐、轻松学习。

开展志愿服务活动。“急救大篷车进万家”学雷锋志愿活动，9年时间共走进农村、军营、社区、学校、机关、

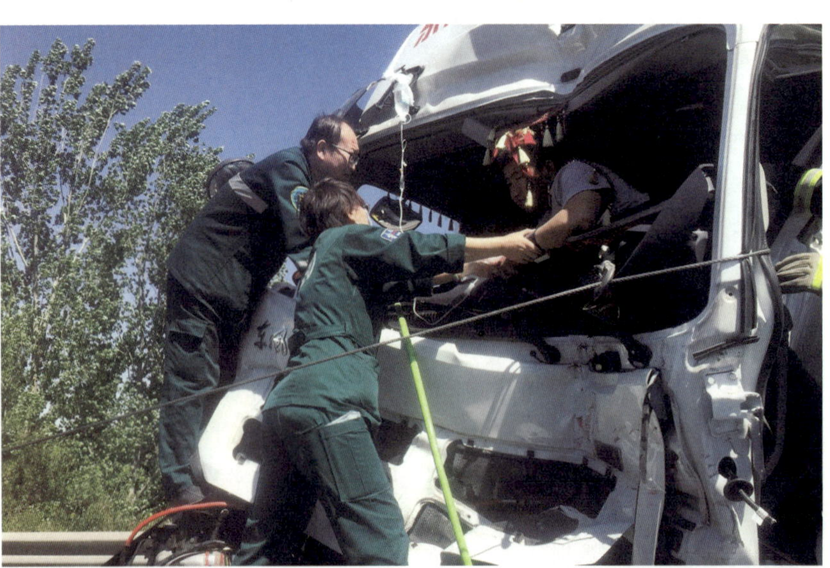

交通事故伤者救治（市急救中心供图）

工厂等进行急救知识和技能培训及义诊活动500余场，参与者5万余人，市民呼救、自救、互救能力得到增强，社会整体急救意识得到提升；“搭把手，献爱心”学雷锋志愿活动，主要帮助患者及出诊人员进行抬担工作，有效缓解抬担难问题。 （办公室）

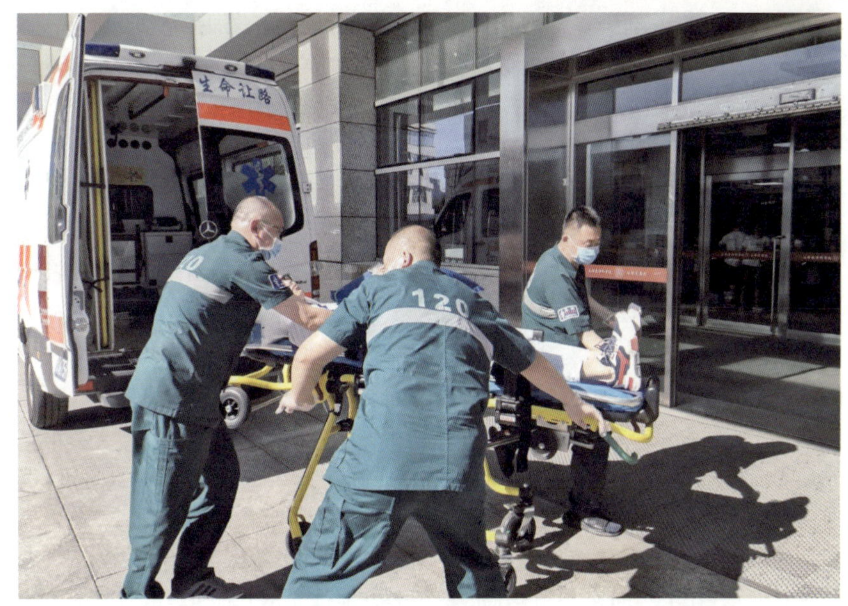

2019年7月13日，青运村模拟带人实战演习 （市急救中心供图）

【二青会急救保障】 2019年，太原市急救中心发扬特别能吃苦、特别能打硬仗的工作作风，完成二青会医疗保障工作。

全面夯实急救技能，2018年4月至9月，为备战二青会，近500急救人苦练基本功；为缓解二青会急救保障人员短缺问题，针对管理岗位医务人员进行业务复训，中心组织所有站长、护士长、车队长以及曾经在一线工作的行政人员进行医疗保障业务复训，经考核合格，50余名从事行政工作的专业人员全部参与到二青会医疗保障中；积极制订医疗保障实施方案，提前制订详细的医疗保障作战图，为更科学地设置开幕式医疗救治点、增强圆形场馆方向辨识度，为当天演职人员、观众等6万余人提供更好地医疗保障服务，绘制开幕式医疗保障示意图等；制订完成青运村管理人员、医生、护士、驾驶员的工作职责，工作流程；组织参加青运村保障的医生、护士、驾驶员实地考察村内建筑地理标志、道路走向，熟悉电梯配置等，确保意外发生时能够及时有效救援；针对二青会比赛特点及人群积聚可能发生的突发事件逐一评估并开展针对性演练。

先后7次召开专项推进会议，广泛动员、部署安排、查缺补漏，强化责任意识、担当意识，鼓励职工“不辱使命、奋斗到底”，切实做到思想统一、责任明确，一级抓一级，层层抓落实；中心领导作为“一线总指挥”，始终在靠前指挥，确保青运村医疗中心、各个赛场、演练现场、开幕式及彩排保障等医疗保障工作万无一失，起到很好的榜样作用；全体党员冲锋在前，发挥党员先锋模范作用。100余名急救党员自觉佩戴党徽上岗，挂出党员先锋岗工作牌；50余名急救一线党员冒酷暑烈日、加班加点始终坚守保障工作第一线，12辆党员先锋车组，穿梭保障救援全过程。

从5月7日田径开赛到8月20日所有运动员离开青运村，整整106天，太原市急救中心为二青会测试赛、正赛、青运村、开幕式、闭幕式共计57个比赛项目，派出医疗保障急救车辆782车次，急救人员2362人次，现场救治213人，转诊105人，无一意外发生。2019年11月被山西省人社厅、省体育局、第二届全国青年运动会组织委员会办公室授予“第二届全国青年运动会组织筹办工作先进集体”荣誉称号。

（办公室）

【科研成果】 与中国医学科学院阜外医院、山东大学等合作进行“国家科技基础资源调查”专项“中国人群心脏骤停发病率、病亡率及危险因素调查”等科研项目。主要配合华北地区（太原市）院前—院内心脏骤停发病率、病亡率及危险因素调查研究任务；在华北地区建立15个院前—院内心脏骤停监测网点；收集3.20万例以上华北地区院前—院内心脏骤停患者的基本情况、健康状况、诊治过程和预后等相关数据；利用项目协同工作网络平台，获取华北地区院前—院内心脏骤停发病率、危险因素、病亡率、病残率和影响因素等基础数据集。

科研著述。《急性一氧化碳中毒的护理》，张婕，国家级；《内科昏迷患者的病因构成、诊断要点及急诊急救措施》，刘淑明、温耀刚，省级；《心脏介入导管室的护理健康教育与实施价值研究》，王媛，省级；《不同胰岛素方案对妊娠期糖尿病患者血糖控制和分娩结局的影响》，钱曼丽，省级；《三种不同术式治疗鼻前庭囊肿的疗效及安全性比较》，李文兵，省级；《普拉克索联合多巴丝肼治疗帕金森病的疗效及对血清同型半胱氨酸胰岛素样生长因子1水平的影响》，邢晓莲，省级；《中老年高血压人群中血脂血尿酸水平的相关性及其检验研究》，殷晋华，省级；《纤维乳管镜在非占位性乳头溢液灌洗中的应用价值》，苏惠玉，省级；《Ⅱ型糖尿病合并骨质疏松症的相关危险因素分析》，贺美芳，省级；《查检表在产科护理环节质量控制中的应用》，高燕，省级；《盐酸舍曲林联合九味镇心颗粒治疗卒中后抑郁疗效及不良反应观察》，王永龙，省级；《支架取栓联合Navien导管吸引治疗合并大动脉闭塞的急性缺血性脑卒中的疗效分析》，柳青，省级；《慢性原发性失眠患者脑干听觉诱发电位的变化》，郭凤莲，省级；《勿以“疝”小而不为》，薛振峰，省级；《冠脉CT血管成像对急性冠脉综合征患者斑块性质的诊断价值》，武瑞凤，省级。（办公室）

中医中药

【概况】 2019年，太原市中医医院获山西省卫生健康委员会中国援非医疗队整建制选派协作单位，2018年度山西省临床检验室间质量评价优秀单位。

同年，太原市中医医院业务总收入13198万元，比上年同期13505万元降低2.27%；门急诊人次178970人次，比上年同期184458人次降低2.98%；入院患者数7874人次，比上年同期8263人次降低4.70%；出院人数7881人次，比上年同期8312人次降低5.19%；病床周转次数18.70次/床/年，比上年同期17.71次/床/年降低0.99次/床/年；病床使用率70.02%，比上年同期74.67%降低4.65%；中医优势病种数52种，比上年同期44种增加18.18%。

（办公室）

【现代医院管理】 2019年，太原市中医医院建立医疗质量“标准化”。以18项医疗核心制度为基础，加强PDCA闭环管控；结合医疗活动特点，连续开展39次科室学术交流，打破临床科室壁垒，提升临床整体协作联动攻关能力。优势病种“特色化”方面。扎实开展优势病种管理，成立优势病种管理委员会，固化47个优势病种，完善67个治疗方案，苦练内功、明确专长，提升诊疗效果和口碑。完善服务流程“精准化”。根据流程再造的原理，对医院现有医疗服务流程不断进行精细化分析和改进，完善预约挂号和线上支付流程等，狠抓内涵质量建设、加强绩效考核，优化内部管理机制。逐步建立以行政、医疗、护理、药剂、院感、信息、安全等为分组的全面质量控制管理体系，完善绩效分配方案，加强精细化管理，坚持向管理要效益，用新理念传承和发扬中医药文化的内涵和特色。发挥职能服务“优质化”。深入贯彻落实13710工作制度，按照职能整合和集中原则，全面加强行政管理工作，服务临床一线，提升工作和服务效能。实现绩效考核“要素化”。进一步完善绩效考核方案，激发工作动力和热情。（办公室）

【中医传统继承】 2019年，太原市中医医院夯实中医传承“经典化”。以市级非物质文化遗产代表性项目“阴阳平衡针法”为代表，建立“中医经典病房”，推行“先中后西、以西辅中”的特色疗法，以此为模板，追溯、探寻、弥补遗失的传统疗法，在院内打造一批传统疗法集中、优势特色明显、叫得响服务佳的优势病房。做强优势特色“明显化”。大力实施能力建设工程，开展22个名中医工作室和9个重点专科创建工作，同时加快心脑科王永炎院士工作站建设及科研项目结题落地，充分发挥心脑科在国家中西医结合脑病区域诊疗中心协作组、肿瘤科在华北地区区域中医肿瘤诊疗联盟作用，充分运用院士工作站、医疗体、科联体宝贵资源，借势引智提升医院核心竞争力和知名度。全年共计签约引进北京、天津、深圳、山西等多地中医专家9人，为太原市中医健康事业发展引入优质资源，造福广大市民。中医药文化传承“规模化”。深入挖掘传统学术流派文化特色资源，以“三部六病”学术流派传承为样板，将文化内涵潜移默化植入诊疗全过程，固化载体、创新形式，用看得见、摸得着的方式让广大群众享受中医传统魅力，用案例、用经典讲好“中医故事”，用实实在在的成效取信于人，打造中医传统文化“聚集地”，为重点学科、专科插上腾飞的羽翼。（办公室）

【中医药服务体系】 2019年，太原市中医医院建立人才成长“阶梯化”。针对中医学人才个体及群体成长的客观规律，制订《太原市中医医院人才培养实施方案》，实施医院“人才树”工程项目，即针对不同层次培养体系目标人群，提出不同的职业规划和要求，实现医学人才培养的系统化和明晰化。全年共计发表学术论文48篇，其中国家级期刊论文6篇，省级科研课题结题2项，合作项目5项。2人选拔成为全国中医临床特色技术传承骨干人才培训项目培养对象，2人成为太原市医学重点学科2019年高端人才，8人入选2018年度“三晋英才”。组织申报并举办各级、各类继续医学教育项目32项，培训院内外卫生专业技术人员4000余人次，人才培养助推医院科研能力和水平不断提升。推进中医服务“覆盖化”。在现有“一院五区二部”基础上，拓展分病区建设，与化二建医院协商洽谈，依托化二建优质资源，扩大市中医医院服务半径，大力推广中医药适宜技术。加快中药特色制剂“量产化”。深入推进特色制剂审批量产工作，对医院特色制剂“四黄消痔丸”和“小儿止咳平喘颗粒”已办理线下准入程序。加强优势资源下沉“联动化”。通过线上和线下等多种方式，持续开展对阳曲县中医院、离石区中医院、娄烦县人民医院对口帮扶和对古交岔口乡镇卫生院、泥屯中心卫生院、晋祠镇卫生院巡回医疗，以及对阳曲县乡镇卫生医疗机构千医千村牵手服务。着手与市县两级中医医疗机构通过组建中医医联体形式，开展高水平中医医师团队下基层活动，使人民群众在家门口就能享受高水平的中医医师诊疗服务。全年对口帮扶和巡回医疗门诊共诊治3100余人，收治住院人次58人，开展适宜技术25种，适宜技术应用734人，义诊1067人，学术讲座34次，业务培训50次，教学查房116次。18名优秀医师千医千村牵手服务共计人群5000余人次。健康教育宣传义诊“特色化”。通过组建健康教育宣讲团，以科室专业优势病种为项目，深入推进科室健康教育管理工作扎实落地。在院内以“看板管理”和常态化宣教模式为依托，充分利用科室健康教育宣传版面载体，精心制作中医特色健康教育宣传栏、开展中医健康科普微视频大赛、拍摄中医养生保健操节目视频等活动，让患者在看病就医期间潜移默化地提升对健康知识的认识，提高自我防病和康复锻炼的能力。在院外，扎实开展日常性健康教育巡讲。利用各个节气、主题活动日、健康日等为契机，在院内外扎实开展健康教育宣传促进工作，深入机关、社区、乡镇、农村等多地开展中医药健康养生知识宣传讲座推广，健康宣讲团足迹遍布全市，服务人群数以万计。宣传工作“创新化”。与各大报刊及新浪、搜狐等多家媒体签约合作，在微信公众平台推出《科室巡礼》《晋医堂》《杏林药苑》《名医堂周推荐》等多个栏目。全年主流媒体报道共计61次，微信平台共发送消息958条，总阅读人数19万人次，《今日头条》服务号全年共发送文章200条，推荐量171.60万人次。（办公室）

【科研成果】 医院针灸三科主任王铁云的阴阳平衡针法列入太原市第六批市级非物质文化遗产代表性项目。2019年共计发表学术论文48篇，其中国家级期刊论文6篇，省级科研课题结题2项，合作项目5项。（办公室）

献血供血

【概况】 2019年，太原市红十字血液中心共采集全血107487人次，采血量207136.30单位，同比增长11.25%，创血液中心成立以来历史新高；临床用血218234单位，同比增长16.70%；机采血小板采集19010.20治疗量，同比增长17.90%；单位总收入12057.04万元，同比增长17.66%，总支出11082.94万元，同比增长9.54%。（办公室）

【无偿献血宣传】 2019年，太原市红十字血液中心借助微信公众平台、中心官网、官方微博、今日头条等中心自媒体平台，开展无偿献血宣传活动展示、预约献血、结果查询、先进人物事迹宣传等，全年微信公众号发布信息275余条，微信朋友圈广告400万条，微博发布信息278条，粉丝数量达35000余人。接受中央、省、市电视台、电台采访报道近百次，通过电台发布无偿献血公益宣传广告3000条（次），各类报刊登载近200篇，宣传报道同比增长2%。创新无偿献血宣传方式。

在专刊专版上刊登无偿献血宣传知识。全年在《山西日报》《山西晚报》《山西青年报》《太原日报》《太原晚报》《生活晨报》《人人健康》《山西画报》《太原献血报》《太原无偿献血志愿者报》《特别关注》等报纸、杂志共刊登200多个专版；在200个社区设置400个无偿献血科普宣传栏，宣传内容每季度更新一次；“6·14”世界献血者日活动邀请太原电视台进行现场拍摄，网络同步播出，收看观众超30万人次；8月，组织“热血跑·沸全城”（太原站）无偿献血健康公益跑活动，共千余人参加，多家媒体现场宣传报道，直播观看达52万人次。

以春节、国庆节、“5·8”红十字日、“6·14”世界献血者日等节假日、纪念日为契机，集中开展20次大型无偿献血专题宣传招募活动。通过“太原志愿者”微信平台，开展无偿献血等志愿服务活动54次，提高职工的社会责任感和献血者的满意度。（办公室）

【临床供血】 2019年，太原市红十字血液中心加大外采工作力度，采血量总体平稳增长。在献血淡季，外采人员通过延长工作时间、主动上街宣传等方式，挖掘工作潜力，圆满完成工作任务，确保临床供血安全、有效、充足。除保证省城临床供血外，还支援北京、内蒙古、安徽等地2256单位红细胞，864治疗量血小板，为全国“两会”胜利召开做出贡献。

落实《太原市2019年无偿献血工作计划》，主动上门与机关、厂矿和大中专院校等单位联系沟通。全年共开展56次专题讲座，累计43959人次参加团体献血，占总献血量40.90%，扩大无偿献血在全社会的影响力。全年未出现血液短缺情况，临床供血需求得到满足。（办公室）

【血液质量管理】 2019年，太原市红十字血液中心评审体系文件，针对新版血站技术操作规程等新要求，修改各类文件170余个，按照ISO15189的要求新建质量手册实验室分册1册、实验室专用程序1册。新建《医学伦理学委员会制度汇编》。邀请天津、浙江血液中心专家参与中心内审工作。

血液检测。全年酶免检测标本118778人份，合格率98.20%；上报抗-HIV初筛阳性标本共210例，确证阳性24例；继续按照《山西省卫生计生委办公室关于推进血站核酸检测工作省内全覆盖有关工作的通知》要求，对大同、朔州、忻州、吕梁、晋中5个市中心血站的血液标本进行核酸集中检测，共检测核酸标本83913份，检出阳性样本40份，不合格率0.05%，用血安全性持续提升。

质量监控。全年关键设备质检1716台次，实施血液审核报废639批次，各类终产品质量抽检1841袋，血液安全性指标抽检合格率100%；破坏性全项目功能性指标检测384袋，功能指标合格率96.90%，各种产品合格率均符合国家要求，根据全血成分血相关指标的趋势分析，检测结果均较为稳定。

（办公室）

【用血献血服务】 2019年，太原市红十字血液中心加强临床用血指导。全年分2批对65人次进行临床输血实验技术操作培训，先后10余次组织业务人员前往各大医院介绍血液新产品、推广新项目，做好临床医院的用血预约咨询工作，成分血使用率达99.99%以上，并在全省各市举办输血技术培训班13期，累计培训450人次，受到医院的广泛好评。

完善献血服务网络。2019年，太原市共设置街头固定献血屋21个。6月，位于小店区坞城南路的街头固定机采献血屋正式投入使用，结束捐献血小板只能到血液中心的历史，建立起覆盖全市六城区及三县一市的较为完善的采血网络，方便群众就近献血。

发挥呼叫中心功能。发挥信息化优势，请献血者通过手机及时对献血服务进行测评，中心根据反馈结果及时跟进有关服务，献血者满意率不断提高。全年献血者满意率达99.80%，临床用血医院满意率为100%，献血者重复献血率达54.10%。

设立血费审核一站式报销窗口。在省城用血量大的临床医院和街头献血屋开展血费直报工作，使血费报销更便捷。全年共报销血费121.20万元，同比增长18%，其中，为献血者本人报销289人次，共38.20万元，报销率31%，为献血者直系亲属报销913人次，共83万元，报销率69%。一人献血，全家受益，充分体现出国家对无偿献血者无私奉献行为的回报。（办公室）

【科研培训】 2019年，太原市红十字血液中心重视科教工作。全年共举办各类培训17期，内容涉及献血宣传招募新思路、医学伦理学、网络安全知识、传染病防控、健康教育、消防、普法知识等；申报并完成省级继续医学教育项目7项，市级继续医学教育项目3项；完成卫生专业技术人员198人继续医学教育年度考核工作，合格率98.94%；为9名晋升高级职称人员办理学分验证证明；组织9人进行血站工作人员从业资格考试；对8名新进人员进行岗前培训；国家级刊物发表论文6篇，省级刊物发表论文4篇，SCI论文1篇。

引进全新血液标本保存系统、血型分析仪等，及时准确地完成全省35家临床医院和各地市血站送检的疑难标本，其中ABO和RhD血型鉴定1284例，ABO基因检测31例，RhD基因检测24例；抗体鉴定、红细胞配血和血小板配血4363人次，产前检测、新生儿溶血病检测、封闭抗体检测以及血型不合的肾移植效价检测933人次；完成中华骨髓库下达的2500人份HLA基因高分辨检测任务；制备省临检中心血型鉴定项目所需的质控品，完成对全省340家医院输血科血型鉴定项目的省级室间质评工作，并增加Rh血型鉴定项目，为进一步提高全省的血型检测水平做出应有的贡献。（办公室）

【信息化建设】 2019年，太原市红十字血液中心通过后台数据联网，实现献血者及其家属用血费用在线报销。献血者可足不出户，通过血液中心官方微信公众平台，将相关手续拍照后上传，通过审核后，即可在本人绑定的银行卡上收到报销费用，流程的进一步简化也标志着中心信息化建设水平再上新台阶。拓展献血纪念品渠道。在为献血者提供种类多样纪念品的基础上，开通网上选择献血纪念品业务，丰富纪念品种类，纪念品由快递公司直接送达献血者，工作效率和服务水平提高，受到广泛好评特别是年轻人的欢迎。（办公室）

药品器械技术管理

【概况】 太原市卫生计生委药品器械技术管理中心，是隶属于太原市卫健委的正科级全额事业单位。作为太原市唯一一所专门从事药械管理工作的机构，负责卫生系统医疗机构的药品、耗材及设备的使用管理工作。2019年，太原市卫生计生委药品器械技术管理中心紧紧围绕医药卫生改革，做好药品、耗材（试剂）和设备管理3个环节的工作。（办公室）

【药品使用管理】 2019年，太原市卫生计生委药品器械技术管理中心加强基本药物使用管理工作，对10个县（市、区）卫体局所属基层医疗卫生机构基药的采购、补助发放、配送过程中存在的问题、产生原因、采取的措施等形成专题报告。召开全市药品管理工作推进会，认真部署药品编码比对上报工作。选取全市10所三级公立医疗卫生机构、19所二级公立医疗卫生机构、24所基层公立医疗卫生机构长期作为药品使用重点监测医疗机构，认真完成药品YPID编码比对数据上报工作。做好短缺药品管理工作。面向全市公立医院开展短缺药品备案工作，切实保障患者临床合理用药需求。及时发布全市药品采购预警信息，努力做好基层医院药品管理工作服务。随时发布急（抢）救类药品和短缺药品等采购预警提示，提醒各公立医院提前做好储备工作，保证临床供应；及时了解基层医院工作实际情况，努力做好服务。（办公室）

【耗材使用管理】 2019年，太原市卫生计生委药品器械技术管理中心积极开展耗材体外诊断试剂“两票制”备案工作。收集整理市管公立医院39所耗材体外诊断试剂《备案采购申请表》及《明细表》，上报委医政医管科。认真做好耗材相关数据收集统计工作。对全市3个卫体局、17所医疗卫生机构500多种耗材价格进行汇总统计，为下一步取消耗材加成做好准备，确保工作任务保质保量落地见效。（办公室）

【设备采购使用管理】 2019年，太原市卫生计生委药品器械技术管理中心积极参与医疗设备招标采购工作。协助完善市直5所公立医疗机构大型设备购置论证资料工作。前期调研、院内论证、市场询价、参数设计、专家论证等环节，防控设备购置风险点，堵塞管理漏洞。认真开展全市医用设备技术鉴定工作。规范医学装备技术鉴定工作，制定出台《太原市市直医疗卫生单位医学装备技术鉴定工作流程》，共计完成5所市直公立医疗卫生机构、537台、1838.30万元医用设备技术鉴定任务，出具图文完整的技术鉴定报告，上报市卫健委、市财政局，作为审批依据。（办公室）

医院选介

·太原市中心医院·

【概况】2019年，太原市中心医院有职工2154人，其中有国家认定资质的副主任医师以上高级职称的328人，主治医师、主管护师等中级职称的医护人员512人，有4名专家享受国务院特殊津贴，博士学历21人、硕士学历320人。全院对外开放病床1076张，设置职能科室25个，临床医技科室49个。皮肤科、神经内科为省重点学科，心血管内科、神经内科、护理学为省重点专科，心内科为省重点建设学科，呼吸内科、肾内科、内分泌科、肿瘤科、耳鼻喉头颈外科、生殖中心、影像学、护理学为市重点专科，消化内科、骨科、检验科为市重点建设学科。（刘　婷）

【太原市中心医院汾东院区开诊】2019年11月30日，太原市中心医院汾东院区正式开诊。该院位于小店区汾东大街256号，是市委、市政府确定的“百院兴医”重大民生项目，是一所空间大、环境美、设施优、管理精、服务好、内涵强的大型三甲综合医院。占地面积20.53公顷，总投资18亿元，于2015年7月28日开工建设，2019年10月一期工程完工。11月开放门急诊区域和心内科、神经内科、内分泌科、消化科、呼吸科、皮肤科、血液科、风湿科等内科病区，合计床位约500张；二期工程行政科研教学楼于2019年底完工。

同年，太原市中心医院以汾东院区开诊为契机，全面推动医院实现转型跨越发展，医院党的领导和党的建设进一步巩固和加强，各项事业大踏步前进，圆满完成全年各项工作目标。汾东院区如期开诊，市委观摩团亲临揭牌；二青会保障高质量完成，获得组委会和社会的高度评价；7135学科建设规划全面推进，内分泌中心正式组建并实现高起点运行，核心技术稳步发展。廖万青院士工作站正式落地，“四个一”引才引智工程迅速推进，“家门口的全国名医聚集地”目标日趋成型；三级医院绩效考核体系不断强化，医疗核心制度向深度落地，医联体建设、分级诊疗、日间手术等医改要求全面落实。全年完成门急诊739859人次，同比增长9.40%；出院人数28211人次，同比增长6.50%；实现总收入72042.19万元，同比增长13.14%，其中医疗收入69703.88万元，增长14.44%，实现医疗盈余804.62万元。（刘　婷）

【医疗学科建设】2019年，太原市中心医院完善学科建设“四梁八柱”，组建内分泌代谢中心，将内分泌科、眼科、中心实验室整合成立内分泌代谢中心。将内分泌科由1个病区扩展为4个病区，打造全市首家以糖尿病综合病区、糖尿病足病区、腺体疾病病区、内分泌重症和免疫糖网病区（眼科）、中心实验室组成的专业化一流学科，获批成为跨区域的太原市糖尿病足多学科诊疗联盟和太原市内分泌专科联盟。筹建消化病诊疗中心、急重症治疗中心，完善7个多学科诊疗中心的学科框架。

出台《太原市中心医院7135学科建设工程实施意见》，充实重点学科扶持政策，从资金、人才、进修等多个方面对重点学科和核心技术予以扶持，学科建设成效喜人。皮肤疾病诊疗中心被山西医科大学评为重点学科，引进上海长征医院廖万清院士团队，建立皮肤性病院士工作站，获批山西省临床医学研究中心“皮肤病临床医学研究中心”培育单位，太原市重点专科；心脏疾病诊疗中心签约阜外医院，成为阜外医院全国技术培训基地，全国心脏领域的6个国家级中心全部通过国家认证，并被国家卫健委授予山西省第一家基层医院PIC技术应用与培训基地，在葛均波院士团队支持下，复杂冠脉技术获得稳定发展，学科内涵全面加强；神经疾病诊疗中心晋级为省重点学科和“中国帕金森联盟”单位，加入北京宣武医院神经疾病区域医疗中心，成为山西省唯一一家“国家神经系统疾病临床医学研究中心网络成员”单位，卒中亚专业综合实力在每月国家卫健委脑卒中防治办公室

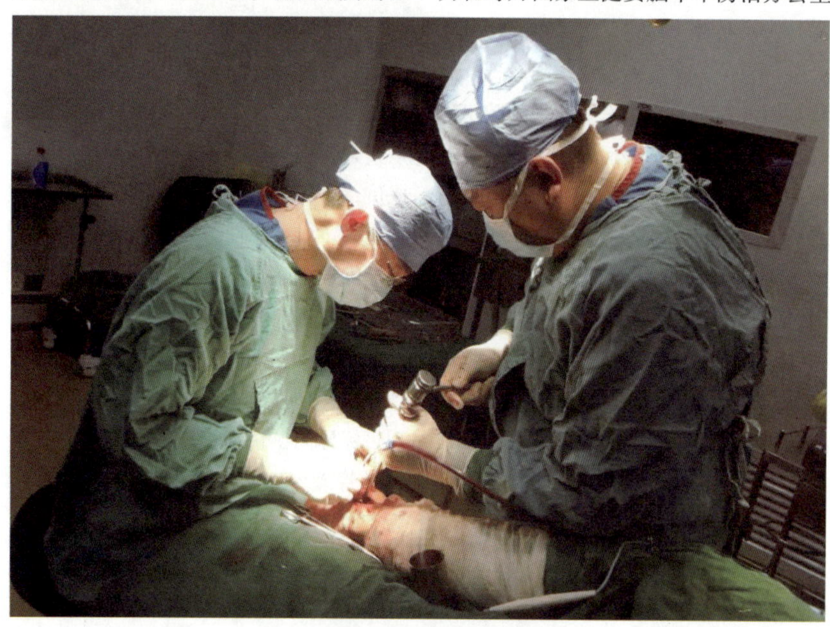

2019年1月29日，市中心医院完成首例距骨内侧壁逆向骨膜骨植骨术

（市中心医院供图）

公布的高级卒中中心动态排行榜上蝉联全国百强，被评为国家“十三五”慢病重点专项ANGEL-ACT项目优秀分中心；妇产生殖中心大力强化内涵建设，妇科肿瘤和微创手术技术强势崛起，学术活动精彩纷呈，市医师协会妇科肿瘤专委会和北京协和医院吴鸣教授工作站成功落地市中心医院，生殖中心被评为山西医科大学重点建设学科，成功率继续领跑全省。

以项目为抓手，推动核心技术突破发展。扎实推进“四个一工程”（即一个全国名医，指导一名技术带头人，带领一个团队，重点提升一项技术在全省形成影响力）建设。大力实施科教兴院战略，召开科技奖励大会，重奖科技创新。（刘 婷）

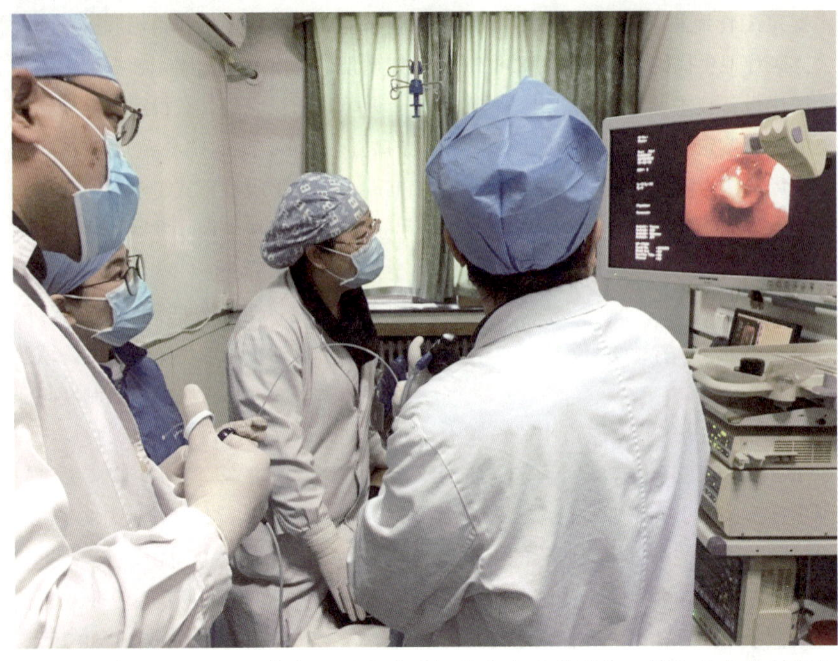

2019年3月22日，市中心医院呼吸与危重症医学科介入团队完成首例经电子支气管镜高频圈套新生物电切术（市中心医院供图）

【医疗人才建设】 2019年，太原市中心医院致力于打造“家门口的全国名医聚集地”，广泛开展与全国名院名医的学科合作，通过柔性引进、与名院合作、人才培训等形式，借势借力发展，先后与阜外心血管病医院、台湾童综合医院、上海同济十院、北京同仁医院等签署合作协议，借力发展。广聘全国名医出诊，先后引进廖万青院士团队，协和李乃适、张菁、郁琦、李拥军教授，北大张煜教授，瑞金医院徐向阳教授，鼓楼王雷教授等一大批全国名医到院出诊查房，提升医院发展后劲。用活用足省市人才政策，加强本土人才吸收培养。招聘基础人才303人，选拔有潜力的27名优秀人才送往国内外医院进修学习，落实人才政策待遇，建立名医工作室11个。挖掘潜力，用好存量。先后制订老专家返聘管理办法、特聘专家管理办法，充分调动老专家的积极性，根据不同情况聘请到临床一线工作，充分发挥老专家的潜能。加强培训教育。着力构建“大学习、大培训”格局，结合“三基建设”开展“六大工程培训”，利用“学习强国”“两微一端”学习平台，开展中层干部管理能力培训6次，提升管理格局与素养；强化专科联盟建设，建成内分泌、呼吸等一大批专科联盟，完成多次学习会议，有效提升医院人才活力。（刘 婷）

【医院管理】 2019年，太原市中心医院稳步推进现代医院管理制度改革。制订医院章程，把党建工作要求写入医院章程，明确党组织在医院内部治理结构中的地位和作用，促进党建工作与业务工作相互融合，发挥党委促改革、保落实的作用。强化专家治院。调整医疗质量安全管理、药事管理等各专业委员会成员，学科带头人为本科室医疗质量的责任人，对专业性、技术性强的决策事项提供技术咨询和可行性论证。强化目标责任管理。完善目标责任体系，调整优化目标责任书和目标责任管理考核奖惩办法，加强年中和年底考核，努力实现目标导向、精细管理。扎实强化医疗质量管理。以三级公立医院绩效评价为契机，开展《落实医疗安全核心制度工作实施方案》《积极参与分级诊疗建设实施方案》，制订《太原市中心医院强化医疗核心制度落实专项活动方案》，加强内涵建设，推动医疗服务质量和效率提高，推进分级诊疗制度建设落地见效。建立三级质量管理组织，以问题为导向，通过强培训、定制度、重考核、促整改，狠抓核心制度，提升全院质量安全意识，规范服务行为，保障医院质量及患者安全。开展“病案首页数据填写治疗规范专项整治活动”，加强医疗文书管理，全面提高病历质量。全年绩效考核指标向好发展，日间手术实现突破，截至四季度末已开展56余例，出院患者手术占比由39.70%上升到42.97%，出院患者微创手术占比由21.35%上升到49.54%，出院患者四级手术比例由17.20%上升到19.41%，I类切口手术部位感染率由1.06%.下降到0.77%，大型医用设备检查阳性率由71.28%上升到83%，门诊预约诊疗率由41%上升到54%，门诊次均药品费用增幅由4.34%下降到3.67%，住院次均药品费用增幅由9.99%下降到3.04%。

智慧信息系统建设。在反复调研论证基础上，制订汾东院区高层次信息化系统方案，已基本完成初设；汾东院区智能化工程完工，BIM技术得到广泛运用，管理效能大幅度提升。大力加强预算成本管理。实施全面预算制度，构建医院三级预算管理体系，引入第三方审计，强化监督职能，通过内控审计堵塞漏洞；强化成本核算与控制，逐步实行医院全成本核算；加强设备、耗材、维修等支出控制，推进节能降耗；启动单病种控费工作，医保管理得到进一步加强。（刘　婷）

【医疗服务】2019年，太原市中心医院借鉴政务中心和先进医院模式，对汾东院区非医疗业务实行一体化打包服务，提升后勤服务的品牌技术含量；启动“一站式服务中心”，通过一口受理、限时办结、内转外不转等流程创新，努力打造患者服务中心和院内行政服务中心，让患者和职工少跑腿，多满意。尽可能搭建服务平台，凡是患者和群众需要的，都尽可能提供。在医疗陪护、护工等方面都引入较高质量的服务。关心回应职工重大关切，积极解决职工的焦点热点问题，为汾东院区职工组织团购商品房，推进党务院务公开，职称晋升、绩效考核、评优评先等重大事项全院公开，接受群众监督。坚持不懈抓好“三服务”，特别是抓好医联体医共体建设，娄烦医院通过二甲复审，小店区人民医院正式搬迁，实现良好运行。与70多家基层医疗机构建立对口帮扶合作、共赢关系，发展医共体成员单位32家；发挥专科联盟优势，组织专家开展面向基层的“两巡一诊”活动，利用互联网开展远程诊疗活动，提升基层解决专科重大疾病的救治能力。高质量完成二青会服务保障工作，接诊2849人次运动员及随队人员，做到“零”投诉、“零”事故，获得组委会的高度评价，圆满完成援疆、下乡、扶贫等公益性工作，服务基层人民群众。（刘　婷）

【科研成果】科研及论文：撰写国自然标书，申报省市科研项目数量较上年增长50%；获得中央引导地方科技发展专项资金项目1项，经费100万；获得山西省科技厅社发项目4项、软科学1项；获得2018年度山西省科学技术奖科技进步类三等奖1项；发表医学论文110余篇，其中SCI定稿收录杂志5篇。

新技术新项目：鼓励单项技术从提量、增效、保质上突破，遴选出银屑病综合治疗、急性缺血性卒中介入诊疗技术、复杂冠脉血管介入治疗等20项核心项目，从人、财、物、空间、科研、绩效管理全方面给予政策倾斜，推动单项技术做大做强。在柔性专家技术指导下，已培训本土专家16人次，指导合作开展手术80余例。血管外科主动脉置换、A型主动脉夹层的杂交手术、包括出血性卒中（脑动脉瘤）的栓塞手术及颅内高危极重度狭窄动脉支架植入、妇科腹腔镜技术、胃早癌内镜下切除技术、足踝外科技术等多个项目有效填补院学科领域内的技术空白，实现学科在短期内的突破性发展。（刘　婷）

·太原市人民医院·

【概况】2019年，太原市人民医院医疗收入约1.61亿元，比上年同期增长37.95%；药品比例28.15%，比上年同期降低1.29%；职工总收入约8730万元，比上年同期增长4.27%；资产负债率45.22%，比上年同期降低14.87%；门急诊180019人次，比上年同期增长7.30%；入院8797人次，比上年同期增长16%；住院手术2617例，比上年同期增长30.40%；门诊手术2617例，比上年同期增长3.40%；平均住院日14天，比上年同期增长1.30%；床位使用率87.60%，比上年同期增长26.60%。（办公室）

【医疗人才建设】2019年，太原市人民医院实施人才培养计划。投入70万元，选派包括科主任、护士长在内的148名医护人员赴上海同济、瑞金、东方肝胆外科医院，浙江大学附属第一医院等国内一流医院以及省级医院开展为期3个月到半年的密集进修，学习国内最前沿的知识和技术，学习最先进的管理理念和方法，促进发展理念和诊疗能力接轨一流。科主任、护士长全部进修结束，进修返院医务人员共开展经十二指肠镜逆行胆道造影、肝肿瘤微波消融术等新技术新项目24项。姚宏、翟阳蕾等3人分别选为山西省“三晋英才”支持计划拔尖骨干人才和青年优秀人才。

拓展与上海同济、东方肝胆外科等国内一流医院的合作，成为上海同济医院医疗集团成员单位，成立1个院士工作站，11个名医工作室，成立太原市肝胆胰疾病诊疗中心、太原市病理专科联盟，与山大一院神经外科建立科联体，引进22名国内知名专家、9名省内知名专家为特聘专家，引进紧缺专业技术人才122人，逐步实现名医带名科、名科兴名院。全年举办院士专家大讲堂、全市产科安全与发展大会、全市英语能力提升等国家、省市继续教育及院内学术交流37项，接待乍得、尼日尔等发展中国家参观6次。

依托院士工作站、名医工作室、特聘专家，积极引进开展腔镜微创、肝癌切除、妇科盆底重建等特色适宜技术，让广大患者在家门口享受到国内顶尖的医疗服务。全年外聘专家门诊量3684人次，引进新技术17项，开展高难度手术113例。通过专家指导，带动医院三、四级手术增长43.60%，多项技术居于全国领先水平，为患者节省约1/3的费用，缓解群众看病难、看病贵问题。（办公室）

【医疗质量管理】2019年，太原市人民医院狠抓质量安全。成立质控科，完善全面质量控制体系，重点加强核心制度落实、临床合理用药、手术分级、病历首页质控、临床路径推广等工作。制定《太原市人民医院住院病案首页填写质量考核实施方案（试行）》，对病案首页实行三级质控。深化优质护理服务，实行SBAR交班和“7S”管理模式。全年临床路径开展12个专业，67个病种，病案首页填完整率和准确率分别提高92.50%、96.70%，组织疑难危重病例多专业、多学科大会诊20余次。（办公室）

【医疗服务】 2019年，太原市人民医院优化就医流程，整合功能分区，中医科中药房集中设置，扩大康复门诊面积，设立内镜中心，开通健康山西APP预约挂号、在线支付、诊间支付以及医保异地直接结算功能，方便患者就医。积极邀请上海东方肝胆外科医院程树群教授和石洁教授义务为13月龄患儿成功切除1.15千克巨大肝母细胞瘤，并减免大部分医疗费用。

投入976万元购置能量平台、呼吸机、超声刀、高频电外科手术系统、全自动免疫分析仪等必备医疗设备。完成住院楼、门诊楼装修改造，人性化改造卫生间，更换候诊椅等便民设施，增加候诊区域，提升患者就医体验。

承接全市入监人员体检工作，选派80余名医护人员为市拘留所，市第二、第三看守所，市监察委提供医疗保障服务，与省、市戒毒所建立医联体。开通远程视频系统，提供远程会诊、教学、诊疗等服务。树立“大健康”理念，深入开展健康促进工作，开设老三届健康讲堂和健康教育基地，推行健康生活方式，提升群众健康素养。全年入监体检10567人，监管分院门诊量7800人次，健康教育讲座、义诊咨询服务覆盖4万余人。

全年帮扶基层医疗卫生机构18家，派出专家1894人次，诊疗患者万余人次，帮助建立高血压、糖尿病工作室，开展8项中医适宜技术，为3000余名65岁以上老年人解读体检报告。承担338名基层卫生人才能力提升培训，举办第四期省级继教下基层巡讲，有效提升了基层医务人员能力和水平。

（办公室）

【二青会和援疆医疗保障任务】 2019年，太原市人民医院承担二青会10个医务室和4个医疗点设备耗材、药品招标采购，专项督导，承担定点救治医院，举重、网球、乒乓球测试赛和正式比赛，定点酒店的医疗保障。二青会期间共派出医护人员79人次，诊治301人次，转诊7人次。医师周志强赴新疆五家渠市102团医院开展为期3个月的援疆工作。加强应急急救能力建设，全年承担各类应急医疗保障任务19人次。

（办公室）

【文化品牌建设】 2019年，太原市人民医院构建关心关爱机制。强化工会职能，重点加大职工关怀帮扶力度，为职工及近亲属在本院住院报销部分住院费。丰富协会文化，开展“五一”表彰等，职工的幸福感不断提升。全年慰问职工、党员56人，提供各类救济救助、捐款34500元，245名职工及近亲属享受到医院提供的住院补助12.63万余元。

选树先进典型。深入开展“身边好人”推选工作和医德医风等正面典型教育，大力弘扬职业精神和医者精神。王伟、王海燕等11人被评选为身边好人。心血管科、中医科被评为市直卫生健康系统“改革创新、奋发有为”先进科室，李仁彪、王芳等5人被评为先进个人。全年医务人员拒收红包23400元、46人次，收到表扬信、锦旗243件。

加大正面宣传力度，加强与主流媒体的合作，开通官方抖音号，建立宣传矩阵，实现全方位全覆盖宣传，共同讲好人民医院故事。全年微信公众平台、今日头条共推送信息1352条次，报纸刊载197条，山西交通广播、健康之声播出1335条，省、市电视台播出消息3000余条。医院获得第三届全国卫生健康品牌传播“优秀团队奖”。（办公室）

·太原市第二人民医院·

【概况】 太原市第二人民医院是一所集医疗、科研、教学、预防、康复、保健为一体的二级甲等综合医院，是国际医疗外宾定点医院。2019年2月，获国家事务管理局、国家发展改革委、国家财政部节约型公共机构示范单位称号。

同年，有在岗职工898人，其中卫技人员751人，占职工总数83.6%；高级职称102人，中级职称165人。医院编制床位710张，实际开放床位602张，科室设置64个。老年病科、超声诊断科为太原市级重点学科。拥有四维立体成像超声诊断设备、百级层流洁净手术室、社区远程心电网络系统，配备有CT、MRI（核磁共振成像系统）、DR、双能X线骨密度测定仪、全景口腔CT、移动DR、数字胃肠机、胃、十二指肠、胆道、膀胱镜等系统、视频脑电监护仪等诊疗设备。

同年，业务总收入1.86亿元，比上年同期1.68亿元增长10.25%；资产负债率97.52%，比上年同期92.74%增长5.15%；门急诊人次277152人次，比上年同期278013人次降低0.31%；出院人数10593人次，比上年同期10017人次增长5.75%；手术例数3377例，比上年同期2939例增长14.90%；病床使用率53.50%，比上年同期49.29%增长4.21%；次均门诊医药费213.45元，比上年同期201.28元增长6.05%；次均住院医药费11921.94元，比上年同期11167.59元增长6.75%；药占比32.48%，比上年同期30.16%增长7.69%；卫生材料占比21.20%，比上年同期23.04%降低7.99%；医疗服务占比25.78%，比上年同期27.24%降低5.36%。（办公室）

【医疗学科建设】 2019年，太原市第二人民医院老年病科作为市级重点学科，是集诊断、治疗、保健预防为一体的老年病综合学科，拥有床位106张，针对老年人多病共存的特点，通过老年综合评估，实现多学科综合诊断治疗。

超声诊断科拥有高素质专业人才队伍和现代化超声诊断设备，在医、教、研、学术等各个方面均走在前列，部分项目属国内先进、省内领先水平，成为全省有一定学术地位及社会影响力的品牌科室。

护理部深入推动优质护理服务，填补医院人工气道管理空白，全院呼吸机相关性肺炎发生率为0；2019年“护理敏感质量指标引导下的住院患者保护性约束的管理”获市护理学会安全管理价值案例第一名。

神经外科是院内重点专科，其中面肌痉挛、三叉神经痛采用显微血管减压术，达到国家级治疗水平；高血压脑出血治疗采用精准、微创手术方法，达到省级治疗水平；新开展幕上肿瘤切除术、幕下肿瘤切除术、脑室腹腔分流术及经鼻蝶垂体腺瘤切除术4项新技术，均达到国家级水平。

购进设备支持耳鼻喉科发展，耳鼻喉科可开展听力康复、耳显微外科、耳内镜微创外科治疗、支撑喉镜下嗓音外科治疗、鼻窦内窥镜下鼻腔肿物摘除、鼻窦开放手术、局部封闭治疗过敏性鼻炎等；并建立眩晕门诊，取得良好效果。（办公室）

【医疗管理】 2019年，太原市第二人民医院严格按照国家卫健委《医疗质量安全核心制度要点》要求，强化管理确保医疗安全，尤其对重点病例如输血病历、疑难讨论病例进行监控。提高医疗服务水平，完善重点技术项目，消化、普外、泌尿外科内镜，人工膝关节、人工髋关节置换等技术项目顺利通过专家审校验并备案。开展“神经内镜辅助下慢性硬膜下血肿清除术”“腹腔镜胃癌根治术”等新技术、新项目8例；开展重大手术41例。特聘省级14位学科领军专家来院开展教学查房、技术指导、疑难危重病例会诊等，提升临床科室管理和专业技术水平。推进省、市医保按病种付费工作，加强病案首页填写和编码的规范性，收治符合要求病例41例。加强临床路径管理，全年共开展14个专业，115个病种，进入临床路径2822例，入径率97.61%，完成率91.35%。与各临床科室签订合理用药责任状，充分发挥临床药学师作用，积极开展临床合理用药专家点评。加强临床用血管理，规范临床科学合理用血，保障临床用血安全。组织义诊21次，派医务人员进行各种医疗保障。推进民航病区中医特色服务。先后接受省卫健委三级老年专科医院评审督导、市卫健委质控中心血液净化及医院感染专项检查，专家对二院工作均给予充分肯定。二院被太原市卫健委批准成立“医疗控制中心超声医学质控部”。（办公室）

【护理服务】 2019年，太原市第二人民医院健全完善制度，修订护理工作制度11项、增订10项；制订集束化护理措施及核查表，导入“中卫护研院临床护理知识库”，将循证护理概念转化为临床实践，改善患者预后及护理服务质量。深入推进优质护理服务，将核心条款细化量化，实行目标管理，定期考核，持续改进。制定质控标准，填补医院人工气道管理空白，全年全院呼吸机相关性肺炎发生率为0。遵循“诚信、尊重、关爱”服务理念，通过电话、微信平台开展出院患者回访工作，共回访患者5044人次，回访率53.40%，美国威斯康星大学护理专家到院考察，对医院护理管理、人才建设及老年评估等给予积极评价。开展多层次、多形式规范化护理培训。开展应急演练84次。“苔花护士团队”登上5月“时代新人榜”，2019年11月通过市级临床重点专科复审评价。试点开展安宁疗护，适应社会需要，承接省级大医院重症患者，将安宁疗护与重症有机融合，结合环境、心理、药物、营养、中草药治疗和传统康复，引入人文关怀及志愿服务，为危重患者提供优质安宁疗护，为患者家属进行心理疏导，帮助他们顺利度过哀伤期。（办公室）

【院感工作】 2019年，太原市第二人民医院按照国家新近出台相关法律法规修改补充完善相关制度、流程83项；在全面综合性监测基础上，积极开展中心静脉置管、气管插管、泌尿道插管及手术部位感染等重点部位目标性监测，全年调查住院患者9457人次，院内感染率0.47%；加强对重点科室、部门、环节质量管理，及时发现消除感染隐患；注重多重耐药菌监测管理：全年未出现多重耐药菌感染聚集性发生事件，无院感暴发流行；开展有效消毒、灭菌效果及环境卫生学监测；认真落实“手卫生规范”，经督查使全院医护人员手卫生依从性逐步提高。（办公室）

【科教工作和人才建设】 2019年，太原市第二人民医院实施“科教兴院”发展战略，建立谷涌泉名医工作站，加速整形科技成果转化应用。强化继教管理，全年672人参加继教学习，合格率98.81%，覆盖率100%；举办各类学术会议35场，其中省级继教8项、市级继教13项；积极探索继教学习新模式，将课堂搬到科室，有针对性开展人才培养，收到良好效果。加强人才培训，组织学术交流35场；选派普外等科室12名医护骨干到北京、上海等省内外三甲医院进修；派专业技术人员51人次参加学术会议；先后邀请国内外45名专家教授来院讲学交流。教学方面：接收协议院校实习生92人，进修人员2人。科研方面：进行中的科研项目4项，撰写论文14篇（可视国家级3篇）。开展形式多样的教学培训和科普工作：成功申报太原市第四期省级继续医学教育项目；组织参加山西省公众科学素质网络知识竞赛；开展“医卫双优下基层”项目，受到职工的欢迎。

太原市第二人民医院坚持“人才强院”战略目标，组织实施高层次卫生人才引进工程，主动对标山西医科大学第一附属医院，采用“刚性”与“柔性”相结合的办法，引进省级乃至省外大医院的知名专家教授担任各临床科室名誉主任，提升专业学科领域技术水平。为重症舒缓、普外科及心内血液等科室招聘到研究生起点高层次人才。为21名申报高级职称人员进行资料审核及上报，通过17名。为到院工作的研究生和优秀医学本科生增加工资待遇，做到待遇留人和感情留人相结合，以增强人才梯队拓展和专业学科建设力度。

（办公室）

【业务拓展】 2019年，太原市社区心电网络远程诊断中心真正让居民就近在社区得到心电图同质化诊断，助推分级诊疗，促进居家养老。全年发送远程心电图22575例（含援疆3272例），动态心电图437例，动态血压63例，阳性率33.10%；急危重症551例。

利用信息化开展惠民服务。借助“互联网+医疗”，实现线上预约挂号、扫码支付，住院日清单、检验报告查看以及居民生育险直报、跨省异地就医结算等功能。

对口帮扶体现公立医院公益性。针对社区慢病老人做重点梳理；民航社区建档6300份；派驻15名医生到东于镇卫生院帮扶91次，接诊1309人次；与阳曲县、清徐县36名村医牵手服务3375人次；帮扶社区共接诊5632人次。

开展国际交流合作。对外交流合作方面：以色列专家到院访问并就老年医学项目签署合作协议；美国威斯康星大学奥克莱尔校区代表到院访问考察。引才引智方面：美国乔治城大学医院专家到院进行“超声介入技术”和“机器人手臂在超声医学领域的应用”讲座等；医院选派超声和老年医学人员分赴美国、加拿大培训。先后接待来自18个国家到院就医的外籍患者156人次。

推进协调发展。对医院各诊疗价格及时公示，确保财务工作规范运行；实行医院内部成本核算，降低医疗服务成本，加强药品、材料、设备等物资管理，基本实现全员全程成本控制；加强医保管理，积极服务临床；积极开展预约、陪检、单据传递等临床保障工作，完成标本运送96942个，病人陪检19036人次；完善应急工作制度和操作规范，健全应急管理体系，大型演练5次，培训4次；强化后勤保洁服务，保障医院水电暖气等的正常运行，综合治理医院环境卫生；加强治安保卫，定期组织开展安全教育与消防演练，排除火险隐患，为医院建设提供坚实后勤安全保障。

（办公室）

·太原市第三人民医院·

【概况】 太原市第三人民医院位于太原市迎泽区新建南路与双塔西街交汇处，开放床位650张，有各类卫生专业技术人员600余名，高级技术职称93名，其中山西医科大学兼职教授11名、兼职副教授27名。医院科室设置齐全，设有肝病科、感染性疾病科、中医科、妇产科、外科、重症医学科等18个临床科室，影像科、超声科、检验科、内窥镜室等10个医技科室。有省级临床重点专科1个（肝病科），市级临床重点专科3个（感染性疾病科、肝病科、临床护理），市级医学重点学科1个（肝病科）。医院年门诊量8万余人次，出院患者1万余人次。在病毒性肝炎、肝硬化、肝衰竭、疟疾、流行性出血热等疾病的医疗救治及乙肝母婴传播的阻断等方面，达到国内同类医院先进水平，在省内具有权威性。

2019年，太原市第三人民医院门诊接诊97146人次，较上年同期增长3.59%；入院人数10597人次，较上年同期增长8.23%；出院患者10649人次，较上年同期增长8.31%；手术例数647例；三四级手术占比77.43%，较上年同期增长3.13%；微创手术占比81.76%；疑难重症占比26.32%；外埠患者占比50.04%，较上年同期增长1.11%；抢救成功率96.40%，较上年同期增长0.70%；实际开放床位650张，病床周转次数19.19次，较上年同期增长1.49次；病床利用率为118.56%，较上年同期增长11.43%；平均住院天数22.60天，较上年同期增长0.60天。

同年，医院总收入为24155.97万元，较上年同期增加12.11%；医疗收入22367.98万元，较上年同期增加14.75%，其中药品收入9393.26万元（含中草药收入349.36万元、自制药收入1953.05万元），占医疗收入的40.43%，较上年同期增加0.57%；门诊次均费用455.84元，较上年同期降低4.13%；出院患者平均住院费用16898.15元，较上年同期增加9.95%；固定资产总额22837.81万元，较上年同期增加147.84%。同年，医院人员经费支出9321.28万元，较上一年度增长18.11%，其中工资支出3668.94万元，较上一年度增长31.67%，奖金支出3204.41万元，较上一年度增长31.07%；职工教育经费支出58.34万元，较上一年度增长36.27%，广大职工权益得到切实保障，福利待遇有效提升。（办公室）

【重点项目建设】 2019年，太原市第三人民医院成立两个专业分会。牵头成立太原市医师协会传染病专业分会和太原市医师协会肝癌专业分会，并相继召开第一届学术会议，扩大医院在肝病、传染病领域的影响力。

建设重点专科。2019年“临床护理”专业成功申报市级临床重点专科。12月1日挂牌成立肿瘤科并正式开诊，通过打造肿瘤科，不断发展边缘学科及新技术新项目，逐步带动医院朝“精专科、强综合”的发展目标迈进，自科室成立后已成功抢救16例肝衰竭合并原发性肝癌患者。检验科、介入科两个市级重点学科也在积极申报中。

成立名医工作室。柔性引进首都医科大学附属北京佑安医院博士研究生导师孟庆华教授和博士研究生导师、国家临床重点专科中医肝病主任李秀惠教授到院进行会诊、查房、讲学。经过积极筹备并报上级部门批准成立2个名医工作室。

打造诊疗中心。2019年，医院申报

成立太原市门静脉高压诊疗中心及太原市肝脏肿瘤多学科诊疗中心并已获批。

（办公室）

【医疗服务】2019年，太原市第三人民医院积极推进“互联网+健康医疗”服务模式。通过信息化手段，着力构建线上线下、院内院际一体化医疗服务模式，与“健康山西”平台联手打造智慧服务，免去患者重复排队缴费的烦琐。在已有窗口、自助机、手机App三位一体多渠道预约缴费查询服务的基础上，在全院范围内推出微信、支付宝面对面快捷支付、诊间缴费及住院押金在线缴纳等服务，最大限度缓解患者划价缴费往返多个科室等问题，切实为患者住院就医提供便捷的人性化服务。2019年全院就诊挂号人数97145人，其中通过网络或电话预约总人数为62213人，占比64.04%；网上预约8341人，占总预约人数的13.41%；电话预约53872人，占总预约人数的86.59%；复诊人数56225人，占总就诊人数的90.38%。

便民服务水平提升。开展检查检验结果互认，全年检验互认42人次，减免20080元；检查互认15人次，减免4280元；一站式救助15人次，减免44848.68元。开展2019年农村贫困人口大病专项救治服务，开通老年人就诊绿色通道，满足老年传染病患者的日常就医需求。

慢病随访和健康教育。2019年出院总人数为10649人次，一级随访6275人，二级随访3139人，一级随访率为65%，在此基础上二级随访率达到50%。利用健康宣传栏、编发《肝病养生堂》宣传册，通过医院微信公众平台、组织健康讲座等形式加大健教力度，向患者普及健康知识，全年共开展临床医师健康教育讲座80次，开展健康讲堂12次，组织微课堂学习12次，通过“吾爱吾肝”QQ平台组织院内专家为患者答疑解惑96次，发放宣传单页及教育处方4万余册。

做好妇儿检查访视工作。扎实开展2019年免费产前筛查与诊断服务，对高风险孕妇做好转诊、追踪工作，全年完成免费产前筛查267例，高风险转诊15人，筛查率达100%；发挥医院优势，对所有到院就诊的合并传染病孕产妇进行HIV、梅毒、乙肝的检测及母婴阻断工作。做好辖区适龄儿童的建卡建册和基础免疫常规接种工作，认真落实计免宣教，规范接种。全年共建卡128人次，预防接种2682人次，无预防接种责任事故，无投诉；做好产后访视及建立儿童保健册等工作；在门诊大厅设有“妈咪小屋”，方便计免注射及儿童体检使用。

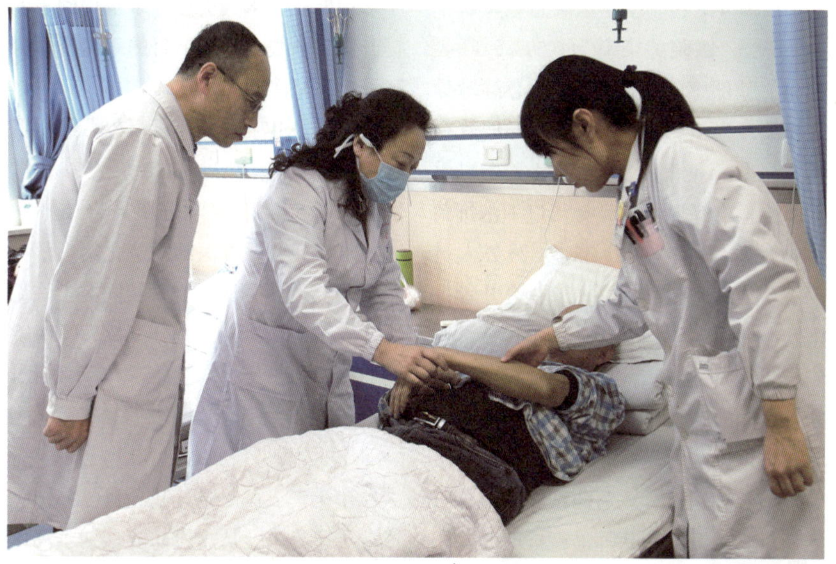

2019年11月28日，市第三人民医院外聘专家——首都医科大学附属北京佑安医院肝病重症医学科孟庆华教授到院进行教学查房　（市第三人民医院供图）

继续深化优质护理服务。2019年举办首届“星光杯”护理创新大赛，共收到92项创新项目，并选送10个项目参加太原市职工“五小”岗位竞赛，其中“一种紧急护理用吸痰装置”获二等奖，“高风险药品警示名牌”获三等奖。定期组织召开院级“优质护理服务专题座谈会”和部门协调会，及时发现和解决工作中存在的问题，不断提升优质护理服务水平，全年共推出护理新举措45项。

开展义诊宣传活动。参加健康中国行、爱眼日、世界卫生日等各类宣传义诊活动45次，全面开展心肺复苏普及进亿家活动，并获精准健康工程首届山西青年志愿服务项目大赛金奖及第四届中国青年志愿服务项目大赛铜奖。

（办公室）

【优质医疗资源下沉】2019年，太原市第三人民医院加强对口支援工作。选派内科、外科、妇产科医师赴阳曲县人民医院进行对口支援。按照对口帮扶基层机构工作计划及要求，开展全市10县区传染病防治培训指导6次，培训人员600余人。开展从面到点、以点带面的传染病帮扶工作，深入基层医疗机构督导传染病防治工作10次。同年“千医千村牵手”工作共派出医师11人，进行现场诊疗及医护人员专业培训共计122人次。

开展医联体建设工作。组织成立太原市传染病专科联盟，分别与21家成员单位签署《太原市传染病专科联盟合作协议书》，充分发挥医院在传染病领域的辐射带动作用。与首都医科大学附属北京佑安医院签署《远程医疗协作网合作协议》，组织院内医师参与首都医科大学附属北京佑安医院远程病历会诊及授课2次。全年派出22名医师对医联体单位阳曲县医疗集团的5家乡镇卫生院进行农村巡回医疗，受援人数达800余人次，切实提升基层卫生院的诊疗水平。

推进社区卫生指导工作。开展双向

2019 年 3 月 29 日，市第三人民医院开展“缅怀革命先烈，弘扬爱国主义精神”清明祭扫主题教育活动 （市第三人民医院供图）

转诊，全年上转 12 人、下转 12 人，完成老军营、棉花巷、汇丰、义井、敦化坊 5 个基层医疗机构的帮扶坐诊及传染病家庭医生工作室坐诊工作，指导基层开展个性化签约服务 70 人。开展“全民健康生活方式行动”及“健康素养 66 条”等义诊咨询宣传活动 15 次，举办“健康大讲堂”19 次，开展健康教育“六进”活动 33 次，服务总人数达 1000 余人。

（办公室）

【质量管理】 2019 年，太原市第三人民医院强化质量控制管理。始终将质量管理作为医院的重点工作去抓，应用 PDCA 循环原理，树立持续改进的理念，健全医院质量管理组织体系，规范质量安全评价流程。

依法执业。加强对干部职工的普法教育力度，组织开展法律法规、诊疗指南规范等业务培训 23 次，不断提升临床医务人员的法治意识。加强对重点部门、薄弱环节的监管，不定期抽查科室危重、输血等病历核心制度落实情况，发现问题及时反馈，督促整改。

临床管理考核。召开临床路径管理委员会 3 次，开展医务人员临床路径实施情况满意度调查及临床路径依从性监控各 3 次；定期对临床路径科室实施情况进行动态监测及总结，每月在《医疗质控通报》中通报结果，并将实施效果及实施质量纳入绩效考核。全年临床路径病种收治 6011 人，入径人数 3973 人，完成人数 3232 人，变异人数 112 人，入径率为 73.18%，完成率为 81.35%，变异率为 2.82%，其中入径率、完成率、变异率均达标。同期出院人数 10650 人，临床路径覆盖率 37.31%。

感控管理。强化医务人员感控责任意识，利用信息化手段实现医院感染的早期预警和精准化感控，年内开展医院感染专项整顿检查，其中对 28 个临床、医技及后勤科室进行督查指导 336 次，对各科室进行感控安全隐患排查 4 次，发出反馈 448 份。全年医院感染发病率为 1.63%，医院感染率为 0.59%，呼吸机相关肺部感染率为 0‰，中心静脉导管相关性血流感染率为 0‰，导尿管相关性尿路感染率为 2.10‰，I 类切口手术部位感染率为 0%，I 类切口手术抗菌药物预防使用率为 31.25%，医务人员手卫生依从率为 98.37%，住院患者抗菌药物使用率为 12.23%，消毒效果监测合格率为 100%，各项指标均达到国家规定标准。

合理用药管理。加强抗菌药物分级管理，合理遴选《抗菌药物供应目录》，定期对全院医师和药师进行抗菌药物相关知识培训，考核合格即授予相应级别的抗菌药物处方权或调剂权。通过国家卫健委抗菌药物临床应用监测网对抗菌药物临床应用实施动态监测，全年共计上报评价病历 360 份、处方 1200 张。严格执行麻醉药品“专人管理、专用处方、专用账册、专册登记、专用保险柜”的五专管理及批号追踪管理，保证全程可控，全年麻精药品账物相符率达 100%。

平安医院建设。为强化安全生产管理体系建设，要求各相关科室每月开展不少于两次的安全自查。院安全生产委员会全年召开安全生产工作例会 13 次，举办消防知识培训 9 次，防震、防汛应急演练 6 次，各部门联合排查隐患 32 次，累计投入资金 38 万余元。结合扫黑除恶专项斗争，全面排查政治安全隐患、涉黑涉恶线索、矛盾纠纷隐患，在重点通道布设全自动及半自动反恐防撞柱，在变电柜安装“智慧用电超前预警系统”，全力保障安全生产零事故。

（办公室）

【教学与人才建设】 2019 年，太原市第三人民医院按照年度人才培养计划，选派 28 名临床科主任及业务骨干分批赴解放军总医院第五医学中心、首都医科大学附属北京地坛医院等地进修学习，全年外出参会 30 次，撰写学术论文 69 篇，开展“珠峰项目”指导会、推动会及总结分享会各 2 次。通过外派学习使专业技术人员业务水平得到有效提升，为新技术、新项目的开展及学科建设打下坚实的人才基础。

同年，申报省市级继续教育项目 19 项，辐射人数达 1800 余人，继续医学教育对象年度学分验证合格率达 97.42%，接收住院医师规范化培训学员 47 人，接收山西医科大学及同文学院见习、实习生 467 人，充分发挥教学医院的职能。 （办公室）

【“百院兴医”迁建项目】 2019 年，太原市第三人民医院迁建项目已办结完成选址意见书、抗震设防要求、水环评批复、环评批复、立项批复、勘察、建设用地规划许可证、征地、建设设计方案批复等工作。因迁建项目范围内有一座山西阳光裕慧加油站尚未拆除，土地供地等手续暂不能办理，已向上级部门积极申请分期办理供地和不动产证手续。（办公室）

【科研成果】 2019年，太原市第三人民医院邀请解放军第五医学中心、首都医科大学附属北京地坛医院、佑安医院、北大一院等专家到院进行学术交流。特邀中组部“千人计划”国家特聘专家、美国西雅图华盛顿大学林标扬教授到院开展学术指导，并就“壳酶蛋白检测”达成科研合作协议，填补山西省早期肝纤维化诊断的空白。

庄辉院士工作站建设，签订“关于太原地区肝衰竭的病因构成及临床特点分析”项目协议书，完善《关于肝炎病毒流行病学相关研究课题合作实施方案》，邀请院士工作站成员北京大学医学部王玲教授、王麟博士等到院进行学术交流与业务指导4次，指导院内临床业务骨干参与撰写SCI论文2篇、国家级论文1篇。

新技术新项目应用，申报新技术新项目7项，分别为普乐可复血药浓度检测、N—乙酰—β—D—氨基葡萄苷酶测定、α1—微球蛋白（α1—MG）（尿液）测定、β2—微球蛋白（尿液）测定、谷胱甘肽还原酶检测、视黄醇结合蛋白（尿液）检测、雾化吸入α干扰素治疗儿童手足口病。（办公室）

·太原市第四人民医院·

【概况】 2019年，太原市第四人民医院落实新时代卫生与健康工作方针，贯彻“实施健康中国战略”决策部署，把握政治核心、围绕工作中心、突出要点亮点、服务职工患者，在基本建设、医院管理、专科引领、医疗服务水平等方面取得一定成效。先后获全国医疗服务价格成本监测与研究网络填报工作先进集体，全国结核病健康宣讲团评比一等奖。（办公室）

【人才学科建设】 2019年，太原市第四人民医院牵头成立省医学会结核病学专委会、省结核病质控中心、省医师协会感染病分会艾滋病防治专委会和市结核病质控部。履行职责，通过召开学术会议、专业培训、督促各地市成立相应组织机构，搭建起山西省和太原市结核病、艾滋病医疗服务联合共建格局，充分发挥省级牵头医院的专业引领和技术辐射作用。年内主办省级结核病、艾滋病学术会议各一次。

特聘首都医科大附属北京胸科医院唐神结、丁卫民教授，北京协和医院李太生团队，指导开展临床和科研工作；成立3个院外专家、2个院内专家“名医工作室”；特殊感染性疾病科、结核外科、临床护理获批2019年市级临床重点专科；通过进修培训、开展适宜项目，提升中医药服务能力。全年举办36期继续医学项目，组织院内培训8次；9项科研项目申报列入省重点研发计划，其中已立项2项，1项省级课题通过验收；发表国家级、省级论文161篇，参与国家“十三五”4项重大专项课题研究；开展新技术、新项目29项；启动进修培训计划，从2019年12月连续3年分批次选派90名临床专业人才赴上海公卫临床中心学习，促进学科水平的快速提升。（办公室）

【内涵质量建设】 2019年，太原市第四人民医院启动三级公立医院绩效考核。对55项考核指标进行细化分解，完成2016—2018年各类数据统计采集上报和运行评价。制订2019年度医院总体质量与安全管理目标，落实《医疗质量安全事件报告暂行规定》，对医院运行、医疗质量与安全监测指标实施持续性质量评价监测，不断健全完善质量管理运行机制。

医疗规范化和核心制度的落实。从源头防控医疗隐患，加强运行病历和终末病历监管，强化病情告知及评估督查，保障医疗质量安全。强化临床路径管理，20个病种纳入临床路径管理，全年实施临床路径管理的病例数为969例，入组率92%，完成率98%，覆盖率达21%。推进抗菌药物专项整治活动，组织抗菌麻精药品临床应用培训考试，制定《2019年基本用药目录》，基药使用比例为35%。完善医疗事故防范、处理和监管制度，参加全市第四届医师岗位知识技能训练和竞赛，2名医师获三等奖。加强监区医疗管理，完善市一看卫生所各项诊疗与管理流程，实现监区医疗规范化管理，开展心理健康指导服务，为在押人员提供心理咨询卫生服务。根据上级部门要求完成市二看卫生

2019年5月9日，市第四人民医院开展护士节插花活动（市第四人民医院供图）

2019年4月19日，市第四人民医院开展读书节活动（市第四人民医院供图）

所、后水峪分院交接工作。

提升护理专业内涵。继续深化优质护理服务，全面落实“以患者为中心”的责任制整体护理模式，制定2019年护理管理目标，建立专科护理质量指标，落实住院患者的风险评估与追踪，实施护理数据采集与动态监控。规范实施护士分层培训，在临床科室全面推行“7S”护理管理和无陪护服务，举办护士岗位技能竞赛，开展第三届“最美护士”评选活动。（办公室）

【应急能力建设】 2019年，太原市第四人民医院修订完善《传染病医疗救治预案》，确定应急响应机制及工作程序。组建群体性不明原因疾病防治应急队和传染病防控应急队，接受省卫健委指令，承担支援其他地市开展突发事件卫生应急任务。全年组织应急演练12次，应急培训2次，强化医务人员专业技能和应急备战能力。承担防艾救治责任，牵头成立山西省医师协会感染病医师分会艾滋病防治专业委员会和山西省医学会感染病医师分会艾滋病学组。与北京协和医院感染科对接，成立李太生名医工作室，进行专家临床会诊、远程会诊、教学查房、学术讲座。落实艾滋病“四免一关怀”政策，成立“艾”友活动室，开展心理疏导、科普讲座。组织参加2019省城艾滋病日主题宣传“防控艾滋社区行”专家义诊活动，积极发挥艾滋病防治主力军作用。（办公室）

【医疗环境改善】 2019年，太原市第四人民医院“百院兴医”工程5个项目全部竣工投入使用，极大改善诊疗环境。争取到政府“百院兴医”配套设备专项债券投资7690万元，购置核磁、CT、生化免疫、彩超等设备。通过争取艾滋病专项资金及医院自筹方式，先后购置间歇式压力系统、呼吸湿化治疗仪等医疗设备，改善诊疗设施设备条件。在基础设施建设方面，完成门诊楼改造、北围墙北大门重建、供应室改造和同济楼装修改造。完成“百院兴医”配套设施招标项目的购置、验收、安装、使用。

信息化建设方面，完成新机房后续建设、HIS系统三级等建设测评；开通健康山西预约诊疗平台费用支付、“一日清单”、检验结果手机查询功能；实现合理用药系统、PACS系统、一站式结算管理系统上线运行；重症监护、医疗质量临床路径、院内感染等系统正在实施中，信息化建设向数字化医院和精细化管理迈进。（办公室）

【医疗服务】 2019年，太原市第四人民医院深化落实“三服务”。与万柏林公安分局合作为收监人员提供站点体检；组织“防控艾滋社区行”专家义诊；为南寒社区55岁以上老年人体检；到娄烦县娄烦镇河家庄村健康义诊。开通门诊住院“扫码缴费”、预约挂号、住院押金线上缴费、费用“一日清单”及检验结果手机在线查询服务，开通跨省异地就医结算平台，方便患者看病就医；调整门诊时间，每周六上午正常开诊，承接双休日、节假日学生体检；安装道路减速带、增加防撞柱、人脸识别系统、监控探头和为住院楼安装防护网。优化服务措施，建立完善门诊住院预约、院内陪诊健教、出院随访回访的链条式医疗服务模式，开放全部预约号源和中长期预约，开展全程陪检陪诊便民服务，进一步保障患者就医秩序和安全。

执行“贫困减免”“惠民济困”及“医学检查结果互认”政策。开通跨省异地就医直接结算平台，与市医保中心签订贫困人口医疗救助“一站式”即时结算服务协议，为建档立卡贫困户“一站式”即时结算。严格执行按病种付费政策。与阳曲县民政局签订《五保户“先住院后付费”协议》，使更多群众享受到一体化发展带来的“民生红利”。

（办公室）

·太原市精神病医院·

【概况】 2019年，太原市精神病医院是山西省卫健委认定的山西省重点建设学科、山西省临床重点建设学科、山西医科大学校级临床重点培育专科—临床心理学，太原市卫健委认定的太原市重点学科、太原市精神卫生重点专科、太原市精神科护理重点专科、太原市心理服务中心，在全省专科医院位列前茅。疑难危重病例占比由上年的0.10%增至29.03%，抢救成功率由上年的19.05%增至70.83%。（刘　玮）

【医院管理与服务】 2019年，太原市

精神病医院加大医疗质量管控力度。针对医疗活动流程上的风险点和管理薄弱点，新增和修订医疗质量管理制度10项，并与绩效考核挂钩。临床路径增加至66个。

细化、规范“慢病管理”“门诊大额疾病复审”的服务流程；开设“一元挂号”方便门诊，提升病友就医获得感。向每个临床科室发放轮椅，方便做MECT治疗的病友转运。为医保科购置一台复印机，方便办理慢病人群复印资料。设置“学雷锋志愿服务工作站”，全年为患者提供导诊等相关志愿服务共678次；志愿者服务活动常态化，累计志愿服务工作时长1.70万小时。将开展心理测查所需的“他评量表”客户端全部嵌入医生和护理工作站PC端，方便临床一线医生更好地为患者服务。安装医疗救助“一站式”即时结算服务系统，并与太原市医保完成对接，方便为困难群众提供更加及时、便捷的医疗救助服务。自筹资金购买先进的精神科治疗、康复设备4件套，医院在医疗服务上的短板有所缓解，治愈率提高，致残率降低，住院周期缩短。（刘 玮）

【优质护理服务】 2019年，太原市精神病医院为临床各科室安装查房巡更器，加强医疗护理安全措施管理。结合国家最新的法律法规及新的护理相关制度，及时组织修订护理制度、护理常规及工作流程；作为山西省首批“山西护工”培训临床实践基地，承担“山西护工”理论教学和临床带教工作；承办中华护理学会“护理管理培训班”，来自全国100多家医疗机构、500余名精神科护理管理人员参加；主办“山西省首届正念减压（MBSR）工作坊师资（基础班）”，全省30家医院近70人参加；举办纪念“5·12”国际护士节暨表彰大会，对3年内获国家、省、市级及医院竞赛类奖项的团体和个人进行表彰；组织开展“5·12”国际护士节护士职业礼仪大赛，深入推进优质护理服务工作；选派优秀的护理人员赴北大六院、北京老年医院进修学习，深化优质护理服务内涵，全面提高护理管理人员的理论和实践能力。针对护理服务流程中的风险点和薄弱点，护理部牵头逐条逐项修订《太原市精神病医院护理制度汇编》，加强专题护理的学习和培训。在中华护理学会举办的精神科应急处置比赛中获精神卫生专业委员会青年学组“三等奖”；在山西省护理学会精神卫生专业委员会比赛中获“一等奖”，在全省专科医院中位居前列。（刘 玮）

【医疗帮扶】 2019年，太原市精神病医院为全省57个县、92家医疗机构的160余名转岗的各专业执业医师举办“精神科医师转岗培训项目理论培训”；为42个县、60多家医疗机构的59名已转岗的执业医师举办“精神科转岗医师强化培训班”。为太原市基层医疗卫生机构精防人员进行严重精神障碍管理规范化服务培训，共培训960人。面向全市基层医疗机构开展精神卫生支援帮扶工作。对17家社区卫生服务中心开展点对点支援工作，2019年新增支援基层服务医院4所，与阳曲县北小店乡卫生院建立支援帮扶关系。共派出对口支援医务人员600人次，接诊868人，完成社区病友康复指导644人次，开展专业培训66次。双向转诊共下转严重精神障碍患者1177名。医院的16名医生参与“千医千村牵手”工程，并全部加入“医医通”，通过网络随时在线回答村医求助，及时答疑解惑、支援帮扶。对贫困精神障碍患者实施门诊治疗补贴救助1000余人次，救助金额约29万元。（刘 玮）

【严重精神障碍管理项目】 2019年，太原市精神病医院负责全省严重精神障碍管理、培训、督导工作，全省严重精神障碍患者报告患病率为4.27‰、规范管理率为83.44%、服药率为79.39%、规律服药率为51.95%、精神分裂症服药率为78.21%、面访率为88.51%；太原市严重精神障碍患者报告患病率为4.19‰、规范管理率为79.41%、服药率为78.34%、规律服药率为59.57%、精神分裂症服药率为76.16%、面访率为81.98%，此项工作位居全国中游水平。（刘 玮）

【社会心理服务体系建设试点工作】 2019年，太原市精神病医院作为太原市推动社会心理服务体系建设试点的主要成员单位之一，牵头制订《太原市社会心理服务体系建设试点实施方案》；经太原市卫建委批复成立“太原市心理服务中心”；作为“太原市睡眠心理医学中心”，通过实行多导睡眠监测、重复经颅磁刺激治疗、智能心理减压舱等多样化的治疗手段，为失眠障碍患者提供帮助，带动全市睡眠障碍心理方面的研究和治疗；与团市委合作建立青年之声·太原心理健康服务基地暨“绿丝带”宣讲团，全年共开展心理健康宣讲18场，线下受众3000余人，线上受众17万人，将精神疾病的防治推向全社会，达到“治未病”的目标，切实提高全民心理健康水平；采取“线上＋线下”模式，通过青年之声·心理服务联盟线上服务直播平台、12320公益热线、心理热线、健康山西网互联网平台，实地赴高、中考考点做考前心理减压服务等形式，大力宣传心理健康知识。（刘 玮）

【名医工作室建设】 2019年7月，太原市精神病医院成立李凌江和于欣教授“名医工作室”。根据专家团队的建议，由业务技术骨干组成科研组，定期由名医专家团队，通过培训，举办讲座，开展业务查房、病例讨论、研讨等形式，提升诊疗水平和科研能力。共引进专家10人，到院工作时长每人26天，进行院内讲座7次，疑难病例讨论4例，科研课题指导18例，接诊人次11人。李凌江于11月29日首次在市精神病医院出诊，山西省乃至华北地区的病友在家门口就能享受到高水平的诊疗服务。

（刘 玮）

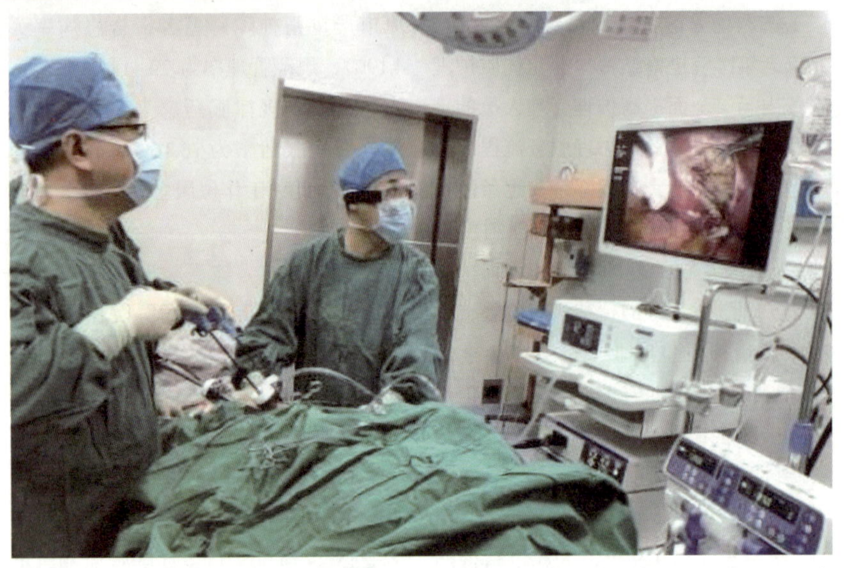

市第八人民医院手术室、检验科重新购置医疗设备 （市第八人民医院供图）

【教学科研】 2019年，太原市精神病医院作为山西医科大学精神卫生学院，申请山西医科大学选派一名挂职副院长到院指导教学医院的建设工作，山西医科大学已选派一名具有博士后学历的博士生导师，作为挂职副院长到院指导科研、教学等学院建设工作；按照山西医科大学临床教学要求，举办首届“山西医科大学精神卫生学院”教学竞赛。对标先进单位，进一步提高临床路径管理水平，临床路径由原来的10个增加修订为66个。创新工作理念。结合临床需求，新增检验科新技术、新项目10项。按照教学医院建设要求，对教学医院学生公寓一期进行改扩建，教学医院学生公寓二期工程已提上日程。全年共举办省、市级继续医学教育培训17次，邀请国内外知名专家来院授课21次，院内常规学习44次，参加人数4000余人次，其中有368人次来自医联体、专科联盟。

同年，太原市精神病医院申报山西省自然基金项目10项，其中面上项目6项、青年基金项目4项，山西省软科学研究计划项目1项、山西省重点研发计划项目4项。成功申报省卫健委科研课题1项；发表论文27篇，其中省级18篇，国家级2篇，SCI 2篇，医学论著4项。

（刘　玮）

·太原市第八人民医院·

【概况】 2019年，太原市第八人民医院总收入7871.10万元，同比增长23.65%；其中医疗收入7098.89万元，同比增长20.96%。门诊人次数39213人，同比增长18.47%。入院人数5530人，同比增长12.33%。手术例数845例，同比增长20.04%。床位周转次数14.19次；床位使用率66.46；平均住院日12.02天。

（董　慧）

【医疗学科建设】 2019年，太原市第八人民医院中医科建立两个名医工作室，利用名医专家效应拓展服务渠道，提升服务水平，打造市级品牌专业。妇产科更加注重温馨的就医环境，增加新生儿游泳与抚触项目，将引进家庭化产房服务；急诊科成为太原市狂犬疫苗接种点；体检部开设健康证办理服务；内分泌心内科、呼吸消化内科等十余个专业加入省、市级专科联盟并担任理事、成员，妇产科、心内科、眼科等业务骨干也陆续加入各专委会，为后续不断提升医院专业技术水平打下坚实基础。

（董　慧）

【医疗人才建设】 2019年，太原市第八人民医院通过引进省人民医院及一流医院专家，带动科室人才成长，逐步形成医院技术力量。呼吸科专家1名、肿瘤科专家1名、妇产科柔性引进省级学科带头人1名、核磁室专家1名，与省人民医院核磁室进行学术、人才等方面的合作。通过多种招聘途径引进30名以上医疗工作人员、3—5名研究生学历人员，缓解医院医疗人员短缺问题。

（董　慧）

【医院质量管理】 2019年，太原市第八人民医院对标一流医院管理制度，依托山西省人民医院托管优势，按照现代医院管理制度要求，针对医院质控的薄弱环节进行逐项修订，建立起真正的上下联动的一体化医疗质控体系。2019年3月印制《太原市第八人民医院十八项核心制度》，医务人员人手一册，各科室利用早交班等时间组织科室人员进行学习。

（董　慧）

【基础设施建设】 2019年，太原市第八人民医院完成影像中心工程；改造办公楼3楼作为老年病科病区，扩增病床至80张；手术室、检验科装修改造，重新购置科室设备；成立肿瘤科；改造西排平房建成门诊楼，神经内科改造为神经康复中心，使医院功能更完善，布局更合理。

（董　慧）

【分级诊疗制度】 2019年，太原市第八人民医院落实分级诊疗政策，全年合计转诊1320人，转往上级医院900余人，下级转往八院300余人。与周边47个社区卫生服务中心（站）签署双向转诊协议，与仁和诊所140余个门店达成医联体意向并签署协议。与山西省人民医院技术合作成为山西省人民医院远程心电诊断中心；成为山西省医学检验科专科联盟理事单位、山西省超声医学专科联盟理事单位、太原市呼吸内科专科联盟副理事长单位；太原市儿童妇幼医疗保健专科联盟副理事长单位。

（董　慧）

综 述

【概况】 2019年，太原市体育局以习近平新时代中国特色社会主义思想和中共十九大精神为指引，贯彻落实习近平总书记视察山西重要讲话精神和中共十九届四中全会、省委十一届九次全会、市委十一届七次全会决策部署，开展“改革创新、奋发有为”大讨论和“不忘初心、牢记使命”主题教育，紧盯年度考核目标任务，推动“325”工程落地见效，完成第二届全国青年运动会（简称二青会）参赛办赛、举办环太原国际公路自行车赛暨中国太原国际自行车周等各项任务，被省人社厅、省体育局和二青会省组委会办公室授予第二届全国青年运动会组织筹办工作先进集体称号。（刘潇涵）

【品牌赛事】 2019年，太原市体育局精心打造太原国际马拉松赛、环太原国际公路自行车赛、龙城赛龙舟、篮球城市、汾河体育健身长廊及C9名校水上运动大赛等6张体育名片，特别是太原国际马拉松赛，从2013年起连续7年被评为中国马拉松金牌赛事，2017年2月被国际田联评为国际铜标赛事，2019年成功升级为国际田联金标赛事，正式迈入象征中国马拉松赛事最高等级的“双金俱乐部”。（刘潇涵）

【全市体育工作会议】 2019年3月21日召开，市体育局党组书记、局长高波做题为《改革创新、奋发有为，肩负起二青会参赛办赛历史使命，奋力开创太原体育事业改革发展新局面》工作报告。传达全国体育局局长会议精神、全省体育局局长会议精神、全省反兴奋剂工作会议精神和全省体育宣传工作会议精神，宣读《市委市政府对山西省第十五届运动会承办工作先进集体和先进个人进行表扬的通报》和市领导关于《太原体育代表团参加山西省第十五届运动会报告》的批示，公布2018年太原市十大体育新闻评选结果。市体育局全体班子成员、市纪委监委驻市文体局纪检组、各县（市、区）分管体育工作的副区长、卫生健康和体育局局长，省综改示范区和不锈钢园区分管体育工作领导；二青会参赛教练员、运动员、市属单项体育协会、体育经营单位、体育彩票销售网点代表共计100余人参加会议。

（刘潇涵）

【2018山西体坛风云年度评选颁奖盛典】 2019年1月6日，2018人民网山西体坛风云年度评选颁奖会在山西工商学院体育馆举行。2018太原国际马拉松赛获得十佳品牌赛事奖，夺得2018年雅加达亚运会皮划艇静水女子双人划艇500米冠军的太原运动员马亚男获最佳新人奖，山西省女子皮划艇队（由太原

2019年10月1日，市体育局庆祝中华人民共和国70华诞 （市体育局供图）

市体育工作队成立）获得最佳团队奖。此次评选活动由山西省体育局指导，人民网主办。经过近百万人次的票选和7位评委专家的打分，最终评选出最佳专业赛事奖、十佳社会体育指导员奖、十佳公共体育场馆奖、十佳品牌赛事奖、十大体育新闻奖等10个专业奖项和1个评委会大奖。（刘潇涵）

【太原国际马拉松赛连续七年跻身“金牌赛事”行列】 2019年3月11日，在2018中国田径协会年度新闻发布会上，太原国际马拉松赛（以下简称“太马”）连续第七年被中国田径协会评为金牌赛事。2018年全国举办800人以上马拉松及相关赛事共1581场，其中通过中国田径协会认证的赛事有339场，全国马拉松累计参赛人次583万，285个地级市举办马拉松比赛，中国共有17个马拉松获国际田联标牌赛事（2018年5月，“太马”晋升国际田联银标赛事）。（刘潇涵）

【第二届全国青年运动会举行】 2019年8月8日，第二届全国青年运动会在太原开幕。中共中央政治局委员、国务院副总理孙春兰出席开幕式并宣布青运会开幕。开幕仪式上，省委书记骆惠宁致欢迎辞，国家体育总局局长苟仲文致开幕辞，省长楼阳生主持。此届青运会共设置49个大项1868个小项，涵盖夏季奥运会全部项目和北京冬奥会绝大部分项目，并增设龙舟、中国跤等传统体育项目，使青运会更富有中国特色。来自全国各地的34个代表团、3.3万余名运动员参赛。

2019年8月18日晚，第二届全国青年运动会闭幕式在山西体育中心隆重举行。省委书记、省人大常委会主任骆惠宁宣布闭幕。组委会主任、国家体育总局局长苟仲文致闭幕辞。组委会执行主任，省委副书记、省长楼阳生致答谢辞。第二届全国青年运动会纪律检查委员会主任、国家体育总局副局长杨宁宣

2019太原国际马拉松赛鸣枪开跑（市体育局供图）

授本届青运会参赛代表团体育道德风尚奖和香港、澳门代表团参赛纪念奖。运动员代表向志愿者代表献花，感谢4.50万余名青年志愿者无私付出、默默奉献，为赛会提供热情、周到、优质、高效的服务。此届青运会坚持开放办赛、改革办赛、节俭办赛理念，山西举全省之力迎难而上、担当作为、奉献奋斗，保证赛会精彩开局和完美收官，为四海来宾奉献一场精彩、惠民、难忘的体育盛会。国家体育总局特向山西省委、省政府致信感谢。李佳、廉毅敏、张复明、李晓波、曾友成等出席或参加相关活动。（刘潇涵）

【二青会参赛办赛】 2019年，太原市通过内部选拔、联合培养、委托训练、以赛代练等模式，共组建60支体校代表队、37支俱乐部代表队近1500名运动员，参加43个大项的比赛，取得220金159银145铜、总奖牌数524的好成绩，金牌数和奖牌数分别占山西代表团的76.90%和74.70%，在全国参赛城市中排名第一。

2019年，太原市体育局作为二青会市执委会竞赛部构成单位，指导组建19个单竞委，编制“五图两表”，加强赛前准备，开展多轮次培训、桌面推演及多项测试赛实战练兵，完成乒乓球、网球、举重等22个大项34个单（分）项834个小项的赛事组织保障工作。（刘潇涵）

【二青会赛前反兴奋剂教育】 2019年1月13日，二青会冬季项目正式启动。二青会筹委会副主任兼秘书长、山西省政府副省长张复明致辞中表示，体育承载着国家强盛、民族振兴的梦想，全国青年运动会是中国奥运战略的重要组成部分，是坚持完善竞技体育举国体制的重要环节，是调动青少年训练积极性的重要抓手，更是衡量中国竞技体育可持续发展水平的重要标志。赛前进行反兴奋剂教育准入大会，为参赛运动员及辅助人员开展反兴奋剂教育。共有来自15个参赛单位的120名运动员和辅助人员参加此次反兴奋剂教育准入大会。运动员们通过参加反兴奋剂知识讲座和考试，感知“拿干净金牌”理念，了解什么是兴奋剂和兴奋剂的危害，认识反兴奋剂工作“六项规定”，懂得如何做好自我保护，表达“干干净净参赛，堂堂正正夺牌”的决心。（刘潇涵）

【李晓波调研二青会筹备工作】 2019年1月18日，省政协副主席、市委副书记、副市长、代市长李晓波调研听取二青会筹备工作汇报，并强调二青会是展示太原风貌、树立良好形象的历史机

遇，二青会筹备工作是一个系统工程，要应用网络节点管理办法，自觉有序完成各自工作，把二青会办成水平一流、展示省会风采、具有三晋特色的体育盛会。市领导李新春、张璐、王爱琴、张齐山参加。（刘潇涵）

【第二届全国青年运动会太原市总结大会】2019年10月25日召开，省委常委、市委书记罗清宇出席并讲话，省政协副主席、市委副书记、市长李晓波主持，市委副书记李新春作总结报告，市政协主席张明星出席，副市长王爱琴宣读奖励决定。市领导李吉山、薛东晓、王立刚、刘鹓、王志校、王爱萍、张齐山、卢秋生、郝宝清出席。二青会执委会成员单位主要负责人，各工作部（室、村）常务副部长、联络员，受奖励人员代表，各参赛单位教练员、运动员代表，各单项竞委会有关人员参加。（刘潇涵）

【《国家体育锻炼标准》测试达标活动】2019年10月18日，由山西省体育局主办、太原市体育局承办的2019年山西省《国家体育锻炼标准》测试达标活动暨太原市测试达标活动在省全民健身中心举办。太原市体育局局长高波、副局长何文平，省体育局群体处副处长白小强等领导嘉宾出席活动，来自省城240余名健身爱好者参加活动。此次测试达标活动设置壮年一组、壮年二组、老年组3个组别，年龄设置涵盖25至69岁，每组各测试5项内容，包括俯卧撑、仰卧起坐、折返跑、跳绳、坐位体前屈、1000米跑等项目。（刘潇涵）

竞技体育

【参加国际比赛】2019年，孙震江在日本横滨举行的世界田径锦标赛上，获得跨栏混合接力第一名；裴蕊娇在福建莆田举行的2019年世界杯射击总决赛上，获得女子小口径步枪三姿银牌；钱海涛在哈萨克斯坦举行的世界摔跤锦标赛上，获得男子82公斤级银牌，为太原市赢得荣誉。

11月19日，国际射联步手枪世界杯总决赛在福建省莆田市国家级射击训练基地举行。太原市运动员裴蕊娇以457.4环的成绩夺得女子50米步枪三种姿势亚军。此次赛事由国际射击联合会主办，国家体育总局射击射箭运动管理中心、中国射击协会、福建省体育局、莆田市政府承办。来自美国、俄罗斯、德国等34个国家和地区的115名射击精英同台竞技，是国际射击高手间的“尖峰对决”。（刘潇涵）

【参加全国比赛】2019年6月28日、6月30日，在浙江长兴举行的“体彩杯”2019全国射击个人团体锦标赛赛场，太原市运动员裴蕊娇展现出良好的竞技状态，先后夺得女子步枪60发卧射、女子步枪50米3种姿势两枚金牌，成为本届赛事中令人瞩目的“双冠王”。裴蕊娇还打破女子步枪50米3种姿势项目的决赛全国纪录。此次赛事由国家体育总局射击射箭运动管理中心、中国射击协会主办，浙江省体育局承办，汇聚来自全国各省各地的27支队伍、总计394名选手参加比拼。

7月27日，2019全国射箭（U14）锦标赛在河南省平顶山市落幕，太原市运动员夺得U14团体冠军。此次赛事由国家体育总局射击射箭运动管理中心、中国射箭协会主办，河南省平顶山市教育体育局承办，平顶山市体育村协办。本次比赛分为体校组和学校组，设有男子反曲弓个人单轮全能、女子反曲弓个人单轮全能、个人淘汰赛以及团体淘汰赛等项目。这是中国组织举办的首次射箭项目U14组全国比赛，共有来自全国各省、市的39支代表队参加比赛。经过顽强拼搏，太原市运动员郝续博、韩昕澎、赵宇堃夺得男子团体冠军。赵宇堃、郝续博分获男子个人全能第三、第四名。郝续博夺得男子个人淘汰第四名。经过组委会审核，太原市的4名参赛运动员宋治溶、韩昕澎、郝续博、赵宇堃达到国家二级运动员标准。

（刘潇涵）

【“九牛牧业”2019环太原国际公路自行车赛】2019年5月26日，“九牛牧业”2019环太原国际公路自行车赛正式开赛，来自世界五大洲11个国家和地区的男子、女子各20支高水平车队从山西博物院起点出发，首个赛段中美国车手卡梅隆强势黄衫加身。山西省委副书记、省长楼阳生，国家体育总局副局长杨宁，组委会名誉主任、山西省委常委、太原市委书记罗清宇、山西省副省长张复明，组委会主任、山西省

2019年5月26日，“九牛牧业”2019环太原国际公路自行车赛开赛

（市体育局供图）

政协副主席、太原市委副书记、市长李晓波等省市领导出席开幕式并为比赛鸣枪发令。

2019环太原国际公路自行车赛是经国际自行车联盟和中国自行车运动协会注册批准的洲际赛事，为2020年东京奥运会积分赛，也是国内以区域特色命名的国际品牌自行车赛事之一。赛事由男子UCI2.2级多日赛和女子UCI1.2级单日赛组成。男子多日赛分太原、长城、五台山、太行山、黄河、平遥古城6个赛段，赛事总距离约730千米，首日举行太原赛段比赛。女子单日赛赛事总距离171千米，起点为山西博物院，终点设在山西体育中心。

5月31日，2019环太原国际公路自行车赛暨中国太原国际自行车周在山西体育中心闭幕。省委常委、太原市委书记罗清宇宣布闭幕，省政协副主席、太原市市长李晓波致答谢辞。赵晓春、李新春、杜荣、刘鹓、王福、张璐、袁乃平、王爱琴、李润民、薛维柱、程中平等领导为获奖运动员颁奖。（刘潇涵）

【中国BMX自行车联赛及第二届全国青年运动会BMX自行车预赛】 2019年5月28日，作为2019环太原国际公路自行车赛暨中国太原国际自行车周的一项重要活动，中国BMX自行车联赛（第二站、第三站）及第二届全国青年运动会BMX自行车预赛在太原市小轮车训练基地结束。经过激烈的角逐，代表山西参赛的16名队员全部获得二青会决赛资格。此次系列赛由中国自行车运动协会、山西省体育局、太原市人民政府主办，太原市体育局承办，来自全国11支代表队的109名教练员、运动员参加比赛。在为期3天的比赛中，代表山西参赛的太原市第三少年业余体育运动学校16名队员全部获得决赛资格。

（刘潇涵）

【2019汾河龙舟公开赛暨二青会龙舟测试赛】 2019年6月9日至11日，2019汾河龙舟公开赛暨二青会龙舟测试赛在太原举行，共有17支队伍参加此次比赛，其中公开组的12支龙舟队分别来自福建、湖北、辽宁、四川、山东和山西；青少年组5支队伍来自福建、湖北、辽宁、山东和山西，参赛人数共计272人。经历激烈角逐，最终公开组眉山启明星队获得第一名，德州龙行天下、江汉大学分别位列二、三名；青少年组江汉大学获得第一名，厦门海洋学院、德州职业技术学院分别位列二、三名。（刘潇涵）

【二青会冲浪（桨板）项目比赛】 2019年6月27日，第二届全国青年运动会冲浪（桨板）项目比赛顺利结束，来自全国20支体校组代表队和12支社会俱乐部组代表队共151名运动员在市水上运动中心角逐，共产生11枚金牌。本次冲浪（桨板）比赛分为甲组和乙组两个组别分别进行，颁奖仪式现场颁发体校组和社会俱乐部组全能赛和团队赛的前三奖项。其中，体校组甲组男子全能赛冠军和甲组女子全能赛冠军分别由汕头市体育运动学校的参赛队员刘威俊和武汉体育学院附属竞技体育学校的参赛队员陈婉婷夺得；乙组男子全能赛冠军和乙组女子全能赛冠军分别由江西省体育运动学校的参赛队员刘鑫和江西省体育运动学校的参赛队员罗怡夺取；甲组混合团体赛冠军和乙组混合团体赛冠军分别由武汉体育学院附属竞技体育学校和江西省体育运动学校夺得。社会俱乐部组甲组男子全能赛冠军和甲组女子全能赛冠军分别由江西省西海缘体育俱乐部的参赛队员夏志斌和江西省南昌一家体育的参赛队员赖淑婧夺得；乙组男子全能赛冠军和乙组女子全能赛冠军分别由江西省西海缘体育俱乐部的参赛队员黄锦哲和江西省西海缘体育俱乐部的参赛队员熊慧欣夺取；甲组混合团体赛冠军由江西省西海缘体育俱乐部夺得。太原市龙翔体育俱乐部的参赛队员马毅豪获得社会俱乐部组男子乙组第三名的成绩。各获奖队的带队教练获得优秀教练员奖。颁奖仪式现场还为太原市龙翔俱乐部、安徽省黄山市游泳馆青少年体育俱乐部、西安市青少年体育学校、四川省体育运动学校、福建省青少年体育学校颁发体育道德风尚奖。此次比赛是冲浪（桨板）运动第一次进入国家级综合性运动会序列，也是二青会的主赛场——山西太原的第一个正式比赛项目，拉开本届全国青年运动会各项比赛的序幕。（刘潇涵）

龙城赛龙舟（市体育局供图）

【二青会武术散打比赛（体校组）决赛】 2019年6月27日，第二届全国青年运动会武术散打比赛（体校组）决赛在山西转型综合改革示范区体育中心完美收官。共产生20枚金牌。来自太

二青会柔道比赛 （市体育局供图）

原市第三少年业余体育学校的于果获得乙组男子39公斤级金牌，成为二青会太原赛区开赛以来太原获得的第一个冠军项目。

此次武术散打比赛（体校组）采用单败淘汰制，设甲组男子8个级别、女子4个级别，乙组男子6个级别、女子2个级别。6月24日开赛，来自全国48支代表队的244名运动员进行男女甲乙组20个级别的角逐。来自北京什刹海体育运动学校的毛敏孜获乙组女子39公斤级冠军；杭州市陈经纶体育学校的王雪茹获得乙组女子42公斤级冠军；郑州市体育运动学校的翟铭鑫获得甲组女子48公斤级冠军；大同市体育运动学校的徐婷婷获得甲组女子56公斤级冠军；郑州市体育运动学校的张晓雨获得甲组56公斤级冠军；郑州市少儿体育学校的张宁岩获得甲组女子60公斤级冠军；来自太原市第三少年业余体育学校的于果获得乙组男子39公斤级冠军；大同市体育运动学校的李骏白获得乙组男子42公斤级冠军；郑州市体育运动学校的王孔宣获得乙组男子45公斤级冠军；湖南省体育运动学校的王帅获得乙组男子48公斤级冠军；吉林省体育运动学校的王子龙获得乙组男子52公斤级冠军；北京什刹海体育运动学校的孙众志获得乙组男子56公斤级冠军；福建省青少年体育些小的黄家骏获得甲组男子48公斤级冠军；福建省泉州体育运动学校的林任泉获得甲组男子52公斤级冠军；成都体育学院附属竞技体育学校的马衣姑获得甲组男子56公斤级冠军；郑州市少儿体育学校的李家凯获得甲组男子60公斤级冠军；济南市体育运动学校的李文帆获得甲组男子65公斤级冠军；上海体育学院附属竞技体育学校的周旭获得甲组男子70公斤级冠军；大同市体育运动学校的乔元启获得甲组男子70公斤级冠军；北京什刹海体育运动学校的王占庆获得甲组男子80公斤级冠军。沈阳市军事体育陆上运动学校、淄博市体育运动学校、重庆市第四体育运动学校、大同市体育运动学校、上海体育学院附属竞技体育学校、济南市体育运动学校、北京市什刹海体育运动学校、太原市第三少年业余体育学校、广西壮族自治区体育运动学校、福建省青少年体育学校获得体育道德风尚奖。

国家体育总局武术运动管理中心党委书记陈恩堂、山西省体育局局长赵晓春、太原市副市长王爱琴、山西省武术运动管理中心主任张军平、山西转型综改示范区总工会常务副主席满长海等分别为运动员颁发奖牌。 （刘潇涵）

【二青会“匹克体育杯”武术套路比赛（体校组）】 2019年7月9日，中华人民共和国第二届青年运动会“匹克体育杯”武术套路比赛（体校组）在山西转型综合改革示范区体育中心拉开帷幕。共有来自全国各个省市55支代表队的309名运动员参加本次大赛，争夺36枚金牌，比赛为期4天。

赛事分为甲、乙两组，分设男、女子长拳、太极拳、南拳、剑术、刀术、枪术、棍术、太极剑、南刀、南棍、太极（八法五步）11个项目和长拳+剑术全能、长拳+刀术全能、长拳+枪术全能、长拳+棍术全能、南拳+南刀全能、南拳+南棍全能、42式太极拳+42式太极剑+太极（八法五步）全能7个项目。 （刘潇涵）

【二青会花样游泳比赛】 2019年7月20日，第二届全国青年运动会花样游泳比赛在太原市拉开帷幕，这是花样游泳首次被列入青运会比赛项目。此次比赛共有来自全国10省、市及港澳地区21支队伍的200余名运动员、教练员和随队官员参加，时间为7月20日至23日，为期4天。比赛分为体校组和社会俱乐部组，每组按年龄分两个组别。共设有规定动作，单人、双人、集体技术自选和自由自选以及自由组合等项目。 （刘潇涵）

【二青会龙舟项目决赛】 2019年7月20日，中华人民共和国第二届全国青年运动会龙舟项目决赛在太原市水上运动中心正式拉开帷幕。出席开幕式的领导和嘉宾共同为二青会的龙舟决赛进行披红、点睛仪式，国家体育总局社体中心主任、中国龙舟协会主席范广升莅临现场宣布二青会龙舟项目比赛开幕。

此次比赛有来自福建、浙江、四川、广东、广西、香港等地的12支龙舟代表队，近400名运动员参加。东道主太原龙翔俱乐部凭借出色的发挥，先后斩获男子组（12人龙舟）100米冠军和混合组（22人龙舟）100米冠军，取得龙舟项目的开门红。（刘潇涵）

【二青会武术套路（社会俱乐部组）比赛】2019年7月14日至17日，二青会武术套路（社会俱乐部组）比赛在山西综改示范区举行，太原市取得3枚金牌、7枚银牌和2枚铜牌的好成绩。太原龙翔俱乐部的苗壮威获得男子四类传统拳冠军、刘健鑫获得男子一类传统拳亚军、李韵仪获得女子四类传统拳亚军、刘沛获得女子传统单器械亚军、曹一获得男子三类传统拳季军、高添获得男子二类传统拳季军。太原元亨康养俱乐部的黄文杰获得男子传统单器械冠军、纪晋芸获得女子太极（八法五步）冠军、史宇翔获得男子少林器械亚军、师凯获得男子三类传统拳亚军、郑猗猗获得女子少林器械亚军、苏耀灵获得女子传统双器械亚军。（刘潇涵）

【二青会乒乓球比赛】2019年8月17日，第二届全国青年运动会乒乓球项目结束全部的比赛。二青会组委会常务副秘书长、省体育总会主席苏亚君，二青会太原市执委会副主任、秘书长、副市长王爱琴到现场观看比赛并为获奖运动员颁奖。其中，山东胜利东胜体校队获得体校甲组女子双打冠军；辽宁省体育学校的徐海东获得体校甲组男子单打冠军；上海市曹燕乒乓球俱乐部获得社会俱乐部组女子双打冠军；上海市曹燕乒乓球俱乐部的彭飞虎获得社会俱乐部组男子单打冠军。（刘潇涵）

【二青会网球比赛】2019年8月17日，第二届全国青年运动会网球比赛在市网球中心继续进行。二青会太原市执委会副主任、市委常委、政法委书记魏民到现场观赛。二青会太原市执委会副主任、副市长、公安局局长马润生，二青会太原市执委会副主任、副市长卢秋生一同观赛并为获奖运动员颁奖。共决出4枚金牌，四川体育运动学校获得体校甲组男子双打冠军；大同体育运动学校获得体校乙组女子双打冠军；武汉体育运动学校获得体校甲组女子双打冠军；苏州体育运动学校获得体校乙组男子双打冠军。（刘潇涵）

【二青会赛艇比赛】2019年8月18日，第二届全国青年运动会赛艇比赛，在市水上运动中心结束。省委常委、市委书记罗清宇到场观看比赛，省体育局局长赵晓春，市委常委、常务副市长王立刚，市委常委、秘书长、统战部部长刘鹓一同观赛并为获奖运动员颁奖。在体校甲组男子轻量级双人双桨决赛中，太原运动员矫帅、张学峰以6分28秒的成绩夺冠。石家庄水校的宋浩博、曹洪涛获得银牌，吉林省体校的徐源海、徐鹏飞拿到铜牌。二青会赛艇决赛共有来自北京、天津、上海等地的34支代表队、425人参加。比赛设体校组、社会俱乐部组，分为单人双桨、双人单桨、双人双桨、四人单桨、四人双桨、八人单桨有舵手、轻量级双人双桨等项目。比赛从15日持续到18日，共决出15枚金牌。（刘潇涵）

二青会游泳比赛（市体育局供图）

【远大·凤玺湾杯2019中国太原马拉松游泳邀请赛】2019年8月24日，远大·凤玺湾杯2019中国太原马拉松游泳邀请赛暨716全民游泳健身主题系列活动（太原重点会场）在太原市水上运动中心开幕。400多名选手齐聚一堂，向极限发起冲击。该赛事也是二青会后在太原举行的首场规模大、参与人数多的大型水上马拉松赛事。省体育局副局长杜荣、市体育局局长高波、中国首枚公开水域世界冠军辛鑫等领导嘉宾出席开幕仪式。（刘潇涵）

【太原国际马拉松赛】2019年9月8日，太原国际马拉松赛在太原市举行。2019年是太原国际马拉松赛的第10年，也是“双金太马”的第一年。来自肯尼亚的马瑞斯·吉姆塔以2小时09分43秒的成绩摘得男子全程冠军，这也是太原马拉松男子全程历史第二好的成绩。女子全程的冠军得主为埃塞俄比亚的贝拉尼西·雅米·古尔姆，成绩为2小时29分48秒，与赛会纪录仅差12秒。（刘潇涵）

【太原市第二届越野行走比赛】2019年9月22日，由市体育总会主办，市体育产业协会承办的2019太原市第二届越野行走比赛在晋祠天龙山举行。近千名越野行走爱好者齐聚龙城，共享赛事。省体育局经济处处长武锐强、省体育产业管理中心主任康兰福、市体育局局长高波等领导嘉宾出席起跑仪式。经过两个多小时的激烈角逐，各个组别名次产生。其中，冯胤肇、李康、张峰，于高洋、花枝杏、韩圆梦分获青年组男女前三名。张建军、耿建胜、李世杰，王俊英、李静、武卫君分获中年组男女前三名。贾团珍、李荣清、杨建忠，李素兰、林淑艳、王瑞芳分获老年组男女前三名。（刘潇涵）

【中国·阳曲首届“国兴荣”杯全国山地自行车公开赛】 2019年9月28日，以“强健体魄、阳光生活、共享青运、健康阳曲”为主题的中国·阳曲首届“国兴荣”杯全国山地自行车公开赛暨2019年山西省公路自行车锦标赛在山西阳曲县举行。共有300余名运动员参赛。赛事共设5个组，分别是2019年山西公路自行车锦标赛个人计时赛和大组赛，全国公路自行车男子山地精英组、男子山地大师赛、女子山地公开组。最终，陈凯、陈贻恩、蔡云龙跻身男子山地精英组三甲。陈湘源、李欣、张建国获得男子山地大师赛前三名。单江娜、高敏、陈颖夺得女子山地公开组前三名。

此次比赛由山西省体育总会主办，山西省自行车击剑运动管理中心、山西省自行车运动协会、太原市体育总会、阳曲县人民政府承办，太原市阳曲县国兴荣建材有限公司冠名支持，山西桦桂农业科技有限公司、太原市营响未来体育俱乐部有限公司、大西铁路客运专线有限公司阳曲西站、山西瑞德沃德体育文化有限公司、太原市脉点企划有限公司、太原酒厂有限责任公司协办，山西牧之体育文化传播有限公司策划运营。（刘潇涵）

【2019首届环太原最美赛道超级马拉松赛】 2019年10月13日，由山西省体育局主办、太原市体育局承办的2019首届环太原最美赛道超级马拉松赛在太原市晋源区晋祠镇鸣枪开跑，1200多名选手在沿着最美赛道——西山旅游公路展开角逐。此次赛事设置团队追梦组和时代新人组两个组别。团队追梦组采用接力赛制，每队由7名选手通过接力完成全程70.37千米的距离。时代新人组为个人组，距离较短，适合大众广泛参与。最终，“第一名团队”以4：47：42获得团队追梦组冠军，“初心蜗牛”和“格布雷明”战队分获亚军和季军。（刘潇涵）

2019年7月13日，山西省强健体魄·阳光生活·共享青运全民健身健步走暨骑行活动（市体育局供图）

【参加山西省“三晋友谊杯”乒乓球比赛】 2019年11月1日至3日，由山西省体育总会主办的2019年山西省“三晋友谊杯”乒乓球比赛在运城体育馆隆重举行，省体育总会主席苏亚君，省乒乓球协会名誉主席、省委组织部原常务副部长马友，省乒乓球协会名誉主席、省人大常委会原副主任王昕，省体育局副局长、体育总会副主席杜荣出席开幕式。经过激烈角逐，太原市代表队在参赛的市级组六个项目中，获得女子团体第一名，男子团体第四名，厅级男子单打第二名，县处级男子单打第五名，混合双打第一、第二、第三和第五名的优异成绩，并获得体育道德风尚奖和优秀组织奖。（刘潇涵）

群众体育

【创建全民运动健身模范市】 2019年，太原市体育局以市委、市政府名义印发《关于太原市创建全民运动健身模范市的通知》，以市委办公室、市政府办公室名义印发《太原市创建全民运动健身模范市工作规划》《太原市创建全民运动健身模范市实施方案》，为2021年完成创建活动提供基本遵循。成立太原市创建全民运动健身模范市工作领导小组，根据工作需要和机构改革人事变动情况，对太原市全民健身工作委员会成员单位职责及人员进行调整，草拟市体育局关于创建全民运动健身模范市内部工作组及分工方案，为2021年完成创建活动提供组织和人员保障。

开展“全民运动健身模范市”创建，将进一步调动全市开展全民健身工作的积极性，形成全民健身蓬勃开展的生动局面，能有效提高人民群众的生活品质和健康水平。以创建为抓手，积极破解群众健身难题，形成党政齐抓共管、部门协同推进、社会动员有力、群众广泛参与的全民健身发展新格局。创建“全民运动健身模范市”对提高城市文明程度，增强城市发展活力，推进“健康太

原”建设，提升人民群众获得感和幸福感具有重要意义和作用。（刘潇涵）

【全民健身活动】2019年，太原市体育局围绕“强健体魄·阳光生活·共享青运”“全民健身与青运同行”“青运惠民”主题，举办全民健身社区行等各类全民健身赛事活动368场，参与人数近20万人次，全民运动健身覆盖范围不断扩大、社会影响力不断增强，形成市民积极进取、昂扬向上、乐于健身、热爱生活的良好氛围。（刘潇涵）

【山西省青运惠民·太原市全民健身社区行系列活动启动】2019年5月18日，山西省青运惠民·太原市全民健身社区行系列活动在滨河体育中心启动，省体育局局长赵晓春、副局长杜荣，市体育局局长高波、副局长何文平等领导出席启动仪式。该活动由第二届全国青年运动会组委会、太原市体育局主办，城六区卫生健康和体育局承办，旨在营造浓郁的全民健身氛围，鼓励群众积极参加体育健身运动，让各地群众共享二青盛会，提供丰富多彩的全民健身服务，动员和引导更多人参与到全民健身活动中，使“全民健身”“青运惠民”深入人心，唱响“强健体魄·阳光生活·共享青运”“全民健身与青运同行”“青运惠民”主题，掀起人人参与全民健身、喜迎二青盛会热潮。启动仪式上，来自省城500余名健身爱好者展示精彩纷呈的健身操、柔力球、健身秧歌、武术、花毽、木兰剑等群众喜闻乐见的健身项目。太原市体科所科研人员现场进行国民体质监测，指导科学健身，开具运动处方，受到现场观众一致好评。（刘潇涵）

【“助力二青盛会，千人太极展演”活动】2019年6月16日，由太原市体育局、山西省武术协会主办的“助力二青盛会，千人太极展演”活动在山西焦煤双创基地举行。山西省体育局副局长王福，太原市体育局局长高波、副局长何文平等领导出席活动。活动旨在庆祝中华人民共和国成立70周年，喜迎二青盛会，为谱写文明开放富裕美丽太原新篇章助推加力。（刘潇涵）

【“青运惠民”太原市全民健身社区行广场舞展演活动】2019年，太原市在城六区组织开展“青运惠民”太原市全民健身社区行广场舞展演活动。此次展演是“青运惠民·太原市全民健身社区行系列活动”六场主题活动之一。活动以“强健体魄·阳光生活·共享青运”“全民健身与青运同行”“青运惠民”为主题，来自城六区选拔出的17支优秀代表队400余人进行广场舞展演。本次展演活动由第二届全国青年运动会组委会、太原市执委会主办，小店区、迎泽区、杏花岭区、尖草坪区、万柏林区、晋源区卫生健康和体育局承办。（刘潇涵）

【太原市全民健身跳绳、踢毽子比赛暨趣味运动会】2019年9月28日，在喜迎祖国70华诞之际，2019年太原市全民健身跳绳、踢毽子比赛暨趣味运动会在万柏林区体育场举行。本次比赛以“强健体魄·阳光生活·共享青运”“全民健身与青运同行”“青运惠民”为主题，来自城六区近350名健身爱好者参加跳绳、踢毽子、飞盘和推铁环共4大类10个项目的角逐，展示太原市人民群众参与体育运动的热情。（刘潇涵）

【庆祝新中国成立70周年后二青会全民健身活动】2019年9月28日，由市文物局、市体育局、省武术协会主办的“庆祝新中国成立70周年后二青会全民健身活动”在太山举行。省体育总会主席苏亚君、市人大副主任张磊、市政协副主席郝宝清等领导嘉宾出席活动。山西元亨康养与太山景区、山西阳光城房地产分别签订体育+旅游合作协议和武术俱乐部合作协议。省形意拳协会、省武术运动管理中心套路队、省杨氏太极拳协会、省体育职业学院、省杨氏太极拳研究会、省陈家沟太极拳研究会等单位分别派出代表进行武术汇演。（刘潇涵）

体育设施

【体育基础设施建设】2019年，太原市体育局新建改造滨河体育中心、水上运动中心等一批二青会场馆，在满足赛事需求的同时太原市体育基础设施得以大幅提升；完成年度全民健身设施建设任务，建成高质量、高标准、智慧型汾河体育健身长廊健身步道15.80千米，5000余平方米迎泽区长风智慧社区健身中心一座，改造智慧型汾河体育健身长廊管线桥综合健身区一个，安装和更新

太原市滨河体育中心　（市体育局供图）

二代健身路径200余套，为全民健身活动的开展提供保障。　（刘潇涵）

【楼阳生调研二青会场馆建设】 2019年4月18日，省长楼阳生在太原市调研二青会场馆和城市建设管理工作。省委常委、太原市委书记罗清宇，省政协副主席、太原市市长李晓波参加调研。调研中，楼阳生召集太原、晋中两市和转型综改示范区主要负责人，部署太原都市区一体化发展工作。提出一是拓宽视野，对标一流。借鉴先进地区城市治理经验，锐意进取，敢于创新，加快建设具有鲜明特色特点特质的魅力城市。二是强化功能，提升品位。坚持以人民为中心，立足宜居宜业宜游，完善基础设施，办好教育科研、文化体育、医养健康等事业，增强公共服务供给，集聚先进生产要素，提升城市核心竞争力和辐射带动力。三是规划引领，精于设计。坚持生态优先、绿色发展，加强城市设计，实行多规合一，按照“一主一副一区多组团”架构，一体规划、一张蓝图、一抓到底。四是精致建设，智慧管理。树立精品意识，精益求精、精雕细刻打造高品质城建工程。运用现代科技手段，加强信息化管理，全面建设智慧城市。五是创新机制，德法兼治。深化城市管理和执法体制改革创新，促进城市治理体系和治理能力现代化。加强思想道德教育，提升市民主人翁意识，做文明人、守法人、现代人，促进共治共管、共建共享。六是崇尚文明，大气包容。注重历史文脉传承，弘扬厚重文化积淀，让城市留下记忆，让人们受到熏陶。树立开放意识，提升开放能级，展示太原都市区更加包容开放、充满活力的现代城市形象。　（刘潇涵）

体育产业

【概况】 2019年，太原市体育产业以五张名片求突破。2019太原国际马拉松赛于9月8日落幕，来自全球28个国家和地区、全国33个省、市、自治区、直辖市及港澳台地区的3万多名马拉松爱好者参与比赛，太马成功升级为田联金标赛事，正式迈入象征中国马拉松赛事最高等级的“双金俱乐部”。2019环太原国际公路自行车赛暨中国太原国际自行车周成功举办，2019环太原国际公路自行车赛由男子UCI2.2级多日赛、女子UCI1.2级单日赛、中国BMX（自行车越野）联赛、中国场地自行车联赛、中国BMX小轮车自由式联赛、中国山地自行车联赛、少儿平衡车赛、国际骑游大会8项赛事活动组成，来自世界各地的3000多名运动员、教练员和裁判员参加比赛。中国太原国际自行车周活动主要包括中国太原国际体育（自行车）产业博览会、“相约二青盛会·喜迎祖国华诞”首届中国·太原体育电影展、中国·太原后二青时代体育与城市发展高峰论坛、环太原国际自行车运动产业高峰论坛等与自行车相关的文化博览活动。此次赛事活动主题突出、特色鲜明，受到国际国内高度关注，全面展示山西省太原市在“两转”基础上经济社会发展成果，太原的影响力、知名度和美誉度有效提升，为促进全市经济社会发展、助推文化旅游繁荣起到积极效果、发挥重要作用。2019汾河龙舟公开赛暨二青会龙舟测试赛决赛，于6月11日在新建成的太原市水上运动中心举办，在扩大龙城龙舟赛影响的同时，为二青会龙舟比赛打下基础。“全国篮球城市”影响力不断扩大，开展更多形式多样、群众参与度高、社会影响面广的群众性篮球赛事，提高篮球专业化程度。推进汾河体育健身长廊建设，逐步涵盖群众喜闻乐见的体育运动项目，延伸体育产业脉络。五张城市特色体育名片成为太原市经济社会发展的助推器。

太原市水上运动中心　（市体育局供图）

会展模式求突破。中国太原国际自行车周期间，国际体育（自行车）产业博览会期间参展人流量达2万人次，签约金额近3.20亿元；“相约二青盛会·喜迎祖国华诞”首届中国·太原体育电影展在全市主要影院和农村电影放映点免费展映30余部国内外体育题材优秀电影，推动体育与电影文化的深度融合；中国·太原后二青时代体育与城市发展高峰论坛、环太原国际自行车运动产业高峰论坛，为太原打造自行车运动赛事品牌、促进体育产业与城市发展接轨、提升城市品牌形象提供新思路和智力支持。

解决问题求突破。召集县（市）区市文体局、相关体育产业单位、协会召开座谈会，探讨未来体育产业发展思路。对全市3000多家体育场所进行广泛深入的入户调查摸底，结合第四次全

2019 太原国际体育（自行车）产业博览会　　（市体育局供图）

国经济普查工作，对体育产业单位组织结构、发展规模和效益等情况进行普查，为科学指导、规划完善太原市体育产业发展提供依据。（刘潇涵）

【太原市体育经营场所负责人安全生产培训】 2019 年 4 月 2 日，太原市体育局组织市属体育经营场所负责人进行安全生产培训。培训特别邀请太原市理工大学安全与应急管理工程学院教授刘赫男主讲。太原市体育局安全生产双预防办公室副主任殷勇以“高危体育经营场馆安全生产双预防及经营场馆的监督与管理”为主题，强调各经营单位安全生产双预防体系建设的重要意义。

（刘潇涵）

【山西极限运动训练基地、太原极限运动训练基地授牌仪式】 2019 年 7 月 13 日，在二青会自由式小轮车和滑板项目比赛场地——阳曲县营响未来千曲国际教育营地，举行山西极限运动训练基地、太原极限运动训练基地授牌仪式。省体育局党组书记、局长赵晓春，市体育局党组书记、局长高波等省市体育局领导出席活动。阳曲县委县政府有关部门领导以及中国（太原）煤炭交易中心的代表共同参加仪式。

该极限运动训练基地是以自然教育和体育教育为特色的教育营地。基地规划占地 135.33 公顷，整体遵循“保留、回归自然”的理念。在民营企业和政府的共同努力下，这里由过去一片荒沟变成如今现代化的体育基地，基地为二青会自由式小轮车的正式比赛场地。

（刘潇涵）

【山西省水上运动训练基地命名揭牌仪式】 2019 年 7 月 14 日，山西省水上运动训练基地命名揭牌仪式在市水上运动中心举行，省长楼阳生为山西省水上运动训练基地揭牌，市委书记罗清宇为太原市水上运动中心揭牌，副省长张复明主持仪式。省体育局局长赵晓春宣读山西省水上运动训练基地命名决定。太原市水上运动中心是二青会重要的比赛场馆，位于汾河太原段综合治理三期工程蓄水河段（通达桥至晋阳桥段），项目全长 2.50 千米，总占地面积 60 公顷。该建设项目从立项、设计、建设及功能定位均按国际标准水上运动项目的要求打造，设施完善，设备先进，符合国际比赛标准，二青会期间承担皮划艇、赛艇、龙舟及桨板比赛项目。（刘潇涵）

【规划建设 5G 自行车产业园专题会议】 2019 年 7 月 26 日，规划建设 5G 自行车产业园专题会议召开。市委副书记李新春主持会议。副市长张齐山、省体育局副局长王福、中国自行车运动协会项目发展部经理刘佳、市政府副秘书长张耀、市规划和自然资源局局长李军、市住房和城乡建设局局长邵社教、市体育局局长高波、省体育产业管理中心主任康兰福、山西转型综合改革示范区管委会总规划建筑师白勇强及金科产业集团、北京金纯投资集团相关人员参加会议。

（刘潇涵）

【2019 山西航空体育发展论坛】 2019 年 10 月 10 日，由山西省体育局主办的 2019 山西航空体育发展论坛在太原举行，特邀中国工程院院士陈志杰、中国民用航空局适航司司长徐超群、国家空管委空域管理中心副主任刘玉林、中国民用航空局华北管理局副局长任超忠、中国航空航天大学通用航空产业研究中心主任高远洋、中央军委联合参谋部作战局参谋贾宇峰、中国人民解放军空军工程大学研究生院院长杜强等嘉宾参加论坛。省体育局局长赵晓春，副局长杜荣、王福出席。本次论坛内容围绕航空体育产业布局、航空体育市场主体培育、航空运动管理运营、航空体育政策保障强化、航空体育发展、飞行营地建设等方面的内容，9 位国内航空专家、通用航空与航空运动杰出人物代表作主旨演讲。举行了“山西飞行营地网络总体规划和建设推广计划”启动仪式、“山西省飞行营地项目”签约仪式以及“山西省飞行营地”颁证仪式。（刘潇涵）

综　述

【民政工作概况】 太原市民政局位于半坡西街26号，成立于1949年，是市政府主管有关社会行政事务的组成部门，2019年机构改革后，主要职能转变为三最一专，即最底线的民生保障，最基本的社会服务，最基础的社会治理和专项行政管理。新的职能更加聚焦脱贫攻坚，聚焦特殊群体，聚焦群众关切，是社会建设的兜底性、基础性工作。

2019年，太原市民政局以习近平新时代中国特色社会主义思想为指导，贯彻中共十九大和十九届二中、三中、四中全会精神，全面落实习近平总书记关于民政工作的重要指示精神，围绕市委、市政府部署要求，全面履行“三最一专”职责，开展“不忘初心、牢记使命”主题教育，以社会救助、养老服务、社区建设、殡葬改革、服务二青会为重点，推进全市民政事业改革创新，完成各项目标任务，取得可喜成绩。太原市先后被命名为全国首批居家和社区养老服务改革试点城市、全国智慧健康养老示范城市、全国首批殡葬综合改革试点城市，相关工作经验获得民政部和省、市的肯定和推广。太原市民政局获得民政部、人社部授予的全国民政工作先进集体荣誉称号。（许小杰　杨永亮等）

【人社工作概况】 2019年，太原市人力资源和社会保障局以习近平新时代中国特色社会主义思想为指导，贯彻落实习近平总书记视察山西重要讲话精神，认真落实中共十九大、十九届四中全会、省委十一届八次、九次全会和市委十一届六次、七次全会决策部署，坚持“民生为本、人才优先”的工作主线，坚持不懈从严治党，统筹推进各项人社工作，提升服务效能，提升人社事业全省首位度、全市转型发展贡献度和人民群众民生幸福度，完成年初制定各项目标任务。

2019年，太原市人力资源和社会保障局提前超额完成省市下达目标任务，市人社局被评为山西省双拥模范单位、省级文明单位。聚焦促进高质量就业，开展送岗位、送信息、送培训、送服务“四送”到基层活动，发放岗位信息手册4.35万份，提供岗位2.21万个，实施培训2.20万人，一大批劳动者通过就业服务实现就业或增收。将企业养老保险费率由20%降至19%，再降至16%，失业保险缴费比例由1.50个百分点降为1个百分点；工伤保险费率以现行费率为基础下调50%，切实减轻企业负担。创新人才发展体制机制，为太原市事业单位引进高层次人才853人，为1.44万人次来并就业的高校毕业生和高技能人才发放补贴补助共计1.89亿元，太原市人才政策体系在全省领先，并进入全国人才工作第一方阵。农民工工资支付工作成效显著，开展根治欠薪夏季行动、冬季攻坚行动，在全省保障农民工工资支付考核工作中再次位列全省第一类，在11个市中唯一一个连续两年考核等级为A级市。打造太原市技能人才培养基地，建立高技能人才实训基地9家，太原市技能大师工作室20个，组织参加首届全省职业技能大赛，获得10个项目第一名，7个项目第二名，4个项目第三名，冠军数位列全省第一。社会保险网上经办更加便捷，发放电子社保卡51万张，群众通过电子社保卡可完成领取养老金身份认证、出具参保证明、就医购药等服务。畅通高校引才“绿色通道”，全面落实高校用人自主权，市属五所高校引进人才实行全面自主，各高校凭下发聘用文件直接办理入职手续，人社部门结合年度报表实行事后备案。

太原市人力资源和社会保障局承担省、市重点指标5项。城镇居民人均可支配收入：省目标任务增长6.50%，三季度增长7.70%，绝对值和增速均列全省第一。城镇新增就业人数：市目标任务8.10万人，完成95851人，完成目标任务的118.33%。城镇登记失业率：市目标任务4.20%以内，控制在3.18%。全民技能提升工程：市目标任务81484

人，完成85104人，完成目标任务104.40%。农民工工资支付：市目标任务是实现案件、人数、金额“三下降”，全市查处工资类违法案件14件、降幅94%，追发劳动者工资等待遇涉及金额369万元、降幅92%，涉及人数190人、降幅92%。（李晓江）

【机构改革】2019年3月至8月，太原市民政局完成机构改革和人员转隶，划转职责4项，行政编制11名，事业编制217名，转隶人员187名。先后向市退役军人事务局、市应急管理局、市医疗保障局、市发改委划转职责4项、划转行政编制11名（退役军人优抚安置、拥军优属职责划至市退役军人事务局，划出编制9名；救灾职责划至市应急管理局，划出编制1名；医疗救助职责划至市医疗保障局，划出编制1名；组织实施重要物资和应急储备物资收储、轮换和日常管理职责划至市发改委）；12月29日，因全市行政审批改革，向市行政审批局划转1名行政编制，转隶人员1名。机构改革后，太原市民政局机关科室从17个缩减至12个，局直单位由31个减少至21个，主要职能从过去社会救助、社会福利、基层政权建设、服务军队和国防建设、专项社会事务管理五大板块转变为三最一专，即最底线民生保障，最基本社会服务，最基础社会治理和专项行政管理。

（许小杰　杨永亮等）

【信息平台建设】2019年，太原市民政局信息核对扩展至市级14部门省级4个部门共计36项数据，全部实现即时核对，数据连接全省第一、全国一流；累计接收信息核对委托711297户次，出具核对报告645520份。太原市为省内首家实现信息核对的城市，其部门联网核查数量位居全国前列。

（许小杰　杨永亮等）

【科研成果】2019年，太原市民政局党组把论文撰写与年度工作统一安排部署，统一发文要求，统一督查收交。撰写政策理论研究论文43篇，上报山西省民政厅18篇，局长领题上报民政部1篇，题为《深化“放管服”改革，推进“互联网+民政服务”对策研究》，获全国三等奖。（许小杰　杨永亮等）

劳动就业

【稳定就业局势】2019年，太原市人力资源和社会保障局坚持就业优先战略，千方百计促进创业、稳定就业，全市城镇新增就业95851人，就业形势保持总体平稳。发挥创业带动就业倍增效应。强化创业就业服务，完善基层创业就业服务平台，持续优化创业环境，开展“青春建功新时代、创业追梦新征程”为主题的第五届太原青年创业创新大赛、山西省星火项目创业大赛等各类创业活动。组织开展创业项目评选推介等活动，山西省星火项目创业大赛决赛中选送16个优秀创业项目获奖，占全省获奖项目总数三分之一。做好重点群体就业。以离校未就业高校毕业生、就业困难人员为重点，开展就业援助，征集高校毕业生就业见习岗位2489个，新增见习毕业生862人，招募“三支一扶”高校毕业生110人。出台《关于做好太原市行政区域内高校毕业生求职创业补贴工作的通知》，为太原市辖区内38所普通高校1.45万名困难高校毕业生发放求职补贴1452万元。通过实施失业保险一系列惠企利民政策，稳住一批岗位保住一批企业。太原市发放稳岗补贴1782户，补贴金额1.36亿元，发放暂时性困难企业应急稳岗补贴5175万元。做好农民工就业工作，全市46.80万名农民工有序流动，4.60万名家庭服务业从业人员成为新型职业群体。实施全民技能提升工程。弘扬工匠精神，以强化技能人才队伍建设和促进就业创业为重点，开展各类技能培训，参加全省全民技能提升工程展示活动，举办技能提升行动服务周活动，开展漠视侵害群众利益问题专项整治，加强培训开班审核和过程监管，规范资料整理，推行视频监控和实名制系统，加强和完善培训补贴资金审核程序，取得明显成效，太原市全民技能提升工程培训85104人，提前超额完成目标任务。强化公共就业服务。依托公共就业服务机构，组织开展“就业援助月”“春风行动”“民营企业招聘周”“2019山西·太原人才智力交流大会”“金秋招聘月”等专项公共活动，共举办现场招聘会330余场，1.30万余家用人单位进场招聘，提供各类就业岗位39.55万个，近46万人次入场

山西·太原人才智力交流大会　（市人社局供图）

求职。 （李晓江）

【人才平台机制】 2019年，太原市人力资源和社会保障局按照市委《关于深化人才发展体制机制改革加快推进创新驱动转型升级的实施意见》精神，扎实推动各项人才政策落实落地，搭建人才工作平台，强化人才支撑保障，努力把各方面人才集聚到文明开放富裕美丽太原建设中。加快出台配套政策。根据市委人才工作要求，完善人才政策，出台《太原市对入选国家、省人才工程人才培养单位奖励的实施办法》《太原市国家级、国际性奖项获奖人员奖励办法》《太原市博士后科研工作（流动）站资助补助办法》《太原市技能大师工作室建设管理办法》《太原市对培养高技能人才用人单位发放补贴的实施办法》和《太原市人才培训、进修和研修补助办法》等配套办法，人才政策体系更加完善。大力培养引进人才智力。开展"三晋英才"支持计划人选评选工作，选拔山西省拔尖骨干人才47人，山西省青年优秀人才43人。推荐李新华等3人申报百千万人才工程国家级人选，推荐太原市中心医院等5家单位参加山西省院士工作站建站申请。3月，出台《太原市事业单位引进高层次人才实施办法》，创新高层次人才引进办法，经过资格审查、考核评价、面谈等环节，已引进853人。11月2日，精心组织70个企事业单位2767个岗位、16个大学生创业星火项目参加山西·太原人才智力交流大会，为企业和人才搭建良性互动的交流平台。做好各类人才补助补贴发放工作。下发《太原市本土人才能力素质提升补助发放办法》《太原市高校毕业生和高技能人才来并工作补助（贴）发放实施办法》，对取得硕士研究生、博士研究生或取得技师、高级技师在职（聘）人员每年补助1.5万元—3万元，期限为2年；对来并工作高校毕业生和高技能人才每月发放1000元—5000元生活补助或租房补贴，期限为2年—5年；对符合条件高校毕业生再发放3万元学费补贴和5万元—20万元购房补贴。共审核2019年度享受补贴人员1.44万人次，发放金额1.89亿元。加强技能人才队伍建设。学习贯彻习近平总书记关于技能人才工作重要指示精神和省政府第50次常务会议精神要求，结合太原市产业结构调整和经济发展的实际，抓住技能培养、考核评价、岗位使用、竞赛选拔、表彰激励等诸多环节，健全和完善高技能人才工作体系。加大技能大师工作室和公共实训基地建设力度，在职业技能培训、创业培训、技能人才培养、民办学校管理等各方面取得预期效果。深化高技能人才培训基地建设，9家高技能人才实训基地、20家技能大师工作室、11家补贴培养高技能人才用人单位通过评审，为太原市高技能人才培养创设良好环境和优越的条件。深化事业单位人事制度改革。增强事业单位岗位管理制度活力，真正落实事业单位设置管理自主权。事业单位可自主制订岗位设置实施方案；自主确定岗位类别和比例；自主确定专业技术主、辅系列岗位；自主制定岗位标准；自主决定岗位聘用人员。优化教育系统中小学高级专业技术岗位结构比例设置，加大乡镇基层事业单位岗位设置及聘用政策倾斜力度，明确乡镇卫生院专业技术人员取得卫生系列职称或基层医疗卫生高级职称后，可不受岗位职数限制，直接聘任到相应岗位，切实缓解乡镇卫生院医疗人员不足现状，拓宽基层医疗人员发展空间。共招聘事业单位工作人员1034人，市直事业单位共聘任33104人，设置中级以上专业技术岗位19738个。聘任中级以上专业技术人员15764人，累计为392家事业单位的1782名专业技术人员办理岗位晋升。精心做好人事考试工作，全年共组织10万人次参加各类考试，未发生考试安全事故。

（李晓江）

【稳定劳动关系】 2019年，太原市人力资源和社会保障局发挥协调劳动关系三方机制作用，加大劳动用工监督管理力度，强化争议调处工作，促进劳动关系和谐稳定。强化劳动关系管理。贯彻《劳动合同法》等相关法律法规，推动用工单位与劳动者依法签订劳动合同，推进企业建立集体合同制度，重点加强综改示范区、不锈钢园区区域性、行业性集体合同签订，全市企业劳动合同签订率达到98%。落实国家和省化解产能过程中的职工安置政策，参与国企改革、厂办大集体改革和"三供一业"人员安置工作，为17户市属国有拆迁企业和新破产企业3000多名职工审核发放生活费2200万元，保障劳动者合法权益。加强劳动保障监察。开展根治欠薪行动，全市在建工程项目"六项制度"实现全覆盖，全市累计预存工资保证金17.65亿元，政府应急周转金累计入账金额4872万元，全年共主动检查用人单位3872户，协调处理案件166件，实现欠薪存量案件和大案要案限时清零，新发生欠薪案件3个月内清零，全年根治欠薪工作总体形势良好，未发生因拖欠农民工工资问题引发重大群体性事件和极端事件。加强信访和争议调处。认真开展"四个重点"信访矛盾化解攻坚战，做好维稳等工作，"全国两会"期间派专人值守，圆满完成驻京接访任务。全年接待各类来访共计4710件次，涉及人数5726人次，信访事项及时受理率、按期答复率、处理满意率均为100%。加强仲裁机构效能建设，推进仲裁工作制度化、规范化、标准化、信息化，为办案人员提供基础保障，受理劳动人事争议案件2071件，裁决结案率95%。 （李晓江）

社会保障

【社会保障体系】 2019年，太原市人力资源和社会保障局落实"兜底线、织密网、建机制"民生保障新要求，使惠及百姓利益社会保障水平迈上新台阶，逐步推进完善覆盖全民社会保障体系。

一项项贴近民生的举措，转化为老百姓心中满满的获得感。开展全民参保计划扩面专项行动。加快推进实现社会保险法定人员全覆盖目标，全市城镇职工基本养老、城乡居民基本养老、失业、工伤保险共同织密社会保障网。全市城镇职工基本养老保险参保154.02万人，完成目标任务153.10万人的100.60%；城乡居民基本养老保险参保76.58万人，完成目标任务75.22万人的101.80%；失业保险参保101.21万人，完成目标任务98.40万人的102.90%；工伤保险参保133.72万人，完成目标任务110万人的121.60%，社会保险参保目标任务全部提前超额完成。提高养老保险待遇。落实好企业职工基本养老保险各项政策，共为42.34万名离退休人员发放养老金160.31亿元，按时足额发放率100%，完成全市企业退休人员待遇调整工作，月人均增加178元，较上年增幅达5%以上。做好太原市机关事业单位养老保险制度改革后退休（职）人员养老保险待遇计算及发放工作，确保待遇计算工作有序推进。与市财政局联合印发《关于建立城乡居民基本养老保险待遇确定和基础养老金正常调整机制的实施意见》，全市城乡居民基本养老保险缴费档次由12个调整为10个，最低缴费档次和最高缴费档次分别调整为每人每年200元和5000元，切实增强太原市城乡居民的获得感、幸福感、安全感。执行社保降费减负政策。在企业养老保险方面，通过降费率、调基数、双基数改革为单基数等三项政策执行，为参保企业和职工减轻负担20.29亿元；在失业保险方面，继续贯彻阶段性降低社会保险费率政策，执行失业保险总费率1%至2020年4月30日；在工伤保险方面，工伤保险费率以现行费率为基础下调50%。提高社保信息化水平。优化办事流程，精减证明材料，缩短办理时限，提升经办服务综合效能。开发微信公众号“太原人社12333”，推进“互联网+社保”经办服务模式，包括养老保险缴费明细查询、缴费证明打印等业务已实现网上自助办理，逐步实现申报、缴费、转移等核心业务网上办理功能。优化领取养老金资格认证工作，推广“民生山西”“民生太原”手机App退休人员待遇资格网上认证工作，往年退休人员赶回老家在窗口排队“摁手印”，现在足不出户，打开手机App“刷脸”，不到1分钟就可以完成社会保险待遇资格认证。全年发放社保卡392.10万张。

（李晓江）

【保障居民收入】 2019年，太原市人力资源和社会保障局发挥职能作用，加大工资分配调控，确保居民收入持续增长。认真落实最低工资制度。加强对企业执行最低工资标准的监督检查，坚决制止和依法查处不落实最低工资违法行为，保障劳动者基本权益。合理调控企业薪酬。推进国有企业负责人薪酬制度改革，出台《太原市市属国有企业负责人薪酬管理监督检查办法》和《太原市市属国有企业在岗职工工资统计办法》等配套政策。认真落实企业工资集体协商制度，发布2019年度劳动力市场工资指导价位和企业工资指导线，督促指导企业合理安排职工工资增长。认真落实事业单位工资政策。完成事业单位2018年度考核增资和2019年度绩效工资总量审批工作。完成太原市公立医院薪酬制度试点改革，推进义务教育教师工资待遇工作，安排太原市机关事业单位2019年工人技师聘任和工资兑现，为231名中小学教师审核办理一次性退休补贴。

（李晓江）

【社会保险】 2019年，太原市企业职工参加养老保险（不含离退休人员）96.64万人，参加基本医疗保险366.65万人，参加失业保险102.88万人，参加工伤保险133.31万人，参加生育保险110.60万人。年末城市低保覆盖人口2.17万人，农村低保覆盖人口3.42万人，3752人纳入农村五保供养，全年发放最低保障资金3.67亿元。年内新建城乡日间照料中心29个，社区养老服务中心23个。

（崔　晰）

【收入与消费】 2019年，太原市居民人均可支配收入33563元，比上年增长8.20%。按常住地分，城镇居民人均可支配收入36362元，增长8%，城镇居民人均消费支出21305元，增长7%；农村居民人均可支配收入18377元，增长9%，农村居民人均消费支出13228元，增长7%。城乡居民收入比为1.98∶1，比上年缩小0.02个百分点。

（崔　晰）

【养老事业】 2019年，太原市民政局养老事业健康发展。老年社会福利院建设项目完成主体工程建设，进行二次结构砌筑。尖草坪区、阳曲县、清徐县、

2019年9月20日，集体婚礼仪式　（市人社局供图）

晋源区老年福利院建设取得进展，“一园两中心”社区养老示范项目基本完成，10个社区养老服务中心、8个社区日间照料中心、15个农村老年人日间照料中心建设完成。敬老院评星定级，民办机构综合评估，安全隐患排查，服务质量明显提高。对全市3000户家庭和100个楼道进行适老化改造，受到居民好评；政府购买居家养老服务达53万人次，切实解决困难老人基本生活服务问题。高龄津贴提标，全市高龄老年人共享发展红利。14所民办养老机构参保责任险，提高抵御风险能力。养老机构登记备案，发展更加有序。

（许小杰　杨永亮等）

2019年，太原双塔革命公墓揭牌　（市民政局供图）

社会事务

【社会组织管理】2019年，太原市民政局社会组织管理服务规范发展。充实调整社会组织综合党委委员单位，开展社会组织党建清零行动，“两个覆盖”全面实现。开展规范业务活动自查自纠行动，依法撤销32个社会组织。165个行业协会商会与行政机关脱钩圆满完成。深化放管服效改革，下放民办培训机构、民办养老机构管理权限。

（许小杰　杨永亮等）

【婚俗改革】2019年，太原市民政局婚俗改革步伐有力。分别举办5·20、9·20两次大型新婚青年集体颁证仪式，倡导文明节俭婚俗新风。新婚姻登记系统本地化改造完成，启动婚姻历史数据补录工作，为承接新婚姻登记条例出台奠定坚实基础。婚姻登记规范化建设持续推进，网上在线登记规范，各项登记制度健全，婚姻登记合格率达100%。全年共办理国内婚姻登记42074对，涉外婚姻登记38对；国内收养18件。

（许小杰　杨永亮等）

【殡葬改革】2019年，太原市民政局殡葬改革全面深化。落实惠民殡葬政策，继续实施基本殡葬服务免费政策；出台节地生态奖补办法，发放补贴1605.42万元，惠及12365人；堵疏结合，综合施策，祭奠期间免费发放50万条环保焚烧袋集中焚烧，殡葬移风易俗受到广泛赞誉；开展违法违规“住宅式”墓地专项整治，硬化墓、活人墓问题得到有效整治；全市殡葬信息系统全面上线，双塔树葬墓搬迁全面启动，牛驼寨公墓项目一期骨灰堂及配套用房工程全部完成并投入使用，二期项目绿化硬化路网等工程基本完成，公墓建设完成60%，清徐县殡仪馆年底开工，殡葬设施持续改善。三大节日服务保障到位，祭扫群众普遍满意。全市全年居民死亡火化数为12339具；协助公安及相关部门处理非正常死亡尸体300余具；全市共销售公墓2643穴，累计销售金额为12118余万元。在全国殡葬综合改革试点工作座谈会上，太原市殡葬改革做法被评为全国殡葬改革优秀案例。

2019年，太原市委、市政府出台《殡葬综合改革试点方案》，成立殡葬综合改革试点工作领导小组，健全党委领导、政府负责、部门协作、社会参与、法治保障的组织领导机制和工作协调机制。继续实施5项基本殡葬服务全免费政策并在全省率先推出生态安葬奖补制度，持续打造惠民殡葬民生工程，实现殡葬惠民从困难救助向适度普惠型转变。贯彻落实《关于太原市公墓规划建设的实施意见》和2018年至2030年阶段性发展计划，为城市公墓发展描绘发展蓝图；探索推进太原市第一个城市公益性公墓—双塔革命公墓，丰富公墓种类，填补城市公益性公墓的空白；加快推进县级殡仪馆项目落地。清徐县殡仪馆开工，西沟山公墓完成集中迁坟近3000穴。倡导文明绿色生态现代殡葬理念。创新文明祭扫方式。推广鲜花祭奠、社区公祭、踏青遥祭、天堂信箱等祭扫方式，引导市民转变祭扫理念。在全市范围内全面开展园区禁烧活动，实施全市街头禁烧行动，堵疏结合，改革群众祭扫中的封建陋习。推动节地生态葬式，受到群众的广泛关注，收到良好社会效应。2019年4月，9部门联合开展违规“住宅式”墓地等突出问题专项摸排，专项整治。推进殡葬单位体制改革。2019年永安园、龙山墓园再次被列为政企脱钩单位，全面告别事业单位身份，接受市场考验。加快“互联网+殡葬”融合。二次开发殡葬信息系统，在全省首先实现从殡葬管理、殡仪服务、墓园业务全部线上服务；殡葬服务单位信息化建设和办公自动化稳步推进。

太原殡葬惠民政策全国领先。形成基本殡葬服务费全面免除，节地生态安葬激励奖补，公墓建设“1350”工程相衔接的殡葬惠民体系。太原殡葬信息化建设进入全国首发行列。二次开发的殡葬信息系统上线运行，殡葬数据部门共享，成为政府行政重要数据支撑。太原公墓园林化建设取得突飞猛进发展。与上海杨艺强强联合，建成永安忠孝园、博爱苑、人文生态园等精品园区，实现太原市公墓建设提档升级。太原丧俗改革文明祭扫创新工作，鲜花祭扫、社区公祭、踏青遥祭等形式蔚然成风，全面禁烧取得突破。（许小杰　杨永亮等）

【志愿者服务】2019年，太原市民政局志愿者和社会工作发展态势良好。做好二青会志愿服务，建成城市志愿者服务U站60个，招募志愿者3.30万名，服务40万人次，累计300万小时，志愿者成为二青会一张靓丽城市名片，获得组委会表彰。热情做好对口接待，得到内蒙古代表团高度评价并赠送锦旗。加大社会工作培育培训力度，新增助理社会工作师369人，中级社会工作师166人，新建8家社会工作名师名家工作室；组织公益项目创投大赛和社会工作实务项目，提升社会工作专业服务能力。

（许小杰　杨永亮等）

优抚安置

【概况】根据党和国家机构改革精神，2019年1月22日，太原市委办公厅印发《关于太原市机构改革方案的通知》，批准组建太原市退役军人事务局。2月21日，太原市退役军人事务局正式挂牌成立。市退役军人局坚持边组建机构、边推进工作，边谋划发展、边解决问题，确保各项工作有序进行，党的领导全面加强、服务保障体系建设成效明显、双拥创建成绩显著、年度安置任务高质量完成、服务水平明显提升、开展权益维护工作、推进自身建设。在全省率先开展退役士兵社保接续工作，3项指标排名全省第一；18项机构改革任务完成进度在全市涉改单位中排名第一，局机关、退役军人服务中心核定人员编制数量在全省各市排名第一；全国退役军人

2019年2月21日，市退役军人事务局挂牌成立　（市退役军人事务局供图）

模范，全国、省“最美退役军人”评比获选人数在全省排名第一。（周　鹏）

【机构改革】2019年，太原市退役军人事务局按照机构改革文件精神，接转市人社局军官转业安置职能，市民政局退役士兵安置、优待抚恤、军休管理职能。内设9个科室，分别是：办公室（政策法规科）、人事科（机关党委）、思想政治和权益维护科、规划财务科（内审科）、转业干部安置科（市军队转业干部安置工作小组办公室）、退役士兵安置科（市退役士兵安置工作领导小组办公室）、就业创业科、拥军优抚科（市拥军优属拥政爱民工作领导小组办公室）、军休服务和褒扬纪念科。市退役军人局共有12个直属事业单位，从民政局划入11个直属事业单位，副县级建制单位9个，分别为：军供站、军队离退休干部休养所（第1至第7所）、双塔烈士陵园。正科级建制单位2个，分别为：解放纪念馆、光荣院。共完成人员转隶198人（含公务员、事业）。2019年5月23日，太原市退役军人服务中心正式批准成立。

太原市退役军人事务局高标准完成“三定”落实、直属机构划转、人员转隶、工作场所建设等18项机构改革任务，在全市涉改单位中排名第一，核定人员编制数量在全省地市级退役军人事务局中排名第一，各县（市、区）退役军人局机构全部组建到位并开展工作。

（周　鹏）

【退役军人服务保障体系建设】2019年，太原市退役军人事务局成立市、县两级党委退役军人工作领导小组，搭建市、县、乡、村四级“两中心两站”服务平台，市本级，下辖的3县1市、6个建城区，106个乡镇（街道）、1509个村（社区）已全部挂牌成立退役军人服务中心（站），组建率100%，形成横向到边、纵向到底、覆盖全员退役军人服务保障网络。太原市退役军人服务中心（站）核定人员编制数在全省地市级退役军人服务中心（站）中排名第一。

全市各服务中心（站）着重从政策宣传、党员教育、走访慰问、困难帮扶、就业扶持、矛盾化解等方面，坚持做到重大节日慰问到、立功受奖祝贺到、家庭困难关怀到、重大疾病探望到、军人去世吊唁到。在机关、学校、金融系统、国有企业、民营企业等退役军人人数较多的单位，成立“退役军人服务站”。使信息采集更加便捷、准确，走访慰问、帮扶解困、思想工作、文化建设等更加“接地气”“零距离”，发挥各系统、各

行业、各单位的特色，丰富服务内容，使退役军人回到地方后有“家”的温暖，极大地调动退役军人投身经济建设积极性。（周　鹏）

【争创双拥模范城】 2019年，太原市委编办结合机构改革，在市退役军人局专门设置双拥工作科，统筹协调指导全市双拥工作。市退役军人局着重从组织领导、宣传教育等10个方面，围绕73项任务指标，对争创全国双拥模范城“九连冠”工作进行详尽周密的部署安排。市委、市政府建立由地方财政统一列支双拥单位奖励经费激励机制，双拥工作实行动态管理，此项工作排在全国前列，使双拥工作取得长足发展。

为强化双拥工作宣传，打造“113”双拥主题宣传品牌，各县（市、区）全部完成。迎泽区打造儿童公园“国防教育主题公园”，杏花岭区打造迎春街“双拥主题街”，晋源区打造“国防主题公园”，受到群众广泛好评。主要领导带队先后多次赴太原储供中心等多个部门调研走访，召开协调会，协调解决军地难点问题。联合多部门组织“军地鹊桥会”解决大龄军人婚姻问题，协调市教育局做好退役军人子女就学入园工作，受到驻并部队的一致好评。（周　鹏）

【退役军人安置】 2019年的退役军人是退役军人事务机构组建后安置第一批，太原市退役军人局开展退役军人安置工作，完成2019年度93名军转干部，196名退役士兵，43名军队离退休干部，20名随军家属安置任务。组织适应性和岗前专业培训，与山西大学继续教育学院、山西省委党校合作，在课程设置和教师配置上结合实际情况，既落实国家、省要求，又体现太原市培训特色。（周　鹏）

【优抚对象服务保障】 2019年，太原市、县两级退役军人事务局把入户悬挂光荣牌工作做为政治任务，完成15.20万户退役军人光荣牌悬挂任务。扶持退役军人就业创业，与金融企业联手合作，量身打造“退役军人双拥卡”，支持“老兵帮老兵”，与山西卓越晋商汽车租赁公司签订战略合作协议，将山西军创园区、“老兵代驾”作为就业实训基地。山西军创园区共孵化退役军人小微企业56家，3家公司带动就业创业退役军人2000余人。晋源区拿出双创经费20%用于支持退役军人创业，提高退役军人创业积极性；万柏林区玉泉山公园解决退役军人就业岗位800余个；山西猛虎集团现有退役军人2180人，占员工总数25%。开展优待抚恤工作，加强退役军人信息采集工作，持续开展走访慰问，面对面了解退役军人思想动态、生活状况和困难问题，落实优抚对象各项政策。开展烈士褒扬工作，完成“2019年省城各界向烈士纪念碑敬献花篮仪式”活动，严格细化仪式活动流程，活动为历年来组织最为严密一次活动，受到省厅领导及市委市政府领导的好评。开展“传承2019清明祭英烈”“3·28”对越自卫反击战40周年向烈士敬献花篮等活动。（周　鹏）

【涉军信访稳定】 2019年，太原市退役军人事务局自组建以来，把涉军信访维稳作为重大政治任务，作为“一把手”工程，坚持政策原则，不乱开口子，不制造攀比矛盾。设立“局长接待日”，接待来访人员。全年接待来访退役士兵政策咨询2800人次，局办公会专题研究解决13起安置未上岗问题，到5家企业调查走访拒绝接收情况，退役士兵合理诉求全部得到妥善解决。发放3批31名退役士兵待安置期间生活补助125.20万元，解决141名退役军人“口袋党员”党组织关系转接问题；慰问帮扶生活困难企业军转干部752人，发放生活困难补助及慰问金3000万元，对全市1475名企业军转干部进行健康体检为自主择业军转干部缴纳医疗保险费525万。市委市政府门前基本实现退役军人“零聚集”，发挥信访维稳吸附作用，涉军维稳形势平稳可控。开展“最美退役军人”“全国模范退役军人”推荐评选活动，2人获得“全国退役军人模范”荣誉称号，3人被省评为“最美退役军人”。（周　鹏）

【退役士兵保险接续】 2019年，太原市退役军人事务局推进部分退役士兵保险接续工作，建立联席会议制度，制订工作方案和办理流程，设置专门的审核办理大厅，采取多种形式搞好宣传发动，及时传递党中央、省、市关于做好退役士兵保险接续工作决心，维护退役士兵心理稳定。市、县两级接待大厅累

2019年9月30日，市退役军人事务局承办省城各界向人民英雄敬献花篮仪式活动
（市退役军人事务局供图）

计接待23748人次，登记信息7135条，发放表格8264份，接收材料6775份。制订工作方案和办理流程，开展工作人员的业务培训。全省率先成立社保接续工作小组，率先全面起草完成涉及政府14个主要职能部门的《联席会议制度》。第一家启用社保接续大厅，第一家接入市县两级社保数据库和政府网。

（周　鹏）

社区建设

【城乡社区治理】 2019年，太原市民政局城乡社区治理水平全面提升。加快推动村规民约修订完善工作，打造100个品牌社区，下发《关于规范社区议事厅建设的实施意见》，全方位推进社区综合服务。继续推进行政村合并工作，加强“3·15”“7·15”农村村务公开民主管理工作，草拟《太原市乡村振兴战略—治理有效专项规划（2018—2022年）》，创建省级乡村治理服务示范社区3个，推进村委会换届“回头看”、扫黑除恶专项斗争，“黑恶”人员及时清理、同步配齐，农村治理得到加强；继续实施社区惠民项目，加强监管，800余个惠民项目规范有序推进。社区服务设施持续改善，全市696个社区，233个社区办公服务活动场所500平方米以上，354个社区达到1000平方米以上。社区治理创新多元共治模式，在全国社区治理现场会上受到一致好评。

2019年，太原市民政局在民政部举办全国社区治理和服务创新实验区示范培训班上，社区治理和服务创新经验在全国交流推广。

太原市以创建服务型社区为方向，以满足群众需求、增进人民福祉作为推进社区治理工作的根本目标，不断创新理念，延伸服务触角，完善服务功能，聚焦机制创新，加强社区服务体系建设，走出一条推进社区服务多元供给新路径。打造智慧社区平台，加强专业化服务，开启社区服务新路径。整合社区公共服务、社区便民服务等平台，形成社区大数据，打造智慧党建、智慧政务、智慧养老、智慧生活、智慧网格、智慧物联、智慧医疗为一体的“智慧社区+”平台。全市696个社区全部开通专线，通过市、区、街道、社区四级协同、互通共享，推动社区服务智能化、多元化、自助化的快速落地。强化基础设施建设工程，提升基础保障能力。社区综合服务设施功能设置遵循社区人口特点、以居民需求为导向，室内设计突出“家”元素，让社区综合服务设施真正成为社区居民之家。全市696个社区全部实现提档升级，平均建筑面积达600平方米。强化人才建设工程。建立社区工作者管理制度，对每个社区管辖服务户数、人数、服务半径、服务范围等进行备案，并实行动态管理，据此配备、调配社区“两委”班子、社区专职社工、社区网格长，拨付社区工作人员经费等。强化社区社会组织培育，发挥社会力量协同作用。在市级层面统筹规划社区社会组织孵化培育工作。针对性地培育满足社区居民专业化服务需求社区社会组织，对初创社区社会组织进行全流程指导和培训，为社区服务多元供给提供助力。（许小杰　杨永亮等）

【社区养老】 2019年，太原市共有城市社区养老服务中心215个，城市社区日间照料中心195个（农村日间照料中心294个），社区老年餐桌56个，社区为老服务网点266个，政府购买居家养老服务对象3.2万人，累计购买服务317万人次，服务热线年派单量居全国前列。社区养老服务设施基本覆盖城乡社区。政府购买居家养老服务实现城区全覆盖。投资近400万元，面向全市老旧小区试点完成100个楼道、3000户老人家庭适老化改造工程。初步形成以居家为基础、社区为依托、机构为补充，功能完善、规模适度、覆盖城乡社区养老服务网络。加大财政资金扶持力度，对社区居家养老服务设施实行一次性建设补贴，标准为每张床位9000元，对社区养老服务中心每年给予最高10万元运营补贴，对城乡社区老年日间照料中心，每年给予最高5万元运营补贴。在用电、用气、供暖、数字电视、税费减免等方面，出台多项扶持优惠政策。建立国内领先覆盖城乡的全市智慧社区养老服务平台，建立智慧社区养老服务信息库，自主研发社区养老便民服务一体机，基本完成全市社区养老产业孵化园，运用信息化、标准化、精细化管理手段提升社区养老服务质量，满足老年群体多元需求。（许小杰　杨永亮等）

社会救助

【概况】 2019年，太原市民政局社会救助稳步提升。提高城乡低保标准，缩小城乡差距，为实现“十三五”末城乡低保标准一体化目标奠定坚实基础（城市低保标准均为650元/月；6城区农村低保标准为650元/月；3县1市农村低保标准为530元/月）。12月1日起，以政府补助、工会赞助、企业资助、社会捐助方式，统筹社会各方资源，向全市特殊困难群体开展“爱心奶”工程，覆盖2.70万余人。加大农村低保专项治理力度，全面排查30153人，逐一核查信访线索，农村低保工作作风持续改善。社会救助信息核对覆盖18部门36项数据，全国领先地位更加巩固。出台《进一步加强和改进临时救助工作的通知》，下放审核审批权限，建立乡镇备用金制度，临时救助更加及时精准暖心。阳曲县社会救助综改试点不断深入，为全市提供可复制经验。招聘低保员318名，5个县区完成购买服务任务，提升基层经办服务能力。发放一次性供暖补贴1600余万元，保障困难群众温暖过冬。发放价格临时补贴1170万元，缓解物价上涨对困难群众生活的影响。流浪乞讨应救尽救。街面巡查、在站照料、站外托养、在站寻亲、返乡护送，“夏送清凉、冬送温暖”活动扎实开展，救助管理站迁建项目完成主体工程，救助管理服务能力大幅提升，全年救助流浪乞讨人员8114人次。儿童、残疾人保障有力。孤儿提标工作全面落实，全市集中供养孤儿标准提高至1500元/月，社会散居孤儿标准提高至1000元/月，达到中部六省省会城市中等偏上水平；孤儿养育金全部按时足额发放，孤儿基本生活得到有效保障，全年共下拨孤儿资金565.08万元。依法取缔私人孤儿收留机构，78名孤儿全部妥善安置；事实无人抚养儿童全部纳入保障范围，填补儿童保障制度空白。全面接管重度残疾人护理补贴发放工作，流程再造更加科学。社会(儿童)福利院迁建项目、社会福利精神康宁医院迁建项目均完成主体工程。康宁医院医疗服务能力显著提升，按摩医院积极探索发展道路，残疾人福利企业转型发展保持基本稳定。慈善福利事业健康发展。福彩销售9.87亿元，为公益事业做出积极贡献；慈善工作扎实开展，全年接收各类捐赠款物1531.67万元，用于慈善救助活动；慈善学校面向全省招收贫困家庭学生560名，开设首届慈善扶贫西藏江西培训班，发挥职业教育脱贫作用。

（许小杰　杨永亮等）

【社会救助助力脱贫攻坚】 2019年，太原市民政局制定出台《关于加大社会救助工作力度暨2019年助力脱贫攻坚行动计划的通知》，大幅度提高农村低保保障标准，确保贫困县兜底保障对象稳定脱贫。建立健全返贫预警机制，探索贫困县低保边缘人口特殊救助政策，放宽贫困县残疾救助对象单独立户限定条件；加大临时救助力度，将符合条件的建档立卡户及时纳入低保救助范围，有效减少和防止脱贫人口返贫。

（许小杰　杨永亮等）

住房公积金管理

【概况】 太原市住房公积金管理中心成立于2003年6月，直属于太原市人民政府的不以营利为目的的独立事业单位，主要负责太原地区住房公积金、公房出售收入等住房资金管理工作。2019年，太原市住房公积金管理中心以习近平新时代中国特色社会主义思想和中共十九大精神为指引，贯彻落实习近平总书记视察山西重要讲话精神及省委、市委会议精神，开展“改革创新、奋发有为”大讨论和“不忘初心、牢记使命”主题教育，牢固树立“四个意识”，坚定“四个自信”，做到“两个维护”，按照“两个走在前列”的要求，不断扩大公积金覆盖面、提高资金使用率、深化“放管服效”改革，疏解百姓办事堵点痛点难点，各项工作稳步推进。

（杨静　苏琦）

【公积金业务发展】 2019年，太原市住房公积金管理中心归集住房公积金134.24亿元，同比增长12.47%；全年办理各类住房公积金提取81.33亿元，同比增长12.85%，当期提取率60.59%；全年发放个人住房公积金贷款22736笔，金额113.13亿元，同比增长42.77%、45.80%；全年实现住房公积金增值收益6.62亿元，同比增长19.70%，增值收益率1.66%。

截至2019年底，中心实有住房公积金建制单位11993个、实缴单位11333个，建制职工132.44万人、实缴职工90.56万人；累计归集住房公积金1040.29亿元，提取615.62亿元，提取率59.18%，归集余额424.67亿元；累计为159613户家庭发放个人住房公积金贷款554.86亿元，贷款余额398.31亿元，个贷率93.79%；累计上缴城市廉租住房补充资金26.37亿元。

（杨静　苏琦）

【住房公积金年度结息】 2019年6月30日，太原市住房公积金管理中心对职工缴存的住房公积金进行年度结息，共为1.10万个缴存单位129.55万名缴存职工结息5.48亿元。职工住房公积金账户存款利率按一年期定期存款基准利率1.50%执行。利息划入每位住房公积金缴存职工的个人住房公积金账户，个人住房公积金利息收入免缴个人所得税。

（杨静　苏琦）

【住房公积金管理委员会】 2019年，太原住房公积金管理委员会有27名委员，召开两次会议，审议通过事项主要有：《太原市住房公积金管理中心2018年工作情况和2019年工作要点报告》《2019年度住房公积金归集、使用计划》《2018年度住房公积金增值收益分配方案》《太原市住房公积金2018年年度报告》《太原市住房公积金管理中心2019

太原市住房公积金管理中心组织党员赴彭真纪念馆开展主题党日活动，重温入党誓词

（太原市住房公积金管理中心供图）

年度经费预算》《太原市住房公积金管理中心关于向商业银行申请短期信用借款的报告》。（杨静　苏琦）

【政策调整及执行情况】 2019年，太原市住房公积金管理中心调整年度住房公积金缴存基数和比例。

缴存基数：2019年度（即2019年7月1日至2020年6月30日）缴存基数上限为20208元，下限为太原市最低工资标准（小店区、迎泽区、杏花岭区、尖草坪区、万柏林区、晋源区、古交市1700元，清徐县1600元，阳曲县1500元，娄烦县1400元）。缴存比例：下限为5%，上限为12%，单位可在上下限区间内自主确定，单位和个人应当执行同一缴存比例。

生产经营困难企业，可以按照《太原市单位申请降低住房公积金缴存比例或者缓缴相关事项的规定》申请降低缴存比例或者缓缴。

灵活就业人员应当按照《灵活就业人员住房公积金缴存和使用规定》规定的标准执行。

落实“多证合一、一照一码”在住房公积金业务中的应用。印发《关于落实“多证合一”登记制度改革　推进单位住房公积金有关业务办理便捷化的通知》，明确统一社会信用代码作为单位办理住房公积金业务的唯一标志。单位自登记成立之日起20日内，经办人只需持《太原市住房公积金单位缴存启缴信息表》和《太原市住房公积金职工开户清册》至所在地的分理处/管理部，即可为职工申请设立住房公积金账户。

提高住房公积金制度的覆盖面。印发《关于加强住房公积金催建工作的通知》和《关于开展住房公积金制度宣传的通知》，从催建对象、催建程序、工作措施、催建与行政执法的衔接等方面进行工作部署。在深入企业、户外电子屏和悬挂标语等传统宣传方式的基础上，积极利用短信、微信、手机App等新媒体开展点对点宣传，确保催建

太原市住房公积金管理中心组织职工参观山西省庆祝中华人民共和国成立70周年图片展　（太原市住房公积金管理中心供图）

效果。

进一步明确军队文职人员住房公积金政策。印发《关于落实好军队文职人员住房公积金政策的通知》，明确军队文职人员在住房公积金账户设立、缴存和使用等方面的政策，保障军队文职人员享受与地方同等的住房公积金权益。

简化省内异地贷款相关手续。印发《关于简化住房公积金异地贷款相关手续的通知》和《关于阳泉等城市缴存职工申请异地贷款不再提供〈异地贷款职工住房公积金缴存使用证明〉的通知》，明确山西省内所有地市的缴存职工在太原市购买住房，申请住房公积金贷款时，不再提供《异地贷款职工住房公积金缴存使用证明》和缴存流水。

化解缴存职工申请贷款“担保难”问题。印发《关于扩大第二顺位抵押权担保方式使用范围的通知》，明确缴存职工申请新购商品房商转公贷款或部分商转公贷款时，所购房屋的不动产权证书已在发放贷款的商业银行办理对应贷款的不动产登记证明的，在符合中心其他贷款条件的基础上，可通过办理第二顺位抵押权的担保方式申请住房公积金贷款。

印发《关于简化解除部分商转公担保人担保责任的通知》，明确缴存职工申请部分商转公业务时采用自然人阶段性保证加房产抵押的，所购房屋办理抵押手续或办理本次申请的部分商转公贷款对应的商业贷款的抵押权外的第一抵押权顺位手续后，可以解除保证人的担保责任。

对规模较大、实力较强、有较高行业地位的优质房地产开发企业，免除其为申请公积金贷款的购房职工提供担保时缴纳保证金的义务。在此政策基础上，2019年，共有78家开发企业与中心签署阶保协议，化解购房职工的担保难题。（杨静　苏琦）

【公积金服务】 2019年，太原市住房公积金管理中心全面开通住房公积金单位网上业务大厅。4月1日，缴存单位可以通过中心门户网站或者业务网点获取并填写《太原市住房公积金网上业务大厅开通申请表》（无密钥版）申请使用。该大厅开通后，缴存单位可直接通过互联网渠道办理个人账户的设立、封存、启封、汇补缴核定、基数调整、比例调整、单位信息修改、汇缴资金网上支付及相关查询等业务，业务办结后还可同步自助打印相关凭证。

推进省内跨地市住房公积金业务办理便捷化。2019年11月29日，通过率先融入山西省住房公积金数据互联共享平台，中心实现对省内异地住房公积

金缴存和贷款信息的共享应用。11月29日省平台正式上线至2019年末，短短一个月时间，发起查询异地住房公积金信息2952次，实际办理偿还省内异地住房公积金贷款提取业务1310笔，金额3562.86万元；发起查询省内异地转移接续相关信息1717次，实际办理省内异地转移接续业务57笔，金额159.54万元。解决缴存职工办理省内异地住房公积金业务跨地市“来回跑”的问题。

持续推动相关部门数据共享运用。在2018年开通部分商业银行互联网渠道办理偿还住房类商贷提取业务的基础上，中心继续推进与各商业银行信贷数据的共享。2019年，与19家合作银行实现数据共享，在线办理偿还住房类商贷提取业务20281笔共计4.59亿元。

2019年，中心在推动“三县一市”房产和不动产的数据互联共享上取得突破性进展，完成与清徐县房产和不动产数据互联共享，清徐县范围内缴存职工可以通过互联网渠道在线申请租赁住房提取住房公积金。

建成个人住房公积金与商业贷款组合贷款服务大厅。2019年，中心与太原市规划和自然资源局、交通银行山西省分行、建设银行山西省分行通力合作，先后建成“太原市住房公积金贷款交行服务大厅”和“太原市住房公积金贷款建行服务大厅”，实现办理个人住房组合贷款业务公积金部分与商业贷款部分的审核签约、资金发放、预抵押“一厅式”服务。由于实现跨部门协同服务，业务受理时间大大缩短，从以前需一周左右压缩到90分钟，有效解决群众办理组合贷款多头跑、来回跑、办事难、办事慢的问题。缩短开发企业销售回款时间，缓解其经营压力，促进房地产市场持续健康发展。大厅也可办理纯公积金贷款、商业贷款、预抵押登记、抵押登记等业务。

提升服务效能，畅通服务监督。2019年，中心贯彻落实《太原市效能建设九项制度》。在服务窗口推行“服务承诺制、首问责任制、限时办结制、一次性告知制、AB岗工作制、离岗告示制”;全面实行“一站式”服务，推广“预约服务和上门服务”，提升服务水平和服务质量；严格执行工作计划规范管理制度和“13710”工作制度。通过12329服务热线、中心门户网站、主任信箱、各业务大厅服务电话和稽查队服务电话进行业务查询、政策咨询、建言献策以及投诉监督，定期参加行风热线、聚焦行风进行政策宣传、答疑解惑。

2019年7月和11月，中心12329客服热线服务在市政府便民服务热线办结事项市民满意度调查结果中两次排名第一。（杨静　苏琦）

【信息化建设】 2019年，太原市住房公积金管理中心协助省住建厅完成全省住房公积金数据互联共享平台建设。受省住建厅委托，中心完成山西省住房公积金数据互联共享平台建设。共享平台实现全省11个地市中心和省直分中心住房公积金、公安、市场监管、不动产以及19家商业银行数据共享，打通部门间的信息壁垒，破除“信息孤岛”，为省内缴存职工异地办理住房公积金业务奠定基础。

优化住房公积金综合服务平台功能，业务综合离柜率达94%。同年，中心通过标准化建设，完善1万多个缴存单位信息和90余万缴存职工信息；通过不断优化审批流程，精简办事环节，取消业务审批环节50个、审批要件124个；通过数据共享，打通群众办事信息壁垒，实现与40余家政府部门和单位的数据互联互通。通过一系列的综合改革，缩短缴存职工办事时间，工作效能提升，缴存职工满意率、幸福感提升。截至2019年底，中心服务平台注册人数达到76.72万人，通过手机办理公积金汇缴、提取、贷款等业务111.69万笔，网上办理笔数占到业务总笔数94%。

强化内部管理，提升中心内部管理科学化水平。2019年，中心以服务单位、服务群众、服务基层为出发点，通过信息化技术手段，建成集党建管理、行政办公、人事管理为一体的中心办公自动化系统，为全面实现党建工作系统化、OA办公无纸化和人事管理科学化打下基础。（杨静　苏琦）

医疗保险

【概况】 2019年2月21日，太原市医疗保障局挂牌成立，各县（市、区）医疗保障局随后相继成立。面对新形势、新任务，太原市医疗保障局坚持“保基金安全、保基本医疗、保可持续”的工作基调，按照“1234”发展思路，即围绕一个目标（打造人民满意的“太原医保”），突出两条主线（确保基金安全、确保提质增效），创新三项改革事项（创新基金监管机制、深化医保支付方式改革、完善医疗服务价格动态管理机制），抓好四个方面工作（医保经办基础工作、基金安全监管工作、医保扶贫工作、改革创新工作），开创全市医保事业发展新局面，参保群众获得感不断增强。太原市成为全省唯一首批全国医保基金智能监控示范点城市，在全省率先建成医保智能药品进销存管理与医保智能生物识别两大系统；入选全省按疾病诊断相关分组（DRGs）付费试点城市，与国家试点同步建设；开展国家组织药品集中采购和使用试点扩围工作；“两病”患者门诊用药纳入医保支付范围并实现网上直接结算；主题教育期间推出15项惠民政策扎实落地，切实解决群众最急最忧最盼问题；在全市12345热线群众满意度测评中，在37个参评部门中位居第一方阵；2019年度工作在全省医疗保障综合评价及太原市委年度考核中评为优秀。（杨　星）

【医保基金征缴及待遇保障】 2019年，太原市基本医疗保险参保366.66万人（职工参保167.62万人，居民参保

199.04万人），基本实现全员参保、应保尽保。全市医保基金总收入80.04亿元，支出62.85亿元（职工医保收入64.33亿元，支出50.59亿元；居民医保收入15.71亿元，支出12.26亿元）。城乡居民基本医疗保险财政补助标准人均提高30元，一半用于大病保险。晋源、清徐与税务部门联合推出“一村一模式”、刷二维码、手机App、POS机等多种居民医保缴费方式，保障应保尽保任务落实；提高太原市生育保险待遇水平，产前检查费、无合并症或并发症的生育医疗费顺产、剖宫产分别比原待遇标准提高160%，86.70%，73.30%，与省直单位实现“同城同待遇”；实现职工医保与城乡居民医保转外就医政策统一，对未经备案、异地就医的参保职工住院由职工基本医疗保险基金按不低于50%比例报销，减轻职工异地就医负担；将城乡居民高血压、糖尿病门诊用药纳入医保支付范围，清徐县实现全省网上直接结算第一单。2019年底，共有3806名高血压和7563名糖尿病患者受益，统筹基金支付159.70万元，政策范围内报销比例达到50%以上；公务员医疗费用补助待遇提质增效，减轻太原市公务员医疗费用负担。（杨　星）

【国家医保基金智能监控示范点建设】2019年5月，太原市成为山西省唯一入选首批全国医保基金智能监控示范点城市。8月与中国电信股份有限公司太原分公司协商共建医保智能药品进销存管理子系统与医保智能生物识别子系统。12月两大系统试运行，解决串换药品、以药换药、以物带药、刷卡套现等违规行为，有效规范门诊特殊病、门诊慢性病管理。（杨　星）

【疾病诊断相关分组（DRGs）付费试点建设】2019年，太原市医疗保障局作为省级试点，通过公开招标专业机构，聘请国家级专家，与国家试点同步开展按疾病诊断相关分组（DRGs）付费试点工作，遴选市人民医院、市第二人民医院等5所医院作为DRG付费试点医疗机构。完成基于国家医疗保障疾病诊断相关分组（CHS-DRG）方案的第一次病种分组，分组1096种，入组率达99%以上。（杨　星）

【医保扶贫】2019年，太原市医疗保障局全面落实“三保险、三救助”和住院费用“136”兜底政策，推动部门间建档立卡参保人员信息数据共享机制，持续落实人员身份动态调整工作，确保新增农村贫困人口应保尽保。“建档立卡”贫困人口共计发生医疗总费用9509万元，基本医保统筹支付5460万元，大病报销2844万元，补充医疗报销498万元，医院承担37万元，个人自付670万元，报销比例达到92.95%；夯实医疗救助托底保障。将城乡低保户、特困供养人员、建档立卡贫困人口、低收入救助对象、因病致贫家庭重病患者等纳入医疗救助范围，在参保、门诊治疗、住院治疗等方面享受资金救助。住院救助年度最高资助额达到8万元。同时，全面启动基本医疗保险、大病医疗保险、医疗救助“一站式”即时结算服务。共3839人享受“一站式”结算服务，结算金额781.20万元。（杨　星）

【打击欺诈骗保】2019年，太原市医疗保障局出台一法（《医疗保障定点医药机构监管考核办法》）、一案（《太原市医疗保障局2019年医疗保险基金监管工作方案》）、一细则（《太原市欺诈骗取医疗保障基金行为举报奖励实施细则》），建立“三机制一通道”（部门联动机制、智能监控机制、第三方服务机制、举报投诉渠道），创新完善基金监管制度；通过开展专项检查、专项行动，引入会计师事务所、商业保险机构等技术力量参与监管等方式，形成监管合力。太原市医保智能监控系统覆盖率、定点医药机构检查率、监管岗位人员培训率均达到100%。全年共处理定点医药机构759家，累计追回医保基金及违约金9046.88万元。打击欺诈骗保专项治理工作综合指标位居全省第一。（杨　星）

2019年2月21日，太原市医保局挂牌成立　（太原市医保局供图）

【医保支付方式改革】2019年，太原市医疗保障局全面推行复合式医保付费模式。针对不同医疗机构服务特点，以总额控制付费管理为主，实行二级以上医院按病种付费、精神疾病按床日付费、新定点医院按次均定额付费、门诊统筹和慢性病按服务人数付费的复合式付费方式。助推县乡医疗卫生机构一体化改革，优化实施县域医疗集团医保总额预算打包付费管理。重点推行按病种付费。按病种付费管理病种数由102种扩增至175种，在二级以上医疗机构全面开展按病种付费。并将 298 个日间手术纳入按病种付费管理。全年全市按病种付费结算 8192 人，统筹基金支付 4441.90 万元。（杨　星）

【医药价格和招标采购】 2019 年，太原市医疗保障局落实国家组织药品落实国家组织药品集中采购和使用试点扩围工作。12 月 1 日，太原市共有 175 家公立医疗机构按国家组织药品集中采购的 25 种通用药品，中选药品价格平均降幅达 59%，最高降幅达到 96.73%。医保基金对相关医疗机构拨付医保预付款 476 万余元。组建驻并医疗机构药品耗材带量采购工作领导小组和采购联盟，探索驻并医疗机构医用耗材集中带量采购工作。太原市在全省率先组织开展医疗服务项目价格情况调研摸底工作，形成较高质量的调研报告，受到省医保局的表扬和肯定，作为典范在全省进行推广。落实公立医院医用耗材集中带量采购工作，被省医保局在全省通报表扬，同时发送表扬信至太原市政府。（杨　星）

【智慧医保建设】 2019 年，太原市医疗保障局通过对标先进、结合实际，出台太原医保“12345”智能医保建设方案。通过建设完善“一个平台”（统一开放的医保智能监控平台）、“两个中心”（全市医保智能监控数据中心、全市医保智能监控服务中心）、“三个智库”（医保规则库、知识库、模型库）、“四个支撑”（基础设施支撑、标准规范支撑、安全保障支撑、运行维护支撑）、“五类应用”（智能监控类应用、投诉举报类应用、经办稽核类应用、诚信管理类应用、大数据分析类应用），解决长期以来存在的“一多一少”（监管对象多，监管人员少）、“一高一低”（社会期望高，传统管理能力低）、“一快一慢”（骗保方式升级快，监管能力提升慢）等突出问题；推出三项智能便民服务举措。开通“太原医保”微信公众号、选取 100 家试点开通脱卡支付（医保电子支付）并逐步扩大范围、推行即时制卡服务。为参保人提供“数字领跑”“群众零跑”的服务渠道。（杨　星）

【医保服务水平提升】 2019 年，太原市医疗保障局坚持开门办医保，邀请人大、政协、“两定”机构、保险公司等社会各界召开座谈会 21 次，为医保事业发展把脉问诊。组织举办医保能力提升培训班 5 次，提升业务能力；推行协议管理“五连环”（“两定”机构、参保人、第三方、专家学者、医保机构）工作法，修订考核监督办法，完善总额结算管理办法。通过建立专家库队伍、继续购买社会服务引入商业保险机构等第三方力量优化医保经办服务质量；运用标准化、信息化手段，整合优化经办业务。太原市医保中心公示政务服务事项 29 项，优化办事流程 9 项，出台惠民政策 9 项，下放医保业务经办事项 17 项。2019 年国家医保局组织的第三方群众满意度评价中，医保中心经办服务现场体验度评价达 92%；加强医保系统业务培训。先后派 12 人、21 批次、赴 17 个城市学习先进医保理念，全系统医保服务能力得到提升。（杨　星）

消防救援

【概况】 2019 年是消防队伍改制转隶的开局之年，也是“太原消防”守正创新、砥砺奋进的一年。太原市消防救援支队以习近平新时代中国特色社会主义思想为指引，以总书记授旗训词精神为统领，把握稳中求进的工作总基调，团结带领全体指战员在接续拼搏中“践行初心”、在攻坚克难中“勇担使命”，在转型升级中“逐梦前行”，队伍建设和消防工作取得丰硕成果，火灾形势和队伍管理实现“两个稳定”。2019 年 12 月 27 日，太原市消防救援支队举行挂牌仪式。

2019 年，太原市消防救援支队接警出动 7441 起，出动车辆 13722 辆，出动警力 73145 人，抢救被困人员 974 人，疏散被困人员 1588 人，抢救财产价值 432 万元。其中发生火灾 1183 起，死亡 20 人（含刑事 2 人），受伤 10 人，直接财产损失 1788.70 万元，过火面积 19369.20 平方米，受灾户数 288 户，受灾人数 270 人；抢险救援 1438 起；反恐排爆 2 起；公务执勤 898 起；社会救助 565 起；虚假警 523 起。（孟名彦）

【地震救援远程视频拉动演练】 2019 年，太原市消防救援支队为做好重特大地震灾害应急救援准备工作，全面检验消防救援队伍跨区域地震救援协同作战和综合保障能力，1 月 29 日、5 月 9 日，太原市消防救援支队参加省消防总队远程视频地震救援拉动演练。队伍集结完毕后，对集结指战员进行点名，对照前期下发的地震救援器材清单，对各中队的器材进行详细检查。此次拉动演练省消防总队共设置任务领受、力量集结、装备模块化运输、救援装备操作、音视频传输、信息报送等内容。整个拉练过程中，消防队员精神饱满，体现出快速反应能力和队伍组织纪律性。拉动演练过程中，总队对支队地震救援队伍的前期准备、人员构成、装备配备等拉动演练情况进行点评，将发现问题第一时间反馈给现场指挥员，并提出整改建议。（孟名彦）

【冬训比武竞赛】 2019 年，太原市消防救援支队为检验全市消防队伍冬训成效，为深化消防队伍训练工作，全面提升队伍整体作战能力，市消防救援支队组织开展 2019 年冬训比武竞赛。此次比武活动根据全年计划和冬训训练内容，采取分组形式进行开展，共计 6 个科目：5000 米跑负重跑、双杠一练习、单杠卷身上、百米负重、60 米肩梯跑、400 米物资疏散。为确保比武顺利进行，支队制订方案，并设置裁判组、器材保障组、宣传组、后勤保障组等相关保障。（孟名彦）

【二青会涉会场所消防安全】 2019 年，

太原市消防救援支队为夯实“二青会”安保准备工作，切实预防和遏制重特大火灾事故尤其是群死群伤火灾事故的发生，确保二青会涉会场所消防安全，加大对“五供”单位熟悉了解程度，切实提升各级指挥员组织指挥能力和消防部队处置突发事故应急救援能力，为二青会胜利举行营造安全稳定的消防环境。4月16日，市消防支队全勤指挥部深入“五供”单位中石油北京天然气阳曲压气站开展调研评估、拉动演练工作。接到报警后，辖区中队阳曲县中队到达现场，迅速展开灭火救援行动。中队指挥员组织侦察组对泄漏区域进行侦察，并命令警戒组对输气装置区进行警戒。了解现场基本情况后，参战官兵迅速制订方案，坚持“先控制，后消灭”的方式对输气装置区进行灭火，并立即向指挥中心请求增援。柏杨树中队、战勤保障大队和支队全勤指挥部相继到场。全勤指挥部对火灾情况初步了解后，迅速对阳曲县中队、柏杨树中队和战勤保障大队下达作战任务。各中队间配合紧密，警戒、灭火、供水、堵漏等各项工作有序展开。现场指挥部统一指挥，适时下达命令发动总攻。整个演练过程迅速有序，处置措施科学合理，全勤指挥部任务下达准确，演练顺利完成。（孟名彦）

【车辆事故救援技术培训】 2019年，太原市消防救援支队为提升全市消防救援队伍车辆事故救援处置能力，全面提升基层中队灭火救援能力，顺利完成各类灾害事故的处置。太原支队在战勤保障大队组织开展车辆事故救援技术培训。培训邀请应急管理部消防局车辆救援技术顾问王勇为消防指战员进行授课，重点从车辆事故救援的种类、特征、伤情类型、主要特点和程序方法进行讲解示范，对车体结构、安全装置和救援注意事项、车辆事故救援程序以及力量编成、现场指挥控制、车辆稳固、破拆和单车直立、侧翻、倾覆和车辆叠加四种状态救援以及常见事故场景等进行详细讲解和操作。（孟名彦）

二青会开闭幕式消防安保　　（太原市消防救援支队供图）

【冬训达标考核暨精英对抗比武竞赛】 2019年5月14日至16日，山西省消防救援总队举办冬训达标考核暨精英对抗比武竞赛。市消防救援支队参赛指战员取得团体总成绩第一名的好成绩，并受到总队党委表彰。此次考核竞赛分为两组，一组为各支队机关、大队10名指战员组成的达标考核组，需完成3000米跑和仰卧起坐科目；另一组为消防中队30名指战员组成的精英对抗组，需完成背负空气呼吸器5000米跑、100米负重跑、400米救人疏散物资、负重上10楼、绳索攀爬、单杠卷身上6项竞赛课目。全省11个支队的440名消防指战员参加两个组别的考核竞赛。在举行的6项比武科目中，太原支队参赛指战员获得4项科目第一名，有7名指战员获得总队表彰，占整体表彰人数的36.70%。展示太原消防救援支队指战员业务素质及冬训练兵成果。（孟名彦）

【灭火救援实战拉动演练】 2019年，太原市消防救援支队为“二青会”顺利举办营造良好的消防安全环境，加强对涉赛场馆的熟悉程度，提高队伍灭火救援能力，6月3日上午，市消防支队组织东南战区所辖6个执勤中队、14辆消防车，71名指战员深入地下建筑沃尔玛超市组织开展灭火救援实战拉动演练。（孟名彦）

【大型石油化工消防救援演练】 2019年7月2日，太原市消防支队完成市安委办安全生产月大型石油化工演练。演练假设皇后园油库库区1号万吨柴油罐由于雷击，爆炸燃烧，罐顶被掀，自动冷却、灭火设施遭到破坏，经消防侦察员和企业技术人员关阀断源后，应急管理局指挥中心率领指挥中心特勤大队、消防支队、急救中心、环保监测等相关部门相继到场以后，随即展开战斗。由于火势处于猛烈燃烧、温度较高，使1号油罐出现裂缝漏油，罐体发生倾斜，油品流入防护堤内形成500平方米地面流淌火灾。太原支队指战员按照作战任务分配，合理调集增援力量。辖区中队迎新中队、对现场进行侦检、展开战斗，控制火势。5分钟后，郝庄中队、柴村中队、尖草坪中队、战勤保障大队等4个增援力量到场，按指挥部命令展开战斗。经过30多分钟的持续战斗，大火被扑灭，演练取得成功。演练还开展紧急撤离以及现场战勤保障等行动。（孟名彦）

【抗洪抢险救援队伍应急图像拉动演练】 2019年，太原市消防救援支队为做好应对重特大灾害事故应急救援准备，全面检验抗洪抢险救援队机动响应能力，7月11日，应急管理部消防救援局对山西省消防总队进行抗洪抢险救援队伍应急图像拉动，太原消防救援支队抗洪抢险救援队参加拉动演练。中午14时，在接到总队指令后，支队迅速发布抗洪抢险队伍集结指令。1.5小时后，抗洪抢险队50名指战员、5辆消防车、8艘船艇，携带防护、救生、破拆、通信等装备器材650件在集结点特勤一中队集结完毕，做好随时出动准备部局通过图像对救援队人员编配、车辆编组、装备配备等情况进行检查，重点询问人员运输、舟艇运输、自我保障等情况，重点指出要将餐饮保障车纳入编队，提升救援队伍自我保障能力。（孟名彦）

【高层建筑灭火救援“全过程、全要素”实战演练】 2019年7月28日，太原市消防救援支队在洲际酒店开展高层建筑灭火救援“全过程、全要素”实战演练。演练假设洲际酒店三层东侧的宴会厅厨房发生燃气泄漏，因检测装置故障未能报警，泄漏气体接触到电器设备产生的火花，瞬间发生爆燃。单位微型消防站和安保人员、消防前置备勤力量、单位周边消防力量分别在1分钟、3分钟、5分钟、10分钟内到场进行处置。太原消防指挥中心接到报警后，立即启动高层建筑火灾应急响应机制，并调集医疗救护、供水供电、应急通讯等力量到场协助。第一时间成立火场指挥部，将战斗力量分成侦检、救援、警戒、灭火、疏散、供水等六个小组迅速开展行动。指挥员立即命令侦察组侦察火势，对被困人员进行搜寻，利用云梯消防车从外围窗口解救被困人员。内攻人员佩戴空气呼吸器进入楼内，第一时间利用建筑消防设施，坚持"以固为主、固移结合"的战术原则，在着火层和着火层下层设置防御阵地，堵截控制火势蔓延，利用干粉车出一支干粉枪和二氧化碳灭火器至着火层迅速灭火。支队全勤指挥部命令参战人员采取内攻灭火、机械排烟、远程供水等行动。整个演练围绕“立足实战、贴近实战”的模式，按照“救人第一、科学施救”的指导思想，运用“上堵下防、内攻近战、内外结合、逐层消灭”的战术实施火灾扑救。全体参战指战员严格按照分工，进行火情侦察、疏散救人、堵截控火、排烟散热等作战行动，经过近半小时的战斗，完成所有演练项目。

（孟名彦）

【灭火救援职业技能鉴定人员体能考核】 2019年8月1日，太原市消防救援支队对参加灭火救援职业技能鉴定人员开展体技能考核。王强参谋长亲临考场全程监督。此次考核分为技能操作考核和体能考核两个方面，技能操作共考核10项，从火灾扑救科目及应急救援科目各抽取5项，体能考核随机抽取3项，其中3000米跑设定为必考科目。

（孟名彦）

【国庆联欢活动消防安保】 2019年，为庆祝中华人民共和国成立70周年，“礼赞新中国　奋斗新时代”省城国庆联欢活动焰火表演于10月1日20：00在汾河公园三期通达桥至晋阳桥段举行。为全面做好“礼赞新中国　奋斗新时代”省城国庆联欢活动消防安保任务，太原支队党委高度重视，精心筹划、积极落实部署各项安保任务。第一时间制订《“礼赞新中国　奋斗新时代”省城国庆联欢活动焰火表演消防安全保卫工作方案》。制订突发火情处置预案及现场力量部署图。为确保各项活顺利开展，支队党委身先士卒，成立以支队长马晓彬为总指挥的前沿指挥部及王强参谋长为现场总指挥的灭火救援现场指挥部。现场指挥部下设现场观众区灭火救援组、现场观众区水上救生组、燃放区灭火救援组、通信调度组四个工作组，现场灭火救援分为现场观众区、现场观众区水上区域、燃放区三大区域，共调集3个执勤中队，4辆消防车，2艘冲锋舟，36名指战员对活动现场全程监护，各执勤人员携带背负式细水雾、应急包、65水带等器材在相关区域值守巡逻，确保一旦发生险情，能够及时有效处置，确保焰火表演活动顺利开展。（孟名彦）

【全员消防监督岗位比武竞赛】 2019年，太原市消防救援支队为认真贯彻落实消防救援队伍全员岗位大练兵活动统一部署，12月8日，太原市消防救援支队组织基层大队全体监督员以及各执勤中队火调干部开展全员消防监督岗位比武竞赛暨培训学习活动。活动分为理论

2019年7月28日，太原市消防救援支队开展高层建筑“全过程、全要素”实战演练

（太原市消防救援支队供图）

消防比武大练兵　（太原市消防救援支队供图）

授课、现场实操、理论考试三部分。（孟名彦）

【全员岗位大练兵比武竞赛】2019年12月3日至10日，太原市消防救援支队举办全市2019年全员岗位大练兵比武竞赛活动。比武竞赛在不影响执勤战备的情况下采取分组（大队组和中队组）形式开展，根据全年计划和夏训训练内容，考核内容分别为大队科目：3000（1500）米跑；中队单人科目：背负空气呼吸器5000米跑、绳索攀爬、60米肩梯登楼；班组科目：楼层火灾内攻操、两车三枪操。（孟名彦）

【建材市场消防安全管理】2019年，为深刻吸取"5·9"呼和浩特市居然之家家之尊国际家具馆火灾事故教训，深入推进"防风险保平安护二青迎大庆"消防安全执法检查专项行动工作，维护全市社会稳定，加强此类场所的消防安全管理，5月14日上午，太原市消防救援支队组织召开全市家具、建材市场消防安全管理约谈会。全市30余家家具、建材市场消防安全责任人及管理人、相关辖区消防大队大队长共计50余人参加会议。（孟名彦）

【消防监督执法人员述职述廉】2019年7月29日，太原市消防救援支队召开消防监督执法人员向社会公开述职述廉大会。市消防救援支队副支队长张建莹、副政委张华、防火监督处处长昝宏波及防火处相关科室负责人和社会各界代表50余人参加会议。会议由副政委张华主持。会上，主要介绍开展消防监督单位和执法干部向社会单位述职述廉工作的目的和意义，述职人员依次向社会单位代表报告2019年执法规范化建设、落实廉洁执法监督机制、全年各项工作开展等情况。述职述廉报告围绕工作职责范围、履行职责情况、廉洁自律情况展开，深入分析问题，并提出下一步改进措施。副支队长张建莹代表支队作廉洁公正执法公开承诺，组织参会社会单位代表填写《民主评议表》和《征求意见表》，展开座谈，现场接受参会人员咨询，对社会单位代表提出问题进行解答，听取参会代表对支队消防工作提出的意见和建议。（孟名彦）

【"双随机一公开"试点建设】2019年，太原市消防救援支队根据党中央、国务院深化消防执法改革的工作部署及应急管理部消防救援局"双随机一公开"消防监管信息系统座谈会精神，8月22日，消防救援局信通处梁云杰高工、法标处焦科龙工程师、信通处蒋乐涵助理工程师一行深入太原市消防支队调研"双随机一公开"试点建设工作开展情况。（孟名彦）

【消防安全专项整治】2019年9月11日，山西省委常委、太原市委书记罗清宇对太原市消防安全专项整治工作做出指示："严格执法，确保解决问题！"2019年9月10日，太原市委常委、常务副市长王立刚主持召开专题会议，要求即日起以商业综合体等为重点在全市范围内开展为期两个月的消防安全专项整治。各县（市、区）、综改示范区政府连夜行动，公安、住建、商务、市场监管等相关部门同消防救援机构密切配合，共出动检查组43个，工作人员140余名，排查商业综合体7家，检查综合体内餐饮、娱乐、电影院等场所511家，发现火灾隐患464处，现场督促整改火灾隐患118处，并对不能立即整改的隐患制订针对性限时整改措施。由市安委办牵头下发《全市商业综合体及餐饮娱乐场所消防安全专项整治方案》。（孟名彦）

【大型商业综合体达标创建推进会】2019年11月26日，太原市消防救援支队召开大型商业综合体消防安全创建筹备工作推进会。全市14家5万平方米以上的大型商业综合体负责人和辖区消防大队大队长参加会议。11月27日，消防救援支队举办全省大型商业综合体消防安全达标创建工作推进会，总结大型商业综合体消防安全专项整治及达标创建工作经验，深入推动商业综合体消防安全管理工作的标准化、规范化和体系化。（孟名彦）

【消防新站投入执勤】2019年7月，太原市消防支队杏花岭区大队万达消防站正式投入执勤，优化全市消防站点分布，对全市灭火救援力量起到很好补充。该站于2017年5月开始筹划建设，2018年9月主体竣工并开始进行室内装修。在支队党委和杏花岭区委、区政府的大力支持下，区财政拨付700万元用于新站的装修、办公设施的配置、救援装备的配备。7月25日，市消防救援支队科创城消防站举行揭牌仪式。太原市消防支队党委书记、政治委员王治平，山西转型综改示范区党工委委员、总规划建筑师白勇强，山西转型综改示范区党工委委员、公安分局党委书记、局长李明亮，支队党委常委、后勤处处长史云山，科技创新城事业服务中心党委书记、主任李英虎，科技创新城事业服务中心党委副书记、副主任张斌，太原市消防支队综改办公室主任康政、经济大队全体指战员出席揭牌仪式。（孟名彦）

【消防救援队伍正规化建设】 2019年12月9日，太原市消防救援支队召开全市消防救援队伍正规化建设现场观摩交流会。政委王治平、副支队长张鹏宇、副政委张华、主任张军、副参谋长谢业刚等出席会议，各基层大队教导员参加会议。观摩期间，王治平政委带领参会党委常委及各大队教导员一行二十余人，分赴科创城消防站、阳曲产业园区消防站、万达消防站、阳曲县消防站旧址及刚投入执勤的新站，对营房建设、队伍正规化建设等情况进行现场观摩，实地查看营房、库室场、车辆器材装备建设，了解大中队指战员工作、训练、生活等情况，听取大中队指战员对当前队伍建设和思想动态的汇报，并对上述消防队站建设进行实地指导。（孟名彦）

【“三晋119”消防专区合作】 2019年1月19日，太原市消防救援支队和山西广电新媒体有限公司举行山西联通IPTV“三晋119”消防专区合作签约仪式。山西广电新媒体有限公司董事长、总经理李虹蔚，太原市消防救援支队党委书记、政委王治平，中国联通山西省分公司市场部副总经理刘守江等相关领导出席签约仪式。山西联通IPTV消防专区的开通是太原乃至全省消防宣传史上的一件大事，填补网络电视没有消防内容的空白，是消防宣传工作又一次创新和扩充。（孟名彦）

【宣传教育培训】 2019年，太原市消防救援支队以第二届全国青年运动会消防安保为主线，围绕“主动消防”宣传教育主题，不断探索“全民消防”理念的内涵和外延，直面新时代消防宣传工作新挑战，持续推动消防宣传工作常态化建设，打造消防宣传新媒体阵地，组建15支宣讲团深入商场市场、深入街头巷尾、深入群众身边，推进消防知识宣传教育培训工作。5月15日，全市15支宣讲团共开展培训22场，培训人数达到5000余人，受到社会大众的广泛好评。（孟名彦）

【“消防科普教育基地”建设】 2019年，太原市消防救援支队为提高全民应急消防安全素质，增强社会防灾减灾能力，省消防安全委员会发文部署开展山西省应急消防科普教育基地建设和命名活动，市消防救援支队迅速部署开展工作。5月，太原支队充分吸收“消防科普教育基地”建设成功经验，拓展各基地设施功能，吸引全社会共同参与，以全市各地已建成的消防科普教育基地为基础，广泛发动学校、社区、企业、博物馆等单位参与创建活动，并进行集中命名，确保各县（区）至少建成1处设施齐全、功能齐备、宣教统一、特色突出的“应急消防科普教育基地”，方便群众就近就便学习应急消防科学知识，切实提升群众知险、避险、御险意识和能力。（孟名彦）

【微电影形象宣传】 2019年8月12日，应急管理部组织开展“青春火焰蓝 闪耀新时代”全国消防救援队伍首届主题微电影评选暨颁奖展映典礼，对16部入围影片进行再次评比，并通过网络进行同步直播。经过最终评比，太原市消防支队拍摄的《我在》获得全国形象宣传片一等奖。（孟名彦）

【《太原消防》政务号】 2019年8月抖音公司在上海举办全国首届创作者大会。《太原消防》政务号应邀参加。大会公布抖音大数据，全国消防系统自2019年集体入驻抖音平台后，各级官方抖音号已达833个，累计获得15.70亿点赞和近300亿播放量，是全网体量最大、影响力最高的政务集群之一。“太原消防”抖音号累计获得7741.50万点赞量、15亿播放量，在全国消防政务号综合指数连续数周斩获第一名。其间，应急管理部消防救援局人员以《共同的责任》为主题进行演讲，呼吁抖音平台和诸多有影响力的媒体一同承担起消防

消防比武考核（太原市消防救援支队供图）

安全宣传教育的责任，开创新局面。

（孟名彦）

【119 消防宣传月】 2019 年 11 月 4 日，太原市消防救援支队举办 2019 年 119 消防宣传月活动启动仪式暨大型图片展，标志着太原市 2019 年 119 消防宣传月活动正式拉开帷幕。200 名消防志愿者代表、250 名社会救援队伍代表、社会各界群众及新闻媒体记者参加活动。图片展分为主题雕塑和展板两部分，主题雕塑以消防救援旗为原型，高高飘扬的旗帜象征着太原市消防救援队伍举旗铸魂火焰蓝、奋进逐梦新时代的精神。展板以“对党忠诚、纪律严明、赴汤蹈火、竭诚为民”为内容，通过一幅幅富有艺术感染力和视觉冲击力的照片，诉说照片背后的故事。活动现场还设置咨询台、宣传车及逃生体验帐篷等，向过往群众发放消防宣传资料、宣传品，详细介绍初期火灾扑救和火灾逃生自救等常识，并邀请群众参观消防车、体验逃生帐篷。11 月 4 日晚，参加启动仪式的代表观看“举旗铸魂火焰蓝——深入学习贯彻习近平总书记授旗训词精神”文艺汇演。（孟名彦）

【“3·15”支援乡宁山体滑坡】 2019 年 3 月 15 日 18 时许，临汾市乡宁县枣岭乡发生一起山体滑坡，导致房屋垮塌，并有多名人员被困。事情发生后，山西消防总队调动太原市消防救援支队 11 台车 54 名指战员 3 条搜救犬等增援力量星夜驰援。3 月 21 日 11 时 22 分，历时近 6 天的乡宁县枣岭乡山体滑坡救援工作宣告结束。6 天，138 个小时，太原消防指战员争分夺秒，连续奋战，转移、搜救出 5 人。（孟名彦）

【“3·29”支援沁源山火】 2019 年 3 月 29 日 13 时 30 分许，山西省长治市沁源县王陶乡郭家坪附近突发山火，因为天干物燥、风速过大，火借风势迅速蔓延到聪子峪乡、赤石桥乡、官滩乡、郭道镇等 6 个乡镇、40 个自然村、16 家企业。太原市消防救援支队接到增援命令后，分别于 3 月 30 日 11 时和 4 月 2 日 14 时集结两批指战员前往增援，共出动 18 辆消防车 90 名指战员，包括 35 吨大型水罐车 2 台和卫星便携站，支队宣传科、组教科也先后随队出动，经过 7 天 6 夜 156 小时的连续奋战，太原消防指战员逆火而行，冲锋在前，充分发挥全省消防队伍的“拳头”和“尖刀”作用，完成联合指挥部下达的各项灭火执勤任务。（孟名彦）

【“2·18”罗城村库房火灾】 2019 年 2 月 18 日 21 时 41 分，太原市消防救援支队指挥中心接到报警称，位于太原市晋源区罗城村一库房发生火灾，情况危急。接警后，支队指挥中心迅速调集 6 个执勤中队 23 辆消防车，136 名指战员赶赴现场组织扑救，支队长马晓彬带领全勤指挥部赶赴现场，组织指挥火灾扑救工作。到场后，发现火势猛烈，库房内大量的床垫、木材、皮革等材料猛烈燃烧，库房顶棚坍塌，正在向相邻库房蔓延，指挥员立即在火场北侧、西侧两个方向部署水枪阵地，防止火势蔓延，并在火场东侧、南侧门口设置水枪阵地，组织强攻灭火。当晚气温零下 5 度，寒风刺骨，支队长马晓彬身先士卒冒着滚滚浓烟同水枪手一道战斗在火场一线，从当晚 10 时一直坚持战斗到次日凌晨 4 时，全体指战员克服天气寒冷、高温烟气、水源缺失等重重困难，坚持敢拼敢打、顽强过硬的战斗作风，落实指挥员战斗意志，完成灭火战斗任务。（孟名彦）

【“4·5”阳曲县山火】 2019 年 4 月 5 日中午 12 时 09 分，阳曲县东黄水镇峪儿道班北梁发生火情。阳曲县消防中队接到出警命令后，出动一辆水罐消防车及 21 人次赶赴现场，连夜奋战。火情发生后，省委常委、市委书记罗清宇，省政协副主席、市委副书记、市长李晓波先后做出重要批示，市消防救援支队党委书记、政委王治平，党委副书记、支队长马晓彬在灭火期间多次电话对灭火工作进行指导。市应急管理局副局长张爱文等全程参与扑救工作。阳曲县委书记裴耀军，县委副书记、县长李京京深入火场，进行现场指挥。到达现场后，面对高山陡坡、地形复杂、风力较大且风向多变、杂草和腐质层较厚等不利因素，根据省市专家和指挥部科学研判，结合气象卫星监控，消防指战员果断采取设置隔离带喷水加湿作业阻断燃烧，科学安排灭火力量，抢抓最佳灭火时机，积极处置火情。（孟名彦）

2019 年 3 月，太原市消防支队参加“3·15”乡宁山体滑坡救援

（太原市消防救援支队供图）

去世人物

郭彩萍

郭彩萍（1944年9月—2019年8月），女，山西文水人，中国共产党党员。著名晋剧表演艺术家，太原市晋剧艺术研究院一级演员，国务院特殊津贴专家，国家级非物质文化遗产“晋剧”代表性传承人，太原市实验晋剧院首任院长。

1952年从艺，1961年毕业于太原市戏剧学校。师从郭凤英，全面继承了郭派真实、细腻、深刻、隽永的艺术特点，郭彩萍承传统而不泥古，尊师法而不守旧，以清秀英俊的扮相，舒展豪放的唱腔，成为唱、念、做俱佳的生角演员。其代表剧目有《小宴》《双罗衫》《调寇》等，在舞台上留下了很多经典的艺术形象，如《小宴》中的“吕布”，《游西湖》中的“裴瑞卿”，《杨门女将》中的“杨文广”，《双罗衫》中的“徐继祖”等。

2019年8月13日，郭彩萍因病医治无效逝世，享年75岁。

时代新人

张　丽

张丽，女，1973年出生，河北省平山县人，主任医师，医学博士，硕士研究生导师，曾赴美国进修学习，现任太原市中心医院消化病中心主任、消化科主任，太原市第十四届人大代表。

作为团队的领航者，张丽以正直、豁达的宽广胸怀，低调、谦卑的人格魅力影响着科室的每一个人；作为医生，她用精湛的医术造福广大患者。在专业上，张丽通过不断学习，率先在医院开展食管静脉曲张出血的内镜下治疗、肠道支架置入术以及消化道早癌的诊治多项新技术新项目，使上述项目达到全省领先水平，并且带领科室攻坚克难获得太原市重点建设学科的称号。因为表现出色，被推荐参加太原市第二届时代新人说大型讲述活动，并获得“最佳讲述人”称号。张丽先后被评为山西省百千万卫生人才培养工程高端领军人才、太原市时代新人、太原市巾帼标兵。

金彩君

金彩君，女，1982年10月出生，大学本科学历。曾获“太原好人”“太原市向上向善好青年”、太原市“时代新人”“太原市高水平骨干教师”“最美阳曲人”、阳曲县“最美教师”“阳曲县师德标兵”等称号。金彩君老师爱岗敬业，凭着对工作高度的责任心和对学生真挚的爱心，挽救一家母子四人的生命，制止一场恶性事故的发生。

2019年3月18日，早晨第一节课，金彩君发现班里双胞胎兄弟没有到校，家长也没有请假，于是第一时间打电话给学生家长，然而多次拨打电话后仍然无人接听。一下课，金彩君立刻带着一名认识这对双胞胎住所的学生，赶往他们租住的北郑村。当发现学生家里门窗紧闭，窗帘拉着，门反锁着，大声呼叫却无人应答时，她心里顿觉不妙，赶快叫来居住在同一个院里的房东想办法打开房门。一进门，屋里满是浓烟，母子四人都已失去知觉。金彩君马上呼叫了“110”指挥中心和“120”急救中心，同时开窗散烟。110民警和120急救车快速赶来，金彩君和民警医务人员将母子四人送往医院。经医生诊断，四人均为一氧化碳中毒，其中母亲最为严重，随即从县医院转诊到太钢总医院。由于报警及时和医生全力抢救，孩子和家长都得到及时有效的治疗。一周后孩子们复课，母亲一个月后完全康复出院。金彩君高度的责任挽救了母子四人的性命，制止了一场恶性事故的发生。中共阳曲县委、县政府、县教育局对金彩君在这次事件中所表现出的对工作的高度责任感和对孩子无私的爱心以及她及时而又得当的处置给予高度的评价，授予金彩君新时代最美教师称号，并奖励其个人奖金1万元。金彩君当即将奖金全部捐出，用于出事家庭医疗费用的资助和学校贫困学生的资助。

刘纳新

刘纳新，男，中共党员，1969年2月生，四川省会理县人，高级工程师。山西省学术技术带头人，山西省三晋英才拔尖骨干人才，全国碳纤维标准化技术委员会委员，山西省经济和信息化委员会新材料专家，山西省国资委高级专家。现任山西钢科碳材料有限公司副总经理。

刘纳新带领科研人员开发系列化国产T800H级碳纤维产品、T300级和T700级宇航碳纤维，满足多项国家重点工程对高性能碳纤维重大需求，先后承担多项国家部委、山西省和太原市重点科技项目，他带领的研发团队获山西省属企业优秀创新小组，山西省科技工作者双创大赛特别奖。2017年，该团队被太原市委、市政府选树为创新转型深化改革先进典型并受到表彰。

刘永生

刘永生，男，中共党员，1991年4月生，山东烟台人，清华大学优秀研究生党支部书记，2017年通过选调到太原工作。在太原市卫健委工作期间，他牵头开展《太原市按病种收付费工作》，中国新闻网对此进行专栏报道；在挂职尖草坪区阳曲镇党委副书记期间，完成6个教民聚居村党群服务中心的选址、开工建设、装修、投入使用，开创阳曲镇统战工作新局面；在担任黄花园村第一书记期间，帮助村内铺设下水管网，推进“厕所革命”，硬化村内4千米的道路。

工作以来，先后获得太原市时代新人、太原市青年讲师团讲师、二青会火炬手等荣誉称号，个人事迹收录于《时代新人说讲演录》。经太原市委组织部安排至古交市原相乡担任党委副书记。

齐向东

齐向东，男，1967年生，中共党员，太原科技大学教授，复杂大系统集成总工程师，坚持科技兴国，祖国利益高于一切的理想信念，多次承担国家、省市急难险重的重点科研项目和国家工程，业绩突出。

齐向东在国庆50、60、70周年3次担任山西彩车技术总工、车长，获“华美奖”，获山西省科技进步2等奖3次，2008年承制北京残奥会闭幕式主会场“智能草坪”工程，2010年获山西省劳动模范称号，2010年入选山西省333人才，2014年研制铁路隧道煤料清除装置，攻克国家级铁路隧道煤料清除难题。2018年AUV-RS水下无人潜航器项目，在山西省科技工作者双创大赛中获得金奖，2018年12月入选山西省“三晋英才”山西省拔尖骨干人才。申请国家发明及实用新型专利50余项。

苏秀荣

苏秀荣，男，1976年10月出生，中共党员，太原市杏花岭区小返乡教师。

苏老师住在太原市区，每天驱车40千米去乡镇工作，25年如一日。他让3000余名学生顺利走出大山，指导10余名年轻教师成长为市区教学骨干。他致力于教育科研，建起自己的名师工作室，并应邀去大同、吕梁、长治等地授课。苏秀荣先后被评为山西省中小学教学名师、山西省三晋英才、山西省特级教师、全国模范教师等称号。苏秀荣参加太原市时代新人说第二季决赛被评为最佳讲述人，2019年在全市宣讲达60余场，曾被选派去四川、新疆等地巡讲。他被推选为全国二青会火炬手。以他的事迹为原型的《奋斗有我》音诗画舞台剧在青年宫演艺中心上演。

唐新宇

唐新宇，1991年9月参加工作，中共党员，主任医师，现任太原市急救中心主任（太原市第九人民医院院长）。曾获得全国卫生计生系统先进工作者、“中国好医生、中国好护士”月度人物等荣誉称号。

唐新宇以打造百姓最可信赖120为己任，以文化引领、制度保障、营造氛围管理新局面为抓手，坚持日常管理军事化、应急救援常态化，勇于承担急难险重任务，在各种重大突发事件救援和保障中身先士卒。在抗击新冠疫情中，关口前移、靠前指挥，全面统筹部署，查漏洞、补短板、强弱项，17个急救站点逐一督导，千方百计保障应急物资储备。面对突发并迅猛发展的新冠疫情，即使在除夕当日，也立即组织新建2处洗消点，并紧急请示批准选址新建5个洗消站，坚决杜绝交叉感染。

于　灏

于灏，男，中共党员，任太原市天龙山石窟博物馆馆长。他荣膺2019年太原市时代新人，并作为时代新人代表在中宣部主办的“时代新人说——我和祖国共成长”全国演讲大赛启动仪式和全国先进典型学习宣传培训班、全国20城联动——“我与祖国共成长”系列活动等演讲。

于灏是天龙山石窟的守护者，他以传承中华优秀传统文化为己任，23年、8000多个日夜坚守在大山深处，先后主持实施天龙山石窟抢险加固保护工程、天龙山景区提质工程，实现天龙山里程碑式的发展。他主持的天龙山石窟数字复原国际巡展项目，借助最新数字技术，让流失百年、身首分离的天龙山造像魂归故里、合归一体，再现天龙山石窟艺术的辉煌瑰丽。该项目被列入中宣部《中华文化走出去重点推广项目》。2019年，该展览在法国、太原、上海等地亮相，在全国率先走出“中华文化走出去”的太原模式。展览得到新华社、人民网、中国日报等三十余家权威媒体的高度关注，多次进行专题报道，对坚定文化自信、讲好中国故事、提升中华文化国际影响力具有重要意义。

2019年太原市获全国、全省五一表彰名单

全国五一劳动奖章

一线产业工人

李志超　山西太钢不锈冷轧厂系统班班长（山西省五一劳动奖章）

一线专业技术人员

朱少辉　太重集团太原重工技术中心设计员（山西省五一劳动奖章）

农民工

王张龙　山西会馆餐饮文化有限公司面艺总监（山西省五一劳动奖章）

全国工人先锋号

山西西山煤电股份有限公司西曲矿郑占伟创新工作室（山西省工人先锋号）

太原供水集团有限公司小店营销分公司（山西省工人先锋号）

山西省劳动模范

模范单位（12个）

太原酒厂有限责任公司（太原市劳模大会授予先进单位称号、中华老字号）

山西太钢不锈钢股份有限公司炼钢二厂（山西省五一劳动奖状）

太原重型机械集团公司太原重工起重机分公司（山西省五一劳动奖状）

太原市黄河供水有限公司（太原市模范单位）

山西绿色山区农副产品销售有限公司（全国妇联：全国巾帼脱贫示范基地）

太原通泽重工有限公司（山西省五一劳动奖状）

山西金龟投资控股集团有限公司(太原市劳模大会授予先进单位)

山西虹安科技股份有限公司（山西省五一劳动奖状）

山西华豹涂料有限公司（太原市人民政府授予院士工作站）

山西元工电力工程设计有限公司（中国电力企业联合会评为“3A级信用企业”、山西省“四新”企业、省“专精特新”企业）

阳曲县农业农村局（山西省五一劳动奖状）

太原市勘察测绘研究院（太原市模范单位）

模范集体（12个）

山西焦煤集团有限责任公司屯兰矿生产调度指挥中心

太原公共交通控股（集团）有限公司第二汽车分公司一车队4

太原市城乡管理行政执法局迎泽区分局

中国建筑第六工程局有限公司太原市王家峰棚户区改造安置及开发项目H25地块

江铃重型汽车有限公司冲焊车间冲压操作组

太原市晋源区环卫清运队

山西转型综合改革示范区阳曲产业园区事业服务中心（原太原市民营经济开发区管理委员会）

太原钢城企业公司第二金属结构厂铆焊组

国网山西省电力公司太原市滨河供电公司上兰镇供电所

中国联合网络通信有限公司太原市分公司自营厅中心二营盘营业厅

太原市建设项目投资评审中心

太原市数字化城乡管理指挥中心

山西省特级劳动模范（12 人）

李国平　男　44 岁　党员　山西太钢不锈钢股份有限公司技术中心不锈钢研究所一室主任

马黎明　男　37 岁　党员　山西西山煤电股份有限公司镇城底矿通风科监控队副队长

秦爱华　男　46 岁　党员　太原重型机械集团有限公司太原重工冶铸分公司铸钢厂造型一工部造型组长

张翠鱼　女　39 岁　群众　太原公共交通控股（集团）有限公司第四汽车分公司 849 女子线路驾驶员

郑梅梅　女　48 岁　群众　山西梅芝园艺有限公司组培研发中心主任

赵士权　男　43 岁　民建　山西乐村淘网络科技有限公司董事长

胡雄彪　男　58 岁　党员　太原聚兴劳务有限公司施工队队长

赵乃平　男　50 岁　群众　古交市赵乃平种植养殖专业合作社社长、经理

杨金喜　男　48 岁　党员　阳曲县侯村乡侯村党支部书记

安慧霞　女　47 岁　党员　太原市万柏林区兴华礼仪幼儿园园长

杨蓉　女　48 岁　党员　太原市杏花岭公安分局三桥派出所社区中队副中队长兼金刚里社区民警

许希武　男　54 岁　党员　山西转型综合改革示范区阳曲产业园区企业服务中心主任

山西省劳动模范（86 个）

赵君　女　40 岁　党员　太重煤机有限公司液压润滑设备分公司刘胡兰小组组长

尹嵬　男　43 岁　群众　山西太钢不锈钢股份有限公司技术中心不锈钢研究所二室研发员

陈强　男　39 岁　党员　山西太钢不锈钢股份有限公司不锈冷轧厂宽幅原酸作业区作业长

靳造造　男　35 岁　党员　山西西山晋兴能源有限责任公司斜沟煤矿综采一队队长

张瑞峰　男　42 岁　党员　太原重型机械集团有限公司太原重工矿山设备分公司焊接厂装焊二组组长

郑晓亮　男　47 岁　党员　太原煤气化华苑煤业公司综采二队队长

冯强　男　34 岁　党员　太原煤气化龙泉能源公司铁路项目部部长

邵泉　男　55 岁　中共党员　山西太钢医疗有限公司党委副书记、常务副总经理

张海龙　男　31 岁　群众　中化二建集团第四安装防腐工程有限公司电焊工

芦建春　男　47 岁　党员　太原供水集团有限公司企业发展策划处处长

张国峰　男　43 岁　党员　太原供水集团有限公司河西营销分公司机运队队长

王福成　男　58 岁　党员　太原市热力集团有限责任公司第二供热分公司副经理、电控所所长

赵宏　男　51 岁　党员　太原市热力集团有限责任公司太古供热分公司经理

郭世江　男　54 岁　党员　中车太原机车车辆有限公司钢二车间铆工

梁建荣　男　49 岁　党员　太原东山王封煤业有限公司副总经理

梁润宇　男　51 岁　党员　太原东山东峰煤业有限公司综掘队队长

任惠湧　男　41 岁　党员　太原雪山餐饮有限公司主管

闫润明　男　46 岁　群众　太原闫润明食品研发工作室领军人

时炜杰　男　43 岁　党员　山西太水市政工程有限公司项目经理

张芳　女　44 岁　群众　迪爱生（太原）油墨有限公司一车间操作工

王伟　男　53 岁　党员　山西兴业投资控股集团有限公司供电公司厂外维修服务站站长

张旺　男　32 岁　党员　山西意佳巨美环境科技有限公司技术科科长

赵建平　男　55 岁　党员　太原市京丰铁路电务器材制造有限公司工人

张桂鸣　女　45 岁　党员　中国移动通信集团山西有限公司太原分公司集团客户部经理

胡国庆　男　48 岁　党员　太原市建筑工程质量检测站有限公司技术总工

贾文红　男　51 岁　党员　山西大众电子信息产业集团有限公司军品第一研究所研究员

王钰　男　55 岁　党员　山西百一机械设备制造有限公司经营部主任

石志涛　男　42 岁　群众　中国人民解放军第 6904 工厂信息系统与特种装备研发部技术员

刘忠忠　男　39岁　群众　古交市矾石沟煤焦有限公司矾石沟煤矿综采队综采班班长

刘云　男　48岁　党员　山西昆明烟草有限责任公司技改办副主任

李志宏　男　49岁　党员　山西云时代太钢信息自动化技术有限公司首席工程师

王全德　男　49岁　群众　太原市小店区环卫清运队司机

王国栋　男　42岁　党员　青岛啤酒（太原）有限公司设备包装部部长

毛继伟　男　38岁　党员　中国煤科（太原）研究院市场服务部主任

吴慧政　男　45岁　党员　国网太原供电公司驻村第一书记

冀新江　男　59岁　党员　太原市恒伦口腔医院院长

王荣　男　48岁　党员　太原四联重工股份有限公司董事长

张旭升　男　51岁　党员　太原化学工业集团有限公司党委书记、董事长

陈姜兵　男　58岁　党员　富士康（太原）科技工业园党委副书记、工会主席

梁晓峰　男　47岁　党员　山西盛科投资有限公司太原锦麟东方酒店有限公司经理

边卫东　男　39岁　群众　中化二建集团有限公司晋东南分公司副经理

李永健　男　35岁　党员　国网山西省电力公司古交市供电公司副经理

张立新　男　53岁　党员　阳曲县高村乡北社村农民

王旭强　男　51岁　党员　娄烦县娄烦镇城北村农民

郭奋生　男　38岁　党员　娄烦县米峪镇乡郭家庄村农民

丁拖保　男　64岁　党员　清徐县日前果业专业合作社董事长

孙立斌　男　43岁　群众　清徐县清源镇六合村村民委员会主任

张才伟　男　51岁　党员　太原市万柏林区王封乡周家山村党支部书记

杜金锁　男　65岁　党员　太原市晋源区晋祠镇东院村党支部书记

杜枭非　男　51岁　党员　山西正和堂中医药文化产业园董事长

吴贵生　男　51岁　党员　太原市小店区黄陵街道北营社区党支部书记兼主任

王贵明　男　51岁　党员　太原市杏花岭区杨家峪东沟村委会党支部书记、主任

赵燕燕　男　54岁　群众　太原市凯特嘉机械有限公司总经理

倪日北　男　47岁　群众　山西瑞飞机械制造有限公司总经理

巩宝亮　男　43岁　党员　太原六味斋实业有限公司豆制品厂厂长

周婕　女　28岁　党员　红马甲集团股份有限公司保洁主管

井春权　男　31岁　群众　富士康（太原）科技工业园IPEG事业处冲压厂班长

武问琴　女　51岁　党员　山西华辰高科农业观光集团有限公司总经理

刘文玉　男　32岁　群众　山西圆通速递有限公司太原恒大绿洲分公司日常事务负责人

董振邦　男　60岁　党员　清徐县徐沟中学校长

冯希云　女　58岁　党员　太原市中心医院内分泌科主任

张小红　女　49岁　党员　太原市尖草坪区第一中学校教师

刘桂英　女　48岁　党员　太原市育星幼儿园园长兼党支部书记

杨晓丽　女　44岁　农工党员　太原市中心医院妇产生殖中心主任

冯新宇　男　50岁　党员　太原市环境监测中心站自动监控室主任

冯立新　男　52岁　党员　太原市杏花岭区中心医院党支部书记兼院长

郝永刚　男　45岁　党员　太原市市政工程设计研究院环境所所长

冯国雷　男　56岁　党员　太原市第十二中学校党委副书记、校长

郭进升　男　56岁　党员　太原市妇幼保健院院长

王小东　男　49岁　党员　太原市文化艺术学校党支部书记

王洪　男　51岁　党员　太原市迎泽公园党总支书记、主任

张月亮　男　54岁　党员　太原市万柏林区城乡管理局局长

郝晋平　男　37岁　党员　国家税务总局太原市税务局稽查局举报中心副主任

刘志刚　男　55岁　党员　太原市晋源区总工会主席

马文杰　男　44岁　党员　娄烦县天池店乡党委副书记、乡长

张贵平　男　49岁　党员　阳曲县国土资源局信息中心主任

田肉虎　男　59岁　党员　古交市种子管理站站长

赵东会　男　54岁　党员　太原市尖草坪区司法局汇丰司法所所长

刘卫　男　48岁　党员　太原市中级人民法院立案二庭庭长

王艳萍　女　57岁　党员　太原市人民检察院政治部副主任

侯爱荣　女　44岁　党员　阳曲县扶贫开发办公室主任

左耀红　女　49岁　党员　太原市社会工作服务中心主任

赵和贵　男　55岁　民革成员　太原北辰双语学校校长

杜二春　女　52岁　党员　清徐县东湖街道南二街社区居民委员会党支部书记兼主任

孟庆玲　女　48岁　党员　太原市杏花岭区巨轮街道小北关社区书记兼主任

李晓玉　女　59岁　党员　山西转型综改示范区阳曲产业园区事业服务中心工会主席兼综改示范区总工会副主席

第二届太原市时代新人·晋阳工匠命名名单

陈东亮　男　太原钢铁（集团）有限公司峨口铁矿　矿车司机

宋志伟　男　太原重型机械集团有限公司太原重工轨道交通设备有限公司　电气员

王永晶　男　太原重型机械集团有限公司太原重工轧钢设备分公司　数控装调维修工

侯玉锁　男　太原钢铁（集团）有限公司峨口铁矿　钻机司机

史志杰　男　山西太钢不锈钢股份有限公司不锈线材厂轧钢工

伊卫兵　男　山西太钢不锈钢股份有限公司热连轧厂轧钢工

王建彪　男　太原重型机械集团有限公司太原重工轧钢设备分公司　钳工

王小平　男　太原重型机械集团有限公司太原重工轨道交通设备有限公司　数控装调维修工

杨仁兴　男　山西云时代太钢信息自动化技术有限公司计算机程序员

魏杰　男　太原重型机械集团有限公司太原重工工程机械分公司　焊工

赵雪斌　男　山西太钢不锈钢股份有限公司炼铁厂　高炉炼铁工

韩志宏　男　太原重型机械集团有限公司太原重工核电容器分公司　焊工

李二君　男　山西太钢不锈钢股份有限公司冷轧硅钢厂轧钢工

王浩　男　太原市高级技工学校　烹饪工艺与营养教师

吕国平　男　太原市第一建筑工程集团有限责任公司砌筑工

薛利欣　男　太原重型机械集团有限公司太原重工轧钢设备分公司　焊工

韩宝亮　男　太原重型机械集团有限公司太原重工轧钢设备分公司　钳工

段晋军　男　山西太钢不锈钢股份有限公司不锈热轧厂天车工

杨宁　男　山西云时代太钢信息自动化技术有限公司计算机应用技术员

候磊　女　太原公共交通（控股）集团有限公司　汽车电工

曹俊龙　男　太原重型机械集团有限公司太原重工齿轮传动分公司　数控加工中心操作工

康庆国　男　太原钢铁（集团）有限公司峨口铁矿　矿车司机

许基昌　男　山西晋阳古镇餐饮管理有限公司　晋菜大师

姚俊红　男　山西焦煤集团有限责任公司东曲煤矿　液压支护工

段洪胜　男　富士康（太原）科技工业园　数控加工中心操作工

董庆丰　男　中车太原机车车辆有限公司车工

王振华　男　山西焦煤集团有限责任公司屯兰矿　安全仪器监测工

刘丽斌　男　太原市政建设集团有限公司　测量放线工

王苗苗　男　富士康（太原）科技工业园　叉车工

刘红升　男　山西焦煤集团有限责任公司屯兰矿　电工

欧阳满祥　男　富士康（太原）科技工业园　数控机床装调维修工

白海元　男　西山煤电（集团）有限责任公司矿山救护大队　矿山救护员

武俊敏　女　太原市唐人绣坊艺术品发展有限公司“武氏绣法”传承人

程玉兰　女　太原双合成食品有限公司　“郭杜林晋式

月饼制作技艺”传承人

高树泉 男 太原市晋源区树泉木艺坊 雕贴木艺名家

罗瑞 女 太原罗瑞艺术工作室“叶雕”传承人

王和茂 男 太原市清和元餐饮管理有限公司 中华老字号技艺传承人

王计平 男 山西省清徐葡萄酒有限公司 “清徐葡萄酒酿制技艺”传承人

安国辉 男 太原市认一力餐饮管理有限公司 “认一力蒸饺制作技艺”传承人

任斌 男 太原市并州饭店 中国晋菜大师

刘洋 女 山西易鸿木艺装饰工程有限公司 木艺技艺大师

韩霞 女 韩霞葫芦艺术工作室 葫芦画技艺大师

刘志红 女 太原市五朵手作工作室 丝带绣工艺大师

李文俊 男 太原清徐县集艺工艺厂 雕刻艺术大师

张艳云 女 “福娃娃”软陶艺术工作室 “彩泥塑”传承人

王卯全 男 太原瓷厂 陶瓷书法大师

苑小敏 女 山西匿薇苑皮雕文化艺术有限公司 “苑式皮雕”传承人

邵学军 男 太原市邵氏铜字（牌匾）公司 牌匾雕刻师

王银凤 女 山西上林苑传统剪纸艺术研究所 “太原剪纸”传承人

赵乃平 男 古交市逸香茶业有限公司 茶叶种植技师

武志明 男 太原六味斋实业有限公司“六味斋酱肉制作技艺”传承人

陈勇 男 山西勇跃健康管理咨询有限公司 “陈氏传统修脚术”传承人

郭东波 男 青岛啤酒（太原）有限公司 啤酒酿造师

董耀华 男 山西省晋韵砖雕艺术博物馆 砖雕技师

彭全生 男 太原酒厂有限责任公司 酿酒师

刘水玲 女 山西翡利德餐饮文化有限公司 餐饮服务大师

张瑞峰 男 太原重型机械集团有限公司太原重工矿山设备分公司 焊工

乔显斌 男 山西云时代太钢信息自动化技术有限公司 自动化操作员

郑占伟 男 山西西山煤电股份有限公司西曲矿 煤机维修工

尹鹏辉 男 中国煤炭科工集团太原研究院有限公司 煤机维修工

张海龙 男 中化二建集团有限公司 焊工

魏琴梅 女 国网太原供电公司 电网检修工

侯飞 男 国网太原供电公司 输电运检工

齐晓刚 男 中车太原机车车辆有限公司 焊工

刘建杰 男 国网太原供电公司 继电保护员

董林 男 山西焦煤集团有限责任公司杜儿坪煤矿 掘进机司机

吴艾祥 男 太原市晋源区晋品源味农业有限公司 农业科技员

李涛 男 太重煤机有限公司 热处理工

牛艳东 男 太重煤机有限公司 数控铣工

卫新晶 男 太原市高级技工学校 数控加工

武建勇 男 山西大众电子信息产业集团有限公司 数控加工中心操作工

李强 男 太原市第一建筑工程集团有限责任公司 建筑工程

苗建军 男 山西百一机械设备制造有限公司 铸工

苑玉正 男 太原聚兴劳务有限公司 建筑工程

马沛 男 太原首创污水处理有限责任公司 污水处理工

车燕军 男 太原煤气化华正机械公司 采掘电钳工

杨德强 男 太原碧水源水务有限公司 污水处理工

尚绳义 男 太原供水集团有限公司 电工

苗峰 男 太原市园林植物研究中心 园林培育工

李爱生 男 山西昆明烟草有限责任公司 卷烟维修工

戴占元 男 智奇铁路设备有限公司 设备维修工

王强 男 山西水塔醋业股份有限公司 食品酿造工

高岩 男 江铃重型汽车有限公司 汽车调试员

吕志强 男 太原热力集团有限责任公司 设备维检员

赵旭飞 男 山西大众电子信息产业集团有限公司 数控加工中心操作工

车小荣 男 山西科达自控股份有限公司 电气自动化工

赵田珠 男 风神轮胎（太原）有限公司 设备维修工

薛波 男 太原狮头集团有限公司 中控操作员

刘定量 男 太原锅炉集团 焊工

黄建会 男 太原成杰职业培训学校 烹调实训教师

2019年太原市取得正高职称人员名录

表7

序号	姓名	性别	出生年月	工作单位	从事专业	专业技术职称
1	李贵良	男	1965年4月	太原锅炉集团有限公司	热能动力工程	正高级工程师
2	白灵宝	男	1961年10月	山西太钢工程技术有限公司	机械制造	正高级工程师
3	张建新	男	1962年2月	山西太钢工程技术有限公司	机械制造	正高级工程师
4	李向东	男	1960年9月	山西太钢工程技术有限公司	机械制造	正高级工程师
5	贾玉清	女	1968年9月	山西电机制造有限公司	机电	正高级工程师
6	李万录	男	1963年7月	太原重工股份有限公司	机电	正高级工程师
7	王　凡	男	1965年3月	太原重工股份有限公司	机械制造	正高级工程师
8	魏征宇	男	1978年6月	太原重工股份有限公司技术中心	机电	正高级工程师
9	冯　健	女	1971年9月	太原重工股份有限公司油膜轴承分公司	机电	正高级工程师
10	魏　勇	男	1966年2月	山西太钢工程技术有限公司	电气工程及其自动化	正高级工程师
11	董世明	男	1964年2月	山西太钢工程技术有限公司	电气工程及其自动化	正高级工程师
12	沈业全	男	1962年10月	山西太钢工程技术有限公司	电气工程及其自动化	正高级工程师
13	王亚姣	女	1965年7月	太原理工大学	自动化控制	正高级工程师
14	杨　斌	男	1968年11月	山西太钢工程技术有限公司	自动化控制	正高级工程师
15	柏俊山	男	1966年10月	太原重工股份有限公司	自动化控制	正高级工程师
16	梁百勤	男	1964年6月	太原重工股份有限公司	自动化控制	正高级工程师
17	王军伟	男	1975年12月	太原重工股份有限公司	机械电子	正高级工程师
18	姚国平	男	1973年9月	太重集团榆次液压工业有限公司	机电	正高级工程师
19	郝瑞华	男	1963年4月	太原锅炉集团有限公司	金属与焊接	正高级工程师
20	王　瑜	男	1974年12月	山西兴业投资控股集团有限公司（包头金山磁材有限公司）	材料工程	正高级工程师
21	张建春	男	1968年12月	太原锅炉集团有限公司	能源与动力工程	正高级工程师
22	刘爱成	男	1966年10月	太原锅炉集团有限公司	能源与动力工程	正高级工程师
23	梁建忠	男	1968年5月	山西太钢工程技术有限公司	冶金热能工程	正高级工程师
24	曹天勇	男	1963年8月	山西太钢工程技术有限公司	金属压力加工	正高级工程师
25	单　芳	女	1971年9月	山西太钢工程技术有限公司	金属压力加工	正高级工程师
26	牛爱红	男	1969年1月	太原钢铁（集团）有限公司复合材料厂	冶金矿山采矿工程	正高级工程师
27	董爱锋	女	1976年10月	太钢技术中心	金属材料及热处理	正高级工程师
28	王建昌	男	1972年5月	山西太钢不锈钢股份有限公司	钢铁冶金	正高级工程师
29	张　威	男	1980年10月	山西太钢不锈钢股份有限公司	金属材料及热处理	正高级工程师
30	张　冬	男	1974年10月	太原有限电视网络有限公司	广电	正高级工程师
31	王小红	女	1968年3月	太原市标准计量质检院	质量检验	正高级工程师
32	高仰斗	男	1964年4月	煤炭工业太原设计研究院	矿山	正高级工程师
33	马洪双	男	1982年9月	太原植物园	园林绿化	正高级工程师

续表

序号	姓　名	性别	出生年月	工作单位	从事专业	专业技术职称
34	刘爱坤	男	1981 年 9 月	山西太钢不锈钢股份有限公司	分析检测	正高级工程师
35	崔杏雨	女	1960 年 5 月	太原理工大学	化工	正高级工程师
36	李　瑾	男	1969 年 5 月	太原市环境科学研究院	环境工程	正高级工程师
37	杨　迪	女	1968 年 4 月	太原市市容环境卫生科学研究所	环境工程	正高级工程师
38	张忠民	男	1969 年 12 月	太原市环境监测中心站	环境监测	正高级工程师
39	王玉芬	女	1965 年 7 月	太原市环境监测中心站	环境监测	正高级工程师
40	张　海	男	1975 年 10 月	太原市市政工程设计研究院	水利水电工程建筑	正高级工程师
41	黄贵荣	男	1965 年 11 月	太原市龙城发展投资有限公司	建筑工程管理	正高级工程师
42	潘春梅	女	1967 年 3 月	太原市财政局预算评审中心	建筑经济	正高级工程师
43	李志勇	男	1974 年 7 月	太原市财政局预算评审中心	建筑经济	正高级工程师
44	郭红梅	女	1969 年 11 月	太原市城市建设管理中心	建筑经济	正高级工程师
45	张　莹	女	1965 年 4 月	太原市工程建设标准定额站	建筑经济	正高级工程师
46	李晓雁	女	1972 年 1 月	太原市建设项目投资评审中心	建筑经济	正高级工程师
47	徐剑虹	女	1972 年 1 月	太原市市政工程设计研究院	城市道路与交通工程	正高级工程师
48	武晋生	男	1973 年 7 月	太原市基础设施工程建设处	城市道路与交通工程	正高级工程师
49	李国英	男	1973 年 11 月	太原市市政工程设计研究院	城市道路与交通工程	正高级工程师
50	朱世峰	男	1972 年 6 月	太原市市政工程设计研究院	城市道路与交通工程	正高级工程师
51	李俊生	男	1959 年 6 月	太原市市政工程设计研究院	城市道路与交通工程	正高级工程师
52	张亚峰	男	1969 年 10 月	太原市市政公共设施管理处	城市道路与交通工程	正高级工程师
53	郝东辉	男	1971 年 5 月	太原市政建设集团有限公司	城市道路与交通工程	正高级工程师
54	刘建文	男	1964 年 3 月	太原市市政池渠设施管理处	给排水工程	正高级工程师
55	李　波	男	1962 年 5 月	太原市市政工程设计研究院	给排水工程	正高级工程师
56	朱佩璋	男	1973 年 8 月	山西省太钢工程技术有限公司	供热通风与空调工程	正高级工程师
57	王鸿雁	女	1965 年 10 月	太原市建筑设计研究院	供热通风与空调工程	正高级工程师
58	王丽艳	女	1969 年 1 月	太原市热力集团有限责任公司	供热	正高级工程师
59	郭宏生	男	1970 年 1 月	太原建工集团有限公司	建筑工程施工	正高级工程师
60	车淳碧	女	1971 年 12 月	太原市规划编制研究中心	城市规划	正高级工程师
61	张志刚	男	1976 年 11 月	太原市建筑设计研究院	建筑	正高级工程师
62	嘉更虎	男	1964 年 12 月	太原市建筑设计研究院	土木工程	正高级工程师
63	康吉民	男	1961 年 7 月	太原市热力集团有限责任公司	土木工程	正高级工程师
64	关千军	男	1978 年 5 月	太原市市政工程设计研究院	岩土勘察与测量	正高级工程师
65	毕晓东	男	1963 年 7 月	太原市市政工程设计研究院	岩土勘察与测量	正高级工程师
66	汪文莉	女	1968 年 6 月	太原市公路管理处	道路与桥梁	正高级工程师
67	董爱莲	女	1969 年 9 月	古交市中心医院	病理学	基层主任医师
68	邱　敏	男	1973 年 12 月	古交市中心医院	骨外科	基层主任医师
69	阎剑青	男	1962 年 8 月	古交市中心医院	麻醉学	基层主任医师
70	王雁云	男	1961 年 2 月	山西省运动康复基地	康复医学	基层主任医师
71	曹丽俊	女	1973 年 4 月	太原市尖草坪区选煤社区卫生服务站	普通内科	基层主任医师

续表

序号	姓　名	性别	出生年月	工作单位	从事专业	专业技术职称
72	李广林	女	1963 年 11 月	太原市小店区卫生局卫生监督所	传染性疾病控制	基层主任医师
73	于建文	男	1966 年 8 月	太原市小店区营盘社区卫生服务中心	中医内科	基层主任医师
74	解学军	男	1968 年 4 月	太原市杏花岭区综合检验检测中心	营养与食品卫生	基层主任医师
75	王向东	男	1970 年 6 月	太原市迎泽区郝庄镇中心卫生院	中医妇科	基层主任医师
76	李建英	女	1966 年 5 月	太原市迎泽区卫生局卫生监督所	卫生管理	基层主任医师
77	张双平	女	1968 年 1 月	太原市迎泽区中心医院	普通内科	基层主任医师
78	刘双英	女	1964 年 1 月	中共山西省委机关卫生所	普通内科	基层主任医师
79	续桂俊	女	1970 年 6 月	清徐县人民医院	妇产科护理	基层主任医师
80	王晓梦	女	1971 年 12 月	太原市尖草坪区选煤社区卫生服务站	内科护理	基层主任医师
81	刘文华	女	1969 年 4 月	太原市晋源区金胜镇卫生院	内科护理	基层主任医师
82	弓军胜	男	1971 年 6 月	太原美媛荟整形美容医院	整形外科	主任医师
83	冯瑞铮	男	1975 年 11 月	太原美媛荟整形美容医院	整形外科	主任医师
84	岳玉瑛	女	1975 年 8 月	太原钢铁（集团）有限公司总医院	传染病	主任医师
85	安　瑞	男	1975 年 1 月	太原钢铁（集团）有限公司总医院	泌尿外科	主任医师
86	徐　峰	女	1978 年 11 月	太原钢铁（集团）有限公司总医院	内科护理	主任护师
87	宋宪蓉	女	1964 年 2 月	古交市妇幼保健计划生育服务中心	小儿内科	主任医师
88	丁丽霞	女	1974 年 6 月	太原市第八人民医院	内分泌	主任医师
89	郭秀花	女	1966 年 4 月	太原市第八人民医院	普通内科	主任医师
90	杜建平	女	1966 年 10 月	太原市第二人民医院	皮肤与性病	主任医师
91	李兰红	男	1968 年 11 月	太原市第二人民医院	神经内科	主任医师
92	周　莉	女	1970 年 1 月	太原市第三人民医院	传染病	主任医师
93	汪　波	女	1968 年 1 月	太原市第三人民医院	妇产科	主任医师
94	蒋芳莉	女	1973 年 1 月	太原市第三人民医院	中医内科	主任医师
95	王全红	男	1968 年 11 月	太原市第四人民医院	结核病	主任医师
96	张国红	男	1974 年 2 月	太原市第四人民医院	结核病	主任医师
97	肖向群	女	1967 年 12 月	太原市第四人民医院	麻醉学	主任医师
98	芮宇欣	女	1973 年 10 月	太原市恒伦口腔医院有限公司	口腔修复	主任医师
99	花　菲	女	1973 年 10 月	太原市恒伦口腔医院有限公司	口腔医学	主任医师
100	李志坚	男	1967 年 9 月	太原市红十字血液中心	健康教育与健康促进	主任医师
101	张　芳	女	1968 年 6 月	太原市急救中心	急诊医学	主任医师
102	郭建萍	女	1963 年 8 月	太原市疾病预防控制中心	传染性疾病控制	主任医师
103	李晋芬	女	1965 年 10 月	太原市疾病预防控制中心	卫生管理	主任医师

续表

序号	姓　名	性别	出生年月	工作单位	从事专业	专业技术职称
104	高翠青	女	1959 年 3 月	太原市疾病预防控制中心	学校卫生与儿少卫生	主任医师
105	张苏霞	女	1963 年 10 月	太原市精神病医院	精神病	主任医师
106	任布聪	男	1972 年 4 月	太原市精神病医院	精神病	主任医师
107	马玉林	男	1965 年 7 月	太原市人民医院	骨外科	主任医师
108	李雁梅	女	1971 年 2 月	太原市人民医院	呼吸内科	主任医师
109	李仁彪	男	1970 年 3 月	太原市人民医院	泌尿外科	主任医师
110	刘　玮	女	1970 年 3 月	太原市食品药品监督所	营养与食品卫生	主任医师
111	王绛博	女	1970 年 12 月	太原市太航医院	急诊医学	主任医师
112	苏季平	女	1965 年 12 月	太原市太航医院	小儿内科	主任医师
113	罗　蓉	女	1971 年 7 月	太原市万柏林区中心医院	病理学	主任医师
114	刘陆梅	女	1971 年 9 月	太原市万柏林区中心医院	妇产科	主任医师
115	李和平	男	1962 年 11 月	太原市中心医院	放射医学	主任医师
116	乔小东	男	1967 年 8 月	太原市中心医院	骨外科	主任医师
117	韩永强	男	1964 年 12 月	太原市中心医院	神经外科	主任医师
118	王　惠	女	1968 年 3 月	太原市中心医院	肾内科	主任医师
119	杨丽兰	女	1971 年 10 月	太原市中心医院	心血管内科	主任医师
120	党振騠	男	1968 年 11 月	太原市中心医院	心血管内科	主任医师
121	尚雅琼	女	1973 年 1 月	太原市中医医院	妇产科	主任医师
122	赵晓梅	女	1972 年 3 月	太原市中医医院	妇产科	主任医师
123	尹政先	女	1973 年 11 月	太原市中医医院	中医内科	主任医师
124	韩瑞华	女	1970 年 7 月	中化二建集团医院	妇产科	主任医师
125	张丽琴	女	1966 年 4 月	中化二建集团医院	小儿内科	主任医师
126	范小琴	女	1969 年 6 月	太原市第三人民医院	医院药学	主任药师
127	王　华	女	1972 年 3 月	太原市第八人民医院	内科护理	主任护师
128	王翠梅	女	1966 年 2 月	太原市第三人民医院	内科护理	主任护师
129	肖慧林	女	1973 年 5 月	太原市第四人民医院	内科护理	主任护师
130	李丽珠	女	1961 年 9 月	太原市精神病医院	内科护理	主任护师
131	贾艳焕	女	1970 年 2 月	太原市精神病医院	内科护理	主任护师
132	逯尔慧	女	1967 年 6 月	太原市万柏林区中心医院	内科护理	主任护师
133	陈稚林	女	1974 年 9 月	太原市卫生计生委药品器械技术管理中心	卫生管理	主任护师
134	李　霞	女	1962 年 6 月	太原市小店区人民医院	内科护理	主任护师
135	刘　伟	女	1966 年 9 月	太原市第三人民医院	临床医学检验临床基础检验	主任技师
136	左江涛	女	1976 年 1 月	太原市红十字血液中心	输血技术	主任技师
137	郭绘芳	女	1975 年 11 月	太原市太航医院	临床医学检验临床基础检验技术	主任技师
138	武经纬	男	1965 年 4 月	太原市卫生局卫生监督所	卫生管理	主任技师

续表

序号	姓　名	性别	出生年月	工作单位	从事专业	专业技术职称
139	似学红	女	1966 年 8 月	太原市中心医院	临床医学检验临床基础检验技术	主任技师
140	王秀娟	女	1963 年 10 月	太原市委党校	公共管理	教授
141	王小佳	女	1969 年 9 月	太原市委党校	经济学	教授
142	宋彩萍	女	1968 年 9 月	尖草坪区蔬菜技术服务中心	蔬菜技术推广	正高级农艺师
143	芦俊彦	男	1967 年 6 月	太原市动物疫病预防控制中心	兽医	正高级兽医师
144	杨旭华	女	1978 年 5 月	太原市动物疫病预防控制中心	兽医	正高级兽医师
145	夏　梅	女	1968 年 7 月	太原重型机械集团有限公司	企业管理	正高级经济师
146	王迎红	女	1969 年 11 月	太原市经济信息中心	经济综合	正高级经济师
147	宋　斌	男	1978 年 2 月	太原煤气化公司	采矿工程	正高级工程师
148	刘文朝	男	1961 年 5 月	太原煤气化公司	采矿工程	正高级工程师
149	王玉玲	女	1963 年 1 月	太钢技术中心	金属材料与热处理	正高级工程师
150	刘洪涛	男	1968 年 7 月	太钢技术中心	金属材料与热处理	正高级工程师
151	范光伟	男	1965 年 12 月	太钢技术中心	金属材料与热处理	正高级工程师
152	徐芳泓	男	1966 年 8 月	太钢技术中心	钢铁冶金	正高级工程师
153	王辉绵	男	1968 年 9 月	太钢技术中心	金属压力加工	正高级工程师
154	张寿禄	男	1969 年 2 月	太钢技术中心	金属材料与热处理	正高级工程师
155	秦丽雁	女	1965 年 3 月	太钢技术中心	化学工程	正高级工程师
156	辛建卿	男	1967 年 12 月	太钢技术中心	金属压力加工	正高级工程师
157	陈建礼	男	1968 年 2 月	太钢技术中心	金属材料与热处理	正高级工程师
158	张晓坤	女	1967 年 3 月	太钢技术中心	金属压力加工	正高级工程师
159	蔡湄夏	男	1968 年 9 月	太钢技术中心	钢铁冶金	正高级工程师
160	孙铭山	男	1970 年 10 月	太钢技术中心	钢铁冶金	正高级工程师
161	贺淑珍	女	1967 年 11 月	太钢技术中心	钢铁冶金	正高级工程师
162	冯换林	男	1962 年 4 月	太钢技术中心	钢铁冶金	正高级工程师
163	李国平	男	1975 年 3 月	太钢技术中心	金属压力加工	正高级工程师
164	周瑰云	女	1970 年 3 月	太钢技术中心	金属压力加工	正高级工程师
165	胡松涛	男	1967 年 10 月	太钢技术中心	金属压力加工	正高级工程师
166	王国华	女	1969 年 9 月	太钢技术中心	钢铁冶金	正高级工程师
167	张　华	男	1965 年 10 月	太钢技术中心	钢铁冶金	正高级工程师
168	任维萍	女	1966 年 2 月	太钢技术中心	分析检测	正高级工程师
169	范建军	男	1969 年 10 月	太钢技术中心	钢铁冶金	正高级工程师
170	王丽英	女	1967 年 12 月	太钢技术中心	金属材料与热处理	正高级工程师
171	方旭东	男	1975 年 6 月	太钢技术中心	金属材料与热处理	正高级工程师
172	张朝霞	女	1968 年 9 月	太钢技术中心	耐火材料	正高级工程师
173	王　烽	男	1966 年 3 月	太钢技术中心	金属材料与热处理	正高级工程师
174	白晋钢	男	1973 年 9 月	太钢技术中心	金属压力加工	正高级工程师
175	赵振铎	男	1980 年 7 月	太钢技术中心	金属压力加工	正高级工程师

续表

序号	姓　名	性别	出生年月	工作单位	从事专业	专业技术职称
176	王立新	男	1966 年 10 月	太原钢铁（集团）有限公司	钢铁冶金	正高级工程师
177	李建民	男	1964 年 9 月	太原钢铁（集团）有限公司	钢铁冶金	正高级工程师
178	石来润	男	1966 年 3 月	山西太钢不锈钢股份有限公司	电气工程及其自动化	正高级工程师
179	尹　德	男	1964 年 2 月	山西太钢不锈钢股份有限公司	钢铁冶金	正高级工程师
180	王红斌	男	1965 年 12 月	山西太钢不锈钢股份有限公司	钢铁冶金	正高级工程师
181	李学峰	男	1962 年 9 月	太原钢铁（集团）有限公司	钢铁冶金	正高级工程师
182	王清洁	男	1967 年 10 月	山西太钢不锈钢股份有限公司	工业设计（能源动力工程）	正高级工程师
183	张志方	男	1962 年 6 月	山西太钢不锈钢股份有限公司	钢铁冶金	正高级工程师
184	谢　力	男	1960 年 5 月	山西太钢不锈钢股份有限公司	冶金热能工程	正高级工程师
185	张铁根	男	1965 年 10 月	太钢办公室	钢铁冶金	正高级工程师
186	何铁牛	男	1966 年 12 月	太钢峨口铁矿	矿山机械	正高级工程师
187	康喜唐	男	1969 年 10 月	山西太钢不锈钢钢管有限公司	金属压力加工	正高级工程师
188	乔聪明	男	1964 年 8 月	山西太钢工程技术有限公司	电气工程及其自动化	正高级工程师
189	高晔明	男	1962 年 9 月	山西太钢工程技术有限公司	热能动力工程	正高级工程师
190	王洪兴	男	1965 年 7 月	山西太钢不锈钢股份有限公司加工厂	冶金焦化	正高级工程师
191	杨忠林	男	1969 年 7 月	太钢尖山铁矿	冶金矿山采矿工程	正高级工程师
192	秦同文	男	1965 年 5 月	太钢教培中心	冶金矿山选矿工程	正高级工程师
193	段建平	男	1964 年 9 月	太钢教培中心	钢铁冶金	正高级工程师
194	王永章	男	1965 年 1 月	太钢岚县矿业公司	冶金矿山选矿工程	正高级工程师
195	白　俊	男	1968 年 2 月	太钢岚县矿业公司	冶金矿山采矿工程	正高级工程师
196	张文康	男	1964 年 12 月	太钢冷轧硅钢厂	金属材料与热处理	正高级工程师
197	闫魁红	男	1970 年 4 月	太钢炼铁厂	钢铁冶金	正高级工程师
198	李　强	男	1970 年 4 月	太钢炼铁厂	钢铁冶金	正高级工程师
199	闫振武	男	1962 年 12 月	太钢能源环保部	热能动力工程	正高级工程师
200	王　刚	男	1969 年 8 月	太钢热连轧厂	金属压力加工	正高级工程师
201	张世厚	男	1963 年 3 月	太钢热连轧厂	自动化控制	正高级工程师
202	王津平	女	1969 年 1 月	太钢热连轧厂	自动化控制	正高级工程师
203	杨连宏	男	1970 年 4 月	太钢系统创新部	金属压力加工	正高级工程师
204	郭光宇	男	1967 年 12 月	太钢型材厂	机械制造	正高级工程师
205	李志斌	男	1969 年 6 月	太钢营销中心	钢铁冶金	正高级工程师
206	赵长飞	男	1965 年 2 月	太钢装备部	机械制造	正高级工程师
207	贺世泽	男	1970 年 2 月	太钢焦化厂	冶金焦化	正高级工程师
208	马法成	男	1963 年 8 月	太钢矿业公司	矿山机械	正高级工程师
209	赵阳囤	男	1963 年 10 月	太钢矿业公司	采矿工程	正高级工程师
210	米子军	男	1964 年 7 月	太钢矿业公司	采矿工程	正高级工程师
211	杨福忠	男	1970 年 8 月	太钢能源动力总厂	热能动力工程	正高级工程师
212	李积善	男	1961 年 11 月	太钢能源动力总厂	电力系统及其自动化	正高级工程师
213	程　立	男	1975 年 10 月	太钢东山矿	钢铁冶金	正高级工程师

续表

序号	姓名	性别	出生年月	工作单位	从事专业	专业技术职称
214	刘有志	男	1962年8月	太原路桥建设有限公司	公路工程管理	正高级工程师
215	曹　锐	男	1965年11月	太原市优特奥科电子科技有限公司	电子测控技术	正高级工程师
216	陈佩琳	女	1960年11月	太原南瑞继保电力有限公司	电力工程技术	正高级工程师
217	乔金锁	男	1969年6月	山西煤炭运销集团太原有限公司	地方铁路	正高级工程师
218	申昌宏	男	1965年11月	太原重工股份有限公司	机械设计与制造	正高级工程师
219	王爱国	男	1965年3月	太原重工股份有限公司	机械设计与制造	正高级工程师
220	肖利民	男	1966年8月	太原重工股份有限公司	机械设计与制造	正高级工程师
221	李爱峰	男	1965年8月	太原重工股份有限公司	机械设计与制造	正高级工程师
222	赵国栋	男	1967年1月	太原重工股份有限公司	机械设计与制造	正高级工程师
223	张亦工	男	1960年10月	太原重工股份有限公司	机械设计与制造	正高级工程师
224	王晓明	男	1965年6月	太原重工股份有限公司	机械设计与制造	正高级工程师
225	司建明	男	1965年10月	太原重工股份有限公司	机械设计与制造	正高级工程师
226	刘晓星	男	1964年6月	太原重工股份有限公司	电气工程及其自动化	正高级工程师
227	马　兵	男	1968年5月	太原重工股份有限公司	电气工程及其自动化	正高级工程师
228	薛春兰	女	1969年2月	太原重工股份有限公司	电气工程及其自动化	正高级工程师
229	吉孟兰	女	1965年12月	太原重工股份有限公司	电气工程及其自动化	正高级工程师
230	王志刚	男	1969年1月	太原重工股份有限公司	机械设计与制造	正高级工程师
231	孙彩虹	女	1964年10月	太原重工股份有限公司	机械设计与制造	正高级工程师
232	顾翠云	女	1960年10月	太原重工股份有限公司	机械设计与制造	正高级工程师
233	曹天浩	男	1969年10月	太原重工股份有限公司	机械设计与制造	正高级工程师
234	田志文	男	1967年4月	太原重工股份有限公司	机械设计与制造	正高级工程师
235	阎少泉	女	1966年3月	太原重工股份有限公司	机械设计与制造	正高级工程师
236	刘李梅	女	1969年11月	太原重工股份有限公司	机械设计与制造	正高级工程师
237	刘焕江	男	1962年2月	太原重工股份有限公司	电气工程及其自动化	正高级工程师
238	王国红	男	1964年5月	太原重工股份有限公司	机械设计与制造	正高级工程师
239	王玲玲	女	1964年12月	太原重工股份有限公司	机械设计与制造	正高级工程师
240	丁耀林	男	1964年5月	太原重工股份有限公司	自动化控制	正高级工程师
241	郝建光	男	1962年11月	太原重工股份有限公司	机械设计与制造	正高级工程师
242	孙乃鑫	男	1962年8月	太原重工股份有限公司	机械设计与制造	正高级工程师
243	樊海莲	女	1966年10月	太原重工股份有限公司	机械设计与制造	正高级工程师
244	张少忠	男	1960年6月	太原重工股份有限公司	电气工程及其自动化	正高级工程师
245	张英婵	女	1966年5月	太原重工股份有限公司	液压润滑系统	正高级工程师
246	赵铁琳	男	1971年5月	太原重工股份有限公司	自动化控制	正高级工程师
247	连晋华	男	1963年4月	太原重工股份有限公司	机械设计与制造	正高级工程师
248	高俊云	男	1965年9月	太原重工股份有限公司	机械设计与制造	正高级工程师
249	王创民	男	1962年4月	太原重型机械集团有限公司	机械设计与制造	正高级工程师
250	张志德	男	1966年9月	太原重型机械集团有限公司	机械设计与制造	正高级工程师

续表

序号	姓　名	性别	出生年月	工作单位	从事专业	专业技术职称
251	王春乐	男	1963 年 3 月	太原重型机械集团有限公司	铸造	正高级工程师
252	张克斌	男	1963 年 5 月	太原重型机械集团有限公司	机械设计与制造	正高级工程师
253	范卫民	男	1964 年 12 月	太原重型机械集团有限公司	机械设计与制造	正高级工程师
254	陈清阳	男	1964 年 12 月	太原重工股份有限公司	焊接	正高级工程师
255	朱玉胜	男	1965 年 12 月	太原重型机械集团有限公司	机械设计与制造	正高级工程师
256	左开红	女	1964 年 2 月	太原重工股份有限公司	机械设计与制造	正高级工程师
257	董　跃	男	1964 年 5 月	太原重工核电容器分公司	化工机械	正高级工程师
258	李　翔	男	1965 年 2 月	太重（天津）滨海重型机械有限公司	机械设计与制造	正高级工程师
259	王群娣	女	1964 年 6 月	太原重工轨道交通设备有限公司	锻压	正高级工程师
260	苗根蝉	男	1963 年 4 月	太原重工股份有限公司	电气工程及其自动化	正高级工程师
261	曹一兵	男	1966 年 11 月	太原重工股份有限公司	机械设计与制造	正高级工程师
262	贾文强	男	1970 年 1 月	太原重型机械集团有限公司	机械设计与制造	正高级工程师
263	郝尚清	男	1965 年 11 月	太重煤机有限公司	机械设计与制造	正高级工程师
264	苏俭华	女	1965 年 1 月	太重煤机有限公司	机械设计与制造	正高级工程师
265	郭生龙	男	1962 年 12 月	太重煤机有限公司	机械设计与制造	正高级工程师
266	郝燕萍	女	1964 年 10 月	太重煤机有限公司	机械设备工程	正高级工程师
267	张世宗	男	1966 年 1 月	太重煤机有限公司	机械设计与制造	正高级工程师
268	王亚萍	女	1966 年 1 月	太重煤机有限公司	机械设计与制造	正高级工程师
269	张丽明	男	1967 年 5 月	太重煤机有限公司	机械设计与制造	正高级工程师
270	杨丽萍	女	1965 年 9 月	太原广播电视台	电视工程	正高级工程师
271	贾洪涛	男	1965 年 5 月	太原广播电视台	电视工程	正高级工程师
272	刘天明	男	1961 年 3 月	太原广播电视台	园林、建筑	正高级工程师
273	王晓明	男	1965 年 8 月	太原市标准计量质检院	质检、计量	正高级工程师
274	李素力	女	1968 年 9 月	太原市标准计量质检院	质检、计量	正高级工程师
275	阴继庞	男	1961 年 10 月	太原市人防工程质量监督管理站	建筑技术与质量管理	正高级工程师
276	陈　宏	男	1968 年 9 月	太原市人防工程质量监督管理站	建筑工程	正高级工程师
277	郝丽华	女	1972 年 2 月	太原市公房租赁管理中心	工程管理	正高级工程师
278	李结木	男	1963 年 9 月	太原锅炉集团有限公司	化工设备与机械	正高级工程师
279	戴长永	男	1966 年 9 月	太原市公路管理处	道路与桥梁	正高级工程师
280	马　福	男	1962 年 10 月	太原王孝雄建筑设计院（有限公司）	土木建筑结构	正高级工程师
281	石红旗	男	1962 年 8 月	太原市园林植物研究中心	园林绿化	正高级工程师
282	张志梅	女	1969 年 3 月	太原市园林植物保护站	园林绿化	正高级工程师
283	曹建庭	男	1975 年 10 月	太原植物园	园林绿化	正高级工程师
284	王万珍	男	1963 年 1 月	太原市晋阳湖管理处	园林工程与建筑	正高级工程师
285	李娥娥	女	1967 年 5 月	太原市园林建筑设计研究院	园林设计	正高级工程师
286	郑　莹	女	1967 年 3 月	太原市园林建筑设计研究院	给排水	正高级工程师

续表

序号	姓　名	性别	出生年月	工作单位	从事专业	专业技术职称
287	杨怀军	男	1964 年 3 月	太原供水集团有限公司	给排水工程	正高级工程师
288	周建军	男	1965 年 7 月	太原市黄河供水有限公司	给排水工程	正高级工程师
289	李世军	男	1967 年 1 月	太原市供水节水管理中心	城市道路与交通工程	正高级工程师
290	关鸿滨	男	1967 年 4 月	太原市供水节水管理中心	给排水	正高级工程师
291	杨洪镅	男	1969 年 6 月	太原市市政公共设施管理处	市政工程项目管理	正高级工程师
292	王小平	女	1966 年 3 月	太原市市政公共设施管理处	建设工程	正高级工程师
293	宋正光	男	1972 年 1 月	太原市排水管理处	给排水工程	正高级工程师
294	范艾爱	女	1965 年 6 月	太原市排水管理处	计算机应用	正高级工程师
295	马江海	男	1975 年 8 月	太原市基础设施工程建设处	市政工程管理	正高级工程师
296	闫心鹏	男	1976 年 5 月	太原市基础设施工程建设处	建筑工程	正高级工程师
297	郝俊芳	女	1974 年 3 月	太原市基础设施工程建设处	建筑及道桥工程	正高级工程师
298	宋立新	男	1965 年 1 月	太原市轨道交通建设管理办公室	轨道交通	正高级工程师
299	刘春燕	女	1965 年 10 月	太原市政建设集团有限公司	城市道路与交通	正高级工程师
300	侯瑞芳	女	1966 年 11 月	太原市政建设集团有限公司	城市道路与交通	正高级工程师
301	张国平	男	1968 年 12 月	太原市政建设集团有限公司	城市道路与交通	正高级工程师
302	赵淑凤	女	1969 年 3 月	太原市政建设集团有限公司	城市道路与桥梁	正高级工程师
303	王爱莲	女	1970 年 9 月	太原市政建设集团有限公司	城市道路与桥梁	正高级工程师
304	李　诚	男	1960 年 4 月	太原市建筑安全监督管理站	机电（计算机应用）	正高级工程师
305	钦　佩	女	1967 年 10 月	太原市建筑安全监督管理站	建筑工程管理	正高级工程师
306	郝建民	男	1973 年 5 月	太原市建设工程质量监督站	工程质量监督	正高级工程师
307	宋　伟	男	1971 年 8 月	太原市建设工程质量监督站	工程质量监督	正高级工程师
308	张　霞	女	1967 年 10 月	太原市建设工程质量监督站	工程质量监督	正高级工程师
309	谢耀岗	男	1963 年 4 月	太原市市政公用工程质量监督站	建筑学	正高级工程师
310	辛俊红	男	1969 年 3 月	太原市市政公用工程质量监督站	城市道路及交通工程	正高级工程师
311	夏宝良	男	1963 年 2 月	太原市城中村改造建设管理中心	工业与民用建筑	正高级工程师
312	秦李林	男	1962 年 3 月	太原市城中村改造建设管理中心	建筑工程管理	正高级工程师
313	张小勇	男	1967 年 5 月	太原市城中村改造建设管理中心	建筑工程管理	正高级工程师
314	刘校明	男	1961 年 3 月	太原市城市建设管理中心	市政工程管理	正高级工程师
315	卢　琛	男	1972 年 9 月	太原市城市建设管理中心	市政工程管理	正高级工程师
316	于　强	男	1973 年 5 月	太原市建设工程交易中心	建筑工程施工	正高级工程师
317	王秀萍	女	1974 年 3 月	太原市长风商务区管理中心	工程管理	正高级工程师
318	孙玉泉	男	1967 年 7 月	太原市长风商务区管理中心	工程管理	正高级工程师
319	韩学才	男	1960 年 10 月	太原市工程建设标准定额站	工程造价	正高级工程师
320	王旭霞	女	1965 年 9 月	太原市建筑设计研究院	供热通风与空调工程	正高级工程师
321	许　琳	女	1968 年 7 月	太原市建筑设计研究院	建筑电气	正高级工程师
322	王培玲	女	1968 年 9 月	太原市建筑设计研究院	供热通风与空调工程	正高级工程师
323	张爱萍	女	1965 年 4 月	太原市建筑设计研究院	供热通风与空调工程	正高级工程师
324	郭文华	女	1969 年 3 月	太原市建筑设计研究院	土木工程	正高级工程师

续表

序号	姓　名	性别	出生年月	工作单位	从事专业	专业技术职称
325	康　宁	女	1969 年 5 月	太原市建筑设计研究院	建筑学	正高级工程师
326	陈桂娥	女	1966 年 12 月	太原市建筑设计研究院	建筑电气	正高级工程师
327	吴建义	男	1960 年 11 月	太原市建筑设计研究院	供热通风与空调工程	正高级工程师
328	胡志强	男	1962 年 6 月	太原市建筑设计研究院	土木工程	正高级工程师
329	徐用生	男	1963 年 8 月	太原市建筑设计研究院	建筑电气	正高级工程师
330	李丽萍	女	1964 年 12 月	太原市建筑设计研究院	建筑电气	正高级工程师
331	郭丽静	女	1965 年 11 月	太原市建筑设计研究院	给排水工程	正高级工程师
332	郝志杰	男	1963 年 1 月	太原市建筑设计研究院	建筑学	正高级工程师
333	蒲　净	男	1965 年 6 月	太原市建筑设计研究院	建筑学	正高级工程师
334	上官安星	男	1968 年 7 月	太原市建筑设计研究院	建筑学	正高级工程师
335	严　平	男	1965 年 3 月	太原市建筑设计研究院	建筑学	正高级工程师
336	赵清晨	男	1963 年 4 月	太原市建筑设计研究院	供热通风与空调工程	正高级工程师
337	张　晨	男	1972 年 3 月	太原市建筑设计研究院	土木工程	正高级工程师
338	单建春	男	1976 年 2 月	太原市建筑设计研究院	土木工程	正高级工程师
339	田　渊	女	1964 年 9 月	太原市规划编制研究中心	城市规划	正高级工程师
340	曹京哲	男	1962 年 10 月	太原市市政工程设计研究院	市政工程	正高级工程师
341	刘丽娟	女	1964 年 3 月	太原市市政工程设计研究院	道桥设计（道路与桥梁）	正高级工程师
342	管　满	男	1965 年 10 月	太原市市政工程设计研究院	给排水工程	正高级工程师
343	孟宪青	女	1969 年 3 月	太原市市政工程设计研究院	道路与桥梁	正高级工程师
344	梁俊峰	男	1962 年 11 月	太原市市政工程设计研究院	道路与桥梁	正高级工程师
345	陈　方	女	1969 年 8 月	太原市市政工程设计研究院	给排水设计	正高级工程师
346	宋殿科	男	1968 年 3 月	太原市市政工程设计研究院	水利水电工程	正高级工程师
347	柴志宏	男	1965 年 9 月	太原市市政工程设计研究院	土木工程	正高级工程师
348	吴灵敏	女	1972 年 12 月	太原市市政工程设计研究院	建设工程	正高级工程师
349	李晓涓	女	1961 年 3 月	太原市城乡规划设计研究院	给水排水	正高级工程师
350	范健灵	女	1964 年 8 月	太原市城乡规划设计研究院	暖通	正高级工程师
351	胡纯杰	男	1965 年 9 月	太原市城乡规划设计研究院	规划、建筑、市政	正高级工程师
352	宋　敏	女	1974 年 4 月	太原市城乡规划设计研究院	市政规划设计及环境工程	正高级工程师
353	卫长乐	男	1965 年 8 月	太原市城乡规划设计研究院	城市规划	正高级工程师
354	邢超文	男	1971 年 11 月	太原市城乡规划设计研究院	城市规划	正高级工程师
355	张广芬	女	1964 年 4 月	太原市城乡规划设计研究院	城市道路与桥梁	正高级工程师
356	张世嫒	女	1970 年 9 月	太原建工集团有限公司	建筑工程管理	正高级工程师
357	胡国庆	男	1971 年 8 月	太原市建筑工程质量检测站有限公司	建筑工程质量检测	正高级工程师
358	张建伟	男	1962 年 12 月	太原市热力集团有限责任公司	集中供热	正高级工程师
359	李建刚	男	1965 年 5 月	太原市热力集团有限责任公司	供热工程	正高级工程师

续表

序号	姓　名	性别	出生年月	工作单位	从事专业	专业技术职称
360	梁　鹂	女	1971 年 5 月	太原市热力集团有限责任公司	集中供热	正高级工程师
361	董维敏	女	1967 年 5 月	太原市热力集团有限责任公司	自动化控制	正高级工程师
362	卫启云	男	1966 年 12 月	太原市基础地理数据中心	测绘工程	正高级工程师
363	何利平	女	1965 年 7 月	太原市林木种子站	林业调查规划	正高级工程师
364	王金潮	男	1964 年 10 月	太原市森林资源监测中心	林业调查规划	正高级工程师
365	武六旺	男	1964 年 1 月	太原市塑料研究所	高分子化工	正高级工程师
366	宁慧青	女	1969 年 5 月	太原市高新技术创业服务中心	科技孵化和生物技术管理	正高级工程师
367	范杵兰	女	1965 年 5 月	太原市塑料研究所	高分子化工	正高级工程师
368	白启荣	女	1969 年 2 月	太原市塑料研究所	高分子化工	正高级工程师
369	白晓平	男	1963 年 2 月	太原市轨道交通发展有限公司	建筑工程	正高级工程师
370	王凤莲	女	1966 年 7 月	太原市轨道交通发展有限公司	建筑工程	正高级工程师
371	樊日广	男	1963 年 3 月	太原市轨道交通发展有限公司	建筑工程	正高级工程师
372	郭永东	男	1968 年 12 月	太原市建设项目投资评审中心	工程造价	正高级工程师
373	徐永兴	女	1965 年 3 月	太原市建设项目投资评审中心	工程造价	正高级工程师
374	郝艳芬	女	1962 年 2 月	太原市建设项目投资评审中心	工程造价	正高级工程师
375	田松良	男	1965 年 10 月	太原市水土保持科学研究所	水土保持	正高级工程师
376	景彦良	男	1963 年 5 月	太原市水利科学研究所	水资源规划及利用	正高级工程师
377	高秀娟	女	1965 年 4 月	太原市水资源动态监测站	水资源规划及利用	正高级工程师
378	杨锁林	男	1969 年 6 月	太原市水资源管理委员会办公室	水资源规划及利用	正高级工程师
379	张红霞	女	1966 年 11 月	太原市水利勘测设计院	水利水电工程建筑（施工专业）	正高级工程师
380	畅开狮	男	1965 年 11 月	太原市勘察测绘研究院	工程测量	正高级工程师
381	蔡金丽	女	1969 年 1 月	太原市水利勘测设计院	水利水电工程建筑（建筑）	正高级工程师
382	曹玲娴	女	1964 年 10 月	太原市环境监测中心站	环境监测	正高级工程师
383	卫秋瑞	女	1965 年 10 月	太原市环境监测中心站	环境监测	正高级工程师
384	李斌宇	男	1961 年 9 月	太原东山煤电集团有限公司	建筑工程、煤炭开采	正高级工程师
385	曹力媛	女	1964 年 5 月	太原市环境监测中心站	环境监测	正高级工程师
386	师莉娟	女	1964 年 10 月	太原市环境监测中心站	环境监测	正高级工程师
387	韩　怡	女	1962 年 5 月	太原市环境监测中心站	环境监测	正高级工程师
388	温彦平	男	1966 年 11 月	太原市环境监测中心站	环境监测	正高级工程师
389	赵春峰	男	1962 年 9 月	太原市环境保护信息中心	环境保护	正高级工程师
390	蒋秋静	女	1967 年 8 月	太原市环境科学研究院	环境保护	正高级工程师
391	路文渊	男	1968 年 6 月	太原理工大学建筑设计研究院	供热通风与空调工程专业	正高级工程师
392	李守成	男	1965 年 8 月	太原金算盘人力资源有限公司	煤化工	正高级工程师

小店区

【概况】小店区位于山西省中部，太原市区东南部，晋中盆地北端。地理坐标北纬37°36′～37°49′，东经112°24′～112°43′。北与太原市迎泽区为邻，西以汾河为界与万柏林、晋源区相望，南与清徐县接壤，东与晋中市榆次区毗连。辖区总面积289.94平方千米。矿产资源种类较多，但资源储量较少，已发现矿产有煤、石膏、耐火黏土、砖瓦黏土、石灰岩、砂岩等，主要矿产为煤和砖瓦黏土。小店区辖坞城、营盘、北营、平阳路、黄陵、小店、龙城7个街道，西温庄、刘家堡2个乡和北格镇1个镇。社区居委会123个，行政村38个。

太原市小店区域地区生产总值首次突破千亿大关，完成1004.33亿元，增长7.40%。服务业增加值完成512.87亿元，增长5.80%。社会消费品零售总额完成640.38亿元，增长7.70%。规模以上工业增加值完成240.05亿元，增长9%。固定资产投资完成337.25亿元，增长20.30%。一般公共预算收入完成24.37亿元，增长4.70%。一般公共预算支出完成45.98亿元，增长12.80%。城镇居民人均可支配收入完成37750元，增长8.20%。蝉联全省区域经济转型升级市辖区之首。（侯盼洁）

【转型发展】2019年，小店区深化转型项目建设，滚动推进“百项千亿”行动，提速苏宁广场等54个在建项目，启动路桥科技等43个新建项目，谋划招商·环球公园等13个储备项目。签约阿凡达机器人等亿元项目11个。龙芯、中标、诚迈、百信协同集聚，打造信创产业生态。引进培育数字产业、创意经济等新业态新模式，布局数字产业，集聚环保产业，培育新能源产业，发展设计产业。以“五大平台”为引领，双创载体突破100家。实施消费升级行动，亲贤长风等传统商圈筑基强劲，晋阳康宁等新兴商圈不断壮大。建设中邮、万科物流基地，布局千亩大型物流园，形成专业化、规模化、集约化的现代物流体系。电子商务发展迅速，限额以上商贸企业电商普及率60%以上，“苏宁小店”、维客家族、太好乐高品质运营，线上线下融合发展。培育科技型中小企业1545家，发展高新技术企业1222家，分别占全市的70.10%、75.90%。华豹等3个院士工作站助推创新发展，引进高层次人才700余名。设立产业投资基金。深化“放管服效”改革，减税降费13亿元，助力民企融资6.50亿元。启用新政务大厅，企业注册实现1个工作日办结，市场主体突破13万户。（侯盼洁）

【城乡建设】2019年，小店区加快城市建设。服务保障南中环东延等28项

新启用的小店区政务服务中心　（小店区委党史研究室供图）

重点工程，征地拆迁21.60万平方米，推进轨道交通2号线。通达桥、晋阳桥、迎宾桥、滨河东路南延竣工通车。启动汾东创新城建设，拆迁清表366.67公顷。真武东路、昌盛街西延等6条道路全面贯通。服务综改区建设，累计征拆1800公顷，保障20个入园项目建设，小牛线、辛村街等12条道路开工。签约宝能、保利等房企，择定坞城置换地、寇庄王村城改合作企业。建设亲贤、狄村等回迁安置项目95万平方米。基本建成城镇保障性安居工程2303套。推进乡村振兴。累计建成19个美丽乡村，打造10个省市示范村。完成土地流转233.33公顷，发展特色农业5200公顷。引入东辉、民晟新能源现代农业项目。新建汾恒现代农业科技等20个城郊农业项目。建成日光温室200公顷。推进20个休闲观光园。新建农村无害化卫生厕所4321座。建成“四好农村路”74.60千米。农村道路安装太阳能路灯9156盏。完成97个村（居）清产核资和成员身份确认。刘家堡乡入选全国乡村治理示范乡。推进绿色兴农、质量兴农、品牌强农，获评国家级农产品质量安全区。创建文明城市，改造提升背街小巷139条、老旧小区427个、集贸市场30个，更新立面344万平方米。开展“两下两进两拆”，入地规整线缆52千米，释放停车位2万个，拆除“双违”30万平方米，整治违法乱象4.2万次。完成大棚房、违建别墅清查整治。服务保障“二青会”，完成北京体育代表团接待任务。新建城市公厕25座。推进环卫体制改革，市场化管理运行41万平方米。垃圾分类“4+2”模式试点工作成效显现。（侯盼洁）

【社会事业】2019年，小店区坚持就业优先战略，新增就业1.80万人。基本医疗保险参保41万人，医疗救助1.60万人。建成养老日间照料中心123个，发放养老专项补贴，惠及高龄老人1.50万余人。退役军人基本信息采集全覆盖。建设标准化社区服务中心128个，布点蔬菜直通车和平价菜店121个。区人民医院新院区开诊。区医疗集团正式运营，“六统一”管理取得实质性进展，区乡医疗一体化改革实现新突破。规范居民健康档案72.30万人，孕妇产前免费筛查2.20万例，新生儿疾病免费筛查1.50万例，60岁以上老年人免费体检4.60万人，家庭医生签约34.50万人。太原五中新校区建成招生，新改扩建幼儿园、小学4所，完成6所小区配建小学，1.50万名适龄儿童按时入学。认定118个幼儿看护点，收回32所配套幼儿园转为普惠幼儿园，增加普惠性幼儿园学位1.20万个。免费送戏下乡107场。提档升级136个基层（村居）文化服务中心，建成12个城市书房和图书馆分馆。新认定非物质文化遗产11项，非遗总数达85项。（侯盼洁）

【生态环境】2019年，小店区空气质量改善。区级领导带队夜查，整治环保问题757个。优化布局微观站点169个，实现污染物精准监测。开展建筑工地扬尘“六个百分百”治理。修补城乡道路50千米。低氮改造燃气锅炉140台。安装油烟净化装置3877台。PM10浓度下降4.3%，SO_2浓度下降15.60%。水体治理成效初现。构建“大数据+河湖长制”管理模式，清理整治河道30条。扩宽改造太榆退水渠7.60千米，完成清淤治理19.30千米。关闭自备井9眼。保障汾东污水处理厂投入运行。建成4个片区截污纳管工程，175个入河排污口实现动态监管。24座农村污水处理站投入运行。绿色空间全域拓展。提升东山五龙城郊森林公园生态绿化品质，新造林46.67公顷。补植完善农田林网666.67公顷，村庄绿化73.33公顷。208国道、小牛线绿化靓化22.50千米。新增5个游园，新建5条林荫路，打造6个园林居住区，建成区绿化覆盖率、绿地率分别为35.50%、30.80%，人均公园绿地面积8.49平方米。（侯盼洁）

【社会治理】2019年，小店区保持对黑恶势力犯罪严打高压态势，推进“打财断血”“打伞破网”，落实“一案三查”，黑恶案件复查100%。安装硬隔离设施1700处。建成智慧安防小区363个。处置非法集资案件。开展“砺剑”“净网”“秋冬破案会战”专项行动。推进“雪亮工程”，升级扩容1000余路视频监控，治安防控实现全覆盖无死角。坚持和发展新时代“枫桥经验”，优化建立1240个基层综治网格，推行“小街巷长”管理机制。开展“根治欠薪”专项行动。化解一批疑难信访事项，保障全国“两会”、庆祝中华人民共和国成立70周年期间社会大局稳定，信访总量下降68%。落实安全生产责任制，设立12个安全生产专业委员会。整治安全隐患9655处，打击非法违法行为468起，安全生产事故起数、死亡人数实现“双下降”。实施智慧电梯安全一张网工程，9100部电梯并网运行。61所学校实现餐食安全智慧监管。获评省级食品安全示范区。（侯盼洁）

迎泽区

【概况】迎泽区地处太原市中南部汾河以东的河谷平原，市区中部，地理坐标为北纬37°47′56″~37°55′35″，东经112°31′07″~112°46′58″。东接晋中市寿阳县，南与太原市小店区、晋中市榆次区毗邻，西隔汾河与万柏林区相望，北与太原市杏花岭区相邻。总面积117平方千米，总人口52.30万余人，是太原市面积最小、人口密度最大的城区。迎泽区发现矿种8种。主要有：煤、石灰岩、石膏、砖瓦黏土等。迎泽区得名于明太原城“迎泽门”，俗称大南门，为洪武九年（1376）太原城扩建时所建。

2019年，迎泽区地区生产总值增长8%，服务业增加值增长8%，社会消费品零售总额增长8%，一般公共预算收入增长8%，规模以上工业增加值增长6%，固定资产投资增长10%。约束性指标全面完成省、市下达任务。

（杨水云）

【转型发展】 2019年，迎泽区明确目标定位，补齐发展短板，科学谋划、稳步推进，以“提档、提标、提速”为抓手，全面推动第三产业发展量质并举，筑牢迎泽服务业大区地位。

加快商贸服务业提档升级。紧紧抓住消费升级这一重大机遇，增强消费驱动引领作用，坚持政策引导和市场化原则相结合，出台鼓励传统商贸企业转型发展的政策举措，谋划建立“商家差异经营、商圈一体发展”的街区商业综合体。坚持文化助力和商贸提升相结合，深入挖掘柳巷历史文化内涵，以老字号和大型商贸企业为点，实施食品街、钟楼街、桥头街、海子边连片改造；结合全国文明城市创建，高标准实施食品街、开化寺街时尚灯光秀，综合整治街区立面、路面和城市家具，启动智慧交通建设，缓解停车难问题。支持食品街、中正天街提升改造高品位步行街，努力打造集观光、购物、休闲为一体的标志性商业街区。坚持消费模式创新和扩大消费相结合，推动朝阳商圈企业加快动能转换，优化产业结构，创新运营模式，拓展线上商城，打造线下高端展示店和体验店，实现线上线下深度融合发展。大力发展特色产业街，鼓励社会资本参与开发建设和运营管理，重点打造一批金融、文化、餐饮等特色产业街区。

推动新兴服务业提标发展。稳步提升文化、旅游、教育、医疗、康养等需求潜力大、带动作用强的幸福产业，培育网络消费、定制消费、体验消费等新热点，实现服务业整体升级。聚焦发展园区经济，按照“精、尖、优”的标准，加快推进国家火炬计划迎泽特色产业基地建设，打造承接、孵化、集聚现代生产性服务业平台，创新运营管理方式，通过园中园、功能区等模式，同步规划医疗器械、文化创意等新兴产业园区。聚焦发展楼宇总部经济，完善落实奖励扶持政策，实施总部经济高质量发展三年行动，推动总部楼宇向科技型、外贸型、生产性高端服务产业等特色楼宇发展。聚焦发展科技型新兴产业，启动纳德西生物、川洲电气等项目，培育产业转型发展的新引擎。聚焦实施“文旅+”战略，以双塔景区、食品街3A级景区和台骀山4A级景区为核心，整合文物旅游资源，设计开发“一日游”“短途游”精品旅游线路和特色文旅产品，打造全域旅游示范区。

抓好项目建设提速增效。按照大抓项目、抓大项目的工作思路，强力推进储备、招商、签约、落地、建设、达效项目全生命周期建设。加大储备力度，强化重大项目库管理和应用，重点在补短板、强弱项、优化结构等方面下足功夫。强化项目服务，深化重大项目领导包联、协调督查、跟踪服务等工作机制，加大用地、规划、立项、融资等协调力度，着力破解要素制约，推动重大项目早落地、早开工、早投产、早见效。围绕强产业促转型，重点抓好一心堂生物医药研发加工中心、恒伦数字口腔服务中心、盛科金融中心等项目建设，为迎泽发展提供强力支撑。 （杨水云）

【改革创新】 2019年，迎泽区把改革创新作为高质量发展的强大动能，全面掀起思想再解放、改革再深入、创新再发力、开放再提质、工作再抓实的新高潮，在更高起点上推动新时代改革开放再出发。

深化“放管服效”改革。围绕打造“六最”营商环境，以深化审批服务便民化改革为突破口，持续推进简政放权等8个方面的工作，落实减税降费政策，切实降低企业制度性交易成本。深化企业投资项目承诺制改革，建成连通省市，覆盖区、街（镇）、社区（村）三级的“互联网+政务服务”体系，推行“一网一门一次”改革，力争行政审批事项网上预约率达100%，预审率达70%，区级行政事务审批最多跑一次。深化商事制度改革，全面推开“证照分离”“照后减证”，建立公平竞争审查制度，依法保护企业家财产和人身安全，着力构建“亲”“清”新型政商关系，以政府的担当作为、优质服务提升人民群众和市场主体满意度。

推进区属企业改革。立足区属企业实际，继续探索多种途径相结合的企业改革新方式，逐步建立健全现代企业制度，实现传统企业向现代企业转变。强化区属企业管理，健全完善考核测评、监督检查等机制，加大经济责任审计力度，推动企业规范有序运行。大力实施品牌战略，支持老字号企业练好内功、对接市场做大做强，引导特色老企业争创中华老字号等荣誉称号，推动企业焕发新生机。

支持民营经济发展。深入贯彻习近平总书记在民营企业座谈会上的讲话精神，用足用好省、市支持民营经济发展若干政策，制定出台支持民营经济高质量发展的具体措施，让民营企业增强获得感。加大服务保障力度，建立领导干部与民营企业联系服务等制度，落实涉企行政事业性收费“零收费”，降低民营企业生产经营成本。鼓励民营企业参与区属企业改革，支持民营资本采取混合所有制方式，参与政府和社会资本合作项目。优化民营经济发展环境，建立和完善咨询投诉举报平台，组建民营企业法律顾问团，推动民营经济健康发展。

激发科技创新活力。抓住太原市创建国家可持续发展议程创新示范区的重大机遇，大力发展新材料、人工智能、大数据等科技项目，进一步加快科技成果转化应用。依托中科院煤化所、省林科院、省日化所等科研机构，搭建科研院所与企业对接平台，打造环科研院所高新产业服务带，共建共享科技成果转化资源。加快迎泽区人才公寓建设，激发高端人才的链式效应。深入开展“双创”活动，落实国家、省、市扶持政策，用好科技引导基金，鼓励众创空间和科技孵化器向专业化、精细化方向发展，培育一批国家级众创空间、科技孵化器和技术服务示范机构。

强化招商引资工作。加强顶层设计，结合产业基础、资源禀赋，制定和完善全区产业布局规划。加强招商引资需求侧和供给侧研判，细化完善产业招商图谱，围绕重点产业，对目标区域、目标企业精准定位。牢牢把握山西省主动融入国家发展战略扩大开放的有利契机，优化营商环境，做好项目化管理和全方位服务。加强招商引资考核奖惩，建立完善科学评价体系，增强招商引资积极性和主动性。主动对接京津冀一体化、雄安新区、粤港澳大湾区等国家区域发展战略，深度开展交流合作，实施精准招商、专业招商、以商招商，引进落地一批信息技术、节能环保、智能制造、生物医药等项目。（杨水云）

【城乡建设】 2019年，迎泽区结合二青会召开和深化创建全国文明城市工作，加强基础设施建设，实施“城市双修”，优化城市布局，完善城市功能，提升管理水平，努力建设高品质、现代化的和谐宜居城区。

加强基础设施建设。开展地铁2号线房屋征收工作。实施南内环东街、南十方街、西太堡街等道路东延改造工程，拓展发展空间。积极推进城中村改造拆迁“清零”、安置房建设和手续办理；稳妥推进桥东街、青年东街、并州东街等棚户区回迁安置，协调完善水电气暖等基础设施，科学布局教育、文化、医疗等公共服务设施，确保群众回迁的同时拥有宜居宜业的生活环境。深入推进“四好农村路”建设，按照市政道路标准实施松小线水峪—观家峪段道路改造，启动孟小线、张新线等旅游公路建设，打通港道—锦林路、麻地沟—小店界等断头路，为全面实施东山产业振兴战略提供保障。

提升精细化管理水平。理顺城市管理体制，推行综合执法。持续加大人工清扫保洁、机械化清扫降尘力度，提高道路洁净度。创新垃圾收集处置方式，建设分类收运和终端处理体系，设立大件垃圾和装修垃圾分解中心，扩大垃圾上门收集范围。加强无物业楼院管理，严格执行“两扫全保”和末位考核淘汰等制度，有效解决无物业院落环境脏、乱、差等问题。推进厕所革命，按需布点建设公厕，缓解如厕难问题。持续引深全国文明城市创建，深入开展文明交通、背街小巷、老旧小区等“九乱”专项整治。探索建立小街巷管理全民参与机制，选聘一批“小巷管家”，实现街巷环境共管、共治、共享。按照疏堵结合原则，因地制宜规划建设一批集贸市场、停车场和垃圾中转站，方便居民生活。

推动乡村振兴提质增速。按照产业兴旺、生态宜居、乡风文明、治理有效、生活富裕的总要求，以“三个提质工程”为着力点，推动产城融合、城乡融合，开创迎泽区农业农村工作新局面。实施规划提质工程，启动郝庄镇田园综合体和美丽乡村规划建设，努力打造全市首家“两山”理论实践创新基地。实施环境面貌提质工程，全面深入推进农村人居环境整治三年行动，年内力争再打造两至三个美丽宜居示范村。积极推进农村集体产权制度改革，启动土地利用“五规合一”试点工作，开展第三次国土调查，建立互联共享、覆盖全域的数据库。严厉打击“两违”，坚决杜绝“大棚房”。实施产业提质工程，摒弃小散乱农业作坊经营发展模式，全力推进规模化、现代化、特色化产业发展。

（杨水云）

【民生保障】 2019年，迎泽区把保障和改善民生摆在突出位置，围绕教育、就业、医疗、养老等与群众利益密切相关的问题，健全公共服务体系，补齐民生短板，统筹推进社会事业再上新台阶。

办好人民满意教育。加快学校基础设施建设，启动36中、37中、39中二期和王家峰、小五台、二实验等学校改扩建工程，引进志达中学等知名教育资源。认真做好外来务工人员随迁子女入学、升学工作，保障享有平等接受义务教育的权利。大力推进办学模式改革，促进公办民办学校协调发展，持续增加优质学位，缩小城乡校际差距，化解“大班额”“择校热”难题，推进义务教育优质均衡发展。

千方百计扩大就业。全面落实就业创业扶持政策，实施就业“五项工程”，健全创业培训、创业服务、政策扶持“三位一体”工作机制，全年新增就业1.67万人，创业带动就业4000人。加大就业援助力度，帮助2000名城镇就业困难人员就业、7500名城镇失业人员再就业，完成300名农村劳动力转移就业，确保“零就业”家庭动态清零。深入开展非法用工专项整治，建立健全劳动用工登记备案制度，强化劳动保障监察，切实维护劳动者合法权益。

提升全民健康水平。健全完善队伍建设、绩效工资、激励考核等运行机制，激发基层医疗卫生机构活力。加快推进以康复为特色的区中心医院新建项目。启动区疾控中心规范化建设试点工作，争创“国家级慢性病综合防控示范区”和“省级健康促进县（区）”。探索“医养结合”服务新模式，通过设置康复床位、开展居家护理服务和家庭医生签约服务三方联动，打造15分钟医养融合服务圈。扎实推进县乡医疗卫生机构一体化改革，探索建立以省市级医院为龙头的区域医联体，缓解群众看病难等问题。

提高社会保障能力。深入实施全民参保计划，持续扩大社会保险参保人群和险种覆盖面。推进多元化养老服务体系建设，提高低保、特困人员供养标准，保障下岗失业、就业困难等群体基本生活。全面落实优抚安置政策，切实做好退役军人服务保障。深入开展农村特殊群体关爱、孤残儿童生活保障工作，加强和改进流浪乞讨人员救助管理，全力做好0—6岁残疾儿童康复救助等工作。

推进社区建设。持续引深“三基建设”，全面实施社区（村）活动场所和公益性设施提档升级，启动区、街（镇）、社区（村）三级党群服务中心建设，整合党建、文化、社会组织等服务资源，提升综合服务能力。加强社区干部作风建设，提升“两委”班子履职能力。创新社区管理方式，引进腾讯海纳，打造智慧社区平台，提高服务效率。

发展文化事业。深刻领会、准确把握习近平新时代文化思想，积极培育和践行社会主义核心价值观，坚定文化自信，增强文化自觉。举办主题鲜明、形式多样的庆祝新中国成立70周年系列活动，激发广大干部群众的爱国热情和干事创业激情。提升市民文明素养和社会文明程度，配合全市做好“二青会”保障工作。启动集文化馆、图书馆、美术馆、档案馆和全民健身活动中心等为一体的区综合文体中心建设。积极开展文化惠民和群众性体育活动，新建健身步道4千米、全民健身路径10条、笼式足球场1个，更好地满足人民群众精神文化需求。（杨水云）

【生态环境保护】2019年，迎泽区牢固树立绿水青山就是金山银山的理念，切实增强责任感和使命感，坚持问题导向，突出重点，综合施策，统筹推进污染防治和生态文明建设。

坚决打赢污染防治攻坚战。坚持“五管齐下”打赢蓝天保卫战、“五水同治”打好碧水保卫战、“五措并举”打响净土保卫战。建立健全长效机制，巩固中央环保督察“回头看”反馈问题整改落实成效，推动环境质量持续好转。完善空气质量监测网，加快污染源自动监控体系建设，提升环境监测水平。完成全国第二次污染源普查。配合实施建成区污水处理、雨污分流等设施建设，提升污水处理能力。推进南沙河等河道治理和水毁修复工程，改善周边生态环境。加大耕地保护力度，强化耕地土壤环境分类管理，推进耕地安全利用。

全力打好生态环境保卫战。加快推进东山造林绿化，扩大绿色空间，打造生态屏障，夯实环境基础。结合美丽乡村建设，实施大小线森防通道绿化，按照园林景点化标准，实施小山沟、占道等村庄绿化，完成董家庄灌改林工程，改善村居环境。扎实推进国家生态园林城市创建工作，新建3个街头绿地和2个游园，实施南内环东街、起凤街绿化提档升级，打造新建路绿化示范街，创建一批省市级“园林化单位”和“园林化居住区”，创优休闲宜居环境。

（杨水云）

【安全维稳】2019年，迎泽区认真践行新时代“枫桥经验”，按照共建共治共享要求，创新群众工作方法，完善工作体制机制，保障人民安居乐业、社会安定有序。

维护社会大局稳定。牢固树立总体国家安全观，健全社会矛盾纠纷排查化解机制，深化项目化管理，重点做好城乡建设领域社会矛盾化解工作。扎实推进法治迎泽建设，深入开展“七五”普法，营造尊法学法守法用法的良好氛围。推进平安迎泽建设，重点开展平安校园、平安医院、平安铁路创建活动；持续开展扫黑除恶专项斗争，依法打击各类违法犯罪行为。有效防范、依法处置各类金融风险，严厉打击非法集资等不法行为。完成区涉案财物管理中心建设，启动文庙派出所、长风东派出所和8个精品社区警务室新建工程，夯实基层基础。加强信访维稳工作，试点设立街（镇）信访接待中心，开展突出问题专项治理，探索政府购买法律、心理咨询等专业服务，推动疑难信访案件化解。加强社区服刑人员、刑满释放人员等特殊人群的服务管理，维护社会稳定。

狠抓安全生产。严格落实安全生产责任制，深入开展道路交通、危险化学品、消防、建筑施工、特种设备、人员密集场所等重点行业和领域专项整治，坚决遏制重特大事故发生。深化安全生产领域改革，健全巡查、约谈、重点行业领域企业负责人安全履职述职等制度。创新安全监管模式，在重点商贸企业启动智慧用电监管系统建设，提高科技兴安水平。强化食品药品监管，打造一批省级示范街和示范店，确保人民群众饮食用药安全。启动郝庄、老军营消防站建设。扎实做好粮食流通领域的各项工作，确保粮食市场稳定和粮食安全。强化应急值守，提高突发事件救援处置能力。（杨水云）

杏花岭区

【概况】杏花岭区位于太原市区东北部，总面积170.20平方千米，下辖2个乡，10个街道，120个社区居民委员会，28个村民委员会。

2019年，杏花岭区完成地区生产总值730.68亿元，同比增长6.10%；服务业增加值完成583.12亿元，同比增长4.7%；社会消费品零售总额完成303.48亿元，同比增长10.10%；三次产业结构比为0.10 ：20.10 ：79.80。规上工业增加值完成12.22亿元，同比增长3.90%；固定资产投资完成101.85亿元，同比增长16.60%；一般公共预算收入完成15.52亿元，同口径比上年增长3.10%；城镇居民人均可支配收入完成37488元，同比增长8.40%。

旅游资源有唱经楼、督军府旧址、山西国民师范革命活动旧址、赵树理故居、山西省立川至医学专科学校旧址、太原旧城墙遗址、古圆通寺、关帝庙、城隍庙、阎氏家宅、徐永昌旧址、山西省议会旧址、牛驼寨战斗遗址、太原解放纪念馆、东湖醋园、采薇庄园、薰衣草庄园、龙角山生态园、长沟生态园等。

（刘彩秀）

【产业转型】2019年，杏花岭区共谋划各类项目186个，总投资2364.71亿元。省市重点工程投资完成29.27亿元，完成全年目标任务的124%。中华老字号酿造特色小镇、春光锻造扩产项目、远东宝真空助力器等项目进展顺利，泰享里新经济产业园建成营业，望府广场、北京华联太原胜利街购物中心主体完工。小窑头建成全市首家非遗文旅特色小镇。全力配合千年府衙综合整治配套工程，实施督军府旧址及府东街花园修缮保护利用项目。启动牺盟会旧址修缮工程，完成八路军驻晋办事处旧址修缮并对外开放。科技创新主体不断壮大，累计拥有高新技术企业61家，179家科技型中小企业纳入国家信息库，新认定省级众创空间3家。民营经济平稳发展，全年新增认定中小微企业54户，培育“小升规”企业5家。现代都市农业加快推进，扶持推动小返大红果、水沟葡萄、河里头大樱桃等精品特色农业园和薰衣草、杨家峪花卉产业发展，继续培育采薇山庄、奔腾年代马术俱乐部、龙角山等精品休闲点。（刘彩秀）

【深化改革】 2019年，杏花岭区全面完成省市下达52项改革任务，党政机构改革顺利完成，事业单位改革稳步推进。农村集体产权制度改革经验在全国推广。继续推进“三供一业”剥离移交和公司制改革，启动和完成小区“三供一业”71个。深入推行“大学区制”教育体制改革，实施12所学校维修改造工程，新增普惠性民办幼儿园9所，全区普惠性幼儿园达77所，普惠幼儿在园率达85.30%。山西省实验小学教育集团中车分校、富力分校投入使用，新增优质学位3240个。全市率先开展“小学生课后托管延时服务”，惠及4.60万余名小学生。推进区乡医疗卫生机构一体化改革，建设“杏花岭智慧医院”，实现医疗集团内部以及与市全民健康信息平台之间的互认互联互通。全区家庭医生签约服务惠及居民22.27万人。区中心医院综合楼主体已完工。招商引资取得新进展，多次与金茂集团、中炬高新等国内外知名企业对接洽谈，邀请北京联东、上海浩博等企业集团实地考察，召开“浙商走进杏花岭”文旅招商对接会。全年签约项目9个，投资总额达221.36亿元，各项指标均超额完成年度任务，招商引资工作进入全市第一梯队。财税体制改革圆满完成，落实减税降费政策，全年新增减税降费7.14亿元。（刘彩秀）

【城乡建设】 2019年，杏花岭区加快推进中涧河、东涧河、柏杨树、南窊、谷旦5个村的城中村整村改造，完成4个棚户区改造动迁“清零”、马道坡拓宽改造和轨道交通2号线拆迁任务，累计动迁1036户22.34万平方米。回迁安置稳步推进，已累计回迁15472套。扎实开展文明城市创建活动，深入开展“九乱”治理，整治老旧小区618个、背街小巷124条、集贸市场11个、小街巷交通秩序199条，道路拥堵、停车混乱、出行不便、小区“脏乱差”等突出问题得到有效解决，惠及周边居民群众17389户、41083人。高标准打造金刚里、金刚堰、矿机片区、锦绣苑社区等创城示范片区，居民居住环境极大改善。积极探索老旧小区加装电梯工作，完成桃园一巷南二条3号楼、金刚堰路22号楼电梯安装工程。开展“五纵五横”31.50千米道路及周边整治，打造五一路中小学专题宣传墙、金刚堰路“长堤永固，汾泽安澜”主题小景、三墙路《幸福之路》3D互动景观等28个城市景观和胜利街园林精品街。推行“小巷管家”“四警联勤”“网格管理”“联动响应”“门前三包”管理模式，改进环卫、数字城管等工作机制，西华门片区率先实现“零摊点”“零店外经营”，彻底取缔程家村东巷、柏杨树北一巷、敦化化工路等顽固马路市场，环境面貌与管理水平实现“双提升”。新建改建公厕22座，创建13个生活垃圾分类示范片区和7个示范小区，139个党政机关和45个居民小区开展垃圾分类，生活垃圾分类收运体系初步建立，城市品质得到进一步提升。（刘彩秀）

【环境建设】 2019年，杏花岭区全力防范化解重大风险，严厉打击非法集资和互联网金融犯罪，全市首家完成两个非法集资案件后期处置，退还700余名受害群众1300余万元。继续做好对口帮扶工作，帮助娄烦县2个乡32个对口村成功脱贫摘帽。全力打好污染防治攻坚战，671件环保督察督办事项和各类媒体曝光问题全部整改完毕。完成130台燃气锅炉低氮改造“清零”以及565户“煤改电”“煤改气”和集中供热改造，整治裸露地面63.40万平方米、城乡接合部道路32条18.26千米。全年优良天数204天，同比增加12天，增加数位居全市第2；环境综合指数6.41，城六区排名第4。大力推进河湖生态百日会战、“清河”等专项整治行动，彻底整治全区河道并实施常态保洁。东山造林绿化提档升级，完成绿化281.98公顷。新建6处游园、5块绿地，新增居住区绿地1公顷，全区生态环境得到明显改善。（刘彩秀）

【民生事业】 2019年，杏花岭区持续加大民生投入，全区财政民生占比保持在80%以上。新增就业数15673人，城镇登记失业率2.77%。全民技能提升培训人数达到10013人，就业形势保持总体稳定。全国首家实现“智慧婚姻登记”。全面建成区乡村三级退役军人服务平台，服务保障网络实现全覆盖。社会保障水平不断提高，城乡居民养老、医疗、失业等保险基本实现全覆盖，城乡居民基本医保人均财政补助标准提高30元，达到520元。城乡最低生活保障标准提高50元。累计发放各类低保金、救助金等6610.66万元。窑头、野鸡庄、后李家山、麦坪等4个村新建蓄水池5座，30个村57座24369立方米人畜饮水蓄水池完成清理消毒，11个村农村生活污水完成整治，保障8000余名村民的饮水安全。加快农村“四好公路”建设，9条22千米农村公路全部完工。窑头、水沟、东坪、长沟被评为市级示范村，窑头、水沟争创省级美丽宜居示范村。年初政府承诺的十件民生实事全部兑现。（刘彩秀）

尖草坪区

【概况】尖草坪区位于北纬37°52′49″~38°04′42″，东经112°20′34″~112°38′32″。地处太原市区北部，东与阳曲县为邻，东南与杏花岭区相连，南、西南、西与万柏林区毗邻，西北、北、东北与阳曲县相连。总面积295.70平方千米，总人口344419人。辖马头水、柏板、西墕3个乡，向阳、阳曲2个镇，柴村、汇丰、光社、尖草坪、迎新街、古城、南寨、上兰、新城9个街道，共14个乡级政区；下设58个居民委员会、85个村民委员会。

2019年全区地区生产总值完成341.13亿元，增速2.20%；固定资产投资完成126.89亿元，同比增长18.80%；规模以上工业增加值增速1.70%；社会消费品零售总额完成121.71亿元，同比增长8.60%；服务业增加值完成108.87亿元，增速5.30%；一般公共预算收入完成11.40亿元；城镇居民人均可支配收入同比增长7.10%。（朱永钢）

【乡村振兴发展】2019年，尖草坪区围绕建设“强富美旺”北部新城的奋斗目标，坚定“三区战略”不动摇，攻城拔寨，奋勇拼搏，赢得工作主动，实现更快发展。人文生态休闲区美出“新高度”乡村振兴迈出坚定步伐。聚焦深化“千万工程”，农村人居环境整治全面开局，4村整治主体完工，宇文、郭家窑、南下温、欢咀被评为市级美丽宜居示范村。市下达2700座改厕任务圆满完成，河底村无害化改厕样板在全省推广。农村环卫市场化改革取得新成效。农村集体产权制度改革稳步推进。助力娄烦县马家庄乡圆满完成“脱贫摘帽”。全年新（改）建县乡村道路36条55.04千米，“村村通”工程全面提质提速。全域旅游内涵不断丰富。聚焦推进“三园共建”，太原北部现代农业产业园建成循环道路11.60千米，133.33余公顷特色农作物喜获丰收。现代农业持续发展壮大。聚焦农业产业结构优化，“一减五增”目标任务全面完成，全年调减籽粒玉米1000余公顷，增加杂粮蔬菜、葡果花卉646.67余公顷。积极争取支农资金2400万元，推进农业规模化、标准化、产业化和品牌化稳步发展。（朱永钢）

【全域旅游发展】2019年，尖草坪区西山城郊森林公园坚持“一园一特色”发展格局，中医药文化产业园分场馆建设完成。全力保障2019环太原国际公路自行车赛成功举办。持续发挥窦大夫祠、多福寺、中华傅山园等景区的带动作用，全年共接待游客近1000万人（次）。旅游产业发展呈现巨大潜力。第三届“山西花馍、花灯艺术节”“西梅采摘节”等特色农游活动顺利开展，城郊农业发展优势不断凸显。生态环境建设成效明显。持续筑牢绿色生态屏障，完成造林任务433.33公顷。完成5个小游园和5个绿地建设任务，滨河东西路绿化亮化工程全面完工，新增绿化面积100.90万平方米。“山水林田湖草”生态保护修复工程可研编制完成，并通过专家评审。（朱永钢）

【特色产业发展】2019年，尖草坪区不断扩大特色产业发展规模，完成1466.67公顷籽粒玉米的调减任务，九牛、老智、金大豆等龙头企业逐步发展壮大。打造以呼延村为中心的“崛嵋山品牌食用菌生产基地”，新增金花葵、秋花葵、樱桃西红柿等稀特蔬菜种植。城乡居民的“菜篮子”“果盘子”“奶瓶子”日益丰富。深入推进“互联网+现代农业”，确定农业信息服务项目50余个，农业综合效益稳步提升。生态文明建设成效显著。按照“崛嵋增红、全域增绿”的总体思路，大力开展植树造林、植被恢复等工程，全年完成崛嵋增红2533.33公顷、提档增绿近2666.67公顷。（朱永钢）

【生态环境治理】2019年，尖草坪区百日清零行动圆满收官，57台燃气锅炉低氮改造年度任务全面完成，67个入汾排污口完成治理，上兰断面持续稳定超过国家考核标准。全面完成太钢南线排洪渠、七府坟缓洪池、大黑水河等黑臭水体整治工作。积极协调推进太钢“公改铁”项目建设，二电厂“公改铁”项目全面完成。全年二级以上优良天数228天，高出全市平均天数28天。（朱永钢）

【转型产业融合】2019年，尖草坪区持续推进和不锈钢园区深度融合，充分释放政策、土地、服务保障红利，为招商引资、项目落地、转型发展创造有利条件。长城智能制造、同创谷等一批新项目、大项目落户园区，“两区”与辰兴高科就中德产业园项目签订三方协议，10家德国制造企业、11家国内制造企业已完成签约。军民融合科技创新园建设垫土动工，投资7.60亿元的“三纵三横”骨干路网建成通车。起步区220公顷项目用地的土地利用总体规划已经调整完毕。国科大太原能源材料学院、山医大一院、太原卫校等优质科研、医疗资源项目梯次落地，融合发展前景更加壮阔。产业转型步子越迈越大。全力助推制造业企业做大做强，加快推进恒山机电上云服务，为东杰智能、太钢技改工程等申报国家级、省级科创试点，不断提高尖草坪区制造业发展质量。鼓励支持企业不断进行技术改造，区域企业完成技改项目32项、工业技改投资达17.20亿元，同比增长111.80%。争取高新技术企业扶持资金、技术改造项目资金、工业转型升级发展资金3447万元。转型发展效应不断增强。项目建设动能越来越强。紧紧抓住项目化管理纽带，全年谋划重大项目201项，年度完成投资126.89亿元，拉动固投增幅在十县区排名第二。旭辉、碧桂园、恒大御景湾、富力天禧城、融创外滩壹号、万科等房地产项目健康发展，完成投资66.25亿元。二电厂、小微工业园建设等项目全面完工，太钢技改项目进展顺利，投资27亿元的高端冷轧取向硅钢项目全面开工建设。在建项目中投资10亿元以上的项目达15个，完成投资102.40亿元；20项新入库项目拉动投资增长37个百分点。（朱永钢）

【宜居城市建设】 2019年，尖草坪区现代宜居都市区亮出“新颜值”城市建设呈现新貌。南固碾村5天完成419户协议签订和搬迁腾空，北固碾村9天完成1392户协议签订和房屋腾空。三给片区67.27公顷连片改造用地完成挂牌出让，旭辉、碧桂园首开地块开盘销售。大东流、新村回迁安置全面完成，三给五村安置房进入主体施工阶段。太钢红楼、怡和天润园等棚改项目有序推进。全区城镇保障性安居工程新开工8252套，基本建成13968套，完成投资80.06亿元，位列全市第一。多福路、太白路、汾西路、新店街等主干道路建成通车，城市路网新建22.50千米。呼延、柴村公交停车场正式投入运营。万科公园里太原小镇、富力天禧城、优山美郡等住宅项目陆续交房，城市发展活力进一步增强。城市管理不断完善。

（朱永钢）

【文明城市创建】 2019年，尖草坪区全年完成99条背街小巷，139个老旧小区，9个集贸市场的整治任务，高标准打造200个“九乱”整治示范点。兴华东社区被评为全市创城标杆，兴华菜市场“超市化”改造、兴华东社区“15分钟生活圈”相继入选太原市12个民心工程。积极开展“两下两进两拆”专项整治行动，电缆入地68.87万米，规范和拆除各类广告4631处3.16万平方米，施画道路交通标线3.70万平方米，新增机动车位2000余个。严厉打击“两违四抢”，扎实推进违建别墅清查整治工作，拆除违建79.92万平方米。改造完成30座公厕，新增10台道路机械清扫车辆，全区机械清扫率提升至90%。数字城管一次完成率达98.73%。高标准完成省消防大队训练基地周边、国际自行车西山赛道、康西路、中北大学周边、向阳高速口等一批整治工程，城市品质进一步提升。（朱永钢）

【民生事业发展】 2019年，尖草坪区优先发展教育事业。尖草坪区一中“1+1”课堂教学模式改革被教育部在全国推广。总投资1.86亿元的尖草坪区实验小学和机关幼儿园项目主体完工，万科实验小学投入使用，一外以及富力、融创配建小学基本建成。与北师大签订教师培训三年合作协议，先后组织近400人赴杭州和嘉兴参加能力提升培训。全区高考成绩再创佳绩，一本和二本B以上达线率分别达到50.48%和94%。

繁荣发展文化事业。邀请晋剧名角授课演出，全年累计开展“文化进校园”“戏曲进基层”活动近600课时（场），开展“百姓大戏台”演出、“送戏下乡”等各类群众文化活动1439场。区图书馆实现全省范围内图书通借通还。“第二届全国青年运动会”尖草坪辖区各项赛事后勤保障工作圆满完成。2.20万平方米的多福广场建成投用。

加快发展医疗事业。马头水、阳曲、西墕3所乡镇卫生院和柴村社区卫生服务中心投入使用，柏板卫生院建设进入收尾阶段。总投资3.30亿元的区中心医院即将开工建设。招录补充医卫人员50人。在山西中医药大学举办首批农村医卫人员能力提升班。顺利通过全国基层中医药工作先进区复审评估。

健全社会保障体系。全区参保人数39.20万人（次），征缴社保基金3.40亿元；领取和享受社会保险待遇近12.80万人（次），发放享受各项社会保险（救济、补贴）金10.90亿元。积极推进平价商店建设，迎百客都超市全面达标。完成58个社区、8个信教群众聚居村党群服务中心建设。打造全省首个“一站式司法服务大厅”。扫黑除恶专项斗争强力推进，全区安全生产形势稳定向好。承诺为全区人民办的10件实事全部兑现。（朱永钢）

万柏林区

【概况】 万柏林区地处北纬37°44′40″～37°55′，东经112°21′53″～112°31′31″，位于山西省太原市西中部，是太原市六城区之一，总面积304.80平方千米，东与杏花岭区、迎泽区、小店区隔汾河相望，南与晋源区接壤，西与古交市相依，北接尖草坪区。境内地形西高东低，西部为山地，东部为带状平川，地质构造属西山向斜煤盆地。属北温带大陆性季风气候，地下有丰富的煤炭、铁矿、碳石、耐黏土、铝矾土等矿产资源，特别是煤炭储量达1.70亿吨。玉门河、虎峪河、九院沙河等支流由西向东汇入汾河。

2019年底，万柏林区现辖1个乡（王封乡）与14个街道（小井峪、西铭、化客头、东社、千峰、下元、和平、万柏林、兴华、南寒、长风西街、神堂沟、白家庄、杜儿坪），其中有17个行政村、51个村改居社区（24个撤并村、27个城中村）、89个城市社区，常住人口76万人，流动人口24.30万人。旅游资源有西铭文化旅游特色区、西山枫情城郊森林公园、王封“一线天”旅游景区、偏桥沟景区、狮子崖景区、神堂沟温泉休闲度假区等。（梁文青）

【转型发展】 2019年，万柏林区全面落实省委推进“国家资源型经济转型综合配套改革试验区和能源革命综合改革试点”重大部署。全年完成地区生产总值476.01亿元、社会消费品零售总额222.33亿元、规模以上工业增加值128.59亿元、固定资产投资222.98亿元，一般公共预算收入完成23.26亿元，继续保持全省“第一方阵”。

实施工业强区战略，聚焦打造高端装备制造、轨道交通、新能源汽车三大产业集群，西山煤电、太重集团、煤气化集团总量占规模以上工业总产值的91.40%，中车轨道交通产业基地项目完成投资4.80亿元，汾西重工船用直流组网电力推进系统完成投资1.20亿元，大众不锈钢圆珠笔尖项目加快产业化，西山煤电、太重等大型国企技改项目稳步推进。国营金阳器材厂同济大学国家磁浮中心山西直线驱动研发中心项目获得中央预算内专项资金支持1476万元。

实施创新驱动发展战略，成功举办“互联网+”创新创业峰会，猪八戒网山西总部、北控等国家级“双创”、支点科技等高科技、高附加值企业入驻，设立“双创”专项资金7000万元，带动社会投资6亿元，省级“双创”示范基地顺利通过中期评估。全力支持高新科技创新发展，出台《促进科技成果转移转化工作实施方案》，建立省级以上科技企业孵化器4家、重点实验室和工程技术研究中心38家、众创空间18家，在孵企业1703个，高新技术企业达121家，新增高新技术企业60家，36家企业研发投入达4%且销售收入达300万元，全区专利申请量1123件、发明专利申请量615件，“双创”逐渐成为引领全区经济发展新引擎。

以建设“四大片区”为抓手，创新服务管理模式，加大经济运行调度，围绕全区138个重点项目，召开攻坚推进会40余次。推动实施企业投资项目承诺制和网上审批、并联审批，扎实做好项目落地建设、要素支撑、环境优化、定期调度等工作。建立小升规企业信息资源库，成功培育凯钟电气等5家小升规企业。华润万象城实现零售额19亿元，公元时代城购物广场如期开业，信达国际金融中心全面完工，远大购物广场、新城吾悦广场加快建设；全年累计减税16.64亿元，惠及市场主体9.48万户次。实施“一对一”“点对点”精准招商、园区招商，成功举办万柏林区第四届招商推介会，现场签约大悦城、58集团、天津博奥赛斯等19个项目，签约金额达405.60亿元。中海国际中心、信达国际金融中心、绿地中央广场等陆续建成，华润万象城、公元时代城商圈效应逐渐显现。玉泉山城郊森林公园、九润现代都市农业园等西山生态文化旅游产业项目建设有序推进，全区三次产业结构更趋合理。（梁文青）

【城乡建设】 2019年，万柏林区全面攻坚解决小王、新庄、沙沟、前北屯等城中村改造历史遗留问题，彻底化解城中村改造政府融资平台100多亿元的融资风险。全力推进城中村改造拆迁扫尾清零和回迁安置工作，大王、后王、瓦窑公建拆除全部完成，回迁安置房累计完工或封顶2.75余万套316.85万平方米，在建约8964套86.45万平方米，货币安置3.47余万套。24个村完成133土地划定，22个村完成集体经济改制，15个村完成土地确权，19个村完成控规方案批复，智诚御河骏景、远大凤玺湾等25个城中村改造项目五证齐全。远大购物广场、新城吾悦广场等城改重点项目扎实推进。

15个城边村已完成9个村的整村拆除，拆除各类建筑约84.37万平方米，风声河村正在细化完善整村拆除方案。以全面加快“四大片区”建设为主战场，实施精准招商，为经济高质量发展提供有力支撑。东社产业转型示范区，高端装备制造产业园与山西国信等多家公司签订合作意向协议，新能源汽车项目深度对接；58同城山西总部项目、龙湖城改项目签订框架协议。西铭文化旅游特色区，万科春和景明项目累计投资达16亿元；春蕾小镇项目占地规模约113.33公顷，土地转征等建设手续在办理中，风声河村拆迁补偿方案基本完成；西山枫情城郊森林公园完成整体规划和设计；王封“一线天”旅游公路完工通车，累计投资1.07亿元，“一线天”景区项目整体规划设计方案基本完成。白家庄生态修复样板区，加快制订总体规划方案，全力打造国家级新旧动能转换示范基地；西山国家矿山公园项目签订合作框架协议；桃杏村、白家庄村回迁安置项目稳步推进；偏桥沟、狮子崖景区配套设施和功能布局进一步完善。神堂沟温泉休闲度假区，与合作企业优化方案。

加快道路基础设施建设，九院沙河、虎峪河西延工程拆除各类建筑6.80万平方米，扎实推进南上庄片区、煤气化片区路网配套工程及西机东路、前进路等8条道路建设工程，护林防火通道等农村公路建设，40余条土路硬化全面完成。保障性住房建设，新开工252套，基本建成5327套，完成投资8.37亿元。窊流片区棚户区、石膏矿棚户区改造进展有序。“大棚房”和违建别墅问题清理整治迅速彻底，农地非农化乱象得到有效遏制。（梁文青）

【城市管理】 2019年，万柏林区以“三化”工程为引领，持续加大“九乱”整治提档升级和“十三个专项攻坚行动”力度，选树兴华街道和市场监督管理局2个先进典型，背街小巷整治完成125条并高标准打造29个示范点，老旧小区整治完成192个并打造15个示范点；新建西兴苑等5个便民市场，规范整治28个集贸市场，打造玉门河菜市场、九州农副产品批发市场等5个示范点；新建公厕22座；配备分类垃圾亭200余个、分类垃圾桶1.20万个；整治广告牌匾3.90万处，规范门头牌匾2.90万处；设置隔离设施1430米，增加停车位620余个，打造文明交通示范街巷25条；成功打造兴龙苑社区、玉园翠景小区等20余个居民自治小区。在市创城办组织的12次测评中，万柏林区总分排名第一。九院村、小西铭村被评为美丽宜居示范村。全面提升城市精细化管理水平，深入推进环卫体制改革，以市场化运作引入蓝泰等5家专业管理公司实现“管干分离”，将81个无人管理楼院纳入社会化保洁范围。打造全省一流的智慧城管平台，完善“街乡吹哨、部门报到”机制，推动城市管理重心下移、城管执法力量下沉。严格落实街路长制和“门前三包”责任制，构建职责明确、协调联动、反应迅速的“大城管”格局。运用信息化手段对园林、环卫、城建、交通、环保等工作实施长效闭环跟踪快速反应管理机制。实行城管、街办双重监管机制，综合运用人防、技防、物防手段，确保“管干分离”落实落地，全区清扫保洁社会化率达76.48%，主次干道清扫保洁实现全覆盖。全年累计完成各类整治项目314个、投入1.78亿元，城市管理模式由粗放式逐步向精细化管理转变，“环卫体制改革、智慧平台建设、公厕革命推进、垃圾分类处置”4个案例获得全国环卫行业颁发的最高奖项。（梁文青）

【生态环境整治】2019年，万柏林区以扬尘污染防治为重点，突出“治污、控煤、管车、降尘”，全面开展违法排污大整治“百日清零”专项行动、秋冬大气治理攻坚行动和中央、省环境保护督察及“回头看”工作，中央、省环保督察反馈的49个整改项目完成39个，群众反映的31批117件案件全部办结，构建环保、城管、公安、交警、乡街等多部门参与的常态化联动执法机制，召开攻坚调度例会60次，工地“六个百分百”要求实现全覆盖，全区空气质量优良天数233天，空气质量综合指数5.34，均在城六区排名第一，SO_2浓度和PM2.5浓度实现同比双下降。黑臭水体治理工程、县域节水型社会达标建设通过省级验收。以“二青会”和太原国际公路自行车赛为契机，强力推进环境整治，种植油菜花、薰衣草等80余万株，建成百千米“网红打卡赛道”。偏桥沟主题文化园建设初具规模，玉泉山城郊森林公园设施进一步完善，桃花节、樱花节接待游客110余万人次。持续巩固西山造林绿化和采煤沉陷区生态修复成果，高标准完成提档升级造林233.33公顷，栽植各类苗木18万余株，推动万亩生态园、高家河、狼坡（狮子崖）提档升级申报3A级景区，全区森林覆盖率超过38.03%。继续实施城区绿化增彩创景工程，新建游园6个、街头绿地6块，新增绿地面积25.85万平方米、公共绿地19.75万平方米，人均公共绿地面积12.15平方米，建成区绿地率、绿化覆盖率分别达38.26%、44.34%，绿色正在成为万柏林区一张全新“名片”。（梁文青）

【民生事业】2019年，万柏林区将80%以上的财政支出用于民生领域，教育、医疗、社保、就业、住房等公共事业取得新进步。持续推进审计监督全覆盖，严控“三公”经费，严格财政资金管理，充分发挥财审中心作用，评审项目1011个，涉及金额16.21亿元，核减2.84亿元。扎实推进基层政务公开标准化规范化试点工作，创新制定《政务公开基本要求》等5项标准，填补山西省空白。通过实施清单化管理、项目化推进、精细化落实，全区6大方面50项重点改革事项基本完成，其中党政机构改革、科技体制改革、街道管理体制改革、纪检监察体制改革取得明显成效，全区69个村（居）的农村集体产权制度改革试点工作取得阶段性成果，城市困难群体帮扶救助体制改革、“放管服”改革形成可复制推广经验，教育、医疗卫生、环卫、人才发展体制机制改革呈现区域特色。

教育方面。在全市率先启动中小学校长、幼儿园园长职级制改革，通过遴选评审，63名优秀人才走上校（园）长管理岗位；同步推进区管校聘、绩效工资改革，全区2916名一线教师实现满工作量聘用，占比84.27%；充分发挥名校（园）长、名师引领作用，建成“双名”工作室217个，开展各类研究课题132项，中考成绩连续三年保持全市十县区第二。开城街学校重建全面完成，山西中心实验小学等4所学校投入使用，公园路小学等18所学校获得“太原市特色小学示范校”称号。

医疗文体方面。推进公立医院改革，组建万柏林区医疗集团，由山医大一院业务骨干担任万柏林分院领导班子，聘请25位省级专家主抓临床诊疗和科室建设，新增慢病中心和肿瘤科，分院诊疗水平和管理能力大幅提升。完善城乡公共文化体育服务体系，扎实开展“礼赞新中国、奋进新时代”文化月、放映公益电影等群众性文体活动和文化惠民活动，举办“奋进新时代、放歌万柏林”等庆祝新中国成立70周年系列活动，加强非物质文化遗产保护，参与举办全国第二届青年运动会、环太原国际公路自行车赛等大型活动。

社会保障等方面。实施各项就业政策，城镇新增就业1.83万余人，城镇登记失业率为3.32%，城镇居民人均可支配收入增长7.30%。启动化客头、西铭2所公办敬老院合并改造，建成29个社区养老服务中心和45个日间照料中心，以区域化统筹养老服务为特色的万柏林街道入选全国第三批智慧健康养老示范街道。在全市率先开展支出型困难家庭社会救助综合改革试点，城乡低保标准由每人每月600元提高至650元。村（社区）社会救助经办人员全部配齐，为采煤沉陷区移民搬迁困难群众累计发放临时救助1099.43万元。帮扶娄烦脱贫攻坚工作获得市级优秀。超额完成保障房建设任务，基本建成5327套，完成投资8.37亿元。人大代表和政协委员围绕城中（边）村改造、转型项目建设、文明城市创建等重点工作建言献策，积极推动办理人大代表建议165件、政协委员提案102件。（梁文青）

【安全稳定】2019年，万柏林区全面推进依法治区，充分发挥政府督查办和“13710”作用，办理省、市督办事项89件，下发督办通知171次、督查专报通报36期，约谈街办、职能部门和社会化保洁公司等12家，政府行政效能显著提升。全面贯彻落实总体国家安全观，围绕8大领域50项具体工作压实责任、精准发力，全面系统排查政治、意识形态、社会、民生、安全生产等各领域风险隐患。全年上级交办83件“四个重点”疑难信访事项化解71件，接访4003人次、化解信访案件531件。强化“党政同责、一岗双责、齐抓共管”安全生产责任体系，组建13个安全生产专业委员会，设立安全生产专家库，形成专家查隐患、部门抓督办、企业抓整改的创新工作模式，及时消除各类安全隐患3627个，安全生产事故起数、死亡人数分别下降44.50%和54.50%。在全市率先实施餐饮服务业管道燃气改造工程。成功创建“省级食品安全示范县”。按照“打造共建共治共享的基层社会治理格局”要求，不断深化司法体制改革，区法院全年受理案件数量突破万件、审判执行质效稳居全省第一方阵，区检察院办理捕诉各类刑事犯罪案件数量位居全市第二，区司法局获得“全国法律援助工作先进集体”称号。打造社区综治工作站27个，和平南路派出所被命名为全国首批“枫桥式公安派出所”。万柏林区被评为全市综治工作先进县区。圆满完成新中国成立70周年、全国“两会”和“二青会”等安保维稳任务，安全稳定的社会局面更加稳固。（梁文青）

晋源区

【概况】晋源区地处太原市西南，北与万柏林区毗连，南与清徐县为邻，西与清徐县、古交市接壤，东以汾河为界，与小店区隔河相望。地势南北延伸，山川各半，于1998年1月1日行政区划调整后挂牌成立。区域面积290平方千米，人口23万。辖金胜、晋祠、姚村3个镇，义井、罗城、晋源3个街道，95个行政村、27个社区。晋源区的西部山区拥有原煤储量2亿吨，石膏储量3500万吨，还有石灰石、耐火黏土等矿产资源。

2019年晋源区实现地区生产总值77.34亿元，按不变价计算，同比增长0.40%。其中：第一产业实现增加值5.57亿元，同比增长2.50%；第二产业实现增加值24.08亿元，同比下降3.80%；第三产业实现增加值47.69亿元，同比增长2.50%。三次产业占全区GDP的比重依次为7.20 ∶ 31.10 ∶ 61.70，与上年同期（6.30 ∶ 32.70 ∶ 61）相比，第一产业比例提高0.90个百分点，第二产业比例下降1.60个百分点，第三产业比例提高0.70个百分点。（王利明）

【农业发展】2019年，晋源区实现农林牧渔业总产值10.02亿元，同比增长2.10%，其中：农业产值8.12亿元，同比增长9.60%；林业产值0.27亿元，同比增长2.20%；牧业产值1.47亿元，同比下降20.70%；渔业产值0.04亿元，同比下降225.90%；农林牧渔服务业产值0.12亿元，同比增长9.20%。

全年农作物总播种面积2584.30公顷。其中：粮食播种面积1086.10公顷，减少252公顷；油料播种面积457.40公顷，减少47公顷；中草药材播种面积94.70公顷，增加94.70公顷；蔬菜播种面积1032.40公顷，增加65公顷；水果播种面积471.60公顷，增加16公顷。在粮食种植面积中，玉米播种面积733.50公顷，减少272.40公顷；小麦播种面积140公顷，增加2公顷。

全年粮食产量7505.20吨，减少3519.20吨。其中，秋粮7505.20吨。

全年完成破坏面治理及造林提档升级面积50.28公顷，完成幼龄林管护面积117.53公顷。

全年奶类产量10952.89吨，减少1028吨；肉类产量2324.46吨，减少1290.44吨；禽蛋产量6074.40吨，减少17吨。猪出栏8672头，猪年末存栏5213头；羊出栏9868头，羊年末存栏9750头；牛出栏680头，牛年末存栏2139头；禽出栏631999只，禽年末存栏451419只。

（王利明）

【工业和建筑业】2019年，晋源区完成规模以上工业总产值20.47亿元，同比增长3%。全年实现规模以上工业增加值3.50亿元，同比下降2.30%。其中：热力生产和供应实现增加值1.24亿元，同比增长18.50%；专用设备制造业实现增加值0.24亿元，同比增长11.20%；通用设备制造业实现增加值0.40亿元，同比下降11%；有色金属压延加工实现增加值0.10亿元，同比增长63.80%；石膏、水泥制品业实现增加值0.42亿元，同比下降20.80%；化学药品制剂制造业实现增加值0.64亿元，同比下降17.60%；焙烤食品制造业实现增加值0.10亿元，同比下降6.40%。

全区主要工业产品数量9种，其中2种产品产量同比增长，剩余7种产品产量同比下降。

2019年，全区完成建筑业总产值83.97亿元，同比增长18.80%；实现建筑业增加值13.74亿元，按不变价计算，同比下降5.70%。年末全区拥有资质的建筑业企业64家，增加16家，其中，特级资质建筑企业1家。（王利明）

【产业转型升级】2019年，晋源区农业结构持续优化。全年实现农林牧渔业总产值10.02亿元，同比增长2.10%。农业结构调整步伐加快。全年调减籽粒玉米1793.33公顷，新增蔬菜、花卉、杂粮等特色农作物1233.33公顷。晋祠大米累计恢复125.31公顷。实施乡村振兴战略，完成18个村“百村景区化”基础设施建设和7872座农村厕所改造，农村人居环境明显改善。培育壮大新产业新业态，发展休闲观光农业，建成市级示范园4个，省级示范园3个。

主要农林产品产量：玉米4949吨，小麦1169吨，高粱866吨，豆类357吨，薯类822吨，油料668吨，蔬菜及食用菌72196吨；水果2582吨，其中：瓜果类126吨；食用坚果59吨，其中：核桃59吨。

主要畜禽产品产量和牲畜存栏数：肉类产量2324吨，其中：猪肉1000吨，牛肉100吨，羊肉193吨，禽肉1031吨；奶类产量10953吨，其中：牛奶10953吨，禽蛋产量6074吨，禽年末存栏451419只，其中，大牲畜年末存栏2头，猪年末存栏5213头，羊年末存栏9750头，牛年末存栏2139头。

工业转型发展步伐加快。规模以上工业增加值3.50亿元，同比下降2.30%。装备制造、新型建材、制药等新兴产业稳步发展，成为全区工业经济的支柱产业。太原药业、二热力、北方重工、大强伟业等重点企业成为全区工业经济增长的新动能。2家企业晋升省级“专精特新”，6家企业“上规入库”，13家企业通过国家级高新技术企业认定。引进山西省大数据产业公司，11户国内知名高科技企业入驻。

主要工业产品产量：纸制品6952吨，铝材2760吨，机制纸及纸板13095吨，单色印刷品51229令，矿山专用设备2876吨，水泥混凝土排水管150千米，饲料22980吨，商品混凝土980974立方米，电工仪器仪表116981台。

现代服务业稳步发展。第三产业增加值完成47.69亿元，同比增长2.50%。圆通速递、万水物贸开工建设，晋阳里主体完工。金融业、住宿餐饮业、营利性服务业、批发零售业、房地产业、交通运输业分别增长8.70%、6.10%、4.70%、4.20%、3.90%、2.80%；非营利性服务业下降0.30%。围绕全域旅游示范区创建，大力实施“旅游+”战略，着力提升景区基础设施建设和标准化服务水平，太山龙泉寺景区重新对外开放，古县城、护城河、金牛湖全面竣工，太原植物园建设有序推进，“迎二青盛会 游魅力晋源”文旅招商推介会成功举办，“如梦晋阳”火爆上演，旅游吸引力持续提升，全年共接待游客1587.17万人次，同比增长11.93%；旅游总收入203.80亿元，同比增长18.92%。

房地产开发和销售：投资完成额92.08亿元，增速56.40%，其中：住宅76.92亿元，增速55.60%；房屋施工面积8456272平方米，增速39.40%，其中：住宅6363436平方米，增速40.40%；房屋新开工面积2153303平方米，增速-6.20%，其中：住宅1678493平方米，增速-9.90%；房屋竣工面积457584平方米，其中：住宅291805平方米；商品房销售面积1178171平方米，增速-4%，其中：住宅1389926平方米，增速11.90%。社会消费品零售总额：社会消费品零售总额54.14亿元，同比增长8.50%；城镇48.27亿元，同比增长9.50%；乡村5.87亿元，同比增长19.30%；批发业3.80亿元，同比增长373.90%；零售业39.30亿元，同比增长-27.30%；住宿业1.60亿元，同比增长146%；餐饮业9.44亿元，同比增长170%。限上社零总额26.79亿元，增速2.20%，占比100%；汽车类21.25亿元，增速3.20%，占比79.30%；五金类0.77亿元，增速14.50%，占比2.90%；服装类1.64亿元，增速-35.50%，占比6.10%；石油制品类1.50亿元，增速42.20%，占比5.60%；家具类0.23亿元，增速-18.10%，占比0.90%；家用电器类0.17亿元，增速61.50%，占比0.60%；粮油日用品类0.16亿元，增速41.10%，占比0.60%；其他1.07亿元，占比4%。（王利明）

【城市品质提升】2019年，晋源区天龙山旅游公路建成通车。63个老旧小区提档达标、23条背街小巷整治、93条84.2千米“四好农村路”、西中环南延建筑风貌整治、唐城公路周边综合整治、天龙山路及晋祠景区道路两侧整治、晋源区供热二次管网改造、15座公厕新改建等工程基本完工。晋祠泉域地下水源置换工程、晋源区垃圾分拣中心等项目进展顺利。城中村、棚户区改造扎实推进，全区累计开工城改安置房23076套271.73万平方米，建成交付8146套100.30万平方米，货币化安置11697套93.57万平方米。全力服务保障“二青会”比赛场馆及配套设施建设，城市综合形象不断提升。（王利明）

【生态文明发展】2019年，晋源区坚决打好污染防治攻坚战，从严从实抓好中央、省、市环保督察交办问题整改落实。统筹推进大气污染综合防治，严格工业企业、施工工地、道路、裸地、渣土堆场降尘污染防治，完成627户“煤改气”760户“煤改电”清洁供暖改造，全年空气质量优良率为53.20%（达到194天）。全面推进水污染防治，完成清水河、南部退水渠等6条河渠水质综合治理和蒙山水系二期、柳子沙河牛家口段景观蓄水等工程建设。继续抓好生态建设，完成造林提档升级50.28公顷、幼林管护117.53公顷，森林覆盖率达26.33%。（王利明）

【改革全面深化】2019年，晋源区区级党政机构改革全面完成。财税体制、国企、教育体制、社会保障制度、旅游管理体制等重点领域改革稳步推进。“放管服效”改革持续深化，取消下放事项5项，建立“互联网+监管”智慧综合监管平台，持续深化企业投资项目承诺制改革，“一枚印章管审批”全面推开，“六最”营商环境进一步优化。民营经济转型发展深入推进，出台30条含金量高支持民营经济发展的政策措施，全年减税降费30249万元。坚定不移实施“大开放、大招商、大发展”战略，对外开放持续扩大，全年签约项目15个，签约总投资额205.81亿元，实现到位资金54.26亿元。（王利明）

【民生事业发展】2019年，晋源区民生投入不断提高，民生支出251123万元，占总支出85.50%。教育事业稳步发展。成成中学、晋源区第五、六、八实验小学校建成投用。医疗卫生服务体系不断完善。市区人民医院合建项目基本建成，省儿童医院、市妇幼保健院开诊。就业创业形势良好。城镇新增就业6367人，失业人员再就业2835人，城镇登记失业率控制在3.39%。社会保障水平不断提高。城乡居保基础养老金再次提标，实现"七连增"，惠及全区2.50万名城乡居民。发放城乡低保金3897.98万元。启动价格上涨补贴联动机制，发放价格临时补贴117.54万元，惠及困难群众5.21万人次。全年保障性住房基本建成7141套。农村危房改造100户。

（王利明）

【社会管理事业】2019年，晋源区落实《地方党政领导干部安全生产责任制规定》，树立"发展决不能以牺牲安全为代价"的红线意识，以减少一般事故、遏制较大事故、杜绝重特大事故为目标，全力推进安全生产领域改革发展和应急管理体制改革，着力健全完善安全生产责任体系，扎实开展"三个专项行动"，推进应急管理体系和能力现代化建设。探索安全监管与应急救援新模式，坚持"政策引导、政府推动、市场运作"原则，用安全责任保险等经济手段加强安全生产管理，建立起层级、行业、政府、社会治理相结合的安全生产治理体系，高危企业责任险投保工作实现全覆盖。全年出动检查人员698人（次），检查各类生产经营单位421户，排查治理各类安全隐患648条，有效遏制生产安全事故和自然灾害事件的发生。在全省率先出台完善安全生产"一票否决"制度，应急管理指挥体系建设走在全省前列，全市城市安全发展推进会在晋源召开，安全宣教经验在全市推广。成功解决遗留多年剧毒危化品处置难题，太原电视台进行专题报道。创新引入安全生产监管智能化执法系统，成为全市县区唯一使用单位。全力保障"二青会"主要场馆、青运村安全运行，实现安全零事故。食品药品安全监管、网络信息安全管理进一步加强。（王利明）

【固定资产投资】2019年，晋源区完成全社会固定资产投资额111.41亿元，同比下降27.10%。从产业分布看，第一产业投资完成1.59亿元，同比增长25.10%；第二产业投资完成1.77亿元，同比下降50.60%；第三产业投资完成108.05亿元，同比下降27.50%。从经济类型看，全年国有投资完成12.47亿元，同比下降86%；非国有投资完成98.94亿元，同比增长55.20%。全年房地产开发完成投资额92.08亿元，同比增长56.40%。

全年完成房地产开发投资92.08亿元，同比增长56.40%。其中，住宅投资76.92亿元，同比增长55.60%。全年全区房地产开发施工面积8456272平方米，同比增长39.40%。其中，住宅施工面积6363436平方米，同比增长40.40%。房屋竣工面积457584平方米。其中，住宅竣工面积291805平方米，与同期持平。商品房屋销售面积1178171平方米，同比下降4%。其中，住宅销售面积1389926平方米，同比增长11.90%。

全年固定资产投资施工项目102个。其中，新开工36个。全部建成投产项目22个（不含房地产）。新增固定资产34.58亿元。（王利明）

【国内贸易】2019年，晋源区实现社会消费品零售总额54.14亿元，同比增长8.50%。其中：实现限额以上社会消费品零售额26.79亿元，同比增长2.20%，实现限额以下社会消费品零售额27.35亿元，同比增长15.40%。

按行业划分，全年实现批发业零售额3.80亿元，同比增长373.90%；实现零售业零售额39.30亿元，同比下降27.30%；实现住宿业零售额1.60亿元，同比增长146%；实现餐饮业零售额9.44亿元，同比增长170%。

按限上消费商品类别划分，汽车类占比最大，其占全区限上社会消费品零售额的比重为79.30%，其次是服装类、石油类、五金类等。（王利明）

【教育和科学技术】2019年末，晋源区共有幼儿园68所，在园幼儿7330人；小学38所，在校生总数17023人；普通初中6所，在校生总数4700人；普通高中1所，在校生总数1433人；中等职业教育学校1所，在校生总数67人。全区学前教育毛入园率95.50%，小学学龄儿童净入学率100%，高中阶段毛入学率96.70%。

各类教育发展情况：普通高中招生500人，比上年增长10%，在校生1414人，比上年增长0.30%，毕业生403人，比上年增长-1.60%；普通初中招生1723人，比上年增长10.80%，在校生4700人，比上年增长7.90%，毕业生1339人，比上年增长-0.90%；小学招生3036人，比上年增长3.40%，在校生17023人，比上年增长5%，毕业生2238人，比上年增长0.90%；特殊教育招生14人，比上年增长180%，在校生86人，比上年增长13.20%，毕业生2238人，比上年增长-4.30%；学前教育招生2441人，比上年增长5.60%，在校生7330人，比上年增长-8.90%，毕业生2678人，比上年增长-7.20%。

2019年，晋源区有效发明专利38个，授权专利3个，申请专利135个。截至2019年9月底，全区共申请注册商标743件，核准407件；全区注册商标拥有量共计1497件。（王利明）

【医疗卫生】2019年，晋源区共有卫生机构（含诊所、村卫生室）252个，其中，专业公共卫生机构3所（疾控、监督、妇幼），镇级医疗机构6所，村卫生室及社区卫生服务站101所（85个卫生室、16所社区服务站），个体诊所126所，厂矿、学校、企业内设医务室9所。床位219张。卫生机构共有医师630人，卫生院有卫生技术人员77人。社区卫生服务中心（站）有卫生技术人员191人，专业公共卫生机构技术人员51人。全年新生儿基础疫苗接种率达100%，累计为城乡居民建立健康档案201597份，建档率86.90%。区村卫生

室达标率90.10%。（王利明）

【财政和旅游】2019年，晋源区财政总收入累计完成38.12亿元，同比增长24.20%。全区财政一般公共预算收入累计完成9.33亿元，同比增长9.60%，其中：税收收入累计完成8.55亿元，非税收入累计完成0.78亿元。全区财政一般公共预算累计支出29.36亿元，同比增长15.90%，其中：一般公共服务支出3.11亿元，国防支出0.06亿元，公共安全支出0.39亿元，教育支出3.46亿元，科学技术支出0.17亿元，文化旅游体育与传媒支出2.41亿元，社会保障和就业支出3.84亿元，卫生健康支出1.32亿元，节能环保支出1.05亿元，城乡社区支出8.72亿元，农林水支出2.76亿元，交通运输支出1.18亿元，资源勘探信息等支出0.43亿元，商业服务业等支出0.03亿元，自然资源海洋气象等支出0.15亿元，住房保障支出0.03亿元，粮油物资储备支出0.01亿元，灾害防治及应急管理支出0.22亿元，债务付息支出0.01亿元，其他支出0.02亿元。全区八项支出累计22.05亿元，同比增长2.50%；全区民生类支出累计25.11亿元，同比增长15%。

2019年，晋源区实现旅游总收入203.80亿元，同比增长18.90%；共接待游客1587.17万人次，同比增长11.90%。（王利明）

【人口情况】据2019年人口抽样调查，晋源区年底常住人口23.62万人，增加2603人。全年全区出生人口3844人，人口出生率为16.38‰；死亡人口1837人，死亡率为7.83‰；自然增长率为8.55‰。（王利明）

【人民生活】2019年，晋源区城镇居民人均可支配收入为36532元，同比增长7.40%。年末参加城镇职工基本养老保险23806人，增加2419人；参加城乡基本养老保险87059人，增加12292人；参加失业保险12420人，增加1654人；参加工伤保险11002人，增加1403人。全年共计补偿参保居民143522人次，补偿金额3992万元。全年全区医保定点医疗机构共计95所，其中定点医院3所，镇卫生院3所，社区卫生服务中心2所，社区卫生服务站4所，村卫生室83所。（王利明）

【社会保障】2019年，晋源区累计为城市低保对象7397户11502人发放低保金666.18万元；累计为农村低保对象45058户76041人发放低保金3213.80万元。为202名60—90周岁经济困难失能老人发放失能补贴5.85万元；帮扶困难残疾人14235人发放生活补贴71.18万元，帮扶重度残疾人25215人，发放护理补贴126.08万元。154人纳入农村五保供养。

全年共计发放临时救助金113.57万元，救助888人次；救助集体企业未参保人员共计100人次，支出资金15.60万元；审批大额临时救助163人次，支出资金74.62万元；困难群众小额临时救助626人次，支出资金23.35万元。

全年共募集善款76.68万元，支出58.73万元，救助困难群众2212人。其中，助困2154人50.03万元，助医37人4.70万元，助学21人4万元。特困供养人员共计154人，其中集中供养45人，分散供养109人，共计发放供养资金220.21万元。

每月按时为7名散居孤儿发放养育金7000元，共发放孤儿养育金10.70万元。救助生活无着流浪乞讨人员89人。（王利明）

【环境保护】2019年，晋源区较2018年相比，SO_2均值浓度同比下降26.70%，CO均值浓度同比上升5.30%，NO_2均值浓度同比不变，PM2.5均值浓度同比上升1.70%；2019年较2018年同期对比，二级天数增加18天，重污染天数增加1天，综合污染指数为6.53，同比下降4.40%。水环境质量提升，城市集中式饮用水源地已停止，由自来水公司供水。（王利明）

古交市

【概况】古交市位于太原市境西部，吕梁山脉关帝山东翼与云中山南端交接处。四周危峰环峙，境内层峦起伏。旧志云："近带娄烦，远襟河曲，跨东西之峪，会汾孔之流，非惟晋省屏障，抑亦神京保障"。古交市东与太原市万柏林区接壤，西与娄烦县相连，南与交城县、清徐县为界，北同阳曲县、静乐县毗邻。全境总面积1584平方千米，2019年辖邢家社、原相、常安、岔口、阎上、嘉乐泉、梭峪7个乡，马兰、河口、镇城底3个镇，西曲、东曲、桃园、屯兰4个街道，53个社区，116个行政村。总人口21.48万人，其中城镇人口12.24万人，农村人口9.24万人。

2019年，古交市完成地区生产总值43.84亿元，增长18.70%；服务业增加值20.07亿元，增长8.50%；规模以上工业增加值25.94亿元，增长35.90%；社会消费品零售总额60.88亿元，增长6.20%；固定资产投资27.92亿元，增长17.50%；一般公共预算收入16.10亿元，增长6.60%；城乡常住居民人均可支配收入分别完成33486元和17272元，增长7.40%和8.20%。地区生产总值、规模以上工业增加值增幅在太原市排名第一，各项约束性指标较好地完成年度目标。（赵志英）

【转型发展】2019年，古交市推进煤炭传统产业提档升级，实现4座煤矿联合试运转、2座正常生产，原煤产量同比增长近100万吨；焦炭、洗煤产量分别增长53%和45%，对外销售煤焦产品2260万吨；完成4对煤矿减量重组，落实压减焦化产能任务242万吨；西山华通水泥砂石骨料、中电投岔口风电、国盛恒泰邢家社煤层气等30项重点转型项目扎实推进，完成投资14.70亿元，经济转型基础不断巩固。继续实施榛子、沙棘、中药材3个万亩特色产业园建设，高标准打造2个有机旱作示范片，镇城底林麝驯养繁殖基地规模不断扩大，龙庄沟榛子基地被评为省级（榛子）经济林示范基地，福福山田园综合体启动第二批省级现代农业产业园创建，金牛摩尔、家家利等商超业态持续发展，巩固提升9个小微企业创业创新示范项目，现代农业和现代服务业发展初见成效。（赵志英）

【改革创新】2019年，古交市坚持向改革要效益，深化企业投资项目承诺制改革，建立重点产业项目市长领办制、协调例会制、项目落地跟踪推进制等制度，为项目建设营造良好环境。扎实推进省级经济技术开发区申报工作。落实减税降费政策，全年减税降费2.76亿元。大力扶持民营经济发展，出台《关于支持民营企业发展的意见》，9户企业实现小升规；克服困难清偿民营企业中小企业账款9242万元，为激发民营经济活力做出最大努力。稳妥推进农村集体产权制度改革。招商引资签约84.50亿元。（赵志英）

【城乡建设】2019年，古交市完成土地利用总体规划更新评价及城镇低效用地再开发规划修编，扎实推进国土空间规划、“城市双修”（指生态修复、城市修补）专项规划和实用性村庄规划编制工作，城乡规划进一步完善。狠抓基础设施建设，天然气置换工程完成户内改造3.60万户，“三供一业”分离移交（指将国有企业家属区水、电、暖和物业管理职能从企业剥离，转由社会专业单位实施管理）改造稳步推进，2万余户居民实现按时供暖；棚户区改造完成征收任务1402户，发放征收补偿款5178万元；加强城市路网建设，完成滨河南路、大川东路北段和古城街改造工程；建成滨河北路、大川东路2座人行天桥，推进汽车客运站、屯村—太克线等项目建设。高标准整治13条背街小巷，改造17个老旧小区，滨河便民市场提升改造项目入选太原市十大民心工程。精心打造关头、龙庄沟等4个乡村振兴示范村，完成49个村饮水安全工程，实施26个村生活污水收集和道路改造，建成11所农村日间照料中心，改造农村户厕1318座，完成“四好农村路”（指建好、管好、护好、运营好农村公路）133千米，城乡人居环境进一步改善。（赵志英）

【生态环境保护】2019年，古交市推进“三环生态圈”战略（指以中心区域为内环，以金牛森林公园建设为重点，提升城市绿化品位的生态景观圈；以城郊边缘、主要农村聚集地为中环，发展经济林和观光林的生态经济圈；以边缘山区为外环，推进荒山绿化的生态氧吧圈），完成造林3160公顷；推进城市园林绿化建设，实施水泉寨公园（西园）、迎宾园等4项提质改造工程，全市森林覆盖率达28.16%，城市绿化覆盖率达43.31%。坚持“铁腕治污”，全面完成中央、省环保督察和“回头看”交办任务。坚决打赢蓝天保卫战，突出“减煤”“抑尘”“禁燃”重点举措，完成9332户农村“煤改电”工程和987户集中供热改造工程，为14094户村民发放清洁蓝炭，实施违法排污整治“百日清零”专项行动，圆满完成秋冬防任务。全年优良天数306天，优良率84.10%，居太原市第一。加强汾河流域水环境治理，整治沿河74个入河排污口，实施二污厂提标改造和4座污水厂保温提效工程，完成3个建制镇污水收集和19家工业企业废水治理设施改造，汾河出口断面水质全年稳定达标，其中5个月达到地表水Ⅱ类以上标准。推进御道川水库建设和屯兰川、大川河中小河流河道治理。坚决打赢净土保卫战，积极推动矿山生态修复，开展矸石山规范治理，实施4个地环治理工程，土壤环境质量持续改善。（赵志英）

【民生保障】2019年，古交市始终坚持民生导向，持续加大民生投入，全年用于民生支出19.70亿元，比上年增长5.19亿元。全民技能提升培训6千余人，就业形势保持总体稳定。扎实推进教师绩效工资改革，启动“县管校聘”（指全体公办义务教育学校教师和校长全部实行县级政府统一管理），择优招聘教师100名，完成古交二高升级改造工程和教师公寓改造任务，召开教师节表彰大会，隆重奖励优秀教师和学生，形成浓厚的尊师重教氛围，并成功承办第四届全国中华优秀传统文化教育论坛，教育改革取得丰硕成果。持续深化医疗卫生体制改革，建成全省领先的县级医院心脏介入导管室和首家精准医疗实验

水泉寨公园（古交市委党史研究室供图）

室，中心医院智能云影像平台投入运行；依托乡镇卫生院、社区卫生服务中心，完成23个中医馆建设，全市连续十四年被评为省级卫生城市。完成10个图书馆分馆和11个文化馆分馆建设，组织免费送戏下乡120场，开展文化惠民基层行文艺演出21场，圆满完成“二青会”古交站火炬传递任务，央视新闻移动网等媒体直播当日点击量突破200万。扎实推进文明城市创建，获得山西省县级文明城市提名。注重民生兜底保障，城乡低保标准分别提高到每月650元和530元，退役军人和其他优抚对象政策全面落实，扎实开展“双拥”工作，实现双拥模范城创建“九连冠”。

年初承诺的60周岁以上老人免费乘坐市内公交、为在校学生办理国寿补充医疗保险、智能家庭医生签约平台建设等十件实事基本完成。为510名农民工追回被拖欠工资近1000万元；协调古交往返太原客车票价从18元降至10元，争取降低民众出行成本；推进市民高度关注的东部新城火山片区建设，PPP项目建立新的合作伙伴。统筹推进采煤沉陷区综合治理这一古交最大的民生工程，全年共投入治理资金3.26亿元，统一安置房建设主体竣工3036套，竣工率达89.65%；自主选择安置户货币补偿款发放6.79亿元，发放率达65%；统一安置户房屋分配2649户，分配率达62%；货币补偿安置签约率达98.65%，获太原市2019年度采煤沉陷区综合治理搬迁安置工作先进县（市、区）称号。

（赵志英）

【安全维稳】 2019年，古交市全面落实安全生产责任制，严格实行市级领导包联和挂牌督查煤矿制度，扎实开展各行业领域安全生产大检查和隐患排查治理，全年拨付各类安全生产资金3000余万元，企业安全投入累计5.20亿元，煤矿、非煤矿山等重点领域实现安全生产无事故，安全生产工作在太原市年度考核中十县区排名第一。建立完善应急管理体制机制，完成“1+17”（“1”即古交市应急总指挥部；“17”即抗震救灾、森林草原防灭火等17个专项应急指挥部）应急指挥、“1+38+N”（“1”即1个总体预案；“38”即38个专项应急预案，包括自然灾害类（9个）、事故灾害类（15个）、公共卫生类（3个）、安全事件类（9个）、综合保障类（2个）；“N”即乡镇（街办）、部门制订的应急预案）应急预案管理和应急物资保障三大体系建设，应急管理工作走上科学化、规范化、制度化的轨道。扎实做好信访维稳工作，全年办结信访案件352起。圆满完成“二青会”“庆祝新中国成立70周年”期间的安全稳定工作。扎实推进扫黑除恶专项斗争，出台重点行业乱象整治工作方案，打掉1个恶势力集团、1个恶势力团伙，全年命案、民转刑案件、抢劫抢夺案件均保持“零”纪录，“平安古交”建设成果进一步巩固。

（赵志英）

清徐县

【概况】 清徐县位于山西省中部，是省城太原的南大门。208、307两条国道、青银高速公路和正在建设中的太中银铁路穿境而过，交通便利，土地肥沃，水系密布，湖泊众多。全县总面积609平方千米，辖4镇5乡1个街道、139个行政村和24个社区，常住人口35万，享有“文化名城 醋都葡乡”的美誉。

2019年，全县地区生产总值完成191.93亿元，同比增长9.60%；服务业增加值完成67.65亿元，同比增长13.70%；规模以上工业增加值完成75.81亿元，同比增长3.10%；固定资产投资完成58.14亿元，同比增长80.60%；社会消费品零售总额完成73.60亿元，同比增长8.50%；一般公共预算收入完成14.35亿元，同比增长9.40%。城镇常住居民人均可支配收入达到34968元，同比增长7.90%；农村常住居民人均可支配收入达到20732元，同比增长8.30%。

（崔志明）

【经济发展】 2019年，清徐县加快推进项目建设，严格落实县级领导包联项目制度和党政领导轮班对接服务项目制度，开复工项目67项包括19项转型项目，开复工率达到57.14%。开展精准招商，引进法国威立雅危废处理项目和新加坡丰树集团物流项目两家全球500强企业。充实项目储备，2019年全县共签约或达成意向的项目49个，协议总投资1183亿元。加快传统产业升级，高标准推进清徐精细化工循环产业园，推动实现由“有焦无化”走向“以化领焦”。加大铸造、煤炭、洗煤等传统产业优化提升、整合淘汰力度，全县铸铁暖气片企业由50多家缩减至5家，煤企由21家整合为11家，65家洗煤企业已关停42家，洗选产能由4500万吨压减至1600万吨。加快培育非煤新兴产业，高起点谋划，高标准布局醋都小镇和通航小镇项目。推进职教园区建设，打造全省乃至全国的高端职业技能人才培训基地。加快构建现代农业产业体系，大力发展有机旱作农业和设施农业，建成柳杜成子设施农业主题公园、汾河万亩休闲农业观光园等一批重点项目，新发展设施蔬菜280公顷，蔬菜播种总面积达5466.67公顷。举办清徐老陈醋成都天津广州行、首届国际食醋创新论坛、清徐县第二届农特产品展示展销会等会展节庆活动，提升“醋都、葡乡、菜篮子”的美誉度。2019年农村人均可支配收入突破20000元，增幅继续高于城镇居民收入。

（崔志明）

【民生保障】 2019年，清徐县坚持以人民为中心的发展理念，加快改善城乡面貌，花篮主题公园、白石河城郊森林公园建成开园，美锦大街及立面改造、紫林路改造、307国道市政化、旧307国道改线等工程完工并投入使用，文源路改造、凤仪街改造、四好农村路等工程接近尾声，城市综合承载能力得到显著提升。成功举办尧城（太原）国际通用航空飞行大会、全国跳伞锦标赛、中国·太原清徐首届国际音乐焰火节。积极发展社会事业，大力实施“健康清徐”战略，完善分级诊疗制度，实现小病不出村、常见病不出乡、大病不出县。坚持教育强县，推动城乡教育一体化发展，中高考率再创新高。2019年，城镇新增就业6712人，困难群体实现应保尽保全覆盖。持续推进安全饮水提升工程、农村危房改造、“棚户区”改造、养老事业等领域民生工程，民生福祉不断增强。（崔志明）

【生态环境保护】 2019年，清徐县忠实践行习近平生态文明思想，牢固树立绿水青山就是金山银山的发展理念，把生态环境保护的政治责任扛在肩上、抓在手上、落到实处。扎实推进大气及工业污染治理，关停“散乱污”企业299家，环保资金累计投入超过18亿元。建成智慧环保中心，全县大气环境质量连续创下月度排名最好水平。围绕水环境污染治理，投资6.73亿元，新建扩建污水处理厂4个，新建污水处理站点18个。对全境17条边山河、过境河、退水渠进行整治，共铺设污水收纳管网12.30千米、硬化渠底7.80千米，清淤230万立方米。完成县城东湖、清泉湖“两湖”连通工程，国考、省考断面水质首次退出劣V类。围绕扬尘污染治理，共投入资金32.40亿元，改扩建城乡路网177千米，供热管网29.60千米，全境国省道和县乡公路实现统一机扫保洁。围绕城乡环境卫生整治，实施拆违治乱、垃圾治理、污水治理、厕所革命、卫生乡村“五大专项行动”，全县投入资金9.20亿元，拆除违建145万平方米，立面改造98万平方米；清理垃圾、矸石固废279万吨；农村改厕15204个，是市下达任务的5倍；完成142个村（社区）近8万户的“煤改电”“煤改气”任务；打造精品村36个、示范村123个、达标村27个，农村人居环境得到进一步改善。围绕生态修复与监督执法，完成1006.67公顷绿化任务，全年共处罚环境违法行为228起，处罚2517万元，查封扣押37起，通过全面防治、环境修复、严罚重处三管齐下，全县区域环境质量得到明显改善。（崔志明）

【深化改革】 2019年，清徐县健全党对重大工作领导体制，成立9个县委议事协调机构，分两批对22个行政和事业机构的27名行政人员、277名事业人员进行划转，确保新组建机构正常运转。按照省市要求，同步推进完成城市综合执法改革、乡镇管理体制改革，积极有序推进事业单位改革。制定出台《清徐县相对集中行政许可权改革实施方案》《2019年农村人居环境整治行动计划》《清徐县招商引资项目服务管理办法及负面清单》等一批政策制度，各领域机制体制更加规范完善。减税降费、支持民营经济发展等政策取得明显成效，县域医共体建设、县管校聘改革成为可复制的亮点和特色，供给侧结构性改革、“放管服效”改革、财税体制改革等深入推进，民主法治、党的建设、纪检监察等领域的改革均取得新的进展。（崔志明）

精细化工园区（清徐县委党史研究室供图）

【从严治党】 2019年，清徐县全面提升机关、农村、非公和社会组织等领域基层党建水平，组织开展党（工）委书记述职评议、党支部书记“双述双评”活动，扎实推进“新时代堡垒工程”三年行动，27个软弱涣散基层党组织实现转化提升。制定《清徐县农村基层党组织量化评级实施办法》和《清徐县农村“两委”主干薪酬职业化管理指导意见》，投入资金超1亿元，年度“三基建设”任务全部完成。全面实施“百千万党员干部培训工程”，深入推进“清徐英才”集聚计划，干部人才队伍建设进一步加强。树立重实干重实绩的用人导向，共调整干部19批394人次，职务职级并行套转394人次，晋升16人次。深入开展违反中央八项规定精神、形式主义官僚主义、不担当不作为突出问题专项整治。共查处违反中央八项规定精神问题38起，党纪政务处分19人，组织处理19人；查处形式主义官僚主义突出问题25起，党纪政务处分18人，组织处理7人。强化对反腐败斗争的全过程领导，一体推进不敢腐、不能腐、不想腐。共处置问题线索514件，立案200起，党纪政务处分175人，组织处理55人，留置3人，移送检察机关2人，震慑效果进一步显现，发生在群众身边的不正之风和腐败问题得到有效遏制。（崔志明）

阳曲县

【概况】 阳曲之名始于西汉，“河千里一曲，曲当其冲”，故名阳曲，史称“三晋首邑”。阳曲县位于北纬37.56°~38.09°，东经112.12°~113.09°，地处山西省中部，是省会太原的北大门，县城距省城23千米。东连盂县，西接静乐县和古交市，南与尖草坪区、万柏林区、杏花岭区交界，北与忻州市相邻，东北、东南分别与定襄、寿阳县接壤。境内山多川少，全县总面积2070平方千米，占太原市总面积的三分之一。土地面积207066.67公顷，其中耕地27733.33公顷，宜林地70000公顷、宜牧地36666.67公顷。地下水资源丰富，水质优良，已发现的矿产种类有煤、白云岩、石灰石、花岗岩、赤铁矿、铝矾土、石膏、钾长石、云母、石英石等多种矿藏，具有较大的开发价值。主要农作物有玉米、高粱、谷子、葵花、马铃薯、豆类、莜麦、荞麦、糜黍等。

2019年地区生产总值完成50.87亿元，增速3%；服务业增加值完成16.05亿元，增速11.70%；固定资产投资完成61.24亿元，增速17%；社会消费品零售总额完成18.66亿元，增速10%；一般公共预算收入完成6.54亿元，增速5.50%；城镇居民人均可支配收入完成26699元，增速8.10%；农村居民人均可支配收入完成10754元，增速13.10%。（崔振刚）

【工业强县战略】2019年，阳曲县汇诚建筑、昊瑞机械等项目顺利完工，国新天然气、昊业新材料、德盛机电等项目建成投产，全县规模以上企业总数达到42家。提质降耗效果明显，万元GDP用水量降幅达到1.60%，万元工业增加值用水量降幅达到0.65%。深入开展高新技术企业倍增计划，新认定高新技术企业11家，总数达到20家，位列三县一市之首。工业技术改造加快实施，支持企业申报各项技改资金达7367万元，为企业转型升级注入强劲动力。（崔振刚）

【现代农业发展】2019年，阳曲现代农业产业示范区顺利起步，拉开全县农业规模化、产业化发展大幕。“一减五增”稳步实施，累计调减籽粒玉米4133.33公顷，新增谷子杂粮866.67公顷、蔬菜1733.33公顷、葡果333.33公顷、花卉133.33公顷、中药材1066.67公顷。全县设施蔬菜面积达到666.67余公顷，温室、大棚总数达到2500余栋，集中连片设施园区41个。规模养殖场达到82个，全年猪肉产量4292.62吨、羊肉2697.28吨、禽肉737.82吨、禽蛋1.08万吨、牛奶1万吨。加快农机化新技术、新机具推广使用，建设胡麻机械化种植示范区6.67公顷、农田残膜回收示范区33.33公顷，农业增效、农民增收步伐不断加快。（崔振刚）

【商贸服务业】2019年，阳曲县中远通达、穗华申通等物流项目主体完工，大福通仓储物流园项目正式运营。万科、阳兴府、龙城晋府等房地产项目快速推进，完成总投资5.71亿元。华夏历史文明传承园11个项目主体和19个附属项目完工。青龙古镇被评为中国特色创客小镇；泥屯镇龙泉村、杨兴乡坪里村入选第二批山西省旅游扶贫示范村名单；东黄水镇马驼村、黄寨镇上安村、泥屯镇龙泉村入选山西省首批100家3A级乡村旅游示范村名单。2019年全县旅游景区累计接待游客218万人次，实现旅游总收入2785万元。（崔振刚）

【特色产业】2019年，阳曲县1333.33公顷高标准农田建设项目加速实施，泥屯、东黄水2个有机旱作谷子主产区和高村县级有机旱作谷子试验示范区顺利建成。新莱豆、苦苣等9个品种获得农业部无公害农产品及产地认证，北小店羊肚菌成功出菇。持续举办农民丰收节、特色农产品展销会等活动，评选出“十大放心农产品品牌”。“阳曲小米”获得国家知识产权局颁发的地理标志证明商标。阳曲县成为阿里巴巴集团“一县一业”项目全省首家合作县。全县谷子价格每500克普遍上涨1元以上，农民直接增收4000余万元，实现经济效益和社会效益“双丰收”。（崔振刚）

【农村人居环境改善】2019年，阳曲县农村改厕年度任务超额完成，《人民日报》对阳曲改厕模式进行专题报道，省内外2000余人次进行观摩学习。积极探索农村污水集中排放“阳曲模式”，录古咀、鄯都等6个村安装地埋式一体化污水处理设施。农村垃圾治理成果明显，阳曲县被评为改善农村人居环境省市级示范县。（崔振刚）

【农村改革】2019年，阳曲县182个村集体经济组织全部完成清产核资和数据录入，村集体经济组织成员身份确认工作全面完成。进一步巩固土地确权登记颁证工作成果，完善土地承包合同2.50万余份，颁发土地承包经营权证2.40万余份，进一步稳定承包关系，促进土地流转和规模经营，增添农业农村发展新动能。评选出年度“十佳农民”，培育新型经营主体350个，全面提升农业劳动者职业技能水平。深入实施基层农技推广体系改革补助项目，培育农业示范主体110个、基层农技人员99名，为农村培养一批留得住、用得上、干得好的带头人。（崔振刚）

【城乡基础设施建设】2019年，阳曲县投资2.25亿元建设“四好农村路”98.74千米。总投资约1.98亿元完成县城44条街巷改造。首邑南路、阳兴公园停车场和交通枢纽停车区域等工程基本完工，新增停车位600余个。新安西街棚户区改造项目新开工318套，共计完成投资1.16亿元。实施县城排水节点完善工程，污水直排问题得到有效解决。以“九乱”专项整治为抓手，整治背街小巷44条、老旧小区25个、“五小”门店303家、窗口单位25家。大力开展文明交通综合治理，文明交通工作在二类县区中排名第一，全市排名第二。深入推进“烟头革命”“垃圾清零”“门前五包”等十三个专项攻坚行动，县城面貌焕然一新。深入践行社会主义核心价值观，“最美教师”金彩君、“最美环卫工人”侯永秀等道德模范不断涌现，全县积极向上、文明和谐的氛围日渐浓厚。（崔振刚）

【城乡生态建设】2019年，阳曲县实施314省道提档改造绿化工程，栽植各类苗木15万株、绿化里程32千米，绿化栽植面积55万平方米。因村制宜完成南留南、北家庄等10个美丽乡村绿化工作。实施营造林3786.67公顷，森林覆盖率达到26.20%。北山生态园被全国绿化委员会授予国家“互联网+全民义务植树基地”，二青会生态公园被市绿化委员会命名为“省城青年义务植树基地”。加大大气污染防治力度，提前两年完成1.20万余户天然气置换工作。进一步强化河长制，完成水保治理任务面积3360公顷，生态修复面积5666.67公顷。实施杨兴河侯村段水毁修复、杨兴河水污染治理等工程，全面清理河道内土碴、淤泥及生活垃圾。全年二级及以上优良天数239天，空气质量综合指数PM2.5、PM10平均浓度等多项指标全市排名稳居前三。（崔振刚）

【招商引资】2019年，阳曲县主动出击，上门招商，成功引进世界500强太平洋建设集团，招商引资迈上新台阶。外出开展招商引资活动10批次，接待来访重要客商80余批次。全年签约亿元以上项目18个，总投资达207.25亿元。（崔振刚）

【脱贫成效巩固】2019年，阳曲县实施产业扶贫项目166个，建成农业种植连片园区4个、蔬菜大棚32.67公顷、标准化养殖场53个、农旅融合示范点48个。坚持培育“互联网+”新业态，与电商平台“斑马会员”合作的“会员制电商助力精准扶贫”模式入选国务院扶贫办2019年企业精准扶贫专项50佳案例，阳曲县获全省特色产业精准脱贫范例县，北小店乡六固村和杨兴乡鄯都村被评为全省产业扶贫“五有”机制示范村。2019年阳曲县脱贫攻坚成效考核在全省41个摘帽县中名列前茅。（崔振刚）

【社会事业】2019年，阳曲县城乡居民、城镇职工各项社会保险和最低生活保障应保尽保。全民技能提升工程培训2710人，城镇新增就业人数1105人，创业带动就业232人，转移农村劳动力2238人。开展阳光托养计划，为394名重度残疾人提供“量体裁衣”式个体化精准康复服务。全年发放各类社会救助资金6116万元，有力保障困难群众的基本生活。

全力保障科教文卫等民生重点，全年累计投入19.26亿元，同比增长19.74%。投资1000余万元对全县校舍进行维修加固和提档升级。中小学、幼儿园“县管校聘”管理改革工作圆满完成。高考成绩连续8年稳步攀升。首邑学校获“全国教育系统先进集体”称号。实施文化惠民工程，全年免费送戏下乡158场，农村电影免费放映1538场。进一步深化县域综合医疗改革，成立7个博士工作站、组建8个医疗服务团队下沉到10个卫生院开展医疗帮扶，有效满足基层群众不断增长的医疗服务需求。县医院获“中国县级医院现代化管理制度示范奖”。（崔振刚）

【平安阳曲建设】2019年，阳曲县建立平安志愿者队伍3500余人；推广新时代“枫桥经验”，录古咀村被评为全国乡村治理示范村；深化扫黑除恶专项斗争，共接收线索256条，22名受过刑事处罚的村“两委”人员全部被清退；严守不发生重特大事故底线，全县安全生产形势总体平稳。（崔振刚）

【深化“放管服效”改革】2019年，阳曲县5500余平方米的新政务服务中心投入使用，办事窗口由50个增至104个，审批服务事项由127项增至179项，3726项政务服务事项得到梳理、认领、确认，累计办件量同比增长近7倍，一般审批事项、证明事项平均压减28%，平均办理时限压缩50%。阳曲县优化营商环境暨第三方评价活动在全市率先举行，获得社会各界高达9.09分的满意度评价。大力倡导立说立行，承接并办结“13710”系统督办件102件、“12345”便民服务热线4740件，确保重大决策、重点工作、重要事项的压茬推进。（崔振刚）

娄烦县

【概况】娄烦县位于山西省中西部，太原市西北。地理坐标：北纬37°51′~38°13′，东经111°31′~112°02′。东邻古交市，南毗交城县，西接方山县，北与岚县相连，东北与静乐县接壤。境内西南部群山环绕，东北部丘陵起伏，山脊与毗邻县（市）成天然分界线。境域总面积1289.85平方千米，东西最大距离48千米，南北最大距离44千米，县境周长204.25千米。全县辖3镇5乡，共有142个行政村，6个社区，另有77个自然村。境内已探明的矿藏主要有：煤、铁、大理石、硅、钨、铝矾土、石灰石、石墨、汉白玉、石英石、磷、石膏、云母、水晶石、铜、金等16种。其中煤储量达15亿吨，铁矿储量在6亿吨以上，硅储量100万吨，大理石储量1亿立方米。（张宪平）

【机构改革】2019年，娄烦县加强改革工作领导，及时跟进学习中央和省、市全面深化改革相关会议精神，先后9次研究审议全面深化改革事项，研究制定《中共娄烦县委全面深化改革领导小组2019年工作要点及责任分工》。认真落实“四个亲自”要求，按照重点突破、巩固提升、持续推进、部署推动“四个一批”，承接落实国家、省市改革事项41项，细化实化为239项具体改革任务，党政主要领导带头领办23项，有力推动各项重点改革事项落地落实。

重点领域改革。认真贯彻中央和省委、市委改革部署，压茬推进对外挂牌、集中办公、职能划转、人员转隶等环节有效衔接，全面完成县级党政机构改革。同步推进市场监管、交通运输、农业农村4个领域综合行政执法改革，深化乡镇机构改革，统筹推进事业单位改革，推动构建系统完备、科学规范、运行高效的机构职能体系。

彰显改革实效。启动实施相对集中行政许可权改革，将16个单位174项行政审批及关联事项统一划转至行政审批服务管理局集中行使。推动政务服务改革深化再升级，20家部门149个行政审批事项实行“一站式”办理。加快一体化在线政务服务平台建设，梳理“四级四同”事项613项。稳步推进农村集体产权制度改革，完成155个集体经济组织清产核资，清查账面资产总额3.10亿元。全面完成农村土地经营权登记确权颁证工作，并通过省、市确权成果验收。（张宪平）

【脱贫攻坚】 2019年，娄烦县坚持以巩固成果提质量。深入贯彻落实习近平总书记关于扶贫工作的重要论述，坚持以脱贫攻坚统揽经济社会发展全局，坚持脱贫“摘帽”不摘责任、不摘政策、不摘帮扶、不摘监管的“四个不摘”原则，聚焦“两不愁三保障”突出问题，狠抓责任、政策、工作“三落实”，实施“六个巩固”，推动“七个提升”，各项巩固脱贫成果的举措落地落实落细，圆满完成年度脱贫攻坚目标任务，贫困发生率由上一年的0.97%降至0.50%。

坚持以产业扶贫强支撑。统筹整合涉农资金2.79亿元，安排实施扶贫项目135个，重点在持续推动马铃薯、光伏两大产业全覆盖上下功夫，马铃薯产业覆盖1.20万贫困户，光伏产业覆盖所有贫困村、贫困户，仅光伏一项就带动贫困户户均收入5000元以上。因地制宜，整合资源，发展水貂、食用菌、油用牡丹、中药材等七大特色产业，累计种植面积7866.67公顷，覆盖7500户2万余人，贫困户户均2个以上增收项目，产业扶贫向更宽、更好、更精准的方向发展。

坚持以稳定增收固根本。不断拓宽贫困户增收渠道，16个龙头企业（合作社）带动4577户11121名贫困人口稳定受益。组织开展实用技能培训3703人次，贫困劳力外出务工1万余人。开发扶贫公益岗位180余个，发展扶贫车间吸纳100余人就业。乡村旅游从业人数超过100余名，辐射带动贫困户1100余人。生态扶贫惠及贫困户1503户。社会消费扶贫累计帮助贫困群众销售农副产品2400余万公斤。金融扶贫为349户建档立卡贫困户发放小额信贷1639.60万元。

坚持以政策保障兜底线。全面落实“三保险”“三救助”和医疗扶贫“136”政策，健康扶贫“三个一批”累计救助1.50万人次，贫困户医疗“双签约”1555户、服务1.30万人次。教育扶贫资助覆盖1.60万人。返贫险覆盖3.70万贫困人口。实行“两线合一”，农村低保标准提高到每人每月530元，农村特殊困难群体全部实现社会救助兜底保障。同时，出台防范化解风险、防止返贫等5个办法，围绕防范返贫建立动态监测、分级预警、分析评估、分类救助4项防返贫机制，脱贫攻坚质量得到有效保障。

坚持以基础改善促提升。完成42条村通道路和13个村的街巷硬化，所有行政村实现通硬化路、通客运车。完成安全饮水工程54处，惠及人口3.50万人。实施43个村人居环境改善项目，标准化建设农村卫生室99个，新建村级文化活动中心65个。基本完成25个易地扶贫搬迁村旧房拆除，增减挂交易49.87公顷，土地复垦复绿38公顷。全省首个装配式建筑示范点—羊圈沟易地扶贫搬迁项目完工，如期实现搬迁入住。（张宪平）

【经济发展】 2019年，娄烦县面对严峻复杂的内外环境和经济下行压力，紧紧扭住发展这个第一要务不动摇，深入贯彻新发展理念，落实高质量发展要求，全力加快转型发展步伐，推动经济发展总体平稳、稳中有进、稳中提质。

经济发展实现稳中向好。认真学习贯彻习近平新时代中国特色社会主义经济思想，及时研究部署推进稳增长转方式调结构各项任务，把方向、谋大局、定政策、促发展，全县经济形势保持稳中有进、稳中向好态势。全年地区生产总值增长5.80%，服务业增加值增长8%，规模以上工业增加值增长2.50%，社会消费品零售总额增长1.90%，固定资产投资增长7%，一般公共预算收入增长11.30%，农村居民人均可支配收入增长11%，城镇居民人均可支配收入增长6.80%。

大力推进重点项目建设。牢固树立“项目为王”的理念，切实把各项工作目标落实到具体项目上，开展“深化转型项目建设年”行动，持续实行县级党政领导包联重点项目和坐班对接项目工作机制，落实项目建设“六大”机制，全年安排实施重点项目43个，总投资48.80亿元，开复工率100%。转型项目14个，开复工率100%。列入省、市项目库的31项重点项目，开工建设30项，开复工率97%。

统筹推进三次产业发展。实施省级农业生产托管服务试点项目，完成托管服务补助面积3333.33公顷。种植马铃薯6666.67公顷、中药材733.33公顷、小杂粮4000公顷。实施万亩渗水地膜谷子种植项目，农产品安全质量追溯体系辐射面积200公顷，农业支持保护补贴面积8800公顷。新认证“三品一标”产品22个，30多种农产品在第六届中国（山西）特色农产品交易博览会上走俏。有序推进总规模199兆瓦的4个风电项目建设，30兆瓦云鼎光伏项目开工建设。编制完成全域旅游发展规划，启动实施“全国贫困地区公共文化服务和旅游发展示范县”建设，举办“乡村文化旅游节”系列活动，河北村、下石村、峰岭底入选全省首批AAA级乡村旅游示范村，全年旅游接待11.30万人次。

（张宪平）

【环境保护】 2019年，娄烦县牢记习近平总书记“环境就是民生，青山就是美丽，蓝天也是幸福”的谆谆嘱托，认真践行“两山”理论，持续把改善生态环境、保护省城水源地摆在全局工作的突出位置，大力推进生态文明建设，不断满足人民群众日益增长的美好生态环境需要。

持续开展造林绿化。坚持把生态造林绿化与巩固脱贫成果相结合，做实“增绿、增景、增收”文章，持续实施“退耕还林、创森造林、提质增效、林下经济、生态管护”五大行动，推进水源涵养、生态修复、山体治理等12项工程，高标准造林3973.33公顷，完成“创森”提档升级1033.33公顷，生态扶贫带动1.50万人增收。全县森林覆盖率达24%、绿化率达55%。顺利承办全市造林绿化现场观摩推进会，造林绿化经验做法得到肯定和认可。

加强水源环境保护。牢记保护省城水源地这一特殊使命，积极启动汾河中上游山水林田湖草生态保护修复试点12项工程，实施汾河晋祠泉域补水工程和汾河库尾河道应急整治，稳步推进汾河水库生态环境保护综合治理项目，岚河、汾河水质改善工程主体基本完工，新建环汾河水库防护网6.30千米，入库水质、出境断面水质均达地表水三类以上。

全力抓好污染防治。近三年中央、省环保督察、督察“回头看”等各类反馈的258个问题整改工作全面完成，查处环境违法问题企业825家次、取缔露天经营343处。全国第二次污染源普查工作取得阶段性进展。统筹推进集中供热、煤改电、清洁煤置换，对46个村8078户居民“煤改电”供暖设施进行改造，向1.50万户农户分期供应清洁煤（蓝炭）4.50万余吨。秋冬季大气防治首战告捷，PM10、PM2.5峰值浓度有效降低，大气综合质量指数持续排名全市前列。

（张宪平）

【民主法治建设】 2019年，娄烦县支持人大依法履行职能。积极支持县人大及其常委会依法行使权力，更好发挥人大代表作用。实施人大代表乡村联络站（点）建设，县人大围绕脱贫攻坚、经济转型、污染防治、民生改善等领域开展各类调研11次，执法检查2次，审议“一府一委两院”专项报告16项，做出决议决定11项，督促办结代表议案、建议35件，各项工作的针对性、时效性和权威性不断提高。

政协依章开展工作。积极推动协商民主广泛、多层、制度化发展，支持县政协履行政治协商、民主监督、参政议政职能。县政协聚焦群众关心关注的热点问题，收集上报社情民意信息80余篇，办理委员提案27个，围绕脱贫攻坚、乡村振兴、文明交通等重大课题开展视察调研5次，积极建言献策，广泛凝聚共识，当好党委政府的参谋助手。

发展爱国统一战线。坚持与各民主党派、工商联、无党派人士协商通报制度，引深“百企帮百村”“入企入会”“四信”等活动，成立娄烦商会，强化党外知识分子、新的社会阶层统战工作，积极做好外事、侨务、对台等工作，保障民族宗教领域和谐稳定。扎实做好党管武装、国防动员和双拥共建等工作。

推进法治娄烦建设。对行政执法主体和行政执法（监督）人员进行大清理，开展法律“六进”活动140余次，实施免费法律咨询便民工程，全县党政机构外聘法律顾问实现全覆盖。着力加强和创新社会治理，积极开展新时代“枫桥经验”推广工作，排查调处综合矛盾纠纷861起。持续推进“雪亮”工程与“天网”建设，支持法检“两院”和公安部门依法办案，保障公正司法，维护社会公平正义，群众安全感和政法工作满意度实现“双提升”。

（张宪平）

【社会事业】 2019年，娄烦县持续改善城乡环境。实施滨河南路西延、县医院环路建设等工程，对20个老旧小区、15条背街小巷进行集中整治，总投资4.60亿元的农村基础设施建设PPP项目基本完工，实施10个村污水综合治理，完成农户改厕1212个，扩面延伸农村公路62千米。改造农村电网67个村，新增负荷51.10兆伏安。开展水土综合治理3500公顷，对县域6条主河道开展清河疏浚。县城建成区绿化覆盖率、绿地率均提高0.50个百分点。

提升民生保障水平。第三实验学校、职教中心、娄烦中学综合教学楼项目主体完工。开工建设县城二级汽车站，新建县妇幼计划生育、县疾控所业务用房。1035套采煤沉陷区综合治理搬迁安置房分配到户。乡村便民购药服务实现全覆盖，乡镇卫生院、村级卫生室药品品种分别增加到200种、50种以上。贫困人口县域内住院治疗个人自付医疗费用降至7.40%，家庭医生签约服务覆盖6.30万人。开展经济困难高龄和失能老人关爱行动，持续推进城乡居民医保、低保、养老等各项保障提标扩面，库区补偿补助覆盖2.90万人。完成全民技能提升培训2850人，转移农村劳动力1911人，城镇新增就业2170人，城镇登记失业率3.77%。引深文化惠民活动，开展送戏进村、送电影下乡1807场次。

（张宪平）

【安全稳定】 2019年，娄烦县统筹抓好矛盾调处、公共安全、治安防控等工作，辨识风险点5428处，排查整改各类安全隐患1326个。“四个重点”信访矛盾化解100%，信访“三率”保持100%。深入开展扫黑除恶专项斗争，累计铲除涉黑涉恶犯罪团伙4个，破获各类刑事案件19起，全县治安形势呈现“五升一降”态势。认真落实安全生产“党政同责、一岗双责、失职追责”制度，加强煤矿、非煤矿山、道路交通、食品药品等安全监管，有效杜绝重特大安全事故发生，安全生产形势总体稳定。

（张宪平）

文 献

中共太原市委 太原市人民政府关于印发《太原市 2019 年打赢蓝天保卫战攻坚行动实施意见》《关于进一步强化降尘污染防治工作的意见》《太原市消除劣Ⅴ类水体工作攻坚方案》的通知

（并发〔2019〕7 号）

各县（市、区）委、人民政府，市委各部委（工委），市直各委、局、办，各人民团体，各大中型企业，各大专院校：

现将《太原市 2019 年打赢蓝天保卫战攻坚行动实施意见》《关于进一步强化降尘污染防治工作的意见》《太原市消除劣Ⅴ类水体工作攻坚方案》印发给你们，请结合实际认真贯彻执行。

中共太原市委

太原市人民政府

2019 年 5 月 16 日

太原市 2019 年打赢蓝天保卫战攻坚行动实施意见

为全面落实《太原市打赢蓝天保卫战三年行动计划》（并政发〔2018〕40 号），确保 2019 年度目标任务顺利完成，持续改善大气环境质量，制定本实施意见。

一、指导思想

深入学习贯彻习近平新时代中国特色社会主义思想和习近平总书记视察山西重要讲话精神，以习近平生态文明思想为指导，牢固树立绿色发展理念，认真落实党中央、国务院和省委、省政府重大决策部署以及全国、全省生态环境保护大会要求，坚持新发展理念，坚持全民共治、源头防治、标本兼治，以明显降低细颗粒物（$PM_{2.5}$）浓度和降尘量为重点，以大幅减少重污染天气为主攻方向，持续开展大气污染防治行动，强化区域联防联控，狠抓秋冬季污染治理，坚决打赢蓝天保卫战。

二、工作原则

（一）坚持空气质量改善优先原则。把空气质量改善放在经济社会发展更加突出的位置，对影响空气质量改善的生产、建设、经营等活动要及时作出相应调整，违法违规的要坚决停产或停工，优先保障省城空气质量的全面改善。

（二）坚持“党政同责、一岗双责”原则。各级党委、政府主要负责同志牵头抓总、高位推动，带头领办空气质量改善事项，其他领导按照职责分工主动抓好分管领域相关工作。坚持市级领导同志包县（市、区）督导环境保护自查自纠工作机制，聚焦空气质量改善。

（三）坚持“管发展必须管环保，管生产必须管环保，管行业必须管环保”的原则。压实各方责任，健全工作机制，连起责任链条，市级领导要对各自分管领域的环保工作牵头总抓，市直有关部门要按照工作职责，主动开展工作，并积极指导推动县（市、区）不折不扣履行属地责任，做好相关工作。

（四）坚持属地管理原则。各级政府承担环境空气质量改善的主体责任，主要领导是第一责任人。各县（市、区）、综改示范区、不锈钢园区要严格落实属地管理的主体责任，强化网格化管理，排查问题、落实责任，确保环境空气质量持续改善。

三、工作目标

降尘量明显降低，力争退出“2+26”城市倒数第一；空气污染综合指数明显降低，空气质量排名力争退出全国168重点城市后10位，环境空气质量持续改善。

四、工作任务

坚持问题导向，聚焦环境短板，针对阶段性污染特点，打赢6项攻坚战。

（一）打赢降尘污染防治攻坚战

按照《太原市降尘污染防治攻坚行动方案》要求，紧紧围绕工地扬尘整治、裸露地面整治、城乡结合部及通往渣土场道路整治、渣土消纳场整治、建筑垃圾渣土清运、全城大清洗和工业扬尘整治，立即行动、狠抓落实、全力推进。各级各部门要制定专项实施方案，出台整治标准，明确完成时间，加强协调调度。各县（市、区）、综改示范区、不锈钢园区要认真履行主体责任，不等不靠、倒排工期，严格按照工作节点要求，全面落实各项任务，确保降尘量明显下降。

（二）打赢散煤污染综合治理攻坚战

一是积极推进清洁取暖。按照以气定改、以供定需、先立后破、不立不破的原则，继续开展农村地区清洁供暖改造，9月底前完成改造3万户，全市农村地区清洁取暖覆盖率达到70%以上，实现城六区、清徐、阳曲全覆盖。

二是推进燃煤锅炉深度治理。2019年10月1日前，7台65蒸吨及以上燃煤锅炉全部完成超低排放改造。淘汰7台35蒸吨以下燃煤锅炉，实现全市35蒸吨以下燃煤锅炉全清零。

三是强化“禁煤区”散煤管控。结合空气质量改善要求，将完成以电代煤、以气代煤等清洁能源替代的地区纳入“禁煤区”范围，实施联片管控。进一步加大“禁煤区”内土小燃煤设施的排查取缔力度，提升清洁供暖保障水平，确保清洁供暖效果，坚决杜绝散煤复烧，巩固“禁煤区”建设成果。

四是加强煤质管控。禁止使用硫分高于1%、灰分高于16%的民用散煤，保证洁净煤供应。加强煤炭销售流通环节管控，2019年底前，对民用散煤销售企业每月煤质抽检覆盖率达到10%以上，全年抽检覆盖率100%。依法查处销售劣质煤的单位和个人，集中清理、整顿、取缔不达标散煤供应渠道，严厉打击销售使用劣质煤行为，严禁洗煤厂煤泥、中煤进入民用市场。

（三）打赢工业污染整治攻坚战

一是强化“散乱污”企业综合整治。实行拉网式排查，建立管理台账。按照“先停后治”的原则，实施分类处置。列入关停取缔类（淘汰类）的，做到“两断三清”，坚决杜绝“散乱污”企业项目建设和已取缔“散乱污”企业异地转移、死灰复然。

二是深化工业污染治理。持续推进工业污染源全面达标排放，大幅削减污染排放总量。启动钢铁行业超低排放改造，2019年太钢烧结完成超低排放改造，2020年底前太钢、美锦两个钢铁企业排放总量下降50%。推进工业窑炉治理，对9大类窑炉实施结构升级和污染减排。已有行业排放标准的工业炉窑，严格执行行业排放标准特别排放限值相关规定。暂未制订行业排放标准的其他工业炉窑，按照颗粒物、二氧化硫、氮氧化物排放限值分别不高于30、200、300毫克/立方米执行，达不到上述要求的实施停产整治。

三是强化重点行业无组织排放管控。对物料（含废渣）运输、装卸、储存、转移和工艺过程等无组织排放实施深度治理。厂内所有散状物料储存、输送及主要生产车间应密闭或封闭；实施清洁运输，大宗物料和产品主要通过铁路、管道、新能源汽车或达到国六排放标准汽车等方式运输。

四是开展焦化行业执法检查专项行动。2019年二、三季度在全市开展焦化行业专项检查整治行动，依法严厉打击生态环境违法行为，全面整治焦化行业违法建设、违法生产、无证排污、超标超总量排污、以逃避监管方式排污、非法处置固体废物等问题，进一步压实县（市、区）生态环境监管责任，督促焦化企业全面落实生态环境保护主体责任。

五是严格检查企业的排污许可证执行情况。凡未领到排污许可证的企业，一律按无证排污停产；不按照排污许可证要求排污的，要依法处罚。电力行业严格执行超低排放标准，钢铁、焦化、水泥、化工等行业严格执行特别排放限值，不能稳定达标的坚决实施限产。

（四）打赢柴油货车污染治理攻坚战

一是继续深入开展柴油货车和散装物料运输车污染治理。全面实施城市过境车辆优化通行措施，严格在用柴油货车排放检验。建立常态化柴油货车路检路查工作机制，通过固定、流动执法检查点，对通行柴油货车进行不间断执法检查。加强城市道路抛洒扬尘治理联合执法，确保取得实效。

二是开展打击黑加油站点专项行动。成立商务、公安、市场监管、生态环境等部门参加的专项工作组，以城乡结合部、高速公路、国省道、企业自备油库和物流车队为重点，对无证无照黑加油站点和移动加油车，一经发现坚决取缔，严防死灰复燃。

三是强化油品质量监管。持续开展生产和流通领域车用油品质量抽检，其中对加油站车用汽柴油全年抽检覆盖率达到 100%，对油库（含企业自备油库）抽查比例每月不少于 30%，实现年度全覆盖。严厉打击生产、销售、使用不合格油品和车用尿素行为，并倒查不合格油品和车用尿素来源，情节严重的，依法吊销营业执照、成品油零售许可证；构成犯罪的，依法追究刑事责任。

四是加强非道路移动机械污染防治。建立非道路移动机械编码备案制度。2019 年底前，完成非道路移动机械摸底调查和编码登记。建立施工工地非道路移动机械作业计划报备制度，对非道路移动机械排放污染实施精准监管和动态管控，杜绝超标排放现象。推进排放不达标工程机械清洁化改造和淘汰，机场新增和更换的作业机械主要采用清洁能源或新能源。

五是大幅提升铁路货运比例。制定运输结构调整三年行动方案；加大工矿企业铁路专用线建设投入，建设城市绿色货运配送示范工程。2019 年底，全市铁路货运量比 2017 年增加 20%。

六是大幅提升新能源车辆比例。制定营运车辆结构升级三年行动方案，推广使用新能源汽车。新增和更新的公交、环卫、邮政、通勤、轻型物流配送车辆使用新能源或清洁能源汽车。2019 年底前，建成区公交车、环卫车新能源车比例达到 50%; 机场、铁路货场等新增或更换作业车辆使用新能源或清洁能源汽车。

（五）打赢臭氧污染防治攻坚战

2019 年 5 月—9 月，针对臭氧污染突出的问题，强化 NO_2、VOCs 管控，开展臭氧污染防治攻坚行动。

一是实施燃气锅炉低氮改造。对嘉节燃气热电厂锅炉及 2015 年底以前安装使用的燃气锅炉实施低氮改造，排放浓度由 150mg/m^3 降低到 30mg/m^3，大幅减少氮氧化物排放。

二是深化挥发性有机物治理。积极推进工业、建筑、汽修等行业使用低（无）VOCs 含量原辅材料和产品，统一执行国家 VOCs 含量限值要求。开展涉 VOCs 排放企业综合治理情况评估，根据评估情况开展重点行业工业企业 VOCs 治理。

三是加强中度污染管控。对尚未达到重污染天气预警启动条件的中度以上污染天气进行强力管控，督促工业企业结合实际，坚决履行社会责任，科学组织生产，优化减排方案。

四是加强餐饮油烟污染治理。积极引进市场化机制，全面推进餐饮油烟在线监控设施安装，努力实现实时监控。

（六）打赢秋冬防大气污染综合治理攻坚战

2019 年 10 月—2020 年 3 月，按照国家要求，全力推进秋冬季大气污染综合治理攻坚行动，确保秋冬防考核目标顺利完成。

一是实施秋冬季重点行业错峰生产。加大秋冬季工业企业生产调控力度，9 月底前，要针对钢铁、建材、焦化、铸造、有色、化工等高排放行业，制定错峰生产方案，实施差别化管理。以错峰引导企业加大环保改造力度，体现差异化，避免简单化、绝对化、“一刀切”。

二是夯实重污染天气应急减排能力。2019 年 8 月底前修订重污染天气应急减排清单，黄色、橙色、红色预警级别二氧化硫、氮氧化物和颗粒物减排比例原则上分别提高到 30%、40%、50%。

三是强化重污染天气研判，及时启动重污染天气应急预警。强化重污染天气区域整体联动和减排措施快速响应，要充分利用电量、视频监控、物料衡算等手段核实企业各项应急减排措施落实情况，减轻重污染天气带来的不利影响。

四是加大应急减排措施执法检查，督促企业“一厂一策”限停产措施落实到位。对重污染预警期间，凡超标排污的，受过行政处罚后又实施上述行为或者具有其他严重情节的，依法追究刑事责任。

五、保障措施

一是加强组织领导。坚持市级领导包县（市、区）督导环保自查自纠工作机制，层层传导压力，充分发挥市改善省城环境质量领导小组办公室的统筹协调、组织调度、监督检查、考核奖惩职能，加速推进省城环境质量持续改善。

二是加大工作投入。加大人员、资金、精力等各方面投入，进一步加强顶层设计、科学谋划，为全市空气质量改善提供有力保障。各级各有关部门的主要领导每天至少研究一次环保工作。

三是提高科技治理水平。充分依托“一市一策”驻点专家团队，结合本地产业、能源、运输特征，编制完善污染源排放清单；加密降尘缸布设，深入开展 PM_{10} 和降尘精细化来源解析，制定有针对性的大气污染防治技术方案，不断提升大气环境管理的科学化、动态化、差异化、精准化水平。

四是强化执法监督。“严”字当头，综合运用按日连续处罚、查封扣押、限产停产、移送行政拘留等环境保护法配套手段，严厉打击偷排漏排、超标排污、违规施工等环境违法行为，针对重点区域，要进一步强化联合执法，学习借鉴外地经验，利用电量监控技术，严密监控工业企业错峰生产和重污染天气应急减排措施执行情况，确保落实到位。

五是严格考核问责。依据《太原市环境空气质量改善奖惩方案（试行）》和《太原市2019年度降尘考核试行办法》，对各县（市、区）、综改示范区、不锈钢园区大气环境质量改善工作进行奖惩。制定《出租车走航扬尘监控考核办法》，对扬尘污染严重的路段进行通报。市纪委监委要切实加大生态环保领域监督执纪问责力度，通过日常监督、专项监督、明察暗访等方式，加强对有关地区、有关部门履职尽责情况的监督检查；对大气污染防治不作为、慢作为、失职失责等问题，严肃问责相关责任人。

六是加强舆情引导和宣传教育。高度重视大气污染防治和秋冬季攻坚行动宣传工作和舆情应对，加强舆情监测，及时关注舆情动态，做到早部署、早发现、早应对、早解决。要及时回应热点问题，创新大气污染防治科普宣传和专家解读污染防治工作，形成全社会关心、支持攻坚行动的良好氛围。

七是加强工作调度。引入“千人计划”$PM_{2.5}$特别防治专家小组第三方团队进驻我市，协助开展攻坚行动，建立攻坚行动常态化调度机制，实时消源、传导压力、全市联动。各县（市、区）、综改示范区、不锈钢园区，市直各有关部门确定1名固定联络人，每周五18点前向市改善省城环境质量领导小组办公室（联系人：王伟，联系电话：18636158293，电子邮箱：tyhbqyc@163.com）上报本周工作进展情况。市改善省城环境质量领导小组办公室定期向市委、市政府上报空气质量目标完成情况，确保随时掌握工作动态，推动工作任务落实。

关于进一步强化降尘污染防治工作的意见

2018年以来，我市降尘量居高不下，多次位于京津冀及周边地区“2+26”城市倒数第一，不仅影响了我市的形象，而且降低了公众对空气质量改善成效的认可度。为进一步强化降尘污染防治工作，确保降尘量明显减少，现提出如下意见。

一、坚持目标导向，强化责任担当

我市今年降尘污染防治工作的目标为：5月份以后，全市降尘量平均值明显下降，力争达到国家考核要求，降尘量排名退出京津冀及周边地区“2+26”城市倒数第一。各级各部门要对工作目标和当前的严峻形势有清醒的认识，把思想和行动统一到市委、市政府的决策部署上来，把生态环境保护的政治责任坚决扛起来。要结合“改革创新、奋发有为”大讨论活动，对照“六个破除”，认真反思、深刻剖析，在降尘污染防治方面率先突破，取得明显成效。

二、坚持问题导向，开展专项攻坚

各级各部门要按照《太原市降尘污染防治攻坚行动方案》要求，制定专项实施方案，出台整治标准，明确完成时间。各县（市、区）、综改示范区、不锈钢园区要认真履行主体责任，不等不靠、倒排工期、全力推进，严格按照工作节点要求，于6月底前全面落实以下各项工作任务。

（一）工地扬尘整治攻坚战。所有在建工地立即开展自查自纠，对施工范围内垃圾进行全面清理，裸露土地、物堆料堆全部进行绿网覆盖，并进行洒水抑尘。建立施工扬尘动态管理清单，严格落实施工工地“六个百分之百”要求。建立施工单位开工准入制度，严格执行项目开复工环保双验收制度，建设项目需经建设主管部门和当地政府完成环保验收，并报市政府备案后方可开工建设。规模以上建筑工地均需安装在线监测和视频监控，并与当地行业主管部门联网。坚决执行施工管理黑名单制度，强化施工工地执法检查，严厉打击违规违法行为。（牵头单位：市城乡管理局，责任单位：市房产管理局、市园林局、市水务局、各县（市、区）、综改示范区、不锈钢园区）

（二）裸露地面整治攻坚战。北至北环高速，南至清徐界，西至西山第一山脊线，东至东环高速范围内，以建成区和城乡结合部为重点，以各城区为责任主体，对347块1569万平方米裸露地面实施绿化或者透水铺装、覆盖，消除裸露地面扬尘污染。完成整治前要对裸露地面实施洒水抑尘和绿网覆盖，对地面垃圾等突出问题开展清理处置。清徐县、古交市、阳曲县、娄烦县参照市区整治方案，各自开展裸露地面大整治。（责任单位：各县（市、区）、综改示范区、不锈钢园区）

（三）城乡结合部及通往渣土场道路整治攻坚战。对585条县乡道路、城乡结合部道路全面整治，对其中扬尘污染严重的103条道路和8条渣土场道路进行硬化改造。同步建立长效管理机制，加强日常清扫保洁，采取有效抑尘措施，大幅降低道路扬尘，确保公路洁净安全畅通。（牵头单位：市交通运输局，责任单位：市城乡管理局、各县（市、区）、综改示范区、不锈钢园区）

（四）渣土消纳场整治攻坚战。加快渣土消纳场的规范化建设和管理，以城区政府为主体，组织对辖区所有渣土场开展综合整治，规范渣土有序堆放、分期分批实施绿化，暂不能绿化的采取洒水、喷洒抑尘剂、碾压覆盖等防尘措施，确保不产生扬尘污染。（责任单位：各县（市、区）、综改示范区、不锈钢园区）

（五）建筑垃圾渣土清运攻坚战。从2019年第二季度开展建筑垃圾渣土大清理专项行动，中环内及城市南部建设区堆存的建筑垃圾渣土于6月30日前全部完成清理整治。整治工作要统筹计划、规范作业、有序推进，既要按期完成，清运过程中又坚决不能产生新的扬尘污染。（牵头单位：市城乡管理局，责任单位：城六区、综改示范区、不锈钢园区）

（六）全城大清洗攻坚战。开展全城大清洗活动，发动社会力量，全民总动员，对路面便道、楼顶立面、交通设施、绿化带、行道树等进行全面清洗。要认真制定大清洗工作方案，扎实开展清洗工作，要使城市面貌焕然一新，迎接二青会胜利召开。（牵头单位：市城乡管理局，责任单位：各县（市、区）、综改示范区、不锈钢园区）

（七）工业扬尘整治攻坚战。工业企业所有散状物料堆场全部密闭，厂区内所有堆存的工业固废全部限期清除。水泥粉磨站、混凝土搅拌站实现物料堆场全密闭，并同时采取洒水、喷淋等抑尘措施。电厂的灰场、渣场要采取碾压、覆盖、洒水、喷淋等抑尘措施，大幅降低扬尘污染。（牵头单位：市生态环境局，责任单位：各县（市、区）、综改示范区、不锈钢园区）

三、加大政策资金扶持力度，确保各项工作落实到位

有关项目审批部门要建立绿色通道，采取并联审批、同步推进等方式，缩短审批时间，简化审批手续，全力支持降尘污染防治工程项目尽快开工建设。市城乡管理局、市交通运输局、市财政局会同相关部门，尽快研究出台裸露地面整治、城乡结合部道路及通往渣土场道路整治、渣土消纳场整治和建筑垃圾渣土清运整治、全城大清洗的市级财政补助政策，加大资金投入，为降尘污染防治工作提供有力保障。同时积极向上级部门争取资金，进一步拓宽融资渠道，确保项目资金及时到位。各县（市、区）、综改示范区、不锈钢园区也要加大配套投入力度，确保各项工作快速推进。

四、加强科学分析，提高精准施策水平

市生态环境局要充分依托“一市一策”驻点专家团队和“千人计划”$PM_{2.5}$特别防治专家小组第三方团队，结合我市产业、能源、运输特征，编制完善污染源排放清单，深入开展降尘精细化来源解析，为政府决策提供支撑。根据解析结果，制定有针对性的降尘污染防治技术方案，要抓准主要矛盾，锁定对降尘改善影响大、效果好的重点措施强化落实。坚持从实际出发，避免“一刀切”，不断提升大气环境管理的科学化、动态化、差异化、精准化水平。

五、严格考核奖惩，鼓励创新治理措施

依据《太原市2019年度降尘考核试行办法》，每月对各县（市、区）、综改示范区、不锈钢园区降尘量实施考核奖惩。鼓励各县（市、区）创新治理措施，加大治理投入，对全年降尘量改善突出的县（市、区）予以奖励。

六、严格执纪检查，坚决严肃问责

各县（市、区）、综改示范区、不锈钢园区和各部门要成立检查组，开展自查自纠，及时发现问题，解决问题，督导各相关单位落实扬尘污染防治主体责任。发现篡改、伪造监测数据的，考核结果直接认定为不合格，并依法依纪追究责任。市纪委监委要切实加大生态环保领域监督执纪问责力度，通过日常监督、专项监督、明察暗访等方式，加强对有关地区、有关部门履职尽责情况的监督检查；对大气污染防治不作为、慢作为、失职失责等问题，严肃问责相关责任人。

七、强化舆论监督，形成全民共治的良好氛围

充分利用报纸、电视、广播、微博、微信等媒体，及时通报专项整治进展情况。组织媒体记者深入一线，采访拍摄，对推进不力、进展缓慢的坚决曝光，对措施落实到位、改善明显的要大力弘扬，树立典型。组织人大代表、政协委员开展专项视察，鼓励公众通过12369环保举报24小时热线，对扬尘违法行为进行举报，自觉参与降尘污染防治工作，形成全民共治的良好氛围。

太原市消除劣Ⅴ类水体工作攻坚方案

为贯彻落实国家《水污染防治行动计划》《山西省水污染防治工作方案》和《太原市水污染防治工作方案》要求，加快改善我市地表水环境质量，攻坚山西省汾河国考断面全面达标，全面消除汾河流域太原段劣Ⅴ类水体，实现2019年水环境质量改善目标，制定本方案。

一、指导思想

以习近平生态文明思想为指导，以改善水环境质量为核心，坚持目标和问题导向，围绕汾河流域太原段4个劣Ⅴ类断面（小店桥、温南社、韩武村、美锦桥）水质超标的情况，靶向攻坚，精准施策，坚持污染治理和生态修复两手发力，深入实施水污染防治行动计划，扎实推进河湖长制，严格落实各方责任，全面消除汾河流域太原段劣Ⅴ类水体，确保实现水环境质量改善目标。

二、工作目标

2019年年底全部消除劣Ⅴ类断面。汾河小店桥、清徐县南白石河美锦桥2个断面水质退出劣Ⅴ类；温南社、韩武村（国考）2个断面水质氨氮≤6mg/L、其他指标达Ⅴ类，年底退出劣Ⅴ类。

三、工作任务

（一）加快推进城镇生活污水治理

1.汾东污水处理厂一期工程全面投运。加快推进汾东污水处理厂一期（15万吨/日）工程调试进度，按期正常投运，排水主要污染物指标稳定达到地表水Ⅴ类标准，解决市区小店南部地区污水直排的问题，消除北张退水渠黑臭水体，全面改善太榆退水渠入汾河水质。（由市城乡管理局牵头实施）

2.全面完成城镇污水处理厂保（提）温提效改造工程。对现有城镇污水处理厂进行保（提）温提效改造，按省要求时限完成杨家堡污水处理厂、城南污水处理厂、金世纪阳光水净化有限公司、古交市污水处理厂、古交市镇城底矿生活

污水处理厂、清徐县污水处理厂等污水处理厂的保（提）温提效改造工程，确保出水化学需氧量、氨氮、总磷三项主要污染物指标稳定达到地表水Ⅴ类标准。（市城乡管理局牵头，市生态环境局配合，各县（市、区）和综改示范区负责落实）

3. 全面加大城镇污水处理厂建设力度。对超过设计处理能力满负荷运行的现有污水处理厂启动实施扩容改造建设工程。阳曲县新建污水处理厂一期工程（2万吨/日）建成投运，主要污染物排水指标稳定达到地表水Ⅳ类标准；不锈钢园区污水处理厂按期投运，9月底前完成提效改造，出水主要污染物指标达到地表水Ⅴ类标准。（阳曲县、不锈钢园区实施）

4. 全面推进城镇生活污水收集管网建设。对排入汾河景区东西暗涵的污水全部截污纳管，未经处理达标的污水一律不得直排东西暗涵，确保市区污水全收集、全处理。2019年新建污水配套管网80公里。加强城中村、老旧城区和城乡结合部污水截流、收集，现有合流制排水系统应加快实施雨污分流改造。（市城乡管理局牵头，市发改委、市住建局、市生态环境局配合，各县（市、区）和综改示范区、不锈钢园区负责落实）

（二）全力实施清徐县县域水污染治理工程

1. 全面开展清徐县南白石河水污染综合治理工程，完成九斗退水渠截污工程，整治东湖退水渠，确保南白石河美锦桥断面年内退出劣Ⅴ类。（清徐县实施）

2. 全面开展乌象民、城吴柳、河东北总退3条退水渠的清淤疏浚综合治理，解决污水直排汾河的问题，确保入汾河排放口水质达到地表水Ⅴ类。（清徐县实施）

3. 加大城镇污水处理厂建设力度。完成清徐县县城污水处理厂的扩容（1.5万吨/日）和提标改造工程，化学需氧量、氨氮、总磷三项主要污染物排放指标达到Ⅴ类标准，确保县城和清徐工业园区污水全收集、全处理；完成孟封镇污水处理厂、徐沟污水处理厂和东于镇污水处理厂等3个重点镇污水处理厂建设，化学需氧量、氨氮、总磷三项主要污染物排放指标达到Ⅴ类标准，实现排入汾河水质达标。（清徐县实施）

（三）加强工业企业废水深度治理

1. 深入实施工业企业废水提标改造工程。现有工业企业废水治理设施全面提标改造，外排废水化学需氧量、氨氮、总磷三项主要污染物指标达地表水环境质量Ⅴ类标准，其他指标达到行业特别排放限值。煤矿外排矿井水化学需氧量、氨氮、总磷三项主要污染物指标达地表水环境质量Ⅲ类标准。（市生态环境局牵头，各县（市、区）和综改示范区、不锈钢园区负责落实）

2. 集中处理工业集聚区污水。综改示范区、不锈钢园区、清徐经济开发区3个省级以上工业集聚区全部建成污水集中处理设施，安装自动在线监控装置，对现有的污水处理设施进行提标改造，2019年底前外排废水化学需氧量、氨氮、总磷三项主要污染物指标达地表水Ⅴ类标准。（市生态环境局牵头，综改示范区、不锈钢园区和清徐经济开发区负责落实）

3. 实施重点行业技术改造。按照省要求，造纸、钢铁、氮肥、印染、制药、制革等重点行业继续推行技术改造，造纸行业完成纸浆无元素氯漂白改造或采取其他低污染制浆技术，钢铁企业焦炉完成干熄焦技术改造，氮肥行业尿素生产完成工艺冷凝液水解解析技术改造，印染行业完成低排水染整工艺改造，制药（抗生素、维生素）行业完成绿色酶法生产技术改造，制革行业完成铬减量化和封闭循环利用技术改造。（市工信局牵头，市生态环境局配合，各县（市、区）和综改示范区、不锈钢园区负责落实）

（四）全面开展汾河太原段河道生态环境综合整治

1. 汾河三期景区按期完成蓄水工程，5月份完成综合治理工程，汾河小店桥断面退出劣Ⅴ类，实现小店桥断面达标。（市住建局负责落实）

2. 继续开展“清河行动”，对河道进行全面清淤、清垃圾，防止多年积存底泥污染水体。重点对太榆退水渠、北张退水渠等影响断面水质的河道、涵渠进行清淤整治。（市水务局牵头，各县（市、区）、市城乡管理局负责落实）

3. 全面巩固市区黑臭水体整治成效。采取控源截污、垃圾清理、清淤疏浚、生态修复等措施，进一步加大黑臭水体治理力度。2019年，对黑臭水体治理工作再次开展全面排查和整治，建成区黑臭水体消除比例达到100%，建立完善长效管理机制，坚决控制黑臭水体反弹，巩固黑臭水体治理成效，实现长治久清。（市城乡管理局牵头，各城区负责落实）

（五）全面开展农业农村污水治理

1. 加快沿河（渠）村直排水治理。针对汾河干流及主要支流堤外3公里范围内、常住人口2000人以上的农村建设生活污水处理设施及配套管网。2019年重点解决太榆退水渠、北张退水渠两侧农村生活污水直排问题，农村生活污水全部进行处理达标排放。优先选择城郊村、重点镇镇区村、乡（镇）政府所在地村、河流流经村、水源保护地周边村庄，因地制宜通过城带村、镇带村、联村等集中治理与分散治理相结合方式，有效管控农村生活污水乱排乱放，排入河道的实现达标排放。（市生态环境局、市农业农村局牵头，各县（市、区）和综改示范区、不锈钢园区负责落实）

2. 强化农灌退水管理。实现农业节水灌溉，强化清徐县等汾河中段退水渠管理，禁止田间灌溉退水入河。（市水务局牵头，市农业农村局配合，各县（市、区）负责落实）

3. 继续推进畜禽粪污处理。完成省下达的规模养殖场粪污处理设施建设任务，建设一批省级畜禽粪污集中处理示范中心，2019年畜禽粪污综合利用率和规模养殖场粪污处理设施装备配套率分别达到85%和95%以上，大型规模养殖场粪污处理设施装备配套率达到100%。（市农业农村局牵头，各县（市、区）负责落实）

（六）强化汾河水源地保护和实施汾河流域太原段生态用水调度

1.加强汾河水源地保护，加大水源涵养林建设力度。（市生态环境局、市规划和自然资源局按职责分别牵头实施）

2.加强汾河生态补水调度工作。制定完善汾河水库水量调度方案，合理安排闸坝下泄水量和泄流时段，维持汾河太原段基本生态用水需求。（市水务局牵头实施，市生态环境局配合）

（七）加强水环境管理

1.实施入河排污口排查整治。围绕“查、测、溯、治、堵”重点任务，全面开展入河排污口排查整治工作。以河长制湖长制为抓手，加强入河排污口监管与整治，制定排污口管理标准，坚决封堵违法入河排污口。2019年，全面完成汾河流域入河排污口排查整治。严禁河道内非法挖沙等违法行为，保障河道水生态环境质量。（市生态环境局牵头，市水务局配合，各县（市、区）负责落实）

2.完善跨界断面水质监测考核体系。厘清治理责任，按照省要求，在涉及国家、省考核断面的河流建设跨市界、县界水质自动监测站，2019年7月1日前建成投运。完善太原市地表水跨界断面水质监测结果通报机制和生态补偿考核机制。（市生态环境局牵头，市水务局配合，各县（市、区）负责落实）

3.全面加强污水处理系统进出水水量水质的监管。要对进入城市排水管网的用户严格排水许可管理，加强日常监测监管，出现进水水质和水量发生重大变化可能导致出水水质超标，或者发生影响城镇污水处理设施安全运行的突发情况时，城镇污水处理厂应当立即采取应急处理措施，不得通过溢流口直排。要全面加大对城镇污水处理厂的监管力度，对超标排放的按法律法规的上限严格处罚。（市城乡管理局、市生态环境局实施）

4.持续开展汾河流域专项环保执法检查。对超标排放、偷排偷倒违法排污企业，由县级以上生态环境部门责令改正或者限产、停产整治，同步启动违法企业环境信用失信联合惩戒；情节严重的，由市政府批准，责令停业、关闭，实施挂牌督办。对不符合产业政策的煤焦油加工等小化工“散乱污”企业，由所在地县（市、区）政府负责取缔。（市生态环境局牵头，各县（市、区）负责落实）

5.坚决打击涉水资源环境违法犯罪行为。严厉打击水环境违法行为，对严重污染环境犯罪事件，立即启动生态环境、公安等部门联合执法。对重大、疑难、复杂案件，建立会商研判机制，及时推进。在工作中发现严重污染环境犯罪线索，及时移送公安机关依法严厉打击。（市公安局牵头，市生态环境局配合，各县（市、区）负责落实）

四、工作要求

（一）加强组织领导，压实工作责任。按照省全面消除地表水劣V类断面的要求，制定目标任务，与各有关县（市、区）政府和市直相关部门签订任务书。各级各部门要高度重视，加强组织领导，根据任务书要求，制定治理方案，明确进度计划，细化分解任务，落实专人负责，加大资金投入，统筹部署水污染防治各项工作。

（二）加强统筹调度，狠抓项目建设。建立工作调度通报制度，对各重点项目建立管理台账，实行“挂单销号”管理，狠抓项目推进实施。各相关单位要倒排工期，确保工作按时保质完成。从2019年第二季度起，各有关单位每半月要向市改善省城环境质量领导小组办公室专项报告工作推进落实情况，领导小组办公室定期汇总通报断面水质情况和工程建设进展情况。

（三）强化督导考核，推进任务落实。建立工作督导考核制度，对工程实施情况开展监督检查，确保工作落到实处。对工作实绩突出的予以表彰，对断面水质超标、严重恶化的相关县（市、区）分管领导及时进行谈话提醒，强化压力传导，对组织推进不力、未按要求完成工程任务或工程进展缓慢的，按照《山西省水污染防治量化问责办法（试行）》实施问责。

（四）加强舆论宣传，强化社会监督。充分发挥媒体舆论宣传和监督作用，发挥企业环境信用体系激励和惩戒作用，通过报刊、网络、电视等媒体大力宣传水污染防治正面典型，发挥先进典型的示范引领作用，及时曝光被通报批评和约谈的负面典型。

中共太原市委　太原市人民政府
关于印发《太原市推进工业高质量发展实施方案》的通知

（并发〔2019〕16号）

各县（市、区）委、人民政府，市委各部委（工委），市直各委、局、办，各人民团体，各大中型企业，各大专院校：

现将《太原市推进工业高质量发展实施方案》印发给你们，请结合实际认真组织实施。

中共太原市委

太原市人民政府

2019年12月13日

太原市推进工业高质量发展实施方案

为深入实施工业强市战略，推动全市工业转型升级、提质增效，实现高质量发展，制定本实施方案。

一、总体要求

（一）发展思路

以习近平新时代中国特色社会主义思想为指导，全面贯彻新发展理念，深度融入科技和产业革命，以供给侧结构性改革为主线，以数字化、网络化、智能化为牵引，以技术创新为动力，提升产业基础能力和产业链水平。以打造信息技术、装备制造、新材料、绿色能源四大产业集群为重点，做强市场主体，优化产业结构，建立完善现代工业体系，实现工业经济的质量变革、效率变革、动力变革，提高“含金量”“含新量”“含绿量”，把太原建设成为发展均衡、优势突出、在全国有重要影响力的新型工业城市。

（二）推进目标

聚焦高质量发展要求，推动产业规模、结构、效益和动力整体迈上新台阶，形成现代化工业体系，竞争优势进入全国省会城市第一方阵。

“三化牵引”特征明显。以“三化”为主的技术改造投资占全部技改投资的比重达到70%以上。信息基础设施和平台支撑工业发展的能力快速提高。培育一批智能工厂、数字化车间，打造一批两化融合管理体系贯标企业、智能制造试点示范企业，基本建成智慧经济形态。

创新能力显著增强。有研发活动的大型工业企业达到100%。规模以上工业企业研发经费投入强度达到同行业先进水平。国家级、省级企业技术中心数量稳步增长、优秀率明显提升。打造出国家级产业创新中心、国家级制造业创新中心，涌现出一批百亿级、千亿级创新型企业，创新成为工业发展的主动能。

产业结构不断优化。新兴产业投资占工业投资的比重达到70%以上。培育一批转型质量高的高新技术企业、专精特新企业、“小巨人”企业和单项冠军企业。新兴产业与传统产业协同发展，工业经济具有鲜明的比较优势和发展优势。

质量效益持续提升。工业基础能力和产业链水平显著增强，主要行业盈利水平达到同业先进水平，以制造业为核心的全员劳动生产率不断提高，创建一批太原工业著名企业，“太原制造”品牌凸显。

发展方式绿色转变。万元工业增加值能耗水平持续下降，工业固体废物综合利用率稳步提升，构建起高效、清洁、低碳、循环的绿色制造体系，绿色发展、协调发展、可持续发展能力大幅提升。

二、发展重点

（一）信息技术产业集群

以抢占新一轮工业革命先机为目标，打造太原信息技术核心集聚区，培育核心企业和特色产业集群，以信息技术助推各产业高质量发展。重点依托中国长城、中科曙光、龙芯中科、中标软件、山西百信等企业，建设高端通用安全可控先进计算整机制造产业集群。依托富士康、风华信息、东杰智能等龙头企业，建设电子信息制造产业集群。依托华北网安、中网信息、天地科技等企业，建设网络信息安全产业园，打造信息安全产业集群。依托中电科“一中心三基地”项目建设，打造中国三代半导体技术产业硅谷。依托现有软件和信息技术服务产业资源，建设太原软件产业园，打造软件和信息技术服务产业集群。积极发展北斗产业、大数据产业等新兴产业集群。

（二）装备制造产业集群

以建设全国制造业强市为目标，立足特色与比较优势，做优做强成套设备，推进产业高端化、智能化、绿色化发展。重点依托中车、太重轨道、晋西、智奇等龙头企业，打造从原材料、关键零部件到整车制造的全产业链，建设轨道交通产业集群。依托中国煤科、天地煤机、太重煤机、山西煤机等龙头企业，突破煤机关键零部件、自动化信息化系统等关键技术，实现产业链全覆盖，建设国内最大的煤机智能制造产业集群。依托比亚迪、江铃重汽、威马等整车及三高能源等零部件企业，布局整车设计、高储能电池、关键零部件智能制造，打造新能源汽车产业集群。抓住我省成为国家通用航空产业发展示范省的新机遇，以太行仪表、钢科、飞机拆解基地、国产大飞机完工中心为龙头，依托清徐尧城机场布局建设通用航空产业园区，打造通用航空产业发展的山西样板。

（三）新材料产业集群

以占领材料工业的高端和前沿为目标，以产业链高端环节和价值链高附加值环节为突破，实现由单一“材料生产”向综合“加工材料”转变。重点依托太钢不锈、康镁科技、汇镪磁材、山西金阳等企业，发展以特种钢、镁铝合金、钕铁硼高性能磁性材料为代表的先进金属材料产业。依托烁科晶体等企业，聚焦第三代半导体材料等关键战略材料，形成完整的碳化硅成套装备和产业化生产工艺；依托山西钢科等企业，形成千吨级高性能碳纤维产业化制备技术，发展以碳化硅、碳纤维为代表的前沿新材料产业。依托美锦、梗阳、亚鑫、阳煤太化等企业，以针状焦、超高功率石墨电极、乙二醇、己内酰胺、LNG、尼龙56等为突破，加快发展新型化工材料产业。

（四）绿色能源产业集群

以能源革命排头兵为目标，加快构建以智能矿山、绿色电力、新能源、绿色焦化和现代煤化工、节能环保为骨架的新型绿色能源产业体系，推动资源优势真正转化为竞争优势和发展优势。推进煤炭清洁利用和深加工，鼓励煤炭企业与电力、焦化、煤化工企业强强联合，推动以煤为基的综合发展。依托清徐精细化工循环产业园，坚持有保有压、上大关小、退城入园的原则，加大产能整合力度，建设以绿色焦化为基础的化产深加工循环产业集群，实现“以化举焦”。推进焦炉煤气制氢、可再生能源制氢，积极发展“氢能+”产业，建设氢能产业园。推广氢能应用，布局氢能产业和市场，发展氢能及氢燃料汽车。对接中国工程院、中国科学院大学太原能源材料学院、山西“能源云”等机构的数据资源，发展智慧能源产业。依托太重、中电科等企业，发展新能源装备产业集群。依托太原锅炉、北方机械、山西电机等重点企业，发展节能环保产业集群。

三、主要任务

（一）突出“三化牵引”

1.加快建设新型智能基础设施。制定《太原市通信基础设施建设规划》和《太原市5G基站建设规划》，将5G基站建设纳入国土空间规划及控制性详细规划，将5G通信设施纳入建设项目审查验收内容。2020年实现城区5G网络连续覆盖。积极开展5G应用创新和试点示范，推进综改示范区、不锈钢园区、清徐精细化工循环产业园、铁路物流园建设“5G+”示范园区。组建5G产业联盟，加速推动5G、人工智能与城市千行百业深度融合，营造5G产业生态圈。（牵头单位：市工信局；配合单位：市规划和自然资源局、市大数据局、市住建局、市城乡管理局、市公安局、各县（市、区）、综改示范区、不锈钢园区、电信运营商等）

2.大力推进工业互联网平台建设。把工业互联网平台作为推进“三化牵引”的重要抓手，深入实施“互联网+先进制造”行动，做好二级标识解析节点建设申报工作。编制“太原市工业互联网平台”建设及推广工程实施方案，通过市工业转型升级资金启动并支持工业互联网建设，汇聚共享工业资源，推进企业间和企业内部的网络协同优化，催生基于互联网的新业态。通过财政支持、政府购买服务等方式，鼓励中小企业业务系统向云端迁移。促进工业化和信息化的深度融合，探索企业两化融合新模式，培育一批两化融合贯标企业。（牵头单位：市工信局、市财政局；配合单位：市大数据局、市国资委、市国有资产经营公司）

3.提高区块链、物联网等信息技术的支撑能力。立足我市在网络与信息安全、物联网、软件、北斗导航等领域的基础和优势，推进在工业领域的融合、支撑和应用。推广应用区块链技术，借助机器共识、共享账本、智能合约、隐私保护四大技术变革，为工业互联网提供数据互信、互联和共享。推进物联网建设，鼓励重点工业企业对内部网络进行以太网化、无线化、扁平化、柔性化等技术改造。支持鼓励通信运营企业在重点工业园区搭建企业全光网、5G和窄带物联网，打造示范园区。加大高带宽虚拟专网、时间敏感网络、工业无源光网络、下一代无线智能网在工业的应用。鼓励龙头企业通过设立联合实验室、信息技术研究院等方式，参与制造业、能源产业的技术合作与研发，努力形成创新成果，向产业高端领域升级拓展。（牵头单位：市工信局、市大数据局；配合单位：市科技局、市财政局、各县（市、区）、综改示范区、不锈钢园区）

4.加快实施智能制造。推动互联网、大数据、人工智能和企业的深度融合，搭建智能制造创新平台，培育智能制造整体解决方案提供商。在高端装备制造、新材料、新能源汽车等领域，支持引导企业开展智能工厂、智能生产线、数字化车间改造，培育国家级、省级智能制造试点示范标杆，带动行业智能化水平的提升。加快煤矿智能化建设，依托中国煤科、华为等企业，推进新建矿井全面智能化、生产矿井智能化改造、智能矿井和高端煤机一体化发展。开展智能制造专家诊断行动。推广人机智能交换、工业机器人、智能物流管理等技术和装备，推动“太原制造”向“太原智造”转型。（牵头单位：市工信局、市能源局；配合单位：市大数据局、市科技局、市财政局、市国资委、各县（市、区）、综改示范区、不锈钢园区）

（二）实施创新驱动

1.搭建高水平创新平台。以市场为导向，完善以企业技术中心为核心、其他研发机构、技术服务组织为辅助的技术创新体系。支持有条件的大型企业创办高水平独立研发机构和创新平台，启动高新技术企业倍增计划，鼓励企业建设制造业创新中心、工程研究中心、重点实验室及工程技术研究中心、院士工作站、“千人计划”专家工作站、产业技术创新战略联盟等创新平台，打造高能级创新载体。推动国家级、省级技术中心申报和市级技术中心认定工作，抓好战略性新兴产业的技术中心培育工作，建设国家、省级制造业创新中心和省级中心试点、培育试点四级梯次创新体系。（牵头单位：市科技局；配合单位：市工信局、市发展改革委、市科协、市委人才办、市财政局、市金融办、市国资委、各县（市、区）、综改示范区、不锈钢园区）

2. 强化产学研深度融合创新。鼓励企业与大院大所、强校强企加强合作，集聚高端创新资源。支持企业联合 C9 高校、中科院、中国工程院等共同承担国家科技重大专项研发计划，在三代半导体、新材料、新能源、通用航空、大数据、生物医药等领域开展关键共性技术研究，推进核心技术“攻尖”和重大技术迭代更新。发挥太钢、太重等国家级技术中心技术创新和产业化的骨干作用，带动中小企业开展产学研合作，提升产业整体创新能力。财政资金支持企业实施技术创新项目，促进新技术新产品的产业化。（牵头单位：市科技局；配合单位：市工信局、市教育局、市国资委、各县（市、区）、综改示范区、不锈钢园区）

3. 加快科技成果转化熟化。完善技术转移服务平台，汇聚成果库、需求库、专家库、服务机构库，构建成果转移转化服务体系，开展企业技术需求和高校科研院所科技成果对接活动。开展高质量专利成果培育、评估服务，强化科技成果中试熟化，加快技术成果落地转化。促进科技金融深度融合，设立国家科技成果转化基金太原子基金，在重点产业领域支持一批科技成果转化及产业化项目，突破科技成果转化资金瓶颈。（牵头单位：市科技局；配合单位：市工信局、市金融办）

4. 推进智能化技术改造。实施规上企业技术改造“全覆盖”工程，突出抓好现有产业智能化改造提升，推动工业企业进行“机器换人、设备换芯、生产换线”，全面提升设计、制造、工艺、管理水平。深入推进与物联网紧密结合的技术改造，支持有条件的企业开展“机联网”“厂联网”建设，打造“智慧工厂”。（牵头单位：市工信局；配合单位：市科技局、市国资委、市大数据局、各县（市、区）、综改示范区、不锈钢园区）

5. 强化质量标准建设。实施制造业质量品牌标准提升行动，支持制造企业创建品牌培育试点，推动企业申报全国质量标杆，参与国家、国际标准的制定修订工作，发挥品牌效益、质量标杆、标准先行的带动作用。（牵头单位：市市场监管局；配合单位：市工信局、市科技局、市国资委、各县（市、区）、综改示范区、不锈钢园区）

（三）推动绿色发展

1. 推进绿色生产体系建设。开展绿色工厂创建活动，推进企业用地集约化、生产洁净化、废物资源化、能源低碳化，组织符合条件的企业申报国家级绿色工厂。开展绿色园区创建活动，推进开发区、工业园区建立绿色产业链和循环经济链，促进园区企业间链接共生、原料互供、资源共享，打造园区升级版。培育绿色设计产品，率先在不锈钢、汽车、轮胎、烧结钕铁硼等领域开展国家级绿色设计产品申报。结合污染防治要求，推广应用绿色制造技术，在钢铁、铸造、水泥、化工、有色金属冶炼等行业开展清洁生产技术改造，支持企业开展绿色改造项目建设，提升可持续发展能力。（牵头单位：市工信局、市生态环境局；配合单位：各县（市、区）、综改示范区、不锈钢园区、清徐经济开发区）

2. 推进工业经济低碳发展。追求低能耗、低污染、低排放为基础的工业生产模式，按照环境保护和节能减排要求，严控“三高一低”和产能过剩行业新项目，强化对重点行业和重点企业节能环保的动态指导和监督。创新能源利用和减排技术，在二氧化碳的转化、利用等方面力争实现突破。大力淘汰落后产能，抓好焦化产业压减过剩产能工作，坚持有保有压、上大关小、扶优去劣，用 2 年时间完成压减任务，大机焦比例达到 100%。（牵头单位：市生态环境局、市工信局、市能源局；配合单位：市工信局、市发展改革委、市市场监管局、各县（市、区）、综改示范区、不锈钢园区、清徐经济开发区）

3. 推进资源综合利用。坚持减量化、资源化、再利用，推进冶炼渣、粉煤灰、脱硫石膏等大宗工业固废综合利用。推广应用资源综合利用技术，在废水深度处理、煤矸石制耐火材料、粉煤灰制保温纤维等方面，加快科技成果转化。鼓励排放固废大型工业企业发展资源综合利用产业，鼓励综合利用企业开发高端替代品和提质换代产品。推进资源综合利用项目建设，稳步提升全市工业大宗固废综合利用率。（牵头单位：市工信局；配合单位：市生态环境局、市能源局）

4. 推动绿色金融体系建立。积极探索建立绿色金融太原模式，通过绿色信贷、绿色基金、绿色债券、绿色保险、绿色担保，提高金融对节能环保产业的支持效率。严格执行法律法规和政策要求，减少环境因素导致的金融风险，确保金融信贷资金取得经济效益、社会效益和环境效益，实现环保与金融高度融合的可持续发展。（牵头单位：市金融办；配合单位：市工信局、市财政局、市生态环境局）

（四）做强市场主体

1. 发挥国企高质量发展主力军作用。把提高企业素质作为实现高质量发展的落脚点，实施国有企业振兴计划，完善法人治理结构，建立现代企业制度，培育高质量的市场主体。推进国有资本战略性重组，促进国有资本向战略性新兴产业、先进制造业等领域集聚。在大型国有企业开放股权，大力推进混合所有制改革和股权多元化。把科技含量高、成长性好、带动力强的企业纳入大企业大集团培育计划，优化资源配置，加大政策扶持。深化供给侧结构性改革，加快“僵尸”企业市场化法治化出清。（牵头单位：市国资委；配合单位：市发展改革委、市财政局、市金融办、市工信局、市能源局）

2. 大力扶持民营企业发展。全面落实省、市出台的支持民营经济发展的政策措施。鼓励民营企业参与国有企业重大投资项目和国企混合所有制改革。强化金融机构对民营企业信贷支持，构建“产业专业指导 + 银行精准支持”模式。引导民营企业开展股权融资。组织民营企业参加各类展销活动，拓展产品营销渠道。发挥好中小企业转型升级生力军作用，抓好“小升规”工作。加强中小企业公共服务平台网络建设，鼓励中小微企业走“专精特新”之路，培育一批“专精特新”企业、制造业“单项冠军”企业和“小巨人”企业。（牵头单位：市工信局；配合单位：市国资委、市金融办、市财政局、市统计局、市中小企业发展促进中心、各县（市、区）、综改示范区、不锈钢园区）

3. 构建大招商工作格局。加强招商引资工作的总体筹划和实施，把招商引资列入有关部门、各县（市、区）、开发区的目标责任考核。完善市级领导跟踪联系大企业、大项目制度，提高项目落地率。成立招商引资项目专家组，在项目引进建设上进行评估、咨询和指导。明确招商引资的负面清单、政策规范、主攻方向和主要目标，建立招商引资项目目录。把投资强度、产出效率作为衡量项目的重要标准，推进招商选资，优化投资结构和产业结构。坚持市场主体、政府引导、专业化运作，建立集政府部门、行业组织、专业机构于一体的多渠道投资促进工作平台，实施以商招商、链条招商、集群招商、平台招商、对标招商，通过精确招商，做好产业上下游配套，形成协同发展的“雁阵效应”，快速做大增量。主动对接国家有关部委和省有关厅局，紧盯央企和省企，争取列入国家、省的产业战略布局，夯实壮大太原产业基础。支持企业对外开展项目合作、改制重组，在合作中转型升级，裂变出更大、更强的新企业。抓住我市成为全国流通领域现代供应链体系建设试点城市的机遇，加快建设现代物流体系，大力发展由政府主导的生产性服务业，促进招商引资项目的落地和发展。（牵头单位：市外来投资局、市发展改革委；配合单位：市审批服务管理局、市规划和自然资源局、市工信局、市大数据局、市能源局、市科技局、市商务局、市贸促会、各县（市、区）、综改示范区、不锈钢园区）

4. 梯次推进转型项目建设。落实完善转型项目建设推进机制，从项目开工、建设、投产、达产等环节加大跟踪服务力度，强化要素保障和资金扶持，推动签约项目早落地、落地项目早建设、建设项目早投产、投产项目早见效。着眼于“建链、延链、补链、强链”，建设工业转型项目库，实行动态管理，实现梯次发展。（牵头单位：市发展改革委、市外来投资局；配合单位：市工信局、市审批服务管理局、市金融办、市能源局、市大数据局、各县（市、区）、综改示范区、不锈钢园区）

5. 突出开发区主战场地位。按照龙头带动、链式布局、研发支撑的思路，综改示范区在北部阳曲产业园区重点布局新材料、节能环保、绿色食品等产业；在中部产业整合区重点布局大数据、物联网、电子信息、高端装备、生物医药、科技研发等产业；在南部潇河产业园区重点布局新一代信息技术、先进制造、新能源、新材料、生物医药、节能环保等产业。不锈钢园区按照“一区两园”思路，与尖草坪区“区区融合”，重点布局不锈钢加工产业集群、现代制造业产业集群和现代物流产业集群。清徐开发区以能源革命综合改革试点为引领，重点布局绿色能源产业集群、现代新材料产业集群、精细化工产业集群。加快军民融合示范区建设，搭建军民两用技术创新成果展示、对接、交流平台，推进“民参军”“军转民”。各县（市、区）依托现有产业基础，迎泽、晋源打造生物医药产业集群，清徐、古交打造精细化工循环产业、信息技术、新材料和新能源产业集群，小店打造大数据、物流产业集群，清徐、杏花岭打造特色酿造产业集群。（牵头单位：市发展改革委；配合单位：各县（市、区）、综改示范区、不锈钢园区、市商务局、市外来投资局、市工信局、市科技局、市能源局）

四、保障措施

（一）加大政策扶持

1. 财政金融政策。加大财政对工业高质量发展的支持力度，根据全市工业转型升级工作进展，逐年增加工业转型升级专项资金。进一步完善资金使用办法，主要用于投资补助或贴息、以奖代投等。细化明确资金使用要求，方便企业更好把握技改投资方向。重点对企业实施的智能制造、绿色制造、技术创新、军民融合、服务制造等我市鼓励发展方向的项目给予资金支持。推进产融合作，通过贴息的方式引导金融机构落实差别化信贷政策，加大对工业重点领域的中长期融资投入。（牵头单位：市财政局；配合单位：市外来投资局、市工信局、市科技局、市发展改革委、市审批服务管理局、市金融办、市税务局、市能源局、市大数据局、各县（市、区）、综改示范区、不锈钢园区）

2. 要素政策。针对性制定推进工业高质量发展的土地政策，保障新兴产业项目用地。以综改示范区为重点，依据国土空间规划，做好产业发展专项规划，为企业集聚预留足够的发展空间。把土地一级开发、基础设施建设、标准厂房建设等作为主业，优化项目入驻条件。把生产要素配置与招商引资导向相结合，实行差异化支持。着眼企业发展需求，统筹谋划、科学调度，做好土地、水、电等要素保障，特别要帮助民营企业解决融资难题，进一步激发市场活力。（牵头单位：市规划和自然资源局；配合单位：市审批服务管理局、市外来投资局、市财政局、市能源局、市水务局、各县（市、区）、综改示范区、不锈钢园区）

3. 人才政策。把留住和用好本地人才作为首要任务，加强对特殊岗位和高层次人才的物质激励，鼓励各类人才的技术、专利等与资本一样参与收益分配。出台留住人才的配套政策，巩固提升省会城市的人才集聚优势。支持企业吸引省城高校应届毕业生入企工作，吸引太原在外地上学的应届毕业生回并工作。做好劳务输入和技能培训，推进企业新型学徒制培训，培养结构合理、素质优良的产业工人队伍，造就一批技术精湛、经验丰富的“晋阳工匠”，确保技能型人才供给。实施“以才聚才”战略，引进重点行业高层次领军人才，全面推进人才、智力、成果整体引进开发，壮大高层次人才队伍。（牵头单位：市人社局、市委人才办、市教育局；配合单位：市外来投资局、市科技局、市财政局、市总工会、各县（市、区）、综改示范区、不锈钢园区）

4. 激励政策。强化政府推进“三化牵引”和技术创新的引导作用，加大奖励扶持力度。对新认定的国家级、省级、市级企业技术中心，给予相应的创新能力建设资金补助。对认定为国家智能制造标杆企业、省级智能制造示范、试点企业给予相应的资金奖励。对5G领域新认定的国家级、省级工程技术研究中心、重点实验室，给予相应的资金奖励。对招商引资的引进人（包括企业和个人）按照引进项目投资额的一定比例和项目建设进度给予奖励。（牵头单位：市财政局；配合单位：市工信局、市科技局、市外来投资局）

（二）创优发展环境

1. 完善政策供给。创新推进工业高质量发展的体制机制，研究出台推进工业高质量发展的配套措施，确保政策红利充分释放。加强政策引导，探索制定工业高质量发展的统计指标体系，促进太原工业从“速度追赶”向“质量赶超”转变。深化要素市场化改革，完善公平竞争的市场环境，采取导向性的经济管理手段，建立基于大数据的决策支撑系统，优化劳动力、资本、土地、技术、管理等资源要素配置，提升全要素生产率。坚持市场化理念，用好用活产业投资基金，带动并扩大工业投资规模，促进资金保值增值。发展创新创业投资，建立多主体参与的创新风险分担机制。充分尊重企业市场主体地位，进一步厘清政府和市场边界，减少政府对微观经济活动的干预。（牵头单位：市发展改革委；配合单位：市工信局、市统计局、市规划和自然资源局、市人社局、市财政局、市金融办、市大数据局、市能源局、市交通局、市水务局）

2. 发挥政策效应。全方位推动国家、省、市一系列稳增长、调结构、降成本政策措施的落实，助力企业发展。引深入企服务工作，坚持市领导、部门包联企业制度，推动政策入企。把已有的政策及时、准确地传递给企业，对企业合理诉求寻求政策化解决。加大对民营企业的政策宣传力度，让民营企业更好地运用政策推进发展。优化审批流程，加强对招商引资、行政审批及政府工作人员的培训，提高服务水平和能力，创造更加良好的营商环境。完善县（市、区）和市直部门联动工作机制，强化部门协作，推行全方位服务，形成鲜明的发展导向。（牵头单位：市工信局；配合单位：市发展改革委、市审批服务管理局、市外来投资局、市规划和自然资源局、市财政局、市生态环境局、市科技局、市能源局、市金融办、市大数据局、市国资委、各县（市、区）、综改示范区、不锈钢园区）

（三）抓好组织实施

1. 加强顶层设计。成立太原市推动工业高质量发展领导小组，研究部署工业高质量发展重大事项。成立推进主导产业发展工作小组，协调和调度相关部门的专业力量，定期研判、部署产业发展和项目建设。（牵头单位：市工信局；配合单位：市委办公室、市政府办公室、市审批服务管理局、市外来投资局、市发展改革委、市规划和自然资源局、市财政局、市生态环境局、市科技局、市能源局、市水务局、市金融办、市大数据局、市国资委、市交通局、市商务局、市人社局、市市场监管局、市应急局、市公安局、各县（市、区）、综改示范区、不锈钢园区）

2. 强化督查考核。把推进工业高质量发展目标纳入对综改示范区、不锈钢园区、各县（市、区）及市直有关部门领导班子的目标考核体系。研究制定工业高质量发展考核办法，加大督查力度，强化督查考核结果运用，建立奖惩制度，确保考核出导向、出效率、出成果。（牵头单位：市委考核办、市工信局；配合单位：市委办公室、市政府办公室、市统计局）

太原市人民政府办公厅关于太原市加快现代服务业发展的政策意见

（并政办发〔2019〕12号）

各县（市、区）人民政府，综改示范区、不锈钢园区管委会，市直各委、局、办，各有关单位：

为解决我市服务业大而不强、结构不优等突出问题，促进现代服务业提质增效，增强发展新动能，培育新的经济增长点，根据省文件精神，结合我市实际，经市人民政府同意，提出本政策意见。

一、优化服务业发展环境

（一）放宽市场准入限制

凡国家法律法规未明令禁入的服务业领域，全部向外资、社会资本开放，并实行内外资、内外地企业同等待遇。对外商投资服务业行业严格按照国务院及省政府确定的前置及后置审批项目执行市场准入。任何部门和单位一律不得设置服务业企业登记前置条件，非行政许可事项全部“清零”。（牵头单位：市工商局，责任单位：市发改委、市规划和自然资源局）

（二）深入推进“放管服效”改革

简化工作程序，优化办事流程。放宽注册资本登记、企业住所登记、企业名称登记和企业集团登记等条件，支持个体工商户转型登记。允许以实物、知识产权、土地使用权等可以用货币估价并可以依法转让的非货币财产作价出资（法律、行政法规规定不得作为出资的财产除外）。认真落实我省“证照分离”改革试点工作精神，研究制定我市“多证合一”改革事项清单，将尽可能多的服务业涉企证照整合到营业执照上，在我市率先实现“多证合一、一照一码”。（牵头单位：市工商局，责任单位：市发改委、市质监局、市食药监局）

（三）完善价格政策

积极推进服务业（含限上商贸企业）用电、用气、用水、用热与工业同价政策。进一步完善峰谷分时电价政策，符合条件的服务业企业（含限上商贸企业），可参与直供电试点。经县级以上民政部门许可的养老机构用电、用水、用气、用热，按居民生活类价格执行。（牵头单位：市发改委，责任单位：市商务局、市统计局、国网太原供电公司、市天然气公司、市热力公司）

（四）落实税收优惠政策

落实国家、省、市出台的关于支持服务业企业的一系列税收优惠政策。对批准整治的土地和改造的废弃土地，从使用之月起10年内免征土地使用税。（牵头单位：市税务局，责任单位：市规划和自然资源局）

二、支持重点领域、重点行业发展

（五）信息服务业

统筹整合市直各部门信息化专项资金，设立市级大数据产业发展专项资金，支持重点园区和重大项目研发及产业化，对重点领域大数据应用实施各类补贴。（牵头单位：市经信委，责任单位：市科技局、市财政局）

推动重点创业投资企业加大对大数据企业和产业项目的风险投资。创业投资企业采取股权投资方式，投资于未上市的中小型高新技术企业2年以上的，按照其对企业投资额的70%，在股权持有满2年的当年抵扣该创业投资企业应纳税所得额；当年不足抵扣的，可以在以后纳税年度结转抵扣。（牵头单位：市经信委、市税务局，责任单位：市科技局、市财政局）

大力引进大数据、物联网、人工智能产业人才到我市创业，凡在国内外知名互联网企业或机构有3年以上工作经历且担任中高级以上职务、带项目来我市创业的大数据、物联网、人工智能管理人员或核心技术人员（团队），按企业发展规模和创新水平，给予不低于50万元的创业资金支持。对通过信息技术标准ITSS运维成熟度评估及通过软件能力成熟度集成模型CMMI评估认证的企业给予奖励。（牵头单位：市经信委，责任单位：市科技局、市财政局）

对办公使用面积分别超过5000平方米、3000平方米、1000平方米，入驻电商企业不少于50户、30户、20户，且入驻率超过80%，正常运营1年以上的国家级、省级、市级电子商务示范园区（基地），给予组织管理机构一次性100万元、50万元、20万元奖励，其中用于运营管理机构的奖励不低于50%。（牵头单位：市商务局，责任单位：市发改委、市财政局）

对新认定的国家级、省级、市级电子商务示范企业一次性分别奖励30万元、20万元、10万元。（牵头单位：市商务局，责任单位：市发改委、市财政局）

对电商企业在我市运营的独立交易平台给予奖励。上年实现电子商务交易额5000万元以上的企业，奖励100万元；电商服务商上年实现服务性收入200万元以上的企业，奖励80万元；服务电商实现出港500万件以上的快递物流企业，奖励50万元；开设网店，上年实现网络零售额1000万元以上的企业或个人，奖励20万元。在此基础上，电商交易额、服务性收入、出港快件数或网络零售额每增加10%，增加奖励5%，奖励合计最高不超过300万元。（牵头单位：市商务局，责任单位：市发改委、市财政局）

对于经认定的、运营时间一年以上、服务于电子商务企业的技术服务平台、数据分析平台、人才服务平台、物流服务平台、金融服务平台等电子商务公共服务平台，上一年度服务企业不少于500户的，给予一次性100万元奖励；上一年度服务企业不少于300户的，一次性奖励50万元。（牵头单位：市商务局，责任单位：市发改委、市财政局）

为消费者提供本地生活服务类的电商平台，年服务个人消费用户不少于500万人次的，给予一次性奖励100万元；年服务个人消费用户不少于300万人次的，给予一次性奖励50万元；年服务个人消费用户不少于100万人次的，给予一次性奖励20万元。（牵头单位：市商务局，责任单位：市发改委、市财政局）

（六）科创服务

鼓励和引导中小微企业在科技创新活动中，以科技创新券的方式向高等院校、科研院所及各类创新平台基地购买测试检测、科学数据、科技查新、生物（种质）资源、研究开发、技术转移、检验认证、创业孵化、知识产权、科技咨询、科技金融、科学技术普及以及提升企业创新能力的专业科技

服务和综合科技服务。（牵头单位：市科技局）

充分发挥政府风险投资资金引导带动作用，采取市、县（市、区）联动，引导社会资金流向科技企业孵化器，以参股投资的方式投资建设科技企业孵化器；支持科技企业孵化器与投资机构共同参与设立创业种子资金，重点支持科技企业孵化器中种子期和创业期在孵企业。（牵头单位：市科技局，责任单位：市发改委、市财政局）

经中国证券投资基金业协会备案，投资我市内的创新创业企业达到1000万元以上且投资期限已满1年的，可按不超过投资额2%的比例给予奖励，奖励最高不超过200万元；对于投资机构退出投资时形成的风险损失，按照不高于损失额20%的比例进行补偿，单个投资机构每年最高补偿不超过200万元。（牵头单位：市金融办，责任单位：市发改委、市财政局）

（七）金融服务

支持符合条件的企业发行中小企业集合债、中小企业集合票据、中小企业私募债等新型债券，按照发行规模的2%，给予单个项目单个企业最高不超过50万元的补贴。同时，对协助企业完成债券融资的金融机构、增信机构、中介服务机构，按照发行规模的1%，每家机构单个项目最高10万元的标准给予支持，单个项目补贴金额最高不超过30万元。进一步完善企业直接融资支持体系。（牵头单位：市金融办、市发改委，责任单位：市财政局）

对新引进的银行、保险、证券等金融机构，在落户选址、办公用房、人才招聘等方面给予支持，在手续办理上，相关部门开通绿色通道，在符合规定的前提下，限时予以办结。鼓励各类金融机构针对我市经济社会实际，创新金融产品，优化金融服务，对为我市经济建设做出重要贡献的金融机构管理团队给予奖励。（牵头单位：市金融办，责任单位：市规划和自然资源局、市财政局）

（八）现代物流

结合太原市新一轮城市总体规划，统筹布局现代物流业发展空间，科学规划物流园区（含电商快递物流园区和公共仓储中心）、仓配中心（含分拨中心）、末端网点（含公共配送站、快递末端综合服务场所）三级网络。在环城高速以外规划建设一类物流基础设施—物流园区，在城市核心区以外、环城高速以内规划建设二类物流基础设施—仓储配送中心，在城市核心区和农村地区规划建设基于城市社区、农村社区的智能末端配送网点。（牵头单位：市商务局，责任单位：市规划和自然资源局、市发改委、市交通运输局、市邮政管理局）

商贸物流配送中心、分拣分拨中心、仓配一体运营中心、公共仓储中心新增投资额2000万元以上（不含土地价款），或快递企业物流基础设施建筑面积占总用地面积的60%以上、运营1年以上且未发生重大安全事故的，按新增投资额5%的标准给予最高100万元补助。新评定为2A、3A、4A、5A级的物流企业、快递企业，分别给予20万元、30万元、40万元、50万元奖励。（牵头单位：市商务局、市邮政管理局，责任单位：市发改委、市财政局）

推进物流标准化、智能化、协同化、绿色化发展，推动1200×1000mm标准托盘、600×400mm包装模数等国家标准的应用，推广使用绿色环保、减量化、智能化、标准化包装产品和电子运单。引导建立以托盘、周转筐、笼车、托盘箱等标准化单元器具以及智能包装为依托的社会化循环共用体系，对循环共用标准单元器具当月租赁费，补贴额不超过租金总额的50%。鼓励实施物流装备、物流基础设施标准化改造，提升标准化、柔性化、智能化、集约化程度，对新增投资额补贴不超过15%，补贴额不超过100万元。（牵头单位：市商务局，责任单位：市发改委、市质监局、市邮政管理局、市财政局）

鼓励引进国内外先进配送模式，鼓励建设城乡高效配送体系，单个项目补贴不超过新增投资的30%；支持现代物流、现代供应链等方向的公共服务平台建设，单个项目补贴不超过新增投资的30%。采取一事一议方式，鼓励支持供应链创新应用，推广应用先进的供应链管理模式或技术，促进物流业降本增效提质，提高供应链管理水平。（牵头单位：市商务局，责任单位：市发改委、市经信委、市交通运输局、市邮政管理局）

鼓励在居民集中区、乡村设立末端网点、智能快件箱和智能信包箱，对规模化经营100个末端网点、300组以上智能快件箱、智能信包箱的企业，一次性奖励50万元；对今后新增加部分，每新增加50个末端网点多奖励15万元，每新布放100组智能快件箱、智能信报箱多奖励10万元。（牵头单位：市邮政管理局，责任单位：市发改委、市规划和自然资源局、市商务局、市财政局）

对主导制定物流、电商等国际标准、国家标准、行业标准、地方标准的企业或单位，在标准公告并执行后分别给予100万元、50万元、30万元、10万元奖励。（牵头单位：市商务局，责任单位：市发改委、市科技局、市质监局）

（九）旅游休闲

在符合城市发展总体规划和城乡建设用地规划的基础上，鼓励企业利用承租土地开展旅游景区项目报批立项，实施景区投资开发；支持旅游景区利用农村集体建设用地实施酒店、游客服务中心（除房地产外）等配套服务基础设施项目建设。（牵头单位：市旅发委，责任单位：市规划和自然资源局）

鼓励景区（景点）、休闲公园等推行管理权、经营权“两权分离”体制机制改革，提升景区运营能力和服务质量，并对国有景区完成改制奖励100万元。整体为国有文物保护单位的景区（景点），继续实行现行管理体制。大力支持5A级景区项目建设，鼓励采取PPP模式，实施一体化旅游开发，打造世界级规模文旅创意项目，实施以点带面的全域旅游发

展战略。（牵头单位：市旅发委、市文物局，责任单位：市发改委、市财政局）

投资1亿元以上新建旅游景区项目（不含土地相关费用），按固定资产投资额的3%给予一次性奖励，最高不超过300万元。对新评定为国家3A、4A、5A级的旅游风景区，一次性分别奖励30万元、50万元、100万元。对年度地接人数前5名的旅行社，一次性分别奖励50万元、60万元、70万元、80万元、100万元。（牵头单位：市旅发委，责任单位：市发改委、市财政局）

（十）文化创意服务

支持文化创意产业发展。具有自主知识产权的文化产品、文化服务被国家文化部门评定为文化品牌的，经认定一次性奖励100万元；被省文化部门评定为文化品牌的，经认定一次性奖励50万元。（牵头单位：市文化局，责任单位：市发改委、市财政局）

投资额5000万元以上的文化广电、新闻出版、创意产业参考其对我市经济、就业的贡献情况给予一定金额的奖励；获得国家级文化产业示范基地、示范园区和被认定为国家级动漫企业、获得政府出版部门版号后正式上线运营的网游研发企业，一次性奖励50万元。（牵头单位：市文化局，责任单位：市发改委、市财政局）

在我市登记注册的动漫企业，并在本市立项生产、本省版权登记的原创影视动画产品，在中央、省级电视台播出的，二维产品分别按每分钟2000元、1000元，三维产品分别按每分钟3000元、2000元给予原创企业一次性奖励。每部奖励金额分别最高不超过100万元、50万元。（牵头单位：市文化局，责任单位：市发改委、市财政局）

（十一）商贸服务

支持限额以上商贸企业扩大销售。对已进入限上企业名录库，销售额增速超过全市增速且销售额超过100亿元、按年销售额增长速度等综合考量排名前10名的批发企业，零售额超过20亿元、按年零售额增长速度等综合考量排名前10名的零售企业，分别给予20-60万元奖励。对已进入限上企业名录库，其营业额增速超过全市增速且营业额超过1亿元、按年营业额增长速度等综合排名前10名的住宿、餐饮企业，分别给予不超过30万元的奖励。根据市统计局提供的限上重点商贸企业名单，对实施集中收银的企业根据营业额规模予以奖励，最高不超过200万元。（牵头单位：市统计局，责任单位：市商务局）

根据市统计局限上商贸企业名单，对大型百货企业全年营业额超2亿元且同比增长、营业面积在20000平方米以上的，给予企业实际支付房屋租赁费的50%最高不超过50万元的房租补助。大型超市企业全年营业额超2亿元且同比增长、营业面积在15000平方米以上的，给予企业实际支付房屋租赁费的50%最高不超过50万元的房租补助。（牵头单位：市统计局，责任单位：市商务局）

（十二）会展服务

支持会展企业国际化发展。鼓励我市会展企业加入国际会展组织，推动会展企业高端化、国际化发展。我市会展企业获得国际展览业协会（UFI）或国际大会及会议协会（ICCA）认证的，给予一次性补助20万元。（牵头单位：市会展办，责任单位：市发改委、市财政局）

对在本市举办的规模大、效益好、有发展潜力、带动作用强的全国性、区域性展会或被市政府列入重点支持的展会项目，根据展位数量和招展情况分档次给予举办方最高150万元奖励。对在我市举办国内外各类大、中型会议，根据举办时间跨度和来宾规格分档次给予举办方最高100万元奖励。对举办超大规模、有突出影响和发展潜力的展会，实行市政府“一事一议”扶持政策。（牵头单位:市会展办，责任单位:市发改委、市财政局）

在我市设立的、登记注册资金在500万元以上的专业会展公司和会展服务公司，在我市举办具有国际影响力和规模的品牌展会或展位超过300个标准展位、展览面积超过1万平方米的全国性区域性展会，给予承办方一定奖励。全年在我市举办室内展会面积累计达到5万平方米的企业，一次性奖励10万元；超过5万平方米的，每增加1万平方米，增加奖励1万元。（牵头单位:市会展办，责任单位:市发改委、市财政局）

（十三）总部经济

对新引进的企业总部，经行业主管部门认定后，实缴注册资本在10亿元及以上的补贴500万元;实缴注册资本5-10亿元（含5亿元）的补贴300万元;实缴注册资本1-5亿元（含1亿元）的补贴100万元。上述奖励资金根据行业门类分别由相关市级专项资金支出。（牵头单位:市发改委，责任单位:市经信委、市文化局、市科技局、市旅发委、市商务局、市财政局、市统计局）

三、实施办法

（一）上述政策资金由市财政局纳入预算内安排，专项扶持我市现代服务业的发展。目前仍在实施的市级服务业各项政策与本意见重复的，按就高原则执行，不重复享受。

（二）各牵头单位负责研究制定本行业领域兑现政策的实施细则，组织相关企业进行申报，会同市发改委、财政局审核后予以拨付。

（三）企业和单位弄虚作假、骗取奖励资金的，一经查实，予以追回，三年内取消其申请奖励资金资格。情节严重的，依法追究负责人和直接责任人责任。

（四）本政策意见自发布之日起施行，有效期五年。

太原市人民政府办公厅

2019年2月18日

（此件公开发布）

法规选登

太原市城乡环境卫生设施管理条例

（2019年12月27日太原市第十四届人民代表大会常务委员会第二十六次会议通过

2020年3月31日山西省第十三届人民代表大会常务委员会第十七次会议批准）

第一章 总 则

第一条 为了加强城乡环境卫生设施管理，保障城乡环境卫生设施配套、完好和正常使用，创造干净、整洁的城乡环境，推动美丽太原建设，根据国务院《城市市容和环境卫生管理条例》《山西省城乡环境综合治理条例》等有关法规，结合本市实际，制定本条例。

第二条 本市行政区域内城乡环境卫生设施的规划、建设、管理和维护，适用本条例。

第三条 城乡环境卫生设施管理工作应当坚持统一规划、合理布局、分级负责、建管并重的原则。

第四条 市、县（市、区）人民政府应当加强对城乡环境卫生工作的领导，保障城乡环境卫生设施管理所需经费，提高公共服务能力。

第五条 市、县（市、区）人民政府城乡环境卫生主管部门负责本行政区域内的城乡环境卫生设施管理工作。

市、县（市、区）人民政府有关部门应当按照各自职责做好有关城乡环境卫生设施管理工作。

乡（镇）人民政府、街道办事处应当按照市、县（市、区）人民政府要求做好有关城乡环境卫生设施管理工作。

第六条 城乡环境卫生设施建设应当以政府投资为主，建立多元化的投资融资机制。

鼓励公民、法人或者其他组织投资建设城乡环境卫生设施。

第七条 市、县（市、区）人民政府及其有关部门应当组织开展城乡环境卫生设施的科学技术研究，大力推广应用先进技术和设备，促进环境卫生设施与城乡建设发展相适应。

第八条 市、县（市、区）人民政府及其有关部门应当加强城乡环境卫生设施管理法律、法规和知识的宣传工作，提高公民自觉保护城乡环境卫生设施的意识。

任何单位和个人有权对破坏城乡环境卫生设施的行为进行举报。

第九条 市、县（市、区）人民政府应当加强城乡环境卫生设施管理工作的考核，对成绩显著的单位和个人予以表彰、奖励。

第二章 规划和建设

第十条 市人民政府城乡环境卫生主管部门应当会同规划和自然资源部门以及其他有关部门编制城乡环境卫生设施建设专项规划，报市人民政府批准后组织实施。城乡环境卫生设施建设专项规划应当纳入国土空间规划。

市人民政府城乡环境卫生主管部门应当按照国家城乡环境卫生设施建设标准，根据本市经济社会发展实际情况，制定城市和乡村环境卫生设施建设实施细则，报市人民政府批准后组织实施。

第十一条 市人民政府规划和自然资源部门应当按照城乡环境卫生设施建设专项规划和建设标准的要求，划定公共厕所、垃圾转运站、环卫车辆停车场、环卫工人休息场所、环卫加水点等城乡环境卫生设施的具体位置以及用地范围。

新建、改建、扩建城乡环境卫生设施项目，应当符合城乡环境卫生设施建设专项规划和设施建设标准要求。

任何单位和个人不得擅自占用城乡环境卫生设施规划用地或者改变其使用性质。因特殊原因确需占用或者改变其使用性质的，应当履行相关批准手续。

第十二条 城乡环境卫生收集设施应当满足生活垃圾的分类收集要求，生活垃圾分类收集方式应当与分类处置方式相适应。

城乡环境卫生收集设施位置应当相对固定，方便居民生活。

第十三条 城乡环境卫生转运设施应当布局在交通运输方便的场所，满足收集、分类、转运作业要求。

第十四条 城乡环境卫生处理、处置设施应当统筹布局，推进园区化建设，建立垃圾综合处置体系，对垃圾进行综合利用。

第十五条 市、县（市、区）人民政府应当加强农村垃圾收集、转运设施和公共厕所建设，改善农村人居环境，促进农村生活垃圾分类和资源化利用。

第十六条 市、县（市、区）人民政府城乡环境卫生主管部门应当按照城乡环境卫生设施专项规划和建设标准组织建设公共厕所。

第十七条 市、县（市、区）人民政府城乡环境卫生主管部门可以根据实际需要在园林绿地、便道、高架桥下等地带设置移动式公共厕所。

第十八条 新建、改建、扩建建设项目，需要配套建设和设置城乡环境卫生设施的，建设单位应当依法建设，并与主体工程同时规划、同时设计、同时施工和同时验收。

城乡环境卫生设施配套工程经竣工验收合格后，方可投入使用。

第十九条 城乡环境卫生专用作业车辆应当满足垃圾清运和环境清洁要求。

鼓励环境卫生专用作业车辆使用新能源车辆。

第三章 管理和维护

第二十条 市、县（市、区）人民

政府城乡环境卫生主管部门可以委托城乡环境卫生专业产权单位或者经营单位管理和维护城乡环境卫生设施的保洁、保养、维修和更新等工作。

第二十一条　市、县（市、区）人民政府城乡环境卫生主管部门应当加强对城乡环境卫生设施的监督检查，发现未按照标准管理、设施设备损坏或者无故不正常使用的，应当责令管理单位或者经营单位限期改正或者修复，恢复正常使用。

第二十二条　城乡环境卫生设施管理单位或者经营单位应当对环境卫生设施实行规范化、标准化管理，定期维护维修，保证设施、设备完好和正常使用。

第二十三条　单位和个人不得擅自关闭、拆除城乡环境卫生设施，或者改变其使用性质以及内部结构。

城乡环境卫生设施因特殊原因确需关闭、拆除或者改变其使用性质以及内部结构的，应当履行相关批准手续。

第二十四条　进行工程施工，影响城乡环境卫生设施正常使用的，施工单位应当事先征得城乡环境卫生设施产权单位或者管理单位的同意，并在施工中采取相应保护措施保证设施的正常使用。

第二十五条　公共厕所应当设置明显、规范、统一的标识，免费对外开放，确定专人负责保洁。

鼓励商业服务窗口单位、宾馆饭店以及机关、其他企事业单位附设的内部厕所在工作（营业）时间免费对外开放。

使用人应当自觉维护公共厕所的清洁卫生，爱护公共厕所的设备。

第二十六条　任何单位和个人应当保护城乡环境卫生设施，禁止下列行为：

（一）擅自在城乡环境卫生设施上涂刻、贴画，破坏设施外观容貌；

（二）依附城乡环境卫生设施或者占用城乡环境卫生作业场所搭建建筑物或者构筑物；

（三）擅自在城乡环境卫生设施内焚烧物品；

（四）擅自移动废物箱、宣传牌；

（五）损毁、盗窃、占用城乡环境卫生设施；

（六）无正当理由阻拦或者扣留正常作业中的城乡环境卫生机械、车辆；

（七）侵占城乡环境卫生车辆专用道路或者在城乡环境卫生车辆专用道路上挖沟掘坑、设置障碍；

（八）其他损害城乡环境卫生设施的行为。

第四章　法律责任

第二十七条　违反本条例规定，法律、行政法规和山西省人大及其常委会地方性法规已有法律责任规定的，从其规定。

第二十八条　违反本条例第二十三条规定的，由市、县（市、区）人民政府城乡环境卫生主管部门责令限期改正，并处二千元以上一万元以下罚款；构成犯罪的，依法追究刑事责任。

第二十九条　违反本条例第二十六条规定之一的，由市、县（市、区）人民政府城乡环境卫生主管部门除责令其纠正违法行为、采取补救措施外，可以并处警告，处二百元以上一千元以下的罚款。

第三十条　违反本条例规定，城乡环境卫生主管部门和其他有关部门的工作人员滥用职权、玩忽职守、徇私舞弊的，依法给予处分；构成犯罪的，依法追究刑事责任。

第五章　附　则

第三十一条　本条例中下列用语的含义：

城乡环境卫生设施，包括城乡环境卫生收集设施、城乡环境卫生转运设施、城乡环境卫生处理以及处置设施和其他城乡环境卫生设施。

城乡环境卫生收集设施，包括生活垃圾收集点、生活垃圾收集站、废物箱、水域保洁以及垃圾收集设施等。

城乡环境卫生转运设施，包括生活垃圾转运站、可回收垃圾分类分拣中心、垃圾转运码头等。

城乡环境卫生处理以及处置设施，包括生活垃圾焚烧厂、生活垃圾填埋场、生活垃圾堆肥处理设施、餐厨垃圾处理设施、建筑垃圾处理设施、医疗废物处理设施、粪便处理设施以及其他固体废弃物处理厂（处置场）等。

其他环境卫生设施，包括公共厕所、环境卫生专用作业车辆以及停放场、环境卫生工作人员作息用房、环卫工具间、泥水分离设施、融雪池、环卫车辆充电桩、加气站、加水点、清洗站等。

第三十二条　本条例自2020年5月1日起施行。《太原市城市环境卫生设施管理办法》同时废止。

太原市海绵城市建设管理条例

（2019年10月30日太原市第十四届人民代表大会常务委员会第二十五次会议通过

2019年11月29日山西省第十三届人民代表大会常务委员会第十四次会议批准）

第一章　总　则

第一条　为了加快推进海绵城市建设，规范海绵城市建设管理，保护和改善城市生态环境，促进人与自然和谐发展，根据有关法律法规，结合本市实际，制定本条例。

第二条　本市行政区域内海绵城市建设和管理，适用本条例。

本条例所称海绵城市，是指通过城市规划、建设的管控，从源头减排、过程控制、系统治理着手，综合采用渗、滞、蓄、净、用、排等技术措施，有效

控制城市降雨径流，最大限度地减少城市开发建设行为对原有自然水文特征和生态环境造成的破坏，实现自然积存、自然渗透、自然净化的城市发展方式。

第三条　海绵城市建设管理应当遵循政府主导、社会参与，生态为本、自然循环，规划引领、统筹推进的原则。

第四条　市人民政府应当加强海绵城市建设管理，统筹海绵城市建设，建立健全海绵城市建设管理体制，协调解决海绵城市建设管理工作中的重大问题，将海绵城市建设管理工作纳入市政府对各县（市、区）人民政府和相关部门考核内容。

县（市、区）人民政府是海绵城市建设的责任主体，统筹本行政区域内海绵城市建设管理工作。

第五条　住房和城乡建设部门是海绵城市建设的综合管理部门，组织推进全市海绵城市建设管理工作。

发展和改革、财政、规划和自然资源、生态环境、城乡管理、交通运输、水务、房产管理、园林、气象等部门在各自职责范围内做好海绵城市建设管理相关工作。

第六条　市、县（市、区）人民政府及其有关部门应当通过报刊、广播、电视、网络等媒体，加强海绵城市建设宣传，推广海绵城市建设创新举措和经验。

第二章　标准、规划与建设

第七条　市人民政府经依法批准，可以组织有关部门依法制定海绵城市建设技术标准。

海绵城市规划、设计、建设应当符合国家、省、市相关技术标准要求。

第八条　海绵城市规划与建设应当尊重自然地势地貌和天然沟渠，维持原有山水林田湖草自然生态系统，注重城乡接合部的生态修复建设，保护自然生态空间格局。

第九条　市住房和城乡建设部门应当会同市规划和自然资源、城乡管理、水务等部门编制海绵城市专项规划、海绵城市建设规划，报市人民政府批准后实施。

海绵城市专项规划应当纳入国土空间规划。

雨水年径流总量控制率等海绵城市技术指标应当纳入控制性详细规划，在规划设计条件中予以明确。

第十条　市住房和城乡建设部门应当制定海绵城市年度建设计划，报市人民政府批准后实施。

第十一条　海绵城市设施应当与建设工程项目主体工程同步设计、同步施工、同步交付使用。

建设工程项目方案设计以及施工图设计文件应当按照规划设计条件，落实海绵城市建设要求。

建设工程项目的雨水年径流总量控制率不得降低。因规划、地质等特殊原因确需调整的，应当保证项目所在地排水分区雨水年径流总量控制率不变。

第十二条　下列建设工程项目的海绵城市设计方案应当

进行专家论证并出具书面意见：

（一）国家、省、市级重点建设工程项目；

（二）在湿陷性黄土、煤矿采空区等地质结构复杂区域的建设工程项目；

（三）对排水流域影响重大的河、湖、渠、公园、绿地或者占用、覆盖河、湖、渠、湿地的建设工程项目；

（四）对原有自然生态、地形地貌影响较大的建设工程项目；

（五）在重要地块占地面积超过3公顷的建设工程项目。

第十三条　建设单位申领施工许可证时提交的建设单位勘察设计质量承诺书中，应当包括海绵城市建设内容。

住房和城乡建设部门应当按照海绵城市建设技术标准和承诺内容对建设工程项目进行监督管理和服务。

第十四条　建设单位应当组织对建设工程项目中海绵城市建设内容进行专项验收。

住房和城乡建设部门应当参加河、湖、渠、公园、绿地等建设工程项目中有关海绵城市建设的竣工验收，并出具意见。

第十五条　海绵城市建设项目实施过程中，建设、勘察、设计、施工、监理单位应当执行海绵城市建设各项技术标准，保证工程质量。

建设单位和相关人员对海绵城市建设工程质量承担首要责任，勘察、设计、施工、监理单位按照《中华人民共和国建筑法》《建设工程质量管理条例》的规定承担相应责任。

第十六条　县（市、区）人民政府应当按照国家海绵城市建设目标以及本市海绵城市专项规划和建设技术标准对老旧城区分期分批进行改造；老旧城区雨污分流、黑臭水体以及易积易涝点治理、管线入地、建筑节能、绿化硬化综合整治、停车场建设等工程应当同步进行海绵城市设计与建设。

住房和城乡建设部门应当参加老旧城区海绵城市建设项目的竣工验收，并出具意见。

第十七条　新建、改建、扩建建设工程项目，应当按照下列规定配套海绵城市设施：

（一）建筑与小区建设应当因地制宜采取屋顶绿化、雨水调蓄与收集利用等措施，提高建筑与小区的雨水积存和滞蓄能力；

（二）道路与广场建设应当改变雨水快排、直排方式，增强道路绿化带对雨水的消纳功能，在非机动车道、人行道、停车场、广场等使用透水铺装，推行道路与广场雨水的收集、净化和利用；

（三）公园和绿地建设应当采取雨水花园、下沉式绿地、人工湿地、植被缓冲带、雨水塘、生态堤岸等低影响开发措施，增强公园和绿地系统的城市海绵体功能，消纳自身雨水，并为滞蓄周边区域雨水提供空间；

（四）城市排水防涝设施建设应当改造和消除城市易涝点，实施雨污分流，控制初期雨水污染，排入自然水体的雨水应当经过岸线净化，沿岸截流干管建设和改造应当控制渗漏和污水溢流；

（五）城市坑塘、河湖、湿地等水体整治应当注重恢复和保护水系的自然连通，改造河道，培育水生植物，恢复河流的自我净化、自我修复功能，开展河床、护坡整治作业时，应当采用促进水生态修复的技术措施改善水环境质量。

第十八条 建设工程项目符合下列条件之一的，可以不进行海绵城市建设：

（一）投资额在三十万元以下或者建筑面积在三百平方米以下的建筑工程；

（二）文物保护工程、抢险救灾工程、临时性建筑、军用房屋建筑等特殊工程；

（三）已正式交付使用的建筑小区、学校、医院、办公场所等区域配建养老、健身、停车、变配电室、水气热力加压站、食堂等配套公共建筑；

（四）不涉及室外工程的旧建筑物的翻新、改造、加固、加层等工程。

第三章 运行与维护

第十九条 城乡管理部门应当将海绵城市数据库和信息系统纳入太原数字城市管理信息平台。

第二十条 市政设施、公园绿地、道路广场等基础设施项目的海绵城市设施应当由各项目管理单位或者各相关行业管理部门维护管理；公共建筑、住宅小区等开发项目的海绵城市设施由产权人或者其委托的物业服务单位维护管理。

第二十一条 海绵城市设施维护管理单位应当建立海绵城市设施维护管理制度和操作规程，配备专人管理，定期对设施进行监测评估，利用数字化信息技术、监测手段，确保设施正常运行。

第二十二条 城市雨水行泄通道、易发生内涝的路段、下沉式立交桥、城市绿地中湿塘、雨水湿地等设置海绵城市设施的区域，应当设置必要的警示标识、预警系统，制定应急处理措施。

第二十三条 任何单位和个人不得非法侵占、损毁海绵城市设施以及配套监测设施。

第四章 保障措施

第二十四条 市、县（市、区）人民政府应当保障海绵城市建设资金投入，统筹安排海绵城市建设资金；设立引导、奖励和补助资金，鼓励和支持海绵城市建设。

第二十五条 市、县（市、区）人民政府应当建立多元化海绵城市建设投融资机制，鼓励吸引社会资本参与海绵城市投资、建设、运营管理。

第二十六条 市住房和城乡建设部门应当按照国家规定，将具有先进、适用、可行的新工艺、新材料、新技术纳入海绵城市建设先进适用技术与产品目录，定期向社会公布。

政府投资建设的工程项目应当优先采购列入海绵城市建设先进适用技术与产品目录中的产品。

第二十七条 市住房和城乡建设部门应当组织建立海绵城市建设专家库，通过购买社会服务方式，开展海绵城市技术规范制定、相关技术研究、技术指导、行业交流培训以及有关技术评审、论证等工作。

第二十八条 市、县（市、区）人民政府对在海绵城市建设管理工作中做出突出贡献的单位和个人，应当给予表彰或者奖励。

第五章 评价考核与监督管理

第二十九条 市人民政府应当制定海绵城市评价考核办法，定期对海绵城市建设进行评价考核。

第三十条 市人民政府应当组织对现行建设工程项目的行政审批事项、流程、条件、内容进行整合，将海绵城市建设管理内容纳入建设工程项目管理全过程。

第三十一条 市人民政府应当建立海绵城市建设管理信息共享制度，制定信息共享管理办法，实现信息共享。

第三十二条 市人民政府应当建立海绵城市建设管理工作通报制度，定期通报海绵城市建设管理工作情况。

第三十三条 住房和城乡建设、城乡管理、园林、水务等部门应当将海绵城市建设内容纳入建设工程质量监督范围，监督情况应当在监督报告中予以记录。

第三十四条 住房和城乡建设部门履行海绵城市建设监督检查职责时，有权采取下列措施：

（一）要求被检查的单位提供有关海绵城市建设工程质量的文件和资料；

（二）进入被检查单位施工现场进行检查；

（三）发现有影响海绵城市建设工程质量的问题时，责令改正。

第六章 法律责任

第三十五条 违反本条例规定，法律法规已有法律责任规定的，从其规定。

第三十六条 违反本条例规定，建设、勘察、设计、施工、监理单位的违法行为，依照国家规定记入本市建筑市场信用监管系统。

第三十七条 违反本条例规定，住房和城乡建设部门和其他有关部门的工作人员在海绵城市规划、建设、管理工作中玩忽职守、滥用职权、徇私舞弊的，

依法给予处分；构成犯罪的，依法追究刑事责任。

第七章 附 则

第三十八条 本条例所称雨水年径流总量控制率，是指通过自然与人工强化的渗透、滞蓄、净化等方式，控制城市建设下垫面的降雨径流，得到控制的年均降雨量与年均降雨总量的比值。

第三十九条 本条例自2020年1月1日起施行。

太原市机动车和非道路移动机械排气污染防治办法

（2019年12月27日太原市第十四届人民代表大会常务委员会第二十六次会议通过

2020年3月31日山西省第十三届人民代表大会常务委员会第十七次会议批准）

第一章 总 则

第一条 为了防治机动车和非道路移动机械排气污染，保护和改善大气环境，保障公众健康，根据《中华人民共和国大气污染防治法》《山西省大气污染防治条例》等法律法规，结合本市实际，制定本办法。

第二条 本市行政区域内机动车和非道路移动机械排气污染防治适用本办法。

第三条 机动车和非道路移动机械排气污染防治遵循预防为主、防治结合、协同监管、排污担责的原则。

第四条 市人民政府应当加强对机动车和非道路移动机械排气污染防治工作的领导，研究解决机动车和非道路移动机械排气污染防治工作中的重大问题。

县（市、区）人民政府应当建立机动车和非道路移动机械排气污染防治工作协调机制，协调处理本行政区域内机动车和非道路移动机械排气污染防治工作中的重大问题。

乡（镇）人民政府、街道办事处负责本辖区内机动车和非道路移动机械排气污染防治工作。

第五条 市生态环境主管部门负责本行政区域内机动车和非道路移动机械排气污染防治的统一监督管理。

县（市、区）生态环境主管部门负责本行政区域内机动车和非道路移动机械排气污染防治的监督管理。

市、县（市、区）人民政府其他有关部门在各自职责范围内做好机动车和非道路移动机械排气污染防治工作。

第六条 市、县（市、区）人民政府应当优化城市功能和布局规划，推广智能交通管理，实施公交优先战略，引导公众低碳、环保出行。

第七条 市、县（市、区）人民政府及其有关部门应当加强对机动车和非道路移动机械排气污染防治法律法规的宣传教育。

第八条 市、县（市、区）人民政府对在机动车和非道路移动机械排气污染防治工作中做出显著成绩的单位和个人，应当给予表彰奖励。

第二章 预防与控制

第九条 市生态环境主管部门应当会同有关部门制定机动车和非道路移动机械排气污染防治计划，报市人民政府批准后组织实施。

第十条 鼓励机动车和非道路移动机械排气污染防治先进技术的科学研究和开发应用。

鼓励生产、销售、使用节能环保型和新能源机动车。

第十一条 禁止生产、进口、销售大气污染物排放超过标准的机动车和非道路移动机械。

销售单位在销售机动车和非道路移动机械时，应当附有生产厂家提供的环保信息。

第十二条 机动车和非道路移动机械不得超过标准排放大气污染物。

正常状态下排放黑烟等明显可视大气污染物的机动车，不得上道路行驶。

第十三条 储油储气库、加油加气站应当按照国家有关规定安装油气回收装置并保持正常使用，每年应当向市生态环境主管部门报送由检验资质机构出具的油气排放检验报告。

第十四条 禁止生产、进口、销售不符合标准的机动车、非道路移动机械用燃料。

第十五条 机动车和非道路移动机械所有人或者使用人应当保证污染控制装置、车载排放诊断系统正常运行。

禁止擅自拆除、更改、闲置、破坏机动车和非道路移动机械排气污染控制装置、车载排放诊断系统。

第三章 机动车排气污染防治

第十六条 市、县（市、区）人民政府应当依据重污染天气的预警等级，及时启动应急预案，根据应急需要可以采取限制部分机动车行驶等应急措施。

第十七条 在用机动车应当按照国家或者省、市的有关规定，由机动车排放检验机构定期对其进行排放检验。经检验合格的，方可上道路行驶。未经检验合格的，公安机关交通管理部门不得核发安全技术检验合格标志。

第十八条 机动车排放检验机构应当依法通过计量认证，并遵守下列规定：

（一）按照规定的污染物排放标准、检验方法和技术规范进行检验；

（二）与市生态环境主管部门联网，接受远程监控，实现检验数据和电子检验报告实时共享，并按照国家规定保存检验信息和有关技术资料；

（三）保证监控设备正常、有效运转，不得遮挡或者擅自调整监控设备位置，不得损坏或者擅自删除视频录像资料；

（四）公示检验制度、检验程序、检验方法、实时检验全过程、排放限值标准、收费标准、监督投诉电话等内容；

（五）不得经营或者参与经营机动车排气污染治理等维修业务；

（六）法律法规规定的其他事项。

第十九条　市公安机关交通管理部门对未达到本地执行的机动车污染物排放标准的机动车，不得核发安全技术检验合格标志。

新购置的列入环保达标车型目录的轻型汽油车、柴油车在注册登记时，免予机动车大气污染物排放检验。

第二十条　市、县（市、区）生态环境主管部门在不影响正常通行的情况下，可以通过遥感监测等技术手段对在道路上行驶的机动车大气污染物排放状况进行监督抽测，公安机关交通管理部门予以配合。

市、县（市、区）生态环境主管部门可以在机动车集中停放地、维修地对在用机动车大气污染物排放状况进行监督抽测。

第二十一条　机动车排气污染定期检验或者监督抽测结果不符合机动车大气污染物排放标准的，应当进行维修。

第二十二条　从事机动车排气污染治理的维修单位应当遵守下列规定：

（一）配备机动车排气污染维修技术人员和排气污染检验、维修设备；

（二）检验设备应当符合规定标准，并经法定计量检定机构周期检定合格；

（三）按照机动车排气污染防治要求和有关技术规范进行维修；

（四）建立完整的维修档案，对机动车号牌、维修项目及维修情况进行详细记录，并在出厂时向市交通运输、生态环境等部门传输相关信息；

（五）实行维修服务承诺和竣工出厂质量保证期制度；

（六）法律法规规定的其他事项。

第四章　非道路移动机械排气污染防治

第二十三条　市、县（市、区）人民政府可以根据大气环境质量状况，确定并公布高排放非道路移动机械目录以及禁用区域。

第二十四条　本市建立非道路移动机械备案制度。实施备案制度的具体办法由市人民政府制定，并向社会公布后实施。

第二十五条　市生态环境主管部门应当建设非道路移动机械排气污染监控平台，可以采用电子标签、电子围栏、排放监控等技术手段进行实时监控。

第二十六条　市生态环境主管部门可以会同市规划和自然资源、住房和城乡建设、城乡管理、交通运输、水务、农业农村、市场监督管理、园林等部门，在非道路移动机械集中停放地、维修地、使用地等对非道路移动机械的大气污染物排放状况进行监督检查，排放不合格的，不得继续使用。

第二十七条　从事非道路移动机械租赁的经营者，不得租赁或者外借超过大气污染物排放标准的非道路移动机械。

第二十八条　非道路移动机械所有人或者使用人应当遵守下列规定：

（一）作业机械达到非道路移动机械大气污染物排放标准；

（二）定期对作业机械进行排放检验和维修养护；

（三）未安装污染控制装置或者污染控制装置不符合要求，不能达标排放的，应当加装或者更换符合要求的污染控制装置；

（四）接受相关管理部门的监督检查。

第五章　监督检查

第二十九条　市人民政府应当组织市生态环境、公安、交通运输、市场监督管理、商务等部门建立机动车和非道路移动机械排气污染防治信息共享机制。

第三十条　市、县（市、区）有关部门应当按照下列规定，履行机动车和非道路移动机械排气污染监督管理职责：

（一）市、县（市、区）公安机关交通管理部门在办理机动车注册和转入登记、核发安全技术检验合格标志时，应当对机动车污染物排放标准、环保检验等情况进行审核，并配合市生态环境主管部门对机动车污染物排放状况进行监督抽测；

（二）市、县（市、区）交通运输管理部门负责对机动车维修单位进行监督管理，将机动车排气检验结果纳入营运车辆及非营运危险品运输车辆管理的内容；

（三）市、县（市、区）市场监督管理部门负责对机动车、非道路移动机械生产企业产品质量、机动车排放检验机构资质、机动车维修单位计量器具以及机动车、非道路移动机械、车用燃料、润滑油和添加剂产品质量等进行监督管理；

（四）市、县（市、区）商务部门负责对报废机动车拆解企业进行监督管理。

第三十一条　市发展改革、工业和信息化、公安、生态环境、交通运输等部门应当建立机动车和非道路移动机械所有人、机动车和非道路移动机械检验机构、维修单位管理信息数据库，实行红黑名单与联合奖惩制度。

第三十二条　市交通运输管理部门、市生态环境主管部门应当建立实施机动车检验、维修制度。

市交通运输管理部门应当向社会公布本市机动车维修单位名录，便于机动车所有人或者使用人进行选择。

第三十三条　任何单位和个人都有

权对违反本办法规定的行为进行投诉举报。

有关部门接到举报后，应当依法及时处理。

第六章　法律责任

第三十四条　违反本办法规定，法律、行政法规、山西省人大及其常委会地方性法规已有法律责任规定的，从其规定。

第三十五条　违反本办法规定，经检测机动车向大气排放污染物超过规定的排放标准，或者正常状态下排放黑烟等明显可视大气污染物的机动车，由公安机关交通管理部门责令改正，并对机动车驾驶人处二百元罚款。

第三十六条　违反本办法规定，储油储气库、加油加气站未按照国家有关规定安装并正常使用油气回收装置的，由生态环境主管部门责令改正，处二万元以上二十万元以下罚款；拒不改正的，责令停产整治。

第三十七条　违反本办法规定，机动车排放检验机构有下列行为之一的，由市生态环境主管部门依法予以处罚：

（一）未按照规定的污染物排放标准、检验方法和技术规范进行检验的；

（二）未接受市生态环境主管部门远程监控，实现检验数据和电子检验报告实时共享，并按照国家规定保存检验信息和有关技术资料的；

（三）未保证监控设备正常、有效运转，或者遮挡、擅自调整监控设备位置，或者损坏、擅自删除视频录像资料的；

（四）未公示检验制度、检验程序、检验方法、实时检验全过程、排放限值标准、收费标准和监督投诉电话等内容的；

（五）经营或者参与经营机动车排气污染治理等维修业务的。

第三十八条　违反本办法规定，在禁止区域内使用高排放非道路移动机械的，由生态环境主管部门依法予以处罚。

第三十九条　违反本办法规定，从事非道路移动机械租赁的经营者，租赁或者外借超过大气污染物排放标准的非道路移动机械的，由生态环境主管部门依法予以处罚。

第四十条　违反本办法规定，使用排放不合格的非道路移动机械或者非道路移动机械未按照规定加装、更换污染控制装置的，由生态环境主管部门按照职责责令改正，处五千元罚款。

第四十一条　国家机关及其工作人员在机动车和非道路移动机械排气污染防治工作中滥用职权、玩忽职守、徇私舞弊的，依法给予处分；构成犯罪的，依法追究刑事责任。

第七章　附　则

第四十二条　本办法中下列用语的含义：

（一）非道路移动机械，是指不在道路上行驶的工程、农业等机械，包括工业钻探设备，工程机械（装载机、推土机、压路机、挖掘机、打桩机、沥青摊铺机、非公路用卡车、平地机、叉车等），农业机械（大型拖拉机、联合收割机等），林业机械，材料装卸机械，机场地勤设备等。

（二）机动车排气污染控制装置，是指为防治机动车排气污染而安装的曲轴箱强制通风、机动车排气净化、燃油和燃气蒸发控制等装置。

第四十三条　本办法自2020年5月1日起施行，《太原市机动车排气污染防治办法》同时废止。

太原市养犬管理条例

（2011年12月30日太原市第十二届人民代表大会常务委员会第三十七次会议通过

2012年3月28日山西省第十一届人民代表大会常务委员会第二十八次会议批准

2019年6月27日太原市第十四届人民代表大会常务委员会第二十三次会议修订

2019年9月27日山西省第十三届人民代表大会常务委员会第十三次会议批准）

第一章　总　则

第一条　为了加强养犬管理，规范养犬行为，保障公民健康和人身安全，维护公共秩序和市容环境卫生，建设文明和谐城市，根据有关法律法规，结合本市实际，制定本条例。

第二条　本市行政区域内犬只的饲养、经营和管理活动适用本条例。

军用、警用、搜救犬只的管理，依照有关法律法规的规定执行。

第三条　养犬管理实行政府部门监管、养犬人自律、基层组织参与、社会公众监督相结合的原则。

第四条　养犬管理实行分类管理制度。

本市城市建成区和县（市）人民政府所在地镇建成区为重点管理区域，其他区域为一般管理区域。

第五条　市、县（市、区）人民政府应当加强对养犬管理工作的领导，将养犬管理所需经费纳入同级财政预算。

公安机关主管养犬管理工作，负责组织实施本条例。

城乡管理、卫生健康、农业农村、市场监管等部门按照各自职责做好养犬管理工作。

街道办事处、乡（镇）人民政府应当配合公安机关等部门做好辖区内养犬管理工作。

居（村）民委员会、业主委员会和物业服务企业应当配合公安机关等部门做好养犬管理工作。

第六条　市、县（市、区）人民政

府及其相关部门应当开展依法养犬、文明养犬、防治狂犬病等宣传教育。

广播、电视、网络、报刊等媒体应当加强养犬知识和社会公德教育宣传，引导养犬人形成良好的养犬习惯。

养犬相关行业协会、动物保护组织等社会团体应当制定行业规范，开展养犬宣传教育、培训服务，协助相关部门做好养犬管理工作。

第七条　支持和鼓励民间犬只救助机构和爱犬人士依法从事犬只救助活动。

鼓励养犬人对饲养的犬只实施绝育手术。

第八条　养犬人应当依法养犬、文明养犬，不得损害他人的合法权益。

第九条　任何单位和个人均有权对违法养犬行为进行劝阻、举报和投诉。公安机关、城乡管理、农业农村等部门应当公布举报、投诉电话，接到举报、投诉后应当登记并及时处理。

第二章　犬只免疫、登记

第十条　犬只实行免疫制度。

养犬人应当将饲养的犬只送依法设立的动物诊疗机构进行狂犬病等疫病免疫，取得犬只免疫证明。

养犬人应当自犬只免疫有效期届满的三十日前，再次对犬只进行免疫。

第十一条　重点管理区域内养犬实行登记制度。犬龄满三个月的，养犬人应当申请养犬登记。

第十二条　申请养犬登记的单位，应当符合下列条件：

（一）能够独立承担法律责任；

（二）有看护、展览、表演等合理用途；

（三）有健全的养犬管理制度；

（四）有专人管养犬只；

（五）有犬笼、犬舍、围墙等圈养设施；

（六）法律法规规定的其他条件。

第十三条　申请养犬登记的个人，应当符合下列条件：

（一）有完全民事行为能力；

（二）有固定住所并独户居住。

第十四条　申请养犬登记，申请人应当按照下列规定到住所所在地的公安派出所办理：

（一）单位申请养犬的，持单位主体资格证明、单位法定代表人身份证明、犬只免疫证明、犬只数量清单以及符合本条例第十二条规定条件的相关证明；

（二）个人申请养犬的，携带犬只并持养犬人身份证明、犬只免疫证明以及符合本条例第十三条规定条件的相关证明。

第十五条　公安派出所应当自收到养犬申请之日起二个工作日内作出是否准予登记的决定。符合条件的，予以登记，并注册犬只标识；不符合条件的，不予登记，并书面说明理由。

第十六条　每只犬第一年收取管理费五百元，从第二年起每只犬收取管理费一百元。

饲养绝育犬只的，从犬只绝育的第二年起减半收取管理费。

盲人饲养导盲犬和肢体重残人饲养扶助犬的，免收管理费。

第十七条　在重点管理区域内禁止饲养下列烈性犬只和大型犬只（导盲犬、扶助犬除外）：

（一）獒犬、雪橇犬、拳狮犬、笃宾犬、大丹犬、大白熊犬、纽芬兰犬、可蒙多犬、罗威纳犬、圣伯纳犬、萨摩耶德犬、德国牧羊犬等工作用犬；

（二）阿富汗猎犬、巴山基猎犬、寻血猎犬、苏俄牧羊犬、猎狐犬、灵缇、猎鹿犬、威玛猎犬、波音达猎犬、贝生吉犬等猎犬；

（三）贝林登梗、边境梗、牛头梗、凯丽蓝梗、美国斯塔福郡梗等梗犬；

（四）比特犬、斗牛犬、松狮犬、大麦町犬等非运动犬；

（五）土佐犬、秋田犬、雪达犬等其他类别的犬；

（六）法律法规规定禁止饲养的其他犬只。

重点管理区域内的单位因工作需要饲养大型犬只的，应当报经县（市、区）公安机关批准。

禁止饲养烈性犬只和大型犬只的具体目录由市公安机关、市农业农村部门联合认定，并向社会公布。

第十八条　在重点管理区域内养犬，每户限养一只。

第十九条　养犬人住所、联系方式变更的，应当自变更之日起十五日内到住所所在地的公安派出所办理变更登记。

犬只死亡或者失踪的，养犬人应当到住所所在地的公安派出所办理注销。

第三章　养犬行为规范

第二十条　在重点管理区域内，携带犬只出户应当遵守下列规定：

（一）由完全民事行为能力人携带；

（二）为犬只束牵引带，牵引带长度不得超过 1.2 米；

（三）主动避让行人尤其是老年人、残疾人、孕妇和儿童；

（四）即时清除犬只排泄的粪便；

（五）制止犬只吠叫和攻击行为；

（六）携带犬只乘坐电梯的，应当避开乘坐电梯的高峰期；

（七）法律法规规定的其他情形。

第二十一条　在一般管理区域内饲养烈性犬只、大型犬只的，养犬人应当遵守下列规定：

（一）由完全民事行为能力人携带；

（二）实行圈养、拴养；

（三）外出束牵引带，牵引带长度不得超过 1.2 米；

（四）不得进入重点管理区域内；

（五）法律法规规定的其他情形。

第二十二条　禁止携带犬只进入下列场所，盲人携带导盲犬和肢体重残人携带扶助犬的除外：

（一）党政机关、事业单位等办公场所；

（二）医院、学校和幼儿园等医疗教育场所；

（三）少年宫、青年宫等活动场所；

（四）博物馆、美术馆、图书馆、影剧院和体育场馆等公共文化场所；

（五）餐厅、酒店和商店等经营场所；

（六）小型出租汽车以外的公共交通工具和候车室、候机室、候船室等公共场所；

（七）公园、风景区、历史名园、名胜古迹园和动物园等公共场所；

（八）法律法规规定的其他场所。

前款规定之外的场所，管理者有权决定禁止携带犬只进入。

禁止犬只进入的场所，应当设置禁入标识。

第二十三条　重大节日或者举办大型活动期间，市、县（市、区）人民政府可以划定区域，临时禁止携带犬只进入。

临时禁入区域划定后，应当予以公布，并设置犬只禁入标识。

第二十四条　居民委员会、业主委员会可以划定本居住区内的犬只活动区域。

犬只活动区域应当设立相应的环境卫生设施以及注明区域范围、开放时间、警示事项等内容的告示牌。

第二十五条　犬只伤害他人的，养犬人应当立即将受害人送至医疗机构诊治，先行垫付医疗费用，并依法承担相应责任。

公安机关发现犬只伤害他人或者接到犬只伤害他人报告的，应当对伤人犬只实施暂扣，并送至公安机关犬只留检机构进行检测。

第二十六条　禁止在楼道、通道、公寓、集体宿舍等公共空间饲养犬只。

禁止组织、参与“斗犬”活动。

禁止遗弃或者虐待犬只。

第二十七条　重点管理区域内犬只生育幼犬的，养犬人应当在幼犬出生后三个月内，将超过限养数量的犬只转让他人饲养或者交由公安机关犬只留检机构收留。

第二十八条　养犬人放弃饲养犬只或者因不符合条件无法办理养犬登记的，应当将犬只转让他人饲养或者交由公安机关犬只留检机构收留。

第二十九条　养犬人发现饲养的犬只疑似感染狂犬病的，应当立即采取隔离控制措施，并向农业农村部门报告。其他单位和个人发现犬只疑似感染狂犬病的，应当立即向农业农村部门报告。农业农村部门应当会同公安机关按照有关规定处理。

第三十条　市人民政府应当统筹规划建设犬只无害化处理场所，并向社会公布。

犬只在饲养过程中死亡的，养犬人应当按照动物防疫法律法规规定，将犬只尸体送至指定的无害化处理场所处理。

犬只在动物诊疗机构死亡的，动物诊疗机构应当按照动物防疫法律法规规定，将犬只尸体送至指定的无害化处理场所处理。

养犬人、动物诊疗机构不得自行掩埋或者随意丢弃犬只尸体。

第四章　犬只经营、留检、认养

第三十一条　单位、个人开办犬只养殖场应当依法批准。

犬只养殖场所的选址，应当在重点管理区域外远离城镇以及人员密集地区；犬舍内每只大型犬只所占面积不得小于八平方米，犬只活动区域不得小于三百平方米，且养殖区、生活区分开。

第三十二条　市人民政府应当规划建设犬只交易市场。

犬只交易市场的选址应当远离城镇以及人员密集地区。

进入交易市场的犬只，应当取得动物防疫合格证明。

禁止在犬只交易市场外销售犬只。

第三十三条　从事犬只诊疗、美容等经营活动的，不得影响他人正常生活，不得影响环境卫生。

从事动物诊疗的人员应当具有兽医资格并经过执业登记注册。

第三十四条　开办犬只养殖场、犬只交易市场，从事犬只诊疗、美容等经营活动的，应当符合法律法规规定的动物防疫条件，依法办理营业执照，并在领取营业执照后七日内向公安机关备案。

第三十五条　举办大型犬只展览、比赛、表演等活动的，犬只应当经农业农村部门检疫合格后，在活动举办的二十日前依法到举办地的公安机关办理安全许可手续。

第三十六条　公安机关设立犬只留检机构，收留流浪犬只、养犬人送交的犬只、依法留置或者没收的犬只。

第三十七条　流浪犬、养犬人送交的犬只、超过期限无人认领的犬只均视为无主犬只，经有关部门检疫合格后，可以由符合条件的单位或者个人领养。

犬只领养人应当到公安机关办理养犬登记。

第三十八条　收留的犬只自被收留之日起三十日内无人领养的，视为无主犬只。

无主犬只和检疫不合格的犬只由公安机关犬只留检机构按照有关规定处理。

第三十九条　养犬相关行业协会、动物保护组织等社会团体经市公安机关批准，可以开展犬只的收留、领养工作，收留、领养的犬只不得用于经营性活动。

第五章　综合管理

第四十条　市、县（市、区）人民政府应当建立部门协调联动、社会共同参与的养犬综合管理工作机制，协调解决养犬管理工作中的重大问题。

第四十一条　公安机关负责养犬监

督管理，实施养犬登记，巡查处理违法养犬行为，处理犬只扰民伤人等案（事）件，捕捉、收留流浪犬只等工作。

第四十二条　农业农村部门负责犬只的免疫、诊疗、规模养殖等监督管理，做好疫情监测工作。

第四十三条　卫生健康部门负责人用狂犬疫苗的供应和防疫注射，预防狂犬病等疾病宣传教育，人患狂犬病诊治以及疫情监测等监督管理。

第四十四条　城乡管理部门负责设摊占道经营犬只以及养犬人放任犬只在公共场所随意便溺等影响市容环境卫生行为的监督管理，及时清除管理区域内的犬只粪便。

第四十五条　市场监管部门负责养犬经营活动的监督管理。

第四十六条　居（村）民委员会、业主委员会、物业服务企业协助开展养犬宣传教育，劝阻养犬违法行为，引导、督促养犬人遵守养犬行为规范。

鼓励居（村）民委员会、业主委员会、物业服务企业以及个人，对流浪犬、脱离饲养人监管的有证犬只进行收管并上报公安机关。

第四十七条　公安机关应当建立养犬管理信息系统和养犬管理电子档案，与农业农村、卫生健康、城乡管理、市场监管等部门实行登记、免疫和监管等信息共享。

养犬管理电子档案应当记载下列信息：

（一）养犬人的姓名、地址以及联系方式；

（二）犬只的种类、主要体貌特征（照片）、出生时间、免疫情况；

（三）违反养犬管理规定的处罚记录；

（四）申请登记、变更、注销的情况；

（五）其他需要记载的信息。

第四十八条　公安机关发现犬只未进行狂犬病等疫病免疫的，应当立即通知农业农村部门给予强制免疫。

城乡管理、农业农村等部门对养犬人的处罚结果应当通报同级公安机关。

第六章　法律责任

第四十九条　违反本条例规定，在重点管理区域内饲养禁止饲养的烈性犬只、大型犬只的，由公安机关予以没收，并处二千元罚款。

第五十条　违反本条例规定，在重点管理区域内有下列行为之一的，由公安机关依照行政处罚法的规定，当场处五十元罚款：

（一）外出不束牵引带或者牵引带长度超过 1.2 米的；

（二）携带犬只进入禁止场所的。

违反前款第二项规定三次以上的，由公安机关处五百元罚款，并没收犬只。

第五十一条　违反本条例规定，在重点管理区域内饲养犬只未登记的，由公安机关责令限期登记；逾期未登记的，对单位处二千元罚款，对个人处五百元罚款，并没收犬只。

第五十二条　违反本条例规定，在重点管理区域内有下列行为之一的，由公安机关责令改正；拒不改正的，处五百元罚款：

（一）在楼道、通道、公寓、集体宿舍等公共空间饲养犬只的；

（二）未按照规定要求携带犬只乘坐电梯的。

第五十三条　违反本条例规定，在一般管理区域内饲养烈性犬只、大型犬只，有下列行为之一的，由公安机关责令改正；拒不改正的，处五百元罚款，可以没收犬只：

（一）未实行圈养、拴养的；

（二）外出不束牵引带或者牵引带长度超过 1.2 米的；

（三）由无或者限制民事行为能力人携带的。

第五十四条　违反本条例规定，有下列行为之一的，由公安机关处五百元罚款；情节严重的，没收犬只，并处二千元罚款；对他人造成伤害的，依法承担民事责任；构成犯罪的，依法追究刑事责任：

（一）犬只伤害他人的；

（二）犬只致人重伤或者死亡的；

（三）养犬人有违法养犬记录且拒不改正的。

第五十五条　违反本条例规定，犬只伤害他人后，养犬人不立即将受害人送至医疗机构诊治或者未先行垫付医疗费用的，由公安机关没收犬只，注销犬只登记注册，并处三千元罚款。

第五十六条　违反本条例规定，组织、参与“斗犬”的，由公安机关没收犬只，并处二千元罚款；虐待犬只的，由公安机关责令改正；拒不改正的，处五百元罚款；遗弃犬只的，由公安机关责令领回或者将犬只送到公安机关犬只留检机构；拒不领回或者拒不将犬只送到公安机关犬只留检机构的，处五百元罚款。

第五十七条　违反本条例规定，未对犬只进行免疫的，由农业农村部门责令改正；拒不改正的，由农业农村部门依法处理，所需费用由养犬人承担，并处一千元罚款。

第五十八条　违反本条例规定，未将犬只尸体送至指定的无害化处理场所处理或者进入市场交易的犬只未取得动物防疫合格证明的，由农业农村部门依照《中华人民共和国动物防疫法》的有关规定处罚。

第五十九条　违反本条例规定，未即时清除犬只粪便的，由城乡管理部门责令清除；拒不清除的，处二百元罚款。

第六十条　违反本条例规定，在犬只交易市场外销售犬只的，由市场监管部门按照有关法律法规规章的规定予以处罚。

第六十一条　违反本条例规定，养犬人二年内累计受到行政处罚三次以上的，由公安机关没收其犬只，自最后一次行政处罚作出之日起三年内不予办理养犬登记。

第六十二条　负有养犬管理职责的部门及其工作人员滥用职权、玩忽职守、徇私舞弊的，依法给予处分；构成犯罪的，依法追究刑事责任。

第七章　附　则

第六十三条　本条例自2019年11月1日起施行。本市其他地方性法规的有关规定与本条例规定不一致的，按照本条例执行。

调研报告

关于太原市区无产权房屋办证问题的调研报告

房屋是我国普通家庭最大的财富，房屋办证问题事关民生福祉和社会稳定。伴随城镇化进程的快速推进，太原同全国其他城市一样，出现了大量因违法违规开发或其他原因无法办理产权登记的房屋。此类房产办证问题既是社会关注的热点焦点，也是当前市委市政府重点谋划解决的民生事项。根据市委安排，市委政研室牵头对市区无产权房屋办证问题开展了专题调研，在与各有关部门及城区座谈调研的基础上，抽调市委办公厅、市政府办公厅、市住建委、市规划局、市国土局、市房管局等有关人员组成调研组赴长沙、郑州等城市进行考察学习，综合各地先进经验，结合我市实际，提出了化解我市房屋产权办证问题的初步对策建议，以便为市委科学决策提供参考。现将有关情况报告如下：

一、我市无产权房屋基本情况

（一）现状

我市无产权房屋不仅遍布全市、数量巨大，而且产生原因多种多样、历时久远。想要彻底摸清底数，需要在明确分类标准的前提下，由市、区、街办、社区四级通力配合进行深入调查。此次调研，为避免引发较大社会影响，防止引起房地产市场波动，暂采用国土、房管等相关部门现有数据（截至2018年底），将全市无产权房屋分为三类。

第一类：小产权房（集体土地上违法开发建设并对外销售）。共涉及项目199个、房屋19.75万套，涉及占地面积559.38万平方米、建筑面积1678.14万平方米（见表8）。

第二类：国有土地上未取得土地使用权证违法建设的房屋。共涉及项目46个、占地面积9.13万平方米、涉及房屋1.67万套，建筑面积164.36万平方米（见表9）。

第三类：取得国有土地使用权证但因种种原因未办理产权证的房屋。共涉及房屋项目277个、房屋套数25.02万套、占地面积136.21万平方米、建筑面积2451.79万平方米。其中，商品房项目132个，涉及房屋11.31万套、占地面积61.52万平方米、建筑面积1107.41万平方米；房改房项目95个，涉及房屋13.71套、占地面积74.69万平方米、建筑面积1344.38万平方米（见表10）。

在第三类中，根据市长留言板、群众来信来访反映，并被网易、搜狐等网络媒体报道，约有69个五证齐全项目未办理房产证，涉及5万余人（见附件2）。

第一、二类属于违法建设。第三类属于国有土地上房屋产权办证历史遗留问题，是我们建议处置的重点。以上三类共涉及房屋项目522个，房屋套数46.44万套，占地面积704.72万平方米，建筑面积4294.29万平方米。

（二）形成原因分析

1. 利益驱使。随着经济社会快速发展，城市人口激增，住房需求扩大，房价不断上涨。违法建设无产权房可以逃避大量成本（购地成本、各种税费等），房产价格有吸引力，有巨大的市

小产权房（集体土地上违法开发建设并对外销售）分布情况表

表8

城六区	项目个数	套数（万套）	占地面积（万平方米）	建筑面积（万平方米）
小店区	22	2.07	58.65	175.95
迎泽区	15	1.19	33.84	101.52
杏花岭区	16	1.29	36.41	109.23
尖草坪区	62	5.56	157.40	472.20
万柏林区	18	1.02	28.97	86.91
晋源区	66	8.62	244.11	732.33
合　计	199	19.75	559.38	1678.14

国有土地上未取得土地使用权证违法建设的房屋分布情况表

表9

城六区	项目个数	套数（万套）	占地面积（万平方米）	建筑面积（万平方米）
小店区	0			
迎泽区	0			
杏花岭区	7	0.43	2.35	42.30
尖草坪区	34	0.85	4.64	83.52
万柏林区	5	0.39	2.14	38.54
晋源区	0			
合　计	46	1.67	9.13	164.36

取得国有土地使用权证但因种种原因未办理产权证的房屋分布情况表

表 10

城六区	项目类型	项目个数	套数（万套）	占地面积（万平方米）	建筑面积（万平方米）
小店区	商品房	44	3.67	19.94	358.96
	房改房	15	1.22	6.65	119.69
	回迁房	0			
迎泽区	商品房	35	2.44	13.30	239.42
	房改房	11	0.24	1.32	23.82
	回迁房	0			
杏花岭区	商品房	23	2.75	14.95	269.06
	房改房	23	1.13	6.17	111.13
	回迁房	0			
尖草坪区	商品房	10	0.63	3.42	61.62
	房改房	20	2.98	16.22	291.88
	回迁房	0			
万柏林区	商品房	18	1.68	9.14	164.43
	房改房	26	8.14	44.33	797.86
	回迁房	0			
晋源区	商品房	2	0.14	0.77	13.92
	房改房	0			
	回迁房	0			
合　计		277	25.02	136.21	2451.79

备注：
商品房项目共计 132 个，涉及房屋 11.31 万套，涉及占地面积 61.52 万平方米，建筑面积 1107.41 万平方米。

场空间。为获得利益最大化，开发商与村、村民间形成利益共同体，规避法律制约，共同推动了小产权房的开发；部分村级干部为换届争取选票，纵容村民违法建房，甚至打着建设村民安置房的名义开发小产权房谋取私利；开发商不缴纳土地出让金或提前收缴购房者各种税费，但不履行法律责任，不主动办证，造成了无产权房的大量出现。

2. 监管缺位。房地产开发涉及国土、规划、住建、区县、街办等多个部门和单位，但由于体制不顺、人员短缺、权力寻租等诸多原因，导致监管无力甚至监管缺失。同时，监管查处不力，使得违法成本较低，在一定程度上也导致无产权房问题屡禁不绝。

3. 政策变化。有的房地产建设及后续办证时间跨度长、涉及部门多，在此过程中，国家和省市对相关法律、法规政策进行了修订，消防、节能、环保、人防等方面的标准也越来越严格、越来越规范，使得部分项目建成即违规，无法按现行标准验收。特别是一些长期没有办证的老楼盘，此类问题更为突出。

二、外地经验做法

从调研情况看，各地均未明确对小产权房、无国有土地使用证的项目进行处置和办理，但是 21 世纪以来很多地方聚焦取得国有土地使用权证房屋办证问题做了大量工作，也取得了明显成效。现将主要做法归纳如下：

一是领导高度重视、强力推进。很多城市将解决房产办证历史遗留问题作为重大民生问题，从市级层面统筹推进，一般由常务副市长或分管房地工作的副市长牵头主抓（长沙较为特殊，市委书记〈易炼红，现任江西省省长〉担任顾问，市长任组长），由国土、规划、建设、房管等相关部门组成处置工作领导小组，抽调专门力量，采用联合办公、会审制度、信息共享、“一站式”业务办理等举措强力推进办证工作。深圳、海口分别在 2002 年、2009 年启动处置工作；西安于 2017 年启动，目标是当年解决 5 万户以上，2019 年全面解决；长沙 2015 年启动，已化解 425 个项目近 10 万余户房屋办证问题。

二是处置原则明确、范围清晰。一方面，各地基本遵循“尊重历史、实事求是、民生优先、违法必究”的原则，重点突出民生优先。比如长沙坚持“三先三后”，即先证后税（费）、先证后诉、先证后责；海口坚持“民生优先、简化程序”，最大限度方便群众办事。另一方面，均对处置范围、时限进行了明确限定，对哪些纳入处置范围、哪些不能纳入均作了明确要求，基本上只处置市区范围内、国有土地上、符合规划的房屋办证问题。比如，西安的处理范围明确为“2016 年 6 月 30 日前国有土地建设用地上已建成并投入使用的，来源合法、权属清晰、符合省市总体规划的各类房产”，而“不符规划、小产权房，以及公告列入征收或拆除的房屋，不在处理范围”。

三是处置分离办理、分类实施。在遵守法律法规、符合国家有关规定前提下，各地都将处置建设主体违法违规行为与解决人民群众实际困难相分离，采取购房人办证与项目建设单位补缴税费相分离、依法登记与追究违法责任相分离的方式，优先解决购房人办证问题。比如，长沙政府为此先行垫缴费用；郑州、海口等地规划部门负责出具规划确认书、建设部门负责组织房屋安全鉴定机构出具质检报告，房产部门据此办理

产权登记。加大税费追缴和责任追究力度。长沙、西安、郑州由相关部门和市纪委（监委）、公安局、司法局、执法局、法院等14个部门组成追责组，对有严重违法问题的企业追缴税费并追究法定代表人的责任。科学处置房改、企业改制造成的历史问题。主要通过实行公告确权、由相关部门完善相关手续等方式，为购房群众办理房屋登记。比如，郑州、长沙实行公告确权制度，先由房改单位对申请登记房屋进行公告，对于土地和房屋权属无争议的，由房改办核准批复，房管部门依据房改办批复和相关手续办理房屋登记；郑州对于改制企业历史遗留的土地、规划、竣工验收等资料不全的，出台相关办法，一次性予以完善。

四是强化监管引导，长效管理。完善相关管理办法，对房地产开发建设单位从土地取得、规划审批、建设审批、销售管理、竣工交付等各环节之间管理的有机衔接和闭合。加强房地产交易资金监管，通过巡查、暗访、网络投诉等渠道，建立起立体化市场监管网络。比如，深圳取消了预售制度，设置专门账户，购房者只有办理了不动产权证书，政府才会把资金汇入开发商账号，监管过程涉及房屋建设、买卖、办证全过程。加大违法打击，对违法违规企业，列入“黑名单”曝光，由相关职能部门联合对其采取停止办理规划报建、停止商品房预售、停止其他行政许可、对其进行税务稽查等制约措施，杜绝“增量”。同时，注重舆论宣传和引导，通过开展现场接访、印发政策宣传单等多种形式让群众了解相关政策。通过多种新闻媒体，宣传报道工作开展情况和成效。

调研发现，各地在处置房屋产权办证历史遗留问题中，均体现了浓浓的为民情怀、强烈的责任担当、严谨的工作作风和浓厚的法律意识，值得我们学习和借鉴。

三、几点建议

（一）尽快启动我市已取得国有土地使用权证但未办理产权证历史遗留问题工作

这是欠账，需要补课。早在2015年，省住建厅、国土厅、财政厅、地税局、工商局等五厅局联合印发《关于加快解决国有土地上房屋权属登记遗留问题的意见》（晋建房字〔2015〕215号），要求各地用2年时间基本解决国有土地上房屋权属登记中的遗留问题，市房管部门进行了系统性调研，也向市政府上报过相关文件和方案，但实际进展缓慢。根据中央城市工作会议精神，以及省有关工作要求，市政府办公厅于2018年7月20日印发了《关于太原市国有土地上违法用地违法建设遗留问题专项整治事宜协调会议纪要》（〔2018〕第21期），制定了我市国有土地上违法用地违法建设遗留问题专项整治实施意见，明确到2020年末要全面清除并妥善处理我市国有土地上历史遗留问题的违法用地和违法建设。

意义重大。开展处遗工作不仅能够有力维护省城居民住房利益，促进社会和谐稳定，而且在挖掘税收潜力、增加政府财政收入（房屋的再上市、再流通，能够增加契税、印花税、营业税、个人所得税的收入）方面作用也很突出。初步估算，解决10万套住房的办证问题，开发企业交纳营业税、城建税等约17.4亿元，群众办理“小证”又可带来约4.2亿元契税收入。假设27万套房屋中有10万套再上市流通，还可以带来各类税收约15亿元。同时还有利于土地出让金的收取。

（二）要统一思想、坚定方向、明确原则

要坚持担当作为，针对当前我市各职能部门机械地执行规定、制度，以单位不违规、自己不出事为准则，工作中缺乏创新和担当的突出弊病，建议召开座谈会、动员会鼓励大家解放思想，放下包袱，切实把人民群众的利益放在首位，主动担当、敢于作为，创造性地推动房产办证遗留问题的解决。要突出“民生优先”，以办理户证为目标导向，将群众办证与补交税费、追究违法分离办理，优先解决办证问题；要坚持“尊重历史”，以历史的眼光看待遗留问题，客观理性看待房屋建造时的政策法规，妥善予以审查、认定和确权；要注重“简化程序”，在处理历史遗留问题的过程中宜松不宜紧，简化程序，提高效率，真正做到便民利民；要做到“分类处理”，分清政策法规不健全、职能部门管理不到位、建房人违规操作等造成历史遗留问题的不同原因，客观公正进行研究处理，做到责任明确、处理恰当；要坚持“违法必究”，责任主体对违反规划、消防及安全的问题进行整改，各征收主体要加大欠费的追缴力度，各区政府统筹税费征缴，各职能部门充分利用行政手段，加大对未按时缴纳税费处罚力度，对不诚信开发商的限制力度，严肃追究开发商的责任。

（三）要强化领导、组建机构、统筹推进

解决房产办证遗留问题是一项系统、复杂的工作，单靠个别部门推进是完全不够的，需上升到市级层面来组织协调、统筹推进。建议成立专门领导机构，组建由分管副市长任组长，市政法、国土、规划、税务、消防、房管等有关部门组成的处置遗留问题工作领导组。领导组下设办公室（处遗办），由市政府分管副秘书长任办公室主任，确定专门工作场所集中开展工作。各成员单位明确一名班子领导负责房产办证遗留问题处理工作，并成立确权办证组、税费追缴组和监督检查组，并抽调1–2名骨干力量全职开展工作。要强化工作统筹，制定出台市级工作实施方案、工作细则等文件，并强化工作调度，前期处遗办每周调度一次，工作稳定后，至少每月调度一次，并及时向领导组报送

工作情况，必要时向市委、市政府报告，确保各项工作在全市稳步有效推进。

（四）要采取先易后难、分步走策略

要摸清底数，先由各区对本辖区房屋产权办证遗留问题进行调查摸底，采用全面普查和自主申报的方式，对遗留问题项目逐一开展核查，掌握项目建设单位、手续办理、房屋性质、涉及户数，进行分类梳理，建立台账，汇总造册，统计上报。要“先易后难”，以五证齐全房产办证为突破口，逐步推开，分步解决。也可采用试点、案例的策略，率先破题打开局面，为后续工作奠定良好基础。处遗办对各区申报的项目，采取直接交办和会审交办相结合的方式进行处理，仅涉及个别部门、问题简单的项目，由领导小组办公室直接交由相关部门办理；涉及多个部门、问题复杂的项目，由领导小组办公室召集会议联合会审，按会审意见处理；牵涉面广、事项特别重大的项目，报市房产办证遗留问题协调领导小组审议，按审议意见执行。

（五）要细化完善工作机制

要坚持市区联动、以区为主、部门协作、分类指导的工作原则，进一步明确分工，处遗办负责统筹协调、研究政策、督促落实；各区为工作主体，负责具体落实，做好资料整理、问题收集、提出对策方案及后续整改；各部门并联推进、协同执行，建立处遗专门通道、优化简化程序，加快办理。要确立项目包案制度，采取定领导、定方案、定专人、定职责、定时限的办法，确保项目限时处理到位；要建立督查制度，对遗留难题跟踪和督察督办，加快工作进程；要建立行政司法联动机制，加强司法指导、支持和服务，为处置房产办证问题提供司法保障；要完善考核制度，由考核办细化考核细则，将处遗工作纳入各区及市直部门年度绩效考核。

（六）要严格监管、强化宣传

要强化监管长效机制，进一步强化对房地产开发建设各环节的全过程管理监督，严格对房屋手续办理、建设进度进行审查把关，及时、严厉地查处违法行为，在积极化解“存量”的同时，坚决杜绝“增量”出现。建议借鉴深圳监管房地产企业的办法，开发商的账号由职能部门监管，监管过程涉及房屋建设、买卖、办证全过程，开发商只有为购房者办理了不动产权证书，资金才能汇入开发商账号。要严格执法、重拳出击，让违法违规企业付出远高于获得利益的处罚代价。要加大宣传力度，通过电视、广播、报纸、网络等各类媒体渠道，强化对城市规划、土地管理、工程建设、房产管理等相关法律法规及政策的宣传，让广大群众了解有关知识，提高守法意识，增强维护自身权益的能力。

太原市教育改革和发展调研报告

根据市委领导安排，市委政研室于5月中旬开始就全市教育改革与发展问题进行专题调研。调研期间，调研组深入全市各级各类学校走访调研、了解情况，专程前往晋中市就教育改革情况进行学习取经。6月中旬，由我室牵头，组织市委办公室、市教育局、财政局、人社局等相关部门，赴青岛、常州、绍兴、安吉、福州5地外出考察。6月下旬，与教工委联合，共同组织召开了校长和教师座谈会。在此基础上，起草了《太原市教育改革和发展调研报告》。现将有关情况报告如下：

一、现状与问题

（一）背景意义

教育是国之大计、党之大计。党的十九大做出了优先发展教育事业、加快教育现代化、建设教育强国的重大战略决策。2018年9月10日，全国教育大会召开，习近平总书记站在新时代党和国家事业发展全局的高度，系统总结了推进我国教育改革发展的“九个坚持”，科学回答了关系我国教育现代化的几个重大问题，对当前和今后一个时期教育工作作出全面部署，为办好人民满意的教育指明了前进方向、提供了根本遵循。一年多来，一系列支持教育改革和发展的重大举措紧锣密鼓推出，中共中央、国务院相继印发《关于全面深化新时代教师队伍建设改革的意见》《关于学前教育深化改革规范发展的若干意见》《中国教育现代化2035》《关于深化教育教学改革全面提高义务教育质量的意见》《国家职业教育改革实施方案》等5份重磅政策文件；中共中央办公厅、国务院办公厅、教育部、国家发改委等部门聚焦教育改革具体事项，密集出台7个配套性文件，搭建起了教育领域改革发展的“四梁八柱”。

一流城市孕育一流教育，一流教育成就一流城市。太原作为省会城市，肩负引领全省发展的重任。实现省委提出“两个走在前列”“双提升”的目标要求，探索国家资源型经济转型升级、创新驱动发展的新路，建设可持续发展议程创新示范区，谱写文明开放富裕美丽太原新篇章，教育更具有基础性、先导性和全局性。可以说，教育强则太原强，教育兴则太原兴。办出与城市发展战略定位相匹配、与人的全面发展需求相契合、与信息革命大趋势和现代教育制度体系相适应的一流教育，是新时代赋予太原的新使命，是摆在我们面前的一道必答题。

（二）基本情况

拥有2500多年建城史的太原，历来就是文运昌盛、人文荟萃的宝地，产生了狄仁杰、王昌龄、王之涣、元好问、罗贯中、傅山等杰出的政治家和文化巨匠，诞生了山西公立中学堂、令德书院等底蕴深厚的著名学府。近代以来，山西大学堂是与京师大学堂、北洋大学堂齐名的三所最知名的国立大学堂，是放眼看世界、开近代教育之先河的引领者。中华人民共和国成立后特别

太原市教育事业基本情况表

表 11

类 别	学校数（所）	专任教师数（名）	在校生数（名）
高等教育	53	24496	532822
中等职业教育	48	4335	63421
技工学校	30	2175	43724
普通高中	90	7811	76883
普通初中	137	11878	122367
小学	441	19014	310437
幼儿园	724	9217	112007
特殊教育	8	285	1561
工读学校	1	63	424
合计	1532	79274	1263646

是改革开放以来，作为全国的能源重化工基地，太原经济发展带动教育事业兴起，学校数量由中华人民共和国成立初的600余所增加到最多时3000所左右，在校学生数由5万余人增加到现今120万余人，涌现出国学大师姚奠中、中国科学院院士彭堃（kun）墀（chi）、国防大学原政委刘亚洲上将（毕业于育英中学）等一批全国有影响的名教育家、名教师、名校友。

党的十八大以来，市委、市政府始终把教育事业放在优先位置，立足省会实际，坚持科教兴市，教育改革发展各项工作取得了明显进步。截至目前，全市共有各级各类学校1532所，各级各类在校生126万余名，专任教师7.9万余人（具体见表11）。成绩体现在以下几个方面：一是教育投入持续加大。建立教育经费投入持续稳定增长机制，将一般公共预算支出的近16%用于教育事业发展；投入近百亿元实施“百校兴学”工程，太原五中、成成中学、外国语学校、第二外国语学校新校区等一批优质学校建成投入使用，全市新增优质学位2万个。二是基础教育不断增强。实施学前教育普惠发展工程，学前教育三年毛入园率达到95.74%；持续推进义务教育学校标准化建设和城乡义务教育一体化发展12项工程，城乡义务教育差距进一步缩小；加快促进高中阶段教育提质增效，2018年一本达线率17%、二本达线率39%，连年稳居全省前列。三是职业教育加速发展。坚持职业教育整合发展思路，布局并启动省城南、北两个“职教小镇”建设，全面落实中职教育免学费政策，进一步改善职业教育办学条件，职业教育支撑服务太原转型发展的有利态势正在形成。四是思政教育全面加强。深入开展培育和践行社会主义核心价值观“五个一”系列主题活动，开展德育“六化”，参与学生达21万名。特别是将思政教育与“担复兴大任、做时代新人”活动紧密结合起来，开展了952场主题活动，取得了良好效果，得到了党委、政府和全社会的充分肯定。五是教师队伍建设成效明显。严格落实新时代教师职业行为“十项准则”，不断加强师德师风建设；面向社会加大教师招聘、教育人才引进、免费师范生签约、特岗教师招聘力度，加强教师培训，提高教师待遇，省城教师队伍专业化素质和能力不断提升。总的来看，太原教育有传承、有担当、有作为，为太原经济社会发展培育了大批优秀人才，为全国各地输送了大批优秀人才，为党和人民的事业做出了应有的贡献。

（三）存在问题

近年来，虽然我市教育事业取得了很大成就，但与先进发达城市和省内教育改革走在前列的地市相比，我市教育改革的步伐相对滞后了，教育整体发展水平已被拉开差距，出现了一些影响全市教育发展全局的问题。

一是在落实党对教育工作的全面领导上有差距。习近平总书记在全国教育大会上强调，加强党对教育工作的全面领导是做好教育工作的根本保证。这就要求全市各级党委要牢牢把握社会主义办学方向，整体谋划全市教育发展大局，制定好适合太原实际的教育政策，推动教育领域改革，促进教育事业发展，加速推进太原教育现代化。在调研中发现：我市一些县（市、区）和教育部门存在着办教育“功利化”思想，片面追求“升学率”，忽视学生的全面发展；一定程度上还存在着教育发展与经济社会发展、城市规划建设“两张皮”，整体统筹、协调发展不够的问题；一些重要的教育政策制定上存在着前瞻性不够的问题，一些重要的教育法规条例还留有“空白点”（比如，还没有制定出台保障教师权益、促进学前教育、规范民办学校发展等相关的条例和规章），一些需要直面问题、触及利益的深层次教育改革推进不快，一些国家和省委教育重大部署落实还不到位，一些教育系统基层党组织建设弱化、虚化甚至边缘化的问题也不同程度存在着。

二是学前教育普惠性资源不足。学前教育是国民教育体系的重要组成部分，是重要的社会公益事业，办好学前教育、实现幼有所育，是党的十九大作出的重大决策部署。中共中央、国务院《关于学前教育深化改革规范发展的若干意见》（以下简称《意见》）从9个方面对学前教育深化改革规范发展给出指导，对相关任务作出明确规定，是我们做好当前学前教育的有力遵循。就我市来说，目前学前教育仍是整个教育体系的短板，主要表现为“公办园少、民办园贵、无证园多”。根据市教育局提供数据，全市现有各级各类幼儿园724所、在园幼儿112007人，其中公办幼儿园458所、在园幼儿65181人，民办幼儿园266所、在园幼儿46826人；另有无证幼儿园528所、在园幼儿44023人。

从公办园在园幼儿占比情况来看，从符合适龄幼儿入园的角度，应当将528所无证幼儿园纳入统计口径，则全市幼儿园总数为1252所、在园幼儿156030人。从数据分析来看，公办幼儿园占全市幼儿园总数的36.58%，无证幼儿园占全市幼儿园总数的42.17%，反映出我市公办园少、无证园多；我市公办园在园幼儿占全市在园幼儿数的41.78%，《意见》中要求，到2020年公办园在园幼儿占比原则上达到50%，并稳妥完成无证园的治理工作，与之相比我们的任务还很重。具体情况见表12。

从普惠性幼儿园覆盖率来看，普惠性幼儿园包括公办幼儿园和普惠性民办幼儿园。根据《山西省教育厅、财政厅关于开展普惠性民办幼儿园认定及奖补工作的指导意见》规定，普惠性民办幼儿园是指：符合幼儿园布局规划，经教育部门认可的面向大众、收费较低、办园规范、质量较高的合格民办幼儿园。普惠性幼儿园覆盖率是国家衡量学前教育水平的主要指标。计算方法为：普惠性幼儿园覆盖率 =（公办幼儿园在园幼儿数 + 普惠性民办幼儿园在园幼儿数）/ 在园幼儿总数。

市教育局提供的2018年全市普惠性幼儿园覆盖率为82.5%，此数据未将无证幼儿园幼儿纳入统计。根据《意见》要求，2020年普惠性幼儿园覆盖率要达到80%。如果将无证园纳入，我市普惠性幼儿园覆盖率为59.23%，意味有四成的幼儿上不了普惠园，也反映出我市存在着“上普惠园难、上优质公办园难上加难”的客观现实。具体情况见表13。

从收费情况来看，我市幼儿园收费一般由保育费（管理费）和伙食费组成，2018年全市公办幼儿园保育费在500元 / 月以下，企办幼儿园在1000元 / 月以下，普惠性民办幼儿园在1500元 / 月以下，非普惠性民办幼儿园平均1800元 / 月左右；伙食费平均20元 / 天左右。根据数据初步算笔账，非普惠性民办幼儿园一年保育费18000元（1800元 / 月 ×10月），伙食费4000元（20元 / 天 ×20天 ×10月），合计22000元。2018年我市城镇住户人均可支配收入33672元（2018年太原市统计公报），供养一个非普惠性民办园在园幼儿一年花销占人均可支配收入的三分之二，对我市近7万上不了普惠园的家长来说，着实是一笔不菲的支出。

从规范小区配套幼儿园建设来看，《意见》中指出，各省（自治区、直辖市）要对小区配套幼儿园规划、建设、移交、办园等情况进行专项治理，2019年年底前整改到位。《山西省人民政府办公厅关于开展全省城镇小区配套幼儿园治理工作的通知》明确要求：对已经建成、需要办理移交手续的原则上于2019年6月底前完成。我市现有125所配套幼儿园，目前只收回1所，距离完成整治任务的要求差距很大。

三是优质教育资源总量不足且发展不均衡。从近年来看，太原的公办优质学校数量增加得不多，好学校无非也就是五中、实中、山大附、一外、二外、十二中等9所，“僧多粥少”的现象十分突出；特别是，近年来随着城市规模快速扩张、基础设施不断完善，我市房地产市场迅猛发展（尤以小店区、万柏林区、晋源区为甚），但是教育资源的布局没有相应跟上，学位日趋紧张，存在“大班额”问题，局部地区甚至出现了房地产的“繁华区”反而成了教育资源的“贫瘠区”的现象（例如：丽华苑小区划片对口南屯小学）。

四是公办、民办教育不协调。骆惠宁书记在全省教育大会上指出“民办教

太原市学前教育基本情况表

表12

类别	幼儿园			在园幼儿		
	园数（所）	占比（不含无证园）	占比（含无证园）	人数（名）	占比（不含无证园）	占比（含无证园）
公办幼儿园	458	63.30%	36.58%	65181	58.20%	41.78%
民办幼儿园	266	36.70%	21.25%	46826	41.80%	30.01%
无证幼儿园	528	—	42.17%	44023	—	28.21%
合计	1252	—	—	156030	—	—

太原市普惠性幼儿园覆盖率情况表

表13

类别		园数	普惠性幼儿园覆盖率		
			人数	普惠率（不含无证园）	普惠率（含无证园）
公办幼儿园		458	65181	82.50%	59.23%
民办幼儿园	普惠	135	27230		
	非普惠	131	19596		
无证幼儿园		528	44023	—	

育是社会主义教育体系的重要组成部分，但目前我省有的市县民办中小学校比例过大，不利于当地义务教育健康发展”“要防止将政府兴办义务教育的责任推向市场，良心的行业不能变成逐利的产业”。楼阳生省长在全省教育大会上指出“要坚守基础教育公益普惠属性，坚持公办教育主体地位”“按照公办、民办学校政策上平等、招生上同步，管理上统一的原则，推动公办、民办教育优势互补、协调发展”。

结合 2018 年太原市统计公报和市教育局提供数据分析来看，全市民办小学在校生占全市小学生总数的 8.78%(全国占比为 8.56%)；全市民办初中（含公参民）在校生占全市初中生总数的 35.1%（全国占比为 13.68%）；全市民办高中（含公参民）在校生占全市高中生总数的 27.4%（全国占比为 13.82%）。从以上数据可以看出，无论小学、初中还是高中，我市民办学校（含公参民）在校生占比均高于全国平均水平，在初中阶段更加突出，是全国平均水平的 2.5 倍之多。具体情况见表 14、图一。

五是体制机制不够灵活。在调研中发现，公办学校受现行体制机制影响，

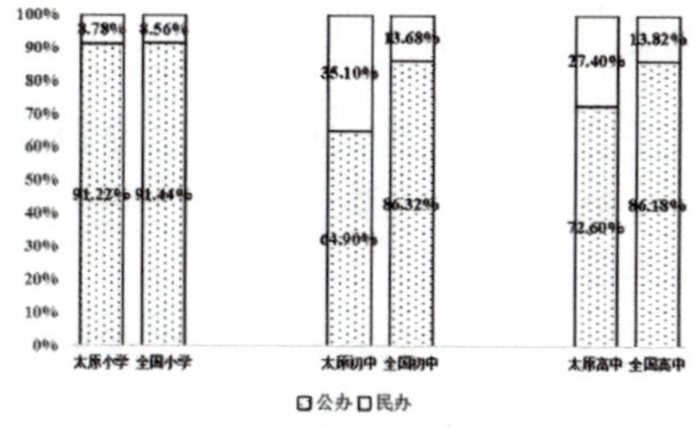

图一：各级各类学校公办民办在校生占比与全国平均占比对比图

学校活力不足、办学动力不够，具体表现在：一些教育行政部门和学校不善于以改革的办法破解发展难题，而是一味要编制、要投入。校长受束缚多，赋权赋能不足，导致办学过程中在班子配备、教师使用、经费支出等方面缺乏应有的自主权。教师激励机制导向不鲜明，一些学校出现了“干多干少一个样，干好干坏一个样”的倾向。临聘教师保障制度不健全，随着二孩政策的实施和消除“大班额”的要求，对临聘教师需求越来越大（一些学校甚至占到一半），但是对临聘教师还做不到同工同酬（我市临聘教师平均收入在 1500—2000 元 / 月，且寒暑假没有工资，而我市 2018 年六城区最低工资标准是 1700 元 / 月），也不能评优、赛讲、培训，甚至连入党的资格都没有。

六是民办学校存在办学不规范的问题。民办学校整体办学水平参差不齐，一些民办学校为了做宣传、打品牌，搞“高价买尖子生、高薪挖骨干老师”等不正当竞争；更有甚者，大部分民办学校存在明目张胆违规提前单独招生问题，严重扰乱正常招生秩序，造成家长人心惶惶。一些民办学校办学模式单一，“应试教育”倾向严重，忽视素质教育和学生全面发展。今年 6 月，国务院办公厅下发了《新时代推进普通高中育人方式改革的指导意见》提出到 2022 年，德智体美劳全面培养体系将进一步完善，科学的评价和考试招生制度将基本建立，高校将逐步改变单纯以考试成绩评价录取学生的倾向。随着新高考制度的逐步实施，将对以应试教育办学模式为主的民办学校带来重大影响，如果这些民办学校转型跟不上改革的步伐，大量的民办学校就读生就会受到严重影响。特别需要引起关注的是，一些民办学校在校生动辄五千、一万，一旦发生食品安全、暴恐袭击、自然灾害等问题，将会造成不可估量的巨大损失和极其严重的社会影响。

七是职业教育与省会城市地位不相称。《国家职业教育改革实施方案》(国发〔2019〕4 号）指出，职业教育与普通教育是两种不同教育类型，具有同等重要地位，没有职业教育现代化就没有教育现代化。纵观我市，一方面，我市绝大多数职业院校办学空间狭小，教学与行政用房建筑面积不足，基础设施短缺，专业实训场所和设备严重不足，难以做到每 1—2 名学生一个训练工位，学校实际使用的专业实训设备，多数陈旧老化、标准落后、数量不足，严重制约了学校对学生实际动手能力的培养。根据相关数据统计，我市职业院校生均占地仅为 21.09 平方米，生均校舍仅为 9.37 平方米，近 80% 的职业院校办学条件不达国家标准。另一方面，随着太原市经济结构的调整，先进装备制造、新材料合成加工和信息技术等产业迅猛发展，迫切需要这方面的人才，但从调研情况来看，我市职业院校在课程设置上与市场、企业深度融合不够，还停留在家政服务、美容美发、厨师等传统职业课程上，像城市职业学院与太原市轨道交通公司合作开办地铁运维班这种产教融合和校企合作的尝试还很少，职业院校对太原经济社会发展的人才供给和支撑能力明显不足。

八是教育领域存在一些乱象。具体表现在：部分家长不能理性平和看待孩子的教育问题，“校闹”问题时有发生；一些开发商唯利是图，以“学区房”为噱头搞虚假宣传，欺骗家长，甚至“绑架”政府。个别公办老师违背师德，课堂上不好好讲，把主要精力放在有偿补

太原市各级学校公办民办分布表（含公参民）

表 14

指标	小学		初中		高中	
	公办	民办	公办	民办（含公参民）	公办	民办（含公参民）
在校生（人）	283200	27237	79422	42945	55841	21042
学生占比	91.22%	8.78%	64.9%	35.1%	72.6%	27.4%
全国占比	91.44%	8.56%	86.22%	13.68%	86.81%	13.82%

课"挣外快"上；有的民办学校出现了"抱团跳槽"的现象，有的民办老师唯利是图、频繁跳槽，被戏称为"跑江湖的"；校外培训机构乱象丛生，甚至出现一些高三学生不在学校上课，而跑去校外培训班就读的现象。学前教育家长和教育工作者之间存在相互不信任的问题，部分家长动辄就要求幼儿园各项活动必须在全程监控之下，挫伤了幼教工作者的尊严。"条子生"还有存在的土壤，破坏了教育的公平，引起广大家长诟病。

二、剖析与思考

教育是一个系统工程，我市存在的以上教育问题，既有着深刻的时代背景，也与我市经济社会发展的整体水平和制定的教育政策相关。认真梳理和剖析太原教育目前存在的问题，需要从"把准一个方向、处理好三个关系、构建一个良好的教育生态"去找寻答案。

（一）牢牢把握社会主义办学方向

习近平总书记在全国教育大会上强调："培养什么人，是教育的首要问题。我国是中国共产党领导的社会主义国家，这就决定了我们的教育必须把培养社会主义建设者和接班人作为根本任务，培养一代又一代拥护中国共产党领导和我国社会主义制度、立志为中国特色社会主义奋斗终生的有用人才。这是教育的根本任务，也是教育现代化的方向目标。"

教育具有天然的政治属性和公益属性。公办教育如此，民办教育也是如此。我们办的教育绝不应当把学生仅仅培养成应试教育的机器，更不允许把学生作为谋取私利的工具。目前，太原越来越多的家长选择将孩子送往民办校，甚至我们有些教育工作者也纷纷把孩子送到了民办校。太原出现的这种"民办热、公办冷"的现象，应该引起我们的高度重视和深深思考。公办学校是培养社会主义建设者和接班人的主阵地，民办学校是有益的补充。我们决不能把太原教育的未来放在民办学校身上，民办学校的办学属性也决定了它无法承担这个重任。这是一个不容有失的方向性问题！振兴太原公办教育、做大做强公办学校，这是各级党委政府坚持社会主义办学方向义不容辞的责任，也是各级教育部门和教育工作者的神圣使命。在坚守好公办教育"主阵地"这个牵扯到政治站位和历史方位的关键问题上，全市上下一定要高度统一思想、高度形成共识、高度保持一致。

（二）处理好公平与效率的关系

公平和效率是义务教育阶段必须处理好的一对关系。教育公平人人向往，优质资源人人渴望，但太原目前的经济社会发展水平还做不到这一点。如何能让每一个孩子都有好学上，这就要求我们去探索和寻找一条适合太原教育发展的现实路径。

满足人民群众对优质教育的强烈需求，是处理好公平、效率关系的出发点。进入新时代，社会主要矛盾转化为人民日益增长的美好生活需要和不平衡不充分的发展之间的矛盾。太原作为省会城市，人民群众满意的教育已经不是有学上，而是有好学校上。与之不相匹配的是，我市好学校不多、优质学位不足，无法满足让所有人都上好学校的需求，家长择校、择班、择老师、择同学的倾向越来越明显。为破解这一难题，近年来我市推行了很多举措，有的效果明显，但也有的不尽如人意。例如：2015年，我市出台了以"划片摇号"为主的小升初招生政策，推行这一政策的初衷是基于公平、基于所有人都有上公办好学校的机会，但深入分析，这一政策其实回避了优质学位不足的核心矛盾，看似公平，实则是忽视了效率的无奈"公平"，难以从根本上解决群众"上好学"的需求。先有优质，才有均衡。太原教育要想发展，既要重视公平、也要考虑效率，通过灵活的体制机制，给校长放权，让教师有获得感，为勇于担当作为的干部撑腰鼓劲，才能扎扎实实促进优质前提下的真正"公平"，满足人民群众上好学的强烈愿望。

认清教育发展水平与经济发展水平相匹配的规律，是处理好公平、效率关系的着眼点。经济发达的地区教育一定也会发达。目前，与发达地区相比，太原的教育发展主要受三方面限制：一是我市整体经济发展水平不高，办教育的财力有限；二是省会地位特殊，受城市快速扩容、房地产拉动经济发展等因素影响，我市优质教育资源更加趋紧；三是我市各县（市、区）之间经济差异明显，区域之间教育发展水平不均衡。经济实力的差距必然导致教育政策的差异。发达城市在教育领域已经实现了"先富"，正走在"先富带动后富、实现共同富裕"的路子上，因此，他们政策的着眼点是促进公平、兼顾效率。目前，我市教育还没有充分"富"起来，在政策的制定当中应更多着眼于提升效率、兼顾公平，首先要想方设法提升办学质量特别是公办学校办学质量，进而通过强校扶持弱校，"先富"带动"后富"，形成抱团发展、提质增效的良好局面。

坚持公办民办协调发展，是处理好公平、效率关系的发力点。过去，我市义务教育阶段有一批办得比较好的公办学校，对家长的吸引力很大。为保障优质生源，我市在政策上允许这些学校在一定范围内自主招收学生。2002年—2004年，国家先后出台了《民办教育促进法》和《民办教育促进法实施条例》，我市出现了公办名校参与举办民办学校（公参民）的热潮；2006年—2008年，山西省出台《关于进一步清理规范义务教育阶段改制学校和公办学校举办或参与举办民办学校工作的意见》，我市对公参民学校进行了清理，关闭了一些义务教育阶段的公参民学校。此后，对公参民学校的整顿一直在进行，公办老师在公参民学校兼职的现象一直存在。2015年，我市小升初招生政策发生改变，所有公办学校必须执行划片摇号招生，好学校招好学生的自主权受到了限制，但公参民学校有一定的灵活性。客观来看，公参民学校的应运而生，在当时的历史条件下，有它存在的合理性。一方面，一定程度上满足了更多家长想上优质学校的需求；另一方面，对于公办学校来说，办公参民能多收一些费，且经费使用也相对灵活。但是，公参民的属性，使一些公办学校和教师在利益的驱动下，将办学重心和主要精力投入到了公参民上，致使公办主校区的资源被挤占、学生被忽视，办学的公益性受到了侵蚀，导致公办教育质量出现了“滑坡”。随着公办校办学质量的下降，家长的选择出现反转，好生源向公参民集聚，出现了优质公办学校都招不满生的现象，形成了学位的浪费，造成了公平与效率的“双输”。以太原五中为例，以前我市家长都想让孩子上五中本部，实在不行才上五中的公参民学校（五育中学）；现在则彻底反转，家长“挤破头”想上五育中学，本校反而招不满生。同时，由于义务教育阶段入学实行“公办不择校，择校到民办”，为达到择校目的，越来越多的市民将孩子送到民办学校就读，民办学校招生比例呈上升趋势。要想改变这种现状，必须坚持公办民办协调发展，让现有公参民学校的优质资源和“活的机制”回归公办学校，在政策上对公办民办学校一视同仁，进一步巩固公办学校主体地位，支持民办学校规范办学，从而推动我市教育整体上水平。

（三）处理好供给与需求的关系

教育供给与需求是相互依存的一对关系，教育供给的质量如何，直接影响到人们对于教育的需求。太原教育供给与需求的矛盾主要是有效供给的不足，体现在三个方面：

教育资源的供给不足。这一方面表现最为突出的就是学前教育。我市学前教育资源尤其是普惠性资源的严重不足，导致大量幼儿进不了公办幼儿园和普惠性民办幼儿园，家长无奈之下，要么将孩子送往收费昂贵的民办园，要么送往没有资质的无证园。同样，正因为有这么大的市场，才导致我市民办园收费居高不下和无证园屡禁不止。破解“入园难、入园贵、无证园多”等问题，根本在于加大学前教育投入力度，增加普惠性学前教育的资源供给，除此之外，别无他法。

教育保障的供给不足。当前，随着城市化进程的加快，产生了“孩子入学就近、家长不就近”“孩子已经放学、家长还在上班”“孩子需要辅导、家长有心无力”等一系列现实问题，家长对孩子中午吃饭、课后托管、课业辅导等有强烈需求。在发达城市，这些问题已经有了比较成熟的解决办法。例如，青岛市2014—2017年累计投入5.4亿元实施“校校有标准化食堂”一期工程，常州市推行“阳光餐饮”计划，青岛市按照每人每小时2—5元补助开展课后校内托管，减轻了家长的负担。反观我市，由于学校的缺位和家长精力的不够，出现了两种倾向：一是“家长甩锅”，一些80后、90后家长或者迫于工作压力，或者由于家庭原因，甚至图轻松自在，把孩子送到全寄宿制的民办学校。另一种是“学校甩锅”，一些公办中小学为回避矛盾、推卸责任，将学生作业变成“家长作业”，将孩子的管束、行为的养成，甚至维持课堂秩序的责任都交给了家长。群众有所需，政府要有所应。教育的责任不能完全推给家长，政府和学校要有所担当。应当统筹考虑孩子们的健康安全、家长们的现实困难、老师们的辛苦付出，想家长之所想、解家长之所难。同时，这也能为政府购买社会化服务提供契机，进一步破解公办、民办不协调的问题。

教育结果的供给不足。教育的目的之一是将“人力资源”变为“人才资源”，是让孩子成为对社会有用的人。例如，调研中发现，如今就业问题已经成为困扰中职学校毕业生的一大难题。我市中职院校学生毕业后，受自身技能、专业对口等多种因素影响，在工资待遇、工作稳定性、工作培训与晋升，以及社会保障等方面不尽如人意。职业院校学生就业难与各行各业对技术技能人才的旺盛需求形成鲜明反差。这一方面，一些发达城市例如绍兴市就做得很好，绍兴市通过校企合作，把工厂“搬进了”学校，将学生的培训与企业生产紧密结合起来，培养出了很多直接对接市场、对口企业的专业人才。实践证明，破解职业教育结果供给不足，必须坚持面向市场、服务发展、促进就业的办学方向，政府要通过政策供给和综合保障，在校企之间牵好线、搭好桥，促进校企合作、产教融合，真正推动职业院校和行业企业形成命运共同体。

（四）处理好管理与服务的关系

深化教育领域“放管服”改革，是推进教育治理现代化的主题。调研中，我们发现，太原教育领域的“放管服”改革主要体现在三个方面：

教育主管部门的定位方面。调研中，无论是我省晋中市，还是青岛、绍兴、福州等考察城市，市教育局层面管的学校很少（青岛市11所、绍兴市7所、福州市5所）。反观我市，市属学校共有76所（高校4所、中职10所、普通中学46所、小学5所、幼儿园8所、特殊学校2所、工读学校1所）。一方面，造成了市本级财政压力增大；另一方面，市教育局直属学校由市本级财政保障，提供的学位却仅局限于划定的片区，全市的优质教育资源做不到全市共享；再有，在职称评定、教师培训等方面，不可避免存在“重市属、轻区属”的倾向。教育主管部门一定要明确自己的职责定位，应该是设计师、服务者、监管者；应该让校长心无旁骛地办学，让老师安心舒心地教书，让学生安全健康地成长；应该通过抓好太原教育发展的规划，抓好教师权益的维护，抓好师资力量的培养，抓好教育政策的制定，真正成为太原良好教育环境的营造者、维护者，既不能越位，也不能错位，更不能缺位。

校长队伍去行政化方面。调研中走过的城市，在校长的聘用上，都以教工委为主，组织部门只掌握少数几个重要学校校长的人事任免。反观我市，市、县两级学校校长的任免权都集中在组织部，甚至有的幼儿园园长的任命还需要经过市委常委会。调研中，一些人员感慨现在"校长不找教育局而是跑组织部"。现在我们的校长面对的政府行政部门、教育主管单位、辖区单位等"婆婆太多"，校长们频繁参加各级各类行政会议，深入教学一线思考、研究的时间受到了挤占，无法做到心无旁骛办学。因此，一定要树立教育家办学的理念，让专业的人干专业的事，教育去行政化大势所趋，校长职级制改革势在必行。

教师待遇方面。一个人遇到好老师是人生的幸运；一个学校拥有好老师是学校的光荣。教育发达的地方都十分重视教师待遇，甚至打破常规，采取超常规措施提高教师待遇。例如，常州市出台《教育英才队伍培养工程实施意见》，在国家和江苏省现有教师评价体系基础上，创新实施了既与上级政策相衔接、又具有常州特色的"五级教师阶梯"培养机制，将特级教师之下的教师队伍细分为"特技教师后备人才""学科带头人""骨干教师""教学能手""教坛新秀"五个级别，逐级明确晋升标准和培养制度，从上至下激发了整个教师队伍的活力。在此基础上，常州市大力推进教师绩效工资改革，实行公益绩效加专项绩效的"1+X"绩效工资分配模式。特别是将"X"的专项绩效细化为"学段差异绩效""办学质量绩效""增量服务绩效"等8个方面，实现了精准化考核。另外，常州市还出台了《优秀教育人才奖励办法》，拿出专项资金，从"人才成长奖励"和"人才贡献奖励"两个维度，对全市优秀教育人才给予最低5000元、最高5万元的年度一次性奖励，使优秀人才的示范辐射作用得到了充分发挥。

反观我市，在提高教师待遇方面，尽管也想了一些办法，例如根据省里要求给班主任每月多发500元津贴（福州市是1000元/月，青岛市是800元/月），为临聘教师上"五险"，但与先进城市相比（青岛从2012年起将公办幼儿园非在编教师工资、社保所需经费按照不低于80%的比例列入财政预算，按照"不低于公办幼儿园教师工资的70%的原则"提高非在编教师待遇），我们的力度还不够大、导向还不鲜明、激励还不精准，仍有一定的提升空间。我们一定不能亏待我们的教师，一定不能挫伤他们的积极性。但是提高教师待遇不是简单地发钱，更不能吃"大锅饭"、搞平均主义。而应该坚持鲜明的业绩导向、搞精准激励，建立多维度、多层次、多元化的激励制度，用激励拉开差距，让能者上、庸者下、劣者汰，让能干者、实干者更有动力，让平庸者没有市场。

（五）构建良好的教育生态

通过调研，我们深切体会到：教育办得好的地方，教育生态必定是好的。比如，我省晋中市教育局近日被评为全国"人民满意的公务员集体"（受表彰的全国98个先进集体，教育系统只有3个）。这一殊荣的取得，就在于晋中市教育局始终坚持社会主义办学方向，以"功成不必在我"的境界和"功成必定有我"的担当，一任接着一任干，久久为功。反观我市，当前教育领域出现的一些现象和问题，影响了教育生态。比如，受传统观念影响，社会上仍重视普通高中教育，轻视职业教育，上普通高中、考大学仍然是大多数家长和学生的主要目标，读中职成为初中毕业生迫不得已的选择，有的中职学校甚至成了"问题学生"的收容所。再比如，当前教育部门、学校、家长都在为高考状元、高考升学率而喝彩，舆论也都鼓吹考上清华、北大就是"人生赢家"，导致全社会都在一味追求教育上的"显绩"，对学生的全面发展、个性发展、创造性发展这种"潜绩"却严重忽视。又比如"问责走样"的问题，在实际工作中，对教育管理者的问责在合法合规、合情合理上还缺乏深化、细化、制度化，出现了一些"鞭打快牛""多干多错"的现象，导致一些有改革创新精神的教育局局长和校长不敢改革、不愿改革，甚至出现了"只要不出事、宁可不干事"的倾向。事实证明，教育生态一旦破坏，很难修复。维护教育生态，人人有责。谁破坏教育生态，就要让谁付出代价！

三、对策与建议

破解以上"131"（坚持一个方向、处理好三个关系、构建一个生态）的矛盾，就是打开太原教育现代化的金钥匙。总的来讲：就是要坚持社会主义办学方向，坚持教育优先发展，遵循教育规律，围绕凝聚人心、完善人格、开发人力、培养人才、造福人民的工作目标，在六个方面聚焦用力。具体而言就是：

（一）充分发挥党委在教育改革发展中把方向、管大局、作决策、促改革、保落实的领导核心作用

把好发展方向。认真落实中共中央、国务院2019年出台的《关于深化教育教学改革全面提高义务教育质量的意见》，把办好义务教育作为重中之重，切实履行市级政府统筹实施、县级政府为主管理的责任；把教育改革发展纳入党委议事日程，市县两级党委和政府每年至少听取1次义务教育工作汇报，及时研究解决有关重大问题。加强议事协调。充分发挥市委教育工作领导小组的作用，严格执行《市委教育工作领导小组工作规则》，定期召开会议，分析研判形势，协调各方力量，推动教育事业发展。特别要有效统筹与教育事业密切

相关的发改、财政、人社、住建等部门，切实形成发展教育的合力；同时，要加强督促落实中央、省委关于教育的方针政策和文件精神，确保按照时间节点高质量推进各项任务。突出党建引领。积极发挥教育工作委员会的作用，选派一批政治坚定、作风过硬、业务精湛的优秀党务工作者，充实到各级各类学校，全面加强学校党的领导和基层党组织建设。

（二）加强战略研判，综合分析，精准把脉，确保各项教育政策具有前瞻性、可行性、科学性

根据国家、省重大教育政策变化和调整，结合太原产业结构、人口结构、就业形势、区域差异等因素，通过与相关部门联合研判、与科研机构合作研究、借助智库外包课题等方式，对太原教育的供给与需求进行基础性、战略性、前瞻性的研究，在科学研判的基础上合理规划、统筹布局全市教育发展（例如，在公办民办学校的科学布点、教育空余资源的充分利用、教育资金的综合统筹、职业教育的产教融合等方面做好分析预判）。

当前，首要任务是根据国家《中国教育现代化2035》《加快推进教育现代化实施方案（2018—2022年）》，结合山西省教育大会精神和即将出台的中长期规划和五年行动计划，紧紧围绕制约我市教育发展的重大问题，研究制定好《太原教育现代化2035》《加快推进太原教育现代化实施方案（2018—2022年）》两个重要文件，明确时间表、路线图、任务书，压实各级部门工作责任，确保各项目标任务落地见效。

（三）在体制机制上给教育“松绑”，让校长放手办学，让教师专心教书，让管理者精心服务，让方方面面的力量汇聚起来，形成支持教育发展的合力

1.下放一批市级直属学校。落实《义务教育法》中明确规定的义务教育实行“以县为主”的管理体制，按照“确保办学经费、确保队伍稳定、确保群众利益、确保教研力量”的原则，将学前教育、义务教育阶段学校划归各区管理。

2.让校长去行政化。依据省委省政府2018年出台的《关于全面深化新时代教师队伍建设改革的实施意见》，要在2022年全面推行校长职级制。建议借鉴晋中市校长职级制改革建立的校长职业发展的“四级九档”职级制度体系，把政治要求、职业素养和专业标准作为校长任职的重要条件，推动中小学校长由传统的行政“委任制”向职业化、专业化“聘任制”转变，设立“校长职级薪酬”和“团队激励性资金”，将“倡导教育家办学”落到实处。

3.给学校充分的办学自主权。改进政府及其部门管理方式，完善监管机制，减少和规范对学校的行政审批事项；将《教育法》赋予校长的人权事权财权具化为“学校内设机构设置权”“副校长提名聘任权及内设机构领导选聘权”“教师聘用权”“经费使用权”“奖励性绩效工资分配权”“学年度综合考核奖励资金分配权”“特色课程开设权”7项权力，实现责权有效统一，依法保障学校充分行使办学自主权和承担相应责任，坚决把该放的放到位，让校长把该管的管理好。

4.完善教师队伍激励机制。要实施精准激励，借鉴常州制定优秀人才奖励办法、完善学校领导班子薪酬激励机制的做法和我市万柏林区重点奖励名校长、名教师的做法（名校长每人每年5万，名教师每人每年3万），建立校长、骨干教师、班主任群体等专项激励经费，分级分类实施奖励激励。要提高临聘老师待遇，借鉴青岛实施临聘老师与编制内老师同等待遇的做法，确保他们享有与公办老师同样的入党、赛讲、培训、评优等待遇。

5.大力推进重点领域改革。全面实行“县管校聘”管理改革。根据省教育厅等四部门联合下发的《关于加快推进义务教育教师县管校聘管理改革工作的意见》，按照“学校按岗聘任、聘期管理”的总要求，建立“政府统筹领导，教育部门牵头负责，编制、人社、财政等部门分工负责、密切配合”的工作机制，确保2020年全面实行义务教育教师“县管校聘”管理改革。

要进行管办评分离改革。教育部2015年就出台了《关于深入推进教育管办评分离促进政府职能转变的若干意见》，明确指出要推进管办评分离，构建政府、学校、社会之间新型关系，并将北京、上海、浙江、江苏等地作为全国教育管办评分离改革综合试点单位，进行探索实践。教育行政部门要在校长竞聘上岗、职级资格评审认定、内设机构规范设置和人员聘用、考核评价、监督指导等方面发挥重要作用；校长要充分利用好赋予的“七项权力”办好学；要探索由家长、学校、第三方专业人员组成的社会评价机构，建立包括课业辅导、教学质量、体质健康在内，覆盖中小学幼儿园的教育质量监测评估机制。

进一步规范清理公参民学校。严格执行《民办教育促进法》《民办教育促进法实施条例》及教育部、国家发改委2011年联合出台的《关于进一步做好普通高中改制学校清理规范工作的通知》相关规定，制定我市清理规范办法，将公参民学校或者回归公办或者划定为民办，划归民办的学校必须做到独立法人、独立财务管理、独立教育教学、独立师资队伍、独立校舍，坚决杜绝公办老师在民办学校（公参民学校）兼职的情况。

依据市委干部担当作为、合理容错“两个办法”，制定教育系统担当作为、合理容错办法，切实为担当的校长和教师担当、为负责的校长和教师负责。

（四）完善投入机制，强化投入保障，确保“好钢用在刀刃上”

逐年加大教育投入。依据中共中

央、国务院《中国教育现代化2035》精神，落实教育优先投入，确保“两个只增不减”（确保财政一般公共预算教育支出逐年只增不减，确保按在校生人数平均的一般公共预算教育支出逐年只增不减）。充分满足社会需求。对一些招不满生、校舍空余多的学校，建议改成寄宿制学校；对“老师多、孩子少”的乡村学校，建议并入乡镇集中办学，由政府提供免费接送服务；在中小学课后托班、标准化食堂建设等方面加大投入，为家长排忧解难。不断拓宽投入渠道。支持多主体供给、多渠道保障、多元化办学。比如借鉴常州使用体育彩票收益投入体育教育的做法，支持我市创办体育特色学校。

（五）完善教育发展评价机制和督导问责机制，更好发挥考核“指挥棒、风向标、助推器”作用

把全面提高义务教育质量纳入党政领导干部考核督查范围，并将结果作为干部选任、表彰奖励的重要参考。将教育教学督导作为对县（市、区）政府履行教育职责督导评估的重要内容，把结果作为评价政府履职行为、学校办学水平、实施绩效奖励的重要依据。对办学方向、教育投入、学校建设、教师队伍、教育生态等方面存在严重问题的地方，要依法依规追究县（市、区）政府和主要领导责任；对违背党的教育方针、背离素质教育导向、不按国家课程方案和课程标准实施教学等行为，要依法依规追究教育行政部门、学校、教师和有关人员责任。

（六）坚持问题导向，找准突破口，高起点谋划、整体性推进一批重大教育引领工程，打开太原教育发展新局面

1. 实施学前教育普惠发展工程。严格落实中央和省委关于学前教育的相关政策和部署，具体思路是“四个一批”。一是新建一批。结合新城发展、旧城改造整体规划、统筹布点，新建一批公办幼儿园。二是转隶一批。从现有的国企、乡镇集体、军队等举办的幼儿园中，选择一批符合条件的转隶为县区直属公办幼儿园；对尚不具备转隶条件的，应适当加大补贴力度。三是收回一批。到2019年年底前，将小区配套幼儿园全部收回，移交县区政府，办成公办园或普惠性民办园。四是整治一批。对无证幼儿园加大整改扶持力度，通过整改扶持规范一批无证园，达到基本标准的，颁发办园许可证，整改后仍达不到安全卫生等办园基本要求的，坚决予以取缔，并妥善分流和安置幼儿，2020年年底前，稳妥完成无证园治理工作。

2. 实施义务教育五年行动计划。坚持公办教育主体地位，实现公办民办教育优势互补、协调发展。一是做强公办学校。实施“三名振兴”战略及“十百千”五年行动计划，打造优质学校，实现强校带弱校、大校带小校，走集团化办学的路子。越级破格提拔一批既当过老师又有管理经验的年富力强、敢于担当、经验丰富的老师去薄弱学校当校长；选送一批好的“苗子”赴先进地区学习，表现优秀的回来后提拔重用；花重金选送一批优秀校长去国外学习，选送一批优秀教师在国内顶尖学府进行深造。力争五年内打造十个在中部地区有影响力、有竞争力、有特色的教育集团，选树一百名在全省叫得响、立得住、有名望的优秀校长，培养一千名德行正、素质硬、有情怀的骨干教师。二是支持和规范民办学校。按照公办民办学校政策上平等、招生上同步、管理上统一的原则，对民办学校进行分类管理，实现区域内公办和民办学校比例适当、布局合理。依法加强对民办学校的规范管理与监督，建议出台《太原市支持和规范民办教育发展的意见》，严控招生规模，严格规范招生行为，坚决打击违规招收转学生、借读生，以及招生与培训机构挂钩变相掐尖的行为。引进一批像北师大、北大培文、珠海华发、台湾康轩等国内外优质教育集团，补充我市高水平、多元化、特色化民办学校资源不足的问题。

3. 打造职业教育港。结合太原产业发展方向，围绕优势产业集群，面向未来、放眼全国、对接全球，打造一南一北两个万亩职教港。北部职教港主要是依托太钢、中北大学等，结合军民融合创新示范基地建设，围绕新能源、新材料合成加工、现代都市农业、文化旅游休闲康养等主导产业来打造；南部职教港主要是依托山西转型综改示范区，围绕先进装备制造、信息技术、现代物流、大数据等优势产业来打造；整合集聚全市中职高职和技工院校入驻园区，吸引省内外职业院校和龙头企业进驻办学，深入开展校企合作、实现产教深度融合，形成校企“双元”育人、共赢发展的战略格局。

4. 实施科教创新引领工程。在并的大学、科研院所都是最宝贵、最稀缺的优质资源。如果能充分利用和借助这些资源，将会极大地促进太原的发展。合肥与中科大的相互成就就是最好的例子。全市上下一定要牢固树立支持在并大学、科研院所发展就是发展太原的思想，急大学所急、想大学所想，在土地规划、人才政策、平台搭建、投资融资等方面全力给予帮助，形成相互支持、协同创新、共赢未来的命运共同体。要用最好的资源吸引最优秀的人才，效仿东莞引进华为（在松山湖为华为建基地）、杭州服务阿里巴巴（杭州为阿里巴巴总部配套了地下停车场、人才公寓，开通了马路出口，还启动了千岛湖引水入户工程）的做法，建议将晋阳湖西岸宝贵的土地资源留给国内外一流的科研院所和企业建立重点实验室、研发中心、研究院等，配套建设专家公寓、人才驿站、院士之家等，不求所在、但求所用、虚位以待，诚招天下英才来并创新创业，打造中部人才集聚新高地。

（许世军）

机构设置和负责人名录

中共太原市委

书　　记　罗清宇
副书记、市长　耿彦波＊　李晓波
副书记　李新春
常委、纪委书记、监委主任、一级巡视员　李吉山＊
常委、纪委书记　周计伟
常委、政法委书记　魏　民
常委、娄烦县委书记　薛东晓
常委、副市长　王立刚
常委、组织部部长　赵忠保
常委、秘书长、统战部部长　刘　鹓
常委、警备区政委　王志校
常委、宣传部部长　张　璐（挂职）＊

太原市人大常委会

党组书记、主任　弓　跃＊　张明星
党组成员、副主任、一级巡视员　刘　斌
副主任、一级巡视员　王爱萍（女）
党组成员、副主任、一级巡视员　郭建发
党组成员、副主任　张建刚　郭治明　李增锁
党组成员、副主任、市总工会主席　张　磊
党组成员、秘书长　冯润春＊　李发平

太原市人民政府

党组书记、市长　耿彦波＊　李晓波
党组副书记、副市长　王立刚
副市长　王爱琴（女）
党组成员、副市长　张齐山　马润生　卢秋生　车建华
党组成员、秘书长　薛维柱

政协太原市委员会

党组书记、主席　张明星
党组副书记、副主席、一级巡视员　冯　霞（女）
副主席、一级巡视员　陈远新
党组成员、副主席　张建刚＊　郝宝清　王建堂　雷学东
副主席　李俊林　陈继光　任　磊
党组成员、秘书长　刘建中

太原市纪律检查委员会、监察委员会

市纪委常务副书记、监委副主任、二级巡视员　李吉山　杨万生
市纪委副书记、监委副主任、一级调研员　杨天玉
市纪委副书记、监委副主任　魏福臣
市纪委常委（正处长级）、市纪委监委秘书长　秦　琦
市监委委员（正处长级）　常继德
市纪委常委、市委巡察办主任　孔崇明
市纪委常委、监委委员、三级调研员　杨　昆　张巨保　刘忠勇
市监委委员、二级调研员　田保平
市纪委监委三级调研员　康建丰

太原市中级人民法院

党组书记、院长、审判委员会委员　侯晓东
党组副书记、常务副院长、审判委员会委员、三级高级法官　段培林
党组成员、副院长、审判委员会委员、三级高级法官　任有会
市纪委监委驻市中级人民法院纪检监察组组长、市法院党组成员　郭　昕＊　赵文江
党组成员、副院长、审判委员会委员、四级高级法官　周雪松　李雄飞
党组成员、政治部主任　吕征平
党组成员、审判委员会委员、三级调研员　王效林
审判委员会专职委员、三级高级法官　王润树
审判委员会专职委员　韩利民
二级调研员　刘三娃
三级调研员　陈荣克、张建农
四级调研员　蔡淑兰（女）　齐志丕＊

太原市人民检察院

党组书记、检察长、检察委员会委员　宁建新
党组成员、副检察长、检察委员会委员、三级高级检察官　江　晨
党组成员、常务副检察长、检察委员会委员　李南明
党组成员、检察委员会专职委员、三级高级检察官　任　萍（女）
党组成员、市纪委监委驻市人民检察院纪检监察组组长、

二级巡视员　尚阿涛
党组成员、二级调研员　祝积岐
党组成员、副检察长、检察委员会委员、
四级高级检察官　韩少锋
副检察长、检察委员会委员、三级高级检察官　路效国
副检察长　王金华
检察委员会专职委员　王宏亮
三级调研员　马　江
四级调研员　董立新　贾旭民（女）
四级高级警长　訾红专　白　林

市委工作机关和派出机构

市委办公室

市委常委、秘书长　刘　鹓
常务副秘书长　李京京*　王素红（女）*
副秘书长、一级调研员　王栋梁
副秘书长（兼）、市信访局党组书记、局长　赵宏亮
副秘书长（兼）、市委政策研究室主任　张农寿
市纪委监委驻市委办公室纪检监察组组长、
三级调研员　武晓英（女）
副秘书长、市直属机关事务管理局　雷世昌
副秘书长　盛维华（挂职）*
副秘书长、三级调研员　郭仲毅　魏源巍
二级巡视员　王学明*
调　研　员　王瑞文*
一级调研员　张炎魁*
二级调研员　孙玉文　赵德学
四级调研员　谢　洋
副县级领导干部　韩志刚
市委督查专员　王　慧（女）高光辉　孟春雷　赵海亮

市委组织部

常务副部长　李发平*　康建斌
副部长（兼）王富旺　郝明俐（女）
副部长、市委党建办主任　高义元
副部长、三级调研员　雷学义　赵　俭
副部长　赵志远（挂职）*
市纪委监委驻市委组织部纪检监察组组长、
三级调研员　郭　昕
部务委员　赵建春*　张爱琴（女）
一级调研员　高保民
市委考核办副主任、二级调研员　李俊英（女）
二级调研员　李云竹

市委人才工作领导小组办公室主任、三级调研员　王文生
市非公经济组织和社会组织工委书记　杨红梅（女）
三级调研员　吴宇平
四级调研员　李永强

市委宣传部

常务副部长　胡建林
副部长、二级巡视员　戴耀生
副部长、市文明办公室主任、二级巡视员　詹玉梅（女）
副部长、市新闻出版局局长（兼）、三级调研员　马竣敏
副部长、市政府新闻办公室主任（兼）、三级调研员　边素庭
调研员　曹俊清*
市纪委监委驻市委宣传部纪检组组长　李　富
二级调研员　侯晋娟（女）刘建光
四级调研员　郝少杰　赵晋君*　张林虹（女）*　强岱生

市委统战部

常务副部长　张树明
副　部　长　王莎莎（女）*
副部长、市工商业联合会党组书记、一级调研员　许　强
副部长、市民族宗教事务局局长　宋晓丽（女）
市纪委监委驻市委统战部纪检监察组组长、
三级调研员　叶兴发
副部长、三级调研员　边军红　吴一兵
二级巡视员　孙世文*
三级调研员　张志宏
四级调研员　曹爱玲（女）

市委政法委员会

常务副书记、市法学会党组书记、常务副会长、
一级调研员　张守斌
副书记、一级调研员　朱天晓
副书记、市法学会党组成员、专职副会长兼秘书长　吕静英（女）
副书记　白晋虎
副书记（兼）、市委国安办专职副主任　李　锦（女）
政治部主任　徐剑平*　王一飞
二级调研员　周茂玉　周英伦
三级调研员　刘帅红（女）*　王红娟（女）
四级调研员　吴俊耀
副县级领导干部　杨　静*

市委政策研究室

主　　任　张农寿
副　主　任　栗继东*　郭小娟（女）王海云　贾林春
三级调研员　吴新德　王红进（女）

市委网信办

主　　任　刘晓斌

副　主　任　武润林
四级调研员　张　锐

市委机构编制委员会办公室

主　　　任　郑旭东
副　主　任　范振会＊　王建功＊
副主任、三级调研员　吕玉刚　王　琳（女）
调　研　员　吴春福＊
二级调研员　冯寅卯　贾瑞琦（女）＊

市委台湾工作办公室

主　　　任　李志民
副主任、二级调研员　黄定发
副主任、三级调研员　张升万
二级调研员　贾时钟
三级调研员　刘　凯

市直属机关工委

常务副书记、二级巡视员　孙锁刚
副书记、二级调研员　崔雪岭
副书记、三级调研员　郭　炳　王世斌
工委委员、纪工委书记　张立军
工委委员、二级调研员　薛玉军
四级调研员　童　滢（女）

市委巡察工作领导小组办公室

主　　　任　梁永明＊
市纪委常委、市委巡察办主任　孔崇明
副　主　任　邢莉蓉（女）　曹亚明
一级调研员　阎生华
二级调研员　王春祥＊
四级调研员　骆军强
市委巡察组正处级督察专员　贾津生　贾毅倩（女）　李日东
市委巡察组副处级督察专员、三级调研员　郝全成　张维宏　焦宝平
市委巡察组副处级督察专员　吕东来＊　吕玉刚＊　田旭红　郭志坤　薄天山

太原市直属机关事务管理局

局　　　长　雷世昌
副主任、二级调研员　焦　岗＊　李高儒
二级调研员　澹台应兵＊
四级调研员　刘　铭　王　宁

市委老干部局

局长、二级巡视员　郝明俐（女）
副局长、三级调研员　侯丽芬（女）　安建斌
副局长　曹　宇
调研员、市老年大学校长（兼）　解建国＊

四级调研员　倪明利
副县级干部　张晋英（女）

市文明办

主　　　任　詹玉梅（女）
副　主　任　肖善才＊
副主任、二级调研员　谷兰杰
四级调研员　陈志强

市委党校（太原行政学院、太原国防教育学院、太原社会主义学院）

常务副校长　雷学东＊　孙劲松
副校（院）长　王晓东　王宝进　刘纪平　张晓平
教　育　长　邓翠香（女）
四级调研员　郭红栓　杨志梅（女）

市委党史研究室（市地方志研究室）

主任、一级调研员　杨云龙
副　主　任　宋忠庆　陈向荣　张彩丽（女）
四级调研员　薛红宣

太原市档案馆

馆　　　长　宋建平
副　馆　长　冯　刚　赵国清

市委直属事业单位

太原日报社（太原日报报业集团）

党委书记、董事长、社长，太报传媒公司董事长　宋立纲
副书记、董事、总编辑　杨　松
党委委员、董事、副社长　张向明
党委委员、副社长　赵安林
副总编辑　董　豪　徐大为

太原广播电视台（市文化广播电视集团）

党委书记、台长（总裁）　陈晓红（女）
党委副书记、总编辑　姬发军
党委委员、副台长（副总裁）　王俊伟　申根成　赵　欣（赵海萍）（女）＊

市慈善职业技术培训中心

主　　　任　李　越＊
副　主　任　何　中
副　主　任　成旭波

太原社会科学院（市社会科学界联合会、市政府发展研究中心）

党组书记、院长（主任）　王耀武
党组成员、副院长（副主任）　张　明　张晨强　赵晋君＊　王志仙（女）　张五堂
正县级干部　任德胜

市人大及其常委会工作机构

市人大常委会办公室

党组成员、秘书长、机关党组书记　冯润春＊　李发平

市纪委监委驻市人大常委会机关纪检监察组组长、机关党组成员、三级调研员　杨琳岚（女）

副秘书长、机关党组成员　罗　辉　史瑞泉

副秘书长　段建忠　闫建伟

调 研 员　裴丽娜（女）＊　冯晋生＊　李恩庆＊

副调研员　倪小毅＊

二级调研员　王小明　王春生＊　安新平（女）＊　刘国伟　景德奎　彭生全　袁洪建

四级调研员　何柱喜

市人大法制委员会

主任委员　孟凡政

副主任委员　车晓蓓（女）　庞　娟（女）

市人大监察和司法委员会

主任委员、一级调研员　李晓伟

副主任委员　李　平（女）

市人大财政经济委员会

主任委员、一级调研员　朱永平

副主任委员　冯　健　胡燕君（女）

市人大教育科学文化卫生委员会

主任委员　王培仁

副主任委员、三级调研员　刘　婧（女）

市人大城市建设环境资源保护委员会

主任委员、一级调研员　孟小勇

副主任委员、三级调研员　冯利峰

副主任委员　景德奎＊

市人大农业与农村委员会

主任委员、二级巡视员　王　瑾

副主任委员、三级调研员　张一平

副主任委员　彭生全＊

市人大人事代表委员会

主任委员　赵雁萍（女）

副主任委员　李发平（兼）＊　康建斌（兼）　袁洪建＊

市人大社会建设委员会（民宗侨务外事工委）

主任委员　邢德谦

副主任委员　石　钧（女）

市人大常委会研究室

主　　任　张　刚＊　栗继东

副 主 任、三级调研员　孙　安

市人大常委会信访局

局　　长　张志佩

副 局 长　彭德军

市政府工作部门

市政府办公室

党组成员、秘书长、机关党组书记、办公室主任　薛维柱

副秘书长、市政府机关党组成员　常跃平　潘　侠

机关党组成员、市纪委监委驻市政府办公室纪检监察组组长、三级调研员　张国栋

副秘书长、市政府机关党组成员、三级调研员　牛　亮　师旭东　张　耀　刘　飞

副主任、党组成员　魏源巍＊

副主任、三级调研员　崔疆红（女）

市政府督察专员　陈湘铭

二级巡视员　安龙柱＊

一级调研员　潘保欢＊　贾立进＊

二级调研员　胡琦伟　毋青松

四级调研员　桂荣伶（女）　吴良俊　李中明

市发展和改革委员会

党组书记、主任、二级巡视员　阴海锁

党组成员、副主任、三级调研员　卫建业　侯维国　岑　杰　李殿彪

党组成员、副主任　王晓东　张美霞（女）

党组成员、市纪委监委驻市发改委纪检监察组组长　郭润喜

党组成员、副县级领导干部　王世忠

党组成员、二级调研员　张权斌　董韵雷

党组成员、三级调研员　赵爱忠　李春瑞

二级调研员　王振宇　崔效荣　倪福田

四级调研员　赵春生　郭绍华　吴宪松

市教育局（中共太原市委教育工作委员会）

工委书记、局长　梁宏宇

工委专职副书记（正处长级）　王建功＊　霍丽萍（女）＊

党委委员、副局长　荆俊杰＊

工委委员、副局长　王树红　苏建伟＊　尹　骏

工委委员、市纪委监委驻市教育局纪检监察组组长、三级调研员　王临庆（女）＊

二级调研员　赵长虹　刘耀禹＊

四级调研员　沈庆伟（女）　刘坤生　荆俊杰＊

市科学技术局

党组书记、局长　庞　虹

党组成员、副局长、三级调研员　张兴民　徐华（女）

党组成员、副局长　田宝华
党组成员、二级调研员　李保现
党组成员、三级调研员　张浩明
二级调研员　樊怀林
四级调研员　陈培忠

市工业和信息化局（中共太原市委工业和信息化工作委员会）

工委书记、主任、二级巡视员　薛新福
工委副书记、三级调研员　罗鸿飞
工委委员、市中小企业发展促进中心主任　李崇斗
工委委员、副主任　刘书林
工委委员、副主任、三级调研员　王　镭　杨灵生　吴光昭
工委委员、市纪委监委驻市工信局纪检监察组组长　张学刚
工委委员、二级调研员　李建忠
工委委员、三级调研员　谢禄雪　胡春耕
二级调研员　原云生

市公安局

常务副局长、党委副书记、一级调研员　韩迷中
党委副书记、政治部主任、一级高级警长　王振军
党委委员、副局长、一级高级警长　常丹飞　薛晓峰
党委委员、副局长、市公安局交警支队支队长、党委书记、一级高级警长　秦书伟
党委委员、副局长、万柏林分局局长、二级高级警长、万柏林区副区长　高乃勇
党委委员、副局长、三级高级警长　魏　毅　宋文广
党委委员、副局长、三级高级警长、小店分局局长（兼）　续卫东
市纪委监委驻市公安局纪检监察组组长、党委委员、监督部部长、三级调研员　马子龙
二级巡视员　武　润　白安平
二级调研员　康文智、张王宏
二级高级警长　冯　力（女）
四级调研员　马俊程

市民政局

党组书记、局长、一级调研员　李亚江
党组成员、副局长、三级调研员　王　龙　续鲜珍（女）
党组成员、市纪委监委驻市民政局纪检监察组组长、二级调研员　李栓英（女）
党组成员、二级调研员　张　仪
二级调研员、市非公经济组织和社会组织工委副书记（兼）　张世明
四级调研员　刘竹芳（女）

市司法局

局长、党组书记　张　彤
市纪委监委驻市司法局纪检监察组组长、市司法局党组成员、二级调研员　张　军
副局长、党组成员　韩　飞*　禹　强　刘　强　李　峥*
副局长、党组成员、三级调研员　程　莉（女）
政治部主任、党组成员　王建勇
二级调研员　温建国　陈江峰*　鹿建平*

市财政局

党组书记、局长　王国柱
党组副书记、调研员　崔崇恩*
党组成员、副局长、三级调研员　王清雨
党组成员、市纪委监委驻市财政局纪检监察组组长　成晓平（女）
党组成员、副局长、三级调研员　张艳红（女）
副局长　张文玲（女）
党组成员、四级调研员　张洪斌
二级调研员　阎保丰
调研员　杨桂梅（女）*

市人力资源和社会保障局

党组书记、局长、二级巡视员　王富旺
党组成员、副局长、一级调研员　赵　军
党组成员、副局长、三级调研员　张晓林　韩武雁
党组成员、市纪委监委驻市人社局纪检监察组组长、三级调研员　周永乐
党组成员、二级调研员　李保亮
党组成员、三级调研员　秦崇年
党组成员、市高级技工学校校长　李德彪
四级调研员　段晓宇　姚　远

市住房和城乡建设局（中共太原市委住房和城乡建设工作委员会）

工委书记、局长　邵社教
工委副书记、三级调研员　傅　立
工委委员、副主任、一级调研员　王清河
工委委员、副主任、三级调研员　梁晓岗
工委委员、副主任、二级调研员　石永明（蒙古族）
工委委员、市纪委监委驻市住建局纪检监察组组长、三级调研员　孙建祁
工委委员、副主任　白　皓
工委委员、二级调研员　李学昌
工委委员、三级调研员　强力军　张晋生
二级调研员　胡丽丽（女）　崔学锋　陈志强
三级调研员　汪　艳（女）
四级调研员　白　宏

市城乡管理局（中共太原市委城乡管理工作委员会）

工委书记、局长、二级巡视员　张　利
工委副书记、三级调研员　武卫华

工委委员、副局长、二级调研员　段　洪　张志杰　孙玉锋　段耀辉
工委委员、副局长、三级调研员　张　红（女）　耿炤宇　时中瑛　刘芝茂
工委委员、市纪委监委驻市城乡管理局纪检监察组组长、三级调研员　李跃强
工委委员、二级调研员　王保定　蒙晓禄
工委委员、三级调研员　雷生贤　赵有仁
二级调研员　高喜跃＊
三级调研员　杨俊拴
四级调研员　王小春　牛岩皓

市交通运输局

党组书记、局长、一级调研员　张晓军
党组成员、副局长、二级调研员　张则福
党组成员、副局长　高海林　张智弘　董　刚（兼）
党组成员、市国防动员交通战备办主任　梅玉光
党组成员、市纪委监委驻市交通运输局纪检监察组组长　任晓艳
党组成员、三级调研员　姜原祯　孟永红（女）　张海萍（女）
党组成员　任选平
二级调研员　尚跃峰　王　剑
四级调研员　董　菁（女）　孟　晋（女）＊

市水务局

党组书记、局长、二级巡视员　王守清
党组成员、副局长、三级调研员　张怀玉
党组成员、二级调研员　王家亮
党组成员、三级调研员　侯俊林
调研员　刘新平＊

市农业农村局

党组书记、局长、二级巡视员　康宝林
党组成员、市农业机械发展中心主任　马雪峰
党组成员、副局长、三级调研员　郭树生　南红卫（女）　郭志鸿（女）　陈晋忠
党组成员、市纪委监委驻市农业农村局纪检监察组组长　滕悦茹（女）
党组成员、二级调研员　巩天奎　孙德武　王　峰
党组成员、三级调研员　武济顺
二级调研员　李贵军
四级调研员　高素琴（女）＊　关晋钢

市商务局

党组书记、局长　高屹城
党组成员、副局长　李建民＊
党组成员、副局长、三级调研员　王之峰
党组成员、市纪委监委驻市商务局纪检监察组组长、三级调研员　王霁红
党组成员、一级调研员　张国清＊　梁世斌
党组成员、四级调研员　张宏玉
二级调研员　高庆霞（女）

市文化和旅游局

党组书记、二级巡视员　齐宏明
党组副书记、局长、一级调研员　姚晓蓉（女）
党组成员、副局长、三级调研员　张广亮　安俊跃　李红星　董晓英（女）
副局长、三级调研员　芦国庆（女）
党组成员、副局长　王少华
党组成员、市纪委监委驻市文化和旅游局纪检监察组组长　于全红（女）
党组成员、一级调研员　宁克强
党组成员、三级调研员　胡彦清
党组成员、四级调研员　刘小平＊　张建斌
二级调研员　程晋生　曹永明
三级调研员　郭桂红（女）

市卫健委（中共太原市委卫生健康委员会工作委员会）

工委书记、主任、一级调研员　宫殿元＊
工委副书记、市爱卫办主任　郝淑贞（女）＊
工委委员、副主任、三级调研员　孙慧生＊　张泽（张立新）＊　王建平＊
副主任、三级调研员　黄建宏＊
工委委员、市纪委监委驻市卫生健康委员会纪检监察组组长　李　彬
工委委员、副主任　赵宏英（女）
一级调研员　温跃春＊
二级调研员　安鲜萍（女）　袁　琳＊　米跃亮＊
三级调研员　胡亚书（女）＊　张永杰＊
调　研　员　李向斌＊
副调研员　董钰柱＊
原老龄委副主任　于　兰（女）

市退役军人事务局

党组书记、局长、一级调研员　崔　燕（女）
党组成员、副局长、三级调研员　陈胜军
二级调研员　程顺安
四级调研员　白海鸿

市应急管理局

党组书记、局　长　刘剑明
党组成员、市防震减灾中心主任　高二虎
党组成员、副局长、二级调研员　李亚瑾
党组成员、副局长、三级调研员　张爱文　张永宽　吴国岗　郭志强

党组成员、副局长　张　峰
党组成员、政治部主任、二级调研员　徐国强
党组成员、三级调研员　夏玉林　赵永强
党组成员、四级调研员　李东峰
二级调研员　梁福云＊　王双斗

市审计局

党组书记、局长　连金会＊　刘军华
党组成员、副局长、三级调研员　李振忠　何　茜（女）
副局长、三级调研员　杨　玲（女）
党组成员、总审计师、三级调研员　元继光
党组成员、二级巡视员　李贵生＊
四级调研员　马晋达
正县级稽查特派员　曹燕金　朱力佳（女）
副县级稽查特派员　殷节花（女）　韵贞香（女）　刘剑勇

市政府外事办公室

党组书记、主任　李　波
党组成员、副主任、三级调研员　尉　韬（女）
党组成员、副主任、二级调研员　李　岩
党组成员、三级调研员　刘勤儿
二级调研员　赵晓平＊

市政府国有资产监督管理委员会

党委书记　卢秋生（兼）
党委副书记、主任　张宝军
党委专职副书记、一级调研员　刘晓黎（女）
党委委员、副主任、三级调研员　韩东来　阎树亮（回族）
党委委员、市纪委监委驻市国资委纪检监察组组长、三级调研员　刘建国
党委委员、二级调研员　孟永宁

市市场监督管理局

党组书记、局长、一级调研员　郭德魁
党组成员、副局长、二级巡视员　陈广龙＊
党组成员、副局长、一级调研员　张效良
党组成员、副局长、三级调研员　孙乃俊　赵　勇　任建国　连　波　李文军　李红旺
党组成员、市纪委监委驻市市场监督管理局纪检监察组组长　李卯生
党组成员、二级调研员　高俊常　赵　伟
党组成员、三级调研员　李友芬（女）　段新民
党组成员　王晋生
一级调研员　郝震宇
二级调研员　赵丽萍（女）
三级调研员　孔韦宝　武旭龙
四级调研员　刘红保＊
不锈钢产业园区分局党组书记、局长、三级调研员　崔星梅（女）
不锈钢产业园区分局副县级领导干部　关宝清（满族）
副调研员　贾志敏＊　于　军（女）＊

市体育局

党组书记、局长、二级巡视员　高　波
党组成员、副局长、三级调研员　裴红霞（女）　李永昌　何文平
党组成员、二级调研员　毕宗敏

市统计局

党组书记、局长　何爱萍（女）
党组成员、副局长、二级调研员　岳国平
党组成员、副局长、三级调研员　戴陆寿　梁永昭
党组成员、二级调研员　王振军
党组成员、三级调研员　马亚晓
调研员　张太生＊

市医疗保障局

党组书记、局　长　郝淑贞（女）
党组成员、副局长　范　利
四级调研员　武润德　周　峰

市行政审批服务管理局

党组书记、局长　郑文明
党组成员、市公共资源交易中心（市政府采购中心）主任　叶　奋
党组成员、副局长、三级调研员　杨迎旭　郑润林
党组成员、一级调研员　贺福锁
党组成员、三级调研员　王锁柱
党组成员、四级调研员　尹　强
四级调研员　蒋俊强

市信访局

党组书记、局长　赵宏亮
党组成员、副局长、二级调研员　雷治平
党组成员、副局长　李卫斌
党组成员、三级调研员　曹昶民　董建平

市政府金融工作办公室

党组书记、主任　孙　炜
党组成员、副主任　李　丽（女）
四级调研员　吉志民

市能源局

党组书记、局　长　张晓峰
党组成员、副局长、三级调研员　曹玉田
副　局　长　刘建平
党组成员、二级调研员　郭树林
党组成员、三级调研员　席金生
二级调研员　李春生

市文物局

党组书记　刘玉伟
局　　长　于振龙
党组成员、副局长、三级调研员　曹维明　冀晓峰
党组成员、二级调研员　秦建军
党组成员、三级调研员　谷立新　吴春明
调 研 员　薛建文＊

市人民防空办公室

党组书记、主任　冀克平
党组成员、副主任、三级调研员　崔　嵬
党组成员、副主任　张志强
副主任　令狐小静（女）
党组成员、四级调研员　陈　海　聂守跃

市房产管理局

党组书记　王东立
党组副书记、局长、一级调研员　姜　波
党组成员、副局长、三级调研员　强建林
党组成员、副局长　耿国胜　张屹东
党组成员、二级调研员　钱国栋　赵　义
党组成员、三级调研员　李玉东
二级调研员　刘　朋
副调研员　唐天竹（女）＊

市园林局

党组书记、局长　赵学军
党组成员、副局长、三级调研员　田双保　李定生
党组成员、副局长　郝建忠
党组成员、市纪委监委驻市园林局纪检监察组组长　窦凤明
党组成员、副县级领导干部　张跃虎
党组成员、一级调研员　张世隆
党组成员、二级调研员　许济民
党组成员、副调研员　程清太＊

市促进外来投资局

党组书记、局长　薛建明
党组成员、副局长　师中军　任　瑛（女）

市大数据应用局

党组书记、局长　孙　泉
党组成员、副局长　吴文利
党组成员、副局长、三级调研员　李跃文

市政府直属事业单位

市供销合作社联合社

党组书记、主任、一级调研员　刘照升
党组成员、监事会主任　郎学军（女，满族）
党组成员、副主任、二级调研员　武怀诚
党组成员、副主任　白　威（回族）
二级调研员　高　伟

市城镇集体工业联合社

党组书记、主任　张俊杰
党组成员、副主任　吴同义　裴志红　涂　超
副 主 任　张国宏

市经济建设投资公司（市高速铁路投资有限公司）

党组书记、总经理　李同立
党组成员、副总经理　王晓东　刘元林　高志敏　陈迎光　张　丽（女）
党组成员、财务总监　宁振华

市国有资产经营公司（市工商业国资监管办公室）

党委书记、董事长　崔俊林
党委副书记、副董事长、总经理　李德明
党委副书记　张润玲（女）
党委委员、董事、副总经理　张　援　张裕林
副调研员　庞跃龙＊

市城市建设国有资产经营公司

党委书记、董事长　澹台宏亚
党委委员、副总经理　张春贵　李　宏
董事、财务总监　李　博（女）
董事、总工程师　韩　柏

市住房公积金管理中心

党组书记、主任　王晋章
党组成员、副主任　黄火平　刘建红　相似锦
副主任　武卫东

市政协工作机构

市政协办公室

党组成员、秘书长、机关党组书记　刘建中
市纪委监委驻市政协机关纪检监察组组长、机关党组成员　三级调研员　刘越凤（女）
副秘书长、机关党组成员、二级调研员　齐春林
副秘书长、机关党组成员　王淑娟（女）　丁利春
二级巡视员　崔守成＊　金　钢（满族）＊
一级调研员　何宏伟＊
二级调研员　王秀丽（女）
调 研 员　曹亮亮（女）＊
副调研员　韩云龙＊
四级调研员　王静恩＊

市政协提案委员会

主　　任　王秀丽（女）＊　张志强

副 主 任 田 瑞* 王静芸（女） 幸笛枫（女）

市政协文化文史和学习委员会

主 任 岳骁骏（女）

副 主 任 杜海柱

市政协港澳台侨和外事委员会

主 任、二级巡视员 武映文*

副 主 任 贾 环（女） 贺引钏（女）

市政协经济委员会

主 任 霍凤鸣

副 主 任、三级调研员 王永红（女）

副 主 任 王昕云

市政协人口资源环境和城乡建设委员会

主 任、一级调研员 张振国

副 主 任 马 莉（女） 任勇恒

市政协教文卫体委员会

主任、一级调研员 畅志刚

副主任、三级调研员 王贵斌

市政协社会和法制委

主 任 张瑞峰* 张志强

副 主 任 曹晓冬 侯伟英（女）

市政协民族宗教委

主 任 吕大成

副 主 任 刘 辉 贾月有

市政协农村工作委

主 任 吴玲玲（女）

副 主 任 田久东

市政协研究室

主 任、二级巡视员 胡祖泉

副 主 任 王文斌 张丽珍（女）

群众团体

市总工会

党组副书记、常务副主席、二级巡视员 冯润春

副主席、党组成员、三级调研员 樊小高

党组成员、副主席兼经费审查委员会主任 康卫青（女）

党组成员、副主席 汪 伦 曹 剑（女） 郎学军（女）*

党组成员、二级调研员 韩铁柱

党组成员、四级调研员 黄小飞

二级调研员 薛 跃

三级调研员 张永亮

四级调研员 邹 江

共青团太原市委员会

书 记 杜志强

副 书 记、三级调研员 李 琦（女） 王朝伟

副 书 记 郝晓军（女） 张晋松 王 强（挂职）*

少工委主任 许 超

市妇女联合会

主席、党组书记 李 颖（女）

副主席、党组成员、三级调研员 米丽萍（女）

副主席、党组成员 冀风华（女） 田 华（女）
白 洁（女）

二级调研员 康一萍（女）

四级调研员 王国华（女）

市工商联合会

党组书记 许 强

主 席 郭太林

副主席、党组成员、三级调研员 白建红（女）

副主席、党组成员 王书颖（女）

党组成员、三级副调研员 张增辉

二级调研员 乔瑞生

市归国华侨联合会

党组书记 李 锦（女）* 赵 静（女）

党组副书记、主席、一级调研员 魏建庭

党组成员、副主席 郑 勇

党组成员、四级调研员 白劲松

四级调研员 张连发

市文学艺术界联合会

党组书记、提名主席候选人、二级巡视员 张体仁

党组成员、提名副主席候选人、三级调研员 王宏伟

党组成员、提名副主席候选人 韩喜登 韩 莹（女）
张林虹（女）*

市残疾人联合会

党组书记、理事长、一级调研员 高金虎

党组成员、副理事长、三级调研员 薛晓峰

党组成员 贺秀斌

市科学技术协会

党组书记、二级巡视员 郭晋龙

主 席 阎美蓉（女）

党组成员、副主席、二级调研员 李 相

党组成员、副主席、三级调研员 尹效军 张文华（女）

党组成员、二级调研员 杨 波

市贸促会

会长、党组书记 郭海燕（女）

副会长、党组成员 刘勇刚

副会长、三级调研员 王军威

党组成员、四级调研员 李占才

市红十字会

专职副会长　李东山

三级调研员　吴兰成

山西转型综改示范区

党工委书记、管委会主任　张金旺

党工委委员、管委会副主任　赵瑞雪

党工委委员、纪工委书记　刘　伟

党工委委员、管委会副主任　董　良　仝清雷　薛江炤　刘　勇

党工委委员、总规划建筑师　白勇强

党工委委员、公安局局长　李明亮

纪工委副书记　刘永华、薛运中

太原不锈钢产业园区

党工委书记　卢俊峰（兼）

党工委副书记、管委会主任　杨敦勤

党工委委员　张俊一*

党工委委员、管委会副主任　许　涛　郭宏强

党工委委员、纪工委书记　韩涛峰

党工委委员、管委会副调研员　张　健

党工委委员　王志义

清徐经济开发区

党工委书记　王剑峰（兼）

党工委副书记、管委会主任　邢蕴武

党工委委员、管委会副主任　王国庆　董笑龙

太原市政府驻外办事处

北京联络处主任　杜淑婵（女）

上海联络处副调研员　郭晋强

广州办事处主任　李　刚

海口办事处主任　杨俊贤

厦门办事处副主任　朱　华

青岛办事处副主任　周　雷

其他单位

太原市监察委员会查询中心

主　　任　王雅卿（女）

太原市关心下一代工作委员会办公室

主任、三级调研员　张爱生

太原市委信息化中心

主　　任　杨志忠

副 主 任　姚　洪

太原市人才发展中心

主　　任　王　强

太原市新闻中心

主　　任　荆　峰

太原市委讲师团

团　　长　肖善才

副 团 长　张云雁（女）

太原画院

党支部书记、院长　安　捷

太原市事业单位登记管理局

副 局 长　冀晓军*

太原市老干部活动中心

主　　任　王瑞珍（女）

太原市老年大学

校　　长　解建国（兼）*

副 校 长　张晋英（女）

太原市公安局交通警察支队

党委书记、支队长、一级高级警长　秦书伟

党委副书记、政委、二级高级警长　张文宾

党委委员、副支队长、二级高级警长　刘茂林

党委委员、副支队长、三级高级警长　岳富民　张　琼　梁国宏　张　将

党委委员、副支队长、四级高级警长　高文晋　李建军

党委委员、纪检书记、四级高级警长　刘学民

党委委员、政治处主任　蒋亚南

党委委员、二级高级警长　姜　涛

党委委员、四级高级警长　常士勇

二级高级警长　王吉胜　王瑞敏

四级高级警长　李立军　刘新民

四级主任　孙　斌

副调研员　陈增云

一级警长　贾改花（女）

市公安局特警支队

支队长、一级高级警长　王建炜

政委、二级高级警长　何荣芳（女）

副支队长、四级高级警长　张建兴　陈忠斌　薄新燕（女）　张拴成　刘晖滨　王文利

副支队长、警务技术三级主任　李保林

二级高级警长　唐　力　闫建光　孙新民
警务技术二级主任　时怀玉

太原市人大常委会机关服务中心

主　　任　张靖武

太原市政协社情民意研究中心

主　　任　张瑞峰＊
副 主 任　王海华

太原市中级人民法院法庭科学研究中心

主　　任　田　宇

太原工人文化宫

主　　任　李　雅
党总支书记　王云鸿

太原工人北文化宫

主　　任　郭　明

太原工人俱乐部

党支部书记　李润果（女）

太原职工技术交流站

党支部书记　王克俭

太原市工会职工服务中心

主　　任　常彦忠

太原工会机关服务中心

主　　任　张树新

太原市青年宫

主　　任　姚为民

太原市少年宫

主　　任　马　斌
副 主 任　程俊生　刘银河

太原市文学院

副 院 长　张守耀（女）　畅建康＊　赵少琳

太原市社会科普中心

主　　任　崔素娟（女）

太原市广播电视传输网络管理中心

副 主 任　牛彦英　王根林　陈　强　汤永商

太原市经济信息中心

副 主 任　魏景芬（女）＊　薛虎林＊　董爱荣（女）
总经济师　王雪梅（女）
工会主席　刘定荣

太原市粮食市场监督稽查队

队　　长　霍　英

太原市粮食交易服务中心

主　　任　尹继虎

太原市粮食技工学校

党支部书记、校长　冯学亮

太原技术转移促进中心

主　　任　李国忠
副 主 任　梁　飞

太原市电子研究设计院

党支部副书记、院长　韩红远

太原市塑料研究所

所　　长　武六旺

太原市高新技术创业服务中心

主　　任　宁慧青（女）

太原市中小企业发展促进中心

主　　任　李崇斗
副 主 任　房保富　王晋昌　李建军
副调研员　丁家振＊

太原双塔革命烈士陵园

主　　任　唐文波

太原市救助管理站

站　　长　郭宏伟

太原市社会救助管理中心

主　　任　张宏伟

太原市慈善职业技术学校

校　　长　林建华＊

太原市永安园

主　　任　张红飞

太原市永安殡仪馆

主　　任　张文义

太原市社会福利精神康宁医院

院　　长　王　玲（女）

太原市社会福利院

院　　长　张毅敏
党支部书记　王玉珉

太原市社区服务中心

主　　任　夏同杰

太原市福利彩票发行中心

主　　任　刘进武＊

太原市福利生产管理中心

主　　任　董建生＊

太原市龙山墓园

主　　任　靳昌茂

太原市龙山殡仪馆

主　　任　郭永红

太原市殡葬管理中心

主　　任　梁志强

太原市政府和社会资本合作管理中心

主　　任　宁　捷

太原市财政国库支付中心

主　　任　郭晓英（女）

太原市预算评审中心

主　　任　吕红梅（女）

山西中财投资评审中心

主　　任　王清雨

副 主 任　刘抱为＊　段健彪

太原市建设项目投资评审中心

主　　任　郭永东

太原市人才交流服务中心

主　　任　葛世杰

副 主 任　苗　丁　刘　坚　李荣爱（女）

太原市人事考试中心

主　　任　张国华

太原市职业培训技术指导中心

主　　任　雷学文

太原市就业指导中心

主　　任　张子儒

副 主 任　李建平

太原市医疗保险管理服务中心

主　　任　范　利

太原市企业养老保险管理服务中心

副 主 任　刘全合＊　刘耀轩　汤奇伟

太原市机关事业单位社会保险管理服务中心

主任、二级调研员　程生锋＊

太原市失业保险管理服务中心

主　　任　宁迫青

太原市劳动保障监察执法队

队　　长　刘建军

太原市城乡养老保险管理服务中心

主　　任　李永贵

太原市高级技工学校

校长、党总支副书记　李德彪

党总支书记兼副校长　徐雪梅（女）

太原市汾河景区管理委员会

主　　任　张建民＊　张平国

党支部书记　蔡小林

副 主 任　苏广同　张　东　王海霞（女）　张　立

太原市建筑工程招标投标中心

副 主 任　黄富国　孟　涛

太原市城市给水工程建设处

党支部书记　高云龙

副 处 长　郝俊芳（女）　王旭波

太原市城中村改造建设管理中心

主　　任　夏宝良

副 主 任　秦李林　冀丽君（女）

总工程师　申怒涛

太原市市政公用工程质量监督站

站　　长　谢耀岗

党支部书记　柴增定

副 站 长　辛俊红　杜红燕（女）

太原市市政建设开发中心

副 主 任　牛　凯　杜建文　李　钧

太原市建设工程质量监督站

站　　长　郭　轶

太原市海绵城市建设中心

主　　任　杨瑞锋

太原市住宅保障中心

主　　任　郭秉刚

太原市长风商务区管理中心

主　　任　张秀生

太原市城乡建设档案馆

副 馆 长　徐鸿斌

副 馆 长　王战林

太原市城乡规划设计研究院

院　　长　胡纯杰

党支部书记　武　辉

太原市建筑设计研究院

院　　长　蒲　净

党总支书记　上官安星

太原市政工程设计研究院

院　　长　毕晓东

党委书记　曹京哲

太原市市政公共设施管理处

处　　长　刘志猛

党委书记　郝晓华（女）

副处长、工会主席　段俊玉

副 处 长　邢晚祥　王晓毅＊　郝旭青　于文哲　武志高

太原市城市照明管理中心

处　　长　尹爱军＊

副 处 长　张俊虎　李胜奎　屈　健　袁晋峰

太原市排水管理处

处　　长　杨晓峰

副 处 长　潘会友　任秀林　王小如（女）　张建臣　宋正光

太原市市政公用设施建设中心

主　　任　王小平（女）

太原市政池渠设施管理处

处　　长　冯建文

太原市数字化城乡管理指挥中心

主　　任　王海滨

太原市供水节水管理中心

主　　任　李世军

副 主 任　谷太华　张　敏

太原市供热管理中心

主　　任　葛跃强＊　李新茂

太原市城市排水监测站

站　　长　赵平法

党支部书记　宋　威

太原市城市燃气管理中心

主　　任　傅子俊

太原市市容环境卫生中心

主　　任　张耀东

太原市汽车客运管理办公室

党委副书记、主任　任选平

党委副书记　马少峰

副 主 任　贺雪梅（女）

党委委员、副主任　王晓光　冯志林

太原市轨道交通运营中心

主　　任　牛宏伟

太原市公路事业发展中心

主　　任　周纪平

太原市水资源管理中心

主　　任　陈　杰

太原市水利勘测设计院

院　　长　韩建忠

太原市晋祠泉域水资管理处

处　　长　赵惠滨

太原市兰村泉域水资管理处

处　　长　陈拉才

太原市水工程移民管理中心

主　　任　周新春

太原市水土保持监测中心

站　　长　梁计萍（女）

太原市农业机械发展中心

党组书记、主任　马雪峰

党组成员、副主任　卫　华

党组成员、四级调研员　王三保

二级调研员　李瑞春

副调研员　张双福＊

太原市农产品质量安全检测中心

主　　任　冯桂平（女）

太原市农业科学研究院

院　　长　程　升

太原生态工程学校

党委副书记、校长　张　明

党委书记　夏双秀

太原市农业广播电视学校

党支部书记、校长　王与蜀

市商务经济信息研究所

所　　长　路　晶

太原市晋剧艺术研究院

党总支书记、院长　宋建国

太原市艺术研究院

党支部书记、院长　宋　萍（女）

太原市群众艺术馆

馆　　长　常　峰

太原市图书馆

党支部委员、馆长　郭欣萍（女）

党支部书记　赵晋明

太原市退役军人服务中心

主　　任　王　强

太原市军用饮食供应站

站　　长　焦建平

党支部书记　孟庆武

太原市军队离退休干部第一休养所

所　　长　吕捍军

党委书记　刘树茂

太原市军队离退休干部第二休养所

党委书记　杨荣清＊

所　　长　赵正平

太原市军队离退休干部第三休养所

党委书记　耿开文

太原市军队离退休干部第四休养所

所　　长　韩秀清

党委书记　贾静艳（女）

原 所 长　王宏杰

太原市军队离退休干部第五休养所

所　　长　班　东＊

党委书记　邓　彪　张广远＊

太原市军队离退休干部第六休养所

所　　长　张德勇

党委书记　李嘉瑞（女）

太原市军队离退休干部第七休养所

所　　长　刘海霞

党委原书记　程跃进*

太原市安全生产监察支队

支 队 长　许小刚

太原市矿山救护大队党支部书记、大队长　张志良*　王建强

太原市煤炭安全纠察支队

支 队 长　黄　强

太原市防汛抗旱指挥部办公室

主　　任　张秀生

太原市防震减灾中心

主　　任　张晓峰

副 主 任　邓子平　续　渊

四级调研员　师　菁　王晓东

太原市产权交易中心

主　　任　李永杰

太原市消费者协会

秘 书 长　卞传志

太原市个体劳动者协会

秘 书 长　薛风香（女）

太原市民营企业协会

秘 书 长　郭志强

市市场监督管理局信息与宣传教育中心

主　　任　尹福顺

太原市原质量技术监督局稽查分局

局　　长　王晋生

太原市标准计量质检院

院　　长　侯鹏翔

太原市食品药品稽查队

队　　长　王军生

政　　委　郭晓敏（女）

太原市食品药品检验所

党总支书记　闫安明

太原市体育工作队

党支部书记、队长　朱　渊

太原市体育科学研究所

党支部书记、所长　李殿林

太原市体育运动学校

党总支书记　韩　平*

太原市农村社会经济调查队

队　　长　阎瑞玲（女）

太原市公共资源交易中心

主　　任　叶　奋

太原市政务服务中心

主　　任　王锁柱

太原市信访服务中心

副 主 任　田贵清　李　瑛（女）

太原市节能监察支队

副支队长　兰瑞明

总工程师　杨　青（女）

太原市晋祠博物馆

党支部委员、馆长　王新生

党支部书记　郝教信

太原市晋祠公园

党支部书记、主任　李继东

太原市文物考古研究所

所　　长　周富年

太原市天龙山石窟博物馆

党支部书记、所长　于　灏

太原市双塔博物馆

党支部书记、所长　冀美俊（女）

太原市人防工程管理中心

主　　任　张晋萍（女）

太原市公共租赁住房保障中心

副 主 任　孔利民　朱　洁（女）*　郭天顺　罗荣取

太原市公房租赁管理中心

主　　任　郄新明

副 主 任　李朝平*　张松华　郝丽华（女）　阎继萍（女）

太原市房产交易服务中心

主　　任　牛焕德

太原市非住宅房产管理中心

主　　任　王更生*

太原市迎泽公园管理处

主　　任　王　洪

太原市龙潭公园

主　　任　张保平

太原市文瀛公园

主　　任　郭润明

太原动物园

主　　任　杨引亮

太原市晋阳湖管理处

主　　任　孟晋平

太原市园林植物研究中心

主　　任　石红旗

太原市招生考试管理中心

市委教育工委委员、市招生考试管理中心党支部书记、主任、二级巡视员　张秋柱*

副 主 任　王毅敏
党支部委员、二级调研员　王泽红
调 研 员　张青林*
副调研员　曹晓雪（女）*

太原市教研科研中心
党支部副书记、主任　赵学昌
党支部委员、副主任　钱学锋（女）　解腊梅（女）

太原教育电视台
党支部副书记、台长　贾天理
党支部委员、副台长、总工程师　赵　原

太原市中小学学生卫生保健所
党支部书记、所长　窦路明

太原市大中专毕业生就业指导中心
党总支书记、主任　周玉强

太原市教育装备中心
党支部书记、主任　毕俊卿

太原市劳动技术教育中心（太原市大学生资助管理中心）
党支部书记、主任　康建清（女）

太原市青少年活动中心
党支部书记、主任　田　丰

太原市示范性综合实践基地
党总支副书记、主任　牛　锋*
党总支书记　姚　昕
党总支委员、副主任　牛晋涛

市属企业单位

并州饭店
总经理、党委书记　王中华
副总经理　杜　坚　郭瑞萍（女）

太原市龙城发展投资有限公司
党委书记、董事长、总经理　刘鹏飞
总 经 理　薛江炤*
党委副书记、副总经理　郭志强
党委委员、纪委书记　杨冬林
副总经理　谭晋生　孟　琦
党委委员、副总经理　张建军　黄贵荣
党委委员、总会计师　刘丽萍（女）

太原市公共交通控股（集团）有限公司
党委书记、董事长　周　齐
党委副书记、副董事长、总经理　郝铭生
党委副书记　翟奇伟（女）
党委委员、董事、工会主席　贾　珊（女）
党委委员、监事会主席　孙年生*
党委委员、副总经理　于　军
董事（兼）　李　博（女）
董事、副总经理　李文胜
党委委员、纪委书记　乔晓梅（女，回族）
副总经理　孟建华　霍雁朝
董事、总会计师　籍建伟（女）

太原物产集团有限公司
党委书记、董事长、总经理　贾学敏
党委委员、工会主席　王东明
党委委员　程亚青（女）*
董　　事　王文庆
总会计师　周鲁静（女）

太原龙城电影发展（集团）有限公司
党委书记、总经理　夏宝刚*
党委委员、财务总监　刘培宏

太原市供水集团有限公司
党委书记、董事长　阎继忠*
党委副书记、总经理、董事　宋尚孝*

太原市饮食服务集团有限公司
党委书记、董事长　王中华
党委委员、常务副总经理　原满红
党委委员、副总经理　袁晋江
党委委员、纪委书记　孟先成

太原市轨道交通发展有限公司
党委书记、董事长　白晓平
党委副书记、总经理　刘建文

太原市热力集团有限公司
党委书记、董事长　张建伟
党委副书记、副董事长、总经理　李建刚

院　校

太原学院
党委书记　李大公
党委副书记、院长　张瑞君

太原城市职业技术学院
党委书记　张　勇
党委副书记、院长　杨志家

太原旅游职业学院
党委书记　白玉明
党委副书记、院长　马兆兴

太原幼儿师范高等专科学校
党委书记　陆克祥*
校　　长　范永丽（女）*

太原广播电视大学

党总支书记　白宏武

党总支副书记、校长　时耐敏

太原市财贸学校

党总支副书记、校长　张学锋

党总支书记　王秀峰（女）

太原市卫生学校

校　　长　郜宏漪（女）

党委书记　韩根浒

太原市财政金融学校

党委副书记、校长　栾桂秋（女）

党委书记　张建明

太原职工大学

校　　长　李　雅

副 校 长　王全福

太原工会干部学校

校　　长　张全民

太原市交通学校

党总支副书记、校长　郭雪梅（女）

党总支书记　张晋林

太原市第二中学校

党总支副书记、校长　马新生＊　韩书林＊

党总支书记　王　军

太原市成成中学校

党委副书记、校长　聂惠娟（女）

党委书记　季　禾＊　武春福＊

太原市第四中学校

党总支副书记、校长　杨翠云（女）

党总支书记　蔡世臣

太原市第五中学校

党委副书记、校长　杨向东

党委书记　曲向平

太原市进山中学校

党委副书记、校长　吴裕民

党委书记　苏建民

太原市第十一中学校

党总支副书记、校长　樊晓东

党总支书记　陈东胜＊　马新生＊

太原市第十二中学校

党委副书记、校长　冯国雷

党委书记　陈卫华

太原市第十三中学校

党总支副书记、校长　王怀敬

党总支书记　齐越峰

太原市第十五中学校

党委副书记、校长　林　玮（女）

党委书记　银　军

太原市第十六中学校

党总支副书记、校长　吕向群（女）

党总支书记　王宝林

太原市第十八中学校

党委副书记、校长　雷　晟

党委书记　张　枢＊　闫文龙＊

太原市第十九中学校

党总支副书记、校长　张代军

党总支书记　畅建保

太原市第二十中学校

党总支副书记、校长　弓建茂

党总支书记　宋鸿明

太原市第二十一中学校

党总支副书记、校长　孟引变（女）

党总支书记　马燕芹（女）

太原市第二十四中学校

党总支副书记、校长　许　丽（女）

党总支书记　田志伟

太原市育英中学校

党总支副书记、校长　黄步选

党总支书记　许继生

太原市第二十七中学校

党总支副书记、校长　史建如

党总支书记　吴长绪＊　张兴宏＊

太原市第二十九中学校

党总支副书记、校长　李　明（女）

党总支书记　翟福平＊　吴长绪＊

太原市第三十中学校

党总支副书记、校长　郭力山＊

党总支书记　李军生＊　郭力山＊

太原市综合高级中学校

党总支副书记、校长　杜利平

党总支书记　孟金陵（女）

太原市外语科技实验中学

党总支副书记、校长　付红燕（女）

党总支书记　杨旭宏＊　郭　涛＊

太原市第四十八中学校

党委副书记、校长　王更生

党委书记　郭明思（女）

太原市第四十九中学校

党总支副书记、校长　王爱武（女）＊　周延青＊

党总支书记　阎茂珍

太原市第五十二中学校

党总支副书记、校长　崔同喜

党总支书记　郭振江*　程全顺*

太原市第五十三中学校

党支部副书记、校长　张卫民

党支部书记　郭玉玲（女）

太原市第五十五中学校

党委副书记、校长　唐丽达（女）

党委书记　闫文龙*　张　枢*

太原市第五十六中学校

党支部副书记、校长　郭　涛*

党支部书记　李春青（女）

太原市第五十八中学校

党总支副书记　戴震宇（女）

太原市第五十九中学校

党总支副书记、校长　程全顺*　陈文斌*

党总支书记　李延茂

太原市第六十中学校

党支部副书记、校长　史瑞霞（女）

党支部书记　舒增满

太原市第六十一中学校

党总支副书记、校长　张立平（女）

党总支书记　刘会强

太原市第六十二中学校

党支部副书记、校长　李军生*

党总支副书记、校长　王秀中*

党总支书记　何振庆

太原市第六十三中学校

党支部副书记、校长　李大军

党支部书记　张兴凤（女）

太原市第六十四中学校

党支部副书记、校长　陈育红*　王秀中*

党支部书记　任新明

太原市第六十五中学校

党总支副书记、校长　景　涛

党总支书记　马宝峰*

太原市第六十六中学校

党支部副书记、校长　刘　薇（女）

党支部书记　李朝晖

太原市第六十七中学校

党支部副书记、校长　黄胜勇

党支部书记　孙琪华

太原市外国语学校

党委副书记、校长　武翻旺

党委书记　姚培吉

太原市实验中学校

党委副书记、校长　孔韦忠

党委书记　周延青*　陈育红*

太原市第二实验中学校

党委副书记、校长　陈文斌*　苏建伟*

党委书记　温贵宝

太原市第三实验中学校

党总支副书记、校长　常宝成

党总支书记　曹吉明

太原市第四实验中学校

党委副书记、校长　杜效林

党委书记　安彩虹（女）

太原市第五实验中学校

党总支副书记、校长　姚世敏

党总支书记　褚永生

太原市聋人学校

党支部副书记、校长　付晋蔚

党支部书记　张爱忠*　李冬梅（女）*

太原市盲童学校

党支部副书记、校长　赵　谨

党支部书记　张　媛（女）

太原市明德学校

党支部副书记、校长　韩书林*　王春生*

党支部书记　赵陆生*　白　强*

太原市第二实验小学校

党支部副书记、校长　徐艳红（女）

党支部书记　朱香玲（女）

太原市第三实验小学校

党支部副书记、校长　史春元

党支部书记　刘红军（女）

太原市第四实验小学校

党支部副书记、校长　聂三敏（女）

党支部书记　武宇红（女）

太原市第五实验小学校

党支部副书记、校长　李国强

党支部书记　王萍萍（女）

太原市育杰幼儿园

党支部书记、园长　徐晓梅（女）

太原市育蕾幼儿园

党支部书记、园长　张晓红

太原市育红幼儿园

党支部书记、园长　张伟宏（女）

太原市育英幼儿园

党支部书记、园长　王　林（女）

卫生医疗机构

太原市中心医院（太原市心血管病研究所、太原市中心医院集团总院）

党委书记　赵永生

党委委员、院长　李新华

太原市人民医院

党委书记　郝俊彪*

党委委员、院长　裴伟俭

太原市第二人民医院

党委书记　韩秀春*　陈援农*

党委副书记、院长　徐计宏*　李玉杰*

太原市第三人民医院（太原市传染病医院、太原市肝病研究所）

党委书记　李晋保*

党委副书记、院长　陈　刚

太原市第四人民医院（太原市结核病医院）

党委书记　郭永芳（女）*　李晋保*

党委副书记、院长　董永康*　郭永芳（女）*

太原市精神病医院（太原市第五人民医院）

党委书记　贾艳焕（女）*　郝俊彪*

党委副书记、院长　任笑异

太原市妇幼保健院（太原市妇幼保健计划生育服务中心、太原市妇女儿童医院、太原市第六人民医院）

党委书记　刘秀萍（女）

党委副书记、院长　郭进升

太原市第八人民医院（太原市老年病医院）

党委书记　孟庆禾

党委副书记、院长　王宝迎

太原市中医医院（太原市中医院研究所）

党委书记　贾金霞（女）

党委副书记、院长　郭江泽

太原市疾病预防控制中心

党委副书记、主任　孟德权

党委书记　杨丛明

太原市卫生局卫生监督所

党委副书记、所长　李跃光

党委书记、副所长　段朝军

太原市红十字血液中心（太原市输血技术研究所）

党委副书记、主任　白　林

党委书记　许　虹（女）

太原市急救中心（太原市第九人民医院、太原市紧急医疗救援中心）

党委副书记、主任（院长）　唐新宇*

党委书记　程要红（女）*

县（市、区）

小店区

中共小店区委

书　　记　刘振华

副 书 记、区长　李卫平

副 书 记　王建文*

常　　委、副区长　杜小灵

常　　委、纪委书记、监委主任　霍存柱

常　　委、政法委书记　王成周

常　　委、宣传部部长　张志中

常　　委、组织部部长　白进联（女）

常　　委、统战部部长　梁根会

常　　委　盛维华

常　　委、人武部政委　周继全

小店区人大常委会

主　　任　陈其武*

副 主 任　李林福　潘富娃*　侯继保　李伟仙（女）

小店区人民政府

区委副书记、区长　李卫平

区委常委、副区长　杜小灵

副 区 长　宋毅方　荣杰峰　段燕临　张俊兵　郭国权

政协小店区常委会

主　　席　李恩星

副 主 席　弓连中　郭丽霞（女）　温喜昌　宋　力

小店区人民法院院长　王成万

小店区人民检察院检察长　孙中杰

迎泽区

中共迎泽区委

书　　记　冯原平

副 书 记、区长　李　慧（女）

副 书 记　李鸿林

常　　委、政法委书记　贾津生*

常　　委、纪委书记、监委主任　尹达恒

常　　委、副区长　王国栋
常　　委、宣传部部长　张　军（女）
常　　委、统战部部长　闫晓琴（女）
常　　委、组织部部长　刘　斌
常　　委、人武部政委　闫海军

迎泽区人大常委会
主　　任　张　霞（女）
副 主 任　韩石俊（女）　尹晓平　秦宇星　孟晋忠

迎泽区人民政府
副 书 记、区长　李　慧（女）
区委常委、副区长　王国栋
副 区 长　杨永生　薛　凯　岳旭强　周靖华
副区长、公安迎泽分局局长　周立志

政协迎泽区常委会
主　　席　张志勤＊　赵树文
副 主 席　赵利军　王晓燕（女）　裴存锁　王素云（女）

迎泽区人民法院院长　田志勇
迎泽区人民检察院检察长　陈加林

杏花岭区

中共杏花岭区委
书　　记　李文权
副 书 记、区长　侯　森
副 书 记　梁　勇
常　　委、统战部部长　刘晓黎（女）＊　朱　蓉（女）＊
常　　委、纪委书记、监委主任　王富强＊
常　　委、副区长　卫向东
常　　委、区委办主任　王同化
常　　委、宣传部部长　赵联庆
常　　委、组织部部长　郭俊明
常　　委、政法委书记　杜志坚
常　　委、人武部部长　孟祥乐

杏花岭区人大常委会
主　　任　程有录
副 主 任　高义胜＊　白　亮　连会银　张荣义（女）
　　　　　安江锋

杏花岭区人民政府
区委副书记、区长　侯　森
区委常委、副区长　卫向东
副 区 长　张青贵　张　喆　张玉和　冯立君
副区长、公安杏花岭分局局长　魏鲁培

政协杏花岭区常委会
主　　席　施国立
副 主 席　张立亚　韩富存　薛萍萍（女）

杏花岭区人民法院院长　王晋斌
杏花岭区人民检察院检察长　孙向荣

尖草坪区

中共尖草坪区委
书　　记　卢俊峰
副 书 记、区长　田文浩
副 书 记　曹　炬
常　　委、政法委书记　李崇斗＊
常　　委、统战部部长　任同珍（女）
常　　委、副区长　康国奇
常　　委、宣传部部长　祁向东
常　　委、纪委书记、监委主任　尹浩瑞
常　　委、组织部部长　赵建春
常　　委、人武部政委　王国权

尖草坪区人大常委会
主　　任　金林平
副 主 任　牛东全　马高明　史金俏（女）　李　刚

尖草坪区人民政府
区委副书记、区长　田文浩
区委常委、副区长　康国奇
副 区 长　高三生　侯　岳　王丽芬（女）　杜秋梅（女）
副区长、公安尖草坪分局局长　王晋涛

政协尖草坪区常委会
主　　席　王春龙
副 主 席　胡福明　王毅仁　殷守逵　郑庆华

尖草坪区人民法院院长　张福平
尖草坪区人民检察院检察长　张晋东

万柏林区

中共万柏林区委
书　　记　杨俊民
副 书 记、区长　袁尔铭
副 书 记　张振鹏＊
常　　委、统战部部长　岳元春
常　　委、纪委书记、监委主任　刘贵江
常　　委、政法委书记　杨宏林
常　　委、副区长　李　蓉（女）
常　　委、人武部部长　戴　刚＊　刘仍雁
常　　委、宣传部部长　赵晓红（女）
常　　委、区委办主任　刘爱国
常　　委、组织部部长　常　青

万柏林区人大常委会

主　　任　侯　安*

副 主 任　刘团圆　孔一龙　李石宏　王立学

万柏林区人民政府

区委副书记、区长　袁尔铭

区委常委、副区长　李　蓉(女)

副 区 长　高建军　梁红根　陈俊峰　李宏文

副区长、公安万柏林分局局长　高乃勇

政协万柏林区常委会

主　　席　马金安

副 主 席　阎全鲁　王跃礼　王宝同　阴　燚

万柏林区人民法院代院长　王文皓

万柏林区人民检察院检察长　郭　刚

晋源区

中共晋源区委

书　　记　杨继承*

副 书 记、区长　李永强

副 书 记　李福贵

常　　委、政法委书记　相　辉

常　　委、宣传部部长、统战部部长　姜保牛

常　　委、纪委书记、监委主任　陈　晋

常　　委、区委办主任　李茂生

常　　委、副区长　钮宝林

常　　委、组织部部长　霍晓勇

常　　委、人武部部长　冯新华

晋源区人大常委会

主　　任　张奇峰

副 主 任　荣春贵　江金魁　张　仕　师　超

晋源区人民政府

区委副书记、区长　李永强

区委常委、副区长　钮宝林

副 区 长　温志勇　朱永军　刘爱民　杜俊霞(女)

副区长、公安晋源分局局长　曹　挺

政协晋源区常委会

主　　席　董云飞

副 主 席　田　瑞　靳玉琴(女)　黄　巨　贺建国

晋源区人民法院院长　王　晋

晋源区人民检察院检察长　李晓燕(女)

古交市

中共古交市委

书　　记　翟永清

副 书 记、市长　刘锦春(女)

副 书 记　张　麒

常　　委、副市长　马彦明

常　　委、组织部部长　张吉祥

常　　委、人武部部长　许　军

常　　委、统战部部长　李宏刚

常　　委、政法委书记　邢武晓

常　　委、宣传部部长　赵晋胜

常　　委、纪委书记、监委主任　丁晋峰

古交市人大常委会

主　　任　闫亮娥(女)*　张　刚

副 主 任　班春芳(女)　康香香(女)　李广银*　贾保国
　　　　　李宜坷(女)

古交市人民政府

市委副书记、市长　刘锦春(女)

市委常委、副市长　马彦明

副 市 长　弓梅梅(女)　闫　伟　王家林　李勇存

副 市 长、古交市公安局局长　闫玉斌

政协古交市常委会

主　　席　程顺旺

副 主 席　赵乐中(女)*　赵晓霞(女)　冀所平*
　　　　　李秀峰(女)

古交市人民法院院长　张东杰

古交市人民检察院检察长　蔡东海

清徐县

中共清徐县委

书　　记　王琳玉

副 书 记、县长　王剑峰

副 书 记　赵生魁

常　　委、纪委书记、监委主任　李秀斌

常　　委、副县长　李凤梅(女)

常　　委、宣传部部长　吴英志

常　　委、政法委书记　陈晓勇

常　　委、人武部政委　郑泽海

常　　委、组织部部长　王黄林(女)

常　　委、统战部部长　杨兴海

清徐县人大常委会

主　　任　张晋涛

副 主 任　梁宝贵　李树明　李年贵　武威飚

清徐县人民政府

县委副书记、县长　王剑峰

县委常委、副县长　李凤梅(女)

副 县 长　岳兔立　武晓俊　赵四顺　牛建忠
副 县 长、县公安局局长　刘金亮
政协清徐县常委会
主　　席　杨保恒
副 主 席　龙万青＊　赵宗虎　王献国　王小鹏　靳秀发
清徐县人民法院院长　银威威
清徐县人民检察院检察长　赵正斌

阳曲县

中共阳曲县委
书　　记　裴耀军
副 书 记、县长　李京京
副 书 记、统战部部长　李建国
常　　委、宣传部部长　王志勇
常　　委、副县长　于文成
常　　委、组织部部长　陈向琰（女）
常　　委、纪委书记、监委主任　徐剑平
常　　委、政法委书记　张小军
常　　委、人武部部长　刘　中
阳曲县人大常委会
主　　任　韩　勇
副 主 任　赵袁华（女）＊　赵虎牛　裴云峰　张　峥（女）
　　　　　刘　麒
阳曲县人民政府
县委副书记、县长　李京京
县委常委、副县长　于文成
副 县 长　刘　冬（女）　王庆丰　周　飞
副 县 长、县公安局局长　王树仁
政协阳曲县常委会
主　　席　白　洪
副 主 席　裴润兰（女）　马润明　王秀生
阳曲县人民法院院长　杨效熙
阳曲县人民检察院检察长　李卓英

娄烦县

中共娄烦县委
市委常委、县委书记　薛东晓
副 书 记、县长　李树忠
副 书 记、副县长　郝虎生
常　　委、宣传部部长、统战部部长　章晓煜（女）
常　　委、政法委书记　郭建生
常　　委、组织部部长　岳志强
常　　委、纪委书记、监委主任　陈　铮
常　　委、人武部部长　梁云刚
娄烦县人大常委会
主　　任　冯永魁
副 主 任　白巨明　梁俊杰　段润义　李贵书
娄烦县人民政府
县委副书记、县长　李树忠
县委副书记、副县长　郝虎生
副 县 长　李永强　席艳强　李亚晋（女）　张万生
副 县 长、县公安局局长　王晓光
政协娄烦县常委会
主　　席　武润生
副 主 席　马存海　侯尚德　雷爱婵（女）　武玉琴（女）
娄烦县人民法院院长　王玉文
娄烦县人民检察院检察长　赵冰峰

太原西山生态文化旅游示范区

党工委书记、管委会主任　王建廷
党工委委员、纪工委书记　王　峰
党工委委员、管委会副主任　李润敖
党工委委员、管委会副主任　常建强

阳曲现代农业产业示范区

党工委书记　李京京（兼）
党工委副书记、管委会主任　常红勤
党工委委员、纪工委书记　冀晓军
党工委委员、管委会副主任　银军军
党工委委员、管委会副主任　王向正

备注：姓名后出现＊表示年内退休或者调离岗位。

社会和经济发展统计资料

太原市县（市、区）及乡镇、街道名称

表 15

县级	乡级
小店区	北格镇、刘家堡乡、西温庄乡、坞城街道、营盘街道、北营街道、平阳路街道、黄陵街道、小店街道、龙城街道
迎泽区	郝庄镇、迎泽街道、桥东街道、文庙街道、柳巷街道、老军营街道、庙前街道
杏花岭区	中涧河乡、小返乡、三桥街道、敦化坊街道、巨轮街道、涧河街道、鼓楼街道、杏花岭街道、坝陵桥街道、大东关街道、职工新街街道、杨家峪街道
尖草坪区	向阳镇、阳曲镇、马头水乡、柏板乡、西墕乡、汇丰街道、古城街道、柴村街道、迎新街街道、南寨街道、上兰街道、新城街道、光社街道、尖草坪街道
万柏林区	王封乡、化客头街道、东社街道、千峰街道、下元街道、和平街道、万柏林街道、兴华街道、南寒街道、杜儿坪街道、白家庄街道、长风西街街道、小井峪街道、西铭街道、神堂沟街道
晋源区	金胜镇、晋祠镇、姚村镇、义井街道、罗城街道、晋源街道
古交市	河口镇、镇城底镇、马兰镇、阁上乡、嘉乐泉乡、梭峪乡、岔口乡、常安乡、原相乡、邢家社乡、东曲街道、西曲街道、桃园街道、屯兰街道
清徐县	清源镇、徐沟镇、东于镇、孟封镇、马峪乡、柳杜乡、西谷乡、王答乡、集义乡
阳曲县	黄寨镇、大盂镇、东黄水镇、泥屯镇、高村乡、侯村乡、凌井店乡、西凌井乡、北小店乡、杨兴乡
娄烦县	娄烦镇、静游镇、杜交曲镇、庙湾乡、马家庄乡、盖家庄乡、米峪镇乡、天池店乡

太原市人民物质文化生活提高情况

表 16

指标	单位	1985	1990	1995	2000	2005	2010	2015	2018	2019
一、城乡居民收入										
农民人均纯收入	元	526	763	1444	2643	4402	7611	13626	16860	18377
城镇居民人均可支配收入	元	646	1573	3939	6019	10476	17258	27727	33672	36362
城镇非私营单位在岗职工平均工资（含铁路驻并单位）	元	1199	2351	5538	8394	18547	38838	60515	80827	82860
二、每百户居民拥有耐用消费品（抽样）										
电冰箱										
城镇居民	台	2	52	68	90	96	98	93	96	98
农民	台		2	12	27	34	53	68	83	82
彩色电视机										
城镇居民	台	17	84	98	115	119	110	104	99	100
农民	台	3	9	36	65	85	105	105	101	100
洗衣机										
城镇居民	台	64	95	88	94	99	97	97	100	99
农民	台	12	33	50	59	64	89	91	98	98
三、每千人拥有卫生技术人员和医疗卫生床位数										
每千人拥有卫生技术人员	人	10.4	10.6	10.6	9.6	9.0	10.9	12.2	13.8	14.0
每千人拥有医疗卫生床位数	张	7.8	8.8	8.5	8.0	7.0	7.6	8.5	9.0	8.8
四、储蓄										
城乡居民储蓄存款年末余额	亿元	11.29	48.76	197.54	419.63	1183.95	2386.79	3432.12	3725.67	3886.61
平均每人储蓄存款余额	元	486	1894	7064	13788	30110	61943	79654	84663	87503

注：1. 2014 年农民人均纯收入为农村居民人均可支配收入。
2. 2013 年起城镇居民每人居住面积为建筑面积。

太原市主要年份国民经济主要指标

表 17

指 标	1985	1990	1995	2000	2005	2010	2015	2018	2019
年末户籍常住人口（人）	2344452	2612087	2827710	3087491	3403874	3654990	3673857	3767165	3835038
按性别分									
男性	1258322	1384876	1490281	1607655	1766902	1867963	1858619	1891805	1921740
女性	1086130	1227211	1337429	1479836	1636972	1787027	1815238	1875360	1913298
按城镇、乡村分									
城镇人口	1425235	1636344	1832597	2039240	2389268	2630159	2919276	2988468	3047307
乡村人口	919217	975743	995113	1048251	1014606	1024831	754581	778697	787731
社会从业人员（人）	1377500	1592200	1773000	1611200	1616195	1760476	2227500	2475600	2504939
按三次产业分									
第一产业	235500	248400	258000	276800	271587	242519	251700	248100	232919
第二产业	770000	853400	872000	611500	530983	569339	649200	644200	632904
第三产业	372000	490400	643000	722900	813625	948618	1326700	1583300	1639116
按职工、非职工分									
城镇非私营单位职工	989000	1111000	1124000	884117	757996	846286	1050453	1040361	1014807
# 国有	756000	892000	919000	533148	458206	460685	462583	316999	307674
集体	233000	219000	205000	119411	62939	47730	34621	29123	21982
城镇私营企业和个体从业人员	8000	61000	127000	217056	355324	422952	682044	963539	1034302
农村从业人员	351000	385000	434000	503753	502875	491238	495003	471700	455830
城镇非私营单位在岗职工工资总额（万元）	115920	257007	609421	724376	1378220	3147504	6229561	8228510	7929931
# 国有单位职工	94900	220674	529353	441159	828598	1705528	3204005	2831299	2874110
城镇集体单位职工	21020	35909	67586	60029	54590	83962	122401	136872	113995
城镇非私营单位在岗职工年平均工资（元）	1199	2351	5538	8394	18547	38838	60515	78904	80060
# 国有单位职工	1279	2510	5788	8460	18375	37684	71070	89320	94705
城镇集体单位职工	938	1696	3371	5285	9192	18255	37637	46508	54581
城镇居民人均可支配收入（元）	646	1573	3939	6019	10476	17258	27727	33672	36362
城镇居民人均消费性支出（元）	585	1357	3409	5341	7806	12106	15455	19912	21305
# 食品	308	653	1588	1750	2412	3710	3585	4229	4508
衣着	112	241	514	564	1050	1234	1589	1617	1687
居住		36	194	388	857	1172	3355	5008	5183
农村常住居民人均可支配收入（元）	526	763	1444	2643	4402	7611	13626	16860	18377
农民人均生活消费支出（元）				1634	2601	3879	10124	12365	13228
# 食品烟酒				696	909	1312	2578	3105	3361

续表

指　标	1985	1990	1995	2000	2005	2010	2015	2018	2019
衣着				204	350	493	893	962	1052
居住				225	334	642	2787	3091	3183
地区生产总值（万元）	442126	939154	2224624	3791880	8688745	17863125	26637573	37452336	40161904
第一产业	28885	58755	118405	154936	201903	275372	295133	292756	301348
第二产业	295782	520827	1073679	1616655	4148132	7978454	9955897	14013700	15186360
工业	239985	453958	921038	1316136	3292470	6148833	7181041	10183000	10703993
建筑业	55797	66869	152641	300519	855662	1829621	2774856	3830700	4482367
第三产业	117459	359572	1032540	2020289	4338710	9609299	16386543	23145880	24674196
人均生产总值（元 / 人）	1905	3648	7954	12460	25396	46359	61821	85108	90421
地区生产总值指数（%）	105.4	109.1	113.8	108.7	115.4	108.0	109.1	109.2	106.6
第一产业	91.7	126.8	102.6	106.8	101.1	104.0	101.4	100.0	102.3
第二产业	105.5	107.9	114.5	108.5	116.5	107.8	106.2	110.3	105.9
工业	106.4	102.0	116.2	108.9	117.8	107.5	105.9	110.7	104.9
建筑业	99.5	150.1	99.9	105.1	112.2	108.7	106.9	109.4	108.6
第三产业	108.2	109.3	114.1	109.1	116.1	108.4	111.6	108.7	107.1
全社会固定资产投资额（万元）	194510	262924	701894	1047702	4385077	9164811	20256080	12178202	13416671
全社会竣工房屋面积（平方米）	3585900	2870100	2848000	4420700	6064048	7795531	7002156	4064832	4849669
全社会新增固定资产（万元）	126292	212335	517719	876782	1193234	4114718	9597538	6572701	7030761
商品零售价格总指数（以上年价格为 100）	112.0	100.7	114.5	96.0	100.2	102.6	98.6	101.7	101.5
食品类		99.7	124.2	93.8	103.7	108.2	100.3	101.9	106.2
服装鞋帽类		106.9	119.1	100.6	96.3	96.9	103.3	100.3	101.3
纺织品类		106.9	120.1	94.9	98.0	109.6	98.4	100.0	98.8
中西药品及医疗保健用品类		99.1	114.3	101.3	98.7	105.8	101.0	100.4	101.5
文化和体育用品类		93.3	104.0	99.3					
文化办公用品类					99.4	97.6	97.4	100.2	101
体育娱乐用品类					99.1	97.9	99.1	100.4	101.3
日用品类		99.8	109.0	98.0	100.7	99.0	99.4	103.0	101.3
家用电器及音像器材类		93.1	102.2	95.6	97.3	92.6	97.6	96.7	99.7
燃料类		119.9	105.9	107.6	112.8	117.0	88.1	110.2	96.0
建筑材料及五金电料类	112.0	100.4	102.8	99.4	102.1	97.7	98.0	100.5	100.9
居民消费品价格总指数（以上年价格为 100）		101.7	116.8	103.6	101.1	103.0	100.4	101.8	102.7
食品类		99.7	123.4	93.2	103.8	108.4	100.3		
衣着类		106.9	116.8	99.6	96.2	97.2	103.4		

续表

指　标	1985	1990	1995	2000	2005	2010	2015	2018	2019
家庭设备用品及维修服务类		99.8	106.5	98.6	100.0	100.8	100.0		
医疗保健和个人用品类		99.1	113.7	101.1	101.6	102.6	100.3		
交通和通讯类		147.7	94.9	97.8	96.3	97.7	98.7		
娱乐教育文化用品及服务类		93.3	112.3	96.4	101.9	101.8	100.4		
居住类		105.9	111.9	107.0	102.4	101.2	99.8		
食品烟酒								102.0	105.8
衣着								100.3	101.4
居住								102.8	101.9
生活用品及服务								100.7	101.2
交通和通信								101.5	99.3
教育文化和娱乐								102.2	103.7
医疗保健								101.6	100.6
其他用品和服务								100.4	102.4
服务项目类价格总指数（以上年价格为 100）		110.2	107.3	162.1	102.9	102.4	100.6	102.4	102.1
农林牧渔业总产值（万元，按当年价格计算）	38744	73925	193432	246156	344060	560634	739124	795895	844451
农业产值	28489	47608	120504	163107	199305	336794	428567	472363	507452
林业产值	2266	1877	4382	4020	12088	49426	69118	85809	96753
牧业产值	7942	22069	66859	77344	114172	154140	202345	194261	196030
渔业产值	47	662	1687	1685	2689	3063	3060	3097	3216
农林牧渔服务业产值					15806	17210	36035	40365	41000
农林牧渔业总产值指数（以上年价格为 100）	100.6	108.3	102.2	106.9	101.3	103.6	101.8	100.8	102.1
农业产值		107.9	95.9	110.1	99.6	101.2	100.2	104.2	106.2
林业产值		93.0	106.8	102.4	74.7	107.7	103.4	105.3	104.9
牧业产值		110.8	112.8	102.8	104.9	106.4	103.9	91.5	90.9
渔业产值		116.5	103.6	103.7	107.6	115.3	99.3	96.6	103.4
农林牧渔服务业产值					100.8	113.6	106.5	103.5	101.6
主要农作物播种面积（千公顷）	145.34	145.72	139.23	136.82	118.56	102.20	90.35	80.17	81.55
粮食	107.61	116.25	107.93	100.35	83.48	81.42	75.39	63.60	62.92
棉花	0.23	0.12	0.86	0.83	0.22	0.06	0.004	0.001	0.001
油料	22.70	13.52	13.90	11.05	5.05	2.58	1.50	1.76	1.55
主要农产品产量									
粮食（吨）	304534	387806	334171	294557	291865	279264	275393	227147	224230
棉花（吨）	133	96	849	998	276	80	8	1	1
油料（吨）	16756	13882	6636	10557	3845	2840	2381	3404	2437
肉类（吨）	12001	17109	33603	47606	65135	49975	37711	25859	22245
禽蛋（吨）	7428	20003	35272	44361	43165	36412	30869	29527	30426

续表

指　标	1985	1990	1995	2000	2005	2010	2015	2018	2019
工业企业单位数（个）	1560	1981	2033	383	489	480	408	436	527
按经济类型分									
国有经济	289	331	335	178	95	37	19	7	6
集体经济	1270	1638	1601	89	60	40	16	13	10
其他	1	12	97	116	334	403	373	416	511
按轻重工业分									
轻工业	713	877	727	128	111	107	81	88	90
重工业	847	1104	1306	255	378	373	327	348	437
工业企业总产值（万元，按 1990 不变价格计算）	620037	1276457	2588265	3105189	9213954	20003397	21592702	31270927	32749621
按经济类型分									
国有经济	536776	1063635	2008511	697609	715540	662004	1215862	9765104	1776380
集体经济	81674	204830	443982	197970	164977	147631	60132	69095	89061
其他	1587	7992	135772	2209610	8333437	19193762	20316708	21436728	30884180
按轻重工业分									
轻工业	150649	334579	449580	528811	703205	1400948	1470754	1476100	1592258
重工业	469388	941878	2138685	2576378	8510749	18602449	20121948	29794827	31157363
主要工业产品产量									
原煤（万吨）	2140	2840	3133	2544	4482	3775	3988.88	3345.76	3572.83
发电量（万千瓦时）	347800	367800	873200	1135500	1594000	2038000	2574800	2709700	319.00
粗钢（万吨）	152.73	190.24	238.82	249.90	353.34	850.00	1078.60	1250.11	1307.56
生铁（万吨）	110.97	160.00	241.00	292.00	394.22	696.90	777.37	816.20	1032.35
焦炭（万吨）	152.56	386.33	893.24	836.00	1201.00	1268.00	1029.40	1150.46	1123.38
水泥（万吨）	76.20	73.94	148.70	170.00	272.65	582.50	478.07	593.56	608.29
太原地区铁路货运量（万吨）	2398	3295	3735	4278	6113	5064	4414	3597	3887
太原地区铁路客运量（万人次）	814	878	992	864	1074	2210	2598	2966	3096
邮电业务总量（万元）	1470	3890	36723	238105	540873	1452903	1072137	3250984	5102438
社会消费品零售总额（万元）	229781	456637	1116123	1894200	3840302	8258458	15407962	18119042	19528098
外商直接投资（万美元）	43	141	4500	7280	16490	58501	85049	863	9717
接待海外旅游人数（人次）	9695	13519	23594	47886	100859	283194	210065	238822	257960
接待国内旅游人数（万人次）	173	277	462	860	1408	1995	4892	8102	9630
一般公共预算收入（万元）	50872	92130	134263	214828	569525	1384809	2742403	3732275	3866164
一般公共预算支出（万元）	32519	61055	146653	245873	718390	1896358	4199913	5424589	6105530
#基本建设支出	4657	4674	11529	5392	25197				
文教科卫支出	7645	15259	35510	53994	141640	532802	1086343	1681493	1623110
#教育事业费支出				35688	92774	359491	620878	808097	830649

续表

指　标	1985	1990	1995	2000	2005	2010	2015	2018	2019
学校数（所）	2057	2009	1967	1890	1400	1003	792	808	814
# 普通高等学校	9	12	13	12	32	42	43	46	45
中等技术教育	41	46	48	47	28	30	32	32	32
普通中学	278	223	235	237	251	230	224	227	227
小学	1664	1646	1575	1503	1003	607	416	441	448
在校学生数（人）	451732	442897	518546	649236	980584	1154723	1158152	1151639	1191316
# 普通高等学校	26976	32463	44480	72689	265535	329712	546581	532822	562081
中等专业学校	17711	29323	43323	83107	53475	76540	56392	44066	41002
普通中学	151704	126591	131401	173635	222462	239953	206557	199250	201073
小学	241219	232653	269039	295062	317752	267325	275621	310437	325286
专任教师数（人）	31419	36427	39028	43109	55733	63377	65596	70057	71532
# 普通高等学校	4910	6031	6056	6669	16223	20912	23771	24008	24862
中等专业学校	2369	3221	3543	3373	1623	2266	2689	2631	2529
普通中学	10159	11203	11663	13775	16005	17134	18792	19689	19930
小学	12526	13415	14747	16637	17388	17079	16379	19014	19986
毕业生数（人）	96239	102370	111805	131606	223103	323154	313479	301803	296621
# 普通高等学校	4997	8088	12421	12572	53735	97398	151583	155565	146376
中等专业学校	4956	10037	11635	15027	16252	26875	24587	16872	15284
普通中学	36732	40519	32638	44537	64141	71310	73908	62812	68051
小学	45648	37058	45576	48260	49201	52792	36073	45506	46483
卫生机构数（个）	932	998	972	1002	1954	2527	2791	2748	3898
# 医院	194	220	221	131	194	191	185	163	158
卫生机构床位数（张）	18332	22944	24082	24817	23652	27771	36760	39917	39358
# 医院	16721	21248	22174	19317	21736	24703	34828	37296	38039
卫生技术人员（人）	24328	27780	30101	28418	29549	39930	52662	61269	62575
# 医院	15732	19429	21594	21855	22728	28529	39463	43904	45264

注：1. 2015 年以前城镇、乡村人口数分别为农业、非农业人口数。

2. 本表地区生产总值、社会消费品零售总额 2005 年至 2008 年为第二次经济普查调整后口径。

3. 2014 年以前农村常住居民人均可支配收入为农民人均纯收入。

4. 2016 年国家对城镇居民消费品价格指数八类指标进行调整。

5. 工业企业单位数、工业企业总产值 2000 年以前为乡及乡以上口径，以后为规模以上工业口径，2005 年起为当年价。

6. 2011 年起固定资产投资起点由计划总投资 50 万元以上的项目提高到 500 万元以上，且没有全社会固定资产统计指标；2017 年国家统计局确定山西为投资改革试点省份，固定资产投资额的统计方法由原来的以形象进度法为主改为以财务支出法为主。

7. 2011 年邮电业务总量采用新口径计算。

8. 2005 年起社会消费品总额不含未通过市场直接向消费者出售的产品。

9. 2005 年以前外商直接投资包括间接投资。

10. 教育指标中不包括幼儿园。

11. 卫生指标中不含村卫生室数。

公路通车里程

表 18 单位：万吨

指　标	单位	2019	比 2018 年增长（%、百分点）
公路通车里程	千米	7620.51	1.4
按隶属关系分			
国道	千米	624.72	0
省道	千米	252.87	0
县公路	千米	995.65	-1.3
乡公路	千米	1701.14	-0.6
村道	千米	3951.09	3.5
专用公路	千米	95.03	-4.9
按等级分			
等级里程	千米	7518.72	1.6
高速	千米	286.89	0.0
一级	千米	229.17	-1.5
二级	千米	938.74	-1.1
三级	千米	1287.93	0.8
四级	千米	4775.99	2.7
等外里程	千米	101.80	-13.6
等级公路占总里程比例	%	98.7	0.3
按铺装质量分			
有铺装路面里程	千米	6242.851	3.9
占总里程比例	%	81.92	2.0
简易铺装路面里程	千米	681.76	-3.2
占总里程比例	%	8.95	-0.5
未铺装路面里程	千米	695.902	-13.5
占总里程比例	%	9.13	-1.6
百平方千米公路网密度	千米	109.06	1.6

乡镇、村通公路、通油路情况

表 19

指　标	单位	数量
乡镇总数	个	52
通油路乡镇数	个	52
乡镇通油路率	%	100
行政村总数	个	833
通公路行政村数	个	833
行政村通公路率	%	100
通硬化路行政村数	个	833
行政村通油路率	%	100

旅游人数及收入

表 20

指 标	2019	2018
一、海外旅游人数（人次）	257960	238822
外国人	180093	168770
香港同胞	43962	38931
澳门同胞	10160	4901
台湾同胞	23743	26220
二、国内旅游人数（万人次）	9629.59	8102.32
三、旅游外汇收入（万美元）	11929.26	10702.7
四、国内旅游收入（亿元）	1163.41	985.3

税务系统税收入库情况

表 21　单位：万元

指 标	2019	2018
合 计	6197212	6025980
一、按税种分（不含海关代征）		
国内增值税	2857540	2896704
国内消费税	265421	211397
企业所得税	1162362	1103241
个人所得税	238416	411982
资源税合计	219400	71495
城市维护建设税合计	198232	193587
房产税合计	111165	130528
印花税合计	70050	69247
城镇土地使用税合计	43383	57269
土地增值税合计	355292	381686
车船税合计	66287	65780
车辆购置税	191458	193129
耕地占用税合计	8722	11039
契税合计	382210	206836
环境保护税合计	10675	9222
其他税收合计	16599	12838
二、按经济类型分（含海关代征）		
国有企业	472819	548087
集体企业	28772	37193
股份合作公司	11135	8040
联营企业	81	63
有限责任公司	3482280	3420457
股份有限公司	1337114	1097253
私营企业	533806	392358
港、澳、台商投资企业	26424	37706
外商投资企业	96773	87862
个体经营	346147	363143
其他企业	61838	143604

注：税收入库不含省直二分局和综改区税务局数字。

小店区国民经济主要指标

表 22

指　标	计量单位	2019
一、基本情况		
行政区域面积	平方千米	295
乡	个	2
镇	个	1
街道办事处	个	7
二、人口与就业		
户籍户数	户	206339
户籍人口	人	694166
三、综合经济		
（一）地区生产总值	万元	10043265
第一产业增加值	万元	89313
第二产业增加值	万元	4825236
第三产业增加值	万元	5128716
（二）财政、金融	-	
一般公共预算收入	万元	243697
一般公共预算支出	万元	459760
四、农业		
（一）生产条件		
耕地面积	公顷	9690
耕地灌溉面积	公顷	6980
高标准农田面积	公顷	1987
（二）农作物播种面积	公顷	6685.8
粮食作物播种面积	公顷	2354.1
小麦	公顷	36.1
玉米	公顷	1168.0
大豆	公顷	253.7
油料播种面积	公顷	93.2
蔬菜播种面积	公顷	1667.0
（三）农产品产量		
粮食总产量	吨	8284.9
其中：小麦	吨	178.9
玉米	吨	4662.8
大豆	吨	449.2
油料产量	吨	145.8
园林水果产量	吨	991.6
肉类总产量	吨	2569.5
其中：猪肉	吨	1607.3
牛肉	吨	174.5
羊肉	吨	83.6
禽肉	吨	704.1
禽蛋产量	吨	3779.5
奶类产量	吨	34276.0
蔬菜产量	吨	87204.0
水产品产量	吨	19.0

续表

指　标	计量单位	2019
（四）农产品质量		
“三品一标”农产品	个	77
“三品一标”农产品基地面积	公顷	1999.9
五、工业		
规模以上工业企业	个	45
规模以上工业总产值	万元	525518.4
其中：农产品加工业产值	万元	6065.8
六、交通、通讯		
公路里程	千米	357
七、贸易、外经		
社会消费品零售总额	万元	5696612.6
其中：限额以上消费品零售额	万元	3074341.6
出口总额	万元	67409
八、固定资产投资		
固定资产投资	万元	1781741
房地产开发投资	万元	1387478
九、教育、科技、文化、卫生		
普通中学	所	42
小学校	所	76
普通中学专任教师	人	4310
小学专任教师	人	3935
普通中学在校学生	人	45259
小学在校学生	人	84546
全年专利授权	件	1904
公共图书馆图书藏量	千册	149.5
体育场馆	个	12
医疗卫生机构床位	床	6800
医疗卫生机构技术人员	人	11358
其中：执业（助理）医师	人	4632
十、居民生活		
城镇居民人均可支配收入	元	37750
十一、社会保障		
提供住宿的社会工作机构	个	1
提供住宿的社会工作机构床位	床	200
城镇职工基本养老保险参保人数	人	105446
城乡居民基本养老保险参保人数	人	93638
城乡居民基本医疗保险参保人数	人	393155
失业保险参保人数	人	72387
城镇居民最低生活保障人数	人	680
农村居民最低生活保障人数	人	580
十二、附记指标		
森林面积	公顷	1761
污水处理厂	座	3
垃圾处理站	个	12
农村义务教育专任教师本科及以上学历比例	%	93.6
涉农产业园区	个	52

迎泽区国民经济主要指标

表 23

指　标	计量单位	2019
一、基本情况		
行政区域面积	平方千米	117
镇	个	1
街道办事处	个	6
二、人口与就业		
户籍户数	户	161954
户籍人口	人	547718
三、综合经济		
（一）地区生产总值	万元	8600789
第一产业增加值	万元	2521
第二产业增加值	万元	1008443
第三产业增加值	万元	7589825
（二）财政、金融		
一般公共预算收入	万元	195162
一般公共预算支出	万元	293604
四、农业		
（一）生产条件		
耕地面积	公顷	692
耕地灌溉面积	公顷	170
（二）农作物播种面积	公顷	107.5
粮食作物播种面积	公顷	101.4
玉米	公顷	25.5
大豆	公顷	15.6
蔬菜播种面积	公顷	6.1
（三）农产品产量		
粮食总产量	吨	99.6
玉米	吨	23.3
大豆	吨	18.2
园林水果产量	吨	40.0
肉类总产量	吨	41.5
牛肉	吨	17.4
羊肉	吨	15.9
禽肉	吨	8.2
禽蛋产量	吨	207.1
蔬菜产量	吨	272.0
水产品产量	吨	26.0
（四）农产品质量		
“三品一标”农产品	个	1
“三品一标”农产品基地面积	公顷	60.0
五、工业		
规模以上工业企业	个	9

续表

指 标	计量单位	2019
规模以上工业总产值	万元	804504.3
其中：农产品加工业产值	万元	4178.2
六、交通、通讯		
公路里程	千米	88
七、贸易、外经		
社会消费品零售总额	万元	4471669.0
其中：限额以上消费品零售额	万元	1924176.8
亿元及以上商品交易市场	个	4
出口总额	万元	228904
八、固定资产投资		
固定资产投资	万元	1048842
房地产开发投资	万元	765298
九、教育、科技、文化、卫生		
普通中学	所	19
小学校	所	37
普通中学专任教师	人	2684
小学专任教师	人	2059
普通中学在校学生	人	29085
小学在校学生	人	34769
全年专利授权	件	927
公共图书馆图书藏量	千册	112.9
剧场、影剧院	个	5
体育场馆	个	1
医疗卫生机构床位	床	9584
医疗卫生机构技术人员	人	14989
其中：执业（助理）医师	人	5410
十、居民生活		
城镇居民人均可支配收入	元	37508
十一、社会保障		
提供住宿的社会工作机构	个	1
提供住宿的社会工作机构床位	床	20
城镇职工基本养老保险参保人数	人	73778
城乡居民基本养老保险参保人数	人	27878
城乡居民基本医疗保险参保人数	人	189947
失业保险参保人数	人	38572
城镇居民最低生活保障人数	人	1251
农村居民最低生活保障人数	人	328
十二、附记指标		
森林面积	公顷	2882
垃圾处理站	个	11
农村义务教育专任教师本科及以上学历比例	%	94.3

杏花岭区国民经济主要指标

表 24

指　标	计量单位	2019
一、基本情况		
行政区域面积	平方千米	170
乡	个	2
街道办事处	个	10
二、人口与就业		
户籍户数	户	190583
户籍人口	人	619463
三、综合经济		
（一）地区生产总值	万元	7306813
第一产业增加值	万元	5251
第二产业增加值	万元	1470328
第三产业增加值	万元	5831234
（二）财政、金融		
一般公共预算收入	万元	155248
一般公共预算支出	万元	267421
四、农业		
（一）生产条件		
耕地面积	公顷	913
耕地灌溉面积	公顷	30
（二）农作物播种面积	公顷	536.2
粮食作物播种面积	公顷	485.8
玉米	公顷	13.0
大豆	公顷	56.7
油料播种面积	公顷	2.7
蔬菜播种面积	公顷	47.7
（三）农产品产量		
粮食总产量	吨	913.1
玉米	吨	25.0
大豆	吨	116.4
油料产量	吨	2.8
园林水果产量	吨	1100.2
肉类总产量	吨	305.1
其中：猪肉	吨	177.6
牛肉	吨	9.6
羊肉	吨	27.2
禽肉	吨	90.0
禽蛋产量	吨	1038.1
蔬菜产量	吨	1850.1
（四）农产品质量		
“三品一标”农产品	个	7
“三品一标”农产品基地面积	公顷	120.0

续表

指 标	计量单位	2019
五、工业		
规模以上工业企业	个	24
规模以上工业总产值	万元	442428.2
其中：农产品加工业产值	万元	15010
六、交通、通讯		
公路里程	千米	128
七、贸易、外经		
社会消费品零售总额	万元	2642460.5
其中：限额以上消费品零售额	万元	1135024.4
出口总额	万元	195816
八、固定资产投资		
固定资产投资	万元	966512
房地产开发投资	万元	675826
九、教育、科技、文化、卫生		
普通中学	所	37
小学校	所	58
普通中学专任教师	人	3311
小学专任教师	人	2777
普通中学在校学生	人	31043
小学在校学生	人	49921
全年专利授权	件	585
剧场、影剧院	个	1
体育场馆	个	3
医疗卫生机构床位	床	10995
医疗卫生机构技术人员	人	17030
其中：执业（助理）医师	人	6156
十、居民生活		
城镇居民人均可支配收入	元	37488
十一、社会保障		
提供住宿的社会工作机构	个	7
提供住宿的社会工作机构床位	床	876
城镇职工基本养老保险参保人数	人	72421
城乡居民基本养老保险参保人数	人	37979
城乡居民基本医疗保险参保人数	人	181256
失业保险参保人数	人	42313
城镇居民最低生活保障人数	人	3219
农村居民最低生活保障人数	人	1069
十二、附记指标		
森林面积	公顷	5582
垃圾处理站	个	15
农村义务教育专任教师本科及以上学历比例	%	78.7

尖草坪区国民经济主要指标

表 25

指　标	计量单位	2019
	一、基本情况	
行政区域面积	平方千米	285
乡	个	3
镇	个	2
街道办事处	个	9
	二、人口与就业	
户籍户数	户	113440
户籍人口	人	333077
	三、综合经济	
（一）地区生产总值	万元	3411320
第一产业增加值	万元	33600
第二产业增加值	万元	2289069
第三产业增加值	万元	1088651
（二）财政、金融		
一般公共预算收入	万元	113964
一般公共预算支出	万元	226239
	四、农业	
（一）生产条件		
耕地面积	公顷	4577
耕地灌溉面积	公顷	4370
（二）农作物播种面积	公顷	4371.7
粮食作物播种面积	公顷	3681.0
玉米	公顷	2613.4
大豆	公顷	213.3
油料播种面积	公顷	64.0
蔬菜播种面积	公顷	583.3
（三）农产品产量		
粮食总产量	吨	11713.2
玉米	吨	9722.1
大豆	吨	571.4
油料产量	吨	123.5
园林水果产量	吨	20914.3
肉类总产量	吨	308.2
牛肉	吨	95.8
羊肉	吨	115.8
禽肉	吨	91.6
禽蛋产量	吨	980.4
奶类产量	吨	15621.4
蔬菜产量	吨	41348.0
水产品产量	吨	130.0
（四）农产品质量		
“三品一标”农产品	个	21
“三品一标”农产品基地面积	公顷	1291.2

续表

指　标	计量单位	2019
五、工业		
规模以上工业企业	个	84
规模以上工业总产值	万元	9569321.9
其中：农产品加工业产值	万元	13505.2
六、交通、通讯		
公路里程	千米	230
七、贸易、外经		
社会消费品零售总额	万元	1217108.6
其中：限额以上消费品零售额	万元	84602.4
出口总额	万元	873769
八、固定资产投资		
固定资产投资	万元	1371717
房地产开发投资	万元	859506
九、教育、科技、文化、卫生		
普通中学	所	22
小学校	所	40
普通中学专任教师	人	1494
小学专任教师	人	1593
普通中学在校学生	人	12989
小学在校学生	人	25101
全年专利授权	件	877
公共图书馆图书藏量	千册	148.2
剧场、影剧院	个	1
体育场馆	个	6
医疗卫生机构床位	床	2441
医疗卫生机构技术人员	人	3569
其中：执业（助理）医师	人	1519
十、居民生活		
城镇居民人均可支配收入	元	36142
十一、社会保障		
提供住宿的社会工作机构	个	1
提供住宿的社会工作机构床位	床	231
城镇职工基本养老保险参保人数	人	59751
城乡居民基本养老保险参保人数	人	78255
城乡居民基本医疗保险参保人数	人	200478
失业保险参保人数	人	22409
城镇居民最低生活保障人数	人	4522
农村居民最低生活保障人数	人	3421
十二、附记指标		
森林面积	公顷	7141
污水处理厂	座	2
垃圾处理站	个	13
农村义务教育专任教师本科及以上学历比例	%	73.2
涉农产业园区	个	2

万柏林区国民经济主要指标

表 26

指　标	计量单位	2019
一、基本情况		
行政区域面积	平方千米	305
乡	个	1
街道办事处	个	14
二、人口与就业		
户籍户数	户	177510
户籍人口	人	592184
三、综合经济		
（一）地区生产总值	万元	4760105
第一产业增加值	万元	3240
第二产业增加值	万元	2484074
第三产业增加值	万元	2272791
（二）财政、金融		
一般公共预算收入	万元	232645
一般公共预算支出	万元	388678
四、农业		
（一）生产条件		
耕地面积	公顷	1709
耕地灌溉面积	公顷	500
（二）农作物播种面积	公顷	281.9
粮食作物播种面积	公顷	265.8
玉米	公顷	80.4
大豆	公顷	34.9
蔬菜播种面积	公顷	14.1
（三）农产品产量		
粮食总产量	吨	551.8
玉米	吨	212.8
大豆	吨	65.1
园林水果产量	吨	273.1
肉类总产量	吨	8.4
牛肉	吨	2.7
羊肉	吨	1.4
禽肉	吨	4.4
禽蛋产量	吨	125.8
奶类产量	吨	96.6
蔬菜产量	吨	270.4
水产品产量	吨	15.0
（四）农产品质量		
“三品一标”农产品	个	4
“三品一标”农产品基地面积	公顷	143.3
五、工业		
规模以上工业企业	个	26

续表

指　标	计量单位	2019
规模以上工业总产值	万元	2720085.7
六、交通、通讯		
公路里程	千米	190
七、贸易、外经		
社会消费品零售总额	万元	2223309.8
其中：限额以上消费品零售额	万元	978812.7
亿元及以上商品交易市场	个	3
出口总额	万元	45655
八、固定资产投资		
固定资产投资	万元	2229803
房地产开发投资	万元	1765369
九、教育、科技、文化、卫生		
普通中学	所	25
小学校	所	68
普通中学专任教师	人	2521
小学专任教师	人	4108
普通中学在校学生	人	25656
小学在校学生	人	55458
全年专利授权	件	1400
公共图书馆图书藏量	千册	55.0
剧场、影剧院	个	2
体育场馆	个	13
医疗卫生机构床位	床	5243
医疗卫生机构技术人员	人	9677
其中：执业（助理）医师	人	3802
十、居民生活		
城镇居民人均可支配收入	元	36171
十一、社会保障		
提供住宿的社会工作机构	个	3
提供住宿的社会工作机构床位	床	190
城镇职工基本养老保险参保人数	人	58764
城乡居民基本养老保险参保人数	人	63159
城乡居民基本医疗保险参保人数	人	278425
失业保险参保人数	人	36822
城镇居民最低生活保障人数	人	2114
农村居民最低生活保障人数	人	1732
十二、附记指标		
森林面积	公顷	10961
污水处理厂	座	1
垃圾处理站	个	28
农村义务教育专任教师本科及以上学历比例	%	100.0

晋源区国民经济主要指标

表 27

指　标	计量单位	2019
一、基本情况		
行政区域面积	平方千米	288
镇	个	3
街道办事处	个	3
二、人口与就业		
户籍户数	户	68512
户籍人口	人	215551
三、综合经济		
（一）地区生产总值	万元	773435
第一产业增加值	万元	55701
第二产业增加值	万元	240868
第三产业增加值	万元	476866
（二）财政、金融		
一般公共预算收入	万元	93344
一般公共预算支出	万元	293633
四、农业		
（一）生产条件		
耕地面积	公顷	4410
耕地灌溉面积	公顷	3740
高标准农田面积	公顷	681
（二）农作物播种面积	公顷	2618.4
粮食作物播种面积	公顷	1018.2
其中：稻谷	公顷	76.0
玉米	公顷	691.7
大豆	公顷	128.6
油料播种面积	公顷	457.4
蔬菜播种面积	公顷	1032.4
（三）农产品产量		
粮食总产量	吨	4131.7
其中：稻谷	吨	524.4
玉米	吨	2375.9
大豆	吨	337.1
油料产量	吨	667.7
园林水果产量	吨	2581.6
肉类总产量	吨	1269.9
其中：猪肉	吨	559.8
牛肉	吨	68.1
羊肉	吨	65.0
禽肉	吨	577.1
禽蛋产量	吨	5548.5
奶类产量	吨	8807.0
蔬菜产量	吨	72195.8
水产品产量	吨	280.0
（四）农产品质量		
“三品一标”农产品	个	7

续表

指　标	计量单位	2019
“三品一标”农产品基地面积	公顷	488.7
五、工业		
规模以上工业企业	个	24
规模以上工业总产值	万元	175722.6
其中：农产品加工业产值	万元	6132.2
六、交通、通讯		
公路里程	千米	251
七、贸易、外经		
社会消费品零售总额	万元	541437.8
其中：限额以上消费品零售额	万元	267889.8
出口总额	万元	25670
八、固定资产投资		
固定资产投资	万元	1114137
房地产开发投资	万元	920764
九、教育、科技、文化、卫生		
普通中学	所	14
小学校	所	43
普通中学专任教师	人	1294
小学专任教师	人	1121
普通中学在校学生	人	12649
小学在校学生	人	21108
全年专利授权	件	101
公共图书馆图书藏量	千册	37.5
体育场馆	个	2
医疗卫生机构床位	床	652
医疗卫生机构技术人员	人	1558
其中：执业（助理）医师	人	718
十、居民生活		
城镇居民人均可支配收入	元	36532
十一、社会保障		
提供住宿的社会工作机构	个	1
提供住宿的社会工作机构床位	床	108
城镇职工基本养老保险参保人数	人	23741
城乡居民基本养老保险参保人数	人	87059
城乡居民基本医疗保险参保人数	人	151936
失业保险参保人数	人	12418
城镇居民最低生活保障人数	人	943
农村居民最低生活保障人数	人	6561
十二、附记指标		
森林面积	公顷	7594
自然保护区面积	公顷	2866.7
污水处理厂	座	1
垃圾处理站	个	3
农村义务教育专任教师本科及以上学历比例	%	89.0
涉农产业园区	个	5

古交市国民经济主要指标

表 28

指　标	计量单位	2019
	一、基本情况	
行政区域面积	平方千米	1584
乡	个	7
镇	个	3
街道办事处	个	4
	二、人口与就业	
户籍户数	户	78689
户籍人口	人	214766
	三、综合经济	
（一）地区生产总值	万元	438364
第一产业增加值	万元	22836
第二产业增加值	万元	214851
第三产业增加值	万元	200677
（二）财政、金融		
一般公共预算收入	万元	161072
一般公共预算支出	万元	230574
年末金融机构各项存款余额	万元	1920470
其中：住户储蓄存款余额	万元	1563311
年末金融机构各项贷款余额	万元	1135814
	四、农业	
（一）生产条件		
耕地面积	公顷	20685
耕地灌溉面积	公顷	780
高标准农田面积	公顷	1696
（二）农作物播种面积	公顷	7675.4
粮食作物播种面积	公顷	6867.8
玉米	公顷	1253.1
大豆	公顷	1207.9
油料播种面积	公顷	211.8
蔬菜播种面积	公顷	437.9
（三）农产品产量		
粮食总产量	吨	13198.0
玉米	吨	3034.0
大豆	吨	2202.4
油料产量	吨	305.5
园林水果产量	吨	800.0
肉类总产量	吨	2634.4
其中：猪肉	吨	1428.5
牛肉	吨	123.2
羊肉	吨	412.5
禽肉	吨	665.3
禽蛋产量	吨	4457.7
奶类产量	吨	242.3
蔬菜产量	吨	30897.3
水产品产量	吨	170.5
（四）农产品质量		
“三品一标”农产品	个	50

续表

指 标	计量单位	2019
“三品一标”农产品基地面积	公顷	3044.7
五、工业		
规模以上工业企业	个	29
规模以上工业总产值	万元	840052.7
六、交通、通讯		
公路里程	千米	724
固定电话用户	户	25680
移动电话用户	户	261520
互联网宽带接入用户	户	41840
七、贸易、外经		
社会消费品零售总额	万元	608839.0
其中：限额以上消费品零售额	万元	12014.0
出口总额	万元	9
八、固定资产投资		
固定资产投资	万元	279158
房地产开发投资	万元	16548
九、教育、科技、文化、卫生		
普通中学	所	22
小学校	所	29
普通中学专任教师	人	1132
小学专任教师	人	1303
普通中学在校学生	人	11469
小学在校学生	人	16010
全年专利授权	件	43
公共图书馆图书藏量	千册	60.5
剧场、影剧院	个	1
体育场馆	个	2
医疗卫生机构床位	床	1350
医疗卫生机构技术人员	人	1882
其中：执业（助理）医师	人	761
十、居民生活		
居民人均可支配收入	元	29231
城镇居民人均可支配收入	元	33486
农村居民人均可支配收入	元	17272
十一、社会保障		
提供住宿的社会工作机构	个	1
提供住宿的社会工作机构床位	床	504
城镇职工基本养老保险参保人数	人	31029
城乡居民基本养老保险参保人数	人	56793
基本医疗保险参保人数	人	142299
其中：城乡居民基本医疗保险参保人数	人	117007
失业保险参保人数	人	31141
城镇居民最低生活保障人数	人	2285
农村居民最低生活保障人数	人	3066
十二、附记指标		
森林面积	公顷	43483
污水处理厂	座	4
农村义务教育专任教师本科及以上学历比例	%	71.9

清徐县国民经济主要指标

表 29

指　标	计量单位	2019
一、基本情况		
行政区域面积	平方千米	609
乡	个	5
镇	个	4
二、人口与就业		
户籍户数	户	125643
户籍人口	人	339619
三、综合经济		
（一）地区生产总值	万元	1919297
第一产业增加值	万元	141125
第二产业增加值	万元	1101669
第三产业增加值	万元	676503
（二）财政、金融		
一般公共预算收入	万元	143475
一般公共预算支出	万元	331017
年末金融机构各项存款余额	万元	2754714
其中：住户储蓄存款余额	万元	1970524
年末金融机构各项贷款余额	万元	1899040
四、农业		
（一）生产条件		
耕地面积	公顷	25144
耕地灌溉面积	公顷	25070
高标准农田面积	公顷	12140
（二）农作物播种面积	公顷	23286.7
粮食作物播种面积	公顷	16733.0
小麦	公顷	25.9
玉米	公顷	9225.1
大豆	公顷	109.2
油料播种面积	公顷	214.7
棉花播种面积	公顷	0.5
蔬菜播种面积	公顷	5805.8
（三）农产品产量		
粮食总产量	吨	71827.5
小麦	吨	137.5
玉米	吨	41681.9
大豆	吨	172.5
油料产量	吨	411.7
棉花产量	吨	1.2
园林水果产量	吨	50211.0
肉类总产量	吨	9055.8
其中：猪肉	吨	6394.6
牛肉	吨	494.3
羊肉	吨	879.1
禽肉	吨	1279.3
禽蛋产量	吨	3696.9
奶类产量	吨	5061.5
蔬菜产量	吨	322665.7
水产品产量	吨	1487.0
（四）农产品质量		
“三品一标”农产品	个	97

续表

指 标	计量单位	2019
“三品一标”农产品基地面积	公顷	13013.6
五、工业		
规模以上工业企业	个	71
规模以上工业总产值	万元	3003273.7
其中：农产品加工业产值	万元	105461.3
六、交通、通讯		
公路里程	千米	532
固定电话用户	户	8160
移动电话用户	户	359888
互联网宽带接入用户	户	107162
七、贸易、外经		
社会消费品零售总额	万元	736001.4
其中：限额以上消费品零售额	万元	66210.8
出口总额	万元	15216
八、固定资产投资		
固定资产投资	万元	438802
房地产开发投资	万元	18677
九、教育、科技、文化、卫生		
普通中学	所	23
小学校	所	71
普通中学专任教师	人	1794
小学专任教师	人	1698
普通中学在校学生	人	18239
小学在校学生	人	22337
全年专利授权	件	148
公共图书馆图书藏量	千册	123.2
剧场、影剧院	个	1
体育场馆	个	1
医疗卫生机构床位	床	796
医疗卫生机构技术人员	人	1159
其中：执业（助理）医师	人	642
十、居民生活		
居民人均可支配收入	元	23984
城镇居民人均可支配收入	元	34968
农村居民人均可支配收入	元	20732
十一、社会保障		
提供住宿的社会工作机构	个	7
提供住宿的社会工作机构床位	床	818
城镇职工基本养老保险参保人数	人	38838
城乡居民基本养老保险参保人数	人	171761
基本医疗保险参保人数	人	283739
其中：城乡居民基本医疗保险参保人数	人	257024
失业保险参保人数	人	18846
城镇居民最低生活保障人数	人	790
农村居民最低生活保障人数	人	3479
十二、附记指标		
森林面积	公顷	8913
污水处理厂	座	1
农村义务教育专任教师本科及以上学历比例	%	84.2
涉农产业园区	个	83

阳曲县国民经济主要指标

表 30

指　标	计量单位	2019
一、基本情况		
行政区域面积	平方千米	2059
乡	个	6
镇	个	4
二、人口与就业		
户籍户数	户	63933
户籍人口	人	153102
三、综合经济		
（一）地区生产总值	万元	508696
第一产业增加值	万元	71942
第二产业增加值	万元	276264
第三产业增加值	万元	160490
（二）财政、金融		
一般公共预算收入	万元	65369
一般公共预算支出	万元	225617
年末金融机构各项存款余额	万元	943402
其中：住户储蓄存款余额	万元	660217
年末金融机构各项贷款余额	万元	371159
四、农业		
（一）生产条件		
耕地面积	公顷	28354
耕地灌溉面积	公顷	4230
高标准农田面积	公顷	4352
（二）农作物播种面积	公顷	25391.3
粮食作物播种面积	公顷	21897.8
玉米	公顷	13680.4
大豆	公顷	793.1
油料播种面积	公顷	81.6
蔬菜播种面积	公顷	1747.3
（三）农产品产量		
粮食总产量	吨	93544.4
玉米	吨	76054.8
大豆	吨	1139.1
油料产量	吨	159.6
园林水果产量	吨	3032.0
肉类总产量	吨	4519.5
其中：猪肉	吨	2745.6
牛肉	吨	366.8
羊肉	吨	966.7
禽肉	吨	398.8
禽蛋产量	吨	9611.6
奶类产量	吨	8246.0
蔬菜产量	吨	72166.4
水产品产量	吨	43.5
（四）农产品质量		
“三品一标”农产品	个	62
“三品一标”农产品基地面积	公顷	6863.9
五、工业		
规模以上工业企业	个	42

续表

指　标	计量单位	2019
规模以上工业总产值	万元	863834.2
其中：农产品加工业产值	万元	2914.3
六、交通、通讯		
公路里程	千米	741
固定电话用户	户	10126
移动电话用户	户	152130
互联网宽带接入用户	户	31986
七、贸易、外经		
社会消费品零售总额	万元	186554.4
其中：限额以上消费品零售额	万元	43308.0
出口总额	万元	10528
八、固定资产投资		
固定资产投资	万元	352930
房地产开发投资	万元	72514
九、教育、科技、文化、卫生		
普通中学	所	15
小学校	所	17
普通中学专任教师	人	992
小学专任教师	人	783
普通中学在校学生	人	10155
小学在校学生	人	9480
全年专利授权	件	29
公共图书馆图书藏量	千册	57.4
剧场、影剧院	个	1
体育场馆	个	1
医疗卫生机构床位	床	1168
医疗卫生机构技术人员	人	950
其中：执业（助理）医师	人	329
十、居民生活		
居民人均可支配收入	元	16139
城镇居民人均可支配收入	元	26699
农村居民人均可支配收入	元	10754
十一、社会保障		
提供住宿的社会工作机构	个	1
提供住宿的社会工作机构床位	床	1269
城镇职工基本养老保险参保人数	人	18440
城乡居民基本养老保险参保人数	人	80923
基本医疗保险参保人数	人	132310
其中：城乡居民基本医疗保险参保人数	人	119129
失业保险参保人数	人	7773
城镇居民最低生活保障人数	人	3400
农村居民最低生活保障人数	人	3913
十二、附记指标		
森林面积	公顷	54086
自然保护区面积	公顷	24920
污水处理厂	座	1
农村义务教育专任教师本科及以上学历比例	%	79.4
涉农产业园区	个	51

娄烦县国民经济主要指标

表 31

指　标	计量单位	2019
一、基本情况		
行政区域面积	平方千米	1276
乡	个	5
镇	个	3
二、人口与就业		
户籍户数	户	53035
户籍人口	人	125392
三、综合经济		
（一）地区生产总值	万元	247637
第一产业增加值	万元	21401
第二产业增加值	万元	99949
第三产业增加值	万元	126287
（二）财政、金融		
一般公共预算收入	万元	42256
一般公共预算支出	万元	169088
年末金融机构各项存款余额	万元	525050
其中：住户储蓄存款余额	万元	387540
年末金融机构各项贷款余额	万元	356063
四、农业		
（一）生产条件		
耕地面积	公顷	19454
耕地灌溉面积	公顷	1200
高标准农田面积	公顷	2084
（二）农作物播种面积	公顷	10598.8
粮食作物播种面积	公顷	9513.4
玉米	公顷	1367.3
大豆	公顷	635.0
油料播种面积	公顷	424.3
蔬菜播种面积	公顷	216.8
（三）农产品产量		
粮食总产量	吨	19965.4
玉米	吨	3727.1
大豆	吨	1095.7
油料产量	吨	620.4
园林水果产量	吨	1506.4
肉类总产量	吨	1532.7
其中：猪肉	吨	861.7
牛肉	吨	166.3
羊肉	吨	343.0
禽肉	吨	134.0
禽蛋产量	吨	980.2
蔬菜产量	吨	11686.5
水产品产量	吨	420.0
（四）农产品质量		
“三品一标”农产品	个	60

续表

指 标	计量单位	2019
“三品一标”农产品基地面积	公顷	3515.8
五、工业		
规模以上工业企业	个	10
规模以上工业总产值	万元	268808.1
六、交通、通讯		
公路里程	千米	429
固定电话用户	户	6700
移动电话用户	户	116400
互联网宽带接入用户	户	34200
七、贸易、外经		
社会消费品零售总额	万元	53982.6
其中：限额以上消费品零售额	万元	10990.9
八、固定资产投资		
固定资产投资	万元	133729
九、教育、科技、文化、卫生		
普通中学	所	8
小学校	所	9
普通中学专任教师	人	398
小学专任教师	人	609
普通中学在校学生	人	4529
小学在校学生	人	6556
全年专利授权	件	9
公共图书馆图书藏量	千册	54
医疗卫生机构床位	床	329
医疗卫生机构技术人员	人	403
其中：执业（助理）医师	人	209
十、居民生活		
居民人均可支配收入	元	14453
城镇居民人均可支配收入	元	22931
农村居民人均可支配收入	元	8521
十一、社会保障		
提供住宿的社会工作机构	个	4
提供住宿的社会工作机构床位	床	1071
城镇职工基本养老保险参保人数	人	12275
城乡居民基本养老保险参保人数	人	64841
基本医疗保险参保人数	人	111625
其中：城乡居民基本医疗保险参保人数	人	102033
失业保险参保人数	人	5536
城镇居民最低生活保障人数	人	2470
农村居民最低生活保障人数	人	10038
十二、附记指标		
森林面积	公顷	26404
自然保护区面积	公顷	50029.2
污水处理厂	座	1
农村义务教育专任教师本科及以上学历比例	%	62.3

索 引

说 明 （1）本索引以人名、地名、机构名称、活动名称、事件（事物）名称等为主题词进行检索。（2）本索引按主题词首字汉语拼音字母顺序排列（数字开头主题词另排序），主题词后面的数字和字母分别表示所在页码和分栏位置（abc表示本页码左中右三栏）。（3）本索引主题词主要选自本年鉴正文部分，文献、大事记、附录以及图表、照片不在索引范围内。

D

E

F

G

H

J

K

L

M

N

O

P

Q

R

S

T

W

Y

Z

太原年鉴撰稿人员名单

（以姓氏笔画为序）

卜芋鑫　弓晋芳　马孙威　马彦博　马晓芳　马　彪　马　婕　马　翔　王　飞
王元亮　王中威　王仙平　王丝梦　王旭东　王　寻　王进文　王志刚　王利明
王　纬　王　艳　王晓梅　王景峰　王朝辉　王　婷　王瑞杰　王　楠　王　璐
孔　刚　田　宁　冯尔姝　冯启仁　冯　玲　成翠萍　师秋娟　朱永钢　任　旭
任铁强　刘一然　刘卫萍　刘华政　刘　玮　刘林贵　刘春生　刘　洋　刘彩秀
刘　淼　刘　婷　刘　蓉　刘潇涵　闫文俊　闫晨阳　闫瑞平　闫　慧　安　峰
许小杰　许亚飞　许梨花　孙胜利　苏　琦　杜　杰　杜新娟　李　丹　李文海
李方圆　李双平　李立红　李向高　李　凯　李　钧　李彦昭　李晓江　李晓阳
李爱军　李婧玉　李维秀　李　强　李慧慧　李增明　李　璟　李　巍　杨水云
杨世杰　杨永亮　杨　肖　杨　星　杨　莹　杨　峰　杨筱云　杨　静　杨慧珍
连　伟　连　越　吴兰成　吴　鹏　何　洁　何　磊　佀　敏　邹　浩　宋向阳
张文慧　张宇军　张妍芳　张　玮　张　杰　张　洋　张宪平　张晓华　张爱生
张雯娴　张　媛　张瑞霞　张　静　陈永维　陈向荣　陈美琴　陈　惠　陈雅彬
陈　颖　邵振江　武佳玲　尚　瑛　罗祥玉　岳　佳　周国荣　周倩卉　周　鹏
周　睿　房　芳　孟　飞　孟名彦　孟秀君　孟美芬　赵文平　赵志英　赵　苡
赵　佳　赵　亮　赵晋春　郝乐乐　郝亚婷　郝嘉艳　荆　伊　战富国　侯盼洁
饶文波　姜倩倩　姚伶伶　秦学敏　秦　栋　袁志红　耿丹丹　徐　凯　高悦怡
高　鹏　高　歌　郭丰远　郭天文　郭东辉　郭志栋　郭勇智　郭艳军　郭　微
郭　静　郭　潮　黄　敏　曹　冶　常永波　常丽英　崔志明　崔丽萍　崔　佳
崔建高　崔振刚　崔　晰　符晓伟　第天骄　梁文青　梁树春　梁　逊　彭兵虎
董雪轩　董　慧　蒋丽丽　韩妍妍　韩秦平　韩晓艳　景春勇　傅启航　雷亚明
雷宏伟　路　晶　蔺　芳　樊迎新　樊　婧　燕保全　薄　菲　霍永刚　冀子俊